Hans G. Ulrich

Wie Geschöpfe leben

# Ethik im theologischen Diskurs
## Ethics in Theological Discourse
## (EThD)

herausgegeben von

Marianne Heimbach-Steins (Bamberg)
Hans G. Ulrich (Erlangen)
Bernd Wannenwetsch (Oxford)

In Zusammenarbeit mit
Svend Andersen (Aarhus), Christof Gestrich (Berlin),
Stanley Hauerwas (Durham, N. C.), Reinhard Hütter (Durham, N. C.),
Oliver O'Donovan (Oxford), Hans S. Reinders (Amsterdam),
Herbert Schlögel (Regensburg), Wolfgang Schoberth (Bayreuth)

Band 2

LIT

Hans G. Ulrich

# Wie Geschöpfe leben

## Konturen evangelischer Ethik

LIT

**Bibliografische Information der Deutschen Nationalbibliothek**
Die Deutsche Nationalbibliothek verzeichnet diese Publikation in der Deutschen Nationalbibliografie; detaillierte bibliografische Daten sind im Internet über http://dnb.d-nb.de abrufbar.

2. Auflage 2007

ISBN 978-3-8258-5510-9

© LIT VERLAG Dr. W. Hopf Berlin 2007
Auslieferung/Verlagskontakt:
Fresnostr. 2   48159 Münster
Tel. +49 (0)251–62 03 20   Fax +49 (0)251–23 19 72
e-Mail: lit@lit-verlag.de   http://www.lit-verlag.de

KARIN ULRICH-ESCHEMANN
meiner Frau
und
CHRISTINE und EVAMARIE ULRICH
unseren Kindern

# INHALT

INHALT .................................................... 7

VORWORT ZUR ZWEITEN AUFLAGE ............................. 15

VORWORT ................................................. 17

E   ZUR EINFÜHRUNG: MENSCHLICHES LEBEN IM ANFANGEN –
ETHIK AUF DEM WEG GESCHÖPFLICHEN LEBENS .............. 19

E 1   NEU GESCHAFFEN WERDEN – ZUM GESCHÖPFLICHEN LEBEN .. 21
    1. Zum Hören erweckt werden ........................... 22
    2. Moralische Vergewisserung – oder: was es zu bezeugen gilt ....... 24
    3. Vom biblischen Ethos des Trostes ...................... 29
    4. Zeugnis von der begründeten Hoffnung ................. 31
    5. Begründete Hoffnung – oder die Sehnsucht nach Gerechtigkeit .... 34
    6. Das Ethos der begründeten Hoffnung ................... 39
    7. Politia Christi ...................................... 44

E 2   ERKUNDUNGEN AUF DEM WEG GESCHÖPFLICHEN LEBENS –
ZUR AUFGABE THEOLOGISCHER ETHIK .................... 48
    1. »Was ist der Mensch, dass Du seiner gedenkst?« .......... 48
    2. Auf dem Wege sein – der Trost der Pilgerschaft .......... 52
    3. In der Dramatik der Befreiung zur Gerechtigkeit ......... 59
    4. Ethische Situation – im Hören des Wortes
       und Gewärtigen des bestimmten Tuns Gottes ............ 65
    5. Im Vorgang und am Ort geschöpflichen Werdens ......... 68
    6. Ethik lernen – eine Existenzform gewinnen .............. 72
    7. In der Krisis des Geistes – Zur kontradiktorischen
       und kritischen Aufgabe der Ethik ....................... 75
    8. Explorative Erkenntnis – Ethik ohne Metaphysik? ........ 79
    9. Geschöpfliches Leben – Paradigma evangelischer Ethik ... 81

A   MENSCHLICHES LEBEN IN DER BEGEGNUNG –
GESCHÖPFLICHES LEBEN UND ETHISCHE PRAXIS ........... 85

A 1   LEBEN IN GOTTES ÖKONOMIE –
GEGENSTAND, KONTEXT UND AUFGABE DER THEOLOGISCHEN
ETHIK ................................................ 87
    1. Vom Gegenstand theologischer Ethik ................... 87
       In Gottes Ökonomie ................................ 91
       Nachfolge .......................................... 94
       In der Geschichte der Mensch-Werdung ................ 96

2. Zur Disposition geschöpflichen Lebens aus dem widersprechenden Wort
– die theologische Pointe der Ordnungen . . . . . . . . . . . . . . . . . . 102
3. Die neue Grammatik der Ordnungen und die alten Diskurse . . . . . 107
4. Die eschatologische Situierung geschöpflichen Lebens . . . . . . . . . . 111
5. Ethische Praxis im geschöpflichen Leben . . . . . . . . . . . . . . . . . . . . 118
6. »Im Anfang ...« – das Bleiben in der Geschichte . . . . . . . . . . . . . . 120
   Das Stadtwappen . . . . . . . . . . . . . . . . . . . . . . . . . . . . . . . . . . . . . 121
7. In keinem anderen Namen – das Erste Gebot . . . . . . . . . . . . . . . . 124
8. Die befreiende Umkehr zum Geschöpf-Sein . . . . . . . . . . . . . . . . . 126
9. Ethik in der Nächstenschaft . . . . . . . . . . . . . . . . . . . . . . . . . . . . . 133
10. In der paradigmatischen Gemeinschaft der Heiligen . . . . . . . . . . . 137
11. Leben in Gottes Ökonomie – das Gebot oder die Ordnung der Dinge 141

A 2 ETHIK DES GESCHÖPFS ODER DES MORALISCHEN SUBJEKTS –
DAS ENDE DES GESETZES UND DIE ÖKONOMIE GOTTES . . . . 145
1. Die theologische Ethik und das Problem der Moral . . . . . . . . . . . 145
2. »Der Mensch« im Verschwinden . . . . . . . . . . . . . . . . . . . . . . . . . . 152
3. Christliche Traditionen und die Genealogie der Moral . . . . . . . . . 154
4. Wende in der Geistesgeschichte – oder Neuwerden des Denkens . . . 159
5. Der moralische Mensch oder das Geschöpf . . . . . . . . . . . . . . . . . 163
6. Vom verschwundenen König und vom neuen Menschen . . . . . . . . 167

A 3 DIE PRAXIS DER ETHIK IM NEUWERDEN DURCH GOTTES GEIST 173
1. Ethik als Praxis geschöpflichen Lebens . . . . . . . . . . . . . . . . . . . . . 173
   Das Gemeinsame oder das Allgemeine . . . . . . . . . . . . . . . . . . . . . 176
2. Ethische Praxis – und die Formen moralischer Untersuchungen . . . 177
   Im Neuwerden des Geistes . . . . . . . . . . . . . . . . . . . . . . . . . . . . . . 178
3. Das Neuwerden des Geistes und die Praktiken der Ethik . . . . . . . . 183
4. Ethik als explorative Praxis . . . . . . . . . . . . . . . . . . . . . . . . . . . . . . 187
5. Der »innere Mensch« oder die »Quellen des Selbst« . . . . . . . . . . . 190
6. Im Widerspruch des Wortes – ethische Praxis als Sprachkritik . . . . 195
7. Ethik lernen – den Geist erneuern lassen . . . . . . . . . . . . . . . . . . . 197

A 4 IN DER TRADITION DER ETHISCHEN EXPLORATION . . . . . . . 200
1. Tradition und Traditionsbildung . . . . . . . . . . . . . . . . . . . . . . . . . 200
2. Wenn sich die Tradition um etwas Bestimmtes dreht . . . . . . . . . . 205
3. Explizite Weitergabe . . . . . . . . . . . . . . . . . . . . . . . . . . . . . . . . . . . 207
4. Die ethische Exploration menschlichen Lebens durch Tradition –
Hermeneutik als Ethik . . . . . . . . . . . . . . . . . . . . . . . . . . . . . . . . . 210
5. Gesetz und Erzählung – Gesetz und Zeugnis . . . . . . . . . . . . . . . . 215
6. Tradition und Wissen . . . . . . . . . . . . . . . . . . . . . . . . . . . . . . . . . . 220
7. Semantische Traditionen – Tradition im Widerspruch . . . . . . . . . 223
8. Ethik als die Praxis der Erkundung geschöpflichen Lebens . . . . . . . 226

A 5 STREIT UM DIE WIRKLICHKEIT – IM PRISMA GESCHÖPFLICHEN
LEBENS .................................... 228
1. Ethik als Erkundung geschöpflicher Lebenswirklichkeit ......... 228
2. Die Aufgabe einer Sozialethik ......................... 233
3. Praxis im Kontext? Zur sozialtheoretischen Ortsbestimmung
theologischer Sozialethik ............................ 235
4. Ethik als Theorie der Lebensführung? ..................... 238
5. Ethik in der Aufmerksamkeit auf das,
was in der Lebenswirklichkeit in Erscheinung tritt ............ 239
6. Orte des Streites um die Lebenswirklichkeit – Orte des Werdens ... 242
7. Welche Ethik – für welche Gesellschaft? ................... 249
8. Welche Ethik – aus welcher Distanz? ..................... 252
9. Die Wiederentdeckung des Handelns – Unterscheiden und Anfangen 253
10. Berufsethik oder Verantwortungsethik? ................... 255

A 6 THEOLOGISCHE ETHIK UND ÖFFENTLICHKEIT – ODER:
WAS KOMMT AUF DIE TAGESORDNUNG? ................. 259
1. Babylonische Verwirrung in der Ethik .................... 259
2. Zur Topographie theologischer Ethik und der Reichweite
ihrer Tagesordnung ................................ 261
3. Tagesordnung ad hominem? .......................... 264
4. Der Grund für öffentliche Rechenschaft ................... 265
5. »Es ist gegen die Würde des Menschen, an den Fortschritt zu glauben.« 267
6. Lernen und Befreiung .............................. 268
7. Schöpfung und politische Öffentlichkeit ................... 269
8. Der Christ als Weltperson und Zeuge von der Gerechtigkeit Gottes . 271
9. Lernende Gerechtigkeit ............................. 274
10. Öffentliche Erprobung dessen, was das menschliche Leben trägt ... 275
11. Kirche und Öffentlichkeit – Öffentlichkeit aus dem Widerspruch .. 276

B MENSCHLICHES LEBEN IM WERDEN –
ZUR ETHISCHEN ERKUNDUNG GESCHÖPFLICHER EXISTENZ  279

B 1 ETHISCHE EXISTENZ IM GESCHÖPFLICHEN WERDEN –
MITTEILUNG AN DIE ARMEN, POLITISCHE SOLIDARITÄT ..... 281
1. Freiheit im Neuwerden ............................. 284
2. Gerechte und Heilige – biblische Figuren
einer Existenzform des Werdens ....................... 290
3. Leben in gespannter Erwartung ........................ 299
4. In der Treue zur Gemeinschaft ........................ 300
5. Im Vollzug rechten Urteilens ......................... 301
6. Im Tun der Gebote ................................ 304
7. Vom Werden der Menschen – und vom Lernen des Wortes ....... 307

8. Gott allein zu Ehren – Ethik für die Armen . . . . . . . . . . . . . . . . . 308
  9. Mitteilung an die Armen –politische Solidarität mit den Armen . . . 310

B 2 »LASST EUCH EURE LEBENSGESTALT VERÄNDERN ...«
  ZUR PROVOKATION DER MENSCHWERDUNG DES MENSCHEN  313
  1. Geschöpfe des Wortes . . . . . . . . . . . . . . . . . . . . . . . . . . . . . . . 314
  2. Ethik der Gemeinschaft? . . . . . . . . . . . . . . . . . . . . . . . . . . . . . 318
  3. Kirche – Ort der Bildung . . . . . . . . . . . . . . . . . . . . . . . . . . . . 320
  4. Bildung ins Gebot gefasst . . . . . . . . . . . . . . . . . . . . . . . . . . . . 323
  5. Die gottesdienstliche Gemeinde als Status creationis . . . . . . . . . . 327
  6. Bildung im Neuwerden . . . . . . . . . . . . . . . . . . . . . . . . . . . . . . 330
  7. »wenn ihr nicht werdet wie die Kinder...« . . . . . . . . . . . . . . . . . 333

B 3 »WO DER HERR NICHT DAS HAUS BAUT...«
  LEBEN IN GOTTES ÖKONOMIE . . . . . . . . . . . . . . . . . . . . . . . 337

B 3-1 »ES IST NICHT GUT, DASS DER MENSCH ALLEIN SEI ...«
  – LEBEN IN DER EHE UND IN DER FAMILIE . . . . . . . . . . . . . 337
  1. Leben aus dem Widerspruch . . . . . . . . . . . . . . . . . . . . . . . . . . 338
  2. Wie Gottes Geschichte weitergeht . . . . . . . . . . . . . . . . . . . . . . 340
  3. Wider menschliche Regentschaft . . . . . . . . . . . . . . . . . . . . . . . 344
  4. Ort der Traditio . . . . . . . . . . . . . . . . . . . . . . . . . . . . . . . . . . . 347

B 3-2 »SORGT NICHT ...« – DIE ÖKONOMISCHE EXISTENZFORM . . 350
  1. Freiheit von abgründiger Lebenssorge . . . . . . . . . . . . . . . . . . . 350
  2. Wirtschaft auf der Suche nach Sinn? . . . . . . . . . . . . . . . . . . . . 353
  3. Theologische Anfragen . . . . . . . . . . . . . . . . . . . . . . . . . . . . . . 355
  4. Verfehlung des Lebens? . . . . . . . . . . . . . . . . . . . . . . . . . . . . . 359
  5. Streit um die menschliche Lebensgestalt? . . . . . . . . . . . . . . . . . 362
  6. Sorgt nicht ... . . . . . . . . . . . . . . . . . . . . . . . . . . . . . . . . . . . . 363
  7. Selbstsorge? . . . . . . . . . . . . . . . . . . . . . . . . . . . . . . . . . . . . . 368
  8. Die Erprobung der ökonomischen Existenzform . . . . . . . . . . . 371
  9. Freiheit von den Werken – wider die Ökonomisierung
     im Medium der Werte . . . . . . . . . . . . . . . . . . . . . . . . . . . . . . 374
  10. Arbeit und ... – Die Frage der Sonntagsheiligung . . . . . . . . . . . 379
  11. Die Ökonomie der guten Werke . . . . . . . . . . . . . . . . . . . . . . . 384
  12. Protestantische Wirtschaftsethik – Max Weber anders gelesen . . . . . 385
  13. Wirtschaftsethik und das »Problem des Menschen« . . . . . . . . . . 386
  14. Heuristische – theologische Distanz zu den Alternativen? . . . . . . . . 390
  15. Die ökonomische Existenzform als Cooperatio . . . . . . . . . . . . . 392
  16. Zur Unterscheidung von Ökonomie, Öffentlichkeit und Politik . . . 394
  17. Widerspruch gegen die Armut . . . . . . . . . . . . . . . . . . . . . . . . 400

B 4 »REGIERT EUCH ABER DER GEIST ...«
GESCHÖPFLICHE EXISTENZ ALS POLITISCHE . . . . . . . . . . . . . 404
1. Politisch verfasstes Leben mit Gott . . . . . . . . . . . . . . . . . . . . . 404
2. Universalismus – Partikularismus . . . . . . . . . . . . . . . . . . . . . . 407
3. Im Gesetz des Geistes Gottes – Politik des Wortes . . . . . . . . . . . 410
4. Befreiung zur politischen Existenzform . . . . . . . . . . . . . . . . . . 412
5. Erfahren in Gerechtigkeit . . . . . . . . . . . . . . . . . . . . . . . . . . . . 417
6. Von der Unveräußerlichkeit des inneren Menschen . . . . . . . . . . 424
7. Von der Notwendigkeit einer äußeren Regierung . . . . . . . . . . . 428
8. Die Freiheit des äußeren Menschen in Gottes Regiment . . . . . . . 430
9. Macht – politisch gefasst . . . . . . . . . . . . . . . . . . . . . . . . . . . . 435
10. Politisches Zeugnis . . . . . . . . . . . . . . . . . . . . . . . . . . . . . . . . 437

C MENSCHLICHES LEBEN IN DER ERPROBUNG –
ZUR ETHISCHEN BEWÄHRUNG GESCHÖPFLICHER EXISTENZ 443

C 1 ETHISCHE ERPROBUNG GESCHÖPFLICHER EXISTENZ . . . . . . 445
1. Vom Gegenstand der Sozialethik . . . . . . . . . . . . . . . . . . . . . . . 446
   Das Nachtlager . . . . . . . . . . . . . . . . . . . . . . . . . . . . . . . . . . . 450
2. Sozialethik als Ethik und Politik der guten Werke . . . . . . . . . . . 453
3. Erprobung in den Lebensvorgängen . . . . . . . . . . . . . . . . . . . . . 454
4. Heilung in der Erprobung . . . . . . . . . . . . . . . . . . . . . . . . . . . 458
5. Sozialethik in der Praxis der Gerechtigkeit . . . . . . . . . . . . . . . . 460
6. Sozialethik in der Erprobung und Bezeugung geschöpflichen Lebens –
   politia Christi . . . . . . . . . . . . . . . . . . . . . . . . . . . . . . . . . . . . 461
7. Konzeption der Sozialethik . . . . . . . . . . . . . . . . . . . . . . . . . . . 470
8. Ethik des zu befreienden menschlichen Lebens . . . . . . . . . . . . . 473

C 2 ETHISCHE KRITIK UND EXPLORATION DER ÖKONOMIE
UND IHRER ETHIK . . . . . . . . . . . . . . . . . . . . . . . . . . . . . . . 475
1. Von der bestimmten Aufgabe des Wirtschaftens . . . . . . . . . . . . 478
2. Institutionelle Ökonomie und Oikos . . . . . . . . . . . . . . . . . . . . 483
3. Ökonomie und Moral – was heißt Wirtschaftsethik? . . . . . . . . . . 485
4. Die Frage nach dem ethischen Sinn der Ökonomie . . . . . . . . . . 486
5. Jenseits der Moralen und das ökonomische Jenseits . . . . . . . . . . 489
6. Das notwendige Gegenüber und verschiedene Moralen . . . . . . . 491
   Differenz zwischen Zugängen . . . . . . . . . . . . . . . . . . . . . . . . . 492
7. Ökonomik und die andere Moral . . . . . . . . . . . . . . . . . . . . . . 493
8. Zirkulärer moralischer Humanismus und seine metaphysische Logik
   als moderne Ethik? . . . . . . . . . . . . . . . . . . . . . . . . . . . . . . . . 495
9. Ökonomisierung der Moral? . . . . . . . . . . . . . . . . . . . . . . . . . 499
10. Logik des Widerspruchs und der Kooperation . . . . . . . . . . . . . 500
11. Moralischer Transfer oder Transformation der Moral . . . . . . . . . 501
12. homo oeconomicus? . . . . . . . . . . . . . . . . . . . . . . . . . . . . . . . 503

13. Explorative Ökonomie und der Status oeconomicus . . . . . . . . . . . 504
14. Vom »ethischen Sinn« zum höheren Sinn des Wirtschaftens . . . . . . 506
15. Aufgabe und Status der Ökonomie . . . . . . . . . . . . . . . . . . . . . 511
16. Ökonomische Logik – ethische Logik . . . . . . . . . . . . . . . . . . . . 514
17. Kooperatives Wirtschaften . . . . . . . . . . . . . . . . . . . . . . . . . . . 517
18. Wirtschaften in der spannungsvollen Differenz von Aufgaben . . . . . 521
19. Indikatoren – und gute Werke . . . . . . . . . . . . . . . . . . . . . . . . 525
20. Zur kritischen und explorativen Aufgabe der Wirtschaftsethik . . . . . 527

C 3 POLITIK, MORAL UND ETHIK IM LIBERALEN MODELL –
GRENZEN UND PROBLEME LEGITIMATORISCHER ETHIK . . . . 531
 1. Zur Reichweite der politischen Existenz und ihrer Erkenntnis . . . . . 533
 2. Welche Tagesordnung? . . . . . . . . . . . . . . . . . . . . . . . . . . . . . 542
 3. Fragestellungen in der Auseinandersetzung mit dem
    politischen Liberalismus . . . . . . . . . . . . . . . . . . . . . . . . . . . . 545
 4. Der politisch-moralische Konsens im Konflikt mit der Ethik? . . . . . 548
 5. Politischer Status – oder/und Ethik
    Das Problem des politischen Liberalismus . . . . . . . . . . . . . . . . . 551
 6. Das richtige Leben im öffentlichen Diskurs? . . . . . . . . . . . . . . . . 553
 7. Voraussetzungsvolles Bürgersein . . . . . . . . . . . . . . . . . . . . . . . 557
 8. Moral und Ethik – und das Gegenüber zur politischen Öffentlichkeit 559
 9. Ethos gegen Moral – außerhalb der Balance? . . . . . . . . . . . . . . . 563
10. Bürger werden – im Tun des Gerechten . . . . . . . . . . . . . . . . . . 567
11. Berufung zum Bürgersein – Bürger werden . . . . . . . . . . . . . . . . 570
12. Wie die geschöpfliche Existenz als politische präsent wird . . . . . . . 574
13. Die politische Exploration des Guten . . . . . . . . . . . . . . . . . . . . 576

C 4 GOTTES GERECHTIGKEIT UND DIE PRAXIS DER SOLIDARITÄT 579
 1. Solidarität – eine gesellschaftspolitische Perspektive? . . . . . . . . . . 582
 2. Politische Existenzform? Perspektiven einer Diagnose . . . . . . . . . 586
 3. Sozialstaat – als ethische Perspektive . . . . . . . . . . . . . . . . . . . . 589
    Politia Christi . . . . . . . . . . . . . . . . . . . . . . . . . . . . . . . . . . . 591
 4. Therapien zur Wiederentdeckung von sozialer Verbindlichkeit? . . . 598
 5. Solidarität im Alltag . . . . . . . . . . . . . . . . . . . . . . . . . . . . . . . 604
 6. Iustitia civilis – als politische Existenzform . . . . . . . . . . . . . . . . 614
 7. Iustitia civilis – Recht des Nächsten . . . . . . . . . . . . . . . . . . . . . 617
 8. Recht des Nächsten – Arbeit am Sozialen . . . . . . . . . . . . . . . . . 621

C 5 BÜRGER UND ZEUGEN – FÜR MENSCHENWÜRDE
    ODER: MENSCHENWÜRDE ZWISCHEN MORAL UND ETHOS . . 628
 1. Zum Gegenstand öffentlich geltender Moral . . . . . . . . . . . . . . . 628
 2. Konsens über moralische Grundregeln . . . . . . . . . . . . . . . . . . . 633
 3. Menschliches Leben und Personen – oder:
    wie Personen werden und warum Menschen Geborene sind . . . . . . 637
    Gleichheit in der Gleichursprünglichkeit . . . . . . . . . . . . . . . . . . 638

4. Menschenwürde von Personen – Würde menschlichen Lebens .... 640
5. Diskrepanz zwischen Moral und Ethos? .................. 645
6. Der moralische Bürger und der Zeuge vom nicht verfehlten Leben . 648
7. Zeugen von der Entdeckung der menschlichen Existenzform ..... 650

C 6 MENSCHLICHE EXISTENZFORM ODER
LEBEN AUS DEM HUMAN-POOL? ..................... 652
   1. Aufmerksamkeit für ein ethisches und rechtliches Spannungsfeld –
      zur Themenstellung ............................... 652
   2. Zur Ortsbestimmung ............................... 653
     (1) Welche Ethik? ................................ 653
     (2) Ortsbestimmung – Reflexive Moderne? ................ 653
     (3) Öffentlichkeit und Ethik, Recht und Ethik .............. 655
   3. Verengung der ethischen Aufgabe im gegenwärtigen
      medizin-ethischen Diskurs – über Legitimationsfragen hinaus .... 656
   4. Überschreiten der Legitimationsfrage –
      Thematisierung der menschlichen Existenzform ............. 661
   5. Ethische Reflexion im Verstehenszusammenhang medizinischer Praxis. 663
   6. Wiederentdeckung des Gegenstands medizinischer Ethik ........ 664
   7. Im Spiel: das humanum, die menschliche Existenzform –
      oder: das Jenseits der Ethik ......................... 666
   8. Radikale Veränderung der menschlichen Existenzform –
      Leben aus dem Menschenpool? ........................ 669
   9. Generelle Veränderung ............................. 672
 10. Zur metaphysischen Frage der Reproduktion von Menschen ..... 673
 11. Ziele – Humanum als Ziel? .......................... 675
     Positive Ziele? .................................. 676
 12. Wie kommt die menschliche Existenzform auf die Tagesordnung? .. 678
 13. Besetzung des humanum und seiner »Werte« –
      oder Menschen als Geschöpfe? ....................... 679
 14. Jenseits der Moral: Verstehen und Erkennen
      der menschlichen Existenzform als einer geschöpflichen ........ 680
 15. Erweiterung der Ethik – auch in der öffentlichen Diskussion ..... 682

LITERATUR ........................................ 683

BIBELSTELLEN ..................................... 733

NAMEN .......................................... 736

SACHEN .......................................... 743

## Vorwort zur zweiten Auflage

Im Vorwort zur ersten Auflage (2005) habe ich geschrieben: »Dieses Buch versucht so Antwort zu geben auf Gehörtes und Gelesenes in der Hoffnung, dass diese Antwort wiederum Antwort erfährt.« Inzwischen ist eine intensive vielfältige Antwort, auch durch Rezensionen, erfolgt, nicht zuletzt durch ein Heft der »Studies in Christian Ethics« (Vol. 20.2, 2007, ed. Susan Frank PARSONS), in dem Markus BOCKMUEHL, Brian BROCK, Oliver O'DONOVAN, Wolfgang PALAVER, Hans S. REINDERS, Bernd WANNENWETSCH und John B. WEBSTER in kritischer, anregender und weiterführender Weise die Konturen evangelischer Ethik an entscheidenden Kreuzungspunkten nachgezeichnet und diskutiert haben. Dafür sei ihnen ganz besonders gedankt, ebenso allen anderen, die sich zu dem Buch geäußert haben. Nichts besseres kann der theologischen Ethik widerfahren, als dass sie in einem gemeinsamen Suchen und Erproben ihren Weg findet. Dafür ist einigen anderen, die sich daran beteiligen, auch ganz besonders zu danken, so Karl Friedrich HAAG, Martin LEINER, Wolfgang LIENEMANN und Johannes von LÜPKE.

Die Reaktionen auf das Buch haben auch Anlass gegeben, in dieser zweiten Auflage (neben der Korrektur von Schreibfehlern und formalen Unstimmigkeiten) einiges nachzutragen, was sich unmittelbar durch die Diskussion an Verweisen und Literaturangaben ergeben hat.

Es bleibt der Wunsch, dass die Arbeit an den Konturen evangelischer Ethik gemeinsam fortgeführt wird. Das wird auch weitere Kapitel betreffen, die in diesem Buch vermisst werden können: zur biblischen Ethik und ihrer Auslegungstradition, zum Zusammenhang von Ethik und kirchlicher Praxis, zum »Ethik Lernen«, zu Schlüsselthemen der Sozialethik, und ebenso zur Diskussion zwischen der Ethik und den Naturwissenschaften, insbesondere den Bio-Wissenschaften. Dafür können Veröffentlichungen von Autoren einstehen, die hier wenigstens auswahlweise erwähnt werden konnten. Das Arbeitsfeld »Ethik und Bio-Wissenschaften« ist mir durch die fruchtbare Zusammenarbeit mit Walter DOERFLER zugänglich geworden, wofür ich ihm sehr danke.

Von besonderer Bedeutung ist die Entfaltung von einzelnen theologischen, *dogmatischen Topoi*, mit denen die Ethik verwoben ist, Topoi der Gotteslehre, der Christologie, der Soteriologie, der Pneumatologie und der Eschatologie. Es kommt darauf an zu sehen, wie alles, was von Gott zu hören und zu sagen ist, in der Ethik präsent bleibt.

In der Diskussion sind auch *Themen* hervorgehoben worden, die einer eigenen Bearbeitung in der Perspektive evangelischer Ethik bedürfen. Das betrifft nicht zuletzt die Berufsethik in ihrer Beziehung zu den vielfältigen Bereichen professioneller Arbeit und ihrem Ethos, das betrifft die Ethik der Institutionen, die Sozialethik in ihrem Bezug auf den Sozialstaat und es betrifft die Ethik der Kommunikation und der Medien.

Hier wären manche Einzelstudien über die erwähnten hinaus zu nennen. Dazu gehören auch (fertige und in Arbeit befindliche) Habilitationsschriften, Dissertationen und Arbeiten, die direkt mit der Entstehung dieses Buches verbunden sind wie die von Gunther BARTH, Urs ESPEEL, Markus FRANZ, Stephan GRADL, Michai GRIGORE, Stefan HEUSER, Siegfried HIRSCHMANN, Marco HOFHEINZ, Wolfgang LEYK, Picu OCOLEANU, Judith OESTERREICH, Roland PELIKAN und Anne STICKEL. Sie arbeiten die Konturen evangelischer Ethik weiter aus und zeichnen sie in die Teilbereiche der Ethik (wie der Sozialethik, der Rechtsethik, der Wirtschaftsethik, der politischen Ethik, der medizinischen Ethik) und in die kirchliche Praxis ein.

Es wird eine tragende Aufgabe bleiben, die biblischen Quellen für die Ethik immer wieder neu zu erschließen, weil sich daran die Konturen evangelischer Ethik ausbilden und zu bewähren haben. Als besonderes Beispiel dafür seien die auch im Umkreis dieses Buches entstandenen Studien von Brian BROCK: Singing the Ethos of God: On the Place of Christian Ethics in Scripture (2006) genannt. Sie bündeln und entfalten die hier angefangene Einbeziehung der Psalmen in die Wahrnehmung der biblischen Ethik.

Es ist für die evangelische Ethik zu hoffen, dass sie eine gemeinsame Sache all derer bleibt, die die Einsicht teilen, dass es eine Grammatik der Ethik gibt, die dem Evangelium von Gottes Wirken und Handeln entspricht. Dies macht die Konturen einer evangelischen Ethik aus.

Erlangen, 15. August 2007                                                      H.G.U.

## Vorwort

Dieses Buch soll einen Bericht von dem geben, was in den Jahren meines Lernens und Lehrens entstanden ist. Was ich hier aufgezeichnet habe, wurde in Gesprächen, Lehrveranstaltungen, Vorträgen und Diskussionen vorgetragen und erprobt. Allen, die dabei mitgewirkt haben, gilt mein ganz besonderer Dank. Der größere Teil der Bücher und Texte, auf die ich hier ausdrücklich Bezug nehme, ist von Menschen geschrieben worden, die ich gehört, bei denen ich studiert, gelernt, mit denen ich zusammen gearbeitet und Gespräche geführt habe.

In unübertrefflicher Weise hat meine Frau KARIN ULRICH-ESCHEMANN bei der mündlichen Entstehung mitgewirkt. So ist ihr wenigstens das Buch gewidmet, zusammen mit CHRISTINE und EVAMARIE unseren Kindern, die auch daran mit zunehmender Herausforderung teilgenommen haben.

Dieses Buch versucht so Antwort zu geben auf Gehörtes und Gelesenes in der Hoffnung, dass diese Antwort wiederum Antwort erfährt. Im besten Fall mag einiges als Quelle für weitere Entdeckungen dienen. Nicht weniges wartet darauf, bearbeitet und entfaltet zu werden. Alles wird, wenn es gut geht, eine Fussnote sein zum besseren und konturenschärferen Verständnis dessen, was uns in Gottes Wort überliefert wird, und sichtbar werden lassen, wie vielfältig seine explorative Auslegung quer durch die Diskurse und Diskussionen mit unseren ethischen Belangen verbunden ist.

»*Wie Geschöpfe leben*«: der Titel zeigt die Perspektive an, in der mit der biblischen Tradition und ihrer Weiterführung gezeigt werden kann, was die ethisch-theologisch markierbaren Konturen unseres menschlichen Lebens sind. In diesem Verstehenszusammenhang der biblischen Tradition ist auch die ökumenische Ethik beschlossen. Je differenzierter und diffuser die ethischen Diskurse sind, um so mehr kommt es auf die erlernbare gemeinsame Praxis einer biblisch-christlichen Ethik an, die in die öffentliche Verständigung eingebracht werden kann.

»*Ethik im theologischen Diskurs*«: Der Titel dieser Buchreihe verweist auf die Aufgabe, den artikulierten theologischen Zusammenhang des Entdeckens, Erprobens und Bewährens von Ethik im Blick zu behalten und darauf zu setzen, dass die ethische Praxis nicht ortlos wird. Ihr theologisch zu bestimmender Ort ist die Geschichte Gottes mit seinen Geschöpfen und deren Geschichte mit diesem Gott. Dies gilt es zu erkunden – im Hören auf Gottes Wort, in der Suche nach dem Unbekannten, der Sehnsucht nach Gerechtigkeit und der gespannten Erwartung darauf, was durch andere zur Mitteilung kommt.

Erlangen, 8. März 2005                                                            H.G.U.

# E

## Zur Einführung:
## Menschliches Leben im Anfangen –
## Ethik auf dem Weg geschöpflichen Lebens

## E 1 Neu geschaffen werden – zum geschöpflichen Leben

Hätten wir nicht schon etwas davon gehört, was uns Menschen gesagt ist, könnten wir dann zu reden beginnen? Würden wir uns nicht schon im Antworten befinden, würden wir imstande sein, eine Frage zu stellen? Dass wir antwortend beginnen und antwortend bleiben in allem unserem Fragen und Reden – das ist die Erkenntnis, mit der uns die biblisch-christliche Tradition begegnet. Wir sind antwortende Lebewesen. Wir sind Lebewesen, die nicht nur reagieren, sondern Antwort geben. Dies ist keine Definition unserer menschlichen Natur, es ist vielmehr die Kurzfassung einer *Erzählung* von unserer menschlichen Existenz.[1] Diese Erzählung[2] handelt davon, wie Gott mit seinem Wort wirksam geworden ist, wie wir diesem Wort begegnen und ihm antworten.[3] Wir sind Antwortende schon dadurch, so sagt es die biblische Tradition, dass wir da sind: wir sind von Gottes Wort hervorgebracht, unser menschliches Leben ist die Antwort auf sein Wort. Dies macht *unser* geschöpfliches Leben aus. Wir erzählen von uns – damit ist ein »wir« im Spiel, das wir nicht von außen betrachten können, indem wir vielleicht von einer christlichen Ethik und ihrer Geschichte reden. Von dieser Geschichte zu reden heißt schon, sich in ihr aufhalten. Wenn von biblischer Tradition die Rede ist, dann kann dies nur in diesem Sinne unsere eigene Tradition sein, aus der wir etwas mitteilen und die wir so weitergeben.[4] Hier ist nicht eine Position in einem Kontext zu beziehen, dessen Umriss von außen zu bestimmen wäre, sondern es ist zu erkunden und auszuloten, was dieser Kontext sein kann – etwa dann, wenn wir darauf achten, was es heißt, Rechenschaft von der Hoffnung zu geben, die in JESUS CHRISTUS erfüllt ist (1Petr 3,15). Deshalb gibt es hier auch keine ursprüngliche Situation zu suchen, aus der heraus menschliches Leben zu verstehen wäre, keine moralische Ur-Situation, die diesen Ort bestimmen ließe – etwa die Ursituation der unausweichlich fordernden Begegnung mit einem anderen. Vielmehr ist es ein Hören und Antworten, in dem wir uns als diejenigen erfahren, die nicht von sich aus anfangen und nicht von sich aus beginnen, als Menschen zu leben, sondern auf Reden und Fragen

---

1  Zur Rede von der »Existenz«, die in der Theologie vielfältig aufgenommen worden ist, und auch hier weiter zu entfalten ist (so in der Rede von »Existenzformen«) siehe: K. LÖWITH: Existenzphilosophie [1932] (1984).
2  In Form einer Erzählung redet auch Martin LUTHER in seiner Kennzeichnung des Menschen: M. LUTHER: Disputatio de Homine. Disputation über den Menschen [1536].
3  Dies hat auch A. PETERS im Blick auf LUTHER in den Blick gerückt: A. PETERS: Die Spiritualität der lutherischen Reformation (1977), 139.
4  Hans-Christoph SCHMITT verdanke ich die großartige Gelegenheit, in gemeinsamen Seminaren in diesem Sinne an der biblischen Tradition und mit der biblischen Tradition in der Ethik zu arbeiten und so exegetische Einsichten für die Ethik fruchtbar werden zu lassen.

antworten, wenn wir denn zu hören und zu vernehmen imstande sind. Unser Reden beginnt nicht bei uns, und auch das Hören ist – wie Paul RICOEUR eindringlich entfaltet hat[5] – kein ursprüngliches, sondern immer schon das Vernehmen eines externen *Textes*, und nur bezogen darauf ist auch von einem »Kontext« zu reden. Dem Hören geht die Poetik voraus. Hören ist hier als das Hören von *etwas*, das uns begegnet, das anders in die Welt kommt als durch uns. Sonst wären wir – wieder – mit uns alleine befasst. Damit sind wir von vornherein schon auf eine *politische* Disposition verwiesen, in der kein Mensch über den anderen Macht haben kann und diese nur die Macht eines anderen, die Macht Gottes sein kann.

### 1. Zum Hören erweckt werden

So ist mit dem Psalm-Beter zu beginnen: »Lass mich am Morgen hören deine Gnade; denn ich hoffe auf dich. Tu mir kund den Weg, den ich gehen soll; denn mich verlangt nach dir.« (Ps 143,8) Vielfältig ist in der biblischen Tradition davon die Rede, dass Menschen zum Hören erweckt werden und dass das Zum-Aufmerken-Kommen nicht eine Sache menschlicher Bemühung allein ist, sondern das Werden und Geschaffen-Werden ausmacht, das uns Menschen auszeichnet.[6] So ist nicht nur von uns als von antwortenden Wesen zu reden und einer Antwortlogik[7], in der wir uns aufhalten, sondern von uns als *Geschöpfen*, die im Hören und Antworten[8] leben. Das Wort, das zu hören ist, erweckt uns zum Leben. Dies ist die erfahrene und erhoffte Ursprungssituation, wenn undeutlich geworden ist, was es zu hören gibt, oder wenn das Reden seinen Antwortcharakter verloren hat und zur Rhetorik geworden ist. Das immer akute Erweckt-Werden, dieses Kennzeichen der Geschöpflichkeit macht die ethische Existenz aus, von der die biblische Tradition zu erzählen hat. Im Nachsprechen von Jesaja 50 hat es Jochen KLEPPER in dem Lied festgehalten:

*»Er weckt mich alle Morgen, er weckt mir selbst das Ohr. Gott hält sich nicht verborgen, ruft mir den Tag empor, dass ich mit seinem Worte begrüß das neue Licht. Schon an der Dämmrung Pforte ist er mir nah und spricht.*

---

5   P. RICOEUR: Gott nennen (1981), besonders 78f.
6   Siehe E2-1; A1-1.
7   Siehe dazu die philosophischen Zugänge bei B. WALDENFELS: Der Anspruch des Anderen. Perspektiven phänomenologischer Ethik, 1998. Zu den theologischen Zugängen siehe: O. BAYER: Freiheit als Antwort. Zur theologischen Ethik, 1995.
8   Siehe dazu die Entfaltung theologischer Ethik bei O. BAYER: Freiheit als Antwort. Zur theologischen Ethik, 1995.

## 1. Zum Hören erweckt werden

*Er spricht wie an dem Tage, da er die Welt erschuf. Da schweigen Angst und Klage; nichts gilt mehr als sein Ruf. Das Wort der ewgen Treue, die Gott uns Menschen schwört, erfahre ich aufs neue, so, wie ein Jünger hört.*
*Er will, dass ich mich füge. Ich gehe nicht zurück. Hab nur in ihm Genüge, in seinem Wort mein Glück. Ich werde nicht zuschanden, wenn ich nur ihn vernehm. Gott löst mich aus den Banden. Gott macht mich ihm genehm.«*[9]

Hier ist das biblische Ethos zusammengefasst: das Leben mit Gott im Hören des Wortes Gottes, auf das der Hörende vertrauen kann, in dem er sein Glück findet – wie es in Psalm 1 gepriesen wird – und durch das er befreit wird aus der Verschlossenheit des Nicht-Vernehmens. Die biblische Tradition reflektiert nicht über die moralische Konstitution des Menschen oder über eine moralische oder religiöse Ursituation, die Menschen ergreift[10] und in die Pflicht nimmt, sondern sie beschreibt ein Ethos des Hörens und Antwortens, in dem Menschen »er-lernen«[11], was es heißt, mit dem Gott zu leben, der Menschen in seinem Wort und all dem, was sich mit diesem Wort erschließt, begegnet. So erfahren sie immer neu ihre geschöpfliche Existenz. Sie besteht in der bestimmten Aufmerksamkeit[12] auf das, was Gott in seiner Güte für die Menschen will. Dies gilt es zu vernehmen, wie der Psalm-Beter sagt: »Lass mich am Morgen hören Deine Güte ...«[13] (Ps 143,8)

In diesem Vernehmen besteht die Existenzform, auf die wir hier treffen. Deutlicher ist überhaupt von einer Existenzform oder einer menschlichen Lebensgestalt[14] zu reden als von einem Ethos.[15] Denn damit bleibt im Blick, dass es um ein Werden, eine Passio des Menschen geht, damit ist ein Geformt-Werden im Blick, ein Gerufen-Werden und ein immer neu Geschaffen-Werden. Das ge-

---

9   Evangelisches Gesangbuch, Lied Nr. 452 (Jochen KLEPPER 1938).
10  Von da auszugehen bleibt für eine Rekonstruktion verlockend, die auf eine Genealogie der symbolischen Formen und der Sprache zugeht, wie die von Ernst CASSIRER. Sie aber zielt auf die formgebende Kraft menschlicher Auffassung: vgl. dazu J. HABERMAS: Die befreiende Kraft der symbolischen Formgebung (1997).
11  So ist das hebräische Wort in Jes 50,4 zu übersetzen, das M. LUTHER und J. KLEPPER mit Jünger wiedergeben.
12  Vgl. zum Zusammenhang der Wahrnehmung des Guten und der Aufmerksamkeit insbesondere: S. WEIL: Zeugnis für das Gute, 1990, 63ff. »Ebenso wie die Wirklichkeit dieser hiesigen Welt die einzige Grundlage der Fakten ist, ebenso ist die andere Wirklichkeit die einzige Grundlage des Guten. ... Die einzige Vermittlung, durch welche das Gute von dorther zu den Menschen herabsteigen kann, sind unter den Menschen jene, deren Aufmerksamkeit und Liebe auf diese Wirklichkeit außer der Welt gerichtet sind.« (63).
13  Hier findet sich das Schlüsselwort Güte, Gnade, Huld: הַשְׁמִיעֵנִי בַבֹּקֶר חַסְדֶּךָ
14  Die Termini »Existenzform« und »Lebensgestalt« werden gebraucht, um den verbrauchten Terminus »Lebensform« zu vermeiden, der – auch im Plural – häufig nur »Lebensweise« oder »Lebensstil« meint.
15  Zum Begriff »Ethos« und »Lebensform« siehe A5-1.

schöpfliche Werden ist das unvergleichlich reichere Phänomen gegenüber allem, was vom »Menschen« zu sagen ist.

## 2. Moralische Vergewisserung – oder: was es zu bezeugen gilt

Es ist die Aufgabe der Moral und ihrer Theorien, uns dessen zu vergewissern, was unser menschliches Leben ausmacht, wie und *worin* wir Menschen bleiben oder werden, was wir sind und sein sollen. »Wie soll man leben – Wie soll ein Mensch leben?« – das ist die Frage der Moral.[16] Hier ist zu bedenken, dass unterschieden werden muss zwischen solchen Fragen, die alle Menschen betreffen und insofern auch die (vernünftige) Einsicht und Zustimmung aller Menschen erfordern, und solchen, die auf eine Verständigung über bestimmte Aspekte einer menschlichen Existenzform zielen. Dieser Unterscheidung entsprechend ist auf der einen Seite von »moralischen«, auf der anderen Seite von »ethischen« Fragen die Rede. Diese Unterscheidung enthält schon das ganze Problem. Wie ist es möglich, zu sagen, wie »man« leben soll, ohne doch an die inhaltliche Frage zu rühren, wie diese oder jene Menschen leben sollen? Das ist das Problem der Unterscheidung zwischen einer formalen Verfahrensethik[17] und einer solchen inhaltlichen Ethik, in der expliziert wird, wie ein »wir« von sich sagt: so gehört es zu uns, zu leben, oder wie ein »wir« dieses oder jenes praktiziert davon in seinem Reden und Handeln zeigt. Friedrich KAMBARTEL bemerkt zu der Unterscheidung: »Das Gegenüber einer materialen ethischen Kultur – der konkreten Sittlichkeit – auf der einen Seite und eines formalen Rahmens der Moralität, welcher sich scheinbar allein auf Regeln und Bedingungen der Beurteilung gründen ließe, auf der anderen Seite, das hat dann etwas von einer semantischen Illusion an sich. Das Verständnis der Moralität (ihrer praktischen Form) ist unausweichlich immer von bestimmten, wir könnten sagen, ›materialen‹ Äußerungen der Moralität infiziert.«[18] Dies ist im Blick zu behalten: die Thematisierung dessen, was von uns Menschen gilt in einer immer auch inhaltlichen Form.

Doch: was heißt es, moralisch-ethisch vom »Menschen« oder auch »von uns Menschen« zu reden? Und weiter: von welchem Menschen reden wir, auf wel-

---

[16] Zu weiteren Aspekten der Verwendung des Begriffs und zur Unterscheidung von Moral und Ethik, siehe C5. Die Verwendung des Begriffs folgt hier der Unterscheidung von »Moralität« und »Sittlichkeit«, wie sie im philosophischen Diskurs z.T. eingeführt ist. Vgl.: W. KUHLMANN (Hg.): Moralität und Sittlichkeit. Das Problem Hegels und die Diskursethik, 1986. Siehe auch: J. HABERMAS: Die Zukunft der menschlichen Natur, 2001, 71f. Vgl. zur Unterscheidung von »moralisch« und »ethisch« auch ebd. 14f.

[17] Vgl. C. TAYLOR: Motive der Verfahrensethik (1986).

[18] F. KAMBARTEL: Begründungen und Lebensformen. Zur Kritik des ethischen Pluralismus (1989), 56. KAMBARTEL fährt fort: »Mit einer schlichten Benennung beliebiger historischer Institutionen des gesellschaftlichen und rechtlichen Lebens als ›Sittlichkeit‹ haben unsere Überlegungen allerdings nichts zu tun.«

ir und – vor allem – *wie* kommen wir auf diesen Men-
ie Moral zu vergewissern sucht? Wie kommt »Mensch«
Oder ist eben dies schon fragwürdig, dass wir in morali-
Ienschen zu sprechen kommen? Wie kommt es zu die-
ist er gerichtet? Sicher gibt es allenthalben Nötigungen
ische Vergewisserung einzulassen, eine Gewissheit oder
urufen, was unser Menschsein ausmacht,[20] und zu ver-
ausdrücklich zu gewärtigen oder dies in eine neue Spra-
tigungen sind zunächst die der universellen Verständi-
der Kommunikation, sofern diese nicht den unabsehba-
lebens gehen kann, sondern in der Lage sein muss, Ab-
ibt es keinen anderen Ort als diese moralische Tagesord-
das »Problem des Menschen«[21] aufgeworfen hat? Kom-
Ienschen« zu sprechen, werden wir so von diesem Men-
etwas in unserem Reden zeigen, das uns hilft, zu entde-
Mensch zu leben? Sind wir alle immer schon voller Eifer
ine Antwort zu geben? Kommen wir damit schon von
ıer Unruhe her, die alles weitere bestimmt? Gibt es gegen
nen Widerspruch?

Es hat immer wieder Widerspruch gegen die Vergewisserung humaner Existenz im Medium der Moral gegeben, und es hat andere Orte und Perspektiven gegeben, die es erlauben, davon zu reden, was unser menschliches Leben ausmacht, ohne es schon den Besorgnissen auszusetzen, die unsere Tagesordnung bestimmen. So umwegig es erscheinen mag, nicht direkt und besorgt zu thematisieren, was uns Menschen bleiben lässt – vielleicht in dieser oder jener unbedingten Pflicht, in dieser oder jener unabdingbaren Verantwortung, und dies in eine Moral zu fassen, hat die Kritik daran wenigstens den Blick offengehalten dafür, dass der Zugang zu der Erkenntnis und Wahrnehmung dessen, was unser menschliches Leben ist und sein darf, woanders liegt als in der moralischen Vergewisserung.[22] In der biblisch-christlichen Tradition ist dies auch in der Diffe-

---

[19] Gewiss lässt sich sagen, dass diese Frage zu den unabweisbaren Fragen gehört, die J. HABERMAS einem »naturwüchsigen Quell der Problematisierung des vertrautesten Hintergrundes der Welt im ganzen«: J. HABERMAS: Nachmetaphysisches Denken, 1988, 25.

[20] Dies betrifft dann auch die Nötigung zu einer gattungsethischen Reflexion neben der moralischen, worauf Jürgen HABERMAS aufmerksam gemacht hat: J. HABERMAS: Die Zukunft der menschlichen Natur, 2001. Dabei ist noch zu klären, was »gattungsethisch« bedeutet. Auch bei Hans JONAS (Das Prinzip Verantwortung, 1985) findet sich eine enge Verbindung zwischen Moral und Gattungsethik.

[21] Siehe B2-5.

[22] H.J. IWAND hat in seiner Abhandlung »Das Gebot Gottes und das Leben« (1966) im Blick auf Friedrich NIETZSCHEs Moralkritik die Fragestellung genau beschrieben.

renz von *Gesetz* und *Evangelium* und auch in der Unterscheidung zwischen »Gesetz« und »Gebot«[23] artikuliert worden: das Gesetz verspricht Gewissheit darüber, was das Menschenleben bestimmt, das Evangelium widerspricht dem Versuch, sich durch ein Gesetz seiner Humanität zu vergewissern, statt sich jenseits dieser Selbstverfügung oder Selbstthematisierung in einem Leben mit Gott und seiner Geschichte zu finden, von der das Gesetz *Zeugnis* gibt – ein Zeugnis, welches »das Gesetz«, zu dem das Zeugnis geworden ist, niemandem verschaffen kann.[24] Es verdeckt den Zusammenhang, in dem menschliches Leben zu entdecken und zu erproben ist, es überlagert die *Geschichte*, in der unser Leben als menschliches erscheint – für jeden einzelnen, weil jeder einzelne sich in dieser Geschichte finden darf, statt im Befolgen des Gesetzes einer bestimmten Existenzform entsprechen zu müssen. Es geht in diesem Gegenüber um den Gegensatz und Widerspruch zwischen einer anonymen Moral und einem Ethos und der Geschichte,[25] in die es gehört und die es einschließt. In diesem Ethos dürfen wir Menschen uns finden und von ihm darf unser menschliches Leben Zeugnis geben.[26]

Dass wir Menschen Zeugen von einer menschlichen Existenz sind, derer wir zuteil werden können, die wir immer wieder neu entdecken, erfahren und artikulieren dürfen, macht das Gefälle aus, in dem wir uns hier in unseren ethischen Explorationen bewegen. Wird dieses Zeugnis eine entsprechende Sprache finden, wird dieses Zeugnis bei uns – durch uns – *ankommen*? Die Ethik selbst wird zu diesem Zeugnis gehören, wenn sie der Artikulation des Ethos dient, das hier zu bezeugen ist. Etwas bezeugen heißt, etwas gehört, aufgenommen und verstanden zu haben – auch dies betrifft das Problem der Moral: ist sie aus einem wie auch immer gewordenen Gewissen generiert, oder bleibt eben damit verdeckt oder stumm, worauf Menschen in ihrer bestimmten Weise zu leben antworten? Oder ist die Moral generiert aus dem Verlust der Geschichte,[27] in der Menschen sich

---

[23] Siehe B1-6. Zur Semantik siehe auch: P. RICHARDSON u.a.: Law in religious communities in the Roman period : the debate over Torah and Nomos in post-biblical Judaism and early Christianity, 1991

[24] Dies reflektiert KAFKAS Geschichte »Vor dem Gesetz«, die am Ende seines Romans »Der Proceß« ([1925], 1990) K., dem Angeklagten, erzählt wird. Es entspricht der Hermeneutik, wie sie Lévinas als die biblisch-talmudische kennzeichnet: E. LÉVINAS: Jenseits des Buchstabens, 1996, bes. 7-18. Siehe A4-5; A4-6.

[25] Zum Zusammenhang von Ethik und Geschichte siehe vor allem: P. RICOEUR: Geschichte und Wahrheit, 1974 und D. RITSCHL: Zur Logik der Theologie, 1984.

[26] Zur Bedeutung von Handeln als Zeugnis als Angelpunkt im gegenwärtigen Diskurs zwischen Philosophie und Theologie siehe: C. DAVIS; J. MILBANK; S. ZIZEK: Theology and the political, 2005; siehe dort: R. WILLIAMS: Introduction, S.2f.

[27] Zur Fragestellung siehe: G. VATTIMO: Abschied. Theologie, Metaphysik und die Philosophie heute, 2003, 109-126, und K. LÖWITH: Weltgeschichte und Heilsgeschehen. Die theologischen Voraussetzungen der Geschichtsphilosophie, 1961.

gerufen und gesandt wissen dürfen? Ist die Moral generiert aus dem Verlust der Heilsgeschichte?

Wenn Menschen so und nicht anders leben – was ist damit bei ihnen schon angekommen? Was haben sie schon vernommen? Von was ist das Leben, das wir »gut« nennen können, das Zeugnis? Wenn es ein Zeugnis von dem ist, was »gut« ist, dann wird »gut« nicht zum Prädikat, das wir dem Gegebenen[28] oder Erfahrenen verleihen – dann folgen wir nicht dieser Logik, der Logik der Metaphysik, die das Bestehende als gut reflektiert, ohne eine Perspektive zu haben, die diese Reflexion leitet. In diesem Sinne hat JESUS dem Reichen Mann gesagt: »gut« ist Gott allein (Mt 19, 16f.) – und das ist der handelnde Gott, der Gott, dessen Güte uns zugewandt ist.

Mit solchen Fragen und Aspekten folgen wir *nicht* dem Problem des »Ursprungs der Moral«[29], wie es auch die »Genealogie der Moral« (Friedrich NIETZSCHE) zum Gegenstand hat, um vielleicht den einen Ursprung durch einen anderen ersetzt zu sehen, sondern wir bleiben im *Kontext* des Redens von *dem* Menschen, der zum Geschöpf erwählt und bestimmt ist.[30] Es ist die Rede von dem Menschen, der als Zeuge erscheint: das Geschöpf gibt Zeugnis von seinem Schöpfer. Dies entspricht der Doppelstellung von Menschen[31] als derjenigen, die in dieser Welt leben, über die wir nicht hinausgehen können, und zugleich doch derjenige sind, die diese Welt in den Blick fassen, von ihr reden und ihr begegnen.

Wenn es nicht die Besorgnis um unser Menschsein und die Wahrung unserer Humanität ist, die Vergewisserung dessen, was wir Menschen sind und sein können, nicht die Beunruhigung jenseits dessen, was uns unausweichlich immer neu fordert, ist nicht dennoch eine moralische unausweichliche und uns Menschen bestimmende Inanspruchnahme dadurch gegeben, dass jeder von uns anderen Menschen begegnet – und wir von diesen angesprochen und gefragt sind? Ist dies die moralische Ursprungssituation, die Situation der Gerechtigkeit, in der es sich zeigt, ob einer gehört und verstanden hat – so wie es Psalm 82 entsprechend von den Ungerechten sagt, dass sie *nicht* hören und verstehen? Die biblische Tradition hat den Menschen als denjenigen begriffen, der sich ansprechen lässt und darin Gerechtigkeit vollzieht. Dieses Angesprochen-Werden gilt aber dem, der schon gehört hat, es gilt dem, der Geschöpf ist, der Zeuge ist. So geht es hier nicht um die ursprüngliche Situation eines Behaftet-Werdens, um

---

28 Zur Frage nach dem »Gegebenen« in der Moralphilosophie (in Bezug auf I. Kant) siehe: T.W. ADORNO: Probleme der Moralphilosophie, [1963] 1996, 114-116.
29 Vgl. dazu insbesondere: A. PEPERZAK: Before Ethics, 1997.
30 Siehe zum Problem der Gewinnung einer »positiven Moral« bei Nietzsche und mit Nietzsche: T.W. ADORNO: Probleme der Moralphilosophie, [1963] 1996, 255f.
31 Vgl. J. HABERMAS: Nachmetaphysisches Denken, 1988.

eine Moral ursprünglicher Pflichten, sondern um eine Ethik des immer neu Geschaffenwerdens und seiner Mitteilung. Zu reden ist davon, wie Menschen zum *Medium* dessen werden, was ihnen widerfährt und was sie anderen weitergeben.

Die biblische Tradition hat wie von einzelnen Figuren, die zu Zeugen geworden sind, von ISRAEL, dem Volk Gottes gesprochen und nicht anders dann von der Kirche[32] und von allen Menschen als von denen, die von Gott zeugen können, weil ihnen Gottes Wort begegnet ist und sie etwas mitzuteilen haben. Ebenso ist von JESUS CHRISTUS zu reden: In ihm trifft das Vernehmen Gottes und das Hören des anderen Menschen zusammen. In JESUS CHRISTUS fallen die Verpflichtung dem Nächsten gegenüber und die Begegnung dessen, der uns Menschen anspricht, nicht auseinander.[33] In JESUS CHRISTUS *erscheint*, was *dieses* Ethos der Gerechtigkeit bedeutet. Von dieser Gerechtigkeit gibt der JESUS Zeugnis, der sich selbst ihr ausliefert und alles darauf ankommen lässt, dass ihm Gerechtigkeit widerfährt. Sie erscheint als die widerfahrende Gerechtigkeit, eine solche, die jemanden zuteil wird. In ihr erfährt jemand die Treue des anderen zu der Gemeinschaft, die er eingegangen ist.

Was ISRAEL bezeugt und was Menschen in der von ihm aus weitergehenden Geschichte weiter bezeugen, bleibt nicht ein unbestimmter Horizont, in dem wir uns aufhalten – sondern ist ein Angeredet-, Gerufen- und Gefordert-Werden, das Sprache findet und wiedergibt, das reflektiert und beantwortet, was es zu hören gab: das Wort des Gottes, der uns diese Hörer und Geschöpfe sein lässt. Die biblischen Texte sind Zeugnisse, sie präsentieren sich als solche, sie kommen aus dem Hören und Verstehen eines Wortes. In ihnen erscheinen Menschen als Zeugen, als Hörer und Geschöpfe, als diejenigen, die Gottes Wort vernommen haben.

Daraufhin werden diejenigen, denen dieses Zeugnis gilt, angesprochen: »Wisst ihr denn nicht? Hört ihr denn nicht? Ist's euch nicht von Anfang an verkündigt? Habt ihr's nicht gelernt von Anbeginn der Erde?« (Jes 40,21). Es geht hier nicht um die Prozedur einer Offenbarung, die von dem Transzendenten etwas zur Kenntnis bringt, es geht nicht darum, dass Menschen etwas von jenseits erfahren, was ihnen sonst in ihrem Weltverstehen fehlen würde.[34] Es geht nicht darum, zu erfahren, wie es zum biblischen Zeugnis gekommen ist, vielmehr ist darin beides zugleich und untrennbar zu finden, Wort und Antwort, Botschaft

---

[32] Siehe zu diesem Zusammenhang insbesondere: J. ROLOFF: Die Kirche im Neuen Testament, 1993.

[33] »Was Ihr einem von diesen Geringsten getan habt, das habt Ihr mir getan.«

[34] »Ja denn, nicht tut mein Herr, ER, irgendwas, er habe denn seinen Beschluß offenbart seinen Knechten, den Kündern. Der Löwe hat gebrüllt, wer fürchtete sich nicht! mein Herr, ER, hat geredet, wer kündete nicht!« (Am 3,7).

eser Stelle auch Glauben nicht so zu verstehen, als hät-
ium, das uns von Gott reden lässt, denn auch die Rede
Zeugnis selbst und führt nicht dahinter zurück. Zeuge
eg weisen, und dafür steht der Glaube, der Menschen
ischen ergreifen, was ihnen von Gott widerfährt.
ignischarakter der biblischen Überlieferungen, dass –
Formen und der Grammatik ihres Redens keine Auto-
it denen als solche die Hörer oder Leser konfrontiert
tAELs, die in besonderer Weise als die Zeugen hervor-
enigen, die von Gottes Wort ergriffen sind, sie treten
die Botschaft, die sie erfasst hat, in ihrer eigenen Au-
)ies ist vielfach in der biblischen Überlieferung reflek-
tR Zebaoth: Hört nicht auf die Worte der Propheten,
etrügen euch; denn sie verkünden euch Gesichte aus
t aus dem Mund des HERRN.« (Jer 23,16)

## 3. Vom biblischen Ethos des Trostes

Im Hören des Wortes und im *Verstehen* und *Erkennen* besteht die Existenzform, die die biblische Tradition bezeugt. Dies ist das Ethos der biblischen Tradition zu nennen. Daraufhin wird ISRAEL angesprochen, nicht auf etwas Allgemeineres hin, nicht unbestimmt auf ein Verstehen von Welt, sondern auf das Hören und Verstehen, dessen, was ihm gesagt ist. Darin ist all sein Verstehen beschlossen:

»*So spricht der HERR, der König Israels, und sein Erlöser, der HERR Zebaoth: Ich bin der Erste, und ich bin der Letzte, und außer mir ist kein Gott. Und wer ist mir gleich? Er rufe und verkünde es und tue es mir dar! Wer hat vorzeiten kundgetan das Künftige? Sie sollen uns verkündigen, was kommen wird! Fürchtet euch nicht und erschrecket nicht! Habe ich's dich nicht schon lange hören lassen und es dir verkündigt? Ihr seid doch meine Zeugen! Ist auch ein Gott außer mir? Es ist kein Fels, ich weiß ja keinen. Die Götzenmacher sind alle nichtig; woran ihr Herz hängt, das ist nichts nütze. Und ihre Zeugen sehen nichts, merken auch nichts, damit sie zuschanden werden.*« (Jes 44,6-9)

ISRAEL wird zur Zeugenschaft aufgerufen. Es wird daraufhin aufgerufen, dass es das Wort *seines* Gottes gehört und verstanden hat – dass es sich davon hat leiten lassen. Es geht um eine *bestimmte* Botschaft, die es zu bezeugen gilt und auf die das Verstehen und Erkennen gerichtet ist. Es ist eine Botschaft, die zu hören, zu verstehen und zu leben ist. Unterschieden von den Zeugen sind die

---

35 Zur Kritik an einer Hermeneutik, die auf den autoritativen Ursprung hinauswill vgl. P. RI-
COEUR: Gott nennen (1981).

»Götzenmacher«, deren Götter stumm sind. Sie haben nichts zu erkennen und zu verstehen, sie sind selbstgemacht. Deshalb können sie – vor allem – nicht trösten. Die Botschaft, die es zu bezeugen gilt, ist eine tröstende Botschaft. (Jes 51). Die tröstende Botschaft kann nur bezeugt werden. Sie wird in der Annahme des Trostes bezeugt. Wo die Moral herrscht, ist der Trost nicht angenommen. Kein Versprechen und keine Affirmation können diesen Trost ersetzen.[36] Das Tröstliche ist das, worauf zu trauen ist. Nicht die eigenen Vergewisserungen, nicht die Selbst-Vergewisserung, vielleicht auch die in der Negation, sondern das Gewärtigwerden dieses Trostes begründet die Zeugenschaft derer, die hören und verstehen. So erscheint jede Rede von Gott als tröstende Botschaft, sie umgreift Schöpfung und Erlösung, und tröstend ist auch seine Weisung.

Darin ist die Zeugenschaft bestimmt. Es geht nicht um irgendeine, anders nicht zu gewinnende Wahrheit, sondern um nicht weniger und nichts anderes als den *Trost*, auf den alles ankommt, den Trost, den die Zeugen schuldig bleiben könnten, wenn sie nicht hören und verstehen. Was wird dieser Trost sein? Wie wird dieser Trost zu Gehör kommen? Wie wird deutlich, dass dieser Trost nur bleibt, wenn das Trauen in diesen Trost nicht aufgehoben wird, weil Affirmationen oder allgemeine Wahrheiten verkündet werden? Trost kann nicht auf Beteuerungen und herbeigeschafften Begründungen[37] beruhen. So ist der Trost mit der Zeugenschaft verbunden. Er ist ohne den Tröster, der dafür einsteht, nicht tragfähig.

Die biblische Überlieferung hat im Trost, im Getröstetwerden, den *Ort* bestimmt, an dem die ethische Erkenntnis und Weisung einsetzt – nicht eine ursprüngliche Besorgnis, nicht vielleicht ein unbewältigtes Trauma, sondern die Besinnung auf den Trost, der zugleich zu erinnern und zu erwarten ist. So wird die Weisung Gottes in ihrer ganzen Erstreckung als tröstliche gehört. Die ethische Weisung ist Trost, sofern sie die Hörenden herbeiruft, zu Gottes barmherzigen Taten, damit sie sich darin finden, damit sie darin der Existenzform gewärtig werden, die ihnen zukommt. So schreibt PAULUS an die Römer: »Ich ermahne euch nun, liebe Brüder, durch die Barmherzigkeit Gottes, dass ihr Euer Leben in Gottes Hand gebt, das sei euer dem Wort, dem Logos entsprechender Gottes-

---

[36] Vgl. die kritischen Anfragen von J. HABERMAS an M. THEUNISSEN und die affirmativen Anteile in seiner negativen Theologie: J. HABERMAS: Kommunikative Freiheit und negative Theologie (1997). Habermas formuliert die Frage: »Können wir unter Bedingungen nachmetaphysischen Denkens die klassische Frage nach dem guten Leben – in ihrer modernen Lesart als Frage nach dem gelingenden Selbstsein – nicht nur formal, sondern beispielsweise so beantworten, dass wir einen philosophischen Schattenriss der evangelischen Botschaft zeichnen?« Ein affirmatives Reden kann jedenfalls nicht die Antwort auf diese Frage darstellen.

[37] Zum Problem der »Begründung« in der Philosophie als deren tragendes Ideal in der Geistesgeschichte siehe auch: G. VATTIMO: Abschied : Theologie, Metaphysik und die Philosophie heute, 2003, 45-60.

dienst.«[38] Die ethische Weisung ruft Menschen in dieses Leben mit Gott zurück. Darin besteht Trost und Mahnung zugleich.[39] So hat Jochen KLEPPER vom Wort der ewigen Treue gesprochen: das Wort, dem zu trauen ist und in dem Trost zu finden ist. Trost besteht in dem verlässlichen und widerständigen Gegenüber von Gottes Wort. Nicht anders hat Martin LUTHER in seiner Auslegung der Zehn Gebote das erste Gebot »Ich bin der Herr Dein Gott, ... Du sollst keine anderen Götter haben neben mir« als ein tröstendes Gebot verstanden: es ist die Summe eines Ethos, in dem sich Menschen frei wissen von der abgründigen Sorge um die Lebensgrundlagen, die ihr Herz gefangen nimmt und die sie dazu treibt, immer neue Götter aufzurufen und ihnen zu dienen. (Psalm 115)

Die ethische Weisung wird so vor allem zum Zeugnis von der Botschaft, die Menschen trösten kann. Die Existenzform, zu der Menschen gerufen werden, ist Inhalt des tröstlichen Zeugnisses. Dieses zielt nicht auf ein gutes Leben, das einer prekären menschlichen Situation oder Wirklichkeit entgegenzuhalten ist, sondern spricht von einem Leben mit Gott, das in der begründeten Hoffnung besteht, die Menschen erreicht hat. Das Zeugnis ist Erinnerung und Hoffnung zugleich. In ihm werden Erinnerung und Hoffnung hörbar.

## 4. Zeugnis von der begründeten Hoffnung

Darin ist die *widersprechende* (kontradiktorische), *kritische* und *explorative* Aufgabe der Ethik beschlossen. Die Ethik gibt auf diese dreifache Weise das Zeugnis – und sie empfängt auf dieselbe dreifache Weise dieses Zeugnis. Ethik ist das Medium für dieses Zeugnis vom Leben in einer begründeten Hoffnung. In ihrer kontradiktorischen und (daraus folgenden) kritischen Aufgabe ist sie nicht die Negation des Trostes oder die Reflexion der unerfüllten und ungewissen Hoffnung. Christliche Ethik ist Zeugnis von einer begründeten Hoffnung[40], alles andere wäre nicht Trost, sondern vielleicht der Versuch, jemanden Hoffnung zu machen. Ethik, die nicht Zeugnis ist von dieser Hoffnung, wird zur Reflexion eines – irgendwie gegebenen – Gesetzes.[41]

Wenn die ethische Reflexion darüber, wie menschliches Leben gut und gerecht sein kann, kein Zeugnis davon enthält, was dieses Leben begründetermaßen sein

---

[38] M. LUTHER übersetzt: »dass ihr eure Leiber hingebt als ein Opfer, das lebendig, heilig und Gott wohlgefällig ist. Das sei euer vernünftiger Gottesdienst.« (Röm 12,1).
[39] Zum Zusammenhang von *Paraklese* und *Paränese* in der biblischen Überlieferung vgl. K. ULRICH-ESCHEMANN: Biblische Geschichten und ethisches Lernen, 1996.
[40] Vgl. Röm 15,4: »Denn was zuvor geschrieben ist, das ist uns zur Lehre geschrieben, damit wir durch Geduld und den Trost der Schrift Hoffnung haben.« Die Bedeutung des Zeugnisses von der begründeten Hoffnung, auch für die Ethik, hat Gerhard SAUTER in den Blick gerückt. Vgl. G. SAUTER: Hoffnungen zu Beginn des 21. Jahrhunderts (2002).
[41] So erscheint KANTs Moralphilosophie bei T.W. ADORNO: Probleme der Moralphilosophie, [1963] 1996, 223f. Zum Problem des »Gegebenen« siehe ebd.: 114-116.

darf, wenn die ethische Reflexion kein Zeugnis *für* dieses menschliche Leben enthält, zeigt sie nicht mehr, was ein Ethos genannt werden kann, nämlich eine Existenzform, *in der* sich Menschen finden können. Die biblische Überlieferung enthält eine solche Ethik und mit ihr ein solches Zeugnis von dem Ethos, das im Leben mit Gott und der darin beschlossenen begründeten Hoffnung besteht. Andernfalls wäre Ethik der Versuch, sich dessen zu vergewissern, was Menschen sind oder sein können, was *ihre* Möglichkeiten sind und wo diese überschritten oder vernichtet werden. Nichts wäre tröstlich, wenn die Menschen auf *ihre* Möglichkeiten verwiesen würden, wenn sie zurückgeworfen würden auf das, was sie in der Perspektive *ihrer* Möglichkeiten sind. In der biblischen Tradition werden Menschen nicht daraufhin angesprochen. Sie werden vielmehr gefragt: »Habt ihr nicht gehört, habt ihr nicht erkannt ...?« Sie werden auf das hin befragt, was ihr Leben bestimmt und trägt – haben sie es bemerkt und verstanden? Sie werden auf ihre eigene Zeugenschaft hin befragt und angesprochen.

Auf diese Weise spiegelt das Zeugnis vom Leben mit Gott – wie indirekt auch immer – zurück, was Menschen zu artikulieren vermögen, und zugleich teilt es mit, was ihnen zukommt.[42] Mit dem einen wird zugleich das andere ausgesagt. Es ist ein und dasselbe Wort davon, was es heißt, mit Gott zu leben. Dies ist der Gegenstand begründeter Hoffnung. Von ihr Rechenschaft zu geben heißt, sie mitzuteilen. Den Christen ist gesagt: »Seid allezeit bereit zur Verantwortung vor jedermann, der von euch Rechenschaft fordert über die Hoffnung, die in euch ist« (1Petr 3,15).[43] Darin ist die ganze Aufgabe der Ethik beschlossen. Was hätte eine Ethik zu zeigen oder was hätte sie einzufordern, wenn es keine begründete Hoffnung gäbe, die es *mitzuteilen* gilt?[44] Es ist eine Hoffnung – weil das, was hier bezeugt wird, die in CHRISTUS erfüllte Geschichte ist, in die sich Menschen einfinden dürfen. Diese Geschichte ist präsent. Es ist eine Hoffnung, die »in euch, bei euch« ist, sagt der Petrusbrief. Die Erstreckung in dieser Geschichte, das Leben in der bestimmten Aufmerksamkeit, die auf diese Geschichte gerichtet ist, kennzeichnet die menschliche Existenz. So reflektiert es das hebräische Wort für Hoffnung (תִּקְוָה) im Alten Testament.[45] Die biblischen Texte sprechen von

---

[42] In diesem Sinne ist vom Wort Gottes als dem Gesetz und dem Evangelium zu reden.
[43] Zur Auslegung siehe: G. SAUTER: Hoffnungen zu Beginn des 21. Jahrhunderts (2002).
[44] Zur Rede von der begründeten Hoffung siehe: G. SAUTER: Begründete Hoffnung. Erwägungen zum Begriff und Verständnis der Hoffnung heute (1967). Zur Entfaltung der hier vorausgesetzten eschatologischen Theologie siehe: G. SAUTER: Zukunft und Verheißung, 1965. Den Zusammenhang dieser eschatologischen Theologie mit der Theorie der Ethik habe ich dargestellt in: H.G. ULRICH: Eschatologie und Ethik. Die theologische Theorie der Ethik in ihrer Beziehung auf das Reden von Gott seit Friedrich Schleiermacher, 1988. Ich schließe daran, insbesondere auch an die dort begonnene pneumatologische Grundlegung der Ethik an, um sie hier weiterzuführen.
[45] Zur Theologie und zum Sprachgebrauch im Alten Testament siehe: W. ZIMMERLI: Der Mensch und seine Hoffnung im Alten Testament, 1968.

dem Ausgestrecktsein zu Gott, dem gespannten Warten auf seine gewisse Ankunft, den Advent.⁴⁶ So ist von der Seele die Rede: der Mensch *ist* eine solche Seele,⁴⁷ die sich ausstreckt nach Gott. Im Schöpfungsbericht wird vom Menschen gesagt, er sei zu einer »lebendigen Seele« geschaffen – was in verschiedenen Bibelübersetzungen mit »lebenden Wesen« oder »lebendigen Wesen« wiedergegeben wird.⁴⁸ In diesem Sinne kann mit der biblischen Tradition gesagt werden: die Seele ist in gewisser Hinsicht alles.⁴⁹ Weil sie sich bis zu Gott hin erstreckt und ihr nichts begegnen kann, was davon nicht berührt oder umgriffen ist. Nicht ein Seelenvermögen, sondern diese Extension einer aufmerksamen Existenz kennzeichnet das Geschöpf.

*Begründete Hoffnung* ist eine Hoffnung, die Menschen entgegentritt und nicht aus ihren moralischen und rationalen Möglichkeiten erwächst.⁵⁰ Es ist eine Hoffnung, die sich an dem entzündet, was *wider Erwarten* menschliches Leben erreicht und erfüllt. Es ist die Hoffnung wider alle aufzubringende menschliche Hoffnung.⁵¹ Es ist eine Hoffnung, die darin das Unabgegoltene bewahrt und weiterträgt. Es ist eine Hoffnung, die in diesem Zeugnis besteht. Es ist nicht eine Hoffnung, die Menschen sich machen, um sich gegen eine fragwürdige Wirklichkeit zu stellen, wie es im Räsonnement über Optimisten und Pessimisten geschieht: eine solche selbstgemachte Hoffnung kann nicht tröstend sein – sie geht vor allem hinweg über alle die, die keine Hoffnung haben. Es geht aber darum, für *diese* eine Hoffnung zu bezeugen, eine Hoffnung für die, deren Hoffnung keinen Anhalt findet. Ihnen darf kein Zeugnis von der begründeten Hoffnung geschuldet werden. Die Hoffnungslosen sind es, denen das Zeugnis geschuldet wird. Dies macht seinen *missionarischen* Charakter – auch der Ethik – aus.

Wie kann es eine Ethik geben, die reflektiert, wie man leben soll, wenn sie nicht denen begründete Hoffnung bezeugt, die schon alles verloren haben, denen, die ohne Hoffnung sind? Es geht um eine Hoffnung, die von den jetzt Lebenden zu bezeugen ist. Woran sollten die, die keine Hoffnung haben, sich

---

46 Vgl. Psalm 130, wo das Verbum für »Hoffen«, das gespannte Ausgestreckt-Sein gebraucht wird: »Ich harre des HERRN, meine Seele harret, und ich hoffe auf sein Wort.« (130,5).
47 Siehe zum Begriff »Seele«: A3-5.
48 Gen 2,7, in der Übersetzung von M. BUBER; F. ROSENZWEIG (»lebendes Wesen«), in der Übersetzung von M. LUTHER in verschiedenen revidierten Übersetzungen (»lebendiges Wesen«). In der Ausgabe von 1545 lautet die Übersetzung »lebendige Seele«.
49 Siehe R. SPAEMANN, der dies von ARISTOTELES zitiert: Technische Eingriffe in die Natur als Problem der politischen Ethik [1979] (2001).
50 Siehe die Analyse des Zusammenhangs von Moralität und Hoffnung bei I. KANT: P. FISCHER: Moralität und Sinn, 2003, 265-288.
51 Röm 4,18 wird dafür das Beispiel ABRAHAMs genannt. Er hat wider alle Hoffnung der Verheißung geglaubt.

halten können als an dieses Zeugnis von Menschen, die diese Hoffnung in die Welt tragen. Diese Zeugen der Hoffnung – wie ABRAHAM – zeigen, wie sie aus dieser Hoffnung leben. Dieser Hoffnung entsprechend zu leben und handeln macht die christliche Existenzform aus. Diese Entsprechung ist in den guten Werken zu suchen, die den Nächsten erreichen. Wer keine guten Werke tut, hat keine Hoffnung. Deshalb ist die christliche Ethik eine *Ethik der guten Werke* und nicht die Realisierung einer Moral, die eine bessere, andere, vielleicht gerechte Welt voraussetzt oder verspricht. Christliche Ethik tritt mit den guten Werken an die Stelle der Aporien einer realisierten Utopie. Dies steht jedem Utopismus gegenüber, der sich mit Fortschrittsversprechen verbindet und das Gute, wie es in den guten Werken bewahrt ist, gegen das je Bessere eintauscht. Das Gute ist kein Zustand der Welt. Es kommt durch die guten Werke an Menschen in die Welt.[52] Das Gerechte und Gutes *tun*, ist die Utopie, und dieses heißt, jedem das zukommen lassen, was an guten Werken ihm zu bezeugen ist. Von dieser Gerechtigkeit wird noch zu reden sein: sie entspricht der begründeten Hoffnung. Die guten Werke jedoch sind durchaus mit Institutionen verbunden, die sie tragen und in denen gute Werke ihren Ort haben.[53] Im Blick auf den Zusammenhang mit den ausdrücklich notwendigen guten Werken ist von »Institutionen« zu reden, im Unterschied zu der vielfältigen Rede von »Strukturen«[54], bei der undeutlich bleibt, wie sichtbar, adressierbar diese Strukturen sind. Mit den Institutionen geht es um adressierbare Orte des guten und gerechten Tuns.[55]

## 5. Begründete Hoffnung – oder die Sehnsucht nach Gerechtigkeit

Max HORKHEIMER hat die Frage der Hoffnung für die, die Leid und Unrecht erfahren, in einzigartiger Dringlichkeit formuliert. Er spricht von der *Sehnsucht* nach vollendeter Gerechtigkeit. Es ist die Sehnsucht nach einer Gerechtigkeit, in der wieder zurechtkommt, was an Unrecht geschehen ist.[56] Diese Sehnsucht kann sich nicht auf einen allmächtigen Gott berufen – dies wäre ein Postulat –, aber sie ist von dem Gefühl getragen, dass es diesen Gott gibt. Hätten wir dieses Gefühl nicht, wäre unsere Sehnsucht leer, sie hätte nichts, wonach sie sich aus-

---

52  Das entspricht der Feststellung JESU, dass nur GOTT allein gut ist (Mt 19,17). Den Menschen bleibt, diesem Glauben zu entsprechen und das von Gott uns zugemutete Gute zu tun, statt das Gute Gottes zu realisieren.
53  Siehe dazu insbesondere: P. RICOEUR: Geschichte und Wahrheit, 1974, 116-124 zur Zusammengehörigkeit des »Sozius« und des »Nächsten«.
54  Siehe: EKD-DBK: Für eine Zukunft in Solidarität und Gerechtigkeit. Wort des Rates der Evangelischen Kirche in Deutschland und der Deutschen Bischofskonferenz zur wirtschaftlichen und sozialen Lage in Deutschland, 1997, Ziff. 113.
55  Siehe A1-2.
56  Siehe zur gleichen Fragestellung in Bezug auf Walter BENJAMIN: M. BRUMLIK: Gerechtigkeit zwischen den Generationen (2001).

## 5. Begründete Hoffnung – oder die Sehnsucht nach Gerechtigkeit

strecken könnte. Sie streckt sich nach dieser Gerechtigkeit aus, auch wenn und weil sie sich – so HORKHEIMER – an keinem Glauben und an keiner Hoffnung, die Menschen gegeben wäre, festmachen kann. Es bleibt eine Sehnsucht. Diese ersehnte Gerechtigkeit richtet sich darauf, dass jedes menschliche Leben wieder zurechtgebracht wird – einen Sinn erfährt. Diesen Sinn, in dem alles wieder zurechtkommt, gibt es nicht ohne die Sehnsucht nach Gott: »Einen unbedingten Sinn ohne Gott zu retten, ist eitel.«[57] Ohne den allmächtigen und allgütigen Gott, würden wir eine Sehnsucht pflegen, für deren Erfüllung wir einstehen müssten – dies ist anmaßend, eitel – nicht weil Menschen in ihrer Macht begrenzt sind, sondern weil sie die Sehnsucht der anderen auf sich zu lenken suchen. Das ist die Versuchung einer eitlen Moral, die verspricht, alles zurechtzubringen. Nur darin kann menschliche Gerechtigkeit bestehen, sie als diejenigen zu ehren, denen Gott sich zuwenden will, statt ihnen eben diese Hoffnung durch die eigene – dann auch zynische – Hoffnungslosigkeit zu nehmen. Und sei es allein um der anderen willen, gilt es zu hoffen. Dies ist beschlossen in der Erinnerung: »Seid allezeit bereit zur Verantwortung vor jedermann, der von euch Rechenschaft fordert über die Hoffnung, die bei euch ist.« (1Petr 3,15).[58]

Davon unterschieden ist die Frage nach einer *Moral*, der Menschen folgen können, einer Moral, die darauf gerichtet ist, allen Menschen doch Gerechtigkeit widerfahren zu lassen, niemanden auszuschließen, einer Moral, die verspricht, dass niemand auf der Strecke bleibt. Doch worauf würde diese Moral sich berufen können? Was kann sie versprechen? Es geht hier nicht darum, wie diese Moral in dem Sinne als begründet und begründend gilt, so dass jedem Gewissheit vermittelt werden kann und muss, dass die vollendete Gerechtigkeit eintritt, die keinen Menschen von dem ausschließt, was allen Menschen zukommt. An die Stelle einer solchen Begründung[59] tritt – in HORKHEIMERs Reflexion – die Sehnsucht, die wenigstens vermittelt, dass das Sich-Ausstrecken nach Gerechtigkeit nicht ins Leere läuft, in diesem Sinne ist es eine begründete Sehnsucht, die ihren Grund nicht nennen kann, die aber auch nicht nur ein verzweifelter Schrei bleiben muss. Wie gut – so HORKHEIMER – , wenn es diese Sehnsucht noch gibt. Dieser Sehnsucht kann dann jede moralische Anstrengung entsprechen, anderen Gerechtigkeit zukommen zu lassen. Kann die moralische Gerechtigkeit anders verwurzelt sein als in dieser Sehnsucht? Kann die Moral in der Einsicht verankert sein, dass es ohne das Postulat einer Gerechtigkeit für alle kein ver-

---

57 Zur Kritik vgl. J. HABERMAS: Zu Max Horkheimers Satz: ›Einen unbedingten Sinn zu retten ohne Gott, ist eitel‹ (1991). Zur theologischen Kritik der Sinnfrage siehe: G. SAUTER: Was heißt: nach Sinn fragen? Eine theologisch-philosophische Orientierung, 1982.
58 Zur Auslegung vgl. G. SAUTER: Hoffnungen zu Beginn des 21. Jahrhunderts (2002).
59 Zu »Begründung« als Ideal in der Philosophie siehe auch: G. VATTIMO: Abschied. Theologie, Metaphysik und die Philosophie heute, 2003, 45-60.

bindliches Zusammenleben geben kann, in keinem Detail? Wird dieses Postulat aber die Sehnsucht ersetzen können? Doch es geht zunächst um die Unterscheidung zwischen der Sehnsucht nach Gerechtigkeit und der begründeten Hoffnung[60], die Unterscheidung zwischen einer Sehnsucht, die durch das Ausstrecken nach einem allmächtigen Gott bewahrt bleibt,[61] einer Sehnsucht unserer Seelen und einer Hoffnung, die auch die verzweifelte Seele erreicht, eine Hoffnung auf den Gott, der diese Seele – wie Psalm 23 sagt – »zurückbringt«.[62] Diese Hoffnung kommt aus dem Zeugnis derer, die nicht auf die Sehnsucht zurückgeworfen sind, sondern das Wort der Verheißung[63] gehört haben – wie der Beter von Psalm 23. Dieses Gebet ist wie andere Psalmen (z.B. Psalm 130) Zeugnis von dieser Hoffnung. Dieses Gebet sind die Zeugen der Hoffnung denen schuldig, die keine Hoffnung haben. Träger dieser Hoffnung sind jene Gerechten (Bewährten), die hören.[64] Wird es solche geben können, oder – glücklicherweise – nur die, die eine Sehnsucht nach Gerechtigkeit bewahrt haben? Die Psalmen sprechen nicht von Sehnsucht, sondern von der *begründeten Hoffnung*[65]. Unüberhörbar im Psalm 85 oder im Psalm 126:

*»Wenn der HERR die Gefangenen Zions erlösen wird, so werden wir sein wie die Träumenden.*
*2 Dann wird unser Mund voll Lachens und unsre Zunge voll Rühmens sein. Dann wird man sagen unter den Heiden: Der HERR hat Großes an ihnen getan!*
*3 Der HERR hat Großes an uns getan; des sind wir fröhlich.*
*4 HERR, bringe zurück unsre Gefangenen, wie du die Bäche wiederbringst im Südland.*
*5 Die mit Tränen säen, werden mit Freuden ernten.*
*6 Sie gehen hin und weinen und streuen ihren Samen und kommen mit Freuden und bringen ihre Garben.«*

---

60  G. SAUTER: Begründete Hoffnung. Erwägungen zum Begriff und Verständnis der Hoffnung heute (1967), siehe E1-3.
61  Ist dies bei HORKHEIMER wirklich der moralische Gott, der für die Moral funktionalisierte Gott – von dem NIETZSCHE schon festgestellt hat, dass er tot ist, weil wir ihn umgebracht haben dadurch, dass er als moralischer Gott allein nicht überleben kann.
62  Psalm 23,3: »Er bringt meine Seele zurück.«
63  Zum Verständnis von Verheißung siehe: G. SAUTER: Zukunft und Verheißung, 1965.
64  Ihnen werden in Psalm 82 die Ungerechten als diejenigen gegenüber gestellt, die nicht hören und nicht verstehen.
65  Siehe dazu: G. SAUTER: Begründete Hoffnung. Erwägungen zum Begriff und Verständnis der Hoffnung heute (1967). G. Sauter hat diese Logik – auch in Auseinandersetzung mit Ernst Bloch – biblisch-christlicher Eschatologie entfaltet. Siehe: G. SAUTER: Zukunft und Verheißung, 1965.

## 5. Begründete Hoffnung – oder die Sehnsucht nach Gerechtigkeit

Werden die Träger der Hoffnung diese so zu bezeugen wissen, dass der Trost ankommt, den sie mitzuteilen haben? Um diese proleptische[66] Wirklichkeit im Zeugnis der Hoffnung geht es – nicht um ein Leben im Aufschub um einer besseren Welt und ihrer Gerechtigkeit willen. Die bessere Gerechtigkeit, die JESUS in Erinnerung ruft (Mt 5,20), ist die von Gottes Güte erfüllte Gerechtigkeit,[67] es ist die Gerechtigkeit aus dem Reichtum seiner Erfüllung. Wie diese zu bezeugen ist, hat die ihr entsprechende Ethik zu zeigen.

Die Sehnsucht nach vollendeter Gerechtigkeit – so Max HORKHEIMER – ist *eine* Quelle der Moral. Die andere ist die Freude der Menschen, denen wir Gutes tun.[68] In dieser Freude spiegelt sich wiederum das Gute, das uns – in den guten Werken – zu tun und zu bezeugen anvertraut ist. Es geht insofern nicht allein um eine Moral, die der vollendeten Gerechtigkeit entspricht, sondern um die immer gegebene Gelegenheit, Gerechtigkeit zu üben und Gutes zu tun. So wird die Moral zum Ethos. Dieses Ethos der guten Werke tritt proleptisch ein für die Gerechtigkeit, auf die man hoffen muss, für die es eine Sehnsucht gibt.

In einem Gespräch formuliert es HORKHEIMER so:

»HORKHEIMER, MAX: ›Alles, was mit Moral zusammenhängt, geht logisch letzten Endes auf Theologie, jedenfalls nicht auf säkulare Gründe zurück, wie sehr man sich auch bemühen mag, die Theologie behutsam zu fassen. ... Religion lehrt, dass es einen allmächtigen und allgütigen Gott gibt. Ein kaum glaubhaftes Dogma angesichts des Grauens, das seit Jahrtausenden auf dieser Erde herrscht.‹

SPIEGEL: ›Und?‹

HORKHEIMER: ›Ich würde sagen, man solle Theologie erneuern. Es ist keine Gewissheit, dass es einen allmächtigen Gott gibt. Ja, wir können es nicht einmal glauben angesichts dieser Welt und ihres Grauens.‹

SPIEGEL: ›Was bleibt dann?‹

HORKHEIMER: ›Die Sehnsucht.‹

SPIEGEL: ›Wonach?‹

HORKHEIMER: ›Sehnsucht danach, dass es bei dem Unrecht, durch das die Welt gekennzeichnet ist, nicht bleiben soll. Dass das Unrecht nicht das letzte

---

[66] »Proleptisch« heißt hier nicht »vorwegnehmend« (antizipatorisch), sondern ist im Sinne des »Unterpfands« zu verstehen, als das in Eph 1,14 Christus gekennzeichnet wird. Siehe zur Fragestellung: M. THEUNISSEN: O aitwn lambanei. Der Gebetsglaube Jesu und die Zeitlichkeit des Christseins (1991), bes. 356. Theunissen deutet einen möglichen Unterschied nur an.

[67] Mt 5,20: λέγω γὰρ ὑμῖν ὅτι ἐὰν μὴ περισσεύσῃ ὑμῶν ἡ δικαιοσύνη πλεῖον τῶν γραμματέων καὶ Φαρισαίων, οὐ μὴ εἰσέλθητε εἰς τὴν βασιλείαν τῶν οὐρανῶν.
(Vulgata:) »dico enim vobis quia nisi *abundaverit* iustitia vestra plus quam scribarum et Pharisaeorum non intrabitis in regnum caelorum.«

[68] So M. HORKHEIMER in: »Was wir ›Sinn‹ nennen, wird verschwinden.« [1970] (1983) 395.

Wort sein möge. Diese Sehnsucht gehört zum wirklich denkenden Menschen.«"[69]

HORKHEIMER spricht von der Sehnsucht nach dem richtenden letzten Wort, nach der vollendeten Gerechtigkeit. Jürgen HABERMAS bemerkt: »Erst recht beunruhigt uns die Irreversibilität vergangenen Leidens – jenes Unrecht an den unschuldig Misshandelten, Entwürdigten und Ermordeten, das über jedes Maß menschenmöglicher Wiedergutmachung hinausgeht. Die verlorene Hoffnung auf Resurrektion hinterlässt eine spürbare Leere.«[70] Muss die Sehnsucht, wenn sie von keiner Verheißung ausgeht, von einer Metaphysik getragen sein,[71] einer Anschauung von der Wirklichkeit im ganzen als einer guten, die doch irgendwie einzuholen ist? Muss dies eine freischwebende Sehnsucht bleiben, eine Sehnsucht, die nur aus direkter Erfahrung mit Unrecht und Endlichkeit erwächst?[72]

Wie aber sollte das letzte Wort nicht nur aus der Erfahrung der Endlichkeit, die in ihrer Bedeutung verblasst, zu ersehen, sondern zu erhoffen sein? Wenn die Moral selbst nicht sinnlos werden soll, sofern sie ein letztes Wort verspricht, aber nicht geben kann, muss es ein solches letztes, *erhofftes* Wort geben – ein Wort, das uns Menschen begegnet. Auch dort, wo die unterstellte Erwartung an die Übereinstimmung aller diese Sehnsucht ersetzt, bleibt diese Logik erhalten. Sie wird verdeckt, wo nur noch von moralischen Intuitionen (und vielleicht deren metaphysischen Voraussetzungen) gesprochen wird. Es ist aber undenkbar – um derer willen, die ihre Hoffnung verlieren – dass es kein letztes Wort gibt. Das funktionalisiert nicht die Religion für die Moral,[73] sondern das ist Inhalt der begründeten Hoffnung, die von keiner Metaphysik abhängig ist, sondern aus der *Zusage* und dem *Widerspruch* lebt. Die begründete Hoffnung steht auch nicht für die Quelle der Motivation zur Moral. Diese Hoffnung hält sich an das bezeugte Wort von Gottes Gerechtigkeit. Wer könnte diesem bezeugten Wort widersprechen wollen?

Welche Moral-Theorie man verfolgt, entscheidet und bewährt sich an dieser Hoffnung. Welche Moral? – das ist dann keine Frage einer wie auch immer zu leistenden Letztbegründung oder Achtung, es ist die Frage, was die Hoffnung ist, die wir schuldig bleiben könnten. Woher diese Hoffnung und was ist diese Hoffnung? Wird ohne ihr Zeugnis die Sehnsucht lebendig bleiben, das Sich-

---

69  M. HORKHEIMER: »Was wir ›Sinn‹ nennen, wird verschwinden.« [1970] (1983).
70  J. HABERMAS: Glauben und Wissen. Friedenspreisrede 2001 (2003), 258.
71  J. HABERMAS verweist auf die dahinter stehende metaphysische Annahme der Identität jedes Einzelnen mit dem Ganzen: J. Habermas: Zu Max Horkheimers Satz: ›Einen unbedingten Sinn zu retten ohne Gott, ist eitel‹ (1991).
72  Vgl. M. HORKHEIMER: Die Sehnsucht nach dem ganz Anderen [1970] (1983)395. Vgl. zur Kritik an Horkheimers Festhalten an metaphysischen Voraussetzungen: J. HABERMAS: Zu Max Horkheimers Satz: ›Einen unbedingten Sinn zu retten ohne Gott, ist eitel‹ (1991)
73  Vgl. J. HABERMAS zu M. Horkheimer.

Ausstrecken danach, dass die Welt zurechtgebracht wird – nicht nach Maßgabe unseres Vermögens? Deshalb ist von »Erlösung« im Sinne von »Abgeltung« zu reden (Psalm 130): »Harre IHM zu, Jissrael! Denn bei IHM ist die Huld, Abgeltung viel bei ihm«.[74]

Wie hat Psalm 126 (»Die mit Tränen säen, werden mit Freuden ernten«) denen widersprochen, die keine Hoffnung haben? Die Sehnsucht ist religiöser Natur, sie erwächst aus den Erfahrungen von Unrecht und Endlichkeit.[75] Diese Religion, die der Moral von der vollendeten Gerechtigkeit nahe steht, ist in dem Maße dabei zu verschwinden, als die Sehnsucht in einen unabsehbaren Utopismus umgesetzt wird, der das Gute im je Besseren sucht, in dem Utopismus, der auch die guten Werke nur mit dem Vorbehalt noch kennt, dass doch eigentlich die Welt verändert werden müsste. Wenn der Zusammenhang von Religion und Moral zu bedenken ist, dann ist davon zu reden, ob Moral etwas ist, das keine Hoffnung hat, und ebenso die Sehnsucht dieser oder jener Religion.

## 6. Das Ethos der begründeten Hoffnung

Von ABRAHAM, dem Vorläufer in der Hoffnung, wird gesagt: *»Er hat geglaubt auf Hoffnung, wo nichts zu hoffen war ... Denn er zweifelte nicht an der Verheißung Gottes durch Unglauben, sondern wurde stark im Glauben und gab Gott die Ehre und wusste aufs allergewisseste: was Gott verheißt, das kann er auch tun. Darum ist es ihm auch ›zur Gerechtigkeit‹ gerechnet worden. Dass es ihm zugerechnet worden ist, ist aber nicht allein um seinetwillen geschrieben, sondern auch um unsertwillen, denen es zugerechnet werden soll, wenn wir glauben an den, der unsern Herrn Jesus auferweckt hat von den Toten«* (Röm 5,18-24). Die Hoffnung des ABRAHAM gründet in der Verheißung, die ihm bezeugt wird. Abraham hat von sich aus nichts zu hoffen. Er gewinnt die Hoffnung in der Begegnung mit den Überbringern der Verheißung – wie es in Gen 18 erzählt wird. ABRAHAM war – wie PAULUS es formuliert – der überdeutlichen Botschaft gewärtig, die ihm durch die Gesandten begegnet ist, die ihm seine Geschichte mit Gott verheißen haben. Dieses Zeugnis ist wiederum um unsertwillen überliefert. Tradition zielt auf Rettung. Dieses Zeugnis muss ankommen. Die weitergetragene Mitteilung der Hoffnung ist der Trost, der in der Überlieferung fortbesteht, der jedem zugänglich ist, der jedem immer neu zu Gehör gebracht werden kann: »Denn was zuvor geschrieben ist, das ist uns zur Lehre geschrieben, damit wir durch Geduld und

---

74 So übersetzt Martin BUBER.
75 HORKHEIMER sieht auch die Sehnsucht gefährdet: M. HORKHEIMER: Die Sehnsucht nach dem ganz Anderen [1970] (1983) 397: »Je weiter der Fortschritt, desto gefährdeter nicht nur der Glaube, sondern die wahre Sehnsucht nach einem Besseren. ..Ich bin mehr und mehr der Meinung, man sollte nicht von der Sehnsucht sprechen, sondern von der Furcht, dass es diesen Gott nicht gebe.«

den Trost der Schrift Hoffnung haben.« (Röm 15,4). Es bleibt die widerständige Mitteilung, die niemandem vorenthalten werden kann und die jeden provoziert, sich zum Zeugen und Lehrenden berufen zu lassen.

*»Was wir gehört haben und wissen und unsre Väter uns erzählt haben, das wollen wir nicht verschweigen ihren Kindern; wir verkündigen dem kommenden Geschlecht den Ruhm des HERRN und seine Macht und seine Wunder, die er getan hat.*
*Er richtete ein Zeugnis auf in Jakob und gab ein Gesetz in Israel und gebot unsern Vätern, es ihre Kinder zu lehren, damit es die Nachkommen lernten, die Kinder, die noch geboren würden; die sollten aufstehen und es auch ihren Kindern verkündigen, dass sie setzten auf Gott ihre Hoffnung und nicht vergäßen die Taten Gottes, sondern seine Gebote hielten und nicht würden wie ihre Väter, ein abtrünniges und ungehorsames Geschlecht, dessen Herz nicht fest war und dessen Geist sich nicht treu an Gott hielt«*[76] (Ps 78, 3-8)

Das Zeugnis ist *aufgerichtet* – damit die Hoffnung weitergetragen wird, »dass sie setzten auf Gott ihre Hoffnung und nicht vergäßen die Taten Gottes, sondern seine Gebote hielten.« Es ist die Hoffnung, die in Gottes Wirken beschlossen ist, es ist in diesem Sinne begründete Hoffnung. So treffen wir im Brennpunkt der biblischen Überlieferung auf ein Ethos der begründeten Hoffnung. Das bestimmt auch das Verständnis von Ethos, wie es in der biblischen Überlieferung erscheint: als eine Existenzform, die nicht ein Zuhause-Sein behauptet, dessen Gegenwart zu vergewissern oder einzufordern ist. Nicht auf eine solche Gegebenheit verweist dieses Ethos, sondern darauf, dass das Ausgestrecktsein nach Gottes Zuwendung und Hilfe davon Zeugnis gibt, was Menschen als Vertrauensgrund, als Trost gewärtig geworden sind. Es ist ein Ethos, zu dem es gehört, nicht zu vergessen, »was er dir Gutes getan hat.« In dieses Eingedenksein ist dieses Ethos gefasst und zugleich damit in die Hoffnung, dass die dazugehörige Geschichte (story) weitergetragen wird.[77] Es kommt darauf an, auf diese bestimmte Geschichte zu setzen. Dieses Ethos umschreibt PAULUS als die Hoff-

---

[76] Ps 78,3-8 (Übersetzung von Martin LUTHER).
»Was wir hörten, dass wirs erkennen, und uns unsre Väter erzählten, nicht hehlen wirs ihren Söhnen in einem späten Geschlecht, SEINE Preisungen erzählend, seine Siegesmacht und seine Wunder, die er getan hat. Er erstellte in Jaakob Zeugnis, Weisung setzte er in Jissrael ein, die er unseren Vätern entbot, ihre Söhne sie kennen zu lehren, damit ein spätes Geschlecht erkenne, Söhne, einst geborene, aufstehn und ihren Söhnen erzählen, dass auf Gott sie ihre Zuversicht setzen und nicht vergessen des Handelns der Gottheit und ihre Gebote wahren und nicht werden wie ihre Väter ein störriges und widerspenstiges Geschlecht, ein Geschlecht, das nicht festigt sein Herz und nicht treu ist mit der Gottheit sein Geist.« (Übersetzung von M. BUBER).
[77] An dieser Stelle ist die Verbindung zwischen Ethik und Story-Theologie gegeben. Dies hat vor allem Dietrich RITSCHL in den Blick gerückt und entfaltet. Vgl. insbesondere: Zur Logik der Theologie, 1984.

nung, die darin besteht, in *dieser* Geschichte zu bleiben.[78] Bei dieser Geschichte zu bleiben ist entscheidend um der anderen willen, denen diese Gewissheit zu bezeugen ist, denen, die ihre Hoffnung haben verloren geben müssen. Die Hoffnung, die hier zu bezeugen ist, gilt allen, sie gilt für die, die selbst ohne Hoffnung sind. Das heißt Rechenschaft geben von der Hoffnung, die in bestimmter Gestalt uns begegnet ist: nur diese Hoffnung kann für das Universale einstehen, sie kann nicht nur für die jeweils Hoffenden gelten, sie erreicht alle, deren Hoffnung unabgegolten ist und die in ihrer Hoffnung teilhaben an der Gerechtigkeit, auf die man hoffen muss.[79] Die biblische Existenzform besteht in dieser Hoffnung – diese Hoffnung *bildet* diese Existenzform.[80] Die Hoffnung kennzeichnet die menschliche Existenzform als geschöpfliche. In dieser Hoffnung, die des Wirkens Gottes gewärtig ist, erfüllt sich menschliches Leben: für die, die nach Gerechtigkeit hungern und dürsten, denn sie sollen satt werden – wie es JESUS in der Bergpredigt erinnernd verheißen hat (Mt 5,6). In dieser Gewissheit dürfen sie leben. Wie können sie diese Gewissheit bewahren? Das ist die ethische Frage an die anderen. Wie können diese den anderen die Hoffnung bewahren. Das Gerechte und Gute kann nicht jenseits davon, über die Hoffnungslosen hinweg gesucht werden. »Selig sind, die da Leid tragen; denn sie sollen getröstet werden«: wie kann dies zur Mitteilung kommen? Dieser Trost wird von denen weitergegeben werden, die selbst aus dem Trost leben. So zeigt sich die biblisch überlieferte Existenzform als die Existenzform derer, die aus dem Trost leben und diesen weitergeben.

Diesem Ethos wird eine Ethik entsprechen, die die Erprobung der Existenzform getrösteten geschöpflichen Lebens reflektiert. Sie wird diesen Trost auf die Probe gestellt wissen wollen, sie wird davon Rechenschaft geben. Diese Ethik, die aus dem Vernehmen des Wortes lebt, erkundet den Widerhalt gegenüber einer Vernunft, die keine Mitteilung enthält, die Vernunft, die allein in der Verständigung besteht. Von der kommunikativen Vernunft sagt Jürgen HABERMAS: »Weder verkündet sie die Trostlosigkeit der gottverlassenen Welt, noch maßt sie

---

[78] »Da wir nun gerecht geworden sind durch den Glauben, haben wir Frieden mit Gott durch unsern Herrn JESUS CHRISTUS; durch ihn haben wir auch den Zugang im Glauben zu dieser Gnade, in der wir stehen, und rühmen uns der Hoffnung der zukünftigen Herrlichkeit, die Gott geben wird. Nicht allein aber das, sondern wir rühmen uns auch der Bedrängnisse, weil wir wissen, dass Bedrängnis Geduld bringt, Geduld aber Bewährung, Bewährung aber Hoffnung.« (Röm 5,1-4).
[79] Es geht um die Hoffnung der Elenden: Ps 9,19: »Denn er wird den Armen nicht für immer vergessen; die Hoffnung der Elenden wird nicht ewig verloren sein.«; Hi 5,15f.: »Er hilft dem Armen vom Schwert und den Elenden von der Hand des Mächtigen. Dem Armen wird Hoffnung zuteil, und die Bosheit muss ihren Mund zuhalten.«
[80] Zur Kennzeichnung christlicher Hoffnung siehe: J. MOLTMANN: Theologie der Hoffnung. Untersuchungen zur Begründung und zu den Konsequenzen einer christlichen Eschatologie, 1964. Zur theologischen Reflexion der Eschatologie insgesamt siehe: G. SAUTER: Zukunft und Verheißung, 1965.

sich selbst an, irgend zu trösten. Sie verzichtet auch auf Exklusivität. Solange sie im Medium begründender Rede für das, was Religion sagen kann, keine bessere Welt findet, wird sie sogar mit dieser, ohne sie zu stützen oder zu bekämpfen, enthaltsam koexistieren.«[81]

Von einer Ethik, die Rechenschaft gibt von der Hoffnung (1Petr 3,15), die Menschen mit sich tragen,[82] muss nicht gesagt werden, sie sei eine »traurige Wissenschaft«. So wird im folgenden auch nicht von jenen Minima Moralia (Theodor W. ADORNO) die Rede sein, in denen sich gerade noch gebrochen oder negativ reflektiert, was sich in der Perspektive der ersehnten Erlösung abzeichnet.[83] Vielmehr spricht biblische Ethik in der Perspektive der Erlösung – wie in Psalm 130 – von der *gewissen* Hoffnung, die der kommenden Erlösung entgegensteht. Ethik ist dann Rechenschaft von der begründeten Hoffnung (1Petr 3,15), sie ist Rechenschaft von der Existenzform, in der präsent wird, was wir Menschen von Gott begründetermaßen erhoffen.[84] »Begründetermaßen« heißt nicht im Sinne dessen, was menschliche Ratio in Begründungen (reasons) erfasst, sondern in dem Sinne, dass das menschliche Verstehen auf den Grund trifft, der in ihr Leben eingetreten ist und dem sie sich – explorativ, also keineswegs blind – anvertrauen dürfen.[85] Die Rechenschaft von der Hoffnung meint keine begründende Rechtfertigung, sondern eine verstehende Erprobung.[86] Sie ist in diesem Sinne nicht fundamentalistisch wie die Reflexionen, die die Grenzen einer Letztbegründung zu fixieren suchen. Es ist die explorative Rechenschaft vom geschöpflichen Leben. Das ist es, was wir empfangen haben. Es kommt dann darauf an, zu zeigen, was die Moralia sind, die diese Hoffnung einschließt. Die Rechenschaft von dieser Hoffnung wird der Privatisierung des Guten[87] widersprechen und eine Hoffnung bezeugen, die allen gilt, die Leid tragen und Trost suchen und die hungern und dürsten nach Gerechtigkeit, und nicht zu-

---

[81] J. HABERMAS: Nachmetaphysisches Denken, 1988, 185. Die »Enthaltsamkeit«, von der Habermas hier spricht, betrifft den Trost, den die Vernunft nicht spenden kann, also die widerständige Botschaft, der das ganze Vertrauen gilt, keine anderen Voraussetzungen oder Konditionen, die die Vernunft gleichwohl zu erwägen hat. Habermas hat das Problem des Trostes immer wieder angezeigt.

[82] κύριον δὲ τὸν Χριστὸν ἁγιάσατε ἐν ταῖς καρδίαις ὑμῶν, ἕτοιμοι ἀεὶ πρὸς ἀπολογίαν παντὶ τῷ αἰτοῦντι ὑμᾶς λόγον περὶ τῆς ἐν ὑμῖν ἐλπίδος. Es geht um eine Hoffnung, die Menschen mit sich herumtragen – in ihren Herzen. Das heißt aber nicht, dass es deshalb eine ›innerliche‹ Hoffnung ist. Vielmehr hat dieser Hoffnung ihr ›Außen‹ in dem Christus, der sich unter die Menschen begeben hat.

[83] T.W. ADORNO: Minima Moralia, [1951] 1964.

[84] Vgl. dazu: M. THEUNISSEN: Ὁ αἰτῶν λαμβάνει. Der Gebetsglaube Jesu und die Zeitlichkeit des Christseins (1991).

[85] »Der Gestus der Hoffnung ist der, nichts zu halten von dem, woran das Subjekt sich halten will, wovon es sich verspricht, dass es dauere.« (T.W. ADORNO: Negative Dialektik, 1966, 381)

[86] Vgl. 1Petr 3,16-18.

[87] Vgl. A. MACINTYRE: Die Privatisierung des Guten (1994).

## 6. Das Ethos der begründeten Hoffnung 43

letzt denen, die Frieden stiften (Mt 5,9): »Selig sind die Frieden stiften, denn sie werden Gottes Kinder heißen«. Dies ist die Logik begründeter Hoffnung, auf die hin Menschen handeln können. Das Friedenstiften ist die Erprobung der begründeten Hoffnung. Die biblische Tradition stellt ein einziges und vielfältiges Zeugnis von dieser Existenzform dar – vom Leben in der begründeten Hoffnung. In ihrer Mitteilung und Explikation besteht der Trost, die Paraklese, die es auszusprechen gilt. Die Leitfrage für die Ethik heißt hier also nicht »wie soll man leben?«, sondern: »Wie bleibt unser menschliches Leben in Gottes Treue?«, und das heißt: »Wie bleiben wir in der Existenzform der Geschöpfe, wie ist zu erproben, zu erkunden und mitzuteilen, was es heißt, Geschöpf zu sein?«

Diese Existenzform schließt eine bestimmte Ethik ein, die zu ihr gehört und ihr entspricht: eine *Ethik des Verstehens* und *Erkennens* dessen, was uns Menschen mitgeteilt ist, eine Ethik, die den Trost vernimmt, eine Ethik, die die Paraklese zu hören weiß. Dieses Verstehen und Erkennen zielt auf das Weitergeben dessen, was uns mitgeteilt ist – es zielt auf die Traditio.[88] Es geht um das Verstehen der barmherzigen Taten Gottes, die uns mitgeteilt sind – deren diejenigen gewärtig werden, die sich ihre Existenzform verändern lassen durch das Neuwerden ihrer Wahrnehmung und ihres Verstehens. So hat es PAULUS pointiert ausgesprochen: »Lasst euch eure Existenzform verändern, durch das Neuwerden eurer Wahrnehmung und eures Verstehens, damit ihr erproben könnt, was Gottes Wille ist: das Gute, das Wohlgefällige und das Vollkommene.« (Röm 12,2) Das Verstehen richtet sich auf die barmherzigen Taten Gottes, wie sie Menschen erreichen und diese Welt verändern: es richtet sich auf die ganze Welt geschöpflichen Lebens. Die diesem Verstehen entsprechende Ethik wird sich immer fragen lassen: »Wisst ihr denn nicht? Hört ihr denn nicht? Ist's euch nicht von Anfang an verkündigt? Habt ihr's nicht gelernt von Anbeginn der Erde?« (Jes 40,21). Jede Ethik ist gefragt, ob sie eine Botschaft gehört hat – oder eben nichts mitzuteilen hat. Und sie ist gefragt, ob sie von einem Ethos zu reden weiß, das eine begründete Hoffnung bezeugt. Wird sie diese Frage beantworten können? Die Antwort wird sie allen denen schuldig sein, die verzweifelt sind.

Wenn die Ethik nichts mitzuteilen hat, wird sie Reflex bleiben, vielleicht rationaler Reflex auf das, was geschieht oder auf das, was – wie auch immer – ist. Sie hat dann nicht von der Hoffnung Rechenschaft zu geben (1Petr 3,15), die unter uns in JESUS CHRISTUS erschienen ist, in diesem JESUS CHRISTUS und dem Fortgang seines Zeugnisses, sondern wird nur Reflex sein auf die Hoffnungslosigkeit eines unabsehbaren Geschehens, dem keine Hoffnung entgegensteht, kein

---

[88] Zu Tradition siehe A4.

Handeln Gottes, kein rettendes und schöpferisches Handeln Gottes.[89] Die Alternative ist ein »Gott«, der – wie Walter BENJAMIN im Blick auf den religiösen Weltzustand des Kapitalismus gesagt hat – »ins Menschenschicksal einbezogen« ist, das im Gefälle der unabsehbaren Steigerung des Vermögens verläuft.[90] Was dann zu erwarten bleibt, ist die Apokalyptik der Zertrümmerung dieses Vermögens.

## 7. Politia Christi

Evangelische Sozialethik hat das Zeugnis von der Existenzform »politia Christi« genannt: die öffentliche Bekundung, Erprobung und Mitteilung der menschlichen Existenzform, wie sie in JESUS CHRISTUS beschlossen ist. In JESUS CHRISTUS ist erschienen, worin sich die menschliche Existenz erfüllt. *Deshalb* ist die evangelische Ethik und Sozialethik Zeugnis. Sie ist Zeugnis von dieser in Jesus bezeugten Neuschöpfung. Diese besteht darin, dass Menschen in die Geschichte von der Neuschöpfung mit ihrer Geschichte (story) hineingezogen werden.[91] Darin ist eine Ethik der *Nachfolge* beschlossen, keine christliche Moral. So entsteht erst die *Topologie*, in der sich evangelische Ethik bewegt. Es ist die Topologie von begründeter Hoffnung und Erfüllung. »In JESUS CHRISTUS« – das heißt von vornherein, es gibt eine Geschichte, die einen *bestimmten* Inhalt hat und an der wir teilhaben dürfen. Diese Geschichte trägt einen Namen. Was zu erkunden ist, ist mit diesem Namen auf den Weg gebracht. Was von Menschen zu sagen ist, von ihrer Geschöpflichkeit und ihrem Werden, ist die Explikation und Erprobung der Geschichte Gottes mit den Menschen, wie sie in Gottes *Namen* beschlossen ist. Anders würde Ethik nichts zu bezeugen haben, sie könnte nur bestätigen, vielleicht auch kritisch bestätigen, was der Gang der Dinge ist, aber ohne eine Kritik oder ohne sich in irgend einer Perspektive zu bewegen, die dieser Kritik ihre Konturen verleiht.

Den Ort ethischer Rechenschaft hat PAULUS in Röm 5 als den Ort der geduldigen Hoffnung in der Bedrängnis gekennzeichnet: Geduld bringt Bewährung, *Erprobung* (δοκιμή), und diese bringt Hoffnung hervor. Hoffnung ist durch diese Erprobung vermittelt, es ist die Hoffnung in der Erprobung. So wie dies Paulus auch in Röm 12,2 festgehalten hat: es gilt zu erproben, was Gott für uns Men-

---

[89] Zur Entfaltung und Bedeutung dieses Angelpunktes theologischer Rede von Gott siehe: G. SAUTER: Evangelische Theologie an der Jahrtausendschwelle, 2002, 17-21 (»Welchen Sinn hat es, von Gottes Handeln zu reden?«) Die Aufgabe, von Gottes Handeln zu reden als Aufgabe der Lehre vom Geist Gottes entfaltet M. WELKER: Gottes Geist : Theologie des Heiligen Geistes, 1992. Vgl. zur Problemstellung, ebd. 17f..

[90] W. BENJAMIN: Kapitalismus als Religion (1991), 101.

[91] Diesen Zusammenhang hat für die Ethik D. RITSCHL in den Blick gerückt und entfaltet: Zur Logik der Theologie, 1984, Vgl. 286-299: »Von der ›Story‹ zum Handeln«.

schen will, das heißt: was wir nach seinem Willen sein dürfen.[92] Dies zu erproben heißt, angefangen beim Nächsten, immer neu mitzuteilen und zu bezeugen, was alle Menschen als die Geschöpfe Gottes sein dürfen. *Was* wir in diesem Sinne den anderen schuldig sind zu bezeugen, ist die Frage nach dem Inhalt des Ethos.

In dieser Erprobung ist das ganze Ethos enthalten. Darin ist auch die Artikulation, das semantische Potential enthalten, das es zu erschließen und zu erproben gilt, weil in ihm der Trost enthalten ist, der mitzuteilen ist. Was die Konturen evangelischer Ethik sind, entscheidet sich daran, wie sie diesen Trost zur *Mitteilung* bringt – statt dass sie eine Moral oder auch ein Ethos zur Kompensation in einer ansonsten haltlosen und trostlosen Welt (der Verdacht von Odo MARQUARD) hervorbringt oder auch eine Moral oder ein Ethos, das »der Welt« universell gegenübertritt. Wie mitzuteilen ist, worin sich menschliches Leben bewährt: das ist die Frage an eine Ethik, die nicht trostlos wird, etwa weil es keinen Weg (mehr) gibt die Welt auf eigene Faust und eigenen Willen hin – metaphysisch – gut zu heißen. Hier berührt sich durchaus die theologische Ethik mit der philosophischen Frage nach der Möglichkeit *des* Trostes.[93]

Die in JESUS CHRISTUS erschienene Hoffnung besteht in der Bewährung (Röm 5,3). Der Ort der Bewährung ist der genuin *politische*, der sich nicht umgehen lässt, durch keine Moral und durch keine Weltdeutung. Bewährung ist jeder Selbst-Behauptung entgegengesetzt, die sich nicht darauf einlässt, mit anderen und in der Verständigung mit anderen, zu erproben, was uns Menschen mitgeteilt ist. Gegenüber einer – politischen – Ethik der kommunikativen Vernunft ist damit die Frage zu stellen, inwiefern auf die Bewahrung und Bewährung der Prozeduren allein zu setzen ist, oder ob nicht auf die Tagesordnung kommen muss, was in inhaltlicher Bestimmung das Ethos, den Gegenstand der Ethik ausmacht, wie sehr auch immer dies in den Widerspruch und das Zeugnis führt, das für die Welt bestimmt ist.[94] Auf diese Weise ist von einer Ethik der zeugnishaften Nachfolge zu reden, einer Ethik, in der nachfolgenden Bezeugung einer Geschichte, die in diese Welt eintritt, sie durchkreuzt und ihr den Grund der Hoffnung präsent werden lässt. Die Ethik, von der hier etwas zu zeigen ist, besteht in der Rechenschaft von der Hoffnung, die unter uns ist (1 Petr 3,15).

---

[92] Siehe dazu P. von der OSTEN-SACKEN: Die Heiligkeit der Tora : Studien zum Gesetz bei Paulus, 1989, bes. 43-46.
[93] Siehe dazu J. HABERMAS: Die Einheit der Vernunft (1988).
[94] Grundlegende Fragestellungen im Blick auf die politische Theorie finden sich bei: C. LEFORT: Fortdauer des Theologisch-Politischen?, 1999. Diesen Fragestellungen folgen wir hier.

Sie ist nicht fixiert auf die Rechenschaft vom menschlichen Selbst.[95] Es ist eine politisch relevante Rechenschaft von der Hoffnung, die präsent geworden ist. Hier ist der Treffpunkt mit jener Moralphilosophie, die dabei bleibt, nach dem richtigen Leben zu fragen, aber eben nicht sehen kann, dass dieses richtige Leben im falschen möglich ist. Diese Frage – wie sie von niemandem deutlicher gestellt worden ist als von Theodor W. ADORNO[96] – muss die immer provozierende Frage bleiben, sonst bleibt erst recht die christliche Ethik eine trostlose Angelegenheit, weil sie gegen ihre eigene Logik über diese Frage hinweggeht. ADORNO bemerkt: »Ich meine, dass es für die gegenwärtige Situation entscheidend ist, dass dieses Moment des Mitspielens (sc. das Mitspielen mit den Gegebenheiten der Welt wie sie ist) ... etwas ist, das von keinem Menschen, wenn er einfach überleben will, ganz vermieden werden kann, wenn er nicht wirklich ein Heiliger ist – aber die Existenz eines Heiligen ist heute auch prekär.«[97] Die grundlegende Frage, die sich daran anschließt ist dann, inwiefern dieser Widerstand zuerst ein Widerstand in der Reflexion ist – eben dort, wo von dem Neuwerden zu reden ist (Röm 12,2). Demgegenüber kann auf die Philosophien verwiesen werden, die eine außerhalb dieser Differenz gedachte Weise des »Mitspielens« im Sinne des Sich-Zurecht-Findens in den Blick gerückt haben – gar mit der Perspektive einer »Beheimatung in der Welt« (Hans J. SCHNEIDER).[98] Die Existenz eines Heiligen aber bleibt die Provokation an das, was in der theologischen Tradition »Heiligung« genannt worden ist – Heiligung als die Geschichte, die die Ethik zu erkunden hat, eine Geschichte in der Peregrinatio[99], der Wanderung in der Fremde.[100] Diese steht auch gegen eine Historie, die sie – wie selbstgefertigt diese

---

[95] J. BUTLER hat von daher die Aufklärung über Ethik – im Blick auf ADORNO und FOUCAULT – aufgerollt. Sie hat damit die Logik biblisch-theologischer Ethik elaboriert, ohne dies zu bemerken: J. BUTLER: Kritik der ethischen Gewalt, 2003.
[96] Siehe ausführlich dazu: T.W. ADORNO: Probleme der Moralphilosophie, [1963] 1996.
[97] T.W. ADORNO: Probleme der Moralphilosophie, [1963] 1996, 249f. Adorno fährt fort: »Wir werden unablässig zu diesem Mitspielen verhalten und, um Gottes Willen, glauben Sie nicht etwa, dass ich, wenn ich Ihnen hier die Norm verkünde nicht mitzuspielen, dabei dem leisesten Pharisäismus unterliegen würde.«
[98] In Weiterführung der Philosophie Ludwig WITTGENSTEINs ist hier insbesondere auf Hans J. SCHNEIDER zu verweisen, dem ich sehr viel an Einsichten verdanke. Er bemerkt im Zusammenhang der Frage nach der wissenschaftlichen Form der Wirklichkeitserschließung: »Die Erfahrung des Mitspielens ist nach meinem Verständnis ein Gegengewicht gegen die vom technomorphen Blick erzeugte ›Entzauberung‹ der Welt, sie trägt dazu bei dass wir uns in der Welt beheimatet fühlen können. Dabei erinnert sie nur an etwas Vertrautes, das sogar einer wissenschaftlichen Behandlung zugänglich ist ...« (H.-J. SCHNEIDER: Erfahrung und Erlebnis. Ein Plädoyer für die Legitimität interaktiver Erfahrungen in den Naturwissenschaften (2004), 246). Die Auseinandersetzung mit einer technomorphen Perspektive thematisiert eine andere Fremdheit als die, die in der christlichen Tradition reflektiert wird – und doch provoziert sie darüber nachzudenken, was »Beheimatung« heißen kann.
[99] Siehe E2-2.
[100] Siehe A1-10 und C1-4.

auch immer ist – zu bestätigen oder fortzusetzen hätte. Die Fremde erscheint in
der Perspektive einer anderen Geschichte, der Geschichte, zu der auch die Sehnsucht nach Gerechtigkeit gehört, die nicht schon erfüllt ist.

## E 2 Erkundungen auf dem Weg geschöpflichen Lebens – zur Aufgabe theologischer Ethik

### 1. »Was ist der Mensch, dass Du seiner gedenkst?«

Theologische Ethik erkundet, was es für uns Menschen heißt, als Geschöpfe zu leben. Darin ist eine explorative und eine kritische[1] Aufgabe enthalten. Die kritische erwächst aus der explorativen. Kritisch sein heißt, den Weg nicht zu verlassen, dem die Erkundung folgen muss. Es hat vielfältige Wege und Geschichten von Erkundungen geschöpflichen Lebens gegeben, denen wir nachdenken können und die wir weiter verfolgen können. Menschen haben versucht, herauszufinden, was das geschöpfliche Leben und seine Logik sein kann.[2] Ihren Erfahrungen und Geschichten[3] können wir nachgehen, um dann selbst zu sagen, um neu zu sagen und zu erzählen, was dieses geschöpfliche Leben für uns ausmacht.

Mit dem geschöpflichen Leben einzusetzen heißt nicht, mit einem unbestimmten Schöpfungs-Glauben als Voraussetzung oder mit diesen oder jenen Gegebenheiten zu beginnen, sondern es heißt im Gegenteil, von solchen Vergewisserungen in Gegebenheiten oder Einsichten absehen zu dürfen und statt dessen der Bewegung und den Geschichten geschöpflichen Lebens nachzuspüren.[4] Sich in dieser Perspektive aufhalten heißt zunächst, dem nachzusinnen, was in unserem Reden von uns Menschen und unserer Wirklichkeit, von dem aufzufinden ist, was zur Geschichte und Logik[5] geschöpflichen Lebens gehört. »Wir«, das sind diejenigen, die nicht so oder so zu identifizieren sind, sondern diejenigen, die sich auf dem Wege dieser Erkundung zusammenfinden.[6] Zugleich sind

---

[1] Im (kantischen) Sinne dessen, was Kritik heißt: auch bei W. BENJAMIN: Zur Kritik der Gewalt (1991). Vgl. dazu J. DERRIDA: Gesetzeskraft. Der mystische Grund der Autorität, 1991. Derridas Kennzeichnung der Dekonstruktion stellt eine spezifische Form der Kritik und der Aufklärung dar, die zu betrachten hier fruchtbar wäre.

[2] In mancher, freilich begrenzter Hinsicht ist es ein »Ethos« zu nennen. Aber mit dieser Kennzeichnung müssen wir vorsichtig sein, sofern »Ethos« auch Gewohnheit heißt und Ethik wohl die Gewohnheit zum Gegenstand haben kann, diese aber zugleich kritisch, dekonstruktiv betrachten muss.

[3] Hier ist der Ort für die narrative Form der Ethik. Siehe dazu auch: A4-5.

[4] Diese Fragestellung hat insbesondere Karl LÖWITH in den Blick gerückt: K. LÖWITH: Wissen, Glaube und Skepsis, 1962, 68-86. Siehe auch: ders.: Gott, Mensch und Welt in der Metaphysik von Descartes bis zu Nietzsche, 1967.

[5] Vgl. zu dieser Kennzeichnung des Gegenstandes und der Aufgabe der Theologie H.U. von BALTHASAR: Theodramatik, 1978.

[6] Siehe zu dieser Fragestellung: G. VATTIMO: Abschied : Theologie, Metaphysik und die Philosophie heute, 2003, 78. Vattimo macht hier auf die »metaphysische« Implikation aufmerksam, die mit diesem »wir« gegeben ist. Die theologische Logik ist davon unterschieden, sofern sie das »wir« in

»wir« diejenigen, die auf ein Außen ausgerichtet sind, darauf, was sie vernehmen, was sie hören, was ihnen gesagt ist und was *für sie* (im Sinne von: um ihretwillen, an ihrer Stelle[7]) geschehen ist. Wie werden sie dessen als einem »pro nobis« gewahr werden? Das ist die ganze Pointe einer theologischen Ethik, die eben der Geschichte nachgeht, in die die Geschichte der Menschen *aufgehoben* ist. Nur so – in dem Aufgehoben sein in Gottes Geschichte, in CHRISTUS – kann es eine Ethik geben, die nichts verdrängen muss, was nicht zu heilen ist, sondern auf die Geschichte und ihren verheißungsvollen Ausgang blicken kann. Diese Ethik wird keine Schuldbewältigung versuchen, auch nicht in der Weise, dass sie behauptet, wir Menschen würden immer schuldig werden. Es wird vielmehr immer wieder neu darum gehen, dass diese *fremde* Geschichte unsere Geschichte wird, dass sie ›uns‹ aufnimmt, Zuflucht und Trost gewährt. Und wenn von Dramatik die Rede sein wird, dann kann dies geschehen, weil nicht wir selbst die Schauspieler in einem Drama sind, von dem wir auch nicht wissen können, wohin es uns treibt, sondern weil es eine bestimmte Geschichte ist, die ›für uns‹, an unserer Stelle geschehen ist, so dass es jetzt darum geht, es im Blick auf ihren bekannten und erfüllten Ausgang weiterzuleben und diesen zu erproben. So kann menschliches Leben nicht als das Experiment verstanden werden, das wir mit uns selbst durchführen, oder das sich irgendwie mit uns Menschen vollzieht: experimentum humanitatis mit unbestimmtem Anfang und mit unbestimmtem Ausgang – ein Experiment für dessen Nachvollzug womöglich das Leben anderer eingesetzt wird.[8]

»Wir Menschen« – das kann deshalb keine Selbst-Definition sein, denn eine solche wird Menschen und Menschen schließlich ebenso unterscheiden wie Menschen und andere Lebewesen. So ist vom humanum nicht zu reden. Es würde immer versucht werden, dieses zu verwalten und für sich gegen andere zu beanspruchen. Dieses »wir« hat seinen Ursprung und Ort darin, dass Menschen – mit dem Psalm 8 – sagen können: »was ist der Mensch, dass Du – Gott – seiner gedenkst«? Diese Rede ist gottesdienstlich, liturgisch. Das »wir« bildet sich, wenn Menschen einstimmen in dieses Gebet. Diese Frage nach dem Menschen gehört in ein Gebet, sie kann davon nicht gelöst werden, denn dann wird aus diesem Vorgang des Betens ein Gefüge, das »den Menschen« von seinem Ort her fixieren lässt. »Was ist der Mensch, dass Du – Gott – seiner gedenkst?« blickt nicht auf eine Ordnung, die bestimmen lässt, was der Mensch ist und dann

---

der je bestimmten Geschichte Gottes aufgehoben sieht, in die sich Menschen finden dürfen. Eben damit wird nicht – gewaltsam – ein anderes »wir« gesetzt.

[7] H.J. IWAND: Wider den Missbrauch des ›pro me‹ als methodisches Prinzip in der Theologie (1954).
[8] Zu diesem ganzen fatalen Zusammenhang vgl. G. AGAMBEN: Homo sacer, 2002.

vielleicht auch, wer Mensch ist.⁹ Das lässt dieses Gebet nicht zu, denn der Blick zum Himmel entdeckt dort das Werk *des* Gottes, dessen Zuwendung zum Menschen das Wunder ist. Es ist kein Bekenntnis, es ist ein Gebet, weil nur dieses »Gott« so ins Spiel bringen kann, dass er nicht vereinnahmt wird. Das Gebet enthält kein Panorama von »Gott und Mensch«, keine Frage nach dem humanum. Es ist das Gebet des Geschöpfs, kein Bekenntnis von einem bestimmten Ort aus. Das Geschöpf unter dem Himmel hat keinen Ort, womöglich einen, den es anderen streitig machen könnte. Der Blick zum Himmel steht jedem frei. Das Gebet schielt auch nicht auf die »anderen« Menschen, es vergewissert sich nicht eines humanum. Auch von diesem könnte jemand ausgeschlossen sein.

*»Was ist der Mensch, dass Du seiner gedenkst?«* (Psalm 8) Es gilt für uns herauszufinden, in welches Gelände, in welche Geschichten, in welches Leben dieser Weg des Fragens führt und wie wir selbst uns immer neu auf diesem Weg leiten lassen. Das geschöpfliche Leben hat seine eigene Erscheinungswelt, und wir können ihrer nicht gewahr werden, wenn wir von vornherein nach etwas anderem suchen, vielleicht nach einer bestimmten, umfassenden Ordnung, an die wir uns zu halten suchen.

Warum beginnen wir so? Wir setzen damit ein, weil unklar geworden ist, inwiefern Ethik selbst eine *Praxis* ist, die zum menschlichen Leben gehört und die es als geschöpfliches kennzeichnet.¹⁰ Wir könnten – vorläufig – sagen: menschliches Leben ist als geschöpfliches gekennzeichnet, sofern es darin besteht, in seinem Verlauf erkundet zu werden. Das ist der Modus seiner Erkenntnis. Das menschliche Leben ist – wie es die theologische Tradition gesagt hat¹¹ – »im *Werden«* (»fieri«), nicht im »Sein«. »Werden« heißt hier nicht »Entwicklung« oder »Entfaltung«, sondern es heißt »geschaffen«, »geboren« (Wiedergeburt) und »geformt« werden. Es meint auch nicht ein Werden, das die »Unbestimmtheit« des Menschen festhält.¹² Dieses Werden ist im Handeln Gottes beschlossen. Es ist in der Geschichte mit den Menschen beschlossen, die Gott in JESUS CHRISTUS weitergeführt und vollendet hat. Es ist für uns Menschen – innerhalb dieser Geschichte – ein dramatischer Vorgang. Er schließt Verlust und Rettung, Ver-

---

⁹ Das ist gegen die Phasen der Genealogie des »Wissens« bei M. FOUCAULT zu sagen. Jedenfalls trifft die von ihm gekennzeichnete »klassische« Form, die von einer *Ordnung* aus und auf eine solche hin vom Menschen spricht, nicht das biblische Reden. Gleichwohl trifft diese Genealogie das biblische Reden, als dieses tatsächlich den Menschen nicht im Sinne der (modernen) Frage »Was ist der Mensch?« thematisiert. Vgl. M. FOUCAULT: Die Ordnung der Dinge, 1974.
¹⁰ Siehe dazu A3.
¹¹ Vgl. dazu E. WOLF: Menschwerdung des Menschen? (1965). G. SAUTER: Mensch sein – Mensch bleiben. Anthropologie als theologische Aufgabe (1977).
¹² Zur Genese dieser Semantik in der frühen Neuzeit siehe: N. LUHMANN: Gesellschaftsstruktur und Semantik, Bd. 1, 1993, 162-234. Luhmanns Darstellung bestätigt auf seine Weise, dass die reformatorische Rede vom Menschen dieser Logik *nicht* folgt.

zweiflung und Hoffnung, Geburt und Wiedergeburt ein. Dieses Leben im geschöpflichen Werden gilt es – wieder neu, in einem Neuwerden des Erkennens – als Gegenstand theologischer Ethik zu entdecken. Theologische Ethik sähe sonst entgegen der biblisch-christlichen Tradition ihre Aufgabe extrem reduziert, vielleicht darauf, das zu beschreiben und zu fixieren, was »gilt« oder »gelten kann, ohne dass die Erkundung dessen, was gelten *darf*, stattgefunden hat. Theologische Ethik hat etwas zu zeigen oder vielmehr hat sie etwas erscheinen zu lassen: das Leben von Geschöpfen.

Theologische Ethik folgt insofern nicht der Alternative zwischen einer Verfahrensethik[13], die sich aller ihrer Erkenntnisse ursprünglich vergewissern muss, und einer positiven Ethik, die ein irgendwie gegebenes Ethos zum Gegenstand hat. Theologische Ethik ist nicht nur eine Verfahrensethik, bei der es darauf ankommt, dass sich alle an die Regeln halten, wobei dann aber offen bleibt, wie dafür gesorgt ist, dass wirklich zur Verhandlung kommt, *was* zu verhandeln ist. Es kommt entscheidend auf die Tagesordnung an, nicht nur auf die Prozeduren der Verständigung. Zugleich mit aller Nötigung zur Verständigung, geht es darum, dessen gewärtig zu werden, was unser menschliches Leben ausmacht. Seiner Dramatik und Logik, seiner Bewegung und Grammatik nachzugehen, im großen wie im kleinen, in partiellen und umgreifenden Geschichten, ist die Aufgabe theologischer Ethik.[14] Das macht Ethik per se zu einer theologischen, wenn es denn um die Geschichten geht, die erzählen, was uns Geschöpfen widerfährt. Von welchen anderen Geschichten könnte die Rede sein? Ethik selbst ist so als Praxis geschöpflichen Lebens zu verstehen, d.h. als die Praxis eines Lebens im Werden, eine Praxis, die diesem Werden nachgeht. Es ist neben der politischen Aufgabe der Verständigung die des Gewärtigwerdens menschlichen Lebens: es ist die Ethik als *Liturgik*, die Erkundung dessen, wie menschliches Leben in Gottes Geschichte vorkommt. Sie sucht zu artikulieren, was im Hören auf Gottes Wort, was Lob Gottes, was im Gebet als das menschliche Leben erscheint, das in Gottes Geschichte hineingehört. Dazu tritt dann die Aufgabe, die Existenzform geschöpflichen Lebens zu artikulieren – die Ethik. Zugleich damit wird es dann auch darum gehen, den Prozeduren der Verständigung zu folgen und diese zu reflektieren: die Aufgabe von Politik und der ihr entsprechenden moralischen Grundlagen.[15]

*Liturgik*, *Ethik* und *Politik* – dies sind die drei Arbeitsfelder, auf denen sich der Gegenstand erschließt. Sie entsprechen der Tradition theologischer Ethik, die

---

13   Siehe dazu: C. TAYLOR: Motive der Verfahrensethik (1986).
14   Zum Zusammenhang von Ethik und Geschichte siehe: P. RICOEUR: Geschichte und Wahrheit, 1974.
15   Zur Unterscheidung des Sprachgebrauchs von »Moral« und »Ethik« siehe E1-2.

menschliches Leben im Kontext von gottesdienstlicher Gemeinde (ecclesia), Haus (oeconomia) und politischer Gemeinschaft (politia) entfaltet hat. Die Weisheit dieser Disposition gilt es zugleich zu erkunden.[16] Sie veranlasst zunächst dazu, die Aufgabe einer theologischen Ethik nicht von vornherein auf die Problemschemata zu fixieren, die bereits durch eine bestimmte moralische Fragestellung – wie etwa der Frage, auf welche Grundregeln des Zusammenlebens wir uns verständigen können – vorgegeben sind.[17] Diese Disposition folgt der tröstenden Aufforderung, sich nicht den Denkschemata dieser Weltzeit anzupassen (Röm 12,1), sondern in den Verstehens- und Erkenntniszusammenhang einzutreten, der in dem Leben mit Gott, mit Gott in seinem bestimmten Tun besteht.

## 2. Auf dem Wege sein – der Trost der Pilgerschaft

In der theologischen Ethik wurde das Unterwegssein, die »Peregrinatio«, die Pilgerschaft in der Fremde einer Welt ohne Bestimmung als *Leitmetapher*[18] für das menschliche Leben hervorgehoben. Damit ist ein *liturgischer*, gottesdienstlicher Verlauf gegeben: das Leben unterwegs, auf ein Ziel hin, aber zugleich auf einem bestimmten Weg, sofern nur dieser zu dem Ziel führt.[19] Die Leitfrage ist hier nicht, wie Menschen das erreichen oder gewinnen, was sie glauben erreichen oder gewinnen zu müssen. Es geht um keine Strebensethik[20] dieser Art. Die Leitfrage lautet nicht, was das gute Leben oder das Gute ist, das wir – als diejenigen, die sich entsprechend wahrnehmen und artikulieren[21] – erstreben, und wie wir es *für uns* gewinnen. Die Leitfrage lautet vielmehr, wie wir, unbestimmt und unartikuliert wie wir sind, in das Leben hineinfinden, das uns zugedacht ist, wie wir dafür aufmerksam werden, wie wir dafür durchlässig werden, wie wir also

---

16  Siehe A1-2; A1-3.
17  Dies expliziert J. HABERMAS: Richtigkeit versus Wahrheit. Zum Sinn der Sollgeltung moralischer Urteile und Normen (1999). Die Beziehung der Moral auf Wahrheit und die Möglichkeit von moralischem »Wissen« gründet im Zusammenleben aller.
18  Zur Bedeutung von Metaphern: H.G. ULRICH: Metapher und Widerspruch (1999). Im Unterschied zu Leitbildern, die wir uns machen oder vorstellen, sind Metaphern entliehene Kennzeichen, die dem im Widerspruch Sprache geben, was anders nur reproduzierend und bestätigend gesagt werden kann.
19  Dies ist die »ethische Situation« genannt worden.
20  Dieser bleiben auch diejenigen Konzeptionen verhaftet, die von solchen »Werten« sprechen, die es gilt zu erreichen oder zu bewahren. Siehe dazu A2-4.
21  Im Sinne dessen, was Ch. TAYLOR und andere im Blick haben, wenn sie darauf insistieren, dass Menschen immer schon als eine bestimmtes »Selbst« auftreten, das seine Wertungen schon vollzogen hat und diese darauf richtet, was »das Gute« ist. Dies lässt sich auch nicht verfehlen, wenn denn das »Selbst« sich dieser Frage wirklich ausliefert. Ch. Taylor hat daraufhin die ganze Geschichte der Ethik reflektiert und sie dort kritisch gelesen, wo dieser Gegenstand, das immer schon gegebene »Selbst« mit seinen Wertungen und Strebungen mitsamt dem Gott, der einzig für das Gute stehen kann, das zu erstreben ist, verloren gegangen ist. Vgl. C. TAYLOR: Quellen des Selbst. Die Entstehung der neuzeitlichen Identität, 1994.

erfahren (experienced) werden, wie wir erfahren werden in unserer Geschöpflichkeit, wie wir Erfahrene[22] werden. Es geht um die Erfahrung geschöpflichen Lebens, es geht um *diese* experientia vitae, um diese Lebenserfahrung. Es geht nicht um ein Experiment dieser oder jener Art mit dem Leben, das veranstaltet wird, um irgendwelche Erfahrungen zu sammeln oder Eroberungen zu machen. Die Erkundung zielt auf dieses Erfahren-Werden auf dem Wege, sie sucht sich nicht jenseits dessen Erfahrungen zu sichern, die eine verlässliche, gemeinsame Wirklichkeit versprechen.[23] Wer diesem Erfahren-Werden folgt, bleibt hier durchaus in der anderen Geschichte der Peregrinatio. Darin wird wohl ein bestimmtes Weitergehen, nicht aber eine »Beheimatung« gewonnen. Davon wäre nur zu reden, wenn gesagt werden könnte, dass dies nun wirklich die »Heimat« ist. Aus welcher Perspektive, unter welcher Voraussetzung könnte dies gesagt werden? Es müsste auch auf alle Menschen zutreffen können, denen nicht gesagt werden kann, dass »die Welt« ihr zu Hause ist, weil sie keine Wohnung oder keinen Ort haben, an denen ihnen Recht widerfährt, an dem sie zu Hause sind und Bürger sein dürfen. Diese Heimatlosigkeit hat Ernst BLOCH im Blick, wenn er am Ende seiner Darstellung des Prinzips Hoffnung bemerkt: »Der Mensch lebt überall noch in der Vorgeschichte, ja alles und jedes steht noch vor der Erschaffung der Welt, als einer rechten. ... Die Wurzel der Geschichte aber ist der arbeitende, schaffende, die Gegebenheiten umbildende und überholende Mensch. Hat er sich erfasst und das Seine ohne Entäußerung und Entfremung in realer Demokratie begründet, so entsteht in der Welt etwas, das allein in die Kindheit scheint und worin noch niemand war: Heimat.«[24] Hier ist der Blick auf den schaffenden Menschen fixiert. Die Pilgerschaft in der Fremde bewahrt dagegen die begründete Hoffnung, dass Gott bei seinen Geschöpfen wohnen wird. Diese Hoffnung dürfen die teilen, die ohne Heimat sind, und sie dürfen mit diesem Gott, in seiner Regentschaft, jetzt schon leben.

Mit der Leitmetapher des Unterwegsseins in der Fremde, der »peregrinatio«[25], ist auch angezeigt, dass sich eine theologische Ethik nicht in den Vorstellungen

---

[22] Zu dieser Rede von Erfahrung, vgl. H.G. ULRICH: Erfahren in Gerechtigkeit. Über das Zusammentreffen von Rechtfertigung und Recht (1995).
[23] Entsprechend ist im Begriff von »Erfahrung« zu differenzieren, wie es in der theologischen Tradition auch geschehen ist. Siehe zur Klärung: H.J. SCHNEIDER: Erfahrung und Erlebnis. Ein Plädoyer für die Legitimität interaktiver Erfahrungen in den Naturwissenschaften (2004) Hans J. Schneider spricht von einer »Beheimatung in der Welt«, freilich in der begrenzten Perspektive der Unterscheidung einer technomorph zurechtgemachten Welt.
[24] E. BLOCH: Das Prinzip Hoffnung [1938-1947], Bd. 2, 1959, 1628. Eine eindringliche theologische Auseinandersetzung mit Ernst BLOCH führt: G. SAUTER: Zukunft und Verheißung, 1965.
[25] Vgl. E. WOLF: Peregrinatio. Studien zur reformatorischen Theologie und zum Kirchenproblem, 1962²; Peregrinatio II. Studien zur reformatorischen Theologie, zum Kirchenrecht und zur Sozialethik, 1965. Wolfs Studien sind wohl noch immer als die eindringlichste Einführung in die

von der Entwicklung »des Menschen« und vom Verlauf seiner Geschichte verlieren kann. Sie wird nicht über das hinwegsehen und hinweggehen, worin Menschen in ihren Geschichten (stories), im Leiden und Handeln das, was ihnen im Glauben und in der Hoffnung geschenkt, der Bewährung ausgesetzt sehen. Sie wird diesen Geschichten, dem Leiden und Handeln von Menschen, in ihrem Urteilen nachgehen und nicht im Blick auf eine allgemeine Moral über sie hinweg ihre Begründungen suchen.[26] Eine Ethik, die dem Weg geschöpflichen Lebens nachgeht, bleibt – mit allen ihren einzelnen Praktiken des Wahrnehmens, Entdeckens, Urteilens – selbst Praxis des geschöpflichen Lebens und geht nicht darüber hinweg oder darüber hinaus, etwa mit dem Versuch des moralischen Begründens menschlichen Tuns. Die (neuere) theologische Ethik hat dies wieder in wünschenswerter Deutlichkeit in den Blick gerückt.[27]

Diesem Zugang folgend wird theologische Ethik in Sprache zu fassen suchen, was auf dem Wege geschöpflichen Lebens und von diesem Wege aus zu erfahren, wahrzunehmen, zu verstehen, zu bezeugen und im Urteil zu bewähren und dann vielleicht auch theoretisch zu erfassen ist. Indem sie dies zeigt, beschreibt, erzählt, lässt sie nachvollziehen, was der Weg ist, auf dem sich Menschen bewegen, die sich als Geschöpfe erfahren. Darin ist eine narrative Aufgabe[28] eingeschlossen, sofern das Abschreiten des Weges in Geschichten und Vorgängen verläuft, in deren Erzählung enthalten ist, was es zu erkunden gibt.[29] Entsprechend ist von den Zehn Geboten (dem Dekalog) zu erzählen, als den Geboten, mit denen ISRAEL begonnen hat zu leben. In diesem partikularen Versuch ist die ganze Erprobung dessen enthalten, was Gott will.[30] So kann vom Dekalog gesagt wer-

---

reformatorische Sozialethik zu werten. Ihnen zur Seite ist O. BAYER: Freiheit als Antwort, 1995, zu stellen.

[26] Die gelegentliche Warnung vor dem Zynismus der Moral ist schon hier zu beachten. Siehe aber zum Problem der Begründung einer »Moral«: E. TUGENDHAT: Zum Begriff und zur Begründung von Moral (1999) und F. KAMBARTEL: Begründungen und Lebensformen. Zur Kritik des ethischen Pluralismus (1989).

[27] Vgl. als Beispiel S. HAUERWAS: Naming the silences, 1991.

[28] Siehe dazu A1: »Leben in Gottes Ökonomie«. Die Ethik hat mit unserer Geschichte, die Geschichte Gottes mit uns zum Gegenstand. Diese wird zu der story, wie wir tradieren. Vgl. dazu vor allem die Arbeiten von Dietrich RITSCHL, der diesen Zusammenhang für die Ethik in den Blick gerückt hat: D. RITSCHL: Zur Logik der Theologie, 1984. Zur weiteren Ausarbeitung der narrativen Ethik vgl. D. MIETH; R. AMMICHT-QUINN (Hg.): Erzählen und Moral. Narrativität im Spannungsfeld von Ethik und Ästhetik, Tübingen 2000.

[29] Geschichten erzählen muss nicht im Gegensatz stehen zum spekulativen, begrifflichen und argumentativen Denken, sofern Geschichten Vorgänge festhalten, denen ›wir‹ nachdenken. Vgl. kritisch dazu W. SCHWEIDLER: Geistesmacht und Menschenrecht, 1994.

[30] Mit dieser Beschreibung folgen wir der Darstellung der »Sinai-Überlieferung« von G. v. RAD: Theologie des Alten Testaments I. Die Theologie der geschichtlichen Überlieferungen Israels, 1958. Siehe zur Auslegung insbesondere auch: H. DEUSER: Die zehn Gebote. Kleine Einführung in die theologische Ethik, 2002. Deuser erschließt neben der Auslegung für gegenwärtige Fragestellungen vor allem auch die Auslegung Martin Luthers an vielen Punkten.

den, »dass sich mit der Ausrufung des Dekalogs über ISRAEL die Erwählung Israels verwirklicht«[31] (Gerhard von RAD). Wie allgemein auch immer der Dekalog zu verstehen ist,[32] als ein Gebot, das »über dem Menschsein des Menschen« wacht (von RAD[33]), er wird in ISRAEL gelebt und bezeugt, er wird mit ISRAEL präsent. So bleibt das Gebot verbunden mit der Geschichte, die Gott mit seinem Volk gegangen ist – und in dieser Geschichte bleiben heißt, das Gebot erfüllen und umgekehrt. Wo das Gebot davon getrennt wird, entsteht »Gesetz« und Gesetzlichkeit.[34] Auf die Frage »was bedeuten alle diese Gebote ...« erfolgt die Antwort in der *Erzählung* von dem, was Gott seinem Volk getan hat (Dt. 6,20-25).[35] Wo die Erzählung aufhört oder abbricht, beginnt »das Gesetz«, wie es KAFKAs Erzählung »Vor dem Gesetz« demonstriert.[36]

Diese theologische Ethik wird sich nicht vornehmen, den Weg menschlichen Lebens oder ein ihm entsprechendes Gelände zu vermessen, sie wird nicht versuchen, ihren eigenen Ort nach welchem Kalkül auch immer zu bestimmen, und sie wird trotz aller Forderung nach »Orientierung« und Orientierungswissen den Weg in seinem Verlauf nicht bestimmen, sondern zeigen, was auf *diesem* Weg zu erfahren[37] und zu erkunden ist. Sie wird darauf aufmerksam bleiben, welches Wegstück und welche Perspektiven sich auftun und was die Unterscheidungen sind, denen sie folgt. Diese explorative Arbeit hat sich beispielsweise im Bereich der Friedensethik bewährt.[38] Auch hier ist es immer wieder entscheidend gewesen, was die Geschichten derer gewesen sind, die Frieden gestiftet[39] haben.

Dies schließt ein, dass die Ethik in der *Geduld* der Erkundung bleibt.[40] Der Weg, von dem hier die Rede ist, führt nicht ins unbestimmte Offene. Es ist der

---

[31] G. v. RAD: Theologie des Alten Testaments I. Die Theologie der geschichtlichen Überlieferungen Israels, 1958, 205.
[32] Siehe dazu auch: H. DEUSER: Die zehn Gebote : kleine Einführung in die theologische Ethik, 2002, 30-34: zu dem, was Deuser das »Allgemeinheitsprinzip« für den Dekalog nennt.
[33] G. v. RAD: a.a.O., 209.
[34] Siehe dazu: G. v. RAD: Theologie des Alten Testaments II. Die Theologie der prophetischen Überlieferungen Israels, 1962, 402-424.
[35] Siehe A4-3.
[36] Die Erzählung ist Teil des Romans »Der Prozeß«. Siehe A4-5. Vgl. die Auslegung bei J. DERRIDA: Préjugés. Vor dem Gesetz, 1992, 47f..
[37] In diesem Sinn folgen wir einem Verständnis von Erfahrung wie es Hans J. SCHNEIDER in den Blick gerückt hat: H.J. SCHNEIDER: Erfahrung und Erlebnis. Ein Plädoyer für die Legitimität interaktiver Erfahrungen in den Naturwissenschaften (2004).
[38] Siehe u.a.: W. HUBER; H.-R. REUTER: Friedensethik, 1990.
[39] Im Sinne von Mt 5,9: »Selig sind die, die Frieden tun.«
[40] Röm 5,3f.: »Nicht allein aber das, sondern wir rühmen uns auch der Bedrängnisse, weil wir wissen, dass Bedrängnis Geduld bringt, Geduld aber Bewährung, Bewährung aber Hoffnung«. Die Bewährung (δοκιμή) gibt es dort, wo das Erproben (Röm 12,2: δοκιμάζειν) stattfindet.

eine, bestimmte Weg.⁴¹ Entscheidend ist, dass dieser Weg auf der unverwechselbaren Spur geschöpflichen Lebens verläuft. Die *Logik der Exploration* ist eine andere als die der Aufdeckung oder Aufklärung, die das menschliche Leben auf ein »letzten Endes«, ein »im Grunde« oder ein (geneaologisches) »wie es gekommen ist« hin prüft, allenfalls mit einem immer neu ersehnten, aber womöglich durch das Ende verstellten Blick ins Freie. Eine explorative Ethik geschöpflichen Lebens zielt nicht darauf, ein (universelles) Instrumentarium zu liefern oder solche Unterscheidungen und Kriterien zu fixieren, die das weitere Aufmerken und Urteilen aufheben. Eine explorative Ethik wird ihre eigene Heuristik gewinnen müssen. So wird sie sich auch an dem Diskurs über die Problematik eines Gefälles zwischen »objektiver« und »subjektiver« Vernunft beteiligen. Sie wird im Blick behalten, was es heißt, von einem menschlichen »Selbst im Kontext«⁴² zu reden und die ethische Theorie nicht fixieren zu lassen, was den Menschen als Subjekt ausmacht und wie er immer wieder neu in Prozessen der Subjektivierung erscheint. Gleichwohl wird sie dies im Blick behalten und deshalb auch nicht umgekehrt Ethik ohne Reflexion dieser Ökonomie des Selbst-Werdens betreiben wollen. Es wird auch in diesen Problemstellungen ethischer Theorie die Logik des geschöpflichen Lebens und die ihr entsprechende ethische Praxis zu verfolgen sein – in allen Bereichen, in denen sich menschliches Leben vollzieht. Es gilt dem geschöpflichen Lebens auf die Spur zu kommen, dieser zu folgen, ihr entlang gehend die Kunst des Wahrnehmens und Urteilens zu lernen und auszuüben. Darin ist die Aufgabe des Ethik Lernens und Lehrens beschlossen.⁴³

Ethik auf dem Weg einer Erkundung: so hat Martin BUBER die Praxis beschrieben, wie sie in der biblischen Tradition zu finden ist. Die ganze Logik einer *explorativen* Ethik ist im folgenden enthalten:

*»Die Wahrheit tun – aber wissen wir denn in dieser Zeit tausendfältiger Verweckung, Vermischung, Verfälschung der Wahrheit noch, was Wahrheit bedeutet? Und müssten wir es nicht wissen, um sie tun zu können?*

*Aus Maimunis Spruch wird uns die Antwort gegeben.*

*›Die Stufe unseres Vaters Abraham.‹ Als die Stimme des noch Unbekannten, erstmals, unvermittelt aus allernächster Unendlichkeit an Abrahams hörendes Herz dringt: ›Geh du aus deinem Land, aus deiner Verwandtschaft, aus dem Haus deines Vaters in das Land, das ich dich sehen lassen werde‹, fragt er den, der sich ihm ja*

---

⁴¹ Vgl. Psalm 1,6 (Übersetzung von M. BUBER): »Denn er kennt den Weg der Bewährten, aber der Weg der Frevler verliert sich.«
⁴² S. BENHABIB: Selbst im Kontext. Kommunikative Ethik im Spannungsfeld von Feminismus, Kommunitarismus und Postmoderne, 1995, hat den Diskurs resümiert.
⁴³ Siehe dazu aus dem Bereich des Religionsunterrichts vor allem die Arbeiten von Karl Friedrich Haag. Siehe insbesondere: K. F. HAAG: Nachdenklich handeln. Bausteine für eine christliche Ethik, 1996.

*noch nicht kundgetan, der ihm nur erst befohlen hat, nicht: ›wer bist du?‹, sondern er geht. Und erst allmählich auf seinem langen Gang durch das Land erfährt er, wer ihn angeredet hatte.*

*Ja aber – werden wir denn noch angeredet?*

*Horcht nur auf das, was euch widerfährt! In dem, was euch widerfährt birgt sich, als in ihrem Exil, die Stimme.*

*Ja aber – wird uns denn in dem, was uns widerfährt, gesagt, was wir tun sollen? Wieder gibt uns der Spruch die Antwort.*

*›Liebe IHN deinen Gott mit all deinem Herzen, mit all deiner Seele, mit all deiner Macht.‹ Erkunde, was du mit all deiner Seele tun kannst! Was du mit all deiner Seele tun kannst, so dass aus keinem Urgrund deiner Seele, in keinem Augenblick letzter Besinnung deinem Vorhaben ein Widerspruch begegnet – was du mit all deiner Macht tun kannst, so dass all dein Wesen ganz einig ist in deinem tun, das ist die Wahrheit.*

*Worin wir ganz und einig werden können, das sollen wir tun. Wenn wir es tun, werden wir zu lieben beginnen. Einen Unbekannten erst. Aber dann werden wir erkennen, wen wir lieben.«*[44]

Was in der biblisch-christlichen Tradition verhandelt wird, ist der Gegensatz und Widerspruch verschiedener Logiken, nicht zuletzt der Gegensatz zwischen einer Logik der »Gesetzlichkeit« (das heißt einer fragwürdigen Verallgemeinerung, die auch das Urteilen überlagert, das auf das Besondere zielt) und einer gegenläufigen, evangeliumsgemäßen, die das dem Menschen zur Exploration gegebene Gesetz (nicht die Gesetzlichkeit) einschließt.[45]

Was trifft hier aufeinander? Es trifft hier immer wieder – so können wir mit der biblischen Tradition sagen – die Dramatik des geschöpflichen Lebens mit Gott dem Schöpfer auf die vielfältige Welt von Gesetzmäßigkeiten, die sich in ihr brechen, die an ihr kenntlich werden und denen sie entgegentritt. Die biblische Tradition lässt sich daraufhin studieren, wie sie einen Überschritt von hier nach dort, von ›unserer‹, wie auch immer gegebenen Realität zu der Schöpfung zeigt, die unserer Realität entgegentritt und aus ihr herausführt. Zu erkunden ist die Spur, die sich den Geschöpfen aufgetan hat und die überlagert und durchkreuzt worden ist von anderen Bahnen und Geleisen, auf denen sich menschliches Leben fortbewegt. Dieser Gegensatz bestimmt die Szenerie theologischer Ethik: der Gegensatz zwischen Gesetzmäßigkeiten, in die sich menschliches Leben immer wieder einspielt, und der Form des Lebens mit Gott, das ihnen zuwider läuft und Menschen von diesen Gesetzmäßigkeiten frei werden lässt.

---

44  M. BUBER: Ein Spruch des Maimuni [1935] (1993).
45  Vgl. Röm 8,2: »denn das Gesetz des Geistes, der lebendig macht in Christus Jesus, hat dich frei gemacht von dem Gesetz der Sünde und des Todes«

Ohne diesen Überschritt und die darin enthaltene Logik des Freiwerdens und der Hoffnung verliert die theologische Ethik ihre Aufgabe und ihre Spur.[46] Sie hat dann nichts wahrzunehmen, sie hat nichts zu gewärtigen, allenfalls etwas zu fordern oder das Bestehende zu bestätigen. Die Dramatik der Befreiung aus den Gesetzmäßigkeiten menschlichen Lebens, den Gesetzmäßigkeiten der Ökonomie menschlichen Lebens, wie der Ökonomie von Schuld und Schuldbearbeitung, und die Geschichte dieser Befreiung kennzeichnet selbst geschöpfliches Leben, sie ist nicht etwa von der Ethik durch diese oder jene Sollensforderung in das Leben hineinzutragen.

Nicht das »Du sollst...« stiftet die dramatische Spannung, sondern das »Ich bin der Herr, dein Gott, der dich aus Ägyptenland geführt hat ...«. Das von diesem Gott gesprochene »Du sollst ...« ist davon umgriffen. Das »Du sollst ...« und das »Du sollst nicht ...« zielt darauf, in der Geschichte zu bleiben, die Gott angefangen hat. Das menschliche Leben ist nicht außerhalb dieser Geschichte vielleicht als ein demgegenüber natürliches zu behaupten oder zu gewinnen. Es würde dann in einer reduzierten Perspektive erscheinen, es würde in seiner Wirklichkeit, in der verheißenen Bewahrung und in seiner Gefährdung nicht wahrgenommen werden. Denn es ist nicht einfach gegeben (etwa als natürliches), sondern wird immer schon in dieser Geschichte erfahren. Es steht immer schon in der Verheißung der Befreiung.[47]

In der Tradition theologischer Ethik ist deshalb die Thematisierung des »Natürlichen« oder der »Natur« aus der Rede von der Schöpfung und ihrer eschatologischen Logik nicht herausgenommen worden, nicht um die Differenz zwischen »Natur« und »Schöpfung« aufzuheben, sondern – im Gegenteil – um von der Schöpfung her von »Natur« reden zu können, von dem, was Menschen im Lichte der neuen Schöpfung gesehen für den Menschen »Natur« heißen kann.

In aller Klarheit hat diese Kontur evangelisch-eschatologischer Ethik Hans Joachim IWAND nachgezeichnet: »Wir haben die Gerechtigkeit nur im Gerechtwerden, im Kampfe gegen die Sünde, im ständigen Prozess; aber damit, dass sie im Glauben begonnen ist, ist die iustitia Dei bereits ganz und voll da. Alle Ethik müsste also etwas von jenem *Werden* enthalten, von den Anfechtungen, von dem Kampf, den wir zu führen haben und in dem wir bis zum Tode stehen werden.«[48] Dies ist die Regel für »alle Ethik«, die nicht aus dem Blick zu verlieren

---

[46] Vgl. O. BAYER: Theologie, 1994, 126: Bayer kennzeichnet die Theologie als Konfliktwissenschaft und unterscheidet diese von einer entweder spekulativen oder positivistischen Theologie. Das entspricht der Spur, auf der sich theologische Erkenntnis und theologisches Reden bewegt, quer zu anderen Sprachen und ihrer Logik.

[47] Vgl. Röm 8.

[48] H.J. IWAND: Gesetz und Evangelium, 1964, 282. Wir werden auch die Fortsetzung zu bedenken haben: »Darum die bleibende Bedeutung des Gesetzes, nicht über den ganzen Menschen, sondern über den homo carnalis. Das Gesetz regiert nicht mehr total, sondern nur soweit, als ihm

ist. Innerhalb dieser Regel – und keiner anderen – bleibt präsent, was in der biblischen Tradition »Sünde« heißt: heraustreten und herausfallen aus der Geschichte mit Gott. Sünde ist die Missachtung der Werke Gottes und das Leben auf eigene Faust.[49] Demgegenüber steht das, was – auf dem Wege der Bibelübersetzung – »Gerechtigkeit« heißt: das Bleiben in dieser Geschichte und die Bewährung auf dem Weg, den Gott mit uns Menschen geht (Psalm 1).[50]

## 3. In der Dramatik der Befreiung zur Gerechtigkeit

Für die theologische Ethik ist die alles entscheidende Frage, ob und wie sie sich in dieser Dramatik oder Revolution[51] des Freiwerdens und der Rettung bewegt, statt dass sie eine andere Geschichte oder andere Prozesse verfolgt, vielleicht den unabsehbaren Prozess von der unumgänglichen menschlichen Verantwortung für unabsehbar vieles und ihrer denkbaren Begrenzung,[52] oder die Geschichte von der abgründigen menschlichen Freiheit und des Schutzes vor diesem Abgrund.[53] Die theologische Ethik hat nicht eine irgendwie gegebene, riskierte oder in Aussicht gestellte Freiheit »des Menschen« (homo liber) zum Gegenstand, sondern den »zu befreienden Menschen«, den homo liberandus. So hat ihn Martin LUTHER in seiner »Disputation über den Menschen« (1536)[54] gekennzeichnet. Dieser Mensch ist einzig in der Geschichte vom Freiwerden des Menschen aufzufinden. Es ist – wenn wir Martin LUTHERs »Disputation über den Menschen« folgen – das Freiwerden davon, das menschliche Wesen behaupten, die Substanz menschlicher Existenz bewähren zu müssen. Stattdessen gilt es den Menschen in seinem »Werden« in Gottes schöpferischem Handeln aufzusuchen.

---

der Glaube an Christus den Menschen ›unterstellt‹.« (282f.) In diesem Zusammenhang wird von der Freiheit zu reden sein.

49  Zur Explikation des Verständnisses von Sünde siehe: E. JÜNGEL: Das Evangelium von der Rechtfertigung des Gottlosen als Zentrum des christlichen Glaubens. Eine theologische Studie in ökumenischer Absicht, 1999, 114-125, bes. 116f.

50  Siehe E2-6.

51  Eilert HERMS nennt dies eine der Einsichten, die zur Selbsterkenntnis des Menschen im Glauben gehören: »dass, der Mensch dazu bestimmt ist, eine Revolution des Inhalts seiner Selbstgewissheit und infolgedessen der Richtung seines Lebenstriebs – die Wendung vom amor mundi zum amor dei – zu erleiden, und zwar just durch die Begegnung mit der geschichtlichen Realität des Evangeliums. Zweitens die Einsicht, dass er nur Kraft dieser Revolution und in der Haltung des amor dei seine ursprüngliche (ewige)Bestimmung erreicht.« (E. HERMS: Das neue Paradigma. Wirtschaftsethik als Herausforderung für die Theologie und die Wirtschaftswissenschaft (1993), 152f.). Das bleibt innerhalb der Vorstellung, dass das Subjekt nur in seiner Ausrichtung umgekehrt wird. Gut jedoch aufzunehmen ist die Kennzeichnung des Vorgangs als einer »Revolution«.

52  Eines der am besten ausgearbeiteten und diskursiv eingelösten Konzeptionen ist die von H. JONAS: Das Prinzip Verantwortung. Versuch einer Ethik für die technologische Zivilisation, 1985.

53  Dieses Thema hat H. ARENDT in seiner Geschlossenheit beispielhaft in den Blick gerückt: vgl. H. ARENDT: Was ist Politik?, 1993.

54  M. LUTHER: Disputation über den Menschen (1536).

Ohne diesen Kontext verliert sich die Ethik in Betrachtungen über die menschliche Entwicklung oder die Aufgabe und Grenzen menschlichen Vermögens. Die Ethik liefert sich in ihrem Diskurs selbst an diese Prozesse aus, sie kann ihnen gegenüber keine kritische oder widersprechende Aufgabe übernehmen. Die Fragestellungen zur Formation eines moralischen Selbst[55], der Tugenden und des Charakters des moralischen Selbst, die neuerdings – durchaus mit Recht, im Kontext der Thematisierung dessen, was die Moderne[56] ist – zur Geltung gekommen ist, ist an diesem theologisch entscheidenden Punkt undeutlich geblieben. Sie hat neu die Aufmerksamkeit auf ein christliches Ethos lenken können, sie hat insofern das Problem des *Gegenstands* der christlichen Ethik wieder in den Blick rücken können, aber sie hat seine spannungsvolle Präsenz verdeckt. Nur gelegentlich ist dies bemerkt und ansatzweise diskutiert worden,[57] und doch verändert sich für die ethische Praxis und ihre Wahrnehmung alles, wenn sich die ethische Praxis in dem dramatischen Vorgang bewegt, den das geschöpfliche Werden ausmacht. Es ist nicht von einer Theodramatik[58] zu reden, von einer Gottesgeschichte als Drama, sondern von der Dramatik oder Revolution, die sich *mit* uns Menschen vollzieht. Mit uns Menschen entsteht die Revolution. Von einem solchen Vorgang zu reden heißt, das Umstürzende im Blick zu behalten, das sich an Menschen vollzieht. Die biblischen Erzählungen, Gebete und Gebote haben umstürzende Vorgänge zum Gegenstand: Neuwerden im Umsturz und in der Umkehr.[59] Es geht um die Frage, worum sich die Geschichten und Ereignisse drehen. Wird diese immer neu die Wendung hin zu Gott, die Umwendung hin zu Gott sein – oder irgend eine Wendung irgendwohin? Ob unsere menschlichen Geschichten die Wendung hin zu Gott nehmen, macht die revolutionäre Frage aus. Sie ist mit den biblischen Geschichten nachzuvollziehen. Sie folgen der immer präsenten Frage: Wie wird wohl Gott die Geschichte wenden? Wie wird wohl Gott die Geschichte zu sich zurückwenden? Dies macht die Dramatik aus, die nicht formal zu fassen ist: denn nur die Wen-

---

55 Zu den Fragestellungen der Philosophie seit Friedrich NIETZSCHE siehe: J. BUTLER: Kritik der ethischen Gewalt, 2003.
56 Vgl. insbesondere den Disput mit Michel FOUCAULT: J. HABERMAS: Der philosophische Diskurs der Moderne, 1985, bes. 279-343.
57 Vgl. G.L. JONES: Transformed Judgment. Toward a Trinitarian Account of the Moral Life, 1990.
58 H.U. v. BALTHASAR: Theodramatik, Bd. 2: Die Personen des Spiels, Teil 1: Der Mensch in Gott, 1976.
59 Zur Bedeutung für die Ethik im lutherischen Kontext siehe den Beitrag von Wanda DEIFELT zur Achten Vollversammlung des Ökumenischen Weltrates der Kirchen: W. DEIFELT: Metanoia (1999).

## 3. In der Dramatik der Befreiung zur Gerechtigkeit 61

dung zu *diesem* einzigen Gott, die Umkehr in *seine* Geschichte, ist Umkehr, alle anderen Wendungen und Geschichten führen irgendwohin.[60]

Schon auf den ersten Blick ist die Wahrnehmung der Geschichte der Befreiung und der Umkehr in diese Geschichte in der biblischen Tradition aufzufinden[61], unausweichlich dort, wo es darum geht, überhaupt ethische Praxis zum Leben zu erwecken. In apokalyptischer Zuspitzung spricht davon Psalm 82, der Psalm, von dem Martin BUBER bemerkt hat, seine Anklage sei im Werk von Franz KAFKA zur Darstellung gebracht worden[62]: Es ist der Psalm von der Wiedererweckung der Gerechten gegen die Anonymität der gewalttätigen Mechanismen von Schuld, Verstrickung und Verurteilung. Der Prozess der Verstrickung in eine dunkle, nicht aufzuhellende Schuld – so stellt er sich bei Franz KAFKA dar – geht »allmählich« in ein Urteil über. Wie können diese Mechanismen, wie kann diese schleichende Verschuldung durchkreuzt werden? Was muss geschehen, wessen müssen wir gewärtig sein, damit die Verstrickung in die Anonymität durchbrochen wird – welches Ereignis des Geistes muss eintreten? Wer ist angesprochen?

Es ist die Frage unserer Gegenwart. Eindringlich hat sie Václav HAVEL in seinen Reden gestellt:

*»Wie wohl aus all dem, was ich schon gesagt habe, hervorgeht, scheint mir, dass wir alle – ob wir nun im Westen leben oder im Osten – eine grundlegende Aufgabe vor uns haben, aus der alles übrige erwachsen sollte. Diese Aufgabe besteht darin, wachsam, bedachtsam und aufmerksam, doch gleichzeitig unter vollem Einsatz seiner selbst bei jedem Schritt und überall der irrationalen Eigenbewegung der anonymen, unpersönlichen und unmenschlichen Macht der IDEOLOGIEN, SYSTEME, APPARATE, BÜROKRATIEN, KÜNSTLICHEN SPRACHEN und POLITISCHEN SCHLAGWORTE entgegenzutreten, sich gegen ihren komplexen und allseitig entfremdenden Druck zu wehren – habe er nun die Gestalt des Konsums, der Reklame, der Repression, der Technik oder der Phrase (dieser Zwillingsschwester des Fanatismus und Quelle des totalitären Denkens); ohne Rücksicht auf jegliches Verlachen seine Maßstäbe aus seiner Lebenswelt zu nehmen und auf dem ihr streitig gemachten Richtungweisenden zu bestehen ...«*[63]

In Psalm 82, der alle diese Fragen umgreift, ist dazu folgendes zu hören:

---

60 Zur Theologie als Reflexion der Dramatik der Geschichte Gottes mit den Menschen vgl. die Konzeption einer dramatischen Theologie bei Raymund SCHWAGER: Erbsünde und Heilsdrama im Kontext von Evolution, Gentechnologie und Apokalyptik 1997.
61 Vgl. auch Psalm 12. Auslegung bei M. BUBER: Recht und Unrecht. Deutung einiger Psalmen, 1994, 9-16. Von dieser Befreiung »hört« der Beter des Psalms.
62 M. BUBER: Recht und Unrecht. Deutung einiger Psalmen, 1994, 32. Siehe A4.
63 V. HAVEL: Am Anfang war das Wort, Texte von 1969-1990, 107f..

*Ein Harfenlied Aßafs*
*Gott steht in der Gottesgemeinde,*
*im Ring der Gottwesen hält er Gericht.*
*»Bis wann wollt ihr richten falsch,*
*das Antlitz der Frevler erheben!«*
*/Empor!/*
*»Für den Schwachen, die Waise rechtet,*
*bewahrheitet den Gebeugten, den Armen,*
*den Schwachen, Dürftigen lasset entrinnen,*
*rettet aus der Hand der Frevler!«*
*Sie erkennen nicht, habens nicht acht,*
*in Verfinstrung geht sie einher.*
*Alle Gründe des Erdreichs wanken:*
*»Selber ich hatte gesprochen:*
*›Götter seid ihr,*
*Söhne des Höchsten ihr alle!‹ –*
*jedoch wie Menschen müsset ihr sterben,*
*wie irgendeiner der Fürsten fallen.«*
*Erhebe dich, Gott,*
*richte das Erdreich!*
*Denn du bists, der zu eigen hat*
*die Weltstämme alle.*

Psalm 82 reflektiert – paradigmatisch für die biblische Tradition – einen Umsturz durch Gottes Eingreifen, weil eine Umkehr nicht in Sicht ist. Anders kommen die Erkenntnis und die Urteilskraft nicht mehr zum Vorschein und zur Geltung. An Einsicht kann nicht mehr appelliert werden. Die Urteilskraft selbst ist verloren.[64] Niemand kann sie herbeirufen, indem er »Gerechtigkeit!« fordert. Niemand wird gehört, der sich auf sie beruft, und niemand von denen, auf die es ankommt, hört: Gott selbst tritt in den Kreis der Verblendeten und hält Gericht. Nur sein Urteil, ein Urteil von außen, kann den Bruch herbeiführen und die Verblendung lösen. Gottes eigene Urteilspraxis setzt die Praxis der Gerechtigkeit wieder in Gang. Sonst würden – wie Martin BUBER sagt – weiterhin die biotischen Gesetze herrschen, das Gesetz des Stärkeren oder das Gesetz der verkehrten Beweislast. Es herrschen die Gewohnheiten (das Ethos als das Gewohnte) – wie Buber bemerkt – , es gibt keine Aufmerksamkeit auf den anderen mehr (»sie erkennen nicht, sie habens nicht acht«). Es fehlt die Praxis des Unterscheidens.[65]

---

64  Zur Praxis des Urteilens: siehe A3-1 und A6-2.
65  Das hebräische Wort für »sie habens nicht acht« heißt auch »sie unterscheiden nicht«.

Es herrscht gedankenlose Indifferenz und es wird Herrschaft ausgeübt, indem Menschen unterschiedslos behandelt werden. Dieses Geschehen kann nur ein Anwalt durchbrechen, der für die spricht und urteilt, die in diesem Dunkel verschwinden, und der die Indifferenz durchschneidet. Gerechtigkeit ist offenkundig immer auf einen Anwalt angewiesen. Gottes Urteil durchtrennt die egalisierenden Mechanismen, und sie können nur auf diese Weise unterbrochen werden, weil alle Wahrnehmung in ihnen aufgeht. Gottes Urteil und Gericht durchbricht den auf Gewalt ruhenden Mechanismus eines undurchschaubaren und nicht thematisierbaren Kräftespiels, in dem der Höchste, Gottgleiche, sich seiner Aufgabe entzieht. Das ist das Fatale, dass es die Richter selbst sind, die ihrem Auftrag nicht nachkommen. Gottes Urteil durchschneidet nicht nur die anonyme Gewalt von oben, sondern es vernichtet diese ganze Welt der indifferenten Gewalt, der Gewalt der Indifferenz und ihrer Logik. Gottes Urteil zieht eine Trennlinie, zwischen der Logik der biotischen Gesetze (wie Martin BUBER sie nennt) und einer entgegengesetzten anderen Welt, in der diese Gesetze nicht mehr herrschen.

Psalm 82 artikuliert, was geschieht und geschehen muss. Der Mythos der Götter muss durchbrochen werden. Hinter diesen Mythos kommt niemand, wenn nicht Gott mit seiner Gerechtigkeit *hervortritt*. So spricht der Psalm von der Dramatik der Befreiung und des Umsturzes. Gott selbst fährt mit seinem Urteil dazwischen. Auf dem Weg dieses urteilenden Wortes wird das Freiwerden geschehen. Der Psalm tritt der längst enttäuschten Erwartung entgegen, dass es vielleicht andere Wege geben könnte, hinter das Unrecht und die Gewalt zu kommen, vielleicht den Weg der Aufdeckung und Bloßlegung des Unrechts. Aber diese Art von Aufklärung wird eben nicht gehört.

Die biblische Tradition stellt in ihrer ganzen Vielfalt Erkundungen des Weges dar, den das Freiwerden des Menschen nimmt. Das Freiwerden bricht sich in vielfältigen Schichtungen und Verzweigungen der Verstrickung. Das Freiwerden bricht sich an der Aufdeckung der Mechanismen der Verstrickung. Es geschieht im Schnittpunkt der Welten, im Schnittpunkt der Zeiten: »die Grundfesten der Erde wanken«. Die Tradition biblischer Ethik dreht sich um diesen Wendepunkt. Wenn theologische Ethik einen Gegenstand hat und etwas zu zeigen vermag, statt nur zu rationalisieren, was schon seinen Gang geht, so ist es das Ereignis dieses Zusammentreffens. In seiner Logik sind die biblischen Texte und Geschichten zu hören und zu lesen. Um dieser Logik willen sind sie überliefert – darum dreht sich die Überlieferung. Ihr nachgehen heißt, das menschliche Leben als das entdecken, was es sein darf: geschöpfliches Leben. Es heißt aber, diesem geschöpflichen Leben in der ganzen Dramatik seiner Bewahrung und Bewährung nachzudenken. In diesem Kontext bewegt sich theologische Ethik mit jedem Text, mit jedem Wort, in dem dieses geschöpfliche Leben hervortritt. Diesen Kontext findet die Ethik auf, indem sie sich an den Ort begibt, an dem sich dies ereignet: es ist in Psalm 82 der Ort politischer Aktion, der Ort, an dem Gerechtigkeit und Wahrheit, Unterscheidung und Erkenntnis zu gewinnen sind.

Robert SPAEMANN hat zu zeigen unternommen, dass die Ethik vom »Erwachen zur Wirklichkeit« handelt.[66] Was kann hier Wirklichkeit heißen – welche Art von Realismus ist gemeint? Die biblische Tradition zeigt in der Vielfalt ihrer Geschichten die Rettung und Befreiung zur Wirklichkeit der Schöpfung. Die Entdeckung des geschöpflichen Lebens geht durch eine dramatische Befreiung zur Wahrnehmung hindurch. Wenn die Ethik diese Dramatik verliert, wird sie ortlos und urteilslos und verlegt sich auf andere Aufgaben, vielleicht darauf, Menschen eine gegebene moralische Wirklichkeit in Aussicht zu stellen[67], die sie selbst-verständlich, ohne verstehen zu müssen, akzeptieren können. Die theologische Ethik – anders als eine Moraltheologie, die die Wirklichkeit der (gegebenen) Moral zu zeigen hat – erkundet die Geschichte einer Befreiung und einer Neuschöpfung, die dort geschieht, wo Menschen zu erkennen beginnen. Diesem Vorgang zu folgen – darin besteht die geistige Praxis der Ethik: es ist eine explorative Ethik, die im Erkennen und Urteilen der Logik dieser Geschichte auf die Spur zu kommen sucht. Ihre ganze Aufmerksamkeit wird darauf gerichtet sein, was es heißt, Gottes Geschöpf zu werden und in diesem Werden zu leben. Dies schließt ein, dieses geschöpfliche Leben zu erproben. Der Gegenstand der Ethik – das geschöpfliche Leben – ist nicht anders zu gewärtigen als in der Erprobung.

Es geht um eine Freiheit, die nicht nur gegen die Verstrickungen der Gewalt und der Anonymität eingefordert wird, sondern die in einer ihr eigenen Form erscheint. Das Freiwerden kann nicht darin bestehen, den Mechanismen der Gewalt eine »gestaltlose Freiheit«[68] entgegenzusetzen. Es geht nicht um eine Freiheit, die gegen ein allgemeingültig gefasstes Gesetz steht. So verkürzt ist die verheißungsvolle Aussage »CHRISTUS hat uns zur Freiheit befreit« (Gal 5,1) *nicht* zu verstehen. Diese Freiheit setzt voraus, dass sich Christus jenen Mechanismen der Gewalt ausgesetzt hat, um sie aufzudecken. So können wir nicht mit einer leeren Freiheitsforderung darüber hinweggehen, und wir können nicht unabhängig von der Existenzform und Lebensgestalt, die in CHRISTUS erschienen ist, »Freiheit« fordern. Die Mechanismen der Gesetzlichkeit sind hervorgetreten, weil *das* Gesetz[69] nicht aufgegeben wurde, das selbst gegen die Gesetzlichkeit steht. Gegen die ungreifbare Gesetzlichkeit steht das bestimmte Gesetz, in dem

---

[66] R. SPAEMANN: Glück und Wohlwollen, 1989.
[67] Zum Problem bei I. KANT siehe: T.W. ADORNO: Probleme der Moralphilosophie, [1963] 1996, 114-116.
[68] Davon spricht W. BENJAMIN: Zur Kritik der Gewalt (1991).
[69] Siehe zum »Gesetz« A4-5.

präsent wird, wer wir Menschen sein dürfen. Was immer das Allgemeingültige sein könnte, es geht durch dieses bestimmte Gesetz hindurch, weil dieses das Gesetz ist, mit dem die Geschichte mit Gott nicht aufhört, um einem Gesetz zu weichen, das Menschen kennen und beherrschen.[70]

## 4. Ethische Situation – im Hören des Wortes und Gewärtigen des bestimmten Tuns Gottes

Ort oder Anfang der ethischen Besinnung ist das Hören des Wortes des Gottes. Dieses Hören ist der Grundvorgang geschöpflicher Existenz. Sie weiß sich angeredet.[71] Das ist die ethische Situation, wie sie in biblischen Geschichten paradigmatisch erzählt ist. Menschen werden einer Frage, einer Anrede, einer *Berufung* gewärtig. So fragt Gott ADAM: »Adam, wo bist Du?« So fragt Gott KAIN: »Wo ist dein Bruder ABEL?« (Gen 4,9) So ist auch zu hören: »Komm, und folge mir nach« (Mt 19,21). Und so erzählt JESUS die Geschichte vom Barmherzigen Samariter[72] – auf die Frage hin »Wer ist mein Nächster?«, also auf die Frage hin, was die ethische Situation ist für das Gebot »Liebe Deinen Nächsten, Dir gleich« (Lev 19,18). Der Zuwendung zum Anderen geht voraus, dass der Samariter ihm zum Nächsten »wird«. Die Geschichte erzählt, was dem Samariter widerfährt, sie erzählt von seiner Berufung, dem Elenden der Nächste zu sein. Er erbarmt sich des unter die Räuber Gefallenen, und so erfährt er seine Berufung zum Nächsten. Das ist die paradigmatische ethische Situation, in der Menschen ihrer Geschöpflichkeit gewärtig werden. Geschöpfe sind Gerufene und Antwortende.[73] Deshalb hat theologische Ethik die ethische Existenz des Menschen als antwortende gekennzeichnet.

Menschen werden als Geschöpfe durch das Wort Gottes. Mit Gottes Wort werden sie neu geschaffen.[74] Im Hören des Wortes bleiben sie Geschöpfe. In

---

[70] Dies ist die Logik, die wir in Franz KAFKAs Erzählung »Vor dem Gesetz« finden. Siehe dazu A2-1.
[71] Siehe zur Kennzeichnung der biblischen Tradition: M. BUBER: Ein Spruch des Maimuni [1935] (1993).
[72] Zur Auslegung auf das hin, was in dieser Geschichte als Ethik zu erlernen ist, vgl. K. ULRICH-ESCHEMANN: Biblische Geschichten und ethisches Lernen, 1996.
[73] Vgl. jetzt vor allem O. BAYER: Freiheit als Antwort, 1995. Einen philosophischen Zugang zeichnet B. WALDENFELS: Grenzen der Normalisierung, 1998. Vgl. besonders S. 82f. Waldenfels bemerkt (83): »Der Anspruch, mit dem wir uns wohl oder übel konfrontiert finden, begegnet als situativer Anspruch, dem wir uns nicht entziehen können. Wenn eine Bitte oder eine Frage uns erreicht, antworten wir, was immer wir tun.« Entscheidend ist vor allem: »Was auf dem Spiel steht, ist nicht der Fortbestand, die Erweiterung oder die Abwandlung des eigenen Seins, sondern der fremde Anspruch, von dem aus der Antwortende zu dem wird, der er ist.« (81f.). WALDENFELS hat die »Responsiblität« der Vorstellung von der »Entwicklung« konfrontiert. Waldenfels entwickelt eine »Konzeption antwortenden Handelns«. Vgl. auch ders.: Antwortregister, 1994.
[74] Zur Philosophie des Wortes als Ursprung vgl. J. DERRIDAs Darstellung von LÉVINAS: Gewalt und Metaphysik, in: J. DERRIDA: Die Schrift und die Differenz, 1972, 226f.

diesem Sinn ist Gottes Wort »*externes*« Wort, nicht nur weil es von außen kommt. Mit diesem Wort regiert Gott die Herzen – und das heißt er regiert Menschen, in dem er sich ihnen zuwendet und in seine Geschichte zieht. Das ist das Ende einer alles erfassenden menschlichen Regentschaft. Genau hier trennen sich die Wege jenes Diskurses, der sich auf die Regierbarkeit von Menschen fixiert.[75] Dieser Diskurs kann sich nicht auf die biblisch-christliche Tradition berufen. Diese dreht sich nicht um die Regierbarkeit, dem Topos, der unabsehbare Phantasien und Konstruktionen hervorgebracht hat. Die biblisch-christliche Tradition dreht sich um die gegenläufige Frage, wie Menschen davon lassen können, diese Regentschaft an sich zu ziehen und darüber nicht mehr zu erkennen und zu verstehen.

Die biblisch-christliche Tradition führt so an den Ort des *Werdens*, dies ist der Ort des Angeredetwerdens, der Kooperation, nicht des Beherrscht-Werdens.[76] »Die Person des redenden Gottes und sein Wort besagen, dass wir solche Geschöpfe sind, mit denen Gott auf ewig und unsterblich reden will.«[77] Dass Gott von Anfang an geredet hat, dass die Botschaft laut geworden ist, muss nicht bedeuten, dass wir versuchen müssen, uns ihres Ursprungs und ihrer Autorität zu versichern, um es glauben zu können. Warum vergewissernd nach rückwärts gehen, warum nicht die andere Richtung einschlagen, nämlich zu *erkunden*, worauf dieses Wort mit uns hinauswill, welche Antwort es hervorruft und noch hervorrufen wird. Eine Bewährung nach vorne, nicht nach rückwärts. Antworten hat seine eigene Dramatik und Logik, es hat seine eigene Ökonomie. Bernhard WALDENFELS spricht davon, dass der Antwortende in der Antwort auf den fremden Anspruch der *wird*, der er ist.[78] Das ist der Vorgang, von dem hier zu handeln ist. Dieser geht nicht in einem dialogischen Verfahren auf, das womöglich gerade ausschließt, dass jemand ein anderer wird.[79] Dass jemand als ein anderer wird, ist die Provokation an eine Ethik, die umgekehrt darauf setzt, wie ein Selbst zu behaupten ist, um *davon* Rechenschaft zu geben, statt von der Hoffnung, die unter uns Menschen erschienen ist (1 Petr 3,15). Judith BUTLER

---

[75] Zur Problemstellung siehe: N. ROSE: Governing the soul : the shaping of the private self, 1999.

[76] Hier ist die grundlegende Differenz zwischen einer Ethik zu sehen, die Gott und Mensch in ein fixiertes Verhältnis bringt – und einer Ethik, die Gott und Mensch in Freiheit unterschieden sein lässt: vgl. A. FINKIELKRAUT: Die Weisheit der Liebe, 1987.

[77] O. BAYER verweist auf M. LUTHERs Auslegung der Selbstvorstellung Gottes (Gen): »Ich bin der Gott deines Vaters Abraham (Gen 26,24), wo und mit wem Gott redet, entweder im Zorn oder in der Gnade, der ist gewiss unsterblich. Die Person des redenden Gottes und sein Wort besagen, dass wir solche Geschöpfe sind, mit denen Gott auf ewig und unsterblich reden will.« (Leibliches Wort, 1992, 12)

[78] B. WALDENFELS: Grenzen der Normalisierung, 1998, 81f.

[79] Vgl. M. LUTHER: Von der Freiheit eines Christenmenschen (1520). Luther sieht die Freiheit des Christenmenschen darin bestehen, dass jemand dem anderen zum Christus wird.

Anfahrtmöglichkeit zu unserer Wilhelmshöhe:
Von der Paradiesbrücke über den Petersenplatz
links zum Camsdorfer Ufer, 2.Querstraße rechts
auf den Burgweg bis zum Ende direkt vor unser
Bergrestaurant mit Blick über die ganze Stadt.

Unsere Platzkapazitäten sind reichlich:
-Restaurant mit Bar und Kamin 70 Plätze
-Wilhelmsstube 30 Plätze
-Bierstube "Grober Wilhelm" 20 Plätze
-Sonnenterasse 20 Plätze
-Sonnenterasse groß 80 Plätze

Fotografie + Gestaltung Jürgen Michel Jena tel.03641 447511

# Wilhelmshöhe

## Über den Dächern Jena´s

Panoramarestaurant 150m über der Stadt

"Wilhelmshöhe"
Burgweg 75
07743 Jena

Tel.03641-5999-0

Öffnungszeiten:
täglich ab 12.00 Uhr geöffnet
Montags Ruhetag

hat dies, offensichtlich ohne die theologische Logik zu bemerken, im Blick auf die Moralphilosophie seit NIETZSCHE formuliert: »Ethik erfordert, dass wir uns eben dort aufs Spiel setzen, in diesen Momenten des Unwissens, wo das, was uns bedingt und uns vorausliegt, voneinander abweicht, wo in unserer Bereitschaft, anders zu werden, als dieses Subjekt zugrunde zu gehen, unsere Chance liegt, menschlicher zu werden, ein Werden, dessen Notwendigkeit kein Ende kennt.«[80] Die Perspektive auf das Werden als ein anderer wird hier freigesetzt durch die Wahrnehmung, dass dieser im Werden gewonnene Andere nicht in das »Schema des Menschlichen« passt, »in dem ich mich bewege«.[81] Die ethische Situation wird in dieser Differenzerfahrung gesehen. Sie bricht – irgendwie – in das Leben eines jeden ein. PAULUS verweist mit seiner Aufforderung »stellt euch nicht den Schemata dieser Weltzeit (τῷ αἰῶνι τούτῳ) gleich« (Röm 12,1f.) darauf, dass dies schon voraussetzt, sich aufs Spiel zu setzen (»gebt eure Leben an Gott hin«) und dass eben dies die Begegnung mit dem anderen trägt, denn diese Hingabe erwächst nicht aus der moralischen Unausweichlichkeit, sondern aus den barmherzigen Taten Gottes, die wir immer schon beansprucht haben. Ihrer gewärtig zu werden, heißt ein anderer zu werden. Das ist die – immer schon – gegebene geschöpfliche Existenz in ihrem Werden. Warum sollte sie auf die moralische Forderung reduziert werden? Die ethische Situation ist im Röm 12,1 der immer präsente Gottesdienst, in dem Menschen auf Gottes barmherziges Tun treffen.

Die ethische Situation ist in der biblischen Tradition von diesem bestimmten Tun Gottes definiert, wie es im Gottesdienst erbeten und erinnert wird. In diesem bestimmten Tun Gottes, in seinen Praktiken[82] (practices) findet die ethische Situation ihren Umriss: im Trösten, im Zurechtbringen, in der Vergebung, im Urteil, im Helfen und Beistand, in den guten Werken. Nur so auch bleibt Gott uns Menschen gegenüber, nur so bleibt er der Gott, der nicht zu vereinnahmen ist, nur so bleibt uns überhaupt ein Gegenüber. Im Gebet sprechen Menschen Gott auf dieses bestimmte Tun hin an: »Wenn du, HERR, Sünden anrechnen willst – Herr, wer wird bestehen? Denn bei Dir ist die Vergebung, dass man dich fürchte.« (Ps 130) Die Bitte um Vergebung richtet sich an Gott – wer kann Sünde vergeben? Die bitte um Trost richtet sich an Gott – wer kann trösten? Hier ist von all dem zu reden, was Menschen sich selbst nicht beschaffen können und auch sich gegenseitig nicht geben können. Gottes Tun nicht zu beachten

---

80   J. BUTLER: Kritik der ethischen Gewalt, 2003, 144.
81   J. BUTLER, ebd..
82   Zum Verständnis des Begriffs siehe: R. HÜTTER: Theologie als kirchliche Praktik. Zur Verhältnisbestimmung von Kirche, Lehre und Theologie, 1997.

oder anzunehmen, Gott auf diese Weise nicht die Ehre zu geben, das ist im biblischen Sinne »Sünde«. Jürgen HABERMAS bemerkt:

*»Als sich Sünde in Schuld, das Vergehen gegen göttliche Gebote in den Verstoß gegen menschliche Gesetze verwandelte, ging etwas verloren. Denn mit dem Wunsch nach Verzeihung verbindet sich immer noch der unsentimentale Wunsch, das anderen zugefügte Leid ungeschehen zu machen. Erst recht beunruhigt uns die Irreversibilität vergangenen Leidens – jenes Unrecht an den unschuldig Misshandelten, Entwürdigten und Ermordeten, das über jedes Maß menschlicher Wiedergutmachung hinausgeht. Die verlorene Hoffnung auf Resurrektion hinterlässt eine spürbare Leere.«*[83] Die Rede von und zu Gott, die hier als verschwunden gilt, ist durch keine Moral zu ersetzen (was nicht zuletzt NIETZSCHE gesehen hat) und auch nicht durch eine Wiederbelebung ihrer Sprache zurückzugewinnen, sondern durch das Eintreten in die Praktiken der Vergebung, der Bitte, des Zeugnisses von der Hoffnung, die den Gottesdienst ausmachen. Um Vergebung bitten heißt, Gott urteilen lassen, sich nicht – vielleicht auch durch diese Bitte – eine Entschuldung verschaffen. So kann die Vergebung nicht über die Opfer hinweg geschehen. Darin besteht die Einfügung der ethischen Situation in die gottesdienstliche. Darin ist die theologische Tradition realistisch gewesen, dass sie diesen gottesdienstlichen Widerhalt gesehen hat. Dieser kann auch durch keine Kirche ersetzt werden, die versucht, aus sich heraus zu bestehen, statt aus und in diesen Praktiken zu leben und so Gott die Ehre zu geben. Das macht die christliche Ethik zu einer politisch-gottesdienstlichen.[84] Dies ist die Kontur einer evangelischen Ethik, die dem entspricht, was Kirche heißen kann.[85] Sie geht dort verloren, wo an die Stelle dieser gottesdienstlichen Kirche irgend ein »Subjekt« tritt, das keinen Ort und keine Aufgabe mehr hat und das irgendwie alles trägt.

## 5. Im Vorgang und am Ort geschöpflichen Werdens

Die theologische Ethik wird fragen, was es heißt, in diesem in Gottes bestimmten Tun beschlossenen Vorgang[86] zu bleiben und darin zu leben. Die ethische Szene umgreift und bestimmt, was die menschliche Freiheit, die menschliche Macht und die menschliche Ohnmacht sein kann. Diese Bestimmung ist nur zu

---

83   J. HABERMAS: Glauben und Wissen. Friedenspreisrede 2001 (2003), 258, zur Unterscheidung von Sünde und Schuld in der christlichen Dogmatik, siehe z.B. W. JOEST: Dogmatik, Bd. 2: Der Weg Gottes mit dem Menschen, 1986, 415-417.
84   Siehe als Beispiel für eine entsprechende Entfaltung mit dem Fokus auf die politische Ethik: B. WANNENWETSCH: Gottesdienst als Lebensform – Ethik für Christenbürger, 1997.
85   Siehe A1-2. Vgl. M. LUTHER: Von den Konziliis und Kirchen [1539] (1963). Siehe dazu: R. HÜTTER: Theologie als kirchliche Praktik 1997 [Suffering Divine Things: Theology as Church Practice, 1999].
86   Vgl. B. WALDENFELS: Grenzen der Normalisierung, 1998, 83.

finden, indem Menschen zu erkunden suchen, was es heißt, als Gottes Geschöpfe zu leben, was es heißt, im Hören des Wortes zu leben – sonst befinden sie sich in einer anderen Geschichte. Die theologische Ethik wird so nicht auf die Situation der gegenseitigen Rechenschaft über die moralisch ausweisbaren Gründe unseres Handelns reduziert. Diese ist gewiss ein Teil ethischer Praxis. Diese Praxis und ihre Rationalität (ihre Vernunft und ihr Verstand) aber ist weiter zu fassen.[87] Es ist entscheidend, was für den Menschen und nicht nur was von ihm in den Blick und zur Sprache kommt – und nicht nur der Rechtfertigung dient, die etwa den Anforderungen der Übereinkunft entspricht. Die Frage ist: Was erscheint in der Geschichte, die jetzt und hier zu erkunden ist, was kommt mit dieser Geschichte in die Welt?

Die ethische Reflexion wird in der Diskussion über Ethik und in der ethischen Theorie auf vielfältige Weise eingegrenzt: etwa darauf, dass gefragt wird, was von mir oder von anderen in dem Sinne zu verantworten ist, dass jemand sich für sein Tun zu *rechtfertigen* hat oder auch dass jemand sein Handeln und Entscheiden zu *begründen* hat. Dies sind gewiss komplexe Praktiken, die aber gleichwohl ihre eigene Begrenzung haben. Manche biblische Geschichte zeigt eine andere ethische Situation, nämlich die, dass ins Spiel kommt, was uns und andere als Geschöpfe ausmacht und auszeichnet. Was *muss* in dieser Perspektive ins Spiel kommen? Was kann und muss zur Sprache kommen?

Denken wir an die Geschichte vom Reichen Mann (Mt 19): ihm wird von JESUS die Möglichkeit genommen, sich einen Rechtfertigungszusammenhang zurechtzulegen, in dem er sein Tun und Verhalten einrichtet. Ihm wird das Beziehungsgefüge genommen, in dem er sich zu orientieren sucht – zwischen dem Tun des Guten und dem ewigen Leben. So formuliert Bernhard WALDENFELS: »Die wiederholte Gabelung der Vernunft in das, was sagbar, sichtbar, denkbar, und das, was unsagbar, unsichtbar und undenkbar ist, widersetzt sich nicht nur einem großen Logos und der Steuerung durch selbstmächtige Subjekte, sie widersetzt sich auch einem herrschaftsfreien Diskurs, der in der Universalität von Geltungsansprüchen und Geltungseinlösungen alle Konflikte zu beheben sucht. Problematisierungsschwellen, die Fragliches von Fraglosem absondern, befinden sich diesseits der Unterscheidung von wahr und falsch, von richtig und unrichtig. Sie aber entscheiden darüber, *was überhaupt zur Sprache kommt*. Gegen die Macht des Schweigens, die unser Reden durchlöchert, gegen die Macht des Verkennens, die unser Erkennen und Anerkennen unterhöhlt, genügt es nicht, sich auf den guten Willen des Verstehenden oder auf das bessere Argu-

---

[87] Vgl. B. WALDENFELS: Deutsch-Französische Gedankengänge, 1995, 40. Die Perspektive der Erweiterung der Vernunft steht der Unterscheidung von Rationalität und Irrationalität entgegen. Das »Andere der Vernunft« ist, als Erweiterung verstanden, in den »rationalen« Diskurs einzubeziehen.

ment im Diskurs zu berufen. Es hilft nur, wie Foucault betont, ein Andersdenken, ein Anderssehen oder Anderstun, das fremden Ansprüchen Raum gibt.«[88]

Die Frage nach der ethischen Situation, die zur Leitfrage philosophischer und theologischer Ethik geworden ist, umgreift und überschreitet die Frage nach dem »ethischen Subjekt« und lässt diese jedenfalls nicht auf das Problem zurückfallen, was »den Menschen« kennzeichnet, was die – vielleicht moralische – conditio humana ist, oder auf die Frage, »was der Mensch ist«. Theologische Ethik kann nicht von diesem so allgemein bestimmten Menschen oder einem Menschenbild ausgehen, sondern sie wird alles, was von Menschen zu sagen ist, einbezogen sehen in die Ökonomie Gottes.[89] Die ethische Situation ist in dieser Perspektive vom Wirken und Walten Gottes umgriffen, in dem Gott dem Menschen gegenübertritt, sein Gegenüber bleibt und nicht zum allmächtigen, allwirksamen Gott hinter dem Geschehen wird.[90] Nicht »vor« diesem anonymen allmächtigen, allwirksamen Gott ist Rechenschaft abzulegen, sondern ihm, der uns Menschen entgegengetreten ist: in der Christusgeschichte, mit der dieser Gott uns nahegekommen ist. Dieser Logik gilt es nachzugehen und damit anderen Ökonomien[91] und ihrer Logik entgegenzuleben, entgegenzudenken. Nur wenn Gott statt einzugehen in diese Ökonomien, vielleicht in die Ökonomie der Schuldbewältigung, in eine Ökonomie des Opfers[92], die so vieles zu absorbieren scheint, oder in eine Ökonomie der Gabe[93], oder in eine Ökonomie der Lebensbewahrung und eine Ökonomie der Leidensbewältigung[94] – diesen Ökonomien mit seiner eigenen Ökonomie entgegensteht, ist es möglich, jenen anderen Ökonomien, allen voran der Ökonomie der Gewalt[95] und der Ökonomie der Entschuldung[96] zu widersprechen. Durch keine Kennzeichnung tritt dies deutlicher hervor als dadurch, dass die theologische Tradition von den Geschöpfen gesprochen hat,

---

[88] Deutsch-Französische Gedankengänge, 1995, 28. WALDENFELS bezieht sich auf den Beitrag M. FOUCAULTs.
[89] Siehe zu zum Topos der Ökonomie Gottes A1.
[90] Vgl. zum Problem dieser Abgrenzung: A. FINKIELKRAUT: Die Weisheit der Liebe, 1987.
[91] Vgl. die Rede von der Ökonomie der Gewalt und anderen Ökonomien bei J. DERRIDA: Die Schrift und die Differenz, 1972. Darin insbesondere: Gewalt und Metaphysik. Essay über das Denken Emmanuel Lévinas.
[92] Vgl. zur Ausarbeitung dieses Zusammenhangs für die theologische Ethik: R. SCHWAGER: Brauchen wir einen Sündenbock? Gewalt und Erlösung in den biblischen Schriften, 1978.
[93] Siehe dazu P. RICOEUR: Liebe und Gerechtigkeit, 1990. Vgl. auch S. H. WEBB: The Gifting God, 1996.
[94] Siehe dazu: B. WALDENFELS: Der Stachel des Fremden, 1990 – zur »Überbewältigung« des Leidens.
[95] Siehe dazu J. DERRIDA: Gesetzeskraft, 1991. Zur Logik der Gewalt siehe: B. WALDENFELS: Der Stachel des Fremden, 1990.
[96] Aufschlussreich dazu ist vor allem: S. ŽIŽEK: Das fragile Absolute, 2000. Vgl. dazu vor allem: W. BENJAMIN: Kapitalismus als Religion (1991).

die zugleich Gottes Mitwirkende (cooperatores)[97] oder – in Martin LUTHERs Auslegungen[98] – »Werkzeuge« sind. Geschöpfe sind Mitwirkende, nicht Mit-Schöpfer. Sie bleiben darin die Geschöpfe Gottes und er ihnen gegenüber. Als die Mitwirkenden erproben sie, was »Gottes Wille ist, nämlich das Gute, das Vollkommene und Wohlgefällige« (Röm 12,2). Als die Mitwirkenden lassen sie sich auf dieses Gute, Vollkommene und Wohlgefällige ein. So sind sie in das Wirken und Walten Gottes einbezogen: Als die Mitwirkenden Gottes bleiben sie aufmerksam auf das, was ihnen anvertraut ist und geschehen soll. Als diese Mitwirkenden sind sie einer anderen Logik gewärtig. Um diese Aufmerksamkeit[99] geht es in der Ethik. Es ist die Aufmerksamkeit des Beters des Psalms: »Meine Seele wartet auf den Herrn mehr als die Wächter auf den Morgen« (Ps 130,6). Es ist die Wachsamkeit dessen, der sich nicht der Ökonomie Gottes als Hintergrund vergewissert, sondern der darauf lauert, dass Gott mit seinem Tun hervortritt. Und so tritt Gott hervor in dem bestimmten Tun, das einzig ihm zukommt: Urteil, Trost, Vergebung. Damit ist wiederum ein Ort bestimmt – es ist ein *politischer* Ort, an dem sich jede bloße Ökonomie bricht. Es ist der Ort des Gebets, der gottesdienstliche Ort, und es ist der Ort der Versammlung (Psalm 82), die um der Gerechtigkeit und der damit verbundenen Erkenntnis willen zusammentritt.

Geschöpfliches Mitwirken ist der Gegenstand einer Ethik, die nicht dem auf das unabsehbare Vermögen des Menschen gerichteten Diskurs von den Grenzen und der Reichweite menschlichen Vermögens folgt. Nicht die möglichst offenen Grenzen menschlichen Vermögens bilden den Umriss dieser ethischen Existenz, sondern das Wirken und Reden Gottes, das diesen Menschen Geschöpf sein lässt. Es ist eine ethische Existenz im »Werden« (fieri) – wie Martin Luther dies auf den entscheidenden Punkt gebracht hat. Menschen leben im »Werden«, im »fieri«, nicht in ihrem »Machen« oder Vollbringen und Bewerkstelligen. Das »Werden« meint, wie Luther in der Auslegung zu Röm 12,2 entfaltet, die »Rechtfertigung« und diese wiederum den beständigen Überschritt in ein neues Sein.[100] Dies ist der paradigmatische Widerspruch gegen ein diskursives Vermessen dessen, was das menschliche Vermögen ausmacht. Dieses Vermessen zielt auf das Bewerkstelligen und Beherrschen dessen, was Menschen sein können und

---

97 E. WOLF hat dies als Angelpunkt reformatorischer Ethik und Sozialethik markiert: Politia Christi (1993).
98 Insbesondere in seiner Auslegung zu Psalm 127: M. LUTHER: Vorlesung über die Stufenpsalmen (1532/33), Psalmus CXXVII (1930).
99 Vgl. dazu R. SPAEMANN: Glück und Wohlwollen, 1989. Spaemann beschreibt das Werden der ethischen Existenz als Erwachen zur Wirklichkeit, als Gewinnen dieser bestimmten Aufmerksamkeit.
100 M. LUTHER: Vorlesung über den Römerbrief 1515/1516, 1965, 369.

bringt nicht zur Sprache, was sie in all dem, was sie tun und lassen, sein dürfen und werden.[101]

## 6. Ethik lernen – eine Existenzform gewinnen

Es geht in der Logik geschöpflichen Lebens nicht darum, auf das hin zu urteilen, was im Vermögen von Menschen liegt und was die Grenzen dieser Macht sind, sondern es gilt herauszufinden, was Menschen als Geschöpfen zukommt, was sie sein dürfen und wozu sie berufen sind. Es gilt die ethische Praxis zu lernen, die das geschöpfliche Leben erkunden hilft. Zur ethischen Praxis gehören nicht allein und nicht zuerst die Praktiken ethischer Verständigung, sondern die ethische Praxis ist in das ganze »Leben des Geistes«[102] eingefügt. Ethische Praxis beruht auf einem Werden (fieri) und Lernen, nicht darauf, was wir sind, haben oder nicht haben. Mit dem Lernen, das mit dem *Werden* verbunden bleibt, erst mit dem Gelernten und dem, was mit uns wird, wird es möglich, sich auf »etwas« zu berufen, das zu uns gehört, das wir sind.

Mit dem Werden und Erlernen zeichnet sich ab, was und wer wir sein dürfen, und damit die Existenzform, die wir mit anderen teilen. Geschöpflich leben heißt, in der Aufmerksamkeit auf das, was wir mit anderen sein dürfen, mit anderen zusammen zu erproben, statt sich in seiner Existenz zu behaupten.[103] ARISTOTELES hat (in seiner »Nikomachischen Ethik«) den Gegenstand der Ethik als ein Ethos beschrieben, das aus den Tugenden besteht, die als Haltungen durch Gewöhnung gelernt werden. Dieses Gewöhnungslernen setzt voraus, dass es einen Lebenszusammenhang gibt, in dem jenes Ethos immer neu eingeübt werden kann. Jeder, der sich in dieses Ethos einlebt, trägt zu seiner Erhaltung und Pflege bei. Anders, wenn das Ethos, der Lebenszusammenhang, in dem Menschen ihre Existenzform finden dürfen, nicht mit dem Gewohnten zusammenfällt. Eine Wohnung gibt es nicht im Gewohnten, das zu sichern ist. Das ist der Grund für das verheißungsvolle biblische Reden, von der Wohnstatt, die Gott schenkt: »Er wird uns sicher wohnen lassen.«[104] Entsprechend ist das Erler-

---

[101] In verkürzter Weise hat Gerhard SCHULZE von der Einseitigkeit des Diskurses zum menschlichen Können gesprochen und davon den vom menschlichen Sein unterschieden, um sie beide zusammenzuführen: G. SCHULZE: Die beste aller Welten, 2003.

[102] Im Sinne von H. ARENDT: Vom Leben des Geistes. Bd. 1: Das Denken, 1979. Im diesem Band beschreibt Hannah Arendt »das Denken« als diejenige Praxis geistigen Lebens, in der die Freiheit ihren Ort hat.

[103] E. LÉVINAS: hat dies als die gegensätzliche Existenz zur Gerechtigkeit des vis-a-vis beschrieben, den conatus essendi. Hier ist die Gerechtigkeit verwurzelt, um die es hier geht.

[104] Hos 2,20: »Und ich will zur selben Zeit für sie einen Bund schließen mit den Tieren auf dem Felde, mit den Vögeln unter dem Himmel und mit dem Gewürm des Erdbodens und will Bogen, Schwert und Rüstung im Lande zerbrechen und will sie sicher wohnen lassen.« Vgl. Ps 4,9. Zum gesamten Komplex der biblischen Rede vom »Wohnen«: H.-J. ZOBEL: ›Wohnen‹ Als Motiv des Lebens im Alten Testament (1999).

nen dieser Existenzform radikal, anfänglich – und von diesem Lernen handelt die theologische Ethik. Von dieser Existenzform ist nicht affirmativ zu reden (»seht doch, was immer schon gegeben ist!«), sondern als von einer Wohnung, die geschaffen wird und bewahrt werden muss: »In Frieden will ich zugleich niederliegen und schlafen, denn du bist es, DU, der mir *Sitz* schafft, einsam, gesichert.« (Psalm 4,9).

Theologische Ethik lässt sich darauf ein, zu fragen, was es für unser Leben heißt, »dass es einen Schöpfer der Welt gibt«.[105] Was heißt es, in Gottes Schöpfung und mit Gott dem Schöpfer zu leben? Die Praxis theologischer Ethik zielt – auch in allen ihren Teilpraktiken, von denen die Rede sein wird – darauf, dies zu erkunden. Sie ist eine *explorative Ethik*, also weder nur beschreibend, was – mit dem christlichen Glauben – gegeben ist, noch fordernd, was durch den christlichen Glauben geschehen müsste. Beides würde über das hinweggehen, was ›unser‹ geschöpfliches Leben ausmacht. Eine solche Ethik muss sich entweder des »Gegebenen« zu vergewissern versuchen oder das Ausstehende anvisieren. Dies aber kann keine Ethik sein, die sich auf dem Weg geschöpflichen Lebens bewegt. Diesem Weg geschöpflichen Lebens folgen heißt, den Perspektiven folgen, die sich mit ihm auftun. Es heißt einem Weg folgen, der in der Praxis ethischen Lernens erkundet sein will.

So wird in der biblischen Tradition diese Praxis beschrieben:

*»O Glück des Mannes, der nicht ging im Rat der Frevler, den Weg der Sünder nicht beschritt, am Sitz der Dreisten nicht saß,*
*sondern Lust hat an SEINER Weisung, über seiner Weisung murmelt tages und nachts!*
*Der wird sein wie ein Baum, an Wassergräben verpflanzt, der zu seiner Zeit gibt seine Frucht und sein Laub welkt nicht: was alles er tut, es gelingt.*
*Nicht so sind die Frevler, sondern wie Spreu, die ein Wind verweht.*
*Darum bestehen Frevler nicht im Gericht, Sünder in der Gemeinde der Bewährten.*
*Denn ER kennt den Weg der Bewährten, aber der Weg der Frevler verliert sich.«*[106]
*(Psalm 1)*

Die übergangslose Unterscheidung zwischen den Frevlern und den Bewährten bestimmt die Dramatik einer Ethik, in der es um die Entdeckung und Bewahrung geschöpflichen Lebens geht. Die Frevler sind nicht *die* Sünder, die vom

---

[105] Siehe B2-6: Aus den Erzählungen der Chassidim, die Geschichte von Rabbi Schmelke. Vgl. O. BAYER: Leibliches Wort, 1992, 12: »Die Wahrheit ist nicht in reiner Anamnese und Konstruktion zu gewinnen, sondern nur zu finden, indem man sich auf die Geschichte der Natur und der Menschen einlässt.« Wir sollten sagen: indem »wir« uns auf die Geschichte einlassen, in die die Natur und die Menschen gehören.
[106] Übersetzung von M. BUBER.

Weg abkommen und sich wieder zurückbringen lassen. Die Frevler sind diejenigen, deren Weg sich verliert, weil sie sich entziehen und weigern, sich behaften zu lassen. Sie sind programmatisch ortlos, ein zynisches Abbild für die, die einen Ort suchen, an dem sie sich aufhalten können. Für die Frevler gibt es keinen Ort der Bewährung, den Ort der »Gerechtigkeit«.[107] Auf die Praxis ethischen Lernens kommt es an: nicht schon zu wissen oder zu kennen, was der rechte Weg ist, aber doch dabei zu bleiben, dem nachzusinnen[108], was die Spur der Bewährung ist, die Gottes Weisung (Tora) entlang führt. In der gleichen Logik und in der gleichen Geschichte ist die Ethik der CHRISTUS-Nachfolge reflektiert. In der Christusgeschichte wird der Ort der Bewährung neu bestimmt.

Die biblische Sprache hat scharf die *ethische Praxis* umrissen, die geschöpflichem Leben entspricht. Dieses Leben ist an die Quelle hingepflanzt, aus denen Menschen leben können. Eine Ethik, die dies zum Gegenstand hat, wird sich nicht darauf beschränken, zu fixieren, was im Miteinander-Leben verboten oder geboten sein muss, sondern wird von dem Leben zu reden haben, wie es Menschen widerfährt. Sie wird versuchen nachzusprechen, was das »Wohl dem Menschen ...« heißt und wer dies auszusprechen hat. Das Gute – so können wir es biblisch hören – ist kein Zustand der Welt und kein Zustand der Seele, der von uns zu benennen wäre. Das Gute ist zu finden *in* dem Leben mit Gott, der einzig »gut« zu nennen ist (Mt 19). Dies aber sollte nicht von ›uns‹ über Gott gesagt werden: denn dies wäre der erste Schritt dazu, schließlich auch den so beurteilten Gott fallen zu lassen, oder auch etwas anderes von ihm zu urteilen.[109] Ein solches Urteil hören wir hier aus dem Munde JESU. Wir könnten versuchen es nachzusprechen, das aber würde die Nachfolge voraussetzen, in der zu erfahren ist, wer Gott ist.

Das Unterwegsseins ist die Existenzformung derer, die mit Gott nicht fertig sind, und das Ziel dieser Bewegung ist keine Ruhe in Gott – wie AUGUSTIN uns nahe legen könnte[110] –, in der alle Unruhe ein Ende findet. Nicht auf diese Ruhe hin, sondern auf den nicht zu verfehlenden Weg richtet sich die Aufmerksamkeit. Dies macht den ganzen Unterschied zwischen einer explorativen Ethik und einer Moral, die sich als die Beruhigung zu erweisen verspricht, um mit ihr im Hintergrund zu erlauben, den eigenen Geschäften nachgehen zu können. Trost gewährt die Bestimmtheit des Weges, wie es in Psalm 1 gesagt ist. Trost

---

[107] M. BUBER übersetzt mit Bewährung das hebräische Wort, das M. LUTHER mit »Gerechtigkeit« wiedergibt.
[108] M. LUTHER übersetzt: »Wohl dem, der nicht wandelt im Rat der Gottlosen noch tritt auf den Weg der Sünder noch sitzt, wo die Spötter sitzen, sondern hat Lust am Gesetz des HERRN und sinnt über seinem Gesetz Tag und Nacht!«
[109] Vgl. zum Problem A. FINKIELKRAUT Die Weisheit der Liebe, 1987.
[110] Das setzt jedoch eine entsprechende Interpretation voraus.

gewährt nicht das Verlässliche, das uns schließlich zugehört, sondern Trost findet sich in der unausweichlichen Bestimmtheit dessen, was auf diesem Wege zu erfahren ist.

Eine Ethik, die auf diesem Weg bleibt, wird keine trostlose Ethik sein, die Beruhigung und Rechtfertigung verspricht, die für ein ruhiges Gewissen oder – dessen andere Seite – für moralische Aufregung sorgt. Welche auch immer durchgespielte ethische Reflexion – von der Forschung an Embryonen bis zum Atommüll oder zur militärischen Gewalt – hat den Gegenstand der Ethik, das geschöpfliche Leben, weiter verfolgen können und diesen Gegenstand nicht durch eine »Begründung« vertauscht, Beruhigung oder Rechtfertigung versprochen, statt zu zeigen, was es heißen könnte, von einer solchen Rechtfertigung abzusehen und diese selbstverständlich auch nicht irgend jemandem oder irgend einer Instanz zuzuschieben oder nur für moralische Skepsis zu sorgen? Was kann hier die ethische Praxis sein? Wenn sie weder in eine moralische Rechtfertigung noch in ein skeptisches Arrangement mit den Gegebenheiten einmünden soll, wird sie auf dem Wege bleiben, auf dem geschöpfliches Leben im Hören und Antworten zu erkunden ist. Das ist die Praxis ihrer Erkenntnis. Sie wird sich nicht in das Hin und Her zwischen einer Rechtfertigung des Menschen oder einer Rechtfertigung Gottes verstricken lassen.[111] Sie wird nicht das moralische Problem zu lösen versuchen – was eben dann der Fall wäre – , sondern wird fragen, was Freiwerden von der Verstrickung in das moralische Dilemma – zwischen der Rechtfertigung Gottes (Theodizee) und der Rechtfertigung des Menschen (Anthropodizee) – heißen kann. Mit diesem Freiwerden beginnt die Ethik, in diesem Freiwerden wird diese Ethik betätigt als die Ethik geschöpflichen Lebens.

## 7. In der Krisis des Geistes – Zur kontradiktorischen und kritischen Aufgabe der Ethik

Der explorativen und erprobenden Aufgabe in der Erkundung der geschöpflichen Existenzform entspricht die kontradiktorische und kritische. Wir werden noch davon zu sprechen haben, inwiefern die Ethik der Ort ist, an dem das Neuwerden des Verstehens und Denkens[112] in besonderer Weise präsent wird, weil dieses Neuwerden Existenzformung einschließt (Röm 12,2). Wer anders lebt, folgt einem anderen Verstehen und Denken, einem anderen Intellekt und

---

111 Eine luzide Entfaltung findet sich bei M. BEINTKER: Rechtfertigung in der neuzeitlichen Lebenswelt. Theologische Erkundungen, 1998. Beintker verweist auch auf die Abgrenzung gegen einen Moralismus: ebd. 14, der den Menschen nicht realistisch sieht.

112 Es kommt darauf an, wie in Röm 12,2 »νοῦς« zu übersetzen ist. Wir übersetzen hier mit »intellectus und ratio«. Die Vulgata übersetzt mit »sensus«.

einer anderen Ratio. Die Ethik ist damit der Ort, an dem alle die Zurechtlegungen, Vermessungen und Theorien auf die widerfahrende und kritische Probe gestellt werden, in denen menschliches Leben erfasst, bestimmt und regiert wird. Hier ist der Ort, an dem die vielfältigen Praktiken, das menschliche Leben in die Hand zu nehmen kritisch zu reflektieren sind – kritisch daraufhin, inwiefern eben wir selbst es sein können, die dieses Leben in die Hand nehmen und die dieses Leben führen und regieren. Dies ist in der neueren Geistesgeschichte zum entscheidenden Gegenstand einer widersprechenden und kritischen Philosophie geworden. Sie hat den Geist unausweichlich kritisch fixiert, der »es nicht vermochte, die Menschen zu ergreifen und zu verändern«[113] und der so nichts verhindert hat, was Menschen an Unsäglichem hervorgebracht haben. Kann von einem solchen allgemeinen »Geist« – oder ihm entsprechend von einer uns Menschen gemeinsamen »Welt« die Rede sein? Hier wird nicht zuletzt die theologische Ethik einsetzen – denn dies ist schlechthin ihr Thema: Wie verhält sich unser Leben im willentlichen, bewussten Sinn, unsere Lebensführung und »Lebensgestaltung« zu dem Leben, das uns geschenkt wird, das uns ergreift, das uns verwandelt? Solche Fragen zu stellen, ohne sie schon in einen gängigen Diskurs zu fassen, heißt nach dem Gegenstand und der Aufgabe der Ethik fragen, statt fraglos, selbstverständlich diesem oder jenem Diskurs zu folgen, in dem wir unser menschliches Leben erfassen – wie etwa dem Diskurs zur Begründung, Reichweite und Begrenzung von Verantwortung. Die theologische Ethik hat sich weitgehend solchen Diskursen ausgeliefert und keine Distanz dazu gefunden, wie sie unsere Lebensorientierung bestimmen – aber genau dies ist die Frage nach dem geschöpflichen Leben: inwiefern dieses sich in solchen Diskursen artikulieren lässt, die uns allzu geläufig sind oder auch unser Reden und Denken gefangen nehmen. Diejenigen Diskurse, die im Diskurs der Moderne zur kritischen Prüfung anstehen, wie – um hier Michel FOUCAULT zu folgen – der Wahrheitsdiskurs, der Machtdiskurs und der Selbst-Diskurs bedürfen ohnehin einer beständigen kritischen Beobachtung und eines Widerspruchs – wenn dieser denn möglich ist, weil ihm vielleicht die Sprache fehlt. Aber auch diejenigen Formen ethischer Reflexion, die sich eingeschliffen oder aufgedrängt haben, wie der Diskurs zu einer generellen Verantwortungsethik sind fällig für eine entsprechende Kritik.[114] Andernfalls würde genau im Gegensatz zur diskurs-kritischen

---

113 T.W. ADORNO: Negative Dialektik, 1966, 357.
114 Siehe dazu die differenziert ausgearbeitete und weiterführende Kritik der Verantwortungsethik von: L. HEIDBRINK: Kritik der Verantwortung. Zu den Grenzen verantwortlichen Handelns in komplexen Kontexten, 2003. Zur Ausarbeitung der Evangelischen Sozialethik als Verantwortungsethik siehe: U. KÖRTNER: Evangelische Sozialethik. Grundlagen und Themenfelder, 1999. Körtner unterstreicht die Grundlegung der Sozialethik in der »Frage nach dem moralischen Subjekt« (S. 77). Genau hier hat der theologische Diskurs um die Verantwortungsethik einzusetzen. Zur Diskussion siehe besonders: W. HUBER: Sozialethik als Verantwortungsethik (1990); O. BAYER: Evangelische

## 7. In der Krisis des Geistes – Zur kontradiktorischen und kritischen Aufgabe der Ethik

Aufgabe der Ethik diese eben solche Diskurse befestigen und darin ihren Gegenstand verlieren. Die Logik des Verantwortungsdiskurses, der zum Machtdiskurs gehört, auch wenn er nach innen kritisch differenziert ist, hat weitgehend die Ethik alternativlos erfasst und ebenso die Logik einer Ethik der Lebensführung[115], die demjenigen Diskurs verfällt, der das menschliche Leben zum Gegenstand unserer eigenen Regierung – unseres Gouvernements[116] – zu machen sucht und demgegenüber allenfalls noch von Gegebenheiten zu sprechen imstande ist, die zu beachten, zu befolgen oder kritisch zu verarbeiten sind. Ein solches Grundmuster[117] aber muss sich daraufhin prüfen lassen, inwiefern es der Logik einer christlichen Ethik entsprechen kann, wenn denn diese die Frage wach hält, was es für uns Menschen heißt und heißen darf als Geschöpfe zu leben. Hier ist die theologische Ethik herausgefordert und zu ihrer entscheidenden Aufgabe aufgefordert, nicht den Denkschemata zu verfallen, die unsere alltäglichen Diskurse bestimmen, sondern zur erprobenden Erkenntnis zu kommen (Röm 12,1-2). Dies betrifft diejenigen Diskurse, die als Hintergrunddiskurse aufgedeckt werden – wie den Wahrheitsdiskurs, den Machtdiskurs, den Moraldiskurs und den Selbst-Diskurs, ebenso wie die alltäglichen, die direkt in unserer Reflexion und Verständigung hervortreten.[118] Freilich ist dabei nicht zu übergehen, was quer zu diesen Denkschemata an Artikulation vorhanden ist. Jede Darstellung muss sich dieser Artikulation aussetzen, sonst entsteht ein Reflexionszustand, der sich selbst reproduziert.

Eine Kritik alltäglicher Diskurse braucht eine gegenläufige Perspektive, sie braucht einen Widerspruch, sonst spiegelt auch sie nur die Artikulationsformen zurück, in denen wir versuchen, menschliches Leben zu erfassen. Dies kann nicht die Aufgabe der Ethik sein. Sie wird einen Weg zu gehen haben, der aus dem beständigen Versuch herausführt, das menschliche Leben diskursiv – um der Beherrschung und Verwaltung dieses Lebens willen – einzuholen. Sie wird mit dem Widerspruch rechnen zwischen dem, was in der Wahrnehmung und Verständigung festgehalten werden kann und dem, was es zu erproben und zu

---

Sozialethik als Verantwortungsethik (1995); eine hilfreiche systematische Rekonstruktion auf der Grundlage einer Theorie der Institutionen findet sich bei: E. HERMS: Das Ethos der Verantwortung in Wissenschaft, Technik und Kultur aus evangelischer Sicht (1996); für den englischsprachigen Kontext siehe vor allem: W. SCHWEIKER: Responsibility and Christian ethics, 1999.

115 Kritische Aspekte dazu finden sich bei: U. KÖRTNER: Evangelische Sozialethik. Grundlagen und Themenfelder, 1999, 38f..

116 Zur Diskussion siehe: U. BRÖCKLING; S. KRASMANN; Th. LEMKE (Hg.): Gouvernementalität der Gegenwart. Studien zur Ökonomisierung des Sozialen, 2000.

117 Dieses Grundmuster ist etwa von Trutz RENDTORFF (Ethik I, 1990; II 1991) vertreten worden. Es spiegelt weitgehend das ethische Reden und Reflektieren, ohne eine entsprechende begleitende kritische Arbeit.

118 Dies hat Gerhard SCHULZE in seinem dafür exemplarischen Beitrag vorgeführt: Die beste aller Welten, 2003.

erkennen gilt. Das Problem ist, wie die diskursive Erfassung menschlichen Lebens, die auf seine »Regierung« (gouvernement)[119] zielt, auf einen Widerspruch trifft, durch den die Frage festgehalten bleibt, wer wir Menschen sein dürfen. Hier kommt diejenige »rettende Kritik«[120] in den Blick, die nicht nur kritisch bewusst werden lässt, was das menschliche Leben bestimmt.

Was und wer wir Menschen sein dürfen: Dies ist keinem leeren Subjekt überlassen, sondern ist die Aufgabe einer Erprobung und Erkundung. Hier hat die Suche nach einer Wirklichkeit ihren Ort, die nicht als die Ordnung von uns fixiert wird, mit der wir die Wirklichkeit beherrschen oder ihr entsprechen, sondern als die Wirklichkeit zu entdecken ist, wie sie sich dem Leben von Geschöpfen erschließt.[121] Diese Erkundung steht dann jener »Ordnung der Dinge« gegenüber, die sich aus den vielfältigen Praktiken der Beherrschung menschlicher Belange aufgebaut hat. In den Blick kommt dann die Ordnung wider die Ordnung, wie es die Lehre von der zweiten Schöpfung gesehen hat. Dis reflektiert die in den biblischen Traditionen ausgetragene Differenz zwischen Gesetz und Gebot, zwischen Gesetz und neuem Gebot. Das Gebot ist die Ordnung, die sich nicht aus der Geschichte mit Gott gelöst hat. Das Gebot wird zum Gesetz, wenn es sich gegenüber dieser Geschichte verselbständigt.[122]

Darin ist auch die biblische Tradition einer Weisheit im Blick, die gegen den Versuch steht, sich der Gesetze in der Wirklichkeit zu vergewissern, um darin das eigene Leben abzusichern – die Prozedur der Moral. Der Disput zwischen HIOB und seinen Freunden reflektiert diese Differenz. Die Hoffnung bleibt allein HIOB, dem alle Hoffnung zerbrochen ist, weil dieser auf die Erkenntnis Gottes setzt und nicht auf ein davon abgelöstes (moralisches) Wissen oder eine davon abgelöste Weisheit. Die Erkenntnis Gottes – und mit ihr die ethische Erkenntnis – vollzieht sich in dem, was von Gott widerfährt: sie bildet sich als Erfahrung mit Gott und in der Erprobung solcher Erfahrung. Die Erkenntnis

---

[119] Im Sinne der Gouvernementalität: vgl. insbesondere – im Anschluss an M. FOUCAULT: N. ROSE: Governing the soul. The shaping of the private self, 1990.

[120] J. HABERMAS: Bewusstmachende oder rettende Kritik – Die Aktualität Walter Benjamins (1977).

[121] Dies hat D. BONHOEFFER in sein Kriterium von der »Wirklichkeitsgemäßheit« zu fassen versucht: Ethik, 1992.

[122] Zu diesem Vorgang innerhalb der biblischen Überlieferung siehe: G. v. RAD: Theologie des Alten Testaments II. Die Theologie der prophetischen Überlieferungen Israels, 1962, 402-424. Siehe E2-2. Von RAD bemerkt: »Die bekannte, im früheren Luthertum fast zu kanonischer Gültigkeit erhobene Vorstellung von einem Israel, das durch das Gesetz Gottes in einen immer härteren Gesetzeseifer getrieben und das gerade durch diesen Gesetzesdienst und durch die von ihm erweckte Sehnsucht nach dem wahren heil auf Christus vorbereitet werden sollte, ist aus dem Alten Testament nicht zu begründen.« (420).

Gottes geschieht in der Begegnung mit Gott[123], nicht hinter einer solchen Erfahrung. Hier ist der Ort, an dem alle Erkenntnis auf Gottes Menschwerdung trifft. Daran entsteht die Krisis *des* Geistes[124], der bei sich selbst bleibt. Hans Joachim IWAND hat daran erinnert: »Es wird für die Vernunft immer paradox sein, dass Gott uns begegnet als Mensch, denn die Vernunft erwartet immer, dass Gott uns begegnet als Geist. Die Vernunft will Gott immer hinter dem Menschen suchen.«[125] Gottes Menschwerdung ist der Ort der Erkenntnis. In der Menschwerdung, in Christus ist hervorgetreten, was Menschen zu erproben haben. Zu erproben ist die Erkenntnis Gottes in seinem Handeln, das nicht als ein allwirksames Können erscheint, sondern als ein mächtiges Handeln, das die Herzen ergreift. HIOB erkennt Gott nicht in seinem allwirksamen Können, sondern in dessen Macht, in seiner Treue sein Geschöpf an sich zu binden. Gotte Treue ist Gottes Macht, nicht sein Vermögen, alles, was ist, zu bewirken. Gottes Macht ist nicht von außen – als Vermögen – zu erfassen, sondern nur zu erfahren und zu erleiden. Die Freunde Hiobs glauben, die Gesetze des Tuns Gottes zu kennen und ihnen zu entsprechen, HIOB weiß sich in Gottes Handeln ausgeliefert *und* eingefügt. So ist von Gottes Wirken die Rede, so ist von ihm zu reden, nicht anders. Gott offenbart hier keineswegs seine Ohnmacht gegenüber dem, was Hiob widerfährt[126], sondern er zeigt, was das Besondere seines auf uns gerichteten machtvollen und treuen Handelns bedeutet.

In diesem Ausgeliefert-Sein und in diesem Eingefügt-Sein liegt der Grund möglicher Erkenntnis – in diesem Sinn ist die Furcht Gottes der Weisheit Anfang (Hi 28). So gewinnt die Ethik ihren Erkenntnisgegenstand: das geschöpfliche Leben, der andernfalls verloren geht, entweder in einer formalen Moral oder in einer Praxis des Urteilens, die in einem common sense ohne Gegenstand verschlossen bleibt. Von hier aus ist zu kennzeichnen, was die Praxis der Ethik in Bezug auf Reflexion, Erkenntnis und Urteilen ist.[127]

## 8. Explorative Erkenntnis – Ethik ohne Metaphysik?

»Zu erkunden und zu erproben, was Gottes Wille für uns und von uns ist« (Röm 12,2) ist das Kennzeichen einer explorativen Ethik, die darin auch ihre Erkennt-

---

[123] Hier, in Bezug auf die Begegnung zwischen Gott und Mensch ist das Gespräch mit Martin BUBER aufzunehmen. Dies erschließt: M. LEINER: Gottes Gegenwart, 2000, insbesondere S. 193-214.
[124] Siehe zur ethischen Praxis, die von hier aus zu kennzeichnen ist: A3.
[125] H.J. IWAND: Luthers Theologie, 1974, 131.
[126] Siehe die Interpretation von S. ŽIŽEK: Die Puppe und der Zwerg. Das Christentum zwischen Perversion und Subversion, 2003.
[127] Siehe A3.

nisaufgabe findet. Würde Ethik nicht sagen können, was »ist«, was »für uns« ist, würde sie nicht dieses Sich-Aussetzen einschließen, würde sie – in einer eigenen Form von Gewalt – sich eben darüber hinwegsetzen. Solcher (moralischer) Gewalt steht eine Erkenntnis entgegen, die entgegennimmt, die empfängt, was »uns« gegeben ist und zukommt. Insofern geht es um eine »Erkenntnis«, deren Kennzeichen diese passio ist: »the wound of knowledge«.[128] Darin unterscheidet sich theologische Erkenntnis von jeder Metaphysik, die das, was unser menschliches Leben und seine Welt trägt, in einer Erkenntnis zu vergewissern sucht, die nicht durch diese passio hindurch gegangen ist, die nicht den Weg dieser Erprobung gegangen ist.

Gleichwohl bleibt die explorative Ethik, sofern sie eine Erkenntnis einschließt, auf der Spur der Metaphysik, weil sie darauf zielt, zu erkunden, was »uns Menschen« zukommt, und dieses nicht (allein) auf eine Ethik der menschlichen Gattung reduziert, die deren Kennzeichen zu bewahren sucht. Eine Gattungsethik ist nicht imstande zu sagen, was »uns« Menschen zugedacht ist, was uns Menschen begegnet, was »wir« empfangen. Zugleich aber bewegt sich eine Ethik, die fragt, was für uns Menschen gilt, nicht in der Logik der Metaphysik, sofern diese nach dem Gegebenen als dem Gegebenen fragt und auf Begründung zielt. Die Differenz zur Metaphysik ist nicht damit gegeben, dass sich die Ethik nicht auch im Medium metaphysischer Rede aufhält, wohl aber darin, dass sie auf einen Advent blickt, auf das, was uns Menschen zukommt. Auch dort, wo vom Menschen die Rede ist, etwa von seiner Seele ist die metaphysische Rede dann von der adventlichen Logik zu unterscheiden: wenn im Rede von der Seele enthalten ist, dass diese Seele ausgestreckt ist auf Gottes Kommen. Theologische Ethik ist deshalb auch mit bestimmten metaphysischen Implikationen nicht zu verbinden, so nicht mit der Metaphysik eines Subjekts oder einer Subjektivität, die sich in der Logik einer das Subjekt abschließenden, einer hermetischen Begründung[129] bewegt.

In diesen Fragestellungen brechen sich grundlegende Elemente einer theologischen Ethik, die damit auch Stellung nimmt zu den Konstellationen einer »Ethik ohne Metaphysik«[130] oder einer Ethik im Zusammenhang »nachmetaphysischen Denkens«. Dies gilt für eine Ethik begründeter Hoffnung ebenso wie für eine antwortende Ethik, die sich im Hören auf Gottes Wort aufhält. Hier gilt, was Gianni VATTIMO zur »Überwindung der Metaphysik« bemerkt: »Zu entdecken,

---

128  R. WILLIAMS: The Wound of Knowledge, 1979.
129  Zur geistesgeschichtlichen, nachreformatorischen Entwicklung der Rede von der »Seele« zum Paradigma der Subjektivität siehe die aufschlussreiche und eindringliche Darstellung bei: W. SPARN: Fromme Seele, wahre Empfindung und ihre Aufklärung. Eine historische Anfrage an das Paradigma der Subjektivität (2004).
130  Siehe: G. PATZIG: Ethik ohne Metaphysik, 1971.

dass ›der Herr der Bibel‹ nicht ein Anderer im Sinne der Autorität, des Prinzips, des Grundes ist, sondern insofern er Autor einer Botschaft ist, die uns in ihrer wesenhaften Verbundenheit mit den Ereignissen ihrer Überlieferung erreicht ... bedeutet, sich auf einen Seinsbegriff hin zu öffnen, der sich von der Metaphysik verabschiedet, weil er nunmehr seine unlösbare Verknüpfung mit dem Vergehen erkennt. ... Der wahre Sinn, den die Berufung auf die biblische Tradition als Überwindung der Metaphysik hat, besteht darin, dass sich in dieser Bezugnahme das Sein als Ereignis gibt (als Mitteilung, überliefertes Wort), in das sich jedoch als konstitutives Moment auch die Geschichte der Metaphysik einschreibt.«[131] Freilich wird mit der Gleichsetzung des Ereignisses des Seins mit der Mitteilung des Wortes Gottes verdeckt, dass nur die bestimmte Botschaft von Gottes Kommen in JESUS CHRISTUS dieser Logik überhaupt entsprechen kann. Hier setzt eine explorative Ethik ein, die diesem *Kommen* nachgeht und sich nicht – wiederum – auf einen wie auch immer »gegebenen« Grund zu stellen sucht.

## 9. Geschöpfliches Leben – Paradigma evangelischer Ethik

Auch die Ethik und ihre vielfältigen Diskurse sind in die gleichermaßen vielfältigen Diagnosen zur »geistigen Situation der Zeit« verwickelt, die dazu auffordern der einen oder anderen Denkbewegung zu folgen. Dies wird eigens diskutiert werden müssen. Zugleich aber und zuerst bleibt die Frage festzuhalten, in welcher Weise die Ethik, und nicht zuletzt die theologische Ethik sich darauf zu besinnen hat, was ihre eigene Logik ist – die sie dann, vielleicht quer zu solchen diagnostizierten Vorgängen einbringt. Die Ethik, zumal die theologische, wird sich fragen, was das – um den Begriff aus der Wissenschaftstheorie zu nehmen – »Paradigma«[132] ist, dem sie folgt. So hat die Theologie immer wieder gefragt, es ist die ihr eigene Besinnung auf sich selbst – etwa dort, wo die Theologie die »Rechtfertigung des Sünders durch Gott« als Paradigma entdeckt hat. Dies ist gemeint, wenn von dem »Artikel« die Rede ist, »mit dem die Kirche steht und fällt«. Es geht nicht um ein zentrales Dogma, das neben anderen steht, sondern um die Logik all dessen, was geglaubt werden darf und was zu artikulieren ist. Man kann statt von einem Paradigma auch von »impliziten Axiomen« sprechen,

---

[131] G. VATTIMO: Abschied. Theologie, Metaphysik und die Philosophie heute, 2003, 106f.. In Bezug darauf ist freilich eine weitere Diskussion mit Vattimo und seiner Interpretation von M. HEIDEGGER und E. LÉVINAS im Blick auf die Theologie nötig, wenn Vattimo bemerkt: »Es ist wohl so, dass nur von der Weiterentwicklung des heideggerschen Andenkens an die Metaphysik auch im Hinblick auf die Theo-logie ein eigentlicheres Verständnis der Ereignishaftigkeit des Seins entstehen kann – außerhalb der sich wiederholenden Versuchungen, die Metaphysik durch den Weg über die Theologie anstelle der Ontologie zu verlassen.« (ebd., 108).
[132] Siehe: T.S. KUHN: Die Entstehung des Neuen. Studien zur Struktur der Wissenschaftsgeschichte, 1977.

wie dies in aufschlussreicher Weise Dietrich RITSCHL getan hat. Gemeint sind damit die – eher verborgenen, nicht artikulierten – Tiefenstrukturen, denen das Denken und Reden folgt, die (wie eine Grammatik) nicht aufgegeben werden können, ohne sich zu verlieren.[133] Die Frage ist dann, inwiefern solche Tiefenstrukturen in artikulierten Regeln[134] (wie etwa der Regel von der Rechtfertigung des Sünders durch Gott[135]) hervortreten können, wie direkt oder vielleicht gebrochen dies geschieht.

Es kommt jedenfalls darauf an, ob ethische Praxis einem Paradigma folgt, wie auch immer es möglich ist, dessen gewärtig zu sein. Jedenfalls ist ein Paradigma – im Sinne von Thomas S. KUHN – nicht ohne weiteres um eines anderen willen auszuwechseln oder zu verlassen. So wird man fragen, in welchen Paradigmen sich gegenwärtig die theologische Ethik bewegt und wie sich dies zu den Konturen ihrer Tradition verhält. Es sieht weithin so aus, als folge die theologische Ethik verschiedenen Variationen einer »Verantwortungsethik«, von der sie dann etwa annimmt, dass sie genuin dem entspricht, was etwa »Freiheit« für einen Christenmenschen heißt.[136] Doch ist dies wirklich der Fall? Was ist die theologische Logik einer evangelischen Ethik, was sind ihre Konturen? Im Sinne einer solchen Anfrage an die Konturen der Ethik hat Paul RICOEUR die biblische Ethik beschrieben und in dem Zusammentreffen von »Liebe und Gerechtigkeit«[137] das Paradigmatische angezeigt, das eine Ethik, die sich auf diese biblische Spur begibt, nicht verlieren kann. Diese Ethik bewegt sich in einer gelebten Tradition, sie gehört in eine Lebenspraxis.[138] Dieser Disposition sollen auch diese Überlegungen folgen. Im Blick darauf ist zu diskutieren, inwiefern die ethische Praxis dann nicht in einem wie auch immer konzipierten »Subjekt« verortet ist, sondern in einem solchen Lebenszusammenhang, in dem von einer ethischen Existenz zu reden ist. Im Blick auf diese ist dann etwa auch vom Glauben zu reden, ebenso wie von der Hoffnung und der Liebe.

---

[133] Siehe: W. HUBER (Hg.): Implizite Axiome : Tiefenstrukturen des Denkens und Handelns, 1990.
[134] In einem ähnlichen Sinn hat Gerhard SAUTER von »Dialogregeln« gesprochen, denen theologisches Reden und Denken folgt.
[135] Siehe: E. WOLF: Die Rechtfertigungslehre als Mitte und Grenze reformatorischer Theologie (1965). In diesem Sinne, als Zusammenhang von Regeln wird die Lehre von der Rechtfertigung des Sünders entfaltet bei: E. JÜNGEL: Das Evangelium von der Rechtfertigung des Gottlosen als Zentrum des christlichen Glaubens. Eine theologische Studie in ökumenischer Absicht, 1999 Vgl. G. SAUTER: Rechtfertigung als Grundbegriff evangelischer Theologie : eine Textsammlung, 1989.
[136] Zur Diskussion siehe: H.G. ULRICH (Hg.): Freiheit im Leben mit Gott. Texte zur Tradition evangelischer Ethik. Eingeleitet und herausgegeben von H. G. Ulrich, 1993.
[137] Siehe dazu auch: E. WOLF: Zur rechtstheologischen Dialektik von Recht und Liebe [1961] (1972).
[138] Siehe A3.

## 9. Geschöpfliches Leben – Paradigma evangelischer Ethik 83

Die theologische Ethik hat ihre Disposition freilich eben an diesem Punkt nur zum Teil kritisch und explorativ in den Blick gefasst. Allzu fest hat sie sich dort eingerichtet, wo »der Mensch« als »Subjekt« erscheint[139], das mit dem verbunden ist, was »Glaube« heißt. Wolfhart PANNENBERG resümiert im Blick auf die theologische Ethik: »Die Erneuerung des moralischen Bewusstseins in den Kirchen selber muss ihren Ausgangspunkt vom Glaubensbewusstsein nehmen, aus der Besinnung auf den biblischen Gott der Erwählung, der nicht nur einzelne, sondern ein Volk erwählt und darum in den zehn Geboten die Grundbedingungen der Gemeinschaft im menschlichen Zusammenleben – die auch das Naturrecht zu formulieren suchte – durch seine Autorität den Individuen verbindlich macht.« Hier ist die Disposition für die Ethik auf Gottes Geschichte mit seinem Volk bezogen, aber zugleich ist diese in ein »Glaubensbewusstsein« eingeschlossen, so dass man fragen wird, wo eben dieses Bewusstsein selbst seinen Ort und seine Geschichte hat. Im Blick darauf hat Dietrich RITSCHL den Gegenstand Ethik in der Geschichte (story) gesehen, in der die Gläubigen leben und von der die Gläubigen geprägt sind. Diese Art von Problemen, die sich auf die verschiedene Logik einer theologischen Ethik beziehen, sind signifikant für die theologische Ethik, sie muss diese im Blick behalten. Sie hat nicht wenige Möglichkeiten entwickelt, entsprechende Unterscheidungen zu benennen und sie gegen eingefahrene Alternativen kritisch zu wenden – etwa gegen das, was als Differenz zwischen einer »kommunitaristischen« Ethik und einer »liberalen« Ethik, oder was als Unterscheidung zwischen »subjektiver« und »objektiver« Ethik fixiert worden ist. Entscheidend ist jedenfalls, dass die theologische Ethik sich nicht fraglos auf eine Logik einlassen kann, die das Problem, wie vom Menschen in der Ethik zu reden ist, nicht – wie es in der Tradition theologischer Ethik durchaus geschehen ist – neu aufwirft, auch um den Preis, dass sie dann nicht sofort als (universelle) »Verantwortungsethik« oder als Ethik der »Lebensgestaltung« an den eingefahrenen Diskursen partizipiert. Wie vom Menschen zu reden ist: diese Frage wird nicht zuletzt dort wieder akut, wo die »Natur des Menschen« zu einem Thema deshalb wird, weil ihre Veränderung die *moralische* Existenz des Menschen tangiert.[140] Diese Frage ist in der theologischen Ethik kaum ausreichend verhandelt worden, obgleich sie fraglos nahe liegt, wenn denn die Theologie vom Menschen als Geschöpf zu reden hat und wenn dieses Geschöpf in seiner leiblichen Existenz eben deshalb zu bedenken ist, weil es in Gottes Ökonomie gehört, die die Schöpfung in allen ihren Dimensionen, auch leiblich, die Differenz der

---

[139] Siehe dazu A2.
[140] Dabei ist die leiblich-phyisische Natur in der Natur zugleich im Blick zu behalten – wie dies nicht zuletzt Karl LÖWITH eindrücklich angezeigt hat. Siehe insbesondere: K. LÖWITH: Zu Heideggers Seinsfrage: Die Natur des Menschen und die Welt der Natur [1969] (1984).

Differenz der Geschlechter einschließend, umgreift.¹⁴¹ Dieses Geschöpf kann sich nicht als »Geist« von dieser leiblichen Existenz distanzieren. Dem widerspricht schon die Rede von dem Geist Gottes, der sich an das leibliche Wort gebunden hat.¹⁴²

Wenn sich zeigen lässt, wie dies in der Rede von der geschöpflichen Existenz konzentriert und aufgefangen werden kann, dann ist deutlich, auf welcher schon vorgezeichneten Spur ihrer Tradition sich die theologische Ethik bewegen kann. Auch wenn diese vielfach verdeckt ist, etwa durch die Auffassung, der Glaube sei eine Angelegenheit eines »inneren« oder »innerlichen« Menschen, so ist sie doch die Spur, die einzig mit derjenigen Rede von Gott zusammentrifft, die die Begegnung mit dem leiblichen Wort und das, was im Kommen Jesu Christi festgehalten ist, nicht in einen Glauben auflöst, der wo auch immer seinen eigenen Ursprung hat.

---

141 Sie grundlegend, auch die Theorie der Ethik betreffend, dazu: Susan Frank PARSONS: The ethics of gender, 2002

142 Siehe zu dieser grundlegenden Einsicht: G. SAUTER: Die Kirche in der Krisis des Geistes (1976) und O. BAYER: Leibliches Wort, 1992.

# A

## MENSCHLICHES LEBEN IN DER BEGEGNUNG – GESCHÖPFLICHES LEBEN UND ETHISCHE PRAXIS

# A 1 Leben in Gottes Ökonomie – Gegenstand, Kontext und Aufgabe der theologischen Ethik

## 1. Vom Gegenstand theologischer Ethik

»Denn wir sind sein Werk, geschaffen in Christus Jesus zu guten Werken, die Gott zuvor bereitet hat, dass wir darin wandeln sollen.« (Eph 2,10).

Davon handelt die theologische Ethik. Sie sucht zu erkennen, wie Menschen leben, die sich als Gottes Geschöpfe in der Geschichte, die Gott mit ihnen eingegangen ist, erfahren. Theologische Ethik sucht diese Erfahrung zu erkunden und die begründete Hoffnung, die Menschen haben dürfen, über das hinaus und gegenüber und im Widerspruch zu dem, was sie tun, was sie beherrschen oder was sie glauben zu sein.

Eine solche Ethik ist theologische Ethik, weil sie die Quelle und die Bestimmung menschlichen Lebens im Blick hat, nicht als legitimierendes Fundament oder auch als höchsten Wert, sondern als die immer präsente Erfahrung und Erwartung dessen, was menschliches Leben neu werden lässt und trägt. Anders wäre sowohl die theologische Aufgabe als auch die Aufgabe der Ethik unterbestimmt, sie wäre reduziert auf Probleme der Interpretation des Gegebenen oder auf Begründungen, sie wäre ohne eigene *Erkenntnisaufgabe*, ohne die Aufgabe einer Exploration, die Erkenntnis einschließt. Das aber ist die Frage: was hat die Ethik zu erkennen und zu verstehen?

Theologische Ethik zielt auf die *Erkenntnis* dessen, was in der Perspektive des Glaubens, den Gott schenkt, in dieser Welt und für diese Welt geschieht, sie fragt nicht im Allgemeinen, was »das Gute« ist, das von uns zu erstreben ist, sie fragt nicht nach dieser oder jener Ökonomie, nach der wir zu leben hätten, sie fragt auch nicht nach dem »guten Leben«, sondern sie fragt zuerst, was wir, die Geschöpfe und Kinder Gottes, Gutes wahrnehmen und erfahren können. Sie blickt nicht von außen auf »die Menschen« und auf das von uns Menschen anvisierte, erstrebte Gute, sondern sucht die Güte Gottes, wie sie Menschen begegnet.[1] Sie sucht das Gute in der Güte Gottes, in seiner Zuwendung. Die theologische Ethik folgt damit der *Umkehrung* der Frage nach dem Guten oder dem

---

[1] Zur Auslegung im Kontext der Thematisierung der Postmoderne siehe: C. SCHWÖBEL: Christlicher Glaube im Pluralismus : Studien zu einer Theologie der Kultur, 2003, 432-451. Schwöbel hat auf diese zentrale Aussage in der Gotteslehre erneut den Blick gerichtet. Er übersetzt das hebräische Wort mit »Gnade«.

guten Leben, wie sie in Psalm 4 ausgesprochen ist und von dort in vielen Auslegungen aufgenommen wurde: »*Viele sagen, ›wer wird uns Gutes sehen lassen?‹ Herr lass leuchten über uns das Licht deines Antlitzes. Du erfreust mein Herz, ob jene auch viel Wein und Korn haben. Ich liege und schlafe ganz in Frieden, denn allein Du hilfst mir, dass ich sicher wohne.*«

Hier ist von dem »Ethos« (dort, wo man wohnt) die Rede, das als dieses bestimmte Ethos angesprochen wird – aber dieses Ethos beruht auf einer Aktion Gottes, die den Frieden einrichtet und bewahrt. Dieses Ethos ist im Wort Gottes beschlossen – nicht darin, worin Menschen sich einrichten.[2] Gottes Wort wird zu ihrem Aufenthaltsort.

Dieser Umkehrung folgend spricht theologische Ethik von Gottes Güte als einer tätigen, begegnenden Güte. Es ist diejenige Güte, die Menschen Gottes Geschöpfe sein lässt. Es ist die Güte, die in Gottes Erbarmungen (Röm 12,1) enthalten ist, mit denen Gott Menschen entgegengetreten ist. Dementsprechend fragt die theologische Ethik immer neu, woraus Menschen leben und woraufhin sie leben. Die theologische Ethik folgt darin dem Ersten Gebot des Dekalogs, das gleichermaßen jene Umkehrung und Revolution ansagt: »Du sollst keine anderen Götter haben neben mir« (Ex 20,3). Es kann kein Gut, kein Glück, kein gutes Leben geben, das neben oder unabhängig von Gott unser *Streben* auf sich ziehen könnte, das überhaupt in unserem Streben besschlossen sein könnte.[3] Martin LUTHER hat dies als die Pointe des Ersten Gebotes festgehalten: dass wir uns in Gott aller Güter versichern, in dem Gott, dessen Güte wir erfahren. »So verstehst Du nun leicht, was und wie viel dies Gebot fordert, nämlich das ganze Herz des Menschen und alle Zuversicht auf Gott allein und niemand anders. Denn ›Gott haben‹, kannst Du wohl erkennen, ist nicht so, dass man ihn mit Fingern ergreifen und fassen oder in Beutel stecken oder in Kasten schließen kann. Das heißet ihn aber gefasset, wenn ihn das Herz ergreifet und an ihm hanget. Mit dem Herzen aber an ihm hangen ist nichts anderes, als sich gänzlich auf ihn verlassen. Darum will er uns von allem andern abwenden, das außer ihm ist, und zu sich ziehen, weil er das einzige ewige Gut ist. Als sollte er sagen: was Du zuvor bei den Heiligen gesucht oder auf den Mammon und sonst vertrauet hast, das versiehe Dich alles zu mir und halte mich für den, der Dir helfen und Dich mit allem Guten reichlich überschütten will.«[4]

---

[2] Diesen Zusammenhang zeigt: P. RICOEUR: Religion, Atheismus und Glaube [1969] (2002), 101f. Zum Problem mit dem Begriff Ethos siehe A5-1.

[3] Zur Theologie und Ethik des Glücks siehe insbesondere: S. GRADL: Deus beatitudo hominis. Eine evangelische Annäherung an die Glückslehre des Thomas von Aquin, 2004.

[4] M. LUTHER: Der Große Katechismus, 21f. Vgl. zum 1. Gebot in der gleichen Ausrichtung auch »Veritatis Splendor«: JOHANNES-PAUL II: Enzyklika Veritatis Splendor, 1993.

## 1. Vom Gegenstand theologischer Ethik

Die Frage nach dem guten Leben wird in dieser Umkehrung radikal verändert. Sie wird in die Dramatik geschöpflichen Lebens versetzt. Darin ist nicht von Gott als dem höchsten Gut die Rede, auf das sich menschliches Streben richten soll, sondern von dem Gott, der in seiner Güte den Menschen begegnet und sie zu sich ziehen will. In dieser Begegnung ist auch Gottes Widerspruch beschlossen. Die grundlegende Frage ist nicht, wie wir Menschen das Gute erreichen, das im Gefälle unseres Strebens liegt, sondern wie Gottes Erbarmen zu uns kommt, wie es uns begegnet, wie es uns ergreift. Es geht um eine *adventliche Ethik*. Werden wir die Aufmerksamkeit haben, Gottes Kommen zu bemerken? Entscheidend ist, dass wir es bemerken – auch um derer willen, die dessen nicht gewärtig werden können, die aber von uns erfahren können, was Gottes Erbarmen ist. Es wird schließlich auf diese Mitteilung und Zeugnis ankommen. Dies ist das Zeugnis von Gottes Ankunft in JESUS CHRISTUS: das Zeugnis von der Hoffnung, die bei uns ist (1Petr 3,15).

So findet theologische Ethik in dieser Umkehrung, in dieser Revolution ihren Gegenstand, den Gegenstand geschöpflichen Lebens – wie er in Psalm 23 wiederum dramatisch geschildert ist:

»ER *ist mein Hirt, mir mangelts nicht.*
*2 Auf Grastriften lagert er mich, zu Wassern der Ruh führt er mich.*
*3 Die Seele mir bringt er zurück, er leitet mich in wahrhaftigen Gleisen um seines Namens willen. –*
*4 Auch wenn ich gehn muss durch die Todschattenschlucht, fürchte ich nicht Böses, denn du bist bei mir, dein Stab, deine Stütze – die trösten mich.*
*5 Du rüstest den Tisch mir meinen Drängern zugegen, streichst das Haupt mir mit Öl, mein Kelch ist Genügen.*
*6 Nur Gutes und Holdes verfolgen mich nun alle Tage meines Lebens, ich kehre zurück zu* DEINEM *Haus für die Länge der Tage.*«[5]

In dem Psalm ist von einer erfahrenen oder erlittenen Kehrtwendung die Rede: »Die Seele mir bringt er zurück«.[6] Dies ist Gegenstand der theo-logischen Ethik, weil sie sich innerhalb der Rede von Gott dem Schöpfer bewegt, der Menschen immer neu seine Geschöpfe werden lässt. Eine Ethik kann sinnvoll nur »theo-logisch« genannt werden, wenn sie von einem Gott zu reden weiß, der in seinem Wirken Menschen zugewandt ist, statt von Gott irgendwie zu reden, ihn vielleicht als letzten Grund oder als Berufungsinstanz zu behaupten.[7] Nicht Gott

---

[5] Übersetzung von Martin BUBER.
[6] נַפְשִׁי יְשׁוֹבֵב: es lässt sich auch übersetzen: »meine Seele lässt Du umkehren«.
[7] An diese Unterscheidung rührt auch die Darstellung von C. TAYLOR: Quellen des Selbst. Die Entstehung der neuzeitlichen Identität, [Sources of The Self. The Making of Modern Identity,

irgendwie namhaft machen, sondern von dem Gott zu reden, der einen Namen[8] hat (»um seines Namens willen«), einen Namen, in dem beschlossen ist, wie er Menschen begegnet ist und worauf Menschen ihre Hoffnung setzen dürfen, – dies ist die genuine Aufgabe einer theo-logischen Ethik.

Theologische Ethik handelt vom Leben der Menschen als Geschöpfe. Theologische Ethik kann keinen allgemeineren Ausgangspunkt haben[9], von dem aus sie vielleicht versuchen könnte, eine Grundlegung der Ethik zu geben. Wo immer sie einsetzt, bewegt sie sich aber schon innerhalb der Aussage »Ich glaube, dass mich Gott geschaffen hat samt allen Kreaturen«.[10] Sie wird dieser Aussage nachgehen, sie wird sie zu verstehen suchen und zeigen, wie sie auf die Probe zu stellen ist. Diese Aussage wird deshalb nicht etwa in den engen Rahmen eines Glaubens gestellt, der bei einem Menschen vorausgesetzt werden muss. Dieser Glaube ist selbst von Gott geschaffener Glaube, in dem sich jeder Versuch bricht, menschliches Leben seiner – wie auch immer gegebenen Fundamente – vergewissern zu wollen. Wie etwa kann man von der »Gegebenheit[11] des Lebens« sprechen, ohne sich schon in diesem Glauben zu bewegen?[12] Was heißt »Gegebenheit«?

Theologische Ethik kann ihren Gegenstand nicht einführen wollen, indem sie jenseits des geschöpflichen Werdens und seinem Widerfahrnis, von einer Gegebenheit spricht. Sie befindet sich immer schon *im Anfang* der Werke Gottes, in dem Anfang, den Gott geschaffen hat. Theologische Ethik kann dieses initium concretum, diesen bestimmten Anfang (»am Anfang schuf Gott Himmel und Erde«), der alles weitere umschließt, nicht durch ein principium (etwa das Prinzip der Voraussetzungslosigkeit) ersetzen wollen, dessen sie sich vergewissert oder bedient. Sie kann diesen Zusammenhang (Kontext) und Einsatzpunkt nicht auf den Begriff bringen wollen, etwa auf den Anfang einer Geschichte oder auf den Begriff einer Geschichtlichkeit, ohne ihre Aussage zu verlieren. Sie kommt von der Einstimmung in die Ökonomie Gottes her und sie wird versuchen, diese in ihrem Verstehen und Nachvollzug zu bewähren.

---

1989] 1994. Taylor rückt aber – im Blick auf Augustin – eher den Gott in den Blick, der – als summum bonum – zu erstreben ist, als den Gott, der Menschen begegnet.
8   Zur Bedeutung des Namens Gottes vgl. insbesondere: C. LINK: Die Spur des Namens, 1997.
9   Vgl. die Diskussion bei S. HAUERWAS: Sanctify them in the Truth. Hauerwas verweist auf das erste Gebot, hinter das nicht zurückgegangen werden kann, indem etwa Gott direkt – als Autorität – ins Spiel kommen sollte.
10  M. LUTHER: Kleiner Katechismus, Auslegung des Apostolischen Glaubensbekenntnisses.
11  Zur Frage nach dem »Gegebenen« in der Moralphilosophie (in Bezug auf I. KANT) siehe: T.W. ADORNO: Probleme der Moralphilosophie, [1963] 1996, 114-116.
12  Vgl. die Argumentation bei S. HAUERWAS: With the Grain of the Universe, 2001.

## In Gottes Ökonomie

Zu handeln ist in der theologischen Ethik vom Leben des Menschen als Gottes Geschöpf in *Gottes Ökonomie*: »wir sind sein Werk, geschaffen in JESUS CHRISTUS« (Eph 2,10). Mit der Rede von der »Ökonomie Gottes« hat die christliche Tradition die Werke und Taten Gottes, in denen Gott uns Menschen begegnet, in ihrem dramatischen Verlauf und in ihrem ganzen Zusammenhang gemeint. Die Ökonomie Gottes umfasst nicht irgendwelche Werke und Taten, sondern sie besteht in Schöpfung, Errettung, Erlösung.[13] Darin besteht die Geschichte Gottes mit den Menschen. Diese ist der Kontext christlicher Ethik. In diesem bewegt sie sich. Sie hat zu zeigen, wie darin menschliches Leben erscheint. Dies ist das »Ethos«[14] zu nennen, das diese Ethik erschließt und erkundet.

Das Reden von Gott bewegt sich in diesem Kontext, und dieser stellt den Verstehenszusammenhang dar: den Lebenskontext, auf den sich das ethische Verstehen bezieht. Dies macht – wie Gerhard von RAD gesagt hat – das Tautologische im theologischen Reden aus[15]: was es von Gott sagt, ist mit »Gott« schon vorausgesetzt. Es gibt keinen Ort Gott gegenüber[16] und keinen Anfang außerhalb.[17] Auch der Glaube gehört in diesen Kontext: der Glaube wird nicht von Menschen aufgebracht, sondern mit dem Glauben und durch den Glauben sind Menschen eingefügt in diesen Kontext. Auch wenn vom »*Willen Gottes*« die Rede ist – wie im Vaterunser »Dein Wille geschehe...« – ist gemeint, was Gott für und von seinen Geschöpfen will und was seinem Wirken und Tun, seiner Ökonomie entspricht.[18] Es ist hier kein Gott im Blick, der im Gegenüber zum

---

[13] Siehe näheres dazu: H.G. ULRICH: Die Ökonomie Gottes und das menschliche Wirtschaften. Zur theologischen Perspektive der Wirtschaftsethik (1992). Den biblisch-dogmatischen Zusammenhang dessen, was »Ökonomie Gottes« heißt, hat in seiner grundlegenden Bedeutung für die Theologie und ihre Ethik Friedrich MILDENBERGER einzigartig erschlossen: Biblische Dogmatik. Eine biblische Theologie in dogmatischer Perspektive, Bd.1-3, 1991-1993. In vieler Hinsicht folge ich dieser Entfaltung biblischer Dogmatik. Eine in der Trinitätslehre begründete und aus ihr entfaltete Konzeption einer Ethik der Geschöpflichkeit skizziert C. SCHWÖBEL: Gott, die Schöpfung und die christliche Gemeinschaft. Dogmatische Grundlagen eines christlichen Ethos der Geschöpflichkeit (2002). In seiner Entfaltung des Bezugs der Ethik auf einer in ihrer Geschöpflichkeit verstandenen Kirche finden sich Aspekte, die sich mit den hier dargelegten Überlegungen berühren.
[14] Zum Begriff Ethos siehe A5-1.
[15] G. v. RAD: Theologie des Alten Testaments I. Die Theologie der geschichtlichen Überlieferungen Israels, 1958, 210f.
[16] Vgl. H.U. von BALTHASAR: Theodramatik 2,1, 1976: 113. Das ganze Kapitel »Theodramatische Hermeneutik« handelt davon.
[17] F. MILDENBERGER hat in seiner ›Biblischen Dogmatik‹ (Bd. 1-3, 1991-1993) gezeigt, wie das Reden von Gott (Theo-logie) notwendigerweise zugleich von Gottes Ökonomie handelt – und umgekehrt. Darin ist das Problem der »Grundlegung« theologischer Ethik beschlossen.
[18] Martin BUBER hat dies generell auf die Religionen bezogen: »Die Religionen müssen mit aller Kraft darauf horchen, was Gottes Wille für diese Stunde ist, sie müssen von der Offenbarung aus die aktuellen Probleme zu bewältigen suchen, die der Widerspruch zwischen dem Willen Gottes und der gegenwärtigen Wirklichkeit der Welt ihnen stellt.« (Nachlese, 111f.).

Menschen *irgend etwas* wollen kann, der willkürlich etwas will. Die Rede von einem Gott, der etwas für den Menschen oder vom Menschen will, ohne dass dies ein bestimmter Wille ist, führt in die Vorstellung eines theologischen Voluntarismus, der sich dort einstellt, wenn das Verhältnis Gott-Mensch zum Thema wird. Die Bitte »Dein Wille geschehe...« bedeutet nicht, dass letztlich Gottes Wille im Hintergrund entscheiden möge, was geschieht. Ein solcher Voluntarismus lässt es schwer werden, auf den Willen Gottes zu hoffen und in der Ethik nach dem Willen Gottes zu fragen. So geht diese entscheidende Pointe theologischer Ethik verloren. Theologische Ethik folgt immer dieser Bitte »Dein Wille geschehe...«. Diese Bitte leitet die Erkenntnis. Es ist eine Ethik, die auf Gottes bestimmten Willen blickt. Dies kann sie nur, wenn sie sich von dem geschöpflichen Ort nicht entfernt, an dem sie den Willen Gottes erproben kann. In diesem Sinne ist darüber nachzudenken, die Ethik in einer Providenzlehre zu begründen, wie Oswald BAYER bemerkt hat.[19] Dies ist in der Tradition evangelischer Ethik immer wieder vergessen worden, aber gelegentlich auch deutlich hervorgetreten – nicht zuletzt bei Martin LUTHER[20]. Damit ist die Frage aufzunehmen, was es für die Ethik heißt, dass es kein Schicksal mehr gibt.[21] Luther hat im besonderen das umfassende Wirken Gottes immer neu in den Blick gerückt, das Menschen keinem anonymen Schicksal ausgeliefert sein lässt, sondern – wie HIOB – zur Antwort provoziert.

Von der Aufgabe der Ethik sagt PAULUS: »lasst euch eure Existenzform verändern durch das Neuwerden eures Verstehens, damit ihr auf die Probe stellen könnt, was *Gottes Wille* ist: das Gute, das Wohlgefällige und das Vollkommene« (Röm 12,2). Gottes Wille ist nicht auf irgend etwas gerichtet, sondern auf das Bestimmte, mit dem er sich exponiert hat und das er selbst seinen Menschen zukommen lässt. Darauf ist sein Wille gerichtet, darauf ist sein Wirken und Tun gerichtet: auf das Gute, das Wohlgefällige und das Vollkommene, welches das Gute, das Wohlgefällige und Vollkommene Gottes ist. Dies will Gott für die Menschen und von den Menschen. Dies ist ein untrennbarer Vorgang im geschöpflichen Leben.

Gottes Wille ist auf das bestimmte *Gute* gerichtet, das er geschaffen hat: »Wir sind Gottes Werk, geschaffen zu guten Werken« (Eph 2,10). Es geht um das bestimmte »Gute«, das in Gottes Willen und Wirken beschlossen ist: denn »Gut ist nur einer« (Mt 19,17). »Gut« ist kein freischwebendes Prädikat und damit unserem Urteil ausgeliefert. Unser Urteil kann nur Gottes Urteil nachfolgen,

---

19  O. BAYER: Gemeinschaft in der Kirche – Einheit und Pluralismus (2002), 214.
20  Siehe dazu H.J. IWAND: Luthers Theologie, 1974, 90-104: »Erwählung und Trost«.
21  O. MARQUARD: Ende des Schicksals? Einige Bemerkungen über die Unvermeidlichkeit des Unverfügbaren (1982). Siehe aber die Differenz von Schicksal und Chrarakter bei: W. BENJAMIN: Schicksal und Charakter (1977).

## 1. Vom Gegenstand theologischer Ethik 93

indem wir probieren, was unser geschöpflicher Sinn wahrnimmt (Röm 12,2). Auf diesen richtet sich unsere Veränderung.

Gottes Wille ist auf das *Wohlgefällige* gerichtet: »Ich ermahne euch nun, liebe Brüder, durch die Barmherzigkeit Gottes, dass ihr eure Leiber hingebt als ein Opfer, das lebendig, heilig und Gott wohlgefällig (εὐάρεστον) ist. Das sei euer vernünftiger Gottesdienst.« (Röm 12,1)[22] Hier wird der Blick auf Gottes Wohlgefallen gerichtet. So entspricht auch Gott in seinem Wirken und Tun dem, was ihm gefällt. Dies ist kein willkürliches Gefallen, sondern Gott gefällt das, was in seiner Geschichte mit den Menschen beschlossen ist.[23]

Gottes Wille ist auf das *Vollkommene* gerichtet: »Er ist ein Fels. Seine Werke sind vollkommen (תָּמִים)[24]; denn alles, was er tut, das ist recht. Treu ist Gott und kein Böses an ihm, gerecht und wahrhaftig ist er.« (Dtn 32,4) »Darum sollt ihr vollkommen sein, wie euer Vater im Himmel vollkommen (τέλειος) ist.« (Mt 5,48).

»Gottes Ökonomie« meint das ganze Wirken und Tun Gottes in seinem bestimmten Zusammenhang und in seiner ganzen Dramatik. In dieser Dramatik hält sich geschöpfliches Leben auf:

*»Ich harrte des HERRN, und er neigte sich zu mir und hörte mein Schreien.*
*Er zog mich aus der grausigen Grube, aus lauter Schmutz und Schlamm,*
*und stellte meine Füße auf einen Fels, dass ich sicher treten kann;*
*er hat mir ein neues Lied in meinen Mund gegeben, zu loben unsern Gott.*
*Das werden viele sehen und sich fürchten und auf den HERRN hoffen.*
*(Ps 40,2-4)*

---

[22] »Gutes zu tun und mit andern zu teilen, vergesst nicht; denn solche Opfer gefallen Gott.« (Hebr 13,16)
[23] »Als nun Bileam sah, dass es dem HERRN gefiel (כִּי טוֹב בְּעֵינֵי יְהוָה), Israel zu segnen, ging er nicht wie bisher auf Zeichen aus, sondern richtete sein Angesicht zur Wüste...«
»Und der Topf, den er aus dem Ton machte, mißriet ihm unter den Händen. Da machte er einen andern Topf daraus, wie es ihm gefiel.« (כַּאֲשֶׁר יָשַׁר בְּעֵינֵי הַיּוֹצֵר לַעֲשׂוֹת) (Jer 18,4). »Gefallen« entspricht im Hebräischen verschiedenen Wörtern, die hier aber in der Bedeutung zusammenklingen: »Der HERR verstößt sein Volk nicht um seines großen Namens willen; denn es hat dem HERRN gefallen, euch zu seinem Volk zu machen.« (כִּי הוֹאִיל יְהוָה לַעֲשׂוֹת אֶתְכֶם לוֹ לְעָם) 1Sam 12,22.
»Lass dir›s gefallen, HERR, mich zu erretten; eile, HERR, mir zu helfen!« (יְהוָה לְעֶזְרָתִי חוּשָׁה רְצֵה יְהוָה לְהַצִּילֵנִי) Psalm 40,14.
»Dem HERRN hat es gefallen um seiner Gerechtigkeit willen, dass er sein Gesetz herrlich und groß mache.« (יְהוָה חָפֵץ לְמַעַן צִדְקוֹ יַגְדִּיל תּוֹרָה וְיַאְדִּיר) Jes 42,21.
»Meinst du, dass ich Gefallen habe am Tode des Gottlosen, spricht Gott der HERR, und nicht vielmehr daran, dass er sich bekehrt von seinen Wegen und am Leben bleibt? (הֶחָפֹץ אֶחְפֹּץ מוֹת רָשָׁע) Hes 18,23.
[24] Im Hebräischen steht dafür: תָּמִים. In der griechischen Übersetzung (LXX) werden dafür verschiedene Wörter gebraucht: ἀληθινός oder ἄμωμος.

Es ist die Bewegung dieser Lebensvorgänge und ihrer Geschichte (story), in der sich geschöpfliches Leben vollzieht. Von dieser Dramatik kann nicht abgesehen werden, in sie sind Lebensstrukturen und Lebensverhältnisse eingezeichnet.[25] Sie ist deshalb alltäglich und selbstverständlich. Deshalb und in diesem Sinne spricht die theologische Tradition von der »Ökonomie Gottes«. Gemeint ist damit nicht ein »Verhältnis« Gottes zur Welt und zu den Menschen, sondern die »Ökonomie Gottes« besteht in einem dramatischen Tun und Wirken Gottes, in seiner Geschichte (story) mit den Menschen.[26] Das geschöpfliche Leben verläuft, sofern es eingefügt bleibt in Gottes Ökonomie, dramatisch – so dramatisch wie die Umkehrung der Frage nach dem guten Leben.

Es ist deshalb nicht irgend ein Geschehen, das aus unserem Tun erwächst, sondern es ist die *eine* Geschichte der Errettung, in dem alle menschliche Dramatik aufgehoben ist: »Denn also hat Gott die Welt geliebt, dass er seinen eingeborenen Sohn gab, damit alle, die an ihn glauben, nicht verloren werden, sondern das ewige Leben haben« (Joh 3,16). Diese Spannweite ihrer bestimmten Geschichte (story), die für alles einsteht, was menschliche Geschichte ausmachen kann, kennzeichnet Gottes Ökonomie. Anders ist von Gottes Wirken nicht zu reden, anders ist geschöpfliches Leben nicht zu verstehen. Das »ewige Leben« ist ohne diese bestimmte Dramatik nicht zu »haben«. Es ist nicht zu erreichen als ein Ziel, das wir erstreben. Das ewige Leben ist nicht als Unsterblichkeit versprochen, es ist vielmehr die *Erfüllung* für alle, die Christus nachfolgen. Dies ist der Lebensvorgang, in den sie gestellt sind. So sagt JESUS dem reichen Mann, der ihn fragt, was er tun muss, um das ewige Leben zu erlangen: »Willst du vollkommen (Vollendung oder Erfüllung finden) sein, so geh hin, verkaufe, was du hast, und gib's den Armen, so wirst du einen Schatz im Himmel haben; und komm und folge mir nach!«[27] (Mt 19,21). So zieht JESUS diesen Menschen in die Dramatik seines Lebens mit Gott. Nachfolgen heißt für den reichen Mann, dass er sich in diese Geschichte ziehen lässt, die ihr eigenes Ende (ihr eigenes Telos) hat.

## *Nachfolge*

Dies kennzeichnet die Ethik geschöpflichen Lebens als Nachfolge-Ethik[28]. JESUS nachfolgen heißt, mit der Bitte und Erwartung leben, dass Gottes Wille gesche-

---

25 Siehe Ps 127 und Ps 128.
26 Dies ist für die Ethik insbesondere auch durch die »Story-Theologie« verdeutlicht und vertieft worden, insbesondere durch D. RITSCHL: Zur Logik der Theologie, 1984.
27 Es kommt hier darauf an – wie die vielfältige Auslegung und Diskussion dieser Geschichte zeigt, wie τέλειος zu übersetzen ist. Vgl. auch: JOHANNES-PAUL-II: Enzyklika Veritatis Splendor, 1993. In dieser Enzyklika wird Mt 19,16-30 ausgelegt. Damit rückt in den Blick, wie eine Nachfolge-Ethik verbunden ist mit einem Ethos der guten Werke.
28 Siehe insbesondere: O. BAYER: Nachfolge-Ethos und Haustafel-Ethos. Luthers seelsorgliche Ethik (1995).

## 1. Vom Gegenstand theologischer Ethik

he. Darin ist Jesus vorausgegangen, dass er diesen Willen hat geschehen lassen. Die Bitte »*Dein* Wille geschehe ...« wird zur zentralen Bitte einer Ethik, die in der begründeten Hoffnung bleibt, dass Gottes – bekannter – Wille zur Erfüllung kommt. Die Erfüllung dieser Hoffnung wird zur zentralen Bitte einer Ethik, die das Leiden und seine Wahrnehmung nicht übergeht.

»Da sprach Jesus zu seinen Jüngern: Will mir jemand nachfolgen, der verleugne sich selbst und nehme sein Kreuz auf sich und folge mir. Denn wer sein Leben erhalten will, der wird's verlieren; wer aber sein Leben verliert um meinetwillen, der wird's finden. Was hülfe es dem Menschen, wenn er die ganze Welt gewönne und nähme doch Schaden an seiner Seele? Oder was kann der Mensch geben, womit er seine Seele auslöse? (Mt 16,24-26)«.[29]

Diese Ethik der Nachfolge bewahrt davor, um der Behauptung der Existenz (conatus[30] essendi) willen zu leben. Das Gegenteil aber ist nicht eine Haltung, die das Leben für irgend ein anderes aufgibt. Eine solche Lebensverneinung – das hat Friedrich NIETZSCHEs Kritik der christlichen asketischen Moral gezeigt – bleibt in derselben Logik wie die Affirmation des »Lebens«: Askese um der Lebensbehauptung willen. An dem Riff dieser Moralkritik müsste sich jede »Ethik des Lebens« brechen, die nicht das Leben und Leiden des Nächsten im Blick hat. Das Gegenteil zu einer Ethik der Lebensbehauptung ist eine Ethik derjenigen geschöpflichen Existenzformung, die nicht affirmativ oder asketisch über das Leiden hinweggeht, sondern die durch das je eigene Leiden hindurch zu blicken und zu gehen weiß, eine Ethik, die sich in der Brechung durch das Leiden aufhält, das immer das Leiden des einzelnen ist. So ist es nicht »das Leid der Welt« überhaupt, das womöglich als gegeben behauptet wird, sondern das Kreuz eines jeden einzelnen, auf das JESUS verweist.[31] Dieses Kreuz jedes einzelnen, das Leiden, das Menschen vereinzelt, ist selbst der Widerspruch dagegen, dass Leiden sein muss. Darauf hat HIOB insistiert und er hat darin Recht bekommen.

Mit der Bitte »Dein Wille geschehe ...« trifft menschliches Leben auf das, was Gott für einen Menschen und von einem Menschen will.[32] Dies macht die Spannung einer Ethik aus, die dem geschöpflichen Leben entspricht, und sie macht überhaupt die Spannung einer Ethik aus, die nicht darauf begrenzt ist, zu zeigen, was »dem Menschen« entspricht, wie er »ist«, sondern dem, was Gott mit diesem Menschen vorhat. Das ist die Logik einer Ethik, die zeigt, wie Menschen sich

---

29  Vgl. »Und er rief zu sich das Volk samt seinen Jüngern und sprach zu ihnen: Wer mir nachfolgen will, der verleugne sich selbst und nehme sein Kreuz auf sich und folge mir nach. Denn wer sein Leben erhalten will, der wird's verlieren; und wer sein Leben verliert um meinetwillen und um des Evangeliums willen, der wird's erhalten.« (Mk 8,34f.)
30  Vgl. J. NIERAAD: Conatus (1971). Den Begriff hat E. LÉVINAS aufgenommen.
31  In diesem Sinn hat F. NIETZSCHE das Leiden das »principium individuationis« genannt – also im Widerspruch dagegen, das Leiden (wie zynisch auch immer) als eben gegeben zu behaupten.
32  Vgl. H.U. von BALTHASAR, Theodramatik 2,1, 1978, 110.

sich hineinziehen lassen in Gottes Wirken und Tun, in Gottes Geschichte mit seinen Geschöpfen: »Ich ermahne euch nun, liebe Brüder, durch die Barmherzigkeit Gottes, dass ihr eure Leiber hingebt als ein Opfer, das lebendig, heilig und Gott wohlgefällig ist. Das sei euer vernünftiger Gottesdienst.« (Röm 12,1). Die Hingabe folgt der Barmherzigkeit, sie folgt der Geschichte des barmherzigen Wirkens und sie fügt sich in diese ein. So ist es zu wenig, von der Hingabe an Gott zu sprechen. Vielmehr spiegelt sich darin Gottes barmherziges Wirken. In diesem »Gottesdienst« bewegt sich die Ethik geschöpflichen Lebens. Indem sich Menschen in Gottes Geschichte[33] ziehen lassen, wie es die vielfältigen Geschichten der Bibel bezeugen – und darin liegt immer ihre Pointe – , wird Gottes Wirken in den Geschichten der Menschen präsent, wird eben dieses Leben mit Gott in die Lebenswirklichkeit der Menschen eingefügt: die Nachfolge in ihrer alltäglichen Existenz.[34]

### In der Geschichte der Mensch-Werdung

Das biblische Reden zeigt innerhalb der Geschichte (story) Gottes mit den Menschen die Dramatik geschöpflicher Lebensvorgänge. Es ist kein Drama, das sich *zwischen* Gott und Menschen, zwischen Menschen und Gott abspielt, sondern eine bestimmte Geschichte, in der Menschen sich finden. So geht es um das Hineinziehen des menschlichen Lebens in das, was Gott an Menschen tut. Es ist die dramatische Geschichte von Unfreiheit und Befreiung, von Verlorensein und Rettung, von Todesverfallenheit und Auferstehung, von Erstarrung und Neuanfang, von Hoffnungslosigkeit und Trost. Es ist die Geschichte der Rettung, der Umkehr und der Neuschöpfung. In dieser bestimmten Geschichte vollzieht sich menschliches Leben – so erscheint es im biblischen Reden in der ihm eigenen Nähe zur menschlichen Wirklichkeit.

Theologische Ethik bewegt sich auf der Spur dessen, was von Gottes Schöpfung, seinem Werk und seinem Tun gesagt werden kann, sie bewegt sich in der Logik dieser Erzählung von Gottes Ökonomie.[35] Sie sucht in Erfahrung zu bringen, was diese Rede berührt, was sie umgreift, was sie erschließt und welche Wirklichkeit sie hervortreten lässt. Darin ist die *Universalität* dieser Ethik beschlossen. Sie beruht nicht auf einer vorweg behaupteten oder (transzendental) unterstellten Universalität Gottes (»Gott als die alles bestimmende Wirklich-

---

33 Die Einsicht in den Zusammenhang von Barmherzigkeit und (eschatologisch gegebener) Geschichte hat insbesondere Paul RICOEUR vermittelt: Der Sozius und der Nächste (1974).
34 Siehe dazu E. BLOCH: Das Prinzip Hoffnung, [1938-1947] 1959, 1492-1504. Für die theologische Ethik: O. BAYER: Nachfolge-Ethos und Haustafel-Ethos. Luthers seelsorgerliche Ethik (1995) und: A. PETERS: Die Spiritualität der lutherischen Reformation (1977).
35 Vgl. Psalm 40,6 (Übersetzung von M. BUBER, Die Schrift): »Viel hast du getan, DU, mein Gott, deiner Wunderwerke, deiner Planungen an uns – nichts ist dir anzureihn! – , will ich melden, will ich reden, Übermenge sind sie dem Erzählen.«

keit«, »Gott als die Öffentlichkeit aller Öffentlichkeiten«), sondern sie richtet sich auf die mit dem Anfang und jedem Schritt gegebene Hoffnung, dass Gott seiner Schöpfung und den Geschöpfen treu bleibt und dass weitere Erfahrungen dieser Treue folgen. Dieser Treue folgen heißt, in der Wahrheit bleiben. Diese Treue ist Gottes Gerechtigkeit – es ist die Treue zu der Gemeinschaft, die er mit seinen Geschöpfen eingegangen ist.[36]

Die Rede von der Schöpfung und den Geschöpfen kann nicht in der Weise universal verstanden werden, dass darin alles und jedes aufzufinden wäre, was wir glauben identifizieren oder wahrnehmen zu können. Es kommt vielmehr darauf an, was die Geschöpfe und das geschöpfliche Leben kennzeichnet und auszeichnet. Geschöpf-Sein ist eine Auszeichnung. Es gibt keine dieser Kennzeichnung vorgängige Bestimmung, es gibt keine Eigenschaften des Geschöpfs, die zu fixieren wären, um das Geschöpfsein zu erfassen. Vielmehr gilt es den Zusammenhang und Ort aufzusuchen, in dem geschöpfliches Leben anzutreffen ist: den Ort des Gewärtigwerdens von Gottes Wirken und Tun. Dies ist zuerst der Ort des Lobpreises Gottes.

Paradigmatisch geschieht dies in Psalm 8, dessen abenteuerliche Auslegungen vom Neuen Testament bis LUTHER, PASCAL, NIETZSCHE, BARTH und KAFKA zeigen, wie leicht dieses Geschöpf aus der dort erzählten Geschichte fällt und ortlos wird oder an einen gänzlich anderen Ort oder in einen spezifischen Diskurs versetzt wird. Die Geschichte dieses Geschöpfs durchläuft abgründige Szenen, die in den *Auslegungen* des Psalm 8 hervortreten. So bei PASCAL, der den Menschen als einen heruntergekommenen König beschreibt.[37] Dieser hat vergessen, was seine Aufgabe ist, und bringt statt dessen – was Königen eigen ist – seine Zeit mit Unterhaltung zu, weil er sonst der Langeweile verfällt. Die Aufgaben seines Regierens sind den Gewohnheiten seiner Unterhaltung gewichen. Besonders gerne – so PASCAL – laufen diese beschäftigungslos gewordenen Könige, denen nur die Unterhaltung noch bleibt, einem Ball hinterher.[38]

Was ist dem entgegenzuhalten? Wo, wie werden Menschen ihre königliche Aufgabe – wieder – wahrnehmen, wie lange noch werden sie versuchen, der Langeweile durch Zerstreuung zu entfliehen? Der Mensch, von dem Psalm 8 spricht – und es ist in der Tat »der Mensch« – ist durch kein Kennzeichen fixiert, das an ihm haftet und auf das er sich berufen könnte. Er ist auch durch kein Verhältnis bestimmt, in dem er seinen Ort hätte, oder durch eine Bezie-

---

36 Dies ergibt sich auch aus der Interpretation von »צדקה« durch Gerhard von RAD als »Gemeinschaftstreue«: Theologie des Alten Testaments I. Die Theologie der geschichtlichen Überlieferungen Israels, 1958, 385 (vgl. 382-386).
37 B. PASCAL: Gedanken, o.J., Aph. 178, 179; siehe dazu auch Th. RUSTER: Der verwechselbare Gott, 3. Aufl. 2001, 78f.. Ruster zeigt den Zusammenhang mit der Rechtfertigung des Sünders.
38 B. PASCAL: Gedanken, o.J., Aph. 185.

hung, in der er seine Definition gewinnt. Er ist auch nicht kontextlos mit Würde versehen. Das alles wären entscheidende Verkürzungen dessen, was hier ausgesprochen ist. Sie verkürzen den Psalm auf eine Rede vom Menschen, auf eine Anthropologie. Der Mensch (der hier selbst spricht) ist eingefügt in Gottes »Gedenken«, er ist eingefügt in die Geschichte (story), die Gott wahrt. Kein allgemeiner Rahmen, vielleicht der einer »Anthropologie«[39], bildet hier den Raum, in dem sich die Menschen bewegen, sondern das, was Menschen von dem Gott widerfahren ist, der Himmel und Erde eingerichtet hat. Psalm 8 ist Lobpreis Gottes, in dem der Mensch mit seiner Wahrnehmung der Schöpfung das Prisma ist, in dem sich dieser Lobpreis bricht.[40]

In Gottes Wirken und Tun ist auch beschlossen, was Menschen Gottes Ebenbild sein lässt, in Gottes Handeln an Menschen, in Gottes bildnerischen Handeln. Das verbietet es, allgemein von einem »Menschenbild« zu reden. Ein solches irgendwie fixiertes Menschenbild fällt unter das Bilderverbot.[41] Statt ein Bild zu schaffen, gilt es, wahrzunehmen, was diesen Menschen als Gottes Geschöpf in seiner Geschichte (story) kennzeichnet. Vom Menschen reden heißt nicht, auf »den Menschen« (*ad hominem*) zu sprechen zu kommen, sondern von diesem Geschöpf (*de homine*) zu reden, von ihm und seiner Geschichte mit Gott zu erzählen und auszuloten, was ihm als Geschöpf widerfährt.[42]

In diesem Reden vom »Geschöpf« ist eine Erkenntnis-Geschichte enthalten, die durch keinen Versuch abgekürzt werden kann, dieses Geschöpf in seinem Wesen oder seinen Eigenschaften, vielleicht auch in seiner Würde zu definieren. Die Würde des Menschen besteht in der Aufgabe, die Gott ihm zuerkennt, und sie besteht damit zugleich in den Verheißungen, mit denen er ausgezeichnet ist und die seine Hoffnung begründen.[43] Die Würde des Menschen (wenn davon zu reden ist) besteht darin, dass dieser Mensch einen bestimmten Ort in Gottes Geschichte einnimmt, nicht eine Position irgendwo sonst, vielleicht zwischen Engel und Tier oder zwischen Mensch und Über-Mensch. So ist dies keine kontextlose Positionsbestimmung »des Menschen«, sondern der Ort von Menschen

---

[39] Vgl. zur Kritik M. BUBER: Das Problem des Menschen, 1961. Zur Genese der anthropologischen Semantik in systemtheoretischer Perspektive siehe: N. LUHMANN: Gesellschaftsstruktur und Semantik, Bd. 1, 1993, 162-234. T. RENTSCH: Die Konstitution der Moralität : transzendentale Anthropologie und praktische Philosophie, 1999. Es entspricht der hier verfolgten theologischen Logik, für die Ethik eine »transzendentale Anthropologie« zu erschließen, in der die Rede vom Menschen in die Rede von Gott eingefügt ist. Dies ist die Logik der Geschöpflichkeit.
[40] Siehe zur Auslegung des Psalms: G. SAUTER: ›Was ist der Mensch, dass Du seiner gedenkst?‹ (Ps 8,5) (2004). Diesen Psalm hat mir insbesondere Gerhard SAUTER erschlossen. Vgl. auch das Heft: »Was ist der Mensch?...«, Glaube und Lernen 4 (1989).
[41] Ex 20,4.
[42] Vgl. M. LUTHER: Disputatio de homine – Disputation über den Menschen (1536).
[43] Vgl. Röm 8,14-34: dort ist von der »Herrlichkeit« der »Kinder Gottes« die Rede: das ist die Würde, von der hier zu reden ist.

ist aufgehoben in Gottes Geschichte, die in seinem Gedenken beschlossen ist. Menschen gewinnen ihre Würde in der Auszeichnung, dass Gott ihrer »gedenkt«. Menschen nehmen diese Würde entgegen, wenn sie dieses Gedächtnisses Gottes eingedenk sind und sich keine andere Wertschätzung beschaffen.

Zugleich aber ist von dieser Menschenwürde zu sagen, dass »der Mensch« sie verloren hat und nicht weiß, wie sie zu leben ist.[44] Die königliche Würde, sein Ort und sein Auftrag, sind den Menschen abhanden gekommen. So sieht es Martin LUTHER in seiner Auslegung des Psalms, so sieht es PASCAL. Werden die Menschen die verlorengegangene Würde wiederfinden? Das ist die Frage, die hier bleibt. In welchem Lebensvorgang wird diese Würde – wieder – zu gewinnen sein? Das ist die Frage einer Ethik, die sich in dieser Geschichte vorfindet und sie weiterverfolgt, statt unabhängig davon die Würde des Menschen oder eine andere (anthropologische) Gegebenheit, eine menschliche Natur zu suchen. Wie wird diese Würde zu finden sein? Worin wird sie bestehen?

In seiner Schrift »Von der Freiheit eines Christenmenschen« sieht Martin LUTHER die hohe Ehre des Christenmenschen darin, dass dem Christenmenschen der *Auftrag* gegeben ist, Gott um sein machtvolles Handeln zu bitten:

*»Wie nun Christus die erste Geburt mit ihrer Ehre und Würdigkeit hat, so teilet er sie mit allen seinen Christen, dass sie durch den Glauben auch alle Könige und Priester sein müssen, wie 1Petr 2,9 sagt: ›Ihr seid ein auserwähltes Geschlecht, das königliche Priestertum.‹ Und das geht so zu, dass ein Christenmensch durch den Glauben so hoch über alle Dinge erhoben wird, dass er aller Dinge geistlich ein Herr wird, denn es kann ihm kein Ding schaden zur Seligkeit. Ja, es muss ihm alles untertan sein und helfen zur Seligkeit,...Denn dies ist eine geistliche Herrschaft, die da in der leiblichen Unterdrückung regiert, das ist, ich kann mich ohne alle Dinge der Seele nach bessern, so dass auch der Tod und Leiden mir dienen und zur Seligkeit nützlich sein müssen. Das ist eine gar hohe, ehrliche Würdigkeit und eine rechte, allmächtige Herrschaft, ein geistliches Königreich, da kein Ding so gut , so böse ist, es muss mir zum Guten dienen, so ich glaube, und ich bedarf sein doch nicht, sondern mein Glaube ist mir genug. Siehe das ist eine köstliche Freiheit und Gewalt der Christen!«*

*»Überdies sind wir Priester, das ist noch viel mehr als König zu sein, deshalb, weil das Priestertum uns würdig macht, vor Gott zu treten und für andere zu bitten.«* ...
*»Wer kann nun die Ehre und Höhe eines Christenmenschen ausdenken? Durch sein Königreich ist er aller Dinge mächtig, durch sein Priestertum ist er Gottes mächtig, denn Gott tut, was er bittet und will...«*[45]

---

44 Zur theologischen Klärung vgl. J.-P. WILS: Zur Typologie und Verwendung der Kategorie ›Menschenwürde‹ (1991). R. SPAEMANN: Über den Begriff der Menschenwürde [1987] (2001); S. HEUSER: Menschenwürde. Eine theologische Erkundung, 2004.
45 M. LUTHER, Von der Freiheit eines Christenmenschen (1520) 1961, 259-261.

Hier findet die Dramatik des Psalm 8 ihre Perspektive. Der Christenmensch wird – wieder – in sein Königtum eingesetzt.[46] Auf dieses »wird«, auf dieses »Werden« in der Geschichte mit Gott kommt alles an. In diesem Werden lebt der Christenmensch. Das ist sein geschöpfliches Leben. Es ist – wie Luther in der Auslegung von Psalm 127 ausführt – ein »Werden« (fieri), das im Gegensatz zu dem steht, was Menschen »machen« (facere), »gestalten«, produzieren. Es ist ein »Werden«, das den Menschen nicht an seine Geschichte fesselt, sondern ihn seiner Geschichte mit Gott und dessen Ökonomie weiter folgen lässt.[47]

Die ganze, das geschöpfliche Leben des Menschen umspannende und übergreifende Ökonomie stellt sich – in LUTHERs Auslegung von Genesis 1,27 so dar[48]: »Ohne Zweifel aber ist das auch wahr, dass gleichwie dazumal Gott Lust und Gefallen gehabt hat an diesem seinem Rath und Werk des geschaffenen Menschen, so hat er auch Lust und Liebe, dies sein Werk zu der *verlornen Vollkommenheit* wieder zu bringen und zu erstatten durch seinen Sohn, unsern HErrn JEsum Christum. Und ist solches nützlich und tröstlich zu betrachten, nämlich, dass GOtt das Allerbeste von uns gedenket, und hat Lust über diesem seinem Gedanken und Rath, zum geistlichen Leben wieder zu bringen durch die Auferstehung der Todten Alle, die an Christum geglaubet haben.«[49]

Die Rede vom Menschen und die entsprechende Ethik bewegt sich dieser Dramatik der Ökonomie Gottes entlang. Hier geht es um den Verlust und die Wiedergewinnung der Würde und des Auftrags des Menschen in Gottes Handeln. In diesem Sinn folgt theologische Ethik einer Lebensgeschichte, die nicht dadurch unterlaufen werden kann, dass die Würde des Menschen anders behauptet oder beschafft werden kann als im Durchleben *dieser* Geschichte. Sie folgt nicht mit den Erzählungen, in denen sich Menschen ihrer Natur vergewissern. Entscheidend ist, dass diese Geschichte durch die Geschichte Jesu Christi hindurch geht. So ist JESUS CHRISTUS der zuerst – wieder – erscheinende König, in dem das verlorene menschliche Königtum präsent wird.[50] In diesem König finden Menschen ihr Königtum wieder. In diesem König sehen sie, wer sie sein dürfen. Ihm gilt das »ecce homo«: seht das ist »der Mensch«.[51] Deshalb legt LUTHER den Psalm 8 auf CHRISTUS hin aus. Nur von ihm kann gesagt werden,

---

46   Vgl. auch: A. PETERS: Die Spiritualität der lutherischen Reformation (1977), 147f..
47   Vgl. dazu E. WOLF: Menschwerdung des Menschen? (1965); vgl. zum Verständnis G. SAUTER: Mensch sein – Mensch bleiben (1977); siehe dazu auch H.J. IWAND, Gesetz und Evangelium, 1974, 282; vgl. A4-5.
48   »Und Gott schuf den Menschen zu seinem Bilde, zum Bilde Gottes schuf er ihn; und schuf sie als Mann und Weib.«
49   M. LUTHER, Auslegung des ersten Buches Mose, 1986, 83.
50   Darin ist LUTHERs »christologische« Auslegung von Psalm 8 begründet.
51   Zum König-sein des Menschen, vgl. JOHANNES PAUL II: Enzyklika »Veritatis Splendor«, 1993.

dass er einen königlichen Auftrag wahrnimmt. Die Menschen haben diesen längst verspielt oder vergessen.

Alles Reden von der Würde des Menschen, das sich außerhalb dieser dramatischen Geschichte aufhält, verliert den Zusammenhang, in den es gehört, und verliert damit seine Pointe.[52] Sie wird in eine andere Logik eingefügt: in die Logik des generellen und abstrakten Schutzes einer Menschenwürde, die jedem Menschen zukommt. Sie wird eingefügt in die Logik der Anerkennung[53], und die Lehre von der Rechtfertigung des Menschen wird auch dieser Logik unterworfen, während sie doch meint, dass Gott den Menschen in seine Geschichte zurückholt. Wo Menschen ihren königlichen Auftrag wiederfinden – so die biblische Logik – werden sie ihrer Würde gewärtig. Dies wird überall dort geschehen, wo Menschen statt Herrschaft auszuüben, die Macht entdecken, die ihnen übertragen ist: die gewaltlose Form zu wirken und gemeinsam zu handeln. Diese Macht ist zu unterscheiden von Herrschaft, die durch entsprechende Instrumente ihre Regentschaft durchsetzt. Der Verlust jener gewaltlosen Macht gehört deshalb auch in die dramatische Geschichte, von der hier zu reden ist.

In seiner Genesis-Auslegung hat Martin LUTHER diesen Verlust so beschrieben:

*»Was wir aber solcher Gestalt, in der wir nach dem Fall geblieben sind, in diesem Leben ausrichten, geschieht nicht durch oder aus der Herrschaft, so Adam gehabt hat, sondern aus Kunst und Fleiß; wie wir sehen, dass man Vögel und Fische mit List und Betrug fangen muss, auch die wilden Thiere durch Kunst gezähmt werden etc. Denn auch die Thiere, so in Häusern bei dem Menschen erzogen werden, als Gänse, Hühner etc. von ihrer Natur sehr wild sind. Darum hat dieser aussätzige Leib, durch GOttes Gnade und Wohltat, nur einen Schein der Herrschaft über die anderen Creaturen. Es ist aber eine sehr geringe Herrschaft, und gar nicht gemäß der ersten, da keine Kunst, keine List vonnöthen gewesen ist, sondern sich die ganze Natur der göttlichen Stimme gesamtlich unterworfen hat, da Adam und Eva befohlen worden ist, über sie zu herrschen. Darum behalten wir den bloßen Namen und Titel der Herrschaft, im Werk aber haben wir sie fast ganz und gar verloren. Und ist doch gut, dass man solches wisse und bedenke, auf dass wir seufzen und Verlangen haben nach diesem künftigen Tag, darin uns das alles, so wir durch die Sünde im Paradies verloren haben, wieder erstattet und eingeräumt werden soll. Denn wir warten auf ein solch Leben, darauf auch Adam gewartet hätte; und verwundern uns höchlich darüber, und danken Gott, dass wir, die wir doch durch die Sünde so verstellt, zer-*

---

[52] Zur theologischen Erschließung der Rede von der Menschenwürde siehe S. HEUSER: Menschenwürde. Eine theologische Erkundung 2004.
[53] Siehe dazu auch: W. SCHILD (Hg.): Anerkennung : interdisziplinäre Dimensionen eines Begriffs, 2000.

*rüttet, und so grob und gleichsam todt gemacht sind, dennoch durch die Gnade und Wohltat Christi zu gewarten haben eben diese Ehre und Herrlichkeit des geistlichen Lebens, darauf Adam, so er in seinem leiblichen Leben, welches GOttes Bild hatte, geblieben wäre, gewartet hätte.«*[54]

Von dieser Geschichte handelt theologische Ethik, wenn sie vom geschöpflichen Leben handelt. Theologische Ethik handelt deshalb nicht vom Leben allgemein, sondern von *diesem* geschöpflichen Leben, weil sie anders dieses Leben wiederum nur zum Gegenstand menschlicher Beherrschung – und sei es einer moralischen oder geistigen Herrschaft – machen würde.

## 2. Zur Disposition geschöpflichen Lebens aus dem widersprechenden Wort – die theologische Pointe der Ordnungen

Es gehört zur Geschichte des geschöpflichen Lebens im Kontext der Ökonomie Gottes, dass Menschen *nicht* einem unabsehbaren Prozess oder einer Entwicklung ausgesetzt sind. Die »Ökonomie Gottes« dreht sich nicht um eine Menschen-Geschichte von Verfall und Rekonstruktion, um die Geschichte einer Krise und ihrer Bewältigung. Vielmehr ist das Werden des Menschen, sein Leben und seine Existenzformung in Gottes Wirken, eingefügt in die Lebensvorgänge, die sein geschöpfliches Leben ausmachen und tragen. Es sind keine Gesetzmäßigkeiten oder Ordnungen, die unabhängig davon gegeben wären, dass sich diese Lebensvorgänge immer wieder neu vollziehen. Alles kommt auf diese Lebensvorgänge an *wie* auf das Atmen, das Essen und Trinken, das Sehen oder Hören, aber diese Lebensvorgänge gehören in die eine, bestimmte, aber zugleich unerschöpflich komplexe Geschichte Gottes mit den Menschen. Alles kommt auf diese *Lebensvorgänge* an, wenn nicht – umgekehrt – das menschliche Leben in Gewohnheiten oder Gesetzmäßigkeiten eingebunden bleiben soll, die es von seinem geschöpflichen Lebensvollzug abschneiden. Wie soll sich vollziehen können, dass Menschen dabei *bleiben*, Gottes Geschöpfe zu *werden*? Wie soll sich der Gottesdienst vollziehen, von dem das Erste Gebot – »Du sollst keine anderen Götter haben« – spricht?

An dieser für die theologische Ethik alles entscheidenden Stelle ist in der christlichen Tradition von »*Ordnungen*«[55] die Rede gewesen: also nicht so, dass »Ordnung« ein bestimmtes Verhältnis meint, ein so oder so Hingeordnet-Sein, eine Anordnung, eine Verhältnisbestimmung. In diesem Sinne sind freilich auch die »Schöpfungsordnungen« verstanden worden: die Kirche, die Ökonomie, das politische Gemeinwesen. Mit diesen ist präsent, was Menschen von Gott zu-

---

[54] M. LUTHER: Auslegung des ersten Buches Mose, 1986, 82.
[55] dispositiones, ordines, Status.

## 2. Zur Disposition geschöpflichen Lebens aus dem widersprechenden Wort
– die theologische Pointe der Ordnungen

kommt und welche Aufgabe sie haben. So ist auch von »Institutionen« als von »Daseinsstrukturen«[56] die Rede gewesen, in denen sich menschliches Leben vorfindet, bewährt und erkundet.

Anders ist der Akzent dort, wo »Ordnungen« als in der Geschichte Gottes beschlossene *Lebensvorgänge* verstanden werden, in denen sich Leben als geschöpfliches vollzieht. Daher trifft die Bezeichnung »Lebensvorgänge« eher zu als die Bezeichnung »Ordnung« oder der Begriff »Stand«, »Status«.[57] Gemeint sind diejenigen Lebensvorgänge, die menschliches Leben in Gottes Ökonomie und in die Geschichte mit Gott eingefügt sein lassen, weil einzig in ihnen der von Gott gegebene *Anfang* und das von Gott gegebene *Ende* menschlichen Lebens präsent ist. Leitend ist dann *nicht* die Frage, worin »der Mensch« seine Existenz findet, was sein Ursprung ist und wohin er sich entwickelt. Vielmehr ist durch diese Lebensvorgänge menschliches Leben als *geschöpfliches* in Gottes Ökonomie eingezeichnet. Und umgekehrt ist diese Ökonomie in die menschliche Lebenswirklichkeit eingezeichnet, ihr Anfang und ihr Ende, sowie die Logik ihres Verlaufs. So ist es in Psalm 8 der Lebensvorgang des königlichen Regierens, zu dem der Mensch berufen ist, der Mensch, der *zugleich* eingefügt ist in Gottes »Gedenken«, in seine Geschichte mit ihm. Dies alles zusammen bildet den »Stand« und nicht etwa eine Bestimmung des Menschen, die aus diesem Kontext des Wirkens und Handelns Gottes herauszulösen wäre. In diesen Zusammenhang haben sie einzig ihre für die Ethik relevante Bedeutung. Auch in Bezug darauf ist die Beobachtung bemerkenswert, dass die *Drei-Stände-Lehre* ihren Anhalt an der von ARISTOTELES her gewonnenen Einteilung der Ethik, bezogen auf drei ethische Dimensionen hat, wie dies von Reinhard SCHWARZ gezeigt worden ist: die ethica monastica, die ethica oeconomica und die ethica politica.[58] Schwarz spricht von den drei ethischen Dimensionen. Dies verstärkt den Aspekt, dass die Stände-Lehre nicht auf eine Interpretation gegebener gesellschaftlicher Vorgänge zu begrenzen ist.[59] Das hat insbesondere auch die Auslegung von Gerta SCHARFFENORTH[60] deutlich werden lassen. Mit der Drei-Stände-Lehre wird es möglich, einen Widerspruch zu artikulieren, der über das hinausreicht, was in einer Neu-

---

[56] Vgl. E. WOLF: Sozialethik, 1965, 173. Vgl. zur Klärung insbesondere auch: O. BAYER: Natur und Institution. Luthers Dreiständelehre (1995). Siehe auch die Ausarbeitung in Bezug auf M. LUTHER bei: A. PETERS: Die Spiritualität der lutherischen Reformation (1977).
[57] Vgl. dazu auch E. WOLF: Sozialethik, 1975, 173. E Wolf bemerkt: »Es wird also deutlich ... dass die Wirklichkeit von Institutionen nicht nur ein Zustand, sondern ein Vorgang ist.« Dies ist gegen manche Vorbehalte gegenüber dem Begriff »Institution« festzuhalten.
[58] R. SCHWARZ: Luthers Lehre von den drei Ständen und die drei Dimensionen der Ethik (1978).
[59] Zur Genese der Lehre von den Ständen siehe G. DUBY: Die drei Ordnungen. Das Weltbild des Feudalismus, 1981, vgl. dazu A1-3.
[60] G. SCHARFFENORTH: Den Glauben ins Leben ziehen ... Studien zur Luthers Theologie, 1982.

fassung gesellschaftlicher Verhältnisse liegt. Soziologische Aufklärung hat auf höchst verschiedene Weise den Übergang zu neuen gesellschaftlichen Verhältnissen und einer ihnen entsprechenden Semantik aufweisen können. Das betrifft nicht zuletzt diejenige Aufklärung, die die Veränderung und Erweiterung menschlicher Regentschaft (Michel FOUCAULT) in allen Lebensbereichen zeigt. Es betrifft – gleichermaßen brisant – die Aufklärung darüber, wie die menschlichen Lebensverhältnisse so transformiert werden, dass die Erfüllung verschiedener für das menschliche Leben notwendiger Funktionen in den Vordergrund rückt[61] (Niklas LUHMANN). Entscheidend an dieser soziologischen Aufklärung ist der Aufweis des Entstehens von neuen Semantiken, sprachlichen Strategien und Räumen, die die Veränderungen reflektieren und vorantreiben. Die Artikulation der Drei-Stände-Lehre oder der Zwei-Regimenten-Lehre eröffnet gänzlich neue Perspektiven für die ethische Wahrnehmung. Sie ist gewiss auch Teil der neu entstehenden Semantiken und in deren Zusammenhang abzubilden. Die theologische Historiographie hat dies, freilich ohne einen entsprechend differenzierten Bezug auf die soziologische Aufklärung, auf ihre Weise bestätigt oder eben in ihre eigenen Strategien übersetzt. Hier fehlt ein angemessener Diskurs. Das betrifft, was die neuen Semantiken angeht, etwa die festgefahrene Behauptung, die Reformation habe die Perspektive auf ein Individuum gelenkt, das Priorität hat vor den Institutionen. Hier wird eine spätere und für die Gegenwart noch einmal eigens eingefärbte Semantik zurückprojiziert, die verzeichnet, was die soziologische Aufklärung hat zeigen können. Zumindest ist die Frage nötig, wie die Rede vom Individuum – semantisch – zu verorten ist. Zum einen ist zu prüfen, wie diese Rede sich tatsächlich in Vorgänge einfügt wie die der funktionalen Differenzierung, die eine in Ständen aufgeteilte Gesellschaftsstruktur ablöst. Niklas LUHMANN bemerkt: »In einer funktional differenzierten Gesellschaft gilt es ... mit Hilfe des Gleichheitspostulats die Inklusion der Gesamtbevölkerung (also: jedes Einzelnen) in alle Funktionsbereiche durchzusetzen. Hier muss daher Gleichheit gegen bestehende, Chancen verzerrende Ungleichheiten als steigerbar präsentiert werden. Hier wird sie nicht an den allgemeinsten, also in gewisser Weise trivialen Gattungsmerkmalen festgemacht, sondern an der Individualität, die nun ihrerseits als steigerbar zu denken ist. Gerade im Hinblick auf ihre Einzigartigkeit gelten dann die Menschen als gleich, weil sie gerade dies gemeinsam haben. Gleichheit wird sozusagen das soziale Regulativ für die Verwendung von Einzigartigkeiten. Man sieht: eine unwahrscheinlichere Sozialstruktur erfordert eine Semantik mit eher gekünstelten, zunächst überraschend-

---

61 N. LUHMANN: Gesellschaftsstruktur und Semantik. Studien zur Wissenssoziologie der modernen Gesellschaft, Bd. 1, 1993, hier insbesondere 21-35.

implausiblen Prämissen.«⁶² Demgegenüber ist zu sehen, wie die reformatorische Theologie keineswegs diesen Vorgang mitbefördert, sondern einer eigenen Logik folgt, auch um den Preis einer gegenläufigen Semantik. Diese zielt nicht darauf, die Ablösung der Stände (und einer entsprechenden Semantik) durch Systeme und mit einer dem entsprechenden Rede vom Individuum zu ersetzen.⁶³ Vielmehr besteht eben die Pointe darin, mit der Rede von den »Stiftungen« Gottes, den »Institutionen« dem Vorgang einer Vergesellschaftung entgegenzutreten, der mit der Auflösung der Stände – im Sinne einer funktionalen Differenzierung – verbunden ist. So entsteht eine gegenläufige Semantik – und damit wieder ein Beispiel für die Aufgabe einer Ethik aus dem Widerspruch. Es ist dabei bedenkenswert, wie in der gegenwärtigen sozialwissenschaftlichen Theorie wiederum die drei »Ordnungen« in »Staat, Markt und Gemeinschaft« als «ideal-typische Formen des Zusammenlebens und des gemeinsamen Handelns« erscheinen. Claus OFFE, der dies hervorhebt, bemerkt dazu: »Jede dieser Formen aktiviert und beansprucht sozusagen eine der drei kollektiven relevanten Vermögen, durch die Menschen ihre soziale Welt formen können: Vernunft, Interesse und Leidenschaft.«⁶⁴ In Bezug auf solche Transformationen ist um so mehr zu fragen, woran sich – kritisch oder ideal-typisch – die Wahrnehmung sozialer Realität halten kann.

Der Widerspruch gegen fragwürdige Semantiken ist der theologischen Ethik immer neu – ihrem eigenen Hören – aufgegeben. Er wird freilich in dem Maße nicht bemerkt, als er sich genau dort aufhält, wo sich die neuen Semantiken entwickeln, und so auch die Gefahr in sich birgt, sozusagen eine zum Verwechseln ähnliche Sprache zu sprechen. Zu den irritierenden Verwechslungen gehören die verschiedenen Bedeutungen von Individuum und Institution. Die Pointe der Rede von den Stiftungen – und in *diesem* Sinne »Institutionen« – verkehrt sich in ihr Gegenteil, wenn in sozialethischen Interpretationen fast kommentarlos davon ausgegangen wird, dass die Rede von »Systemen« die von »Institutionen« weiterführt oder ersetzt.⁶⁵ Die systemfunktionale Ausdifferenzierung ist derjenige Prozess gegen den die Perspektive der Institutionen – auch wieder neu – gerichtet ist. Der Begriff Institution ist schließlich ein Brückenbegriff sowohl zur politischen Theorie als auch und nicht zuletzt zur Ökonomie und ihren

---

62 N. LUHMANN: Gesellschaftsstruktur und Semantik : Studien zur Wissenssoziologie der modernen Gesellschaft, Bd. 1, 1993, 30f..
63 Siehe dazu die Kritik von Jürgen HABERMAS an der Übertragung der systemtheoretischen Logik auf alle Handlungsbereich: Die Idee der Universität – Lernprozesse (2003), 99.
64 C. OFFE: Herausforderungen der Demokratie. Zur Integrations- und Leistungsfähigkeit politischer Institutionen, 2003, 281 (Übersetzung vom Verf.).
65 Siehe auch das Verständnis von »Institution« bei P. RICOEUR: Geschichte und Wahrheit, 1974, 109-123.

Theorien zur institutionalisierten Ökonomie.[66] Auch mit dem Begriff der »Organisation« gehen die theologischen Momente verloren[67], die auch für die kirchliche Praxis entscheidend sind. Niklas LUHMANN bemerkt zum gegenwärtigen (immer theorieabhängigen) Gebrauch: Man benutzt den Organisations-Begriff »heute zumeist in einem eingeschränkten Sinne. Der Begriff bezeichnet dann soziale Systeme besonderer Art, die besondere Leistungen erbringen und dazu Verhaltensweisen motivieren und koordinieren, die nur aufgrund der Mitgliedschaft in solchen Systemen erwartet werden können.«[68] Die Verbindung von Organisation und »Leistung« ist hier das entscheidende begriffsbildende Element.

Durch solche Begriffe und die mit ihnen verbundenen semantischen Strategien verliert sich das, was mit den Stiftungen Gottes in den Blick gekommen ist: die widerständige, nicht selbst-bezügliche Ausrichtung menschlichen Lebens und Handelns an dem, was Menschen an Gottes Güte immer neu begegnet – unüberhörbar artikuliert in dem Wort, das diesen und jenen Semantiken entgegentritt. Diese sind immer auch darauf zu prüfen, inwiefern sie das menschliche Handeln noch bezogen sein lassen auf Gottes Wirken. Diese Prüfung lässt sich nicht zuletzt an der immensen, ja wahrhaftig unerreicht aufwendigen Arbeit Martin LUTHERs an einer anderen Semantik sehen. Wie viel Arbeit steckt er allein in die Gewinnung einer Sprache eben für das, was jetzt »Institution« heißt: die Stiftung von Orten, an denen Menschen in ihrem Handeln nicht sich selbst ausgeliefert bleiben und deshalb anderen Menschen zugewandt sein können. Damit wird einer entstehenden anderen (Freiheits-)Semantik widersprochen, die Menschen in den Zwiespalt treibt, einerseits sich als allseitig vergesellschaftete zu erfahren, andererseits aber als diejenigen, die, weil sie sich als Individuen wissen dürfen, dazu frei sein sollen, den gesellschaftlichen Verhältnissen und Prozessen gegenüber zu treten. Was kann dafür der Ort sein?

Der Ort des Widerspruchs wird aus dem Wort Gottes gewonnen, das auch mit den Stiftungen verbunden ist. Dieses Wort muss keiner Semantik ausgeliefert bleiben, wenn es denn einen Ort gibt, an dem es zu hören ist. Dieses Wort Gottes wird zuerst hörbar im Gebet – dem Ursprungsort des neuen Redens von Gott – wie es Martin Luther am Vaterunser und insbesondere am Magnificat der MARIA (Lk 1,46-55) zeigt.[69] In diesem Sinne ist die Ecclesia in LUTHERs Auslegung von Genesis 2 die *erste Institution*. Mit ihr beginnt – immer neu – die Verheißung und der Widerspruch. Sie ist als eine »Stiftung« zu verstehen: »Um

---

66  Siehe C2-2.
67  Siehe dazu: N. LUHMANN: Art.: Organisation (1984).
68  N. LUHMANN: a.a.O., 1327.
69  Siehe A1-3.

diesen Glauben zu erlangen, hat Gott das Predigtamt eingesetzt, das Evangelium und die Sakramente gegeben, durch die er als durch Mittel den Heiligen Geist gibt, der den Glauben, wo und wann er will, in denen, die das Evangelium hören, wirkt, das da lehrt, dass wir durch Christi Verdienst, nicht durch unser Verdienst, einen gnädigen Gott haben, wenn wir das glauben.«[70] Vor dem Glauben kommt das Wort, der Glaube kommt aus dem Hören durch das Wirken des heiligen Geistes. Die Institution (im lateinischen Text: »institutum est«) ist Stiftung Gottes. Die Institution ist der Ort des Wirkens Gottes. Davon werden andere, menschliche Stiftungen unterschieden (Confessio Augustana Art. 7). Die Institution des kirchlichen Amtes ist darin paradigmatisch. In der Institution öffentlich, für andere tätig zu sein, bedarf deshalb auch der ordnungsgemäßen Berufung (Art. 14). An diesem Angelpunkt des Eintretens in Gottes Ökonomie, an diesem Angelpunkt des Gewärtigwerdens des Wirkens Gottes wird im besonderen die institutionelle Disposition hervorgehoben. Es geht nicht um einen Menschen, der irgendwie mit Gott in Verbindung tritt, sondern um das »leibliche Wort«[71]. Darin bleibt die Widerständigkeit und das Gegenüber gewahrt, das auch jeder Spiritualisierung entgegentritt: einem freischwebenden Geist, der in allen und in allem wirksam ist, und auf den jeder sich berufen kann. Hier ist der Widerstand gegen eine Ethik antizipiert, die mit diesem worthaften Widerstand nicht rechnet, die keine dem entsprechende hermeneutische Arbeit leistet – biblische Ethik in diesem Sinn.

## 3. Die neue Grammatik der Ordnungen und die alten Diskurse

Mit der angezeigten Disposition der Ordnungen hat die theologische Ethik eine Entdeckung gemacht, die es ihr möglich machen wird, eine Sprache zu finden, in der von dem zu reden ist, was Menschen von Gottes Ökonomie zukommt – und damit der theologischen Ethik die umstürzende Wendung zu geben, die dem Leben mit Gottes Wort entspricht. An keinem Vorgang ist dies deutlicher wahrzunehmen als an der Neufassung der Rede von den Ordnungen in der reformatorischen Theologie. Sie zeigt die neue Logik, die darauf zielt, wie Gottes Wirken – im immer neuen Hören auf sein widerständiges Wort – präsent bleibt, gegenüber anderen Diskursen, die die Rede von Gott in die Diskurse über die Ordnung der Dinge einfügt und so keine Distanz zu diesen Diskursen findet. Das betrifft an erster Stelle den Macht-Diskurs, wie er sich in der Rede von den Ordnungen entfaltet hat. Das betrifft dann auch die anderen hervortretenden

---

[70] »ut hanc fidem consequamur, institutum est ministerium docendi evangelii et porrigendi sacramenta. nam per verbum et sacramenta tamquam per instrumenta donatur spiritus sanctus, qui fidem efficit, ubi et quando visum est deo, in iis, qui audiunt evangelium«
[71] Dies hat besonders Oswald BAYER wieder in den Blick gerückt: Leibliches Wort, 1992.

Diskurse, den Selbst-Diskurs, den Leib-Diskurs und den Wahrheits-Diskurs. Wie gegenläufig die reformatorische Theologie zu sprechen begonnen hat, lässt sich in aller Schärfe an der neuen Rede von den Ordnungen gegenüber der alten sehen, wie sie Georges DUBY in höchster Dichte rekonstruiert hat.[72] Entscheidend ist, dass Duby einfordert, die Rede von den Ordnungen an ihrem Ort zu rekonstruieren und an diesem Ort auch zu lassen, weil sie sonst ihre Bedeutung verlieren würde. Der spezifische Ort seiner Untersuchung ist eine begrenzte Region in Nordfrankreich. Nur durch diese Bindung an einen spezifischen Ort wird die Rede von Ordnungen so rekonstruierbar, dass ihre Funktion nicht verloren geht und sie in ihrer Funktionalität wahrgenommen wird. So lässt sich auch die Semantik beschreiben, die sie entwickelt und lässt diese nicht in einer davon abgelösten Theorie verschwinden. So wird mit der Methode festgehalten, dass die Rede von den Ordnungen in ihrer Funktionalität besteht – sie ist Programm, das rhetorisch vorgebracht und propagiert wird. Dies wiederum ist darin begründet, dass die Rede von den Ordnungen einen spezifischen Dreh- und Angelpunkt hat: die Beherrschung der Verhältnisse, die voraussetzt, dass sie die Verhältnisse vollständig erfasst und umgreift. Von rückwärts beginnend bei Charles LOYSEAU (1610) – das Ziel der Untersuchung ist die Entstehung der Rede von den Ordnungen in der Zeit zwischen 900 und 1200 – bemerkt DUBY: »Wenn die Dreiheit der Generalstände oder Ordnungen eine unerschütterliche Grundlage darstellt, auf die sich die Monarchie des Ancien Régime stützen sollte, so deshalb, weil die Verschachtelung der ternären Gefüges, in welches sich die sozialen Beziehungen einschreiben, selbst in globale Strukturen integriert ist; die Strukturen des gesamten sichtbaren und unsichtbaren Universums.« Und DUBY zitiert LOYSEAU: »Es muss schon Ordnung in allen Dingen sein, sowohl um der Schicklichkeit als auch um ihrer Führung willen.« Und dann fährt DUBY fort: »Auf dass jedes ›Ding‹ in seinem Rang sei und sie alle regiert werden.«[73] Damit ist auch aus der Rückschau klar, worum sich der Ordnungs-Diskurs dreht: um die Regierbarkeit und Führung der Dinge und Verhältnisse.

Mit der Funktionalität der Rede von den Ordnungen, die verlangt, sie am Ort ihrer Entstehung und ihres Gebrauchs aufzusuchen, ist aber zugleich auch ihre Distanz – ihre ideologische Distanz – zu den Verhältnissen im Blick. Die Rede von den Ordnungen erscheint als die Artikulation einer »Idee«, mit der Politik und Geschichte »gemacht« wird, und dies geschieht in der Tat von bestimmten Intellektuellen, die auf diese Weise öffentlich wirken. Sie arbeiten an der »Idee« – wie Georges DUBY sie im Sinne von Hannah ARENDT nennt –, die geeignet ist, die Welt zu regieren. Es geht um die Regierung und Beherrschung durch die

---

[72] G. DUBY: Die drei Ordnungen. Das Weltbild des Feudalismus, 1981.
[73] G. DUBY: a.a.O. 12.

Menschen, die je an ihrem Ort das tun, was ihre Aufgabe, ihre Funktion ist. In diesem Sinne spricht DUBY von einer »Trifunktionalität«, wie sie sich in den verschiedenen Ausarbeitungen dieser Lehre zeigt. Sie bildet die Grundfunktionen ab, durch die Menschen ihre Lebenswirklichkeit im Griff haben: arbeiten, beten, kämpfen. Dreistände-Lehre so gelesen heißt aber eben, dass hier nicht Verhältnisse abgebildet, sondern insinuiert werden. Es geht um eine gesellschaftliche Konstruktion menschlicher Lebenswirklichkeit und zu diesem Vorgang gibt es keine Alternative, weil es eben nur dieses eine Thema gibt: wer regiert die Welt? DUBY bemerkt zu einem der frühen Wegbereiter des Schemas – dem ABT VON FLEURY (945-1004): Es »ist offensichtlich, dass der Abt von Fleury der Figur der drei Funktionen ... einen Weg bahnte. ... Die Figuren, derer sich die Intellektuellen der Kirche dieser Region generationenlang bedient hatten, um sich die Vollkommenheit der sozialen Ordnung vorzustellen, um darzustellen, wie die Macht unter den Menschen nach Gottes Wunsch verteilt sein sollte, um ihre moralisierenden ‚Ermahnungen an die Monarchen zu konstruieren, konnten ihren Ansprüchen schon nicht mehr voll genügen. Es schien ihnen zwar nicht notwendig, diese Figuren gänzlich zu verwerfen, doch sie hielten es für unbedingt erforderlich, sie durch kleine Eingriffe vorsichtig zurechtzurücken. Die ›Prälaten‹, die sich berufen fühlten, die Mächtigen dieser Welt zu führen oder sich der Macht gar selbst zu bedienen, begannen, die alten Formeln dahingehend abzuändern, dass sie auch weiterhin in der Lage waren, die – sich unmerklich verändernden – Arten der Machtausübung zu rechtfertigen. Solches Flickwerk bereitete auf die Verwendung des Postulats der Trifunktionalität vor, die Verwendung jener Form, die möglicherweise unablässig auf die allgemeine Geisteshaltung einwirkte jedoch von der gelehrten Reflexion über das Soziale ausgeschlossen blieb. Andere Verschiebungen, die hinsichtlich der Rhetorik der Macht schon seit langer Zeit in Gang gekommen waren, bereiteten ihrerseits die Anwendung dieses Gemeinplatzes vor.«[74] Hier wird in aller Deutlichkeit sichtbar, was geschehen ist, als mit der Drei-Stände-Lehre der eingespielte Machtdiskurs zur Auflösung gebracht wird. Dies ist denn auch die Bedeutung der querlaufenden Anknüpfung an diesen Gemeinplatz bei Martin LUTHER. Der Vorgang ist theologisch kaum ausgeleuchtet.[75] Er setzt – was bei DUBY zu erfahren ist – die Uminterpretation auf Funktionalitäten voraus und damit auch ihre Ablösbarkeit von den sozialen Verhältnissen, den Ständen, die sie abzubilden scheinen – mehr noch ist vorausgesetzt, dass sie als »Ideen« zum politischen Einsatz kommen, also Einfluss nehmen sollen auf die Machtverhältnisse. LUTHERs Aufgreifen der Fi-

---

74 G. DUBY: Die drei Ordnungen. Das Weltbild des Feudalismus, 1981, 139f..
75 Siehe jedoch: A. PETERS: Die Spiritualität der lutherischen Reformation (1977); O. BAYER: Natur und Institution. Luthers Dreiständelehre (1995). Hier sind wichtige theologische Konturen der Dreiständelehre nachgezeichnet.

gur von den Ordnungen kann damit einerseits auf der Linie dieser politischen Aktion gesehen werden. Andererseits aber bedeutet sie zugleich den Abbruch des jahrhundertelangen Diskurses um die Verteilung der Macht. Mit der Kennzeichnung der Ordnungen als verheißungsvolle Stiftungen Gottes dreht sich die theologische Theoriebildung um eine andere Leitfrage. Diese richtet sich darauf, wie in dem, was Menschen tun (arbeiten, beten, regieren) präsent bleibt, in welch vielfältiger Weise Gott menschliches Leben und Handeln prägt und trägt. Damit dreht sich die Leitfrage auf eine völlig neue Weise um das menschliche Leben in seiner – nur im Reden von Gott artikulierbaren – widerspruchsvollen Wirklichkeit. Dieser sollte begegnet werden, statt dass sie verdrängt oder verdeckt wird. Aus dem Diskurs um die Verteilung von Macht ist damit nicht etwa ein unpolitischer um das Heil geworden. Vielmehr ist der politische Diskurs selbst verändert worden. Er dreht sich um die Frage, wie menschliche Macht als »menschliche« zu begreifen ist und eben eine Kontur gewinnt, die auf *neue* Weise politisch zu nennen ist. Dies ist nicht zu erreichen durch die Thematisierung etwa von Grenzen menschlicher Macht, sondern nur dadurch, dass auf neue Weise – in Besinnung auf das biblische Wort – das Gegenüber von Mensch und Gott in den Blick kommt. Dieses Gegenüber hat in dem Gegenüber des Wortes selbst seine erste und ursprüngliche Institution. Auf diese Weise und nicht etwa in der Kontinuität der Idee von den drei Ordnungen kommt der Kirche zu, die erste Ordnung zu sein. Dies hat nun einen neuen, politischen Sinn.

Die Figur der Ordnungen wird – so DUBY – im »Feld des Imaginären, der Hoffnungen und der Rechtfertigungen«[76] entwickelt: insbesondere geht es um die Rechtfertigung von Machtverhältnissen – es geht um eine politische Moral, es geht überhaupt um eine moralische, alles umgreifende Ordnung. Diese Ordnung ist von Gott garantiert. Gott ist nicht in die Belange der Menschen verwickelt, und so ist Gott in seinem Wirken und Tun nicht präsent. Dies aber macht die entscheidende Wende in der Figur der Ordnungen aus, wenn sie als diejenigen Institutionen in den Blick rücken, in denen Menschen Gottes Tun gewärtig werden. In seiner Auslegung des Magnificat der MARIA (Lk 1,46-55) entfaltet LUTHER drei Werke Gottes, die eben dieses Tun in allen seinen Erstreckungen darstellen.[77] Diese drei Werke – die Barmherzigkeit, das Gericht und die Gerechtigkeit widersprechen den drei Diskursen und den in ihnen insinuierten Ordnungen: der Macht – im Gericht Gottes, der Weisheit – in der Barmherzigkeit Gottes, dem Reichtum – in der Gerechtigkeit Gottes. In diesen widersprechenden Werken Gottes bestehen die neuen Ordnungen. Die theologische Ethik findet hier ihren Gegenstand. Die Auslegung des Magnificat vollzieht den Um-

---

76  G. DUBY: Die drei Ordnungen. Das Weltbild des Feudalismus, 1981, 219.
77  M. LUTHER: Das Magnificat verdeutscht und ausgelegt [1521] (1983).

sturz. Dieser findet mitten im Gottesdienst, im Gebet statt. Jetzt wird es darum gehen, wie Gott die Ehre und Liebe zukommt, indem sein Wirken geachtet wird – und dies in der ganzen widersprüchlichen Weise, in der es im menschlichen Leben erscheint. So wird die Wirklichkeit – die »res« – gewonnen, der die »Kunst« der Erkenntnis[78] Gottes sich zuwendet. In dieser Kunst, nicht irgendeiner Lebenskunst gewinnt menschliches Leben seine Kontur.

Mit der Öffnung für die Differenz von Gott und Mensch wird auch die Rechtfertigungslogik durchbrochen, die den Machtdiskurs ausmacht. An seine Stelle tritt eine politische Ethik, die reflektiert, was es heißt, zu regieren oder politisch zu handeln unter der Voraussetzung, dass Macht so institutionalisiert werden muss, dass sie mit dem Widerspruch rechnen muss. Auf diesen zu achten – macht die ganze neue Wahrnehmung aus. Daraus ergibt sich nicht zuletzt eine andere Rede von der Sünde. Sie insistiert darauf, dass Sünde die Missachtung des Wirkens Gottes ist – und nicht der Verstoß gegen Ordnungen und ihre Funktionen.[79] Sünde ist nicht Verschuldung gegen die Ordnung[80], die wie auch immer kompensatorisch bewahrt werden kann, sondern die Verweigerung der Ehre, die Gott zukommt. Die Abkehr von der Sünde ist das öffentliche, gottesdienstliche Gotteslob. Für die damit verbundene politische Ethik ist entscheidend, dass sie deshalb nicht im Gegensatz steht zu einer politischen Theologie überhaupt, das heißt einer Theologie oder Ethik, in der davon die Rede ist, wie Gott aus dem Widerspruch regiert. Die Anschauung von den Zwei-Regimenten Gottes hat dies denn auch unterstrichen.

## 4. Die eschatologische Situierung geschöpflichen Lebens

Die Sprache des Widerspruchs ist die Sprache der Verheißung in Gesetz und Evangelium. Mit dem Eingefügt-Sein in Gottes Wirken ist mit den Ständen ein Zugleich auch der Zeiten: Gottes Zeit und Menschen Zeit gegeben: die Ordnungen sind die Orte der Erwartung des Wirkens und Handelns Gottes in *seiner* Zeit. In der Auslegung der biblischen Tradition sind dieser Grundlogik entsprechend drei Lebensvorgänge hervorgetreten, die *ecclesia*, die *oeconomia* und die *politia*. Menschen finden darin ihren Ursprung und ihr Ende, ihre Bestimmung und ihre Erfüllung (ihr telos). Menschen finden darin die ihnen verheißungsvoll gewährten *Existenzformen* als die Grammatik geschöpflichen Lebens. Das ist das

---

[78] M. LUTHER: a.a.O., 311.
[79] Siehe zu diesem Zusammenhang G. DUBY: a.a.O. 456.
[80] Vgl. die Bemerkung W. BENJAMINs: »Eine Ordnung aber, deren einzig konstitutive Begriffe Unglück und Schuld sind und innerhalb deren es keine denkbare Straße der Befreiung gibt (denn soweit etwas Schicksal ist, ist es Unglück und Schuld) – eine solche Ordnung kann nicht religiös sein, so sehr auch der missverstandene Schuldbegriff darauf zu verweisen scheint.« (W. BENJAMIN: Schicksal und Charakter (1977), 44f..)

entscheidende Kennzeichen, dass diese Existenzformen durch Gottes verheißungsvolles Wort, durch sein schöpferisches Wort eingerichtet sind, eben durch das Wort, das immer neu zu hören ist.[81] Es ist ein Wort, mit dem Gott sich selbst bindet.[82] Deshalb ist nicht von Gegebenheiten oder Notwendigkeiten allgemein zu reden, sondern von diesem Vorgang, in dem sich Menschen finden dürfen. Diese in Martin LUTHERs Theologie anzutreffende Lokalisierung der Stände ist vielfach umgedeutet worden, auch dadurch dass davon die Rede war, dass der Mensch so etwas wie Stände oder »Institutionen« braucht, weil er in seiner Existenzform nicht gefestigt ist.

Deutlich in den Zusammenhang des verheißungsvollen Handelns Gottes an den Menschen hat demgegenüber Ernst WOLF die Stände gestellt und zugleich als Struktur evangeliumsgemäßer Sozialethik entfaltet. WOLF sagt von diesen Ständen, die als (als von Gott gestiftete) »Institutionen« zu verstehen sind: »diese weisen in der christlichen Erkenntnis auf Gottes Handeln zurück, freilich nicht in dem Sinne, wie innerhalb einer Schöpfungsordnungstheologie allenfalls von eingestifteten Eigenschaften des Menschen hier die Rede ist, sondern in dem Sinne, dass das Fundament der Menschwerdung des Menschen ... das Handeln Gottes an ihm, mit ihm und durch ihn ist. Das entspricht der reformatorischen Definitionsformel für den Menschen, dass nämlich der Mensch durch den Glauben gerechtfertigt werde.«[83] Mit dem Hinweis auf Gottes Handeln – das in Gottes Wort gefasst ist – werden die Stände jedem Versuch, sie anders, außerhalb der Ökonomie Gottes, einzuordnen und zu erfassen. entgegengestellt. Hier liegt die weitreichende Pointe der Aufnahme jener drei Dimensionen der Ethik bei Martin Luther. Diese waren bezogen auf die Frage, wie in den drei Lebensbereichen recht zu regieren ist.[84] Von hier aus liegt es nahe, zu zeigen, wie die Aufgabe der Regierung, der gubernatio – der governance – zum Gegenstand moralphilosophischer und ethischer Reflexion wird. Darin spiegelt sich die Entwicklung der Regentschaft in allen Lebensbereichen und die ihr entsprechende Erfindung der menschlichen Angelegenheiten, wie sie Bildung, Gesundheit und Krankheit, Natur betreffen.[85] Genau diesen in alle Richtungen unabsehbaren Vorgang durchschneidet die Logik der Lehre von den drei Ständen, sofern sie

---

81   Darauf hat auch Oswald BAYER darauf hingewiesen: Natur und Institution. Luthers Dreiständelehre (1995), 136f.: »Das Verständnis der Stände ergibt sich vielmehr aus der Mitte seines (sc. Luthers) Sakramentsverständnisses, in das die Formulierung ›in Gottes Wort gefasset‹ (WA 26,505, 8f.) weist.« Siehe auch E. WOLF: Sozialethik, 1975, 172.
82   Siehe O. BAYER: Gemeinschaft in der Kirche – Einheit und Pluralismus (2002), 211.
83   E. WOLF: Sozialethik, 1975, 174.
84   Siehe dazu die Hinweise bei R. SCHWARZ: Luthers Lehre von den drei Ständen und die drei Dimensionen der Ethik (1978).
85   Siehe dazu: U. BRÖCKLING; S. KRASMANN; Th. LEMKE (Hg.): Gouvernementalität der Gegenwart. Studien zur Ökonomisierung des Sozialen, 2000.

von Gottes Walten, Handeln und Regieren spricht, dem menschliches Walten, Handeln und Regieren begegnet. Wo dies aufeinander trifft und inwiefern dies aufeinander trifft, das ist der Gegenstand einer anderen Ethik. Insofern kann die Auslegung des Psalm 127 – »wo der Herr nicht nach Haus baut, bauen die Bauleute umsonst« – als der systematische Angelpunkt für diese andere Geschichte der Ethik angesehen werden, die sich hier mit der Moralphilosophie kreuzt. Sie nimmt die Aufklärung vorweg, wie sie in der Philosophie Michel FOUCAULTs hervortritt.[86] Sie steht für diese ganze Geschichte. Sie zeigt, wie immer neue Verfahren entwickelt werden, durch die Menschen ihre Lebensverhältnisse zurechtmachen und beherrschen lernen, ohne zugleich, im gleichen Maße dessen gewärtig zu bleiben, wie sie diesem anwachsenden Vermögen ausgeliefert sind. So erscheint hier die Aufgabe einer Ethik, die über diese Aufklärung hinaus zu zeigen weiß, was es heißt, diesen Prozessen nicht ausgeliefert zu sein.

Dem steht der Blick auf das Zusammentreffen von Gottes Regentschaft und menschlichem Regieren entgegen.[87] Dementsprechend ist die *Ecclesia* der Status der Herausgerufenen[88], der Status derer, die den Ruf Gottes hören.[89] Das ist der Grundvorgang geschöpflichen Lebens, dass dieser Ruf Gottes Menschen erreicht. Darin zuerst und paradigmatisch findet menschliches Leben zu seiner Geschöpflichkeit. Deshalb ist die Ecclesia der Grundstand.[90] Die Ecclesia wird – wie es LUTHER in seiner Genesis-Auslegung ausgeführt hat[91] – in dem Augenblick eingerichtet, in dem Gottes Wort den Menschen begegnet, dort, wo ihm gesagt wird: »Du darfst essen von allen Bäumen im Garten, aber von dem Baum der Erkenntnis des Guten und Bösen sollst du nicht essen« (Gen 2,16-17). Mit der Begegnung dieses Wortes – es ist die erste Predigt an die Menschen – werden Menschen in ihrem Geschöpfsein bestätigt, es wird der Lebensvorgang eingerichtet, dem entsprechend gesagt werden kann: »der Mensch lebt nicht vom Brot allein, sondern von einem jeglichen Wort, das aus dem Mund Gottes geht«[92] In

---

[86] Die Auseinandersetzung mit M. FOUCAULT ist im Bereich der theologischen Ethik noch fällig. Dies gilt um so mehr, als sich theologischer Ethik auf die gleichen Mechanismen, die Foucault in den Blick rückt, fixiert hat.
[87] Gegenläufig wird die Drei-Stände-Lehre dort gelesen, wo auch sie auf die – unbiblische – Programmatik bezogen wird, wie menschliches Leben geformt werden kann. Dem entspricht dann auch ein anderes Verständnis von Institutionen als es mit der Drei-Stände-Lehre verbunden ist.
[88] Ecclesia von griechisch: »herausrufen«.
[89] Deshalb kann die Kirche nicht wiederum im Sinne einer der substantialen Gemeinschaften – Familie, Volk – verstanden werden, die die Christen aufgefordert sind zu verlassen.
[90] Vgl. O. BAYER: Natur und Institution. Luthers Dreiständelehre (1995).
[91] Hier ist von der »Konstitution« zu reden – entsprechend dem lateinischen »constituere«: Gründen, einrichten, eine Form und Verfassung geben.
[92] »Er demütigte dich und ließ dich hungern und speiste dich mit Manna, das du und deine Väter nie gekannt hatten, auf dass er dir kundtäte, dass der Mensch nicht lebt vom Brot allein, sondern von allem, was aus dem Mund des HERRN geht.« (Dtn 8,3) – »Er aber antwortete und

dieser Fassung wird es von Jesus in Erinnerung gebracht gegen die Versuchung, über die Lebensmittel herrschen zu wollen – jene Form des geschöpflichen Lebens zugunsten einer Allherrschaft aufzugeben. Die Ecclesia steht für diesen Vorgang geschöpflichen Lebens: sie ist der Ort, an dem dieses Wort zu hören ist, und sie ist selbst Geschöpf des Wortes – creatura verbi. Darin rückt der Grundstand geschöpflichen Lebens in den Vordergrund, der sich im Hören und dem diesen entsprechenden »äußeren Gottesdienst« vollzieht. Mit diesem Stand der Gerufenen ist einer ungerechten Herrschaft gewehrt, die sich selbst nichts sagen lässt, sondern nur selbst – mit rhetorischer Gewalt – redet.[93]

Dieser Logik entsprechend ist es sinnvoll, die Ordnungen »Mandate«, »Beauftragungen« zu nennen, wie es Dietrich BONHOEFFER getan hat.[94] Auch Martin LUTHER hat immer wieder unterstrichen, dass die Lebensvorgänge den Menschen *geboten* sind, dass sie ihnen also nicht als Lebensnotwendigkeiten gegeben sind, auf die sie sich einstellen müssen oder denen sie sich unterwerfen müssen. Sie sind mit dem Wort Gottes gegeben, das die Verheißung enthält, dass Menschen Geschöpfe sein dürfen und immer neu zu solchen befreit werden. Den Lebensnotwendigkeiten müssen Menschen sich fügen, Gott in seinem Gebot können Menschen verstehen, fürchten und lieben, weil mit diesem Gebot Gottes Hilfe und Rettung zugesagt ist. Mit dem Gebot geht Gott eine Verpflichtung ein. Gott exponiert sich damit. Er ist nicht ein Weltenschöpfer, der sich zurückgezogen hat.[95] Im Gebot erscheint Gott in seiner Treue zu dieser Gemeinschaft mit seinen Geschöpfen. Diese Treue macht Gottes Gerechtigkeit aus. Die Treue Gottes steht gegen den Zwang der Kontinuitäten des Seins und der Lebensbehauptung. Wenn das menschliche Leben in diese Ordnungen eingefügt bleibt, verliert es seine Bestimmung nicht und kann auf keine Ziele oder Zwecke ausgerichtet werden, die es absorbieren, vielleicht auf den unbestimmten Horizont einer Evolution, die keinen Anfang und Ende hat und der menschliches Tun irgendwie dient. Im Auftrag Gottes ist die widerständige Bestimmung enthalten, das ihm eingestiftete Telos (causa finalis) geschöpflichen Lebens, wie es mit den Existenzformen hervortritt. Darin liegt die kritische Aufgabe der Rede von den »Status«, den »Ständen« oder »Ordnungen«. Sie zielt gerade nicht auf eine Bestätigung und Befestigung von bestehenden Ordnungen (die dann womöglich auch mit den bestehenden sozialen Ordnungen und Ständen identisch sind). Vielmehr werden diese bestehenden Ordnungen daraufhin geprüft, ob sie dem entsprechen, was ecclesia, oeconomia, politia

---

sprach: Es steht geschrieben: ›Der Mensch lebt nicht vom Brot allein, sondern von einem jeden Wort, das aus dem Mund Gottes geht.‹« (Mt 4,4)
93   Das ist eine der entscheidenden Aussagen des Psalm 82.
94   D. BONHOEFFER, Ethik, 1992, 54–61.
95   Vgl. Martin LUTHERs Auslegung zu Psalm 127: M. Luther: Der hundertsiebenundzwanzigste Psalm (1987).

sprechen, was ecclesia, oeconomia, politia bedeutet, und das heißt: ob darin das menschliche Leben geschöpfliches Leben bleibt, oder ob sie dieses unmöglich werden lassen, etwa dadurch, dass Menschen die Regentschaft an sich ziehen.[96] In jedem dieser Stände kann der Verlust geschöpflichen Lebens eintreten, sie gerade können den Lebensvorgang geschöpflichen Lebens verdecken. Mit der *ecclesia* ist das Werden gegeben, mit der *oeconomia* die Bestimmung zum Mit-Wirken, mit der *politia* die Bestimmung zum Mit-Regieren.

In der *Ecclesia* tritt der Verlust menschlichen, geschöpflichen Lebens ein, wenn dort nicht Gottes Wort gehört und empfangen wird. Es entsteht das widersinnige Gebilde einer Kirche, die aus anderen Ressourcen lebt oder andere Ressourcen anpreist. Dies steht gegen das Erste Gebot.

In der *Oeconomia* tritt der Verlust geschöpflichen Lebens ein, wenn dort aus dem Blick gerät, was Menschen als die Mitwirkenden Gottes empfangen. Es entsteht das widersinnige Gebilde einer Ökonomie, die alles, eine ganze Welt, selbst glaubt entwerfen und produzieren[97] zu können.

In der *Politia* verschwindet die Form geschöpflichen Lebens, wenn die übertragene Macht nicht exponiert bleibt, in dem, was ihr zu tun zukommt. Es entsteht das widersinnige Gebilde politischer Macht, die die übertragene Macht in Herrschaft verwandelt oder auf Vermögen baut. Im besonderen tritt der Verlust geschöpflichen Lebens ein, wenn in der Politia nicht präsent bleibt, was das menschliche Leben sein darf, sondern wenn Menschen sich selbst und andere als bloßes Mittel für diesen oder jenen Zweck einsetzen.

Der Verlust geschöpflicher Lebensvorgänge lässt sich bis in alle Verzweigungen kirchlicher, ökonomischer und politischer Prozesse verfolgen. Immer neu wird geschöpfliches Leben überlagert von Gewalt: im Reden (Kirche), im Produzieren (Ökonomie), im Herrschen und Beherrschen (Politik). Die Ethik geschöpflicher Lebensvorgänge lässt die Phänomene der Entfremdung, Enteignung, Kolonisierung und Verzwecklichung von Menschen sichtbar werden, indem sie das geschöpfliche Leben in seinen Konturen in den Blick rückt. Hier tritt die explorative Aufgabe der Ethik hervor. Sie stellt der Entfremdung keine alternative, vielleicht ideale Wirklichkeit entgegen, sondern erkundet die naheliegende Wirklichkeit des geschöpflichen Lebens. In ihm schon, in seinem Vollzug ist seine Rettung und Bewahrung enthalten. So gilt es, immer wieder neu die geschöpfli-

---

[96] Siehe dazu: M. LUTHER: Die Zirkulardisputation über das Recht des Widerstands gegen den Kaiser (Mt 19,21) [1539] (1932). Hier spricht Luther ausdrücklich von den drei Ständen und verbindet damit seine Kritik an angemaßter Regentschaft. Es geht nicht um eine Polemik gegen den Papst als solchen, sondern um diesen inhaltlichen Punkt. Darin bewährt sich die Anschauung von den drei Ständen in ihrer kritischen Funktion.
[97] Vgl. dazu H. ARENDTs Analyse der Verwandlung der »Arbeit« in unbegrenzte Produktivität: Vita activa (1960), 1997 (9. Aufl.).

chen Lebensvorgänge zu entdecken und zu erkunden: in den Vorgängen der Bildung, des Lernens und Lehrens (Kirche, Schule) das Hören und die Mitteilung, in den Vorgängen des Produzierens (Ökonomie) das gemeinsame Wirtschaften und die darin enthaltenen Aufgaben, in die Vorgänge des Herrschens die immer neu zu gewinnende Macht und Ermächtigung zu handeln und die Verständigung in dem, was Menschen miteinander teilen und einander mitteilen können. Dies ist in vielfältigen Theorien ausgearbeitet, auf die sich theologische Ethik einlassen wird. Sie richtet sich gegen den Verlust der *Bildung* in den Bereichen des Lernens und gegen die Beklagung dieses Verlusts, die nicht mehr sagen kann, woraufhin es möglich ist, sich bilden zu lassen, gegen den Verlust der ökonomischen *Aufgabe* in den Vorgängen des Produzierens und gegen den Verlust des *Handelns*[98] und der *Verständigung* in den Vorgängen politischen Machtgebrauchs. Nach der *explorativen* Seite geht es darum, zu *verstehen*, in welcher Hinsicht das menschliche Leben in diese Lebensvorgänge gefasst ist: wie die Erfahrung und das Lernen in das Hören der Verheißung. Dieses Hören ist der paradigmatische Vorgang, weil die Menschen in diesem Hören überhaupt etwas erfahren, das sie nicht selbst hervorbringen. Es ist das Hören des Novum, das sich nicht aus den Notwendigkeiten und Aussichten ergibt, die das menschliche Leben kennzeichnen.[99] Es ist das Unerhörte, was zu hören ist. Von dieser Pointe aus ist zu verstehen, dass die Ordnungen zur neuen Schöpfung gehören und nicht Kompensation der alten sind. Es geht – mit Ernst BLOCH gesagt – um eine Adventsmoral. Das gilt nicht zuletzt für die Ethik Martin LUTHERs. Die Stände sind es als die Orte der erfahrenen Verheißung und begründeten Hoffnung. Weil und sofern es diesen Vorgang gibt, ist die *Ecclesia* der erste Status, mit dem die anderen untrennbar verbunden sind. Was wäre die *Ökonomie*, wenn darin nicht dem immer neuen Produzieren das aufmerksame Verstehen dessen entgegenträte, worin wir (immer schon) mit Gott in seiner Güte kooperieren – entgegen dem Anschein, alles selbst hervorzubringen. In einer solchen Ökonomie ist die ethische Reflexion nicht auf die Verteilungsprobleme reduziert, sondern sie hat zu zeigen, wie Menschen in der Aufmerksamkeit auf die guten Gaben Gottes und sein Wirken ihre Arbeit tun. Insofern ist die Ökonomie mit dem Grundstand, dem Hören in der Ecclesia verbunden. In der *Cooperatio* liegt der Sinn der Rede von »Ökonomie« als eines Lebensvorgangs. So hat Martin LUTHER in der Auslegung des Psalms 127 diese

---

98  Zum Begriff Handeln (im Zusammenhang mit Urteilen) für die (politische) Ethik siehe: E. VOLLRATH: Die Rekonstruktion der politischen Urteilskraft, 1977, 53-113.
99  Die Kennzeichnung der Kategorie Novum verdanken wir Ernst BLOCH, der in diesem Zusammenhang von einer Adventsmoral gesprochen hat: E. Bloch: Das Prinzip Hoffnung, [1938-1947] 1959, 1482-1504.

## 4. Die eschatologische Situierung geschöpflichen Lebens 117

THER in der Auslegung des Psalms 127 diese Betrachtung eingeführt.[100] Sie dient dazu, diese Cooperatio zu entdecken.

Entsprechendes gilt für die *Politik*. Was wäre eine Politik, in der immer neu wahrgenommen würde, dass die Ausübung von Macht (Obrigkeit) von Herrschaft unterschieden ist und schon gar nicht Alleinherrschaft sein kann, und dass – widersinnigerweise – mit solcher Herrschaft das machtvolle, ermächtigte Handeln verloren geht.[101] Wo nur *über* andere geherrscht wird, geht das Handeln verloren, geht die Herrschaft in Beherrschung und Bürokratie über. Entsprechendes gilt für die Unterscheidung von Macht und Regentschaft (gouvernement). Wo aber ermächtigt gehandelt wird, bleibt Macht an die Übertragung der Macht gebunden, wird Macht nicht zum Besitz – und wird darin verkehrt, wird Macht nicht auf (anonyme) Mechanismen der Legitimation aufgebaut, sondern auf Anerkennung und Verständigung. So ist Gehorsam gegenüber der Obrigkeit nicht als jener Untertanengehorsam zu verstehen, der die Herrschaft oder Gesetzmäßigkeiten bestätigt, sondern als die Vorgabe einer Macht (das heißt »Obrigkeit«), die in der Ermächtigung zum Regieren und Handeln ihren Grund und ihre Grenze hat.[102] Diese Macht ist nicht auf Gewalt gegründet. Daraufhin ist sie kritisch anzusprechen und herauszufordern. Es liegt im Sinn dessen, was hier »Macht« oder »Obrigkeit« heißt, dass sie sich daraufhin auch ansprechen lässt.

In diesen und mit den geschöpflichen Lebensvorgängen bleibt die Dramatik gewahrt, in der menschliches Leben – eben so gebrochen – präsent bleibt: in der Dramatik des Verlustes geschöpflichen Lebens und einem *Neuwerden*, in der es sich vollzieht. Geschöpfliches Leben besteht in diesem Neuwerden, es »wird« (fieri) in diesem Neuwerden. So existiert die Kirche im Neuwerden durch das Hören des Wortes, so existiert die Ökonomie im Neuwerden der Wahrnehmung (vgl. LUTHERs Auslegung von Psalm 127) und so besteht die Politik im Neuwerden von Macht gegenüber jeder Art von Herrschaft. Freiheit von Herrschaft ist in diesem Vorgang beschlossen.

Das Neu-Werden (vgl. Röm 12,2) kennzeichnet den »eschatologischen« Charakter der geschöpflichen Lebensvorgänge. Geschöpfliches Leben heißt, sich im Modus des Neuwerdens aufhalten. Sonst wäre das Leben gegen den Tod gerichtet. Es wäre ein Leben in der Behauptung gegen den Tod, es wäre ein Leben im Kampf um den Platz an der Sonne.[103] Das geschöpfliche Leben bleibt das Leben von Sterblichen in der Hoffnung auf die Auferstehung. In dieser Hoffnung be-

---

100 M. LUTHER: Der hundertsiebenundzwanzigste Psalm (1987).
101 Vgl. zu diesen Unterscheidungen H. ARENDT: Macht und Gewalt [1970] 1975, 75.
102 Vgl. H. GOLLWITZER: Bürger und Untertan [1957] (1969).
103 Dies nimmt E. LÉVINAS als kritische Perspektive von B. PASCAL auf. Aufgrund welcher Perspektive kann man demgegenüber sagen: »Ich will leben ...«?

steht die Befreiung aus dem tod-verfallenen Leben. Nicht in der Akzeptanz der Sterblichkeit, nicht im Widerstreben gegen das Sterben, sondern im Widerspruch gegen die Fixierung auf die Logik von Leben und Tod besteht die Befreiung von Geschöpfen. Darin besteht die Entdeckung ihrer Existenz als einer geschöpflichen. Dies ist der Scheideweg, der zu einer Ethik führt, die diese in der Hoffnung begründete Existenz zum Gegenstand hat. Genau hier ist auch von den Ständen zu reden, von der ecclesia, der oeconomia und der politia als den Orten solchen hoffnungsvollen geschöpflichen Lebens.

Die Dramatik des Neu-Werdens läuft den *Geschichten* des Fortschritts, der Emanzipation, der Entwicklung, der Modernisierung entgegen. Im Stand des Neu-Werdens zu bleiben heißt, sich keinem dieser plakatierten Prozesse ausgeliefert wissen. Das bedeutet nicht, die Kritik aus der Gegnerschaft zum Fortschritt[104] oder zur Modernisierung zu gewinnen. Das Neuwerden hat seine eigene Dramatik.[105] Hier kann die theologische Ethik nicht stumm bleiben. Sie hat zu erkunden, wie darin geschöpfliches Leben gebildet wird. So hat die theologische Ethik nicht vom »guten Leben« zu reden, das es zu gewinnen oder auszuschöpfen gilt, und nicht davon, wie sich menschliches Leben in dieser oder jener Logik moralisch zu behaupten sucht. Das geschöpfliche Leben geht den moralisch ungesicherten Weg des Sich-Einlassens auf Gottes Geschichte mit uns Menschen. Die Aufgabe theologischer Ethik kann nicht darin bestehen, moralische Rechtfertigungen zu beschaffen, auch welche Weise auch immer dies geschieht. Dies ist in der Unterscheidung von Gesetz und Gebot beschlossen. Theologische Ethik kann immer nur bei dem Gebot einsetzen, das mit der Verheißung verbunden ist.

## 5. Ethische Praxis im geschöpflichen Leben

Zum geschöpflichen Leben gehört es, in *bestimmter* Weise eine Existenzform zu artikulieren und sich darin zu verständigen, weil es darauf ankommt, diese Existenzform anderen mitzuteilen und sie mit anderen zu teilen. Was ändert sich für die ethische Praxis, wenn menschliches Leben als geschöpfliches zum Gegenstand der Ethik, ihrer Wahrnehmung und Exploration wird?

Die ethische Praxis[106] ist in ihrem ganzen Spektrum zu beschreiben. Wir dürfen sie nicht verengen, wie es geschieht, wenn bestimmte Probleme der Begründung oder der Legitimation menschlichen Handelns und Urteilens in der ethischen Praxis dominant werden, vielleicht nur die Frage, was die Grenzen einer ansonsten unbestimmten menschlichen Herrschaft und eines unabsehbaren

---

104 Siehe A6-5.
105 Wir werden sie in ihrer vielfältigen Form zu beschreiben haben (vgl. Teil B).
106 Zur weiteren Ausführung siehe: A3: »Die Praxis der Ethik«.

Vermögens sind, wie sie in der viel gebrauchten Formulierung »Dürfen wir, was wir können?« erscheint. Entscheidend bleibt, nicht nur zu fragen, was wir denn wirklich können, sondern auch, welches ›wir‹ gemeint ist, was wir sind, was unser Leben verfehlen oder nicht verfehlen lässt.

In der Perspektive des geschöpflichen Lebens kann die Leitfrage nicht allgemein die nach dem »guten Leben« sein. Die Frage nach dem »guten Leben« gehört – in ihrer platonischen Fassung – in die Logik einer *Strebens*-Ethik, die reflektiert, woraufhin Menschen leben und worin sie die Erfüllung ihres Lebens erfahren.[107] Sie stellt menschliches Leben in einen unabsehbaren Raum spannungsvoller Erkenntnis und sie bewegt sich innerhalb der Frage, was im Blick auf »den Menschen« »ad hominem« zu sagen ist. Sie hat keinen bestimmten *Ort* und Anfang.

Hier muss die *Beschreibung der ethischen Praxis* einsetzen. Diese verändert sich radikal mit der Aufgabe, geschöpfliches Leben zu erkunden. Sie folgt der *Umkehrung* der Frage nach dem Guten[108] und sie folgt der Dramatik des Mensch-Werdens in der Ökonomie Gottes. Deshalb wird es keine Ethik der Vergewisserung von »gegebenen« Lebensgrundlagen sein oder eine Ethik der Lebensbehauptung, sondern eine Ethik des Verstehens und des Bezeugens der Lebensvorgänge, in denen geschöpfliches Leben sich vollzieht, eine Ethik der Gerechtigkeit.

Ihrem Gegenstand – geschöpfliches Leben – also entspricht die *Aufgabe* und die *Praxis* theologischer Ethik und ihre Regeln. Eine entsprechende Ethik wird sich nicht darauf begrenzen lassen, zu fixieren, was verboten ist – um frei zu lassen, wie Menschen leben können und wollen. Eine Ethik geschöpflichen Lebens wird dieser liberalistischen Grundfigur »erlaubt ist, was nicht verboten ist« nicht folgen. In dieser Grundfigur ist menschliche Freiheit danach bemessen, was Menschen als *ihre* Grenzen wahrnehmen – und die können andere sein oder sie können enger sein als das, was Menschen sein dürfen. Mit der Kritik am liberalistischen Grundmodell steht theologische Ethik freilich im Widerspruch zu einer Denkweise, die mehr oder weniger offenkundig die ethische Diskussion dort beherrscht, wo nach Grenzziehungen gefragt wird. Demgegenüber gilt es nun aber nicht, eine positive Ethik des guten Lebens zu artikulieren, also das Gute zu behaupten oder affirmativ zur Geltung zu bringen. Eine solche Ethik würde das Gute oder das gute Leben als gegeben und zustimmungsfähig, *präsentieren* müssen. Gegenüber diesem Vorgehen wird ohnehin die Strittigkeit des Guten eingebracht werden, oder das Gegebene wird begrenzt und reduziert auf das, was formal die Zustimmungsfähigkeit trägt und garantiert.

---

107 Vgl. zur Beschreibung dieser Logik Ch. TAYLOR, Quellen des Selbst, 1994.
108 Siehe zu Ps 4: A1-1.

Demgegenüber sind diejenigen ethischen Konzeptionen zu beachten, die den Ort und Ausgangspunkt ethischer Reflexion dort suchen, wo Menschen artikulieren, was für sie das Gute *geworden* ist. Ethik hat dann dem nachzugehen, was Menschen als das Gute zur Mitteilung bringen, das ihnen widerfahren ist, das ihnen zuteil geworden ist. Dies aber ist keine Frage ihrer Wertschätzung, sondern der Artikulation und Mitteilung ihrer Erfahrung und Hoffnung, der Artikulation der Geschichte, in der sie sich finden. Auf diese Artikulation zu hören, ist dann die Aufgabe der Ethik. Die ethische Praxis bewegt sich damit nicht in der Alternative, entweder nur das Verbotene fixieren zu können oder in die Verlegenheit zu kommen, das Erlaubte als das Gute behaupten zu müssen. Vielmehr wird sie wahrzunehmen und zu erkunden suchen, was Menschen als das Gute erfahren und reflektiert haben – und sie wird dies in der Erwartung tun, dass darin auch eine Übereinstimmung zu finden ist.

Mit dem geschöpflichen Leben rückt das Gute, das Menschen begegnet, in den Blick. Dies ist nicht das Gute, das Menschen erstreben, auf das hin Menschen leben, sondern das Gute, das uns Menschen entgegentritt und die Quelle ist, aus der ›wir‹ leben. *Darin* ist das Fordernde enthalten, das Sollen, das die Logik dieser Ethik ausmacht. Wie Geschöpfe leben *sollen*, ist keine Forderung, die etwas vorschreibt, sondern die spannungsvolle Wahrnehmung dessen, was Geschöpfe sein dürfen. Es ist das Leben, das sich der Güte Gottes nicht verschließt, sondern erkundet, was ihm gewährt ist. Das Gute findet sich in dieser Erkundung. Mit ihr selbst stellt sich dieses Gute ein: »lasst euch eure Existenzform verändern, damit ihr erkunden könnt, was Gottes Wille ist: das Gute, das Wohlgefällige und das Vollkommene.« (Röm 12,2). Von dieser Erkundung können Menschen Zeugnis geben, und so kommt das Gute in die Welt.

## 6. »*Im Anfang …*« – *das Bleiben in der Geschichte*

Eine ethische Praxis, die das geschöpfliche Leben von Menschen zum Gegenstand hat, steht der Auffassung gegenüber, dass die Ethik jenseits dessen ansetzen könnte, was Menschen immer schon betrifft, prägt und trägt, jenseits ihres Lebens, als die universellen Subjekte einer Freiheit, die immer noch alles vor sich hat und für die auch immer noch alles anders sein könnte. Dem kommt die Mitteilung der Schöpfung zuvor. Diese beginnt nicht ab ovo, von irgend einem Ursprung, nicht von irgend einem Fundament, nicht grundsätzlich, sondern sie setzt ein, indem sie sagt: »Im Namen Gottes – unser Anfang geschehe im Namen Gottes des Vaters und des Sohnes und des Heiligen Geistes« – so wie der christliche Gottesdienst beginnt.

Die theologische Ethik setzt ein, wo die Geschichte angefangen und immer neu angefangen hat, die im Namen Gottes begegnet. Sie muss nicht versuchen, hinter diese Geschichte zurückzugreifen, um sich ihres Ursprungs oder Fundaments zu vergewissern. Sie beginnt vielmehr damit, dass Menschen angesprochen werden, um in das einzustimmen, was sie werden, unabhängig von ihrem eigenen Beginnen. Ihr Anfang ist keine Setzung, die Gott abstrakt als Ursprung reklamiert. Es ist die einstimmende Reflexion in den Anfang des schöpferischen Wirkens Gottes. Elie WIESEL bemerkt zu diesem in das menschliche Leben eingestifteten Kennzeichens: »Als Gott den Menschen erschuf, schenkte er ihm zwar nicht das Geheimnis des Anfangs, aber des Wiederanfangs ... der Neubeginn gehört zum Menschen.«[109]

So folgt die theologische Ethik weder dieser oder jener Dynamik der Orientierungslosigkeit – etwa derjenigen, die aus dem Verlust der Utopien oder der großen Erzählungen entsteht – noch folgt die Ethik der unbestimmten Frage, womit denn überhaupt zu beginnen sei, sondern die Ethik setzt mit der spannungsvollen Frage ein, was denn nun folgen soll, nachdem Gott angefangen hat und wir in seinem Anfang stehen. »Was sollen wir tun?« Mit dieser Frage antworten diejenige, die – wie in der Pfingstpredigt des Petrus nach dem Bericht der Apostelgeschichte – gehört haben, was Gott in JESUS CHRISTUS angefangen hat. (Apg 2,37)

Was in *bestimmter* Weise folgen soll, setzt den bestimmten Anfang voraus, der sich nicht in einem nebulösen Anfang oder einem »anfangs«[110] verliert und dann eine ebenso unbestimmte rätselhafte Fortsetzung erfährt, wie in KAFKAs Geschichte vom Stadtwappen.

## Das Stadtwappen

*»Anfangs war beim babylonischen Turmbau alles in leidlicher Ordnung, ja die Ordnung war vielleicht zu groß, man dachte zu sehr an Wegweiser, Dolmetscher, Arbeiterunterkünfte und Verbindungswege, so als habe man Jahrhunderte freier Arbeitsmöglichkeit vor sich. Die damals herrschende Meinung ging sogar dahin, man könne gar nicht langsam genug bauen; man musste diese Meinung gar nicht sehr übertreiben und konnte überhaupt davor zurückschrecken, die Fundamente zu legen. Man argumentierte nämlich so: Das Wesentliche des ganzen Unternehmens ist der Gedanke, einen bis in den Himmel reichenden Turm zu bauen. Neben diesem Gedanken ist alles andere nebensächlich. Der Gedanke, einmal in seiner Größe gefasst, kann nicht mehr verschwinden; solange es Menschen gibt, wird auch der starke Wunsch da sein, den Turm zu Ende zu bauen. In dieser Hinsicht also muss man wegen der*

---

[109] E. WIESEL: Adam oder das Geheimnis des Anfangs. Brüderliche Urgestalten, 1980, 41.
[110] Die Beachtung dieses Moments in Kafkas Geschichte, von dem auch sie sich erschließen lässt, verdanke ich Karl BERTAU. Siehe dazu: M. BUBER: Im Anfang [1924] (1993).

*Zukunft keine Sorgen haben, im Gegenteil, das Wissen der Menschheit steigert sich, die Baukunst hat Fortschritte gemacht und wird weitere Fortschritte machen, eine Arbeit, zu der wir ein Jahr brauchen, wird in hundert Jahren vielleicht in einem halben Jahr geleistet werden und überdies besser, haltbarer. Warum also schon heute sich an die Grenze der Kräfte abmühen. Das hätte nur dann Sinn, wenn man hoffen könnte, den Turm in der Zeit einer Generation aufzubauen. Das aber war auf keine Weise zu erwarten. Eher ließ sich denken, dass die nächste Generation mit ihrem vervollkommneten Wissen die Arbeit der vorigen Generation schlecht finden und das Gebaute niederreißen werde, um von neuem anzufangen. Solche Gedanken lähmten die Kräfte und mehr als um den Turmbau kümmerte man sich um den Bau der Arbeiterstadt. Jede Landsmannschaft wollte das schönste Quartier haben, dadurch ergaben sich Streitigkeiten, die sich bis zu blutigen Kämpfen steigerten. Diese Kämpfe hörten nicht mehr auf; den Führern waren sie ein neues Argument dafür, dass der Turm auch mangels der nötigen Konzentration sehr langsam oder lieber erst nach allgemeinem Friedensschluss gebaut werden sollte. Doch verbrachte man die Zeit nicht nur mit Kämpfen, in den Pausen verschönerte man die Stadt, wodurch man allerdings neuen Neid und neue Kämpfe hervorrief. So verging die Zeit der ersten Generation, aber keine der folgenden war anders, nur die Kunstfertigkeit steigerte sich immerfort und damit die Kampfsucht.*

*Dazu kam, dass schon die zweite oder dritte Generation die Sinnlosigkeit des Himmelsturmbaues erkannte, doch war man schon viel zu sehr miteinander verbunden, um die Stadt zu verlassen. Alles was in dieser Stadt an Sagen und Liedern entstanden ist, ist erfüllt von der Sehnsucht nach einem prophezeiten Tag, an welchem die Stadt von einer Riesenfaust in fünf kurz aufeinander folgenden Schlägen zerschmettert werden wird. Deshalb hat auch die Stadt die Faust im Wappen.«*

In der strebsamen Geschäftigkeit ist die Aufgabe verloren gegangen, ihr bestimmter Anfang und das weitere Erproben dessen, was diesem Anfang entspricht. Hier folgt auf ein vages »anfangs« nur ein Weitermachen, das immer neuen Notwendigkeiten nachgeht. Das ist die Situation des babylonischen Turms, der ins Unabsehbare wächst. Er verliert mit dem Anfang seine – paradigmatische – Bedeutung. Das Projekt verliert sich in seinen Konsequenzen. So hat es auch jede eigene Aussage und Grammatik verloren, weil diese Konsequenzen die Logik vorgeben, in der das Vorgehen erfolgt. So wie es keinen Anfang gibt, so gibt es auch keinen nächsten Schritt, sondern nur ein Weitermachen. Das Agieren geht in einem Irgendwann auf, es fehlt das Moment der Entscheidung und es fehlt die Praxis der Entscheidung.[111] Auf die Logik solcher Vorgän-

---

[111] Vgl. zur Entscheidungslosigkeit als Kennzeichen des Bösen M. BUBER: Bilder von Gut und Böse, 1952.

ge kommt es in der ethischen Praxis an. Sie wendet sich gegen den Lauf der Dinge und fragt immer neu, was menschliches Handeln aus der Anonymität und dem Verhängnisvollen des Geschehens und der Geschäftigkeit heraustreten lässt. Sie fragt auch, ob die gegebenen Problemstellungen – vielleicht gar als Fortgang des menschlichen Geistes – hinzunehmen sind, als wären diese den Menschen schicksalhaft aufgegeben, und als wäre der Fortgang menschlichen Verfügens die Zukunft, auf die wir uns einzustellen haben. So erscheinen Fragen wie die nach dem Anfang menschlichen Lebens, als wären diese nicht deshalb akut geworden, weil das menschliche Verfügen sich ausgedehnt hat.

Als *Gegengeschichte* gegen das babylonische Weitermachen und Fortsetzen wird die Geschichte von NOAH erzählt, der angesichts der Sintflut, die er als Gottes Tat erkennt, zum Handeln findet, und der mit dem Gott kooperiert, der ihm mit seinem gebietenden Wort, seinem Willen und seiner Verheißung begegnet.[112] Diesem Gott gegenüber gibt es menschliches Handeln, als ein beginnendes Handeln[113], nicht ein dumpfes, schleichendes Geschehen und keine Schuld, die als unabsehbares Verhängnis auf allem lastet. Das unmerklich fortschreitende Verhängnis, wie es in KAFKAs »Stadtwappen« reflektiert ist, lässt nur die Aussicht auf den großen Schlag zu, der die Befreiung vom Verhängnis bringt. Dies ist die Gegenbewegung gegen die (immer neue) Ankunft des Wirkens Gottes, die Gegenbewegung gegen seinen Advent.

Diesen zurückgedrängten Advent hat Walter BENJAMIN in einem Bild von Paul KLEE wahrgenommen:

*»Es gibt ein Bild von Klee, das Angelus Novus heißt. Ein Engel ist darauf dargestellt, der aussieht, als wäre er im Begriff, sich von etwas zu entfernen, worauf er starrt. Seine Augen sind aufgerissen, sein Mund steht offen und seine Flügel sind ausgespannt. Der Engel der Geschichte muss so aussehen. Er hat das Antlitz der Vergangenheit zugewendet. Wo eine Kette von Begebenheiten vor uns erscheint, da sieht er eine einzige Katastrophe, die unablässig Trümmer auf Trümmer häuft und sie ihm vor die Füße schleudert. Er möchte wohl verweilen, die Toten wecken und das Zerschlagene zusammenfügen. Aber ein Sturm weht vom Paradiese her, der sich in seinen Flügeln verfangen hat und so stark ist, dass der Engel sie nicht mehr schließen kann. Dieser Sturm treibt ihn unaufhaltsam in die Zukunft, der er den Rücken kehrt, während der Trümmerhaufen vor ihm zum Himmel wächst. Das, was wir Fortschritt nennen, ist dieser Sturm.«*[114]

---

[112] Die Gestalt NOAH portraitiert aus der talmudischen Überlieferung: E. WIESEL: Noah oder Ein neuer Anfang, 1994.
[113] So hat H. ARENDT »Handeln« – als politisches – bestimmt: Macht und Gewalt, [New York 1970] 1985, 81.
[114] W. BENJAMIN: IX, Über den Begriff der Geschichte (1977), 255.

## 7. In keinem anderen Namen – das Erste Gebot

Die theologische Ethik setzt ein »im Namen Gottes, des Vaters und des Sohnes und des Heiligen Geistes ...«, und somit in keinem anderem Namen, keinem anderen Auftrag, mit keiner anderen Begebenheit oder Geschichte. Sie tritt in das Zeugnis von diesem Namen ein. Diese Ethik rückt in den Blick, dass sich Menschen nicht selbst zum Projekt machen können. So verlieren sie sich, ihr fortwährendes zielloses Tun wird ihnen zur Geschichte. Sie bleiben sich selbst konfrontiert. Dies sind die Perspektiven einer Menschheit, die sich ihrer Geschichte und deren Grammatik vergewissern muss (Gattungsethik), dies aber nicht anders kann als entweder durch eine rationale Rekonstruktion dessen, was zum Überleben nötig ist oder durch die Einforderung, dass es – irgendwie – die Menschheit als *Mensch*-heit geben soll.[115]

Die Logik und Ausrichtung einer demgegenüber kritischen Reflexion und Artikulation kann sich nicht fixieren auf die ortlose Frage der Legitimation menschlichen Tuns und seiner Grenzen, sie kann die Aufgabe ethischer Besinnung und Aufmerksamkeit nicht verwechseln mit dem Versuch einer Rechtfertigung oder Legitimation, auch nicht einer solchen, die scheinbar tiefer greift als ethische Begründungen. Der Name Gottes[116] kann für Legitimationszwecke nicht benutzt werden, es sei denn er ist leer, Schall und Rauch. In Gottes Namen ist Gottes ganzes Werk beschlossen, und diesen Namen zu nennen, kann nicht heißen, ihn als Autorität für Begründungen aufzurufen. So geschieht es auch in den biblischen Texten nicht. »Im Namen ...« ist nicht metaphorisch zu wenden, um etwa in gleicher Logik zu sagen »im Namen des Gesetzes...«. In keinem anderen Namen können Geschöpfe leben und handeln. Sie würden zu Dienern von anderen, vielleicht benannten, vielleicht auch anonymen Mächten. Sie würden versucht sein, wie die Erbauer des babylonischen Turms, sich selbst einen Namen zu machen, weil vergessen ist, wessen Namen »man« anrufen kann. Sie würden jener »Onomatologie«[117] erliegen, die immer neue Namen präsentiert, die für sich Achtung verlangen, weil es keine andere Zugehörigkeit gibt. Jeder Name steht für sich.

Theologische Ethik setzt ein mit dem *Ersten Gebot*, das uns Menschen zu Gehör gebracht ist, um uns davor bewahren, dass wir uns in die Logik und den Sog konkurrierender fundamentaler Legitimationen begeben, die uns etwa an den

---

115 Siehe dazu – und zur Möglichkeit noch von Geschichte zu reden, wenn es keine »Tradition« mehr gibt: G. KRÜGER: Geschichte und Tradition [1948] (1958).
116 Zur Entfaltung dieses Angelpunktes biblischer Ethik vgl. C. LINK: Die Spur des Namens. Wege zur Erkenntnis Gottes und zur Erfahrung der Schöpfung, 1997. Siehe dazu: G. SCHOLEM: Der Name Gottes und die Sprachtheorie der Kabbala (1970).
117 Vgl. A. FINKIELKRAUT: Verlust der Menschlichkeit, 1998.

abstrakten Ort der Frage stellen, was uns letztlich bindet oder frei sein lässt, oder auch an den abstrakten Ort der Frage »warum – überhaupt – moralisch sein?«.

Im Namen Gottes beginnen heißt nicht, auf fundamentale Legitimationsprobleme zu antworten. Dies würde bedeuten, diesen Namen zu zitieren, sich vielleicht auch auf ihn zu berufen, aber eben nicht dort zu beginnen, wo wir uns als Gottes Geschöpfe finden, in Gottes Geschichte mit uns, die ihren bestimmten Anfang dort genommen hat, wo uns dieser Gott in seinen gütigen Werken begegnet ist. Mit seinem Namen bleibt Gott uns gegenüber. Wir können seinen Namen nicht für uns reklamieren wollen. Mit seinem Namen bleibt Gott uns als der gegenüber, der in seinem Handeln die Anonymität durchbrochen hat, die uns dazu dienen könnte, Gott verantwortlich zu machen. Gott hat sich damit zugleich in seiner Güte exponiert. Diese Güte Gottes ist – wie die biblische Tradition zu sagen weiß – allem Guten voraus, sie kann nicht durch einen Begriff vom Guten überholt oder eingeholt werden, durch den wir der Güte Gottes habhaft würden. Dies ist nicht die (platonische) Logik eines permanenten Revisionismus, der fragt, wie wir an dem Guten Anteil bekommen[118], sondern die messianische Logik der Hoffnung darauf, dass die Güte Gottes erscheint und uns Menschen ergreift und verwandelt.

Für eine theologische Ethik ist entscheidend, ob sie sich in dieser Logik bewegt und wo sie in Gefahr ist, zu einer anderen Logik überzugehen. Sie würde die Spur des geschöpflichen Werdens verlassen und andere Wege suchen, vielleicht um »den Menschen« in seiner moralischen oder sittlichen Existenz – als humanum – zu präsentieren. Die Aufgabe der theologischen Ethik kann es nicht sein, ein humanum ins Bild zu rücken, durch welche Präsentation auch immer, sondern ihre Aufgabe wird es sein, erscheinen zu lassen, wo und wie Menschen mit *Gottes Ökonomie* gelebt haben. Diese sind es, die weiter tragen, was Menschen sein dürfen. Daher hat theologische Ethik den Charakter der Mitteilung und des Zeugnisses. Sie hat nichts zu erweisen oder zur Geltung zu bringen. Sie hat von dem Guten zu reden, das im Namen Gottes beschlossen ist. So steht diese Ethik derjenigen Prophetie entgegen, die voraussagt, dass mit dem Aufgehen der Geschichten in »der großen Geschichte« die Namen verschwinden, und die dem Christentum in seiner »modernen« Gestalt diesen Vorgang anlastet. So sieht es Jean François LYOTARD: »Die große Geschichte bezweckt die Auslöschung der Namen (Partikularismen). Am Ende der großen Geschichte wird es bloß noch die Menschheit geben. Ihre einzelnen Namen werden überflüssig geworden sein, wie werden höchstens die Stationen eines Kreuzwegs bezeichnet haben ... Dieser Universalismus und diese reine Teleologie sind nicht klassisch im Sinne der

---

[118] Diese hat Charles Taylor erneut in den Blick gerückt: C. TAYLOR: Quellen des Selbst. Die Entstehung der neuzeitlichen Identität, 1994.

Antike, sondern modern im Sinne des Christentums. Die ›Geschichtsphilosophien‹ werden im Banne einer erlösenden Zukunft erfunden. (Der Kapitalismus selbst, der keine Geschichtsphilosophie besitzt, verhüllt seinen ›Realismus‹ unter der Idee einer Emanzipation von der Armut.)«[119] Christliche Theologie kann keine große Geschichte erzählen, in der die Namen verschwinden, wenn sie denn Gottes Wirken mit-erzählt und so seinen Namen nennt, der dann wiederum auf andere Namen bezogen ist, wie auf den Namen Israel, auf den Namen Jesu Christi und mit ihm auf die Namen aller derer, die in diese Geschichte gehören.

## 8. Die befreiende Umkehr zum Geschöpf-Sein

Theologische Ethiken, evangelische oder römisch-katholische finden vielfach dort zusammen, wo der Blick auf »den Menschen« gelenkt wird. Die ethische Besinnung richtet sich auf den Menschen, seine Möglichkeiten und seine Bestimmung. Sie denkt und argumentiert ad hominem, zum Besten des Menschen, im Blick auf das Gute, das Menschen erreichen, und im Blick auf das Glück, das Menschen gewinnen können. Doch kann dies die Zielrichtung einer theologischen Ethik wirklich sein? Kann diese Logik eines solchen christlichen Humanismus die theologische Ethik leiten?[120] Was wird ihre zentrale Frage sein? Wird es die Frage »wie soll ›man‹ leben?« sein können? Oder – zumindest – was schließt diese Frage ein? Immerhin steht dagegen ein ganzes Spektrum an Themen und Topoi in der Tradition christlicher Ethik. So weitreichend nämlich die Aussicht auf »das menschliche Leben« erscheint, so begrenzt ist doch die damit eröffnete Erkenntnisaufgabe für die Ethik. Lässt sich diese in eine solche Perspektive einfangen? Lässt sie sich in die Frage einfangen: »Was ist der Mensch?« Wird sie die »trostlose Ratlosigkeit« aufhellen können, die mit Recht einer Situation zugeschrieben wird, in der die ethische Besinnung den Zusammenhang mit der Frage nach der verändernden Wahrheit, die für den Menschen notwendig ist, verloren hat? Stellt das, was als das menschliche Glück (die Liebe zum Guten eingeschlossen) und als das wohlwollende Miteinanderleben thematisiert werden kann, schließlich doch nur eine begrenzte Perspektive dar, auch wenn sie den Blick auf alles zu öffnen verspricht, was in die menschliche Aufmerksamkeit geraten kann?

Robert SPAEMANN bemerkt[121] »die Sokratische Frage: ›Wie soll man leben?‹ hat als die umfassendere Frage den Vorrang vor der anderen: ›Was ist meine

---

[119] J.-F. LYOTARD: Der Widerstreit, 1989, 257, Aph. 221.
[120] Zur Problemstellung eines neu zu reflektierenden Humanismus als Entdeckung und Bewahrung des humanum vgl. E. WOLF: Menschwerdung des Menschen? (1965).
[121] R. SPAEMANN: Glück und Wohlwollen, 1989, 31.

## 8. Die befreiende Umkehr zum Geschöpf-sein

Pflicht?‹, ›Was darf ich oder was soll ich tun?«‹. In der Tat: mit der Frage »Wie soll man leben?« wird die ethische Besinnung in ihrem ganzen Umfang und auch – andeutungsweise – in ihrer Dramatik[122] gekennzeichnet. Diese Frage bleibt freilich auf das begrenzt, was Menschen erfassen, wenn sie der Umkehr gefolgt sind. Das jedoch, woraus und worin wir immer wieder leben, erscheint in dieser Perspektive nicht, und damit alles das, was zum Geschöpf gehört, das auf seiner Spur bleibt. Die Berufung dazu, vernünftig, d.h. verständig für die Wirklichkeit zu sein, gehört – in der Tradition – zusammen mit der immer neuen Befreiung. Die Entwicklung, die hier das »Erwachen zur Wirklichkeit« genannt wird, folgt ihr.

Wie wird es zu diesem Erwachen kommen? Kann man hier – wie Robert SPAEMANN – auf das *Gleichnis vom barmherzigen Samariter* verweisen? An dem Gleichnis und der Geschichte, in die es gehört, wird das Problem deutlich. Auf die Frage »Meister, was muss ich tun, dass ich das ewige Leben ererbe?« (Lk 10,25) lautet die Antwort zunächst, dass alles Tun in der Liebe zu Gott und zum Nächsten beschlossen ist. Doch diese Antwort reicht dem Adressaten offensichtlich nicht, jedenfalls sofern sie nur wie die Erinnerung an ein Gebot gehört wird, ohne dass deutlich ist, wie der Adressat in diesem Gebot selbst als einer vorkommt, dem Gottes Handeln widerfährt. Die Liebe zu Gott und die Liebe zum Nächsten bedeutet, dass ein Mensch frei geworden ist von der Sorge um sich. Würde der Samariter in der Besorgnis um sein ewiges Leben zum Handeln gekommen sein? Die Erinnerung des Liebesgebotes ist schließlich doch *nicht* die Antwort auf die Frage »Was muss ich tun, dass ich das ewige Leben ererbe?«. Es wird dem Hörer kein Tun geboten. Es wird vielmehr eine Berufungsgeschichte erzählt. Ein Mensch lässt sich aus dem Umkreis seiner Reflexion herausreißen und in eine andere Geschichte versetzen. Vom Samariter wird gesagt, es habe ihn das Mitleiden er*fasst*[123], so wie es von JESUS gesagt wird und – im Gleichnis – vom Vater gegenüber dem verlorenen Sohn.[124] Es ist das Erbarmen, das in die Geschichte Gottes mit den Menschen gehört; in diese Geschichte wird der Samariter versetzt. Das Erbarmen ist Kennzeichen Gottes (Ps 86,15; Ps 103,8). Menschen treten in dieses bestimmte Tun ein (Lk 6,36). In dieser Geschichte hat die fundamentale Sorge um das eigene Leben keinen Raum. Diese Befrei-

---

[122] Vgl. Papst JOHANNES PAUL II: Veritatis Splendor, 1993, Ziff. 86: »Vernunft und Erfahrung sprechen nicht nur von der Schwäche der menschlichen Freiheit, sondern auch von ihrem Drama. Der Mensch entdeckt, dass seine Freiheit rätselhafterweise dazu neigt, diese Öffnung für das Wahre und Gute zu missbrauchen und dass er es zu oft tatsächlich vorzieht, endliche, begrenzte und vergängliche Güter zu wählen.« Die Dramatik ist auf den Verlust des Menschseins bezogen.
[123] Mk 10,33.
[124] Vgl. Mt 9,36; 14,14; Mk 6,34; Lk 7,13; 10,33; 15,20.

ungsgeschichte gilt dem, der fragt, was er tun soll, um das ewige Leben zu ererben, und versetzt ihn in eine andere Geschichte und ihre Logik.

So wird auch die *Geschichte vom Reichen Mann* erzählt (Mt 19; Lk 18), die vielfach die moraltheologische Erkenntnis geleitet hat.[125] Auch dies ist eine Geschichte der Befreiung in eine neue Existenz. Sie zeigt die Differenz zwischen jener alten, auch sittlich hochgespannten Existenz, die auf das ewige Leben ausgerichtet ist, und der neuen, die – mit dem Reichtum – alles hinter sich lässt, was sie sich vor Augen zu stellen vermag, und JESUS darin nachfolgt, dass sie alles hingibt. Hier hat die theologische Ethik eingesetzt, die vom Menschen als demjenigen spricht, der zu befreien ist, sofern er auf sich zurückgeworfen bleibt, auf seine Wahrnehmung, seine Achtsamkeit, sein Ergriffenwerden. Es ist die Befreiung in die Existenz eines Menschen, der sich nicht verwandeln lässt und doch in der Verheißung steht, dass ihn Gottes Handeln erreicht: denn bei Gott ist kein Ding unmöglich. Darin besteht die Nachfolge[126], dieses geschehen zu lassen: die Befreiung und die Berufung dazu, Gottes Geschöpf zu sein.

Die ethische Aufgabe verändert sich damit grundlegend: sie folgt *nicht* der Frage »wie soll *man* leben?«. Die Antwort müsste Auskunft geben darüber, wer dieses »man« sein wird. Die theologische Ethik folgt vielmehr der Frage, »was ist das *neue* Leben – was ist das Leben, in das wir hineinverwandelt werden?« Dies ist ein Leben, das Menschen nicht auf sie selbst zurückwirft, auf ihre Perspektiven und Leitbilder, auf die Mechanismen ihres Tuns und Verhaltens, sondern es ist ein Leben, das sich in der Befreiung vollzieht. Zu Beginn aller Ethik ist – mit Röm 12,2 – davon zu reden, dass sich Menschen ihre Existenzform verändern lassen, durch das endzeitliche Neuwerden ihrer Vernunft, ihrer Wahrnehmung und ihres Verstehens. Diese Verwandlung gehört in Gottes *endzeitliche* Geschichte mit Menschen, und sie bildet das Zentrum des Vollzugs christlichen Lebens. Sie zu verallgemeinern, sie zu einer allen Menschen gewärtigen Umkehr zu erklären, heißt, sie zur Utopie werden zu lassen. Sie würde ortlos sein und Menschen auf sich zurückwerfen: die Utopie einer Verwandlung zum Menschsein. In ihr wäre nicht mehr von der anderen Seite die Rede, von dem, was Menschen in all ihrem Suchen und Fragen widerfährt und nicht nur von dem, was Menschen tun und woran sie sich ausrichten (vom »Erwachen zur Wirklichkeit«).

Es wird darauf ankommen, nach dieser Seite den Blick für die Ethik zu öffnen, und diese Perspektive auszuloten: den Blick auf das menschliche Leben, sofern es immer neu geschaffen wird. In diesem Sinne ist von Neuwerden zu reden – auch

---

[125] Vgl. jetzt insbesondere: Papst JOHANNES PAUL II: Enzyklika Veritatis Splendor, 1993. Die Enzyklika folgt Schritt für Schritt der Geschichte vom Reichen Mann (nach Mt 19,16-30).
[126] Vgl. H. G. ULRICH: Art.: Nachfolge Christi III. Ethisch (2003).

im Widerspruch zu einer Erneuerungsprogrammatik, die sich – im Gegenteil – gegen die Erfahrung des Neuen als widerständig zeigt. Die Gegenwart der Güte Gottes, das heißt die Güte Gottes in ihrer spezifischen, den Menschen zugewandten Gegenwart, lässt Menschen Gottes Geschöpfe sein, lässt sie das Paradigma für die Befreiung aller Menschen sein – und umgekehrt: dies lässt auch Gott ihren Gott sein, indem er ihr Schöpfer bleibt. Dieser Gott wird nicht zu einem anonymen Gott, dem jedes Prädikat angehängt werden kann, der unbesehen »gut« oder »gütig« genannt werden kann und der ebenso unbesehen »allmächtig« genannt werden kann, und der deshalb, wegen der Indifferenz seiner Allmacht, nicht vermisst wird, wenn man vergisst, von ihm zu reden.[127]

Um dieses Paradigma geht es in derjenigen theologischen Ethik, die auf diese bestimmte *Geschichte* blickt und davon Rechenschaft gibt. Das erfüllte Leben findet sein Paradigma im neuen Leben der Geschöpfe Gottes (vgl. Röm 8). Das Evangelium ist darauf ausgerichtet, dass Menschen in ihr Geschöpfsein finden – wie der Reiche Mann, der zum Nachfolger Jesu wird und das heißt in ein Leben eintritt, das Jesu Gebet folgt »Dein Wille geschehe...«.

Daraufhin ist die Geschichte der Ethik neu zu erzählen. Sie ist als die Geschichte der Erkundung dieses neuen Lebens zu erzählen. Die moraltheologische Besinnung auf das reflexive »*Erwachen zur Wirklichkeit*« (Robert SPAEMANN), auf den Vollzug und die Bewährung der Umkehr zur Vernunft, grenzt an die ganze Dramatik dieser Umkehr nur an. Diese Umkehr hat ja doch ihre eigene Erstreckung, ihre eigene Wirklichkeit, und erst diese lässt das Ganze des menschlichen Lebens in den Blick fassen – nicht als eine weitere Steigerung der moralischen Reflexion, sondern als das Miteinander von Reflexion und Verstehen des Evangeliums von der immer neuen Befreiung des Menschen aus seiner Selbstverschlossenheit.

Es geht um die Frage, wie die Moraltheologie an dieses Evangelium und an die doctrina evangelii nicht nur angrenzt oder eine Brücke zum weiteren Verstehen des Evangeliums bildet, sondern wie sich nur zusammen mit dem Evangelium von der Befreiung des Menschen das Ganze des menschlichen Lebens erkennen und artikulieren lässt, das hier als der Gegenstand der ethischen Besinnung erscheint.[128] Die alles bewegende Frage wird sein, inwiefern die ethische Besinnung bei sich selbst bleiben kann oder immer neu Gottes ausdrückliche Güte zu erkennen hat, wie sie im Evangelium begegnet. Der Aufbruch aus der (moralischen) Befangenheit im Leben *und* die Berufung zum Leben mit dem Gott des Evangeliums sind in der biblisch-christlichen Tradition nicht zu trennen. Wie gehört beides zusammen? Die Berufung in die Nachfolge gehört zu dem hinzu,

---

[127] Hier ist das Gespräch mit Alain FINKIELKRAUT aufzunehmen: Die Weisheit der Liebe, 1987.
[128] Vgl. die Betrachtung von O. BAYER: Kategorischer Imperativ oder kategoriale Gabe (1995).

was das menschliche Leben ausmacht. Es ist die Berufung in den Stand der Heiligung. Dies ist der Gegenstand einer theologischen Ethik, in der die ethische Besinnung nachvollzieht, wie Menschen sich als Geschöpfe entdecken, wie sie in diesem Stand leben und wie sie ihn erproben. »Heiligung« ist damit nichts anderes als der elementare Vorgang dieser immer neuen Entdeckung.

Die Umkehr zur Vernunft ist das eine, das Hineinverwandelt-Werden in das Geschöpf-Sein das andere. In diesem Verwandelt-Werden *wird* Gott zum Gegenüber. Er wird zu dem Anderen, dem jetzt zu antworten ist. Das Geschöpfsein ist nicht das »Andere der Vernunft«, ihre – unverfügbare und unverlierbare Kehrseite, sondern die immer neu erfahrene Begegnung mit dem Evangelium von der Befreiung zu dieser Existenz, zu der das »Neuwerden der Vernunft, das Neuwerden des Verstehens« gehört (Röm 12,2).[129] Das Eintreten in den Status der Geschöpflichkeit ist der Überschritt zu einer *Erprobung* – der Überschritt zu einer *solcherart positiven* Theologie, gegenüber der nur negativen Theologie (via negationis) einer unabsehbaren Verpflichtung oder eines unartikulierten Evangeliums, das von jeder Art von Heilsbotschaft besetzt werden kann. Die Ethik selbst wird dann zur negativen Theologie: zur Präsentation der Außenseite dessen, was Gott will. Demgegenüber jedoch kann es keine solche positive Theologie geben, die das Gegenüber von Mensch und Gott aufhebt, das in der bestimmten Begegnung Gottes mit Menschen erscheint. Es kann keine positive Theologie gegeben, die das zu Menschen gesprochene Wort aufhebt, die das Ärgernis dieses Gegenübers aufhebt.

Auf dieser Linie gesehen ist die *Geschichte der Ethik* nicht nur als das »Erwachen zur Wirklichkeit« zu beschreiben, sondern als die Geschichte des immer neuen Befreitwerdens aus den Aporien der Moral auf die Kunde von Gott hin (ad deum), wie sie im Evangelium begegnet. Das Heraustreten aus den Befangenheiten und Mechanismen des Lebens und Zusammenlebens ist nicht als Aufbruch des Menschen zu beschreiben, sondern als die fortlaufende Geschichte seiner Befreiung, von dem Menschen immer neu er*fass*t werden, wenn sie der doctrina evangelii begegnen. Die Besinnung richtet sich damit auf die Erscheinung Gottes in seiner den Menschen zugewandten Güte[130], in seiner Menschenfreundlichkeit (φιλανθρωπία Tit 3,4). Die Ethik richtet sich auf diesen *Advent*, sie verliert ohne diese messianische Logik ihre Richtung. Ihre Besinnung richtet sich immer neu darauf, was von Gott (de deo) auf diesem Weg, den er gegangen ist, zu erfahren ist, in der begründeten Erwartung, dass das menschliche Leben zum geschöpflichen wird, mit allem, was es ausmacht.

---

129 Die Vulgata übersetzt »sensus«.
130 Vgl. Psalm 85,5: »Lass uns sehen, Herr, Deine Huld«. Dies ist das grundlegende Gebet, das Israel, Gottes Volk betet.

## 8. Die befreiende Umkehr zum Geschöpf-sein

Eine ethische Besinnung, die erkundet, was das menschliche Leben als geschöpfliches Leben sein darf, zielt nicht auf »den Menschen«, der noch nicht ist, was er sein soll, aber dies werden soll. Sie würde im Strom der Moralgeschichte versinken, die eben dies zum Thema hat: die Menschwerdung des Menschen in all ihren Möglichkeiten und Grenzen.[131] Die Erkundung des geschöpflichen Lebens sucht und denkt nicht vom Menschen aus (a homine) und sie zielt nicht auf den Menschen (ad hominem), um in das einzumünden, was er seiner Natur nach ist oder sein kann. Die Frage nach der Konvergenz des Guten im Menschen folgt einer anderen Logik als das Evangelium von seiner Befreiung. Die Erkundung geschöpflichen Lebens verläuft quer zu den dialektischen Aporien des Humanismus. Die Erkundung geschöpflichen Lebens redet »de homine«, sie bewegt sich in der Geschichte *von diesem* Menschen, der sich als Geschöpf wissen darf. Dieser geschöpfliche Mensch steht für »den Menschen« ein. Seine Geschichte ist paradigmatisch, wie die vom »reichen Mann« oder die vom »barmherzigen Samariter«. In ihr erscheint, was vom Menschen (»de homine«) zu sagen ist: ecce homo. In ihr tritt die befreiende Güte Gottes hervor, die Menschen widerfährt. Deshalb ist dieser neue Mensch in JESUS CHRISTUS erschienen, so dass nicht der Mensch zum Menschen sich entwickeln muss, sondern in diesem neuen Menschen seine neue Existenz erfährt.

Grundlegend für diese ethisch-moralkritische Besinnung ist das Paradox: »wer sein Leben erhalten will, der wird es verlieren«.[132] Auf der einen Seite hat die Ethik vor Augen zu stellen, was menschliches Leben sein kann oder auch sein soll, auf der anderen Seite hat die Ethik zu erkennen, was menschliches Leben ist und sein darf, wenn die erkennende Aufmerksamkeit auf das hin geöffnet bleibt, worin dieses menschliche Leben sein Paradigma findet, wenn sie nicht auf »den Menschen« fixiert ist, sondern *von den* Menschen – de hominibus – zu reden weiß, mit denen dieses Paradigma hervortritt. Dies wird sich deshalb nicht in einer Bestimmung des menschlichen Glücks, des gelingenden Lebens und des guten Zusammenlebens bündeln lassen, sondern man wird beschreiben müssen, was aus jener Entdeckung der Geschöpflichkeit folgt. Das Paradigmatische dieser Entdeckung wird erhalten bleiben. Die Rede vom Menschen bleibt so eingefügt in das Reden von einer bestimmten Geschichte, die so und nicht anders vom Menschen handelt. Der Logik der Rede vom Menschen (ihrer Grammatik) liegt diese paradigmatische Geschichte zugrunde.

---

131 Vgl. dazu G. SAUTER: Mensch sein – Mensch bleiben. Anthropologie als theologische Aufgabe (1977). Vgl. E. WOLF: Menschwerdung des Menschen? (1965).
132 Mk 8,34-36 (35:) »Denn wer sein Leben erhalten will, der wird›s verlieren; und wer sein Leben verliert um meinetwillen und um des Evangeliums willen, der wird›s erhalten. Denn was hülfe es dem Menschen, wenn er die ganze Welt gewönne und nähme an seiner Seele Schaden?« Vgl. R. SPAEMANN: Personen, 1996 (Paradox des Nutzens).

Eine solche Besinnung dreht sich also nicht um die – vielleicht besorgte – Frage, was »*der Mensch*« ist oder sein könnte, wozu er noch fähig ist, und worin er seine Ohnmacht erfährt, sondern sie verändert eben diese Frage, die auf den Menschen gerichtet ist (ad hominem) in die Perspektive auf das, was *von* diesem Menschen zu sagen ist. Eine solche Besinnung ist immer und zugleich grundsätzlich anthropologie-kritisch, sie hat »Anthropologie« als Problem vor Augen, jedenfalls sofern diese nichts von dem zu sagen weiß, was Menschen widerfährt, sondern nur reflektiert, was sie (immer schon) sind.[133]

Wir folgen mit diesen Überlegungen der Kehrtwendung von der Rede vom Wesen des Menschen zum Reden von seiner Geschichte mit Gott. Diese Kehrtwendung wird in Martin LUTHERs Disputation »Über den Menschen«[134] vorgeführt. In der Abfolge der dort formulierten Thesen lässt sich nachvollziehen, was der Schritt ist von der ethischen Besinnung »auf den Menschen« zur ethisch relevanten Geschichte von Menschen, die in Gottes Geschichte eingefügt sind. Das ist auch der Sinn der Lehre von der Rechtfertigung der Sünder: dass sie zurückgebracht werden in Gottes Geschichte und so ihrer Bestimmung, ihrer Definition entsprechen.[135] Die Logik der Rede vom Menschen heißt nicht, lasst uns doch auf den Menschen zurückkommen oder zugehen, sondern lasst uns doch von dem Menschen reden, der wir selbst – jeden Tag neu – sein dürfen, lasst uns doch in *diesen* Realismus eintreten, und nicht ein Menschenbild aufrichten.

Menschen erscheinen hier in einem radikalen, alles weitere Reden vom Menschen bestimmenden Sinn als Geschöpfe Gottes. Von hier aus richtet sich die Aufmerksamkeit auf, das was diesen Menschen von Gott widerfährt und insofern auf ihre Erfahrung, auf die sich diese Betrachtung einlässt und in der sich diese Betrachtung bricht. Vom Menschen ist hier – wie Martin LUTHER sagt[136] – aus der ganzen *Fülle* dessen die Rede, was von dieser Erfahrung her zu sagen ist, alles andere wäre nicht nur eine Verkürzung, sondern würde gerade im Versuch, den Menschen zu treffen, ihn verfehlen.

Hier setzt theologische Ethik ein: bei einer Rede von Menschen, die erlaubt, zu fragen, wie es denn Menschen möglich ist, Mensch zu *bleiben*, aber eben in dieser Perspektive, und nicht »der Mensch«, von dem wir glauben realistischer-

---

133 Vgl. M. BUBER: Das Problem des Menschen [1942], 1961. Siehe A1-1.
134 M. LUTHER: Disputatio de Homine. Disputation über den Menschen [1536], zur Auslegung im weiteren geistesgeschichtlichen Zusammenhang siehe insbesondere: Johannes von LÜPKE: Von den großen Taten des geringen Wortes. Eine Besinnung auf den Grund der Freiheit im Anschluss an Luther (1998).
135 M. LUTHER: Disputatio de Homine. Disputation über den Menschen [1536], These 20-23.
136 Ebd. These 20: »Die Theologie hingegen definiert aus der Fülle ihrer Weisheit den ganzen und vollkommenen Menschen.«

weise sagen zu müssen, wie er ist. Dies wäre eine insgesamt trostlose Ethik, um so trostloser, je höher sie vom Menschen redet, von seiner Verantwortung vielleicht oder von seiner Würde. Wenn Ethik nicht zu sagen weiß, worin Menschen getragen und gehalten sind, wird sie zum trostlosen Appell. Sie wird auch trostlos in einem solchen Realismus, der besagt, es komme eben auf den Menschen an. Dies ist ein um den Trost und die damit verbundene Existenzform verkürzte Sicht der Wirklichkeit. Der Trost ist in dem Widerhalt zu finden, an dem sich ausbildet, was menschliches Leben ausmacht: in der Erkenntnis dessen, was Menschen sein dürfen, nicht in der Wahrnehmung eines erhabenen oder auch realistischen Gegenbildes, das einzufordern ist, sondern in der Erfahrung dieser und keiner anderen Bestimmtheit als Geschöpfe und Kinder Gottes.

Dass Ethik etwas zu erkennen und zu zeigen hat, ist für die theologische Ethik entscheidend. Nicht, dass diese Erkenntnis womöglich um so mehr den Menschen auf sich selbst zurückwirft, indem sie ihn mit unabsehbaren Verantwortlichkeiten konfrontiert, wie die Verantwortlichkeit für sein Leben. Dass Menschen ihr Leben verantwortlich zu gestalten haben, ist zur unbefragten Voraussetzung vieler ethischer Reflexionen geworden, zu dem, worum sich alles dreht. Doch gerade um diesem Aspekt gerecht zu werden, muss das Verstehen neu einsetzen. Worin kann eine solche Verantwortlichkeit bestehen? Dies wird nicht zuletzt in der Besinnung darauf geschehen, dass es in der biblisch-christlichen Tradition durchweg als äußerst verkürzte Rede vom Menschen erscheinen muss, wenn nicht mehr zu sagen ist, worin sein Leben getragen und bestimmt ist, sondern allein, was er aufgrund welcher Gaben oder Voraussetzungen auch immer aus diesem Leben macht.

Wie ist denn in der Ethik »vom Menschen« zu reden– wie ist von Menschen zu reden? An diesem Punkt wird theologische Ethik neu einsetzen. Damit ist die Erkenntnisaufgabe der Ethik verbunden. Sie wird von keiner »Anthropologie« ausgehen, sondern selbst erkundend vom Menschen zu *berichten* haben, wie er als Geschöpf lebt. Sie wird so, indem sie vom Menschen redet, von dem Gott reden, der uns Menschen seine Geschöpfe sein lässt.

## 9. Ethik in der Nächstenschaft

Eine ethische Besinnung, die sich auf die Geschichte Gottes mit den Menschen einlässt, hat davon zu reden, wie in diese Geschichte auch unsere Geschichte mit dem Nächsten eingeschlossen ist. Nicht wie wir mit anderen ethische Überzeugungen teilen können, ist dann die erste Frage, sondern wie für den Nächsten das präsent wird, was dem Nächsten in der uns gemeinsamen Geschichte zukommt. Es geht um eine Ethik in der Nächstenschaft, nicht um eine Ethik des allgemeinen, auf andere oder alle Menschen bezogenen Wohlwollens.

Dass die ethische Besinnung immer wieder an diesen Ort des Nächsten verwiesen wird, hat *paradigmatische* Bedeutung. Hier nämlich erfährt sich das »ethische Subjekt« in seiner Geschöpflichkeit. Hier *lernt* das »ethische Subjekt« eine bestimmte Grammatik des Zusammenlebens.[137] Hier nämlich kommt es darauf an, inwiefern wir das mitteilen können, was dem Nächsten zukommt, nicht, was wir ihm, dem Anderen, gewähren, sondern was wir empfangen haben und mit ihm, dem Nächsten, teilen. Nicht, dass wir von uns etwas abgeben oder unsere Zuwendung dem Anderen schenken, sondern dass wir mitteilen, was uns selbst als Geschöpfen zuteil geworden ist. Nicht die wie auch immer ausbalancierte Selbstbehauptung, sondern dieses Zusammenleben mit dem anderen wird hier präsent. Kein Altruismus ist gemeint, sondern die Institution *dieser* Nächstenschaft von gleichen. Es ist eine gestiftete, institutionelle Gleichheit, eine Gleichheit, die in eine Geschichte eingefügt ist.

Dies tritt in aller Deutlichkeit in der Artikulation des biblischen Liebesgebotes (Lev 19) hervor: »Halte lieb deinen Genossen, dir gleich«[138] (Übersetzung: Martin BUBER/Franz ROSENZWEIG). Martin BUBER kommentiert:

*»Der Geist redet, er redet ewiges Wort, Wort, das ewig neu werden kann, indem es erscheint. Ich will von den ewigen Worten des Geistes nur eins anführen, das in der Fassung 'Liebe deinen Nächsten wie dich selbst' unheimlich vertraut geworden ist. In Wahrheit heißt es: Sei liebend zugetan (ein nur hier vorkommender Dativ; nicht ein bloßes Gefühl ist gemeint, sondern eine aktive Haltung des ganzen Wesens) deinem Genossen (d.h. dem Menschen, mit dem du jeweils, in irgendeinem Augenblick, unmittelbar zu tun hast), als der dir gleich ist (nicht 'wie dich selbst' sollt du ihn lieben, sondern ihm liebend zugetan sein als einem, der so wie du ist, so liebesbedürftig, so liebestatbedürftig wie du). Das angesprochene Du aber war, als das Wort zum erstenmal gesprochen wurde, nicht bloß der einzelne, sondern über ihn hinaus auch eine ganze Gemeinschaft (Leviticus 19). Es sagt dem Menschen, wie er zu jedem ihm lebensmäßig begegnenden Mitmenschen sich verhalten solle oder vielmehr sich verhalten werden (denn dieser Imperativ ist eigentlich ein Futurum, das Gebot birgt eine Verheißung) aber es sagt zugleich darüber hinaus dem Menschenvolk, wie es zu jedem geschichtsmäßig ihm begegnenden Mitmenschenvolk sich verhalten solle – oder vielmehr sich verhalten werde. Dieser zweite Sinn des Wortes ist noch nicht vernommen worden. Aber auch der erste, der in einer Antwort Jesu wieder laut geworden ist,*

---

[137] Das ist die entscheidende Frage, die zwischen Kontextualisten und Diskurs-Ethikern zur Verhandlung ansteht.
[138] Zur Übersetzung und zur Auslegung siehe: Y.T. RADDAY: Auf den Spuren der Parascha (unter Mitarbeit von Magdalena Schulz). Ein Stück Tora. Zum Lernen des Wochenabschnitts. Arbeitsmappe 1, 1989.

*ist noch kaum vernommen worden. Wir rufen dem Wort, dass es erscheine. Veni creator spiritus.*«[139]

Auch in der Übersetzung Martin LUTHERs »Liebe Deinen Nächsten, wie Dich selbst« ist mitzuhören, dass dieses »selbst« eben das Geschöpf ist, dem sich Gott zugewandt hat, kein »Selbst«, das unabhängig davon (immer schon) existiert oder sich zu behaupten sucht. In diese Richtung führt die Interpretation, die das »wie dich selbst« – zugleich – als Aufforderung zur Selbstliebe gelesen hat. So einleuchtend und wirksam diese Interpretation auch immer gewesen ist[140], sie geht an der Logik der Aussage vorbei, die den Nächsten als den fraglos Zugehörigen kennzeichnet. Stärker hat dies diejenige Auslegung zur Geltung gebracht, die gesagt hat: »Liebe deinen Nächsten – er ist wie du, er gehört zu dir.« Er gehört zu dir: das heißt er ist schon Teil deiner Geschichte, er »ist« schon Genosse, dir gleich. Das »wie du« ist in dieser Geschichte beschlossen, an deren Anfang niemand zurückgehen muss. »Dir gleich« in Lev 19,18 ist eine Aussage der Erinnerung: sei eingedenk der Geschichte, die du mit ihm teilst. So geht es um die Gleichheit derer, die sich als Genossen wiederfinden. Dies gilt es zu erinnern. »Er ist wie du, dir gleich« ist die Kurzfassung einer Geschichte, die hier zu erzählen ist, nicht eine wie auch immer ursprüngliche Erkenntnis. Der Nächste ist Genosse (sozius), nicht gleicher Natur, sondern er gehört dazu. Dieser Zugehörigkeit gewärtig zu sein, heißt auf den Nächsten aufmerksam sein und es heißt, sich von diesem als Nächster ansprechen zu lassen: ich gehöre zu dir, du gehörst doch zu mir.

Eine solche Ethik der Nächstenschaft ist grundlegend insofern, als ihr zufolge jede ethische Besinnung von der Frage begleitet ist, inwiefern Menschen sich auf die Zusammengehörigkeit mit dem Nächsten hin befragen und zur Verantwortung für ihn rufen lassen. Dass sich alle Gebote im Gebot der Liebe zu Gott und zum Nächsten erfüllen (Mt 22,34-40), hat seine Bedeutung für die Ethik darin, dass sie an diesen *paradigmatischen* Vorgang verwiesen bleibt, in dem Menschen sich als die Nächsten von anderen berufen lassen. Es wird darauf ankommen, dieser Logik nachzudenken. Sie unterscheidet sich von anderen Wahrnehmungen des Ursprungsortes ethischer Existenz, der auch die »ethische Situation« genannt wurde. An der Geschichte vom barmherzigen Samariter (Lk 10,25-37) ist zu studieren, dass die Berufung zum Nächsten das Wiedereintreten in eine

---

139 M. BUBER: Nachlese, 1966, 244f..
140 Diskussionslos beruft sich auch die Denkschrift der EKD »Gemeinwohl und Eigennutz« (1991) darauf: Ziff. 147. Daraus wird auch gefolgert, dass »das Wissen darum, wessen der andere bedarf«, aus dem »Selbstbezug« stammt. Dies verändert die Auffassung von dem, was in der biblischen Ethik »Erkenntnis« im Zusammenhang mit »Gerechtigkeit« heißt, völlig. Siehe dazu – in Bezug auf Psalm 82 – E2-3 und E2-4.

gemeinsame Geschichte bedeutet. Einer nimmt den anderen als Menschen-Genossen wahr, und in *diesem* Sinne als gleich. Ihrer beider Geschichte reicht bis in die Geschichte von der Schöpfung. Das ist die Reichweite ihrer gemeinsamen Geschichte. Sie sind Geschöpfe der gleichen Geschichte.[141] So ist in der Auslegung zu Lev 19,18 gesagt worden, dass die Liebe, die wir dem Nächsten schulden in dem Grund und Maßstab in dem Fundamentalsatz hat: »Der Mensch ist im Ebenbilde Gottes geschaffen.«[142] Dies ist die Erinnerung der Genossenschaft innerhalb der Geschichte von der Schöpfung. Eine theologische Diskussion um die Ethik der Nächstenschaft muss hier einsetzen müssen und die Unterscheidung von *evangelischer Geschichte* und »Gesetz«, das ohne Geschichte von außen begegnet, in den Blick rücken.

Paul RICOEUR hat diesen Zusammenhang zwischen dem Genossen (dem Sozius) und dem Nächsten, zwischen Institution und Nächstenliebe[143], wie es evangelischer Sozialethik entspricht, einzigartig in den Blick gerückt.[144] Er bemerkt: »Sobald ich die Theologie des Nächsten auf eine Theologie der Begegnung reduziere, verfehle ich die fundamentale Bedeutung der Herrschaft Gottes über die *Geschichte*.«[145] Dies ist auch als Abgrenzung gegen die Moral, die geschichtslos ist, zu lesen, gegen die Moral, die die Wege und Umwege der Zuwendung zum Nächsten nicht (mehr) geht und die die alltägliche und dauerhafte Sorge um den Nächsten nicht mehr anspricht. Aber auch dies ist zu sehen: »Der Nächste, das ist die doppelte Forderung des Naheseins und des Entferntseins. So war der Samariter: Nahe, weil er näher kam, entfernt, weil er der Nicht-Judäer blieb, der eines Tages einen Unbekannten auf der Straße auflas.«[146] Wegen dieser Entfernung ist die *Nächstenliebe* verbunden mit *Institutionen* und der *Geschichte*, die Menschen miteinander verbindet.[147] Vom Ende der Geschichte kann innerhalb der Ethik der Nächstenschaft nicht die Rede sein, einer Geschichte freilich, die auf diejenige Gerechtigkeit zugeht, die nicht nur dem unmittelbaren Gegenüber, sondern auch dem Sozius zukommt. Hier verbindet sich die Ethik mit der Sehnsucht nach Gerechtigkeit und der begründeten Hoffnung

---

141 Siehe dazu insbesondere: P. RICOEUR: Geschichte und Wahrheit, 1974, 109-124 (»Der Sozius und der Nächste«).
142 So R. David HOFFMANN, nach: Y.T. RADDAY: Auf den Spuren der Parascha (unter Mitarbeit von M. SCHULZ). Ein Stück Tora. Zum Lernen des Wochenabschnitts. Arbeitsmappe 1, 1989, Kedoschim 7.
143 Siehe dazu, insbesondere in Bezug auf die politischen Institutionen C4.
144 P. Ricoeur: Der Sozius und der Nächste (1974). Zu der parallelen Diskussion in Bezug auf die Unterscheidung des Anderen und des Nächsten bei E. LÉVINAS, siehe die Hinweise bei: P. DELHOM: Der Dritte : Lévinas› Philosophie zwischen Verantwortung und Gerechtigkeit, 2000.
145 P. RICOEUR: Geschichte und Wahrheit, 1974, 117.
146 Ebd. 122f..Siehe auch: P. RICOEUR: Liebe und Gerechtigkeit, 1990.
147 Siehe dazu auch C4.

auf Gerechtigkeit, die sich nicht auf ein Ende der Geschichte einlassen kann. Eine Moral ohne diese – eschatologisch gegebene – Geschichte würde den Nächsten ortlos und an irgend ein Schicksal ausgeliefert sein lassen. Hier, am Ort der Ethik, setzt die Besinnung auf die Geschichte ein, die als Gegengeschichte erscheint, als Geschichte, in der Gott das letzte Wort hat und die durch dieses letzte Wort zur Geschichte wird.[148] Außerhalb dieser Geschichte Gottes können Menschen nicht dem Gesetz begegnen.

## 10. In der paradigmatischen Gemeinschaft der Heiligen[149]

Eine Ethik, die hier einsetzt, wird keinen Streit um ein »gutes Leben« führen, das jenseits dieser Geschichte aufzufinden oder zu behaupten wäre, sondern sie wird *das* Leben in den Blick rücken, das gegenüber der Güte Gottes und ihrer Weitergabe an den Nächsten empfänglich ist. Hier wird sie mit ihrer Besinnung auf das Verbindende einsetzen und nicht irgendwo anders, ortlos, von dem sprechen, was allen Menschen gemeinsam »ist« oder Solidarität begründet. Diese Feststellung bleibt lebensgefährlich, weil sie diejenigen ausschließen kann, die sich außerhalb der Definition finden.[150] Die Ethik wird auf diesen Ort des Zusammentreffens zurückkommen und das Gemeinsame in dieser Form des Mit-Seins aufsuchen. Das kann gerade nicht bedeuten, eine irgendwie gegebene oder behauptete Gemeinschaft an die Stelle eines Allgemeinen zu setzen (was immer wieder den »Kommunitaristen« zum Teil nicht zu Recht zugeschrieben wird). Dies würde unterstellen, dass eine (vermeintlich leichter zu erreichende) Übereinkunft in der kleineren Gemeinschaft vor die (vielleicht) unerreichbare Allgemeinheit gesetzt wird und dieser nicht gerecht wird. Im Gegenteil: es geht darum, dass das Zusammenleben in dem spezifischen Mit-Sein mit dem Nächsten *erprobt* wird, und dass diese Erprobung und erprobende Erfüllung nicht unterlaufen oder übersprungen werden kann.[151] Der Ursprungsort ethischer Besinnung ist – in dieser biblischen Logik – durchaus *nicht* eine immer schon oder irgendwie bestehende Gemeinschaft, sondern die Gemeinschaft als der paradigmatische Ort geschöpflichen Lebens zusammen mit dem Nächsten. Sofern Gemeinschaft in den Blick kommt, ist sie als nicht als eine wie auch immer gegebe-

---

[148] Das ist eine der Pointen von: K. LÖWITH: Weltgeschichte und Heilsgeschehen. Die theologischen Voraussetzungen der Geschichtsphilosophie, [Meaning in History, 1949] 1961. Siehe auch E1-5 zu M. HORKHEIMER.
[149] Vgl. zu diesem Abschnitt vor allem H.J. IWAND: Gesetz und Evangelium, 1964, 193-216. Iwand hat wie niemand sonst den Zusammenhang von Ethik und Gemeinde/Kirche in der Logik reformatorischer Theologie reflektiert.
[150] Vgl. A. FINKIELKRAUT, der den Widerspruch aufdeckt: Die Weisheit der Liebe, 1987.
[151] Das ist der Punkt, den gegenüber der Diskurstheorie der Ethik stark zu machen ist: vgl. S. BENHABIB: Über Achtung und Versöhnung – Gerechtigkeit und das gute Leben (1997).

ne Gemeinschaft zu verstehen, die sich schließlich auch selbst zu behaupten sucht.[152] Sie findet sie vielmehr als eine »Gemeinschaft der Heiligen«, also einer Gemeinschaft derer, die sich Gottes schöpferisches Handeln gefallen lassen.[153] So wird ISRAEL angesprochen, so wird die Kirche JESU CHRISTI angesprochen.

Es geht *nicht* darum, eine universalistische Ethik, die Grundlagen oder Prinzipien der Übereinkunft sucht, von einer partikularen zu unterscheiden, die sich auf eine bestimmte Gemeinschaft bezieht. Diese Unterscheidung bewegt sich in derselben Logik der Begründung und der Legitimation. Vielmehr geht es mit dem Bezug auf die Gemeinschaft der Geschöpfe und die Gemeinschaft der Heiligen um dasjenige Gute – in der Güte Gottes – , das Menschen verändert, das sie in Frage stellt, neu schafft. *Worin* Menschen sich zusammenfinden, ist für sie extern, aber nicht als ein unabsehbares Noch-Nicht, sondern in seiner vollkommenen Präsenz. Das ist der Ort der Gemeinschaft als Communio in der christlichen Gemeinde.[154] Es ist *ihre* res publica, ihr öffentlich sichtbares Gemeinsames.[155] Darin hat diese Ethik eine eigene politische Erstreckung.[156] Es geht um die Gemeinschaft derer, die sich – immer neu – von Gottes Wirken und Handeln leiten und prägen lassen und daraufhin ihr Zusammenleben suchen und erproben. Für diesen Bezug auf die christliche Gemeinschaft als der Gemeinschaft der Heiligen ist entscheidend, dass sie sich *nicht* faktisch (tribalistisch) als Gemeinschaft behauptet und im Wettbewerb mit anderen zu behaupten sucht, sondern eben die Gemeinschaft derer ist, die aus Gottes Güte leben, die von ihm zu seinem Volk berufen ist und die die Gemeinschaft mit CHRISTUS feiert. Als solche kann sie sich nicht kommunitaristisch behaupten wollen und sie kann

---

[152] Dies versucht R. Williams zu verdeutlichen: vgl. R. WILLIAMS: Rechtfertigung und Ethik. Er versucht die Grundlegung einer Ethik zu explizieren, die nicht »tribalisierend« und nicht im Wettbewerb verstrickt ist. Wichtig ist, dass der Vorwurf der Tribalisierung (d.h. der Vorwurf eine Gemeinschaft als Gemeinschaft faktisch zu behaupten) auch manche der Konzeptionen gar nicht trifft, die diese Kennzeichnung provozierend für sich sogar in Anspruch genommen haben, wie z.B. G. LINDBECK (G. Lindbeck: Christliche Lehre als Grammatik des Glaubens, 1994)oder A. MACINTYRE. Die Provokation war seinerzeit (in den 70iger Jahren) nötig, um die Konturen der Kontroverse gegenüber den liberalen Positionen scharf zu zeichnen.

[153] Zur Bedeutung im Kontext lutherischer Theologie siehe: K. L. BLOOMQUIST: Auf der Suche nach Gerechtigkeit (2003); W. GREIVE: Communio als eine Vision und die Ziele der Kirche (2003).

[154] Dies unterscheidet sich von A. MACINTYRES – thomistisch-aristotelischen – Reflexion auf die notwendige Gegebenheit eines gemeinsamen Guten für eine Lebensgemeinschaft. Diese Gegebenheit ist in der christlichen Gemeinde nicht als Faktum einer Praxis, einer Tradition usf. zu behaupten. Sie ist als gefeierte im Gottesdienst präsent. Das ist es, was die christliche Gemeinde gegenüber dem Vorwurf des Tribalismus bewahrt – so sehr eben dieser Vorwurf allenthalben erhoben wird.

[155] Stanley Hauerwas zeigt diese ekklesiologische Pointe an Dietrich BONHOEFFER. Daran wird noch einmal deutlich, inwiefern diese Verbindung von Ethik sich von kommunitaristischen Strategien unterscheidet: S. HAUERWAS: Dietrich Bonhoeffer – Ekklesiologie als Politik (2002).

[156] Diese tritt zwischen die alternativ gesetzte unbedingte Verpflichtung gegenüber dem einzelnen und dem Gerechtwerden allen anderen gegenüber.

auch nicht, wie es vielfach geschieht, so beschrieben oder etikettiert werden. Es widerspricht der Logik, nach der sie existiert: als die Gemeinde, die Kreatur ist, creatura verbi, Geschöpf des verheißungsvollen Wortes und nicht eine Gemeinde, die sich durch die Rhetorik des Gemeinsamen präsentiert. Damit ist nicht das Problem der Legitimation im Vordergrund, sondern der bestimmte Inhalt der res publica.

Es ist die Logik, wie sie in Eph 4 ausgeführt ist:

»*So ermahne ich euch nun, ich, der Gefangene in dem Herrn, dass ihr der Berufung würdig lebt, mit der ihr berufen seid, (2) in aller Demut und Sanftmut, in Geduld. Ertragt einer den andern in Liebe (3) und seid darauf bedacht, zu wahren die Einigkeit im Geist durch das Band des Friedens: (4) ein Leib und ein Geist, wie ihr auch berufen seid zu einer Hoffnung eurer Berufung; (5) ein Herr, ein Glaube, eine Taufe; (6) ein Gott und Vater aller, der da ist über allen und durch alle und in allen. (7) Einem jeden aber von uns ist die Gnade gegeben nach dem Maß der Gabe Christi.*«

Die Gemeinschaft, von der hier die Rede ist, stellt die Gemeinschaft von Berufenen dar. In dieser immer neuen Berufung liegt der geschöpfliche Ursprung dieser Gemeinschaft. Das ist ihre Einigkeit im Geist – dem Geist des schöpferischen Gottes. Aus diesem Ursprung lebt sie und auf ihn hin ist sie ansprechbar. Ihre Aufgabe ist es einzig, dem zu entsprechen: »Wandelt nur würdig des Evangeliums Christi, damit ... ihr in einem Geist steht und einmütig mit uns kämpft für den Glauben des Evangeliums« (Phil 1,27).[157] Das ist alles andere als eine (kommunitaristische) Position, die darin bestehen würde, die Gemeinschaft in ihrem legitimatorischen, unhintergehbaren Gegebensein zu behaupten. Im Gegenteil: hier ist von einer Berufung die Rede und einer Einigkeit in dem Geist Gottes, der die Gemeinschaft als empfangene, nicht irgendwie konstituierte begreifen lässt.

Das Verständnis der Ethik als einer kirchlichen, dürfte hier in seiner Logik deutlich sein.[158] Die ethische Besinnung hat ihren Ort in einer solchen Gemeinschaft, die sich durch die immer neue Berufung zusammenfindet und die auch in der Sorge für einander zusammenfindet. Dafür steht paradigmatisch die *gottesdienstliche* Gemeinde[159], keine anders konstituierte Gemeinschaft von Christen oder Nicht-Christen, die den Verständigungszusammenhang bilden soll. *Deshalb* ist schließlich von einer theologischen Ethik zu reden, einer Ethik also, die von

---

[157] Wandelt= πολιτεύεσθε
[158] Vgl. dazu insgesamt: W. SCHOBERTH, I. SCHOBERTH (Hg.): Kirche – Ethik – Öffentlichkeit. Christliche Ethik in der Herausforderung, 2002.
[159] Vgl. dazu die Entfaltung bei B. WANNENWETSCH: Gottesdienst als Lebensform – Ethik für Christenbürger, 1997.

Gottes Handeln ausgeht, und nicht von einer christlichen Ethik, jedenfalls, wenn diese verstanden wird als eine Ethik, die sich auf Gegebenheiten beruft, die an die Stelle dessen treten, was immer neu von Gott zu erbitten und zu erfahren ist. Dies macht den gottesdienstlichen Ort dieser Ethik aus.

So steht hier am Anfang die Frage nach der Gemeinde nicht als Ort der Behauptung, Entfaltung und Verbreitung einer christlichen Ethik, sondern als eine Gemeinde, die selbst in jeder Hinsicht Geschöpf Gottes ist und so zur Geltung kommt. Das ist in der Rede von der Gemeinschaft der Heiligen zum Ausdruck gebracht: es ist die Gemeinschaft derer, die Gott an sich handeln lassen. Dieses Handeln geschieht durch das, was mit dem Wort Gottes zur Mitteilung kommt. So ist die Gemeinde Geschöpf des Wortes, creatura verbi. Deshalb ist es unangebracht, diese Gemeinschaft als etwas zu beschreiben, das sich durch die Abgrenzung von anderen bestimmt. Auch die Unterscheidung zwischen einer Binnenperspektive und einer nach außen gerichteten Orientierung trifft die Kennzeichen dieser Gemeinschaft nicht, sondern trägt eine fragwürdige Interpretation ein, die an einem anderen Modell orientiert ist. Die Ausbildung einer Identität, eines »Idem-Seins« passt nicht in die Logik einer Gemeinschaft von Menschen, die sich immer neu von Gott erschaffen lässt. Vielmehr ist von einem »Selbst« zu reden, das in einer bestimmten Geschichte mit seinem Gott steht.

Im Zusammenhang der Ethik sind diese ekklesiologischen Implikationen von höchster Bedeutung. An ihnen entscheidet sich vieles, was in der ethischen Konzeption zur Auswirkung kommt. Das Kriterium einer »Gemeinschaft der Heiligen« wird dazu verhelfen können, hier überhaupt in eine Auseinandersetzung einzutreten, die nicht von jenen Fragestellungen schon dominiert sind, die mit ihrer Selbstbehauptung verbunden sind. Die Gemeinde selbst als Geschöpf zu erkennen, ist der Angelpunkt einer Ethik, die nicht entweder die (sittliche) Lebenswelt einer christlichen Gemeinschaft darstellt oder eine allgemeine, für »alle Menschen« gültige Orientierung bereitzustellen hat, sondern die in der Erinnerung und Hoffnung bleibt, die ihrer dramatischen Geschichte mit Gott entspricht und die sie mitzuteilen hat. Wenn PAULUS die »Geliebten Gottes und *berufenen* Heiligen in Rom« erinnernd mahnt, verweist er erinnernd, tröstend auf die »barmherzigen Taten Gottes« (Röm 12,1) und appelliert an nichts anderes. Schließlich macht dies den Unterschied zu jeder trostlosen Ethik aus, die an dieser Stelle nichts zu erinnern, nichts zu erkennen hat, sondern nur Grenzen behaupten oder Vergewisserungen vollziehen kann.

Die Adressaten einer solchen tröstlichen (paränetisch-parakletischen) Ethik sind mit jedem Menschen alle Menschen, weil die Berufung allen Menschen gilt. Auf diese Weise bewegt sich die theologische Ethik in einem universalen Kontext, während eine universalistische Ethik, die sich an einen so oder so *definierten*

»Menschen« richtet, immer schon eine Grenze (finis) gezogen hat, jenseits derer sie jedenfalls verstummt, oder vielleicht von Gegebenheiten spricht (wie der Gegebenheit der menschlichen Würde), die sie als black boxes behandelt. Die Geschöpflichkeit des Menschen ist keine black box. Sie wird immer neu präsent, wenn sich Menschen – offenkundig – Gottes Wirken und Handeln gefallen lassen. Dies vollzieht sich entsprechend dort, wo sie Gottes Wirken und Handeln in Anspruch nehmen: in der Bitte um Vergebung, in der begründeten Hoffnung auf Gerechtigkeit, in der praktizierten Freiheit von der abgründigen Lebenssorge.

## 11. Leben in Gottes Ökonomie – das Gebot oder die Ordnung der Dinge

Die ethische Aufgabe, das Leben in Gottes Ökonomie zu erkunden und kritisch gegen seine Okkupation durch menschliches Regieren und Wirtschaften zu verfolgen, steht quer zu Alternativen, die den Ethik-Diskurs bestimmen und die auf andere Leitprobleme bezogen sind – wie der vielfältige Diskurs über Gottes Gebot und Moral, sofern hier unter »Moral« ein universaler Begründungs- oder Verpflichtungskontext zu verstehen ist, der menschliches Leben zu orientieren und zu leiten verspricht. »Moral« so verstanden ist bezogen auf die Frage, wie menschlichen Leben so zu erfassen ist, dass sich daraus die Regeln und Wege für dieses menschliches Leben gewinnen lassen. Die theologische Ethik muss hier aufmerken, denn ihre Aufgabe kann nicht darin bestehen, eine Wirklichkeit zu vermessen, die die Ordnung für das menschliche Leben vorgibt: die »*Ordnung der Dinge*«, derer wir uns zu vergewissern suchen und die wir in unseren Diskursen widerspiegeln.[160] Der Gegenstand theologischer Ethik kann nicht die »Ordnung der Dinge« sein, durch die »der Mensch« die Dinge regiert. Der Gegensatz ist nicht die Ordnung der Dinge gegen ein Subjekt, das diese hervorbringt, sondern eine neue *Art* von Ordnung, zu der eine andere Art von Existenz gehört. Genau hier hat die Lehre von den *Ständen* ihren Ort, die nicht eine Ordnung der Dinge reflektiert, sondern im Gegenteil solchen Ordnungen widersteht – den Ordnungen der Macht im Blick auf Gottes Regentschaft, den Ordnungen des Wissens im Blick auf die Erkenntnis Gottes und nicht zuletzt den Ordnungen der Moral im Blick auf das Leben im Freiwerden von der Selbst-Rechtfertigung. So ist von *den* Ordnungen zu reden, die vor der Beherrschung schützen: der Beherrschung durch Vermögen, durch Wissen und durch Moral. Es ist durchaus insofern von Ordnungen zu reden, als damit *Aufenthaltsorte* gemeint sind, die nicht durch Eroberung entstehen und nicht dadurch, dass Menschen sich die Welt zurechtmachen. Demgegenüber geht es hier um das Gewärtig-

---

[160] M. FOUCAULT: Die Ordnung der Dinge, übers. von Ulrich Köppen, Frankfurt/M. 1974

werden und Erproben von Ordnungen, die Menschen erlauben zu sein, was sie sein dürfen. Entsprechend sind auch das Recht und die Institutionen zu verstehen.[161]

Wir bewegen uns damit auf der Linie *zwischen* Rechts- und Ordnungstheorien, wie sie in den philosophischen Theorien des Rechts markiert worden sind – nicht allein, um im Diskurs über die Legitimität von Ordnungen den Positivismus oder sein Gegenteil zu vermeiden und so das Maß von Freiheit zu wahren, das Menschen zukommt, sondern um im Blick zu behalten, was wir Menschen sein dürfen, entgegen allem, was wir für uns glauben, ordnen zu können. Die kritische Linie, in deren Nähe wir uns hier aufhalten können, ist in die Geschichte der *Rechtsphilosophie*, auch in das Verständnis des Naturrechts eingezeichnet. Freilich geht sie der Frage entlang, was uns Menschen zusammenleben lässt, und nicht der Frage, die für die theologische Ethik im Vordergrund ist, was die Konturen unseres Lebens sein dürfen. In der Geschichte der Rechtsphilosophie und -theologie sind diese Fragestellungen als das Problem des »Naturrechts« verhandelt worden. Rüdiger BUBNER hat in seinen Studien zum Naturrecht die Pointe dieser Reflexionsgeschichte (im Blick auf die Rechtsphilosophie HEGELs) so festgehalten: »*Nicht wir sind die Autoren einer Ordnung, die wir längst benötigen, um Akteure in einem rational rekonstruierbaren Sinne zu sein. Wir fangen nicht mit der Ordnung an, weil es die Ordnung ist, die wir brauchen, um mit der Praxis anfangen zu können. Wir tragen durch Ausübung unserer Praxis nicht zur Herstellung von Ordnung bei, sondern Ordnung ist der existente Rahmen, innerhalb dessen wir uns praktisch bewegen. Ordnung geht also der jeweiligen Praxis, worin Subjektivität sich ausdrückt, stets voran.*«[162]

Diese Reflexion zu den Bedingungen menschlicher Praxis bleibt kritisch gegen die Alternativen, in die das Naturrechtsproblem oft zerlegt worden ist: entweder die Ordnung als Konstrukt dem Subjekt anzulasten oder das Subjekt einer Ordnung unterworfen zu sehen, die es nicht als seine Ordnung erfährt. Die christliche Rede von Menschen im Kontext der Ökonomie Gottes, die (deshalb Kontext) im Wort Gottes begegnet, sieht in diese Ordnung von vornherein die Praxis von Menschen einbezogen. Es ist die Praxis der Ethik, von der hier zu reden ist: das Hören und Erproben dessen, was wir Menschen sein dürfen im Leben mit Gott. In dieser Hinsicht ist die theologische Ethik dieser (aristotelischen) Philosophie näher, als denjenigen Philosophien, die entweder nur von einer dem Menschen vorgegebenen (Seinsordnung) oder einer mit seiner Vernunft kon-

---

[161] Zur Verbindung von Theologie und Rechtsethik, Theologie und Rechtstheorie siehe: W. HUBER: Gerechtigkeit und Recht. Grundlinien christlicher Rechtsethik, 1996.
[162] R. BUBNER: Welche Rationalität bekommt der Gesellschaft? Vier Kapitel aus dem Naturrecht, 1996, 171.

formen Wirklichkeit rechnen. Für die Theologie aber ist dabei entscheidend, welchen Grund es geben kann, Menschen als gottverlassen zu denken, das heißt alles abzublenden, was ihm in seinem geschöpflichen Leben gewärtig ist. Dies ist eine andere Perspektive als die von Rüdiger BUBNER überzeugend vorgetragene Einsicht, »dass Ordnung eine Aufgabe ist, die das Leben stellt, und die Subjektivität allein nicht bewältigen kann.«[163]

Die Perspektive des Geschöpfs auf das, was *Ordnung* zu nennen ist, seine Rede von der Schöpfung, wie es in der biblischen Überlieferung geschieht, gründet in dem Gewärtigsein des eigenen geschöpflichen Lebens und seiner Verbindung mit Gottes Wirken.[164] Hier ist nicht von einer Lebensaufgabe zu reden, wie sie beim babylonischen Turmbau gegeben war: »Anfangs war beim babylonischen Turmbau alles in leidlicher Ordnung, ja die Ordnung war vielleicht zu groß, man dachte zu sehr an Wegweiser, Dolmetscher ...«[165] Es ist von der Ordnung zu reden, die im Wirken Gottes enthalten ist und die in seiner Weisung und seinem Gebot zugleich uns gegenübertritt:

*HERR, zeige mir deine Wege und lehre mich deine Steige!*
*Leite mich in deiner Wahrheit und lehre mich! Denn du bist*
*der Gott, der mir hilft; täglich harre ich auf dich.*
*Gedenke, HERR, an deine Barmherzigkeit und an deine Güte,*
*die von Ewigkeit her gewesen sind.* (Ps 25,4-6).

Die Leitung, die der Beter von Gott erbittet, wird ihn davor bewahren, die Ordnung der Dinge zu erstellen, um seine eigene Regierung auszuführen. Dieser Beter will lernen und erkunden, was die Wege Gottes sind. Dieser Ordnung entspricht es, wenn es Weisungen[166] und Gebote gibt, in denen uns diese Ordnung vor Augen gestellt und anvertraut wird – und nicht Gesetze, denen es zu folgen gilt. Der Beter bittet Gott um weisende Lehre (Tora). In ihr tritt ihm entgegen, was sein Leben ausmacht. Es tritt ihm so gegenüber. So bleibt es bei Gott als dessen Gebot aufbewahrt.

---

[163] R. BUBNER: ebd..

[164] Einen anderen Problemzugang, der hier zu diskutieren ist, hat Emil BRUNNER eingebracht: Das Gebot und die Ordnungen, 1932. Brunner sagt von den Ordnungen, dass uns Menschen in ihnen »Gottes Willen entgegenkommt« (275). Er fährt fort: »Jeder dieser Lebenskreise mit seinen Ordnungen bietet sich uns zunächst dar als eine bestimmte Art des Miteinanderseins, der Sozietätsgestaltung; unsere Aufgabe ist es, in diesem Gegebenen den Sinn, und das heißt nun den Gemeinschaftssinn zu finden. ... wie die Liebe in ihnen sich auszuprägen habe, das ist der Gegentand des dritten Buches« (sc. von »Das Gebot und die Ordnungen«).

[165] Franz KAFKA: Das Stadtwappen, in: Die Erzählungen, 1996.

[166] כָּל־אָרְחוֹת יְהוָה חֶסֶד וֶאֱמֶת לְנֹצְרֵי בְרִיתוֹ וְעֵדֹתָיו: »Die Wege des HERRN sind lauter Güte und Treue für alle, die seinen Bund und seine Gebote halten.« (Ps 25,10) »Gebote« gibt hier וְעֵדֹתָיו wieder, das gut mit »Weisungen«, »Lehren« übersetzt werden kann.

Auf dieser biblischen Linie ist von einem *Naturrecht* zu reden, dessen Verständnis nicht auf die Frage fixiert ist, wie Menschen die Welt der Dinge erfassen und regieren können. Die daraus entstehenden Alternativen fallen – was die Wahrnehmung der »Ordnung der Dinge« zu zeigen vermag – auf die Diskurse zurück, die das Wissen, das Vermögen und die Moral zum Gegenstand haben. Dem stehen jene »Schöpfungsordnungen« entgegen, die die theologische Tradition in der biblischen Überlieferung aufgefunden hat. Diese Ordnungen kennzeichnen die Orte, an denen sich erproben lässt, wer wir Menschen sein dürfen und wo wir Menschen »wohnen« können.[167] (Ps 25,13) Von diesen ist nicht als von »Traditionen« in dem Sinne zu reden, dass sie gegen andere Weltsichten zu behaupten sind, sondern als von dem Lebenszusammenhang, in dem wir uns als Geschöpfe finden. *So* und nicht anders ist auch die Perspektive geöffnet für das Recht[168] und eine Rechtsordnung, die geeignet ist, den Gesetzen zu widerstehen und zu widersprechen, die den Gang der Dinge zu bestimmen drohen.[169] Rüdiger BUBNER bemerkt: »...eine vom dritten Standpunkt etwa vorzunehmende Abwägung zwischen der Rechtssphäre und einem gleichgewichtig weiterbestehenden Reich der Traditionen fände überhaupt keine Ansatzmöglichkeit.«[170] Die Frage ist, wie weit die Konvergenz von Lebenswelt und Recht, die BUBNER als die Tendenz in der Neuzeit darstellt, in der Perspektive der Christlichen Ethik darin seinen guten Grund findet, dass das Recht davor bewahrt, die Lebensverhältnisse anders zu reglementieren. Darin liegt der kritische und nicht etwa legitimierende Sinn der Rechtsordnung und deren Nähe zu dem ebenso kritischen Gegenüber des Gebotes. In ihm tritt uns Gottes Treue gegenüber.

---

[167] Ps 25,13: »Er wird im Guten wohnen, und sein Geschlecht wird das Land besitzen.«
( נַפְשׁוֹ בְּטוֹב תָּלִין וְזַרְעוֹ יִירַשׁ אָרֶץ: )
[168] Diesen Zusammenhang zeigt R. BUBNER: ebd., 188.
[169] Siehe dazu insbesondere: W. HUBER: Gerechtigkeit und Recht. Grundlinien christlicher Rechtsethik, 1996, 400-419.
[170] Ebd. 189.

## A 2 Ethik des Geschöpfs oder des moralischen Subjekts – das Ende des Gesetzes und die Ökonomie Gottes

### 1. Die theologische Ethik und das Problem der Moral

Mit dem Verlust ihres Gegenstands, den Menschen als Geschöpfen, und mit dem Verschwinden seiner Tradition, hat sich die theologische Ethik auf den Weg der Moral, ihrer Genealogie[1] und ihrer Variationen begeben, das heißt einer Moral, deren Aufgabe darin besteht, »den Menschen« zu thematisieren, den Menschen als moralisches Subjekt zu gewinnen, ihn als dieses moralische Subjekt in den Blick zu fassen, ihn als dieses hervortreten zu lassen, ihn als moralisches Subjekt zu rechtfertigen oder einzufordern. Insbesondere zielt die Analyse des moralischen Menschen auf seine Rechtfertigung – auf eine Anthropodizee, die ihn von einer unauflöslichen ursprünglichen und immer wieder erneuerten Schuld freispricht oder freihalten will. Nach der einen Seite gilt es, das Erscheinen »des Menschen« in Bewegung zu halten oder zu sichern, das ist die Aufgabe einer Anthropologie der Moderne[2], die »den Menschen« zum Gegen-stand hat, den sie nicht zu überschreiten vermag und den sie selbst in seinen gleichwohl unabsehbaren Grenzen befangen sieht. Nach der anderen Seite wird immer wieder versucht, – auch angesichts dieser Unabsehbarkeit – eine Moral zu etablieren, in der sich »der Mensch« versammelt und insofern nicht verloren geht.

Das »Problem der Moral« und zugleich das Problem »des Menschen«[3], das heißt das Problem der Thematisierung »des Menschen« in seiner modernen und postmodernen Form, wie es Friedrich NIETZSCHE und Michel FOUCAULT für die Gegenwart in ihrer Genealogie der Moral und der Entdeckung »des Menschen« in den Blick gerückt haben, hat seine unausgesprochene theologische Pointe darin, dass »der Mensch«, wie er zum Gegenstand des »Diskurses der Endlichkeit« (M. FOUCAULT) geworden ist, sich selbst ausgeliefert und mit sich selbst verwickelt ist. Er ist selbst mit allem, was ihn jetzt ausmacht – Sprache, Arbeit, Bios, Genus – zugleich die Bedingung der Erkenntnis seiner selbst.[4] Die-

---

[1] Vgl. J. HABERMAS: Eine genealogische Betrachtung zum kognitiven Gehalt der Moral (1996), zur Bedeutung genealogischer Erkundung siehe: J. BUTLER: Das Unbehagen der Geschlechter, 2003. Bei Butler wird die Hermetik genealogischer Rekonstruktion deutlich.
[2] Zu ihrer Genese im Zusammenhang der gesellschaftlichen Veränderungen siehe: N. LUHMANN: Gesellschaftsstruktur und Semantik : Studien zur Wissenssoziologie der modernen Gesellschaft, Bd. 1, 1993, 162-234: Kapitel 3: »Frühneuzeitliche Anthropologie: Theorietechnische Lösungen für ein Evolutionsproblem der Gesellschaft«.
[3] Martin BUBER: Das Problem des Menschen [1942], 1961.
[4] Darin bestätigt sich doch wiederum die Theorie von der »Dialektik der Aufklärung« (T.W. ADORNO; M. HORKHEIMER), die dann nicht als eine Theorie von einer noch nicht vollendeten

ser Mensch ist ein Produkt des unabsehbaren Diskurses des Bios, der Sprache, der Arbeit, des Genus. Darin ist »der Mensch« in der unabsehbaren Erstreckung und Zerstreuung alles dessen abgebildet, worin sich sein Leben vollzieht. Dieses Sich-Ausgeliefert-Sein und dieses Mit-Sich-Verwickelt-Sein tritt in der endlosen, nicht einmal mehr mit einer Therapie verbundenen Analyse der endlichen Seinsweise des Menschen hervor. Darin ist auch impliziert, was NIETZSCHE »Moral« nennt: nämlich das Unterfangen, »den Menschen« zu thematisieren, ihn in seiner Seinsweise zu bestätigen und zu rechtfertigen, ihn gutzuheißen, ihn – metaphysisch – festzustellen.[5]

Die moralische Seinsweise – auf diese Weise gekennzeichnet – erscheint immer neu als der Versuch, für die eigene Existenz einstehen zu können, ohne sich zugleich in die verschiedenen Ökonomien, die Ökonomie der menschlichen Psyche und der von ihr hervorgebrachten Welt zu verstricken. Die moralische Seinsweise stellt sich in ihrer antiken Form (sofern diese nicht selbst schon gebrochen ist) so dar, dass sich der Mensch auf der einen Seite an eine Ordnung verliert oder verlieren darf, die ihn sich selbst vergessen oder gar nicht in den Blick kommen lässt, und auf der anderen Seite sich selbst Gegenstand seiner eigenen – künstlerischen – Gestaltung wird, eben weil dieser Mensch eine Gestalt haben kann, die nicht in die vielfältigen Lebensverhältnisse und Vorgänge zerstreut ist. Die Darstellung des Menschen in einer bestimmten Lebensweise, die der Mensch pflegt und in der er sich zum Gegenstand wird, ist das Kennzeichen dieser Moral. Es ist die Moral einer ästhetischen, wahrnehmbaren und präsentierbaren Lebensweise, in der sich menschliches Leben versammelt. Es ist nicht verwunderlich, dass diese antike Form von Ethik in der Gegenwart erhebliche Attraktivität gewinnt, sofern die moralische Seinsweise in ihrer modernen Form bedeutet, dass sich »der Mensch« unabsehbar in seiner endlichen Seinsweise verliert und um so mehr versucht, sich und seine Wirklichkeit zum Gegenstand *seiner* Gestaltungen[6] zu machen. Nicht zuletzt hier ist daran zu erinnern, dass das Wort »Gestaltung« im »Wörterbuch des Unmenschen«[7] erscheint. Das Wörterbuch verweist auf Goethes Faust II: »Bei seinem Schein wirst du die Mütter sehn; Die einen sitzen, andre stehn und gehen, Wies eben kommt. Gestaltung, Umgestaltung Des ewigen Sinnes ewige Unterhaltung. Umschwebt von

---

Aufklärung (Jürgen HABERMAS) zu verstehen ist. Vgl. dazu S. ŽIŽEK: Die Tücke des Subjekts, 2001. Wie wird diese Dialektik zu durchbrechen sein? Inwiefern ist es die Dialektik des moralischen Subjekts? Das bleiben die Anfragen Friedrich NIETZSCHEs an diesen Vorgang.

5   Martin BUBER hat hier kritisch eingesetzt: Gläubiger Humanismus [1963] (1966), 115f. Buber stellt der metaphysischen Feststellung des Menschen seine Erkundung aus der Begegnung, deren höchste Steigerung die Begegnung mit Gott ist.

6   Siehe die Kritik bei: M. BUBER: Das Gestaltende [1912] (1993). Vgl. insbesondere auch: D. BONHOEFFER: Ethik als Gestaltung (1992).

7   D. STERNBERGER u.a.: Aus dem Wörterbuch des Unmenschen [1957, 1968] 1970.

## 1. Die theologische Ethik und das Problem der Moral

Bildern aller Kreatur; Sie sehn dich nicht, denn Schemen sehn sie nur.« Der Kommentar lautet: »... niemand, der von derlei Gestaltungen redet oder hört, denkt an etwas anderes als eben an ein Machen, an ein Aus- und noch mehr an ein Durchführen: das Wort hat man verallgemeinert und dadurch um seinen Sinn gebracht. Denn von ›Gestalt‹ ist nichts zurückbehalten worden als der feierliche Klang; was man da herzurichten verspricht, soll ungefähr und irgendwie als etwas Höheres erscheinen, und vor allem die Macher selbst wollen für ›Gestalter‹, und das heißt für Feinsinnskünstler genommen werden.«[8] Es wird in der Ethik darauf ankommen, wie sich die vielfältige Aufgabe, Lebensbedingungen einzurichten und zu verändern, beschreiben lässt, so dass deutlich bleibt, wie dies der Mitteilung dessen dient, was uns Menschen zukommt.

Ein ganz anderer Weg – der noch aufzunehmen ist – führt zu der *politischen* Existenz, in der sich diese Selbst-Thematisierung bricht, sofern die Polis in einem freien Akt gegründet werden muss, dessen Legitimität in Frage gestellt bleibt. An dieser Stelle aber, an der Stelle der Gründung der Polis, entsteht der kritische Blick auf eine Moral, die eine (unpolitische) Selbst-Rechtfertigung sucht, und die Frage nach einem Jenseits der Moral in einer politischen Theologie und Ethik. Jenseits der Moral ist die Versöhnung in JESUS CHRISTUS, von dem das *Wort* zeugt, das Gott aufgerichtet hat (2Kor 5,19).[9] Dieses Wort widerspricht dem symbolischen Universum der Moral. Dieses Wort widerspricht der – immer moralischen – Symbolisierung humaner Existenz mit einem Gegensymbol. Dies ist nicht in der Kritik der moralischen Existenz zu erreichen oder ihrer sich selbst aufhebenden Vollendung, sondern in diesem Akt, der eine neue Schöpfung und ihre politische Setzung bedeutet. Mit dem aufgerichteten Wort beginnt die politische Existenz neu.

Das Sich-Ausgeliefert-Sein und das Mit-Sich-Verwickelt-Sein – Kennzeichen der moralischen Vergewisserung – stellt sich in seiner modernen und postmodernen Form so dar, dass sich der Mensch nicht nur zum Gegenstand seiner Analysen wird, sondern in allem, was er spricht, arbeitet, denkt immer schon »als Mensch«, als moralisches Subjekt betätigt, das seiner Existenz rechtfertigend habhaft zu werden sucht. Alles ist seine moralische, den Menschen thematisierende, ja rechtfertigende Lebensweise. Die Frage nach dem Subjekt ist die Frage nach seiner Schuldlosigkeit im moralischen Sinn. Hier ist der Ort, an dem von der Erb-Sünde zu reden ist, denn diese bezieht sich auf den Versuch, das Menschsein als solches in seiner Schuldverhaftung so zu fassen, dass eine Recht-

---

[8] D. STERNBERGER, u.a.: Aus dem Wörterbuch des Unmenschen [1957, 1968] 1970, 57f..
[9] Die Kritik der Moral bewegt sich an die Grenze dieses Neuanfangs.

fertigung¹⁰ möglich ist: eine *Anthropodizee*. Erbsünde ist in dieser Logik der widersprüchliche Versuch der Selbst-Rechtfertigung, ohne sich einer *bestimmten* Forderung auszusetzen.

Die Entschuldung des Menschen ist auch das Programm der psychoanalytischen Rekonstruktion des Subjekts im Gefolge von Jacques LACAN bei Slavoj ŽIŽEK, eines der weitreichenden Projekte zur Wiedergewinnung menschlicher Subjektivität. Ihm geht es – bezogen auf die technologische Ausbeutung der Natur und des Menschen – um ein »Plädoyer auf ›Nicht schuldig!‹« für das Subjekt, das in diese Vorgänge verwickelt ist und auf das alles zurückzufallen droht.¹¹ Das Subjekt in den Vorgängen der Subjektivierung und seinen Fallen, die auch Fallen der Moral sind, wiederzugewinnen, heißt schließlich das Subjekt in seiner Unschuld wiederzugewinnen. Es ist eine andere Unschuld als die Unschuld, auf die sich NIETZSCHEs Vision von der Ewigen Wiederkehr des Gleichen gerichtet hat.¹² Es ist aber auch die Unschuld einer neuen Unmittelbarkeit, in der das menschliche Subjekt jenseits jeder moralischen Rechtfertigung gleichwohl als gerechtfertigtes, von nichts und niemandem schuldig zu sprechendes erscheint. Auch wenn dafür der christliche Topos der Neuschöpfung wiederentdeckt wird, verbleibt die Pointe in der Logik der Moral. Es geht um das Wiedererstehen des Menschen in seiner Unschuld. Es geht auch in dieser Neuschöpfung um eine Anthropodizee, jetzt im Kontext des Streits um die Moderne darum, dass das »Subjekt« nicht verloren sein muss, nicht aufgegeben werden muss, sondern dass gezeigt werden kann, worin es jenseits der moralischen Verantwortlichkeiten, in denen es behaftet wird, sich unschuldig wissen darf – wenn es sich denn in diese andere Logik hineinverwandeln lässt. Die Logik der Moral zielt auf eine über-moralische¹³ Unschuld, die nicht auf Vorgängen der Entschuldung beruhen. So erscheint sie als über-moralisch, jenseits der Ökonomie der Moral, und doch bleibt sie in der Logik moralischer Rechtfertigung.¹⁴ Diese setzt auf eine Entschuldung des Menschen, auf die Rechtfertigung seiner Existenz, und nicht wie die moral-kritische christliche Logik auf Vergebung und Erlösung eben aus dieser moralischen Situation. Es geht in jener moralisch-transmoralischen Analyse darum, den Weg in die Unschuld zu zeigen angesichts der Tatsache, dass es den »großen Anderen« nicht mehr gibt (Slavoj ŽIŽEK), der dem Men-

---

10  Zur Fragestellung siehe insbesondere: M. BEINTKER: Neuzeitliche Schuldwahrnehmung im Horizont der Rechtfertigungsbotschaft (1995).
11  S. ŽIŽEK: Die Tücke des Subjekts, 2001, 11.
12  K. LÖWITH: Nietzsches Philosophie der Ewigen Wiederkehr des Gleichen, 1956.
13  Das heißt bei S. ŽIŽEK nicht »Jenseits von Gut und Böse«, aber doch jenseits einer moralischen Disposition, die auf Vorgänge der Entschuldung setzt.
14  Karl LÖWITH hat in Bezug auf NIETZSCHE einen entsprechenden Widerspruch aufgezeigt: Nietzsches Versuch der Wiederholung der Antike auf der Spitze der Modernität in: ders.: Nietzsches Philosophie der Ewigen Wiederkehr des Gleichen, 1956.

## 1. Die theologische Ethik und das Problem der Moral 149

schen ausdrücklich gebietet, was sein Leben ausmacht, der ihm gebietet, dieser Mensch zu sein und kein anderer. Doch auch die Analyse vom Verschwinden des großen Anderen beruht auf einer moralischen Disposition, weil dieser Andere von vornherein als derjenige gedacht ist, der Menschen mit seinem ihn selbst fordernden Willen entgegentritt. Der große Andere ist der *moralische Gott*. Dieser moralische Gott ist – in NIETZSCHEs weitgreifender Perspektive gesehen – tot, und die moralischen Strategien selbst haben zu seinem Tod geführt. Nicht irgend ein Gott ist tot, sondern dieser moralische, zu dem auch der christliche Gott transformiert worden ist. Wenn die Philosophie darauf zielt, diesen Tod, das Verschwinden des großen Anderen, zu kompensieren, wird sie ihn nicht los, sie wird diesen Gott der Moral und ihres Gesetzes nicht los. Sie bleibt dabei, den Menschen zu rechtfertigen, zu entschulden, indem sie ein Leben jenseits dieser Rechtfertigungslogik zeigt, ein Leben jenseits dieser Moral. Aber: auch dieses Jenseits bleibt der Moral verhaftet. Es soll die Unschuld des Menschen bezeugen, die auf dem Vorgang einer moral-kritischen Einsicht beruht, nicht aber auf einer Vergebung, Errettung[15] und Erlösung, die der Moral widerspricht und nur so aus diesem zirkulären Prozess befreit, in dem die Moralkritik befangen bleibt. Freilich ist diese Aufklärung die notwendige, philosophisch einzig mögliche Kritik an dem Gesamtphänomen der Moral – sozusagen von innen, aus ihrer eigenen Ökonomie heraus. Diese Kritik trifft jede Art von Ethik, die sich in der Logik der Moral bewegt, das heißt in dem Versuch, den Menschen in seiner Unschuld zu zeigen und zu bewähren. Dass diese Kritik sich selbst aus der moralischen Logik nicht lösen kann, mindert nicht ihre kritische Kraft. Diese bewährt sich darin, dass sie die Ökonomie der moralischen Rechtfertigung in ständiger Bewegung hält, und wenn sie selbst-kritisch bleiben will, diese Grenze jedenfalls von innen[16] markiert, die die Entschuldung des Menschen als Projekt kennzeichnet. Diese kritische Distanz aber zum eigenen Projekt setzt eine gänzlich andere Perspektive voraus – die Perspektive, die dort erst entsteht, wo die Logik der Moral selbst durchbrochen wird. Wo dies nicht geschieht, bleiben wir mit aller Ethik in der Situation des K. in Franz KAFKAs ›Proceß‹[17]: K. ist schuldig und weiß nicht wie, er ist verhaftet und weiß nicht warum. Wir bleiben in der Situation, in die wir irgendwie hineingeraten sind, also in keinem (politischen)

---

15   J. HABERMAS hat nicht zuletzt den Verlust der *Soteriologie* innerhalb des Verlustes einer solchen heilsgeschichtlich bestimmten Moral gesehen: J. HABERMAS: Eine genealogische Betrachtung zum kognitiven Gehalt der Moral (1996).
16   Vgl. HABERMAS Kennzeichnung einer »Transzendenz von innen«: J. HABERMAS: Exkurs: Transzendenz von innen, Transzendenz ins Diesseits (1992).
17   F. KAFKA: Der Proceß [1925], 1990.

Status, sondern irgendwo zwischen Anklage und Gericht.[18] Die Anklage geht – wie in KAFKAs ›Proceß‹ – allmählich in ein Gericht über. Diese Situation kennzeichnet die moralische Disposition des Menschen, des modernen wie des antiken. Es ist die Disposition des Ausgeliefert-Seins an das Gesetz, das als Gesetz der unentrinnbaren moralischen Rechtfertigung erscheint. Es ist die Situation auch, die PAULUS im Römerbrief (Röm 7) beschreibt – und es wird in einer evangelischen Ethik, einer soteriologischen Ethik um die Befreiung gehen von dem Gesetz dieser moralischen Verstrickung zu dem »Gesetz des Geistes« (Röm 8,2)[19], das die Neuschöpfung anzeigt: nicht um ein Jenseits der Moral, eine neue Unschuld, sondern um ein neues Leben mit Gott, das seine Vergebung, Errettung und Erlösung einschließt. Eine Ethik, die nicht in der Hoffnung dieser Rettung steht, bleibt eingeschlossen ist das Gesetz derjenigen (kantischen) Moral, die eine positive – intelligible – Welt behauptet. Sie begründet das Sollen. Doch dieses bleibt behauptet: »Der Begriff des Intelligiblen ist die Selbstnegation des endlichen Geistes. Im Geist wird, was bloß ist, seines Mangels inne; Abschied vom in sich verstockten Dasein ist der Ursprung dessen am Geist, worin er sich sondert von dem naturbeherrschenden Prinzip in ihm.« Was führt aus der aporetischen Dialektik heraus und lässt das in sich verstockte Dasein hinter sich, was lässt diese Dialektik der Moral hinter sich? Im gleichen Zusammenhang, kurz davor bemerkt ADORNO: »Nichts kann unverwandelt gerettet werden, nichts, das nicht das Tor seines Todes durchschritten hätte. Ist Rettung der innerste Impuls jeglichen Geistes, so ist keine Hoffnung als die der vorbehaltlosen Preisgabe: des zu Rettenden wie des Geistes, der hofft. Der Gestus der Hoffnung ist der, nichts zu halten von dem, woran das Subjekt sich halten will...«[20] Hier treffen wir auf die Perspektive, die Freiheit vom Gesetz nur in einem rettenden Geist erblicken kann, von dem PAULUS in Röm 8,2 spricht: »Denn das Gesetz des Geistes, der lebendig macht in Christus Jesus, hat dich frei gemacht von dem Gesetz der Sünde und des Todes.« Von diesem lebendigmachenden Geist ist zu reden, wie er in JESUS CHRISTUS präsent geworden ist: und in diesem Ausgesetztsein allem, was Geist in der Geschichte heißen mag, zum Zeugnis und zum Widerspruch geworden ist.

---

18   Wir bleiben in der Situation »vor dem Gesetz« und auf dieses Gesetz fixiert, damit beschäftigt, in bürokratischer Weise darüber mit den Wächtern des Gesetzes zu verhandeln, wie es denn möglich wäre, das Gesetz zu erfüllen – statt diese Logik hinter uns zu lassen, die Schwelle zum »Gesetz« zu übertreten, das durch die Funktionen der Gesetzes-Erfüllung nicht zu erreichen ist.
19   »Denn das Gesetz des Geistes, der lebendig macht in Christus Jesus, hat dich frei gemacht von dem Gesetz der Sünde und des Todes.« (Röm 8,2). Entscheidend ist, dass das Gesetz des Geistes in dem Christusereignis zur Verwirklichung kommt, und es kommt alles darauf an, dieses nicht wiederum zu einem allgemeinen Gesetz werden zu lassen, wie es in der universalen Rede vom Geist erscheint.
20   T.W. ADORNO: Negative Dialektik, 1966, 382.

## 1. Die theologische Ethik und das Problem der Moral

Während in der antiken Philosophie die Selbst-Bezüglichkeit in dem Aufgenommen-Sein in die Ordnung des Kosmos aufgehoben ist[21], tritt sie in der modernen Philosophie *als Anthropologie*, als Thematisierung der menschlichen Seinsweise[22] zutage. In ihr verschwindet jene Ordnung, in die »der Mensch« aufgehoben sein kann und auf die hin und auf deren Hintergrund er als Mensch in seiner Lebensweise thematisiert[23] und gestaltet werden kann. Die Analyse der menschlichen Seinsweise aber löst sich selbst in den unabsehbaren Reflexionen der menschlichen Lebensverhältnisse auf, die sich nicht mehr in der Moral einer bestimmten Lebenskunst bündeln lassen.[24] So weit ist der Genealogie der Moral und einer ihr entsprechenden Ethik zu folgen, wie sie FOUCAULT, NIETZSCHE weiterführend, skizziert hat. Sie zeigt, wie Ethik von der Analyse der menschlichen Lebensverhältnisse in den Wissenschaften vom Menschen absorbiert wird – von der Analyse der Sprache, der Arbeit und des Lebens. In dieser uferlosen Analyse bleibt »der Mensch« mit sich selbst vermittelt und verwickelt. Er bleibt in sich selbst verkrümmt[25] und auf sich selbst bezogen. Nicht anders aber ist auch die Analyse der psychischen Disposition im Blick auf die Genealogie der Moral zu lesen, wenn auch diese in umgekehrter Richtung verläuft, nämlich mit dem Versuch, den Menschen als Subjekt entgegen seiner Verstrickung in die moralische Logik wiederzugewinnen.

Demgegenüber stehen dann die Unternehmungen, die die moralische Rechtfertigung, die moralische Anthropodizee (in der Weiterführung von I. KANT) in eine politische Theorie aufheben – allen voran Jürgen HABERMAS und auf andere Weise John RAWLS[26] – und so auch einer theologischen Moralkritik entsprechen. Dies ist das entscheidende Kapitel einer Moralkritik, die nach dem Tod des moralischen Gottes Ethik als politische fundieren muss, weil es notwendig ist, den leeren Platz einer fragwürdigen, aber nicht ohne weiteres verzichtbaren Autorität zu kompensieren.[27]

---

21 K. LÖWITH: Gott, Mensch und Welt in der Metaphysik von Descartes bis zu Nietzsche, 1967. Es ist insbesondere Löwith gewesen, der hier und auch in seiner NIETZSCHE-Interpretation diesen Vorgang eindrücklich in den Blick gerückt hat.
22 Vgl. M. FOUCAULT: Die Ordnung der Dinge, 1974, 404, 406.
23 In der moralischen Ethik ist »Mensch« das Thema: in 2Kor 5 wird demgegenüber das »Wort von der Versöhnung« als Thema gesetzt: θέμενος.
24 Vgl. zur Erinnerung der antiken Moral der Lebenskunst: M. FOUCAULT: Genealogie der Ethik (1987).
25 In diesem Sinn hat M. LUTHER vom »homo incurvatus in se ipse« gesprochen. Dies ist nicht nur der Mensch ohne Bezug auf Gott, sondern der Mensch, der sich selbst zu bestätigen sucht.
26 Eine gründliche Analyse und Auseinandersetzung im theologisch-philosophischen Kontext findet sich bei: C. SEIBERT: Politische Ethik und Menschenbild : eine Auseinandersetzung mit den Theorieentwürfen von John Rawls und Michael Walzer, 2004.
27 Insofern sind diese Theorien – was J. Habermas selbst diskutiert – mit dieser Genealogie selbst verbunden: vgl. J. HABERMAS: Eine genealogische Betrachtung zum kognitiven Gehalt der Moral

## 2. »Der Mensch« im Verschwinden

Auch wenn die Analyse der Endlichkeit in ihrer Erstreckung unabsehbar ist, ist doch ihr eigenes Ende in den Blick zu fassen, weil dieser (moralische) Mensch in seiner eigenen Widerspiegelung verschwindet: »In unserer heutigen Zeit kann man nur in der Leere des verschwundenen Menschen denken.«[28] Aber dies heißt schon, von einem Jenseits der Analyse der Endlichkeit aus zu denken, nicht mehr nur von einem anderen Menschen her, dem Menschen, der sich nicht mit *diesem* immer schon oszillierend verbunden hat, ein neuer Mensch, der diesem gegenwärtigen Menschen korrespondiert.[29] Es ist damit die Frage eröffnet, wie denn *nach* »dem (moralischen) Menschen«, der mit dem moralischen Gott zugleich verschwunden ist, nun eine Erkenntnis, eine Wahrheit für den Menschen zu gewinnen ist – es müsste eine Erkenntnis sein, die die Analyse der Endlichkeit verlässt, eine Erkenntnis, die die Endlichkeit der Selbst-Thematisierung hinter sich lässt oder ihr auch entgegentritt, in sie einbricht. Hier befinden wir uns bei der Frage nach derjenigen Wahrheit, die anders nicht erscheint denn als das Wort, das in die Sprache einbricht. Hier betreten wir die Geschichte derjenigen Erkenntnis, die als die Verwundung erscheint[30] und die Geschichte des Wortes, das Gott aufgerichtet (2 Kor: 5,19) hat.

Folgen wir noch einen Augenblick Michel FOUCAULT, der das (moralische) Subjekt zum Gegenstand seiner aporetisch endenden Rekonstruktion gemacht hat. In einer Vorlesung über »Hermeneutik des Subjekts« spricht er von einer dem Subjekt für die Erkenntnis der Wahrheit nötigen Spiritualität: »Die Wahrheit ist dem Subjekt nicht von Rechts wegen gegeben. Das Subjekt muss sich in etwas anderes als es selbst transformieren, um Zugang zur Wahrheit zu bekommen. Das Sein des Subjekts ist mit im Spiel: Wahrheit gibt es nur um den Preis einer Konversion des Subjekts.«[31] Und ebenso: »Ohne eine Konversion oder eine Transformation des Subjekts kann es keine Wahrheit geben.«[32] »Diese Transformation kommt zustande durch eine Bewegung, die das Subjekt seinem Status entreißt und erhebt (Bewegung des Eros, der Liebe), oder durch eine Arbeit des Selbst an sich, um schließlich ein zur Wahrheit fähiges Subjekt zu werden (Be-

---

(1996) 50. Zur Weiterführung einer politischen Theorie von Gerechtigkeit im Anschluss an Rawls siehe auch: W. HINSCH: Gerechtfertigte Ungleichheiten. Grundsätze sozialer Gerechtigkeit, 2002

[28] M. FOUCAULT: Die Ordnung der Dinge, 1974, 412.

[29] M. FOUCAULT spricht hier von einem eschatologischen Typ des Diskurses: Die Ordnung der Dinge, 1974, 386.

[30] Diese Geschichte erzählt: R. WILLIAMS: The Wound of Knowledge. Christian Spirituality from the New Testament to St. John of the Cross, 1979.

[31] Zitat nach der Nachschrift von L. WOLFSTETTER: Michel FOUCAULT, Hermeneutik des Subjekts (1985) 34.

[32] Zitat in der Nachschrift von L. WOLFSTETTER: M. FOUCAULT, Hermeneutik des Subjekts, ebd.

wegung der Askese). ... Sagen wir mal schematisch, dass seit dem Altertum die philosophische Frage ›Wie bekommt man Zugang zur Wahrheit?‹ und die Praxis der Spiritualität als im Sein des Subjekts notwendige Transformation, den Zugang zur Wahrheit gestatten, die beiden Fragen sind, die sich im selben Thema vereinigen und die nicht getrennt behandelt werden dürfen. Und mit Ausnahme von Aristoteles, für den die Spiritualität die geringste Rolle spielt, lautet die philosophische Frage, gestellt als Frage der Spiritualität: Worin bestehen die Transformationen im Sein des Subjekts, die notwendig sind, um Zugang zur Wahrheit zu geben? Etliche Jahrhunderte später kommt der Eintritt in die Moderne des Denkens und der Geschichte der Wahrheit: mit dem Tag, da einzig und allein die Erkenntnis Zugang zur Wahrheit verschafft – der cartesische Augenblick.«[33]

Wir könnten fortfahren, und es würde deutlich, dass hier von einer Transformation die Rede ist, die immer noch auf »den Menschen« und *seine* Wahrheitsfindung ausgerichtet bleibt[34] und damit auf die Vollendung des Subjekt-Seins, auf *seinen* Zugang zur Wahrheit, sein eigenes Wahr-Werden, sein Werden zum wahren Menschen. Hier ist diejenige biblisch-christliche Tradition nicht im Blick, die statt dessen von dem Neuwerden des menschlichen Geistes (Röm 12,2) im eschatologischen Sinn spricht: von der Neuschöpfung, die den Menschen zum Geschöpf – und nicht zum vollendeten Subjekt – *werden* lässt. Wenn PAULUS formuliert: »lasst euch eure Existenzform verändern (transformieren)[35] durch das endgültige Neuwerden eures Sinnes, damit ihr erproben könnt, was Gottes Wille ist, nämlich das Wohlgefällige, das Gute, das Vollkommene« (Röm 12,2), dann bedeutet diese Metamorphose (Transformation) die Befreiung aus den Gesetzen der (moralischen) Subjektivierung, und das heißt das Eintreten in einen anderen Status menschlicher Existenz. Dieser Status geht nicht auf einen unbekannten göttlichen Willen zurück, in Bezug auf den offen ist, was menschliches Sein ausmacht, und vor dem der Mensch – auf der Suche nach sich selbst – immer schon schuldig ist, weil er sich selbst verfehlen muss. Der neue Status bedeutet die Neuschöpfung von Menschen, in seiner Wahrnehmung und seinem Weg der Erprobung dessen, was Menschen nach Gottes Willen sein dürfen. So werden Menschen in ein neues Leben mit Gott versetzt. Dem moralischen Gott und den Genealogien der Moral tritt das Zeugnis von diesem schöpferisch-handelnden Gott gegenüber. In dieser Begegnung sind die Umkehr und auch die Umkehrung der Ethik beschlossen.[36] Dies ist immer schon der eschatologische

---

33  Ebd. 34f.
34  FOUCAULT sieht den Bruch zwischen Spiritualität und Theologie verlaufen: ebd. 35.
35  Griechisch: μεταμορφοῦσθε.
36  Siehe Martin Bubers Verweis auf die grundlegende Differenz zwischen einem Humanismus, in dem es darum geht, dass das Sein im Menschen zum Bewusstsein gelangt, und einem gläubigen Humanismus, für den der Mensch das Wesen ist, das einem anderen begegnen kann: M. BUBER:

Einspruch einer begründeten Hoffnung gegen die trostlose Moral und ihre Ideale, inklusive der Skepsis, die sich gegen sie richtet.

Deshalb ist hier nicht von »Spiritualität« zu reden, sondern von dem Geist Gottes, von dem wir uns leiten lassen dürfen (Gal 5) und der die Wahrheit *bezeugt*.[37] Es ist der Geist, der an das Wort gebunden ist. Der Status des Geschöpfes ist in dieser Leitung durch den Geist kein moralischer, sondern ein *politischer*, nicht jenseits aller Institutionen, und nicht jenseits des eingerichteten Wortes, das es zu hören und zu verstehen gilt, nicht unabhängig von diesem Wort. Wo dieses Wort zu hören ist, da ist die Kirche. Die Fortführung der Moralkritik in der politischen Theorie stellt deshalb für die evangelische Ethik eine herausfordernde und tragfähige Antwort dar, freilich nur, wenn sie in diesen Konturen verläuft und nicht selbst in einer moralische Logik zurückfällt. Diese steht mit ihren Konstruktionen, die »den Menschen« fixieren, der Erscheinung menschlichen Lebens in allen seinen Kennzeichen entgegen, dem ecce homo, das durch keine Moral zu unterlaufen ist. Was Menschen sein dürfen, steht nicht als Versprechen aus, das einzulösen ist, sondern als die Erkundung der von Gott in JESUS CHRISTUS eingelösten neuen Existenz. Sie steht dafür ein, wer wir Menschen sein dürfen. Hier ist der Ort der Nachfolge, die davor bewahrt, uns oder andere Menschen einer Menschwerdung auszuliefern, die hoffnungslos bleibt.

### 3. Christliche Traditionen und die Genealogie der Moral

Wie dieser Vorgang, den wir hier nur andeuten, erkennen lässt, verläuft die biblisch-christliche Traditionsbildung[38] quer zu der Geschichte der Metamorphosen und Idiosynkrasien[39] des menschlich-moralischen Subjekts und seinen Themati-

---

Gläubiger Humanismus [1963] (1966), 116. Eine bewusstmachende und eine erkennende Ethik stehen sich hier gegenüber.

37  Auf den Zusammenhang von »Geist« und »Handeln« hat Johannes FISCHER den Blick gelenkt und damit auf den Zusammenhang von »Ethos« und »Geist«. Siehe: J. FISCHER: Theologische Ethik. Grundwissen und Orientierung, 2002, 97-159. Die Diskussion mit J. Fischer wird bei dem Verhältnis der Rede vom »Geist« zu der von »Gottes Geist« einsetzen müssen und damit ein immer nötiges Problem aufgreifen, auf das J. Fischer selbst auch eingeht. Zur Verbindung von Pneumatologie und Ethik siehe die Ausarbeitung in: H. G. ULRICH: Eschatologie und Ethik. Die theologische Theorie der Ethik in ihrer Beziehung auf das Reden von Gott seit Friedrich Schleiermacher, 1988, 123-254.

38  Zum Verständnis von »Tradition«, siehe A4.

39  Mit diesem Begriff aus der Medizin kennzeichnet NIETZSCHE die Selbst-Bezogenheit des moralischen Menschen, der sich selbst zu rechtfertigen sucht und aus dieser moralischen Disposition nicht ausbrechen kann. Gegenmodelle sind für Nietzsche der Dionysische Mensch und der Mensch des Willens zur Macht. Seine eigene Lösung besteht schließlich auch – wenn wir der Interpretation von Karl LÖWITH folgen – im Einstimmen in die Ewige Wiederkehr des Gleichen, einer neuen unmittelbaren Unschuld. Mit allen diesen Variationen, ist die Philosophie und Psychoanalyse weiterhin befasst. Das zeigt nicht zuletzt Slavoj ŽIŽEK. Seine Darstellung der christlichen Symbolwelt läuft auf die Wiedergewinnung einer »Liebe« hinaus – für die sich ŽIŽEK auf 1Kor 13 beruft – , die alle moralische Logik hinter sich lässt, aber doch auf eine Unmittelbarkeit setzt, die

### 3. Christliche Traditionen und die Genealogie der Moral

sierungen. Dennoch sind die christlichen Traditionen in diese Vorgänge vielfältig verstrickt und haben entscheidend Anteil an der Genealogie der Moral oder sind Varianten dieser Moral. Christliche Traditionen sind weitergehend und tiefer in die Genealogie der Moral verwickelt, als es etwa FOUCAULT für die Modalitäten der Disziplinierung durch Moral kennzeichnet. Die Verflechtung der christlichen Traditionen mit der Genealogie (oder den Genealogien) der Moral ist überall dort zu finden, wo die Theologie wie die Philosophie auf die Rechtfertigung des Menschen (in Anklage und Verteidigung) in den Kennzeichen seiner Existenz zielt, sei es über den Umweg seiner moralischen Gestalt oder auf dem Weg des Wissens, das er über sich in der unabsehbaren Räumlichkeit seiner endlichen Perspektiven[40] gewinnt. Hier sind vielfältige Formen der Entschuldung zu kennzeichnen. Zu den unauffälligen gehört die Rede von der *Verantwortung*, die dem Menschen Entscheidungen zuspricht, denen er nicht ausweichen kann, ohne noch im Blick zu haben, was für Menschen zu erkunden ist.

Die Verwicklung der christlichen Ethik in solche Vorgänge von Schuld und Verantwortung setzt sich trotz aller querlaufenden Stimmen bis in die Gegenwart fort. Sie hat dort einen scheinbar unüberholbaren Endpunkt erreicht, wo sich die christliche Ethik in der Logik der Subjektivierung und ihrer Analyse bewegt und in dieser Konformität gar die Spitze ihrer eigenen Entwicklung sieht.[41] Widersinnigerweise hat die christliche Ethik in vielfältiger Hinsicht der Genealogie der Moral den Weg bereitet. Das hat NIETZSCHE bislang unwidersprochen als unausweichliche Paradoxie einer christlichen Moral überhaupt in den Blick gerückt. Damit hat er aber den Blick freigemacht für diejenige theologische Ethik, die sich im Widerspruch zur moralischen Logik befunden hat, bis hin zu gegenwärtigen Ansätzen der Moralkritik als einer christlichen Angelegenheit.[42] Die von NIETZSCHE in Gang gesetzte Kritik der Moral und die Analyse ihrer Genealogie ist von der christlichen Ethik insofern nicht aufgenommen worden, als die christliche Ethik nach dem Menschen als demjenigen Subjekt sucht, das zwischen Schuld und moralischer Legitimation existiert, nicht aber aus derjenigen Vergebung lebt, die dieser moralischen Logik entgegentritt. Wenn

---

einer anderen Logik folgt als die Befreiung des Menschen aus seiner moralischen Befangenheit. Vgl. S. ŽIŽEK: Die gnadenlose Liebe, 2001.

[40] Im Sinne der vier theoretischen Segmente, von denen FOUCAULT spricht: Die Ordnung der Dinge, 1974, 404.

[41] Dies wird ihr immer wieder neu nahegelegt, wenn gerade daran die These festgemacht wird, dass das Christentum die Religion der Moderne ist, wie sie jetzt S. ŽIŽEK vorgetragen hat, obgleich seine Kritik gewiss auch der Wiederentdeckung der christlichen Symbole in ihrer kritischen Bedeutung gegen – wiederum andere – Strategien der Rechtfertigung und der Warnung vor fragwürdigen Strategien der Behauptung eines christlichen Selbst dient. Vgl. S. ŽIŽEK: Die gnadenlose Liebe, 2001.

[42] Hier hat auch H.J. IWAND eingesetzt: Das Gebot Gottes und das Leben (1966).

Christen sagen »wir werden immer schuldig«, was auch immer wir entscheiden oder tun, bleiben sie in der Form dieser Aussage der moralischen Logik verhaftet, die der Selbst-Rechtfertigung dient.[43] Sie finden sich – wie in KAFKAs Roman »Der Proceß« – als irgendwie schuldhaft vor, verhaftet. Wer demgegenüber die Bitte des Vaterunsers »Und vergib uns unsere Schuld« nachspricht, kann damit nicht nach einer moralischen Rechtfertigung suchen wollen, sondern bittet um die Vergebung, bei dem Gott, den er als den kennt, bei dem die Vergebung ist. Und er bittet um die Vergebung, die mit der Hoffnung auf die Erlösung verbunden ist: »und erlöse uns von dem Bösen«. Diese Bitte widerspricht der moralischen Reflexion der Schuldverstrickung. So sagt es der Beter im Psalm 130: »Bei Dir ist Vergebung, damit man Dich fürchte« – und das heißt, damit man sich in Gottes Handeln aufhalte und sich diesem Handeln aussetze, statt sich abzusichern. Dies schließt wiederum die Hoffnung auf Erlösung ein (Psalm 130,7[44]), denn die Furcht gilt nicht einem Herrn, der unbekannt ist und etwas Beliebiges wollen kann[45], sondern die Furcht gilt dem Herrn, der seinen Verheißungen treu ist, denen auch seine Gebote entsprechen.

Es geht also um die Moralkritik, wie sie in der Tradition der christlichen Moral selbst zu finden ist.[46] Wo sie nicht wahrgenommen wird, kann der Diskurs christlicher Ethik nur bestätigen oder gar befestigen, was die Kritik der Moral gezeigt hat: dass »der Mensch« auf sich selbst bezogen ist und bleibt.[47] Darin wurde geradezu der Vollzug der Befreiung gesehen, sofern diese in der Steigerung einer durch den Glauben keineswegs gebrochenen Reflexivität bestehen soll[48] – und nicht etwa in jenem Vorgang der Befreiung von dieser Logik der Moral und der ihr entsprechenden Reflexivität selbst. Die Moralisierung des Christentums, das Christentum als moralische Religion hat damit – wie auch in

---

43   Vgl. zum Problem: G. SAUTER; G. BESIER: Wie Christen ihre Schuld bekennen, 1985.
44   »Hoffe Israel auf den HERRN! Denn bei dem HERRN ist die Gnade und viel Erlösung bei ihm«. BUBER übersetzt statt Erlösung »Abgeltung«.
45   Dies ist eine der fragwürdigen Rekonstruktionen bei S. ŽIŽEK (Die Tücke des Subjekts, 2001), weil der den Gott des reinen Wollens, den Gott des DUNS SCOTUS einführt: Damit wird auch die Geschichte von HIOB völlig verändert, der angesichts der Unbegreiflichkeit dessen, was Gott will, auf dem Gott insistiert, der zur Logik seines Heilshandelns steht. Es zeigt sich hier, dass die Anthropodizee in eine Theodizee übergeht. Die *Theodizee* verbleibt selbst in der moralischen Logik: sie sucht Gott aufgrund einer Gesetzmäßigkeit zu rechtfertigen, die Menschen versuchen zu erfassen, statt dem Gott zu trauen, der sich in seinem Wort exponiert hat. Siehe zu Problem der Theodizee: W. SPARN: Leiden – Erfahrung und Denken. Materialien zum Theodizeeproblem, 1980.
46   Zur Diskussion der vielseitig gebrochenen Thematisierung von »Moral« und »Moralkritik« seit den 60iger Jahren siehe insbesondere: M. BRUMLIK: Advokatorische Ethik : zur Legitimation pädagogischer Eingriffe, 2004 (das Kapitel: »Bildung und Moral«).
47   Vgl. M. FOUCAULT: Die Ordnung der Dinge, 1974, 396: »Noch grundlegender dringt das moderne Denken vor in jene Richtung, in der das *Andere* des Menschen das *Gleiche* werden muss, das er ist.«
48   In diesem Gefälle bewegt sich T. RENDTORFF: Ethik I, [1980] 1990.

## 3. Christliche Traditionen und die Genealogie der Moral 157

vielen anderen Kennzeichen – ihre weitgehende Bestätigung in der christlichen Ethik erfahren. Dies gilt nicht zuletzt für eine Liebesmoral, für die nicht deutlich ist, dass die Liebe zum Nächsten mit der Liebe zu Gott verbunden ist (Doppelgebot der Liebe: Mt 22,37-39) – und das heißt, dass die Nächstenliebe darin wurzelt, dass Menschen sich ganz auf Gottes Geschichte mit ihnen einlassen. Die Moral, wie »das Gesetz« etabliert sich außerhalb dieser Geschichte.

Stimmen, die auf die Kritik der Moral und des moralischen Christentums aufmerksam gemacht haben, sind kaum gehört worden.[49] Und doch sind diese Stimmen durch viele andere hindurch vernehmbar, wie etwa die Stimme PASCALs. Diese Stimmen durchbrechen die Logik der Moral der Moderne und die ihr korrespondierende Logik ihrer Abschaffung im Diskurs um die Post-Moderne.[50] Sie durchbrechen die Logik der Selbst-Auslieferung ebenso wie die der Rückgewinnung »des Menschen«, sofern sie »den Menschen« weder in seiner moralischen Gestalt noch in seiner kritischen oder rekonstruktiven Projektierung zum Gegenstand haben. Stimmen dagegen befinden sich im Widerspruch. Sie sprechen von einem Menschen, der sich nicht selbst ausgeliefert sein muss, weil ihm eine Hoffnung gegenübergestellt ist, eine Hoffnung, die sich deshalb nicht auf einen verheißenen anderen, künftigen Menschen richtet[51], sondern die Hoffnung, wie sie sich in der Rettung durch Christus erfüllt hat – und das heißt in der Befreiung zum Leben mit Gott. Darin wird das Gebot »erfüllt«, eben mit der Fülle versehen, die durch Gottes Tun zu erfahren ist: seine Vergebung, sein Trost, seine Verheißung.

Hier hat keine Moral Platz, die Menschen auf sich selbst und die Ökonomie ihrer Schuldwahrnehmung zurückwirft, in welcher Form dies auch geschieht. Vielleicht geschieht es auch durch das Versprechen einer Befreiung »des Menschen«, um zu bestätigen, dass es um *diesen* Menschen geht.[52] Auf den Menschen soll es ankommen, auf den man rechnen können muss, auf den Menschen, der »versprechen« kann (F. NIETZSCHE) und der selbst ein unabgegoltenes Verspre-

---

[49] Zu diesen Stimmen gehört auch H.J. IWAND: Das Gebot Gottes und das Leben (1966).
[50] Beides beruht auf derselben Logik: vgl. M. FOUCAULT: Die Ordnung der Dinge, 1974, 395: »Die moderne (sc. Form von Ethik) dagegen formuliert keine Moral, insofern jeder Imperativ innerhalb des Denkens und seiner Bewegung zur Erfassung des Ungedachten ruht. ... Das moderne Denken hat in Wirklichkeit nie eine Moral vorschlagen können.«
[51] Davon spricht M. FOUCAULT, vgl. Die Ordnung der Dinge, 1974, 410.
[52] Hierzu könnten wir mit FOUCAULT bemerken: »Allen, die noch vom Menschen, von seiner Herrschaft oder von seiner Befreiung sprechen wollen, all jenen, die noch fragen nach dem Menschen in seiner Essenz, jenen, die von ihm ausgehen wollen, um zur Wahrheit zu gelangen, jenen umgekehrt, die alle Erkenntnis auf die Wahrheiten des Menschen selbst zurückführen, allen, die nicht formalisieren wollen, ohne zu anthropologisieren, nicht mythologisieren wollen, ohne zu demystifizieren, die nicht denken wollen, ohne sogleich zu denken, dass es der Mensch ist, der denkt, all diesen Formen linker und linkischer Reflexion kann man nur ein philosophisches Lachen entgegensetzen – das heißt: ein zum Teil schweigendes Lachen.« (Ebd., 412).

chen zu sein scheint.⁵³ Seine »Zukünftigkeit«, dass dieser Mensch, dass seine Menschheit eine Zukunft hat – wird zum Thema der Anthropodizee. Sie rechtfertigt den Menschen mit dem Versprechen, dass er noch nicht fertig ist und nie fertig sein wird. So die Kritik an jeder Einforderung dessen, was Menschsein heißt.⁵⁴ So trifft die Kritik jede Moral, aber auch die Kritik dient der Rechtfertigung, denn dieser Mensch bleibt jedem Widerspruch entzogen, der ihm entgegentreten könnte. Wer kritisch fragt, was wir Menschen aus uns selbst machen, wird darauf verwiesen, dass so zu fragen, schon heißt, sagen zu wollen, was Menschsein ausmacht – möglich sei nur zu fragen, wer ›wir‹ sind, oder nur, wer ›ich‹ bin. Doch die Kritik an der Definition des Menschen, wie sie Martin LUTHER formuliert hat, mündet nicht in die These von der Nicht-Definierbarkeit des Menschen, seine Nicht-Feststellbarkeit ein. Vielmehr stellt diese gegen den Versuch einer Definition die Geschichte des Menschen, wie er uns Menschen begegnet: die Geschichte des Menschen, dessen Bestimmung in Christus ihre Erfüllung findet. Dass dieser Mensch erschienen ist und mit einem jeden Menschen als neue Kreatur – in JESUS CHRISTUS –, ist der Widerspruch gegen die Logik der Moral.

Freiheit ist in der Logik dieses Widerspruchs Freiheit vom *Gesetz*, es ist die Freiheit von dem Gesetz der Moral und ihrer Ökonomie, dem die Reflexion folgt. Zur Freiheit von diesem Gesetz bedarf es immer neu der Befreiung, die als solche die Logik des Gesetzes durchbricht. Der Mensch ist ein zu Befreiender (Martin LUTHER), er ist derjenige, der seine Befreiung außerhalb der Genealogie seiner Metamorphosen erfährt: es ist der Mensch, der seine Befreiung als Befreiung eben *von* dieser Genealogie erfährt und deshalb – und nur so – als »der Mensch« verschwindet. Der zu befreiende moralische Mensch, der von der moralischen Logik zu Befreiende ist derjenige, an dem Gott handelt, er ist derjenige, der sich vom Geist regieren lässt, und der nicht hervortritt als der, der sein Leben irgend einer Ökonomie konform gestaltet. Dieser Mensch, der Gott an sich handeln lässt, ist der Heilige. *Dieser* Heilige – und nicht ein Mystiker – ist die Figur, in der die neue, geschöpfliche Existenz erscheint. Der Heilige ist die Gegenfigur zum moralischen Menschen und zum Menschen der (asketischen) Ideale. Er ist die Gegenfigur gegen das Selbst, das zur Monade wird. Wir werden die Figur des Heiligen auch in ihren ethischen (und theoretisch bestimmbaren) Umrissen noch zu betrachten haben. Die generelle Frage wird sein, welche Figur

---

53 Vgl. NIETZSCHEs Kennzeichnung des Menschen als ein Wesen, das versprechen kann.
54 Darauf laufen Betrachtungen hinaus wie die von D. LENZEN: Historische Anthropologie als melancholische Humanwissenschaft? (1996).

## 4. Wende in der Geistesgeschichte – oder Neuwerden des Denkens

in der politischen Theorie den moralischen Menschen in veränderter Gestalt vertritt oder – ihm immer noch verhaftet – ablöst.⁵⁵

### 4. Wende in der Geistesgeschichte – oder Neuwerden des Denkens

Die Umkehr zum geschöpflichen Leben ist der theologische Angelpunkt, den Martin LUTHER in seiner *Disputation über den Menschen*⁵⁶ definiert. Von da aus bestreitet er die Möglichkeit einer Definition des Menschen, die sein Wesen bestimmt. Dies würde voraussetzen, Anfang und Ende (finis) des Menschen definitorisch fixieren zu können, statt seine Geschichte zu erzählen, wie sie in Gottes Ökonomie sich ereignet – aus der ganzen »Fülle« dessen, wie Luther bemerkt, was diese Ökonomie enthält. In dieser finden Menschen ihren Anfang und ihr Ende. In ihr ist ihr Anfang und ihr Ende aufgehoben. In ihr finden sie ihre Bestimmung.

Martin LUTHER würde mit Michel FOUCAULT darin übereinstimmen, dass »man nur noch in der Leere des verschwundenen Menschen denken« kann. Verschwunden ist der Mensch, der sich definieren und diskursiv ausloten lässt.⁵⁷ LUTHER bestätigt die Erkenntnis Foucaults, dass »der Mensch« eine Erfindung des 18. Jahrhunderts ist: »Der Mensch existierte ebenso wenig wie das Leben, die Sprache und Arbeit.«⁵⁸ LUTHER würde mit FOUCAULT die Frage stellen, »ob der Mensch wirklich existiert«. Und er würde mit ihm fortfahren können: »Wir sind nämlich so durch die frische Evidenz des Menschen verblendet, dass wir nicht einmal die Zeit, die doch nicht allzu fern ist, in der die Welt, ihre Ordnung, die menschlichen Wesen, aber nicht der Mensch existierten, in unserer Erinnerung bewahrt haben.«⁵⁹ Freilich blickt LUTHER nicht auf diese Erinnerung der antiken Philosophie; sie ist für ihn nicht das Gegenstück zur modernen Anthropologie, sondern der vergebliche Versuch einer Rede vom Menschen, die nichts anderes ist als Rede von *ihm*: sei es in der verdichteten Form einer Wesensbestim-

---

⁵⁵ Auf diese Weise fragt: K. GÜNTHER: Welchen Personbegriff braucht die Diskurstheorie des Rechts? (1999). Zu dieser zentralen Fragestellung in der politischen Theorie siehe – im Blick auf die Theorie der Demokratie im Anschluss an Alexis de Tocqueville – den von Norbert CAMPAGNA dargestellten Zusammenhang von (religiös fundierter) Moral und freiheitlicher Demokratie: N. CAMPAGNA: Die Moralisierung der Demokratie : Alexis de Tocqueville und die Bedingungen der Möglichkeit einer liberalen Demokratie, 2001. Hier wird deutlich, was es bedeutet, wenn eine theologische Ethik nicht auf ein moralisches Fundament, sondern auf eine in der Tat fragile bürgerliche Existenz setzt, für die Glaube und Hoffnung nicht durch eine Moral zu ersetzen sind.
⁵⁶ Martin LUTHER: Disputation über den Menschen (1536).
⁵⁷ Siehe die Bemerkungen von B. WALDENFELS über »Der erschöpfte Mensch«: Phänomenologie in Frankreich, 1987, 547-550.
⁵⁸ M. FOUCAULT: Die Ordnung der Dinge, 1974, 413.
⁵⁹ Ebd., 388.

mung, sei es in der unermesslichen Zerstreuung seiner Seinsweise[60], wie sie sich in den modernen (Human-) Wissenschaften spiegelt, sei es in der analytischen Beschreibung seiner moralisch nicht *fass*baren Ökonomie seiner Psyche.

LUTHER kann, als hätte er »den Menschen« der Moderne und der Post-Moderne gekannt, mit FOUCAULT übereinstimmend sagen, dass dieser Mensch »das Wesen ohne Ursprung ist, derjenige, ›der keine Heimat und kein Datum hat‹, derjenige, dessen Entstehen nie zugänglich ist, weil es nie ›stattgefunden‹ hat.«[61] Martin LUTHER markiert jedoch eine Differenz, die sich – anders als in FOUCAULTs historischer Aufklärung – nicht als Einschnitt in die Abfolge der Geistesgeschichte fügt. Dass bei ihm »der Mensch« (Disputatio de homine, 1536) thematisiert wird, bedeutet nicht den Beginn einer Anthropologie, die nun anders als die aristotelische Philosophie, einen bestimmten Menschen zum Gegenstand hätte, vielleicht den Menschen mit einer neuen Zukünftigkeit und einer auf ihn bezogenen Topologie. Im Gegenteil wird hier die Rede vom Menschen aus dem Kontext einer Anthropologie, auch einer antiken wie einer modernen, herausgelöst und hineingenommen in das Zeugnis von Gottes Geschichte mit dem Menschen. In epistemischer Hinsicht wird der antike Diskurs über den Menschen[62] und die moderne Analyse der Seinsweise des Menschen aufgehoben in die Erinnerung dessen, was Menschen von Gott erfahren haben. Es ist eine eschatologische Erinnerung. In ihr ist das präsent, was Menschen hoffen dürfen: nämlich Gottes Geschöpfe zu sein.[63] Der moralische Diskurs über den Menschen ist ohne Erinnerung an das, was dem Menschen in seinem Geschöpfsein widerfahren ist, er bewegt sich in den hermetischen Grenzen der Ökonomie der Moral.

Mit seiner Disputation markiert LUTHER auch einen Einschnitt gegenüber der antiken Thematisierung des Menschen als Gegenstand seiner Lebensgestaltung. Diese Vergegenständlichung und Inszenierung des Menschen beruht darauf, dass es eine Ordnung gibt, die den Menschen trägt, ein Woher und Wohin, innerhalb dessen der Mensch sich präsentieren kann. Es gibt eine Bühne, auf der er auftritt, es gibt eine Wirklichkeit, eine Ordnung der Dinge, zu der er gehört, wie

---

60  M. FOUCAULT: »Die Zeit verstreute damals die Repräsentation, weil sie ihr die Form einer linearen Abfolge auferlegte; aber es gehörte zur Repräsentation, sich in der Vorstellungskraft sich selbst wiederzugeben, sich auf diese Weise vollkommen zu reduplizieren und die Zeit zu beherrschen. Das Bild gestattete, die Zeit insgesamt wieder aufzunehmen, das wiederzuerfassen, was der Abfolge konzediert worden war, und ein Wissen zu errichten, das ebenso wahr war die das eines ewigen Verstandes.« (Die Ordnung der Dinge, 1974, 403f.)
61  M. FOUCAULT: Die Ordnung der Dinge, 1974, 400.
62  Siehe dazu insbesondere: Karl LÖWITH: Gott, Mensch und Welt, 1967.
63  Dies aber ist strikt unterschieden von der »Analyse des Erlebten«, die den Menschen in der (eigenen) verdichteten Erfahrung aufsucht: vgl. Die Ordnung der Dinge, 1974, 387f. In LUTHERs Theologie geht es auch in diesem Sinne nicht um »den Menschen«, sondern um eine Geschichte, in der er in bestimmter Weise vorkommt: als Geschöpf.

auch immer er sich auf diese hin positioniert sieht. Doch eben dies zieht LUTHER in Zweifel: das Woher und Wohin, der Ursprung und das Ende, das dem Menschen zukommt, lässt sich nicht bestimmen. Damit aber ist nicht von einer Unverfügbarkeit zu reden. Nicht eine solche negative Anthropologie ist die Pointe. Auch sie wird schließlich dazu dienen, dem Menschen, wie auch immer er überhaupt zu benennen ist, einen Sinn zu verschaffen. Die Pointe der Kritik LUTHERs ist vielmehr die Rede von dem *neuen* Menschen, von dem Menschen als neuer Schöpfung wie sie in JESUS CHRISTUS erschienen ist (2Kor 5,17). In dieser neuen Schöpfung liegt die Bestimmung des Menschen, darin liegt seine Erfüllung, die Fülle seiner Existenz, die von keiner zukünftigen Existenz zu überholen ist. Die Erfüllung dessen, was Menschen sind und sein dürfen, ist in JESUS CHRISTUS geschehen. Er selbst ist das Bild des Menschen, auf das hin Menschen sich von Gott bilden lassen. Dies ist die Erfüllung und das Ende des moralischen Gesetzes und seiner Ökonomie (Röm 10,4). Das Gesetz, das Gott mit seinem Volk verbindet, ist kein moralisches Gesetz, sondern die Verfassung ihres Zusammenlebens. Diese Verfassung ist nicht aufgehoben.[64] Sie ist in Christus erfüllt.

Von diesem Ende des Gesetzes und des moralischen Menschen kann keine Philosophie reden, die nicht auch von der Bestimmung des Menschen, von der Erfüllung seiner Existenz reden kann – so LUTHERs Pointe.[65] Dies ist nicht ein geistesgeschichtlicher Einschnitt allein, sondern der Bruch der Zeiten. An die Stelle der vergeblichen philosophischen Bemühung, den Ursprung und das Ende »des Menschen« zu bestimmen, tritt aber nicht der unabsehbare Raum der endlichen Präsenz des Menschen in ihrer vielfältigen Zerstreuung und seiner unabsehbaren Zukünftigkeit. Damit wäre eine Anthropologie etabliert, die in der Analyse der endlichen Existenz des Menschen verharrt (wie mit FOUCAULT zu lernen ist). Im Widerspruch dazu sieht LUTHER »den Menschen« immer schon und für alle Zukunft aufgehoben in der Geschichte Gottes mit dem Menschen als seinem Geschöpf. Dieses Geschöpf kann sich nicht selbst gestalten wollen, nicht weil der Mensch nicht über sich verfügen kann, sondern weil dies in eine ganz andere Logik gehören würde: in die Logik des moralischen Gesetzes, die den Menschen nach sich selbst suchen lässt. Es ist die Logik der Selbst-Werdung des Menschen.[66] Widersinnigerweise stellen diejenigen Konzeptionen der Ethik,

---

64 Dies ist längst übereinstimmende Erkenntnis in den Gesprächen zwischen Juden und Christen.
65 Deshalb sucht die Philosophie andere Auswege, wie immer noch den von NIETZSCHE bezeichneten dionysischen, der überschwänglichen Überholung aller moralischen Dialektik.
66 Diese hat Ch. TAYLOR quer durch die philosophischen und theologischen Traditionen beschrieben: C. TAYLOR: Quellen des Selbst. Die Entstehung der neuzeitlichen Identität, 1994.

für die die »ethische Substanz«[67] die Lebensgestaltung ist, eine Wiederholung der antiken Ethik dar, und auch die ausdrückliche Hinwendung mancher Ethik-Konzeptionen zur antiken Moral der Lebenskunst[68] bestätigt dies. In dieser Hinwendung spiegelt sich das Problem, »den Menschen« in seiner Lebensweise zum Gegenstand einer ethischen Betrachtung zu machen.

Die Idee der Lebensgestaltung entspricht der moralischen Logik eines Menschen, der unschuldig ist, weil er sich verantwortlich weiß und mit dieser Verantwortlichkeit, auf die er sich durchaus ansprechen lässt, jedem Urteil enthoben ist, das ihm in Bezug auf diese Moral widerspricht. Einem Urteil ist er schon mit seiner unabsehbaren Verantwortlichkeit, vielleicht eilfertig, zuvorgekommen. Diesen verantwortlichen Menschen trifft kein Widerspruch, kein Einspruch.

Die Genealogie der moralischen Grunddisposition[69] hat mit der Ethik der Lebensführung gemeinsam, dass »der Mensch« seiner Gestaltung ausgeliefert bleibt und dass ihn eben darin kein Widerspruch trifft. Die Verstrickung christlicher Ethik in die Genealogie der Moral tritt hier in aller Deutlichkeit hervor. Die christliche Ethik steigert schließlich noch die moralische Exposition des Menschen, indem sie diesen Menschen als das Subjekt zu verstehen sucht, das sich in den vielfältigen Bereichen seiner Lebensführung verwirklicht und bestätigt finden soll. Doch ist dieser Mensch nicht obsolet geworden mit der Erkenntnis, dass der moralische Gott tot ist, das heißt mit der Erkenntnis, dass die Erwartung einer Rechtfertigung ins Leere läuft? Eine solche Rechtfertigung wird nicht zu gewinnen sein. Mit dem moralischen Gott müsste auch der moralische Mensch verschwunden sein. Doch lieber – so lautet NIETZSCHEs vorausschauende Diagnose – erfindet dieser Mensch irgend ein Surrogat, eine Sublimierung oder eine Kompensation, als dass er die Moral aufgibt – nicht zuletzt das Surrogat aller jener »Werte«, die jetzt dafür einzustehen haben, dass die moralische Logik noch immer funktioniert.[70] Mit der von Nietzsche selbst auf den Weg gebrachten Logik der Werte, wird die Ökonomie der Moral neu etabliert – jetzt so, dass sie überdies mit jeder menschlichen Ökonomie konform wird. Im Blick auf die Moralphilosophie KANTs, der die moralische Disposition als Autonomie

---

67  Im Sinne von M. FOUCAULT.
68  Vgl. M. FOUCAULT. Siehe dazu: M. SCHROER: Ethos des Widerstands. Michel Foucaults postmoderne Utopie der Lebenskunst (1996)
69  Vgl. M. FOUCAULT: Die Rückkehr der Moral. Ein Interview mit M. Foucault (1990). Foucault sagt auf die Frage, ob es eine Rückkehr zu den Griechen gibt: »Man muss vorsichtig sein. Es stimmt, dass es eine Rückkehr zu einer bestimmten Form der griechischen Erfahrung gibt; diese Rückkehr ist eine Rückkehr zur Moral.« ... »Der Versuch, die Griechen heute wieder zu denken, besteht nicht darin, die griechische Moral als den moralischen Bereich par excellence gelten zu lassen, den man dazu benötigen würde, sich zu denken, sondern darin, das europäische Denken neu beginnen zu lassen ausgehend vom griechischen Denken als einer Erfahrung, die einmal gegeben worden ist und der gegenüber man völlig frei sein kann.« (139f.).
70  Zum Problem der moralischen Werte siehe auch C2-8.

gedacht hat – als die Freiheit in der Übereinstimmung mit dem eigenen Gesetz – bemerkt Theodor W. ADORNO zur Einführung der Rede von den Werten: »*Der Begriff des Wertes hat keinen Raum bei Kant. Es ist kein Zufall, dass die berühmteste Kritik von KANTs Ethik, die von Max SCHELER, geglaubt hat, Werte haben zu sollen, während Werte im Sinne Kants heteronom und darum unverbindlich sind. Der Kultus der Werte ist reaktiv zu verstehen aus der Desorientiertheit und Entstrukturierung einer Gesellschaft, in der zwar die traditionellen Normen nicht mehr bestehen, aber die Individuen sich auch nicht selbst bestimmen, sondern nach etwas greifen, woran man sich halten kann. Dabei stammt dieser Kultus wesentlich aus der Sehnsucht nach einer Orientierung, die Normen rechtfertigen sich nicht vor der Vernunft, sondern sind von der Sehnsucht herbeigezogen. Dies spricht sich auch in den Werten aus. Einmal sind sie willkürlich gesetzt, zum anderen spricht sich darin die Schwäche von Menschen aus, die nicht vermögen, sich wahrhaft selbst zu bestimmen und ihrem Gesetz zu folgen, sondern nach etwas zu suchen, ›was da käme und sie mitnähme‹.*«[71] Doch damit ist nur wiederum das Problem der Moral angezeigt, das eben nach beiden Seiten hin besteht: nach der Seite einer objektiven wie nach der Seite einer subjektiven Moral – auch nach dieser Seite, sofern, wie ADORNOs Kritik an KANT zugleich geltend macht, die Moral der Selbstbestimmung schließlich auch in einer moralischen Selbstvergewisserung endet. Es wird immer neu darauf ankommen, inwiefern eben hier das Neuwerden des Denkens einzusetzen hat, die diese Logik durchbricht und nicht an die Stelle der einen eine andere moralische Strategie setzt.

## 5. *Der moralische Mensch* oder *das Geschöpf*

Die moderne Thematisierung des Menschen, seine Zerstreuung und sein Verschwinden, aber auch die Rückkehr zur antiken Moral der Lebenskunst, verbleiben in der Logik des moralischen Menschen, der sein Gegenüber nicht gefunden hat und der auch in dem *Anderen* seiner selbst, das nicht sein Gegenüber ist, – wie FOUCAULT zeigt – das ihm »Gleiche« sucht, das er ist.[72] Darin unterscheidet sich der moralische Mensch vom Geschöpf der biblisch-christlichen Tradition. Das Geschöpf erscheint als das Gegenüber seines Schöpfers, der Schöpfer erscheint als das Gegenüber seines Geschöpfs, aber so, dass dieses Gegenübersein in Christus präsent wird, also nicht in einem *Gesetz* der Menschwerdung oder

---

71 T.W. ADORNO: Probleme der Moralphilosophie, [1963] 1996, 180. Siehe dazu aber die Unterscheidungen bei R. SPAEMANN: Daseinsrelativität der Werte [2000] (2001).
72 »An der Oberfläche kann man sagen, dass die Erkenntnis des Menschen im Unterschied zu den Wissenschaften der Natur stets (selbst in ihrer unterschiedensten Form) mit ethischen Theorien oder politischen Theorien verbunden ist. Noch grundlegender dringt das moderne Denken vor in jene Richtung, in der das *Andere* des Menschen das *Gleiche* werden muss, das er ist.« (M. FOUCAULT: Die Ordnung der Dinge, 1974, 396)

Subjekt-Werdung des Menschen. In Christus ist die (moralische) Fixierung auf den »großen Anderen« (ŽIŽEK) aufgehoben. Mit ihm beginnt die Geschichte der neuen Schöpfung.

Das Geschöpf ist insbesondere das hörende Geschöpf, denn im Hören bleibt der, den es zu hören gilt, der fremde Andere, nicht der oder das »Andere des Menschen«, seine andere Seite, das »Ungedachte«, die andere dunkle Seite, auf die sich die Bemühung um Erhellung richtet.[73] Gott, der Schöpfer, tritt als der Andere dem Geschöpf in seinem Wort gegenüber, in diesem Wort erscheint das Geschöpf. Wo das Wort gehört wird, tritt das Geschöpf in Erscheinung. Und dieses Wort ist in CHRISTUS erschienen.

Das Hören des Wortes Gottes ist der Status (die Ordnung) des Geschöpfs. Dies ist nicht der Status des moralischen Subjekts und nicht ein neuer, vielleicht ersehnter Ort, an den es sich ziehen lässt. Im Status dieses Hörens bleiben Menschen Geschöpfe, sie treten nicht als »der Mensch« auf oder »vor Gott« hin. Diesen Status des Hörens hat die Auslegungstradition dort begründet gesehen, wo Gott sein Wort an die Menschen richtet: zum ersten Mal grundlegend und initiatorisch wo Gott »dem Menschen« gebietet: »Du darfst essen von allen Bäumen im Garten, aber von dem Baum der Erkenntnis des Guten und Bösen sollst du nicht essen; denn an dem Tage, da du von ihm isst, musst du des Todes sterben.« (Gen 2,16f.)

Das erste Wort an Menschen kennzeichnet sie als Geschöpfe, denn mit diesem ersten Wort, einem ausdrücklichen Gebot, werden sie dem Zwang biotischer Gesetze entzogen, nicht indem eine Kluft aufgetan wird zwischen der menschlichen Wirklichkeit (in welcher Ökonomie auch immer sie erscheint) und der Realität. Das Gebot tritt vielmehr an die Stelle eines möglichen Zwiespalts. Das Gebot kommt der Versuchung zuvor, sich in einem solchen Zwiespalt gegen die Realität behaupten zu wollen oder alles um des eigenen Lebens willen sich einzuverleiben. Damit dies nicht geschieht, bedarf es des immer neuen Gebotes, das »dem Menschen« begegnet und ihn als Geschöpf anspricht. Das Gebot setzt eine andere Differenz als jenen möglichen Zwiespalt. Es setzt einen Unterschied zwischen einem Leben als Geschöpf und dem Vergessen der geschöpflichen Existenz. Jenseits des geschöpflichen Lebens, nach der Übertretung des Gebotes um der Unendlichkeit willen, tritt der Zwiespalt zwischen dem Geschöpf und dem realen Menschen auf. Es bleibt der Zwiespalt, in dem der Mensch immer neu in sein Geschöpf-Sein gerufen und daran erinnert wird. Er bleibt das Geschöpf des Wortes. Es bleibt auf das externe Gedächtnis Gottes, auf Gottes Treue verwiesen. Gott hat sich an dieses Wort gebunden.

---

73  Vgl. dazu M. FOUCAULT: Die Ordnung der Dinge, 1974, 409.

Das erste Wort, das Menschen erreicht, identifiziert sie als Geschöpfe, es zeichnet sie als Geschöpfe aus. Das ist – in Martin LUTHERs Auslegung – die Einrichtung des *kirchlichen* Status: dies ist die Existenzform, in der »der Mensch« als Geschöpf des Wortes erscheint. Diese Existenzform ist der stummen und anonymen gesetzlichen Ordnung des moralischen Subjekts, das seine Befreiung in seiner Selbstbehauptung suchen muss, entgegen*gesetzt*. Nicht die Ausstattung mit Sprache, sondern die Existenzform dessen, der ein Wort zu hören bekommt, macht diesen ersten Status des Menschen aus. Dies ist die für den Menschen eingesetzte Existenzform, die Institution, die ihn herausnimmt aus irgendwelchen Gesetzlichkeiten, denen er sich ausgesetzt weiß, und die ihn insbesondere gegen das Gesetz der Selbstbehauptung widerständig sein lässt.

Vom Beginn an, so sieht es diese Auslegung, geht es um diesen Gegensatz zwischen dem Geschöpf, dem das Wort Gottes begegnet und dem in sich selbst gespaltenen Menschen, wie er in der Figur des moralischen Subjekts hervortritt. In diesem Widerspruch gegen das Gesetz des moralischen Subjekts, gegen die Genealogie des moralischen Subjekts und seine Ordnung besteht die Lehre von den Existenzformen, wie sie in der biblischen Tradition gründet. Sie verläuft in ihrer eigenen Genese quer zu der Genealogie der »Ordnung der Dinge« und der Ökonomie der Seele und der sie tragenden Wissens- und Denkformen.[74]

Die Lehre von den *Existenzformen* findet in dem ersten Status, dem Status des Hörens, der ecclesia, selbst ihren Ursprung. Auch die anderen beiden Status, die oeconomia und die politia folgen dieser Logik: sie sind von Gott gesetzt gegenüber dem biotischen Zwang und dem mit ihm gegebenen Zwiespalt – zum einen dem Zwang biotischer Gewalt in der politia und der ihr zukommenden politischen Macht, zum anderen dem Zwang biotischer Lebensstrategien und ihrer Konflikte[75] in der oeconomia und der in ihr waltenden Kooperation.[76] Im ersten Status geht es um die Institution des Geschöpfs, das von den Transformationen des moralischen Subjekts unterschieden ist, im politischen Status geht es um die Institution politischer Macht, die von der Machtbildung des Bios (der Biomacht) unterschieden ist, und im ökonomischen Status geht es um die Institution der Kooperation, die von den Prozessen »menschlicher« Arbeit und der Logik

---

[74] Zur geistesgeschichtlichen Entwicklung dessen, was die »substantielle« Seele genannt werden kann hin zum Paradigma der Subjektivität siehe: W. SPARN: Fromme Seele, wahre Empfindung und ihre Aufklärung. Eine historische Anfrage an das Paradigma der Subjektivität (2004).
[75] FOUCAULTs drei Modelle berühren sich mit den drei Ordnungen: vgl. Die Ordnung der Dinge, 1974, 426ff.
[76] Dem Konflikt steht hier nicht »Regel« gegenüber, sondern die Kooperation derer, die als die Geschöpfe in der Kooperation erfahren sind.

ihrer Produktivität[77] unterschieden ist. Die Auflösung des Geschöpfs in »den Menschen« lässt diesen zum Gegenstand einer Ethik werden, die an die Stelle der Bildung des Geschöpfs die Prozesse der moralischen Subjektwerdung setzt, an die Stelle der politischen Macht und ihrer spezifischen Genese die Strategien der Machtgewinnung und Machtbildung, und dann die Stelle der Kooperation die Prozesse der produktiven Arbeit und ihrer Folgen.

Die Explikation und Exploration der Existenzformen, wie sie die biblische Tradition präsentiert, tritt der *Analytik* der *Endlichkeit* (FOUCAULT) in jenen Prozessen entgegen, in denen das Potential humanen Lebens ausgelotet werden soll: wie an jenem Baum, der dem Menschen – mitten im Garten – als die Grenze gesetzt ist, die ihn davor bewahrt, sich in »alles« (gut und böse) zu verlieren, was die Welt ausmacht. Die Genese der Lehre von den Existenzformen und die ihr entsprechende Logik geschöpflichen Lebens ist als Gegengeschichte[78] gegenüber jener Genealogie der Moral zu rekonstruieren, wie sie die Moralkritik seit Friedrich NIETZSCHE aufgedeckt hat. Auch die Lehre von den humanen Existenzformen ist in die Genealogie der Moral und ihren geistesgeschichtlichen Ablauf verstrickt, aber sie fügt sich nicht in diesen Ablauf, der von der Ökonomie der Moral bestimmt ist. Sie folgt ihrem eigenen Weg. Auch dieser hat seine Erstreckung. Er verläuft als der immer neue Vorgang einem Neuwerden des Denkens, durchaus an den Grenzlinien entlang, die die geistesgeschichtliche Entwicklung vorgibt.

So besteht die Aufgabe darin, diesen Weg nachzuzeichnen – als eine eigene Geschichte ethischen Denkens, die darauf konzentriert ist, wie sich dieses Denken in das Neuwerden ziehen lässt (Röm 12,2) und wie sich darin die Metamorphose menschlichen Lebens vollzieht. So hat dann das Neuwerden selbst eine Geschichte – im Zusammenhang und Gegenüber zu den vielfältigen Gestalten und Phänomenen des menschlichen Geistes. Die Geschichte dieses Neuwerdens in den Blick zu fassen heißt, gegenüber jener Genealogie der Moral auf Distanz zu gehen und so überhaupt eine theologische Ethik zu gewinnen, statt eine Ethik zu begründen, die die Genealogie der Moral nur spiegelt oder weiterführt. Diese Aufgabe besteht darin, die Geschichte des Denkens und Wissens und die Genealogie der episteme neu zu lesen: nämlich auf das Denken hin und dem Denken

---

[77] Das ist eine der grundlegenden Thesen von Hannah ARENDT, dass die menschliche Arbeit mit einer unabsehbaren Produktivität versehen ihren (politisch bestimmbaren) Ort verliert. H. ARENDT: Vita activa oder vom tätigen Leben, 1997.

[78] Und überhaupt auch als »Geschichte«: vgl. auch den Hinweis auf Karl LÖWITH bei S. QUINZIO: Die jüdischen Wurzeln der Moderne, 1995, 151. Wo das Erzählen einer Geschichte aufhört, wird der biblische Horizont verlassen. Dies geschieht gerade auch mit der Auflösung der Geschichte in rekonstruierte Genealogien.

entgegen, das in ihr bestenfalls als negative Theologie, als anthropologisch invertierte Theologie erscheint.[79]

Diese Geschichte aber kann nur hervortreten, wenn die Aufmerksamkeit auf die Geschichte und ihre Überlieferung gerichtet ist, die nicht »den Menschen«, seine Lebenskunst und seinen moralischen Status zum Gegenstand hat. Die biblische Überlieferung und die von ihr geleitete christliche Auslegung drehen sich nicht um diesen Menschen, sondern – im Gegenteil – um die Befreiung von diesem Menschen und seiner Moral. Die Geschichte der christlichen Ethik ist – wenn sie sich nicht in die Genealogie der Moral auflöst – ist die Geschichte von dieser Befreiung, die Geschichte von der Befreiung des moralischen Subjekts zum Geschöpf Gottes. Dies meint die Bestimmung des Menschen als »zu befreiendem«, als homo liberandus: das nicht die Befreiung »des Menschen«, sondern die Befreiung von demjenigen Menschen, der die Freiheit des geschöpflichen Werdens gegen sein Subjektsein eingetauscht hat. Die Freiheit eines Christenmenschen, die Martin LUTHER beschrieben hat, ist die Befreiung zu diesem Menschen, der in der Existenzform des Geschöpfes lebt.

## 6. Vom verschwundenen König und vom neuen Menschen

Die Geschichte der Moral und ihres Subjekts ist die Geschichte von der Stellung des Menschen, von *seinem* Status als Mensch. Quer dazu verläuft die Geschichte, die sich um die Frage dreht, was diesem Menschen zukommt, was ihm aufgetragen ist und in welche Existenzform er versetzt ist. Es geht hier um keine Definition des Menschen, nicht um eine Bestimmung seines Wesens, sondern um die Geschichte seiner Existenzform, wie sie in Gottes Ökonomie vorgesehen ist. Diese Geschichte ist diese und keine andere, nicht die Geschichte des moralischen Subjekts oder eines Selbst, das sich seiner Grundlagen vergewissert. Es ist nicht die Geschichte menschlicher Macht, und sie ist auch nicht im Interesse daran reflektiert, dass diese Macht nicht verloren geht. Es ist nicht die Geschichte, die die Frage beantworten soll, was denn »der Mensch« ist, um von ihm aus und auf ihn hin zu denken. Es ist vielmehr die Geschichte davon, was die Aufgabe dieses Menschen ist – freilich kein »wozu Mensch überhaupt?« (NIETZSCHE), sondern was die Aufgabe des Menschen sein kann angesichts dessen, was wir Menschen, jeder von uns, von Gottes Schöpfung erfahren und wahrnehmen. Es ist die Frage nach der Bedeutung von uns Menschen in der Logik, die Psalm 8 formuliert: »Was ist der Mensch, dass Du – Gott Schöpfer – ihn in Deiner Geschichte vorsiehst?«

---

79 Dazu gehören die Entfaltungen von S. ŽIŽEK: Die Puppe und der Zwerg. Das Christentum zwischen Perversion und Subversion, 2003.

Der Psalm und seine Auslegungstradition dreht sich darum, wie das Geschöpf in Gottes Geschichte bleibt und darin seine Bedeutung hat – oder eben diesen Zusammenhang verloren hat und statt dessen einen anderen Status, etwa den eines moralischen Subjekts einnimmt.[80] Dieses Subjekt ist ansonsten die Figur, in der sich alle Aufgaben bündeln, in der sich alle Perspektiven sammeln, in der die allseits zerstreuten Belange menschlichen Lebens zusammentreffen: die immer wieder erwartete Figur eines Subjekts, das Verantwortung trägt. Sie wird zur ursprünglich politischen Figur, sofern es keinen Auftraggeber gibt. Es ist die Grundfigur des moralischen Subjekts, das alles auf sich zieht oder auch auf sich nimmt, was es zu verantworten oder zu verwirklichen gilt[81] – es ist die Grundfigur »des Menschen«, in dem die Welt ihren Zusammenhalt finden soll.[82] In dieser Figur laufen jene alles umgreifenden Fragen und Erwartungen zusammen, die Immanuel KANT fixiert hat: »1. Was kann ich wissen? 2. Was soll ich tun? 3. Was darf ich hoffen?« Diese Fragen bündeln sich, wie Kant fortfährt, in der einen Frage »Was ist der Mensch?«.[83] Alle Belange des menschlichen Lebens treffen in einer »Anthropologie« zusammen: in ihr finden sie ihren Begründungs- und Rechtfertigungszusammenhang.[84] Das macht das Subjekt als letztendlich moralisches aus: es verbürgt die Rechtfertigung all dieser Belange, sofern es darin die Übereinstimmung mit sich selbst bestätigt.[85] Die Kritik des moralischen Menschen ist zugleich die Kritik dieser Rechtfertigungs- und Begründungslogik und jeder ihr entsprechenden Ethik.[86] Sie verdrängt die Logik der Befreiung von diesem auf sich selbst zurückgeworfenen Menschen, der seinen Ort verloren hat und nun selbst zum Topos, zum einzigen Topos geworden ist, an dem alles Wissen, Hoffen und Sollen seine Begründung erfährt.[87]

---

80 Damit würde auch der Begriff des »Status« verändert.
81 Vgl. die Rekonstruktion einer solchen bodenlosen Verantwortlichkeit bei S. ŽIŽEK: Die Tücke des Subjekts, 2001.
82 Damit geht es etwa um den »Platz des Königs«, wie ihn Michel FOUCAULT gesehen hat. Vgl. E. HARLIZIUS-KLÜCK: Der Platz des Königs. Las Meninas als Tableau des klassischen Wissens bei Michel Foucault, 1995.
83 I. KANT: Logik [1800] (1983), 448. Kant bemerkt: »Die erste Frage beantwortet die Metaphysik, die zweite die Moral, die dritte die Religion, und die vierte die Anthropologie. Im Grunde könnte man aber alles dieses zur Anthropologie rechnen, weil sich die drei ersten Fragen auf die letzte beziehen.« Vgl. I. KANT: Kritik der reinen Vernunft, [1781, 1787] 1956, 728. Zu Kants Moralphilosophie siehe: T.W. ADORNO: Probleme der Moralphilosophie, [1963] 1996.
84 Siehe dazu M. BUBER: Das Problem des Menschen, [1942/1947] 1961, 9-21: »Die drei Fragen Kants.«
85 Vgl. dazu auch M. FOUCAULT: Die Ordnung der Dinge, 1974, 410.
86 Vgl. die damit verbundene Kritik an jeglicher »Ethik«, die einen Begründungszusammenhang voraussetzt oder konstruiert, bei Sergio QUINZIO: Die jüdischen Wurzeln der Moderne, 1995, 123ff.
87 M. FOUCAULT bemerkt dazu; »Die Sorge um den Menschen, die sich nicht nur in ihren (sc. der modernen Philosophie) Diskursen, sondern auch in ihrem Pathos in Anspruch nimmt, die Sorgfalt, mit der sie ihn als lebendiges Wesen, als arbeitendes Individuum oder als sprechendes Subjekt zu

## 6. Vom verschwundenen König und vom neuen Menschen

Es geht demgegenüber – der Figur des Königs[88] nach Psalm 8 folgend – in der biblischen Tradition nicht um eine Geschichte der Behauptung, des Verlusts und der Wiedergewinnung »des Menschen«. Es geht überhaupt nicht um »den Menschen«, sondern es geht darum, *wer*, welche bestimmte Gestalt den Platz *des* königlichen Geschöpfs einnimmt. In der Lehre von den drei Existenzformen wird in der biblisch-christlichen Tradition eben diese Frage festgehalten: es wird dieser Platz bereitgehalten, denn diese sind Status des Geschöpfs: seiner Bildung, die von seiner Selbstgestaltung unterschieden ist, seiner spezifischen Macht, die in seinem eigenen Regiertwerden gründet, und seiner Ökonomie und Kooperation, die sich von seiner eigenen unabsehbaren produktiven Arbeit und dem Versuch der Autarkie unterscheidet. In diesen Unterscheidungen zeichnet sich die Kontur des Geschöpfs ab, das von dem Menschen als moralischem Subjekt verdrängt worden ist, und damit die Bildung durch Pädagogik als Moralpädagogik, die politische Form der Macht durch die Strategien der Ermächtigung eines anonymen Subjekts und die Ökonomie der Kooperation durch die unabsehbare Produktivität der Arbeit und die Akkumulation von Vermögen.

Nicht »der Mensch« wird hier gesucht, sondern das Geschöpf, das diesen ihm bereiteten Platz einnimmt, sofern es sich bilden lässt, sofern es sich regieren lässt, sofern es kooperiert. Dies macht seine königliche Existenz, seine Würde aus: dass das Geschöpf Gottes teilhat an Gottes Regierung und für diese einsteht, nicht an deren Stelle tritt. Wer dieses Geschöpf sein kann? Es ist die Verheißung des Psalm 8, dass dies der Ort und die Figur ist, die »dem Menschen« zukommt. Er wird zum Medium, ja zum »Instrument« des Regierens und Waltens Gottes. Martin LUTHER hat gesehen, dass diesen Ort für uns Menschen allein der neue König einnehmen kann: JESUS CHRISTUS. Er ist das paradigmatische Geschöpf, als Knecht der Regent. Hier beginnt eine politische Ethik, die im Widerspruch gegen jede Besetzung des Ortes ist, den der »verschwundene König« eingenommen hat.[89] Hier beginnt eine politische Ethik, die einer politischen Theologie widerspricht, die auf die Begründung oder Legitimation von Herrschaft fixiert ist und damit die Pointe und des Sinn des Politischen und einer entsprechenden Politischen Theologie verliert – sofern dieser darin besteht, dass Menschen nicht anderen Menschen unterworfen sein können.

In der Perspektive der biblischen Tradition ist die Verheißung bereits ausgesprochen, von der FOUCAULT sagt, dass wir sie im Augenblick noch nicht kennen: Die Erscheinung der Gestalt des Menschen, »war die Wirkung einer Ver-

---

definieren versucht, signalisieren nur für die schönen Seelen das schließlich wiedergekommene Jahr eines menschlichen Reiches.« (Die Ordnung der Dinge, 1974, 410f.).
[88] Siehe A1-1.
[89] Die Ausarbeitung der Problemstellung einer politischen Ethik, die dieser negativen politischen Theologie gewärtig ist findet sich bei: C. LEFORT: Fortdauer des Theologisch-Politischen?, 1999.

änderung in den fundamentalen Dispositionen des Wissens. Der Mensch ist eine Erfindung, deren junges Datum die Archäologie unseres Denkens ganz offen zeigt. Vielleicht auch das baldige Ende. Wenn diese Dispositionen verschwänden, so wie sie erschienen sind, wenn durch irgendein Ereignis, dessen Möglichkeit wir höchstens voraussahnen können, aber dessen Form oder Verheißung wir im Augenblick noch nicht kennen, diese Dispositionen ins Wanken gerieten, wie an der Grenze des achtzehnten Jahrhunderts die Grundlage des klassischen Denkens es tat, dann kann man sehr wohl wetten, dass der Mensch verschwindet wie am Meeresufer ein Gesicht im Sand.«[90]

Die biblisch-christliche Tradition verläuft quer zu diesem Vorgang und sie bestätigt, dass es nicht nur diesen Menschen gegeben hat, dessen Erkundung alles absorbiert, was es zu wissen, zu hoffen oder moralisch zu fordern gibt. Diese Tradition sprechen zu lassen und von ihr aus die Geschichte zu erzählen heißt nicht, eine andere Archäologie zu betreiben: es ist überhaupt nicht die Aufgabe einer *Archäologie*, sondern die einer ausdrücklichen *Tradition*[91], die ihre eigene Sprache spricht und nicht als nur rekonstruierte erscheint. Freilich ist diese Tradition durchaus nicht in einer Theologie zu finden, die sich in ihren Wissensformen und Sprachformen von jenen Dispositionen des Wissens nicht unterscheidet. Sie ist dort zu finden, wo gleichwohl eine Auseinandersetzung darum stattgefunden hat – und somit eine kritische Erinnerung an dasjenige »Neuwerden des Denkens« (Röm 12,2), die der Leitfaden einer Theologie überhaupt sein muss, die vor allem und zuerst den gegebenen Dispositionen des Wissens zu widersprechen hat, sofern sie ihren Gegenstand verändern oder gar vertauschen.[92]

Die Sprache des Neuwerdens des Denkens zu Gehör zu bringen, bleibt die Aufgabe einer Darstellung von der Auslegung und Auslegungsgeschichte des biblischen Wortes, das immer ein Wort geblieben ist, das zu jeder Zeit dem Widerspruch hat Sprache verleihen können. Nicht eine Archäologie des Wissens und der Wissensformen, sondern die Geschichte dieser immer neu provozierten Auslegung des biblischen Wortes ist das Medium einer solchen Rekonstruktion. Die Auslegung der Genesis allein lässt unübersehbar deutlich werden, dass die Erfindung »des Menschen« hier immer wieder ihren Widerspruch hat erfahren können[93] – wie in der Genesisvorlesung Martin LUTHERs, in der das Geschöpf

---

90 Die Ordnung der Dinge, 1974, 462.
91 Siehe zum Verständnis von Tradition A4.
92 Vgl. zu dieser Aufgabe: O. BAYER: Theologie, 1994.
93 Dies in solchen hermetischen Archäologien und Genealogien wie der von Carl SCHMITT und seinem Pendant, das Jan ASSMANN entwickelt. Jan ASSMANN bewegt sich erklärtermaßen in der gleichen Logik wie C. SCHMITT. Siehe: J. ASSMANN: Herrschaft und Heil. Politische Theologie in Altägypten, Israel und Europa, 2002. Zur theologischen Bearbeitung der politischen Theologie

»Mensch« aufgrund einer Lectura in biblia[94], die darin besteht, die Dispositionen des Wissens im Widerspruch offenzulegen, seine Konturen gewinnt.

Die Figur, die dies vollzieht und die am Anfang einer jeden Ethik steht, ist dieser/diese im Hören auf das Wort Gottes Lernende, für den/die dieses Lernen radikal ist, an die Wurzel gehend, weil er/sie selbst in der Lectura des Wortes zum Geschöpf wird und darin schon immer neu dem Versuch entrissen wird, sich dessen zu vergewissern, was das eigene Denken oder das Andere des eigenen Denkens (vielleicht in Gestalt einer negativen Theologie) ausmacht. Dies ist kein Vertrauen auf irgend einen Vorgang der Wahrheitsfindung, sondern es ist das immer neue Hinsehen und Hinhören auf das Wort, das sich in keine Sprache und in keine Auslegung auflöst, die Menschen mit ihm und aus ihm gewinnen.[95]

Ohne den Zugang einer solchen Hermeneutik des Widerspruchs wird es keine Ethik geben, sondern nur eine Moral, die die Selbst-Findung und Rechenschaft vom Selbst[96] des Menschen zum Inhalt hat, paradoxerweise ohne von diesem Menschen sagen zu können, wer er ist. Sofern es aber um eine Ethik geht, in der zum Gegenstand wird, wie wir Menschen leben dürfen, kommt es darauf an, zu erfahren, wie dies zu erkunden ist, ohne darin die moralische Vergewisserung zu suchen, dass sich in dieser Ethik das Menschsein präsentiert, dem doch – eigentlich? – alle zu folgen hätten.

An dieser Stelle kommen diejenigen Theorien ins Blickfeld, die die Moral in eine politische Theorie transformiert haben, um der Ethik den Freiraum einer Vielfalt und Pluralität zu eröffnen, ohne dass sich die Menschen ins (dann vor allem politisch) Abgründige verlieren. In zu vielen partiellen Entscheidungen, die die Ethik betreffen, rückt schließlich doch immer wieder die Frage nahe, ob dies denn »dem Menschen« entspricht. Die moralische Frage als die Frage danach, worin Menschen ihr Menschsein nicht verfehlen dürfen, haben wir nicht los. Inwiefern stellt sich diese Frage als Frage nach der politisch vermittelten Übereinkunft über den politischen Menschen? Wird sich diese Frage im politischen Modell des moralischen Menschen auffangen lassen? Hier wird die christliche Ethik die Diskussion mit der Diskurs-Theorie aufnehmen.[97] Sie wird sich selbst

siehe: O. O'DONOVAN: The desire of the nations. Rediscovering the roots of political theology, 1996.
94 Vgl. U. ASENDORF: Lectura in Biblia, 1998
95 Dieser Disposition einer Hermeneutik jenseits des Buchstabens beschreibt E. LÉVINAS: Jenseits des Buchstabens, 1996.
96 Dies ist das leitende Thema der Moralphilosophie, wie es Judith BUTLER vor Augen stellt: J. BUTLER: Kritik der ethischen Gewalt, 2003.
97 Eine in einigen Aspekten ähnlich laufende Gegenrichtung findet sich in der Darstellung des »Anderen der Gerechtigkeit« bei A. HONNETH: Das Andere der Gerechtigkeit. Habermas und die Herausforderung der poststrukturalistischen Ethik (2000). Freilich bleibt diese Gegenrichtung um das verkürzt, was in der christlichen Tradition als Kennzeichen geschöpflichen Lebens verankert ist. Diese Kennzeichen sind durch nichts zu ersetzen, soll nicht nur die Dialektik des Anderen der

fragen müssen, auf welchem Weg sie dabei bleibt, ob sie auf dem Weg des Zeugnisses von dem Menschen bleibt, der sich im Modus des Freiwerdens von der Suche nach sich selbst wissen darf und darin die Freiheit zu einer Ethik gewinnt, durch die anderen Menschen präsent wird, was Gott *für sie* bereithält.




Gerechtigkeit weitergetrieben werden, statt aus ihr auszubrechen – um das präsent sein zu lassen, was menschliches Leben trägt.

## A 3 Die Praxis der Ethik im Neuwerden durch Gottes Geist

### 1. Ethik als Praxis geschöpflichen Lebens

Der geschöpflichen Existenz, über die wir Menschen nicht moralisch oder wie auch immer – vielleicht durch eine Wesensbestimmung des Menschen – hinweggehen können, entspricht eine *Ethik*, die selbst als *Praxis* geschöpflichen Lebens zu verstehen ist. Es gehört zum geschöpflichen Leben, immer neu dessen gewärtig zu werden, woraus es lebt. Dieses Gewärtigwerden tritt mit dem geschöpflichen Leben in Erscheinung. Es gehört zu dieser Existenzform. Entsprechend, wenn auch mit dem Blick auf eine andere Praxis, hat Charles TAYLOR die Geschichte der Ethik als Reflexion des Lebens aus den »Quellen des Selbst« neu erzählt, gegenüber einer Fixierung auf die Suche nach dem moralischen Subjekt und seiner Konstitution[1], und gegenüber der Trennung der Frage nach der moralischen Übereinkunft von der Reflexion des Strebens nach dem Guten.[2] Diese Ethik bleibt freilich eine Strebensethik. In entsprechender Weise, aber in einer davon wiederum unterschiedenen Logik, kann von einer *Praxis der Ethik* gesprochen werden, die dem geschöpflichen Werden entspricht. Ihre Grundfrage ist nicht die moralische »wie ›man‹ leben soll«[3], aber auch nicht die Frage, wie das Gute zu erlangen ist, das zu mir gehört. Ihre Frage lautet vielmehr: »Wie leben Geschöpfe, als die wir uns entdecken dürfen?«. »Wir« werden hier nicht auf ein Allgemeines, auf ein humanum verwiesen, das in einem »man« hervortritt oder in einem solchen zu fassen ist. Die Ethik geschöpflichen Lebens setzt auch nicht mit der Frage ein, »was ist der Mensch?«, um daraufhin ethisch – ad hominem – zu urteilen, sondern sie fragt Psalm 8 folgend: »Was ist der Mensch, dass Du, Gott, seiner gedenkst?«, was ist dieser Mensch, mit dem Du Dich verbunden

---

[1] Siehe die Bemerkung von M. FOUCAULT: Es werde »...seit dem Christentum die Moral von der Theorie des Subjekts beschlagnahmt. Eine moralische Erfahrung, die wesentlich auf das Subjekt konzentriert ist, scheint mir allerdings heute nicht mehr ausreichend.« M. FOUCAULT: Die Rückkehr der Moral. Ein Interview mit M. Foucault (1990), 144. Foucault freilich geht von da weiter zur Kritik der Moral: »Die Suche nach einer Form der Moral, die insofern von jedem akzeptiert würde, als sich jeder ihr zu unterwerfen hätte, erscheint mir katastrophal.« (ebd.). Diese im Sinne NIETZSCHEs vorgebrachte Moralkritik trifft das Christentum in einer spezifischen Weise, bei der nicht mehr sichtbar wird, welche Art von Moralkritik ebenso genuin christlich ist. Nietzsche hat davon durchaus etwas gesehen.
[2] Damit sind philosophische Traditionen im Spiel, die zugleich – durchaus – in Spannung zu christlichen Traditionen stehen. Es ist notwendig, diese in ihrer Tiefenschärfe im Blick zu behalten, wie dies Charles TAYLOR auf der Linie seiner Fragestellung getan hat. Es führt nicht weiter, diese Differenzen auf begrenzte Teilfragen, wie sie zwischen Kommunitarismus und Liberalismus verhandelt werden, zu reduzieren – wie es vor allem in der Reduktion auf Legitimationsprobleme geschieht. Darauf ist an verschiedenen Punkten einzugehen.
[3] R. SPAEMANN: Glück und Wohlwollen, 1989, 31.

hast?⁴ Und ebenso: »Was ist der Mensch, dass Du ihn aufsuchst?«⁵ Hier wird nach *dem* Menschen gefragt, mit dem Gott eine Geschichte angefangen hat. So ist in der Auslegungsgeschichte dieser Psalm – etwa von Martin LUTHER – auf CHRISTUS hin ausgelegt worden. Denn: Wo ist »der Mensch«, von dem gesagt werden kann, dass er sich in Gottes Geschichte hat hineinziehen lassen? In Christus ist diese Geschichte eingetreten – und darin ist die menschliche Existenz aufgehoben: in Christus ist der Mensch erschienen, von dem wir jetzt sagen dürfen, das ist unsere Existenz. Darin sind wir Menschen aufgehoben. Von der Erfüllung in CHRISTUS an gibt es keinen Menschen mehr, über den irgend jemand verfügen kann. »Was hat es wohl mit diesem Menschen auf sich,« – so lautet die erstaunte Frage – »der in eine solche Geschichte hineingezogen worden ist?«

Es kommt für die theologisch-kritisch reflektierte Ethik alles darauf an, sich in die Logik dieser Frage einzufinden. Es ist nicht die Logik einer Anthropodizee, einer Rechtfertigung des Menschen in *seiner* Geschichte, durch die sich der Mensch vor Gott seines Standorts zu vergewissern sucht – oder seinen wie auch immer fixierten Standort zu suchen oder zu verteidigen unternimmt. Die abenteuerliche Geschichte der Auslegung des Psalm 8 hat freilich durchaus solche und andere Deutungen hervorgebracht. Es wird aber in diesem Psalm nicht nach dem Stand des Menschen gefragt, nach seinem Stand »zwischen Engel und Tier« (PASCAL) im Sinne einer Positionsbestimmung. Die Frage richtet sich darauf, was dieser Mensch ist oder sein kann, auf den sich Gott eingelassen hat. So ist zu lesen: »Wie erscheint dieser Mensch, mit dem Gott eine solche Geschichte begonnen hat? Wie erscheint der Mensch als dieses Geschöpf Gottes?« Wenn die Ethik über diese Frage nicht hinweggeht, indem sie »den Menschen« abgetrennt von diesem Vorgang thematisiert, verliert sie mit dem Menschen die ihm entsprechende Aufgabe und Praxis. Sie gerät vielleicht selbst in die Strategie einer Anthropodizee, einer Rechtfertigung des Menschen und dessen, was er hervorbringt, oder sie gerät in die Strategie einer Aufklärung auf das Menschliche hin (ad hominem), in der ein wie auch immer gegebenes humanum das letzte Kriterium ist, das Worumwillen, der Mensch als Ziel, statt dass umgekehrt vom Menschen und seiner geschöpflichen Bestimmung, also vom Menschen (de homine)

---

4   Die Rede vom Menschen gehört zu der Rede vom »Geheimnis« Gottes, die ihren ersten Ort in einem Gebet hat: Vgl. dazu G. SAUTER: Reden von Gott im Gebet (1981); vgl. J. DERRIDA: Wie nicht sprechen. Verneinungen (1989).
5   Ps 8,5: τί ἐστιν ἄνθρωπος ὅτι μιμνήσκῃ αὐτοῦ η υἱὸς ἀνθρώπου ὅτι ἐπισκέπτῃ αὐτόν. Vulgata: »quid est homo quod memores eius aut filius hominis quoniam visitas eum«. M. LUTHER übersetzt: »was ist der Mensch, dass du seiner gedenkst, und des Menschen Kind, dass du dich seiner annimmst?« In der Auslegung ist gefragt worden, was dieses »Aufsuchen« (visitare) heißt.

## 1. Ethik als Praxis geschöpflichen Lebens

im Zusammenhang der Geschichte zu erzählen ist, zu der er gehört.[6] An diesen Unterscheidungen hat sich immer wieder das Verständnis von Ethik und ihrer Praxis ausgebildet. Hier eröffnet sich ein ganzes Spektrum von verschiedenen und auch divergierenden ethischer Praktiken. So kann Ethik begründen und entfalten wollen, »wie ›man‹ leben soll«, sie kann auch zur Rechtfertigung dessen dienen, was menschliches Leben heißt, mitsamt der Moral, die es kennzeichnet, vielleicht eine Moral des »gelingenden Lebens«. Davon unterschieden ist eine Praxis, die zu erkunden sucht, was es mit *diesem* Menschen auf sich hat, der als Geschöpf erscheint.

Wo Gott, der Schöpfer und seine Geschichte mit dem Menschen verschwunden ist, ist zugleich die Wirklichkeit verschwunden, die es hier zu verstehen gilt.[7] Mit Gott, dem Schöpfer wird sein Geschöpf und dessen Wirklichkeit obsolet. An die Stelle der geschöpflichen Wirklichkeit und ihre Geschichte tritt dann diese oder jene Realität, die behauptet oder inszeniert wird, unabhängig davon, was diesem Menschen widerfährt, der in der Aufmerksamkeit auf Gottes Wirken lebt. Ethische Praxis, die *nicht* antizipiert oder behauptet, was der Mensch ist, besteht darin, dieses menschliche Leben zu erkunden. Ethik hat dann eine *explorative* Aufgabe: die Erkundung und Erprobung geschöpflichen Lebens in allen Bereichen, in denen es hervortritt und sich zu bewähren hat.

Von dieser explorativen Praxis unterscheiden sich – wie angezeigt – andere Praktiken, verschiedene Praktiken der Orientierung, die Praktiken der moralischen Vergewisserung, der Rechtfertigung, der Verständigung, oder auch Praktiken der Lenkung, der Leitung, der Ausrichtung und Praktiken der Erziehung oder der Implementierung von Moral und Ethik, und noch manche andere Praktiken, bei denen fraglich bleibt, ob sie auf das achten, was das Werden von Geschöpfen ausmacht. Eine Ethik kann nicht auf die moralische Vergewisserung oder die Implementierung einer bestimmten Moral oder eines Ethos zielen, ohne diese Frage zu stellen. Sie würde den Menschen als Geschöpf verfehlen. Eine Ethik, die dieser Frage folgt, wird den *Weg* dieses Geschöpfs als den Weg seines Werdens zu erkunden suchen. Darin besteht die Aufgabe ihrer Erkenntnis. Welche ethische Praxis und welche dazugehörigen Praktiken werden dem entsprechen? Welche Praxis und welche Praktiken können der vor dem Wunder erstaunten Frage folgen »Wer ist der Mensch, dass Du (Gott) ihn in Deine Geschichte ziehst, dass Du ihn aufsuchst?« (Psalm 8)

---

[6] Dem entspricht M. LUTHER in seiner Auslegung des Psalm 8, wenn er sagt, hier könne nicht von dem Menschen die Rede sein, der wir sind, sondern einzig von Christus, in dem wir unser Menschsein wiedergewinnen.

[7] Im Sinne eines explorativen Verstehens, dem entsprechend, was »Fides quaerens intellectum« heißt. Vgl. H. ARENDT: Ich will verstehen, 1997; R. SPAEMANN: Christliche Religion und Ethik (1977).

### Das Gemeinsame oder das Allgemeine

In Bezug auf den Weg wird dann auch zu fragen sein, wie wir diesen Weg gemeinsam gehen. Hier trennt sich die ethische Aufgabe von der moralischen. Die letztere folgt (von hier aus) der Frage »wie ›man‹ leben soll?«, die andere fragt, »wie bleiben *wir* Geschöpfe?«, wie ist *dieses* Leben zu leben, in dem wir Geschöpfe bleiben und in dem wir nicht auf »etwas« verpflichtet werden, auf dieses oder jenes Mensch-Sein, auf diese oder jene Realität. Theologische Ethik hat diese Art von Verpflichtung als Gesetzlichkeit markiert. Das Gebot Gottes wird der Gesetzlichkeit dort unterworfen, wo es als eine für alle Menschen gültige Forderung als solche präsentiert wird. Gesetz ist dann der (Begründungs-)zusammenhang, sei er ein moralischer oder sittlicher, in dem menschliches Leben ausgewiesen oder gerechtfertigt wird, statt dass umgekehrt mit dem Gesetz entdeckt wird, was dem menschlichen Leben zukommt. Das Gebot Gottes umschreibt menschliches Leben als geschöpfliches. Nicht sofern Gott die Autorität ist, die dieses Gebot setzt, sondern weil es das Gebot *des* Gottes ist, der Menschen Geschöpfe sein lässt. So kennzeichnet das Gebot »Du sollst nicht töten« das menschliche Leben als ein solches, das sich frei wissen darf vom Gesetz der – gewalttätigen – Behauptung des Lebens. Diesem geschöpflichen Leben und der ihm gegebenen Verheißung gilt es nachzugehen, auf dem Weg, der durch das Gebot vorgezeichnet ist. Diese explorative Aufgabe nimmt die Ethik im Spektrum ihrer Praktiken, auch im ethischen Urteilen[8] wahr, sofern sie sich nicht der Logik moralischer Rechtfertigung oder anderen Praktiken ethischer Rechenschaft ausliefert.

Diese explorative Praxis findet sich in Martin LUTHERs Auslegung des Dekalogs.[9] Zu jedem Gebot wird formuliert, *worin* das Gebot erfüllt wird, indem das »mehr als« der Einhaltung von gesetzten Grenzen, das immer schon Überschießende der Erfüllung angezeigt wird. So in der Auslegung des Gebots »Du sollst nicht töten«: »dass wir unserem Nächsten an seinem Leibe keinen Schaden noch Leid tun, sondern ihm helfen und fördern in allen Leibesnöten.« Ein solches Gebot, das nur in der Übererfüllung erfüllt ist[10], die ihre eigene Unendlichkeit hat, kann nicht zur Rechtfertigung dienen. Daraus aber folgt keine permanente Unsicherheit, ein dauerndes schlechtes Gewissen, ob man denn schon genug getan hat. Auch dies wäre in der Logik der Rechtfertigung gedacht. Darin ist vielmehr die Blickwendung beschlossen von dieser Rechtfertigung weg auf die

---

[8] Siehe dazu A3-1; A-6-2. Zur Erschließung seiner Bedeutung für die Ethik, die sich darin als politische erweist, siehe insbesondere: O. O'DONOVAN; J.L. O'DONOVAN: Bonds of imperfection. Christian politics, past and present, 2004, bes. 207-224. Zur Bedeutung für die politische Theorie und Ethik siehe: E. VOLLRATH: Die Rekonstruktion der politischen Urteilskraft, 1977.

[9] Siehe auch: M. LUTHER: Sermon von den guten Werken [1520].

[10] Entsprechend hat Paul RICOEUR in Lk 6,27-38 die Verbindung von Feindesliebe mit der Goldenen Regel ausgelegt: P. RICOEUR: Liebe und Gerechtigkeit, 1990.

Not des Nächsten – »ihm helfen und fördern in allen Leibesnöten«. Dies bedeutet das Freiwerden von der bangen Frage um die Erfüllung des Gesetzes.

Wir haben solchen Beispielen entsprechend zu fragen, was die Praktiken ethischer Artikulation und Erkundung sind, die dem geschöpflichen Leben entsprechen. Wir werden sehen, wie sich diese Praktiken unterscheiden von Strategien ethischer Reflexion oder Verständigung, die einen anderen Angelpunkt haben als die ethische Praxis geschöpflichen Lebens.

## 2. Ethische Praxis – und die Formen moralischer Untersuchungen

In seiner programmatischen Studie »Drei rivalisierende Wege moralischer Untersuchungen« hat Alasdair MACINTYRE[11] drei Wege unterschieden, auf denen sich die Suche nach einem moralischen Zusammenhang bewegt hat: den enzyklopädischen, den genealogischen und den Weg der Erinnerung von Traditionen und ihren Praktiken. MACINTYRE geht dabei von der Diagnose aus, dass wir uns in der ethischen Verständigung in einer babylonischen Situation befinden, in der nur Fragmente von moralischen Sprachen und Konzeptionen im Gebrauch sind, aber keine zusammenhängende Praxis moralischer Forschung und Verständigung. Entsprechend wird – dem *ersten* Weg folgend – versucht, diese Fragmente enzyklopädisch, lexikalisch zu präsentieren und zu registrieren. Nicht nur der Blick in ein Lexikon der Ethik oder in die Lehrbücher und ihre Konzeptionen, kann dies bestätigen, sondern jedes Gespräch über ethische Fragen und jede ethische Stellungnahme. Zumeist werden vielfältige Fragmente aus den verschiedensten Gegenden moralisch-ethischer Praxis zusammengetragen und beliebig kombiniert. Ihr Sitz im Leben ist unbestimmt, verloren ist die Logik ihres Gebrauchs. Welches Fragment stellt die unübersehbar vielfältige Rede von »Verantwortung« dar, welches Fragment die Rede von »Werten«, »Normen« oder auch von »Tugenden« oder »Gütern«? Wo können diese Ethik-Fragmente ihren Ort oder Kontext haben? Der zerrissenen ethischen Praxis entspricht auch der *zweite* Modus ethischer Untersuchung, nämlich der Versuch, die Moral in einen *genealogischen* Zusammenhang zu stellen[12] und damit Orientierung zu geben versuchen. Die genealogische Aufklärung der Moral (im Gefolge von NIETZSCHEs »Zur Genealogie der Moral«) versetzt uns in Zusammenhänge menschlicher Entwicklung, in die wir eingebunden oder verstrickt sind.

---

11 Alasdair MACINTYRE: Three Rival Versions of Moral Inquiry, 1990.
12 Im Blick darauf ist zu klären, was demgegenüber die soziologische Aufklärung über Semantiken methodisch darstellt. Vgl.: N. LUHMANN: Gesellschaftsstruktur und Semantik. Studien zur Wissenssoziologie der modernen Gesellschaft, Bd. 1, 1993. Auch sie enthält genealogische Strategien. Aber sie kann helfen, der beliebigen Konzeptionenbildung in der Ethik entgegenzutreten.

Gegenüber diesen Strategien, mit der fragmentierten Ethik und ihrer Artikulation zurechtzukommen, brauchen wir – so MACINTYRE – die aktive, explizite, narrativ ausgeführte Erinnerung an die zusammenhängende Logik einer *ethischen Praxis*, wie wir sie in bestimmten Traditionen auffinden, und in einigen (wie der thomistischen) so, dass diese entschieden auch auf eine tragende Praxis zielen. Was wir brauchen, ist also, wenn wir MACINTYRE folgen, keine Theorie, vielleicht eine Theorie der Lebensführung oder der Ethik, sondern eine kohärente Praxis ethischer Exploration und Verständigung. So brauchen wir eine Sprache, in der wir uns verständigen, und auch Formen und Regeln der Verständigung, die verbunden sind mit Formen des Zusammenlebens, mit den Formen, die in der Tradition die »Tugenden« genannt wurden. Zugleich aber brauchen wir Praktiken, in denen die Exploration vollzogen wird.

Freilich richtet sich MACINTYREs Erwartung darauf, dass die Formen ethischer Praxis als solche tragfähig und ertragreich sind. Deshalb ist die vielseitige Rückfrage laut geworden, ob hier nicht eine zu starke Voraussetzung eingefordert wird, die Voraussetzung nämlich eines (aristotelisch gefassten) gemeinsamen (politischen) Lebens, in dem einzig solche Formen lebendig und gültig sein können.[13] Diesem Problem folgt zum Teil auch die Debatte über eine kommunitaristisch ansetzende Ethik, die in einer solchen Gemeinschaft verwurzelt ist, im Gegenüber zu liberalen Konzeptionen von Ethik, die um ein allgemeines ethisches »Subjekt« zentriert sind, das sich mit (allen) anderen im Medium »moralischer« Übereinkunft zu verständigen hat. Mit der Suche nach der (kohärenten) Praxis der Ethik ist somit die Frage nach einer (sozialen) Wirklichkeit – und damit nicht nur nach einer Gesinnungsgemeinschaft[14] – verbunden, in der sie verwurzelt ist oder auf die sie sich – vielleicht als Lebenswelt – bezieht. Diese Frage zu stellen gehört selbst zur Praxis der Ethik. Es gehört zu der komplexen Aufgabe ethischer Orientierung. Doch wo gehört diese Aufgabe selbst hin? Was ist die Perspektive, in der sie in den Blick kommt? Wo hat der Theorienstreit um die Tragfähigkeit des moralischen Diskurses seinen Ort?

### Im Neuwerden des Geistes

Geschöpfliches Leben wird in der biblischen Tradition als ein Leben beschrieben, das den menschlichen Geist (ratio, mens, intellectus, spiritus) in seiner Geschöpflichkeit einschließt. In dieser Perspektive ist von dem »*Neuwerden des*

---

[13] Vgl. zu Neoaristotelismus: J. HABERMAS: Lawrence Kohlberg und der Neoaristotelismus (1991).
[14] Dies wird nicht selten als Kommunitarismus gekennzeichnet, geht aber an dem gerade vorbei, was mit der Frage nach dem gemeinsamen Leben als Zusammenhang, auf den sich die Ethik bezieht, gemeint ist. Auf dieser Verwechslung beruht auch nicht selten die Polemik gegen den Kommunitarismus.

*Geistes* (νοῦς)« die Rede, mit der die ethische Praxis ihren Anfang nimmt (Röm 12,2). Ethik ist demzufolge nicht als diese oder jene Strategie oder Tätigkeit, sondern als Praxis des menschlichen Geistes zu beschreiben, der des Neuwerdens bedarf und den dieses Neuwerden auszeichnet.[15] In diesem Neuwerden geschieht die Neuschöpfung, welche die »Exploratio«, die Erkundung und die Erprobung dessen eröffnet, was der Wille Gottes für uns Menschen ist.[16] Darauf ist der menschliche Geist in seinem Neuwerden gerichtet. Der zu erneuernde menschliche Geist kennzeichnet geschöpfliches Leben. Es ist der zu erneuernde Geist einer *neuen* Wahrnehmung[17], eines *neuen* Verstehens – nicht ein menschlicher Geist, der *sich* die Welt aneignet, zurechtmacht oder gestaltet, ohne des Geistes Gottes gewärtig zu werden, der ihm in seinem Wort begegnet, und ohne sich von diesem verändern zu lassen.[18] Die biblische Tradition spricht von dem Neuwerden des menschlichen Geistes durch Gottes Geist. Alles Reden vom Geist lebt von dieser spannungsvollen Differenz, davon, dass Gottes Geist *unserem* Geist bezeugt, dass wir Gottes Kinder sind (vgl. Röm 8,16). Gottes Geist ist an das Wort Gottes gebunden, deshalb ist hier vom Zeugnis die Rede.[19] Dieser *wortgebundene* Geist tritt dem menschlichen Geist entgegen, er tritt allem entgegen, was sich als »Geist« zu behaupten sucht, indem es die geschöpfliche Wirklichkeit hinter sich lässt.[20] Das Wort, an das der Geist gebunden bleibt, ist in Jesus Christus uns Menschen begegnet und gegenübergetreten. Dieses Wort geht der Ethik voraus. Deshalb kann die theologische Ethik nicht mit dem Glauben einsetzen. Der Glaube kommt aus dem Wort, aus der Begegnung mit dem Wort – so lautet die Grundregel einer Theologie und Ethik geschöpflichen Lebens.

---

15  Im Sinne von Hannah ARENDT: Vom Leben des Geistes, 1985. Zur theologischen Reflexion vgl. insbesondere verschiedene Beiträge von Gerhard SAUTER, auf die ich mich hier beziehe: G. SAUTER: Die Kirche in der Krisis des Geistes (1976); ders.: Ekstatische Gewissheit oder vergewissernde Sicherung? Zum Verhältnis von Geist und Vernunft (1974).
16  Zum Problem vgl. J. DERRIDA: Vom Geist. Heidegger und die Frage, 1988.
17  So kann »νοῦς« in Röm 12,2 übersetzt werden.
18  Zur theologischen Kritik im geistesgeschichtlichen Kontext siehe dazu vor allem: Ernst WOLF: Menschwerdung des Menschen? (1965), vgl. bes. 130f. zur Frage nach dem theologischen Verständnis von Bildung.
19  Dies entspricht den Grundregeln des Redens vom Geist in der christlichen Tradition, die sich damit von jeder Art von Spiritualismus abgegrenzt hat, der darauf zielt, den eigenen, menschlichen Geist gegen jede von vielleicht widerständiger Rede durchzusetzen. Vgl. dazu: G. SAUTER: Die Kirche in der Krisis des Geistes (1976).
20  Hier hat auch die Rede vom Gesetz des Geistes (Röm 8,2) ihren Ort. H.J. IWAND bemerkt dazu: »Warum noch lex? Darum, weil dieses Leben auch geführt wird in einem Reich und unter einem Herren – aber im Reich des Lebens und unter dem Herren, der uns frei gemacht hat vom Gesetz der Sünde und des Todes!« (H.J. IWAND: Gesetz und Evangelium, 1964, 284f.). Die Kritik an einer Rede vom »Geist«, die ihn von der Schöpfung und dem tätigen geschöpflichen Leben losgelöst sein lässt, hat vor allem Martin BUBER ausgeführt: M. BUBER: Der Jude und sein Judentum. Gesammelte Aufsätze und Reden, 1993, vgl. insbesondere: Die Mächtigkeit des Geistes [1934] (1993).

Gerade so bleibt Gott uns Menschen gegenüber und lässt sich nicht als »Geist« fassen. Hans Joachim IWAND bemerkt: »Es wird für die Vernunft immer paradox sein, dass Gott uns begegnet als Mensch, denn die Vernunft erwartet immer, dass Gott uns begegnet als Geist. Die Vernunft will Gott immer hinter dem Menschen suchen.«[21]

Die Frage des Neuwerdens der menschlichen Vernunft, das Problem des menschlichen Geistes ist der Angelpunkt einer ethischen Praxis, die nicht der Rechtfertigung und Bestätigung des Bestehenden dient, auf das »wir« Menschen uns zu berufen suchen – das Geschäft der Metaphysik[22]. Damit ist in theologischer Perspektive die Aufgabe der Gewinnung einer kritischen Theorie der Vernunft gestellt, die deren Krisis und Veränderung einschließt.[23] Mit ihr bleibt die Frage präsent, inwiefern »wir« Menschen gemeinsam und allesamt in die Irre gehen können, weil die Vernunft selbst einer äußersten Kritik bedarf, die sie nicht aus sich selbst gewinnen kann.[24] Es geht um die Frage nach einer Vernunft und Rationalität, die die Frage bewahrt, was die Wahrheit ist, die ihr *begegnet*. Das ist nicht in den Begriff der »Offenbarung« zu fassen und somit auch nicht in das Thema Vernunft und Offenbarung[25], sondern in das Problem der widerständigen Erscheinung einer Wirklichkeit, deren derjenige menschliche Geist ansichtig wird, der sich selbst erneuern lässt. Ohne diesen Vorgang des Neuwerdens ist die Pointe des Gewärtigwerdens Gottes verloren. Dies zu zeigen, ist die Aufgabe einer *kontradiktorischen* und *kritischen Theorie des Geistes*, die mitreflektiert, dass sie ihre Grenzen nicht selbst definieren und – zugleich – einen transzendentalen Ort für diese Definition nicht ausweisen kann. Dies ist von der kritischen Theorie der Frankfurter Schule festgehalten worden und dies ist in der Auseinandersetzung um die Diskursethik unter dem Titel »bodenlose Vernunft« verhandelt worden.[26] Immer neu wird es um die Aufgabe einer Kritik einer Vernunft oder eines Geistes gehen, die sich immer schon etabliert hat – wie es in der Auseinandersetzung mit der HEGEL'schen Philosophie des Geistes geschehen ist,

---

21  H.J. IWAND: Luthers Theologie, 1974, 131.
22  Siehe zum Verständnis von »Metaphysik« in Bezug auf die Ethik auch die Gifford-Lectures 1982 von: I. MURDOCH: Metaphysics as a guide to morals, 1992.
23  »Ist Rettung der innerste Impuls jeglichen Geistes, so ist keine Hoffnung als die der vorbehaltlosen Preisgabe; des zu Rettenden wie des Geistes, der hofft.« (T.W. ADORNO: Negative Dialektik, 1966, 382).
24  Zum Problem des »Wir« als Implikat der Metaphysik siehe: G. VATTIMO: Abschied. Theologie, Metaphysik und die Philosophie heute, 2003, 78f..
25  Vgl. dazu die Bemerkungen von M. HONECKER: Bioethik – als Paradigma angewandter Ethik (1998). Zu Recht verweist M. Honecker dieses Thema in die Logik der Aufklärung, wie sie historisch mit der Epoche der Aufklärung verbunden ist.
26  R. EICKELPASCH: Bodenlose Vernunft. Zum utopischen Gehalt des Konzepts kommunikativer Rationalität bei Habermas (1996).

die viele ethische Konzeptionen, nicht zuletzt theologische durchdrungen hat.[27] Stephan STRASSER verweist zunächst selbst auf HEGEL, der gesagt hat »Wenn die Reflexion, das Gefühl oder welche Gestalt das subjektive Bewusstsein habe, die *Gegenwart* für *Eitles* ansieht, über sie hinaus ist und es besser weiß, so befindet sie sich im Eitlen.«[28] So ist nicht ein Jenseits zu postulieren, das leer bleibt, sei es Gott oder etwas anderes – wie irgend ein Fortschritt. Zugleich aber ist zu fragen, was dann noch zu urteilen ist, wenn es kein Jenseits gibt: »Wenn, wie Hegel annimmt, sich die Vernunft im Laufe der Geschichte realisiert, so dass alles, was wirklich ist, auch vernünftig ist, dann ist kein vernünftiges Urteil über die Geschichte denkbar; beziehungsweise: das transzendierende Moment, das in dem Wörtchen ›über‹ beschlossen liegt, wird dann rätselhaft.«[29] So muss eine Ethik, die noch urteilen will, einen Ort jenseits aufsuchen können, der aber nicht leer bleibt, eine bestimmte und konkrete Transzendenz, die widerständig bleibt gegenüber dem Gegebenen und seiner Bestätigung im reflektierenden Geist. Das ist die grundlegende theologische Einsicht für eine kritische Ethik. Damit hat man mit HEGEL gebrochen und zugleich der Warnung vor jener Eitelkeit entsprochen.

Für die theologische Ethik hat nicht zuletzt Ernst WOLF eine solche *kontradiktorische* und *kritische Theorie* der Vernunft in den Blick gerückt.[30] Er fragt nach der erleuchteten Vernunft, sofern nur diese der Grenzen gewärtig sein kann, die ihr gesetzt und nicht die von ihr ausgemachten Grenzen sind.[31] Die philosophische Arbeit am Problem hat u.a. dazu geführt, das Jenseits der Grenze der Vernunft in seiner Unbestimmtheit in der offenen Zukunft zu lokalisieren. Darin laufen viele Versuche zusammen, das Jenseits einer ihre Grenzen reflektierenden Vernunft anzusprechen. Paradigmatisch formuliert Georg PICHT: »Der durch das Fortschreiten der Aufklärung unvermeidlich gewordene Übergang von dem Vernunftbegriff der klassischen Metaphysik zu einer Gestalt der Vernunft, die einsieht, dass ihr die Möglichkeit, vernünftig zu sein, nur aus der Zukunft her gegeben ist – dieser Übergang entspricht also dem Übergang ... in ein Denken, das – möglicherweise – seinen Horizont der unserem Denken noch unbekannten

---

27  Vgl. hierzu insbesondere die theologisch reflektierte Auseinandersetzung mit HEGEL bei S. STRASSER: Jenseits des Bürgerlichen?, 1982, bes. 154-158. Siehe dazu auch Adornos Kritik: T.W. ADORNO: Probleme der Moralphilosophie, [1963] 1996.
28  G. W. F. HEGEL: Grundlinien der Philosophie des Rechts, Vorrede, 14. Zur Bedeutung dieser Grundregel vgl. auch C. TAYLOR: Hegel, 1978.
29  S. STRASSER: Jenseits der Bürgerlichen?, 1982, 156.
30  Vgl. E. WOLF: Verantwortung in der Freiheit (1965) 243f. Wolf bezieht sich auf C. F. von WEIZSÄCKER: Bedingungen des Friedens. Mit einer Laudatio von Georg PICHT, 1963.
31  Zur Aufgabenstellung vgl. G. PICHT: Aufklärung und Offenbarung (1969).

Wahrheit der christlichen Offenbarung empfängt.«[32] Dies beleuchtet freilich nur die eine Seite, die das Problem der Grenzen einer reflexiv werdenden Vernunft beleuchten lässt, die andere Seite betrifft das Problem einer kritischen Theorie der Vernunft, die aus dem *Widerspruch* zu gewinnen ist, der das Neuwerden des menschlichen Geistes (Röm 12,2) bedeutet.[33] Damit blicken wir nicht auf den *Ursprung* der Aufmerksamkeit in der Situation der geforderten Gerechtigkeit (wie in der Philosophie von Emmanuel LÉVINAS), sondern auf die Situation dessen, der sich nicht nur angesprochen, gefordert, berufen, sondern auch *erkannt*[34] weiß. Wie wird ein Mensch davon erfahren, durch welchen *Widerspruch*, durch welche ihm *begegnende* Erkenntnis oder Weisheit[35]? Diese biblische Logik steht einer Philosophie entgegen, die »Geist« als den Ursprung des Ich-Seins, als den Ursprung eines Subjekts, versteht, dem kein anderer Geist, kein Wort entgegentreten kann.[36] Die biblische Tradition zielt gerade deshalb darauf, Gottes Geist als den Geist zu verstehen, der bei den Menschen Wohnung nimmt, damit kein anderer Geist sich des menschlichen Geistes bemächtigt: »Wer aber Christi Geist nicht hat, der ist nicht sein.« (Röm 8,9). Zu CHRISTUS gehören, bedeutet nicht, nun umgekehrt zum »subjectum« zu werden, zu dem Unterworfenen, sondern auf eine neue, andere Weise Mensch zu sein: wie Christus im Zusammenleben mit dem Gott, der an uns Menschen handelt. »Geist« steht dort, wo von Gottes Handeln am Menschen die Rede ist. Diese Rede steht (wie in Röm 8 explizit wird) gegen beide diagnostizierten Pathologien, die der Disziplinierung (subjectum) und die der auf die Disziplinierung fixierten, gegen sie gerichteten Selbstbehauptung.[37] Diese Rede richtet sich auch gegen die Logik, die solchen

---

32   G. PICHT: Aufklärung und Offenbarung (1969), 202. Picht fährt fort: »Dieser Satz wäre heute wohl die äußerste Grenze, zu der ein sich um Aufklärung bemühendes Denken in Richtung auf die Offenbarung vordringen kann.«
33   Vgl. zur Auseinandersetzung mit der Diskurstheorie der Wahrheit an diesem Punkt: H.G. ULRICH: An den Grenzen der Verständigung (1998).
34   Vgl. zu dieser Wendung der Erkenntnisordnung: Psalm 1.
35   Gerhard von RAD verweist darauf, dass die »Weisheit«, wie sie in der Weisheitstradition des Alten Testaments erscheint, als eine »andrängende« Weisheit erscheint. Sie drängt sich auf, sie entstammt nicht menschlichem Geist.
36   Auf dieser Linie bewegt sich die Philosophie des Geistes von W. SCHWEIDLER: Geistesmacht und Menschenrecht, 1994. Schweidler kommt das Verdienst zu, dass er darin ein menschliches Subjekt-Sein begründet sieht, dass durch keine andere, andere bedrängende Selbstbehauptung gewährleistet wird. Schweidler fasst zusammen: »Geistige Macht als die Macht, meinem Leben zu entsprechen, geht meinem Zusammenleben mit anderen rechtfertigend voraus, auch wenn sie mir erst durch es eröffnet worden ist. Der Wille, meinem Leben zu entsprechen, ist die Basis des Zusammenlebens, nicht umgekehrt.« (356).
37   Zur Kritik am Humanismus der Selbstbehauptung siehe: J. HABERMAS: Die Einheit der Vernunft (1988).

Diagnosen von »Pathologien« zugrunde liegt – die Logik, die auf eine Normalität setzt, für die es keine ihr entgegenlaufende Perspektive gibt.[38]

## 3. Das Neuwerden des Geistes und die Praktiken der Ethik

Im Neuwerden Geistes, in seiner Krisis[39], im Neuwerden der Aufmerksamkeit und der Wahrnehmung gewinnen Menschen ihre neue Existenzform (Röm 12,2).[40] Dies ist die Grundlinie theologischer Ethik. »Regiert euch aber der Geist ...« (Gal 5): damit ist eine Ethik eröffnet, die Menschen in Gottes schöpferischem, erneuerndem Handeln aufgehoben sieht. Der Geist, von dem die Rede ist, ist der *Schöpfer-Geist*[41], an den das Gebet gerichtet ist: »Veni creator spiritus.«

Welche Praxis *der Ethik* entspricht diesem Neuwerden und der darin beschlossenen Erwartung? Wie Alasdair MACINTYRE sind manche Philosophen und Theologen dieser Frage nachgegangen. Hier ist auch das ganze *Spektrum* ethischer Praxis aufzufächern, so wie es in Alasdair MACINTYREs Kennzeichnung der drei Weisen ethischer Untersuchung geschieht. Der Angelpunkt seiner kritischen Erinnerung ist – wie angezeigt[42] – freilich nicht das geschöpfliche Leben, sondern die Vergewisserung der Möglichkeiten des Zusammenlebens, und damit verändert sich das Bild ethischer Praxis, das er uns vor Augen stellt.

Mit anderer Zielrichtung hat Michael WALZER von *drei Wegen der Moralphilosophie* gesprochen.[43] Er unterscheidet den Pfad der Entdeckung, den Pfad der Erfindung und den Pfad der Interpretation. Den Pfad der Entdeckung sieht er in der religiösen Moral beschritten, auch in der biblischen Tradition: »Die moralische Welt ist wie ein neuer Kontinent. Und der religiöse Führer (Gottes Diener) ist wie ein Entdecker, der uns die Frohe Botschaft von der Existenz dieses Kontinents und die erste Karte von seiner Gestalt und Ausdehnung überbringt.«[44] Von der religiösen Entdeckung unterscheidet er die philosophische (Wieder-)entdeckung, der es der »radikalen Neuheit und scharfen Absonderung, die die göttliche Offenbarung auszeichnet« mangelt. Die Philosophie ist in dieser Perspektive ein Nachzügler. Sie bringt »nur die Weisheit der Eule, die in der Dämmerung ausfliegt.«[45] Der *zweite Pfad* besteht demgegenüber in dem Versuch, »eine völlig Neue Welt der Moral zu konstruieren – womit sie dann eher Gottes

---

[38] Zur Diskussion im Zusammenhang der Sozialphilosophie siehe: A. HONNETH: Pathologien des Sozialen. Tradition und Aktualität der Sozialphilosophie (1994).
[39] Siehe E2-7.
[40] Die Vulgata übersetzt »sensus«.
[41] Zur theologischen Reflexion vgl. H.U. v. BALTHASAR: Spiritus Creator, 1967.
[42] S. A3-2.
[43] M. WALZER: Drei Wege in der Moralphilosophie (1990).
[44] Ebd., 12.
[45] Ebd., 14.

Schöpfungsakt imitieren als die Entdeckungen Seiner Diener«.⁴⁶ Michael WALZER verweist auf René DESCARTES⁴⁷ und auf John RAWLS als prominente Beispiele für die Konstruktion von Moral. WALZER bemerkt: »*Die kritische Kraft einer erfundenen Moral gleicht eher derjenigen des göttlichen Gesetzes als einer philosophischen Entdeckung (oder: sie steht der Weisheit des Adlers näher als der der Eule). Rawls' Unterschiedsprinzip etwa, um ein viel diskutiertes Beispiel zu wählen, hat durchaus etwas vom neuen und Charakteristischen der Offenbarung an sich. Niemand würde auf die Idee kommen, es für eine pure Verrücktheit zu halten. Wie das göttliche Gesetz seine Kraft von seinem Schöpfer bezieht, so bezieht das Unterschiedsprinzip seine Kraft aus dem Prozess, in dem es geschaffen wurde. Wenn wir es akzeptieren, so deshalb, weil wir selbst an seiner Erfindung teilgenommen haben.*«⁴⁸

Hier fragt nun WALZER zurück: »Warum sollten neu erfundene Prinzipien das Leben von Menschen bestimmen, die bereits eine gemeinsame Moral und Kultur teilen und eine gemeinsame natürliche Sprache sprechen?«⁴⁹ Die so gewonnene Moral dient eher nur dem Überleben als der Explikation einer Lebensweise. Die so gewonnene Moral ist nur ein Provisorium für den Grenzfall. In der Tat sind zahllose »ethische« Untersuchungen auf diese Situation bezogen, nicht aber auf die Lebenswirklichkeit, in der wir uns bereits aufhalten. »Was wir vielmehr brauchen, ist eine Bestandsaufnahme oder ein Modell einer bereits bestehenden Moral, das uns eine klare und verständliche Darstellung der kritischen Stärke ihrer eigenen Prinzipien vermittelt, jedoch ohne das verwirrende Dazwischentreten von Vorurteilen oder egoistischen Sonderinteressen.«⁵⁰ Die Aufgabe der Untersuchung ist nun – das ist der *dritte Pfad* – die gegebene Moral zu verstehen und zu interpretieren, so dass wir uns daran halten können. »Der Anspruch der Interpretation liegt einfach in folgender Annahme: dass weder Entdeckung noch Erfindung notwendig sind, weil wir bereits über das verfügen, was sie uns zu beschaffen versprechen. ... Wir müssen die moralische Welt nicht erst entdecken, da wir immer schon in ihr gelebt haben. Wir brauchen sie nicht zu erfinden, weil sie bereits erfunden wurde.«⁵¹

WALZERs Darstellung zielt auf eine in vielfachen, zum Teil sehr divergierenden Versionen existierende Auffassung von der Aufgabe der Moralphilosophie und ihrer Begründung.⁵² Aber er gibt ihr eine spezifische Wendung, sofern er die gegebene moralische Welt, die eine »*bewohnte* Qualität« hat, von der Entde-

---

46  Ebd., 15.
47  R. DESCARTES: Abhandlungen über die Methode [1637], 1986, 55.
48  M. WALZER: Kritik und Gemeinsinn, 1990, 21.
49  Ebd., 23.
50  Ebd., 25.
51  Ebd., 29.
52  Vgl. beispielsweise R. BUBNER: Moralität und Sittlichkeit (1986).

ckung und der Erfindung der Moral nicht unterscheidet. Seine These lautet vielmehr: »Die philosophische Entdeckung und Erfindung sind verkleidete Interpretationen; es gibt also in Wirklichkeit nur einen Pfad in der Moralphilosophie«[53], nämlich den interpretatorischen. Moralisches Argumentieren hat *immer* den Charakter der Interpretation. Sie setzt keinen Anfang und sie erfindet keine Gesetze, sondern sie sucht zu verstehen und im Urteilen zu erfassen, was ›unsere‹ Lebensweise ist und bedeutet. Dementsprechend heißt jetzt die moralische Frage: »Was ist ›für uns‹ richtig zu tun?«[54] Die Praxis der Ethik ist die Interpretation. Sie versucht nicht, die Moral (von neuem) zu begründen und sie versucht ebenso wenig, eine Moral zu konstruieren. Sie sucht sich auch nicht einer Entdeckung zu vergewissern, sondern lenkt die Besinnung auf »uns« und darauf, wie wir leben. »Es gibt eine Überlieferung, einen Korpus moralischen Wissens; und es gibt eine Gruppe von Weisen, die sich streiten. Etwas anderes gibt es nicht. Keine Entdeckung oder Erfindung kann den Streit beenden.«[55] WALZERs Darstellung ist kritisch gegen diejenigen gerichtet, die die Aufgabe der Ethik darauf eingrenzen, (letzte) Begründungen zu geben. Die ethische Praxis dreht sich demgegenüber um die Frage »wie ›wir‹ richtig leben«, und um dies zu artikulieren bedarf es des Verstehens im Streit, es bedarf des Interpretierens. Auf diesem Pfad ist von uns herauszufinden, was für uns gilt. Aber auch damit bleibt WALZER auf das Problem der Begründung fixiert.

Hier entstehen vielfältige Fragen, die die Gegebenheit eines in Moral gefassten menschlichen Lebens betreffen, das es hier zu verstehen gilt und das nicht erst neu gewonnen werden muss. Dazu gehört nicht zuletzt die Frage, inwiefern wir – in der Perspektive der erhofften Erlösung. – nur ein »beschädigtes Leben« noch wahrnehmen können, nicht aber ein Leben mit »bewohnter Qualität«. WALZER folgt nicht – wie ADORNO – einer Perspektive, die das beschädigte Leben und die verletzten Moralia in den Blick rückt[56], weil sie ohne die Perspektive der erhofften Erlösung nur affirmativ sein kann. Die Moralphilosophie wird bei WALZER nicht zu jener »traurigen Wissenschaft«, die das richtige Leben nur noch in seiner entfremdeten (und das heißt auch individualisierten) Gestalt in den Blick zu rücken vermag. Gleichwohl ist sie keine affirmative Unternehmung, die fraglos zeigt, was dieses Leben ist, sondern sie besteht im vielfältigen Streit um das Richtige und um eine entsprechende Wirklichkeit. Wird sich dieser Streit auf etwas richten, das benennbar, erkennbar ist? Wird dieser Streit schließ-

---

53  M. WALZER: Kritik und Gemeinsinn, 1990, 30.
54  Ebd., 33.
55  Ebd., 42. WALZER beruft sich auf die von G. SCHOLEM weitererzählte Geschichte von den streitenden Talmudgelehrten.
56  T.W. ADORNO: Minima Moralia. Reflexionen aus dem beschädigten Leben, [1951] 1964

lich nur re-flektieren, was ihm selbstverständlich zugänglich ist? Wird es Widerspruch geben können gegen diesen Streit?

Auch WALZER konzentriert die Ethik auf die Frage der Moral. Sie lautet jetzt: »wie leben ›wir‹ richtig?«. Wie auch immer die Perspektive eingestellt ist, es wird hier nicht ausdrücklich thematisiert, von welchem ›wir‹ denn zu reden ist. Das ›Wir‹ existiert in der konkreten Praxis der immer neuen Urteilsbildung, auch wenn diese auf eine moralische Fixierung zielt. Damit wird die moralische Frage nach dem richtigen Leben in dem jeweiligen *gemeinsamen* Urteilen lokalisiert.[57] Haben also nicht doch diejenigen recht, die die Moral von der Ethik schärfer unterscheiden und schließlich auch trennen?[58] Oder ist es besser, WALZER zu folgen und das Moralische mitten im Streit um das Ethische, mitten im Streit um das gute Leben aufzufinden suchen, in welcher rationalen Abgeklärtheit auch immer es dann erscheint? Was auch als Übereinkunft gefunden wird, es wird immer eine ad-hoc Übereinkunft für die gemeinsame Praxis sein. Diese Art von Streit – der Streit der Talmudgelehrten – ist jedenfalls vor der Gefahr geschützt, im moralischen Diskurs um eines Konsenses willen, Differenzen nur zu rationalisieren[59], statt kontrovers zu bearbeiten und auf das Urteil zu setzen, das in der Begrenztheit derer zu erreichen ist, die noch aufeinander hören. Dies geht solange gut, solange die Praxis des Urteilens im Gang ist und solange darin das Hören lebendig bleibt.

Doch was ist dabei die entscheidende Problemstellung? Warum sollte eine Ethik mehr den Kommunitaristen als den Diskursethikern folgen, oder umgekehrt? Was sollte dabei das Kriterium sein? Ist es die Frage nach der besseren Begründungsstrategie für das politische Zusammenleben? Ist es vielleicht die Fixierung auf einen Pluralismus,[60] bei dem – wie dies bei WALZER hervortritt – die kohärenten Sphären des (politischen) Zusammenarbeitens und Zusammenlebens nicht mehr deutlich gesehen werden oder auch übersehen werden, weil die Perspektive auf ein Selbst ohne Kontext fixiert ist? Ist die Ethik überhaupt begrenzt auf das Problem der Übereinkunft, die diskursiv zu gewinnen ist – ist sie damit zu einseitig auf eine Koexistenz ausgerichtet, die damit auch ihre politische Logik verliert?

---

57 WALZER hat dies in vielfältiger Weise weiter ausgeführt und theoretisch erweitert: M. WALZER: Sphären der Gerechtigkeit, 1992; Kritik und Gemeinsinn, 1990.
58 Vgl. insbesondere J. HABERMAS, der die Trennung von Ethik und Moral in vielfältigen kritischen Analysen zur Geltung gebracht hat. Vgl. z.B. auch in seiner Darstellung von K. JASPERS‹ Philosophie: J. HABERMAS: Vom sinnlichen Eindruck zum symbolischen Ausdruck, 1997, bes. 56f.
59 Vgl. J. HABERMAS‹ Bemerkung, dass ihn diese Gefahr – sofern seine Kritiker diese meinen – am meisten beunruhigt.
60 Dolf STERNBERGER nennt »Pluralismus« – in Bezug auf die Rede von der Interessenvielfalt - ein »wichtigtuerisches Wort«: D. STERNBERGER: 'Ich wünschte ein Bürger zu sein'. Neun Versuche über den Staat, 1967, 179.

Mit den vielfältigen Betrachtungen zur Theorie der Ethik und der Moralphilosophie drängt sich die Frage auf, *was* Gegenstand der Übereinkunft in ethischen Diskursen sein kann und sein soll. Worauf sind die Diskurse zur Wirtschaftsethik oder zur Ethik der Technik ausgerichtet, wo hat die Kritik dieser ethischen Praktiken einzusetzen?

## 4. Ethik als explorative Praxis

In der spannungsvollen Kontroverse um die Diskursethik tritt die Frage zurück, *was* denn der *Gegenstand* ethischer Verständigung und Exploration ist. Worüber, woraufhin, und *worin* konvergierend soll und kann eine Verständigung erzielt werden? Was wird auf die Tagesordnung kommen, das im Diskurs zu erkunden ist? Inwiefern wird die Frage, was das menschliche Leben ausmacht, oder auch was das menschliche Leben wahr und gut werden lässt, auf die Tagesordnung kommen? Wie kann die Leitfrage einer Moralphilosophie oder Ethik lauten? Ist sie schon formuliert, wenn wir fragen »wie ›man‹ leben soll?«, oder ist eben diese Frage, die Frage nach dem richtigen Leben nicht auf eine – öffentliche – Tagesordnung zu bringen, weil es ein solche nicht mehr gibt?

Im philosophischen Diskurs erscheint hier die Frage nach dem »Selbst« des Menschen. Ist der moralische Diskurs darauf ausgerichtet, wie das »Selbst« in den Blick kommt, wie es zur Artikulation kommt, und was bedeutet es, wenn die Frage nach dem richtigen Leben als Aufgabe der Selbst-Vergewisserung oder »Selbst-Werdung« erscheint? Inwiefern wird sich die Aufmerksamkeit wirklich darauf richten, statt auf andere Ziele, auf das durchaus eigene Ziel des friedlichen Zusammenlebens, vielleicht auch darauf, wie ›wir‹ Menschen Glück gewinnen, vielleicht aber auch – wie in nicht wenigen Konzeptionen – auf die weiter gefasste Frage, was unser Menschsein ausmacht. Sind dies die Finalitäten des Diskurses, auf die hin er sich erstreckt?

Die entscheidende Frage wird also nicht nur sein, was in welchem Verfahren zur *Geltung* gebracht wird, sondern, was in welcher *ethischen Praxis* zu erkunden ist, was auszuloten, zu erproben ist und was in dieser Erprobung wahrzunehmen und zu erkennen ist. Ethische Praxis hat zu erkunden, was mit dem menschlichen Leben und im menschlichen Leben in den Blick kommt, *was zur Sprache kommt*, was vielleicht als menschliche Existenzform und mit ihr zur Erscheinung kommt, so wie die »Frucht des Geistes« bei denen erscheint, die sich von Gottes Geist, von Gottes schöpferischem und rettendem Handeln im Geist und nicht von ihren endlichen, finalisierten und unersättlichen Begierden leiten lassen, wie

PAULUS in Gal 5,18-24 formuliert.[61] Christliche Ethik hat ihren Gegenstand weitgehend so verstanden, dass sie von der menschlichen Existenzform handelt, und das heißt von dem Menschen, der seine Gestalt gewinnt im Leben mit Gott[62], von dem Menschen, der überhaupt nur so eine Existenzform findet – in immer neuem Befreit-Werden von all den Lebensmustern und Gewohnheiten, in denen er sich aufhält. Der Modus des Befreit-Werdens[63] macht die Existenzform des Christen aus. Es ist zu zeigen, was dieser Modus enthält, was es heißt, in diesem Modus zu leben: in der *Ecclesia* die Befreiung aus der Selbstverschlossenheit durch das Wort, das zu lernen ist, in der *Oeconomia* das Freiwerden von der abgründigen Sorge durch das Gewärtig-Werden der Fürsorge Gottes, die jedem ökonomischen Gesetz widerspricht, das Menschen in der Sorge gefangen hält, und in der *Politia* das Freiwerden von jeder Art von Macht, die als Vermögen erscheint, das Menschen beherrscht.

Es geht in dieser *ethischen* Praxis darum, aufmerksam zu werden auf dieses *Anwesend-Werden* (Advent) des geschöpflichen Lebens. So bleibt das menschliche Leben keine black box, von der es eine moralische oder sittliche Außenseite gibt – wie die einer christlichen Freiheitshaltung – , aber keine Innenseite, weil unausgesprochen bleibt, woraus und woraufhin Menschen leben.[64] Es gibt dann keine Innenseite, wenn der *Gegenstand* fehlt, auf den sich theologische Ethik bezieht: der »innere Mensch«, der Mensch, an dem Gott handelt.[65] Ohne diesen Gegenstand wird die ethische Praxis sprachlos, sie vermag nicht die Sprache zu vernehmen und zu interpretieren, die diesen Menschen und seine Wirklichkeit zur Mitteilung bringt. Um ihn, um sein geschöpfliches Leben in seiner wahrnehmbaren, hörbaren *Verborgenheit* – also den »inneren Menschen«, wie er in

---

61 »Regiert euch aber der Geist, so seid ihr nicht unter dem Gesetz. Offenkundig sind aber die Werke des Fleisches, als da sind: Unzucht, Unreinheit, Ausschweifung, Götzendienst, Zauberei, Feindschaft, Hader, Eifersucht, Zorn, Zank, Zwietracht, Spaltungen, Neid, Saufen, Fressen und dergleichen. Davon habe ich euch vorausgesagt und sage noch einmal voraus: die solches tun, werden das Reich Gottes nicht erben. Die Frucht aber des Geistes ist Liebe, Freude, Friede, Geduld, Freundlichkeit, Güte, Treue, Sanftmut, Keuschheit; gegen all dies ist das Gesetz nicht. Die aber Christus Jesus angehören, die haben ihr Fleisch gekreuzigt samt den Leidenschaften und Begierden.« (Gal 5,18-24).
62 Eine besonders präzise Entfaltung findet sich bei: K. LÖWITH: Wissen, Glaube und Skepsis, 1962, 68-86.
63 Siehe B4-4.
64 Dies ist die Pointe der weitreichenden Unterscheidung zwischen dem »inneren« und »äußeren« Menschen in M. LUTHERS Schrift »Von der Freiheit eines Christenmenschen« (1520). Dies ist auch die Pointe in Luthers Auslegung von Psalm 127 – einem der Schlüsseltexte für sein Verständnis evangelischer Ethik, die zu explizieren weiß, wie Menschen mit dem Gott zusammenleben, der ihr Schöpfer und Retter ist: M. LUTHER: Der hundertsiebenundzwanzigste Psalm (1987).
65 So hat Martin Luther den »inneren Menschen« verstanden, und damit nicht von der Innerlichkeit gesprochen: vgl. M. LUTHER: Von der Freiheit eines Christenmenschen (1520). Dort wird die Unterscheidung zwischen innerem und äußerem Menschen entsprechend eingeführt. Vgl.: B. WANNENWETSCH: Luther›s moral theology (2003), 127.

## 4. Ethik als explorative Praxis

Gottes Geschichte gehört – wird sich diejenige ethische Praxis drehen können, die seinen Erscheinungsformen nachgeht. Was wird sie finden, wenn sie fragt, was es heißt, geboren zu werden?[66] Was wird sie finden, wenn sie fragt, was altern heißt? Was wird sie finden, wenn sie fragt, was für Menschen arbeiten heißt? Was wird sie finden, wenn sie fragt, was lernen heißt?[67] Inwiefern wird sie in all diesen Fragen der Befreiung und dem Neuwerden des Geistes folgen? Die ethische Praxis wird diesem Menschen auf die Spur kommen, nicht indem sie eine Rede vom Menschen etabliert – vielleicht von seiner Würde, seiner Natur – und eine Anthropo*logie* entfaltet, aber auch nicht, indem sie aus einem Wir oder Ich heraus zur Sprache bringt, wer ›wir‹ sind. Die ethische Praxis wird vielmehr im Hören und Verstehen dessen bleiben, was uns, unserem inneren Menschen, mitgeteilt wird. Sie wird in der Situation bleiben, in der das »Ich«-Sagen neu gewonnen wird. Sie bleibt auf das Wort bezogen, das immer schon und noch jenseits dessen zu hören ist, was ›wir‹ zu artikulieren vermögen.[68] Es ist das Wort, das unser Reden »immer schon« durchbricht. Damit zeichnet sich die *neue Aufgabe der Ethik* ab, keine neue Ethik nur, die weiteren Anforderungen oder Steigerungen ethischer Reflexion entspricht, sondern die Ethik einer *anderen* Aufmerksamkeit[69], die Ethik eines Aufmerkens auf *den* Menschen, der mit Gott und dem Nächsten verbunden ist. Das ist keine Betrachtung von außen, die den Menschen als dieses Wesen in den Blick fasst, von dem dann gesagt werden kann, er sei ein »Beziehungswesen«, und die dann darüber urteilt, wann dieses Kennzeichen gegeben ist. Es ist vielmehr das Achten darauf, dass der Mensch, dem einer zum Nächsten *wird*, nicht als »der Mensch« erscheint, den es so oder so zu verwalten oder zu erfassen gilt, auch nicht als ein Beziehungswesen, für dessen Beziehungen zu sorgen wäre. Der Nächste befindet sich – wie es im biblischen Liebesgebot (Lev 19,18) formuliert ist – immer schon mit ›uns‹ in einem Lebenszusammenhang und umgekehrt: Ich, der Nächste dem anderen, und der andere sind einander verbunden[70], sie sind einander zugeordnet. Diese einzigartige Verbindung steht dafür ein, dass sich Menschen nicht voneinander isolieren.

---

66   Zur Entfaltung siehe: K. ULRICH-ESCHEMANN: Vom Geborenwerden des Menschen, 2000.
67   Zur Explikation siehe: I. SCHOBERTH: Glauben-lernen. Grundlegung einer katechetischen Theologie, 1998.
68   Darin unterscheidet sich dieser Zugang grundlegend von C. TAYLORs Bestimmung der Aufgabe einer philosophischen Ethik, nämlich der Artikulation nachzugehen, in der das Selbst zur Sprache kommt, das dessen gewärtig ist, aus welchen Quellen es lebt und wohin es strebt: vgl. C. TAYLOR: Quellen des Selbst. Die Entstehung der neuzeitlichen Identität, 1994.
69   Zur Rede von der Aufmerksamkeit siehe E1.
70   Dese Bedeutung bestätigt in seiner Interpretation von LÉVINAS S. STRASSER: Jenseits des Bürgerlichen?, 1982, 163. Diese Auslegung des Liebesgebots hat Martin BUBER vorgetragen: M. BUBER: An der Wende [1951] (1993) 168; Nachlese, 1966, 244f.. S. A1-9.

## 5. Der »innere Mensch« oder die »Quellen des Selbst«

Wenn die ethische Existenz keine black box bleiben soll, muss sie – wie Charles TAYLOR es in seiner Geschichte zur ethischen Existenz in Erinnerung gerufen hat[71] – in dem, worauf sie sich ausrichtet und woraus sie lebt, zur Sprache kommen. Auf diese *Artikulation* kommt es an, sonst bleibt unbestimmt und ungreifbar, was diese ethische Existenz ausmacht. Kommt sie nicht zur Mitteilung, wird die ethische Existenz irgendwie von außen besetzt und bestimmt. Freilich: *was* wird hier zur Sprache kommen und was heißt »zur Sprache kommen«? Wird dieses »Zur Sprache Kommen« heißen können, dass wir uns in dem Wort, das uns sagt, wer wir sein dürfen, auffinden, oder wird es eine Sprache sein, die schließlich nur reflektiert, spiegelt, wer wir – zum Guten strebend – sind? Oder wird es, wie Charles TAYLOR formuliert, ein »Selbst« und das sein, was dieses Selbst aus seinen »Quellen« gewinnt und in seinen »Wertungen«[72] festhält? Wird die Ethik darauf gerichtet sein, das Leben in seiner Authentizität zu wahren, in seinen »starken Wertungen«, von denen TAYLOR gesprochen hat? Ist dies nicht eben diejenige auf das »Selbst« zentrierte Moral, die sich in den Problemen der Rechtfertigung und Sinnsuche menschlicher Existenz verstrickt und verliert?[73] Dies bleibt die Anfrage an Charles TAYLORs gewiss aufschlussreiche Kritik an einer Ethik, die das »Selbst« in seiner eigenen moralischen Dramatik ausgespart hat. Die »Quellen des Selbst« sind nicht historisch-genealogisch zu ermitteln, sondern durch die Erinnerung der moralischen Artikulation. Ihrer Logik gilt es nachzugehen. In dieser Logik ist aufzufinden, was die moralische Orientierung sucht und worin sie besteht. Es ist eine groß angelegte Anamnese des moralischen Selbst. Sie steht gegen die Begrenzung auf die diskursiv zu ermittelnde moralische Übereinkunft.

Doch auch diese ethische Praxis (bei Charles TAYLOR) ist auf eine spezifische – moralische – Problemstellung ausgerichtet, nämlich auf die Authentizität eines Selbst, das sich in dem artikuliert, was ihm lieb und teuer ist, worauf es sich richtet, was seine starken Wertungen sind.[74] Hier müssen erneut die Wege auseinander gehen – zwischen einer solchen Ethik des moralischen »Selbst« und *seiner* Geschichte, in der es sich seiner selbst gewiss zu werden sucht, und einer Ethik, die auf der Spur geschöpflichen Lebens unterwegs ist, einer Ethik, die von dem Menschen (de homine) spricht, der in seiner Existenz und in seinem Wer-

---

[71] C. TAYLOR: Quellen des Selbst, 1994.
[72] C. TAYLOR spricht von »starken Wertungen«.
[73] Zum Problem der Zentrierung auf das Selbst im philosophischen Diskurs: G. GAMM: Vertiefung des Selbst oder das Ende der Dialektik (1996).
[74] Vgl. auch C. TAYLOR: Motive der Verfahrensethik (1986).

## 5. Der »innere Mensch« oder die »Quellen des Selbst« 191

den in Gottes Handeln *verborgen* ist.[75] Diesen in Gottes Handeln verborgenen, aber durchaus wahrnehmbaren, in der Sprache seiner Geschichte mit Gott präsenten Menschen, wird diese Ethik zu erkunden haben – wie den Christenmenschen, dessen Leben mit Gott zu beschreiben ist. Das Eingefügt-Bleiben in Gottes Geschichte macht die Verborgenheit ethischer Existenz aus. In diesem Sinn folgt die Ethik der Bitte »Dein Wille geschehe ...«.[76] Die mit dieser Bitte leben sind die verborgenen Heiligen[77], die freilich in aller Sichtbarkeit davon Zeugnis geben.

Eine ethische Praxis, die beim geschöpflichen Werden einsetzt, wird immer neu danach fragen, wie die Güte Gottes, die Menschen begegnet und in ihrer Existenzform bestimmt, zur Erscheinung kommt und präsent bleibt. Ethische Praxis ist auf diesen Advent gerichtet. Dies bedeutet, dass Ethik auch in Bezug auf die Praxis der Ethik selbst, die ethische Wahrnehmung, die Urteilsbildung und die Verständigung danach fragt und darauf achtet, dass das Erscheinen der Güte Gottes und die Hoffnung auf diese Güte durch keine dieser Praktiken, auch durch keine Theoriebildung, überspielt, unterlaufen oder antizipiert wird, auch nicht durch den Verweis auf eine Christengemeinschaft, durch die ein Ethos vorgegeben und vermittelt[78] sein soll. Das bleibt eine Betrachtung von *außen*, die der Verwaltung des irgendwie Gegebenen dient. Wenn von einer Gemeinschaft zu reden ist, dann von der Gemeinschaft derer, die in dem Hören des *Wortes* zusammenfinden[79], das ihnen begegnet und ihr Denken und Sprechen, ihren Geist erneuert. Es ist in diesem Sinne die Gemeinschaft der Heiligen, die Gemeinschaft derer, die sich von Gottes neuer Schöpfung ergreifen lassen. Dies ist nicht in den Pluralismus von Interpretationsgemeinschaften oder Sprachen einzuordnen, ohne den Charakter *dieser* Gemeinschaft zu verlieren. Sie findet zusammen als Geschöpf des Wortes, creatura verbi, das jedem gilt, der Ohren hat zu hören, das heißt jedem, der sich diesem Wort ausgesetzt erfährt. Nicht die Gemeinschaft vertritt oder verbreitet das Wort, sondern sie ist der Zeuge davon, wie Gottes Wort wirksam wird. So ist es vielfältig in biblischen

---

[75] Vgl. als Beispiel für eine solche Erkundung: K. ULRICH-ESCHEMANN: Vom Geborenwerden des Menschen, 2000.
[76] Siehe A1-1.
[77] Siehe B1-2.
[78] Vgl. R. WILLIAMS: Ethik und Rechtfertigung, in: Rechtfertigung und Erfahrung (311-327) 324. Williams verweist darauf, dass nur dann die Rechtfertigung durch Gott zur Geltung kommt, wenn wir – das sind die Heiligen – ihm gegenüber nicht eines Maklers bedienen.
[79] Siehe dazu E1.

Texten reflektiert – wie in Psalm 85. Es kommt darauf an, die Friedensrede Gottes zu hören, in der Gott seine Schöpfung neu präsent werden lässt[80]:

»*Laß uns, DU, sehn deine Huld,*
*deine Freiheit gib uns!*
*– Horchen will ich,*
*was der Gottherr redet, ER!*
*Ja, er redet Frieden*
*zu seinem Volk, zu seinen Holden,*
*und: ›Dass zum Narrenwerk sie nimmer sich kehren!‹*«

Ethik hat insofern darzustellen, was die *ethische Praxis* und die zu ihr gehörigen ethischen Praktiken im einzelnen sind: die Wahrnehmung, die Erkenntnis, das Urteilens, die Begründung, die Rechenschaft, der Streit. Die Existenzform geschöpflichen Lebens, von der die Ethik zu reden hat, ist durch diese vielfältige Praxis bestimmt und vermittelt. Wir werden diese Vielfalt im Blick haben müssen und können deshalb nicht etwa nur von dem Problem der »Begründung«[81], der Konsensfindung oder der Verständigung sprechen.

Die Kennzeichnung »Ethik« trifft somit beides, den Gegenstand und die Praxis seiner Gewinnung und Präsentation. Dies hat zu verschiedenen Vorschlägen der Begriffsunterscheidung geführt. »Ethik« ist demzufolge nicht nur selbst eine Praxis, sondern – auf der nächsten Ebene – als Darstellung von »ethischer Praxis« zu verstehen. Diese Darstellung kann eher theoretisch, eher beschreibend, eher analytisch oder systematisch sein. Die hier anvisierte Aufgabe ist jedenfalls auch in der Beschreibung und Analyse zu sehen.

Für die Ethik ist entscheidend, in welcher *Perspektive* ihre Darstellung erfolgt. Diese kann, wie schon angezeigt, nicht als eine »anthropologische« in dem Sinne gekennzeichnet werden, dass sie über *den* Menschen etwas zu sagen hätte. Vielmehr wird erst erörtert werden müssen, inwiefern überhaupt nach »dem Menschen« zu fragen ist.[82] Für die ethische Praxis ist zu klären, worum sie sich dreht. Wie kann die Leitfrage lauten, wenn menschliches Leben nicht verkürzt wahrgenommen werden soll, etwa indem gefragt wird »wie gestalte ich verantwortlich

---

[80] Ps 85,8f. in der Übersetzung von M. LUTHER (1984): »HERR, erweise uns deine Gnade und gib uns dein Heil! Könnte ich doch hören, was Gott der HERR redet, dass er Frieden zusagte seinem Volk und seinen Heiligen, damit sie nicht in Torheit geraten.«
[81] Vgl. dazu insbesondere: F. KAMBARTEL: Begründungen und Lebensformen. Zur Kritik des ethischen Pluralismus (1989).
[82] Siehe zum Problem einer »Anthropologie« A2-1.

mein Leben?«[83] In eine solche Fragestellung kann auch das *biblische Zeugnis* nicht einbezogen werden, ohne dass dessen Widerspruch kenntlich wird. Dies ist auch der Widerspruch gegen eine Rede vom Menschen, deren Semantik ihre eigene Geschichte in der Veränderung gesellschaftlicher Verhältnisse hat. Es ist auch die Semantik vom Menschen in seiner Unbestimmtheit und amorphen Gestalt, wie sie einer in vielfältige Funktionen differenzierten Gesellschaft entspricht.[84] Dem steht entgegen, was Martin LUTHER in seiner Disputatio de homine in den Blick rückt: »So ist denn der Mensch dieses Lebens Gottes bloßer Stoff zu dem Leben seiner künftigen Gestalt.«[85] Dies ist der ausdrückliche Widerspruch dagegen, dass die Rede vom Menschen kein Problem darin findet, diesen Menschen sich selbst – seinem Machen (feci) – ausgeliefert zu sehen. Damit geht verloren, was Luther den »inneren« Menschen nennt. Dieser kann dann vollends in der Auffassung von einer Innerlichkeit oder einem Glauben verschwinden, der auf sich selbst bezogen ist eben auch dort, wo er sich in Beziehung zu Gott weiß. Dies ist ein Gott, der nicht mehr sein Schöpfer ist.

Die Rede von der Lebensgestaltung verliert so offensichtlich die Spur biblischen Redens von dem Menschen, der eben darin Geschöpf bleibt, dass er in der Begegnung und Erwartung Gottes lebt. Das macht seine *»Seele«* aus. So ist biblisch von der »Seele« die Rede, und diese wird durch eben die Übersetzung des hebräischen Wortes, wie sie LUTHER vornimmt, unüberhörbar.[86] Sie wird zum Widerspruch gegen andere Semantiken, insbesondere gegen diejenige, die »den Menschen« zum Thema werden lässt, um ihn sich selbst zu konfrontieren und auf sich zurückzubeziehen. »Seele« steht biblisch für den ganzen – auch leiblichen – Menschen als dem inneren Menschen, als dem Menschen, an dem Gott handelt.[87] Davon zu reden widerspricht der Darstellung »des Menschen« in einem Bild, das aus diesem oder jenem Blickwinkel gewonnen ist. Wir können von diesem Menschen nur in der Perspektive seiner, *unserer* – leiblichen – Seele reden, nur in der Perspektive derer, die auf Gott aufmerksam sind, so wie es in den Psalmen geschieht:

---

[83] Komplexer fasst etwa T. RENDTORFF den Gegenstand, wenn er die ethische Praxis in den drei Dimensionen des Annehmens, der Verantwortung und des Bestehens von Konflikten zu erfassen sucht: T. RENDTORFF: Ethik I [1980], 1990.
[84] Siehe zur Genese dieser Semantik: N. LUHMANN: Gesellschaftsstruktur und Semantik : Studien zur Wissenssoziologie der modernen Gesellschaft, Bd. 1, 1993, bes. 162-234.
[85] M. LUTHER: Disputatio de Homine. Disputation über den Menschen [1536], These 35.
[86] In einer anderen Logik bewegt sich die Feststellung, dass die »Seele« die Bedürftigkeit«des Menschen bezeichne: vgl. H.W. WOLFF: Anthropologie des Alten Testaments, 1973, 25-48.
[87] In diesem Sinn ist zu sagen »die menschliche Seele ist in gewisser Weise alles«. Zur geistesgeschichtlichen Entwicklung von einem anderen, einem Verständnis oder Begriff, das »Seele« »substantiell« fasst – hin zum Paradigma der Subjektivität siehe die sehr aufschlussreiche Darstellung bei W. SPARN: Fromme Seele, wahre Empfindung und ihre Aufklärung. Eine historische Anfrage an das Paradigma der Subjektivität (2004).

*»Lobe den HERRN, meine Seele, und vergiss nicht, was er dir Gutes getan hat: der dir alle deine Sünde vergibt und heilet alle deine Gebrechen, der dein Leben vom Verderben erlöst, der dich krönet mit Gnade und Barmherzigkeit, der deinen Mund fröhlich macht, und du wieder jung wirst wie ein Adler.«* (Ps 103).[88]

Dieser Lobpreis gehört zur ethischen Praxis.[89] Wie können Menschen von ihrem Leben reden ohne solchen Lobpreis einzuschließen? Die biblische Tradition umgreift ein differenziertes Spektrum ethischer Praxis und kann anders nicht in Gebrauch genommen werden als dadurch, dass ihre Grammatik und ihre Logik gelernt wird und dass daraufhin erprobt wird, wie wir uns darin bewegen und verständigen.[90] Ein Paradebeispiel für das Erlernen einer solchen Grammatik ist das Zusammenspiel von »Indikativ« und »Imperativ«, wie es von Bibel-Exegeten[91] gekennzeichnet wurde, das Zusammenspiel des Redens von Gottes heilvollem Handeln und der Forderung an den Menschen. Dieses Zusammenspiel zeigt an, dass die Artikulation dessen, was menschliches Leben trägt, nicht in der Behauptung von Gegebenheiten oder letzten Gründen aufgeht, sondern zur Sprache und Mitteilung bringt, was Menschen zu ihrem Heil-Werden widerfahren ist: »Der HERR schafft Gerechtigkeit und Recht allen, die Unrecht leiden. Er hat seine Wege MOSE wissen lassen, die Kinder ISRAEL sein Tun. Barmherzig und gnädig ist der HERR, geduldig und von großer Güte.« (Ps 103) Ein so bezeugter »Indikativ« schießt über den Verweis auf diese oder jene Ordnung hinaus und spricht aus, was diesem Menschen von Gottes Güte gewärtig ist. Eine Ethik, die solchen Lobpreis nicht einschließt, verändert die Logik ihrer Praxis. Sie würde etwa von der Geschöpflichkeit des Menschen vielleicht nur so sprechen, dass der Mensch damit in seine Grenzen verwiesen würde.

---

[88] In der Übersetzung von M. BUBER:
Segne, meine Seele, IHN,
all mein Innres, seiner Heiligung Namen!
2 Segne, meine Seele, IHN,
und vergiß nimmer, was all er fertigte dir:
3 der all dein Fehlen verzeiht,
der all deine Erkrankung heilt,
4 der dein Leben aus der Grube erkauft,
der mit Huld und Erbarmen dich krönt,
5 der deine Reife sättigt mit Gutem,
dass sich wie des Adlers deine Jugend erneut!
[89] Siehe – auch zur Bedeutung von »Seele« – M. LUTHER: Das Magnificat verdeutscht und ausgelegt [1521] (1983).
[90] Vgl. dazu und auch zu einer Reihe von Beispielen: K. ULRICH-ESCHEMANN: Biblische Geschichten und ethisches Lernen, 1996.
[91] Vgl. dazu W. SCHRAGE: Ethik des Neuen Testaments, 1982. Die Unterscheidung hat insbesondere Rudolf BULTMANN gebraucht.

Für die theologische Ethik entscheidend ist die Wahrnehmung ethischer Praxis auf ihre *theologische Grammatik* hin, wie sie die biblische Sprache enthält.[92] Es ist zu prüfen und zu erproben, wie die ethische Praxis des Erkennens, Wahrnehmens, Urteilens, Begründens dieser Grammatik folgen und in ihr konvergieren kann. *Diese* Kontextualität ethischer Praxis – die Kontextualität des noch nicht vereinnahmten und zu vernehmenden Wortes – wird in den Blick kommen müssen. Es wird zu beschreiben sein, wie diese Logik, das »Syntaktische« innerhalb des Paradigmatischen beschaffen ist.[93] Der Lobpreis, der Indikativ spricht das Paradigmatische aus. So wenn PAULUS schreibt: »Zur Freiheit hat uns Christus befreit...« (Gal 5,1).

Ethische Praxis kann nicht unabhängig davon bestehen, wie Menschen – als Geschöpfe – leben. Ihr Kennzeichen ist es, mit anderen Menschen in *dem* Frieden zu leben, den Gott stiftet (Num 6,26) und der in Christus neu geschaffen ist, in dem Frieden, der darin besteht, dass Menschen sich nicht aufgrund einer fundamentalen Lebenssorge – um der Bewahrheitung ihrer Existenz willen – im Wettbewerb befinden. Mit diesem Frieden ist eine ethische Praxis des Wettbewerbs, wie Rowan WILLIAMS[94] sie genannt hat, ausgeschlossen. Das betrifft jede Strategie, die darauf zielt, das Gute als das je Bessere zu behaupten. Ebenso ist eine Ethik der fundamentalen Selbst-Vergewisserung ausgeschlossen, die der Rechtfertigung des Selbst und seiner Wertungen dient, statt zu erkunden, *worin* menschliches Leben *werden* kann. Die Beschreibung ethischer Praktiken, die sich hier eröffnet, erschließt sich in der ethischen Praxis selbst. In ihr wird erprobt, was es heißt, geschöpfliches Leben zu erkunden.

## 6. Im Widerspruch des Wortes – ethische Praxis als Sprachkritik

Geschöpfliches Leben ist Geschöpf des Wortes. Die ethische Praxis folgt dem Leben mit dem Wort, sie folgt seiner Erprobung. In diesem Sinne ist Ethik Aus-

---

[92] Siehe dazu: G. LINDBECK: Christliche Lehre als Grammatik des Glaubens, 1994. Siehe dazu in Bezug auf Karl Barths Ethik: John B. WEBSTER: Barth's ethics of reconciliation, 1995, 177.
[93] Wir folgen der Unterscheidung von H. D. ZIMMERMANN: Der babylonische Dolmetscher. Zu Franz KAFKA und Robert WALSER, 1985, vgl. bes. 15f.. Die Unterscheidung kann auch unabhängig von den Beschreibungshinsichten in der Textanalyse sehr gut gebraucht werden, um Texte unter zwei verschiedenen Aspekten zu sehen: zum einen unter dem Aspekt der »Auswahl« dessen, was der Text zur Sprache bringt, zum anderen unter dem Aspekt des fortlaufenden Zusammenhangs, der zur Darstellung kommt.. Die Unterscheidung zwischen beiden Aspekten kann die Einsicht stützen, dass ein Text nicht deshalb in seiner Logik unverbindlich ist, weil seine Genese »zufällig« erscheint. Wir folgen hier dem Modell, das George Lindbeck das kontextuell-linguistische genannt hat: G. LINDBECK: Christliche Lehre als Grammatik des Glaubens, 1994. Zum Anschluss an L. WITTGENSTEIN siehe: F. KERR: Theology after Wittgenstein, 1988.
[94] Vgl. Rowan WILLIAMS: Ethik und Rechtfertigung (1995). Vgl. grundlegend für das theologische Reden von der geistbestimmten menschlichen Lebensform: R. WILLIAMS: The Wound of Knowledge. Christian Spirituality from the New Testament to St. John of the Cross, 1979.

legung des Wortes: Erprobung dessen, was durch dieses Wort zur Mitteilung kommt. Damit wird die Kritik der Sprache, in der sich die Ethik bewegt und der fällige Widerspruch zum Angelpunkt ethischer Praxis. Dieser Angelpunkt ist in der theologischen Ethik genuin mit ihrem Gegenstand gegeben: dem geschöpflichen Leben, dem Leben das sich als creatura verbi erfährt. Es kommt alles darauf an, wie das Wort Gottes präsent bleibt, das zu hören und zu erproben ist, gegenüber und in allen Sprachen, in denen sich Menschen bewegen, gegenüber und in allen Lebensformen, die in ihrer je verschiedenen Sprache erscheinen. Eben deshalb ist theologische Ethik im besonderen aufmerksam auf das Eingebettet-Sein in die in Sprachen erscheinenden Lebensformen, weil sie in diesem geschöpflichen Leben als creatura verbi ihren Gegenstand findet. Sie folgt damit dem »linguistic turn«[95], indem sie im Kontext der verschiedenen Sprachen auf das Wort zu achten sucht, das uns Menschen zukommt, dass wir darin wohnen. Dies ist die entscheidende Frage für die theologische Ethik: worin werden Menschen wohnen können, so dass sie Geschöpfe des Wortes bleiben, in welcher Sprache werden sie wohnen können. »Ethos« heißt nach einer möglichen Übersetzung aus dem Griechischen auch »Wohnort«. Kann eine Ethik zeigen, wo man wohnt, wo man sich schon aufhält? Wir werden zu fragen haben, ob diese Redeweise angemessen ist, ob sie vielleicht von etwas spricht, das sich schließlich doch nicht findet? Gibt es ein »Ethos«, in dem wir wirklich wohnen, oder sind es nur diese und jene Gewohnheiten? Diese Fragen müssen hier alle noch offen bleiben. Die theologische Ethik hat in ihrer Tradition diese Fragen aufgenommen. So in der Rede von den Ordnungen oder Stiftungen, in denen Menschen sich aufhalten können.

Wie auch immer dies schließlich auch theoretisch zu fassen ist, es wird auf dieser Ebene ebenso auf die Sprache ankommen, in der wir uns dies gewärtig werden lassen. Auf der anderen Ebene, der des Ethos komm es darauf an, inwiefern dieses selbst uns im Sprechen und Kommunizieren präsent ist – als die Sprache, in der wir wohnen. Was hat sich im Ethos geändert, wenn wir von Weltgestaltung oder Lebensgestaltung reden, was hat sich geändert, wenn wir von Reproduktionsmedizin sprechen, was hat sich geändert, wenn wir davon sprechen, dass wir »mit dem Leben umgehen«? Es geht hier nicht um einzelne Beispiele, sondern eben darum, in welcher Sprache oder in welchen Sprachen wir uns aufhal-

---

[95] Die Vermittlung dieser Tradition verdanke ich Hans Julius Schneider. Er hat nicht diese Tradition nicht zuletzt für die Ethik fruchtbar gemacht. Siehe: H.J. SCHNEIDER: Einleitung: Ethisches Argumentieren (1994), und ders.: ›Der Philosoph behandelt eine Frage wie eine Krankheit‹ (Ludwig WITTGENSTEIN). Eine Antwort auf die Frage ›Was ist, kann und soll die Philosophie?‹ (2002). In der gegenwärtigen theologischen Ethik hat Dietrich RITSCHL diese Philosophie am deutlichsten wirksam werden lassen. In die Dogmatik eingefügt ist dieser Zugang, auch zur Ethik, bei: Friedrich MILDENBERGER. Siehe vor allem: Biblische Dogmatik, Bd. 2: Ökonomie als Theologie, 1992.

ten. Dies gilt für alle Ebenen, auch für die des Redens über das Ethos und die Strukturen der Moral. Wenn wir auch nur ansatzweise diesen Zusammenhang präsent halten, dann ist es die zentrale Praxis der Ethik in diesem Sinne reflexiv zu sein: sich immer die Sprache vor Augen zu halten, in der wir uns artikulieren. Dann ist die erst entscheidende ethische Frage eröffnet, in welcher Sprache wir uns denn aufhalten können, um uns nicht nur selbst ausgeliefert zu sein, sondern eben das zu erfahren, was uns Menschen als den Geschöpfen zukommt. Hier setzt die Sprachkritik ein, die immer neu das Wort zu hören und zu verstehen unternimmt, das uns in Gottes Wort begegnet: das äußere Wort. Diese Sprachkritik[96] setzt auf den Widerspruch, der hier zu hören ist, und der nicht schon in selbstgefertigten Alternativen, die von der Ethik verwaltet werden, aufgehoben ist.

Eine solche Sprachkritik wird um so mehr versuchen, die Sprache zu finden und zu erproben, in der wir uns als diejenigen Geschöpfe aufhalten können, die sich nicht selbst ausgeliefert bleiben. Ethik lernen heißt, diese Sprache erproben lernen. Nur eine solche Ethik wird gegen die abgeschlossenen Sprachen und Binnensprachen kritisch bleiben können, die unter dem Schein der Universalität eine allzu begrenzte Sicht von der Existenzform vorantreiben. Es wird nur möglich sein, an der einen oder anderen Stelle – wie etwa an der Rede von Werten – die Reichweite dieser Aufgabe zu zeigen: gleichwohl bleibt dies die zentrale Aufgabe einer Ethik, die durchaus auf eine Verständigung auch im Ethos setzt und die Verständigung nicht auf eine formale Ethik beschränkt. Wie reden wir von unserem menschlichen Sterben, wie vom Geboren-Werden, wie von Krieg und wie von Frieden? Was gehört – sprachlich gefasst – zu uns als Geschöpfen? Was ist die Sprache von uns Geschöpfen?

### 7. Ethik lernen – den Geist erneuern lassen

Ethik in ihrer vielfältigen Praxis zu beschreiben heißt, mitzubedenken, wie sie *gelernt* wird. Die Frage ist immer, *was* von anderen und vor allem zusammen mit anderen *wie* zu lernen ist, und nicht, wie etwas anderen gegenüber zu vertreten oder durchzusetzen ist. In der ethischen Theorie-Diskussion ist dieser Aspekt inzwischen deutlich hervorgetreten.[97] Dies ist auch als Anfrage an die Theorien der kommunikativen Ethik entscheidend. Doch inwiefern schließt das Lernen immer eine Veränderung ein, die den bestehenden Zusammenhang der Verständigung verändert, vielleicht radikal verändert? Was umgreift ein – wie es Seyla BENHABIB genannt hat – »transformativer Dialog«? Inwiefern bewegt sich das

---

[96] Zur sprachkritischen Arbeit in der evangelischen Theologie siehe: J. TRACK: Sprachkritische Untersuchungen zum christlichen Reden von Gott, 1977.
[97] Vgl. S. BENHABIB: Über Achtung und Versöhnung – Gerechtigkeit und das gute Leben (1997).

erforderliche »Lernen« immer auf der Grenze zu einer radikalen Veränderung, wenn es denn nicht nur zu einem Ausgleich oder Angleichung der Perspektiven kommen soll, sondern wenn zur Geltung kommen soll, was (noch) nicht gilt? Wird vom »Guten« nur zu reden sein, wenn eine solche Veränderung »zum Guten« nicht ausgeschlossen ist?

In der theologischen Ethik ist dies nicht nur eine Grenzfrage, sondern sie gehört mitten hinein in die ethische Praxis: »Lasst euch eure Existenzform verändern durch die Neuerschaffung eurer Wahrnehmung, damit ihr erproben könnt, was Gottes Wille ist, nämlich das Gute, das Wohlgefällige und Vollkommene.« (Röm 12,2) In dieser erinnernden Mahnung ist die Erkenntnis enthalten, dass theologische Ethik nicht in den Grenzen dessen verbleibt, was ›uns‹ möglich ist oder auch was ›man‹ tun soll. Sie würde dann im besten Fall darin bestehen, unsere Reflexivität zu steigern, statt das Leben von Geschöpfen zu erkunden, denen das Neuwerden in einer neuen Schöpfung verheißen ist.

Das Lernen also, von dem hier die Rede ist, schließt das Neuwerden *des Geistes und der Herzen* ein. So entspricht es biblischer Logik, die damit die Ethik in der geschöpflichen Existenzform verwurzelt sein lässt, und nicht auf dieses oder jenes *gegebene* Ethos gründet. Eine theologische Ethik hat nicht dieses oder jenes gegebene Ethos zum Gegenstand, sondern ein Ethos, das seinen Ort und Ursprung im geschöpflichen Leben nicht verloren hat. Dies macht die grundlegende Differenz in der Thematisierung eines »Ethos« aus. Das Lernen, von dem hier die Rede ist, schließt die die Veränderung und Neuschaffung des eigenen Lebens ein.

Dem entspricht andeutungsweise diejenige philosophische Ethik, die die ethische Reflexion immer neu im Ursprung der moralischen Existenz entstehen sieht – in radikaler Form bei Emmanuel LÉVINAS, der diesen Ursprung in der immer neuen Berufung durch den Anderen sieht, der jemandem begegnet, ihn erwählt und unausweichlich fordert.[98] Ethik beginnt immer neu mit einer Umkehr, sie beginnt mit einem ursprünglichen Erwachen zur Aufmerksamkeit: *hier* hat auch die Rede von der Verantwortung ihren Ort und wird nicht etwa selbst zum Topos, von dem aus das Gebotene zu erkennen ist. Es geht um die Berufung, sich der Not des Nächsten auszusetzen.[99] Dieser Berufung zu folgen heißt, in diese Verantwortung eintreten.[100]

---

98  E. LÉVINAS: Zwischen uns, 1995.
99  E. LÉVINAS; Zwischen uns, 1995, 269-271. »Was ich Verantwortung für den Nächsten nenne, oder Liebe ohne Begehrlichkeit, diese Forderung kann das Ich nur in sich selbst erfahren; sie steckt in seinem ›Hier bin ich‹ als ›ich‹, in seiner unverwechselbaren Einzigkeit als Erwählter. Sie ist ursprünglich nicht austauschbar, um ihre Selbstlosigkeit oder Gnade oder unbedingte Liebe (caritas) nicht zu gefährden.«
100  Siehe dazu D. BONHOEFFER: Die Struktur verantwortlichen Lebens (1992).

Hier setzt dann auch die »Ordnung der Gerechtigkeit« ein, die auch den jeweils Dritten einschließt und Ethik nicht im vis-à-vis der unmittelbaren Begegnung belässt: Stunde der Gerechtigkeit, des Rechts und der Institutionen.[101] Diese bleiben darin begründet, dass Menschen sich *berufen* lassen – zur Praxis der Gerechtigkeit und die darin eingeschlossene Praxis der Ethik. An diesem Ursprungsort der Güte und der Begegnung mit einer vielleicht »kleinen« Güte, wie LÉVINAS sie nennt, gibt es auch einen »Fortschritt der Vernunft«.[102] So ist das Lernen ursprünglich mit dem Eingewiesenwerden in diejenige Gerechtigkeit verbunden, zu der sich Menschen immer neu berufen lassen.

Man wird diesen Bezug auf die Ursprungsdramatik der Berufung als Widerspruch dagegen verstehen können, Moral – das, was für jeden gilt – nicht von außen ins Spiel kommen zu lassen, um jene Selbstbezüglichkeit aufrecht zu erhalten, die der Selbst-Rechtfertigung dient. Entscheidend ist weiterhin, dass Berufung heißt, nicht in einen allgemeinen Verpflichtungszusammenhang gerufen zu werden, sondern in die Geschichte mit jemandem, in eine Aufgabe für jemanden, wie BONHOEFFER es in als »die Struktur des verantwortlichen Lebens« beschreibt. Wie auch immer Moral als die eigene erscheinen kann, ist es hier der Vorgang des Sich-Hinein-Ziehen-Lassens in eine andere Geschichte, in die Aufgabe für jemanden. Auf diese Weise sind Verantwortung und Beruf miteinander verbunden, wie BONHOEFFER ausführt[103] – aber eben nicht als Anpassung an gegebene Verpflichtungen, sondern auch im Widerspruch dazu. Ethik lernen heißt, diesem Widerspruch folgen lernen. Dieser Widerspruch wird sich auch darin zeigen, dass Handeln nicht möglich ist und dass in diesem Sinne Schuld entsteht. Verantwortung übernehmen und Schuld auf sich nehmen treffen hier zusammen.[104]

---

[101] Auf diesen Doppelaspekt im Verständnis von Gerechtigkeit bei Lévinas verweist A. HONNETH: Das Andere der Gerechtigkeit. Habermas und die Herausforderung der poststrukturalistischen Ethik (2000), 163f..
[102] E. LÉVINAS: Zwischen uns, 1995, 273.
[103] D. BONHOEFFER: Die Struktur verantwortlichen Lebens, 1992, 294.
[104] Siehe A5-10: »Berufsethik oder Verantwortungsethik«.

## A 4 In der Tradition der ethischen Exploration

### 1. Tradition und Traditionsbildung

Wo es eine Aufgabe gibt, die anders nicht zu vollziehen ist als im gemeinsamen Tun und dem Erlernen dieses Tuns, bilden sich Traditionen in spezifischem Sinn. Dort helfen Gewohnheiten und eingeschliffene Lösungen allein nicht weiter. Traditionen entstehen dort, wo sich das gemeinsame Tun und Leben um etwas dreht, das anders nicht zu erfüllen oder zu gewinnen ist. Wäre es möglich, dessen anders habhaft zu werden, es so oder so in Besitz zu nehmen, könnte jeder dies tun, müsste er nur die richtigen Mittel einsetzen. Doch hier geht es um ein Tun und Verhalten, das in der gemeinsamen Ausübung besteht.

Traditionen sind deshalb nicht formal zu bestimmen – und auch diese Kennzeichnung, dass sich eine Tradition um *etwas* – um ein Tradiertes – dreht, ist keine formale mehr, wenn denn gesagt werden kann und muss, dass es sich dabei um etwas handelt, das im Leben präsent ist und das Leben bestimmt, das Menschen aber nicht zu beherrschen vermögen. Traditionen sind bezogen auf diese Menschen, auf ihre Macht und Ohnmacht. Wenn sich Traditionen um diese Macht und Ohnmacht drehen, können sie sich nicht verselbständigen, vielleicht zu machtvollen Instrumenten, denen der Bezug darauf verloren gegangen ist, was Menschen zu tun und zu handeln imstande sind, und was sie nur versuchen können so oder so zu beherrschen. Letzteres aber wäre nur die Form ihrer Ohnmacht.

Diesen Zusammenhang von Tradition und Macht und ihre Verderbnis zu einem nur besessenen Vermögen oder Machtinstrument hat Franz KAFKA eindringlich beschrieben.[1] Das Thema ist die Verkehrung eines machtvollen Handelns, das seinen Gegenstand und seine Richtung verloren hat, das zum Instrument der Verwaltung im Rahmen von Gesetzen und Gewohnheiten geworden ist.[2] Zugleich mit der Verkehrung des Handelns verkehrt sich das, worum sich die Tradition dreht: es verkehrt sich von dem präsenten und in jeder Hinsicht zugänglichen Guten, dem Heiligen, zu dem unzugänglichen, anonymen, dunklen Hintergrund, dem Sakralen, das den Zugang verwehrt. An dieser Grundunterscheidung gilt es entlang zu gehen. An ihr bildet sich aus, was Tradition heißen kann und was nicht, und ebenso was als »posttraditional« diagnostiziert werden kann.[3] Der viel beschriebene Verlust von Tradition betrifft nämlich

---

[1] Vgl. F. KAFKA: Die Erzählungen und andere ausgewählte Prosa, 1996.
[2] Die Verwendung des Begriffs »Tradition« hat bei KAFKA freilich selbst vor allem diese Bedeutung von etwas Fragwürdigem.
[3] Zum Verständnis von Tradition, auch im Blick auf die gegenwärtigen verschiedenen Diskurse siehe die aufschlussreiche Arbeit von: K. DITTMANN: Tradition und Verfahren. Philosophische

diejenigen Gewohnheiten und Traditionen nicht, die etwas Unzugängliches, Unfassbares, Unverfügbares – scheinbar – verwalten. Die Frage ist vielmehr: Wer sind die Gralshüter anonymer Wirklichkeiten und ihrer Gewohnheiten?

Zum Verhältnis von Tradition und Macht ist von Franz KAFKA zu lernen. Dort, wo kein machtvolles Handeln geschieht oder als möglich erscheint, dort, wo die Dinge ihren Lauf nehmen, gibt es nur im fragwürdigen Sinne Tradition, im schon thematisierten Sinne von eingeschliffenen Gewohnheiten. Diese drehen sich um nichts. Wie in der Erzählung vom Turmbau zu Babel in KAFKAs Geschichte vom »*Stadtwappen*«.[4] Der Turmbau ist und bleibt ein Gedanke, der nicht mehr verschwindet. Er ist aber eben nichts als ein Gedanke. Wohl werden wichtige und großartige Ziele verfolgt, aber das Ganze dreht sich um nichts. Es fehlt die Konzentration, und am Ende folgt sogar die Einsicht in die Sinnlosigkeit. Aber diese führt zu keiner Wende. Die Frage nach dem Sinn kommt immer schon zu spät, die Spur ist längst verloren. Es nimmt alles seinen Lauf wie gewohnt. Tatsächlich nimmt alles[5] seinen Lauf in den geordneten Bahnen: »Anfangs war beim babylonischen Turmbau alles in leidlicher Ordnung...«. Dieses Geschehen hat keinen Anfang, es gibt nur ein rätselhaftes, vages »anfangs«, während doch Handeln ein Anfangen[6] bedeutet, und auch wenn längst alles im Gange ist, wäre ein solcher Anfang das Entscheidende gewesen. Hier aber nimmt alles den Lauf der Entscheidungslosigkeit. Mit dem Verlust des Anfangs verliert das Ganze seinen Angelpunkt und seine Richtung. Es dreht sich um nichts, es verselbständigt sich, verläuft sich. Nur ein Faustschlag, der alles zertrümmert[7], kann dann wenigstens, wenn nicht ein Ziel, so doch ein Ende setzen. Immerhin war die Sehnsucht nach einem bestimmten Ende nicht verloren gegangen. Sonst würde schließlich alles so, in aller Geschäftigkeit weitergehen.

Das ist das Kennzeichen der Apokalyptik, die von einer spezifischen Hoffnung getragen ist, nämlich dem Gespanntsein darauf, dass Gottes Handeln in diese Welt einbricht[8], keine Wiederherstellung des Anfangs, weil dieser schon immer

---

Untersuchungen zum Zusammenhang von kultureller Überlieferung und kommunikativer Moralität, 2004.
4   Siehe A1-6.
5   Vgl. die Kritik an dem Reden von »all-« bei F. ROSENZWEIG: Anmerkung über Anthropomorphismus (1976), 125.
6   Vgl. H. ARENDT: Macht und Gewalt [1970], 1975, 81.
7   Vgl. W. BENJAMINs Bemerkung zum Kapitalismus, der gleichermaßen verhängnisvoll erscheint: »Es liegt im Wesen dieser religiösen Bewegung, welche der Kapitalismus ist, das Aushalten bis ans Ende, bis an die endliche völlige Verschuldung Gottes, den erreichten Weltzustand der Verzweiflung auf die gerade noch gehofft wird. Darin liegt das historisch Unerhörte des Kapitalismus, dass Religion nicht mehr Reform des Seins sondern dessen Zertrümmerung ist.« W. BENJAMIN: Kapitalismus als Religion (1991), 101.
8   Dies hat ERNST KÄSEMANN als das Kennzeichen der Apokalyptik beschrieben, das diese zur »Mutter der Theologie« macht. Diese Wahrnehmung trifft sehr genau die biblische Tradition und

verschwunden war, sondern ein Ende, dem nur eine Neuschöpfung folgen kann. Für das Handeln und Warten der Menschen ist diese Grundform der Hoffnung das Neue, das mit dem im Gange befindlichen Turmbau zu Babel nicht verloren ist. In der Tat: es bleibt ein apokalyptischer Ausblick. Dieser richtet sich auf Gottes Eingreifen – oder anders gesagt: Gottes Handeln erscheint als Einbruch, als apokalyptische Wende, weil es keine andere Weise des Neuanfangs geben kann. Gott selbst muss eingreifen. Er ist der Anfang und Ursprung von Macht und Erkenntnis. Denn Macht ist den Menschen abhanden gekommen: die Macht zu erkennen und zu handeln.

Es ist eine Szenerie wie sie in Psalm 82 gesehen wird[9], von der BUBER gesagt hat, KAFKA habe sie in seinen Werken beschrieben.[10] Sie ist auch eine Szenerie mit apokalyptischer Dramatik. »Da spricht ihnen Gott das Urteil, und er spricht es so, dass ›alle Gründe des Erdreichs wanken‹, denn bei Gott ist keine Scheidung zwischen Urteil und Vollstreckung. Das Urteil lautet auf Entgottung.« Der eigentliche Psalm, das, was der Sprecher zu Gott sagt, lautet dann so: »›In meiner Schau ... habe ich gesehen, wie du das Geschichtsregiment deiner unbotmäßigen Statthalter zunichte machst. Es ist an dem, Herr! Da die von dir mit richterlichem Amt Betrauten dem Unrecht erlagen, hebe du das Walten der Zwischenwelt auf, verzichte auf die untaugliche Handlangerei, in deiner Gerechtigkeit unmittelbar richte du selber das Erdreich! Dein Eigen sind die Völker, führe sie als dein Eigen! Beschließe die dem Wahn und Frevel verfallene Geschichte des Menschen, eröffne seine wahre Geschichte!‹«[11]

Gottes Urteil tritt gegen die anonym ausgeübten Gewohnheiten an, in denen alles Erkennen, Verstehen und gerechte Urteilen verschwindet. Darin treffen wir auf den Angelpunkt, um den sich eine Tradition dreht: die Gerechtigkeit des Erkennens, Gerechtigkeit als Erkennen. Sie tritt dem Versuch entgegen, sich der Dinge zu bemächtigen, sie reproduziert nicht die Ordnung der Dinge. Dort entsteht Tradition, wo dieses Erkennen lebt, wo diese Gerechtigkeit lebt. Tradition ist daher nicht nur Übergabe, Weitergabe, sondern gegenläufige, querlaufende Gabe, wie es das griechische Wort »paradosis« anzeigt.[12] *Was* weitergegeben wird, steht »para« – entgegen und quer zu dem, was nur weitergeht oder fortgesetzt wird.[13]

---

trifft sie am entscheidenden Punkt. Das Apokalyptische ist durch das »Einbrechen« gekennzeichnet, anders als jede andere Geschichtsdeutung, die das Neue anders kommen sieht. Vgl. E. KÄSEMANN: Die Anfänge christlicher Theologie (1964).
[9] Siehe E2-3.
[10] M. BUBER: Recht und Unrecht. Deutung einiger Psalmen, 31f.
[11] Ebd., 32.
[12] Siehe den biblischen Sprachgebrauch – z.B. 1 Kor 15,3.
[13] Siehe auch die Beschreibung bei: J. H. YODER: The priestly kingdom. Social ethics as gospel, 1984, 63-79 (»The Authority of Tradition«).

## 1. Tradition und Traditionsbildung

Eindrücklich hat diesen Aspekt der Tradition William FAULKNER in seiner Chronik einer Familie dargestellt. Diese Familie ist verstrickt in den verhängnisvollen Gang ihrer Geschichte, aber zugleich noch geleitet von einer Tradition und durchkreuzt von einer Tradition, die sie mit einer Gegengeschichte[14] verbindet, in der nicht das Gesetz von Besitz und Herrschaft regiert. Die Gegengeschichte ist die Geschichte der Befreiung, ein neuer Exodus: »Go down, Moses«. Er, Isaak, war dazu auserwählt, in die Geschichte der Befreiung einzutreten:
»Auserwählt, nehme ich an (ich will es sogar einräumen), aus aller deiner Zeit durch Ihn, ...Und er brauchte dazu einen Bären und einen alten Mann und vier Jahre, alles für dich. Und du brauchtest vierzehn Jahre, um zu diesem Punkt zu gelangen, und geführt ebenso viel, vielleicht mehr, brauchte Old Ben (sc. der Bär), und Sam Fathers brauchte siebzig Jahre. Und du bist nur einer Wie lange also? Wie lange?«[15]

In der Erzählung »Der Bär«, einem Teil jener Chronik, beschreibt FAULKNER die Geschichte derer, die sich zu dem Land, das ihnen nicht gehört, und seinen Traditionen zugehörig wissen. Um dort zu leben, gilt es seine Traditionen zu erlernen, wie Isaak, der letzte, der noch hineinwächst. Was es zu lernen gilt, dreht sich um die Jagd, zentral um den Bären, der das Leben in der Gegend bestimmt. Um diesen Bären dreht sich die Furcht, insbesondere dann, wenn der Bär selbst Regeln bricht, und um diesen Bären dreht sich die Tradition des Jagens und alles, was dabei zu lernen und zu können ist. Der Bär wird nicht anders zu fassen sein als durch die Regeln der Kunst, und nur wer sie gelernt hat, wird eine Chance haben, den Bären aufzuspüren und ihn zu treffen. Jeder Art von Gewalt entzieht sich der Bär, es bedarf der Kunst des Jagens. Dies ist – übrigens – auch die Konzession die der Schöpfer an die Menschen gemacht hat, denn auf Töten und Jagen war die Schöpfung nicht angelegt. Doch mehr als eine begrenzte Konzession ist es nicht. In den Regeln dieses Zugeständnisses bewegt sie die Tradition, anders als jene Gewalt, die später die ganze Gegend in Besitz nehmen, sie umpflügen und für die Baumwollindustrie nutzbar machen wird.

FAULKNER zeigt an seiner Familiengeschichte, was eine Tradition ist und sein kann. Hier gelten keine Gesetze des Lebensablaufes, wie sie die Ungerechten von Psalm 82 voraussetzen, von denen BUBER sagt: »sie wollen die Geschichte des Menschengeschlechts als eine Fortsetzung der Naturgeschichte führen und lassen

---

[14] »Dieses Mal traten nicht die vergilbten Seiten der verblassenden und harmlosen Geschäftsbücher in Erscheinung. Dies war in ein strengeres Buch eingetragen, und McCaslin, als er vierzehn und fünfzehn und sechzehn Jahre alt war, hatte es erlebt und der Knabe selbst war der Erbe davon, so wie Noahs Urenkel die Erben der Sintflut waren, obgleich sie noch gar nicht vorhanden gewesen waren als das Ereignis sich abspielte ...« (W. FAULKNER: Novels 1942-1954 (darin: Go down, Moses), 1994, 221.
[15] Ebd., 230.

nicht von dem Wahn, der Weg des Menschen sei von den allgemeinen Gepflogenheiten der Lebewesen aus zu bestimmen. Dieser Wahn ist es ja, der ihnen ihre Selbstherrlichkeit ermöglicht; nur als biotische Mächte können sie sich in der Menschenwelt souverän denken – sowie sie die Zuständigkeit eines Gottesrechtes anerkennen, sind sie nur noch regierende Untertanen.«[16] Wo sie auf biotische Mächte setzen, vielleicht auf das Vermögen und das Recht des Stärkeren, brauchen sie nichts zu verstehen und zu erkennen. Es fehlt überhaupt das, worum eine Tradition sich bilden kann. Es scheint festzustehen, wessen Menschen sich bemächtigen können. In der Wildnis des Bären galt es etwas anderes zu lernen, als den (angeblichen) Gesetzen der Natur zu folgen, es galt mit dem Bären, so wie er den Menschen in seiner ganz eigenen Präsenz begegnete, zu koexistieren und darin bestand die Tradition:

»...ein Knabe, der Demut und Stolz zu lernen wünschte, um in den Wäldern geschickt und würdig zu werden, seine Geschicklichkeit aber so rasch sich entwickeln sah, dass er fürchtete niemals würdig zu werden, weil er es trotz gutem Willen nicht gelernt hatte, demütig und zugleich stolz zu sein, bis eines Tages ein alter Mann, der beides nicht hätte erklären können, ihn gleichsam an der Hand dahin führte, wo ein alter Bär und ein Bastardhündchen ihm zeigten, dass, wenn er das eine besaß, er auch das andere besitzen würde...«[17]

In dem, was ihm sein alter Lehrer zeigt, gewinnt der Junge die Existenzform und *mit ihr* Freiheit.[18] In dieser bestimmten Freiheit unterwirft er sich keinen anderen Gesetzen, vielleicht solchen, die die Natur in ihrer Abgründigkeit zu bannen suchen. Er sucht seine Freiheit auch nicht unabhängig und jenseits von der Natur und ihren Gesetzen. Er findet sie in einer bestimmten Existenzform. Die Tradition, die dem Bären, wie er erscheint, entspricht, lässt ihn beides zugleich sein »demütig« und »stolz«, und auf beides kommt es an, um frei zu sein. Dazu ist er *auserwählt*. Am Leben mit dem Bären und der Form ihn zu jagen, hat er dies gelernt. Die ganze Tradition dreht sich um den Bären, der nicht in Besitz zu nehmen ist, der auch nicht als ein unberechenbares oder unverfügbares Wesen zu bannen ist, sondern der nicht anders aufzuspüren und zu jagen ist, als in Demut und Stolz. Das definiert die Existenzform als Tradition,

---

16 M. BUBER: Recht und Unrecht. Deutung einiger Psalmen, 1994, 31.
17 W. FAULKNER: Novels 1942-1954 (darin: Go down, Moses), 1994, 227.
18 »und damit ging er (McCaslin), und ... bedachte, keineswegs zum ersten Male, wie viel dazu gehört um einen Menschen (Isaac McCaslin zum Beispiel) aufzubauen, und dachte an die mannigfaltig verwickelten Umwege, die der Geist des Menschen (des Isaac McCaslin zum Beispiel) aus der Masse der Möglichkeiten scheinbar unschlüssig, aber in Wirklichkeit unbeirrbar einschlägt, um aus ihm schließlich das zu machen was er sein soll, nicht nur zum Erstaunen derjenigen ( der einen die den McCaslin erzeugten, der seinen Vater und Onkel Buddy und deren Schwester zeugte, und der Erzeuger des Beaucham, der seinen Onkel Hubert und dessen Schwester zeugte), die da glaubte ihn gemacht und geformt zu haben, sondern auch zu seinem eigenen, Isaac McCalsin, Erstaunen...« (Ebd., 238f.).

dass sie sich um diesen Bären dreht, darum dass auch ihm Gerechtigkeit widerfährt, die anders nicht zu vollziehen ist, als im vis-a-vis. Hier können keine anderen Gesetze herrschen, etwa irgendwelche Gesetze der Wildnis. Die sind erfunden, um nichts mehr wirklich erkennen zu müssen, um Kennzeichen als Bedingungen beherrschen zu können.

## 2. Wenn sich die Tradition um etwas Bestimmtes dreht

Tradition ist das Medium, in dem Menschen gemeinsam und in radikaler Lernbereitschaft eine Aufgabe vollziehen:[19] es ist eine Aufgabe für das Zusammenleben, so wie es gilt, die Geschicke einer Stadt zu leiten, die auch nicht einfach zu beherrschen ist. Dies könnte all unser Tun als ein *politisches* kennzeichnen. Der Modus und die Dramatik dessen, was zu verhandeln ist, ist davon bestimmt, dass wir versuchen, die Geschicke der Stadt zum Guten zu wenden, jedenfalls so, dass die nächsten Schritte wohlbedacht sind, Perspektiven entworfen und Urteile formuliert. Wir befinden uns in dem Sinne in einer Tradition, dass wir uns an dieser Aufgabe beteiligten. In einer Tradition stehen heißt danach, sich in einer solchen mit bindenden Aufgabe zu wissen, nicht dieses oder jenes Wissen weiterzugeben, sondern an dem weiterzuarbeiten, was mir überkommen ist. Diese Kooperation ist nicht nur als Diskursgemeinschaft zu begreifen, die die bestmöglichen Formen der Verständigung pflegt, weil es für das Zusammenleben wichtig ist, auf Verständigung zu setzen, sondern es ist eine Gemeinschaft, die eine gemeinsame Aufgabe hat, die weitergegeben wird, eine Lebensaufgabe. In einer Tradition stehen heißt, sich in einer solchen Geschichte zu bewegen, und herauszufinden, wie sie weitergeht, daraufhin auch sie immer neu zu erzählen und die vielen einzelnen stories, aus denen sie zusammengefügt ist, zu erinnern.

Hannah ARENDT[20] hat im Blick auf die Juden in der Geistes- und Politikgeschichte gesagt, das, was sie verbindet, ist nicht schon dadurch gekennzeichnet, dass man wüsste, dass sie Juden sind: das ist eine einigermaßen abstrakte Feststellung, das heißt eine nicht mehr auf die konkrete Lebensgemeinschaft (also die

---

[19] Josef PIEPER, der die Konturen dessen nachgezeichnet hat, was »Tradition« bedeutet, hat mit guten Gründen zwischen einem kontinuierlichen Lernvorgang und dem Tradieren unterschieden, in dem etwas Bestimmtes – ein traditum – weitergegeben wird. Insgesamt ist J. Piepers konturenscharfe Kennzeichnung von »Tradition« hier aufzunehmen: J. PIEPER: Über den Begriff der Tradition, 1958. J. Pieper verweist auch auf: G. KRÜGER: Geschichte und Tradition [1948] (1958). Krüger sieht freilich Tradition als das »Beharren des Lebens mit seinen spezifisch menschlichen Formen ... diese Beharren ist nicht uns selbst zu verdanken, sondern dem Wirklichen, sofern es – von uns verschieden und unabhängig – an sich da ist und ist, was es ist.« (88). Pieper sieht dagegen das Traditum im Empfangenen, nicht in einer solchen Gegebenheit. Doch auch Krüger kann das Gegebene nicht ohne Gott denken (vgl. 91) und spricht von einer »natürlichen Offenbarung Gottes«, die auch »schöpferische Grund des in seiner Tradition ausdauernden Menschseins« ist. (91)
[20] H. ARENDT: Die verborgene Tradition, 1976. Zum Verständnis von Tradition siehe auch: H. ARENDT: Fragwürdige Traditionsbestände im politischen Denken der Gegenwart, 1957.

Polis) bezogene Feststellung. Wenn sie denn überhaupt zusammen zu nennen sind, Franz KAFKA mit Moses MENDELSOHN, Karl MARX mit Heinrich HEINE, oder wer auch immer, dann deshalb, sagt Hannah ARENDT, weil sie eine Tradition verbindet: Was sie als Tradition verbindet, sind die Lebensbedingungen, die mit ihrer Existenz als Juden verbunden ist: die Lebensbedingungen und Überlebensbedingungen des Paria sind es, die traditionsbildend wirken, nicht so etwas wie ein jüdischer Geist oder ein Genie, oder was immer an allgemeinen Kennzeichen. Diese Tradition der gemeinsamen Lebensweise schließt – so Hannah ARENDT – die Erfahrung ein, dass »der Schutz von Himmel und Erde gegen Mord nicht schützt, und dass man von den Straßen und Plätzen, die einst jedermann offenstanden, verjagt werden kann.«

Tradition gehört hier zu einer Lebenssituation, die Menschen teilen, wo auch immer sie sich aufhalten. Es ist die »verborgene Tradition« derer, die keinen anderen Ort einnehmen können als den des Paria, bis hin zum outlaw, weil der Ort, der ihnen zukommt, nicht gefunden ist: das »neue Jerusalem«. Das »neue Jerusalem« ist keine vage festgehaltene Vorstellung oder Erwartung, sondern es bestimmt die Existenz der Juden zwischen Ortlosigkeit und Anpassung. Es ist eine gelebte Tradition, die zu ihnen gehört. »Dass der Schutz von Himmel und Erde gegen Mord nicht schützt« gehört zur Überlieferung, es ist die Erfahrung, dass Menschen ohne Rechte, Bürgerrechte zu leben überfordert sind. Es gehört zur Tradition, so von Rechten zu reden, dass Menschen schützen, nicht jeden einzelnen vor dem anderen, sondern zunächst so, alle dieses Recht teilen, dass niemand da herausfallen kann. Diese Rechte werden gepflegt und weitergegeben. Es ist nicht eine davon abzutrennende Erkenntnis, dass Juden weiterhin in diesem Zwischenzustand zwischen nicht vorhandener Polis und dem neuen Jerusalem existieren, wo auch immer sie stehen, wie wenig oder wie viel auch immer sie sich als Zionisten verstehen. »Wahrt das Recht!« lautet die Botschaft der Propheten, die keinen allgemeinen Appell darstellt, sondern die zu dieser Lebenssituation gehört. Niemand soll glauben, sich neben das Recht oder über das Recht stellen zu können, um ein neues zu schaffen, Recht muss fortgesetzt, fortgeschrieben werden. Zur verborgenen Tradition gehört diese Rechtspraxis. Das ist ihre Tradition, es ist dann auch ihre Tradition von Gesetz und Recht.

So von Tradition zu reden heißt, ihre kritische und widerständige[21] Bedeutung zu wahren gegenüber dem Versuch, ein Gemeinsames zu pflegen oder zu produzieren, das nicht auf die Lebensbedingungen bezogen ist, die zu bestehen sind. Das gilt nicht anders für die Kirchen. Wenn sie das Christliche als Tradition behaupten, ohne den Zusammenhang noch zu erkennen mit dem, was ihr Ort

---

21   Auch J. PIEPER spricht in diesem Sinne vom »Widerstand« der Tradition: J. PIEPER: Über den Begriff der Tradition, 1958, 34.

ist zwischen der Gemeinschaft, die es nie gegeben hat, und der, auf die sie hoffen, dann wird auch diese Tradition nichts anderes mehr sein als eine irgendwie fixierte gemeinsame Überzeugung, der aber der Lebensgrund fehlt, diejenige Lebensbedingung, aus der und auf die hin sie hoffnungsvoll lebt.

Tradition ist aber auch mehr als die Erinnerung an eine verborgene Aufgabe. Die Tradition dreht sich – wie in FAULKNERs Erzählung um den Bären – um etwas Bestimmtes, dessen sich niemand vergewissern kann, um zu seinem Gralshüter zu werden, sondern um das herum sich menschliches Leben seine Form findet, wenn es denn diesen Angelpunkt nicht verloren hat.

## 3. Explizite Weitergabe

»*Dies sind die Gesetze und Gebote und Rechte, die der Herr, euer Gott, geboten hat, dass ihr sie lernen und tun sollt in dem Lande, in das ihr zieht, es einzunehmen, damit du dein Leben lang den Herrn deinen Gott, fürchtest und alle seine Rechte und Gebote hältst, die ich dir gebiete, du und deine Kinder und deine Kindeskinder, auf dass du lange lebest ... (20) Wenn Dich nun Dein Sohn morgen fragen wird: Was sind das für Vermahnungen, Gebote und Rechte, die euch der HERR, unser Gott geboten hat?*
*so sollst du deinem Sohn sagen: Wir waren Knechte des Pharao in Ägypten, und der Herr führe uns aus Ägypten mit mächtiger Hand; und der Herr tat große und furchtbare Zeichen und Wunder an Ägypten und am Pharao und an seinem ganzen Hause vor unseren Augen und führte uns von dort weg, um uns hineinzubringen und uns das Land zu geben, wie er unseren Vätern geschworen hatte.*
*Und der HERR hat uns geboten, nach all diesen Rechten zu tun, dass wir den HERRN, unsern Gott fürchten, auf dass es uns wohlgehe unser Leben lang, so wie es heute ist.*
*Und das wird unsere Gerechtigkeit sein, dass wir alle diese Gebote tun und halten vor dem HERRn, unserm Gott, wie er uns geboten hat.*« (Dtn 6,1-3;20-25)

Von dieser Geschichte ist gesagt worden, sie lasse erkennen, wie ISRAEL eine Tradition bildet und weitergibt, sie zeige nicht nur den inhaltlichen Kern seiner Überlieferung (eine Art Summe dessen, was ISRAELs Glaubensbekenntnis ausmacht: ein kleines – geschichtliches – Credo[22]), sondern sie enthalte zugleich die Charakterisierung dieser Überlieferung, was in ihr mitgeteilt wird, wo sie artikuliert und wie sie weitergegeben wird. Gegenstand der Überlieferung sind nicht Gebote oder Gesetze im Sinne von Lebensregeln oder (heute wird man vielleicht sagen:) Leitbildern, die sich bewährt haben und weiterhin bewähren

---

[22] So hat es Gerhard von RAD gekennzeichnet: G. v. RAD: Theologie des Alten Testaments I. Die Theologie der geschichtlichen Überlieferungen Israels, 1958, 135f..

sollen. Vielmehr gehören diese Gebote und Gesetze in eine Geschichte, in die bestimmte Geschichte dieses Volkes mit seinem HERRN.

»HERR« steht (in der Übersetzung von Martin LUTHER) für einen *Eigennamen* – den Namen, den ISRAEL nicht ausgesprochen hat und schon darin ist diese Geschichte als eine bestimmte gekennzeichnet: die Gebote kommen nicht von einem Gott, der über allem steht, sondern zuerst einmal von diesem bestimmten XY. Nicht eine abstrakte Autorität ist es, die hier zählt, vielleicht eine allgemeine, durch Gott gesicherte Wahrheit, sondern dieser bestimmte XY, der dieser bestimmte XY für ISRAEL ist.[23] Die Geschichte mit diesem XY macht die Gebote verbindlich, nicht eine Autorität, die hinter diesen Geboten steht. Der Sinn und rechte Gebrauch der Gebote ist erschlossen in einer Geschichte, die dem Sohn erzählt wird. Wer sich zu dieser Geschichte zugehörig weiß, der lebt mit diesen Geboten[24] und versteht sie. Dem entsprechen die Erzählungen, in denen gezeigt wird, wie das Leben mit den Geboten und in den Geboten aussieht. So gibt es eine Erzählung von NOAH, dem Gerechten, der als ein solcher aus dem Lauf der Ereignisse gerissen wird. In der mit ihm neu begonnenen Geschichte und ihrer Tradierung kristallisiert sich, das, was einzig noch »die Geschichte« genannt werden kann und für sie einsteht. Dies ist die Logik der Verbindung von Geschichte und Tradition, wie sie in der Geschichte JESU CHRISTI aufgenommen wird. Gerhard KRÜGER bemerkt dazu, die ganze Fragestellung summierend: Die christliche Kirche »wird immer glauben, dass in ihrer vom Geiste Gottes behüteten Tradition Jesus Christus derselbe ist – gestern und heute und in Ewigkeit (Hebr 13,8). Daher wird sie sich stets der Geschichte in ihr selbst und in der Welt gewachsen glauben, und sie wird mit dieser Zuversicht, die sich bisher erstaunlich bewährt hat, auch für die, die ihr nicht angehören, ein Schutz der humanen Tradition sein, in der wir Menschen als Menschen existieren können.«[25]

»Geschichte« gibt es nicht ohne eine bestimmte Tradition.[26] Die Weitergabe dieser bestimmten Geschichte ist nicht ein anonymer Prozess einer kollektiven Erinnerung, sondern die Erzählung selbst wird institutionalisiert. Hier ist der Beginn dieser Institution zu greifen: es wird immer wieder so sein, dass dich dein Sohn fragt, und dann sollst du diese Erzählung weitergeben. Dies findet an einem bestimmten Ort statt, an einem Ort des Unterrichts. Das ist kein solcher

---

[23] Dies gilt zugespitzt für das, was G. SCHOLEM als den mystischen Begriff der Tradition beschrieben hat: vgl. G. SCHOLEM: Offenbarung und Tradition als religiöse Kategorien im Judentum [1970] (1984), 210f.: »Die ganze Tora ist nichts als der große Name Gottes.« (211)
[24] Vgl. zum Problem, Den »Sinn« der Gebote zu verstehen: A. J. HESCHEL: Gott sucht den Menschen, 1992, zur »Observanz«: 267-276.
[25] G. KRÜGER: Geschichte und Tradition [1948] (1958), 96.
[26] Siehe dazu insbesondere: G. KRÜGER: Geschichte und Tradition [1948] (1958).

Katechismus-Unterricht, wie das in manchen Vorstellungen vom Katechismus-Lernen erscheint, in dem das, was im Katechismus gelehrt wird[27], zu internalisieren und als persönlicher Besitz zu gebrauchen ist, sondern es ist das Kennenlernen der Regeln des Zusammenlebens. Diese gehören mit der Erzählung zusammen. So werden keine Gewohnheiten wiederholt, sondern es wird eine Tradition übermittelt, die ihre eigene, genuine institutionelle Form hat. Sie besteht im Erzählen der Geschichte, in der hervortritt, worum sich alle die Gebote und Gesetze drehen. Diese haben keinen anderen Sinn als den, die Erfahrung der Güte Gottes und seines Handelns weiterzugeben – und nicht etwa, diese Erfahrung als einen Besitz zu hüten, zu dem unter Bedingungen vielleicht Zugang gewährt wird.

Die Praxis des Weitergebens und Mitteilens umgreift nicht das, was sich als Konvention fortsetzt und weiterentwickelt. Das Tradieren ist selbst eine bestimmte Praxis innerhalb des vielfältigen Fortgangs der Erinnerungen und der Konventionen. Eine Tradition ist die in bestimmter Weise hervorgehobene Geschichte, und das Tradieren ist die distinkte Praxis gegenüber der Entwicklung von Konventionen, von Erinnerungsprozessen, von Geschichtsverläufen, die wir rekonstruieren. Eine Tradition ist als Anvertrauen zu beschreiben: als ein Vorgang, der einschließt, dass einer mit dem anderen zusammenlebt. Das macht auch das Zusammenleben der Generationen aus. So sind die Gebote MOSES am Sinai anvertraut worden, nicht damit er sie in Besitz nimmt, sondern weiterträgt, und damit sie dann im Gebrauch erprobt und so ausgelegt und tradiert werden. Nur mit dieser Geschichte zusammen ist das Gebot zu hören und zu verstehen. Und: es ist die Geschichte eben derjenigen, denen dieses Gebot gesagt ist: es ist die Geschichte seiner Adressaten. Es ist nicht eine Sache einer – von diesem Vorgang – unabhängigen Geltung. Jedem gelten die Gebote nur, sofern es in diese Geschichte des Weitergebens gehört. In diesem Sinne konnte Martin LUTHER sagen, das Gesetz des Alten Testaments, das Gesetz Gottes, geht die Heiden nur insofern etwas an, als es mit dem natürlichen Gesetz sich reimt[28], denn das Gesetz Gottes ist dem Volk Gottes gegeben. Nur die Weitergabe innerhalb dieser Geschichte mit dem Volk Gottes kann die Geltung des Gesetzes tragen – nur die Geschichte, die weitergeht zu JESUS CHRISTUS und seiner Kirche.[29]

---

[27] Zur Unterscheidung von Tradieren und Lehren siehe auch: J. PIEPER: Über den Begriff der Tradition, 1958.
[28] M. LUTHER: Eine Unterrichtung, wie sich die Christen in Mose schicken sollen 1525 (1983), 108. »Es ist alles Gottes Wort, wahr ist es, aber Gottes Wort hin, Gottes Wort her, ich muss wissen und acht haben, z u w e m das Wort Gottes geredet wird. Es ist noch weit davon, dass du das Volk seiest, mit dem Gott geredet hat.« (103f.).
[29] Siehe zu diesem Zusammenhang insbesondere: J. ROLOFF: Die Kirche im Neuen Testament, 1993.

## 4. Die ethische Exploration menschlichen Lebens durch Tradition – Hermeneutik als Ethik

So tritt Tradition ausdrücklich – als Tradition – in Erscheinung, wie sie Gershom SCHOLEM für die jüdische Traditionsbildung beschrieben hat. Ebenso haben dies Josef PIEPER und Gerhard KRÜGER für das philosophische und theologische Verständnis von Tradition unternommen.[30] Pieper unterscheidet das Überliefern von irgendwelchen Gemeinsamkeiten von dem, was es als Empfangenes weiterzugeben gilt und was als Empfangenes immer neu weiterzugeben ist. Dies bleibt nur Tradition in der lebendigen Weitergabe, dies bleibt Tradition nur im Vollzug, in dem sich immer neu das anders nicht fassbare Wort Gottes spiegelt – unendlich spiegelt. So wird die Tradition – ihrer expliziten Gestalt – zum Ort und Medium des Ethos als eines überlieferten. In ihr reflektiert sich das menschliche Leben in seiner unendlichen Konkretheit – im Unterschied zu einer Moral, in deren Regeln alles Konkrete verschwindet und verschwinden muss, weil es der Universalisierung im Wege ist.[31] So entsteht die bestimmte Tradition, die das Gebot im menschlichen Leben erprobt und in dieser unabsehbaren Erprobung allein dem zu entsprechen verspricht, was – die im Namen Gottes beschlossene – Geschichte Gottes mit seinen Menschen und das darin beschlossene menschliche Leben ausmacht:

*»Eine unmittelbare, undialektische Anwendung des göttlichen Wortes gibt es nicht. Wenn es sie gäbe, so wäre sie zerstörend. Das sogenannte Konkrete, von dem heutzutage so viel geschwärmt wird und um dessen Glorifizierung eine ganze philosophische Schule sich plagt, ist also, von diesem Standpunkt aus, ein durch vielfache Brechungen Gegangenes, ein Vermitteltes und Reflektiertes. Die Tradition vom Worte Gottes, die für die Kabbalisten die Basis jeder möglichen Tat ist, die diesen Namen verdient, macht es in der Zeit anwendbar. Sie wandelt sich selber mit der Zeit, in der immer neue Facetten des Sinnes aufleuchten und ihren Weg erleuchten...«*[32]

Wir befinden uns in der Ethik: nur hier ist von »Tat« zu reden, weil nur hier das Tun nicht abgeleitet ist, Konsequenz aus diesem oder jenem, sondern Auslegung. So wird die Hermeneutik als Ethik kenntlich – und umgekehrt die Ethik als

---

[30] J. PIEPER: Über den Begriff der Tradition, 1958; G. KRÜGER: Geschichte und Tradition [1948] (1958).

[31] Diese Pointe hat Gershom SCHOLEM aus dem vertieften Verständnis von Tradition durch die Kabbala gewonnen: G. SCHOLEM: Offenbarung und Tradition als religiöse Kategorien im Judentum [1970] (1984).

[32] G. SCHOLEM: a.a.O. 215. SCHOLEM fährt fort: »... und sie ist, ihrem mystischen Sinne nach, eben deshalb mündliche Tora, weil jede Verfestigung im Schriftlichen gerade das unendlich Bewegte, dauernd Fortschreitende und sich Entfaltende in ihr behindern und zerstören würde, weil sie es versteinern ließe.« Zu Scholems Interpretation der Halacha vgl. die aufschlussreichen Ausführungen von A. SCHATZ: Der Halacha das letzte Wort? Zu Bialiks Auffassung von ›Halacha und Aggadah‹ und Revisionen bei Scholem, Benjamin und Agnon (1999).

## 4. Die ethische Exploration menschlichen Lebens durch Tradition – Hermeneutik als Ethik

Hermeneutik. Dies ist nirgends deutlicher hervorgetreten als in der jüdischen Tradition der – mündlich überlieferten – Halakha, deren Bedeutung Gershom SCHOLEM im Spiegel der Kabbala sichtbar werden lässt. In dieser ethischen Hermeneutik wird denn auch deutlich, inwiefern es in der Erprobung dessen, was Gottes Wille, seine Geschichte mit uns Menschen ist, auf den Einzelnen, auf jeden Einzelnen ankommt – so erscheint Gottes Geschichte in ihrer unendlichen Fülle, nur in dieser unendlichen Brechung und Spiegelung.[33] Dies vor allem kennzeichnet diese Hermeneutik als eine ethische, weil sie auf die Erprobung des Willens Gottes durch jeden einzelnen setzt, und nicht – etwa im Gegenteil – auf einen gemeinsamen Willen, der nicht mehr der Bitte folgt »Dein Wille geschehe...«. Entscheidend bleibt, dass sich eben diese unendliche Brechung durch den Vollzug des Einzelnen nicht vom Gebot löst, so dass jeder für sich, alleine, Gottes Willen reklamieren kann. SCHOLEM ruft in Erinnerung: »die spätere Kabbala stellte den Satz auf, der weiteste Verbreitung gewann, dass jedem einzelnen Juden die Tora ein besonderes, nur ihm allein bestimmtes und erfassbares Gesicht zuwendet, dass er also seine Bestimmung nur dann eigentlich realisiert, wenn er dies nur ihm zugewandte Gesicht wahrnimmt und in die Überlieferung hineinnimmt. Die ›Kette der Überlieferung‹ reißt nicht ab, denn sie ist die Übersetzung ins Menschliche und Ergreifbare des unausschöpfbaren Wortes Gottes und die Übertragung der Stimme, die in unendlichem Klangreichtum vom Sinai her erklingt.«[34] Dies reflektiert in seiner undurchdringlichen Dramatik KAFKAs Erzählung »Vor dem Gesetz«[35], in der der Mann vom Lande nicht wagt – weil es unüberwindbare Widerstände zu geben scheint – eben den einzig ihm zugedachten Eingang zum Gesetz zu überschreiten oder überhaupt zu ignorieren, dass es um ein Problem des Zugangs geht.[36] Der Mann vom Land bleibt in der Logik des Gesetzes, das ihm seine eigene Logik zurückspiegelt. Stattdessen hätte er dem Gesetz wirklich entsprochen, wenn er nicht dieser Logik gefolgt wäre, die auf die Verschlossenheit des Gesetzes verweist.

---

33 Siehe auch: E. LÉVINAS: Jenseits des Buchstabens, 1996, 103-126: »Der Pakt«: »In dem bis zu Ende gedachten Bund, in einer Gesellschaft, die alle Dimensionen des Gesetzes entfaltet, ist die Gesellschaft auch Gemeinschaft.« (126). Die Entfaltung erfolgt in vielen Bundesschlüssen durch die alle Dimensionen des Gesetzes erscheinen. H.J. IWAND verweist darauf, dass bei Martin LUTHER der Zusammenhang des Gesetzes mit dem Bund – als sein geistlicher Sinn, der im Glauben zu ergreifen ist – im Blick ist, gegenüber einer ›zeitlosen‹ Gültigkeit des Gesetzes, die auch mit seiner Moralisierung einhergeht: H.J. IWAND: Gesetz und Evangelium, 1964, 288.
34 Ebd. 217.
35 Die Geschichte ist Teil des Romans: Der Proceß [1925].
36 Siehe die Interpretation von J. DERRIDA: Préjugés. Vor dem Gesetz, 1992. Eine eindringliche Interpretation, die KAFKAs Parabel für das theologische Verständnis von Gesetz im Blick auf die Wirklichkeitdeutung erschließt findet sich bei: K. BERNER: Gesetz im Diskurs. Konsequenzen theologisch-philosophischer Wirklichkeitsdeutung, 1996.

Diesem Gesetz des Türhüters entspricht die Hermeneutik, die den Text als das Verschlossene sieht, zu dem es Zugänge zu finden gilt – oder wenigstens »Meinungen« darüber, was denn hinter dem verschlossenen Text zu finden ist. Dem entspricht die Bemerkung des Geistlichen in KAFKAs Roman »Der Proceß« gegenüber dem Angeklagten K., dem er die Erzählung »vor dem Gesetz« aus den »einleitenden Schriften zum Gesetz« vorgetragen hat: »Du musst nicht zu viel auf Meinungen achten. Die Schrift ist unveränderlich und die Meinungen sind oft nur ein Ausdruck der Verzweiflung darüber.«[37]

Demgegenüber steht diejenige Hermeneutik, die darauf setzt, dass die Bedeutung des Überlieferten durch jeden Einzelnen eine unendliche Vielzahl von weiteren Mitteilungen – nicht nur Verständnisweisen – hervorbringt: die prophetische Seite der Hermeneutik, wie sie Emmanuel LÉVINAS beschrieben hat.[38] Es ist eine Hermeneutik als Ethik: als die Rede zum anderen, die immer neu Schrift wird[39] und – prophetisch – über das je Geschriebene hinausgeht und so wieder Mitteilung wird. Die unendliche Bedeutung der Mitteilung geht hier durch den einzelnen anderen hindurch: »Über das, was sie (sc. die Sprache, aus der Heilige Schriften wurden, und die Sprache überhaupt) mit wissen lassen will, hinaus setzt sie mich mit dem Anderen, zu dem ich spreche, in Beziehung: sie bedeutet in jedem Diskurs vom Antlitz des Anderen aus, das empört, aber unvergesslich ist...«[40] Die unendliche Bedeutung geht durch den Einzelnen – anderen – hindurch: »Begründung des unschätzbaren, absoluten Wertes jedes Ich, jeder Empfänglichkeit in dieser Offenbarung, die jedem Einzelnen zufällt, unaufhörlich, wie eine Verantwortung, für jeden und für jede Zeit von neuem.«[41] Diese prophetisch-ethische Hermeneutik vollzieht sich innerhalb dessen und als das, was »Tradition« zu nennen ist – das jeweils ganze, unendliche Bedeutungen evozierende Gebot.[42]

---

[37] F. KAFKA: Der Proceß, [1925] 1990, 230.
[38] Diese ist zu unterscheiden von der Auffassung einer Hermeneutik der unabsehbaren Rezeption durch den einzelnen, wie sie derzeit gängige Konzepte einer Rezeptionshermeneutik vertreten.
[39] Zur Bedeutung der Schriftlichkeit im Blick auf F. KAFKA siehe F. HARZER: Über Kafkas literarischen Nomismus (1999).
[40] E. LÉVINAS: Jenseits des Buchstabens, 1996, 10.
[41] Ebd. 11.
[42] Ebd.: 12: »Die Lektüre eines prophetischen Textes ist in gewissem Maße selbst prophetisch, auch wenn sich nicht alle Menschen mit derselben Aufmerksamkeit und Aufrichtigkeit dem Wort öffnen, das in ihnen spricht. Und wer umfängt heute schon noch mit seinem Wissen die ganze Tradition?« LÉVINAS hält beides fest – die Seite der unendlichen Auslegung – und die Seite des immer begrenzten Gesetzes, auf die hin diese Auslegung geschieht – auch die Notwendigkeit des Politischen im Messianischen: vgl. D. C. v. TIPPELSKIRCH: ›Jenseits der geraden Linie des Gesetzes das unendliche, unerforschte Land der Güte‹. Von der Suspension des Gesetzes bei Emmanuel Lévinas (1999).

### 4. Die ethische Exploration menschlichen Lebens durch Tradition – Hermeneutik als Ethik

Das Erproben des Gebotes erfolgt durch den Einzelnen und sein Tun. Durch jeden einzelnen, der das *Gebot* erprobt, zeigt das Gebot seine unermessliche Bedeutung.[43] So wird es nie zum *Gesetz*, das – vielleicht von einem Türhüter – zu hüten ist, und das immer mehr als unerfüllbar erscheint. Es ist tatsächlich unerfüllbar, wenn es als dieses vor dem Einzelnen aufgebaut ist – und nicht das Gebot ist, was jedem selbstverständlich zu tun aufgetragen bleibt. Dies macht die Traditionsbildung im Leben mit dem Gebot aus. Das Neue Testament und die christliche Auslegungsgeschichte hat dies immer neu entdecken müssen, zusammengefasst darin, dass das Gesetz in der Liebe zu Gott und dem Nächsten erfüllt ist. Dies eben hebt das Gesetz nicht auf oder interpretiert es – wie vielfach geschehen – antinomistisch, sondern verweist auf die spezifische Erfüllung durch jeden Einzelnen, wie es in der Geschichte vom barmherzigen Samariter reflektiert ist. Es entspricht nicht zuletzt evangelisch-lutherischer Tradition, diese Hermeneutik des Gebotes nicht durch einen Antinomismus[44] ersetzen zu wollen, um darin die Freiheit vom Gesetz zu suchen. Die Freiheit vom Gesetz ist eine andere: es ist die Freiheit der Erprobung des Gebotes in seiner bestimmten, aber unerschöpflichen Bedeutung, wie sie sich dem erschließt, der mit den Geboten lebt. Es kommt darauf an, wie einer das Gebot in seinem Leben auslegt und eben dabei Gottes Willen erfährt, beispielsweise das Gebot »Du sollst nicht töten«. Welche Phantasie wird jemand entwickeln, dem deutlich bleibt, dass es auf *seine* Auslegung ankommt, dass es darauf ankommt, welche Bedeutung dieses Gebot und der darin ausgesprochene verheißungsvolle Wille Gottes gewinnt. Dies ist durch keine Abwägung zu finden, die moralisch die Grenzen des Tötens und Nicht-Tötens auszumachen sucht – wie es im Zusammenhang mit dem Streit um den »Lebensschutz« im Unterschied zum Schutz der Menschenwürde geschieht. Es geht nicht um die Frage, wie ein unbedingtes Gebot irgendwie – um vielleicht diesen oder jenen Preis – so zu handhaben ist, dass die Moral nicht tangiert wird, sondern um die Frage, wie denn jeder einzelne zeigt, wie mit diesem Gebot und in diesem Gebot zu leben ist.

Dieser Hermeneutik als Ethik ist Martin LUTHER in seiner Auslegung des Dekalogs gefolgt, wenn er für jedes Gebot formuliert, was für jeden einzelnen damit zu erproben und erkunden ist, beispielsweise im Gebot, nicht zu töten: »Wir

---

[43] Darauf verweist auch G. von RAD: Theologie des Alten Testaments II. Die Theologie der prophetischen Überlieferungen Israels, 1962, 408: »Dies Gesetz war für Israel alles andere als eine bekannte Größe, auf die man sich nur zu besinnen brauchte, sondern ein Widerfahrnis. Im Hören der Gebote – in alten Zeiten im Zeremoniell der Wallfahrtsfeste – ereignete sich eine Begegnung Israels mit seinem Gott.«
[44] Siehe zur lutherischen Tradition insbesondere: H.J. IWAND: Gesetz und Evangelium, 1964, 304-308. Zur weiteren neueren Diskussion vgl. die aufschlussreichen Beiträge in: G. PALMER; Ch. NASSE; R. HAFFKE; D. C. v. TIPPELSKIRCH (Hg.): Torah – Nomos – Jus. Abendländischer Antinomismus und der Traum vom herrschaftsfreien Raum, 1999.

sollen Gott fürchten und lieben, dass wir unserm Nächsten an seinem Leibe keinen Schaden noch Leid tun, sondern ihm helfen und beistehen in allen Nöten.« Daraus folgt keine Abwägung, wo die Grenzen des Lebensschutzes sind, sondern es geht darum, was uns alles einfällt, um zu helfen und beizustehen. Die ethische Auslegung des Gebotes, mit dem das gelebt wird, was in Gottes Geschichte, in seinem Namen beschlossen ist (wir sollen deshalb Gott fürchten und lieben), ist damit eröffnet. Die Auslegung hält sich nicht dort auf, wo die Grenzen des Gebots erreicht scheinen, sondern sucht das zu entdecken, was dieses Gebot alles in der eigenen Erfahrung und Erkundung erschließt.[45] Hermann DEUSER spricht in Bezug auf das Leben mit dem Dekalog von einem »Realisierungsprinzip«, demzufolge sich in den vielfältigen Konflikten des Lebens erschließt, was das Gebot besagt.[46] Dies ist bezogen auf ein menschliches Selbst, das sich in einem Werde-Prozess befindet.

Die Geschichte dieser Erschließung ist die Tradition der Ethik, wenn denn weitergegeben wird, wie Menschen mit diesem Gebot und der mit dem Gebot verbundenen Verheißung gelebt haben. Das heißt dann auch, dass nicht jeder ortlos, traditionslos von neuem beginnt. Wer, was gehört in diese Geschichte? Dies zu erzählen heißt, die Geschichte der Ethik erzählen. Darin müssen die Zeugnisse derer enthalten sein, die mit diesem Gebot gelebt haben. Es ist nur an das beispielhafte Zeugnis einzelner zu denken, wie das von Albert SCHWEITZER, Simone WEIL oder Dietrich BONHOEFFER, um zu bemerken, wie unermesslich die Bedeutungen sind, die dieses Gebot hervorruft, wie unermesslich die Brechungen, in denen es erscheint. Diese Hermeneutik des Gebotes steht gegen einen (auch moralischen) Antinomismus ebenso wie gegen seine Kehrseite, einen Nomismus, der das Gebot im fixierten Gesetz festhält. In beiden Fällen gibt es keine Auslegung und keine Auslegungstradition. Auslegung setzt voraus, dass es ein Gebot gibt, das gegenüber bleibt, mit dem sich immer neu das Erproben einsetzt, um es in seiner Bedeutung zu erkunden. Auslegung folgt dieser Erkundung und artikuliert seine Bedeutung. Die Auslegung des Gebotes ist als Praxis zu beschreiben. Diese Praxis ist Halakha und Haggada, Auslegung des Gebotes, Weisung in verschiedener Form, wie wir sie biblisch vorfinden. Ethik wird dieser

---

[45] Vgl. dazu auch M. LUTHER: Sermon von den guten Werken [1520].
[46] H. DEUSER formuliert zum Dekalog: »Die dadurch angesprochene Person ist zu verstehen als ein menschliches Selbst in seinen unersetzbaren Lebensbezügen (körperlich, seelisch, gesellschaftlich, politisch, historisch usw.), und dieses Selbstsein in Bezügen bilden den nicht zu überspringenden Erfahrungszeitraum, worin es – so oder so – zur Realisierung des Geforderten kommt.« (Die Zehn Gebote. Kleine Einführung in die theologische Ethik, 2002, 36).

Auslegung folgen. Sie wird sich in sie einüben, so wie sie uns bei Jesus und den biblischen Zeugen begegnet.[47]

## 5. Gesetz und Erzählung – Gesetz und Zeugnis

Der Antinomismus, die Vorstellung von der Abschaffung »des Gesetzes«, auch der Tora, war immer eine Versuchung, sofern die andere Seite, das Leben mit dem Gesetz nur im Sinne einer legalistischen Erfüllung des Gesetzes und als Verlust seiner unermesslichen Bedeutung für das Leben mit Gott und dem Nächsten in den vielfältigen Vorgängen des alltäglichen Lebens verstanden werden konnte, nicht aber als die gleichermaßen vielfältige Erprobung des Gesetzes und die darin beschlossene Erkundung des Willens Gottes. Demgegenüber gilt es zu bezeugen und zu erzählen, wie Menschen das Gesetz erprobt haben: damit befinden wir uns am Übergang zur Erzählung und den Geschichten, die sie zu berichten hat. Alle Geschichten (stories) handeln somit vom Leben mit dem Gesetz. Das Leben mit dem Gesetz schreibt Geschichten – und nur das Leben mit dem Gesetz.[48] Ereignisse werden zu Geschichten in dieser Brechung. Immer neu geht es um die Erprobung, wie Menschen leben dürfen – wie sie als diejenigen leben dürfen, die nicht irgendwie alles tun und bewerkstelligen, sondern immer dabei sind zu gewärtigen, was Gott tut und will. Das bringt Geschichten hervor. Geschichten zeigen das Konkrete des Gesetzes, und Auslegungen des Gesetzes (Halakha) gehen in ihrer Konkretion dann auf diese Geschichten zurück.[49] Sie gilt es zu erzählen. In KAFKAs Erzählung »Vor dem Gesetz«[50] wird genau markiert, wo die Geschichte aufhört und dann das beginnt, was wohl Gesetzlichkeit und Gewohnheit, nicht mehr aber Tradition genannt werden kann. Der Mann vom Land, so erzählt KAFKA, kommt bis vor das Tor, das zum Gesetz führt – und dann bricht die Geschichte ab.[51] Er verbringt den Rest seines Lebens ohne Geschichte. Nichts geschieht mehr, nicht widerfährt mehr dem Mann vom Land. Er fixiert sich auf den Türhüter und darauf, was dieser ihm erlaubt. So hört die Geschichte auf, und die moralische Frage, was denn – allen –

---

[47] Dieses Zugang zur biblischen Ethik hat insbesondere Markus BOCKMÜHL in den Blick gerückt und beschrieben. Siehe vor allem: M. Bockmuehl: Jewish law in gentile churches. Halakhah and the beginning of Christian public ethics, 2000.
[48] Die paradigmatische Geschichte ist – wie E. LÉVINAS berichtet – der Kampf JAKOBs am Jabbok mit dem Engel: E. LÉVINAS: Jenseits des Buchstabens, 1996, 116f. »Der Talmud ist der Kampf mit dem Engel.« (117).
[49] Urs ESPEEL verdanke ich folgenden Hinweis zum Zusammenhang von Halakha und Haggada, der hier weiter zu bedenken wäre: When ever one can provide a homily - do so (Kol heikha de'ika lemidrash - darshinan) z.B. b.Berachot.6b, b.Pesachim 24b.
[50] Die Geschichte ist Teil des Romans: Der Proceß [1925], letztes Kapitel: »Im Dom«.
[51] Darauf hat J. DERRIDA in seiner Interpretation der Geschichte KAFKAs aufmerksam gemacht und damit die weitreichende Kontroverse um die Differenz oder die Zusammengehörigkeit von Halacha und Aggadah hier in Erinnerung gerufen: J. DERRIDA: Préjugés. Vor dem Gesetz, 1992.

erlaubt ist, setzt ein. Die Geschichte endet vor dem Tor des Gesetzes, und nun beginnt die moralische Frage nach dem Zugang zu »dem Gesetz«, nach dessen Geltung und allgemeiner Zugänglichkeit. Doch ethisch geht es darum, die Erprobung dessen fortzuführen, was Menschen sein dürfen. Das aber heißt nicht, dem Gesetz zu gehorchen. Hätte in KAFKAs Erzählung der Mann vom Lande doch dem Gesetz, das auch der Türhüter vertritt, nicht gehorcht! Wäre er doch seinen Weg weitergegangen, er hätte erfahren, was der »Glanz« ist, »der unverlöschlich aus der Türe des Gesetzes bricht«[52], er hätte erfahren, was es heißt, zu erproben, was wir Menschen sein dürfen. Schon sein Wunsch nach »Eintritt« in das Gesetz führt ihn davon ab, treibt ihn in die Logik der Moral, die das Gesetz als Gesetz identifiziert. Dort, wo die Geschichte aufhört, in der Menschen erproben, wer sie sein dürfen, hört die Ethik auf und fängt »das Gesetz« an. Von dieser Geschichte hat die Ethik zu erzählen.[53] Es ist eine Geschichte, die selbst das Ende der Geschichte präsent werden lässt: dort, wo sie aufhört oder aufhören muss, dort, wo »das Gesetz« beginnt. Jacques DERRIDA kommentiert: »Offenbar dürfte das Gesetz als solches niemals irgendeiner Erzählung stattgeben. Seine kategorische Autorität kommt dem Gesetz nur zu, wenn es ohne Geschichte, ohne Genese, ohne mögliche Ableitung ist. Dies wäre das Gesetz des Gesetzes. Die reine Moralität hat keine Geschichte, das ist es, was uns Kant zunächst in Erinnerung zu rufen scheint ...«[54] Freilich ist die Fortsetzung in der biblischen Logik nicht allein als das »Zu-Tuende der Zukunft« zu fassen, sondern die Geschichte, die Gott in seinem schöpferischen Tun neu beginnen lässt.

Es geht immer neu um die Situation dessen, der mit dem Gebot zu leben versucht. Insofern gibt es keine Freiheit ohne das Gebot, denn dies wäre eine leere und negative Freiheit[55], eine Freiheit ohne Geschichte, sondern es gibt nur die Freiheit des Lebens mit dem Gebot ohne ein gesetzlich verstandenes Gesetz. Daraufhin ist die – reformatorische – Unterscheidung von *Gesetz* und *Evangelium*[56] zu verstehen. Das Leben mit dem Gebot hat in der Geschichte Jesu Christi seine erfüllende Erprobung gefunden. Das Leben Jesu ist die Erzählung davon, was es heißt zu bitten »Dein Wille geschehe«. So ist Jesu Wort zu verstehen »Ihr sollt nicht meinen, dass ich gekommen bin, das Gesetz oder die Propheten aufzulösen; Ich bin nicht gekommen aufzulösen, sondern zu erfüllen.« (Mt 5,17).

---

52    F. KAFKA: »Vor dem Gesetz«, in: Die Erzählungen, 1996, 163. Die Rede vom »Glanz« erscheint auch in der Moral-Enzyklika von Papst JOHANNES PAUL II: Enzyklika Veritatis Splendor, 1993
53    Die Verbindung von Ethik und Geschichte, Ethik und »story« in ihrer theologischen Bedeutung hat insbesondere Dietrich RITSCHL in den Blick gerückt. Siehe D. RITSCHL: Zur Logik der Theologie, 1984, besonders das Kapitel: »Von der Story zum Handeln«.
54    J. DERRIDA: Préjugés. Vor dem Gesetz, 1992, 47.
55    Vgl. C. TAYLOR: Negative Freiheit? Zur Kritik des neuzeitlichen Individualismus, 1988.
56    Zum theologischen Verständnis siehe: H.J. IWAND: Gesetz und Evangelium, 1964.

Dies bedeutet das Erproben und Er-leben der Fülle dessen, was sich mit dem Gebot erschließt. Auf dieser Linie ist schließlich auch die – vielfältig umstrittene – Bedeutung von Röm 10,4 zu verstehen: »Christus ist das Ende – das Ziel (telos) – des Gesetzes, wer an den glaubt, der ist gerecht.« Glauben heißt, in der Geschichte JESU CHRISTI zu bleiben und an ihr teilzuhaben. In dieser Geschichte wird das Gebot erfüllt. In ihr ist die ganze Fülle des Gebotes, anders als in den vielen Geschichten jedes einzelnen. Die Teilhabe am Gebot und an Gottes Volk verläuft über diese eine Geschichte, nicht durch einen direkten Zugang zum Gesetz. Das Gesetz gilt weiter – im Zusammenhang mit dieser neuen Geschichte, nicht ohne sie, nicht als eine eigene. Damit ist keine spirituelle oder andere Eigendeutung des Gesetzes in Gang gesetzt, sondern die Einheit von Gebot und Geschichte Gottes in Erinnerung gerufen, die auch Martin LUTHER geleitet hat, wenn er darauf insistiert, dass das Gesetz Gottes dem Volk Gottes gegeben ist, und es darauf ankommt zu fragen, wer daran teilhat. Die Spiritualisierung des Gesetzes ist nur die Kehrseite eines Nomismus und seiner »Schwarmgeister«.[57] Sie erfolgt dort, wo vom Geist des Gesetzes oder einer inneren Logik gesprochen wird. Wenn die biblische Tradition davon spricht, dass das Gesetz in dem einen Doppelgebot Gott und den Nächsten zu lieben (Mt 22,36-40) zusammengefasst ist, und wenn diese Liebe als Kriterium der Erfüllung von Gottes Gebot erscheint, dann wird gerade damit der Ort des Gebotes in der Geschichte mit dem bestimmten Gott festgehalten, den wir fürchten und lieben sollen. »Liebe« bedeutet das Bleiben in dieser Geschichte, es nicht irgend eine Liebe, sondern die Liebe zu *diesem* Gott und zu *diesem* Nächsten, der zu Dir gehört, der in Deine Geschichte gehört.[58] Entscheidend ist, dass *diese* Geschichte weitergeht. Diese Geschichte – und nicht irgend ein »Geist« – ist der Lebenszusammenhang, in den das Gebot gehört. In dieser Abgrenzung gegen eine Spiritualisierung des Gebotes und der ihm entsprechenden Werke, die nicht auf seine Erprobung, sondern auf eine unabsehbare Deutung setzt, finden sich jüdische und christliche Ethik zusammen. Emmanuel LÉVINAS bemerkt dazu: »*Der Geist des Gesetzes muss vertieft werden. Philosophieren ist nicht verboten. Damit die innere Annahme wirklich vollzogen wird, ist dieser Schritt zur Verallgemeinerung unerlässlich. Warum aber den Zugang zu den besonderen Ausprägungen dieses generellen Sinnes von ihm trennen? Weil man den Sinn einer Gesetzgebung ihrem Geist nach nicht kennt, solange man nicht ihre Gesetze im einzelnen anerkannt hat. Es gibt zwei Schritte, und deren Unterscheidung rechtfertigt sich in mehrerlei Hinsicht. Niemand ver-*

---

[57] M. LUTHER: Eine Unterrichtung, wie sich die Christen in Mose schicken sollen 1525 (1983), 97.
[58] Zu dieser Bedeutung von Lev 19,18 (»Halte lieb Deinen Genossen, Dir gleich«) siehe auch A1-9.

*schließt sich dem Judentum, wenn es auf einige wenige spirituelle Prinzipien reduziert wird. Keiner widersteht dem sogenannten ›himmlischen Wesen‹ der Tora, in dem sich viele Verse, viele Gebote unmittelbar zusammenfassen lassen. Diese ›Verinnerlichung‹ des Gesetzes entzückt unsere liberale Seele, und wir neigen dazu, zu verwerfen, was der Vernunft oder dem ›Sittengesetz‹ der Tora nicht zu entsprechen scheint. ... In uns gibt es einen ständigen Kampf zwischen unserer Annahme des Geistes und der Annahme dessen, was man Buchstabe nennt. Dass diese ebenso unverzichtbar ist wie jene, das ist es, was die Unterscheidung zweier verschiedener Akte in der Annahme der Tora bedeutet. Auch der Kampf Jakobs mit dem Engel gehört hierher: Im Dasein Israels das Engelhafte der reinen Innerlichkeit überwinden.«*[59]

Wie im Kampf JAKOBs mit dem Engel spielt sich eine konkrete und handfeste Geschichte ab, in der erprobt wird, was es heißt, diesem oder jenem Gebot zu folgen. Aus solcher Erprobung bestehen Geschichten. Die Geschichten der biblischen Überlieferung drehen sich alle um diese Erprobung – die Erprobung des Gebotes und der Verheißung. Sie erzählen von der Erprobung des Wortes Gottes: vita experimentalis.[60] Diese ist gegen eine verinnerlichte Moralisierung gesetzt, wie es auch die Rede von Verantwortlichkeit oder vom Geist der Liebe nahe legt. Die Kritik daran gehört zu den Konturen evangelischer Ethik, wie sie Hans Joachim IWAND auch in LUTHERs Ethik wiederfindet.[61] Er verweist darauf, dass die »wahre Spiritualisierung unseres Tuns« der Glaube ist, und das heißt das Eintreten im Glauben in die Geschichte Gottes. Dieser geistliche Sinn, an dem auch jedes alltägliche Werk teilhaben kann, steht gegen ein Moralgesetz, das jenseits der verheißungsvollen Geschichte steht. Entsprechend bedeutet die »pädagogische« Aufgabe des Gesetzes nicht die Hinführung zu einer christlichen Existenz, sondern das Hineinführen in die Geschichte, in die der Christ gehört. Alle moralische Pädagogik ist eben damit nicht nur nicht im Blick, sondern ausgeschlossen.[62]

Die Geschichte jedes einzelnen Menschen betrifft dieses Werden in der Geschichte, in der Ökonomie Gottes. Damit ist der Gegenstand der Ethik bestimmt, die entscheidende Kontur einer evangelischen Ethik, die sonst leer bleibt. Hans Joachim IWAND fasst die ganze Aufgabe so zusammen:[63]

*»Aus der Tatsache, dass wir im Glauben leben und doch noch ›im Fleische‹ sind, ergibt sich, dass alles ein Werden ist, nicht schon ein Gewordensein. Wir haben die Gerechtigkeit nur im Gerechtwerden, im Kampfe gegen die Sünde, im ständigen*

---

59  E. LÉVINAS: Jenseits des Buchstabens, 1996, 115f.
60  Davon hat Hans Joachim IWAND gesprochen: Gesetz und Evangelium, 1964, 284.
61  Ebd. 287ff.
62  Dies führt H.J. IWAND aus: Gesetz und Evangelium, 1964, 286f.
63  Siehe auch E2-2.

*Prozess; aber damit, dass sie im Glauben begonnen ist, ist die iustitia Dei bereits ganz und voll da. Alle Ethik müsste also etwas von jenem Werden enthalten, von den Anfechtungen, von dem Kampf, den wir zu führen haben und in dem wir bis zum Tode stehen werden. Darum die bleibende Bedeutung des Gesetzes, nicht über den ganzen Menschen, sondern über den homo carnalis.*«[64] Es muss dabei deutlich bleiben, dass hier keine sittliche Erziehung im Blick ist, sondern das Bleiben in dem ›Werden‹, das Menschen an Gottes Geschichte teilhaben lässt. So werden – wie IWAND weiter bemerkt – »Menschen aus Fleisch und Blut zu ›Auslegungen des Gesetzes‹«.[65] Von diesen Menschen ist zu erzählen, von ihrem Werden in der Ethik zu reden.

Hier ist der Ort und der Ursprung des Zusammenhangs von Ethik und Geschichte (story), auch Geschichtsschreibung, der in den Konzeptionen der Ethik kaum in den Blick genommen wurde.[66] Dietrich RITSCHL hat demgegenüber einzigartig diesen Zusammenhang hervorgehoben und so diese Kontur einer evangelischen Ethik nachgezeichnet.[67] Dietrich RITSCHL bemerkt: »*Wenn es richtig ist, dass das ›Drin-Stehen‹ der Gläubigen in der Story, die mit der Erwählung ISRAELs beginnt, im Erklärungsmodell der ökonomischen (historischen) Trinitätslehre die Story ISRAELs und der Kirche mit Gottes eigener Geschichte und Zielsetzung verbindet, dann ist die Frage nach der Begründung des ethischen Handelns der Gläubigen letztlich identisch mit dem Teilhaben an dieser Story. Die Story selbst ist ja das Handeln.*«[68] Dies ist der Schlüssel zu einer Hermeneutik des Gebotes, die eben dieser Geschichte folgt und dazu einlädt, davon zu erzählen. Das Leben mit dem Gebot hält uns auf der Spur dieser Geschichte, sonst würde allgemein von der Natur des Menschen zu reden sein, ohne dass deutlich würde, woran diese zu erproben und zu erkunden ist. »So erinnert das Gesetz den Menschen an seine ewige Bestimmung. Wenn das Gesetz nicht wäre – gerade auch in seiner positiven Bedeutung –, dann würde er sicher werden, und vergessen, dass wir Wanderer sind nach einem fernen Ziel.«[69] Dies ist die Peregrinatio, die evangelische Ethik zum Gegenstand hat.[70]

---

[64] H.J. IWAND: Gesetz und Evangelium, 1964, 282. Siehe zu Iwand die eingehende und aufschlussreiche Untersuchung von Gerard C. HERTOG: Befreiende Erkenntnis. Die Lehre vom unfreien Willen in der Theologie Hans Joachim Iwands 1994.
[65] Ebd., 284.
[66] Diesen Zusammenhang hat insbesondere Paul Ricoeur eindrücklich in den Blick gerückt: P. RICOEUR: Geschichte und Wahrheit, 1974.
[67] D. RITSCHL: Zur Logik der Theologie, 1984, 286-299: »Von der ›Story‹ zum Handeln«.
[68] Ebd. 286. Das unmittelbar Folgende verweist auf den Grundgedanken der Kooperation von Gott und Mensch.
[69] H.J. IWAND: Gesetz und Evangelium, 1964, 308.
[70] Siehe E2-2.

## 6. Tradition und Wissen

Das Tradieren der Geschichte mit dem Gebot ist das Gegenstück zu all dem Moralischen, was ohne Weitergabe, ohne ein Weiterleben zu erreichen, zu erwerben oder anzueignen ist. Konventionen sind zu übernehmen, ohne dass es der *ausdrücklichen* Weitergabe, des Anvertrauens und der Aneignung bedarf. So auch das, was wir »Wissen« nennen.[71] Ist Wissen[72] dadurch definiert, dass jeder jederzeit und von jedem Ort aus dazu Zugang und Zugriff hat? Wissen ist dann – abgesehen von Konventionen, die damit verbunden sind – ohne Tradition zugänglich und ohne Tradition auch hervorgebracht. Dies ist nicht jenes weisheitliche Wissen, das sich von dem Wissen unterscheidet, das sich Menschen erarbeiten oder rekonstruieren. Weisheit entsteht aus den Widerfahrnissen, die Menschen zustoßen, in ihnen reflektiert sich die Bewährung, die Gerechtigkeit. An dieser Stelle spricht HIOB 28 von Gott: die Furcht des Herrn ist der Weisheit Anfang.[73]

Alasdair MACINTYRE hat in seiner Abhandlung über »Three rival versions of moral inquiry« drei Wege der Gewinnung und Weitergabe von lebenswichtiger Erkenntnis (moral inquiry) beschrieben: den *enzyklopädischen*, den *genealogischen* und den *traditionalen* Weg, auf dem die Gewinnung und Weitergabe von Erkenntnis vollzogen wird.

Die *enzyklopädische* Art der Gewinnung und Weitergabe von Wissen ist allenthalben präsent. Wer in unserem Fach etwas zu erfahren sucht darüber, was Hoffnung heißt, wird – nicht nur in den tatsächlich vorhandenen, mit viel Aufwand gepflegten, von keiner Kritik begleiteten, Enzyklopädien – informiert darüber, was über die Hoffnung da und dort gesagt worden ist, welche Theologien sich herausgebildet, auf welche Vorstellungen sie sich bezogen haben, was die Begriffe waren, und wie auch immer die Disposition sein mag. Wie aber christliche Hoffnung artikuliert, wie sie weitergegeben wird, was das Medium solcher Weitergabe ist – was die Institutionen des Lernens gewesen sind oder sind: kurz die Geschichte, die story dieser Hoffnung erfahren wir nicht.

In Enzyklopädien wird nicht erzählt, sondern registriert, aufgezählt – zumeist sehr heterogene Sachverhalte: Begriffe, Vorstellungen, historische Bedingungen – alles wird zu Konglomeraten von Wissen, die kaum durchdrungen werden kön-

---

71 Siehe dazu auch: J. Pieper: Über den Begriff der Tradition, 1958.
72 Zur Differenz von »Wissen« und kontextbezogener Rechtfertigung vgl. J. HABERMAS zu R. RORTY: J. Habermas: Wahrheit und Rechtfertigung. Zu Richard Rortys pragmatischer Wende (1999). Habermas ist in seiner Kritik an rorty zu folgen, der Wahrheit und Rechtfertigungsprozedur einebnet. Andererseits ist an Habermas die Frage zu stellen, inwiefern die Bewahrheitung nicht tatsächlich als Exploration auf eine Zukunft hin zu denken ist (vgl. ebd. 261), die darin beschlossen ist, was uns jetzt gewährt ist.
73 Zur biblischen Tradition der Weisheit siehe: G. v. RAD: Weisheit in Israel (1970), 1985.

nen, und die sich um nichts drehen. Enzyklopädien setzen – wie MACINTYRE an Beispielen zeigt – voraus (oder: suggerieren), dass Wissen unabhängig von Autoren und bestimmten scientific communities, in einer universalen scientific community existiert. Enzyklopädisches Wissen zu jedem in gleicher Entfernung und Zugänglichkeit. MacIntyre diskutiert, warum die Artikel der Enzyklopädien nicht mit dem Namen, zumindest ohne Vornamen unterzeichnet werden.[74] Die Autoren sind austauschbar, was sich auch daran zeigt, dass manche Enzyklopädie-Redaktionen Artikel bedenkenlos umschreiben, anderen Autoren zum Weiterschreiben geben usf. In der enzyklopädischen Erfassung von Wissen werden die Traditionen zu einem Wissensbestand, der so oder so aufgezeichnet, verglichen, weiterentwickelt wird, ohne die Menschen, die damit verbunden sind.

Zum zweiten beschreibt MACINTYRE die *genealogische* Gewinnung von Erkenntnis und ihre Präsentation, wie sie Friedrich NIETZSCHE in seiner »Genealogie der Moral« paradigmatisch vorgeführt hat. Sie legt nahe, dass wir zur Erkenntnis einen Schlüssel haben könnten, mit dem sich alles weitere erschließt, einen Generalschlüssel, mit dem sich aufweisen lässt, wie alles kommen musste. Dass alles so kommen musste: Darauf richtet sich die Erkenntnis. Das meint nicht nur eine wie auch immer erklärbare Verkettung der Dinge, sondern der zwangsläufige und unheilvolle Zusammenhang der Dinge. Traditionen tragen ihre Aufklärungsbedürftigkeit immer schon mit sich herum. Ihnen ist mit Misstrauen zu begegnen. Der genealogische Blick lässt es nicht zu, sich auf Traditionen einzulassen, die nicht auf das hin durchleuchtet sind, was sie hervorgetrieben hat. Jedoch: Wird dieser Blick je herausfinden, *worum* eine Tradition sich gebildet hat? Die genealogische Sicht wird vielleicht eine Erklärung bieten, sie wird den Angelpunkt einer Tradition, sie wird ihr Geheimnis nicht fassen bekommen. Dazu bedürfte es des Sich-Einlassens auf diese, des erneuten Eintretens in ihre Praxis des Suchens und Findens.

Dem steht schließlich – in MACINTYREs Darstellung – eine *traditionale* Weise der Gewinnung und Weitergabe von Erkenntnis gegenüber. Nicht ein formloses Wissen, sozusagen die blanke Wissensmaterie ist der Gegenstand solcher traditionalen Erkenntnispraxis, sondern ein Wissen das nur in bestimmten Praktiken präsent ist. Dazu gehören auch akademische Formen des Lehrens und Lernens, für die es kennzeichnend ist, dass sie nicht der Reproduktion und Vermehrung

---

[74] Vgl. beispielsweise »Historisches Wörterbuch der Philosophie«, hg. von J. RITTER, K. GRÜNDER, G. GABRIEL, Darmstadt 1971ff. Die entgegengesetzte Praxis beschreibt Emmanuel LÉVINAS für die talmudische Traditionsbildung: »Im Talmud kommt es immer sehr darauf an, wer was gesagt hat: Die Lehre ist eine wahre Lehre, bei der die Universalität der verkündeten Wahrheit weder den Namen noch die Persönlichkeit dessen, der sie aussprach zum Verschwinden bringt. Die Talmudgelehrten sind sogar der Auffassung, der Messias werde in dem Moment kommen, wo jeder das, was er lernt, im Namen dessen, der es ihm beigebracht hat, zitieren wird.« (E. LÉVINAS: Jenseits des Buchstabens, 1996, 125).

von Wissensbeständen dienen, sondern der Gewinnung und Weitergabe von Wissen und Erkenntnis. Die Disputation beispielsweise, in der nicht einer für ein ganzes Wissensgebiet steht und vielleicht sagt: »*wir* wissen heute...«, sondern in der eine Klärung der Dinge vorgetragen wird, um von anderen gehört und befragt zu werden, die dies wiederum nicht anders tun, als indem sie anführen, was von anderen zu bedenken gegeben ist. Erkenntnissuche spielt sich in einer solchen Ökonomie des Erkenntnisaustausches aus – und dieser muss auch vollzogen werden. Erkenntnisse lassen sich nicht ohne diese Institution gewinnen, vielleicht auch ohne diesen weitläufigen Weg, und sie können nicht in einem Buch aufgeschrieben werden. Die Summa Theologiae des THOMAS von Aquin bewegt sich hier an der Grenze, sofern (und nur sofern) sie den Anspruch erhebt, dass die entscheidenden Argumente schon einmal genannt worden sind und nur zitiert werden müssen. Und doch ist auch die Summa nicht als Buch zu lesen, sondern man muss sie mit verteilten Rollen nachspielen, man muss in ihre explorative Praxis eintreten.[75]

Die Formen des Forschens und Lehrens sind – so der Vorschlag von MACINTYRE – daraufhin neu zu beschreiben, wenn denn im akademischen und universitären Zusammenhang das Forschen als Praxis überhaupt noch Gegenstand der Betrachtung ist. Die Praxis des Forschens führt zu einer anderen Art von Gemeinschaft als zu einer »scientific community«, die zulässt, dass alles und jedes getan, ausgetauscht, angepriesen, verteidigt und vernichtet werden kann. Die von MacIntyre anvisierte Gemeinschaft ist demgegenüber gekennzeichnet und getragen durch bestimmte explorative Praktiken, ohne die gar nicht existiert, was »Wissen« oder »Erkenntnis« genannt werden kann. Auch das Tradieren stellt selbst eine explorative Praxis dar. Ohne sie kann nicht erprobt werden, was auf dem Spiel steht, ohne sie können bestimmte Fragen nicht gestellt, bestimmte Erkenntnisse nicht miteinander verbunden oder konfrontiert werden.

Emmanuel LÉVINAS leitet eine seiner Talmud-Vorlesungen mit der Bemerkung ein, die Zuhörer sollten den Text, der ihnen in einer Kopie vorliegt, nicht mit nach Hause nehmen, sondern liegen lassen.[76] Würden sie zu Hause darin forschen, wäre dies jedenfalls eine andere Praxis des Forschens als im Lehrhaus, wo einer den anderen befragt, einer dem anderen Rechenschaft gibt, und dann vielleicht einer auch aufschreibt, was gesagt wurde. Lévinas bemerkt an anderer Stelle: »Was aber überhaupt aufgeschrieben wurde – darüber streiten sich die Gelehrten: es gibt welche, die – im Blick auf die Mengen des Überlieferten – sagen, es sind achtzig Prozent aufgeschrieben worden. Andere aber wenden ein:

---

[75] Das widerspricht der Kennzeichnung von MACINTYREs Bezug auf die Tradition als »Traditionalismus« wie sie Jeffrey STOUT in seiner gleichwohl beachtenswerten Kritik vornimmt: J. STOUT: Democracy and tradition, 2004, 118-139.
[76] E. LÉVINAS: Vier Talmud-Lesungen, 1993, 27.

damit sind nur wiederum weitere Gelegenheiten geschaffen für die Suche nach Erkenntnis. Mit jedem Stück Text wird das, was aufgeschrieben worden ist, nicht mehr, sondern weniger ...«

## 7. Semantische Traditionen – Tradition im Widerspruch

Tradition und Traditionsbildung sind mit Institutionen verbunden, mit dem Lehrhaus, der Familie, der Kirche, den institutionalisierten Formen von Wirtschaft und Politik. Tradition ist nötig um der Erfüllung der gemeinsamen Aufgaben willen und auch gegenüber den abgeforderten Funktionen, im Blick auf menschliches *Werden*: bei der Gewinnung von Wissen und Bildung, der Besorgung des Lebensunterhaltes, der Ermöglichung von politischem Handeln. Tradition ist auf das bezogen, was Menschen in ihrem Werden zukommt, was Menschen mitzuteilen haben von dem, was sie empfangen. Das ist die Semantik der Tradition, die nicht verloren gehen kann, ohne dass Tradition überhaupt verloren geht. So kann es nicht irgendwelche »Traditionen« geben, in denen irgend welche Semantiken weiterentwickelt und weitervermittelt werden. Immer steht – wie Alasdair MACINTYRE zeigt – zugleich auf dem Spiel, ob in der Sprache und im Sprechen Menschen im Empfangen und Mitteilen im Modus von Traditio bleiben, oder jeder Art von semantischen Strategien und Prozessen ausgeliefert sind, wie sie eine entsprechend aufmerksame soziologische Aufklärung beschreiben kann. Niklas LUHMANN hat in seinen Rekonstruktionen, die sich auf die frühe Neuzeit und die folgenden Zeiten beziehen, vielfältige semantische Strategien beschrieben, in denen sich die Vorgänge funktionaler Differenzierung in der Gesellschaft spiegeln.[77] Dazu gehören nicht zuletzt diejenigen, die »Anthropologie« einführen und die damit den Menschen in seiner Selbstreferenz[78] und Unbestimmtheit thematisieren lassen. Letzteres führt zur Semantik der Identität[79], der Gestaltung und Führung des menschlichen Lebens, wie sie die Ethik weithin bestimmt. Diesen semantisch aufbereiteten Menschen braucht die neue funktional differenzierte Gesellschaft.[80] Dass diesen Vorgängen verschiedene – auch im besonderen gepflegte – Semantiken gegenüber stehen, ändert an dem grundlegenden Vorgang in der Entwicklung funktional angepasster Semantiken nichts. Mit dieser soziologischen Aufklärung tritt vor Augen, wie die Semantiken unse-

---

[77] N. LUHMANN: Gesellschaftsstruktur und Semantik : Studien zur Wissenssoziologie der modernen Gesellschaft, Bd. 1, 1993.
[78] Dies führt etwas zu der Frage, wie man Selbstreferenz und Religion gleichzeitig bejahen kann: N. LUHMANN: Gesellschaftsstruktur und Semantik : Studien zur Wissenssoziologie der modernen Gesellschaft, Bd. 1, 1993, 186.
[79] Siehe dazu: A. BARKHAUS; M. MAYER; N. ROUGHLEY; D. THÜRNAU (Hg.): Identität, Leiblichkeit, Normativität : neue Horizonte anthropologischen Denkens, 1999.
[80] N. LUHMANN: a.a.O., 192f..

rer Gegenwart mit der Genese von gesellschaftlichen Strukturen verbunden sind und eben diesen Prozess abspiegeln und begleiten. Diese Semantiken, wie sie etwa in den ethischen Diskursen gepflegt werden, haben selbst keine aufklärende Bedeutung, sie reflektieren, was vor sich geht. Aufklärung ist auf einer anderen Ebene der Beobachtung zu gewinnen – wie der Ebene, die LUHMANN in seinen Rekonstruktionen betritt. Freilich entgehen dem Beobachter auch hier Sachverhalte, weil sie in dem spezifischen Erklärungszusammenhang nicht abzubilden sind. Dieser ist darauf ausgerichtet, die Erfordernisse neuer Semantiken auf ihre Passförmigkeit und Plausibilitätschancen[81] hin zu diskutieren. Diese Aufklärung kann zeigen, wie viele der gegenwärtig gebräuchlichen semantischen Strategien in der frühen Neuzeit ihren Ursprung haben: »Begriffe wie Inklusion, Freiheit, Gleichheit, Individuum, Freiheit, Autonomie, Funktion, Reflexion, Leistung machen sichtbar, entlang welcher Leitlinien Erfordernisse und Folgeprobleme der neu eingerichteten Vorordnung funktionaler Differenzierung über Schichtung und Segmentierung in einer neuen Semantik verarbeitet werden.«[82] Auch wenn zugleich gezeigt werden kann, wie dieser Übergang in die Reflexion geholt und sprachlich verarbeitet wird, auch wenn widerständige Vorgänge abgebildet werden können, geht schließlich jede Semantik in dem alles umgreifenden Vorgang einer funktional differenzierten Gesellschaft auf. »*Die Welt wird für diese Gesellschaft zum Horizont endlos möglicher Progression in die Weite und in die Binnentiefe der Substanzen. Grenzen reflektieren daher nur noch operative Notwendigkeiten, nicht mehr Letztgegebenheiten, Sphären oder Atome oder Individuen der realen Welt.*«[83]

Diese Theorie bestätigt um so deutlicher, was es heißt, Wissen zu gewinnen und in Sprache zu fassen, das dazu dient, sich zu vergewissern, wo man sich aufhält, und sicherzustellen, dass man im Spiel bleibt. Es geht um Sprachwissen und dessen Gebrauch, das garantiert, dass man aus dem Gang der Dinge nicht herausfällt. Entscheidend ist, dass nun nicht – etwa vonseiten der »Religion« – diesem Vorgang ein anderes Wissen oder andere semantische Strategien entgegengesetzt werden, um das eine oder andere aus der Tradition nicht verloren gehen zu lassen. Die Logik von Verlust und Bewahrung gehört selbst zu der hier eingeübten Semantik, wie auch die Logik von Kontinuität und Diskontinuität. So werden Semantiken in ihrer Plastizität erhalten und jeder Art von Sprachgestaltung ausgeliefert. Diese besorgt dann auch die Karrieren von Semantiken. Ethik-Debatten bestehen weitgehend darin, diese oder jene Semantiken zu be-

---

[81] Zum Kriterium der »Plausibilität« siehe z.B. N. LUHMANN, a.a.O., 213, zur Plausibilität der Semantik vom »Menschen als Geschichte«.
[82] N. LUHMANN: a.a.O., 32.
[83] N. LUHMANN: a.a.O., 33.

haupten und zur Geltung zu bringen – wie beispielsweise die Rede von Werten, Verantwortung, Pluralismus[84], Kultur[85], Gedächtnis und vieles andere. Wissenssoziologische Reflexionen fehlen in den Ethik-Debatten fast gänzlich.[86] Immerhin läge es nahe, an das zu erinnern und weiterzuführen, was in der biblischen Exegese in dieser Hinsicht versucht worden ist und dort zum Standard der Analyse gehört. Dabei ist zugleich zu bedenken, in welcher Weise die wissenssoziologische Betrachtung ihrerseits an bestimmten Semantiken gebunden ist, also keine unabhängige Beobachtungsplattform darstellen kann. Dennoch kann durch den Aufweis von Kontrasten gezeigt werden, was in der einen oder anderen Richtung an semantischen Strategien verfolgt wird.

In der biblisch-theologischen Tradition ist nun aber von dem »Wort« die Rede, das deshalb auszulegen und zu verstehen ist, weil es nicht den semantischen Strategien unterworfen sein kann, wenn es denn in seiner Mitteilung nicht tatsächlich verloren gehen soll. Das widerspricht dann freilich einer Hermeneutik, die genau das Gegenteil zum Ziel hat, nämlich die beständige Anpassung an die gegebenen Semantiken, weil sonst, wie die Vermutung lautet, nicht verständlich wäre, was von dem Wort zu erfahren ist. Freilich wird hier allzu leicht Verständlichkeit gleichgesetzt mit dem, was das Wort anspricht und zumutet. Was quer verläuft zu dem, was Zustimmung findet, was als »Ärgernis«[87] oder Fremdheit erscheint. Eine Hermeneutik, die das Wort zur Mitteilung kommen lassen will, das uns durch das biblische Wort zukommt, kann nicht darauf zielen, die Zumutung aufzuheben, die in dieser Mitteilung steckt. Sonst wird auch verdeckt, dass es verschiedene, auch differente Semantiken gibt, die nicht ineinander aufzulösen sind. Die Mitteilung des Wortes kann nicht durch eine Hermeneutik ihrer Provokation beraubt werden – im Gegenteil besteht die Aufgabe biblischer Hermeneutik darin, das biblische Wort auf diese Mitteilung hin durchlässig werden zu lassen.

Dietrich RITSCHL, der sich in besonderer Weise dieser Fragestellung zugewandt hat, spricht von »differierenden semiotischen Systemen«, auch von »biblisch verwurzelten« semiotischen Systemen.[88] Damit ist die Widerständigkeit von »Sprachen« angezeigt, die sich semantischen Strategien entziehen, die solche

---

[84] Eine kritische Analyse findet sich bei: W. SCHOBERTH: Pluralismus und die Freiheit evangelischer Ethik (2002).
[85] Zur Rede von Kultur in Bezug auf eine politische Ethik siehe auch: C. LEFORT: Fortdauer des Theologisch-Politischen?, 1999. Zur Soziogenese der Rede von »Kultur« siehe: N. LUHMANN: Kultur als historischer Begriff (1995).
[86] Zur Genese beispielsweise der Rede von »Werten« siehe C2-8.
[87] 1Kor 1:23 »wir aber predigen den gekreuzigten Christus, den Juden ein Ärgernis und den Griechen eine Torheit«.
[88] D. RITSCHL: Theorie und Konkretion in der ökumenischen Theologie : kann es eine Hermeneutik des Vertrauens inmitten differierender semiotischer Systeme geben?, 2003.

»semiotischen Systeme« zu unterlaufen suchen oder auch sie gar nicht beachten. Dass die theologische Ethik in dieser Hinsicht weitgehend traditionslos ist, das heißt, dass sie nicht auf die Differenz von Semantiken (in ihrer Beziehung auf semiotische Systeme) achtet, lässt die Arbeit in der Ethik und ihrer Theorie in höchstem Maße als artifiziell erscheinen. Demgegenüber bleibt es die Aufgabe der Ethik, immer neu eine hermeneutische Arbeit eben dort zu leisten, wo die verschiedenen Semantiken und semiotischen Systeme aufeinander treffen. Wenn die theologische Ethik nicht dessen gewärtig ist, was sie dazu bringt, bestimmten Semantiken zu folgen – der Rede von den Werten, von Verantwortung oder von Weltgestaltung oder auch gegenläufigen Reden – kann sie nur selbst Gegenstand kritischer Reflexion sein. Welche semantischen Strategien gegenwärtig im Bereich der Bioethik in Gang gesetzt werden, ist kaum Gegenstand der Auseinandersetzung geworden. Mit dieser sprachkritischen Aufgabe verliert aber die Ethik ihre Aufgabe überhaupt – nämlich aus der Erfahrung mit dem widerständigen Wort der Schrift mit differenten Semantiken zu rechnen und – zumindest – diese in den Blick zu rücken. Selbst einfache kritische Rückfragen, wie die, was es bedeutet, wenn von »Reproduktionsmedizin« gesprochen wird, würden ganze Diskurse grundlegend verändern können.

### 8. Ethik als die Praxis der Erkundung geschöpflichen Lebens

Wenn es für ethisches Fragen und Urteilen entscheidend ist, dem nachzugehen und nachzuforschen, was *uns* Menschen – im durchaus adventlichen Sinn – zukommt, wird sich dieses in einer Praxis vollziehen müssen, in der wir dies gemeinsam mit anderen erkunden. Die Thematisierung des uns Menschen zukommenden Lebens selbst wird zu einer Aufgabe gemeinsamen Suchens und Erkennens, sie bleibt nicht einem anonymen Prozess der Bildung von Konventionen oder Gewohnheiten, der guten oder schlechten Moralia überlassen. Was heißt es, in dieser oder jener Beziehung menschlich zu leben? Dieser Frage nachzugehen heißt, immer neu zu erproben, was als Existenzform geschenkt ist. So gewinnt die Ethik ihre explorative Form im Vorgang einer Tradition. Dies ist auch ihre Ortsbestimmung im wissenssoziologischen Sinn.[89] Die Frage danach, wie geschöpfliches Leben zu erproben ist, provoziert jede Ethik, die den Menschen sich selbst ausgeliefert sieht. Hier ist der Ort für das, was Tradition heißt. Ethik bildet Tradition in dem hier – von Hannah ARENDT, Gershom SCHOLEM, Josef PIEPER und Gerhard KRÜGER – erinnerten Sinn als das immer neue Erproben und Mitteilen der mitgeteilten und übermittelten Existenzform. Ethik

---

[89] Vgl. als paralleles Beispiel die Verortung der Frage »Wie ist soziale Ordnung möglich?« bei: N. LUHMANN: Gesellschaftsstruktur und Semantik : Studien zur Wissenssoziologie der modernen Gesellschaft, Bd. 2, 1981.

muss ohne solche Tradition ihren Gegenstand verlieren und zu einer Moral werden, die keine Moralia mehr enthält, sondern leer bleibt, allenfalls noch versehen mit Erinnerungstafeln, auf denen die Moralia benannt sind – wie das Stichwort von der Gottebenbildlichkeit des Menschen, die für die gleiche Würde aller Menschen einstehen soll. Dass Gottebenbildlichkeit Menschen zukommt, sofern sie sich von Gott bilden lassen, sofern sie in der Geschichte mit Gott bleiben – bis zu ihrem zukünftigen Bild[90] – und darin ihre »Würde« finden, macht ihre Präsenz als Tradition und in der Tradition aus. Immer neu gilt es *diese* Ebenbildlichkeit zu erproben. Nur dann wird es nicht zu einer Frage der »Geltung« oder der Anerkennung dessen, was wir von uns selbst oder von anderen halten, sondern eine Sache des gemeinsamen Erkundens. Den anderen Menschen deshalb in seiner Gottebenbildlichkeit zu erkennen heißt, ihm nicht diese Geschichte zu nehmen, sondern ihn erproben und mitteilen zu lassen, was es heißt, Mensch zu werden. Das Thema ist hier nicht, jemandes Würde anzuerkennen[91] oder ihm gar zuzuschreiben, sondern ihn in seiner Würde zu *erkennen* – und das heißt, ihn in seinem Werden zu lassen, das einer Manipulation von außen entzogen bleibt. Dieses Werden macht seine – de facto unverletzliche – Würde aus.

Von Tradition zu reden hat hier seinen Ort, dort, wo alles darauf ankommt, nicht zu versuchen, des Menschen habhaft zu werden – wie des Bären in Faulkners Erzählung[92] –, sondern uns Menschen in unserem geschöpflichen Werden gewärtig zu bleiben und zu bewähren.

---

90 Siehe A3-5.
91 Robert SPAEMANN legt den Vorgang der Anerkennung in der Weise aus, dass damit nicht etwa Würde zuerkannt wird, sondern eben das anerkannt, was uns begegnet: R. Spaemann: Personen. Versuche über den Unterschied zwischen ›etwas‹ und ›jemand‹, 1996.
92 Siehe A4-1.

## A 5 Streit um die Wirklichkeit – im Prisma geschöpflichen Lebens

### 1. Ethik als Erkundung geschöpflicher Lebenswirklichkeit

Mit der Wahrnehmung der Ethik als Praxis verbindet sich notwendig und in spezifischer Weise die Frage nach ihrer Struktur und ihren Regeln auch im gesellschaftlichen und politischen Zusammenhang. Eine Praxis hat ihre Regeln, ihre Struktur und ihr Ziel (Telos), sie hat ihren Ort und ihren Kontext, in dem sie sich bewegt. Es wäre insofern nicht sinnvoll – wie es geschehen ist[1] – von »subjektiver Ethik« auf der einen Seite und »objektiver Ethik« auf der anderen zu sprechen. Auf der einen Seite wäre womöglich das Verhalten und die Disposition von »Subjekten« im Blick, auf der anderen die Strukturen und Lebensverhältnisse, wie sie in einer Theorie der Gesellschaft abzubilden wären. Wenn wir von der Ethik als Praxis ausgehen, ist diese Unterscheidung aufgehoben. Eine Praxis vollzieht sich in Interaktionen[2] und Kontexten, und diese kommen zusammen mit der Praxis in den Blick. Auch wenn von einem »*Ethos*« als Gegenstand der Ethik die Rede ist, wäre es ungenügend, dies als Haltung oder Einstellung zu verstehen. Der Begriff erinnert nicht nur an das Gewohnte, an das, was – wie ARISTOTELES sagt – durch Gewöhnung erlernt wird, sondern er erinnert auch daran, wo jemand wohnt, wo jemand Wohnung[3] genommen hat. Die Frage wird sein, wie davon zu reden ist, denn dies wird affirmativ nicht geschehen können, indem bestätigt wird, worin Menschen sich eingerichtet haben.[4] Die Frage nach dem Ort ist entscheidend für die Ethik. Sie ist mit dem geschöpflichen Leben gegeben, wie es biblisch vielfach reflektiert ist. Sie ist damit gegeben, dass von Gottes Wort zu sagen ist: »es wohnte unter uns« (Joh 1). Was kann der Ort dieses Geschehens sein?

Theologische Ethik findet ihre Aufgabe darin, die Lebenswirklichkeit als geschöpfliche kenntlich werden zu lassen. Dies steht gegen jede Verarmung in der Wahrnehmung und Aufnahme von Wirklichkeit, die durch keine Reflexivität dessen kompensiert werden kann, was als Wirklichkeit noch übrig bleibt. Nur mit dieser Aufgabe, die Lebenswirklichkeit als geschöpfliche erscheinen zu lassen und zu gewärtigen, bleiben wir dabei, das, was *von Gott* zur Mitteilung kommt,

---

1 Diese Unterscheidung ist insbesondere durch Ernst TROELTSCH geläufig geworden: E. TROELTSCH: Grundprobleme der Ethik (1913).
2 Damit ist auch der Begriff »Institution« verbunden.
3 Vgl. M. HEIDEGGER: Über den ›Humanismus‹, 1947 (1954); H.-G. GADAMER: Ethos und Logos (1989). Diesen Zusammenhang hat – auch im Verweis auf Heidegger – Paul RICOEUR in den Blick gerückt: Religion, Atheismus und Glaube [1969] (2002), 101f.
4 Siehe die Kritik am Begriff des Ethos bei T.W. ADORNO: Probleme der Moralphilosophie, [1963] 1996, 23.

## 1. Ethik als Erkundung geschöpflicher Lebenswirklichkeit

in der Ethik selbst präsent sein zu lassen.[5] Die theologische Ethik befindet sich somit nicht in der Beobachterposition, von der aus das ethisch »Richtige« oder »Gerechtfertigte« festzustellen ist, sondern ist selbst als Praxis in diese Lebenswirklichkeit des Lebens mit Gott eingefügt. In diese Praxis ist auch die Verständigung einbezogen. Es ist die Praxis nicht nur des Sich-Miteinander-Zurechtfindens, sondern des Miteinander-Lebens im Gewärtigwerden und Erproben dessen, was von Gott zu erfahren ist. Insofern kann sich diese Ethik nicht nur auf das Miteinander Zurechtkommen beziehen (wie es z.B. eine Tugendethik nahe legt), das sich dessen vergewissert, dass wir in *einer* »Welt« leben, die uns allen gemeinsam ist,[6] – so unverzichtbar dies ist – sondern auch und zuerst darum, wie dem jeweils anderen das mitgeteilt wird, das ihm zukommt.

In dieser Hinsicht ist jedoch – auf evangelischer Seite – in den Konzeptionen theologischer Ethik eine tief verwurzelte Unsicherheit zu bemerken. Auf welche Weise bildet theologische Ethik mit der Darstellung von Lebensformen oder Ethos gesellschaftliche Lebensverhältnisse ab, inwiefern zeigt und erkundet Ethik Strukturen des sozialen und politischen Lebens, inwiefern hat sie gerade auch als theologische Ethik eine spezifische Aufgabe, Lebenswirklichkeit nach beiden Seiten hin, im Blick auf die gemeinsame Welt *und* im Blick auf das, was ihr mitzuteilen ist, zu erschließen?[7] Worin besteht hier die Aufgabe ihrer Erkenntnis und Reflexion?[8] Gelegentlich ist die Aufgabe der Ethik und der Theologie als »Wirklichkeitswissenschaft«[9] thematisiert worden. Von ihr wurde gesagt, sie sei in den Streit um die Wirklichkeit verwickelt, das heißt in den Streit darum, was die *menschliche* Wirklichkeit in allen ihren Erstreckungen genannt werden kann. Dies ist kein Streit um verschiedene Perspektiven, die so oder so wechseln können, sondern es ist ein Streit darum, was der Unterschied ist zwischen einer

---

[5] Siehe zu dieser Aufgabe vor allem: D. BONHOEFFER: Christus, die Wirklichkeit und das Gute (1992).
[6] Darauf zielt die Diskursethik, wie sie J. HABERMAS kennzeichnet: Richtigkeit versus Wahrheit. Zum Sinn der Sollgeltung moralischer Urteile und Normen (1999).
[7] Diese Frage stellt ausdrücklich – dies sei beispielhaft genannt – Daniel W. HARDY: God's ways with the world : thinking and practising Christian faith, 1996, 173-205. D. Hardy zeigt zugleich die Aufgabe einer trinitarisch entfalteten Theo-Logie für eine kritische Sozialetheorie.
[8] Diese Frage hat J. MILBANK neu gestellt und gezeigt, in welcher Weise die christlich-theologische Tradition ihre eigene Geschichte der Theoriebildung hat, die sie in Differenz setzt zur Entwicklung der politischen und soziologischen Theorie. Vgl. J. MILBANK: Theology and Social Theory beyond Secular Reason, 1991. Zur Erkenntnisaufgabe der Ethik siehe insbesondere auch: J. FISCHER: Wahrnehmung als Proprium und Aufgabe christlicher Ethik (1989).
[9] Zum Begriff »Wirklichkeitswissenschaft«: V. KRUSE: »Geschichts- und Sozialphilosophie« oder »Wirklichkeitswissenschaft? Die deutsche historische Soziologie und die logischen Kategorien René Königs und Max Webers, 1999. Wolf KRÖTKE hat in Bezug auf die den „Beitrag der Theologie zum Wirklichkeitsverständnis unserer Zeit" eine theologisch klare Grundlinie markiert: W. KRÖTKE: Was ist "wirklich"?, 1996. Diese Grundlinie betrifft die Bestimmung des Geschöpfs im Unterschied zum Schöpfer und das darin beschlossene Verständnis von Wirklichkeit.

Theologie oder Philosophie, die die Wirklichkeit reflektiert (spiegelt) und einer Theologie, die zu erkunden und zu sagen hat, was »wirklich« ist.[10] So hat Martin LUTHER dies von der Theologie gesagt, die er die Theologie des Kreuzes genannt hat. »Der Theologe der Herrlichkeit nennt das Schlechte gut und das Gute schlecht. Der Theologe des Kreuzes nennt die Dinge, wie sie wirklich sind.«[11]

Die Theologie des Kreuzes hat zu sagen, was »wirklich« ist, genauer: das Wort auszusprechen, das ansagt, was wirklich ist, was die »Sache« ist, die »res«, die uns mitgeteilt wird. Die Theologie des Kreuzes sagt, was »Sache« ist: die »Sache« Gottes, die Sache seiner Treue (Ps 45,5) mit dem Menschen, die in diese Wirklichkeit eintritt und so die Wirklichkeit verändert. Dieser Sache Gottes entspricht eine Theologie, die sich nicht die Wirklichkeit zurechtlegt oder sie bewertet, die aber auch nicht behauptet, in dem Sinne realistisch zu sein, dass sie eine Realität re-flektiert, von der sie nicht sagen kann, wer oder was ihr widersteht und ihr (auch der Theologie) widerspricht. Deshalb begrenzt sich diese Theologie nicht darauf, sich dessen zu vergewissern, was die gemeinsame Welt ist, die »wir« Menschen ausmachen können. Sie wird danach suchen, wie sich die Wahrnehmung und Erkenntnis dieser »Welt« verändert, wenn Menschen ihrer Geschöpflichkeit gewärtig werden. Sie wird in diesen Streit um die »Wirklichkeit« eintreten.

In entsprechender Weise ist – begründet in der Logik der Zwei-Regimenten-Lehre – die Sozialethik auch als *Konfliktwissenschaft* (Oswald BAYER) gekennzeichnet worden.[12] Warum Konflikt? Worum kann hier gestritten werden? Was kann dabei die theologische Pointe sein?

Entscheidend ist zunächst, für die ethische Erkenntnis festzuhalten, dass die Wirklichkeit menschlichen Lebens nicht nur vielfältig oder vielspältig erscheint, sondern dass ihr auch Widersprechendes entgegensteht. In der theologischen Ethik ist immer wieder gefragt worden, was die Lebenswirklichkeit ist oder sein

---

10  Knut BERNER hat in höchst aufschlussreicher Weise dazu die gegenwärtige Diskurslage dargestellt und konzeptionell weitergeführt: K. BERNER: Gesetz im Diskurs. Konsequenzen theologisch-philosophischer Wirklichkeitsdeutung, 1997; siehe besonders auch: Wolf KRÖTKE: Was ist "wirklich"? 1995.
11  M. LUTHER: Heidelberger Disputation [1518] These 21: »dicit quod res est«.
12  Vgl. O. BAYER: Natur und Institution. Luthers Dreiständelehre (1995), 143. Bayer sieht bei M. LUTHER den Konflikt als Konflikt »von allgemeiner und christliche Humanität, von natürlicher und theologischer Ethik«. Bayer sieht auch die eschatologische Differenz in seiner eigenen Interpretation dieser Differenz: »Wer so wie Luther Theologie als Konfliktwissenschaft wahrnimmt, trägt in der Arbeit des Denkens nichts anderem als der Spannung Rechnung, die zwischen radikalem Nachfolge-Ethos und weisheitlichem Haustafel-Ethos, zwischen Weisheit und Kreuz besteht und nicht aufgehoben wird, solange wir unterwegs sind.« Man wird freilich in Bezug auf die biblische Weisheitstradition wiederum eine Differenz zu der von Paulus angesprochenen Weisheit der Welt (1Kor 1) sehen müssen. Das biblische Weisheitsethos hat seine eigene eschatologisch-kritische Bedeutung. Vgl. O. BAYER: Freiheit als Antwort. Zur theologischen Ethik, 1995, XII. O. BAYER: Ethik als Konfliktwissenschaft am Beispiel des Freiheitsbegriffs [1989] (1993).

## 1. Ethik als Erkundung geschöpflicher Lebenswirklichkeit

soll, in der Menschen als Geschöpfe leben und der die ethische Praxis entspricht. Theologische Ethik hat sich durchaus in einem spannungsvollen Streit um diese Wirklichkeit befunden. Sie hat sich darauf eingelassen, zu fragen, was Politik ist und was sie nicht ist, was Freiheit ist und was sie nicht ist, was Gerechtigkeit ist und was Gerechtigkeit nicht ist, was Frieden ist und was Frieden nicht ist,[13] und sie hat mit Unterscheidungen gerechnet, die eine *theologische Differenz* zutage treten lassen: die Differenz zwischen diesem und jenem anderen Frieden, zwischen dieser und jener anderen Freiheit, die Differenz zwischen einer Welt ohne Gott und einer Welt, in der Gott begegnet. Es geht dabei um eine spezifische Differenz, nicht um die zwischen einem »Sein« und »Sollen«, zwischen einer wirklichen und einer wahren Welt, zwischen einer in sich geschlossenen Welt und einem ihr gegenüber freien Subjekt, zwischen einem endlichen Subjekt und einer unabsehbaren Freiheit, oder wie immer die Differenz philosophisch zu fassen ist.[14] Die theologische Besinnung bleibt damit nicht bei einer negativen Theologie[15], sondern sie sucht zu erproben, was Menschen von Gottes Präsenz gewärtig ist und was es davon mitzuteilen gilt. Es ist nicht das Gute, um das wir Menschen immer schon uns strebend bemühen oder das wir sehen möchten (Psalm 4,7), sondern dasjenige bestimmte Gute von Gott[16], das uns Geschöpfen anvertraut ist, das es zu erkunden zu erproben gilt. Dass die Lebenswirklichkeit daraufhin durchlässig ist, dass sie diese Erkundung und Erprobung nicht ausschließt, unter welchen Konflikten auch immer sie erfolgen muss, ist entscheidend für diesen *praktischen* Streit um die Wirklichkeit. Sozialethik ist in dieser Perspektive als praktisch-erprobende und entsprechend auch lehrbare entfaltet

---

[13] Siehe dazu: T. HOPPE: Vom "Gerechten Krieg" zum "Gerechten Frieden" : Stationen der Entwicklung katholischer Friedensethik (2003); W. HUBER; H.-R. REUTER: Friedensethik, 1990.

[14] Vgl. als Beispiel für eine solche Reflexion: S. STRASSER: Jenseits des Bürgerlichen?, 1998, 154f..

[15] Zu den Ausführungen einer negativen Theologie gehört S. ŽIŽEK: Die Puppe und der Zwerg. Das Christentum zwischen Perversion und Subversion, 2003. Gott verschwindet in der hermetischen Dialektik einer Ökonomie, die als Ökonomie des Christentums erscheint. Das betrifft etwa die Ökonomie der Verantwortung: irgendwo muss diese aufgehen und deshalb wird Gott in die Kette der Verantwortlichen eingefügt (vgl. 189f.), damit keine Ausflucht bleibt. Die andere Logik aber ist, wie sie in der biblischen Tradition entfaltet wird, dass Gott Menschen beruft, die dieser Ökonomie des Verantwortlich-Machens, der Ökonomie von Schuld und Verschuldung entgegentritt. Sünde ist es, sich auf die Ökonomie der Schuld zu verlassen. Ganz richtig fragt deshalb Žižek am Ende: »Brauchen wir Gott wirklich?« Die Frage ist überflüssig, weil Gott schon in der Dialektik von Schuld und Schuldenbegleichung aufgelöst ist.

[16] Psalm 103,2: בָּרֲכִי נַפְשִׁי אֶת־יְהוָה וְאַל־תִּשְׁכְּחִי כָּל־גְּמוּלָיו׃ (»Lobe den Herrn meine Seele und vergiss nicht, was er dir Gutes getan hat«). Es ist die bestimmte Zuwendung von Gott, derer die Seele gewärtig ist.

worden. Besonders hier konnte eine evangelische Sozialethik ansetzen, die sich nicht auf eine Soziallehre, sondern auf die Praxis des Urteilens eingelassen hat.[17]

Mit diesem Streit ist keine Ethik im Blick, die sich an die von uns Menschen erzeugten Konflikte anpasst.[18] Sie bleibt eine Ethik, die im Wort von der Versöhnung Gottes mit der Welt und uns gründet, von dem aus sie andere Differenzen kenntlich werden läßt, im Widerspruch gegen "unsere" Konflikte. Mit diesem Streit ist keine agonale Ethik oder Moral im Blick.[19] Es ist auch keine andere Wirklichkeit oder Welt im Blick, die es einzufordern gilt. Es geht nicht um die Situation solcher getrennten Welten, sondern um die durchaus abenteuerliche und zeugnishafte Erprobung und Mitteilung dessen, was geschöpfliches Leben mit Gott heißt. Insofern also keine Ethik als negative Theologie, die nichts von Gottes Wort zu sagen weiß, das uns Menschen begegnet, wie es in JESUS CHRISTUS begegnet ist. Nur dieses Wort kann dem entgegentreten, dass sich Menschen von einem Gott, der anonym bleibt, einem Gesetzes-Gott oder einem wortlosen Geist Gottes jede Art von Legitimation oder Freibrief holen und zugleich an ihn ihre Freiheit verlieren. Mit Gottes Wort, in dem sich Gott exponiert, bleibt Gott das Gegenüber und damit die widerständige Wirklichkeit, die den Menschen nicht in die Leere von Schuld und Verpflichtung laufen lässt. Gott hat sich mit seinem Wort unaustauschbar paradigmatisch in JESUS CHRISTUS, dem Mensch gewordenen Wort exponiert. Das ist die Christus-Botschaft jeder Ethik, die fragt, was wirklich ist.[20] Mit diesem Wort verbunden, auf der Linie derselben Frage nach der Wirklichkeit, sind die Existenzformen gesetzt, mit denen sich Gott exponiert hat, denn zu diesem Wort wird er stehen. Diese sind als Existenzformen verstanden, sofern Menschen darin ihr Zusammenleben mit Gott präsent ist und wird. Sonst schieben sich womöglich unausgesprochene Bedingungen, undurchschaubare Forderungen, oder – dieses oder jenes Gesetz – zwischen Gott und Mensch:

Mit der Existenzform in der *ecclesia* wird die Lebenswirklichkeit durch Gottes anredendes und neuschöpfendes Wort durchbrochen, mit der *oeconomia* wird die in die menschliche Verwaltung genommene Wirklichkeit durch Gottes kooperatives und fürsorgendes Wirken durchbrochen und in der *politia* durch Gottes regierendes Handeln. Die Neuschöpfung, die Kooperation und das Regiertwerden machen das Zusammenleben mit Gott aus und dies begründet den explorativen, kritischen und widersprechenden Zugang zu einer Wirklichkeit, in

---

17  Als Pioniere dieser Sozialethik können vor allem Heinz Eduard TÖDT und Karl-Wilhelm DAHM gelten. Siehe insbesondere: H.E. TÖDT: Perspektiven theologischer Ethik, 1988, 11-95 und K.-W. DAHM: Ambivalenz und Gestaltung (1997).
18  Siehe kritisch dazu: D. BONHOEFFER, Ethik, 1992, 311-315.
19  Vgl. die Kritik von R. WILLIAMS: R. WILLIAMS: Rechtfertigung und Ethik (1995).
20  So hat D. BONHOEFFER die Kategorie des »Wirklichkeitsgemäßen« für die Ethik gefasst.

der Menschen als Geschöpfe erscheinen. Es ist keine intelligible Welt der Freiheit (KANT) und auch nicht das Verschwinden des Widerspruchs in den Bedingungen menschlichen Lebens und der »Welt«, wie wir sie uns gegenseitig als die »unsere«, alles umfassende, bestätigen. In diesem Sinne ist von *Ex*istenz zu reden, das heißt davon, wie die Geschöpfe als diejenigen *hervor*treten, die mit Gott zusammenleben. Sie werden in der gleichen Weise exponiert wie sich Gott in seinem Wort exponiert. Mit diesen *Existenzformen* ist gegeben, dass es eine spannungsvolle Auseinandersetzung um die Wahrnehmung der Wirklichkeit gibt, in der Menschen leben. Es sind Orte des Widerspruchs, Orte des Zeugnisses. Ohne diese Logik des Widerspruchs wird unsicher, was die kritische Aufgabe einer Sozialethik im Sinne der *Wirklichkeitserkenntnis* sein kann. So geht die kritische Aufgabe der Sozialethik über die Aufgabe einer »kritischen Theorie« hinaus.[21]

## 2. Die Aufgabe einer Sozialethik[22]

Die Unsicherheit in der – gegenwärtigen – theologischen Ethik spiegelt sich zunächst in den vielfältigen, höchst heterogenen Versuchen, die Aufgabe einer theologischen Sozialethik oder einer christlichen Soziallehre[23] zu bestimmen. In diesen Versuchen lassen sich ähnliche Alternativen entdecken wie in der Diskussion um die praktische Philosophie.[24] Auch die reichhaltige Geschichte der Verbindung theologischer Ethik mit den Traditionen aristotelisch-politischer Ethik gehört in das Spektrum und nicht zuletzt die Geschichte naturrechtlicher oder ihnen nahestehender Begründungstheorien. Ebenso finden sich in den Konzeptionen theologischer Ethik die Spielarten der prozeduralen Ethik, des Kommunitarismus, des Kulturalismus und die Modelle des Liberalismus.

---

[21] Von dieser Sozialethik kann nicht gesagt werden, was Niklas LUHMANN signifikanter Weise zur »kritischen Theorie« bemerkt: »Das theoretisch marginalisierte Subjekt kehrt als normatives Postulat menschenfreundlicher Ausrichtung der Gesellschaft zurück oder es rächt sich durch ›Kritik‹.« (Gesellschaftsstruktur und Semantik. Studien zur Wissenssoziologie der modernen Gesellschaft, Bd. 2, 1981, 251).
[22] Vgl. zu leitenden Konzeptionen christlicher Sozialethik: H.G. ULRICH: Soziale Verantwortung im Entdeckungszusammenhang theologischer Erkenntnis und im Begründungszusammenhang Systematischer Theologie (1986). Inzwischen ist die Diskussion über das Verständnis der Sozialethik weitergegangen, wenn auch nicht explizit programmatisch geführt worden. Vgl. jetzt vor allem: M. HONECKER: Grundriss der Sozialethik, 1995; U. H. J. KÖRTNER: Evangelische Sozialethik : Grundlagen und Themenfelder, Göttingen 1999. Siehe auch: I. GABRIEL; A. PAPADEROS; U. H. J. KÖRTNER: Perspektiven ökumenischer Sozialethik : der Auftrag der Kirchen im größeren Europa, 2. Aufl. 2006.
[23] Vgl. jetzt zur *katholischen* Soziallehre: F. HENGSBACH; B. EMUNDS; M. MÖHRING-HESSE (Hg.): Jenseits Katholischer Soziallehre. Neue Entwürfe christlicher Gesellschaftsethik, 1993. Vgl. besonders: M. HEIMBACH-STEINS: Christliche Sozialethik als Bildungsressource. Zu Profil und Potential einer theologischen Disziplin (2002). Die von ihr markierten Kennzeichen einer Sozialethik stimmen an entscheidenden Punkten mit denen überein, die für die christliche Sozialethik auch im Blick auf die evangelische Tradition hervorzuheben sind.
[24] Vgl. M. RIEDEL (Hg.): Rehabilitierung der praktischen Philosophie, Bd. I, 1972; Bd. II, 1974.

Doch um in die fällige theologische Auseinandersetzung über Konzeptionen und ihre Alternativen eintreten zu können, ist es nötig, die *theologischen Zugangsfragen* zu gewinnen oder zurückzugewinnen, die verstehen lassen, warum und in welcher Hinsicht eine solche Diskussion über die Aufgabe der Ethik zu führen ist. Auch diese Zugangsfragen sind höchst heterogen, so dass es zunächst unvermeidlich ist, dass die Diskussionen aneinander vorbeilaufen. Die Frage nach dem *Naturrecht* ist eine völlig andere, wenn sie darauf zielt, die uns Menschen zugehörige Lebenswirklichkeit für Menschen, in ihrer Einsichtigkeit zu bestimmen (THOMAS VON AQUIN), als dann, wenn diese Frage darauf gerichtet ist, Naturgegebenes (als Natur gegebenes) als eine letzte Basis der Begründung einzufordern oder auch abzugrenzen. Die Frage ist auch: Geht es überhaupt um eine Begründung oder Abgrenzung, die wir in Gebrauch nehmen, oder um die Aufgabe des Verstehens einer Lebenswirklichkeit, die menschliches Leben trägt und bestimmt und insofern »Natur« zu nennen ist? Bei THOMAS VON AQUIN ist die *Vernunft*, die dem Naturgesetz folgt, eine verstehende Vernunft, sie ist ratio *und* intellectus zugleich, sie ist (rechnendes, nachkonstruierendes) Erfassen *und* Verstehen zugleich. Gefragt ist, ob wir der uns betreffenden Wirklichkeit verstehend folgen können, in der unsere menschliche Existenzform ihre Kontur gewinnt.[25] Die Ethik ist dann nur in einem nachgeordneten Sinne diskursiv: als das schrittweise Ausschreiten der Lebenswirklichkeit, in der wir Menschen uns aufhalten. Damit steht auf dem Spiel, inwiefern menschliches Leben in der »Ordnung der Dinge« aufgeht, wie sie sich für das menschliche Handeln[26] ergibt, oder doch im Kontext einer Ökonomie, einer Schöpfung zu betrachten ist, die als Anrede[27], als Widerspruch und Einspruch uns Menschen erreicht. Die Differenz zwischen Natur und Schöpfung, ist damit zugleich die Differenz zu einer Theologie, die politisch beginnt – wie es Oswald BAYER auf den entscheidenden Punkt bringt: »Schöpfung ist *eingesetzte* Welt und darin Zusage.«[28] Schöpfung ist Institution.

Freilich treten solche Zugangsfragen, wie die nach einem *politisch*-theologischen Anfang der Ethik, kaum deutlich in Erscheinung.[29] Mit den artikulierten Zugangsfragen fehlt eine metaethische Perspektive. Hier ist davon zu reden,

---

25   THOMAS von AQUIN spricht hier auf seine Weise vom »habitus«, anders als ARISTOTELES. Zum Verständnis siehe insbesondere bei: M. FEIL: Die Grundlegung der Ethik bei Friedrich Schleiermacher und Thomas von Aquin, 2005.
26   Die Sozialethik hat sich nicht ausreichend, wenn überhaupt, der Frage gestellt, inwiefern sie als Handlungsethik zu konzipieren ist. Zur Frage der Abbildung sozialer Wirklichkeit auf soziales Handeln siehe N. LUHMANN: Gesellschaftsstruktur und Semantik, Bd. 2, 1981, 258-265.
27   Vgl. O. BAYER: Schöpfung als Anrede. Zu einer Hermeneutik der Schöpfung, 1990.
28   O. BAYER: Natur und Institution. Luthers Dreiständelehre (1995), 126.
29   Schon deshalb wundert es nicht, dass im Bereich der »evangelischen« Ethik und Sozialethik derzeit keine weitergehende Diskussion darüber stattfindet, was die Aufgabe der Erkundung von Wirklichkeit für die Ethik und Sozialethik sein kann. Entsprechend fehlen Versuche, die Praxis der Ethik zu beschreiben.

wie sich die ethische Praxis auf fragwürdige Weise so transformiert hat, dass undeutlich geworden ist, in welchem Sinne evangelische Ethik und Sozialethik in grundlegender Weise *Zeugnis* ist,[30] das der bestätigenden Rationalisierung der von Menschen hervorgebrachten oder mit ihnen verbundenen Prozesse und Verhältnisse widerspricht. Es geht insofern um eine im Widerspruch fassbare kritische theologische Theorie der ethischen Praxis selbst.

## 3. Praxis im Kontext? Zur sozialtheoretischen Ortsbestimmung theologischer Sozialethik

Wenn ein programmatischer Beitrag zur evangelischen Sozialethik den Titel trägt »Gesellschaft gestalten«[31], so lässt dies auf den ersten Blick fragen, wie eine christliche Sozialethik unter diesem Thema zur Darstellung kommen kann. Wie verhält sich die damit angezeigte Aufgabe der Christenmenschen und Christenbürger, »Gesellschaft zu gestalten«, zu der vielseitigen und vielschichtigen elementaren Frage nach einer Lebenswirklichkeit, die es zu entdecken, wahrzunehmen, zu verstehen und zu erkunden gilt? Wie kommt es, dass der Aspekt der *Gestaltung* in den Vordergrund rückt? Wie kommt es zu dieser Aufgabenstellung?[32] Die *Unterscheidung* zwischen dem Entdecken- und Verstehen dessen, was menschliches Leben trägt und dem, was Menschen bewerkstelligen oder gestalten sollen, erscheint jedenfalls in einer solchen Thematisierung auf den ersten Blick verdeckt. Freilich bleibt sie es auch auf dem zweiten Blick: denn statt der Frage nachzugehen, wie die menschliche Lebenswirklichkeit in der Perspektive einer theologischen Sozialethik erkundet werden kann – auch in all dem, was Menschen durch Gottes Tun gewärtig werden – und wie sie in dieser Perspektive sich darstellt, wird die »Gesellschaft« als Produkt menschlicher Gestaltung in den Vordergrund gerückt. Damit wird auch die Lebenswirklichkeit primär als »Gesellschaft« thematisiert.

---

30   Zur Bedeutung von Handeln als Zeugnis als Angelpunkt im gegenwärtigen Diskurs zwischen Philosophie und Theologie siehe: C. DAVIS; J. MILBANK; S. ZIZEK: Theology and the political, 2005; siehe dort: R. WILLIAMS: Introduction, S.2f..
31   E. HERMS, Gesellschaft gestalten, 1991.
32   Sofern dies in der Bestätigung und Verlängerung dessen zu sehen ist, was Niklas Luhmann zur Soziogenese der Thematisierung von »Gesellschaft« und entsprechenden Aufgabenstellungen aufzeigt, kann dies eben dort – bei Luhmann – in seiner ganzen Aporetik nachvollzogen werden. Vgl. besonders: N. LUHMANN: Gesellschaftsstruktur und Semantik, Bd. 2, 1981, 195-286. Zur Aporetik, die Luhmann zeigt, gehören auch die Versuche, ein irgendwie thematisierbares individuelles Subjekt als Angelpunkt für eine Sozialtheorie zu etablieren. Dieses Subjekt präsent werden zu lassen, ist die Aufgabe einer eigenen theoretisch-praktischen Aufklärung. Siehe: F.J. HINKELAMMERT: Der Schrei des Subjekts, 2001. Zur Bedeutung von Franz J. Hinkelammert für eine Ethik, die sich dieser Aufgabe stellt, siehe Anne STICKEL: Das menschliche Subjekt in der Befreiungstheologie. Zum Ansatz von Franz-J. Hinkelammert, 2007

Dies ist auch in sozialtheoretischer Hinsicht nicht fraglos aufzunehmen. In dem angesprochenen Beispiel wird jedenfalls eine spezifische Theorie der Gesellschaft – die Systemtheorie – als Rahmen gesetzt, der den Begründungszusammenhang für eine solche Gestaltungs-Ethik bereitstellt. Die Systemtheorie (so wie sie insbesondere Niklas LUHMANN vorgetragen hat) legt nahe, auch in der Ethik einer *funktionalen* Differenzierung der Gesellschaft (im Unterschied etwa zu einer Schichtendifferenzierung oder Bereichsdifferenzierung) zu folgen und bestimmte, in ihrer Zahl offenen Funktionen, auch etwa die von »Religion« für die Gestaltung der Gesellschaft einzufordern. Die Systemtheorie freilich fordert in jeder Hinsicht zu einer theologischen (und religionssoziologischen) Auseinandersetzung heraus.[33] Diese hat vor allem der Frage nachzugehen, wie das Verhältnis zwischen einer Beobachterperspektive und einer Perspektive der wie auch immer beteiligten Menschen und vielleicht Akteure beschaffen ist. Wer die Gestaltung von Gesellschaft zum Thema macht, begibt sich in die Perspektive des Strategen, der die Verhältnisse und die Ordnung der Dinge überblickt. Dieser muss sich fragen, wie er zu dieser Aufgabe kommt. Die Systemtheorie wendet sich denn auch an diejenigen, die auf dieser Ebene operieren, und nicht (mehr) an die, die sich im Zusammenhang einer bestimmten Aufgabe bewegen, deren Umrisse sich womöglich nicht mit den Funktionen decken, die sich systemtheoretisch abbilden lassen, oder an die, die sich in den unabsehbaren Kontexten des gemeinsamen, politischen und verständigungsabhängigen Handelns bewegen und dort ihre – gewiss auch leitende – Praxis ausüben.[34] Mit dem fragwürdigen Verhältnis zwischen Beobachter- und Akteur-Perspektive ist nicht (allein) die viel behandelte Frage zu verhandeln, wie die jeweils Beteiligten Berücksichtigung finden und wie sich die Beteiligten an dem Beobachteten orientieren, sondern es ist zu fragen, was, von welcher Perspektive aus »Beteiligung« oder »Beteiligungsperspektive« heißen kann. Es geht nicht nur darum, wie die jeweils Beteiligten mitbestimmen, mitentscheiden oder mithandeln, also um Fragen der Machtverteilung, der Unabhängigkeit oder der Konstitution von politischer Macht überhaupt, sondern um die Frage, welche *Erkenntnis*, welche Wahrheit durch die Beteiligten ins Spiel kommt. Was sind ihre Widerfahrnisse und Erfahrungen, wo und wie kommt ihr Werden und Lernen zur Geltung? Nicht das Verhältnis zwischen System und Einzelnem in der Konkurrenz ihres Einwirkens auf die gesellschaftliche Entwicklung und Gestaltung ist hier das Thema, sondern was in dieser Gesellschaft und für diese Gesellschaft überhaupt kenntlich werden kann,

---

33 Gerhard SAUTER und der Verfasser (H.G. Ulrich) haben in verschiedenen gemeinsamen Seminaren (zwischen 1976 und 1980) mit Niklas LUHMANN diese Fragestellungen verhandelt und sind durch ihn selbst sehr darin bestärkt und ermutigt worden, einen Weg zu suchen, der – quer zur Systemtheorie – der Politik des Wortes Gottes und einer entsprechenden Hermeneutik folgt.
34   Hier gilt die Kritik, die R. MÜNCH: Struktur der Moderne, 1992, vorgetragen hat.

was in Erscheinung treten kann, wenn es nicht über die bestehenden Mechanismen der Systembildung zur Geltung kommt. Letzteres bedeutet nämlich, dass alles in die Gesetze der Systembildung übersetzt werden muss: so die ökonomische Erkundung des menschlichen Zusammenlebens in Funktionen des Geldes und einer entsprechenden Ökonomie, und der Glaube als Antwort auf das widersprechende Wort in Funktionen einer Religion, die für die Bewältigung von Kontingenz zuständig ist. Jedoch ist die Mitteilung von Trost nicht die hoffnungslose Bewältigung von Kontingenz, sondern das Befreitwerden von einer solchen Logik der Beherrschung der Dinge, die Menschen nur auf sich selbst zurückwirft. Solche Übersetzungsprobleme betreffen die Durchlässigkeit oder Absorptionskraft nicht nur systemischer Organisation, sondern jeder Art von Kommunikation und ihrer Übersetzungsmechanismen. Wenn im System Wissenschaft bestimmte Erfahrungen oder Erfahrungszusammenhänge nicht präsent werden, weil sie dem dort herrschenden Code (als einem *spezifischen* Code von wahr/ falsch) nicht folgen, dann besteht das Problem nicht nur darin, dass auf der systemischen Ebene keine Personen mehr erscheinen, sondern auch darin, *was* überhaupt zur Sprache kommt. Dies wird dann auch im Widerspruch geschehen müssen. Die Frage ist immer neu, was durch Menschen zur *Mitteilung* kommt; dies kann in diesem oder jenem Code verschwinden. Hier beginnt diejenige Aufklärung, die einer Ethik geschöpflichen Lebens zukommt. Das gilt nicht zuletzt für eine ethische Betrachtung dessen, was Religion heißt. Würde nur – der Systemtheorie entsprechend – danach entschieden werden, was Glaube und was Un-Glaube ist, würde der christliche Glaube nicht mehr sichtbar sein. Denn der christliche Glaube ist mit diesem Code nicht zu erfassen. Er folgt anderen Unterscheidungen, die diesen Glauben kennzeichnen, wie der Unterscheidung zwischen Selbst-Behauptung und Sich-Verändern-Lassen. Glaube steht für dieses Sich-Verändern-Lassen, Glaube ist Antwort. Wenn sie ausbleibt, ist die Wirklichkeit, das Wort Gottes nicht verschwunden, das jederzeit eine Antwort provozieren kann. Der christliche Glaube fällt dann für die Wahrnehmung aus, wenn dies nicht im Blick ist, und es entsteht auch deshalb die Anschauung von einem weitgehend zurückgedrängten System »Religion«. Der christliche Glaube ist jedoch als Existenzform präsent. Ungläubig sein oder Nicht-Glauben heißt, jeweils anders leben, anders reden. Die Übersetzung in systemkonforme Funktionen ebnet die ganze Vielfalt der im Glauben enthaltenen Exposition und Mitteilung ein, die Religion wird sprachlos. »Religion« wird indifferent gegenüber jeder bestimmten Sprache in dem Maße sie als Ausdruck dessen erscheint, was in einem (universalen) menschlichen Selbst beschlossen ist.[35]

---

35  Siehe dazu H. JOAS: Kreativität und Autonomie (1996), auch seine Bemerkungen zu William JAMES, 358f..

## 4. Ethik als Theorie der Lebensführung?

Wenn theologische Ethik geschöpfliches Leben zum Gegenstand hat, wird die theoretische Beschreibung der ethischen Aufgabe dem zu entsprechen haben. Auch die Konzeptionen evangelischer Ethik und Sozialethik sind daraufhin zu befragen, inwiefern sie der Disposition geschöpflichen Lebens folgen – oder einer ganz anderen Disposition, etwa derjenigen, die durch einen bestimmten Begriff von *Freiheit* gegeben ist. Der nur zum Teil explizit geführte Diskurs über »Freiheit« in der evangelischen Sozialethik zeigt die Differenzen in aller Deutlichkeit.[36] Entscheidend ist, inwiefern eine evangelische Sozialethik tatsächlich der Freiheit vom Gesetz folgt, der Freiheit des zu befreienden Menschen, der Freiheit aus der Neuschöpfung, oder einem möglicherweise verborgenen Gesetz, wie dem Gesetz der Steigerung von Reflexivität oder den Gesetzen der Fixierung auf unsere menschliche Endlichkeit und deren mögliche Überschreitung.[37] Der Vorgang zunehmender Reflexivität ist ein anderer als das Werden des homo liberandus, der in dem Widerhalt des Gebotes – wie dem Gebot, keine anderen Götter zu haben, das heißt keine anderen fundamentalen Abhängigkeiten gelten zu lassen – sich als denjenigen erfährt, dessen Freiheit nicht mehr in der Abhängigkeit von anonymen Prozessen besteht, sondern darin, dass er einer ihm gesetzten Logik folgt: der Logik des ersten Gebotes. Diese besteht – wenn wir Martin LUTHERs Auslegung des Ersten Gebotes folgen – nicht in der Fixierung auf die Vergewisserung unserer Lebensgrundlagen, der Ressourcen und Quellen, aus denen wir glauben leben zu müssen, sondern im Gegenteil im Gewärtigwerden der überwältigenden Präsenz der Güte Gottes.

Die theologische Ethik hat sich freilich auf viele andere Denkschemata und auf andere Konzeptionen von Freiheit eingelassen, vor allem auf diejenigen, die in einen solchen Begriff von Verantwortung oder Verantwortungsethik[38] gefasst sind, in dem weitgehend das immer präsente Wirken Gottes, das menschliches Tun und Handeln begleitet, zurücktritt oder in den Hintergrund gerät. Die Disposition der ethischen Aufgabe besteht dann etwa in der Unterscheidung zwischen dem »Annehmen des Gegebenen«, der Übernahme in die Verantwortung des ethischen Subjekts, und des Lösens und Bestehens von Konflikten.[39] Die Unterscheidung zwischen Annehmen und Verantwortung ändert nichts daran, dass das Modell konzentrisch auf das verantwortliche »Subjekt« hin ange-

---

36 Vgl. H.G. ULRICH (Hg.): Freiheit im Leben mit Gott. Texte zur Tradition evangelischer Ethik, 1993.
37 Darauf ist immer neu der Diskurs über Ethik fixiert: vgl. als jüngstes Beispiel: J. BUTLER: Kritik der ethischen Gewalt, 2003.
38 Zur Fragestellung siehe: O. BAYER: Evangelische Sozialethik als Verantwortungsethik (1995).
39 Vgl. T. RENDTORFF: Ethik I und II, 1990-1991.

legt ist. Die Aufgabe der Ethik wird als »Theorie der Lebensführung« bestimmt. Das Annehmen des Gegebenen ist darauf ausgerichtet, dass Menschen auf diese Weise ihr Leben in die Hand nehmen, dass das Gegebene in die Regie der Lebensführung genommen wird.

Diese Theorie der Ethik zeigt ihre systematische Pointe nicht zuletzt auf dem Hintergrund der vielgestaltigen Diskussion in der theologischen Ethik über die Frage, wie sich beides zueinander verhält: das, was dem Menschen »gegeben« ist, zu dem, was ihm zu tun zukommt. In vielen Variationen ist diese Unterscheidung in der ethischen Theorie präsent und insofern mit Recht aufgenommen worden. Wie diese Unterscheidung in der theologischen Ethik zu verstehen ist und ob sie in dieser Form überhaupt brauchbar sein kann, ist aber in jeder Hinsicht interpretationsbedürftig. Zum einen ist zu fragen: In welchem Sinn kann von dem »Gegebenen« gesprochen werden – inwiefern kann in dieser allgemeinen Kategorie sinnvoll von dem geredet werden, was menschlicher Freiheit und Verantwortung vorausgeht oder ihr – als Wirklichkeit – begegnet? Zum anderen, wie ist die Zuordnung zwischen dem Gegebenen und der Aufgabe des Menschen zu verstehen – wie ist dieses *Zusammentreffen* zu verstehen?[40]

## 5. Ethik in der Aufmerksamkeit auf das, was in der Lebenswirklichkeit in Erscheinung tritt

Das Grundmodell ist ein gänzlich anderes dort, wo in der Ethik eine Praxis präsent ist, in der und mit der in Erscheinung tritt, worin, woraus und woraufhin Menschen leben dürfen. Dies ist in derjenigen weitreichenden Tradition theologischer Ethik kenntlich geworden, die Menschen als Mitarbeiter, als Mit-Täter, Mit-Wirkende[41] ihres Schöpfers zu verstehen sucht, – also als diejenigen, die sich in allem ihrem Tun fragen lassen, worin, woraus und woraufhin sie leben, und die sich davon in ihrer Praxis leiten lassen. Als Mitwirkende tätig sein setzt voraus, zu *verstehen*, was die Aufgabe ist. Es setzt voraus, die Unterscheidung zwischen dem, was mir aufgetragen ist, und dem, wofür ich nicht zuständig bin, zu verstehen und in dieser Unterscheidung zu leben. In dieser Unterscheidung sich zu bewegen heißt, darauf achten, was uns anvertraut ist und was dessen Bestimmung ist. Dieser Bestimmung gilt es zu folgen. Sie gilt es zu erkunden. Daraufhin ist zu bedenken, was »*Verantwortung*« im Sinne der Aufgabe heißen kann.[42]

---

40   Vgl. dazu H.G. ULRICH: Rechtfertigung und Ethik (2000).
41   Vgl. E. WOLF: Politia Christi, 1993. Wolf zeigt die grundlegende Logik dieses Modells, und worin es verwurzelt ist.
42   Zu diesen Unterscheidungen und ihrer Bedeutung für die Aufgabe der Ethik siehe J. FISCHER: Wahrnehmung als Proprium und Aufgabe christlicher Ethik (1989). Damit ist auch für die Ethik die Frage nach einer teleologischen Wirklichkeitswahrnehmung gestellt. Vgl. dazu insbesondere auch O. O'DONOVAN: Resurrection and Moral Order, 1996 (2nd ed.).

Die Frage nach der Bestimmung (wie sie etwa auch in der Lehre von den Ordnungen gestellt ist) ist die Frage nach der »causa finalis«, und das heißt die Frage nach ihrem Ort in Gottes Zukunft.[43] Diese Logik des Zusammenhangs von Eschatologie und Ethik ist der theologischen Ethik weitgehend verloren gegangen. Eine als Verantwortungsethik (im Sinne der Verantwortung in der Aufgabe) konzipierte Ethik jedoch, die nicht zu sagen weiß, was das »bedenke das Ende« (respice finem) heißen kann, bleibt in die bekannten Aporien der Verantwortungsethik verstrickt, etwa in die Frage, was denn letztlich die Reichweite menschlicher Verantwortung ist, weil nicht gesagt werden kann, was ihre Bestimmung, ihr Auftrag (finis) ist.[44] Das »bedenke das Ende« führt nicht notwendig zu einer teleologischen, die Gegebenheiten menschlichen Lebens (als Gebotenes) reflektierenden Ethik, die sich dann vielleicht in diesem Sinne als »Güterethik« kennzeichnen lässt. Vielmehr kann dies zum einen dazu führen, das Gebot in seiner politischen Bedeutung zu verstehen und es nicht in einem »Gegebenen« unkenntlich werden zu lassen, und zum anderen dieses Gegebene als das zu verstehen, was in der Dramatik der Neuschöpfung zu erfahren ist. Das von Gott Gegebene tritt in dieser Neuschöpfung in Erscheinung.[45] So ist bestimmt, was im theologischen Sinn »Phänomen« heißen kann. Bezogen darauf geht die Ethik phänomenologisch vor. Dementsprechend ist nicht von einem anonymen Willen Gottes zu reden, sondern von dem Gott, der in seinem schöpferischen Handeln *präsent wird*. Darin ist das Neuwerden von Menschen beschlossen, darin hat ihre Freiheit ihren immer neuen Ursprung.

Die theologische Ethik und Sozialethik hat in manchen ihrer Traditionen auf verschiedene Weise darauf insistiert, dass es allem voran und letzten Endes (finaliter) ihre Aufgabe ist, zu verstehen und zu erkennen, worin, woraus und woraufhin »wir« Menschen leben können. Dies ist nicht (nur) als Alternative zwischen weiträumigen (gegenwärtigen) wissenschaftstheoretischen Richtungen zu verhandeln, sondern enthält die entscheidende Frage, wie denn Umriss (definitio), Ort und Disposition der ethischen Existenzform selbst bestimmt werden kann. Die Ethik wird sich hier nicht den Alternativen fügen müssen, die aus der Perspektive übergreifender Strategien gewonnen wurden, sie wird also nicht etwa der (systemtheoretischen) Alternative folgen, entweder (auch von einem neu zu stärkenden Individuum ausgehend) die gesellschaftlichen Verhältnisse beherrschend oder überblickend zu gestalten oder hoffnungslos in ausgebeuteten oder kolonialisierten Lebenswelten verloren zu sein. In dieser Alternative bleibt die

---

43 Vgl. dazu auch O. O'DONOVAN, ebd..
44 Zu den Fragestellungen siehe vor allem: L. HEIDBRINK: Kritik der Verantwortung : zu den Grenzen verantwortlichen Handelns in komplexen Kontexten, 2003.
45 Vgl. Eph 2,10.

Wahrnehmung dessen ausgeblendet, was denn die Lebenswirklichkeit ist, die sich aus der Strategie-Perspektive oder in der Opposition dazu gar nicht auffinden lässt – die Lebenswirklichkeit derer etwa, die dabei bleiben zu fragen, was ihre *bestimmte* Aufgabe und Auftrag ist, und die sich nicht darauf fixieren lassen, dass sich ihre Aufgabe mit den denkbaren Funktionen deckt, die eine systemtheoretisch abgebildete funktional differenzierte Gesellschaft ausmacht. Darin besteht der Sinn der Rede von Gottes Regiment in den zwei Regimenten, dem weltlich-politischen und dem geistlichen und geistlich-politischen. Diese Rede steht gegen die Behauptung einer eigengesetzlichen Welt und zeigt, wie sich Menschen auf verschiedene Weise regieren lassen, wie also die politische Existenzform[46] für diese Welt aussieht. Dies macht die immer präsente ursprüngliche Freiheit aus, die auch quer verläuft zu den Prozessen der Subjektivierung und der Machtbildung. Das heißt nach der einen Seite, dass an den Christen kenntlich wird, in welchen Grenzen das Regiert-Werden verlaufen muss, auch damit die politische Aufgabe nicht verloren geht: »Denn, wie gesagt ist, die Christen kann man mit nichts außer allein mit Gottes Wort regieren. Denn Christen müssen im Glauben regiert werden, nicht mit äußerlichen Werken. Glaube kann aber durch kein Menschenwort, sondern nur durch Gottes Wort kommen, wie PAULUS Rom 10,17 sagt: ›Der Glaube kommt aus der Predigt, das Predigen aber durch das Wort Christi‹« (Martin LUTHER). Auch in dieser abgrenzenden Hinsicht sind die Christen paradigmatische Bürger. Das bedeutet nach der anderen Seite, dass sie sich in Bezug auf das äußere Regiment Gottes für den anderen einsetzen und politisch aktiv werden. Das ist ihr Status politicus. Es ist der Status dieses Eintretens für die Belange des anderen Menschen als des immer gegenwärtigen Nächsten[47], und insofern ist das Politische nicht nur davon bestimmt, wie sich Menschen zum Handeln zusammentun (Hannah ARENDT), sondern auch davon, wie Menschen für andere eintreten, wie sie sich ermächtigen lassen für den anderen zu handeln, ohne über ihn zu herrschen oder ihn zu verwalten. Dies kennzeichnet diese politische Ethik auch als Ethik der Aufmerksamkeit. Es gilt zu erkennen, was dem anderen Not tut und zukommt.[48]

Die theologische Ethik und Sozialethik treten hier in eine Auseinandersetzung ein, sie müssen an dieser Stelle nachvollziehen, was es (auch auf der entsprechenden theoretischen Ebene) heißt, sich nicht den Denkschemata dieser Weltzeit anzupassen (Röm 12,1).[49] Sie müssen dies im Streit tun, der sich in der Diffe-

---

[46] Paul RICOEUR spricht gelegentlich vom »politischen Existenzmodus«: P. RICOEUR: Geschichte und Wahrheit, 1974, 263.
[47] Siehe C4.
[48] Darauf zielt M. LUTHER in seiner Schrift: Von der Freiheit eines Christenmenschen [1520].
[49] Hier ist insbesondere auf O. BAYERs Kennzeichnung der theologischen Ethik als »Konfliktwissenschaft« zu verweisen: O. BAYER: Freiheit als Antwort, 1995, XII.

renz zwischen dieser Weltzeit und einer neuen *politischen* Logik, bewegt. Theologische Ethik bewegt sich in ihrer politischen Streitbarkeit an dieser *eschatologischen* Grenze, die quer verläuft zu den Phänomenen und (diagnostizierten) Pathologien in der Ausbildung von Macht und Kompetenz und deren Opposition.

### 6. Orte des Streites um die Lebenswirklichkeit – Orte des Werdens

Wenn es zu einem solchen eschatologisch-politischen Streit um die Wirklichkeit kommen soll, bedeutet dies auch, dass theologische Ethik ein *Ethos* zu zeigen hat, das sich nicht in den ethisch-moralischen Interpretationen auflöst, die sich über die gesellschaftlichen Verhältnisse legen.[50] Schon dieser formale Grund, dass es ein *bestimmtes* Ethos gibt, das hier widerständig ist, macht die theologisch-politische Pointe aus. Dieser formale Grund ist jedoch in dem inhaltlichen Moment dieses Ethos begründet, dass sich Menschen in ihrem Tun und Lassen als diejenigen erfahren und verstehen, die im – geschöpflichen – Werden (fieri) begriffen sind. Dieses Werden, in dem sich Menschen finden, umgreift nicht nur ihr Tun und Lassen, sondern verändert dieses und geschieht ihm entgegen. In der biblischen Tradition ist an dieser Stelle vom *Segen Gottes*[51] die Rede: nicht als von etwas, das menschliches Handeln mit dem Erfolg versieht, den sich Menschen versprechen, sondern durch den Segen Gottes bleiben Menschen in ihrem Tun und Lassen in die Ökonomie Gottes und in Gottes Geschichte einbezogen und darauf ausgerichtet, dass Gottes Herrlichkeit in Erscheinung tritt. Ohne diese Disposition geht der Umriss des *politischen* Miteinander von Gott und Menschen, in der sich das Werden des Menschen vollzieht, verloren. Die theologische Ethik hat nicht irgendwie die Lebensgrundlagen menschlichen Lebens zum Gegenstand, sondern die Geschichte *Gottes* mit den Menschen, die anders als politische nicht wahrzunehmen ist.

An dieser Stelle setzt diejenige theologische Ethik ein, die nach einem Ethos fragt, in dem die Geschichte Gottes mit den Menschen im *Werden* (fieri) von Menschen präsent bleibt. Sie setzt also nicht dort ein, wo es gilt, irgendwie ausdifferenzierte Bereiche menschlichen Lebens zu behaupten, zu beherrschen, zu verantworten oder zu gestalten (oder wie auch immer eine solche Ethik ausformuliert wird), sondern dort, wo es gilt, das Tun und Machen nicht von dem abzuschneiden, was menschliches Leben ein werdendes sein lässt. An dieser Stelle und an keiner anderen haben theologische Traditionen die Lehre von den Ord-

---

50 Vgl. dazu die Beschreibung von R. MÜNCH: Die Struktur der Moderne, 1992.
51 D. GREINER hat in ihrer grundlegenden Arbeit »Segen und Segnen« (1998) gezeigt, was im Segen Gottes und dem ihm entsprechenden Segnen geschieht, so dass wir in diesem Segen und Segnen uns aufhalten und darin leben können. Vgl. auch: M. L. FRETTLÖH: Theologie des Segens, 1998.

nungen, von den Existenzformen eingeführt, in der Ökonomie, in der Politik und in der Kirche – als den Orten, an denen geschöpfliches Leben zu erproben ist. Die Umdeutungen, Missverständnisse und fatalen Interpretationen dieser Lehre freilich sind nahezu unabsehbar. Dazu gehört vor allem, dass die Rede von den Existenzformen – etwa als »Schöpfungsordnungen« – aus der Dramatik der Geschichte, in der allein sie ihren Sinn und ihre Bestimmung haben, herausgenommen wird. Es ist im Blick auf die biblischen Traditionen, aus denen diese Lehre gewonnen wurde, fragwürdig, auf diese Weise von »Schöpfungsordnungen« zu reden. Dabei wird allzu leicht überhört, dass die Pointe *nicht* darin liegt, dass menschliches Leben in eine geschaffene Schöpfung, in ein faktisch Gegebenes und Gebotenes versetzt ist und sich daran auszurichten hat. Damit gerät das Entscheidende aus dem Blick: das menschliche Leben in seinem Ergriffen-Sein von Gottes Geschichte, in seiner Finalität, in seiner Bestimmtheit in Gottes Geschichte.[52] Mit den Existenzformen ist ein Ethos verbunden, das Menschen nicht ziellosen Gesetzmäßigkeiten und Prozessen ausgeliefert lässt, sondern immer neu mit einem Mandat versehen, das ihnen begegnet und sie zur Antwort ruft.

Damit ist die unermesslich weit reichende Perspektive eröffnet, in der die Auseinandersetzung aller menschlicher Aktivitäten mit einer – wie auch immer gegebenen – Wirklichkeit durch das Medium Wissenschaft und das Medium »Wissenschaft und Technik« – in der spezifischen Verbindung von Wissenschaft und Technik – in den Blick kommt. In diese beiden Richtungen ist die Auseinandersetzung zu führen. Nach der einen Seite (die die Wissenschaft generell betrifft) gilt es die Formen *wissenschaftlicher* Wirklichkeitserschließung und Wirklichkeitserzeugung zum Gegenstand ethischer Reflexion werden zu lassen – und das heißt zum Gegenstand des Nachdenkens darüber, wie sich dies zur geschöpflichen Lebensgestalt verhält. Dem wird – in den Ethik-Diskursen – hinsichtlich der wissenschaftstheoretischen Aufgaben , die darin enthalten sind, kaum ausreichend nachgegangen. Entscheidend ist dabei, wie die Formen wissenschaftlicher Auseinandersetzung mit menschlicher Wirklichkeit und wissenschaftlicher Konstruktion von Wirklichkeit bezogen sind auf die Frage nach der Regentschaft und der geschöpflichen Lebenspraxis, wie sie Gegenstand der ethischen Reflexion ist. Die tiefen Brüche in der wissenschaftlichen Erschließung und Konstruktion von Wirklichkeit, die zu dem führen, was jetzt die Welt der Wissenschaften darstellt, müssen so nicht ohne Widerspruch und kritische Perspektive bleiben. Wenn Ökonomie, Biologie und Sprachwissenschaft – wie Michel FOUCAULT sie rekonstruiert hat[53] – den Menschen in seiner Endlichkeit

---

52  Siehe G. KRÜGER: Freiheit und Weltverwaltung, 1958.
53  M. FOUCAULT: Die Ordnung der Dinge, 1974.

zum Leitfaden haben, an dem sich in unabsehbarer Weise Leben, Produktion und Sprache als die neuen Gegenstandsfelder der Wissenschaft abbilden, dann ist damit genau der Ort markiert, an dem es gilt, das menschliche Leben als geschöpfliches zur Sprache zu bringen. Dieses ist nicht im Zusammenhang eines unerschöpflichen Lebenspotentials, nicht im Zusammenhang einer unbegrenzten Produktion oder im Zusammenhang einer unerschöpflichen Sprache in seiner vielleicht prekären Endlichkeit wahrzunehmen, sondern das Geschöpf ist in seiner umgrenzten Lebensgestalt, die ihm als Geschöpf zukommt, zu erkennen. Dies heißt dann, von der menschlichen Lebensgestalt, von der menschlichen Arbeit im Zusammenhang mit der ihm aufgegebenen Ökonomie und vom Leben mit dem Wort Gottes und den dazu gehörigen Existenzformen zu reden. Das geschöpfliche Leben mit Gott ist nicht von einer Endlichkeit her zu fassen, die an solchen Unendlichkeiten gemessen wird wie der Unendlichkeit der Produktion und Reproduktion, der Unendlichkeit der Sprache, der Unendlichkeit des Wissens oder auch der Unendlichkeit „religiöser" Welten. Das Geschöpf findet dort seine Bestimmtheit, wo es in der Sprache auf Gottes Wort undwo es in seiner Arbeit auf Gottes bestimmtes Werk trifft. Am Ort dieser Begegnung ist die Erkenntnis von uns Menschen zu gewinnen, eine Erkenntnis, die sich nicht im unendlichen Wissen über menschliches Leben verliert und ihm nicht gegenübertreten kann. Es geht um die Erkenntis der Bestimmtheit unserer menschlichen Existenz und in diesem Sinne um die Erkenntnis der conditio humana. In dieser Aufgabe wird sich die Ethik und die Biowissenschaft treffen.[54] Die Bioethik wird darin ihr Fundament suchen müssen. Wie die conditio humana, die »Natur des Menschen« zu verstehen ist – die Einwirkung des Menschen auf diese Natur eingeschlossen – wird für die Ethik zur zentralen Frage.

Die Frage ist im besonderen, inwiefern die Wissenschaften, von denen hier zu reden ist (Ökonomie, Lebenswissenschaft, Sprachwissenschaft) durch ihre unlösbare Verbindung mit Technologien und Technik ihre die menschliche Existenz umgreifende und bestimmende Funktion gewinnen. »Wissenschaft und Technik« erscheint als das bestimmende oder gar als das alles bestimmende Medium der Konstruktion von Wirklichkeit und der Auseinandersetzung mit einer irgendwie »gegebenen« Wirklichkeit hervortritt, die als wissenschaftlich-technisch vermittelte Natur[55] auf vielfältig vermittelte Weise mit dem menschlichen Wer-

---

[54] Siehe dazu: Brian BROCK, Walter DOERFLER, Hans G. ULRICH: Genetics, Conversation and Conversion (2007); W. DOERFLER; H. G. ULRICH: Forschung am menschlichen Genom: Molekularbiologie und theologische Ethik im Gespräch (2007).
[55] Siehe dazu die Analysen bei J. MITTELSTRAß: Leonardo-Welt : über Wissenschaft, Forschung und Verantwortung, 1996.

den verbunden ist und ihm gegenüber *zugleich* gegenüber bleibt.⁵⁶ Es kommt hier alles darauf an, zu zeigen und zu erproben, wie im Medium von »Wissenschaft und Technik« und im Gegenüber zu diesem Medium Menschen ihrem technischen Tun und Vermögen nicht ausgeliefert sein müssen, so sehr auch immer ihr Erproben und Erkunden im Medium von Wissenschaft und Technik erfolgen muss und erfolgen darf. Hier ist der Brennpunkt einer neuen Wahrnehmung der Existenzformen menschlichen Lebens, die aus der Aporie herausführt, irgendwie eine menschliche „Natur" (zusammen mit einer wissenschaftlich erfassten Natur) jenseits menschlicher Einwirkung oder gar Schöpfung behaupten zu müssen, und die es erlaubt, davon zu reden, worin wir Menschen die bleiben, die wir nach Gottes Willen sein dürfen. Gerhard KRÜGER bemerkt in seinen perspektivisch weitreichenden Überlegungen über »Geschichte und Tradition«: »So groß ist die menschliche Freiheit offenbar doch nicht, dass sie wirklich weltschöpferisch oder weltgestaltend sich selbst und alles Gegebene verändern und von Grund auf neu definieren könnte! Die idealistische These, die dies behauptet, ist offensichtlich falsch: Wie tief auch die Macht der Welt- und Selbstauffassung greifen mag, sie bleibt im Grunde doch immer an die eine, identische, an sich bestehende Welt gebunden.«⁵⁷ Freilich kommt nun alles darauf an, wie von dem »Gegebenen« zu reden ist, wie es uns Menschen begegnet, wie es erscheint und uns betrifft. An dieser Stelle spricht Gerhard KRÜGER dann von »Tradition«, von dem, was unser menschliches Leben ausmacht und was nicht in unsere Verfügung gerät. Für die christliche Tradition ist eben hier von Gottes Geschichte mit uns Menschen zu reden, nicht als einer solchen, die wir zu überblicken oder als solche zu thematisieren hätten. Vielmehr – so formuliert Gerhard KRÜGER: »*geschichtliche Tradition ist nicht Urtradition; die klassische Metaphysik zum Beispiel ist nicht die endgültige, schlechthin wahre Gottes- und Welterkenntnis; sie will es selbst gar nicht sein; sie weiß sich als die forschende Frage danach. Und so wahr dieses Fragen als solches ist, es ist nicht die letzte Antwort und lässt uns insofern in einer unüberwindlichen, immer wieder zum Irrtum verführenden Dunkelheit: es lässt uns im Streit der Geschichte, auch wenn unser Leben wieder in einer Tradition zum Stehen kommt. ... Es gibt nur eines, was uns in dieser Lage noch helfen und die ständige, unheilvolle Gefährdung der Humanität noch bannen könnte: Gott, der uns geschichtlichen Menschen nie mehr ganz bewusst ist, könnte*

---

56  Zur theologischen und philosophischen Auseinandersetzung, insbesondere in Bezug auf Martin HEIDEGGER siehe: M. TROWITZSCH: Technokratie und Geist der Zeit, 1988. Siehe zur christlichen Ethik insgesamt: Brian BROCK: Discovering our Dwelling: Technological Development and Christian Moral Reasoning, 2005. Konturen einer Technik-Ethik aus der Unterscheidung von Wissen und Nicht-Wissen finden sich bei: E. GRÄB-SCHMIDT: Technikethik und ihre Fundamente, 2002; eine umfassende Reflexion dessen, was technologische Kultur genannt werden kann findet sich bei: C. HUBIG: Technologische Kultur, 1997.
57  G. KRÜGER: Geschichte und Tradition [1948] (1958), 87.

*sich – trotz unseres Abfalls von ihm – neu zu erkennen geben. Dass das in unserer Geschichte wirklich geschehen sei, ist die Behauptung des Christentums ... So steht die Tradition der Kirche stets als etwas Besonders neben der Tradition der Welt.*«[58]

Auf diese Weise ist für die Ethik, die nach dem menschlichen Ethos fragt, auch das Kapitel über die wissenschaftlich-technische Auseinandersetzung mit dem aufgeschlagen, was wir unsere »Wirklichkeit« nennen.[59] Eben dieses Kapitel führt mitten hinein in die Frage, wie unser menschliches Leben als geschöpfliches erscheint – ebenso im Gegenüber zu »Wissenschaft und Technik« wie *in* »Wissenschaft und Technik« als Medium geschöpflichen Lebens. Eben dadurch wird die theologische Ethik in den Streit um die – geschichtliche – Wirklichkeit verwickelt, weil sie sich nicht auf einen strategisch sicheren Posten begeben kann – in eine Zuschauer- oder Beobachterposition, die (wie HIOBS Freunde) alles zu überblicken und zu beherrschen sucht. Das Gegenbild zu den Zuschauern sind nicht die Praktiker oder Kämpfer, die sich in die Ebene der Auseinandersetzung begeben, um dort zur Geltung zu bringen, was ihre Sache ist. Die Gegenfiguren sind vielmehr diejenigen, die in ihrem Handeln und Wahrnehmen erkunden, was ihnen gesetzt und aufgetragen ist. Die Wirklichkeit wird nicht Schauplatz für die Realisierung ihrer Ziele oder Visionen, sondern sie wird zum Ort der *Erkundung* und Erprobung dessen, was Gottes Wille ist (Röm 12,2). Im Zusammenhang mit dieser Erkundung werden die Wissenschaften auf neue Weise einbezogen und Ort der Auseinandersetzung. Gottes Wille ist kein beliebiger Wille, sondern das Bestimmte, das Gott für die Menschen will – so wie es im *Gebot* ausgesprochen ist, jedem *Gesetz* widersprechend, das Menschen zu beanspruchen droht und das verfehlen lässt, was ihnen in Gottes Ökonomie und Geschichte zukommt. Gottes Wille durchkreuzt die vielfältigen hermetischen Ökonomien und Dialektiken, in die sich Menschen verfangen: die Ökonomie von Schuld und Schuldentilgung, von Gewalt und Gegengewalt, von Leiden und Sinndeutung des Leidens, von Sakralisierung und Entsakralisierung, von Endlichkeit und Unabsehbarkeit.

Demgegenüber sind Existenzformen oder Institutionen im Sinne der von der theologischen Ethik aufgenommenen biblischen Tradition Orte der bestimmten und *begründeten Hoffnung* in der Erwartung des Wirkens und Handelns Gottes: Die *Kirche* ist der Ort der Erwartung des rettenden und urteilenden *Wortes* Gottes, die *Oeconomia* ist der Ort der Erwartung des menschlichen *Werdens*, die

---

[58] G. KRÜGER: a.a.O., 95.
[59] Hier ist auch der Ort, das Gespräch mit Hans JONAS weiterzuführen, der hier neu eingesetzt hat: H. JONAS: Prinzip Verantwortung. Versuch einer Ethik für die technologische Zivilisation, 1985. Zur Weiterführung in Bezug auf die Ethik der Verantwortung siehe: E. GRÄB-SCHMIDT: Technikethik und ihre Fundamente : dargestellt in Auseinandersetzung mit den technikethischen Ansätzen von Günter Ropohl und Walter Christoph Zimmerli, 2002.

*Politia* ist der Ort der Erwartung des von Gott gesetzten Friedens[60] in der *Gerechtigkeit*. Die Politia[61] ist durchaus nicht darauf reduziert, dem Bösen als dem Üblen zu wehren[62]. Ihre Gewaltausübung, die Abwehr des Bösen als dem Üblen zum Schutz des Gefährdeten, ist vielmehr die Aufgabe, das Recht als das Gegenüber zu jeder Art von Gewalt um der Gerechtigkeit willen zu bewahren.[63] Gerechtigkeit ist die Praxis derjenigen Gewaltlosigkeit, in der alles darauf ankommt, dass der Nächste gehört wird und zugleich die anderen – im Medium des Rechts – einbezogen werden. Gerechtigkeit ist die Praxis dieser Passio[64], die jemanden dem Nächsten ausgesetzt sein lässt. Diese Anschauung von den Existenzformen ist in ihrer Bedeutung für die explorative und die kritische Funktion der theologischen Ethik aufzunehmen.

Für die Ethik geht es um das Verstehen von Wirklichkeit und insofern nicht um die Legitimation von Zielen oder Zwecken. Was aber heißt »Wirklichkeit verstehen«, inwiefern, so fragt die theologische Ethik, ist dieses Verstehen mit dem verbunden, was Menschen widerfährt, was sie erfahren und erleiden? Es ist für die Existenzformen in ihrer biblischen Exploration kennzeichnend, dass sie als die Orte markiert sind, die das *Werden* des Menschen hervortreten lassen. Sie sind als die Orte zu verstehen, an denen Menschen in der bestimmten Hoffnung[65] dieses Werdens bleiben: die *Kirche* als Ort des immer neuen Eintretens in die Geschöpflichkeit, die *Oeconomia* als Ort des Werdens in der Kooperation mit Gott und die *Politia* als Ort des Werdens in der Ausübung von Gerechtigkeit. Damit ist für die theologische Ethik gewährleistet, dass sie überhaupt im Streit um die Wirklichkeit auftreten kann, ohne sich darin zu verlieren, und dass sie zugleich damit auf ihren gegenwärtigen und gesellschaftlichen Kontext befragt werden kann. Die Pointe dabei ist nicht, dass irgendwie – vielleicht über die Systemtheorie – die gesellschaftliche Vermittlung der Lebensformen festgestellt wird, sondern dass die theologische Ethik in eine Auseinandersetzung mit den Gesellschaftstheorien eintritt.[66] Innerhalb einer solchen Auseinandersetzung ist dann zu klären, wie das Verhältnis von theologischer Ethik und Sozialtheorien

---

[60] Siehe B4-5: Num 6,26.
[61] Vgl. zum Begriff E. WOLF: Politia Christi. Das Problem der Sozialethik im Luthertum [1948/49] (1993).
[62] Röm 13,4: hier ist vom Bösen ist als von dem Üblen – κακόν – die Rede.
[63] Zum Diskurs siehe vor allem: T. HOPPE; Deutsche Kommission Justitia et Pax. Projektgruppe Gerechter Friede: Schutz der Menschenrechte. Zivile Einmischung und militärische Intervention. Analysen und Empfehlungen, 2004. Zur ethischen Reflexion der Gewalt und des Gewaltverzichts siehe: W. LIENEMANN: Gewalt und Gewaltverzicht. Studien zur abendländischen Vorgeschichte der gegenwärtigen Wahrnehmung von Gewalt, 1982.
[64] Vgl. D. BONHOEFFER: Nachfolge [1937], 1989.
[65] Vgl. M. LUTHER: Auslegung des ersten Buches Mose, 142f.
[66] Vgl. dazu als hervorragendes Beispiel: J. MILBANK: Theology and Social Theory beyond Secular Reason, 1991.

wahrgenommen werden kann. John MILBANK hat in seiner umfassenden und dramatischen Darstellung dieses Verhältnisses im Blick auf spezifische geistes- und theologiegeschichtliche Traditionen (z.B. die von AUGUSTIN ausgehende) gezeigt, wie direkt Theologie, theologische Ethik und Sozialtheorie aufeinandertreffen, wenn die theologische Ethik und Sozialtheorie ihrer theoretischen und theologischen Grundlagen gewärtig sind. In seinem Resümee entwirft er eine »Theologie als Sozialwissenschaft«, die ihre Aufgabe darin hat, den christlichen Mythos zu erzählen, den christlichen Logos auszusprechen und zu einer christlichen Praxis zu rufen, indem sie die Differenz dieses Mythos, Logos und der Praxis zu anderen Theorien und Rationalitäten artikuliert. Diese Differenz ist ihr nicht durch eine apologetische Strategie vorgezeichnet, sondern durch den Gegenstand, das christliche Ethos, das sie zu beschreiben hat. John MILBANK hält fest: »es kann nur deshalb eine unterscheidbare christliche Sozialtheorie geben, weil es eine unterscheidbare christliche Weise des Tuns gibt, eine bestimmte (definite) Praktik«.[67] Darin liegt der politische Sinn dieses Zugangs. Nicht eine christliche Ethik, die sich in allen Lebensverhältnissen oder Bereichen findet, sondern der Umriss eines bestimmten Ethos, das in diesen Bereichen spannungsvoll präsent wird, ist der Gegenstand dieser Darstellung.

Dies alles spricht gegen eine freischwebende universelle Ethik und für die Wahrnehmung der Verbindung von Ethik und Ethos (in dem spezifischen Sinn), von Ethik und Existenzform, Ethik und Ordnung. Der Begriff »Ordnung« (wie auch der Begriff »Ordnungen« in der theologischen Tradition) hat hier seinen Ort. In der gegenwärtigen philosophischen Diskussion ist dies etwa im Zusammenhang der kommunitaristischen Kritik an einer solchen freischwebenden universellen Ethik verhandelt worden. Rüdiger BUBNER bemerkt resümierend[68]: »Die Sozialkomponente in den Gerechtigkeitsprinzipien, die Unterschiede nur zulassen, wenn sie den schlechter gestellten zugute kommen, spiegeln gegenwärtig herrschende Überzeugungen. Das ändert aber nichts an dem systematischen Zwang zur Abstraktion, den die konstitutive Ursituation einer Gesellschaftsstiftung erfordert. Mit Recht haben Neo-Aristoteliker und Neo-Hegelianer, die sich in Amerika ›Kommunitaristen‹ (MACINTYRE, WALZER, SANDEL u.a.) nennen, dagegen protestiert, dass unter Bezugnahme auf das in der westlichen Zivilisation tatsächlich vorliegende Rechtssystem philosophische Begründungsveranstaltungen betrieben werden, die im gesellschaftlichen und histori-

---

67 »there can only be a distinguishable Christian social theory because there is also a distinguishable Christian mode of action, a definite practice.« (380)
68 R. BUBNER: Welche Rationalität bekommt der Gesellschaft?, 1996, im Anschluss an eine kritische Betrachtung von J. RAWLS, 184f..

schen Nirgendwo angesiedelt sind.«[69] Doch den Ort der Gerechtigkeit kann man – demgegenüber – nicht affirmativ bestimmen. So bleibt die Frage nach einer Gerechtigkeit, die die Treue zu einer Gemeinschaft – so die biblische Rede von der Gerechtigkeit – meint, die in dieser zu erfahrenden Gerechtigkeit ihren Bestand hat. Diese Gerechtigkeit begegnet als Gottes Gerechtigkeit, die jeder Ethik oder Moral widerspricht, die ihre Begründung jenseits dieser – politischen – Gemeinschaft sucht, vielleicht weil sie auf einem sichereren Boden stehen will als den einer politischen Koexistenz. Auch in diesem Sinne tritt dann eine Moral an die Stelle politischer Praxis.[70]

## 7. Welche Ethik – für welche Gesellschaft?

Die allgegenwärtige Thematisierung von »Ethik« ist zu einem eigenen Kennzeichen und Phänomen *öffentlicher* Artikulation geworden. Sie dient als Signal öffentlicher Bedeutsamkeit. Das betrifft die universelle Verbindung der Kennzeichnung »ethisch« mit allem, was in der Gesellschaft hervorgebracht wird und diese bestimmt, Medienethik, Wirtschaftsethik, Unternehmensethik, Medizinische Ethik, Technik und Ethik, Umweltethik, Verkehrsethik und die Durchdringung aller Bereiche mit ethisch-moralischen Interpretationen.[71] Was immer geschieht, wird eingefärbt, durchtränkt von dem, was ethisch-moralisch artikulierbar, nachvollziehbar und plausibilisierbar erscheint. Die allgegenwärtige ethisch-moralische Interpretation zielt auf den einen fraglosen oder jedem einigermaßen zugänglichen Konsens, an dem sich gleichwohl unerbittlich entscheidet, wer und was dazugehört und wer nicht, was akzeptiert ist und was nicht. Dieser universelle Konsens wird zum Teil durch einen immensen Aufwand an Verständigungsarbeit erzeugt, die dafür sorgt, dass alle Differenzen, die wie auch immer zugelassen oder gepflegt werden, zugleich aufgelöst oder integriert werden. Integration ist die Leitmetapher dieser universellen Strategie.

Dies rückt Richard MÜNCH in einer signifikanten Studie in den Blick.[72] Münch artikuliert ausdrücklich die Durchdringung aller gesellschaftlichen Phänomene mit ethisch-moralischen Interpretationen. Er propagiert diesen Vorgang als den einzigen, der der gesellschaftlichen Realität entspricht. Diese Sicht der Dinge ist in der Tat – zunächst – wirklichkeitsnäher als die Thematisierung von

---

[69] BUBNER fährt fort: »Wenn RAWLS als Leitidee für Gerechtigkeit sich ursprünglich auf ‚Fairness‘ beruft, so knüpft er an die Verständigungsvokabel an, die vom angelsächsischen Lebensstil ausgehen zum international abrufbaren Topos geworden ist. Die Theorie von RAWLS hat sozusagen ihren eigenen ‚Sitz im Leben‘, insofern sie sich – und darin folgen ihr Schüler wie Kritiker – paradigmatisch auf aktuelle Verhältnisse in Amerika bezieht.« (185).
[70] Und dies gilt dann schließlich auch für den ‚politischen‘ Liberalismus von J. RAWLS.
[71] Zum Problem der »Interpretation« siehe A. FINKIELKRAUT: Die Weisheit der Liebe, 1987.
[72] R. MÜNCH: Die Struktur der Moderne, 1992.

ethisch-moralischen Interpretationen, die den vielfältigen Bereichen gesellschaftlicher Produktion entgegentreten. Freilich stellt die Verbalisierung dieser Vorgänge selbst einen Teil des Phänomens dar, denn sie reproduziert, und proklamiert auf ihre Weise, was im Gange ist. In diesem Sinne kann man von einer Ethisierung oder auch Moralisierung gesellschaftlicher Produktionen reden. »Ethisierung« oder »Moralisierung« meint hier die Durchdringung gesellschaftlicher Vorgänge mit ethisch-moralischen Interpretationen auf einen umgreifenden Zustimmungseffekt hin.[73] »Ethik« zielt in dieser Sicht auf Akzeptanz, was in Einzelbereichen wie in der Thematisierung von »Technik-Akzeptanz« in besonderer Weise hervorgetreten ist. Die *Logik der Anerkennung* gibt – systemtheoretisch[74] gesagt – den Code vor, dem die Thematisierung des Ethischen folgt. Was »ethisch« genannt wird, ist auf Anerkennung ausgerichtet. Fragen der Macht, sofern sie ethisch gesehen werden, folgen dann *direkt* den Regeln der Anerkennung, nicht den Regeln des Diskurses über das, was ins Spiel kommen *soll*. Das muss keineswegs heißen, dass die Anerkennung im ethischen Zusammenhang dem Akzeptierten gilt, sie kann ebenso auf Widerspruch zielen und dem ethischen Widerspruch eine wiederum durchaus akzeptierte Rolle zuweisen – also auf die Anerkennung dessen zielen, was auch gegen das stehen kann, was in Geltung ist. Die Ethik, die sich auf die Verhältnisse einlässt, muss nicht schon eine Schmier-Öl-Ethik sein, gegen die dann eine Moral zu setzen ist. Diese Ethik muss womöglich sehr viel mehr Widerstandskraft aufbieten, als diejenige Ethik, die sich mit der Moral zugleich gewohnter Differenzhaltungen bedient. Das Problem aber ist, wie die Logik des »Kampfes um Anerkennung«[75], in dem Anerkennung auf das gerichtet ist, was man sich gegenseitig zugesteht, durchbrochen werden kann, und das heißt, wie eine davon unterschiedene widersprechende, kritische und explorative Ethik aussieht.

Dies auszusprechen und zu spiegeln ist das eine, das andere ist, zu diesem Phänomen einer allseits ethisierten Gesellschaft in Distanz zu gehen. Richard MÜNCH zieht die Konsequenz zunächst nur in der Weise, dass er der Dynamik dieser Vorgänge entsprechend für ein verbessertes Modell einer öffentlich ausgetragenen »Ethisierung« eintritt. Der Vorschlag besteht darin, die ethisch-moralische Interpretation deutlicher in repräsentativen Diskursen zur Geltung zu

---

[73] Zu diesem Vorgang in der Ökonomie siehe C2-7.
[74] R. MÜNCH legt seine Studie als Kritik der systemtheoretischen Trennung verschiedener Systeme und ihrer »Autopoiesis« an, zugleich folgt er ihr weitgehend, indem er einen durchgängigen Code für die moralisch-ethische Interpretation (die er nicht als eigenes System ausdifferenziert sehen will) fixiert, nämlich den Code von anerkannt/nicht anerkannt. Außerdem folgt er generell auch dort der Systemtheorie, wo er funktionale Äquivalenzen zwischen faktisch doch unterstellten systemischen Strukturen identifiziert. In theoretischer Hinsicht ist diese Studie höchst heterogen.
[75] Siehe dazu: A. HONNETH: Kampf um Anerkennung. Zur Grammatik sozialer Konflikte, 1992.

## 7. Welche Ethik – für welche Gesellschaft?

bringen, in denen alle diejenigen relevanten Positionen zu Wort kommen sollen, die insgesamt die pluralistisch zusammengesetzte Gesellschaft widerspiegeln. Die anvisierten Diskurse zielen darauf, den richtigen Grad der Mischung von Auffassungen zu erreichen, der die gesellschaftliche Integration garantiert. Damit wird die im Gange befindliche ethisch-moralische Homogenisierung in ein Modell transponiert, das diesen Vorgang als eine Art politischer Prozedur fassbar werden lässt.

Das Gesamtphänomen der Vermittlung von Ethik und gesellschaftlicher Produktion ist kaum ausreichend zum Gegenstand gesellschaftstheoretischer Diskussion geworden. Überhaupt sind die Vorgänge der ethisch-moralischen Artikulation und Interpretation kaum der Gegenstand von Untersuchungen geworden[76], die nicht allein die empirisch-wissenschaftliche Feststellbarkeit von sittlichen Phänomenen verhandeln, sondern diese mit einer Auseinandersetzung um die Gesellschaftstheorie selbst verbinden. Dies ist in der Studie von MÜNCH insofern anders, als er seine Wahrnehmung z.T. in kritischer Auseinandersetzung mit der Systemtheorie gewinnt, die die verschiedenen Bereiche gesellschaftlicher Produktion als Systeme mit einem je eigenen Code rekonstruiert. Dem stellt Münch die Sicht von der vielfältigen Durchdringung von Ethik und Ökonomie[77], Ethik und Politik entgegen. Andererseits folgt jedoch MÜNCH selbst der Logik der Systemtheorie, indem er quer durch alle Systeme Vorgänge rekonstruiert, die ihrerseits wieder nur einem *einzigen* Code folgen, nämlich dem Code der gesellschaftlichen Anerkennung. Dies aber ist der Code der dominierenden ethisch-moralischen Interpretation, die auf allseitige Übereinkunft durch Verständigung zielt. Die Unterscheidung zwischen einem Konsens der Übereinkunft durch Verständigung und dem Einstimmen in eine Wahrheit, die vielleicht auch quer zu dieser Verständigung verläuft, die die Grammatik, den Code des menschlichen Lebens und Zusammenlebens betrifft, bleibt für die Ortsbestimmung der Ethik im Streit um die Wirklichkeit entscheidend.[78]

Wenn etwa »die Wirtschaft« auf Ethik hin angesprochen wird, z.B. auf ihren direkten oder indirekten Beitrag zur Sozialstruktur, dann ist damit ihre Anerkennung im Blick. Sie wird nicht daraufhin betrachtet, was ihre ethisch bestimmte Aufgabe ist, was sie als Existenzform in einem *kritischen* Sinn darstellt. Die Frage wird sein, wie diese Aufgabe aussieht: zum einen in Bezug auf das nötige Zusammentreffen von Ökonomie und Politik, Ökonomie und ausdrücklichem Handeln, zum anderen in Bezug auf den »ethischen Sinn« von Ökono-

---

[76] Vgl. jedoch die Thematisierung von Akzeptanz-Problemen in Bezug auf die technologische Entwicklung.
[77] Siehe dazu C2-7.
[78] Dies bleibt das Problem einer konsensorientierten Diskursethik, sofern sie diese Unterscheidung auflöst.

mie. Entsprechendes gilt von der Politik: was ist der ethische Sinn von Politik im Sinne einer Existenzform, die in den politischen Verhältnissen und ihrer Organisation nicht aufgeht?

## 8. Welche Ethik – aus welcher Distanz?

Um die Phänomene, die dem Reflexivwerden gesellschaftlicher Vorgänge und den Prozessen unbegrenzter Transformation zugehören, inklusive ihrer Rekonstruktion (sofern diese nur deren Bestandteil sind) in den Blick zu fassen, ist eine Perspektive nötig, die dagegen resistent ist, durch Steigerung der Reflexion und durch einordnende Interpretation absorbiert zu werden. An dieser Stelle ist auch in der Sozialphilosophie nach *Transzendenz* gefragt worden. Wie kommt welche Transzendenz ins Spiel, die nicht den gesellschaftlichen Transformationsprozessen aufgeht, die aber schon zu deren Wahrnehmung nötig ist – nicht als ein (vielleicht gedachter) Beobachterposten außerhalb, den jemand einnehmen könnte, sondern als der Ort der Aufmerksamkeit auf das, was different bleiben muss, was nicht verwechselt und ineinander zu transformieren ist, als der Ort des Unterscheidens. Inwiefern wird dieser Ort politisch zu bestimmen sein? – die Frage, die die Zwei-Regimenten-Lehre leitet. Der primäre Ort der Ethik ist dort, wo sich unverrechenbare Differenzen abzeichnen, die nicht auflösbar sind, weil ›wir‹ sie nicht überblicken, weil ›wir‹ unaufhebbar auf der einen Seite stehen. Die theologische Logik hat dies dort festzuhalten vermocht, wo sie auf das Wort verwiesen hat, das zu hören ist und das Wort von außen bleibt, wie weit auch immer das Verstehen reicht. Dieses Wort ist Widerspruch, der nicht nur die Negation des Bestehenden ist, eine kontrafaktische Forderung, sondern das seine eigene Aussage hat, die unaufhebbar bleibt.[79] Dieses Wort von außen ist Rede an uns.[80] Es ist Widerspruch, es spricht davon, wer wir sein dürfen: im Gesetz reflektiert es, wer wir nach Gottes Gebot sind, im Evangelium, wer wir aufgrund von Gottes Güte und seinem rettenden Tun sein dürfen.

An *diesem* Wort bilden sich – wie im Modell der Propheten und ihrer Sozialkritik – die Unterscheidungen, an denen sich die wie auch immer homogenisierte oder pluralisierte Wirklichkeit bricht.[81] Diese Unterscheidungen sind nicht aus der Differenz zwischen Gott und dem Menschen ableitbar, so dass zwei Welten entstehen, eine diesseitige und eine jenseitige, sondern diese Unterschei-

---

[79] Vgl. H.G. ULRICH, Metapher und Widerspruch (1999).
[80] Hier ist eine Stelle, an der sich Theologie und Psychoanalyse treffen: vgl. die Unterscheidung von Rede und Diskurs im Zusammenhang der Bestimmung politischer Philosophie – im Anschluss an Jacques LACAN – bei A. BADIOU u.a.: Vgl. A. BADIOU: Lacans Herausforderung der Philosophie (1997).
[81] Vgl. G. EBELING: Das rechte Unterscheiden. Luthers Anleitung zur theologischen Urteilskraft (1988).

dungen reflektieren den Widerspruch, der von Gottes Wort ausgeht, das zu hören ist und das im Zeugnis begegnet. So die Unterscheidung zwischen der Moral der Selbstbehauptung und einer Ethik der Erkundung dessen, wer wir sein dürfen. So die Unterscheidung zwischen einer Moral, die auf das Problem der Endlichkeit fixiert ist und deshalb am (moralischen) Gesetz den Widerstand ausmacht, und einer Ethik, für die die Freiheit vom Gesetz jenseits und unabhängig von dieser Logik zu gewinnen ist. Das Durchdeklinieren solcher Unterscheidungen ist der Vorgang ethischer Erkenntnis- und Urteilsbildung, der widerständig bleibt gegen die Auflösung oder Fixierung von Unterscheidungen, die den Widerspruch auflösen.

Die Erkundung von *Unterscheidungen* und der in ihnen erkannten Differenzen ist die primäre Praxis der Ethik: es ist das explorative Unterscheiden, das den Weg bildet und aufspürt. In diesem Unterscheiden bleibt der Nächste davor bewahrt, eingeordnet und vereinnahmt zu werden – wie Psalm 82 von den Ungerechten sagt: sie unterscheiden nicht, sie lassen keine Unterscheidungen gelten. Die Ungerechten suchen die Indifferenz. Ungerechtigkeit besteht in der Indifferenz, der Gleich-Gültigkeit.

## 9. Die Wiederentdeckung des Handelns – Unterscheiden und Anfangen

Gegenüber dem reflexiven Ineinander von ökonomischen Vorgängen, ihren gesellschaftlichen Implikationen und ihrer ethischen Selbstpräsentation und Interpretation kommt dem *Handeln* eine eigene Bedeutung für die Wahrnehmung und Gewinnung von Distanz zu. Den Blick auf das Handeln zu lenken heißt nicht, eine Antwort auf die allgemeine Frage zu suchen »Wer handelt überhaupt noch?«, oder »Wie ist Handeln möglich?«, sondern das *ausdrückliche Handeln* in den Blick zu bekommen, das per se nicht aufgeht in dem, was geschieht. Handeln, so hat Hannah ARENDT definiert, heißt neu beginnen.[82] Das unterscheidet das Handeln von allem gewohnheitsmäßigen Tun, von aller Verwaltung, von aller technischen Bewerkstelligung, von allem Handeln, das nicht politisch ist, weil es nicht beginnendes Handeln ist. Dies betrifft wiederum alles Tun, das anonymen Gesetzen folgt, alles Tun, das nur fortsetzt, was schon da ist und innerhalb der Verkettungen dessen geschieht, was menschliches Leben bestimmt. Theologische Ethik hat einen ganz besonderen Grund hier einzusetzen, sofern sie von einer Befreiung von solchen Werken zu reden hat, die kein Handeln sind, weil sie der moralischen Vergewisserung verhaftet sind. So ist von Werken dort zu reden, wo menschliches Tun sich als moralisch gerechtfertigtes

---

[82] H. ARENDT: Macht und Gewalt [1970], 1985, 81f.. Zu diskutieren ist, wie sich dazu auch die Theorie vom ethischen Akt bei S. ŽIŽEK in seiner Interpretation von Jacques LACAN verhält: S. ŽIŽEK: Die Tücke des Subjekts, 2001.

präsentiert, wie auch immer eine solche moralische Rechtfertigung aussehen kann, im Unterschied zu einer ethischen Begründung, die festhält, was die gemeinsam erprobte oder zu erprobende Erkenntnis sein kann. Mit der Freiheit von den Werken geht es um die Befreiung dazu, es mit dem Handeln und dem mit ihm gesetzten Neuanfang zu probieren, es auf das Handeln ankommen zu lassen. Das ist der Sinn des Gebotes Gottes, das nicht als Rechtfertigungszusammenhang dienen kann, in dem sich menschliches Handeln moralisch ausweisen lässt, sondern das ein *bestimmtes* Handeln, ein Tun und Lassen in den Blick rückt, auf das alles ankommt. So wenn gesagt ist: »Seid barmherzig«, oder wenn gesagt ist: »Liebet eure Feinde«. Dieses exponierte Handeln ist Mitteilung dessen, was wir Menschen sein dürfen, wenn wir dessen gewärtig sind, was Gottes Güte einschließt. So ist dieses bestimmte Tun eingeführt, das weiteres Handeln eröffnet: »Und wenn ihr die liebt, die euch lieben, welchen Dank habt ihr davon? Denn auch die Sünder lieben ihre Freunde. Und wenn ihr euren Wohltätern wohl tut, welchen Dank habt ihr davon? Denn die Sünder tun dasselbe auch. Und wenn ihr denen leiht, von denen ihr etwas zu bekommen hofft, welchen Dank habt ihr davon? Auch die Sünder leihen den Sündern, damit sie das Gleiche bekommen. Vielmehr liebt eure Feinde; tut Gutes und leiht, wo ihr nichts dafür zu bekommen hofft. So wird euer Lohn groß sein, und ihr werdet Kinder des Allerhöchsten sein; denn er ist gütig gegen die Undankbaren und Bösen. Seid barmherzig, wie auch euer Vater barmherzig ist.«[83] (Lk 6,32-36)

Nicht die moralische Qualität oder Interpretation ökonomischer Vorgänge oder Handlungszusammenhänge, sondern das *ausdrückliche* Handeln, das artikulierte, exponierte Handeln, das Handeln als Zeugnis – die guten Werke – und der ethische Kontext, der damit verbunden ist, ist hier Gegenstand der ethischen Betrachtung. Es ist dann nicht davon zu reden, wie gerecht oder ungerecht ökonomische Verteilungsvorgänge sind, sondern, in welcher Weise es *in* den ökonomischen Vorgängen und quer zu ihnen ein gerechtes Handeln geben kann, das anders denn als Neuanfang, anders denn als revolutionär oder überschießend nicht zu verstehen ist.[84] Daraufhin und nicht ohne diesen Widerhalt ist daraufhin von den ökonomischen Strukturen zu sprechen, die in ihrer institutionellen Form Gegenstand der Ethik sind.[85]

---

[83] Zur Auslegung siehe P. RICOEUR: Liebe und Gerechtigkeit, 1990.
[84] Siehe zu diesem Verständnis von Gerechtigkeit als der Logik oder Grammatik des Handelns: A. BADIOU: Wahrheiten und Gerechtigkeit (1997).
[85] Siehe C2-2.

## 10. Berufsethik oder Verantwortungsethik?

Diese Kennzeichnung des ausdrücklichen anfänglichen Handelns berührt sich mit der weitreichenden Tradition der Sozialethik, die in einer Ethik des Berufes[86] ihren Gegenstand gefunden hat. Davon freilich ist zu unterscheiden, was gegenwärtig als *Berufsethik* wieder Aufmerksamkeit findet.[87] Diese Berufsethik besteht weitgehend darin, dass das berufliche Geschäft mit einer Reihe von ethischen Interpretationen versehen ist, die verschiedensten Kontexten angehören können. Ethische Interpretationen können geradezu verhindern, eine Tätigkeit auf ihren Handlungssinn hin anzusprechen. Sie zeichnen möglicherweise die Tätigkeit auf vielen Ebenen ethisch (im Sinne eines gegebenen Ethischen) aus, z.B. als verantwortlich oder als zugeordnet zu einer umfassenden Aufgabe (etwa der Versorgung mit Gesundheit). Gerade so aber wird nicht durchbuchstabiert, was es heißt, einem bestimmten Worumwillen oder einer Berufung zu folgen.[88] Die theologische Ethik hat die berufliche Tätigkeit so verstanden, dass sie ein Handeln um des Nächsten willen ist, so dass dem Nächsten zukommt, was Gott ihm zugedacht hat, dass ihm dies nicht – und sei es in der eigenen Fürsorge – vorenthalten wird. Wenn es die Aufgabe des Lehrers ist, Schülern zum Lernen zu verhelfen, dann würde nicht auf die Akzeptanz dessen geblickt, was gelernt wird oder welche Ziele des Lernens und der Bildung vertreten werden können, sondern was es heißt, Menschen in ihrem Werden zu bewahren, dass sie erfahren dürfen, was ihnen zukommt. Dies schließt die Frage nach dem geschöpflichen Werden und vor allem nach der Gerechtigkeit ein. Was heißt Lehren im Sinne derjenigen Gerechtigkeit, die den Angelpunkt geschöpflicher Praxis ausmacht? Was heißt, das zu lehren, was dem Anderen zukommt?

Solche Fragestellungen gehören in die Tradition einer christlichen Berufsethik, die statt von einem ethischen Subjekt auszugehen oder auch allgemein von Aufgaben oder einem Telos zu sprechen, die *Berufung* zum Handeln für den Nächsten in seinem Werden zum Angelpunkt hat. Diese Berufsethik ist der konkrete Ort des Streits um die Wirklichkeit, weil es damit möglich ist, quer zum »Diskurs der Dinge« festzuhalten, wozu jemand für den anderen berufen ist. Die Frage ist, wofür jemand für den anderen steht, was jemand einem anderen eröffnet, worin jemand für einen anderen *Medium* ist. Dazu ist er berufen, dass er dem Nächsten nicht schuldig bleibt, was diesem *durch ihn* von dem zukommt,

---

86 Vgl. H.G. ULRICH: Beruf III: Kirchengeschichtlich (1999).
87 Vgl. dazu R. MÜNCH: Globale Dynamik, lokale Lebenswelten, 1998; siehe Beispiele bei: D. E. WUESTE (Hg.): Professional ethics and social responsibility, 1994
88 Darauf verweist R. MÜNCH, a.a.O. als etwas Notwendiges.

was Gottes bestimmter Wille ist.[89] Dieses Einstehen dafür, dass dem anderen dies mitgeteilt wird, macht das Besondere stellvertretenden Lebens und Handelns in einer evangelischen Ethik aus. So hat Dietrich BONHOEFFER »die Struktur des verantwortlichen Lebens und Handelns«[90] beschrieben. Sie besteht darin, das einer dem anderen stellvertretend zur Mitteilung bringt, was in Jesus Christus als die Geschichte Gottes mit uns wirklich geworden ist. Verantwortung besteht darin, dass eben dies dem anderen zuteil wird – wie durch das stellvertretende Leben Jesu Christi wir Anteil haben an Gottes Geschichte. Das Leben und Handeln »für den anderen« bewegt sich in dieser Logik.

Dies ist von einer *Verantwortungsethik* zu unterscheiden, in der es um die Rechtfertigung des Tuns in Bezug auf Zwecke und Funktionen, in Bezug auf die »Ordnung der Dinge« geht, der zu folgen ist. Eine solche Verantwortungsethik ist darauf angelegt, alles zu verantworten, das sich in solche Begründungszusammenhänge einfügen lässt. Durch sie kann am Ende auch jedes Mittel recht werden, sofern die Zwecke erreicht werden. Eine Ethik solcher Zweckrationalität (wie sie im Anschluss an Max WEBER genannt wird[91]) ist zu unterscheiden von einer Ethik, die Verantwortung als Berufung versteht und diese mit Gerechtigkeit zusammenzusehen sucht.[92] Insofern gilt es kritisch zu reflektieren, was es bedeutet, dass »Gerechtigkeit die Tugend der Mächtigen«[93] ist, das heißt je nach dem Verständnis von Macht, die Tugend derer, die zum Handeln ermächtigt und berufen sind. Die Frage ist also: welche Gerechtigkeit – wessen Gerechtigkeit, und was heißt hier: Tugend?[94] Gerechtigkeit ist im Sinne der biblischen Tradition die Logik des Handelns derer, die sich zu einem Handeln in Gerechtigkeit berufen lassen. In der *Berufung* zum Ausüben der Gerechtigkeit, die in der Aufmerksamkeit auf den anderen wurzelt. Verantwortung wahrnehmen heißt, auf diese Berufung zum Handeln antworten. Dies ist der Angelpunkt einer Ethik, die einzig von einer *Verantwortung in Gerechtigkeit* reden kann.[95] Für die theologische Ethik kommt alles darauf an, diesen Angelpunkt – die iustitia civilis – nicht zu verlieren.[96]

---

89  Dies ist die Pointe der Rede von den Charismen. Damit sind die Begabungen gekennzeichnet, die durch jemanden zur Mitteilung kommen.
90  D. BONHOEFFER: Die Struktur des verantwortlichen Lebens, 1992.
91  Max WEBER hat gleichwohl auf die besondere Verantwortung der eingesetzten Mittel festgehalten.
92  Hier ist das Gespräch mit M. WALZER aufzunehmen: M. WALZER: Sphären der Gerechtigkeit, 1992.
93  Vgl. R. SPAEMANN: Moralische Grundbegriffe, 1982.
94  A. MACINTYRE: Whose Justice? Which Rationality?, 1988.
95  Zur Bedeutung von »Gerechtigkeit« für die Ethik siehe W. LIENEMANN: Gerechtigkeit, 1995.
96  Vgl. dazu unten: Teil C.

## 10. Berufsethik oder Verantwortungsethik?

Demgegenüber steht diejenige Verantwortungsethik, die die Übertragung von Verantwortung an Formen der Begründbarkeit bindet, wie an Formen der Zweckrationalität. Verantwortungsethik folgt in diesem Sinne der Logik der moralischen Rechtfertigung, vielleicht auch einer Rechtfertigung »vor Gott«. Dem steht die Berufsethik gegenüber, die sich darin ausweist, dass sie als Antwort erscheint, so dass jemand sagen kann, *worauf* er/sie antwortet. Dies kann bedeuten, dass jemand gerade nicht unabhängig davon zu begründen oder zu rechtfertigen imstande ist, was er/sie tut. Max WEBERs einflussreiche Darstellung der Verantwortungsethik als eine bestimmte Ethik des »Berufs« zur Politik verdeckt diesen Zusammenhang.[97] Wenn WEBER Verantwortungsethik als eine Ethik versteht, die die Folgen des Handelns in Bezug auf die Reaktionen und Belange der Menschen, die dem Politiker anvertraut sind (nach Maßgabe ihrer »durchschnittlichen Defekte«) zu bedenken hat, dann geht damit eben die Logik des Handelns in Gerechtigkeit verloren, die den Beruf kennzeichnet. Einen Beruf auszuüben heißt, in der Aufmerksamkeit auf das zu sein, was die *Not* des Nächsten ausmacht, und das Bestimmte zu tun, das dem anderen zukommt – wie es auch die Rede von den guten Werken festhält: das Stiften des Friedens, das Tun des Gerechten, das Helfen und Fördern in allen Leibesnöten. In diesem Sinn ist die Sozialethik eine *Ethik der guten Werke* und eines Handelns in der Logik der guten Werke. Deshalb geht es nicht um eine zweifache Moral, eine Moral der Gesinnung, wie sie nach der Auffassung Webers die Bergpredigt enthält, und eine (politische) Verantwortungsethik, wie sie Max WEBER gekennzeichnet hat. Diese Unterscheidung fixiert den Blick auf das, was zu bewerkstelligen ist. Sie setzt nicht auf das, was im Tun der Gerechtigkeit, im Stiften des Friedens an – nicht allein berechenbaren – Folgen beschlossen ist, sie setzt nicht auf die Logik des Handelns, die in den durchaus sichtbaren guten Werken hervortritt. Insofern ist von dem Tun des Gerechten zu reden – nicht als von einer Tugend, sondern als von dem *bestimmten Tun*, das eine neue Wirklichkeit des Zusammenlebens erschließt.[98] Damit verbindet sich eine Ethik, die das Tun an

---

[97] M. WEBER: Der Beruf zur Politik (1968).
[98] Vgl. die Ausarbeitung einer in diese Richtung weisenden politischen Theorie bei: A. BADIOU: Wahrheiten und Gerechtigkeit (1997). BADIOUs These lautet: »Gerechtigkeit ist kein Begriff, nach dessen mehr oder weniger entsprechenden Verwirklichung man in der empirischen Welt zu suchen hätte. Sie dient als Operator der Erfassung einer egalitären Politik, das heißt, wahren Politik, und weis auf solche auf die subjektive Figur, die zugleich effektiv, axiomatisch und unmittelbar ist. Dies ist es eben, was die überraschenden Behauptung von Samuel Bekett in seinem Buch ›All that fall‹, seine eigentliche Tiefe verleiht: ›Eines steht fest, wir sind in der Gerechtigkeit, nie habe ich das Gegenteil behaupten hören.‹« (57). Eine Parallele dazu im theologischen Zusammenhang findet sich bei S. HAUERWAS: The Politics of Justice. Why justice is a bad idea for Christians (1991).
Es geht aber der Theorie von A. BADIOU gegenüber um die Frage, inwiefern eben die Gerechtigkeit, in der wir uns bewegen, zugleich ihre bestimmte Präsenz findet in dem expliziten Tun des Gerechten, wie man es an dem Gleichnis von den Arbeitern im Weinberg sehen kann: Mt 20,1-16.

Institutionen verwiesen sieht, in denen – gegenüber anonymen Strukturen – hervortritt, was das Zusammenleben trägt.

Ethik hat demzufolge nicht Begründungszusammenhänge oder Regeln zu fixieren, auf die man sich um der Legitimation willen berufen kann, sondern sie hat zu zeigen, wie auf diese Weise, durch das Tun des Gerechten, Gerechtigkeit geschieht, weil sich einer dazu berufen lässt, Recht zu schaffen. So wird in Psalm 82 von den Ungerechten gesagt, dass sie nicht »erkennen«, dass sie »sich nichts sagen lassen«.[99] Es geht um dieses pathische, passive »Erkennen«, in dem jemand kundig wird, in dem jemand sich kundig machen lässt. Der Angelpunkt der Ethik ist dann nicht die Verantwortung vor einer »Instanz« oder in einem Begründungszusammenhang, sondern diese Erkenntnis, das Erleiden dieser Erkenntnis[100], in der sich einer etwas sagen lässt. Wer sich etwas sagen lässt, ist zum Handeln ermächtigt. Und so ist das »Tun des Gerechten« direkt mit dem Beten verbunden, in dem der Beter zugleich auf das aufmerksam wird, was ihm gesagt ist.[101]

Dies bestimmt den »Streit um die Wirklichkeit«: damit "Wirklichkeit" nicht als Begründungs- und Rechtfertigungszusammenhang gebraucht wird, sondern als das, was dann erscheint, wenn jemand erkennt, sofern er/sie sich etwas sagen lässt, sofern er/sie sich erkannt weiß. Das macht die Aufgabe dessen aus, was »Sozialethik« genannt werden kann: eine Ethik, die dem Widerspruch dieser Erkenntnis folgt. Es ist eine Erkenntnis, die die Frage betrifft, worin ›wir‹ leben, also die Frage nach dem Ethos und seiner Wahrheit. Dass dieses Ethos ins Wort, in das Gebot gefasst ist, wie es im Evangelium beschlossen ist, lässt es Widerspruch sein und die ihm entsprechende Ethik eine Ethik, die aus dem Hören kommt und sich in dem Wort bewegt, das es zu erproben gilt.

---

99 So übersetzt M. LUTHER Ps 82,5. Er übersetzt damit: לֹא יָדְעוּ

100 Vgl. R. WILLIAMS: The Wound of Knowledge, 1979. Williams zeigt die Tradition dieser für die christliche Lebensform grundlegende Logik. Es ist der Angelpunkt einer neuen Ethik. Vgl. dazu: R. WILLIAMS: Rechtfertigung und Ethik (1995).

101 Eine eindringliche Darstellung der Bedeutung des Gebetes, auch für die Ethik findet sich bei H. BEINTKER: Zu Luthers Verständnis vom geistlichen Leben des Christen im Gebet (1983). Siehe A6-8.

## A 6 Theologische Ethik und Öffentlichkeit – oder: was kommt auf die Tagesordnung?

Theologische Ethik teilt die Topoi ihrer Tagesordnung mit vielen anderen Diskursen. Dies sind aber durchaus nicht Orte, die ihr vorgegeben sind und die sie aufsuchen muss, um mitreden zu können, sondern es sind in vieler Hinsicht ihre eigenen Topoi, ihre loci communes, Treffpunkte öffentlicher Bedeutung.[1] Zu ihnen gehört die Thematisierung von Macht und Ohnmacht des Menschen ebenso wie die von seiner Freiheit und der Gerechtigkeit, dazu gehört die Thematisierung des Friedens und der Versöhnung und die von Schuld und Vergebung oder von Erinnern und Vergessen. Dies alles sind politische Topoi theologischer Reflexion.[2] Dazu gehört auch die Bedeutung von Öffentlichkeit selbst.[3] Diese Topoi haben vielfältigen Austausch, Beerbung oder Transformation in den Sozialwissenschaften und der politischen Wissenschaft erfahren.[4] Entscheidend ist die Frage, um *welche* Topoi es sich handelt, was ihre Auswahl begründet und welche Topoi in diese Reihe gehören. Dazu ist es notwendig, ihren möglichen Zusammenhang zu erkennen, ihre *Topographie*. In welchen Zusammenhang gehört es, Macht und Ohnmacht des Menschen zu beschreiben, wohin gehört es, seine Freiheit zu zeigen, wohin gehört es, von seinem Glück und von der Kunst des Zusammenlebens zu reden? Was stellt die Tagesordnung – für wen – dar? Inwiefern ist überhaupt von einer Tagesordnung zu reden, die eine bestimmte Öffentlichkeit oder einen bestimmten öffentlichen Raum voraussetzen.

### 1. Babylonische Verwirrung in der Ethik

Nicht zuletzt weil solche die Topographie betreffenden Fragen weitgehend offen bleiben, entsteht jene babylonische Verwirrung in der Ethik, die Alasdair MACINTYRE und andere[5] diagnostiziert haben. Paradoxerweise präsentiert sich die Ethik deshalb als orientierungslos, statt Wegweisung geben zu können, weil sie ihre eigene Landkarte nicht kennt. Sie kennt ihre Landkarte nicht, weil sie sich

---

[1] Siehe dazu die Ausführungen von O. BAYER: Ethik als Konfliktwissenschaft: Freiheit als Antwort, 1995, XII. Vgl. dort Teil II: »Ethik im Konflikt«, 97-196.
[2] Vgl. deren Behandlung bei H. ARENDT: Vita activa oder Vom tätigen Leben (1960), 1997, besonders auch die Darstellung über das Vergeben als Implikat politischen Handelns: 234-238.
[3] Vgl. besonders W. HUBER: Kirche und Öffentlichkeit, 1973.
[4] Vgl. J. MILBANK: Theology and Social Theory Beyond Secular Reason, 1991.
[5] Vgl. A. MACINTYRE: Die Privatisierung des Guten (1994), MacIntyre bezieht sich kritisch auf J. STOUT: Ethics after Babel, 2001. Siehe auch: A. MACINTYRE: Verlust der Tugend. Zur moralischen Krise der Gegenwart, 1987.

selbst nicht auf einem Weg weiß. Wohin gehört etwa die viel traktierte Differenz zwischen der ethischen Kommunikation über Fragen des guten Lebens und der moralischen Übereinkunft in Gerechtigkeit? Wie kommt es zu dieser Unterscheidung?[6] Was ist ihr Entdeckungszusammenhang, was ihr Begründungszusammenhang?[7] Wohin gehören die verschiedenen Fragestellungen, die zwischen liberalen und kommunitaristischen Positionen diskutiert werden? Welche Diagnose zur Genese dieser Diskurslage wird hier zutreffen? Alasdair MACINTYRE findet eine orientierende Perspektive darin, die Geschichte der Ethik und die Traditionen ihrer Praxis wiederzugewinnen und so den Zusammenhang zu finden, in dem sich die ethische Besinnung bewegt. Im Blick ist dabei eine *bestimmte* Geschichte (eine story), in der die Grundlinien ethischer Tradition hervortreten. Diese bestimmte Geschichte muss erinnert und neu erzählt werden. Das meint nicht die Rekonstruktion einer Geschichte der Ethik[8], in der enzyklopädisch alles zum Gebrauch nebeneinander steht, sondern die Erinnerung derjenigen Geschichte (story), die den inneren Zusammenhang ethischer Praxis, aber auch deren fragwürdige Veränderungen zeigt.

Auch wenn der Weg über die Erinnerung, wie ihn MACINTYRE vorzeichnet, einer eigenen Diskussion bedarf: die Diagnose zur babylonischen Verwirrung ist kaum zu übergehen, jedenfalls nicht dadurch, dass die Frage nach einer zusammenhängenden ethischen Praxis nicht gestellt wird und stattdessen Wissen *über* Ethik ausgebreitet wird – aber auch nicht dadurch, dass die Frage danach, *worin* ethische Praxis konvergiert, nicht bearbeitet wird. Es ist zu diskutieren, ob die Konzeption des politischen Liberalismus, die diese Praxis in einem politisch-moralischen Konsens konvergieren sieht und ansonsten die Frage offen lässt, tragfähig ist und ob sie nicht die Aufgabe der Ethik aufgibt zugunsten einer politischen Theorie der Moral.[9]

Von einer *ethischen Praxis* als ganzer zu reden heißt, mit der Ethik als einem *ausdrücklichen* Unterfangen zu rechnen und nicht mit einem zerrissenen Spektrum dieser oder jener Aktivitäten oder Prozeduren, aber auch nicht nur auf eine Teilpraxis – etwa die Praxis politisch-moralischer Konsensbildung[10] zu setzen.

---

[6] Vgl. dazu aufschlussreich und für die aristotelische Tradition R. BUBNER: Moralität und Sittlichkeit (1986). Vgl. dazu C. TAYLOR: Motive der Verfahrensethik (1986).
[7] Zu diesen Begriffen vgl. G. SAUTER: Wissenschaftstheoretische Kritik der Theologie (mit J. COURTIN u.a.) 1973; ders.: Die Begründung theologischer Aussagen – wissenschaftstheoretisch gesehen (1971).
[8] Vgl. Die enzyklopädische Betrachtung wird bei Alasdair MacIntyre als eine der drei Wege moralischer Untersuchungen (den enzyklopädischen, den genealogischen und den traditionalen) gekennzeichnet. Vgl. A. MACINTYRE: Three Rival Versions of Moral Inquiry, 1990.
[9] Siehe dazu Teil C.
[10] Dies diskutiert kritisch R. BUBNER: Moralität und Sittlichkeit (1986). Bubner spricht von einer »Sonderpraxis«.

## 2. Zur Topographie theologischer Ethik und der Reichweite ihrer Tagesordnung

Die heterogene Zusammensetzung von Tagesordnungen, wie sie jedes Lehrbuch vor Augen führen kann, hat viele verschiedene Gründe, nicht nur solche, die mit der babylonischen Sprachverwirrung zu tun haben. So werden in ethischen Diskussionen unvermittelt Fragen aufgeworfen, die über den jeweils gegebenen Problemzusammenhang weit hinauszugreifen scheinen, wie etwa in einer Debatte über die Kernenergie die Frage nach der Reichweite menschlicher Verantwortung in der unabsehbaren Zeit jetziger und künftiger Generationen. Im Zusammenhang einer als begrenzt erscheinenden technischen Aufgabe, nämlich der optimalen Energieversorgung, wird unmittelbar die Frage akut, wie die künftigen Generationen von der Tatsache betroffen sind, dass sie den atomaren Restmüll, auch wenn er vergraben ist, zu verwalten haben und dass die Kenntnisse und Kompetenzen, die dazu nötig ist, tradiert werden müssen.[11] Die Problemlösungen des alltäglichen Lebens rühren, so ist gesagt worden (Hans JONAS), direkt an metaphysische Fragen, sie betreffen mit der Frage wie man leben soll (im Sinne der moralischen Übereinstimmung der jetzt Lebenden) auch die Frage, wie Menschen überhaupt leben sollen.

Solche Punkte sind auf der Tagesordnung und schaffen immense Disproportionen in der Fragestellung. So wird es nötig, mitten in einer begrenzt scheinenden technologischen Debatte darüber Erkenntnis zu gewinnen, was für die Menschen gut ist, denen unser Handeln gilt, unabhängig von diesem oder jenem Menschenbild, das diese Aufgabe vielleicht zu verdrängen sucht, unabhängig oder entgegen diesem oder jenem Bild von der Gesellschaft. Anders gesagt: es treten Fragen zum menschlichen Leben auf, die nicht nur deshalb zu bearbeiten sind, weil sich daraus Konflikte für das Zusammenleben ergeben (auch solche zwischen den Generationen), sondern weil zu klären ist, *worüber* überhaupt eine Verständigung gesucht werden soll, wenn die politische Aufgabe nicht unbestimmt bleiben soll.

*Was* also *soll* zur Sprache kommen, *was* soll ins Spiel kommen oder im Spiel bleiben? Um welche Art von Öffentlichkeit oder Öffentlichkeiten kann es sich handeln? Darum muss eine Debatte geführt werden, auch wenn diese mitten in einer begrenzten Aufgabenstellung fällig wird. Nicht wenige ethische Theorien haben damit zu tun, deren Reichweite von vornherein einzugrenzen – etwa darauf, was in diesem oder jenem Fall nützlich ist, oder darauf, was man jetzt plau-

---

[11] Vgl. dazu R. SPAEMANN: Technische Eingriffe in die Natur als Problem der politischen Ethik (2001).

sibel sagen kann. Insofern sind ethische Theorien damit befasst, die ethische Erkundung in ihrer Reichweite einzuschränken, statt umgekehrt, sie in den Blick zu rücken und genauer zu bestimmen. Ein entscheidender Grund dafür ist, dass die Forderung nach einer – direkt – erreichbaren Geltung für alle Beteiligten die Aufgabe der Wahrnehmung und der Erkenntnis im Medium des Urteilens zurückdrängt.

Doch wird die Debatte um die Tagesordnung immer und überall auch dort einsetzen, wo undeutlich ist, worum es im Zentrum der Ethik gehen soll und *was* auf dem Spiel steht. Die ethische Besinnung wird immer diesen Zwischenruf zur Geschäftsordnung laut werden lassen. Dies kann auf jeder Ebene und bei jeder Gelegenheit notwendig werden, es kann bei jeder Detailfrage auftreten und es wird immer mit Detailfragen verbunden sein.[12] Auf diese Weise entsteht eine bestimmte Öffentlichkeit. Diese Öffentlichkeit bildet sich überhaupt erst mit dieser – oder jener – Tagesordnung. Immer neu wird es um diesen Übergang gehen: von Fragestellungen alltäglichen Lebens hin zu einer spezifisch ethischen Tagesordnung. Es geht immer wieder neu um diesen Überschritt, um diese Praxis des Transzendierens. Darin entsteht Öffentlichkeit, denn damit wird die gewohnte Sichtweise überschritten auf das hin, *was* uns gemeinsam betrifft, was zu unserem Werden gehört. Den Übergang zu dieser Frage ist es, den die (vielfältige) ethische Praxis zu zeigen hat. Damit ist nicht schon zu präjudizieren, was und für wen dies jeweils akut wird. Und doch muss die Frage, was denn im ethischen Sinne zu unserem Werden gehört, erhalten bleiben. Diese Frage verschwindet, wenn wir nur fragen, was wir als politisch-moralischen Konsens fixieren können, was ›uns‹ möglich ist, was in ›unserer‹ Macht steht oder was ›unser‹ Risiko mindert, und wir uns darin verlieren. Damit verharren wir im Diskurs der Endlichkeit, der reflektiert, was ›wir‹ dem Gesetz nach sind. Demgegenüber muss die ethische Praxis die mögliche Differenz zwischen dem, was ist und dem, was sein darf, festhalten. Diese Differenz kann sie in dem Maße einfordern als sie das bezeugen[13] kann, was sein darf. Das ist ihre kritische und ihre explorative Aufgabe. Damit steht sie jedem Gefälle zu einer *Rationalisierung* des Gegebenen entgegen. Mit ihr bildet sich eine *kritische* Öffentlichkeit. Dies ist auch die genuin politische Form der Öffentlichkeit: sie richtet sich auf das, was des Neuwerdens bedarf.

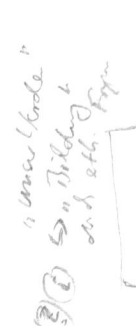

---

[12] Vgl. H. JONAS' Ethik der Verantwortung, in der sich zeigt, wie sich die metaphysischen Fragen mitten im menschlichen Agieren stellen: »Die Begründung einer solchen Ethik, die nicht mehr an den unmittelbar menschlichen Bereich der Gleichzeitigen gebunden bleibt, muß in die Metaphysik reichen, aus der allein sich die Frage stellen lässt, warum überhaupt Menschen in der Welt sein sollen.« (Das Prinzip Verantwortung, 1985, 8.)

[13] Bezeugen heißt selbstverständlich nicht »zitieren«. Siehe dazu: J. HABERMAS: Exkurs: Transzendenz von innen, Transzendenz ins Diesseits (1992), 136.

## 2. Zur Topographie theologischer Ethik und der Reichweite ihrer Tagesordnung

Mit der Frage, *was* denn zu unserem Werden gehört, lassen wir *immer neu* eine Distanz zu, ein Zurücktreten gegenüber dem Urteil, was gegeben ist und was gilt, sei gut. Dieses Urteil geht über das ethische Urteil hinaus, wenn es denn impliziert zu sagen, *worin* unser menschliches Leben gut werden kann. Das ist *die* ethische Differenz, auf die hin sich eine Öffentlichkeit bildet, und nicht etwa umgekehrt, dass wir mit der Frage nach dem, was denn werden soll, in der Reichweite der gegebenen Öffentlichkeiten bleiben. Wenn sich das Zurücktreten im Urteilen vollzieht, ist dies nicht im Rückzug, durch den Verzicht auf ein Urteil zu gewinnen, sondern im Gegenteil durch eine andere Öffentlichkeit[14], eine Öffentlichkeit des Nächsten, der zu Gehör kommt. Von einer so gewonnenen Öffentlichkeit und ihrer Veränderung ist hier zu reden. Sie meint weder nur die gegebene Publizität noch eine allgemeine (moralische oder sonstige) Übereinkunft oder Plausibilität, sondern denjenigen bestimmten *sensus communis*[15], der in der beständigen Praxis des Urteilens unter vielen Beteiligten besteht.[16] Dieser Raum öffentlicher Verständigung wird ausgeblendet, wenn man in der Alternative Einzelner – Kollektiv operiert. Vielfältige Konzeptionen haben demgegenüber das Eingefügt-Sein in die bestimmten Kontexte menschlicher Lebenspraxis in den Blick gerückt.

Die Frage, wie das Urteilen selbst eine Praxis ist und zur (öffentlichen) vita activa gehört, ist in diesem Sinne zu bearbeiten. Mit diesem Urteilen erst entsteht Öffentlichkeit als eine politische: nicht durch die – formale – Einforderung einer allgemeiner Geltung oder durch das Aufrufen von Plausibilitäten, sondern durch die praktische Erkundung dessen, wie Übereinstimmung *im* unterscheidenden Urteil zu finden ist.[17] Der sensus communis wird so in der Praxis des Wahrnehmens und Urteilens aufgefunden und gewonnen, die eine Veränderung und ein Neuwerden des sensus communis einschließt. Er kann nicht postuliert oder herbeigeredet[18] werden. Den sensus communis aufzufinden ist die Aufgabe einer mit der politischen Verständigung verbundenen Ethik im Unterschied zu einer (universalen) Moral, die diese Praxis des Urteilens und Erkundens ersetzt oder

---

14 Vgl. die Forderung von A. MACINTYRE: Die Privatisierung des Guten (1994), 173.
15 Vgl. dazu H. ARENDT: Vom Leben des Geistes, Bd. 3: Das Urteilen, 1985. Siehe dazu auch: E. VOLLRATH: Die Rekonstruktion der politischen Urteilskraft, 1977. Zur Bedeutung des Urteils in der politischen Ethik – im theologischen Kontext – siehe: O. O'DONOVAN; J.L. O'DONOVAN: Bonds of imperfection : Christian politics, past and present, 2004, 207-224.
16 Vgl. dazu H. ARENDT: Vom Leben des Geistes, Bd. 3: Das Urteilen, 1985. Vgl. A. MACINTYRE: Die Privatisierung des Guten (1994).
17 Siehe dazu insbesondere E. VOLLRATH: Die Rekonstruktion der politischen Urteilskraft, 1977.
18 Das ist das Problem der rhetorischen Gewalt und der erzwungenen Glaubwürdigkeit: vgl. E. LÉVINAS: Alltagssprache und Rhetorik ohne Eloquenz (1991).

unterläuft. Um so mehr ist zu klären, worin die *Topoi* bestehen, *auf* die das Urteilen sich richtet.

### 3. Tagesordnung ad hominem?

Es könnte auf den ersten Blick so aussehen, als habe die Frage, was zu unserem Werden gehört, eine einfache Zielrichtung. Sie könnte als Frage danach gelesen werden, »wie *man* leben soll«.[19] Die Antwort müsste im Reden vom humanum, von der Menschheit des Menschen zusammengehalten werden. Doch dies bliebe eine Reflexion außerhalb des ethischen Erkundens und Urteilens.

Die Argumentation ad hominem, auf das hin, was »der Mensch« ist, weiß nicht zu berücksichtigen, was *mit* jedem Menschen in seinem Werden in Erscheinung[20] tritt. Nicht die Argumentation ad hominem, auf das hin, was der Mensch ist oder sein soll, sondern die *Mitteilung* dessen, was Menschen in ihrem Werden erfahren, was ihnen widerfährt und was sie trägt, kommt ins Spiel. Es geht damit nicht um die Einforderung eines humanum, sondern um die Rücksichtnahme auf das, was Menschen als Menschen *werden* lässt. Diese *Menschwerdung* ist Gegenstand der Ethik: nicht im Sinne eines Entwicklungsprozesses, bei dem – vielleicht programmatisch – offen bleibt, was menschliches Leben ausmacht, oder der nach Maßgabe einer Anschauung vom Wesen des Menschen rekonstruiert wird, sondern im Sinne des Geschaffen Werdens. So ist die Rede von der Menschwerdung in der theologischen Ethik eingeführt.[21] Mit ihr kommen die Erfahrungen ins Spiel, in denen sich Menschen als Geschöpfe wahrnehmen.[22] Damit kommen nicht einfach andere Erfahrungen ins Spiel, sondern es tritt die *Umkehrung* der Bewegung[23] ein: statt vom Menschen ausgehend und in der Logik seines Strebens auf ihn wieder zurückkehrend, ist der Geschichte von Erfahrungen zu folgen, die das geschöpfliche Leben auszeichnen und aus denen geschöpfliches Leben besteht.

*Dem* entsprechen die *Topoi*, mit denen die ethische Besinnung befasst ist: die *Hoffnung*, die wider alle Hoffnung (Röm 4,18) in Gottes Handeln gründet, die *Freiheit*, die uns geschenkt wird durch die Befreiung aus der beständigen funda-

---

19  R. SPAEMANN: Glück und Wohlwollen, 1989, 31.
20  Zu den theologischen Implikationen dieser Perspektive vgl. K. ULRICH-ESCHEMANN: Vom Geborenwerden des Menschen, 2000.
21  Vgl. dazu E. WOLF: Menschwerdung des Menschen? (1965); vgl. zum Verständnis G. SAUTER: Mensch sein – Mensch bleiben (1977).
22  Vgl. dazu die Bemerkungen von F. ROSENZWEIG: Gesammelte Schriften Bd. 3, 624: »Sein Bild in uns gibt uns keine menschliche Gestalt (die haben wir), sondern die göttlichen Züge unsrer Menschlichkeit. Gestalt ist stets Bindung der Einzelzüge zu einem Ganzen. Eben die ist bei Gott verboten, beim Menschen unnötig. Gottes Bild in uns sind lauter Einzelzüge, lauter Momentaneitäten.«
23  Entsprechend Psalm 4,7.

mentalen Lebenssorge, und die *Gerechtigkeit*, die uns widerfährt, ebenso wie die Liebe, durch die wir erschaffen werden.²⁴ Diese als Tugenden zu beschreiben heißt, sie in eine andere Topographie einzufügen. Es wird dann nicht deutlich, dass dies Orte geschöpflicher Erfahrung sind, nicht Kennzeichen, die sich zu einer Lebenshaltung fügen. Nicht in solchen Kennzeichen konvergiert das Gute für den Menschen, sondern in der geschöpflichen Existenzform, wie sie in Gottes Ökonomie gewährt ist. Zu reden ist hier davon, was Menschen an dieser Orten widerfährt, *worin* sie sich als die Geschöpfe erkennen und wie sie dies artikulieren. Es muss auffallen, dass im biblischen Reden Hoffnung, Freiheit, Gerechtigkeit und Liebe zur neuen Schöpfung und dem geschöpflichen Leben des Menschen gehören.

## 4. Der Grund für öffentliche Rechenschaft

Dies ist entscheidend für das Verständnis des Zusammenhangs von Ethik und Öffentlichkeit. Die urteilende, Menschen in ihrer Geschöpflichkeit wahrnehmende Rede vom Menschen, weiß das Bilderverbot²⁵ auch auf den Menschen bezogen. Kein öffentlich propagiertes Bild vom Menschen, kann eine Praxis begründen, in der Öffentlichkeit zu einer politischen wird. Nicht ein humanum zu behaupten, sondern Menschen artikulieren zu lassen, was ihr Leben ausmacht, was sie hoffen und erfahren haben, ist der *Grund* für die hier geforderte öffentliche Rechenschaft.²⁶ Jede allgemeine Beantwortung der Frage »Was ist der Mensch?«, jede Rede von der »Würde« des Menschen, braucht keine solche öffentliche Berichterstattung – de homine – mehr, sie braucht nicht mehr die Rechenschaft, von der »Hoffnung, die in uns ist«.²⁷ Rechenschaft von der Hoffnung, die in uns *und* bei uns ist: das heißt zur Aussage, zur Mitteilung zu bringen und bezeugen, was Menschen hoffen dürfen. Es meint nicht die rechtfertigende Verteidigung, sondern die explorative Artikulation. Es soll zu Gehör kommen, was die Hoffnung von Menschen ist, was die ihnen gesetzte Hoffnung ist. Dafür hat PAULUS ABRAHAM als Paradigma vor Augen gestellt (Röm 4). Um

---

24  Vgl. M. LUTHER: Heidelberger Disputation [1518].
25  Ex 20,4 »Du sollst dir kein Bildnis noch irgendein Gleichnis machen, weder von dem, was oben im Himmel, noch von dem, was unten auf Erden, noch von dem, was im Wasser unter der Erde ist:«
26  Dem entspricht C. TAYLORs Rede von den »starken Wertungen«, in denen sich ein menschliches Selbst findet: C. TAYLOR: Quellen des Selbst. Die Entstehung der neuzeitlichen Identität, 1994. Freilich folgt Taylor der Konzeption einer augustinisch-platonischen Strebensethik. Einer solchen Ethik des Strebens nach dem höchsten Gut (=Gott) tritt diejenige christliche Ethik entgegen, die fragt, was das menschliche Leben gut werden lässt.
27  1Petr 3,15: »heiligt aber den Herrn Christus in euren Herzen. Seid allezeit bereit zur Verantwortung vor jedermann, der von euch Rechenschaft fordert über die Hoffnung, die in euch ist.« »In euch« kann auch gelesen werden als »unter euch«, »bei euch«. Es ist nicht primär zu lesen als »inwendig in euch«.

diesen »konkreten Anderen«[28], um seine Mitteilung bildet sich Öffentlichkeit. Sie dreht sich darum, womit dieser erscheint und zu Wort kommt. Hierin sieht Hannah ARENDT die Würde des Menschen bewahrt, wenn der Einzelne in seiner Besonderheit, mit seiner besonderen Geschichte (gegenüber dem Allgemeinen) in Erscheinung tritt. Dieses Besondere, nicht ein allgemeines Prinzip der Individualität, zu achten ist die Aufgabe des ethischen Urteilens, das auf die Verständigung im Besonderen (H. ARENDT) zielt. Die Würde des Menschen zu wahren ist somit nicht die Sache einer allgemeinen Moral, sondern ist Sache des *urteilenden* ethischen Verstehens nicht auf einen abstrakten Einzelnen hin, sondern auf das hin, was von ihm mitzuteilen ist (de homine).[29] Die Würde des Menschen ist in diesem Sinne eine politische Angelegenheit, eine Sache *dieser* politischen Praxis, nicht einer irgendwie bestehenden oder einzufordernden Anerkennung. Die Würde des Nächsten beruht nicht auf der (gegenseitigen) Gewährung einer Anerkennung, sondern darauf, dass er in seinem Gewürdigtsein in Erscheinung tritt.[30] Darauf richtet sich das Urteil – und es setzt damit zugleich voraus, dass Menschen gleich sind und gleiche Rechte haben. Dies kann nicht Sache eines Urteils sein. Um so mehr tritt die *Würde* im *Besonderen* hervor.

In dieser Logik wird in der biblischen Tradition von der Würde gesprochen[31]: »So ermahne ich euch nun, dass ihr der Berufung würdig lebt, mit der ihr berufen seid.« Die Würde besteht in der *Berufung*, und diese in Erscheinung treten zu lassen heißt, seiner Berufung entsprechend auch mit dem anderen zu leben, nicht einer Moral oder einem Menschenbild entsprechend, dem er/sie unterworfen wird. So die Würde, die darin besteht, dass jeder Mensch »*der* Freiheit« entspricht, indem er der universalen Ratio folgt, die jedem gegeben ist. Dann geht es um die Realisierung der Teilhabe an dieser Würde »des Menschen«, es geht

---

[28] Vgl. S. BENHABIB: Selbst im Kontext. Kommunikative Ethik im Spannungsfeld von Feminismus, Kommunitarismus und Postmoderne, 1995. Vaclav HAVEL hat darin die notwendige Wende gesehen: Versuch in der Wahrheit zu leben, 1989.

[29] Vgl. H. ARENDT: Vom Leben des Geistes, Bd. 3: Das Urteilen, 1985. R. BEINER zitiert aus Hannah ARENDTs Kant-Vorlesung: »Unendlicher Fortschritt ist das Gesetz der Menschengattung; gleichzeitig verlangt die Würde des Menschen, dass der Mensch (jeder einzelne von uns) in seiner Besonderheit gesehen und als solcher – ohne Vergleichsmaßstab und zeitunabhängig – als sie die Menschheit im allgemeinen widerspiegelnd betrachtet werden. Mit anderen Worten: Gerade die Idee des Fortschritts – ... – widerspricht Kants Vorstellung von der Würde des Menschen. Es ist gegen die menschliche Würde an den Fortschritt zu glauben.« (161).

[30] Robert SPAEMANN spricht von einer »Anerkennungsgemeinschaft«, der jeder Mensch, jede Person immer schon zugehört. Anerkennung kann nicht »Kooptation« bedeuten. Siehe dazu: R. SPAEMANN: Personen. Versuche über den Unterschied zwischen ›etwas‹ und ›jemand‹, 1996, 252.

[31] Im Epheserbrief (Eph 4,1) wird es genau auf den Punkt gebracht: Παρακαλῶ οὖν ὑμᾶς ἐγὼ ὁ δέσμιος ἐν κυρίῳ ἀξίως περιπατῆσαι τῆς κλήσεως ἧς ἐκλήθητε : »So ermahne ich euch nun, ich, der Gefangene in dem Herrn, dass ihr der Berufung würdig lebt, mit der ihr berufen seid.«

um die Rechenschaft von diesem humanum, nicht darum, wie jemand erfährt, erprobt und mitteilt, welche Würde ihm zuteil geworden ist.[32]

Christen sind dazu berufen, eine solche politische Existenz zu führen, die der Geschichte entspricht, derzufolge wir Menschen Miterben der Verheißung in Christus sind, wenn wir uns denn in diese Geschichte hineinziehen lassen. Die Form des Miteinanderlebens, die hier die Würde ausmacht, entspricht dieser politischen Geschichte.

## 5. »Es ist gegen die Würde des Menschen, an den Fortschritt zu glauben.«

Hannah ARENDT sagt: »Es ist gegen die Würde des Menschen, an den Fortschritt zu glauben.« Ein solcher Glaube bedarf keiner Öffentlichkeit. Er ersetzt sie, geht über sie – zynisch[33] – hinweg. Analog dazu ist hier von der indifferenten Gesetzlichkeit zu reden, die dagegen gleichgültig ist, was Menschen glauben und verstehen. Die Indifferenz der Gesetzlichkeit steht dem unterscheidenden Urteilen entgegen, ebenso wie *dasjenige* bestimmte Gesetz, das zu diesem Urteilen anleitet.[34] Dieses Zu-Gehör-Kommen des Nächsten lässt diejenige Öffentlichkeit entstehen, in der sich die ethische Verständigung aufhalten kann, die den Menschen und die Menschen nicht wie eine black box behandelt, indem sie vielleicht von einer (privaten) »Lebenswelt« oder »Lebenswirklichkeit« spricht, auf die sie sich beruft, oder die sie anzuerkennen sucht, aber nicht zur Sprache kommen lässt.[35] Wie der Nächste zur Sprache kommt mit dem, was er/sie *mitzuteilen* hat, ist der Angelpunkt der Bildung von Öffentlichkeit, wenn diese nicht mit irgendeinem Allgemeinen gleichgesetzt wird. Was durch den Nächsten zur Sprache kommt, ist es, woran die Tagesordnung sich bildet. Dies einzubeziehen ist die Aufgabe, die nicht zusammenfällt mit der (formalen) Aufgabe der gegenseitigen Verständigung.

Mit dem Hervortreten von Menschen in ihrer Geschöpflichkeit entsteht die politische Öffentlichkeit, in der sich die ethische Verständigung bewegt – mit dem Hervortreten von Menschen, die *etwas* zu sagen, die *etwas* mitzuteilen haben, nicht indem sie sich durchsetzen, sondern indem sie mit dem zu Gehör kommen, was sie mitzuteilen haben.[36] Die Frage ist dann, welches Reden und

---

32 Siehe dazu: S. HEUSER: Menschenwürde. Eine theologische Erkundung, Münster 2004.
33 Hier ist auf den Zynismus der Moral zu achten. Diese Moral schützt niemanden: vgl. dazu H. ARENDT: Es gibt nur ein einziges Menschenrecht (1981).
34 Vgl. F. ROSENZWEIG: Die Bauleute (1976). Auch das »Gesetz« steht gegen das Allgemeine.
35 Vgl. R. EICKELPASCH: Bodenlose Vernunft. Zum utopischen Gehalt des Konzepts kommunikativer Rationalität bei Habermas (1996).
36 Diese Blickrichtung unterscheidet sich von der CH. TAYLORS. Er will die Artikulation zur Geltung gebracht wissen, in der Menschen aussprechen, was ihnen lieb und teuer ist, das woran ihr Herz hängt. Hier aber geht es um das, was Menschen als ihre Erfahrung für andere zu artikulieren

Hören auf *dieses* Hören folgt. Die Frage ist, in welcher Weise, dieses Reden und Hören wiederum *explorativ* sein wird, sofern es dem nachzugehen sucht, was andere eingebracht haben. Hier ist zu bedenken, was Bernhard WALDENFELS pointiert: »Es gibt keine menschliche Äußerung, die nicht in den Lauf der Dinge eingreift, und keine kulturelle oder moralisch-rechtliche Ordnung, die keine einschneidenden Wirkungen hätte. Die reine Geltung theoretischer und praktischer Wahrheiten, die an keinen bestimmten Anspruch gebunden wäre, gliche dem Lächeln der Katze aus Alice's Adventures in Wonderland, und die Zugehörigkeit zu einem allumfassenden Reich reiner Anerkennung litte unter der nämlichen Entkörperung.«[37] Zur Körperlichkeit[38] der Präsenz des Nächsten gehört der Vorgang des Lernens von ihm und durch ihn. Sollte dieser Vorgang ausgeschlossen werden, würde nur das Minimum an gegebener Übereinkunft das Ergebnis sein können.

## 6. Lernen und Befreiung

Öffentlichkeit entsteht durch Lernen[39] vom Nächsten und durch den Nächsten. Doch damit stellt sich die Frage ein, was die Grenze dieses Lernens ist. Ist die Grenze die eigene Authentizität? Diese Frage ist in der Moralphilosophie verhandelt worden. Das Problem ist dabei das Verständnis der Authentizität: Welches »Selbst« soll bewahrt werden und was heißt im Blick darauf Lernen? Ist dies mit der allgemeinen Auskunft zu beantworten, die Bernhard WALDENFELS gibt: »Die radikale Form der Fremdheit, die uns in Grenz- und Schwellenerfahrungen begegnet, konfrontiert uns mit einem *Außerhalb* der kulturellen und sozialen Ordnungen, einem *hors d'ordre*, das alle Ordnungen wie einen Schatten begleitet. Eine Inklusion dieses Außen gliche dem Versuch, den Grund, von dem eine Gestalt sich abhebt, in diese zu integrieren. Die Gestalt würde sich bei einem solchen Versuch einem Schemen oder einem Phantom nähern, das sich von seinem Hintergrund ablöst, um schließlich die Blassheit einer bloß gedachten Idee zu erreichen.«[40] Und WALDENFELS fährt fort: »Als Außer-ordentliches bedeutet das Fremde ein Über-hinaus ( ἐπέκεινα ), ein Hyper, ein Mehr, einen

---

haben. So geht es uns auch in dieser Hinsicht um keine Strebensethik, sondern eine Ethik erfahrender Geschöpflichkeit.
37   B. WALDENFELS: Vielstimmigkeit der Rede, 1999, 113.
38   A. MACINTYRE spricht in ähnlicher Weise davon, wie Konzeptionen vom Guten »verkörpert« sind: Die Privatisierung des Guten (1994), 177.
39   Die Diskussion dazu hat A. MATHEIS: Diskurs als Grundlage der politischen Gestaltung, 1996 dargestellt.
40   B. WALDENFELS: Vielstimmigkeit der Rede, 1999, 115.

Überschuss nicht an eigenen Möglichkeiten, sondern an fremden Ansprüchen, der sich in Irritationen und Störungen bestehender Ordnungen kundtut.«[41]

Diese Betrachtung folgt der dialektischen *Logik der Anerkennung*[42] und eines dementsprechenden Lernens. Die Tradition theologischer Ethik hat die Fragestellung in einer *anderen* Logik verhandelt – und damit Lernen anders verstanden. Sie hat das Zu-Gehör-Kommen des Nächsten darauf bezogen, dass auch dieser ein Hörender ist, dass er/sie Medium ist, berufenes Medium für das, was in Gottes Wort zu erfahren ist. Ihr Externum ist in diesem Sinne Gottes Wort: verbum externum.[43] Der Nächste, wenn er als Hörer einbezogen wird, trifft nicht auf das Problem *seiner* Anerkennung oder *seiner* Authentizität oder auch Autorität (vielleicht eines Verkündigenden), sondern auf das Problem, ob Menschen aufmerksam werden, auf das, was es zu hören gibt, ob sie offen werden *dafür*. Um *diese* Offenheit dreht sich die Bildung von Öffentlichkeit. Was durch den Nächsten zu erfahren ist, wird dann die entscheidende Frage. Dies schließt, a priori ein, dass er/sie mit der Botschaft, die durch ihn/sie zur Mitteilung kommt, nicht nur eingreift, sondern, dass sich damit alles verändert. Es muss keinen Grund geben, nicht alles aufzugeben und zu verlassen, es muss nicht beim Aushandeln von Eigenem und Fremdem bleiben, wenn denn überhaupt erwartet werden darf, dass es eine Botschaft gibt.[44] Dies wird immer die bange Frage sein, ob es etwas zu hören gibt, ob die Botschaft ankommt – die bange Frage, die in KAFKAs Geschichte von der kaiserlichen Botschaft[45] begegnet. Hannah ARENDT hat in dieser Geschichte eine der Schlüsselgeschichten zur politischen Ethik gesehen.

## *7. Schöpfung und politische Öffentlichkeit*

In der theologischen Ethik ist davon die Rede, wie sich Menschen in einer Schöpfung finden, die *nicht* als die nur letztendlich zu vergewissernde Lebensgrundlage, vielleicht als Ressource benutzt wird, sondern die als die Existenzform, der sie entsprechen, erscheint. Auf dieses Präsent-*Werden* der Schöpfung kommt alles an. Dies geschieht in der vielfältigen Praxis geschöpflichen Lebens, etwa dadurch, dass Menschen Gott um seinen Segen bitten und so ihre funda-

---

41 Ebd.
42 Siehe A5-7.
43 Dieses Wort tritt zwischen Gott – dem ganz anderen – und uns Menschen in dem Sinne, dass Gott sich mit diesem Wort exponiert, sich zu uns Menschen begibt.
44 Dies wäre jedenfalls auch eine Lesart des für die Ethik wichtigen platonischen Elements, auf das B. WALDENFELS verweist: Vielstimmigkeit der Rede, 1999, 115, Anm..
45 F. KAFKA: Die Erzählungen, 1996, 305f.: »Eine kaiserliche Botschaft«.

mentale Lebenssorge loslassen.[46] Mit dieser Praxis wird nicht nur anerkannt, dass alle Menschen von Grundlagen leben, die sie selbst nicht hervorbringen, sondern in dieser Praxis selbst wird – wie in dem Gebet um das tägliche Brot und in jedem Gebet – geschöpfliches Leben vollzogen. Im Gebet werden wir dessen gewärtig, woraus wir leben. Im Gebet geschieht die Erkenntnis, die uns zu Geschöpfen macht, die etwas mitzuteilen haben. So erläutert Martin LUTHER die Bitte im Vaterunser um das tägliche Brot: »wir bitten in diesem Gebet, dass er's uns *erkennen* lasse und wir mit Danksagung empfangen unser tägliches Brot.«[47] In dieser Erkenntnis konvergiert die Frage nach dem Guten. In dieser Erkenntnis wird das eigene Urteil von dem, was gut *ist*, aufgehoben. Gott erscheint nicht – unpolitisch, anonym – als der Garant dafür, dass das Leben weitergeht, sondern als der immer neu zu bittende, als der immer neu segnende Gott, als der immer neu zu preisende einzig gute Gott. In dieser Praxis entsteht und besteht geschöpfliches Leben.[48] Es ist sein Walten in der Welt, an dem Menschen teilhaben, indem sie frei *werden* von ihrer Lebenssorge[49] und in diesem Frei-Werden ihre Existenzform finden.

Auf diese Geschöpflichkeit lenkt theologische Ethik die Aufmerksamkeit. Mit dieser Aufmerksamkeit entsteht Öffentlichkeit. Diese Aufmerksamkeit richtet sich weder auf eine metaphysische Wirklichkeit, die das Bestehende als das Gute begreift, noch auf eine gegebene sittliche Welt, sondern auf die verheißungsvolle Existenz dieser Geschöpflichkeit und ihrer Existenzform. Diese wird nicht normativ eingefordert[50], sie ist der Entdeckungszusammenhang für das, *worin* die Verständigung gesucht wird. Das ist entscheidend: nicht die Verständigung als solche, nicht die Verständigung als Selbstzweck, sondern *worin* sie zu suchen ist, *woraufhin* auch Konflikte und Kontroversen entstehen, rückt so ins Zentrum der Aufmerksamkeit. Daraufhin sind dann auch – nicht nur im Sinne der Anwendung – die gewonnenen Prinzipien und Grundregeln zu befragen, die das Zusammenleben begründen – beispielsweise das Prinzip der Subsidiarität oder der ausgleichenden Gerechtigkeit. Inwiefern kommt mit diesen Prinzipien selbst schon mehr zur Geltung als die Garantie des Zusammenlebens?

---

46   Vgl. dazu die Auslegung von Ps 127 bei M. LUTHER: Vorlesung über die Stufenpsalmen (1532/33), Psalmus CXXVII, 1930.
47   M. LUTHER: Der große Katechismus [1529] (1983), 109.
48   Das ist ein weitreichender Grundgedanke in CH. TAYLORs Darstellung der Ethik-Geschichte: Die Quellen des Selbst. An ihm trennt sich für C. Taylor immer wieder, quer durch die Zeiten die Logik der Moderne von anderen Logiken.
49   Siehe B3-2.
50   Vgl. dazu die Diskussion der Position von R. BUBNER durch J. HABERMAS, der Bubner z.T. die normative Einforderung einer solchen Praxis – nach aristotelischem Vorbild – vorhält, und darin eine Rückbindung sieht, die nicht zu »begründen« ist. Vgl. auch: J. HABERMAS: Was macht eine Lebensform rational? (1991).

## 8. Der Christ als Weltperson und Zeuge von der Gerechtigkeit Gottes

Sofern zur geschöpflichen Existenzform die wahrnehmende, verstehende und urteilende Exploration eines sensus communis gehört, gilt für den Christenmenschen, dass er keine private Person, sondern per se Weltperson ist. Mit der Exploration ihrer Hoffnung und ihres Glaubens erkunden Christenmenschen die Welt. Ernst WOLF formuliert im Blick auf die Begründung einer theologischen Sozialethik:

»Weltliches Regiment Gottes schließt in sich, dass nur der Christ die Schöpfung als Schöpfung Gottes *erkennt* und durch den Dienst aus Glaubensgehorsam in ihr, als ›Mitarbeiter‹, sie als solche anerkennt; darin kommt der Christenmensch gegenüber der Schöpfung in jenen Zustand, der ihm von Anbeginn an zugedacht ist, indem er nun wirklich Gerechtigkeit übt als Gerechtigkeit Gottes, weil und sofern er auf seine ›Gerechtigkeit‹, d.h. auf seine ›Werke‹ und ›Verdienste‹ vor Gott verzichtet. ›Si enim crederent, esse Dei creaturam, et Deum esse creatorem, nunquam opponerent ei merita, seu opera ...‹ [51] (WA 43, 178). Es geht um das Bekenntnis: ›Tu es creator et instrumentum ego‹[52] (WA 40 III, 214), das sich auf die ›bürgerliche Gerechtigkeit‹ bezieht und ihr gleichsam den Charakter von Gerechtigkeit ›gibt‹.«[53]

Darin ist die ganze Logik einer theologischen Sozialethik enthalten: die Gerechtigkeit in der sozialen und politischen Welt gewinnt ihre Logik daraus, dass es Menschen gibt, die in *derjenigen* Gerechtigkeit erfahren sind, die den Nächsten in *seiner* Not begegnen.[54] Es geht hier um eine Gerechtigkeit der Anerkennung des Nächsten nicht in diesen oder jenen einzelnen Bedürfnissen oder Rechten[55], sondern in dem, was der Nächste für uns ist[56], und damit um eine Gerechtigkeit des Erkennens, Verstehens und Urteilens. Das ist die ›bürgerliche Gerechtigkeit‹, die iustitia civilis, um die sich die Sozialethik dreht. Der politisch-öffentliche Charakter der Existenz des Christenmenschen besteht in der Wahrnehmung der Werke Gottes, der nicht als der anonyme Garant der Welt fungiert, sondern der als der Schöpfer wirkt, der in seiner Ökonomie präsent wird

---

51 »Wenn sie nämlich glaubten, dass sie Gottes Geschöpf sind und Gott der Schöpfer, würden sie ihm niemals Verdienst oder Werke entgegenhalten.«
52 »Du bist der Schöpfer und ich ein Instrument«.
53 E. WOLF, Politia Christi, 1993, 128.
54 Vgl. das Kapitel »Erfahren in Gerechtigkeit«: B4-4.
55 Zum Problem: N. LUHMANN: Subjektive Rechte (1981). Luhmann kann zeigen, wie diese Rechte funktional erfüllt werden können. Damit verschwindet der Nächste als Gegenüber, der immer neu die Frage provoziert, was denn gerecht ist.
56 Vgl. die Diskussion um eine »justice of recognition« im Zusammenhang mit einer »justice of redistribution«.

und mit seiner Gerechtigkeit hervortritt.⁵⁷ Mit dem Blick auf Gottes schöpferisches Wirken geht es um diesen *politischen Vordergrund*, nicht um den abstrakten Hintergrund von unaufgebbaren Prinzipien oder gebotenen Gegebenheiten. In diesem politischen Vordergrund richtet sich der Blick auf den Nächsten in seiner Not und in seinem Recht. In diesem Vordergrund sind Menschen nicht als universale Mitwisser (in ihrem Gewissen vielleicht) oder Teilhaber an einem universalen Geist, sondern als *Mitarbeiter* und *Mitstreiter* gefragt. Die Öffentlichkeit, die der Weltregierung Gottes entspricht, ist kein allgemeines Forum »vor Gott«, sondern sie besteht in einer *Gerechtigkeit*, von der niemand ausgeschlossen wird, weil sie – für wen auch immer sie selbst gilt – darin besteht, dass Menschen frei werden von ihrer fundamentalen Lebenssorge.⁵⁸ Darin ist – wie Ernst WOLF an Martin LUTHERs Ethik gezeigt hat – eine Sozialethik begründet, die die Wahrung der Lebensbedingungen mit dem *ausdrücklichen* politischen Einsatz verbunden sieht. *Diese* Gerechtigkeit muss immer neu bezeugt, sie muss in die Welt hineingetragen werden.

Theologische Ethik geht deshalb nicht hinter *diese* politische Öffentlichkeit zurück, um von allgemeinen Gegebenheiten der Schöpfung und Voraussetzungen für die Menschen zu reden, sondern setzt bei der Weltregierung und dem Walten des Schöpfers ein. *Seine* Gerechtigkeit soll hervortreten. Von ihr hat theologische Ethik Zeugnis zu geben im Blick auf das menschliche Mitwirken. Diesen Zusammenhang hat theologische Ethik deutlich zu machen: Menschen sind offenkundig Mitwirkende⁵⁹, das ist ihre ausgezeichnete, öffentliche Aufgabe. Sie ist nicht zu lokalisieren zwischen einer unermesslichen Macht auf der einen und einer notwendigen Einschränkung dieser Macht auf der anderen Seite. Ihre spezifische Aufgabe ist es vielmehr, Gott in seinem Wirken erscheinen zu lassen, indem sich Menschen als die Mitarbeiter auch in Bezug auf Gerechtigkeit verstehen. Hinter diese fragile öffentlich-politische Aufgabe zurückzugehen heißt, ein *eigenes* Weltregiment aufzumachen, ein eigenes Fundament zu reklamieren. Dagegen steht die Figur des Mitarbeiters. Er sieht nicht die Schöpfung als etwas ursprünglich Gegebenes an, das er sich aneignet, das er im besten Fall gut und in den Grenzen seiner Verantwortung verwaltet, worin er jedoch alleine schaltet und waltet. Der Angelpunkt einer theologischen Sozialethik ist damit verloren. Er besteht darin, dass sich als Menschen die Mitarbeiter des Schöpfers verstehen, der sie immer neu ihre Geschöpflichkeit erfahren lässt. So bleiben sie in der

---

57 Vgl. besonders die kritische Darstellung von CH. TAYLOR der vielfältigen Formen des Deismus: Quellen des Selbst. Die Entstehung der neuzeitlichen Identität, 1994.
58 Es geht um die paradigmatische Situation wie sie in Ps 82 in den Blick rückt.
59 Darauf bezieht sich – wie E. WOLF hervorhebt – das Priestertum aller Gläubigen.

## 8. Der Christ als Weltperson und Zeuge von der Gerechtigkeit Gottes 273

*Erkenntnis* des Schöpfers und seiner Gerechtigkeit. In dieser Erkenntnis erfüllt sich der Segen Gottes.

Mit der Ausrichtung auf die *ausdrückliche* Gerechtigkeit wird Öffentlichkeit gestiftet. Um dieser Öffentlichkeit *stiftenden* Erkenntnis willen gibt es eine Ethik und nicht nur eine für alle akzeptable Moral, die aufzurufen oder einzufordern wäre. Es gibt eine Ethik dieser immer neu im Wahrnehmen und Urteilen zu erschließenden Wirklichkeit, die weder als soziale Wirklichkeit (vielleicht mit ARISTOTELES) einzuholen, noch als gegebene behauptet werden kann. Diese Wirklichkeit wird immer neu in dieser Welt bezeugt und gelebt. Die Öffentlichkeit, die hier entsteht, hat *institutionellen* Charakter. Sie lebt von dieser kritischen Zwischenstellung zwischen Gegebenheiten (auch den Gegebenheiten eines menschlichen Geistes) und selbstgemachten Konstruktionen. In diesem Sinne ist die öffentliche Praxis der Christen die *Politia Christi* genannt worden. Sie lebt nicht von der Behauptung oder Durchsetzung gegen die Welt, sondern sie steht in dieser erfahrenen Gerechtigkeit, die immer neu durch ihr Zeugnis – gewaltlos – präsent wird.

Diese Politia Christi ist in Dietrich BONHOEFFERs Ethik und seinem eigenen Zeugnis ganz besonders deutlich hervorgetreten. Auf diese Existenz eines Christenmenschen bezogen formuliert Bonhoeffer in seinen »Gedanken zum Tauftag von D.W.R., Mai 1944« die ganze hier zu entfaltende Erkenntnis:

*»Unsere Kirche, die in diesen Jahren nur um ihre Selbsterhaltung gekämpft hat, als wäre sie ein Selbstzweck, ist unfähig, Träger des versöhnenden und erlösenden Wortes für die Menschen und für die Welt zu sein. Darum müssen die früheren Worte kraftlos werden und verstummen, und unser Christsein wird heute nur in zweierlei bestehen: im Beten und im Tun des Gerechten unter den Menschen. Alles Denken, Reden und Organisieren in den Dingen des Christentums muss neugeboren werden aus diesem Beten und aus diesem Tun. Bis Du groß bist, wird sich die Gestalt der Kirche sehr verändert haben. Die Umschmelzung ist noch nicht zu Ende, und jeder Versuch, ihr vorzeitig zu neuer organisatorischer[60] Machtentfaltung zu verhelfen, wird nur eine Verzögerung ihrer Umkehr und Läuterung sein. Es ist nicht unsere Sache, den Tag vorauszusagen – aber der Tag wird kommen –, an dem wieder Menschen berufen werden, das Wort Gottes so auszusprechen, dass sich die Welt darunter verändert und erneuert. Es wird eine neue Sprache sein, vielleicht ganz unreligiös, aber befreiend und erlösend, wie die Sprache Jesu, dass sich die Menschen über sie entsetzen und*

---

[60] Der kritische Seitenblick auf das Organisatorische kann zusammen mit der Bedeutung des Begriffs in der Soziologie und Wirtschaftswissenschaft dazu auffordern, die spezifischen Grenzen und Restriktionen zu sehen, die im Verständnis von Organisation liegen, wenn er für die Kirche und die Diakonie und ihre Vorgänge und Aufgaben angewendet wird. In kritischer Differenz dagegen steht der Begriff der Institution. Siehe zum Begriff »Organisation«: N. LUHMANN: Art.: Organisation (1984).

*doch von ihrer Gewalt überwunden werden, die Sprache einer neuen Gerechtigkeit und Wahrheit, die Sprache, die den Frieden Gottes mit den Menschen und das Nahen seines Reiches verkündigt. »Und sie werden sich verwundern und entsetzen über all dem Guten und über all den Frieden, den ich ihnen geben will«* (Jer 33,9).[61]

Das Beten und das Tun des Gerechten sind solche Praktiken, aus denen die Kirche besteht.[62] Darin hat die politische Ethik ihren Gegenstand, die ohne *diese* Kirche mit diesen Praktiken nicht politisch sein kann.[63]

## 9. Lernende Gerechtigkeit

In der Schöpfung leben heißt, Mitarbeiter dieses Schöpfers und seiner *Weltregierung* zu sein. Dies ist der Ort, der Topos des ethischen *Lernens*. Der Mitarbeiter lernt, der Mitarbeiter muss lernen, damit er versteht, mit dem Schöpfer zu leben und zu arbeiten. Was hätte er zu verstehen, um mit diesem Schöpfer zu leben?[64] Die gottesdienstliche, öffentliche Verkündigung ist deshalb öffentliche Lehre (doctrina), weil sie von *diesem* Verstehen handelt.[65] Sie ist nicht nur formal eine öffentliche Angelegenheit. Sie stellt nicht nur ein Forum für alles mögliche dar. Sie hat vielmehr eine bestimmte Tagesordnung, auf der zu Gehör kommt, was Menschen von Gott zukommt.

Damit setzt sie auf eine Öffentlichkeit, in der nicht nur wie im Rechtsstreit das »audiatur et altera pars« geschieht, sondern der Nächste in dem, *was* er mitzuteilen hat, gehört wird, so dass nicht eine private Sphäre entsteht, die zu bewahren hat, was hinter der öffentlichen Rhetorik ansonsten verschwindet. Dieser Vorgang ist – von Alasdair MACINTYRE – die »Privatisierung des Guten«[66] genannt worden. Damit ist eine Differenz von privat und öffentlich aufgemacht, die die Nivellierung des Privaten bedeutet, weil sie das Private in black boxes eingeschlossen sieht, während draußen im öffentlichen Raum darüber nicht gesprochen werden kann. MACINTYRE diagnostiziert: »Denn es gibt gewisse moralische Fragen, die im öffentlichen Raum gar nicht hinreichend systematisch behandelt werden können, wenn die Berufung auf Konzeptionen des menschlich Guten

---

61 D. BONHOEFFER: Gedanken zum Tauftag von D.W.R., Mai 1944 (1964), 152f..
62 Siehe zu BONHOEFFER hier: S. HAUERWAS: Dietrich Bonhoeffer – Ekklesiologie als Politik (2002)
63 Die Entfaltung einer entsprechenden Ethik im Anschluss an Dietrich BONHOEFFER verdanken wir insbesondere Wolfgang HUBER. Siehe insbesondere: W. HUBER: Konflikt und Konsens. Studien zur Ethik der Verantwortung, 1990, und: Kirche in der Zeitenwende. gesellschaftlicher Wandel und Erneuerung der Kirche, 1999.
64 In die Richtung dieser Fragestellung begibt sich die Studie der EKD: Einverständnis mit der Schöpfung, [1991] 1997.
65 Zum Verstehen als Aufgabe politischer Praxis vgl. H. ARENDT: Vom Leben des Geistes Bd. 3: Das Urteilen, 1985.
66 Vgl. A. MACINTYRE: Die Privatisierung des Guten (1994).

aus diesem Raum verbannt ist.«[67] Doch das Problem reicht weiter als die Diagnose von der Privatisierung des Guten, die Forderung über das gute Leben einen Diskurs zu führen oder die Feststellung, dass dies immer schon vorausgesetzt ist. Es geht vielmehr um die Frage, wie auf die Tagesordnung kommt, was Menschen von dem in Erfahrung gebracht haben, was Geschöpfen zukommt. Anders bleiben Menschen jeder Art von Öffentlichkeit ausgeliefert, und nur der Rückzug auf das Private verspricht, sie davor zu bewahren. Inwiefern wird Öffentlichkeit als Ort gestiftet, an dem nicht um die Verständigung über dieses und jenes, sondern um die geschöpfliche Existenzform selbst geht – der eben diese Öffentlichkeit in ihrem institutionellen Charakter entspricht?

## 10. Öffentliche Erprobung dessen, was das menschliche Leben trägt

Dass der Christenmensch keine private Person ist (Ernst WOLF), ist darin begründet, dass er zur Mitarbeit in Gottes Schöpfung berufen ist. Darin findet er seine politische Existenzform. Für ihn kann die Berufung zur Mitarbeit in Gottes Schöpfung nicht zu seiner privaten Existenz, seiner – christlichen – Lebenswelt gehören, die nach der anderen Seite nur vermittelt ist, sofern sie in den allgemeinen, vernünftigen Diskurs eingebracht wird.[68] Die Differenz zwischen Lebenswelten, auch christlichen, und der allgemeinen, öffentlichen Verständigung ist in vielen ethischen Konzeptionen zur selbstverständlichen Voraussetzung geworden. Die Grenzziehung erfolgt zwischen dem, was lebensweltlich faktisch gilt, und dem, was öffentlich durch Verständigung ausdrücklich in Geltung gesetzt ist: letzteres kann nur das sein, was letztlich allgemein vernünftig nachvollziehbar und begründbar ist.

Eine der Begründungen für *diese* Art von Zwei-Reiche-Lehre besteht darin, nichts als gemeinsam vorauszusetzen und nichts geltend zu machen, was nicht die rationale Verständigung durchlaufen hat, und damit das Zusammenleben zu gefährden, sofern dieses auf einer solchen Verständigung beruht. Die vielfältigen Diskussionen, die sich auf diese Konzeption beziehen[69], bündeln sich unter anderem in der Frage, *was* Gegenstand der öffentlichen Verständigung sein kann, aber die Frage muss auch sein, was das menschliche Leben und Zusammenleben trägt und deshalb – im Medium öffentlicher Verständigung – zur Sprache gebracht werden muss. In welchem Sinne bleibt eine Differenz zwischen dem, *worin* sich Menschen verständigen können, und dem, was aufs ganze gesehen ihr Leben ausmacht und verfehlt werden kann? Wie ist diese Differenz zu fassen, zu

---

67 A. MACINTYRE: Die Privatisierung des Guten (1994) 173.
68 Vgl. zur Poblemstellung: J. HABERMAS: Was macht eine Lebensform rational? (1991)
69 Vgl. die umfassende Gesamtdarstellung: W. REESE-SCHÄFER: Grenzgötter der Moral, 1997.

artikulieren?[70] Jedenfalls ist die Grenze zwischen *vernünftiger* Verständigung und Lebenswelten[71], in denen alles übrige, vom Glauben bis zur Moral seinen Ort hat, – wie manche Kritik inzwischen deutlich gemacht hat[72] – nicht nur auf das zu zielen, was für alle zustimmungsfähig ist, sondern es ist herauszufinden, *was überhaupt Gegenstand* solcher Verständigung werden soll – woran sich dann womöglich die Verständigung bricht. Warum sollen diese oder jene Fragen menschlicher Existenz eingebracht werden und andere vielleicht nicht? Warum soll bei dem öffentlichen Tagesordnungspunkt »menschliche Arbeit« nicht die Arbeit in ihrer Korrespondenz zu Ruhe der Schöpfung thematisch werden, warum soll nicht die Sonntagsruhe in ihrer politischen Bedeutung öffentlich hervortreten? Wie kann im öffentlichen Diskurs über Bildung artikuliert werden, wie sich Bildung und Anpassung an das für die Allgemeinheit Geforderte widersprechen? Wie kann im öffentlichen Diskurs zur Sprache kommen, dass Gerechtigkeit nicht durch Verteilungsmechanismen anonymisiert werden kann, sondern des ausdrücklichen Einsatzes und seiner Öffentlichkeit bedarf?

Sofern die theologische Ethik zu zeigen und zu erschließen hat, wie in der Welt erscheinen kann, was Menschen zukommt, kann sie sich nicht in das Gefälle einer Diskussion einfügen, die auf das für alle Zustimmungsfähige drängt, statt den Weg der gemeinsamen, das Gemeinsame erprobenden Urteilsfindung einzuschlagen. Für die Weltperson, den cooperator dei kann diese Welt nicht auf das beschränkt bleiben, was spezifische Prozeduren der rationalen Verständigung zulassen.[73] Sie muss erkunden und immer neu erproben, was die Tagesordnung sein kann. Auf diese hin ist dann erneut die rationale Verständigung zu suchen.

## *11. Kirche und Öffentlichkeit – Öffentlichkeit aus dem Widerspruch*

So wird sich das ethische Verstehen in seiner urteilenden Gerechtigkeit gegen die Verschlossenheit einer Öffentlichkeit richten, die indifferent bleibt, sei es gegenüber einer als privat apostrophierten Lebenswelt, sei es gegenüber Einzelnen in ihrer Zugehörigkeit zu einer gesellschaftlichen Gruppe, oder gegenüber rekla-

---

70 Vgl. J. HABERMAS: Was macht eine Lebensform rational? (1991): »Ob ein Leben gelungen oder entfremdet ist, richtet sich nicht nach Maßstäben normativer Richtigkeit – wenngleich die intuitiven, schwer explizierbaren Maßstäbe für ein, sagen wir es besser negativ: nicht verfehltes Leben auch nicht völlig unabhängig von moralischen Maßstäben variieren. Seit Aristoteles behandelt die Philosophie den Zusammenhang von Glück und Gerechtigkeit unter dem Titel des Guten. Lebensformen kristallisieren sich ebenso wie Lebensgeschichten um partikulare Identitäten. Diese dürfen, wenn das Leben nicht misslingen soll, moralischen Forderungen, die sich nach Maßgabe des in einer Lebensform jeweils verwirklichten Grades der Rationalität ergeben, nicht widersprechen. Aber die Substanz einer Lebensweise kann niemals unter universalistischen Gesichtspunkten gerechtfertigt werden.«
71 Zur Semantik siehe: B. WALDENFELS: In den Netzen der Lebenswelt, 1985.
72 Vgl. zur Verteidigung: J. HABERMAS: Was macht eine Lebensform rational? (1991).
73 Zum Problem vgl. CH. TAYLOR: Die Motive einer Verfahrensethik (1986).

mierten Bedeutungspotentialen dieser oder jener Tradition. Eine Öffentlichkeit, die von solchen Grenzziehungen lebt, die solche als »Binnenwelten« apostrophierten Bereiche ausgrenzt, verbunkert sich selbst und trägt das Problem der Ausgrenzung vor sich her. In der Tat ist dann über eine Gerechtigkeit der Anerkennung zu reden. Doch auch diese bleibt in der Logik einer Binnen-Außendifferenz, die als unbefragtes Modell festgehalten wird, wenn Anerkennung Zuerkennung oder Zulassung bedeutet – und nicht Anerkennung einer unbefragten Zugehörigkeit, die Aufmerksamkeit und Antwort verlangt.[74]

Demgegenüber durchbricht das Hören des *Nächsten* diese Differenz. Es kommt dann darauf an, was denn von diesem Nächsten in die Binnenwelt der Öffentlichkeit, in den Raum ihres Schweigens oder auch ihrer schweigenden Redseligkeit dringt. Wo und wie sind die gehört worden, die sich nicht einreden lassen können, dass Geschichte etwas ist, das irgendwie zu bewältigen ist? Wo sind die gehört worden, die sich dann eben zu dieser bewältigten Geschichte oder zu der Geschichte, aus der man gelernt hat, eine ganz andere Beziehung haben, ohne sich deshalb als nur einzelne Draußenstehende zu begreifen? Wo werden die gehört, die sich nicht in die Alternative Einzelner-Kollektiv, Schuld des Einzelnen oder kollektive Schuld, Gewissen des Einzelnen oder kollektive Moral einsperren lassen? Mit solchen Differenzen wird eben der Bereich öffentlicher Urteilsbildung umgangen, in dem es gilt, im Urteilen den sensus communis zu entdecken, der einer nur kollektiven Meinungsbildung oder anderen Kollektivismen entgegentritt.

Wo freilich ist der Ort, an dem eine solche Öffentlichkeit zu finden oder zu gewinnen ist? Es kann nur ein Ort sein, an dem jene *ethische* Praxis hervortritt, die in der Gerechtigkeit des Hörens besteht. Es geht hier um das Paradigmatische einer Öffentlichkeit, wie sie dort zu finden ist, wo Rede und Verständigung an das Hören gebunden bleibt, wo diese Form[75] immer neu in ihrer Widerständigkeit erscheint. Die christliche Gemeinde hat hier ihren vornehmlichen Ort. Sie hat die Aufgabe, hier Platzhalter zu sein. Ihre Aufgabe des öffentlichen Lehrens (publice docere) zielt darauf, zu Gehör kommen zu lassen, was in der Gerechtigkeit des Hörens und Wahrnehmens seinen Grund hat. Wer dieser Gerechtigkeit entspricht – so ist die Figur des aufmerksamen Gerechten biblisch verstanden worden – hört in Aufmerksamkeit, und dieser Gerechte ist es, der öffentlich zu reden und zu handeln hat. Nicht der, der sich in Geltung setzt, sondern durch den kund wird, was allen zukommt. Andernfalls würde Öffentlichkeit nur formal gebildet in der Prozedur der Veröffentlichung. Entscheidend

---

[74] Siehe A5-7; A6-8.
[75] Wir sprechen hier von der Form des Politischen im Blick auf die Diskussion um die Unterscheidung des Substantiellen vom Formalen, wie sie z.B. bei Jacques RANCIÈRE zu finden ist: Das Unvernehmen. Politik und Philosophie, 2002

aber bleibt, *was* in dieser Öffentlichkeit präsent wird, was von dem, das einzig in der Aufmerksamkeit zu erfahren ist, wie sie jener Figur des Gerechten zukommt. Er ist nicht nur Sprachrohr, sondern zuerst Hörrohr in der Sache der Gerechtigkeit.

Nicht die Bewegung aus dem noch Unveröffentlichten in die Öffentlichkeit ist die Bewegung der öffentlichen Lehre, nicht die Bewegung der Veröffentlichung, sondern das in Erscheinung-Treten dessen, was Öffentlichkeit im Sinne einer öffentlichen Angelegenheit, einer *res publica*, stiftet. Deshalb geht es mit der Gerechtigkeit des Hörens um die *inhaltlichen* Topoi, um das, *was* hier zur Mitteilung kommt. Eben dies ist Sache dieser spezifischen Gerechtigkeit, die den Nächsten in seiner eigenen Erfahrung von Geschöpflichkeit zur Mitteilung kommen lässt. *Was* wird er uns mitzuteilen haben? So geht es nicht primär darum, wie wir den Anderen anerkennen, sondern was wir von diesem Nächsten, der uns gleich ist und zu uns gehört, erfahren können. So wird nicht von vornherein gleichgültig, was er sagen wird, weil die formale Garantie der Anerkennung allein im Blick ist. Dass seine Mitteilung die bestimmte Erfahrung von Geschöpfen ist, lässt eine kritische, eine widersprechende Öffentlichkeit entstehen, in der das Zeugnis vom Menschen (de homine) und nicht nur die Reproduktion alles dessen, was Menschen von sich aus sind, in Erscheinung tritt – das Zeugnis von Menschen in ihrer Geschöpflichkeit und all dessen, was sie darin erfahren, erkunden und erproben. In diesem Sinn ist dann auch zu verstehen, was »öffentliche Theologie« heißt.[76] Ihre Öffentlichkeit bestimmt sich nach ihrem bestimmten Gegenstand, nach dessen Bezug auf die res publica und in seiner Zugehörigkeit zur res publica, nicht der Reichweite oder Durchsetzungskraft irgendwelcher Inhalte. Was Menschen als Geschöpfe erfahren und wie dies zu ihrem Bürger-sein gehört, macht den Gegenstand öffentlicher Theologie aus. Wenn sie nicht das Politische verlieren will, wird sie auf dieses Bürger-sein ausgerichtet sein. Es wird dann nicht genügen, auf eine Zivilgesellschaft zu setzen. Es wird auf die Konturen des Politischen, ausgehend vom politischen Bürger, ankommen. Nicht zuletzt hier kann sich die biblisch-christliche Tradition bewähren. Die wechselnden Konzeptionen öffentlich-relevanter Theologien oder Philosophien sind daran zu messen.[77]

---

[76] Ein entsprechendes Verständnis von »öffentlicher Theologie« hat insbesondere Wolfgang HUBER deutlich gemacht. Zur Konzeption siehe: W. Huber: Prophetische Kritik und demokratischer Konsens (1990).

[77] Aufschlussreich ist die Darstellung der wechselnden Strömungen öffentlich relevanter Theologien für die USA bei: R. BENNE: The paradoxical vision. A public theology for the twenty-first century Robert Benne, 1995, zur Bedeutung einer öffentlichen Philosophie siehe: M. J. SANDEL: Democracy's Discontent. America in Search of a Public Philosophy, 1996.

# B

## MENSCHLICHES LEBEN IM WERDEN –
## ZUR ETHISCHEN ERKUNDUNG GESCHÖPFLICHER EXISTENZ

## B 1 Ethische Existenz im geschöpflichen Werden – Mitteilung an die Armen, politische Solidarität mit den Armen

Geschöpfliches Leben ist Leben in dem *Werden*, das sich durch Gottes Handeln an seinen Geschöpfen vollzieht. Dies in den Blick zu rücken, ist die Aufgabe einer ethischen Praxis, die selbst zum geschöpflichen Leben gehört. Sie kann keiner anderen Disposition ethischer Existenz folgen als einer solchen, in der *Gottes Handeln* erscheint. Ethische Praxis sucht damit dessen gewärtig zu werden, was uns Menschen von Gott widerfährt, ihr Leben und Tun umgreift und verändert. Diese ethische Praxis kann keiner Disposition folgen, in der die wie auch immer rekonstruierbare Konstitution »des Menschen« zum grundlegenden Thema wird und die Wahrnehmung jenes Werdens verschwindet. Die Ethik steht damit kritisch gegen eine Genealogie oder (durchaus unterschieden davon) eine Archäologie menschlicher Lebensart, wie sie gleichwohl notwendig ist als Kritik moralischer Diskurse, in denen bestätigt werden soll, »wer wir sind«.[1] Die auf das Leben mit Gott gerichtete Ethik kann auch keiner Disposition folgen, in der die Wahrnehmung »des Menschen« der Angelpunkt ist. Sie kann die Grundlegung der Ethik nicht so ansetzen. Sie kann diese auch nicht auf die Frage nach dem ethischen Subjekt einschränken[2] – wie es etwa unter dem Thema Moralerziehung geschieht – so dass dieses Subjekt nicht mehr in seinem Leben mit Gott, nicht als eingefügt und eingebettet in Gottes Handeln verstanden wird. Die Geschichte derjenigen christlichen Ethik, der wir hier folgen, ist anders zu lesen: es ist die Geschichte einer Ethik der Nachfolge und nicht einer Unterwerfung unter Reglements, von denen aus zu kalkulieren wäre, wie weit man sich auf Gott einlässt. So ist die paradigmatische Geschichte vom Reichen Mann zu lesen (Mt 19). Erst von da aus wird es dann möglich sein, vom Menschen als von dem zu sprechen, von dem ein Handeln ausgeht – im spezifischen Sinn von Handeln, das sich vom Bewerkstelligen oder anderen Aktivitäten unterscheidet, weil es ein

---

[1] Es ist notwendig, die Moralkritik Friedrich NIETZSCHEs und die Diskurskritik Michel FOUCAULTs im Auge zu behalten, denn allzu leicht verstrickt sich die Ethik in die von dieser Kritik aufgedeckte Logik. Die Analyse des »Werdens« deckt bei Foucault nur die Unentrinnbarkeit menschlicher Subjektivität auf, freilich in notwendiger Kritik gegen ihre Überformung durch das, was Foucault als Macht identifiziert. Das Bild vom Christentum das darin eingeschlossen ist, zeigt die ganze, geradezu hermetische Einseitigkeit einer gleichwohl notwendigen Kritik der Moderne. Vgl. E. ERDMANN; R. FORST; A. HONNETH (Hg.): Ethos der Moderne. Foucaults Kritik der Aufklärung 1990.

[2] Zur Diskussion dazu vgl. J. BUTLER: Kritik der ethischen Gewalt, 2003.

*Beginnen*³ ist, weil dieser Mensch nicht auf sich und seine Genealogie zurückgeworfen bleibt, weil er nicht auf sein genealogisch fassbares Selbst ausgerichtet ist.

Mit dieser Problemstellung ist die ganze Aufmerksamkeit auf die Frage gerichtet, wie menschliche Freiheit in der ethischen Praxis erscheint: als die *Freiheit der Kinder Gottes*, die ihnen zuteil wird, so dass sie empfänglich und durchlässig bleiben für Gottes Handeln, und dass sie nicht unfrei sind, weil sie ihr Leben zu bewahren, zu behaupten, zu rechtfertigen und zu gestalten haben.⁴ Vielmehr erscheinen sie, wie es Martin LUTHER paradigmatisch in seiner Auslegung von Psalm 127 gezeigt hat, als die *Mitwirkenden* ihres Schöpfers.⁵ Die Freiheit dieser Mitwirkenden ist die Freiheit derer, die sich ihre Wahrnehmung nicht eingrenzen und fixieren lassen müssen auf einen *Zustand*⁶ ihres Selbst oder der Welt, um ihn zu verändern oder zu verbessern, sondern auf das aufmerksam bleiben, was für sie und die Welt geschieht. Es ist die Freiheit derer, die in ihrem *Stand*⁷ als die Kinder Gottes auf die *Lebensvorgänge* achten, in die sie sich *berufen* wissen dürfen, statt mit einer wie auch immer perspektivisch erfassten Wirklichkeit rechnen zu müssen, der sie folgen oder die sie nach ihren Vorstellungen zu formen und zu gestalten haben. Dies ist der immer neue Wendepunkt einer Ethik, die bedenkt, wie menschliches Tun und Wirken auf Gottes Handeln trifft. Sie gewinnt damit die Unterscheidung zwischen menschlichem Handeln und Selbst-Verwirklichung. Dies bedeutet nicht zuletzt, dass die Wirklichkeit, mit der Menschen verbunden sind, nicht als das verstanden wird, was Menschen wie Stoff und Materie zu bearbeiten und zu behandeln hätten. Dies ist der hier eröffnete und für die Ethik grundlegende Realismus, der nicht ausblendet, was zu dieser Realität gehört: das, was Gott mit ihr und uns Menschen vorhat, wie es in der Geschichte JESU CHRISTI im Widerspruch angezeigt ist.⁸ Es geht um eine andere Freiheit, nicht um die des homo faber, der alles dieser (nominalistischen) Distanz zu aller Wirklichkeit unterwirft, nicht zuletzt, ja vor allem sich selbst. Es geht auch nicht um die Freiheit, die im Dunkel ereignishafter Zufälligkeit erscheint, wie dies – zu Recht oder zu Unrecht – von einer (gegenüber einfachen emanzipatorischen Logiken) kritischen Philosophie wie der von Michel FOU-

---

3   So hat H. ARENDT das Handeln bestimmt, und damit den per se politischen Sinn des Handelns gemeint: H. Arendt: Macht und Gewalt, 1975.
4   Zum Verständnis der Unfreiheit des Willens im Kontext der Theologie M. Luthers siehe R. BRANDT: Die ermöglichte Freiheit. Sprachkritische Rekonstruktion der Lehre vom unfreien Willen, 1992.
5   Siehe dazu die Ausgabe: M. LUTHER: Von der Menschwerdung des Menschen. Eine akademische Vorlesung über den 127. Psalm, verdeutscht und erläutert von Gerhard GLOEGE, 1940.
6   Vgl. Simone WEIL: Zeugnis für das Gute, 1990, 183.
7   Stand ist »Status«: dies meint nicht Zustand, sondern den Ort und den Modus menschlichen Werdens.
8   Dies entspricht der Kategorie des »Sachgemäßen« bei D. BONHOEFFER: Ethik, 1992.

CAULT gesagt werden kann – er habe es unternommen, die Theorie der Freiheit neu zu denken: »nicht mehr im Stil einer philosophischen Theologie der Befreiung alias Entfremdungstheorie, sondern als eine Lehre von dem Ereignis, das den Einzelnen freigibt und in dem er sich selbst gestaltet und aufs Spiel setzt.«[9]

Gegenüber diesem Sich Selbst-Ausgeliefert-Sein, das der moralische Selbst-Diskurs befestigt, hat theologische Ethik zu reflektieren, was mit der menschlichen Freiheit als *Freiheit des Geschöpfs* in Erscheinung tritt. Dies ist in keiner emanzipatorischen Logik einzufangen, sondern im Neuwerden der Wahrnehmung, des Denkens und des Erkennens. In seiner Erläuterung zu Martin LUTHERs Auslegung des 127. Psalms, in dem LUTHER das Zusammenwirken von Gott und Mensch als die Grammatik christlicher Ethik kennzeichnet, hat Gerhard GLOEGE dies auf den Punkt gebracht:

»*Wendet sich Luther gegen die Meinung, Gott, der Schöpfer, gleiche einem Schiffs-Architekten, der nach Vollendung seines Werkes das Schiff dem Steuermann überlasse, so tritt er nicht allein einer volkstümlichen Lebensauffassung entgegen. Er erteilt zugleich jenem mechanistischen Weltverständnis eine grundsätzliche Absage, das im Nominalismus den Begriff der Jenseitigkeit Gottes bis zur völligen Entleerung des Gottesgedankens überspannte. Das Nein, das er mit dem kurzen ›Gott bleibt bei seiner Kreatur‹ (adest creaturae suae Deus) dem ›falschen Wahn‹ (falsa opinio) von der Weltferne Gottes entgegenstellt, ist zugleich das Ja, mit dem er nach jahrhundertelanger Unterbrechung den Faden bei der echten theologischen Überlieferung anknüpft, die um die Weltnähe Gottes weiß.*«[10]

Theologische Ethik handelt von einem Menschen, der in seinem Tun und Wirken von dem Gott begleitet ist, der weiterhin an seinen Geschöpfen handelt. Dieser Gott kann nicht als legitimierende Instanz jenseits aller Wirklichkeit aufgerufen werden, er kann nicht als dieser moralische Gott dienen. Darin besteht die Entleerung der Rede von Gott. Diese moralische Rede von Gott kann nur einen Gott behaupten, der *irgendwie*, möglichst unhörbar, gutheißt oder gewähren lässt, was menschliche Existenz darstellt, der irgendwie diesen Menschen bestätigt oder ihm Würde verleiht. So ist es auch nicht genug, von dem erhaltenden Wirken Gottes zu reden. Dies ist nicht der Gott, der die Menschen aufsucht, es ist nicht der Gott, der bei seiner Kreatur als ihr Schöpfer bleibt[11], der Menschen neu erschafft und in seinem Wirken segnet, um sie aus ihren

---

[9] P. SLOTERDIJK: Vorbemerkung (2001), 13.

[10] M. LUTHER: Von der Menschwerdung des Menschen. Eine akademische Vorlesung über den 127. Psalm, 1940, verdeutscht und erläutert von Gerhard GLOEGE, 81.

[11] Hier ist auch von der creatio continua zu reden. Siehe dazu auch im Blick auf eine Ethik der Geschöpflichkeit: C. SCHWÖBEL: Gott, die Schöpfung und die christliche Gemeinschaft. Dogmatische Grundlagen eines christlichen Ethos der Geschöpflichkeit (2002).

Verstrickungen zu erlösen. Die Theologie des moralischen Gottes wird darüber sprachlos, nicht gemessen an dem unermesslichen »semantischen Potential«, sondern gegenüber der Mitteilung, die sich erschließt, wenn – immer neu – diese Umkehr geschieht: zum Reden aus der Erfahrung[12] des Geschöpfs, die immer neu damit beginnt, dass Gott dieses Geschöpf anredet, auch mit seiner Schöpfung. Es kommt auf diese Mitteilung an – sie ist an die Armen gerichtet.

## 1. Freiheit im Neuwerden

Damit sind wir auf dem Weg einer theologischen Ethik, die von einer Freiheit handelt, die im Leben mit Gott ihre Gestalt findet und in seinem befreienden Handeln ihren Anfang nimmt.[13] Es ist die Freiheit derer, die in diesen Lebensvorgängen die *werden*, der sie nach Gottes Willen sein dürfen. Darin nehmen sie Praktiken und Aufgaben wahr, die nicht darauf begrenzt sind, was Menschen bewerkstelligen können, sondern die in der Erfahrung dessen gründen, was menschliches Vermögen umgreift, verändert und an der sich menschliches Vermögen bricht. Biblische Gleichnisse wie das vom barmherzigen Samariter (Lk 10,25-37) und Geschichten wie die vom Reichen Mann (Mt 19,16-30) und viele andere zeigen solche Lebensvorgänge.[14] Es sind Geschichten vom *Werden*. In ihrem Zentrum steht die Berufung und das Sich-Berufen-Lassen. Wie sich der Samariter zum Nächsten berufen lässt, so beruft JESUS den Reichen Mann in die Nachfolge. Auch dies beschreibt ein Werden, ein widerfahrenes Werden (fieri[15]), nicht eine moralische Entwicklung.[16] Um die Durchlässigkeit[17] für dieses Werden geht es in diesem grundlegenden *Topos* theologischer Ethik. Es ist der Topos der *Neuschöpfung* des Menschen. Darin wird ausgeführt, was es heißt »ist jemand *in Christus*, so ist er eine neue Kreatur« (2Kor 5,17) – und was es heißt »lasst

---

[12] Diese Rede von Erfahrung findet sich vielfältig bei Martin LUTHER: vgl. Das Magnificat verdeutscht und ausgelegt [1521] (1983), 275.

[13] Zur Ausarbeitung dieses Verständnisses in der Tradition evangelischer Ethik vgl. Freiheit im Leben mit Gott. Texte zur Tradition evangelischer Ethik, 1993. Dieses Verständnis hat Reinhard HÜTTER weitergeführt: R. HÜTTER: Welche Freiheit? Wessen Gebot? (2002).

[14] Wir unterscheiden »Lebensvorgänge« von »Lebensverhältnissen«. »Lebensvorgänge« schließen die immer neuen Widerfahrnisse ein, die menschliches Leben ausmachen: das Widerfahrnis der Vergebung, der Rechtfertigung, der Berufung. Als den zentralen Lebensvorgang hat die christliche Ethik die Berufung gesehen und das der Berufung entsprechende Zeugnis.

[15] In diesem Sinn antwortet MARIA auf die Ankündigung des Engels: »Mir geschehe, wie du gesagt hast« (Lk 1,38).

[16] Hier ist die Diskussion mit der Auslegung von Mt 19,16-30 in »Veritatis Splendor« aufzunehmen: JOHANNES PAUL II: Enzyklika Veritatis Splendor, 1993.

[17] Vgl. bei M. LUTHER: Von der Freiheit eines Christenmenschen (1520), Ziff. 29: »Siehe, so müssen Gottes Güter aus einem in den andern fließen und allgemein werden, so daß ein jeglicher sich seines Nächsten so annehme, als wäre es selbst. Aus Christus fließen sie in uns, der sich unser in seinem Leben angenommen hat als wäre er gewesen, was wir sind. Aus uns sollen sie in die fließen, die ihrer bedürfen.«

Euch Eure Existenzform verändern durch das Neuwerden Eures Sinnes« (Röm 12,2), durch das Neuwerden Eurer Wahrnehmung und Eures Denkens. Wie in diesem Neuwerden Gottes Güte und Gerechtigkeit *begegnet*, ist das Thema theologischer Ethik.

Die ethische Exploration hat darin das ganze Spektrum dessen auszuschreiten, was vom Menschen in Gottes Ökonomie und was vom Menschen und zum Menschen innerhalb der Ökonomie Gottes zu sagen ist. Bewegt sich die theologische Ethik außerhalb der Dramatik des Neuwerdens und außerhalb dieses Redens von Gottes Ökonomie, muss sie nach einer moralischen Wirklichkeit suchen, in der die Revision menschlichen Lebens reflektiert wird.[18] Sie muss sich der moralischen Konstitution des Menschen vergewissern, die eben deshalb gesucht wird, weil die Geschichte geschöpflichen Lebens und ihre Sprache verloren ist. Diese Geschichte, die in die Christusgeschichte aufgehoben ist, bleibt der Seelengeschichte *extern*, und eben darin liegt die Pointe des menschlichen Werdens, das sich in Gottes Wirken bewahrt weiß.[19] Entscheidend ist, dass Gott dem Menschen gegenüber bleibt – andernfalls geht mit Gott auch der Andere verloren. Für die christliche Tradition ist die »externe« Gegenwart Gottes entscheidend: sie wird darin gewahrt dass, Gott in Christus wie in seinem äußeren Wort (verbum externum), begegnet.

Gegen diese Geschichte, mit allem was sie einschließt, Schuld und Vergebung, Blindheit und Erkenntnis, Unfreiheit und Befreiung, wird die Moral der vergewissernden Ökonomie des Subjekts – nicht zuletzt im Begriff des Gewissens[20] – eingetauscht. Das gilt für manche Gestalten des christlichen Ethos, beispielsweise für diejenige christliche Tradition vom »Beruf« in signifikanter Weise, dem die Wahrnehmung der Berufung, des Standes im Ruf Gottes und der Nachfolge im Beruf verloren gegangen ist.[21] Daraus erwächst ein Moralismus der Pflichten, der entgegen dem Ruf in die Nachfolge der Vergewisserung dessen dient, was Men-

---

18  In diesem Sinn bleibt auch Charles Taylor dem moralischen Selbstdiskurs verhaftet und trifft nicht die Gott-Mensch-Geschichte, die für die christliche Ethik konstitutiv ist: C. TAYLOR: Quellen des Selbst. Die Entstehung der neuzeitlichen Identität, 1994.
19  Siehe dazu die Interpretation zu Emmanuel Lévinas' Gotteslehre bei: A. FINKIELKRAUT: Die Weisheit der Liebe, 1987.
20  Zum Verständnis von Gewissen im Zusammenhang evangelischer Ethik vgl. E. WOLF: Sozialethik, 1975; zum gemeinsamen römisch-katholischen und evangelischen Verständnis siehe die eindringliche Darlegung bei: H. SCHLÖGEL: Wie weit trägt Einheit? Ethische Begriffe im evangelisch-katholischen Dialog, 2004, 24-56.
21  Vgl. H.G. ULRICH: Art. Beruf III. Kirchengeschichtlich (1998). Dies geschieht gerade auch dort, wo der Horizont einer Arbeit am Reich Gottes aufgetan wird, wo auf diese Weise die christliche Ethik redramatisiert wird. Vgl. insbesondere E. WOLF: Schöpferische Nachfolge? (1965). Der Beruf ist von D. BONHOEFFER als Ort der Verantwortung gekennzeichnet worden, wie sie der »Struktur verantwortlichen Lebens« entspricht, die Bonhoeffer beschreibt: D. Bonhoeffer: Ethik, 1992.

schen leisten müssen und können.²² Demgegenüber gilt es nicht, ein Nachfolgeethos zu fordern, das sich gegenüber dem *Gerufen-Werden* in die Nachfolge verselbständigt.²³ Die Freiheit geschöpflichen Lebens geht verloren, wenn sie nicht eingefügt bleibt in die soteriologische Ökonomie des Neuwerdens. Von der Nachfolge ist nur zu reden als von dem *Ruf* in die Nachfolge und von der Befreiung *zur* Nachfolge. Sie allein kann die Befreiung vom Gesetz der Moral sein, weil sie in eine andere Geschichte versetzt: in die Geschichte mit Gott, wie sie in Christus begegnet²⁴, das heißt die Geschichte, in der sich Gott auf unsere menschliche Wirklichkeit eingelassen hat. Der Reiche Mann (Mt 19) ist ja in jeder Hinsicht bereit, der Liebe zu Gott und zum Nächsten zu folgen, darin aber – so zeigt die Erzählung – wird dem Gesetz entsprochen, das dazu verhilft, identisch zu werden mit der moralischen Forderung, in der der menschliche Wille aufgeht. Stattdessen geht es darum, mit diesem JESUS in der Nachfolge zu bleiben und ihr entsprechend immer neu zu bitten: »Dein Wille geschehe.« Nachfolgen heißt, dieses Gebet, das JESUS in Gethsemane gesprochen hat und (im Vater-Unser) zu beten gelehrt hat, nachzusprechen. Dieses Gebet richtet sich auf die andere Geschichte, es richtet sich darauf, was Gott mit uns vorhat und worin Gott bei uns ankommt.

Der Topos des Neuwerdens und (moralkritischen) Befreiung ist freilich in vielen Konzeptionen und Theorien theologischer Ethik kaum deutlich zur Geltung gekommen, auch weil Neuwerden als Ursprungsereignis verstanden wurde, nicht als der Vorgang, in dem Menschen bleiben, als Geschichte, in die sie immer neu eintreten. Und doch kommt erst in diesem Topos zur Ausführung, was geschöpfliches Leben heißt. Es ist das Leben im Neuwerden und in diesem Sinne *neue Kreatur*. Es ist die neue Geschichte in der alten Historie und nicht die Transformation der Historie in eine andere.

Zu den signifikanten Ausnahmen, die diesem Weg gefolgt sind, gehört gemeinsam mit einigen anderen wie Gerhard GLOEGE, Hans Joachim IWAND und Oswald BAYER die »Sozialethik«²⁵ von Ernst WOLF, der damit den Angelpunkt *reformatorischer Ethik* kennzeichnet. Ernst WOLF setzt in seiner »Sozialethik« mit

---

22 Ernst WOLF hält in seiner Kritik an der verschiedenen Fixierungen einer Nachfolge-Moral fest: »›Schöpferische Nachfolge‹ kann mithin nicht bedeuten, Jesu Ruf: Folge mir nach! durch die Reflexion auf ›Urgesetze‹ praktikabel vor der Vernunft zu machen, sondern ihn im Wagnis des Dienstes und in der Absage an jegliche Selbstbehauptung, an den sensus proprius, wie LUTHER sagt, einfach zu hören. Dazu bedarf es freilich jenes Freimutes auch zum Ungewöhnlichen – zum Beispiel gegenüber einer Institutionalisierung des ›ständisch‹ verengten Berufsgedankens, wie etwa bei Ritschl (sc. Albrecht Ritschl) – und zum Leiden ›um des Namens willen‹ (das zugleich ein Leiden oder Mitleiden um des Menschen Gottes willen ist.).« (241)
23 So darf man dann auch E. WOLFs Darstellung nicht interpretieren.
24 So ist auch Gal 5,1 zu lesen: »Zur Freiheit hat uns Christus befreit.«
25 E. WOLF: Sozialethik, 1975.

der Frage nach dem »neuen Menschen« ein. Diese Frage verläuft quer zu jeder Ethik, die *nicht* in jedem Schritt, in jeder Reflexion danach sucht, worin Menschen erneuert werden, und die nicht das *radikale Lernen* des Menschen zum Leitfaden hat, sondern im Gegenteil im Vermeiden einer solchen Zumutung. Entscheidend bleibt dabei, dass dies selbst nicht wiederum verallgemeinert wird – vielleicht in eine Theorie von der radikalen sittlichen Forderung, die den Menschen beständig trifft – sondern dass der »neue Mensch« und sein Werden eingefügt bleiben in die Geschichte von der *Menschwerdung Gottes*. Anders kann der »neue Mensch« nicht zum Thema einer Ethik werden, er ist weder Subjekt, das letztlich alles auf sich zieht, wie es die Rede von der Verantwortung vielfach nahe legt, noch ist er »subjectum« irgendwelcher Mächte, wie es die Kritik daran zu zeigen sucht. Er bleibt eingefügt in Gottes Geschichte und ihre Ökonomie. Dies ist die Kritik einer Ethik, die sich nicht von den Tücken des Moraldiskurses vereinnahmen lässt, weder zugunsten eines unbestimmt freien Subjekts noch eines den unausweichlich scheinenden Plausibilitäten einer öffentlichen Moral Unterworfenen. Die Ethik des Geschöpfs wird aufmerksam bleiben auf das, was uns Menschen begegnet und was von Gott zu sagen ist. Sie wird diesem Wort, durch etwas von Gott zur Mitteilung kommt, Vorrang geben vor einer wie auch immer sich artikulierenden christlichen Moral, sei es die Moral der Verantwortlichkeit oder die Moral einer Rechtfertigung des Menschen, dem fraglos, realitätslos, geschichtslos Gottes gute Gaben zufallen. Die Ethik geschöpflichen Werdens wird demgegenüber auf die Widerständigkeit des Wortes stoßen. Sie wird auf den *Widerspruch* dieses Wortes setzen. Dieser Widerspruch ist vielfältig vernehmbar. So ist von der menschlichen Freiheit nicht anders zu reden, als dass sie dem Menschen im Modus der Befreiung aus der moralischen Vergewisserung zuteil wird, das heißt im Modus der Befreiung aus der emanzipatorischen Logik, die mit der moralischen Selbst-Vergewisserung verbunden ist.[26] So ist von der Bewährung in der Gerechtigkeit als von einer solchen zu reden, die dem Menschen im Modus des Gerechtfertigt-*werdens* zukommt. Freiheit kommt als die »fremde Freiheit« in den Blick und Gerechtigkeit als die »fremde Gerechtigkeit«. Als fremde Freiheit ist die menschliche Freiheit in das freie Handeln Gottes gestellt, als die »fremde Gerechtigkeit« in das Gerechtigkeit schaffende Handeln Gottes in JESUS CHRISTUS. In seiner Bewährung (Gerechtigkeit) ist unsere Bewährung (Gerechtigkeit) gegeben. Dass sich JESUS CHRISTUS für uns bewährt, ist die Pointe unserer Menschwerdung. Es ist die Gegengeschichte zur moralischen Selbstbehauptung. In der Geschichte Jesu Christi begegnet Gott in der besonderen Gerechtigkeit, die darin liegt, das er selbst seine Gemeinschaft mit

---

26   E. KÄSEMANN: Der Ruf der Freiheit, 1968. Der Zusammenhang zwischen Moral und Emanzipation ist wiederum an der Moralkritik NIETZSCHEs und FOUCAULTs zu lernen.

uns Menschen sich bewähren lässt – durch JESUS CHRISTUS. Es ist eine *Gerechtigkeit*, in der einer mit seinem Namen dafür eintritt und das Geschehen aus dem hintergründigen Berechnen von Chancen und Freiheiten herausholt. Mit seinem Handeln kommt eine neue Ordnung in den Blick.[27] Es ist keine anonyme Gerechtigkeit, die jeder für sich reklamieren kann, sondern für diese Gerechtigkeit tritt einer ein, indem er das Gerechte tut.

So wird die Gerechtigkeit Gottes in JESUS CHRISTUS präsent, der selbst auch »gerecht« genannt werden kann (1Joh 2,1). Dass Gott in JESUS CHRISTUS Menschen begegnet, widerspricht einer anonymen Gerechtigkeit, die einem anonymen Gesetz entspricht, einer anonymen Gerechtigkeit, nach der auch Gott nicht angeklagt werden kann. In der Begegnung mit Jesus Christus kommt es zur Probe darauf, wer sich aus der Logik der Selbstbehauptung in der Berufung auf dieses oder jenes anonyme Gesetz herausholen lässt. Mit JESUS CHRISTUS ist die neue Figur des Menschen in actio und passio erschienen, der Mensch – ecce homo – , der darum bittet, dass Gottes Wille geschieht: »Dein Wille geschehe« – kein willkürlicher Wille, kein willkürlicher Gott, sondern eben der Wille, den Gott in seinem Wirken mitgeteilt hat. In dieses Gebet findet derjenige, der Gottes Willensmitteilung gewärtig ist. Das Gebet ist die Antwort darauf. Darin ist die Aufgabe beschlossen, zu *erkennen*, was zu tun ist, statt dem zu folgen, was der eigene Wille[28] oder der Willen eines anderen genannt wird.

Mit dem *externen* Vorgang des Betens um die Erfüllung des Willens Gottes ist gegeben, dass theologische Ethik nicht um das *moralische Subjekt* kreist, das die Übereinstimmung mit sich selbst sucht. Es geht nicht um das moralische Subjekt, das »Rechenschaft von sich selbst«[29] zu geben hat. Das ist das Thema der Moralphilosophie. Die theologische Ethik folgt *nicht* den Bewegungen der Dramatisierung und Entdramatisierung der Geschichte und der »Genealogie der Moral« (Friedrich NIETZSCHE), für die ein immer neu moralisch figuriertes Subjekt zum Referenzpunkt wird. Dieses moralische Subjekt[30] ist in vielfältigen Gestalten aufgetreten und wieder verloren gegangen.[31] Ob es der Bettelmönch

---

[27] Daraufhin ist auch Mt 20,1-16, das Gleichnis von den Arbeitern im Weinberg zu lesen. Hier wird nicht Gerechtigkeit durch Barmherzigkeit ersetzt, sondern es ist eine Gerechtigkeit, für die der Weinbergbesitzer einsteht. Er wird der Not des anderen gerecht, indem er sich selbst beanspruchen lässt.

[28] Es muss die Frage festgehalten bleiben, inwiefern überhaupt vom »Willen« in moralischer Hinsicht zu reden ist. Siehe zu dem Problem in Bezug auf I. KANT: T.W. ADORNO: Probleme der Moralphilosophie, [1963] 1996, 187-195.

[29] Zu diesem beherrschenden Thema der Moralphilosophie siehe: J. BUTLER: Kritik der ethischen Gewalt, 2003.

[30] Vgl. Teil A.

[31] Michael THEUNISSEN spricht – im Zusammenhang seiner KIERKEGAARD-Interpretation – von drei Epochen »im europäischen Gang einer Verständigung der Menschen über sich und ihr Leben«: M. THEUNISSEN: Der Begriff Verzweiflung, 1993, 42f.

oder der lutherische Berufsmensch gewesen ist, ob es das Subjekt einer Verantwortungsethik ist oder eine christliche Tugendfigur, dies alles können Figuren eines solchen moralischen Subjekts sein, um das sich die Moraltheorie dreht – und sie sind es weitgehend. Auch die Rede vom Gewissen hat sich immer wieder in die Logik des moralischen Subjekts gefügt, statt ihr entgegenzutreten.[32] In solchen Theorien wird unterstellt, dass das subjectum aufgehoben ist oder transformiert wird in das moralische Subjekt, das die Ethik oder Moralphilosophie zum Gegenstand hat. Die theologische Ethik hat dann die Disposition dieses Subjekts zum Gegenstand, seine Rechtfertigung und die darin beschlossene Anthropodizee. Jedoch kann sich eine Ethik, die danach fragt, wie Gottes Gerechtigkeit zu den Menschen kommt, eine Gerechtigkeit, die dem Versuch der Selbstbehauptung widerspricht, nicht von der Sorge darum leiten können, wie »der Mensch« letztlich zu beurteilen ist und was unverbrüchlich zu seiner moralischen Natur gehört.[33] Sie wird diesen Menschen nicht in dieser Natur zu sichern suchen. Hier ist der moralkritische Wendepunkt in der Ethik. Theodor W. ADORNO bemerkt: »*Dieses Nicht-sich-selber-Setzen ... das scheint mir eigentlich das Zentrale, was heute überhaupt von dem einzelnen Menschen zu verlangen ist.*«[34]

Dem Modell einer Anthropodizee steht diejenige christlich-ethische Tradition entgegen, die in allen Figuren des Ethos die ausdrückliche Differenz zwischen beiden bewahrt: die Differenz zwischen dem moralischen Subjekt und dem neuen Menschen. Dem *neuen* Menschen wird gesagt, dass er sein Leben *dem* Gott hingeben darf, der sich barmherzig gezeigt hat (Röm 12,1).[35] Von *diesem* Gott abzusehen heißt bereits, auf eine Moral zu setzen. Die Alternative ist nicht, von Gottes Wirken zu reden oder ihn nur per negationem präsent zu denken, sondern die Alternative ist: Gottes Wirken am Menschen im Blick zu behalten oder die Rechtfertigung des Menschen in der ihm eigenen Natur, der *conditio huma-*

---

32  Auch Martin LUTHERs Rede vom »Gewissen« (z.B. im »Sermon von den guten Werken«, 1520) ist von der moralischen Interpretation abzugrenzen. Die Schärfung des Gewissens richtet sich bei Luther auf die Achtung dessen, was mit dem Wort und Gebot Gottes Menschen begegnet. Das Gewissen ist an dieses externum gewiesen, in der Bindung an dieses externum besteht das Gewissen. Zum Begriff »Gewissen« siehe auch: E. WOLF: Sozialethik. Theologische Grundfragen, 1975, 59-74 (§ 5).

33  Das ist das Problem der KIERKEGAARD Lektüre von Michael THEUNISSEN. Sie zeigt die Dialektik im verzweifelten Wollen, ein Selbst – das Selbst zu sein. An dieser Thematik zeigt sich das Problem einer Ethik, die den Weg der moralischen Selbstfindung nicht geht. Vgl. M. THEUNISSEN, Der Begriff Verzweiflung, 1993. Darin stimmt KIERKEGAARD mit Friedrich NIETZSCHE überein. Vgl. zu Theunissen: J. HABERMAS: Kommunikative Freiheit und negative Theologie (1997).

34  T.W. ADORNO: Probleme der Moralphilosophie, [1963] 1996, 251. Adorno setzt an dieser Stelle die Tugend der Bescheidenheit und die Reflexion auf die eigene Bedingtheit dagegen. Die theologische Tradition hat hier vom Widerspruch des Wortes gesprochen. Hier ist der Ort des Gesetzes, das diese wesentliche Sünde aufdeckt.

35  »τὰ σώματα ὑμῶν θυσίαν ζῶσαν ἁγίαν εὐάρεστον τῷ θεῷ«.

*na.* Die Thematisierung der conditio humana bewegt sich selbst im Gefälle der moralischen Rechtfertigung, sofern es darum geht, sich auf die conditio humana rechtfertigend zu berufen, statt den Umriss menschlichen Lebens in des bestimmten Geschichte mit dem Schöpfer zu erkennen, in der wir uns auffinden dürfen und die nicht der Rechtfertigung dienen kann. Eine nicht auf die Anthropodizee fixierte Ethik folgt dem Vorgang des Zugehörig-Werdens (Parastasis) zur geschöpflichen Existenz.[36] Dies ist der immer neue Anfang jedes Menschen, von dem die theologische Ethik handelt. Der Anfang ist nicht in den Menschen verlegt, sondern an diesen *Ort*, an dem sich der Mensch findet, der sich *Gottes* barmherziges Handeln gefallen lässt. So spricht die theologische Ethik von einer externen conditio humana. So durchbricht sie die moralische Selbstbestätigung. Dies ist das Kennzeichen der Existenzform, die hier ausdrücklich zur Sprache kommt: sie besteht darin, dass die Differenz zwischen Subjektsein und Werden nicht aufgelöst ist. Es die Existenzform der Freiheit eines Christenmenschen.[37] Es ist diese Freiheit als ein Geformt-*Werden*, in dem Menschen nicht auf die Ökonomie ihrer conditio humana und deren Behauptung fixiert werden: sie lässt auch im Widerspruch erkennen, was wir Menschen nach Gottes Willen sein dürfen.

## 2. Gerechte und Heilige – biblische Figuren einer Existenzform des Werdens

Was für die griechische Welt *Ethos* (das Gewohnte, der Charakter und das Sittliche)[38] heißt, findet in der biblischen Tradition keine konzeptionelle Entsprechung. Ethos, die eingeübte, eingeprägte und verbindlich gewordene Sittlichkeit ist beschreibbar, ansprechbar, sie kann erinnert und eingefordert werden. Aber dies allein kennzeichnet noch nicht, was für die biblische Tradition Ethos heißen kann. Es ist die Existenzform geschöpflichen *Werdens*[39] – wie sie in den bibli-

---

[36] So ist zunächst zu übersetzen. Die Übersetzung mit »Hingabe« steht in der Gefahr zu verdecken, dass es um das Eintreten in einen neuen Status geht. Das griechische Wort für "hingeben" (Röm 12,1: παραστῆσαι) hält dies fest.

[37] In diesem Sinn hat M. LUTHER vom »*inneren Menschen*« gesprochen als von dem, an dem Gott handelt: M. LUTHER: Von der Freiheit eines Christenmenschen (1520). Es ist der Mensch in seiner ganzen, dem Menschen selbst nicht verfügbaren Existenz. Er ist nicht Subjekt, aber auch nicht subjectum, Gott unterworfen, sondern Geschöpf Gottes.

[38] Vgl. zur Begriffsklärung, A. PIEPER: Einführung in die Ethik, 1994, 24-30. H.-G. GADAMER: Ethos und Logos (1989). Für das biblische Ethos ist festzuhalten, dass das »Gewohnte« und der »Charakter«, das Sittliche (Ethische) und die Moralität nicht auseinanderfallen. Zur Bedeutung von »Charakter« in der christlich-biblischen Tradition vgl. S. HAUERWAS: A Community of Character, 1991.

[39] Entsprechendes gilt für die reformatorische Tradition: H.J. IWAND bemerkt: »Die Reformation ist eben nicht ein neues Ethos. Sie ist viel mehr. Eine Wandlung des Ethos ist natürlich damit

schen Redeformen sichtbar werden. Diese Existenzform ist untrennbar verbunden mit Konturen und Regeln des Zusammenlebens und der Gemeinschaft, den Regeln der Gerechtigkeit und des Rechts. Diese Existenzform ist nur in spezifischem Sinn »Ethos« zu nennen. »Ethos« meint – nach der einen Seite – das Gewohnte, worin Menschen sich aufhalten und worin sie miteinander zurechtkommen. In der biblischen Tradition findet sich dazu kein entsprechender Begriff oder ein entsprechendes Leitwort und auch nicht die damit verbundenen Problemstellungen. Es tritt etwas anderes hervor: nämlich die Frage nach dem, was ein Leben (des Volkes und des Einzelnen) kennzeichnet, das sich in jener einzigartigen Geschichte[40] aufhält, in der es von dem Gott gehalten und geführt wird und in der es immer wieder den Gott trifft, der ihm vertraut ist und der ihm treu ist. Dies ist nicht der Aspekt des Wohnens im Gewohnten, dort, wo ein Mensch sich in seinen Gewohnheiten zu Hause fühlt, es ist vielmehr der Aspekt des *Bleibens*[41] in dieser Geschichte, im Umkreis der Erinnerung der Taten Gottes und seiner Gegenwart.[42] Was dem menschlichen Leben seine ethische Kontur verleiht, bildet sich nicht als ein Geflecht von Gewohnheiten um den Vollzug des Lebensnotwendigen. Eine solche Art von Tradition[43] ist hier nicht im Vordergrund. In der biblischen Überlieferung besteht die Existenzform in der akuten Bewährung derjenigen, die sich in die Geschichte mit Gott hineinziehen lassen und aufmerksam dem folgen, was ihnen begegnet und widerfährt, und die sich darin in Treue bewähren. Jeder Versuch, dies zu fixieren, würde davon ablenken, was jetzt zu hören, zu erkennen und zu verstehen ist. Dies meint keinen Aktualismus einer moralischen Forderung. Zu hören ist durchaus das immer schon ausgesprochene Gebot, das jetzt und immer neu zu lernen ist – nicht um einer Disziplinierung oder Formung willen, sondern wegen seiner Unerschöpflichkeit.[44] Der Mensch, der das Gebot studiert, ist »wie ein Baum, gepflanzt an den Wasserbächen« (Ps 1). Eine Ethik, die diesem nachgeht, ist alles andere als

---

verbunden, aber das ist sekundär.« (H.J. IWAND: Luthers Theologie, 1974, 141). Iwand spricht von einer neuen Existenz.

[40] Diese ist nicht als »Lebensbewegung« zu verallgemeinern: vgl. E. HERMS: Die Bedeutung des Gesetzes in der lutherischen Sozialethik (1990). Darin liegt der ganze Unterschied zu einer Ethik des Wortes Gottes, wie sie sich in LUTHERs Theologie abzeichnet, in der das Wort Gottes – tröstlicherweise – das externum bleibt.

[41] Gemeint ist das μένειν, das auch ein eschatologisches, in der Hoffnung gehaltenes Bleiben bedeutet.

[42] Vgl. zu »Bleiben« und »Wohnen« die hebräischen Wörter: vgl. auch: Prov 2,21: »denn die Gerechten werden im Lande wohnen und die Frommen darin bleiben«.

[43] Siehe zum Verständnis von Tradition oben Teil A4.

[44] Vgl. G. v. RAD: Theologie des Alten Testaments I, 1958, 213. Von RAD verweist auf Psalm 1 und 119: »Diese Willensoffenbarung ist der Gegenstand unaufhörlichen Nachsinnens und unaufhörlicher Freude. Der Mensch wird von ihr sowohl nach der Seite seines Gefühlslebens wie seines Erkenntnisvermögens unablässig beschäftigt.« Und weiter bemerkt von Rad dementsprechend (214): »es fehlt ja auch jede Reflexion über die Möglichkeit der Erfüllung.«

gesetzlich, auf ein Reglement gerichtet. Im Gegenteil: das Gesetzliche ist das Verallgemeinerte, die gesetzliche Prozedur ist die Verallgemeinerung: sie steht gegen das Erlernen, das Erproben des Gebots und das Urteil, das das Partikulare des Gebotes bewahrt.[45]

Zu dem, was im biblischen Sinne »Ethos« genannt werden kann, sagt Martin BUBER:

*»Alles Ethos hat seinen Ursprung in einer Offenbarung, ob es nun noch um sie weiß und ihr botmäßig ist oder nicht, alle Offenbarung aber ist Offenbarung des menschlichen Dienstes am Ziel der Schöpfung, in welchem Dienst der Mensch sich bewährt. Ohne die Bewährung[46], und das heißt ohne das Einschlagen und Einhalten der Einen Richtung, soviel er vermag, quantum satis, gibt es für den Menschen wohl, was er das Leben nennt, auch das Leben der Seele, auch das Leben des Geistes, in allen Freiheiten und Fruchtbarkeiten, allen Graden und Rängen – Existenz gibt es für ihn ohne sie nicht.«[47]*

In den biblischen Texten wird dies zu Gehör gebracht. Es ist eine Figur, deren Umriss sich aus dem ergibt, was Gott spricht, was Gott tut, was Gottes Werk ist. Diese Figur wird als der »Gerechte« bezeichnet, wie in Psalm 1. Von diesem Gerechten, von seinem Leben mit Gott und seinem Gebot, muss biblische Ethik erzählen, sonst hat sie keinen Gegenstand. Es gibt keine Ethik der biblischen Tradition, die nicht diesen Gerechten zum Mittel- und Bezugspunkt hätte, es gibt kein biblisches Ethos, das wie sonst ein Ethos darzustellen oder gar zu übermitteln wäre.[48] Was vom menschlichen Leben zu sagen ist, dreht sich um diese Figur, die sich hier abzeichnet – eine Figur, die ihre Gestalt und Form in jenem Leben mit Gott und seiner Dramatik findet, wie sie in den vielen verschiedenen biblischen Texten, in den Gebeten, den Geschichten und Gesetzestexten zu finden ist. Nicht zuletzt in den Gebeten, in denen das Werden sich vollzieht.[49] In ihnen zeigt sich, wie dieser Mensch lebt. Es zeigt sich daran auch, wie er betet. In den Gebeten, den Psalmen, erzählt er von der Dramatik und ihrer Topologie,

---

[45] Zu Vorgängen der »Vergesetzlichung« siehe G. v. RAD: Theologie des Alten Testaments I, 1958, 214-216.

[46] Mit »Bewährung« haben M. BUBER und F. ROSENZWEIG in ihrer Übersetzung der »Schrift« das hebräische צדקה wiedergegeben, das M. LUTHER mit »Gerechtigkeit« übersetzt.

[47] M. BUBER: Bilder von Gut und Böse, 1986, 75.

[48] Bezogen auf die Psalmen wird das biblische Ethos im Blick auf Augustins und Luthers Auslegung dargestellt bei Brian BROCK: Singing the Ethos of God: The Normativity of the Bible and the Crisis of Biblical Interpretation, 2005.

[49] So lassen sich manche Psalmen lesen: vor allem Psalm 73. Vgl. dazu M. BUBER: Recht und Unrecht. Deutung einiger Psalmen, 1994.

in der er sich aufhält. Die Erzählung im Gebet kann das primäre Reden von Gott genannt werden[50]: es geht allem weiteren Reden und Hören voraus.

Die zentrale und alles zentrierende Kennzeichnung ist die des – in LUTHERs Übersetzung – »*Gerechten*«.[51] Martin BUBER und Franz ROSENZWEIG übersetzen »der *Bewährte*«. Das charakterisiert den, der in der Geschichte bleibt, in die er versetzt oder berufen ist und in der er sich bewährt, so dass er sich auf dem Weg, dem er folgt, leiten lässt. Darin besteht die Bewährung und in ihr entspricht er dem Leben mit Gott. Diese Entsprechung meint »Gerechtigkeit« oder eben in der Übersetzung von BUBER und ROSENZWEIG »Bewährung«.

So sagt es Psalm 1: »Denn der HERR kennt den Weg der Gerechten, aber der Gottlosen Weg vergeht.« Es ist Gott, der den Weg »kennt«, und der Gerechte, der Bewährte hält sich in dieser Erkenntnis Gottes auf, er lässt sich von ihr leiten. Martin BUBER bemerkt dazu in seiner Auslegung des Psalms[52]:

»*Wir können hier nur dann Klarheit gewinnen, wenn wir uns vergegenwärtigen, dass das hebräische Verb ›erkennen, kennen‹ in seiner sinnlichen Urbedeutung zum Unterschied von den abendländischen Sprachen nicht die Sphäre der Betrachtung, sondern der des Kontakts zugehört. Der entscheidende Vorgang für das Erkennen ist beim biblischen Hebräisch nicht, dass man einen Gegenstand betrachtet, sondern dass man mit ihm in Berührung kommt. Diese Grundverschiedenheit entfaltet sich im Bereich des seelischen Verhältnisses zu anderen Wesen*[53], *wo die Tatsache der Gegenseitigkeit alles verwandelt: im Mittelpunkt steht hier nicht das Einander-Wahrnehmen, sondern der Wesenskontakt, der ›Umgang‹.*«[54] Immer neu tritt dieser Aspekt des Bewahrt- und Bewährtwerdens in den Augen Gottes, in seiner Erkenntnis hervor: »Die Augen des HERRN merken auf die Gerechten und seine Ohren auf ihr Schreien.« (Psalm 34,16)

Darin verbindet sich die Rede vom »Bewährten« mit dem vom »Heiligen«. Heilig-Sein, Heilig-Werden besteht in nichts anderem, als sich von Gott bewahren und bewähren lassen, ihn den Schöpfer sein lassen und selbst Geschöpf sein. Der Bewährte verliert den Weg und die Richtung nicht, die ihm vorgezeichnet ist, er bleibt auf dem Weg, den Gott kennt, indem er immer neu Gott um seine Führung und Leitung bittet: »Führe mich, o Herr, und leite meinen Gang nach

---

50 An dieser Stelle können wir Paul RICOEURs Grundgedanken für eine objektive Hermeneutik folgen, die davon ausgeht, dass es immer schon einen Text gibt, ein erstes und ursprüngliches Nennen Gottes und nicht einen Autor hinter dem Text. Vgl. P. RICOEUR: Gott nennen (1981)
51 צַדִּיק (Gerechter).
52 M. BUBER: Recht und Unrecht. Deutung einiger Psalmen, 1994.
53 Vgl. Prov 12,10: dort wird vom Gerechten (Bewährten gesagt), dass er die »Seele« seines Viehs »erkennt«.
54 M. BUBER: Recht und Unrecht. Deutung einiger Psalmen, 1994, 58.

deinem Wort«.⁵⁵ Das Böse ist die Richtungslosigkeit, die *Entscheidungslosigkeit*,⁵⁶ das Hin- und Her-Geworfen-Werden. Der Bewährte hingegen wird wohl hin- und hergeworfen von den Gegensätzen und Paradoxien, aber er verliert darin nicht die ihm gegebene Richtung, ja er gewinnt sie darin, wenn er sich der Spur der Wahrheit überlässt, die sich darin abbildet. Er ist wie ein Ski, der sich selbständig gemacht hat, den Abhang hinabrast, hin- und hergerissen und doch stetig und immer auf dem kürzesten Weg, geradezu, bei allen Umwegen auf das Ziel zu, vorangetrieben von der Schwerkraft, die auf ihn einwirkt. Nicht, dass er eine fixierte Bahn vor sich hat. Er läuft nicht auf den Schienen des Gewohnten. Er findet seine Richtung in der Aufmerksamkeit, im Geschehenlassen dessen, was auf ihn einwirkt. Es ist nicht dieser oder jener Stoß, den ihm Menschen versetzen mögen, es ist diese Bewegung im Ganzen, die seinen Weg bestimmt.⁵⁷ Immer neu setzt er sich diesem Vorgang aus, den Psalm 1 beschreibt und bleibt in der Erkenntnis Gottes, weil er sich Gottes Weisung (Tora) Tag und Nacht zu Gehör bringt. Im Hören lässt er sich leiten.

Der Bewährte, der Heilige ist so auf den direkten Weg der Wahrnehmung und der Aufmerksamkeit ausgerichtet. Er ist geradegerichtet und bei aller Bewegung schweift er nicht ab. So werden die Bewährung und das »Gerade-Sein« in einem Atemzug genannt: (Ps 32,11). Der Bewährte bleibt gerade, umweglos ausgerichtet auf das, was ihm von Gott widerfährt. Das lässt ihn »gerade« sein. LUTHER übersetzt mit »williger« sein. Das kennzeichnet den, der im Herzen gerade ist. (2Chr 29,34). Luther übersetzt sonst mit »fromm« (Ps 32,11). Die Frommen heißen auch die, die auf geradem Wege sind (Ps 37,14).⁵⁸ Das Recht fällt den Frommen zu (Ps 94,15). Das Gerade-Sein wird von den Geboten gesagt und von Gott: »Die Befehle des HERRN sind richtig (*gerade*) und erfreuen das Herz. Die Gebote des HERRN sind lauter und erleuchten die Augen.« (Ps 19,9), die

---

55   Evangelisches Gesangbuch (Ausgabe Bayern) o.J., Lied 445.
56   Vgl.: S. WEIL: Zeugnis für das Gute, 1990, 152: »Das Böse ist die schrankenlose Freiheit...«
57   Diese Beschreibung findet sich bei L. COHEN: Beautiful Losers, 1966, 95: »What is a saint? A saint is someone who has achieved a remote human possibility. It is impossible to say what that possibility is. I think it has something to do with the energy of love. Contact with this energy results in the exercise of a kind of balance in the chaos of existence. A saint does not dissolve the chaos; if he did the world would have changed long ago. I do not think that a saint dissolves the chaos even for himself, for there is something arrogant and warlike in the notion of a man setting the universe in order. It is a kind of balance that is his glory. He rides the drifts like an escaped ski. His course is a caress of the hill. His track is a drawing of the snow in a moment of its particular arrangement with wind and rock. Something in him so loves the world that he gives himself to the laws of gravity and chance. Far from flying with the angels, he traces with the fidelity of a seismograph needle the state of the solid bloody landscape. His house is dangerous and finite, but he is at home in the world. He can love the shapes of human beings, the fine and twisted shapes of the heart. It is good to have among us such men, such balancing monsters of love.«
58   יִשְׁרֵי־דָרֶךְ

Wege Gottes sind gerade (Hos 14,10).[59] In dieser Geradheit bewegt sich der Fromme. »Denn des HERRN Wort ist wahrhaftig (gerade), und was er zusagt, das hält er gewiss.« (Ps 33,4)

»Ja, die Gerechten werden deinen Namen preisen, und die Frommen werden vor deinem Angesicht bleiben.« (Ps 140,14). Das ist das Kennzeichen dieser Geraden, dass sie vor Gottes Angesicht, in diesem Gegenüber bleiben, sie werden (so das hebräische Wort[60]) dort »wohnen«. *Dieses* Wohnen und Bleiben macht ihr Ethos aus.[61] Bleiben: dies ist die Aktivität des Frommen.[62] Auf diese Weise irren sie nicht umher, weil sie in Gottes Erkenntnis bleiben, nicht weil sie Gott sehen, sondern weil er sie sieht. Das leitende Gebet des gerade auf Gott Gerichteten ist: Gott sieh mich, höre mich, nimm mich wahr (vgl. Ps 130). »Mein Herz spricht aufrichtige (gerade) Worte, und meine Lippen reden lautere Erkenntnis.« (Hi 33,3) »Des Gerechten Weg ist eben, den Steig des Gerechten machst du gerade.« (Jes 26,7)[63] In dieser Geradheit ohne Umweg und Ablenkung bleibt der Gerechte in Gottes aufmerksamer Obhut. Anders würde er hin- und hergeworfen im Chaos seiner Ziellosigkeit verschwinden: wie die Frevler, von denen Psalm 1 spricht. Die Frevler sind nicht die Unmoralischen, sondern die Gottesleugner, die sich darin selbst zu behaupten suchen.[64]

*»Das Gute ... bewahrt ... den Charakter der Richtung. Ich habe schon darauf hingewiesen, dass es für die wahre, für die mit der geeinten Seele vollzogene menschliche Entscheidung nur Eine Richtung gibt. Das bedeutet, dass, wofür immer die jeweilige Entscheidung getroffen wird, in der Seinswirklichkeit alle die so verschiedenen Entscheidungen nur Variationen einer einzigen, in einer einzigen Richtung immer neu vollzogenen sind. Diese Richtung kann auf zweierlei Weise verstanden werden. Entweder man versteht sie als die Richtung auf die Person, die mit mir gemeint ist und die ich eben nur in solcher Selbstbesinnung ... erfasse ... Oder aber man versteht die einzige Richtung als die Richtung zu Gott. Diese Doppelheit des Verständnisses ist aber nichts anderes als eine Doppelheit der Aspekte, wofern ich nur mit dem Namen*

---

[59] כִּי־יְשָׁרִים דַּרְכֵי יְהֹוָה

[60] יֵשְׁבוּ Ps 140,14; vgl. Ps 4,4.8-9.

[61] Zur Bedeutung von »Ethos« = Wohnen: M. HEIDEGGER: Über den ›Humanismus‹. Brief an Jean Beaufret, Paris 1947 (1954). Vgl. dazu insbesondere P. RICOEUR: Religion, Atheismus und Glaube [1969] (2002), 101f. Ricoeur zeigt den (biblisch zu begreifenden) Zusammenhang zwischen dem Wohnen, dem Ethos und dem Logos.

[62] Prov. 3,32: »denn wer auf Abwegen geht, ist dem HERRN ein Greuel, aber den Frommen ist er Freund«.

[63] Vgl. Jer 27,5: Wer in Gottes Augen »gerade« ist.

[64] Zur Auslegung vgl. M. LUTHER: Luthers Arbeiten über die ersten 22 Psalmen (Operationes in Psalmos) [1519-1521] (1987).

›Gott‹ *nicht eine Projektion meines Selbst oder dergleichen, sondern meinen Schöpfer nenne, das heißt den Urheber meiner Einzigkeit, die innerweltlich unableitbar ist.*«[65]

Martin BUBERs Umschreibung charakterisiert jenen Gerechten und Heiligen, der sich in die Richtung lenken lässt, die ihm bestimmt ist: »Meine Einzigkeit, diese unwiederholbare Wesensform[66] hier, in keine Elemente zerlegbar und aus keinen zusammensetzbar, erfahre ich als eine entworfene oder vorgebildete, mir zur Ausführung anvertraut, wiewohl alles, was auf mich einwirkt, an ihr mitwirkt und mitwirken muss.«[67] Es ist ein spezifisches Zugleich von Aktivität und Passivität, von Aktivität und Pathos[68], das den Heiligen kennzeichnet, nur so gewinnt er seine Richtung: »In der Entscheidung die Richtung annehmen bedeutet somit: die Richtung auf den Punkt des Seins nehmen, an dem ich, den Entwurf, der ich bin, an meinem Teil ausführend, dem meiner harrenden Gottesgeheimnis meiner erschaffenen Einzigkeit begegne.«[69]

Hier ist der Ursprung biblischer Ethik, die sich von jeder Moral unterscheidet, die per se ort- und ursprungslos ist und so Menschen gegenübertritt, wie sehr auch immer sie diese »internalisieren«.[70] Der Ursprung biblischer Ethik, der einer moralischen Rechtfertigungsstrategie entgegensteht, die um der eigenen Rechtfertigung – und nicht um des Rechtes des anderen willen geschieht – ist dort, wo Menschen Gottes Handeln erfahren und erleiden. Dieses Erleiden macht den Gerechten und den Heiligen aus. So wird es von den Gerechten und Heiligen bezeugt. Martin LUTHER hat so von MARIA gesprochen, die Gottes Wirken preist: »Denn es ist kein Menschenwerk, Gott mit Freuden loben. Es ist mehr ein fröhliches Leiden und allein ein Gotteswerk, das sich nicht mit Worten lehren, sondern nur durch Erfahrung kennen (lernen) lässt...«[71] Hier hat die Rede von der »Erfahrung« ihren genuinen Ort. Sie findet sich dort, wo das bestimmte Wirken Gottes erfahren und erlitten wird. Die Tradition dieser Ethik, wie sie in Martin LUTHERs Theologie hervortritt, hat Hans Joachim IWAND in scharfen Konturen nachgezeichnet. Sie setzt dort ein, wo die ethische Existenz im Erleiden des Handelns Gottes gründet. Dies – und nicht eine freischwebende Freiheit – ist der Ursprungsort evangelischer Ethik. Es ist der Ort HIOBs. IWAND bemerkt: »Bei Luther steht nicht mehr das Tun ... des griechischen Ethos im Vordergrunde, sondern vielmehr das Leiden. Alles echte Werk ent-

---

65  M. BUBER: Bilder von Gut und Böse, 1952, 73f.
66  Mit diesem Begriff kennzeichnet BUBER das, was wir als »Existenzform« bezeichnen.
67  M. BUBER: Bilder von Gut und Böse, 1952, 74.
68  Vgl. dazu insgesamt: R. HÜTTER: Theologie als kirchliche Praktik, 1997 [Suffering Divine Things, 1999].
69  M. BUBER: Bilder von Gut und Böse, 1952, 75.
70  Das ist die Pointe von F. NIETZSCHE: Zur Genealogie der Moral [1887].
71  M. LUTHER: Das Magnificat verdeutscht und ausgelegt [1521] (1983), 279.

springt daraus, dass ich Gottes Handeln an mir erleide: ›Sieh, das ist der Weg des Kreuzes, den kannst du nicht finden, sondern ich muss dich führen wie einen Blinden. Darum sollst nicht du, nicht ein Mensch, nicht eine Kreatur, sondern ich, ich selbst will dich durch meinen Geist und durch mein Wort unterweisen in dem Weg, darin du wandeln sollst. Nicht das du erwählt, nicht das Leiden, das du erdenkst, sondern das auf dich wider dein Erwählen, Denken, Begierden zukommt, da folge, da rufe ich, da sei Schüler, da ist es Zeit, dein Meister ist da kommen.‹«[72] Die Logik der Ethik – gegenüber den Moralphilosophien – ist davon bestimmt: »Gott ist das Außen, das nie in ein Innen verwandelt werden kann.«[73]

In der *passiv-aktiven* und *aktiv-passiven* Existenzform erscheint der Heilige in seiner Geschöpflichkeit, und im Heiligen tritt die *Existenzform der Geschöpflichkeit* hervor. Der Heilige lebt seine Geschöpflichkeit. In nichts anderem besteht sie als in dieser passiv-aktiven Lebendigkeit. So ist auch vom Heiligen – wie vom Weisen – zu sagen, dass er immer neu auf seinen Schöpfer aufmerksam bleibt. Auf diesem passiv-aktiven Wege findet der Bewährte seine Form, anders als der Böse, dessen Kennzeichen die Entscheidungslosigkeit, die Richtungslosigkeit ist. Das Böse besteht, wie es BUBER für die Geschichte von KAIN und ABEL nachzeichnet[74], in der Entscheidungslosigkeit und auch (wie in Psalm 82 angezeigt) in den eingeschliffenen Gewohnheiten. Das Böse besteht darin, dass man den Dingen ihren Lauf lässt, niemand greift ein, niemand stellt sich dagegen, alles erscheint so, wie es jeder immer schon kennt. Alles geht seinen Gang, und jeder weiß es. Jeder weiß es, aber es fehlt die Erkenntnis, die die Verbindung mit dem anderen aufnimmt. Alles geht seinen durchaus auch unangefochtenen und wohlgeordneten Gang. In diese Banalität ist das Böse gekleidet.[75] Es erscheint in wohlgeordneter und verwalteter Entscheidungslosigkeit. Dies macht es so schwer, einzugreifen.

Den Ungerechten fehlt die Erkenntnis des anderen, die Verbindung zum anderen, die die eigene Sicht verändert. So wird es im Psalm 82 von den Ungerechten gesagt. Es sind die, die über alles richten, ohne je in Erscheinung zu treten, ohne die erkennende Verbindung aufzunehmen mit denen, über die sie befinden.[76] Diese anonymen Ungerechten – so sagt es Ps 82 – »*erkennen* nicht und

---

72  H.J. IWAND: Luthers Theologie, 1974, 97. Das Zitat von M. LUTHER ist aus: WA 18, 489, 21ff. (Die sieben Bußpsalmen. Zweite Bearbeitung 1525).
73  H.J. IWAND, a.a.O. 98. Siehe auch B4-4.
74  M. BUBER: Bilder von Gut und Böse, 1952.
75  Vgl. H. ARENDT: Eichmann in Jerusalem, 1964.
76  Das hebräische Wort יָדְעוּ meint ein Erkennen, das zugleich Verbindung mit dem anderen aufnehmen bedeutet. So umschreibt es Martin BUBER, Recht und Unrecht. Deutung einiger Psalmen, 1994.

*unterscheiden* nicht«, sie verstehen nicht vom Anderen aus, sie sind indifferent. Für sie ist die Gleichheit zur Vergleichgültigung geworden.[77]

Martin BUBER hat in jenen unanfechtbaren und zugleich verkommenen Richtern, die Franz KAFKA in seinem Roman »Der Proceß«[78] beschrieben hat, Exemplare für diese Ungerechten gesehen. Ihnen gegenüber hilft keine Gegenrede, weil ihre Logik alles absorbiert. Gott selbst muss in ihren Kreis eindringen, er muss dazwischenfahren und den Bannkreis der Gewohnheiten durchbrechen. Die ungerechten Richter »lassen sich nichts sagen« (so M. LUTHERs Übersetzung): es sind diejenigen, denen jene andere, passive Seite fehlt. Sie lassen mit sich keine Verbindung aufnehmen und sie nehmen selbst keine Verbindung auf. Sie bleiben wie in KAFKAs »Proceß« immer im Hintergrund. Ungerechtigkeit findet in dieser Anonymität[79] statt. Wo einer hervortritt, wo einer dem Nächsten gegenübertritt, setzt die Gerechtigkeit ein, die geraden Blicks sieht, was die Sache des Nächsten ist. Die Ungerechten finden zu keinem Urteil, stattdessen gibt es den unmerklichen, fließenden und schleichenden Übergang vom Prozess zum Urteil. Die Ungerechten unterscheiden nicht in Bezug auf das, was für den Nächsten einen Unterschied macht. Sie setzen allenfalls ihre eigenen Unterscheidungen. Die Ungerechten bleiben mit ihren allgemeinen Ansichten im Dunkel, sie exponieren sich nicht durch Gerechtigkeit. Nur der andere wird mit einem Namen als Kennzeichen versehen, er entgeht nicht ihrer Kontrolle.

Als den Angelpunkt und Ursprung aller Erkenntnis[80], als die erkenntnistheoretische Grundlage hat Emmanuel LÉVINAS diese Gerechtigkeit beschrieben: Gerechtigkeit im vis-à-vis. Die Erkenntnis im leiblich-seelischen vis-à-vis ist von Franz ROSENZWEIG als die grundlegende Erkenntnisform in der biblischen Überlieferung gekennzeichnet worden.[81] *»Die biblischen ›Anthropomorphismen‹ ... entstammen dem unverkümmerten Wissen um die Art, wie Gott dem Menschen begegnet: so nämlich, dass er in seine, des Geschöpfs, konkrete, d.h. augenblickliche leiblich-seelische Wirklichkeit mit gleich konkret augenblicklichem leibhaft-seelenhaftem Begegnen eingeht. Sie fügen sich also nie unter einander zu Abbild oder Beschreibung zusammen, sondern beziehen sich, ihrem durchaus nur konkret-momentanen Cha-*

---

77  Vgl. zu dem Zusammenhang von Gleichheit und Gerechtigkeit: J. RANCIÈRE: Gibt es eine politische Philosophie? (1997).
78  F. KAFKA: Der Proceß [1925] 1990.
79  Die »Anonymisierung der Macht« hat H. PLESSNER im Blick auf die Verschiebung von der politischen Macht zum technologischen und bürokratischen Vermögen diagnostiziert: »Die Anonymisierung der Macht, das heißt ihre Ablösung von einem zur Herrschaft legitimierten und begrenzten Kreis von Personen, wird im Zeitalter der wissenschaftlichen Zivilisation, durch ihre Propheten schon im ausgehenden 18. Jahrhundert hatte, durch den raschen Zuwachs an technischem Machtpotential verstärkt.« H. PLESSNER: Die Emanzipation der Macht [1962] (1974) 207.
80  S.o., dazu auch M. BUBER: Recht und Unrecht. Deutung einiger Psalmen, 1994.
81  Vgl.. F. ROSENZWEIG: Anmerkung über Anthropomorphismus (1976).

*rakter gemäß, immer nur auf das geschöpfliche Gegenüber und nur auf diesen seinen augenblicklichen Augenblick. Die Voraussetzung, die sie machen, ist keine andre als die doppelte, die die Bibel überhaupt macht: nämlich dass Gott kann, was er will (also auch dem Geschöpf jeweils in voller leiblicher und geistiger Wirklichkeit begegnen) und dass das Geschöpf kann, was es soll (also auch die ihm jeweils sich zuwendende Selbstverleiblichung oder Selbstvergeistigung Gottes voll auffassen und erkennen.)«*[82]

## 3. Leben in gespannter Erwartung

Der Gerechte und Heilige lebt in höchster Aufmerksamkeit[83] auf *das*, was er von Gott vernimmt und erfährt. Es ist keine leere Aufmerksamkeit, die als ein knappes Gut auf dem Markt derer gehandelt werden kann, die Aufmerksamkeit beanspruchen wollen. Das Leben des Gerechten und Heiligen vollzieht sich in der gespannten Erwartung, dass Gott ihm nahe kommt. Seine Bewährung besteht in dieser bestimmten, begründeten Erwartung. Von den exemplarischen Gerechten wird es so erzählt, dass sie in solcher Erwartung Gott bemerkt haben, wie NOAH, von dem gesagt wird, er sei »bewährt« (»gerecht«) und »ganz«.[84] NOAH wird der Weisung Gottes gewärtig und findet so Rettung vor dem in Gang gesetzten Unheil. Immer neu wird von ihm gesagt, dass er tut, wie ihm Gott *gebietet* (Gen 6,22). Alles liegt in seiner gespannten Aufmerksamkeit, die sein Ethos ausmacht. Was wäre gewesen, er hätte nichts vernommen und wäre seinen Gewohnheiten und Plänen[85] weiter gefolgt. Die Gestaltungen der Menschen stehen solcher Aufmerksamkeit entgegen. Das »Gebild der Planungen«, das »Gestalten« ist »böse« (Gen 6,5; 8,21), sofern das Böse, wie wir aus den Geschichten lernen, die Entscheidungs- und Richtungslosigkeit ist. Kaum eine Kennzeichnung menschlicher Aufgaben steht im größeren Widerspruch zu diesem NOAH, der dem Plan Gottes folgt und nach Gottes Bauplan die Arche zimmert, als die Rede von all dem, was Menschen zu »gestalten« haben. Sie zeigt die Richtungslosigkeit an. Wonach und woraufhin sollte dieses »Gestalten« erfolgen? Dem, was NOAH baut, geht ein Hören, Erkennen und Verstehen voraus. Er lässt sich in Gottes Plan einweisen und folgt ihm.

---

[82] F. ROSENZWEIG: Anmerkung über Anthropomorphismus (1976) 127.
[83] Vgl. zu diesem Kennzeichen: R. SPAEMANN: Glück und Wohlwollen. Vgl. insbesondere: S. WEIL: Zeugnis für das Gute, 1990, 45-53.
[84] Vgl. zu diesem Kennzeichen auch M. BUBER: Bilder von Gut und Böse, 1952. BUBER spricht von der »echten Ganzheit«: »Das Böse kann nicht mit der ganzen Seele getan werden; das Gute kann nur mit der ganzen Seele getan werden. Es wird getan, wenn der Schwung der Seele, von ihren höchsten Kräften ausgehend, alle Kräfte ergreift und sie sich in das läuternde und einwandelnde Feuer als in die Möglichkeit der Entscheidung stürzen lässt.« (63f.).
[85] BUBER/ ROSENZWEIG: »Gebild der Planungen«: »ER sah: ja, groß war die Bosheit des Menschen auf Erden und alles Gebild der Planungen seines Herzens bloß böse all den Tag« (Gen 6,5).

In welch gespannter Erwartung müssen wir uns NOAH vorstellen? Und nicht anders ABRAHAM, dem die drei Männer begegnen, um ihm zu sagen, dass SARA und er einen Sohn haben werden, mit dem die Geschichte Gottes mit seinem Volk weitergeht. Auch Abraham könnte diese Boten nicht bemerkt oder nicht verstanden haben. Der Gerechte ist ein Mensch der »Hoffnung«.[86] Das hebräische Wort für »Hoffnung« trägt die Bedeutung des aufmerksamen Ausgerichtet-Seins auf Gott mit sich. Die gespannte Erwartung gilt der Geschichte Gottes mit seinem Volk.

Mit diesem Ausgestrecktsein, für das die Wörter »hoffen« und »harren« (vgl. Ps 130) stehen, ist die Bedingung der *Erkenntnis* gegeben, die von der Erkenntnis des Nächsten ausgeht. »Das Wesen des Gebetes besteht in der Aufmerksamkeit.« Darin findet Simone WEIL den Schlüssel zu jeder Art von Studium – und zur Erkenntnis des Nächsten: »*Die Fülle der Nächstenliebe besteht einfach in der Fähigkeit, den Nächsten fragen zu können: ›Welches Leiden quält dich?‹ Sie besteht in dem Bewusstsein, dass der Unglückliche existiert, nicht als Einzelteil einer Serie, nicht als ein Exemplar der sozialen Kategorie, welche die Aufschrift ›Unglückliche‹ trägt, sondern als Mensch, der völlig unseresgleichen ist und dem das Unglück eines Tages einen unnachahmbaren Stempel aufgeprägt hat. Hierzu genügt es – aber das ist zugleich auch unerlässlich –, dass man versteht, einen gewissen Blick auf ihn zu richten. Dieser Blick ist vor allem ein aufmerksamer Blick, wobei die Seele sich jedes eigenen Inhalts entleert, um das Wesen, das sie betrachtet, so wie es ist, in seiner ganzen Wahrheit*[87]*, in sich aufzunehmen. Eines solches Blickes ist nur fähig, wer der Aufmerksamkeit fähig ist.*«[88]

Die hier beschriebene Leere ist wiederum nicht so zu verstehen, dass sie mit allem Möglichen – im Werben um die Aufmerksamkeit – ausgefüllt werden könnte. Es geht gerade um die Umkehrung dieses Vorgangs.

### 4. In der Treue zur Gemeinschaft

Was in der Bibel-Übersetzung »Gerechtigkeit« heißt, die »Bewährung«, wie BUBER und ROSENZWEIG übersetzen, erweist sich als Treue zur Gemeinschaft.[89] Es ist Gottes Treue zu seinem Volk, mit dem er eine spezifische Verbindung aufgenommen hat, und es ist die Treue von Menschen zu der Gemeinschaft, der sie zugehören – damit die Geschichte, die Gott mit ihr eingegangen ist, weiter geht.

---

86  Vgl. W. ZIMMERLI: Der Mensch und seine Hoffnung im Alten Testament, 1968.
87  Es geht um die Wahrheit, die in Geradheit zu gewärtigen ist. Es ist die Wahrheit, die nicht mit dem Notwendigen zusammenfällt: Vgl. F. KAFKA: Der Proceß [1925] 1990, 233.
88  S. WEIL: Zeugnis für das Gute, 1990, 53.
89  G. v. RAD: Theologie des Alten Testaments I. Die Theologie der geschichtlichen Überlieferungen Israels, 1958, 382-394.

Immer neu besteht die Gefahr, dass diese Geschichte abreißt. Die Bewährten finden sich dort, wo alles darauf ankommt, dass die Geschichte ihren Fortgang nimmt. Das gilt für NOAH, das gilt – wenn wir Gerhard von RADs Auslegung folgen – paradigmatisch für TAMAR, die – wie von RAD die Geschichte erzählt – »ihren Schwiegervater an sich gelockt und von ihm ein Kind empfangen« hat. So hat sie der Familie ihres verstorbenen Mannes eine Nachkommenschaft erweckt. Eben diese TAMAR schließlich erscheint in der Geschlechterfolge, die bis zur Geburt JESU reicht.[90] Die Treue zur Gemeinschaft – das ist die Grundfigur der Gerechtigkeit Gottes, der die theologische Ausarbeitung von der Rechtfertigung des Sünders folgt. Es ist diese Logik – und keine andere –, die die Rechtfertigungslehre leitet: dass Gott diejenigen, die ihm die Ehre verweigern, weil sie sein Wirken nicht achten, in seine Gemeinschaft und seine Geschichte mit ihr zurückholt. Ihr zu folgen heißt, weiterhin Gerechtigkeit zu tun und zu bezeugen. Denen, die Gottes Gerechtigkeit, die seine Treue erfahren haben, kommt es zu, diese zu bezeugen. Diese Erfahrung können sie niemandem schuldig bleiben. Dies ist das Zeugnis ABRAHAMs, das PAULUS aufnimmt und das zur Artikulation in der Lehre von der Rechtfertigung des Sünders führt.[91] Sie findet dort statt, wo jemand wie Abraham, sich dem anvertraut, was Gott mit ihm vorhat, wo jemand der Verheißung folgt, durch die Gott ihn in seine Geschichte hineinzieht. Dies ist Abraham als Gerechtigkeit angerechnet worden (Gen 15,5f.). So erscheint jetzt die Treue zur Gemeinschaft: im Vertrauen auf diese Geschichte zu leben. Dieses steht gegen das, was »Sünde« heißt: die Abkehr von dieser Geschichte.

### 5. *Im Vollzug rechten Urteilens*

Angelpunkt des Ethos in der biblischen Tradition ist eine Gerechtigkeit, Bewährung, die immer zugleich eine urteilende, Recht sprechende ist. Zur Ausübung der Gerechtigkeit gehört immer zugleich das Vollziehen, Schaffen von »Recht« im Urteil und im entsprechenden Tun. So werden Gerechtigkeit und Recht zugleich genannt. Der Gerechte und Bewährte ist zugleich der im Urteilen Bewährte und Gerechte. So werden Gerechte auch als die recht Urteilenden eingeführt. Auf diese Figur und ihre Kennzeichen kommt es an. So wie in Psalm 82 von den Ungerechten gesagt wird »sie lassen sich nichts sagen, sie verstehen nicht, sie erkennen nicht«, so gilt das Gegenteil von den Bewährten und Gerechten. König SALOMO das Paradigma des gerechten, rechtsprechenden und gerecht urteilenden Richters erscheint in entsprechender Kennzeichnung. Als er im

---

[90] Mt 1,1-17.
[91] Zur Rechtfertigungslehre bei Paulus siehe insbesondere: Th. SÖDING: Nicht aus Werken des Gesetzes, sondern aus Glauben. Zur exegetischen Deutung der paulinischen Rechtfertigungslehre (2002)

Traum von Gott nach seinem Wunsch gefragt wird, erbittet er ein »hörendes Herz«, eben ein solches, das zu hören imstande ist, was ihm gesagt wird und was es sich nicht selbst sagen kann. (1 Kön 3) Und dann sagt ihm Gott ein »verstehendes« und »weises« Herz zu. Auch die Weisheit, die SALOMO gewährt wird, gehört zur Urteilskraft, die Salomo damit verliehen wird. Die Weisheit erschließt das Verstehen der Wirklichkeit, wie sie für uns Menschen eingerichtet ist und in Gottes Handeln bewahrt ist. Es ist die Weisheit, die aus der »Furcht des Herrn« kommt, die darin besteht, Gottes Wirken zu gewärtigen und sich gefallen lassen.[92] In ihr ist das Urteilen-Können beschlossen. Es ist mit dieser Figur für das politische Gemeinwesen das Urteilen als die grundlegende Praxis eingeführt, die eine komplexe moral-fähige Figur voraussetzt.

In den gegenwärtigen Diskursen wird durchaus die Frage akut, was das »moralische Subjekt« ausmacht[93] – etwa bei John RAWLS der »Gerechtigkeitssinn« oder bei Jürgen Habermas, die Frage nach der Einbettung der Moral und ihrer Gerechtigkeit in eine Lebenswelt. Freilich ist eben dort kaum ausreichend thematisiert, wie eine solche Figur des rechten Urteilens einzuführen ist. Sie kann eingeführt werden dadurch, dass man von einer »wohlgeordneten« Gesellschaft oder einer Lebenswelt ausgeht, in der sich solche Figuren bilden. Eine solche Figur, die für Recht und Gerechtigkeit einsteht, kann auch utopisch eingeführt werden – auch im Sinne der Utopie des guten oder weisen Herrschers[94], auf den hin (oder von dem abgeleitet) dann auch die Utopie des gerechten und weisen Bürgers, des rechten citizen gedacht werden kann, oder wie auch immer dieses Verhältnis zu bestimmen ist. Die Figur des rechten citizen kann aber auch (transzendentalpragmatisch) postulatorisch eingeführt werden: ihn müssen wir voraussetzen, immer schon, weil wir sonst nie überhaupt anfangen können, über Recht und Gerechtigkeit zu urteilen. Die Figur kann – gewiss auch – über die Frage nach der moralischen Konstitution, vielleicht auch der moralischen Natur des Menschen eingeführt werden.

Für die biblische Logik und die Tradition, die ihr folgt, sind diese Wege der Einführung der moralischen Figur diskutabel. Sie erfüllen aber nicht das grundlegende Kriterium für den recht urteilenden Gerechten. Er ist eben derjenige, der jene Kennzeichen aufweist – und damit die Kennzeichen seines Lebens als einer, der Gottes Wirken, sein Reden und Handeln und seine guten Gaben sich gefal-

---

[92] Siehe zum Verständnis der Weisheit in der biblischen Überlieferung: G. v. RAD: Weisheit in Israel, [1970] 1985.
[93] Siehe den eindringlichen Überblick bei: J. HALLAMAA: The prisms of moral personhood : the concept of a person in contemporary Anglo-American ethics, 1994. Jaana HALLAMAA zeigt, in welchem Sinne in den vielfältigen Konzeptionen das moralische Subjekt immer als »Person« bestimmt wird und was »Person« ist, von dem je verschiedenen konzeptionellen Kontext abhängt.
[94] Siehe dazu: J. HABERMAS: Die Utopie des guten Herrschers: Eine Diskussion zwischen Jürgen Habermas und Robert SPAEMANN (1972).

len lässt. Es ist auch jemand, der Gott um Vergebung bittet und nicht daran denkt, Schuld in jeder Hinsicht selbst aus der Welt schaffen zu können. Hier ist der Brennpunkt biblischer Ethik. Der Brennpunkt ist markiert durch diesen geschöpflichen Menschen. Damit ist auch gesagt, dass jene Kennzeichen selbst, jedes einzelne die Geschöpflichkeit kennzeichnen. Deshalb ist die Figur des recht Urteilenden nicht auf jene genannten Weisen einzuführen, auch nicht im Sinne einet (transzendentalpragmatischen) Voraussetzung, auf deren immer schon gegebene Notwendigkeit wir setzen. Vielmehr geht es darum, dass diese Voraussetzung empirisch, auch politisch präsent ist: in eben den Praktiken, die den Gerechten als den »werden« und »sein« lassen der er ist – und zugleich in den Praktiken, die er ausübt. So erscheint der Bürger als derjenige, der realiter um Vergebung bitten kann – und damit darum, dass die Lebensgrundlage, die Menschen zerstören können, nicht zerstört wird. Es ist in systematischer Hinsicht nicht zufällig, das SALOMO derjenige ist, der den Tempel baut, den einzigen, den es geben soll. Es ist der Ort, an dem diese Praxis präsent wird. Es ist das Paradigma für eine politische Ethik, die sich als Angelpunkt jeder Ethik erweist. In ihr wird kenntlich, dass es Menschen als Geschöpfe und nicht als die obersten Regenten ihren königlichen, Recht und Gerechtigkeit vollziehenden Aufgaben nachzugehen haben. Dass Blaise PASCAL schließlich sagen muss, der Mensch, so wie er sich jetzt zeigt, ist ein heruntergekommener König, einer der vergessen und verloren hat, was sein königlicher Auftrag ist, zeigt die Leerstelle, die mit der Thematisierung des »moralischen Subjekts« umkreist wird. Salomo steht als die erinnernde Figur genau hier.

Auf diese ethisch-moralische Figur hin wird schließlich die politische Ethik setzen können, sofern sie nicht von einem ganz anderen – nicht einem solchen paradigmatisch republikanischen – Modell ausgeht, aus welchen Gründen auch immer sie dies tut. In der unaufgebbaren Selbstverständlichkeit des politischen Bürgers und seiner Aufgabe Recht und Gerechtigkeit auszuüben hat die politische Ethik die politische Aufgabe auch der »Obrigkeit« oder eben der Machtbildung und Machtübertragung gesehen. Nur in dieser Logik ist jene Zwei-Regimenten-Lehre zu verstehen, die nach der weltlichen Seite ebenso wie nach der geistlichen hin das Gewärtigen des Wirkens Gottes im Vollzug bestimmter Praktiken voraussetzt. Die zentrale Praktik, auf die wir hier nun treffen ist die des rechten Urteilens. Recht urteilen können heißt, recht unterscheiden können – an den Unterscheidungen entlang gehen können, die mit Gottes Wirken vorgezeichnet sind, die Unterscheidung, in der sich ein Mensch als Geschöpf bewegt. Dieses Geschöpf steht selbst unter Gottes Urteil. Wer dieses Urteil erbittet, gewinnt in dieser Praxis den Ort seiner Unparteilichkeit – die (transzendentalpragmatische) Voraussetzung jeglichen Urteilens.⁹⁵ In ihr ist einzig rechtes Urteilen verankert. Unparteilichkeit ist nicht zu gewinnen ohne einen Bezugspunkt, der immer schon jenseits denkbarer Parteien oder Interessen besteht. So ist zu fragen, woraufhin jemand unparteilich ist. In der biblischen Figur des Gerechten ist es derjenige, der sich etwas sagen lässt, der hört und Verbindung mit dem je anderen aufnimmt – aber der zuerst auch sich selbst dem Urteil Gottes stellt. Dieses Urteil Gottes begegnet darin, dass jemand um Gottes Vergebung bittet und für das dankt, was er immer schon mit dem anderen zusammen, zugleich, von Gott empfangen hat. Die Praxis dieses Betens stellt den Ort des eigenen rechten Urteilens dar. So geschieht es paradigmatisch in vielen der Psalmen. Sie sind als die Gebete eben der Könige Israels, jenes SALOMO (Psalm 72; 127) und dann vor allem seines Sohnes DAVID, überliefert.

## 6. Im Tun der Gebote

Der Bewährte (Gerechte) folgt so auch den Geboten, in denen die vielfältigen Verflechtungen mit Gottes Geschichte reflektiert sind. Darin gewinnt der Gerechte Form⁹⁶, dass er nicht diesen oder jenen Notwendigkeiten oder Verantwortlichkeiten folgt, die ihn da und dorthin treiben, sondern dem, was er als Gebot vernimmt und als Gottes Gebot⁹⁷ aufnimmt. Es ist ihm nicht zuzumuten, von »Gegebenheiten« zu reden, die er anzunehmen hat, ohne ihre Erkenntnis auf dem Hintergrund der Gebote. Er hält sich an Gebote, die er hört, lernt und versteht. Die Gebote, die er vernimmt, sind mit Gottes Wort und *ausdrücklicher* Weisung verbunden, sie sind in diese eingefügt. Was immer diesen Menschen kennzeichnet, er hat es nicht von »Natur«, auf die er sich vielleicht berufen möchte, sondern aufgrund einer ausdrücklichen Weisung, so auch das Gebot, »sich zu mehren« (Gen 1,28). Nicht einfach »Leben« ist ihm gegeben, sondern ein bestimmtes Leben ist ihm zuerkannt. Es ist ihm ausdrücklich gesagt in dem Gebot. Darin exponiert sich Gott. Und mit ihm exponiert sich derjenige, der hört und versteht. Gott selbst steht dafür ein, dass das Gebot tragfähig ist – das Gebot ist Verheißung. So ist den Menschen verheißungsvoll gesagt »mehret euch...« (Gen 1,22). Das klingt anders als der (neue) kategorische Imperativ »es soll eine Menschheit sein!« (Hans JONAS), ohne dessen Gültigkeit das Leben der Menschheit ein völlig anderes wäre. Die Verpflichtung auf das Fortleben der Menschheit, die vieles berührt, was Menschen tun und lassen, hält die Menschheit fest, die auf nichts mehr antwortet, sondern bestenfalls noch darauf wartet,

---

95  Siehe dazu: G. LOHMANN: Unparteilichkeit in der Moral (2001).
96  Vgl. dazu A. J. HESCHEL: Gott sucht den Menschen, 1992.
97  Zum Verständnis der Gebote in der biblischen Überlieferung siehe: G. v. RAD: Theologie des Alten Testaments I, 1958, bes. 203-216..

was sich mit ihr ereignen mag. Sie hört keine Verheißung mehr. Ihr ist das Prinzip Verantwortung (wie es Hans JONAS beschreibt) geblieben, dem sich niemand entziehen kann. Es ist eine Verpflichtung ohne jede Verheißung. Sie folgt keinem Weg.

Demgegenüber sind die Gebote – wie das Gebot »mehret euch« – mit einer Hoffnung versehen, die in Gottes Verheißung gründet. Gerhard von RAD bemerkt zur Bedeutung der Gebote. »Unter allen Umständen muss die enge Verbindung von Geboten und Bund im Auge behalten werden. ... Demnach konnte etwa der Dekalog von ISRAEL niemals als absolutes moralisches Sittengesetz verstanden worden sein. Vielmehr hat ihn ISRAEL als die ihm in einer besonderen Stunde seiner Geschichte zugewendete Offenbarung des Willens JAHWEs gehalten, durch die ihm das Heilsgut des Lebens angeboten war.«[98] Die Gebote markieren den Weg der Geschichte Gottes mit den Menschen. Der Bewährte lernt mit ihnen, in Gottes Geschichte zu bleiben und mit ihnen zu leben. Nur durch den Gerechten wird diese Geschichte bewahrt. Der Gerechte ist das Gedächtnis der Geschichte, indem er den Weg weitergeht. In diesem Sinne ist der Bewährte ein Ideal des aktiven Lebens[99] – in all jener Aufmerksamkeit und Passivität, die ihn kennzeichnet. Der Bewährte ist, wie Gershom SCHOLEM bemerkt, die Figur des »gewöhnlichen Juden«.[100] »Der Gerechte vollzieht seine Handlungen in völliger Ausgeglichenheit, eine tiefe Ruhe und Gelassenheit erfüllt ihn, wie intensiv auch sein Drang sein mag, das göttliche Gebot zu erfüllen. Nie verliert er seine Selbstkontrolle. So ist es zu verstehen, dass die jüdische Tradition in der Gerechtigkeit, der Eigenschaft des zaddik[101], etwas Erlernbares sieht, ein Ziel, zu dem Erziehung und Übung hinführen können.«[102] Dieser Gerechte vertraut sich den Geboten – wie selbstverständlich[103] – an. Die Gebote sind nicht etwas, das er wie eifrig auch immer zu *be*folgen hat, sondern sie sind der Weg, dem er *folgt*, auf dem er geht. Wo sollte er sich aufhalten? Die Gebote sind seine Topographie. Gibt es einen Ort zu leben außerhalb des Gebotes Gottes? In diesem Sinne

---

[98] G. v. RAD: Theologie des Alten Testaments I, 1958, 207.
[99] Vgl. G. SCHOLEM: Drei Typen jüdischer Frömmigkeit (1984).
[100] Ebd., 273.
[101] »Zaddik« (צַדִּיק) ist das hebräische Wort für »Gerechter« oder (in M. BUBERs Übersetzung) für den »Bewährten«.
[102] Ebd., 274.
[103] Möglicherweise ist ein Teil dieser Pointe in KAFKAs Geschichte »Vor dem Gesetz« enthalten. Der Mann vom Lande denkt nicht daran, einfach, selbstverständlicherweise die Schwelle zum Gesetz zu überschreiten, unbeschadet aller – wie auch immer aufgerichteten – Barrieren oder Hüter des Gesetzes.

kann das Leben in den Geboten ein »Ethos« genannt werden, wo jemand wohnt.[104]

So ist die Lebensgestalt des Gerechten als ein *Leben in diesen Geboten* zu beschreiben.[105] Dies lässt ihn frei davon sein, sich Gesetzmäßigkeiten zu unterwerfen, ihr subjectum zu sein. Seine Freiheit findet er in diesen Geboten, nicht außerhalb davon. Dort stellen sich wer weiß welche Gesetzmäßigkeiten, Zwänge und Gewohnheiten ein. So kann er Gottes Gebot in den höchsten Tönen preisen (Psalm 119)[106], es ist die Welt seiner Freiheit. Hier ist der Angelpunkt der biblischen Rede von Freiheit und Gebot, wie sie sich auch in der Auslegungsgeschichte verfolgen lässt. Von hier führt keine Linie zu einer Philosophie des subjectum[107] und keine zu einer Philosophie der Behauptung des Subjekts. Hier beginnt die Linie einer kritischen und explorativen Ethik, die sich nicht mit der Freiheit in der Selbstbehauptung verbindet und ebenso wenig mit ihrem Gegenstück, der Freiheit unwidersprochenen Aufgehens in dem, was das menschliche Leben ausmacht.

Weil es kein selbstwirksames, zwingendes Gesetz, sondern ein Gebot ist, dem Menschen folgen dürfen, ist dies kein Ethos, das als Gewohnheit oder gar als Satzung gilt, sondern eine Praxis, die anders als durch Weitergabe, durch Traditio, nicht gelehrt und gelernt werden kann. Diese Traditio bildet den Weg, auf dem die Geschichte verläuft. Es gibt hier keine Ethik ohne Tradition – um dieser Geschichte willen. Nicht eine tradierte Ethik, oder eine Ethik »der Tradition«[108], begegnet uns im Gebot, sondern eine Ethik, die Leben und Lernen im Vorgang der Tradition zeigt. Wir haben gefragt, was »Tradition« heißen kann.[109] Sie steht jenen Gewohnheiten entgegen, die die aufmerksame Gerechtigkeit überlagern. Die Tradition ist die Spur, auf der sich Menschen in der Erfahrung der Gerechtigkeit bewegen. Es kann kein allgemeines Traditionsprinzip oder eine formale Auffassung von Tradition genügen, irgend eine Praxis des Tradierens, die selbst gegenüber ihrem Inhalt gleichgültig ist.[110]

---

104 »Wer aber mir gehorcht, wird sicher wohnen und ohne Sorge sein und kein Unglück fürchten.« (Prov 1,33). Ps 4,4.8-9.
105 Vgl. A. J. HESCHEL: Gott sucht den Menschen, 1992. Siehe Teil A.
106 Siehe das Lied zu Psalm 119 von Cornelius BECKER (1602): »Wohl denen, die da wandeln...«, Vers 3: »Wenn du mich leitest, treuer Gott, so kann ich richtig laufen den Weg deiner Gebot.«
107 Vgl. zu einer darauf bezogenen Kritik an M. Foucaults Aufklärung: J. HABERMAS: Der philosophische Diskurs der Moderne (1985).
108 Vgl. die Zuordnungen bei T. RENDTORFF: Ethik I, 1990.
109 Siehe Teil A4.
110 Zu dieser Unterscheidung zwischen einer Thematisierung der Tradition von außen und einem unausgesprochenen Leben in der Tradition: J. HERSCH: Die Wirksamkeit der Tradition in unserer Zeit (1982).

## 7. Vom Werden der Menschen – und vom Lernen des Wortes

Theologische Ethik hat ihren Gegenstand im *Werden* der Menschen.[111] Sie fragt nicht nach dem »guten Leben« für den Menschen, wie er irgendwie vorzufinden ist, sie spricht nicht ad hominem, zu einem Menschen, den es gibt oder geben soll, oder von dem wir sagen, dass wir dieser Mensch sind. Sie bricht aus jeglichem Versuch aus, diesen Menschen zu fixieren und zu rechtfertigen. Sie endet nicht in einer versteckt oder offen betriebenen Anthropodizee, einer Ethik aus dem schlechten Gewissen, einer rückwärts gewandten Ethik, die irgend ein Trauma (vielleicht das der Vertreibung aus dem Paradies) oder ein Beleidigtsein bearbeitet. Vielmehr ist ihr Gegenstand das Werden eines Menschen, der in der Ökonomie Gottes seine Existenz findet, in der die Ökonomie seiner Selbst-Verantwortung verändert wird. Es ist ein paradoxer Sachverhalt, wenn evangelische Ethik, indem sie sich in der Lehre von der Rechtfertigung bewegt, in einer Anthropodizee endet – etwa dort, wo sie dem Menschen zwar zugesteht, dass er von Gott geschaffen ist, doch dann zur Tagesordnung übergeht, indem sie das damit »gegebene« Leben seiner – alleinigen – Verantwortung überträgt, ja indem sie überhaupt von der Rechtfertigung zur Verantwortung übergeht, ohne im Blick zu behalten, dass aus der Rechtfertigung eben die Abschaffung einer Ethik folgt, die den Menschen in solche – moralischen – Verantwortlichkeiten versetzt.[112] Alles liegt daran, dass hier im Blick bleibt, was das Leben in der Heiligung durch Gott, das Leben in Gottes Ökonomie bedeutet. Hier greift die Kritik NIETZSCHEs an demjenigen moralischen Christentum, dessen Logik darin besteht, Menschen verantwortlich zu »machen«. Es wird sich daher die Frage stellen, was es für eine theologische Ethik überhaupt heißen kann, von Verantwortung zu reden.[113] Im Sinne der Freiheit eines Christenmenschen geht es um die mitteilende Antwort an den Nächsten, zu der Menschen befreit werden. Verantwortung heißt, dem Nächsten die Antwort nicht schuldig zu bleiben, die Gottes Handeln hervorruft.[114]

Dass evangelische Ethik ihren Gegenstand nicht verliert, wird sich daran zeigen, dass sie nirgends von der Frage ablässt, was Menschen in ihrem geschöpflichen Werden widerfährt, und dass sie von dort aus zu erkennen sucht, was Menschen zu tun zukommt. Jede andere Logik führt in die Sackgassen der moralischen Vergewisserung oder der ethischen Affirmation, und nicht zuletzt zur

---

111 Siehe E2-1.
112 H.G. ULRICH: Rechtfertigung und Ethik (2000).
113 Vgl. O. BAYER: Evangelische Sozialethik als Verantwortungsethik (1995).
114 Einzigartig hat dies Oswald BAYER als Logik evangelischer Ethik dargestellt: O. BAYER: Freiheit als Antwort, 1995.

Flucht ins Allgemeine (Hans J. SCHNEIDER)[115], die mit der Geste der Kritik an der Beschränkung auf eine »Tradition« nicht mehr riskiert, sich auf das einzulassen, was nicht »wir« überblicken, beherrschen, behaupten, verantworten oder begründen können.

Dies sind die Orte (Existenzformen, Ordnungen, Institutionen) geschöpflichen Lebens:

(1) Die *Ecclesia*: Der Ort des Werdens, der *Status creationis*, der Ort des Hörens auf Gottes Wort. Hier ist zu handeln von »Gottesdienst und Lebensgestalt«.

(2) Die *Oeconomia*: Der Ort der Kommunikation und Kooperation, der *Status communicationis*, des gemeinsamen Sorgens. Hier ist zu handeln von »Gottes Segen«, der diesem Sorgen seinen Umriss verleiht.

(3) Die *Politia*: Der *Status institutionis (constitutionis)*, der Ort des Handelns für andere und gemeinsam mit anderen. Hier ist zu handeln davon wie Macht, Freiheit und Gerechtigkeit ihre politische Form finden.

In diesen Existenzformen tritt das menschliche Leben als geschöpfliches in Erscheinung. Mit ihnen wird Gottes schöpferisches Wirken präsent: in diesem Sinne sind diese Existenzformen die »Larven« (M. LUTHER) oder Masken Gottes genannt worden. Es geht hier nicht um den Diskurs zur Endlichkeit des Menschen, wie er allenthalben die Moraltheorie bestimmt, sondern um die Erkundung seiner verheißungsvollen Geschöpflichkeit. So ist die *Ecclesia* der Ort des Geschaffen-Werdens, die *Oeconomia* der Ort der gemeinsamen Lebenssorge im Zusammenhang der Ökonomie Gottes, und die *Politia* der Ort des (institutionellen) Zusammenlebens und Handelns im Zusammenhang der Regierung Gottes. An diesen Orten findet die ethische Exploration und Kritik dessen statt, was Bildung, Ökonomie und Politik heißen kann. Das leitende Kriterium bleibt das geschöpfliche Leben, das darin zu erfahren und zu erproben ist. Dies wird in der Auseinandersetzung mit den entsprechenden Theorien der Bildung, Ökonomie und Politik geschehen können und müssen, sofern in diesen Theorien eine menschliche Existenz beschrieben wird, die ihre geschöpfliche Form verloren hat. Für die Theorien menschlicher Freiheit ist dies ebenso notwendig[116] wie für die Theorien der Gerechtigkeit und des guten Lebens.

### *8. Gott allein zu Ehren – Ethik für die Armen*

Das Werden des Menschen vollzieht sich in der Erfahrung geschöpflicher Existenz. Menschen finden ihre Ehre darin, dass sie für würdig gehalten sind, diese

---

115 Vgl. H.J. SCHNEIDER: Das Allgemeine als Zufluchtsort. Eine kritische Anmerkung zur Diskursethik (1998).
116 Vgl. dazu H.G. ULRICH (Hg.), Freiheit im Leben mit Gott. Texte zur Tradition evangelischer Ethik, 1993.

Geschöpfe zu sein, an denen Gott wirkt – und durch die Gott wirkt. Kein Humanismus ist hier im Blick, der die Würde »des Menschen« irgendwie dem Menschen zugeschrieben sieht, sondern es ist im Blick, dass Menschen sich von diesem Gott berufen wissen. Darin besteht ihre Auszeichnung, dass sie sich als diejenigen wissen dürfen, an denen Gott wirkt und durch die Gott wirkt. Menschen sind damit ausgezeichnet, dass Gott in dieser Weise auf sie setzt – auf ihr Wirken und Tun. Das ist die Grundlinie einer Ethik, die nicht darauf fixiert ist, was als menschliche Existenz definitorisch oder affirmativ namhaft gemacht werden kann, sondern die Menschen berufen sieht, sich Gottes Wirken gefallen zu lassen und mit ihm zusammen zu wirken. Darin besteht ihre Würde. Diese Würde leben heißt, Gott die Ehre geben. Darauf richtet sich das *Zweite Gebot*. Martin LUTHER bemerkt dazu: Gott *»will, dass wir mit ihm wirken, und tut uns die Ehre an, dass er mit uns und durch uns sein Werk wirken will. Und wenn wir von der Ehre keinen Gebrauch machen wollen, so wird ers doch allein ausrichten, den Armen helfen; und die ihm nicht haben helfen wollen und die große Ehre, an seinem Werke mitzuwirken, verschmäht haben, wird er zusammen mit den Ungerechten verdammen als die, die es mit den Ungerechten gehalten haben. (Das ist so), wie er allein selig ist; er will aber uns die Ehre antun und nicht allein selig sein, sondern uns mit sich selig haben. Auch wo er's allein täte, so wären uns seine Gebote vergebens gestellt, dieweil niemand Ursache hätte, sich in den großen Werken dieser selben Gebote zu üben. Es würde auch niemand versuchen, ob er Gott und seinen Namen für das höchste Gut achtet und um seinetwillen alles zusetzet.«*[117]

Das Zweite Gebot zielt darauf, Gott als das Höchste Gut zu achten. Menschen achten Gott als das Höchste Gut, wenn sie die von ihm gewährte Ehre annehmen, mit ihm zusammen zu wirken, wie es in den guten Werken geschieht – also nicht etwa mit eigenen Werken nach einem höchsten Gut zu streben.[118] Damit richtet sich alles Tun direkt auf diejenigen, denen die guten Werke in paradigmatischer Weise gelten: den Armen und Entrechteten. Darin findet Gott seine Ehre, dass Menschen die ihnen zugedachte Ehre annehmen, sich in Gottes Wirken in Anspruch nehmen zu lassen. So geschieht alles, was hier vom menschlichen Tun zu sagen ist, um Gottes Ehre willen. Es geht nicht um die moralische Rechtfertigung der Täter. Gott die Ehre zu geben heißt, sich in sein Wirken einzufügen und einfügen zu lassen. Wenn die Armen gute Werke erfahren, wird Gott geehrt. *Es geht gegen Gottes Ehre, wenn es Arme gibt*[119] – »nicht anders als hätte Gott ... befohlen, einige Gulden um seinetwillen an die Armen auszutei-

---

[117] M. LUTHER: Von den guten Werken [1520] (1981), 127.
[118] Sermon von den guten Werken (1520): Zum Zweiten Gebot, Abschnitt 28.
[119] Sermon von den guten Werken (1520), Abschnitt 29. Luther beruft sich auch Psalm 82.

len.«[120] Das schließt ein, dass der Armut und dem Unrecht zu widersprechen ist: die Aufgabe des Widerspruchs. Alles dreht sich hier darum, dass Gott in seinem Wirken präsent bleibt – um der Armen willen. Es ist der Brennpunkt einer E-thik, die um der Bedürftigen willen – nicht um der eigenen Versicherung willen – Gottes Wirken präsent hält und bezeugt. Damit ist auch bestimmt, wer die »Armen« sind. Es sind diejenigen, die sich nicht gewiss und sicher sein können, dass sie wie alle Bürger als Bürger dazugehören und nicht erst dadurch ins Blickfeld geraten, dass sie mitversorgt werden müssen. Daher ist eine direkte – politische – Solidarität gefordert. Dies ist in der Rede vom »Vorrang der Armen« oder vom »Vorrang für die Armen« im Blick.

## 9. Mitteilung an die Armen – politische Solidarität mit den Armen

Die geschöpfliche Lebensgestalt erscheint darin, dass Menschen anderen etwas mitzuteilen haben. Wenn sie selbst nicht Hörende und Empfangende sind, werden sie nichts mitzuteilen haben. Hier ist eine Ethik verwurzelt, die ihren Brennpunkt in dem hat, was Menschen von Gott weiterzugeben haben. Die Mitteilung Gottes gilt denen, die eben diese Mitteilung brauchen, weil sie von Menschen in ihrer Not im Stich gelassen sind. Diese Armen sind es, die von Jesus »Brüder« genannt werden. Ihnen stellt er sich zur Seite und identifiziert sich – in politischer Solidarität[121] – mit ihnen: »Und der König wird antworten und zu ihnen sagen: Wahrlich, ich sage euch: Was ihr getan habt einem von diesen meinen geringsten Brüdern, das habt ihr mir getan.« (Mt 25,40) Darin ist beschlossen, dass das Tun des Guten und Gerechten den – politischen – Widerspruch gegen Armut und Unrecht einschließt. Um der Armen willen kann nicht irgendwie auf eine für alle einsichtige Moral oder eine Rationalität gesetzt werden – sondern um der Armen willen muss immer schon der Widerspruch laut werden. In der Überlieferung der Verkündigung Jesu ist er in die Präsenz der Rechtsprechung Gottes versetzt. Es geht hier nicht um eine »Moralpredigt« oder um eine »Begründung« der Moral, sondern mit dieser Rede wird direkt der Widerspruch laut und die politische Solidarität vollzogen, die den Armen gilt. Der »König« identifiziert sich direkt mit ihnen. In der Hinwendung zu den Armen geschieht bereits Gerechtigkeit – Gerechtigkeit in Barmherzigkeit, Gerechtigkeit im eschatologischen Vorrang. Jeden Diskurs muss dieser Widerspruch begleiten, jeden Diskurs muss das Tun des Gerechten und Guten provozieren. Das Tun des Guten und Gerechten hat Vorrang. In diesem Sinn hat das Politische Vorrang. Im Zusammenhang der Sozialethik oder der Wirtschaftsethik wird dies akut: das Tun des Guten und Gerechten kann nicht im Aufschub bleiben, es

---

[120] Sermon von den guten Werken (1520), Abschnitt 23.
[121] Siehe C4.

muss immer schon geschehen, in direkter Mitteilung, wie auch immer diese dann – vielleicht – in eine ökonomische Rationalität einzuholen ist. Das Tun des Guten und Gerechten, das mitteilende Tun der guten Werke hat Vorrang. Es geht immer schon um eine Ethik unvermittelter Fürsorge. Es geht immer schon um eine Ethik des unvermittelten Widerspruchs. In ihm kommt zur Mitteilung, was den Armen zukommt, auch wenn es sich nicht – durch welche Veränderung hindurch – vermitteln lässt. Der »Vorrang für die Armen«, auf den das Sozialwort der Kirchen und andere insistiert haben, ist darin begründet. Hier geht es um eine Pragmatik der guten Werke. Die guten Werke sind uns Menschen dazu anvertraut, dass sie anderen direkt zugute kommen. Es kommt nicht darauf an, ob sie in der Absicht oder im Wollen von Menschen verankert sind. Die guten Werke – so hat sie auch Martin LUTHER beschrieben – sind darin gut, dass sie Gott durch uns wirken lassen.

Der »Vorrang für die Armen« gehört so mit dem Leben aus dem Widerspruch zusammen.[122] Solange es Arme gibt, kann der Widerspruch nicht aufgehoben sein, in dem ihre Not laut wird. Der Widerspruch der Armen und der Widerspruch gegen die Armut durch die guten Werke steht jeder Ethik gegenüber, die ethische oder moralische Subjekte voraussetzt, die sich nicht fundamental in diesem Widerspruch finden. So gehören die Armen in den Ursprung der ethischen Existenz. Dies haben zu Recht befreiungstheologische Ansätze ausgearbeitet.[123] Sie widersprechen jeder Ethik, für die Freiheit nicht aus und zugleich mit der Befreiung derer erwächst, die in ihrer eigenen ethischen Existenz von anderen Menschen abhängig sind und nicht Bürger sind wie sie. Die Freiheit eines Christenmenschen ist die Freiheit des Nächsten – in dieser *politischen* Solidarität, die das Recht des Nächsten und das Eintreten für das Recht des Nächsten, die Anwaltschaft für diesen Nächsten und das aktive Eintreten für den Nächsten[124], einschließt.

Die Hinwendung zum Nächsten gehört zusammen mit dieser politischen Solidarität in die Menschwerdung des Menschen. In ihr vollzieht der Christenmensch seine geschöpflich-politische Existenz. Martin LUTHER hat zu dem Gleichnis vom Weltgericht (Mat 25), das für ihn eine zentrale Bedeutung hatte, beobachtet, dass die guten Werke die Erfüllung des 5. Gebotes (»Du sollst nicht töten...«) betreffen. Es geht um die Hilfe zum Leben, es geht um den Widerspruch gegen das Töten. Luther bemerkt: »Die andere Ursache dafür, dass er (sc. Jesus) diese Werke der Barmherzigkeit so hervorhebt, ist die, dass die Christen

---

122 Siehe B 3-1.
123 Siehe besonders Enrique DUSSEL. Dazu: A. LIENKAMP: Die Herausforderung des Denkens durch den Schrei der Armen. Enrique Dussels Entwurf einer Ethik der Befreiung (1993).
124 Siehe: E. DUSSEL: Die Priorität der Ethik der Befreiung gegenüber der Diskursethik (1995).

Barmherzigkeit empfangen haben. Christus, unser lieber Herr, hat uns vom Zorn erlöst, vom 5. Gebot, vom ewigen Tod.«[125] Die Christen jedenfalls müssen dessen gewärtig sein. Ihnen zuerst und besonders gilt diese Rede. In diesen politischen Erfahrungszusammenhang gehört das Tun der Barmherzigkeit.

---

[125] M. Luther: Vorletzter Sonntag nach Trinitatis: Mat 25, 31-46 (1962, 2. Aufl. 1981), 431.

## B 2 »Lasst Euch Eure Lebensgestalt verändern ...« zur Provokation der Menschwerdung des Menschen

Die theologische Ethik setzt Konturen menschlicher Existenz nicht irgendwie voraus, sondern sie fragt und sucht ausdrücklich danach, was die menschliche Existenzform sein kann, ohne sie freilich damit menschlicher Handhabe auszuliefern, sondern – im Gegenteil – um zu unterscheiden, was die Aufgabe des Menschen in Bezug auf sich selbst sein kann und was nicht. Die Grenzlinie dieser Unterscheidung ist durch die Existenzform der Geschöpflichkeit markiert, in der erscheint, was menschliches Leben sein darf. Insofern geht es nicht um die Abgrenzung des Unverfügbaren, das womöglich weit weg ist und dem Menschen einen unabsehbaren Spielraum gewährt. In diesem Sinne geht es auch nicht um eine negative Theologie.[1] Eine solche übersieht die Provokation der *Menschwerdung*, in der sich Gott exponiert hat und unter uns Menschen mit seinem Sohn präsent geworden ist. Nicht dass Gott für das Unverfügbare steht, ist entscheidend, sondern dass menschliches Leben von seiner Präsenz offenkundig bestimmt ist, dass wir dieser nicht ausweichen können und wie wir dessen gewärtig werden. Wenn im common sense nachmetaphysischen Denkens zu sagen ist – wie es HABERMAS tut – »das Unverfügbare, von dem wir sprach- und handlungsfähigen Subjekte in der Sorge, unser Leben zu verfehlen, abhängig sind, können wir unter den Prämissen eines nachmetaphysischen Denkens nicht mit dem ›Gott in der Zeit‹ identifizieren«[2], dann ist eben hier die Theologie der biblischen Tradition gefragt. Denn genau um diesen Gott in der Zeit dreht sich eine Theologie und Ethik, die nicht auf die *Logik des Gesetzes* setzt, das – immer schon – eine Metaphysik und in der Kehrseite eine Ontologie des Unverfügbaren vertritt oder ersetzt, die verspricht, das Gute oder Richtige als etwas Gegebenes auszuweisen, dessen man sich versichern könnte.

Die Ethik, die der Grenzlinie oder – in anderer Perspektive – der Kontur geschöpflichen Lebens folgt, setzt weder mit der Sorge[3] um das menschliche Dasein ein, noch mit einem Menschen, der das Gute erstrebt – und damit auch nicht mit einem Menschen, der nach der Moral sucht, der den »Eintritt in das Gesetz« wünscht, wie der Mann vom Lande in KAFKAs Erzählung »Vor dem Gesetz«.[4] Dem eigenen, geschöpflichen Leben folgen heißt dann, von der Sorge um das nicht verfehlte Leben frei zu werden – wie der Reiche Mann, dem JESUS

---

1 Vgl. J. HABERMAS: Kommunikative Freiheit und negative Theologie (1997).
2 J. HABERMAS: Die Zukunft der menschlichen Natur, 2001, 25.
3 Siehe Teil B 3.
4 Siehe oben Teil A4-5.

auf seine Sorge um das Heil hin mit dem Ruf in die Nachfolge begegnet. Es kommt die Alternative in den Blick zwischen dem Versuch, »dem Gesetz« – autonom – zu folgen und in die Nachfolge einzutreten oder in der Geschichte zu bleiben, die die Nachfolge ausmacht. Es ist die Alternative zwischen der Frage nach dem, was man tun soll und dem, was Gott für uns und von uns will. Damit wird auch die Frage »warum moralisch sein?«, »warum überhaupt das Gesetz aufsuchen?«, nicht zu einer Angelegenheit der Motivation und dann möglicherweise zu einer Sache einer Bekehrung oder Wiedergeburt, in der die Moral, das Gesetz, und das gelingende Leben, die Erfüllung dessen, was menschliches Leben ausmacht, zusammenfallen.[5] Diese Theologie[6] bleibt in der Logik des Gesetzes. Sie bleibt in der Logik der Suche nach dem gelingenden Leben, sie begehrt, wie der Mann vom Lande »Eintritt in das Gesetz« und fragt (wie der Reiche Mann), wie mit dem Gesetz das nicht verfehlte Leben verbunden sein kann – statt sich aus dieser Logik befreien zu lassen.

## 1. Geschöpfe des Wortes

Die Ethik geschöpflichen Lebens muss die Frage nach der Grundbedingung menschlicher Existenz (conditio humana) an dieser Stelle nicht schon beantwortet haben, um zu beginnen. Sie begibt sich vielmehr an *den* Ort, an dem von der *menschlichen Existenzform* deshalb überhaupt geredet werden kann, weil die Vergewisserung dessen, was Menschsein heißt, aussetzen kann und stattdessen zu *erproben* ist, was diesem Menschen zugesagt ist. Das Wort, das ihm begegnet, wird zum Anstoß für das Erkunden dessen, was es hervorruft. So werden Menschen als die Geschöpfe des Wortes. Dieses *Geschöpf des Wortes* (creatura verbi) ist Gegenstand theologischer Ethik, die so nicht in die Versuchung kommt, sich des Menschen oder eines humanum aus welcher Perspektive auch immer zu vergewissern. Immer wieder neu ist in der Tradition theologischer Ethik dies in Erinnerung gebracht[7] und immer wieder auch verdeckt worden. Für diese Ethik stehen die biblischen Figuren und ihre Entsprechungen in der Geschichte ihrer Auslegung. Creatura verbi – Geschöpf des Wortes: das ist ABRAHAM, der Gottes Ruf in der weiterlaufenden Erzählung folgt, das ist MOSES, das sind die Propheten, das ist MARIA, die vernimmt, dass mit ihr Gott sein Werk vollbringen wird

---

5   So beschreibt J. HABERMAS in seiner Auffassung KIERKEGAARDs Reflexion über die Sorge um das Selbst als Kern der Ethik in ihrem Verhältnis zur Moral: Die Zukunft der menschlichen Natur, 2001.
6   Diese Theologie findet HABERMAS bei KIERKEGAARD und teilt offensichtlich diese theologische Disposition
7   Unter den neueren Ethik-Darstellungen ist besonders O. BAYER hervorzuheben, der in luzider Konsequenz diese Linie verfolgt hat: O. BAYER: Freiheit als Antwort, 1995; ders.: Schöpfung als Anrede. Zu einer Hermeneutik der Schöpfung, 1990.

und sie den Messias gebären wird[8], das sind die Menschen, die sich berufen lassen.

Wenn theologische Ethik fragt, was die Existenzform menschlicher Geschöpflichkeit ist, hat sie im Blick, wie Menschen als Geschöpfe *werden* und in diesem Werden[9] bleiben. Weil sie dieses Werden als ein Neu-Erschaffen-Werden sieht, als eben den Vorgang, den die christliche Tradition als *Heiligung* verstanden hat, ist hier paradigmatisch vom *Gottesdienst* zu reden.[10] Dies ist der Ort, an dem sich dieses Neu-Geschaffen-Werden vollzieht. Nur so kann überhaupt von einem *Werden* gesprochen werden, das nicht den Einflüssen und Interessen, vielleicht gar den Manipulationen und der Gewalt von Menschen ausgesetzt ist, wenn es ein Werden zugleich mit den anderen gibt, die den Gottesdienst mitfeiern, ein gemeinsames Neu-Geschaffen-Werden im Gottesdienst. Es geht nicht um eine Gemeinschaft, die als solche in ihrer Gemeinschaftlichkeit zu thematisieren wäre. Es ist in spezifischem Sinn die Gemeinschaft der Hörenden und antwortend Betenden, es ist die Gemeinschaft derer, die in diesen Kennzeichen ihre geschöpfliche Existenz findet, die dazu berufen ist, mit Gott zu leben. Kirche, so verstanden, ist die *Gemeinschaft der Heiligen*, das heißt die Gemeinschaft derer, die im Widerfahrnis des schöpferischen Handelns Gottes leben. Diese Passio führt sie zusammen.[11] Communio sanctorum wird deshalb in der Tradition auch als die Gemeinschaft *in* den heiligen Gaben verstanden, die Menschen von Gott empfangen. Die Gemeinschaft bildet sich in dieser spezifischen Gottes-Erfahrung. Deshalb ist neben der Politia und der Oeconomia von der Ecclesia zu reden, so wird auch die Politia und die Oeconomia damit nicht verwechselt. Die Politia kann nicht und soll nicht gemeinschaftsbildend sein.[12] Sie kann nicht auf einen Konsens ausgerichtet sein, der das Erkennen absorbiert oder verdeckt.[13]

Ein Leben mit Gott ist in diesem Sinn ein gemeinschaftliches, dass sich Menschen dort zusammenfinden, wo ihnen gemeinsam *Gottes Wort* begegnet. Von ihm werden sie zugleich – als ein »Ihr« – angesprochen. Wer kann schon Menschen mit »ihr« anreden? Wer ist dazu ermächtigt? Es ist die *externe Konstitution*

---

8   Zu dieser Geschichte siehe M. LUTHER: Das Magnificat verdeutscht und ausgelegt [1521] (1983). Vgl. dazu K. ULRICH-ESCHEMANN: Vom Geborenwerden des Menschen, 2002.
9   Vgl. E. WOLF: Menschwerdung des Menschen? (1965).
10  Zu diesem grundlegenden Zusammenhang für die Ethik vgl. B. WANNENWETSCH: Gottesdienst als Lebensform – Ethik für Christenbürger, 1997.
11  Zur Ausführung siehe: R. HÜTTER: Theologie als kirchliche Praktik, 1997 (engl. Suffering Divine Things, 1999).
12  Vgl. dazu die Abgrenzung bei D. STERNBERGER: Herrschaft und Vereinbarung, 1986.
13  Die Frage nach dem Verhältnis von Konsensbildung und Politik in Bezug auf das Verhältnis von Wahrheitsfindung und politischem Handeln ist eigens auszuarbeiten. Dazu gehört die Kritik sowohl an einem nicht-kognitiv ausgerichteten Konsensfindung als auch die Kritik an einem kognitiv ausgerichteten Konsens, der aber in der Gefahr steht, inhaltsleer zu werden.

der Gemeinschaft durch das begegnende Wort, die davor bewahrt, diesem oder jenem Gegenüber im Prozess der Gruppen- oder Konsensbildung ausgesetzt zu sein. Die Gemeinschaft wird im gemeinsamen Hören des Wortes Gottes und im gemeinsamen antwortenden Reden von Gott und zu Gott gebildet. Das gemeinsame Hören, auch das Hören im Gebet, das gottesdienstliche Hören also, ist der Modus einer praktizierten, erprobten, nicht nur idealerweise unterstellten Herrschaftsfreiheit für diese Gemeinschaft.[14] Wenn Christen gemeinsam beten: »*Dein Wille geschehe* ...« wie im Vaterunser, geben sie das gegenseitige Durchsetzen des eigenen Willens auf, wie bei jedem Gebet, das immer von dieser Bitte »Dein Wille geschehe..« begleitet ist. Das macht die politische Seite des Gebets aus. Hier ist der Ursprung der politischen Existenz – und nicht bei anderen ›Praktiken‹, etwa solchen der Seelenführung[15] oder Gemeindeverwaltung. Das Gebet ist der Ort, an dem Gott daraufhin angesprochen wird, dass sein Wille geschehe, dass sein Wort die Herzen regiert: »Führe mich o Herr und leite meinen Gang nach deinem Wort«.[16] Das Gebet »Dein Wille geschehe ...« ist das paradigmatische Gebet.

Die Gemeinschaft derer, die hören und beten, wird so nicht utopistisch behauptet, vielleicht durch das Versprechen einer immer größeren Annäherung an eine intendierte Übereinkunft, sondern die Gemeinschaft wird durch das immer neue Zusammenfinden in dem »Consensus«[17], der nicht zu bilden, sondern aufzufinden ist in dem, worin Christen in ihrem Glauben einstimmen.[18] Der Consensus ist aufzufinden in der begründeten, gemeinsamen Hoffnung (1 Petr 3,15), die in JESUS CHRISTUS für uns fassbar geworden ist. Deshalb ist von ihm Rechenschaft zu geben – und von nichts anderem, nicht von einem eigenen oder gemeinsamen Selbst. Diese Gemeinschaftsbildung dreht sich darum, dass allen, die als die gottesdienstliche Gemeinde zusammenkommen, Gott mit seinem Wort in Widerspruch und Bekräftigung präsent ist. Deshalb kann niemandem das Wort Gottes vorenthalten bleiben, die in diesem Wort bezeugte Liebe Gottes und Gottes Gerechtigkeit.[19] So geht es hier um keine Moral, um keine allgemeine Verpflichtung der Einbeziehung des anderen, sondern um *seine* immer schon

---

[14] So ist auch der Zusammenhang von Kirche und Rechtfertigung, von Ekklesiologie und Rechtfertigungslehre zu verstehen.
[15] Genau hier ist gegenüber Michel FOUCAULTs Geschichte des Christentums, die diese Praktiken (der Begriff ist auch von ihm geprägt worden) als Angelpunkt sieht eine andere, entgegengesetzte Geschichte zu erzählen, die dann auch keine Geschichte des Christentums ist, sondern eine Geschichte der Gemeinde des Wortes von JESUS CHRISTUS.
[16] Evangelisches Kirchengesangbuch Nr. 445.
[17] Vgl. G. SAUTER: Art.: Consensus (1981).
[18] Die Praxis des Bekennens – im Sinne des con-fiteri – schließt das Einstimmen in das, ein was gemeinsam – im con-sensus – gehört und erfahren wird.
[19] So ist auch Röm 13,8 zu lesen: Die Liebe untereinander bedeutet, dass jedem Gottes Liebe in der Mitteilung dieser Liebe präsent bleibt.

gegebene Teilhabe an Gottes Ökonomie und eine dementsprechende Teilnahme an dieser Ökonomie. Diese Ökonomie kann niemand verwalten wollen – wie verwaltet und zugeteilt wird, was die Argumente sind, die in einem Diskurs gelten, oder was man »Werte« nennt, die eine »Wertegemeinschaft« teilt, und wie verwaltet und entschieden wird, was allgemein zugänglich ist und was nicht. Die gottesdienstliche Gemeinschaft kann niemanden abhängig sein lassen von der Zuwendung oder Zugänglichkeit seiner Mitmenschen, es ist keine auf das Mitleid oder auf eine irgendwie gegebene Liebe gegründete Gemeinschaft oder auf eine Gerechtigkeit eines »suum cuique«[20], dessen »suum« sich nach der Stellung bestimmt, die jemand einnimmt.

Eine solche kritische Beschreibung, wie sie zur Topologie theologischer Lehrbildung gehört, kennzeichnet den Ort ethischer Lehrbildung selbst als gottesdienstlichen. Diese Lehrbildung tritt der Affirmation dessen entgegen, was gilt oder gelten soll. Dieser Ort der Lehrbildung ist nicht als kontrafaktischer oder idealtypischer zu begreifen, sondern ihm entspricht die *gottesdienstliche Praxis*, ihm entspricht die *Institution* dieser Praxis. Hier ist von Institution (oder von Status) in ihrem theologischen Sinn zu reden: als von dem gestifteten Ort, an dem niemand über den anderen verfügen kann. Die äußere Gestalt der Kirche (als eine Institution in diesem Sinn) entspricht der gemeinsamen geschöpflichen Existenz im Wirken Gottes.[21] Die äußere Gestalt der Kirche kann deshalb keiner anderen Logik folgen, etwa der Logik einer Führung oder eines Regierens und seinen entsprechenden Praktiken. Gemeindeleitung kann nur dem Hören des Wortes und seiner Leitung folgen und so bestätigen, dass Gott allein die Herzen regiert. Dies macht die Unterscheidung von »sichtbarer« und »unsichtbarer« Kirche aus – wobei die Kategorien »sichtbar« und »unsichtbar« eher missverständlich auf die Wahrnehmbarkeit hinweisen, während die unsichtbare Kirche diejenige durchaus erfahrbare und wahrnehmbare Kirche ist, deren Kennzeichen es ist, dass sie von Gott erschaffen wird, und deshalb auf keinen sichtbaren Ursprung oder Autor verwiesen werden kann. Die sichtbare Kirche muss in ihrer Gestalt dieser unsichtbaren entsprechen. So sind die äußeren Kennzeichen[22] zu verstehen: das gemeinsame Beten, das Hören des Wortes und die Predigt, das Taufen und das Feiern der Gemeinschaft mit Christus im Abendmahl. Diese

---

20 W. HÄRLE: »Suum cuique«. Gerechtigkeit als sozialethischer und theologischer Grundbegriff (1997)
21 Deshalb geht es ganz entscheidend für die Ethik darum, dass die Kirche in ihrer äußeren Gestalt den Ort der Ethik markiert – und nicht als die Voraussetzung einer Kommunikationsgemeinschaft. Vgl. zu diesem Zusammenhang: S. HAUERWAS: Dietrich Bonhoeffer – Ekklesiologie als Politik (2002)
22 Siehe zu diesem Verständnis von Kirche: M. LUTHER: Von den Konziliis und Kirchen [1539] (1963).

Praktiken folgen der Logik des Geschaffen-Werdens. Das zeichnet sie als die Praktiken einer Kirche aus, die im gottesdienstlichen Neuwerden lebt.[23]

## 2. Ethik der Gemeinschaft?

An *dieser* Stelle hat die theologische Ethik die Diskussion um die *kommunitaristische* Ethik aufgenommen und kritisch, aber auch gegenläufig weitergeführt.[24] Das sie leitende Problem war *nicht* das der Übereinstimmung oder gar des Zusammenschlusses in einem gemeinsamen Ethos oder in der ethischen Begründung, es war nicht das Begründungsproblem, nicht das Problem der Ausbildung eines identifizierbaren Selbst als Bezugspunkt für eine Ethik, sondern das Verständnis einer Ethik derer, die als Geschöpfe zusammenfinden und so – nur so – und *darin* zu einem ›wir‹ zu finden. An diesem ›wir‹ ist nicht das Gefühl der Zusammengehörigkeit oder das Eintreten von ›Identität‹ entscheidend, sondern der damit gegebene Ort, das zu hören und zu erfahren, was Menschen sein dürfen. Dieses bliebe verschlossen in dem, was einem einzelnen als gutes Leben erscheint. Doch so wird das gute Leben selbst in seiner politischen Erstreckung gesehen. So kommt in den Blick, dass die »Privatisierung des Guten«[25] dem widerspricht, was das Gute für Menschen sein kann.

Weil sie als Geschöpfe – in dieser *Gleichursprünglichkeit* zusammenfinden – deshalb können sie niemanden ausschließen[26] und niemanden vereinnahmen. Ihr Diskurs ist nicht der der »Einbeziehung des anderen«. Wer zur Christengemeinde durch die Taufe zugehörig wird, folgt dem geschöpflichen Lebens, das ihm geschenkt ist. *Daraufhin* findet die Verständigung statt, nicht an ihrer Stelle. Die Verständigung, auch die rationale Verständigung der Argumente, erprobt die Gemeinschaft in CHRISTUS. Diese Gemeinschaft kann nicht nach dem immer wieder herangetragenen Schema von *Binnen*-Verständigung und Kommunikation nach außen beschrieben werden. Gerade diesem Problemschema wird mit der gottesdienstlichen Ethik und der ihr eigenen Öffentlichkeit politisch widersprochen. Worin die Gemeinschaft zusammenfindet, ist nicht ein wie auch immer gewonnener Konsens, von dem diejenigen ausgeschlossen sind, die ihn nicht teilen, sondern der allen zugängliche Ort, an dem Gottes Wort zur Mittei-

---

23 Vgl. dazu R. HÜTTER: Suffering Divine Things: Theology as Church Practice, 1999. Der Begriff »Praktiken« (Practices) ist hier in spezifischen Sinn eingeführt. Er ist zu unterscheiden von seiner Kennzeichnung bei M. FOUCAULT, der diesen Begriff geprägt hat.
24 Vgl. dazu insbesondere den weitreichenden Beitrag von Stanley HAUERWAS. Gerade an diesem Beitrag lässt sich zeigen, dass diese Richtung theologischer Ethik nicht in die Kategorien und die Logik des »Kommunitarismus« passt, sondern sein Widerpart ist.
25 A. MACINTYRE: Die Privatisierung des Guten (1994).
26 Eine Exkommunikation im Sinne der Kirchenzucht kann deshalb nur darauf bezogen sein, dass jemand diese Gleichursprünglichkeit für sich selbst nicht wahrhaben will.

## 2. Ethik der Gemeinschaft?

lung kommt. Dies ist die res publica in ihrer paradigmatischen Gestalt, die jene andere res publica provoziert, die ihre eigene Rhetorik[27] betreibt und sich dem Hören verschließt.

Auf eine solche Gemeinschaft kann sich niemand zu Legitimationszwecken berufen. Sie kann nicht als Interpretations- oder Überzeugungsgemeinschaft auftreten wollen. Daraufhin wird die Weiterführung des Kommunitarismus[28] in der theologischen Ethik stereotyp kritisiert[29], obgleich die entsprechenden Darstellungen (wie die von Stanley HAUERWAS oder von John Howard YODER) genau dieser Strategie widersprochen haben. Das gilt auch für die Berufung auf eine Tradition, so dass Tradition[30] sich nicht um das Neuwerden dreht – was die Tradition kennzeichnet gegenüber der Tradierung von Gewohnheiten –, sondern der Selbstbehauptung dient. Nicht die Kirche als kommunitärer Zusammenschluss, sondern die Gemeinschaft derer, die sich von Gott verwandeln lassen, ist für diese Ethik entscheidend.[31] Evangelische Ethik kann sich nicht darauf beschränken, zu berichten – wie es in kirchlichen Verlautbarungen geschieht – was diese oder jene Christen denken und vertreten. Es kommt darauf an, was diese Christen im gemeinsamen Hören und Urteilen mit allen anderen bezeugen können. Nicht ihre je eigenen Überzeugungen, sondern, was sie an Erkenntnis mitzuteilen haben, gehört zum Gegenstand der Ethik.

Genau an dieser Stelle ist vom *Status ecclesiasticus* zu reden: es ist der Status des *Neuwerdens* im gemeinsamen Hören auf Gottes Wort. Die Kirche ist *nicht* dort, wo Menschen sich ihrer gemeinsamen Gesinnung[32] und ihres gemeinsamen Profils vergewissern, sondern dort, wo Gott mit seinem Wort die Herzen regiert – wie einheitlich oder vielfältig dies auch immer in Erscheinung tritt – und wo deshalb keine andere Herrschaft zugelassen ist: dies ist die praktizierte Herr-

---

[27] Dies ist das Schlüsselthema einer Ethik des Politischen, die auf die Differenz zwischen politischer Koexistenz und politischer Gewalt (und der ihr entsprechenden Rhetorik) aufmerksam macht: C. PICKSTOCK: After Writing, 1998.
[28] Die Diskussion dokumentiert A. HONNETH (Hg.): Kommunitarismus. Eine Debatte über die moralischen Grundlagen moderner Gesellschaften, 1993.
[29] Es gibt außer pauschalen Abgrenzungen, die mit solchen unbefragten Argumentationsmustern arbeiten, bislang keine neuere Bearbeitung der mit dem Kommunitarismus verbundenen Ansätze, die sich überdies wie der von S. HAUERWAS immer selbst gegen Grundannahmen des Kommunitarismus abgegrenzt haben. Ältere Konzeptionen wie die von Paul L. LEHMANN (Ethik als Antwort, 1966) sind ohnehin nicht mehr im Blick und damit der ganze Zusammenhang von Ethik und Ekklesiologie. Dass dieser Zusammenhang nicht mehr kenntlich ist, zeigen einige der neueren Darstellungen der Ethik im theologischen Kontext.
[30] Siehe A4.
[31] So hat S. HAUERWAS von einer Community of Character gesprochen: Charakter kommt denen zu, die sich prägen lassen und sich nicht auf ihre eigenen Bewusstseinslagen gründen. S. HAUERWAS: A Community of Character, 1981. Zu S. Hauerwas vgl. R. HÜTTER: Evangelische Ethik als kirchliches Zeugnis, 1993.
[32] M. BUBER: Zum Problem der Gesinnungsgemeinschaft [1951], Nachlese 1966, 240f.

schaftsfreiheit, von der eine Ethik ihren Ausgang nimmt, die der Moral gegenüber kritisch bleibt, sofern Moral in dem beschränkten Diskurs über Regierung und Freiheit verbleibt. Nicht die Gewissen, sondern die Herzen regiert Gottes Wort. Das Gewissen, sofern von einem solchen die Rede sein soll[33], hat seinen Ort dort, wo Menschen frei sind, auf den anderen zu achten und die Herzensbindungen der anderen Rücksicht zu nehmen[34], weil das eigene Herz niemandem gehört.

Christliche Ethik folgt einer singulär-kommunitären Universalität, wie sie auch in der ethischen Theorie kritisch gegen jede Form des kollektiven, imperialen oder auch totalitären Universalismus eingefordert worden ist, der sich seiner eigenen Exklusivität womöglich selbst nicht bewusst ist.[35] Gegenstand ist das gemeinsame Ethos von Menschen, die aus dem Neuwerden und nicht aus der individuellen oder kollektiven Selbstbehauptung leben. In diesem Ethos ist jeder Einzelne mit jedem singulären Tun, mit seinem Beten und Tun des Gerechten Zeuge von Gottes neuer Schöpfung – und insofern kommt es auf ihn an. Es kommt alles auf den Einzelnen an, weil jeder Einzelne die ganze Botschaft neu bezeugt. Darin ist der Zugriff des Allgemeinen aufgehoben und gebrochen. Dies gilt nicht formal im Sinne einer irgendwie unvermeidlichen Vereinzelung des Verstehens[36], wie es auch manche Rezeptionsästhetik nahe legen will, sondern dies gilt aufgrund des bestimmten Inhalts des Zeugnisses: als dem Zeugnis davon, wie Gott die Herzen regiert. Die gottesdienstliche Gemeinschaft ist eine Versammlung der Werdenden, für die gilt »ist jemand in Christus, so ist er eine neue Kreatur« (2Kor 5,17). Dies meint »*Gemeinschaft der Heiligen*« (communio sanctorum), und deshalb sind diese Heiligen »verborgen«, sie haben keine anderen Kennzeichen als dieses, dass sie als die *Werdenden* erscheinen, durchaus sichtbar, den sichtbaren Kennzeichen der Kirche entsprechend, wenn sie sich versammeln, um Gottes Wort zu hören, zu beten und ihren Glauben auszusprechen.[37]

## *3. Kirche – Ort der Bildung*

Damit ist die Kirche als die *gottesdienstliche* Gemeinde der Ort für die Menschwerdung, die ethisch als *Bildung* zu beschreiben ist. Es geht gegenüber der For-

---

[33] Vgl. zum Begriff im Zusammenhang reformatorischer Ethik: Ernst WOLF: Sozialethik. Theologische Grundfragen, 1975, 59-74.
[34] Vgl. die Darlegung von Paulus in 1Kor 10,14-33.
[35] Vgl. B. WALDENFELS: Vielstimmigkeit der Rede, 1999, 112f..
[36] Darauf beruft sich weitgehend das Verständnis des Pluralismus im »protestantischen« Selbstverständnis. Dies gilt auch für C. SCHWÖBEL: Christlicher Glaube im Pluralismus : Studien zu einer Theologie der Kultur, 2003.
[37] Vgl. M. LUTHER: Von den Konziliis und Kirchen (1539), 1963.

mierung von Menschen durch Menschen um das Gebildetwerden von Menschen in dem, was ihr Menschenleben trägt und ausmacht. Dies ist das Gebildetwerden innerhalb der Freiheit im Leben mit Gott[38], in der Freiheit des Hörens auf Gottes Wort, in der Freiheit des Praktizierens der Kennzeichen, die zum geschöpflichen Leben gehören. Diese Freiheit ist nicht amorph, der eigenen oder fremden Gestaltung ausgesetzt.[39] Einer freiheitlichen Existenz können um so mehr diverse Formen aufgeprägt werden, und sie kann sich um so mehr in Gewohnheiten verlieren, als sie selbst keine Gestalt hat. Die Freiheit, von der etwa PAULUS gegenüber einer ins Gesetz gefassten Existenz spricht, hat eine Gestalt.[40] Es ist die Freiheit derer, die sich von Gottes schöpferischem Geist leiten lassen – und daraus erwächst die Frucht dieses Geistes, die vielfältige, aber bestimmte Gestalt der christlichen Existenzform: Friede, Freundlichkeit, Geduld, Keuschheit (Gal 5,22f.). Darin besteht die kritische und explorative Bedeutung einer Bildung, die Menschen nicht bildsam für jede Art von Prägung sein lässt. Resistent gegen solche Bildsamkeit bleibt die christliche Freiheit, sofern sie selbst eine Gestalt aufweist: die Gestalt geschöpflichen Werdens. Diese Gestalt ist der Inhalt des Gebotes, das in allen seinen Inhalten den Umriss dieser geschöpflichen Gestalt einfordert.[41] Es umschreibt, was es heißt, Gottes Geschöpf zu sein und zu bleiben.[42] Daraufhin ist das Gebot zu hören, wenn es eingefügt bleibt in das Wirken Gottes und nicht als Gesetz in die allgemeine Verfügung genommen wird. Zum Gesetz wird es schon dadurch, dass es als das allen vorgegeben Gebotene verstanden wird, dem Menschen zu folgen haben, nicht aber als ein Gebot, das – wie Gerhard von RAD vom Dekalog gesagt hat – den »Lebensraum« umsteckt, in dem sich Menschen aufhalten können[43], und das heißt: in dem sie Menschen bleiben.[44]

Die Gestalt der Freiheit ist widerständig gegen eine Gestaltung, die den »inneren Menschen« zu erfassen sucht – den Menschen also, sofern er in Gottes Ökonomie gehört. Dies geschieht dort, wo die geschöpfliche Existenz nach »außen«

---

38  Vgl. H.G. ULRICH (Hg.): Freiheit im Leben mit Gott. Texte zur Tradition evangelischer Ethik, 1993.
39  Siehe A2-1.
40  Siehe dazu die Ausarbeitung von R. HÜTTER: Welche Freiheit? Wessen Gebot? (2002).
41  Zur Bedeutung des Gesetzes bei Paulus siehe insbesondere: Th. SÖDING: Nicht aus Werken des Gesetzes, sondern aus Glauben. Zur exegetischen Deutung der paulinischen Rechtfertigungslehre (2002).
42  Vgl. die Auslegung des Dekalogs bei M. LUTHER im »Kleinen Katechismus« [1529], der die Auslegung aller Gebote unter das erste Gebot stellt, in dem geboten ist, sicher aller Güter in Gott zu vergewissern und somit auf kein anderes Gut oder Ziel aus zu sein, das womöglich das ganze Leben beansprucht.
43  G. v. RAD: Theologie des Alten Testaments I, 1958, 208.
44  »Statt sakrale Unterschiede zu betonen, wacht der Dekalog in allen seinen Geboten ganz elementar über dem Menschsein des Menschen.« (Von Rad, ebd. 209).

gewendet wird, indem Menschen behandelt werden, als wären sie amorph, als wäre ihre »innere Natur«[45] nicht eingefügt in Gottes Ökonomie, und sie könnten diese vor sich bringen. Das Neuwerden des Erkennens und Denkens, von der PAULUS spricht (Röm 12,2) kann nicht dadurch erfolgen, dass Menschen eine andere Existenzform aufgeprägt wird. So wie die *Gleichursprünglichkeit* von Menschen verloren geht, wenn Menschen von Menschen produziert werden, so geht die *Gleich*-Gestaltigkeit verloren, wenn Menschen von Menschen geformt werden. Kein Mensch kann seine Gestalt von Menschen erhalten wollen, er würde sein Gesicht verlieren und stattdessen eine Maske verpasst bekommen. In der Logik biblischen Redens ist dies festgehalten, weil einzig Gott derjenige ist, der Menschen ihre Gestalt verleiht.[46] In der so gewährten Gleichgestaltigkeit besteht die Pointe der Gott-Ebenbildlichkeit des Menschen. So hat Martin LUTHER vom Menschen gesagt, er sei bloßer Stoff für *Gottes* schöpferisches Wirken zu seiner künftigen Gestalt.[47] Diese künftige Gestalt steht in JESUS CHRISTUS schon vor Augen. Jeder ist darin davor bewahrt, nach irgend einem Bild geformt zu werden.

Menschen, jeder eigens von Gott gebildet, sind gleich-gestaltig und gleichursprünglich. Das macht ihre Gleichheit aus, die auch für das politische Zusammenleben konstitutiv ist.[48] Aus der talmudischen Bibelauslegung ist zu erfahren: »Warum erschuf Gott nur einen einzigen Menschen? Um uns Gleichheit der menschlichen Wesen zu lehren; niemand kann sagen, er überrage die anderen; denn wir haben alle den gleichen Stammvater.«[49] Die unhintergehbare Gleichheit gehört zur Logik politischer Ethik. Sie gehört wie die Gleichursprünglichkeit zu dem *Unveräußerlichen* derjenigen Moral, die mit der rationalen Form des Rechts und des politischen Handelns verbunden ist.[50] Dieses Unveräußerliche in der Gleichheit der Menschen tritt in den Kennzeichen der christlichen Existenzform hervor. Diese ist nicht moralisch-allgemein für das politische Zusammenleben abzurufen oder zu unterstellen. Es kommt auf die Praxis dieser Existenzform an, die widerständig dagegen ist, dass Menschen auf der Oberflä-

---

45  Entsprechend der Verwendung des Begriffs bei J. HABERMAS: Die Zukunft der menschlichen Natur, 2001.
46  Hi 10,8: »Deine Hände haben mich gebildet und bereitet; danach hast du dich abgewandt und willst mich verderben?« Vgl.. Ps 139,13.15.
47  M. LUTHER: Disputation über den Menschen (1536), These 35: »So ist denn der Mensch dieses Lebens Gottes bloßer Stoff zu dem Leben seiner künftigen Gestalt. (These 38):«so verhält sich der Mensch in diesem Leben zu seiner zukünftigen Gestalt, bis dann das Ebenbild Gottes wiederhergestellt und vollendet sein wird.«
48  Vgl. zur politischen Theorie: A. BADIOU: Wahrheiten und Gerechtigkeit (1997). Dies ist das Hauptargument bei: J. HABERMAS gegen die technische Reproduktion von Menschen: J. HABERMAS: Die Zukunft der menschlichen Natur, 2001.
49  E. WIESEL: Adam oder das Geheimnis des Anfangs. Brüderliche Urgestalten, 1980, 19.
50  Vgl. dazu die Rekonstruktion bei J. HABERMAS: Faktizität und Geltung, 594f.

che ihrer Lebensformen verlernen, wer sie sind: Gottes Geschöpfe. Angesichts des Reflexiv-Werdens menschlicher Selbstgestaltung in den vielfältigen Reproduktions- und Therapietechniken gilt es diese Existenzform in vielfältiger Weise zu bewähren und zu erproben.(Teil C) Es geht nicht um Verbotsgrenzen für einen menschlichen Übergriff auf eine irgendwie zu bewahrende Natur. Es geht vielmehr um die Frage, wie Menschen ihrer »inneren Natur« gewärtig werden – also derjenigen Natur, der wir nicht gegenübertreten können. Die ethischen Grenzlinien treffen hier mit dem Umriss des »inneren Menschen«[51] zusammen und nicht mit Verboten, die irgendwie von außen der »inneren Natur« gesetzt wären. So ist das Gebot zu verstehen, wie es in der biblisch-christlichen Tradition verstanden wird. Das Gebot (die Tora) erscheint als die zweite Schöpfung, die Gottes eigene Schöpfung ist.[52] Gott kommt mit seinen Geboten menschlichen Gesetzen zuvor. In dieser zweiten Schöpfung tritt Gottes erste Schöpfung uns Menschen verheißungsvoll vor Augen. In dieser Geschichte, wie sie Psalm 19 artikuliert, bewegen wir uns hier. Sie schließt ein, wie diese *zweite Schöpfung* zu lehren und lernen ist.[53]

## 4. Bildung ins Gebot gefasst

Menschen sind in ihrer geschöpflichen Gestalt gleich, ihre geschöpfliche Gestalt lässt sie gleich und gleichursprünglich sein. Dies schließt auch ihre Existenzform ein: sie ist nicht zu trennen von ihrer äußeren, leiblichen Gestalt, sie ist in diese eingeschrieben, denn in dieser äußeren Gestalt begegnen Menschen einander und dürfen ihrer Gleichursprünglichkeit gewärtig sein. Die geschöpfliche Gestalt ist deshalb ins *Gebot* gefasst. Das Gebot kann nicht von Menschen anderen Menschen gegeben sein: dann wären Menschen ihrem eigenen Gestalten ausgeliefert und damit ihren eigenen Maßstäben und Modellen. Wer oder was sollte für den Menschen Modell stehen? Dieses Gebot steht in Differenz zu jedem Modell[54], es steht gegen jedes Gesetz und jede Gesetzlichkeit, die eine reproduzierbare Form vorgibt oder auch eine für alle gültige Form vorschreibt, in der dann gerade nicht das geschöpfliche Werden erscheint. Daher ist das Gebot »Du sollst nicht töten ...« so zu hören: Dir ist ein Leben gewährt, das nicht in einem

---

51   Diesen Begriff verwendet M. LUTHER in seiner Schrift »Von der Freiheit eines Christenmenschen (1520)« in dem Sinne, dass dieser innere Mensch derjenige Mensch ist, an dem Gott handelt.
52   Dies ist in Psalm 19 reflektiert.
53   Psalm 19,8: »Das Gesetz (Tora) des HERRN ist vollkommen und erquickt die Seele. Das Zeugnis des HERRN ist gewiss und macht die Unverständigen weise.« Diesen grundlegenden Aspekt in Auslegungsgeschichte von Psalm 19 zeigt E. GOODMAN-THAU an: E. GOODMAN-THAU: Zeitbruch, 1995, 142f.
54   Vgl. zur Bedeutung von Modellen für das Reden von Gott und Mensch: P. RICOEUR: Gott nennen (1981).

Kampf auf Leben und Tod besteht, es ist kein Leben, das auf der Selbstbehauptung und der Logik der Legitimation[55] beruht. Andernfalls wäre das Gebot dem moralischen Diskurs angepasst. Der Gegensatz dazu ist nicht die Selbstaufgabe, sondern das Einfügen des eigenen Lebens in den Gottesdienst (Röm 12,1), in dem dieses Leben auch seine Gestalt findet. Die äußere Gestalt kommt – mit dem Gebot – zu der inneren hinzu, sie kann nicht wie die Moral dazu dienen, sich der Übereinstimmung mit dem ureigenen Gesetz zu vergewissern. Nicht die fraglose Erfüllung eines Gesetzes, dem alle immer schon unterworfen sind, macht die Existenzform aus, sondern das Sich-Anvertrauen an die bestimmte Lebensgestalt, die das Gebot ansagt und die Einübung in diese Lebensgestalt. Diese Lebensgestalt nämlich steht den Praktiken der Selbstbehauptung entgegen. Sie besteht darin, der gemeinsamen Existenzform gewärtig zu sein. Dies ist an allen Geboten zu sehen. Sie formulieren keine zwingenden moralischen Grundsätze, sondern kennzeichnen den Umriss der Existenzform des Geschöpfs, sein Ethos. Darin ist der verheißungsvolle Charakter der Gebote als der zweiten Schöpfung[56] zu sehen. So ist mit den Geboten selbst das Ende (telos), das heißt die vollendende Erfüllung des Gesetzes (Röm 10,4) angezeigt. Insofern ist nicht vom Menschen als von einem »teleologischen Wesen« zu reden, das ein letztes, sinnvolles Ziel erstrebt, sondern von Menschen als denjenigen, die sich von dieser Strategie einer Selbst-Vergewisserung befreien lassen. Dieser Strategie treten die Gebote entgegen, sie gewinnen ihre Bedeutung aus dem Ende des Gesetzes und seiner Rechtfertigungslogik. Dem folgt eine Ethik des Gebotes Gottes, wie sie in der Theologie immer wieder entfaltet worden ist. Sie zeigt, wie Menschen in Gottes Geschichte hineingeholt und hineingeformt werden.[57] Der Weg dahin führt nicht über den verzweifelten Versuch, sein Selbst zu gewinnen.[58] Es ist vielmehr der Weg des Werdens, der sich eröffnet, wenn sich Menschen von ihrer moralischen Disposition weg-berufen lassen. »Lasst euch eure Existenzform verändern durch das Neuwerden eurer Wahrnehmung und eures Denkens ...«:

---

[55] Zur weiteren geistesgeschichtlichen Problemstellung siehe die Diskussion um Hans BLUMENBERGs Thesen zur »Legitimität der Neuzeit«. Vgl. F.J. WETZ; H. TIMM (Hg.): Die Kunst des Überlebens. Nachdenken über Hans Blumenberg, 1999. Siehe darin: P. SCHULZ: Selbsterhaltung als Paradigma der modernen Rationalität. Zur Legitimation neuzeitlicher Subjektivität (1999).
[56] Das Gebot als zweite Schöpfung: dies reflektiert Psalm 19. Es ist grundlegend für das Verständnis des Gebotes in seiner institutionellen Verfasstheit.
[57] Beispielhaft dafür ist die Entfaltung der Ethik bei Karl BARTH: vgl. K. BARTH: Das christliche Leben. Die kirchliche Dogmatik IV,4, Fragmente aus dem Nachlaß; Vorlesungen 1959 - 1961, 1979. Siehe dazu vor allem John B. WEBSTER: Barth's ethics of reconciliation, 1995, insbesondere: 187.
[58] Auf diese Logik, wie sie Søren KIERKEGAARD in den Blick gerückt hat, greift Jürgen Habermas zurück: J. HABERMAS: Die Zukunft der menschlichen Natur, 2001.

## 4. Bildung ins Gebot gefasst 325

Dieses Neuwerden ist Gottes schöpferisches Werk[59] nur so kann es ein Neuwerden geben, die nicht an dem Verlust des Selbst-Seins verzweifelt. Dessen gewärtig zu sein, macht die Freiheit vom Gesetz aus: es ist der Überschritt in eine andere Existenz, der nicht auf dem Kontinuum, dem Identisch-Bleiben-Wollen der moralischen Logik beruht. Dem entspricht JESU Gegenrede: »Denn wer sein Leben erhalten will, der wird's verlieren; wer aber sein Leben verliert um meinetwillen, der wird's finden.« (Mt 16,25) Es ist der Überschritt in eine Geschichte, die damit jenseits der Moral vom gelingenden Leben ihren Anfang nimmt. Das Neuwerden der Wahrnehmung und des Denkens nimmt keinen unbestimmten Anfang, sie ist nicht erinnerungslos, sie geht von dem Zeugnis aus, das Menschen weitergeben. Diese Geschichte steht der Genealogie der Moral gegenüber. Sie *widerspricht* dieser Genealogie.

Damit zeichnet sich als zentraler Gegenstand der theologischen Ethik eine bestimmte Form der *Bildung* ab. Die Ethik würde gerade dann gegenstandslos werden, würde sie statt dessen von Überzeugungen, Motivationen, Einstellungen oder Einsichten, Haltungen, Tugenden[60] oder Reglements reden, die Menschen sich aneignen, nicht aber von einer bestimmten Lebensgestalt, in der sich menschliches Leben vollzieht. Die im Gebot vorgezeichnete Gestalt ist die verheißungsvolle Gestalt geschöpflichen Lebens.[61] Die geschöpfliche Existenzform kann nicht behauptet oder eingefordert werden – deshalb begegnet das Gebot als »Lehre«[62], das heißt als die erinnernd-ermahnende Erschließung dessen, was wir Menschen nach Gottes Willen sein dürfen. Hier ist *paradigmatisch* von der menschlichen Existenzform die Rede, nicht von einer Existenzform überhaupt oder von »Lebensformen« im Plural, die irgendwie nebeneinander bestehen. Hier ist die Gestalt des Werdens selbst die Kennzeichnung geschöpflichen Lebens,

---

[59] Dies ist insbesondere in der Auslegung zu Psalm 1 von Martin LUTHER reflektiert: M. LUTHER: Luthers Arbeiten über die ersten 22 Psalmen (Operationes in Psalmos) [1519-1521] (1987), bes. 237f.: »Das ist es, was ich gesagt habe, dass die Lust zum Gesetz des Herrn von Natur in keinem Menschen sei, sondern, indem der himmlische Vater der Ackerbauer und Pflanzer ist und uns von Adam in Christum versetzt, wird sie [die Lust am Gesetz des Herrn] vom Himmel herab gegeben.«

[60] Die Lehre von den Tugenden – wie sie zumeist von Aristoteles aufgenommen worden ist – bezeichnet eine durch Übung und Einübung gewonnene soziale Lebensform, nicht aber diejenige, die das Werden des Menschen umgreift. Zur Tugend-Ethik vgl. A. MACINTYRE: Verlust der Tugend. Zur moralischen Krise der Gegenwart, 1987. Zwischen den verschiedenen Lebensform-Ethiken (wie in der Tradition, die S. HAUERWAS verfolgt) und der Tugend-Ethik hat es in diesem Sinne Überschneidungen, aber auch grundlegende Differenzen gegeben. Siehe besonders auch: M. BRUMLIK: Bildung und Glück : Versuch einer Theorie der Tugenden, 2002.

[61] Daraufhin ist das ganze Gebot biblischer Überlieferung zu lesen. In dieser im Gebot vorgezeichneten geschöpflichen Gestalt gründet auch die gebotene Barmherzigkeit: Vgl. M. WELKER: Gesetz und Geist (1989).

[62] Hier ist der Begriff »Tora« in den Blick zu fassen: vgl. dazu insgesamt: I. SCHOBERTH: Glauben-lernen. Grundlegung einer katechetischen Theologie, 1998.

und damit ist die Frage verbunden, nach welchem Bild – nicht auf welches Bild hin – oder in welcher prägenden Tradition dies geschieht. Von Bildung kann – wie von einer Lebensgestalt – deshalb *nicht formal* die Rede sein, sondern es ist zu fragen, in welcher Weise die christliche Tradition Bildung immer schon inhaltlich versteht – im Sinne dessen, was die christliche Existenzform in ihrer Geschöpflichkeit ausmacht. Diese Bildung vollzieht sich als das, was Menschen Geschöpfe sein lässt. Bildung ist in der biblisch-christlichen Tradition der Vorgang geschöpflicher Menschwerdung.[63] So ist die biblische Rede zu verstehen, dass Menschen im Mutterleib von Gott »gebildet« sind.[64] Dies kennzeichnet die menschliche Existenz in ihrer bleibenden Gleichursprünglichkeit.

Mit dieser Bildung – und zunächst durch kein anderes Kennzeichen – wird die *gottesdienstliche* Gemeinde zum Gegenstand christlicher Ethik.[65] Wenn Bildung in jener geschöpflichen Menschwerdung besteht, dann kennzeichnet die gottesdienstliche Gemeinde den Ort und den Status des Menschen im Vorgang des Gebildet-Werdens. Es wird daran deutlich, in welchem Sinn die Kirche, die Ecclesia überhaupt mit jenen grundlegenden – und dramatischen – Vorgängen, in denen sich Menschwerdung vollzieht, die oeconomia und die politia, verbunden ist. Diese Vorgänge können nicht affirmativ, vielleicht als unbedingte Notwendigkeiten (basic needs) gekennzeichnet werden. Sie sind nicht in diesem Sinne als gegeben zu konstatieren, weil so verloren geht, dass mit der Gemeinde, dem Wirtschaften und der Politik die Menschwerdung auf dem Spiel steht. Es steht die geschöpfliche Existenz des Menschen auf dem Spiel, die Erinnerung und die Hoffnung, in der Menschen leben. Das gilt an erster Stelle für den Vorgang der Bildung zum Geschöpf und der Bildung als Geschöpf. Ohne diesen Status creationis gäbe es nur ein für sich existierendes menschliches Wesen, das keinen bestimmten Ort hat und damit jeder Art von Bestimmung oder seiner eigenen Ökonomie, der Ökonomie seiner eigenen Furcht und Hoffnung ausgeliefert ist. Als Geschöpf ist dieses menschliche Wesen in den Status versetzt, in dem es um sein Werden (fieri), seine Bildung und seine Berufung geht: den Status derer also, die als Geschöpfe zu leben erlernen.[66]

---

63 Siehe A1-8.
64 Vgl. Jes 44,2: »so hat ER gesprochen, der dich gemacht hat, der dich gebildet hat vom Mutterleib auf.«
65 Andere Gründe dafür, dass die Kirche ein Politikum darstellt, sind davon abgeleitet, dass die Kirche creatura verbi ist, das heißt zugleich Ort der Bildung von Christenmenschen. Vgl. dazu B. WANNENWETSCH: Gottesdienst als Lebensform – Ethik für Christenbürger, 1997.
66 Siehe die Explikationen bei: I. SCHOBERTH: Glauben-lernen. Grundlegung einer katechetischen Theologie, 1998.

## 5. Die gottesdienstliche Gemeinde als Status creationis

An genau dieser Stelle kommt die Gemeinde als *Status creationis*⁶⁷, als Status der Menschwerdung in den Blick. Dies ist der Status nascendi, der Status des Geboren-Werdens. Es ist der Stand derer, die zu Befreiende sind und der Stand derer, die der Gerechtigkeit Gottes, seiner Treue zu seinen Geschöpfen, bedürfen. So heißt Wiedergeboren werden – das Befreit-Werden zum geschöpflichen Leben.⁶⁸ Dies ist der Angelpunkt einer neuen Rede vom Menschen, die ihn nicht zum isolierten Gegenstand macht, sondern dort aufsucht, wo er sich in seiner geschöpflichen Existenz findet. Es ist diejenige Rede vom Menschen, in der das – moderne – »Problem des Menschen«⁶⁹ (Martin BUBER), der »Mensch als Problem«, nicht an die Stelle der *Exploration* des Menschen in seinem Werden getreten ist. Diesen Menschen im Stande des Erschaffen-Werdens gilt es hier zu entdecken. Weder der (moderne) Mensch als zu projektierendes Subjekt, noch die postmoderne Aufhebung des Subjekts in ein »Jenseits vom Subjekt«⁷⁰, in die allseitige Kommunikation oder die Sprache, kann diese menschliche Existenz abbilden und seine Erkundung ersetzen. In kein Bild, in kein Problem kann diese Existenz gefasst werden, sondern es geht um eine Umkehrung: um die Rückkehr in das geschöpfliche Leben mit Gott. So ist es in den Psalmen ausgesprochen: »Er bringt meine Seele zurück« (Ps 23,3). Diese Rückkehr bedeutet eine neue Erkenntnis – die Erkenntnis all dessen, was das Leben auszeichnet. Dies kann nicht in der undankbaren Suche nach einem gelingenden Leben untergehen, das durch die Fixierung auf die moralische Bedeutung dieses Gelingens alles zur Disposition stellt oder wie in KAFKAs Geschichte »Vor dem Gesetz« aufhört zu leben.

Das Neuwerden der Wahrnehmung und der Erkenntnis präsent zu halten – darin besteht die *Bildungsaufgabe* der christlichen Gemeinde. Sie ist mit ihrer gottesdienstlichen Praxis gegeben: mit dem gemeinsamen Hören des Wortes, mit dem einstimmenden Bekennen (consensus), mit dem gemeinsamen hörenden Gebet. Wo gibt es einen Ort, an dem alle zugleich und gleichgestellt hören, an dem nicht einer dem anderen etwas sagt, sondern alle zugleich Hörende, Lernende und daraufhin Redende sind? Wo gibt es einen Ort, an dem der Ausleger

---

67 Demgegenüber bleibt die Kennzeichnung der Kirche als Schöpfungsordnung abstrakt und ohne Pointe. Es fehlt ihr das Worumwillen.
68 Von einer anderen Art der Wiedergeburt spricht unter Berufung auf KIERKEGAARD J. HABERMAS: es ist die Wiedergeburt aus der Verzweiflung, in die der Versuch führt, das eigene Leben zum Gelingen zu führen: J. HABERMAS: Die Zukunft der menschlichen Natur, 2001; Vgl. 1Petr 1,3: »Gelobt sei Gott, der Vater unseres Herrn JESUS CHRISTUS, der uns nach seiner großen Barmherzigkeit wiedergeboren hat zu einer lebendigen Hoffnung durch die Auferstehung Jesu Christi von den Toten...«.
69 M. BUBER: Das Problem des Menschen, [1942/1947] 1961.
70 Vgl. G. VATTIMO: Jenseits vom Subjekt, 1986.

oder Hermeneut, oder auch der Erzähler selbst zum Lernenden und Hörenden wird, an dem es keinen Hermeneuten gibt, der nicht im Hören bleibt, sondern an die Stelle des Autors tritt[71]? So bleibt die gottesdienstliche Gemeinde der *paradigmatische* Ort für Bildung. Sie tritt *nicht* mit Bildungsgehalten oder Bildungszielen auf, die – und seien sie noch so fundamental – als etwas behauptet werden müssen, das Menschen zu lernen oder sich anzueignen haben. Nicht die Konkurrenz um die jeweils fundamentaleren Bildungsgehalte oder die höheren Bildungsideale – vielleicht Wert-Einstellungen – kann die Aufgabe dieser Bildung bestimmen, sondern die spezifische Form dessen, was Bildung in Bezug auf Menschwerden heißen kann. Bildung kann nicht auf ein Menschenbild hinauslaufen, das Menschen sich gegenüberstellen. Auch dieses fällt unter das Bilderverbot. So wie das Bilderverbot in Bezug auf Gott darauf zielt, sich von Gott erkennen zu lassen und darin selbst Gotteserkenntnis zu gewinnen, so zielt das Bilderverbot in Bezug auf den Menschen darauf, in der Aufmerksamkeit auf das zu bleiben, was Menschen als die Geschöpfe Gottes erfahren.[72] Es geht darum, dass Mensch-Werden ein Vorgang geschöpflichen Lebens bleibt, mit welcher Pädagogik auch immer dieser zu fördern ist. Dort, wo sich dieser Vorgang abspielt, ist christliche Gemeinde und dort bildet sich christliche Gemeinde. So wird die christliche Gemeinde in diesem spezifischen Sinne als *Status creationis* zu verstehen sein. Sie ist der Ort der zweiten Schöpfung, der Ort der Wiedergeburt, der Ort, an dem Gott die Herzen – neu – bildet, der Angelpunkt der Freiheit eines Christenmenschen.[73]

Christliche Ethik hat diese Existenzform zum Gegenstand, die mit der christlichen Gemeinde verbunden ist. Das christliche Ethos ist insofern eine *kirchliche* Existenzform, als Kirche die Gemeinschaft derer ist, die sich von dem bilden lassen, was ihnen in Gottes *Geschichte* widerfährt.[74] Mit dieser Bildung geht es um das *Woraufhin* der Menschwerdung[75], die davor schützt, dass Menschen diesen oder jenen Bildungsidealen, Menschenbildern, Zwecken oder Zielen ausgesetzt werden.[76] Der Gegenstand »Bildung« geht verloren, wenn die Frage nach der *Bestimmung* ausgeblendet wird, oder ausgeblendet werden muss, weil

---

71  Die Kritik an dieser Hermeneutik hat vor allem Paul RICOEUR vorgetragen: Die lebendige Metapher, 1986.
72  Vgl. zur weiteren Entfaltung und zu dieser Pointe vor allem: H.J. IWAND: Die christliche Verantwortung für die Bildung (1955).
73  Ps 33,15: »Er bildet ihnen allen das Herz, er gibt acht auf alle ihre Werke.«
74  Siehe auch: H.G. ULRICH: Bildung woraufhin – Bildung woran? Theologische Anmerkungen zur Bildung in der Kompetenzgesellschaft (2003).
75  Vgl. M. LUTHER: Disputation über den Menschen (1536). Es geht in diesem Sinn um die causa finalis.
76  Darauf hin ist zu lesen, was in der vielfältig ausgearbeiteten Ethik steckt, wie sie S. HAUERWAS in den Blick gerückt hat: S. HAUERWAS: A Community of Character, 1981.

dazu nichts gesagt werden kann, was nicht in einem Menschenbild endet. Das Woraufhin der Bildung ist das kritische Jenseits der Menschenbilder, die Berufung zu Gottes Geschöpfen und Kindern. Dies rückt Martin BUBER in den Blick:

»*Die immer wieder vorgebrachte Frage ›Wohin, worauf zu soll erzogen werden?‹ verkennt die Situation. Auf sie wissen nur Zeiten, die eine allgemeingültige Gestalt – Christ, Gentleman, Bürger – kennen, eine Erwiderung, nicht notwendig mit Worten, aber mit dem auf die Gestalt hin ausgestreckten Zeigefinger, die deutlich über aller Köpfen in der Luft steht. Das Bilden dieser Gestalt in allen Individuen, aus allen Stoffen, das ist die ›Bildung‹. Wenn aber alle Gestalten zerbrachen, wenn keine mehr die gegenwärtige Menschheitsmaterie einzubewältigen, einzugestalten vermag, was ist da noch zu bilden?*
*Nichts anderes mehr als das Ebenbild Gottes.*
*Das ist das undefinierbare, nur faktische Wohin des gegenwärtigen Erziehers, der in der Verantwortung steht. Eine theoretische Erwiderung auf die Frage ›Worauf zu?‹ kann dies nicht sein, nur, wenn überhaupt, eine getane. Mit dem Nichttun getane.*
*Der Erzieher steht jetzt mit in der Not, die er in der Umfassung erfährt, nur ein Stück Wegs tiefer in sie hinein. Er steht mit, nur ein Stück Wegs weiter aufwärts, im Dienst, zu dem er sprachlos aufruft, in der imitatio Dei abscondi ti sed non ignoti (die Nachahmung des verborgenen, aber nicht unbekannten Gottes).*«[77]

Vom Christenmenschen oder vom geschöpflichen Leben ist nicht als von einem Bildungsideal zu reden. Gerade das, was zu bilden bleibt – wenn wir Martin BUBER folgen –, das »Ebenbild Gottes«, das keinem Ideal entspricht oder gleicht, kann gerettet werden, wenn sich – wie BUBER an anderer Stelle sagt – das Geschöpf dem Schöpferischen öffnet.[78] Zum Christenmenschen wird, wer sich von Gottes Wort bilden lässt: »Nun sind diese und alle Gottesworte heilig, wahrhaftig, gerecht, friedsam, frei und aller Güte voll. Darum: wer ihnen mit einem rechten Glauben anhängt, des Seele wird mit ihm so ganz und gar vereinigt, dass alle Tugenden des Wortes auch der Seele eigen werden und durch den Glauben die Seele so durch das Gotteswort heilig, gerecht, wahrhaftig, friedsam, frei und aller Güte voll, ein wahrhaftiges Kind Gottes wird, wie Joh 1,12 sagt.«[79] Von dieser Seele wird schließlich gesagt: sie »lässt mit sich handeln, wie er (sc. Gott) will, denn sie zweifelt nicht, er sei fromm und wahrhaftig in allen seinen Worten«.[80]

---

77  M. BUBER: Reden über die Erziehung, 1986, 48.
78  M. BUBER: Reden über die Erziehung, 1986, 49.
79  M. LUTHER: Von der Freiheit eines Christenmenschen (1520), 256.
80  M. LUTHER: Von der Freiheit eines Christenmenschen (1520), 256f.

## 6. Bildung im Neuwerden

Der Gegenstand »Bildung« geht für die theologische Ethik verloren, wenn er nicht Neuwerden und Verwandlung einschließt, das Werden des Menschen im Neuwerden.[81] Was immer Menschen sich aneignen und lernen, wie immer sie sich selbst bilden oder bilden lassen, es wird die Frage sein, inwiefern sie darin die Geschöpfe Gottes bleiben, inwiefern sie paradigmatisch diejenigen bleiben, die sich bilden lassen. Bildung hat ihr permanentes Ziel darin, in dieses Geschöpf-Sein einzutreten, in die besondere Geschichte des Gebildet-Werdens. Diese ist eine je *eigene* Bildungsgeschichte. Sie ist dann keine Geschichte der Aneignung dessen, was irgendwie lernbar ist, keine Geschichte der Verwandlung in die Erfordernisse dieser oder jener Lebensform, sondern die Bildungsgeschichte dessen, der darin den ihm zugedachten *Weg* entdeckt, vielleicht verliert und wieder entdeckt, und der in dieser Bildungsgeschichte sein Geschöpfsein erkundet, der probiert, was es auf diesem je eigenen Lebensweg heißt, Geschöpf zu sein.[82] So können wir manche biblischen Geschichten als *Bildungsgeschichten* lesen: die Geschichte NOAHs, ABRAHAMs und JAKOBs, die Geschichte JOSEFs, die Geschichte HIOBs und die Geschichten der Propheten – und für alle paradigmatisch die Geschichte des JESUS von Nazareth. Was ist die Geschichte ihrer Bildung, inwiefern ist es die Geschichte ihrer immer neuen Öffnung zum schöpferischen Handeln Gottes?[83] Hier ist der Ort, an dem von einer Würde des Menschen zu reden ist. Was ist dieser einzelne Mensch, dass er in dieser Geschichte vorkommt? (Psalm 8).

Im Blick darauf erweist sich die *Ethik der Bildung* als Zentrum jeglicher Ethik: sie setzt dort ein, wo die Veränderung der Existenzform geschieht durch das Neuwerden der Wahrnehmung, der Erkenntnis und des Denkens (Röm 12,2), eine weitreichende Perspektive für die Bildung eines Christenmenschen. Hier hat die Rede von einer menschlichen Existenzform ihren paradigmatischen Ort in der evangelischen Ethik. Denn hier ist deutlich, dass Existenzform in *diesem* Werden besteht und deshalb nicht eingefordert werden kann, weder als die eigene Leistung noch als Moral.[84]

---

81  Siehe oben A3-3.
82  Das Gebildet-Werden als ein Sich Bewegen auf dem Weg reflektiert Martin LUTHER in seiner Auslegung des Psalm 1, in dem von dem »Gerechten« gesagt wird, dass er sich auf einem Weg befindet, den Gott kennt.
83  Dies ist auch in der Erzählung Franz KAFKAs »Vor dem Gesetz« [1914] (aus: F. KAFKA: Der Proceß [1925])als Pointe gesehen worden: der Zugang zum Gesetz – das aber dadurch seinen Charakter verliert – ist das Neuwerden.
84  In dieser Alternative bewegt sich Jürgen HABERMAS: Die Zukunft der menschlichen Natur, 2001, 14.

Hans Joachim IWAND fasst die Pointe zusammen: »*Der Mensch, so meine ich, der aus Glauben lebt, ist immer zugleich in Gottes Hand, ist darin ein Werdender und nie ein So-oder-So-Seiender, ist hier passiv, ist hier immer noch ein erlebender, ein empfangender, beschenkter, oft auch leidender, schuldiger, zu Boden geworfener und in die Einsamkeit getriebener – das heißt: ein WERDENDER sein, ein angefochtener, armer, schwacher Mensch, der noch den Affekten nahe ist, der sich noch freuen kann mit den Fröhlichen und traurig sein mit den Traurigen, der noch Geburt und Tod, Aufstieg und Niedergang von innen her mit erlebt – und nicht nur ›arbeitet‹, nicht nur nach außen hin bildet, sondern zugleich immer dabei gebildet wird. Das heißt, dass GOTT SEIN BILDNER ist, dass es eine Stelle gibt, wo er passiv ist, Ton in den Händen seines Meisters und seiner selbst darin nicht mächtig. Was wird aus mir? Was wird aus mir im letzten, allerletzten Sinn? Das ist die echte, die wirklich menschliche Bildungsfrage sub specie aeternitatis, und wenn diese Frage aufhört, Daseinsrecht zu haben in einer bestimmten Kultur, in einer Epoche, wenn Gesellschaft und Staat dieser Frage des Menschen keinen Raum mehr geben – dann ist die gesamte Bildung einer solchen Epoche im Innersten bedroht.*«[85]

Martin LUTHER hat dies in seiner Auslegung von Psalm 1 in vielfältiger Weise, der Sprache des Psalms folgend, beschrieben.

*Psalm 1:* »*Wohl dem, der nicht wandelt im Rat der Gottlosen noch tritt auf den Weg der Sünder noch sitzt, wo die Spötter sitzen, sondern hat Lust am Gesetz des HERRN und sinnt über seinem Gesetz Tag und Nacht! Der ist wie ein Baum, gepflanzt an den Wasserbächen, der seine Frucht bringt zu seiner Zeit, und seine Blätter verwelken nicht. Und was er macht, das gerät wohl. Aber so sind die Gottlosen nicht, sondern wie Spreu, die der Wind verstreut. Darum bestehen die Gottlosen nicht im Gericht noch die Sünder in der Gemeinde der Gerechten. Denn der HERR kennt den Weg der Gerechten, aber der Gottlosen Weg vergeht.*«

LUTHER kommentiert: »›Er ist gepflanzt‹, sagt der Prophet, wodurch er diese Pflanze unterscheidet von denen, die von selbst wachsen. Denn sie ist ja durch fremde Sorgfalt und Pflege, nicht durch ihre Natur von solcher Beschaffenheit; nämlich sie ist aus der, welche von selbst und wild (natura) gewachsen ist, ausgeschnitten, und künstlich als ein Setzling anderswohin gepflanzt.«[86] Entscheidend ist, dass sich *Bildung* auf eine bestimmte Weise vollzieht und insofern auch Gegenstand einer Ethik sein kann, die dies beschreibt. Hier in Psalm 1 ist vom »Sinnen« oder »Murmeln« über dem Gesetz die Rede. Luther hat von dieser

---

[85] H.J. IWAND: Die christliche Verantwortung für die Bildung (1955), 300f.. Vgl. H.J. IWAND: Gesetz und Evangelium, 1964, 282.
[86] M. LUTHER: Luthers Arbeiten über die ersten 22 Psalmen (Operationes in Psalmos) [1519-1521] (1987), Sp. 237.

»meditatio« gesagt, dass daraus »endlich das in dem Gesetze wohlgegründete Reden zum Volke hervorgehen«[87] wird. Im übrigen bemerkt LUTHER: »Du hast genug erreicht, wenn du an einem Tage oder gar in einer Woche gelernt hast, auch nur ein Verslein in deinem Herzen lebendig und kräftig (spirantem) zu machen. Nachdem dieser Anfang gemacht ist, wird alles folgen, und du wirst zu einem überaus reichen Schatze der Erkenntnis und der Liebe (affectionum) kommen; siehe nur zu, dass du dich nicht durch Überdruss und Verzweiflung abschrecken lassest, damit zu beginnen.«[88] So kann sich Bildung auch mit biblischen Geschichten vollziehen, denen es nachzusinnen gilt, und entsprechend sind sie in der Auslegungsgeschichte gelesen worden.[89] Damit ist im Vorgang der Bildung die Dramatik, in der sie sich vollziehen kann, nicht ausgeschlossen.[90] Es ist eine spezifische Dramatik, denn in ihr steht auf dem Spiel, ob überhaupt Bildung stattfindet, wie sie dem geschöpflichen Leben entspricht. Für den Vorgang der Bildung ist entscheidend, *worin* er sich vollzieht, worauf sich jemand einlassen darf, um daran und darin sich bilden zu lassen, um darin zu erlernen, was es zu lernen gibt.[91] Es ist jener *Vorgang der Menschwerdung*, in dem zu erlernen ist, was es heißt, Geschöpf zu sein. Darin ist beschlossen, kennenzulernen, *wer* Gott, der Schöpfer ist.

So hören wir es in einer Erzählung der Chassidim:

*»Als Levi Jizchak von seiner ersten Fahrt zu Rabbi Schmelke von Nikolsburg, die er gegen den Willen seines Schwiegervaters unternommen hatte, zu diesem heimkehrte, herrschte er ihn an: ›Nun, was hast du schon bei ihm erlernt?‹ ›Ich habe erlernt‹, antwortete Levi Jizchak, ›dass es einen Schöpfer der Welt gibt‹. Der Alte rief einen Diener herbei und fragte den: ›ist es dir bekannt, dass es einen Schöpfer der Welt gibt?‹ ›Ja‹, sagte der Diener. ›Freilich‹, rief Levi Jizchak, ›alle sagen es, aber erlernen sie es auch?‹«*[92]

Wenn Menschen sagen können »Ich glaube, dass mich Gott geschaffen hat samt allen Kreaturen ...«[93] zeigen sie an, dass sie sich im Stand (Status) dieser Lernenden befinden. Neben diesem Stand, dem Status creationis, finden sich die

---

87 Ebd., 233.
88 Ebd., 252.
89 Vgl. Karin ULRICH-ESCHEMANN: Biblische Geschichten und ethisches Lernen, 1996.
90 In diesem Sinne ist auch Gott als Erzieher verstanden worden, z.B. in der Erzählung von JAKOBs Kampf am Jabbok: vgl. M. LUTHER: Predigten über das erste Buch Mosis und Auslegungen über die folgenden biblischen Bücher bis zu den Psalmen (excl.). (1986), Sp. 504-518.
91 Vgl. die Beispiele bei M. LUTHER dafür, was es gilt nachsprechen zu lernen: M. Luther: Luthers Arbeiten über die ersten 22 Psalmen (Operationes in Psalmos) [1519-1521] (1987), 233: z.B. das Gebot »Du sollst nicht töten ...«.
92 M. BUBER: Die Erzählungen der Chassidim, Zürich 1949, 131f.
93 Martin LUTHER: Kleiner Katechismus, zum 1. Artikel des Glaubensbekenntnisses.

anderen *Stände geschöpflichen Lebens*: die *oeconomia* als der Stand derer, die im Medium von Gottes Gaben kooperieren und die *politia*, der Stand derer, die im Zusammenwirken das Gerechte tun und so die von Gott erfahrene Gerechtigkeit bezeugen. In diesen Ständen erscheinen Menschen als die Empfangenden und Werdenden: als Geschöpfe Gottes. In diesem Sinne allein sind diese Stände als Schöpfungsordnungen zu verstehen. In ihnen erscheint die neue Schöpfung. Sie widerspricht den Ordnungen, durch die sich Menschen ihrer Lebenswelt zu bemächtigen suchen. Der Erkenntnis von der neuen Schöpfung zu folgen heißt, den auf die Beherrschung, die Regierung des Lebens ausgerichteten Diskursen, den Pathologien der Erkenntnis, der Macht und der Moral zu widersprechen.

## 7. »wenn ihr nicht werdet wie die Kinder...«

*»Zu derselben Stunde traten die Jünger zu Jesus und fragten: Wer ist doch der Größte im Himmelreich? Jesus rief ein Kind zu sich und stellte es mitten unter sie und sprach: Wahrlich, ich sage euch: Wenn ihr nicht umkehrt und werdet wie die Kinder, so werdet ihr nicht ins Himmelreich kommen. Wer nun sich selbst erniedrigt und wird wie dies Kind, der ist der Größte im Himmelreich. Und wer ein solches Kind aufnimmt in meinem Namen, der nimmt mich auf. Wer aber einen dieser Kleinen, die an mich glauben, zum Abfall verführt, für den wäre es besser, dass ein Mühlstein an seinen Hals gehängt und er ersäuft würde im Meer, wo es am tiefsten ist.«* (Mt 18,1-6)

In dieser Geschichte sind alle Pointen versammelt, an denen deutlich wird, wie in der biblischen Tradition von der Menschwerdung gesprochen wird. Wie Kinder werden – dies macht das Menschwerden aus. Die hier vorliegende Textfassung (Mt 18) verlockt dazu, in zweifacher Bedeutung zu lesen: »werdet zu Kindern« (was die übliche Deutung ist) und »werdet wie Kinder«, das heißt: »lasst euch auf die Art des Werdens ein, die Kindern eigen ist«. LUTHER übersetzt Mk 10,15 (aus der Parallelstelle) mit: »Wer das Reich Gottes nicht empfängt wie ein Kind, der wird nicht hineinkommen.« Es geht um diese Art der Empfänglichkeit und insofern können beide Deutungen ineinander gelesen werden: so wie Kinder das Reich Gottes in Empfang nehmen, so wie Kinder Gottes Regentschaft annehmen (so andere Übersetzungen), so sollen Menschen in diese Regentschaft eintreten. In der vielfältigen biblischen Rede von den Kindern Gottes, zu denen ISRAEL und mit Israel alle, die sich berufen lassen, berufen wird, ist der Stand (Status), die Existenzform gekennzeichnet, die das *Werden* des Menschen ausmacht. Sie umgreift die Kirche (ecclesia) und gleichermaßen – mit der Menschwerdung des Menschen – die »Familie«[94]. Wo Kinder sind, gibt es Familie. Wo Kinder sind, wird Gottes Geschichte weitergelebt und weitergetragen. Die Familie ist die Form dieses Weitertragens – sie ist die Gemeinschaft, die sich um das Weitertragen dreht, weil in ihr Kinder leben. Um dieser Kinder willen gibt es Väter und Mütter – in ihrer je spezifischen und zusammengehörigen Aufgabe.[95] Nicht die Fortsetzung von Gottes Geschichte als ihre Verlängerung, sondern die immer neue Bewährung seiner Treue zu seinen Menschen macht den Fortgang aus. So gehören Kind-Sein und das Werden als Kind zur menschlichen Existenzform, der Gottes Verheißung gilt und die mit Gottes Geschichte verbunden ist.[96] Das Paradigma dafür ist die Geschichte Gottes mit seinem Volk. Damit diese Geschichte weitergeführt wird, zum Erweis der Treue Gottes an seinem Volk, also nicht zu einer unabsehbaren Fortsetzung einer Historie – kommt es immer wieder darauf an, dass Nachkommen geboren werden. So ist es nicht nur der immer neue Anfang, der mit der Ankunft von Kindern verbunden ist, sondern der Fortgang einer Geschichte, die sonst zu Ende wäre, die aber nicht anders als durch Neu-Berufene in diese Geschichte weitergehen kann. An den äußerst gefährdeten Punkten, an denen diese Geschichte abzureißen droht, weil es keine Nachkommen gibt, wird Gott in ganz besonderer Weise handelnd tätig, paradigmatisch bei SARAH und ABRAHAM. Weil es auf den Fortgang der Geschichte ankommt, die in einem »Bund« besiegelt ist, hat die Tradition der Sozialethik die »Familie« auch als Ordnung des Bundes verstanden[97] – also zugeordnet zur »ecclesia«. In der Erzählungen von JESUS und den Kindern (Mt 18) kommt die Geschichte mit Gott als die Verheißung des Zusammenlebens mit Gott in seinem Königreich wieder in den Blick. In der Geschichte dieser Verheißung hat mit der Ecclesia als dem Ort des Neuwerdens auch das Kind-Sein und mit ihm die Familie ihre Bestimmung: Ort des *Werdens* in Gottes Wirken zu sein. So kann das Kind-Sein Gleichnis sein für das Leben mit Gott. In ihm erscheint das (eschatologische) Paradigma für das Leben mit Gott. Von ihm aus, und auf dieses hin, ist vom Kind-Sein zu reden und daraufhin von Familie. Ein anderer Ort, eine andere Topologie ist nicht auszumachen.

Die (evangelische) Sozialethik hat sich – wie generell mit den »*Ordnungen*« – schwer getan, überhaupt zu einer theologisch fassbaren *Topologie* menschlichen

---

[94] Siehe zur Ethik der Familie: K. ULRICH-ESCHEMANN: Lebensgestalt Familie - miteinander werden und leben, 2005.
[95] Von hier aus ist die Ethik der Lebensform als familialer zu entwickeln.
[96] Siehe zur Entfaltung den Teil der Ethik in Karl BARTHs Kirchlicher Dogmatik, der die Ethik als die Darlegung des Gebotes Gottes des Versöhners enthält: Das christliche Leben. Die kirchliche Dogmatik IV,4, Fragmente aus dem Nachlaß; Vorlesungen 1959 – 1961, 1979, §76: »Die Kinder und ihr Vater«. Siehe dazu: John B. WEBSTER: Barth's ethics of reconciliation, 1995, 174-191. Webster zeichnet sehr genau die darin enthaltene Grammatik theologischer Ethik nach.
[97] Vgl. den Hinweis bei E. WOLF: Sozialethik. Theologische Grundfragen, 1975, 196.

Lebens zu kommen. Gerade hier in Bezug auf die Familie und das Kind-Sein aber ist es entscheidend, nicht aus der theologischen Logik zu fallen und irgend eine theologische Ordnungslehre zu errichten. Wenn die Ordnungen oder Institutionen, die mit Gottes Verheißung eingerichtet sind[98], das geschöpfliche Werden von Menschen zum Gegenstand haben, das sein Paradigma in der Geschichte Gottes mit ISRAEL findet, dann kann es auch für die Familie keine andere Pointe geben. Sie erscheint – auf dem Hintergrund der Metaphern von der Gotteskindschaft – als der Ort, an dem das Werden von Menschen als das von Kindern präsent wird und an dem wir dessen gewärtig werden, dass wir Menschen solche Kinder sein dürfen.: »wenn ihr nicht *werdet* wie Kinder ...« Hier von dem »Werden« (fieri) die Rede, das Menschen in Gottes Geschichte bleiben lässt.

Dem entspricht es, wenn in der Ethik gesagt wurde, dass Kinder bekommen, seinen *ethischen* Sinn nicht darin hat, dass Menschen sich (wie diese unpassende Metapher aus der Biologie besagt) »fortpflanzen« oder dass sie sich, wie es in der geläufigen (technischen) Bezeichnung »Reproduktionsmedizin« angezeigt ist, reproduzieren.[99] In ethischer, auf die menschliche Existenzform bezogener Perspektive kann es nicht genügen, für die Reproduktion zu sorgen. Warum sollten Menschen »sich reproduzieren«?[100] So ist mit Recht gesagt worden, dass der ethische Sinn nicht in der Fortpflanzung, sondern in der *Traditionsbildung* besteht.[101] Freilich muss dann gesagt werden, was Traditionsbildung heißt: was soll tradiert werden, was soll oder was darf weitergegeben werden? Wäre es wiederum die Fortschreibung der je eigenen Geschichte – welchen Grund könnte es dafür geben? Die biblische Logik ist hier deutlich: was es weiterzugeben gilt, das ist der Erweis der Treue Gottes: diese kann nicht zu Ende sein. Es kann mit Gottes Treue-Erweis, mit seiner Gerechtigkeit nicht zu Ende sein. Dem steht die Verheißung entgegen. Wer wollte darüber urteilen, dass die Verheißung abgegolten oder an ihr Ende gekommen ist?[102] Dies stand auch ABRAHAM und SARAH nicht zu. Ihnen wurde deutlich gemacht, dass Gott von seiner Verheißung nicht lässt. Wer wollte darüber urteilen, ob die Verheißung noch gilt – angesichts all derer, die in der Erwartung der Gerechtigkeit, in Erwartung des Treue-Erweises Gottes geblieben sind, weil sie von menschlicher Ungerechtigkeit erdrückt oder vernich-

---

[98] Vgl. A1-2.
[99] In einem davon unterschiedenen Sinn freilich kann – wie bei Lévinas – von »Fruchtbarkeit« die Rede sein. Dies verbindet sich mit der theologischen Tradition, die das schöpferische Mitwirken von Menschen gesehen hat. Leider sind diese Verbindungen in den Diskursen nicht deutlich hervorgetreten. Vgl. zu diesem Punkt bei Lévinas: P. DELHOM: Der Dritte : Lévinas› Philosophie zwischen Verantwortung und Gerechtigkeit, 2000.
[100] Siehe hier die Überlegungen zum Imperativ »Es soll eine Menschheit sein« von H. JONAS: Das Prinzip Verantwortung, 1985.
[101] Zu Tradition siehe A4.
[102] Siehe zu dieser theologischen Fragestellung: G. SAUTER: Zukunft und Verheißung, 1965.

tet wurden? Diese Frage, die einzigartig Max HORKHEIMER aufgeworfen hat[103], kann keine andere Antwort finden als dadurch, dass Menschen dabei bleiben, Gottes Verheißung weiterzutragen.

Das Weitertragen, die Tradition erfolgt im biblischen Reden im *Lob* der Treue Gottes und der *Danksagung*, im Modus der Erinnerung des Erweises seiner Gerechtigkeit. Im Lob Gottes geht die Tradition weiter, im Gottesdienst der Danksagung (Ps 50). An dem Fortgang des Lobes hängt der Fortgang der Geschichte mit Gott (Psalm 102):

»*Meine Tage sind dahin wie ein Schatten, und ich verdorre wie Gras.*
*Du aber, HERR, bleibst ewiglich und dein Name für und für.*
*Du wollest dich aufmachen und über Zion erbarmen; denn es ist Zeit, dass du ihm*
   *gnädig seist, und die Stunde ist gekommen*
*– denn deine Knechte wollten gerne, dass es gebaut würde, und es jammert sie, dass es*
   *in Trümmern liegt –,*
*dass die Heiden den Namen des HERRN fürchten und alle Könige auf Erden deine*
   *Herrlichkeit.*
*Ja, der HERR baut Zion wieder und erscheint in seiner Herrlichkeit.*
*Er wendet sich zum Gebet der Verlassenen und verschmäht ihr Gebet nicht.*
*Das werde geschrieben für die Nachkommen; und das Volk, das er schafft, wird den*
   *HERRN loben.*
*Denn er schaut von seiner heiligen Höhe, der HERR sieht vom Himmel auf die Erde,*
*dass er das Seufzen der Gefangenen höre und losmache die Kinder des Todes,*
*dass sie in Zion verkünden den Namen des HERRN und sein Lob in Jerusalem,*
*wenn die Völker zusammenkommen und die Königreiche, dem HERRN zu dienen.*
*Er demütigt auf dem Wege meine Kraft, er verkürzt meine Tage.*
*Ich sage: Mein Gott, nimm mich nicht weg in der Hälfte meiner Tage! Deine Jahre*
   *währen für und für.*
*Du hast vorzeiten die Erde gegründet, und die Himmel sind deiner Hände Werk.*
*Sie werden vergehen, du aber bleibst; sie werden alle veralten wie ein Gewand; wie*
   *ein Kleid wirst du sie wechseln, und sie werden verwandelt werden.*
*Du aber bleibst, wie du bist, und deine Jahre nehmen kein Ende.*
*Die Söhne deiner Knechte bleiben wohnen, und ihr Geschlecht wird vor dir gedei-*
   *hen.*

---

103  M. HORKHEIMER: Die Sehnsucht nach dem ganz Anderen [1970] (1983).

B 3 »Wo der Herr nicht das Haus baut...«
Leben in Gottes Ökonomie

B 3-1 »Es ist nicht gut, dass der Mensch allein sei ...«
– Leben in der Ehe und in der Familie

Von der Ehe hat Ernst WOLF gesagt, ihr könne »eine gewisse Allgemeingültigkeit für die Struktur der Institution überhaupt« zugesprochen werden.[1] WOLF betrachtet die die Ehe »charakterisierenden Strukturen, die Vorgegebenheit und Unverfügbarkeit, das Verhältnis von Angebot und Annahme usw.« als generell kennzeichnend für Institutionen, in denen das *Werden* von Menschen seinen Ort hat, wie (in Ernst WOLFs Institutionen-Systematik) die Institutionen des Bundes Gottes mit den Menschen: die Kirche, der Staat und die Familie (die Wolf den Institutionen des Bundes zuordnet). Die Ehe ist als Institution paradigmatisch für die anderen Institutionen, weil in ihr die Kennzeichen institutioneller Existenz hervortreten, wie das Verhältnis von Angebot und Annahme. »Angebot« heißt auch, dass die Ehe eigens *geboten* ist, also nicht aus einem ursprünglichen, unhintergehbaren Vertrag hervorgeht, wie es die modernen Vertragstheorien auch für den Staat angenommnen haben. Nicht auf einer solchen unvermeidlichen, jeden gleichermaßen verpflichtenden (moralischen) Grundlage beruht die Ehe und dann auch nicht – in Emanzipation davon – auf seinem Gegenteil, einer freien jederzeit verfügbaren Vereinbarung, die einen ursprünglichen Vertrag, einen Geschlechtervertrag reproduziert. Die Vertragstheorie zielt hier wie im politischen Bereich darauf, das Zusammenleben allgemeingültig, moralisch zu begründen und so von jeder expliziten, exponierten Verpflichtung oder Bindung, die ihre eigene Geschichte hat, zunächst freizuhalten. Die Ehe steht – in der von Ernst WOLF aufgezeigten Perspektive – entgegen solchen Vertragsverhältnissen und auch gegen gesellschaftliche Konstruktionen, wie sie in Geschlechterdifferenztheorien behauptet werden[2], paradigmatisch für das Institutionelle, weil sie als Ort zu verstehen ist, an dem Menschen erproben dürfen, was ihnen – in der Verheißung und im Gebot Gottes – zukommt.[3] Eben dadurch sind sie auch nicht aufeinander fixiert. Das ist das Kennzeichen der Menschwerdung: Nicht die – moralische – Vergewisserung oder Absicherung, was uns Menschen aufeinander verweist (wie etwa das Vertragsmodell oder Ge-

---

[1] E. WOLF: Sozialethik. Theologische Grundfragen, 1975, 175.
[2] Siehe z.B. die einflussreiche Theorie von J. BUTLER: Das Unbehagen der Geschlechter, 2003. Siehe dazu die Kritik von B. WALDENFELS: Grenzen der Normalisierung, 1998, 192-195. Dies ist im Zusammenhang einer Ethik der Geschlechterdifferenz zu reflektieren. Siehe dazu insbesondere: Susan Frank PARSONS: The ethics of gender, 2002
[3] E. WOLF spricht auch von der Ehe als »exemplarischer Institution« (ebd.)

schlechterdifferenzkonstruktionen), sondern die Einstiftung des menschlichen »Werdens« in das Leben ist der Anfang der Ehe. Das in das menschliche Leben eingestiftete gemeinsame und miteinander Werden geschieht zugleich in der beständigen Brechung und Veränderung durch einen, durch *den* anderen Menschen. Dies ist die paradigmatische Form menschlichen Werdens als eines gemeinsamen Werdens im Gegenüber. »Es ist nicht gut, dass der Mensch allein sei ...« (Gen 2,18): Dies ist nicht formal gegen die Einsamkeit im Blick auf eine unbestimmte Gemeinschaft oder noch unbestimmter im Blick auf eine Beziehung gesagt, sondern es ist die Stiftung dieses Werdens im Gegenüber zum anderen Menschen.[4] Es ist die Stiftung des Werdens in der Begegnung und zugleich des Werdens in diesem spezifischen Zusammenleben. Dies ist nicht ein allgemeines Modell der (institutionellen) Interaktion[5], die immer weitere Differenzierung verspricht, sondern ein Modell des immer neuen Eintretens des anderen Menschen in einen gemeinsamen Lebenszusammenhang[6], insofern eine Institution des Werdens im Neu-Beginnen. Es ist das Leben aus dem Gegenüber als dem Widerspruch, der Wider-Rede, der Einrede, die es zu hören gilt, auf das Zusammenleben hin. Bernhard WALDENFELS sieht dies gegen einen Logozentrismus gerichtet, der sich auf ein und dieselbe – indifferente, androzentrierte – Vernunft beruft: »Vom Sprechen im Namen der Vernunft, das trotz aller universalen Ansprüche partikulär bleibt, zu einer Sprache der Vernunft, die keine Widerrede duldet und auf keine Wechselrede angewiesen ist, braucht es nur einen kleinen Schritt, der mit der Verschleierung und Verkennung des eigenen Standortes beginnt. Gleichwohl ist die Vermählung von menschlicher Eigenheit und menschlicher Allgemeinheit erschlichen; denn Eigenes, das sich von Fremdem abhebt, reduziert sich keineswegs auf eine verallgemeinerungsfähige Besonderheit.«[7]

## 1. Leben aus dem Widerspruch

Die Differenz von allgemeiner Vernunft und Widerrede ist paradigmatisch für die politia ebenso wie für die ecclesia, wenn auch von unterschiedlicher Bedeutung. Die Widerrede hat im Haus, in der Ehe, ihren paradigmatischen Ort.

---

4   Siehe dazu die Kritik an der »abstrakten Subjektivität« und Gleichheit bei: M. WELKER: Kirche im Pluralismus, 1995, 47-53.
5   Darauf ist weitgehend die familiensoziologische Forschung begrenzt, siehe den differenzierten Bericht bei: P. B. HILL; J. KOPP: Familiensoziologie : Grundlagen und theoretische Perspektiven, 2004.
6   So ist die biblische Rede von dem »einen Fleisch« zu lesen, wenn dies nicht abstrahiert wird von »Leib«. Hier ist die Wahrnehmung der leiblichen Existenz entscheidend: siehe dazu B. WALDENFELS: Grenzen der Normalisierung, 1998.
7   B. WALDENFELS: Grenzen der Normalisierung, 1998, 177.

## 1. Leben aus dem Widerspruch

Diese Pointe ist aus der talmudischen Bibelauslegung zu erfahren: »Warum wurde Eva erschaffen? Zum Wohle ihres Mannes natürlich, was diesem immer wieder versichert wurde. Sie sollte ihm dadurch helfen, dass sie ihm Widerstand entgegensetze und ihn herausforderte; sie sollte sein Leben bereichern und Begierden, Ehrgeiz und Sehnsucht in ihm wecken. Eva also als Heilmittel gegen die Einsamkeit, gegen jenen Teil des Ichs im Menschen, der unbekannt bleibt. Ohne Eva wäre Adam ein Mensch, aber nicht menschlich gewesen.«[8] Das ist der Ort einer spezifischen – paradiesischen – Differenz, die gegen eine – nachparadiesische – Gender-Differenz steht, die entsprechenden Theorien auf ihre Aufhebung oder Auflösung hin gedacht wird.[9] Es geht in der geschöpflichen Differenz von Mann und Frau auch nach dem Paradies um eine bestimmte Unterscheidung, die ihre eigene Geschichte hat, die überhaupt eine Geschichte hat und nicht die Fortsetzung verhängnisvoller Verhältnisse ist. Das geschöpfliche Leben lässt diese bestimmte, gestiftete Unterscheidung[10] präsent werden. Martin LUTHER hat bemerkt, dass diese gestiftete paradiesische Unterscheidung ausdrücklich erinnert sein will durch die Erzählung davon, durch das Wort, das wir mit der Erzählung vom Paradies zu hören bekommen.[11] Dieses Wort selbst ist als Widerspruch zu hören, als Gebot, gegenüber einer monologischen Existenz der beiden Geschlechter, die aufeinander fixiert sind, wie dies die Gender-Philosophie vor Augen führt. Diese kann auf kein Gedächtnis zurückgreifen, das in Erinnerung zu rufen ist durch das, was uns Menschen gesagt ist. Sie kann nur ein Geschehen abrufen, das so oder so seinen unabsehbaren und zwangsläufigen Gang nimmt.

Für den Vorgang des Lebens aus dem Widerspruch, aus dem Wort als Widerspruch wird (in der Systematik der Drei-Stände-Lehre gesagt) die Ehe zum Paradigma. Sie ist der Ort, an dem der Widerspruch zu hören ist. Dort ist das Hören unausweichlich und nicht abhängig davon, was einer hören oder nicht hören will, was ihn (rhetorisch) erreicht oder nicht erreicht. Dies begründet die Nähe dieser Institution zur Institution Kirche, sie ist ein Haus[12] wie diese: Haus des Hörens. Dies begründet auch die gewisse Offenheit der Zuordnung dieser Insti-

---

[8] E. WIESEL: Adam oder das Geheimnis des Anfangs. Brüderliche Urgestalten, 1980, 24.

[9] Siehe dazu das Projekt von J. BUTLER: Das Unbehagen der Geschlechter, 2003, dazu die Kritik von B. WALDENFELS: Grenzen der Normalisierung, 1998, 192-195.

[10] Zur Fragestellung siehe: B. WALDENFELS: Grenzen der Normalisierung, 1998, 167-180: »Fremdheit des anderen Geschlechts«. Den Zusammenhang einer Ethik der Geschlechterdifferenz zeigt Susan Frank PARSONS: The ethics of gender, 2002.

[11] M. LUTHER: Predigten über das erste Buch Mosis und Auslegungen über die folgenden biblischen Bücher bis zu den Psalmen (excl.). (1986), 156.

[12] Siehe zur Anschauung vom Haus, auch der Frau als »Haus«, das Gott aus der Rippe »gebaut« hat, und das dem Menschen ermöglicht zu wohnen: M. LUTHER: Predigten über das erste Buch Mosis und Auslegungen über die folgenden biblischen Bücher bis zu den Psalmen (excl.). (1986), zu Gen 2,18 und 2,22.

tution. Der Ort des Hörens ist dem Menschen in seiner geschöpflichen Existenz zugewiesen, und für diesen Ort des Hörens steht paradigmatisch ADAM, Mensch: Leben aus dem Widerspruch, Genus des Hörens. ADAM wird sofort und zuerst zum Hörer für Gott, der ihn anspricht. Der Ort des Widerspruchs ist dem anderen Menschen zugewiesen, der Frau: Genus des Widerspruchs, und deshalb Genus des Zeugnisses, Leben für die Traditio im Zeugnis, Leben für die Paradosis.[13] Deshalb ist hier – zusammen mit der ecclesia – der Ort der Familie zu sehen, statt die Familie vorrangig (wozu Ernst WOLF neigt) der politischen Ordnung zuzuordnen.[14] Dass aus der Familie die Bürger hervorgehen können, die das politische Gemeinwesen braucht, setzt diese spezifische Bedeutung der Familie voraus. Es ist die Bedeutung der Familie als paradigmatischer Ort der Bildung. Die evangelische Sozialethik hat – mit guten Gründen – den Ort der Familie mehrfach bestimmt: sowohl in Verbindung mit der Kirche (Ort des Werdens), als auch in Verbindung mit dem politischen Gemeinwesens – als primärer Ort des Bürger-Seins. Eine andere Topologie ergibt sich dann, wenn die Familie in ihrem spezifischen Zusammenleben als Ort der Sorge für den anderen unterschieden wird von der Familie auch als Ort einer Gerechtigkeit, die vorwegnimmt oder provoziert, was im politischen Gemeinwesen nur ansatzweise zustande kommt.[15]

## 2. Wie Gottes Geschichte weitergeht

Das Genus[16] des Hörens und das Genus des Widerspruchs sind die beiden Genera, in deren Zusammengehörigkeit sich reflektiert, was Institutionalität für das Menschwerden bedeutet. Hören und Zeugnis geben: das sind die zusammengehörigen, untrennbaren Genera menschlichen Lebens, die in der Ehe aufeinander treffen. Mit ihr ist »Zeit zur Antwort« gegeben.[17] In ihr ist das Hören konstitutiv und so auch das Zeugnis durch den anderen/die andere, wenn denn das Zusammenleben von Mann und Frau nicht der eigenen Reproduktion dient – wie es die Rede von der Reproduktions-Medizin nahe legt, sondern einen Neu-Beginn einschließt, in dem Gottes Geschichte mit den Menschen – auch im Widerspruch – weiter geht und in dem Gottes Handeln an uns Menschen zu

---

13 Siehe A4-1 zu Tradition und Paradosis.
14 E. WOLF: Sozialethik. Theologische Grundfragen, 1975
15 Siehe zu einer solchen doppelten Verortung der Familie bei Lévinas: P. DELHOM: Der Dritte. Lévinas' Philosophie zwischen Verantwortung und Gerechtigkeit, 2000, 292-322.
16 Zum Verständnis des Begriffs: I. ILLICH: Genus : zu einer historischen Kritik der Gleichheit, 1983.
17 O. BAYER: Ehe : Zeit zur Antwort, 1988.

erkunden ist. Es ist immer wieder bemerkt worden[18], dass Gott den Menschen eigens ein Gebot und einen Segen gibt, damit sie sich mehren (Gen 1,28). Es bedarf dieser Initiation, damit die Geschichte Gottes mit den Menschen weitergeht. Keine Reflexion der Endlichkeit[19] und deren Überwindung durch Reproduktion, sondern eine Geschichte der Verheißung, auf die es zu setzen gilt. Und ebenso ist es nicht die Bestätigung der »schlechten Unendlichkeit«[20] einer Reproduktion, die nur wiederholt und fortsetzt, was ist. Martin LUTHER legt Gen 2,18 (»Es ist nicht gut, dass der Mensch allein sein ..«) hingegen als Segen für die Unsterblichkeit aus, also nicht als den Fortgang des Menschengeschlechts, sondern die besondere und einzigartige »unendliche Geschichte« mit Gott. Damit kommt in den Blick, dass die Unterscheidung der Genera nichts Zufälliges, Bestimmungsloses ist, sondern darauf bezogen ist, dass das Hören und Zeugnisgeben nicht aufhört. In den Kindern, sofern sie eben nicht um der Fortsetzung unseres Lebens, um *unserer eigenen* Zukunft willen, sondern um des Weitergehens der Geschichte mit Gott willen *verheißen* sind, wird deshalb die Unterschiedenheit der Genera nicht aufgehoben, sondern neu begonnen. Dies geschieht – nach Martin LUTHERs Auslegung von Gen 3,20 auch damit, dass Adam die ihm zugeführte Frau »EVA« nennt – nach der biblischen Erläuterung »die Mutter aller, die da leben«. Es ist eine Kennzeichnung der Hoffnung, wie Luther bemerkt. So werden ADAM und EVA nach der Vertreibung aus dem Paradies eben auch Kinder haben und keineswegs nur die Differenzen ihrer Genera in irgend einer Form austragen. So bleiben die Menschen in Gottes Geschichte. Gott bleibt ihnen treu – das ist die »wahre Unendlichkeit«, die nicht den Fortgang der Dinge bestätigt, sondern ihm widerspricht. Die Menschen werden aus dem Paradies entlassen, aber sie werden von Gott nicht verlassen, sie bleiben Gottes Geschöpfe und befinden sich nicht – wie in Judith BUTLERs Konstruktion – »vor dem Gesetz«, das durch seine Verbote das generiert, was nun Geschlechterdifferenz heißt.[21] In dieser Konstruktion ist am unüberschreitbaren Anfang das »Gesetz« und nicht »das Wort«, das – wie in Gottes Anrede – uns Menschen begegnet. Wir treffen hier wieder auf diesen abrupten Vorgang, nach dem – wie in KAFKAs Erzählung »vor dem Gesetz« – die Geschichte aufhört und

---

[18] Vgl. wiederum die Auslegung M. LUTHERs von Ps 127: Der hundertsiebenundzwanzigste Psalm (1987), ebenso seine Auslegung von Gen 1 und 2: Auslegung des ersten Buches Mose. Erster Teil [1544] (1986).
[19] Diese ist auch nicht dadurch gegeben, dass in der Auslegung (z.B. bei M. LUTHER) von der Gabe der Unsterblichkeit gesprochen wird.
[20] Hier ist der Begriff der »schlechten Unendlichkeit« von G.W.F. HEGEL zutreffend: es ist die Unendlichkeit, die gegen die Endlichkeit gesetzt ist – im Unterschied zur wahren Unendlichkeit, die diese Differenz übergreift. Siehe dazu: P.-U. PHILIPSEN: Nichts als Kontexte. Dekonstruktion als schlechte Unendlichkeit? (2000).
[21] Vgl. J. BUTLER: Das Unbehagen der Geschlechter, 2003, 116.

das Gesetz nun die Konturen und Grenzen definiert, in denen sich menschliches Leben vollzieht. Die damit abgeschnittene Geschichte[22] wird eingetauscht durch die unendliche Reproduktion der gegebenen unbehaglichen Verhältnisse zwischen den Geschlechtern[23] und – bestenfalls der Auflösung dieser Differenz in einer undifferenzierten kulturellen »Zukunft«.[24] Diese kennt keinen Adventus mehr, kein Widerfahrnis, das uns Menschen mitteilt, wer wir sein dürfen. Die Behauptung der kulturellen Konstruktion der Geschlechter-Differenz fügt sich somit selbst in die Gesetze dieser Konstruktion und führt – durchaus gewollt – *nicht* heraus.[25] Diese Konstruktion vollzieht die Auflösung der Verheißung »Es ist nicht gut, dass der Mensch allein sei« (Gen 2,18), die paradiesisch schon gilt und nach dem Paradies gültig bleibt. An die Stelle dieser Verheißung tritt eine monologische Konstruktion des Aushandelns von Macht-Verhältnissen. So wird denn auch die Benennung EVAs durch Adam (Gen 3,20) in manchen Auslegungsgeschichten – im Gegensatz zur Auslegung bei Martin LUTHER – als Vorgang der Regentschaft und Herrschaft gekennzeichnet. In dieser Kennzeichnung setzt sich fort, was mit der Versuchung der Frau begonnen hat: die Versuchung durch die Macht der Regentschaft.[26] Statt sich von Gott regieren zu lassen, ist es verlockend, selbst die Regentschaft zu übernehmen. Eben daraufhin folgt die Regentschaft des einen Menschen über den anderen. Das unabsehbare Aushandeln von Regentschaftsverhältnissen reflektiert Macht in ihrer auf Regentschaft fixierten und reduzierten Form.[27] Dem steht diejenige Macht gegenüber, die in dem gemeinsam Beginnen-Können besteht – wie Hannah ARENDT die (politische) Macht gekennzeichnet hat. Dem bloßen Weitermachen und der Regentschaft steht der Neu-Beginn[28] gegenüber, der mit dem verheißungsvollen Zusammenleben von ADAM und EVA den Verhältnissen der Geschlechter eingestiftet ist. Elie WIESEL bemerkt dazu in seiner Darlegung der talmudischen Tradition zur Schöpfungsgeschichte: »Dem Menschen ist es nicht gegeben einen Anfang zu setzen, diese Macht steht nur Gott zu, aber der Neubeginn gehört zum Menschen«.

---

22   Siehe dazu A4-5.
23   J. BUTLER: Das Unbehagen der Geschlechter, 2003.
24   J. BUTLER formuliert ihre Perspektive als die einer offenen Zukunft kultureller Möglichkeiten – entgegen der Illusion der Kultur und ihrer Ökonomie zu entkommen. Vgl.: a.a.O., 141f. Dies ist die traurige und trostlose Perspektive eines geschichtslos und verheißungslos, auch kinderlos gewordenen Lebensprozesses, der jetzt den Namen »Kultur« im Sinne von unabsehbaren »kulturellen Möglichkeiten« erhält.
25   Siehe dazu die Kritik von B. WALDENFELS: Grenzen der Normalisierung, 1998, 192-195.
26   Vgl. E. WIESEL: Adam oder das Geheimnis des Anfangs, 1980, 31.
27   Siehe dazu die soziologischen Analysen bei: P. B. HILL; J. KOPP: Familiensoziologie. Grundlagen und theoretische Perspektiven, 2004.
28   Siehe oben zur Bedeutung von »Anfang« A1-6.

Mit dem Neu-Beginnen von ADAM und EVA geht der Fortgang der Geschichte immer neu auf die Verheißung zurück: »Mehret euch ...«. In diesen beginnenden Fortgang und seine Verheißung sind die Kinder gestellt. Sie sind insofern *nicht* die Garanten dessen, was wir »Zukunft« nennen, sondern Empfänger und Träger der begründeten, vom Wort im Widerspruch erinnerten Hoffnung. Das Werden von Kindern ist paradigmatisch das Erinnerungszeichen des wunderbaren Wirkens Gottes, das das Paradies präsent hält. Kinder werden, sie sind nicht produziert. Immer neu hat Gottes Geschichte mit dem Gewinnen von Kindern eingesetzt, durch die Gottes Geschichte weitergetragen worden ist. Gott hat hier mit Frauen kooperiert, die wie EVA die Hoffnung weitergetragen haben – wie HANNAH, SARAH und nicht zuletzt MARIA[29].

Die Bedeutung der drei Stände hat Martin LUTHER darin gesehen, dass in ihnen Menschen des Wirkens und Handelns Gottes gewärtig bleiben: Ort und Zeit, Gottes Wirken und Handeln zu gewärtigen. *Dies* ist der Ort der Stände, wie sie paradigmatisch im Haus-Stand abgebildet ist, und einzig *daraus* ergibt sich dann auch die – tröstende – Aufforderung, in dem Stand zu bleiben, in den ein Mensch berufen ist: Zeit und Ort, Gottes Wirken und Handeln zu erfahren und dieser Erfahrung zu entsprechen. Warum den Stand wechseln, wenn in diesem Stand Gottes Wirken zu gewärtigen ist? Dies zielt nicht auf die Bewahrung von gesellschaftlich geprägten Standesverhältnissen. Im Gegenteil: Die neue theologische Ständelehre tritt der Auffassung entgegen, dass irgend ein Stand gegenüber anderen vorzuziehen wäre, und dass durch die Stände irgendwelche Verhältnisse von Macht und Einfluss geordnet würden.[30] Sie tritt nicht zuletzt der Auffassung entgegen, es könne in den Ständen einen anderen Stand geben als den des geschöpflichen Lebens, der Gottes Verheißung, die paradigmatisch in den Kindern uns begegnet, nicht verachtet. Alles kommt darauf an, was jemand in diesem oder jenem Stand zu erfahren und zu erfüllen hat. In dieser Logik ist der Stand der Ort des Innewerdens eigener Geschöpflichkeit.

In seiner Auslegung zu Psalm 127 bemerkt LUTHER:

*»Aber allein der Heilige Geist ist der Lehrer, welcher lehrt und erinnert, dass wir uns ganz und gar in den Schoß der Barmherzigkeit Gottes werfen sollen und ihm vertrauen, dass wir in seinem Namen ein Weib nehmen, für unsere Familie sorgen, die Gemeinwesen regieren, Gesetze stellen etc. Wenn dies gerät, so ist es gut; wenn es nicht gerät, ist es auch gut, denn das ist Gottes Wille, dass, wenn du einmal auf Gottes Beruf in das Welt- oder Hausregiment eingegangen bist, du in demselben bleibest und ausharrest, doch indem du ihn anrufst.«*[31]

---

29  Siehe dazu M. LUTHER: Das Magnificat verdeutscht und ausgelegt [1521] (1983).
30  Siehe die Rekonstruktion von G. DUBY, dazu oben Teil A1-3.
31  M. LUTHER: Der hundertsiebenundzwanzigste Psalm (1987), 1918.

Ort und Zeit, Gottes Wirken und Handeln zu erfahren heißt, Geschöpf bleiben. »Du aber bleibe eine Kreatur Gottes ...«[32] – so lautet die Regel, die Grammatik dieser Ethik. LUTHER fährt fort: »wenn Gott uns berufen hat, eine Familie zu regieren, so sollen wir sagen: Herr, du hast mir ein Weib, ein Haus, Kinder gegeben, denen stehe ich vor aus deiner Macht. Nun will ich tun, so viel ich kann, dass alles auf die richtigste Weise regiert werde. Wenn nicht alles so gelingt, wie ich will, so will ich schreiben: Geduld, nach dem bekannten Sprüchwort der Mönche: Laß gehen, wie es geht, es geht doch nicht anders, denn es geht. Wenn es aber nach Wunsch geht, soll ich sagen: Gott habe Dank. Herr, es ist nicht mein Werk, nicht meine Arbeit, sondern deine Gabe.«[33]

## 3. Wider menschliche Regentschaft

Stände, Institutionen sind die Orte, die in Gottes Ökonomie eingefügt sind. Auf sie kann sich und muss sich niemand als auf solche Gegebenheiten berufen, deren Geber nicht mehr mit seinem Wirken präsent ist. Sonst würden sie Instrumente menschlicher Regentschaft. Sie stehen jedoch dieser entgegen. So ist weder die politia, noch die oeconomia, noch die ecclesia irgend einer Regentschaft auszuliefern, die von welcher Expertokratie auch immer ausgeübt wird, welche den Sachverstand verdeckt, der hier gefragt ist. So geht es nicht um die Begründung einer allseitigen Regierung der menschlichen Verhältnisse, sondern um die Erkenntnis und Wahrnehmung der menschlichen Existenzform. In dieser Logik sind im Recht, in der Verfassung und bestimmten Gesetzen diese Stände und einzelne ihrer Kennzeichen gewahrt: Ehe und Familie, Eigentum, politische Rechte. Auch in dieser Hinsicht ist deutlich, dass hier nicht von »Werten« zu reden ist, die wir als »unsere« Werte betrachten. Die Stände und Ordnungen sind in Gottes Wort und Verheißung gefasst, und deshalb ist hier von der Lehre durch den Heiligen Geist die Rede. Damit ist nicht eine Belehrung durch eine höhere Autorität im Spiel, sondern eine tröstende Erkenntnis. Menschen dürfen darin Trost finden, dass sie in ihrem Tun und Wirken Gottes Wirken und Handeln gewärtig bleiben. In den Ständen zu leben, heißt in dieser Erwartung und Hoffnung leben: es heißt, erproben, was in Gottes Verheißung mitgeteilt ist. Dies steht in der menschlichen Ökonomie und Politik auf dem Spiel. LUTHER bemerkt programmatisch: »Unsere schlechten Theologen disputieren viel von den Erklärungen der persönlichen Gegenwart Gottes (de definitionibus personalibus divinitatis) etc. Aber alle diese Dinge gehören der menschlichen Vernunft an, und werden ohne das Wort und rechte Erkenntnis Gottes erdacht; sie kommen aber nie dazu, dass sie entweder lehren oder gedenken, *was*

---

[32] A.a.O. 1963.
[33] M. LUTHER: Der hundertsiebenundzwanzigste Psalm (1987), 1924.

*Gott mit uns handele. ...* Aber ich bitte dich, was soll das, dass du über Gott disputierst, wenn du nicht weißt, was er über dich denkt oder mit dir vorhat?«[34]

»Was Gott mit dir vorhat«: die Stände sind der Ort dafür, dies zu erkunden, anders als jene »Ordnung der Dinge«, durch die sich Menschen ihre Welt zurechtlegen und zurechtmachen. Entscheidend ist, dass das, was Gott mit uns vorhat, in sein *Wort* gefasst ist. Auf dieses Wort hören, es in seiner Bedeutung zu erkunden steht der Versprachlichung der menschlichen Lebensvorgänge entgegen, die deren Regierung und Beherrschung dient. Darin besteht die Widerständigkeit der Stände, sofern in ihnen menschliches Regieren auf Gottes Regiment trifft und verwiesen bleibt. Diese Zwei-Regimenten-Lehre bildet den Angelpunkt der Ständelehre: »warum gehst du an das Staatswesen und die Haushaltung als wärest du ein Gott, und meinst, dass deine Weisheit, deine Macht genugsam sei, um diese Dinge zu regieren, und es sei nicht nötig, dass du bisweilen die Augen aufhebest zu dem, der oben ist, und ihn anflehest um seine Hilfe?«[35]

Das Zusammenleben der Genera ist im besonderen die Probe darauf, wie das Regieren und Sich-Regieren-Lassen zusammentreffen. Im Zusammenleben der Genera bildet sich dieses Zusammentreffen ab: Ort und Zeit zu hören, Ort und Zeit des Widerspruchs. Dies steht dem Versuch entgegen, alles zu regieren, zu organisieren und zu planen ohne die Perspektive einer Geschichte (story), in die das eigene Tun und Planen gehört, und in der Menschen diesen oder jenen Part haben, nicht aber diese oder jene Position dem/der anderen gegenüber. Die Stände und Institutionen stehen auch der gegenseitigen Regentschaft, der Herrschaft entgegen, wie sie nach dem »Sündenfall«, nachparadiesisch erscheint. Der Sündenfall besteht ja darin, dass die Menschen die Regentschaft gewinnen wollten. Und dies geschah mit dem Effekt – so das Gedächtnis der Erzählung – dass einer den anderen, der Mann die Frau regiert, und mit der Folge, dass die Geschichte verloren geht in dem Versuch, die Geschlechter-Differenz zu transzendieren. Die Herrschaft innerhalb der Geschlechter-Differenz im besonderen bedarf des Widerhalts in der Institution des Widerspruchs: der Ehe und Familie. Der philosophische Diskurs zum »Unbehagen der Geschlechter« hat demgegenüber nur die beiden Auswege gefunden: der eine Ausweg sucht die Differenz der Geschlechter zu transzendieren. Dies führt in ein eigenes projiziertes Paradies, sei es eine freischwebende von Herrschaft befreite Sexualität oder eine transdifferente Gestalt eines einzigen Genus.[36] Der andere Weg führt – wie Bernhard WALDENFELS an der Konzeption von Judith BUTLER gezeigt hat[37] – in die Phantasie

---

34 A.a.O. 1808f. zu Psalm 122.
35 A.a.O. 1927.
36 Siehe die kritische Darstellung dieser Wege und Auswege bei: J. BUTLER: Das Unbehagen der Geschlechter, 2003. Das betrifft insbesondere Michel FOUCAULT und Monique WITTIG.
37 B. WALDENFELS: Grenzen der Normalisierung, 1998, 193.

einer unabsehbaren kulturellen Plastizität menschlicher Existenzform, die jeder Art von Technologie ausgeliefert ist und die selbst einer technologischen Phantasie entstammt. Der Verlust des anderen und fremden Geschlechts gründet im Verlust einer leiblichen Existenz und eines Leibes, der – wie Waldenfels sagt – »von Anfang an außer sich ist, angerührt durch das, was ihm widerfährt«[38]. Dies ist die geschöpfliche Existenz in ihrer *leiblichen* Verfasstheit: der äußere Mensch, der zu anderen, fremden Menschen durch seinen Leib in Beziehung steht. Was uns Menschen »widerfährt«, ist dann etwas anderes als das, was wir uns gegenseitig – in der Logik des Herrschens und Beherrschtwerdens, oder auch in der Logik der Anerkennung – antun. Es ist das Widerfahrnis einer Mitteilung, die den Leib, den »äußeren Menschen« »anrührt« und betrifft: es ist das Wirken und Handeln Gottes, das unsere leibliche Existenz als diejenige bewahrt, die nicht zu einer Natur gemacht werden kann, über die wir oder andere herrschen. Diese Bewahrung aber bleibt nur erhalten, wenn wir des Wirkens und Handelns Gottes auch in Bezug auf unser leibliches Leben gewärtig bleiben: also all der Wunder, die Gott in dieser Hinsicht tut, in paradigmatischer Deutlichkeit durch die Kinder, die uns geschenkt werden.

Der Blick und das Hoffen auf Gottes Wirken verändern das menschliche Tun, so findet es sein Ziel (LUTHER: »Endursache«), Gottes Ehre, nicht das eigene Wohlleben und die eigene Ehre.[39] So sind die Stände der Ort, an dem die *Ehre Gottes* zur Geltung kommt, denn dort wird Gottes Regentschaft in Anspruch genommen, dort bleiben Menschen dabei, zu fragen, was Gott mit ihnen vorhat. Sie werden diesen Ständen ausweichen, wenn sie sich gänzlich selbst regieren wollen, statt angewiesen zu sein auf das Mitregieren des anderen.

Vielfältige andere Interpretationen haben sich vor diese Stände-Lehre geschoben, auch dort noch, wo von den Ständen und Institutionen nichts weiter gesagt wird, als dass Menschen sie in ihrer Bedürftigkeit brauchen. Es geht mit diesen Ständen jedoch entscheidend darum, woraufhin Menschen in diesen Ständen und Institutionen leben: um der Ehre Gottes willen oder ihrer Selbstvergewisserung willen: »*Da nun das Staatwesen und Haushaltungen gegründet sind, so missbraucht die Natur insgemein dieser Dinge dadurch, dass sie sagt: Ich will es tun, ich will es regieren, ich will diese Gaben zu dem Ende hinausführen, ich will damit mein Vergnügen, meine Ehre, meinen Frieden etc. suchen. Durch diese Vermessenheit wird Gott aufs höchste beleidigt, deshalb gibt er das Gedeihen nicht dazu; und mit Recht. Denn gleichwie er die Sonne dazu geschaffen hat, dass du ihrer genießest, nicht, dass du sie nach deiner Willkür regieren solltest, so hat er den Acker gegeben, dass du ihn bebauen solltest, nicht, dass er nach deinem Willen tragen sollte, was und*

---

38  B. WALDENFELS, a.a.O., 193.
39  M. LUTHER: Der hundertsiebenundzwanzigste Psalm (1987), 1922.

*so viel du wolltest, sondern was und so viel er geben sollte.*« (Martin LUTHER[40]) So stehen die Stände im Widerspruch gegen die Anmaßung, die menschlichen Angelegenheiten in jeder Hinsicht regieren und verwalten zu wollen, ohne auf das zu achten, was wir dabei durchaus nicht in die eigene Regie nehmen. »Nicht als ob Gott die Weisheit und die Macht verdammte, denn sie sind Gaben Gottes, die er den Menschen gibt, aber das verdammt er, dass weise und mächtige Menschen im Vertrauen auf diese Gaben Gott von der Regierung der Dinge ausschließen, und sich bemühen, durch sich selbst alles zu regieren.«[41] Im besonderen tritt dies im Stand der Ehe hervor, die eingefügt bleibt in Gottes Wirken und in der der Widerspruch und das Hören des anderen Menschen ihren Ort haben.

## 4. Ort der Traditio

Entsprechend ist die *Familie* Ort dieses Hörens und das Weitergebens dessen, was um des hoffnungsvollen Weiterlebens willen zu lernen ist. Sie ist der paradigmatische Ort der Traditio[42], und das Tradierungswürdige besteht in all dem, was in diesem Stand der Regierung und des Regiert-Werdens, des Leitens und des Sich-Leiten-Lassens zu gewinnen ist. Dieses Aktiv-Passiv-Werden ist auf die Traditio verwiesen, es kann nicht als Wissen vermittelt werden – dies wäre widersprüchlich. Die Praxis der Traditio bezieht sich auf das, was Menschen empfangen haben und nur so auch weitergeben können, nicht als einen Besitz, der den Besitzer wechselt. Es geht um ein neues Empfangen, nicht um eine Aneignung. Im Vorgang der Traditio geschieht erneut das Empfangen, das Aufnehmen und selbst Erproben. Dahinter bleibt diejenige – weithin wirksame – Beschreibung einer Hermeneutik zurück, die ihr die Aufgabe zuweist, »Traditionsbestände« für eine »Aneignung« aufzubereiten. Hier wird verdeckt, was in der Tradtio das lebendige Wort ausrichtet, was die paradosis[43] ist. Dies ist der Ort einer theologischen Hermeneutik, die in allem Verstehen das »Erleiden« dessen, was man »Sinn« nennen mag, im Blick behält.

Die Familie ist deshalb der paradigmatische Ort solcher Traditio, weil sich deren Logik zwischen Eltern und Kindern abbildet. Die Eltern sind diejenigen, für die gilt, dass sie aus dem Widerspruch – aus der Paradosis – des je anderen leben, und dies lässt sie diejenigen sein, die eben dies an die Kinder tradieren. Die Kinder wiederum sind – zum einen – die Empfangenden, die um so mehr darauf angewiesen sind, dass sie erfahren, was ihnen zukommt und nicht, was ihnen andere Menschen je für sich zugedacht haben. Mit den Kindern wird das Ver-

40 A.a.O. 1931f.
41 A.a.O. 1951.
42 Siehe A4.
43 Sie A4-1 zu Tradition und Paradosis.

stehen präsent, das im Empfangen besteht.[44] Vom Ort der Familie aus ist die Aufgabe der Hermeneutik zu beschreiben, also von der Institution aus, in der das Reden und Verstehen begleitet ist vom Hören und Reden der Kinder. Die Kinder sind – zum anderen – diejenigen, die fragen und antworten. Sie provozieren dazu, die Tradition nicht etwa fortzusetzen, sondern das Überlieferte in neuer Weise zu erproben. Durch diese Antwort und Erprobung der Kinder entsteht Tradition.

Auf diese Weise ist die Familie der paradigmatische Ort der Überlieferung, der Paradosis, weil hier das Verstehen nicht auf das Miteinander-Zurecht-Kommen Müssen – auf eine solche Art von Familien-Glück – zentriert ist wie in der politia, weil hier das Verstehen nicht die Arbeit von »vergesellschafteten Individuen« ist, um des gemeinsamen Überlebens willen, sondern auf das Empfangen und weitere Erproben dessen gerichtet ist, was uns Menschen *mitgeteilt* ist.[45] Von daher kann von der Familie auch gesagt werden, dass sie gute Bürger hervorbringt. Es sind dann eben solche Bürger, die nicht als »vergesellschaftete« Individuen (Hannah ARENDT) erscheinen, sondern als *politische* Menschen, die gelernt haben zu hören, zu widersprechen und zu erkennen (Psalm 82). Der für die Erziehung oder Bildung viel gebrauchte Begriff der »Sozialisation« muss diese Unterscheidung enthalten. Die politischen Menschen oder Bürger, sind aber nicht nur auf sich gestellte »mündige« Individuen, sondern solche Bürger, die etwas mitzuteilen und einzubringen haben. Hier kommt in den Blick, was als »Lebenswelt« thematisiert wird. Hier geht es um deren Inhalt, der mit einer bestimmten Überlieferung verbunden ist. Diese macht die Widerständigkeit aus, die den politischen Menschen erst zu dem Bürger macht, der sich nicht manipulieren lassen muss. Für diesen Bürger kann es dann auch eine »res publica«, eine öffentliche Sache geben, wenn er/sie denn selbst von einer Sache hat bestimmten lassen und nicht in jeder Hinsicht leer ist. Seine Aufgabe wird es sein, für diese und jene Sache einzutreten, als eine »Sache der Wahrheit« (Ps 45,5), die in solcher Konkretion erscheint. Solche Bürger können von Totalitarismen nicht absorbiert werden, nicht von ökonomischen und nicht von politischen, ebenso wenig von „weltanschaulichen"[46], für die es keinen Widerspruch gibt, dem sie standzuhalten hätten. Diese Form der politischen Bildung ist einzig mit der Familie verbunden, sofern damit wenigstens der Ort für die Tradio einer wahrheitsfähigen Sache gegeben ist. Dies wiederum verbindet die Familie mit der Ekklesia, wenn die Familie nicht ihrerseits widerspruchslos bleiben soll – keinem

---

44   Vgl. J. HABERMAS: Erkenntnis und Interesse, 1968, 204f.
45   Zur Kategorie »Mitteilung« siehe E1-6.
46   Zur Genese der Rede von „Weltanschauung" siehe: V. KLEMPERER: LTI. Notizbuch eines Philologen, [1947] 1996.

anderen Wort, keiner anderen Sache der Wahrheit mehr ausgesetzt. In dieser Hinsicht ist in der christlichen Ethik die Familie als Ort der Bildung verstanden worden, die aus dem Hören des Wortes Gottes kommt: einer Bildung, die darin ihre Pointe hat, dass uns Menschen etwas zur Mitteilung kommt. Eltern und Lehrer/Lehrerinnen rücken als diejenigen in den Blick, die sich selbst »etwas sagen lassen«, anders als jene ungerechten Götter, die nicht zu hören imstande sind (Ps 82). Was werden Eltern, was werden Lehrer/Lehrerinnen mitzuteilen haben?

## B 3-2 »Sorgt nicht ...« – die ökonomische Existenzform

### 1. Freiheit von abgründiger Lebenssorge

Die Ökonomie stellt den Status dar, in dem Menschen in der Freiheit von einer fundamentalen oder abgründigen Sorge um ihr Leben gemeinsam Sorge um das tragen, was das menschliche Leben als ein geschöpfliches erproben lässt. Auf diese Unterscheidung kommt alles an. Jede Ökonomie, auch wenn sie noch so extensiv betrieben wird, setzt voraus, dass wir Menschen uns nicht fundamental um unser Leben sorgen müssen und können, sonst wäre Arbeit und Wirtschaften Überlebenskampf. Es würde, wie es vielfach auch im Zusammenhang der Wirtschaftsethik geschieht, ein Diskurs um Lebenserhaltung und -verteidigung geführt. In der Ökonomie wird in besonderer Weise auf die Probe gestellt, inwiefern Menschen sich als diejenigen erfahren dürfen, die sich in keine Abhängigkeit begeben müssen, um zu leben. Martin LUTHER hat dies in den Brennpunkt evangelischer Ethik gerückt.[1] Denn darin erscheint die Freiheit von den Werken der abgründigen Lebenssorge.[2] Dies ist eine entscheidende Weichenstellung, sonst entspringt der Freiheit von den Werken eine noch tiefere Sorge um die eigene Existenz. Sonst verwandelt sich die Sorge um das Seelenheil in die um das Wohlergehen. Sonst wird die (religiöse) Moral zur Ökonomie. Die Dynamik einer von einer solchen Sorge getriebenen Ökonomie, eines dementsprechenden Kapitalismus, dessen Genealogie Max WEBER versucht hat in dieser Logik zu erfassen, kann nicht aus der Freiheit von den Werken, aus der Freiheit sich um sein Leben fundamental zu sorgen, hervorgehen:

*»Und wenn wir Menschen nicht so blind und der Güter Gottes so überdrüssig und unachtsam wären, so wäre freilich kein Mensch auf Erden, er habe noch so viel Besitz; wenns zum Tausch kommen sollte, so nähme er kein Kaisertum noch Königreich dafür, wenn er dafür der (uns allen eigenen) Güter beraubt wäre. Denn was kann ein Königreich für ein Schatz sein im Vergleich zu einem gesunden Leibe? Was ist aller Welt Geld und Gut im Vergleich zu einem Tage, den uns die liebe Sonne täglich macht?«*[3]

Diese Grundlinie, die sich der biblischen Tradition und ihrer Auslegungsgeschichte entnehmen lässt, verläuft gegen jene andere, die das Leben als der Güter höchstes behauptet – oder überhaupt auch ein höchstes Gut – , und daraufhin menschliches Sorgen und Wirtschaften in der Zusammengehörigkeit von vita

---

[1] Siehe dazu die aufschlussreiche Arbeit von H.-J. PRIEN: Luthers Wirtschaftsethik, 1992.
[2] Es geht um die Freiheit auch von der in die Ethik verschobenen Moral.
[3] M. LUTHER: Das schöne Confitemini an der Zahl der 118. Psalm 1530 (1983), 309.

activa und contemplativa ausrichtet. So hat Hannah ARENDT die Grundlinie christlicher Lebensmoral beschrieben, im Gegenzug gegen die antike Lebensmoral, die nicht auf das eigene Leben als der Güter höchstes, mit der Aussicht auf Unsterblichkeit, sondern auf den Bestand der Welt, des Kosmos, ausgerichtet war.[4] Zugleich aber beschreibt Hannah ARENDT den Verlust der Perspektive auf das Leben als höchstes Gut, zusammen mit dem Verlust der vita contemplativa, zusammen mit der Reduktion auf das dadurch veränderte tätige Leben, das keine solche Perspektive mehr hat – und deshalb dem Sieg des Menschen als ziellos und endlos arbeitendem Lebewesen (animal laborans) überlassen bleibt. In dieser Darstellung der Geschichte tritt jene kritische Grundlinie in den Hintergrund, die auf die Unterscheidung zwischen Arbeit und abgründiger Lebenssorge setzt. Diese Unterscheidung fügt sich nicht in die Geschichte, wie sie von Hannah ARENDT nachgezeichnet wird, sondern verläuft quer dazu. Martin LUTHER hat mit seiner Wiederentdeckung des biblischen Ethos eben die Grundlinie wieder hervortreten lassen, die das menschliche Leben in seiner geschöpflichen Begrenzung sieht, nicht fixiert auf ein höchstes Gut, auf das alles auszurichten ist, sondern als ein Leben, das in der Freiheit von der abgründigen Sorge um sein Heil- und Gut-Werden zu erfahren ist. Die Freiheit davon, durch Werke das ewige Leben zu gewinnen oder gar zu verdienen, eröffnet eben diesen Weg zu einer Ethik geschöpflichen Lebens. Sie würde in ihr Gegenteil verkehrt, würde sie an die Stelle des Heils ein anderes Lebensziel oder einen Lebenssinn setzen. Das geschöpfliche Leben gewinnt seine Kontur darin, dass menschliches Sorgen auf Gottes Walten und Handeln trifft, das ihm entgegentritt,[5] es verändert, bewahrt – mit *Trost* versieht.[6] Die vita contemplativa sieht die reformatorische Ethik transformiert in das Gewärtig-Sein geschöpflichen Lebens: in seiner alltäglichen Praxis ist der Christenmensch der guten Gaben Gottes gewärtig und bleibt nur so aufmerksam auf das, was ihm zur Rettung nötig ist. An die Stelle der Suche nach dem guten Leben in seiner ganzen Erfüllung tritt dieses Zusammenleben mit Gott und damit das Durchbrechen der Frage nach der Extension oder dem Transzendieren einer conditio humana, die in ihrer neuzeitlichen oder modernen Erscheinungsform vom animal laborans eingenommen wird – von dem unabsehbar arbeitenden Menschen, der auch den homo faber verdrängt, den Menschen, der etwas erbaut und herstellt, das nicht sogleich wieder zerstört oder vernichtet wird.[7] Damit ist auch – wenn wir Hannah ARENDTs Darstellung

---

4   H. ARENDT: Vita activa oder Vom tätigen Leben [1960] 1997, vgl. bes. 38-56.
5   Entsprechend ist auch Mt 19,16-30 (Geschichte vom Reichen Mann und dem Ruf in die Nachfolge) zu lesen.
6   Siehe dazu das Kapitel »Erwählung und Trost« bei: H.J. IWAND: Luthers Theologie, 1974, 90-104.
7   H. ARENDT folgt hier K. MARX: Das Kommunistische Manifest [1848] (1959), 467f..

folgen – undeutlich geworden, was das Gemeinsame ist, um das sich diese Arbeit und die mit ihr verbundene Wirtschaftsform dreht – und wie auf der anderen Seite noch im Blick ist, was der öffentliche Raum als politischer bedeutet.

Die Freiheit von solchen Werken, die auf das Gute um des Heils willen gerichtet sind, konnte den Kapitalismus *nicht* hervorbringen. Die Freiheit von den Werken führt in die Ethik des *Berufs* (was Max WEBER gesehen hat); aber diese Berufsethik[8] führt nicht in die Dynamik der Lebenssorge, sondern in die Logik der guten Werke im Alltag. Es gilt den anderen in dem zu begegnen, was ihnen not tut: Sorge für den anderen. Diese gründet nicht in irgend einer Motivation, sondern in der ehrenvollen Berufung zum Dienst am Nächsten.[9] Für die Entfaltung des Kapitalismus musste etwas anderes wirksam werden: die Bereitstellung der menschlichen Arbeit für jede Art von Produktion.[10] Und ebenso: die Transformation der Sorge für den anderen in eine universelle Ökonomie, die mit einer Moral verbunden ist, eine Moralisierung des Wirtschaftens.[11] Dies hat Albert O. HIRSCHMAN – auch gegenüber Max WEBER – in den Blick gerückt: der Kapitalismus war geeignet, Menschen sozial und politisch zu integrieren – was bis heute noch gilt. Der Kapitalismus hat Menschen mit ihren diffusen Leidenschaften in seine Gesetze gebannt. Er hat die Interessen moralisch gebunden, er hat sie diszipliniert. Dies ist jedenfalls als Erwartung an die universelle Ökonomie des Kapitalismus aufzufinden.[12] Dieser moralischen Allgemeinheit konnte die Logik der guten Werke offenkundig nur schwer etwas entgegensetzen. Es ist – wie Otfried HÖFFE sie gekennzeichnet hat – die »systemische Moral« des rationalen Wirtschaftens, die dieses trägt und wirkungsvoll sein lässt.[13]

Die Neuformulierung der Lehre von den *drei Ständen* (der Kirche, der Ökonomie und der Politik) in LUTHERs Ethik hatte in diese Zusammenhänge radikal eingegriffen.[14] Sie hat sich auf jener gegenläufigen Grundlinie christlicher Ethik bewegt, die die Freiheit von der abgründigen Lebenssorge zeigt und damit zugleich die Entdeckung einer anderen Aufgabe im Medium des Wirtschaftens, als der einer unabsehbaren Lebenssorge. Wir werden also fragen: Was bedeutet

---

8   Die Ethik des Berufs hat auch S. KIERKEGAARD in den Blick gerückt: S. KIERKEGAARD: Entweder / Oder, 2. Teil, [1843] 1957, 311f. Im Beruf hat jeder Anteil an einem *Allgemeinen*, indem er das ihm Aufgegebene tut.
9   Siehe dazu exemplarisch: M. LUTHER: Vom ehelichen Leben [1522] (1982).
10  Vgl. dazu: U. BRÖCKLING; S. KRASMANN; Th. LEMKE (Hg.): Gouvernementalität der Gegenwart. Studien zur Ökonomisierung des Sozialen, 2000, 26.
11  Walter BENJAMIN hat dazu gleichermaßen – unter kritischem Bezug auf Max WEBER – spannungsvolle Thesen formuliert: W. BENJAMIN: Kapitalismus als Religion (1991), 102.
12  A.O. HIRSCHMAN: Leidenschaften und Interessen. Politische Begründungen des Kapitalismus vor seinem Sieg, 1980, 138. 143.
13  O. HÖFFE: Über die Macht der Moral (1996), 752. Siehe zum Zusammenhang von Wirtschaft und Moral C2-11.
14  Siehe A1-2.

es, dass die theologische Tradition Gottes Wirken und Handeln, welches menschliches Leben trägt, als Gottes Ökonomie gekennzeichnet hat[15], die paradigmatisch in Gottes Segen begegnet, und wie ist dieser Bezug auf Gottes Ökonomie in der Reflexion dessen, was Ökonomie heißt, präsent? Mit dieser Frage tritt neben die Frage nach der Gerechtigkeit und dem guten, nicht verfehlten Leben die nach seiner Erfüllung, die schon die Grenze markiert zwischen dem, was Menschen erstreben können und dem, was sich in menschlichem Tun und Wirken »erfüllt«.[16] Wenn die Perspektive der Erfüllung des menschlichen Lebens nicht deutlich ist, tritt die Suche und das Streben nach dem guten Leben hervor, in dem das menschliche Leben seinen Sinn und sein Ziel, sein Telos zu finden sucht. Es ist – in dem vielfältigen Reden über »gelingendes« Leben – kaum genügend deutlich, dass diese Differenz für die Freiheit von der Selbst-Sorge grundlegend ist.

## 2. Wirtschaft auf der Suche nach Sinn?

Im Zusammenhang der Thematisierung einer Wirtschaftsethik sind diese gegenläufigen Reflexionen weitgehend zurückgetreten.[17] Der Ökonomie wurde – im Gegensatz dazu – die voraussetzungsvolle Aufgabe zugewiesen, die Fülle menschlichen Lebens (in materieller Hinsicht) zu erschließen.[18] Was damit als Rede vom Menschen, als »Anthropologie«, als Philosophie oder Theorie der menschlichen Lebenswelt erscheint, tritt in zufälliger Gestalt auf, und der Zusammenhang mit der Reflexionsgeschichte bleibt bruchstückhaft oder ausgeblendet. Peter ULRICH beispielsweise sieht in seinem viel beachteten Entwurf einer *integrativen Wirtschaftsethik* fraglos das Wirtschaften verbunden mit dem Streben nach dem guten Leben als einem sinnerfülltem Leben.[19] So konstatiert er: »Es lässt sich ... von einem Apriori der Sinnorientierung auf der Basis des teleologi-

---

15  Es ist Friedrich MILDENBERGER zu danken, dass er diese Grundfrage der Theologie gerade auch in seiner biblischen Logik einzigartig in den Blick gerückt und entfaltet hat: Biblische Dogmatik. Eine biblische Theologie in dogmatischer Perspektive, Bd. 1-3, 1991-1993.
16  S. KIERKEGAARD lässt seinen Ethiker bemerken: »Ein jeder Mensch also kann etwas ausrichten, er kann das ihm bestimmte Werk tun. Das Werk kann recht unterschiedlich sein; es ist aber stets daran festzuhalten, dass ein jeder Mensch ein ihm bestimmtes Werk hat, und dass sie somit alle miteinander versöhnt werden in dem Ausdruck, dass sie ein jeder sein Werk tun. Das Verhältnis meines Werks zu einem andern Werk, oder das was ich ausrichten werde (dies Wort gemäß dem gewöhnlichen Sprachgebrauch genommen), steht nicht in meiner Macht.« (S. KIERKEGAARD: Entweder / Oder, 2. Teil, [1843] 1957, 315)
17  Zu einer kritischen und konstruktiv weiterführenden Reflexion im Kontext evangelischer Ethik siehe: A. GRABENSTEIN: Wachsende Freiheiten oder wachsende Zwänge? Zur kritischen Wahrnehmung der wachsenden Wirtschaft aus theologisch-sozialethischer Sicht, 1998.
18  Siehe dazu unten Teil C 2.
19  P. ULRICH: Integrative Wirtschaftsethik, 1997. Integrative Wirtschaftsethik zielt darauf, dass Sinnsuche, Gerechtigkeit und wirtschaftliche Produktion zusammenwirken. Siehe dazu unten Teil C 2.

schen Wesens des Menschen‹ sprechen, das zur universalen Conditio humana gehört: Ohne Sinnzusammenhang ist menschliches Leben gar nicht möglich. Sinn ist, was das menschliche Dasein mit Bedeutsamkeit erfüllt, indem es dieses auf das für unser Leben Wesentliche ausrichtet, nämlich auf das, was wir im Leben als Ganzes wollen.«[20] Auf dieses Sinnstreben bezogen wird eine »Ökonomie der Lebensfülle« entworfen, eine Art höhere Ökonomie, die neben die Ökonomie des Lebensnotwendigen tritt und über sie hinausgeht. Welches Modell menschlicher Existenz wird hier zugrundegelegt – ist es das Modell, von dem Hannah ARENDT gesagt hat, es sei verschwunden, vielleicht die Wiederentdeckung des Strebens nach dem guten Leben unter neuen Reflexionsbedingungen?

Was könnten diese Bedingungen sein? Es müssten die Paradoxien sichtbar werden, die die Geschichte der Orientierung am Lebenssinn – nicht zuletzt im Zusammenhang des menschlichen Wirtschaftens – enthält.[21] Es müssten auch die Differenzen sichtbar werden, die zwischen den aristotelischen Traditionen der Wirklichkeitsbeschreibung und den reformatorischen bestehen, damit letztere nicht in einer abstrakten Lehre von der (libertären) Freiheit enden, sondern die Freiheit eines Christenmenschen in ihrer kontradiktorischen und explorativen Bedeutung zeigen.

Zu den ausweglosen Paradoxien, die zu reflektieren sind, gehören diejenigen, die die Frage betreffen, worum sich das dreht, was »*Moral*« genannt werden kann oder auch »Moral« genannt wird. Friedrich NIETZSCHE hat das Moralische in der Suche nach Sinn als der Bestätigung dessen, was menschliches Leben ausmacht, gesehen. Diese Fixierung auf die Frage nach Sinn hat Nietzsche als Kennzeichen eines – im Christentum wurzelnden – *Nihilismus* gesehen, der nicht fähig ist, die Wirklichkeit, wie sie uns Menschen begegnet, zu erkennen und aufzunehmen. Stattdessen kommt der Nihilismus der menschlichen Wirklichkeit mit seinen Sinngebungen und Gestaltungsphantasien zuvor. In diesem Nicht-Realismus[22] trifft sich die Moral mit der Ökonomie. Wenn die Wirtschaftsethik dem Wirtschaften die Aufgabe zuschreibt, Sinn hervorzubringen, hätte sie diese Art Reflexion zu verarbeiten, ebenso wie die Problemgeschichte, wie sie Hannah ARENDT vor Augen stellt, aber auch gegenläufige Geschichten, wie wir sie in der Grundlinie der biblisch-christlichen Ethik von der menschli-

---

20  P. ULRICH: Integrative Wirtschaftsethik, 1997, 207.
21  Es geht nicht darum, im paradoxen Reden das theologische Reden zu bewahren, sondern im Gegenteil diesem Ausweg zu widersprechen, zugleich aber Paradoxien aufzudecken, in die Menschen verstrickt sind – wie die Paradoxie der Moral. T.W. ADORNO bemerkt: »Die Unrettbarkeit der theologischen Konzeption des Paradoxen, einer letzten, ausgehungerten Bastion, wird ratifiziert von dem Weltlauf, der das Skandalon, auf das Kierkegaard hinstarrt, in die offene Lästerung übersetzt.« (Negative Dialektik, 1966, 366).
22  Auch im Sinne von D. BONHOEFFER des Wirklichkeitsgemäßen, sofern dieses heißt, sich auf die Wirklichkeit einlassen, die den anderen betrifft: D. Bonhoeffer: Ethik, 1992.

chen Existenzform auffinden. Von welchem Menschen wird eine Wirtschaftsethik oder Wirtschaftsmoral so reden können, dass sie sich nicht in den Aporien und Widersprüchen der Selbsterzeugung und Selbstbesorgung dessen verliert, was uns menschliche Existenz heißen kann? Mit welcher philosophischen und theologischen Rede vom Menschen wird sich eine Wirtschaftsethik verbinden können, die dieser Aporien gewärtig ist? Dies wäre die Anforderung an eine Rede vom Menschen unter den Reflexionsbedingungen, wie sie sich durch Friedrich NIETZSCHE, Hannah ARENDT oder auch Theodor W. ADORNO abzeichnen, und wie sie der theologischen Logik entsprechen, die die Reformation auf den Weg gebracht hat. Inwiefern wird also eine Wirtschaftsethik bedacht haben, was es heißt, nach Sinn zu fragen?[23] Inwiefern wird sie bedacht haben, was es für die Ethik überhaupt heißen kann, nach dem »*guten* Leben« zu fragen. Auch diese Frage ist außerhalb solcher Reflexionsbedingungen nicht zu gebrauchen.

## 3. Theologische Anfragen

Die theologische Tradition der Lehre von den Ordnungen oder Ständen hat im Blick, dass vom Menschen nicht unmittelbar zu reden ist, *nicht* von seinem Wesen, auch nicht von seinem teleologischen Wesen[24], nicht von seiner Existenz und auch nicht von seinem Werden, sondern dass es einer Perspektive bedarf, die das Reden vom Menschen, von uns Menschen erlaubt. Die Frage »Was ist der Mensch?« ist keine theologische Frage, sondern nur die ins Gebet gefasste Frage »Was ist der Mensch, dass Du, Gott, Dich aller Menschen annimmst?« (Psalm 8) Deutlich bleiben muss der (transzendentale) Menschen mögliche verstehende *Zugang* zu ihrer Selbst-Thematisierung. Dies gehört zu den Bedingungen der Reflexion, wie sie in der theologischen Tradition verwurzelt ist, sofern diese den Menschen in seinem Geschöpfsein und -werden zur Sprache bringt. (Psalm 104) Dies wird nicht zuletzt im Blick auf das akut, was Wirtschaften heißen kann, wenn denn die Ökonomie in einem reflexiven Zusammenhang mit dem steht, wie Menschen leben und leben dürfen, was ja keineswegs schon bedeuten muss, dass die Ökonomie darauf die Antwort zu geben hat, auch nicht in materieller Hinsicht. Was können Gegenstand und Ziel menschlicher Sorge sein? Inwiefern kommt es dem Menschen zu, für sein Leben und für das Leben der anderen zu sorgen? Bestimmung und Umriss menschlichen Sorgens sind hier gefragt. Die Form dieser Sorge kommt in den Blick, wenn gesagt werden kann, wie ihre Umgrenzung zu gewärtigen ist: wofür hat er zu sorgen, wofür nicht? Wie wird sich die Unterscheidung und der Zusammenhang zwischen Sorgen und Nicht-Sorgen darstellen? An welcher Grenze kann sie verlaufen? Was ist die

---

23 G. SAUTER: Was heißt: nach Sinn fragen?, 1982.
24 So P. ULRICH: Integrative Wirtschaftsethik, 1997, 207.

Perspektive, die eine solche Frage erlaubt? Wo ist der Ort, von dem aus so zu fragen ist? Dies sind die *leitenden Fragen* für die theologische Rede vom Menschen, die – wie die reformatorische – der biblischen Tradition folgt. Sie gehört in die Grammatik der biblischen Rede von Gott *und* Mensch, folgt also nicht einer allgemeine Frage nach der *conditio humana*, die irgendwie im Gefälle geistesgeschichtlicher Prozesse und deren Reflexion des menschlichen Vermögens bliebe, sondern der immer neuen Frage, wofür Menschen einzustehen haben *und* wofür nicht. Diese beiden Fragen gehören komplementär (parataktisch) zusammen – in ähnlicher Weise wie die vita activa und die vita contemplativa – sie können nur *zugleich* beantwortet werden. Nach der Seite des Nicht-Sorgens geht es nicht um die Grenzen menschlichen Zugriffs, auf die die moralische Diskussion fixiert ist, um das Unverfügbare festzustellen oder gar auf der anderen Seite Verfügbarkeit zu behaupten. Doch dieser Verfügbarkeits- oder Unverfügbarkeitsdiskurs und die Verkettung von Verfügbarkeit und Unverfügbarkeit gehört in die Logik der Moral, die damit beschäftigt ist, die Reichweite menschlicher Aussichten und Verantwortlichkeiten auszuloten. Diese Moral ist nihilistisch: Für sie gibt es nichts, was dem sorgenden Menschen in einem positiven, sein Sorgen begrenzenden und umgrenzenden Sinne *begegnen* könnte, was ihm genug vorgibt, das er zu erkunden und zu erproben hat. In dieser Hinsicht ist in der theologischen Logik eine Grenze auszumachen, in der Logik einer Unterscheidung zwischen ausdrücklicher Sorge und ebenso *ausdrücklicher* Nicht-Sorge. So wie es Martin LUTHER in der Auslegung des Ersten Gebots formuliert:

»*Ich glaube, dass mich Gott geschaffen hat, samt allen Kreaturen, mir Leib und Seele, Augen, Ohren und alle Glieder, Vernunft und alle Sinne gegeben hat und noch erhält; dazu Kleider und Schuh, Essen und Trinken, Haus und Hof, Weib und Kind, Acker, Vieh und alle Güter; mit aller Notdurft und Nahrung dieses Leibes und Lebens mich reichlich und täglich versorget...*«[25]

Was hier vielleicht übertrieben klingt, ist das Kennzeichen einer Ethik, die – wie LUTHERs wegweisende Auslegung von Ps 127 deutlich macht – aus dem Überwältigtsein von dieser Wahrnehmung lebt. Hier ist nicht die Rede von einem inhaltsleeren Unverfügbaren, sondern von den bestimmten, begegnenden Werken Gottes.

»Es ist umsonst, dass ihr frühe aufstehet, und hernach lange sitzet, und esset euer Brod mit Sorgen, denn seinen Freunden gibt er es schlafend« So übersetzt Martin LUTHER Psalm 127,2. Und er bemerkt dazu: »Deine Kräfte und dein Bemühen wird es nicht tun, sondern der Segen des Herrn macht reich. Gott will den Erfolg nicht aus der Arbeit geben, auch nicht um deiner Arbeit willen,

---

25  M. LUTHER: Kleiner Katechismus: das Zweite Hauptstück, das Glaubensbekenntnis, erster Artikel.

## 3. Theologische Anfragen

gleichwie er müßige Leute auch nicht ohne Arbeit reich machen will, sondern man muss arbeiten, und dennoch muss man alles Gotte überlassen und befehlen, der da segnet.«[26] In der Erkenntnis des Segens Gottes ist in der biblischen Überlieferung diese Logik festgehalten.[27] LUTHER denkt darüber nach, ob hier etwa das Gegenteil von dem ausgesprochen wird, was in Gen 3,19 gesagt ist: »Im Schweiße deines Angesichts sollst du dein Brod essen.« LUTHER unterscheidet hier den inneren von dem äußeren Menschen, den Menschen an dem Gott handelt (der innere Mensch), von dem Menschen, der für andere Menschen selbst zum Gegenstand werden kann. Entscheidend ist die Unterscheidung: »*Denn Sorge und Bekümmerniß darf nicht über den äußerlichen Menschen hinausgehen, das heißt, der äußerliche Mensch muss nicht müßig oder träge sein, sondern fleißig sein Amt ausrichten mit Arbeiten, Bedenken, Erfinden, Sorgen, gleichwie ein Werkzeug, dass die Hände arbeiten; das Herz muss aber von der Arbeit wieder auf den Herrn sehen und um Hülfe bitten, so dass, während der äußere Mensch mit der Arbeit beschäftigt wird, das Herz oder der neue Mensch an die Stelle der Sorge das Gebet setze und spreche: Herr, ich folge deinem Rufe, deshalb will ich alles in deinem Namen thun, regiere du...*«[28] LUTHER fährt fort und zeigt damit, worum sich diese Ethik dreht: »*Dieser Trost ist so groß, dass er mit Worten nicht ausgesprochen werden kann; denn wenn es auch übel ausläuft, so hast du doch ein geruhiges Herz und sagst: Es hat Gottes so gefallen, ich habe gethan, so viel an mir war. Wenn es anders gegangen ist, als ich gemeint hatte, so geschieht es ohne meine Schuld, da ich nicht die Hauptursache bin, sondern nur ein Werkzeug.*«

Es gibt hier keinen Diskurs um den Sinn und die Bestätigung menschlicher Unternehmungen – so ist der Segen Gottes nicht gemeint –, sondern den Blick auf das Wirken Gottes, das dem Menschen tröstend entgegenkommt. Darauf dürfen Menschen trauen, statt sich um ihr Leben zu sorgen und davon absorbiert zu werden. LUTHER bringt diese Sorge mit dem Streben nach Gütern zusammen – ein Blick auf die Ökonomisierung des Lebens aufgrund der Sorge darum, dass das Leben auf diese Weise gut wird.[29] Es kommt alles auf diese Un-

---

26 M. LUTHER: Der hundertsiebenundzwanzigste Psalm (1987), Sp. 1941.
27 Diesen Zusammenhang hat theologisch aufschlussreich aus der biblischen Überlieferung herausgearbeitet: D. GREINER: Segen und Segnen. Eine systematisch-theologische Grundlegung, 1998. Entscheidend ist an dieser theologisch umsichtigen Untersuchung, dass die soteriologische Bedeutung des Segens, der Segen, der Menschen neu werden lässt, in den Blick gerückt wird.
28 M. LUTHER: Der hundertsiebenundzwanzigste Psalm (1987), Sp. 1942.
29 Sp. 1943: »Wiewohl wir dies täglich lehren, so ist doch jetzt die Habsucht der Menschen so groß, dass kein Ende da ist im Aufhäufen von Gütern, mit welchem Recht oder Unrecht es nur immer geschehen mag, und nicht einmal den Arbeitsthieren lässt man am Feiertage ihre Ruhe. Wenn man aber in die Kirche gehen sollte, um Gottes Wort zu hören, so berechnen sie genau die Zeit, und schätzen den Schaden ab an der Arbeit, welche sie thun, und lassen lieber den Gottesdienst als ihre Arbeit anstehen und sehen nicht, dass sie, indem sie das Wort vernachlässigen, zehnmal größeren Schaden an ihren Gütern herbeiführen.« Vgl. insgesamt die aufschlussreiche Arbeit

terscheidung an. Sie markiert die Spur dagegen, das Leben zu regieren, also jene Regentschaft[30] oder jenes Regime – vielleicht auch ein Wohlfahrtsregime[31] – auszuüben, das kein Gegenüber mehr kennt. Dies ist die in die Stände-Lehre eingelassene Differenz, und in *diesem* Sinne formuliert LUTHER: »Darum bleibe ein jeglicher unter uns in seiner Ordnung, in seinem Stande...«[32] Der Widerspruch richtet sich gegen den Versuch, das Leben in jeder Hinsicht zu beherrschen: »Die Arbeit verdammt er nicht, aber die teuflische Vermessenheit verdammt er, weil wir, nicht zufrieden mit der Arbeit, obenein die göttliche Sorge und Bekümmerniß, die er für uns hat, an uns reißen, und er will uns die göttliche Majestät aus den Händen reißen, deren wir uns anmaßen durch diese Sorge...«[33]

Dies ist kein Diskurs um die Grenzen des Menschlichen gegenüber Gott, sondern die Schärfung des Blicks für das, was *Gottes* Sorge und Regentschaft ist. Es ist die Durchbrechung der diskursiven Vergewisserung menschlichen Vermögens. Deshalb fährt LUTHER fort: »Wider diese Vermessenheit und diese Sorge, welche eigentlich der Majestät selbst angehört, kämpft der heilige Geist, da er *sagt*, es sei nicht unsere Aufgabe, diese Dinge zu regieren, sondern Gottes, wir aber seien nur Werkzeuge...«[34] Es ist der Heilige Geist, der etwas »sagt«, der widerspricht. Dies ist der Heilige Geist, der Menschen tröstet. Diese Ethik dreht sich um den *Trost* und die Aussicht dagegen, ein trostloses Leben zu führen. Dieser Trost steht dem Versuch allseitiger Regentschaft (gouvernement) gegenüber, die nichts verändert und keine Widerständigkeit kennt. Der Trost richtet sich tröstend-mahnend (parakletisch-paränetisch) darauf, dass sich Menschen in Gottes Geschichte berufen lassen – sie dürfen die Kreaturen Gottes bleiben: »*Du bleibe eine Creatur Gottes ...*« lautet die Pointe einer Theologie, die *nicht* dem Diskurs um die Weltregierung folgt, und nicht in der Alternative stecken bleibt, entweder der Souverän zu sein oder das subjectum, das sich einer Zufallsgeschichte[35] – vielleicht ergeben – ausgeliefert weiß. Dies alles bleibt in der Logik der (moralischen) Sinnsuche. Die Theologie folgt hier einer kontradiktorisch-

---

von R. RIETH: »Habsucht« bei Martin Luther, 1996, zur lutherischen Wirtschaftsethik ebenso aufschlussreich: A. PAWLAS: Die lutherische Berufs- und Wirtschaftsethik. Eine Einführung, 2000.

30   Im Sinne von M. FOUCAULT: vgl. dazu: R. FORST: Endlichkeit, Freiheit, Individualität. Die Sorge um das Selbst bei Heidegger und Foucault (1990), bes. 169.

31   Dieser Begriff ist jetzt wieder geläufig, um die Aufgabe der Sozial- und Wohlfahrtspolitik zu kennzeichnen: vgl. M. OPIELKA: Sozialpolitik. Grundlagen und vergleichende Perspektiven, 2004.

32   M. LUTHER: Der hundertsiebenundzwanzigste Psalm (1987), Sp. 1945.

33   Ebd. Mit der menschlichen Arbeit hat LUTHER freilich nicht das »animal laborans« im Blick, das endlos und unabsehbar arbeitende Wesen, das nichts Bestimmtes mehr zu besorgen hat: vgl. H. ARENDT: Vita activa oder Vom tätigen Leben (1960), 1997.

34   M. LUTHER: Der hundertsiebenundzwanzigste Psalm (1987), Sp. 1945.

35   Vgl. M. LUTHER, a.a.O., Sp. 1949.

explorativen Spur, die der Moral einer grenzenlosen Sorge, die sich mit der allseitigen Regentschaft verbündet, zuwiderläuft.

Eben deshalb gilt es, Gottes Regentschaft zu suchen: »Trachtet zuerst nach dem Reich Gottes und nach seiner Gerechtigkeit, so wird euch das alles zufallen.« (Mt 6,33). LUTHERs Auslegung hat diese Pointe genau erfasst.[36] Ihre von Georg Wilhelm Friedrich HEGEL bei Walter BENJAMIN zitierte Umkehrung »Trachtet am ersten nach Nahrung und Kleidung, so wird euch das Reich Gottes von selbst zufallen«[37] zeigt um so deutlicher, wie grundlegend die Unterscheidung zwischen menschlicher Sorge und dem ist, was wir Menschen von Gott erwarten dürfen. Hegel liefert die mit Verheißung des Reiches Gottes gegebene lebendige Hoffnung der Geschichte menschlicher Besorgungen aus. Walter BENJAMIN kommentiert, dass es ohne die »rohen und materiellen Dinge« »keine feinen und spirituellen gibt«. Aber in einer solchen Dialektik geht die Rede von Gottes Regentschaft nicht auf. Dies hat BENJAMIN selbst zur Sprache gebracht, wenn er von der Sonne spricht, die »am Himmel der Geschichte am Aufgehen ist.«

## 4. Verfehlung des Lebens?

Freilich wird manchem vordringlich scheinen, die Sorge um das menschliche Leben überhaupt erst wieder in den Blick zu rücken gegenüber einer Ökonomie, für die die Form menschlichen Lebens das Nebenprodukt ist von dem, was Menschen hervorbringen. Nicht eine irgendwie optimistische oder utopistische Perspektive und auch keine Wissenschaft von einer »lebensdienlichen« Wirtschaft wird zum Thema, sondern die – philosophische – Frage wird laut, was in dem, was Menschen hervorbringen, das *richtige Leben* ist. Ist das richtige Leben noch irgendwie im Zusammenhang mit all dem, was Menschen hervorbringen, oder bleibt es unentrinnbar bei »Reflexionen aus dem beschädigten Leben« (Theodor W. ADORNOs »Minima Moralia«[38])? Das rechte menschliche Leben kommt mit der Ökonomie in den Blick, nicht weil sie davon absieht, sondern durchaus im Gegenteil, weil sie alles zu bieten unternimmt und verspricht, was menschliches Leben ermöglicht oder gar ausmacht. Die Ökonomie absorbiert dies in der ihr eigenen unpolitischen Privatheit. Nicht ob der Staat in die Wirtschaft eingreift, nicht das Problem des liberalen Modells, auch nicht das Verhältnis von Eigennutz und Gemeinwohl, sondern die Beziehung der Ökonomie

---

[36] Zum weiter greifenden Problem, wie die lutherische Tradition zur Eschatologie der Reich-Gottes-Verkündigung Jesu steht siehe: V. WESTHELLE: Gottes Zeit und das Ende der Welt: Kirche und Eschatologie in der lutherischen Gemeinschaft (2003).
[37] W. BENJAMIN: Über den Begriff der Geschichte (1977), IV, 252.
[38] T.W. ADORNO: Minima Moralia, [1951] 1964.

auf das richtige Leben, das der gemeinsamen Erkenntnis offen steht, ist Gegenstand einer Wirtschaftsethik, die – mit der Philosophie – die *öffentliche* Frage nach dem richtigen Leben nicht aufgegeben hat, die freilich nicht in der Besorgung »öffentlicher Güter« aufgehen kann.[39] So ist die Bemerkung von Theodor W. ADORNO zu lesen, mit der er seine Analyse des menschlichen Lebens – Minima Moralia – seinem Freund Max HORKHEIMER zueignet und der damit die Frage nach dem Zusammenhang von Ökonomie und Ethik wachruft:

*»Die traurige Wissenschaft, aus der ich meinem Freunde einiges darbiete, bezieht sich auf einen Bereich, der für undenkliche Zeiten als der eigentliche der Philosophie galt, seit deren Verwandlung in Methode aber der intellektuellen Nichtachtung, der sentenziösen Willkür und am Ende der Vergessenheit verfiel: die Lehre vom richtigen Leben. Was einmal den Philosophen Leben hieß, ist zur Sphäre des Privaten und dann bloß noch des Konsums geworden, die als Anhang des materiellen Produktionsprozesses, ohne Autonomie und ohne eigene Substanz, mitgeschleift wird. Wer die Wahrheit übers unmittelbare Leben erfahren will, muss dessen entfremdeter Gestalt nachforschen, den objektiven Mächten, die die individuelle Existenz bis ins Verborgene bestimmen.«*[40]

Wie kann das richtige Leben in die Zielperspektive menschlicher Ökonomie geraten, wenn diese nicht – allenfalls – eine ganz andere würde, jedenfalls keine Ökonomie, die in der Produktion von etwas aufgeht? Wie kann das richtige Leben von einer Ökonomie anvisiert werden, die – um mit Hannah ARENDT zu reden – nur den arbeitenden Menschen, das animal laborans, kennt. Doch kann das, was das menschliche Leben sein darf, überhaupt in die Zielperspektive einer *menschlichen* Ökonomie geraten? Die Frage reicht weiter: was könnte die rechte Sorge um das menschliche Leben sein? Wird es die Aufgabe der *Philosophie* bleiben, zu lehren, wie sich das richtige Leben in seiner (materiellen) Gebrochenheit aufspüren lässt, oder wird es doch eine *Ethik* geben können, die zeigt, was dieses Leben sein kann, und wird dies eine Ethik sein können, die das menschliche Wirtschaften einschließt? Schließlich provoziert die Rede von Gottes Ökonomie das Nachdenken darüber, dass Sinn oder Erfüllung des menschlichen Lebens nicht jenseits aller (materiellen) Ökonomie in einer vielleicht »geistig« zu nennenden Welt zu suchen ist.

Die Frage nach dem richtigen Leben ist als die Frage nach der *Verfehlung* des menschlichen Lebens zu hören. Daraufhin und noch radikaler ist dann zu fragen, inwiefern Menschen die Aufgabe gestellt ist, dass ihr menschliches Leben und mit ihm das humanum oder die Humanität nicht verfehlt wird. Es wird

---

[39] So stellt sich derzeit wieder »Sozialpolitik« dar: M. OPIELKA: Sozialpolitik : Grundlagen und vergleichende Perspektiven, 2004.
[40] T.W. ADORNO: Minima Moralia [1951] 1964, 7.

auch hier zu klären sein, wie die Grenze verläuft zwischen dem, was die Aufgabe der Menschen ist und dem, was sie nicht ist: was Menschen davon befreit, für ihre humane Existenz einstehen zu müssen. Von Verfehlung ist nur zu reden, wenn das Woraufhin oder die Perspektive angezeigt werden kann. Was kann oder muss hier – mit ADORNO zu reden – »Erlösung« heißen? Es macht die Logik der Ökonomie und ihrer Ethik aus, dass sie nach dieser Seite hin ohne Perspektive und ohne Sprache bleibt, aber doch gerade in diesem Verstummen um so deutlicher die Frage danach wach hält.[41]

Ohne die Perspektive der Erlösung kann die ethische Reflexion vom verfehlten Leben nicht reden und kann so nur (vielleicht zynisch) Menschen in ihrer Trostlosigkeit bestätigen. Die Perspektive der Verfehlung ist in theologischer Logik nicht moralisch zu gewinnen, also nicht in der Fixierung auf ein humanum oder ein menschliches Leben, das als ein Allgemeines – vielleicht auch gattungsethisch vermittelt – zu bewahren wäre. Dies setzt die Affirmation des Menschlichen voraus, ohne dass zugleich mitgesagt ist, dass es auf die Erlösung jedes einzelnen und nicht – davon unterschieden – auf die Bewahrung der Menschheit geht. Die theologische Logik spricht deshalb von der Bewahrung von *Menschen*, wenn sie sich in Gottes Geschichte finden – und nur im Blick auf eine solche Geschichte ist schließlich von Erlösung, Rettung und Befreiung zu reden. Thematisch wird damit, wie Menschen aus dem Versuch der (diskursiven) Sicherung dessen, was sie *sind*, heraustreten, um in Gottes Ökonomie zu erfahren und zu erproben, wer sie sein dürfen und was dies alles einschließt. So kann die Erlösung allen Menschen gelten, weil jeder einzelne sich darin finden darf und weil im Zeugnis jedes einzelnen diese Erlösung präsent wird. Verfehlung heißt demgegenüber, aus dieser Geschichte herausfallen und den eigenen, wie auch immer moralisch gesicherten Weg zu verfolgen. An die Stelle von Erlösung und Rettung kann jedenfalls keine Moral gesetzt werden – vielleicht die moralische oder jedenfalls moralisch verstärkte Verpflichtung auf die Erhaltung der Menschheit –, ohne zugleich den Blick dafür zu verdunkeln, was von Gottes Ökonomie zu sagen ist: »Liebt eure Feinde und bittet für die, die euch verfolgen, damit ihr Kinder seid eures Vaters im Himmel. Denn er lässt seine Sonne aufgehen über Böse und Gute und lässt regnen über Gerechte und Ungerechte.«[42] Es wäre moralische Überheblichkeit darüber hinwegzugehen, dass die Sonne noch jeden Tag aufgeht, und weil Gott es ist, der diese Sonne aufgehen lässt, kann niemand diese Sonne für sich –

---

41 Weiteres dazu: H.G. ULRICH: Theologische Zugänge zur Wirtschaftsethik (1990).
42 (Mt 5,44f.) Zur Auslegung vgl. bezogen auf die Parallelstelle Lk 6,27-38: P. RICOEUR: Liebe und Gerechtigkeit, 1990. Ricoeur spricht von einer Ökonomie der Gabe gegenüber einer moralischen Gerechtigkeit, wie sie in der goldenen Regel (Lk 6,31: »Und wie ihr wollt, dass euch die Leute tun sollen, so tut ihnen auch!«) ausgesprochen ist.

selbstgerecht – reklamieren. Von Gott hier zu reden heißt, einer solchen (moralischen) Selbstgerechtigkeit widersprechen.

## 5. Streit um die menschliche Lebensgestalt?

Etwas anderes als Untergang und Rettung ist mit Frage nach einer *Verfehlung*[43] dessen im Blick, was Menschen kennzeichnet und *zusammenleben* lässt. Das menschliche Sorgen, wenn es sich auf das richtige Leben bezieht, trifft hier auf einen greifbaren Zusammenhang. Die Gattung Mensch in ihren *Kennzeichen* wird zum Thema, mit der Möglichkeit einer Veränderung, die sie nicht mehr sein lässt, was sie sein darf. Bezogen darauf wird das richtige Leben fraglich – das, worin Menschen sich als Menschen finden und worin sie auch zusammenfinden. Die Sorge um menschliches Leben kommt auch in dieser Form auf die Tagesordnung. So hat es Hans JONAS in seiner Beschreibung des Prinzips Verantwortung gesehen, das jetzt auch – im Zusammenhang von Energiewirtschaft, Bevölkerungsplanung und anderen globalen Aufgaben – die Bedingungen menschlichen Lebens überhaupt einschließt.[44] So hat es auch Jürgen HABERMAS mit den gattungsethischen Aspekten in den Blick gerückt, die die Veränderung der conditio humana betreffen.[45] Jetzt ist nicht mehr die Moral, sondern eine der Moral äquivalente Ethik Ort der Besinnung auf das, was wir Menschen sind. Diese Besinnung ist an den Ort der Öffentlichkeit gerückt, weil die unabsehbare Technologie ihre eigene Sichtbarkeit und Öffentlichkeit hat.

In Bezug auf die Sorge um die Menschengattung und die conditio humana kann sich niemand ein eigenes Leben einrichten wollen, es sei denn, er würde einen Ort dafür finden, an dem ihm seine eigene Welt gewährt wäre. In diesem Sinne geht es um die *Moralia*, die die bestimmten gemeinsamen Grundlagen des Lebens ausmachen und nicht um einen moralischen Pluralismus. Dieser würde (wenn wir einen entsprechenden Begriff von Moral zugrunde legen) verschiedene Welten mit sich bringen und nicht mehr in diese *eine* Welt des menschlichen Lebens und Zusammenlebens gehören. Dann ist es nicht selbstverständlich, von verschiedenen Moralen zu reden, wie es auch der Verweis auf differente moralische Intuitionen nahe legt – jedenfalls dann, wenn Moral und Ethos unterschieden bleiben und »Moral« die gemeinsamen Lebensregeln meint, die nicht zur Disposition stehen, es sei denn um einer anderen *Welt* willen. Das schließt ein, dass es den Streit um die *eine* Wirklichkeit geben wird, um ihre Wahrnehmung und ihre Erkenntnis.[46] Gegenstand der Besinnung bleibt somit immer zugleich –

---

43 Siehe dazu J. HABERMAS: Die Zukunft der menschlichen Natur, 2001, vgl. C5.
44 H. JONAS: Das Prinzip Verantwortung, 1985.
45 Siehe C5.
46 Siehe dazu: G. KRÜGER: Geschichte und Tradition [1948] (1958).

wie es scheint – unvermeidlich, die Besinnung auch auf ein *menschheitliches Ethos*, ein menschliches Zuhause, das in den Vordergrund rücken kann, vielleicht aufgrund von zunächst marginal erscheinenden Veränderungen an den Kennzeichen der menschlichen Lebensweise. Damit ist die menschliche Existenzform in den Blick gerückt – und zwar in die Perspektive einer Sorge, die vielleicht von partikularen Veränderungen ausgeht. Sie kann leicht jedem Einzelnen nahe rücken, der mit solchen Veränderungen, die die menschliche Existenzform betreffen, direkt zu tun bekommt – ob es die Art ist, in der Menschen zur Welt kommen (Geborenwerden, Reproduktion), ob es die Art ist, wie Menschen sterben, ob es die Art ist, in der Menschen neue Symbiosen mit Technologien eingehen (Human design, cyberman), oder ob es die menschliche Arbeit ist, die den Zusammenhang mit der Sorge darum, gemeinsam zu existieren, verliert.

Wie zeichnen sich in solchen Reflexionen über die menschliche Existenzform deren Konturen ab? Inwiefern ist dies Gegenstand einer gemeinsamen Sorge, die ihre Öffentlichkeit findet, oder auch Gegenstand einer Politik, die dieser Sorge entspricht? Welche Art von Ethik wird es hier geben können, die sich nicht verfängt in diesem oder jenem Diskurs, der nun entsteht, wie in dem Diskurs zum Wert oder zur Bewahrung des Lebens. Eine diskurskritische Ethik wird hier gebraucht. So kann es keine Biopolitik[47] geben, durch die Menschen »Leben« regulieren. Politik kann nur im Gewärtigsein menschlicher Existenzform versuchen zu handeln und zu entscheiden. Sie kann nur *aus* der Wahrnehmung dieser Existenzform agieren, nicht aber in diese eingreifen wollen. Sie kann nicht gegenüber dieser Existenzform »das Leben« zum Gegenstand haben wollen.

## *6. Sorgt nicht ...*

Lässt diese Situation vielleicht zu Recht deutlich werden, dass die Sorge um das Leben in seinem bestimmten Umriss zur menschlichen Existenz gehört und dass es darum geht, diese Reflexivität zu steigern? Ist das Begreifen des Daseins als Sorge[48] (Martin HEIDEGGER) das Indiz dafür, dass »der Mensch« sich selbst ausgeliefert bleibt und eben deshalb überhaupt als »der Mensch« in den Blick rückt? Ist das menschliche Sorgen so zu fassen, dass es sich *nicht* auf die menschliche Existenz richtet, nicht in moralischer, aber auch nicht in gattungsethischer Hinsicht, weder in Bezug auf die moralischen Bedingungen humanen Lebens, noch auf ein Ethos, das jenseits sonstiger Differenzen ein Zusammenleben erlaubt?

---

47   Im Sinne der Fragestellung von: G. AGAMBEN: Homo sacer, 2002.
48   R. FORST: Endlichkeit, Freiheit, Individualität. Die Sorge um das Selbst bei Heidegger und Foucault (1990).

Genau hier hat die *biblische Tradition* mit ihrer Besinnung zur Thematisierung der Aufgabe »des Menschen« eingesetzt. Diese Aufgabe ist nicht in ein Gesetz gefasst[49], sondern in einen verheißungsvollen Widerspruch dagegen, dass der Mensch versuchen muss, seine Existenz oder seine Lebenssubstanz zu retten oder auch des Guten oder des guten Lebens habhaft zu werden. Der Widerspruch erfolgt wie im Blick auf die Gerechtigkeit, in der das menschliche Zusammenleben wurzelt, so im Blick auf die Sorge um das menschliche Leben, seine Gestalt und seine Bedingungen. Gerechtigkeit bedeutet, dem anderen zukommen zu lassen, was ihm zugehört, und das heißt auch wahrnehmen dessen, was ihm mitzuteilen ist. Das ist der immer neue, *anfängliche* Schritt im Tun des Gerechten. Darin hat Gerechtigkeit eine *politische* Gestalt. In biblischem Verständnis ist Gerechtigkeit die ausdrücklich zur Geltung gebrachte Treue zur Gemeinschaft.[50] Entsprechend bedeutet die dem Menschen aufgetragene Sorge, gemeinsam zu erproben, was das menschliche Leben trägt. Dieses gemeinsame Sorgen zeichnet das menschliche Leben aus – eben so, dass es seinen Umriss an dem gewinnt, worauf sich menschliches Sorgen *nicht* richten muss, an dem was es an Gottes Treue gewärtig wird.

Diese Unterscheidung erlaubt es, die Aufgabe menschlichen Wirtschaftens zu thematisieren. So hat es die Lehre vom *Status oeconomicus* in den Blick gefasst. Der Status oeconomicus setzt, wenn wir Martin LUTHERs Auslegung von Gen 2 folgen, mit der Erschaffung der Frau ein, dem Gegenüber zu Adam, dem Menschen, der nicht der Einzige bleiben sollte. Er hätte alles für sich alleine gehabt und er hätte sich auch nicht um irgend jemanden kümmern müssen. Dies ist – in Luthers Auslegung – der *Gründungsakt* des Hauses, des Oikos, also nicht die menschliche Arbeit alleine und auch nicht der Auftrag, die Erde zu bearbeiten. Es ist die Aufgabe des Lebens im widerspruchsvollen Zusammenwirken[51], dessen Paradigma das Zusammenwirken von Mann und Frau ist. Elie WIESEL berichtet aus der talmudischen Überlieferung: »Warum wurde Eva geschaffen? Zum Wohle ihres Mannes natürlich, was diesem immer wieder versichert wurde. Sie sollte ihm dadurch helfen, dass sie ihm Widerstand entgegensetzte und herausforder-

---

[49] Darauf verkürzt T. RENDTORFF diese Perspektive, indem er das Gegebene als das Gebotene und Überlieferte von dem unterscheidet, was in die Verantwortung des Menschen gestellt ist. Dieses Schema, dem die Ethik Trutz Rendtorff folgt, verändert völlig das in der Tradition festgehaltene Zusammenwirken von Gott und Mensch. Vgl. T. RENDTORFF: Ethik I, 1990. In der Rede vom Gegebenen tritt der Aspekt des Wirkens und Handelns Gottes zurück. Stattdessen tritt die Gabe in den Vordergrund. Das bedeutet eine erhebliche Verkürzung. Vgl. zu den konzeptionellen Sachverhalten in der evangelischen Ethik: H.G. ULRICH (Hg.): Evangelische Ethik. Diskussionsbeiträge zu ihrer Grundlegung und ihren Aufgaben. Eingeleitet und hg. von H.G. Ulrich, 1990.
[50] Siehe B1-4. Vgl. G. v. RAD: Theologie des Alten Testaments I, 1958, 385.
[51] Entscheidend ist, dass die Frau das Gegenüber, die paradigmatisch Andere ist, wie es sich auch in der Auslegungsgeschichte spiegelt. Siehe oben B2-1.

te.«⁵² Mit dieser zweifachen Existenz des Menschen ist gesetzt, dass es kein allgemeines menschliches »Selbst« oder Wesen geben kann. Menschen existieren in der differenten Koexistenz zwischen dem einen und der anderen, sie leben, wenn es gut geht, im gegenseitigen Widerspruch, also darin, dass eine dem anderen, einer der anderen etwas mitzuteilen hat. Das ist das Kennzeichen menschlicher Existenzform. So hat es die Auslegungstradition der biblischen Texte gesehen, die hier und nicht zuerst in der menschlichen Arbeit den menschlichen Oikos bestimmt sah. (LUTHER und KIERKEGAARD). Hier schon ist ein Widerspruch gegen eine Auffassung von der menschlichen Ökonomie gegeben, die diese unausweichlich mit der unabsehbaren Produktivität der menschlichen Arbeit verbunden sieht⁵³, für die dann womöglich eingefordert wird, sie habe sich auf die materielle Fülle des menschlichen Lebens oder gar seine Sinnerfüllung zu richten.⁵⁴ Nicht ein irgendwie gegebenes Gebot oder Auftrag bringt den Menschen zum Besorgen eines Lebenssinnes, sondern die Einrichtung dieses gemeinsamen Haushaltes. An dem paradiesischen Auftrag hat sich (der biblischen Tradition zufolge) nach dem Sündenfall nichts geändert. Die Arbeit, die nach dem Sündenfall mit Mühsal verbunden ist, kommt hinzu, erhält aber keine eigene Zielrichtung. Vom menschlichen Oikos zu reden heißt, von einer Institution reden, die bestimmt und begrenzt, was die menschliche Aufgabe ist. Sie wird nicht als etwas Unabsehbares präsentiert. Sie hat im Gegenteil ihren Sinn darin, dass sie das menschliche Sorgen begrenzt bleiben lässt. Die Arbeit lässt sich nicht für grenzenlose ökonomische Prozesse freisetzen, wenn sie denn mit dem Oikos verbunden bleibt, in dem Gottes Sorgen gegenwärtig ist.

Die kategoriale Differenz zwischen dem endlichen Sorgen und der unendlichen Besorgnis hat Søren KIERKEGAARD in Adam und Eva verkörpert gesehen: Eva wird für Adam zum *Trost*, weil sie das widerständig Endliche kennt und zur Geltung bringt.⁵⁵ Ohne diese Kenntnis war Adam hilflos den *unabsehbaren Möglichkeiten* ausgeliefert. Adam wäre der große Gestalter, ein unrealistischer Nihilist, dem in der Unübersehbarkeit der Möglichkeiten die menschliche Wirklichkeit verloren geht, mit all dem, was darin dem Menschen begegnet.

Diese biblische Tradition und ihre Auslegungsgeschichte ist in dem Gebot JESU in der Bergpredigt gebündelt: »Darum sage ich euch: Sorgt nicht um euer Leben, was ihr essen und trinken werdet; auch nicht um euren Leib, was ihr anziehen werdet. Ist nicht das Leben mehr als die Nahrung und der Leib mehr

---

52   E. WIESEL: Adam oder das Geheimnis des Anfangs. Brüderliche Urgestalten, 1980, 24.
53   Zur kritischen Betrachtung der menschlichen Arbeit in dieser Hinsicht vgl. H. ARENDT: Vita activa oder vom tätigen Leben, 1997.
54   S.u. zur Kritik an entsprechenden Konzeptionen der Wirtschaftsethik, die solches einfordern, wie beispielsweise P. ULRICH: Integrative Wirtschaftsethik, 1997.
55   S. KIERKEGAARD: Entweder – Oder, 2. Teil, 1957, 331f. (II, 278f.)

als die Kleidung? Seht die Vögel unter dem Himmel an: sie säen nicht, sie ernten nicht, sie sammeln nicht in die Scheunen; und euer himmlischer Vater ernährt sie doch. Seid ihr denn nicht viel mehr als sie?« (Mt 5,25f.) Dieses verheißungsvolle Gebot richtet sich an die Geschöpfe, die Gott als ihren Vater anrufen, an die Geschöpfe als die Kinder Gottes. Er wendet sich an die, die sich in der Ökonomie Gottes aufhalten und Gottes Ökonomie von menschlichem Wirtschaften zu unterscheiden wissen. So wie sie auch im Vaterunser beten dürfen: »Vater unser im Himmel ... unser tägliches Brot gibt uns heute«. Es kommt alles darauf an, dass Menschen dieses Gebet nachsprechen können. Darin findet menschliches Sorgen seine Kontur. So hat es Martin LUTHER ausgelegt: »Denn wo es Gott nicht wachsen ließe, segnete und auf dem Lande erhielte, würden wir nimmer Brot aus dem Backofen nehmen noch auf den Tisch zu liegen haben.«[56] So ist – nach der Auslegung LUTHERs – paradigmatisch das »Magnificat« (Lk 1,46-55) der MARIA zu hören. In ihm sind die Werke Gottes genannt sind, die menschliches Leben umgreifen, so auch: »Die Hungrigen füllt er mit Gütern und lässt die Reichen leer«. LUTHER bemerkt dazu: »Es ist aber der leidige Unglaube allzeit im Wege, dass Gott solche Werke nicht in uns wirken kann und wir sie nicht erfahren noch erkennen können. Wir wollen satt sein und aller Dinge genug haben, ehe der Hunger und die Notdurft kommt, und versorgen uns mit Vorrat auf zukünftigen Hunger und Notdurft, so dass wir Gottes und seiner Werke nimmer bedürfen. Was ists für ein Glaube, der da Gott trauet, solange du Vorrat fühlst und weißt, wie du dir Helfen kannst?«[57]

Das Gebot »Sorgt nicht ...« richtet sich darauf, nicht einer Besorgnis[58] zu verfallen oder aber einer blinden Lebensbehauptung (einem conatus essendi[59]), so dass das Gewärtigwerden dessen, worin menschliches Leben besteht und das, was dem Nächsten mitzuteilen ist, absorbiert wird. In der Besorgnis[60] gedeiht keine Kommunikation und keine Kooperation, die zur ökonomischen Existenzform gehört.[61] In der ökonomischen Existenzform vollzieht sich dann menschliches Leben als geschöpfliches, wenn die Ökonomie dabei bleibt, der Güter gewärtig

---

56   M. LUTHER: Der große Katechismus [1529] (1983), 107.
57   M. LUTHER: Das Magnificat verdeutscht und ausgelegt [1521] (1983), 331.
58   Mt 6,25: μὴ μεριμνᾶτε: Das griechische Wort meint eine abgründige, finstere Besorgnis. Vgl. Phil 4,6.
59   E. LÉVINAS hat diese grundlegende Haltung und Problemstellung (zurückgreifend auf B. PASCAL) zum Angelpunkt seiner Philosophie der Gerechtigkeit werden lassen.
60   Hier setzt von Seiten der Theologie der Diskurs zur Unendlichkeit ein: es geht um diese »schlechte Unendlichkeit«. Zur Unterscheidung von »schlechter Unendlichkeit« und »wahrer Unendlichkeit« bei Hegel, die hier hilfreich ist, siehe: P.-U. PHILIPSEN: Nichts als Kontexte. Dekonstruktion als schlechte Unendlichkeit? (2000).
61   Die Bedeutung kooperativer Strukturen in der Ökonomie hat vor allem F. Hengsbach in seinen Beiträgen zur Wirtschaftsethik in den Blick gerückt: vgl. F. HENGSBACH: Wirtschaftsethik, 1993. Siehe dazu Teil C.

zu werden und die Güter zu kommunizieren, die niemandem vorzuenthalten sind. Im Status der *oeconomia* geht es darum, die *Teilhabe* an Gottes (soteriologische) Ökonomie[62] und die menschliche Ökonomie in ihrer Unterschiedenheit und Zusammengehörigkeit zu bewahren. Darin liegt die Pointe einer Wirtschaftsethik, die sich nicht auf die Moral einer letztgültigen Bindung menschlicher Wirtschaftskraft gründet, die alles von dieser Ökonomie abhängig werden lässt. Das Gebot »Sorgt nicht ...« ist von der Verheißung getragen, dass Gottes (soteriologische) Ökonomie menschliches Leben umgreift, trägt und verändert, so dass das menschliche Sorgen *nicht* damit befasst ist, wie das menschliche Leben in seiner Gestalt und seinen Grundlagen zu bewahren ist. So verstanden bleibt das menschliche Wirtschaften verbunden mit dem, was zu kommunizieren ist. Dies ausdrücklich wahrzunehmen setzt jedoch voraus, den Blick für die Vögel unter dem Himmel, die der himmlische Vater nährt, zu gewinnen und zu bewahren. Der Diskurs zu den Ressourcen der »Natur« hat diesen Blick schon verdeckt: nicht dass über das Problem ihrer Begrenzung hinwegzugehen wäre, aber »die Natur« wird zur Ressource nur insofern, als die unabsehbare Entfaltung menschlichen Lebens, ohne Umriss und Gestalt, sich der Vorräte zu versichern sucht, die es dazu braucht. Der Ressourcen- und Nachhaltigkeitsdiskurs ist immer schon daraus abgeleitet, dass die menschliche Sorge unbestimmt geworden und sich nicht mehr in der Aufmerksamkeit auf das und im Aufnehmen dessen bewegt, was uns an Gütern und Gutem begegnet und anvertraut ist. Gerade auch die Ethik des guten Lebens hat diese Unterscheidung nicht direkt im Blick.

Für eine Ethik, die das Problem der Erhaltung oder Schonung der »natürlichen« Welt des Menschen reflektiert, ist jedoch diese Unterscheidung grundlegend, wenn sie sich nicht in die Logik der Ökonomie von Naturressourcen fügen will, die ohnehin vom jeweils begrenzten Stand prognostischen Wissens abhängig ist. Aber das Problem ist nicht nur diese Begrenzung, sondern das Gewärtigsein dessen, was menschliches Leben tangiert, und wie Menschen dessen gewärtig und davon ergriffen sind. Robert SPAEMANN gibt zu bedenken: »Warum sind wir denn traurig, wenn wir erfahren, dass irgendwo in der Welt eine Vogelart ausgerottet wurde, die wir wahrscheinlich ohnehin nie zu Gesicht bekommen hätten? Es ist offenbar so, dass das Glück des Menschen gerade mit dem nicht auf ihn bezogenen Reichtum des Wirklichen zusammenhängt. Die Reduktion der Welt auf das, was wir im Augenblick wahrzunehmen und zu genießen vermögen, würde jeden Genuss zerstören; denn zu diesem gehört ein Hintergrund der ›Unerschöpflichkeit‹. Zu wissen, dass das Wissbare und Sichtbare immer mehr ist als das aktual Gewusste und Gesehene, ist eine Bedingung

---

62 Zur Bedeutung der Soteriologie im Kontext der Wirtschaftsethik siehe: H.G. ULRICH: Theologische Zugänge zum Menschenbild der Ökonomie (1998).

dafür, dass der Mensch in der Welt heimisch sein kann.«[63] Darin trifft die ethische Reflexion dessen, was oikos und ethos (Wohnung) heißen kann auf die Erkenntnis von der Geschöpflichkeit des Menschen, denn zu ihr gehört das Gewärtigwerden dessen, was den Umkreis seines Sorgens und Besorgens durchbricht, was ihn zu neuer Erkenntnis provoziert.

## 7. Selbstsorge?

Das Paradigma der Ökonomie verändert sich, wenn sich ihre Sorge darauf richtet, dass das menschliche Leben nicht verfehlt wird. Wie ist davon zu reden? Wie kann es dazu kommen? Wie kann, welche Verfehlung Gegenstand menschlicher Sorge oder menschlichen Sorgens sein? Darauf ist keine rasche Antwort zu geben; es kommt hier darauf an, in welchem Diskurs dies zur Sprache kommt. In der biblisch-christlichen Tradition ist die Verfehlung nicht auf ein »Selbst« und seine Welt bezogen. Menschen sind nicht auf etwas zu verweisen, von dem jemand sagen könnte »das bin ich« oder »das gehört zu mir«. Dieser Selbst-Diskurs – wie ihn Charles TAYLOR aufgezeichnet hat[64] – zielt darauf, auszuloten, woraus Menschen leben und zwar so, dass sie nicht aus fremden Quellen, sondern aus dem leben, was genuin zu ihnen gehört, was dann genuin *ihre* Welt ist. Die Verfehlung tritt ein, wenn das Selbst diese Quellen verfehlt oder wenn es aus anderen Ressourcen lebt und eine fremde Welt entsteht. Auch hier gilt: Das menschliche Sorgen kann die Welt, die dieses Selbst ausmacht, nicht vor sich bringen und als seine Welt sich zu eigen machen oder hervorbringen, aber es ist darauf gerichtet, sich eine Welt zu schaffen.[65] Das Selbst entsteht in diesem Streben.[66]

Die biblische Logik ist eine andere. In der biblischen Sprache ist es die »*Seele*«, das Leben, das im Empfangen und Antworten besteht und das der Mensch nicht zum Gegenstand seiner Besorgnis machen kann: »Denn wer sein Leben erhalten will, der wird's verlieren; und wer sein Leben verliert um meinetwillen und um des Evangeliums willen, der wird's erhalten. Denn was hülfe es dem Menschen, wenn er die ganze Welt gewönne und nähme an seiner Seele Schaden? Denn was kann der Mensch geben, womit er seine Seele auslöse?« (Mk 8,35-37). Die »See-

---

63   R. SPAEMANN: Technische Eingriffe in die Natur als Problem der politischen Ethik [1979] (2001), 458.
64   C. TAYLOR: Quellen des Selbst. Die Entstehung der neuzeitlichen Identität, [Sources of The Self. The Making of Modern Identity, 1989] 1994.
65   Das ist mit der Unterscheidung »Ich« und »Selbst« in den Blick gerückt. Freilich entsteht daraus die Frage, was an diesem »Selbst« gleichwohl in die Perspektive der menschlichen Sorge geraten kann.
66   Siehe die kritische Analyse zum Selbstdiskurs von G. GAMM: Vertiefung des Selbst oder das Ende der Dialektik (1996).

le« kennzeichnet den Menschen als den, der Gottes Güte empfängt[67] – seine Güte, nicht ein Gutes, nach dem diese Seele strebt: »Lobe den Herrn meine Seele, und vergiss nicht, was er dir Gutes getan hat.«[68] (Ps 103,2) Die biblische Sprache bewegt sich nicht in einem Selbst-Diskurs, im Diskurs der Selbst-Sorge oder der Seel-Sorge, sondern im Reden von der Geschöpflichkeit des Menschen: die Seele des Menschen ist ihr Kennzeichen. »Seele« ist der Mensch, sofern Gott an ihm handelt. In diesem Sinne hat Martin LUTHER vom »inneren Menschen« gesprochen und darin den Angelpunkt der Freiheit eines Christenmenschen markiert, dass dieser – innere – Mensch in Gottes Ökonomie lebt.

Mit dieser Unterscheidung ist die Kontur eines *ethischen* Zugangs zur Ökonomie gegeben, die den Menschen, seine Seele und die ihr zugeordnete Welt nicht zum Gegenstand einer menschlichen Ökonomie machen kann.[69] Damit ist die Perspektive für eine *Ethik der Ökonomie* eröffnet, die zu erkennen erlaubt, was von Menschen zu besorgen ist – im Gewärtigsein dessen, was Gott wirkt und schenkt. Sich darauf zu richten ist keine Angelegenheit der Besorgnis, sondern der Erprobung dieser geschöpflichen, seelenhaften Existenz. Die Ökonomie als ein das Leben erfüllendes, sinnstiftendes Unternehmen zu verstehen, wie es in integrativen Konzeptionen der Wirtschaftsethik entworfen wird, läuft dem kritischen Sinn geschöpflicher Existenz zuwider, und ist so auch indifferent gegen die vielfältig gebrochene Geschichte ihrer Reflexion. Die Ökonomie als Sinnstiftung oder gar mit der Bestimmung, »Geschichte zu machen«[70], verbleibt in der Logik desjenigen Nihilismus, der zwischen *Sinnstiftung* und *Erkenntnis* nicht zu unterscheiden weiß.

Für die theologische Ethik ist die Unterscheidung zwischen Gottes schöpferischem Walten und menschlicher Sorge ebenso tragend wie die Unterscheidung zwischen Gottes Weltregierung und menschlicher, politischer Macht. Eine ökonomische Theologie ist dann ebenso kritisch zu sehen wie eine politische Theologie, wenn diese Unterscheidungen darin aufgehoben würden. Die Unterscheidung zwischen Gottes schöpferischem Walten und menschlichem Sorgen geht dort verloren, wo das menschliche Streben auf nichts mehr zu treffen glaubt, was ihm entgegenkommt oder entgegentritt. Das Streben nach dem Guten oder Gott

---

67 Siehe zum biblischen Wort נפש , das Martin LUTHER mit »Seele« übersetzt hat: H.W. WOLFF: Anthropologie des Alten Testaments, 1973, 25-48; siehe: A3-5.
68 Ps 103,2. Der Psalm fährt fort (3-4): »der dir alle deine Sünde vergibt und heilet alle deine Gebrechen, der dein Leben vom Verderben erlöst, der dich krönet mit Gnade und Barmherzigkeit, der deinen Mund fröhlich macht, und du wieder jung wirst wie ein Adler.«
69 Darin stimmt Luther mit K. MARX' Kritik an der Entfremdung überein.
70 So weit reicht inzwischen das Konzept der integrativen Wirtschaftsethik: vgl. P. ULRICH: Integrative Wirtschaftsethik, 1997.

als dem höchsten Gut führt – wie in Charles TAYLORs Geschichte der Ethik[71] – in das Gefälle einer unabsehbaren Vereinnahmung des menschlichen Selbst. Es führt in den Selbst-Diskurs, in dem das menschliche Selbst zu der abgeschlossenen, alles gewährenden Welt wird, die Menschen durchmessen.

Die theologische Reflexion dessen, was die menschliche Ökonomie ausmacht, verläuft quer dazu. Sie zeigt die Form gemeinsamen Sorgens, in der Menschen zusammenwirken und zusammentragen, was sie einander *mitzuteilen* haben. Diese Mitteilung hat institutionellen Charakter: mit dem menschlichen Wirtschaften sind bestimmte Formen der Interaktion gegeben, in denen sich das gemeinsame Sorgen vollzieht. Diese Institution, das Haus, der Oikos, ist bestimmt durch die Unterscheidung zwischen der menschlichen Aufgabe und dem, was Menschen in ihrer Geschöpflichkeit empfangen und erfahren. Das Haus ist der Ort, um zu erproben, wofür gemeinsam im Hören und im Widerspruch – von Mann und Frau – zu sorgen ist.[72] Diese Sorge kommt der Gerechtigkeit entgegen. Sie sucht keine höhere Ökonomie, die einen Sinn verspricht für das menschliche Wirtschaften, statt dass sie im gemeinsamen Wirtschaften die Aufmerksamkeit bewahrt auf das, was Menschen immer schon von Gott empfangen und was anderen Menschen mitzuteilen ist. Nur dieses bleibt widerständig gegen die unermessliche Besorgnis um die eigenen Lebensgrundlagen.

So hat Søren KIERKEGAARD die ökonomische Aufgabe unterschieden von jener Selbst-Sorge, die abgründig auf die Beherrschung des Selbst ausgerichtet bleibt, und somit auch von der ästhetischen Existenz der Lebensgestaltung des einzelnen: »*Und welcher Kampf sollte etwa nun bildender sein als der mit Nahrungssorgen! Welch eine Kindlichkeit gehört doch nicht dazu, um unterweilen beinahe lächeln zu können über alle diese irdische Mühe und Beschwer, welche der unsterbliche Geist auf sich nehmen muss, um zu leben; welch eine Demut, um mit Wenigen zufrieden zu sein, das mit Schwierigkeit erworben wird; welch ein Glaube, um auch im Leben solch eines Menschen die lenkende Hand der Vorsehung zu erblicken; denn es ist leicht genug gesagt, dass Gott am größten sei im Kleinsten, um ihn aber darin wirklich zu sehen, dazu gehört der mächtigste Glaube. Welch eine Liebe zu den Menschen, um fröhlich zu sein mit den Glücklichen, um die ermutigen zu können, deren Lage ebenso kümmerlich ist. Welch ein innerliches und durchdringendes Bewusstsein seiner selbst, dass er tue, was in seiner Macht steht; welch eine Aus-*

---

[71] C. TAYLOR: Quellen des Selbst. Die Entstehung der neuzeitlichen Identität, [Sources of The Self. The Making of Modern Identity, 1989] 1994.
[72] Siehe zur biblischen Tradition: F. SEGBERS: Die Hausordnung der Tora. Biblische Impulse für eine theologische Wirtschaftsethik, 2000. Vgl.: W. PÖHLMANN: Der verlorene Sohn und das Haus. Studien zu Lukas 15,11-32, 1993.

*dauer, welch eine Wachsamkeit; denn welcher Feind wäre wohl tückischer als diese Sorge?«*[73]

Und dann fährt KIERKEGAARD fort: »Die ethische Betrachtung, dass es jedes Menschen Pflicht ist zu arbeiten um zu leben, hat also vor der ästhetischen zwei Vorzüge. Erstlich ist sie im Einklang mit der Wirklichkeit, erklärt etwas Allgemeines an ihr, wohingegen die ästhetische etwas Zufälliges vorbringt und nichts erklärt. Sodann begreift sie den Menschen nach seiner Vollkommenheit, sieht ihn nach seiner wahren Schönheit. Dies muss betreffs dieser Sache für das Nötige und mehr als Hinreichende angesehen werden.«[74] Das ethisch Allgemeine (nicht das abstrakt Allgemeine, Moralische) bewahrt sich in der bestimmten Aufgabe, wie sie auch im Beruf[75] ihre Form findet. Die Ausrichtung der Ethik auf das gute Leben wird hier von dem unabsehbaren Streben nach Glück unterschieden. Davon gilt es Zeugnis zu geben: »*Ich bin nichts als ein Zeuge...*« sagt KIERKEGAARDs Ethiker an dieser Stelle.[76] Es ist das Zeugnis von der ethischen Existenz. Sie beruht nicht auf der Beherrschung des Selbst, sie mündet nicht in die Selbstsorge (auch nicht in die der Askese[77]). Dies ist ein Kommentar zu Martin LUTHERs Auslegung von Psalm 127: »Es ist umsonst, dass ihr frühe aufstehet, und hernach lange sitzet, und esset euer Brod mit Sorgen, denn seinen Freunden gibt er es schlafend.«[78]

## 8. *Die Erprobung der ökonomischen Existenzform*

Auf der Spur der Unterscheidung zwischen menschlichem Sorgen und Gottes Walten ist für das Wirtschaften zu fragen, wie die ökonomische Existenzform unter den Bedingungen gegenwärtiger Wirtschaftsvorgänge kritisch bewährt und wie sie darin erprobt werden kann.[79]

*Beispiele* für ein solches kritisch-exploratives Vorgehen finden sich durchaus in der *wirtschaftstheoretischen Diskussion*. Sie rechnen damit, dass es innerhalb der Wirtschaftsprozesse und gegenläufig dazu Aufgaben des Wirtschaftens gibt, die die Ökonomie, ihre Struktur und ihre Prozeduren selbst betreffen. Entscheidend geht es darum, nicht nur irgendwie von der Ökonomie und den von ihr hervorgebrachten Reichtümern zu profitieren oder diese zu verteilen, sondern Menschen mitwirtschaften zu lassen. Es geht um eine Wirtschaft für Menschen, die –

---

73  S. KIERKEGAARD: Entweder – Oder, 2. Teil, 1957, 305.
74  S. KIERKEGAARD: Entweder – Oder, 2. Teil, 1957, 307.
75  KIERKEGAARD teilt hier die Auffassung vom Beruf mit M. LUTHER, vgl. Entweder – Oder, 2. Teil, 1957, 325.
76  A.a.O., 345.
77  KIERKEGAARD kritisiert wie LUTHER die Ausrichtung auf das Klosterleben.
78  Vgl. A.a.O., bes. 328f.
79  Siehe Teil C2.

auf dieser Oberfläche – in Erscheinung tritt, wie auch immer die Abhängigkeiten beschaffen sind. Diese Perspektive, wie sie Amartya SEN theoretisch und erfahrungsbezogen durchgespielt hat, richtet sich auf die *Prozeduren* des Wirtschaftens, sie macht die Ökonomie selbst nach ihrer offenkundig institutionellen Seite und ihrer Struktur zum Gegenstand der Betrachtung und nicht nur das, was sie insgesamt (etwa indiziert als Bruttosozialprodukt) an Produkten und Prosperität hervorbringt, die dann zu verteilen sind. Diese Theorie zielt nicht auf eine universale Integration, sondern auf die *ökonomische Existenzform* selbst, die es kritisch und explorativ zu bewähren gilt – auch gegenüber den Thematisierungen eines homo oeconomicus, der irgendwie vorauszusetzen oder zu postulieren ist. Dies ist im Blick, wenn SEN den Angelpunkt des Wirtschaftens in einer *substantiellen,* nicht nur formalen Freiheit sieht[80], die es Menschen erlaubt, sich kooperativ an der Ökonomie zu beteiligen.[81] »Substantielle Freiheit« meint, dass jemand instand gesetzt ist, zu handeln, etwas Bestimmtes zu unternehmen: er ist in den Status oeconomicus versetzt, nicht in eine leere oder negative Freiheit. Das muss nicht heißen[82], dass es auf das Vermögen allein ankommt und dass solches Vermögen zur Verfügung steht, sondern dass jemand an den Ort und in die Lage versetzt ist, seine bestimmte ökonomische Aufgabe wahrzunehmen. Es geht nicht um die Logik einer Hilfe zur Selbsthilfe, die wiederum festhält, dass einer aufgrund der Hilfe von anderen zum Akteur wird, sondern Freiheit heißt dann, aus dieser Logik heraustreten zu können – aufgrund institutioneller Bedingungen, die ihn tragen.

Dies zu ermöglichen schließt das ausdrückliche, politische Handeln gegenüber und in den ökonomischen Prozessen ein, ohne damit in die Alternative von Marktautonomie und dysfunktionaler Reglementierung geraten zu müssen. Eine Wirtschaftsethik, die nicht nur die bestehenden ökonomischen Prozesse, Mechanismen und Leistungen zurückspiegelt, sondern auf bestimmte ökonomische *Aufgaben* zielt, wird diesen Überschritt zu einem gemeinsamen wirtschaftlichen Sorgen zeigen können. Ihr *Gegenstand* ist die *ökonomische Existenzform.* Wenn dieser Gegenstand wegfällt, wenn die Ökonomie sich um nichts dreht, auf das hin Menschen anzusprechen sind, dann fehlt dieser Ökonomie und ihrer Wirtschaftsethik die Voraussetzung dafür, Wirtschaft wirklich ethisch zu reflektieren und dieser Reflexion auch auszusetzen, statt es in allgemeine Begründungszusammenhänge zu stellen. Mit der ökonomischen Existenzform fehlt der gesell-

---

80   Vgl. zu dieser Unterscheidung hier besonders auch: M.J. SANDEL: Democracy's Discontent, 1996.
81   Vgl. den Versuch der Gruppe von LISSABON, die institutionelle Seite der Weltökonomie deutlich zu machen: Die Gruppe von LISSABON: Grenzen des Wettbewerbs. Die Globalisierung der Wirtschaft und die Zukunft der Menschheit [Limits of Competition 1995], 1997.
82   Die Interpretation von Amartya SEN mag hier offen sein und auch offen bleiben.

schaftlichen Öffentlichkeit ein Gegenstand gemeinsamer Sorge. Dies ist – im Sinne von Hannah ARENDTs Kritik an dem, was Politik heißt – analog zur politischen Existenzform.

Die Frage ist also, in welcher Weise die Ökonomie *durchlässig* bleibt auf die ökonomische Existenzform hin, wie sie dem Menschen als Geschöpf entspricht, so dass die Ökonomie nicht die menschliche Lebensweise kolonisiert oder zum Nebenprodukt werden lässt. Eine Ökonomie, in der Menschen wirtschaften können, kann sich weder in die unabsehbare Produktivität der menschlichen Arbeit verlieren, noch in eine Sorge um das menschliche Leben und seine Erfüllung verwandeln. Es wird die Pointe einer solchen Ökonomie sein, nicht Gesetzen wie Marktgesetzen zu folgen, sondern eigene *Formen* wirtschaftlichen Handelns selbst als Ergebnis des Wirtschaftens hervorzubringen.[83] Die Form des Wirtschaftens selbst bleibt das Kriterium für die ethische Wahrnehmung. Die Frage ist, wie die Wirtschaft die Bedingungen des – im ethischen Sinne – guten Wirtschaftens selbst hervorbringt und inwiefern darin ihre eigene Logik auszumachen ist. Diese Ökonomie wird sich dadurch auszeichnen, dass sie auf das Mit-Wirtschaften aller Menschen ausgerichtet ist, auf deren Status oeconomicus. Die Diskussion über das »Recht auf Arbeit« berührt diese Perspektive, hat sie aber kaum deutlich ausgesprochen. Die Forderung ist ohnehin verkürzt, wenn sie den Menschen nur als »animal laborans« versteht, das als solches in jeder Hinsicht verfügbar und regierbar ist.

Anders reflektiert dies das Gleichnis von den Arbeitern im Weinberg und seinem Besitzer (Mt 20). Dieser gibt auch dem die Möglichkeit, seinen Lebensunterhalt durch Arbeit zu verdienen, dem dazu die Voraussetzungen fehlen. Das Gutsein[84] des Besitzers besteht darin, dass er gutes Wirtschaften zu Bewährung bringt. Diese Bewährung steht gegen den Vollzug von Gesetzen, die formale Gleichheit garantieren. Sie ist analog zum politischen Handeln. Wer diese Ethik des Mitwirtschaftens unterläuft, unterwirft sich selbst den zwingenden Gesetzen des formal egalisierenden Marktes. Es geht in dieser Perspektive nicht um die Utopie einer alle Unterschiede behebenden Gerechtigkeit, sondern um die Möglichkeit und Aufgabe, das rechte Wirtschaften zur Bewährung zu bringen – gewiss in einer adventlichen Sicht, die um so deutlicher die Pointe zeigt. Sie im Blick zu haben, ist nicht die Angelegenheit einer Pflicht (das wäre die eine Seite), aber auch nicht die Angelegenheit einer Motivation dazu, vielleicht der Motiva-

---

[83] Das muss nicht bedeuten, die Ökonomie in eine Philosophie des ‚guten Lebens‘ integrieren. Vgl. dazu die Kritik bei: K.-O. APEL: Diskursethik als Verantwortungsethik und das Problem der ökonomischen Rationalität (1990), 136-138. Zugleich ist die Kritik Apels an den »Idealisierungen« der Wirtschaftsethik im Blick zu behalten, die er der Konzeption von Peter ULRICH (Integrative Wirtschaftsethik, 1997) findet.

[84] Der Weinbergsbesitzer nennt sich selbst ἀγαθός (Mt 20,15).

tion, moralisch zu sein, sondern es ist die unermessliche Erlaubnis[85], so zu wirtschaften und darin frei zu sein: die Freiheit vom allgemeinen Gesetz, dem jeder einzelne unterworfen scheint, Freiheit, dieses Gesetz zu überholen und so die Moral hinter sich zu lassen, ohne im moralischen Sinn ungerecht zu werden. *Diese* Freiheit wird vom Weinbergsbesitzer erprobt. Deshalb kann die Geschichte das Gleichnis sein für das kommende Gottesreich, das nicht nach der Logik universeller Gleichheit regiert werden wird: »So werden die Ersten die Letzten sein«. Diese Perspektive lebt nicht von Idealisierungen einer Wirtschaftsethik, die alle und alles berücksichtigt, sondern davon, dass eine Freiheit bezeugt wird, die nicht in einer Sorge versinkt, die sich auf das zwingend Notwendige beruft und darin moralisch korrekt erscheint.

### 9. Freiheit von den Werken – wider die Ökonomisierung im Medium der Werte

Mit der Unterscheidung zwischen dem Leben in Gottes Ökonomie und menschlichem Wirtschaften ist die Freiheit von der unabsehbaren und abgründigen Sorge festgehalten, die das Wirtschaften durchdringt oder gar in seiner Dynamik bestimmt, wie es gerade auch diejenige Wirtschaftsethik nahe legt, die zeigen will, wie das Wirtschaften Menschen zur Fülle des Lebens verhilft. Hannah ARENDTs These, dass ohne die Perspektive eines Lebens als der Güter höchstes, nur noch die blanke Produktivität bleibt, muss nicht dazu führen, eine solche Perspektive wieder einzufordern. Dabei ist die andere Grundlinie übersehen, die sich in der biblischen Tradition abzeichnet. Die Freiheit von der abgründigen Sorge ist nach biblisch-theologischem Verständnis die Freiheit von solchen Werken, durch die sich Menschen der Grundlagen ihres Lebens vergewissern und über die sie gleichzeitig auch verfügen wollen. Demgegenüber eröffnet das *Erste Gebot* die Frage, inwiefern Menschen in Gottes Ökonomie Geschöpf bleiben und sich aller Güter in Gott versichern – wie Martin LUTHER das Gebot ausgelegt hat.[86] Es geht mit dem Ersten Gebot um die Freiheit von der eigenen fundamentalen Absicherung der Lebensgrundlagen, mit welchen Mitteln auch immer diese zu erreichen wäre. Das gilt auch für die ökonomische Realisierung von Lebenssinn.

In der biblischen Tradition und ihrer Auslegung – auch in der reformatorischen Ethik – wird das Streben nach *Reichtum* daraufhin befragt, ob es der paradigmatische Ausdruck einer abgründigen Lebenssorge ist. Hier hat die Kritik am Reichtum ihre Pointe. Es ist Kritik der *Moral* und nicht womöglich deren Etablierung durch die Erklärung des Reichtums als unmoralisch. Es geht darum, aus

---

[85] ἔξεστίν μοι ὃ θέλω ποιῆσαι ἐν τοῖς ἐμοῖς (Mt 20,15).
[86] M. LUTHER: Der große Katechismus [1529].

### 9. Freiheit von den Werken – wider die Ökonomisierung im Medium der Werte

dem *Moral-Diskurs* herauszutreten, nicht den Reichtum moralisch anzugreifen oder zu verteidigen. So sagt JESUS zu dem Reichen Mann, der JESUS fragt, was er denn tun solle, um das ewige Leben zu gewinnen, nachdem er die Gebote alle schon hält: »verkaufe alles, was du hast, und gib es den Armen und folge mir nach«.[87] Das ist nicht die moralische Aufforderung zur Armut, sondern die Berufung zu einem gänzlich anderen Leben, durch das sich die Lage der Armen ändern wird. Die Freiheit von den Werken bedeutet die Freiheit von derjenigen moralischen Lebenssorge, durch die Menschen versuchen, ihres Lebenssinnes habhaft zu werden: es ist die Freiheit von *der* Moral, wie sie von Friedrich NIETZSCHE in den Blick gerückt worden ist[88]: die Moral der Verantwortung dafür, dass alles, was Menschen ins Werk setzen, schließlich das menschliche Leben erfüllen muss. So kann der Reiche Mann seinen Reichtum ins ewige Leben hinein verlängern, weil die Moral der Lebenssorge beides zusammenhält. Max WEBERs Darstellung des protestantischen Geistes in seinem Zusammenhang zum Kapitalismus[89] folgt auch der Logik dieser Kritik. Mit dem moralischen Lebenssinn ist das Universale im Blick – die Art von höchstem Gut –, in dem alles bestimmte Gute aufgeht.

Dieser Logik einer universalen Rechtfertigung widerspricht die »Freiheit eines Christenmenschen«, wie sie Martin LUTHER in Erinnerung gerufen hat. Der Christenmensch ist frei, sofern er nicht durch die Dinge, durch ihren Gebrauch und ihre Transformation hindurch sich die Rechtfertigung und Sinnhaftigkeit seines Lebens verschaffen muss. Der Christenmensch ist frei gegenüber dieser moralischen Ratio, alles getan und ausgeschöpft zu haben, was ihn als Menschen auszeichnet und bestätigt. Dies ist auch als Argument für das Ausschöpfen aller Potentiale des menschlichen Geistes zu finden. Es ist die Moral, die nicht damit rechnet, dass Menschen aus dem Widerspruch gegen das leben, was sie aus sich selbst schöpfen und vor sich bringen. Eine solche Moral sucht die Konformität mit einem Gesetz, das der menschlichen Existenz eingeschrieben ist. Das gilt auch für die Berufung auf eine christliche Freiheit, die sich darin erfüllt, dem menschlichen Selbst und seinem nomos, zu entsprechen. Auch gegenüber dieser Freiheit bleibt der Christenmensch ein freier Herr. Die Freiheit des Selbst-Seins kann nicht als Ausweis für das rechte Christenleben dienen, der womöglich gegen andere ausgespielt werden kann, wenn sie der Angst vor dieser Freiheit bezichtigt werden. Die Freiheit eines Christenmenschen ist nicht formal zu bestimmen, als käme es auf die Vielheit der Optionen an, sondern es ist die Freiheit

---

87  Mt 19,16-30.
88  F. NIETZSCHE: Zur Genealogie der Moral (1887) 1955.
89  M. WEBER: Die protestantische Ethik und der Geist des Kapitalismus 1905 (1981, 6. Aufl.)

Freiheit eines bestimmten Lebens in Gottes Ökonomie, die ihn gegenüber anderen Ökonomien, auch den Ökonomien der Bewahrung von Optionen, freisetzt.

Die Freiheit eines Christenmenschen ist die Freiheit gemeinsamen Sorgens, es ist die Freiheit der Aufmerksamkeit auf den Nächsten, es ist die Freiheit in Gerechtigkeit, die Freiheit der Mitteilung dessen, was dem anderen gilt. Diese Freiheit tritt einer moralischen Rechtfertigung entgegen, die über einen anderen Menschen – etwa mit der moralischen Beteuerung »um des Menschen willen« – hinweggeht.[90]

Das ist auch im biblischen Verständnis des Gewissens kritisch reflektiert (1Kor 10). Es gibt keine Gewissensfreiheit ohne den nächsten Anderen wahrzunehmen, der durch die moralische Gewissheit des anderen, der vielleicht höheren und weiter gefassten Verbindlichkeiten folgt, für sein eigenes Leben mit Gott irritiert wird und auf eine direkte Antwort wartet. Mit dem Gewissen steht der Christenmensch nicht alleine »vor Gott«, und erst recht nicht mit einem höheren zwingenden Mitwissen (con-scientia) um Gottes Willen dem anderen gegenüber. Vom Gewissen ist vielmehr zu reden als von dem Ort, an dem keine Bindung verhindert, sich in Gottes Angesicht zu fragen, was dem Nächsten zukommt.[91]

Auf die Freiheit eines Christenmenschen ist vor allem im Blick auf die *ökonomische Existenzform* einzugehen. Die Freiheit gegenüber allen Dingen heißt, dass durch nichts, durch kein Ding, auch durch keine Moral vermittelt, die Rechtfertigung für das eigene Tun und das Leben im ganzen erlangt werden kann – dass vielmehr die Dinge zu gebrauchen sind, wie es um der Not des Nächsten willen und um des gemeinsamen Lebens willen nötig und genug ist. Die Freiheit von allen Dingen bedeutet die Freiheit von der Sorge um das eigene Leben, die die Transzendierung und Transformation aller Dinge auf das Selbst hin betreibt, das darin *seine* Welt gewinnt, die ihm als Rechtfertigungszusammenhang dient. Von dieser moralischen Logik muss das menschliche Wirtschaften unterscheidbar bleiben. Sonst wird die Ökonomie unzugänglich für eine Ethik überhaupt, die den anderen als denjenigen sieht, um den sich das Wirtschaften dreht (Friedhelm HENGSBACH[92]). Es geht hier um den Oikos als demjenigen Ort, an dem Menschen sich gegenseitig mitteilen, was sie mitzuteilen haben.

Die alles umfassende anonyme Kapital-Ökonomie ist nicht allgemein auf eine Begrenzung hin anzusprechen. Vielmehr gilt es zu zeigen, an welcher bestimm-

---

[90] Dies ist der fragwürdige Angelpunkt in der Argumentation um die Stammzellenforschung gewesen. Das Problem liegt schon darin, überhaupt eine moralische Rechtfertigung zu suchen, statt dabei zu bleiben zu fragen, was dem je Betroffenen zukommt. Aber die Ökonomie der Forschung ist eine allgemeine, auf den allgemeinen, für alle denkbaren Vorteil und auf alle möglichen Optionen gerichtet.

[91] Zum Verständnis von »Gewissen« siehe auch: B1-1.

[92] F. HENGSBACH: Die andern im Blick. Christliche Gesellschaftsethik in den Zeiten der Globalisierung, 2001.

### 9. Freiheit von den Werken – wider die Ökonomisierung im Medium der Werte

ten Unterscheidung entlang, die den Umriss menschlicher Existenzform bildet, die Ökonomie auf eine Begrenzung trifft, die sie überhaupt erst für eine *ethische* Reflexion zugänglich macht. Diese Grenzlinie ist durch die Ökonomie Gottes gesetzt, in der sich Menschen aufhalten dürfen. Dies wird etwa sichtbar am Verständnis der menschlichen Arbeit, sofern diese davon unterschieden bleibt, ein Produktionsfaktor zu sein, der sich vom Leben eines Menschen ablöst.[93] Es kommt darauf an, wie die Arbeit zur ökonomischen Existenzform gehört – und daraufhin ist dann davon zu sprechen, wie die Frage nach dem »Wert« der Arbeit zu verstehen ist. Einen Wert der menschlichen Arbeit anzunehmen, stellt selbst schon die Angleichung an die Ökonomisierung der Arbeit dar. Eine Ethik, die auf Werte setzt, assimiliert das, was als Wert deklariert wird, an die ökonomische Logik. Vor der ausschließlichen Ökonomisierung ist die Arbeit nicht zu bewahren, indem sie als Wert gilt, der verspricht, für den Menschen von Bedeutung zu sein und doch ökonomisch verrechenbar ist. Diese Prozesse der Ökonomisierung sind nicht durch solche Strategien zu begrenzen, die das, was menschliches Leben ausmacht, zu bewahren suchen, indem sie das, was als »Wert« gelten darf, von ökonomischer Bewertung und Logik zu unterscheiden suchen. Mit der Zuschreibung von Werten ist schon die Bewertung initiiert, die zur Ökonomisierung führt. Das bestätigt die Soziogenese der Rede von den Werten.[94] Hannah ARENDT bemerkt dazu:

*»Wie Marx' Werttheorie, die sich aus der Arbeit herleitet, entspringt Nietzsches Entwertung der Werte aus der Unvereinbarkeit der traditionellen ›Ideen‹, die als transzendente Maßstäbe des Erkennens und Urteilens dem menschlichen Denken und Handeln dienten, mit der modernen Gesellschaft, die alle solche Maßstäbe zu gesellschaftlichen Relationen relativiert und alle Ideen zu ›Werten‹ funktionalisiert. Werte sind Austauschartikel, und ihr jeweiliger ›Wert‹ bestimmt sich wie der aller Tauschobjekte in dem ständig wechselnden Bezugssystem des gesellschaftlichen Verkehrs und Handels. Diese sozial bedingte Relativierung und Funktionalisierung verändert entscheidend sowohl die Dinge, die der Mensch für seinen Gebrauch herstellt, wie die Maßstäbe und Regeln, nach denen er sein Leben richtet und einrichtet: beide werden Tauschobjekte, und der Träger ihres ›Wertes‹ ist die Gesellschaft und nicht der Mensch, der herstellt und braucht und urteilt. Das ›Gute‹ hat nun nicht mehr den Charakter einer Idee, die als Maßstab dient, um Gutes und Böses, Gutes und Schlechtes zu messen und zu erkennen; es ist ein Wert, und das heißt immer ein Tauschwert geworden, der gegen andere Werte ausgetauscht werden kann. Das Gute*

---

[93] Vgl. dazu die Analysen von U.K. PREUß: Politische Verantwortung und Bürgerloyalität. Von den Grenzen der Verfassung und des Gehorsams in der Demokratie, 1984.
[94] Siehe dazu C2-8: Vgl. N. LUHMANN: Gesellschaftsstruktur und Semantik : Studien zur Wissenssoziologie der modernen Gesellschaft, Bd. 1, 1993, 55.

*als Wert ist austauschbar gegen andere Werte, z. B. Macht oder opportunistisches Sich-Verhalten. Solchen Tausch kann der Mensch, der sich im Besitz bestimmter Werte weiß, verweigern und ein ›Idealist‹ werden, weil er den Wert des Guten höher anschlägt als die Werte, die er im Austausch sich für ihn einhandeln könnte. Aber dies macht den ›Wert‹ des Guten nicht weniger relativ, es wird dadurch nicht ein ›Wert an sich‹ oder ein ›höchster Wert‹.*

*Der Begriff Wert hat seinen Ursprung in der Gesellschaftswissenschaft, wie sie sich bereits vor Marx in der relativ neuen Wissenschaft der klassischen Ökonomie ankündigte. Marx war sich des von den Sozial-Wissenschaften inzwischen vergessenen Tatbestandes noch wohl bewusst, dass niemand ›isoliert betrachtet... Wert oder Ware [produziert]‹, dass etwas ›nur Wert und Ware in bestimmtem gesellschaftlichem Zusammenhang‹ werden kann, oder dass, mit anderen Worten, der Wertbegriff von dem Phänomen Warengesellschaft nicht ablösbar ist. Die Übertragung des Wertbegriffs auf die menschlich-geistige Sphäre zeigt für ihn daher die Zeit an, ›wo bis dahin mitgeteilt wurden, aber nie ausgetauscht, gegeben, aber nie verkauft, erworben, aber nie gekauft: Tugend, Liebe, Überzeugung, Gewissen etc., wo mit einem Wort alles Sache des Handels wurde‹. Als diese Sachen zu Werten erklärt wurden, waren sie bereits austauschbar und relativierbar geworden.«*[95]

In dieser Hinsicht haben wirtschaftsethische Konzeptionen recht, die entsprechende zwei Sphären-Theorien – hier Ökonomie, dort eine noch geschützte Lebenswelt – kritisch sehen.[96] Entscheidend ist, was den ökonomischen Prozessen, die alles verwerten, entgegentritt, was ihnen auch *widerspricht*, was sich nicht einer Verwertung, aber auch nicht einer Kompensation durch gegenläufige Werte ausliefern lässt.

Hannah ARENDT bemerkt dazu:

*»Diese Werte in ihrer Auswechselbarkeit und Vertauschbarkeit sind die einzigen ›Ideen‹, die dem ›vergesellschafteten Menschen‹ übrig und ihm verständlich bleiben. Vom Standpunkt der Tradition gesehen, sind es Menschen, die sich entschieden haben, Platos ›Höhle‹ des menschlichen Alltags niemals zu verlassen, sich niemals allein dahin zu wagen, wohin die allumfassende Funktionalisierung der modernen Gesellschaft nicht mehr hinreicht. Sollte es der modernen Gesellschaft, deren Macht niemand unterschätzen sollte, wirklich gelingen, die ihr angehörigen Menschen restlos zu ›vergesellschaften‹, so dürfte sie Welt und Leben um eine ihrer grundsätzlichsten und reichsten Gaben an den Menschen gebracht haben, die Gabe, in ihm das Staunen zu*

---

[95] H. ARENDT: Fragwürdige Traditionsbestände im politischen Denken der Gegenwart. Vier Essays, 1957, 33f.. Arendt zitiert aus K. MARX: Kapital, Bd. 3, Berlin 1923, 689, und: Das Elend der Philosophie, Stuttgart 1885, 4f. Zur Genese des Wertbegriffs siehe auch: N. LUHMANN: Gesellschaftsstruktur und Semantik : Studien zur Wissenssoziologie der modernen Gesellschaft, Bd. 1, 1993, 55. Luhmann bestätigt die These von K. MARX.
[96] Vgl. zur Diskussion Teil C2.

*erregen über alles, was ist, wie es ist — jenes* θαυμάζειν *von dem Plato und Aristoteles annahmen, dass es am Anfang allen Philosophierens stünde.«*[97]

Das philosophische Staunen entspricht dem Blick auf die Vögel am Himmel, die nicht säten und nicht ernten. Martin LUTHER hat in seinen biblischen Auslegungen immer neu versucht, den Blick für die unermesslichen Wunder Gottes in unserer Lebenswirklichkeit zu öffnen.

LUTHER bemerkt zu Genesis 2,21 (zur Erschaffung EVAs aus der Rippe ADAMs): *»Wie kommt es aber, dass uns dies von der Schöpfung Adams und Evas so unglaublich und wunderbarlich deucht; des anderen Werkes aber, wie wir voneinander gezeugt und geboren werden, das wir doch wissen und sehen, wundern wir uns nicht so sehr? Ohne Zweifel darum, dass Gottes Werke und Wunder bei uns gering werden, weil sie, wie Augustinus sagt gemein sind und täglich gehen. So verwundern wir uns nicht über dem wunderbarlichen Sonnenlichte, weil es täglich ist, verwundern uns auch nicht über unzählige Gaben der Schöpfung. Denn gegen diese Werke aller sind wir taub geworden und achten ihrer nicht mehr...«*[98]

Die Werke Gottes nicht zu achten, Gott in diesem Sinne nicht die Ehre zu geben – darin besteht die Sünde. Mit der Wahrnehmung der Werke Gottes und seiner Wunder geht verloren, überhaupt von Sünde zu reden. In den Vordergrund rückt die Logik einer »Schuld«, die irgendwie zu begleichen ist. Die Freiheit von den Werken bedeutet die Freiheit von einer solchen Ökonomie der Begleichung von Schuld, von Schulden machen und Schulden abtragen. In dieser ökonomischen Logik gehören Schuld und Schulden zusammen.[99] Der Sünde muss widersprochen werden und ebenso der Logik der Schuld- und Schulden-Begleichung.[100]

## *10. Arbeit und ... – Die Frage der Sonntagsheiligung*

Die Logik dieses *Widerspruchs* ist paradigmatisch am Verständnis des Sonntags und der Begründung des Sonntagsschutzes zu sehen.[101] In der biblisch-christlichen Tradition gewinnt die menschliche Arbeit ihre Bedeutung von dem Verhältnis zum Sonntag und der ihm eigenen Beziehung zum Gebot der Sabbat-

---

[97] H. ARENDT: Fragwürdige Traditionsbestände im politischen Denken der Gegenwart. Vier Essays, 1957, 44f..
[98] M. LUTHER: Auslegung des ersten Buches Mose. Erster Teil [1544] (1986), Sp. 153.
[99] Dies hat Friedrich NIETZSCHE gesehen: Zur Genealogie der Moral [1887] (1955). Gegen eine zu scharfe Trennung von Sünde und Schuld argumentiert M. Beintker in seinen grundlegenden Studien: M. BEINTKER: Rechtfertigung in der neuzeitlichen Lebenswelt. Theologische Erkundungen, 1998, 22.
[100] Mt 18, 21-35: Hier tritt das Problem des Übergangs in eine ökonomische Logik hervor.
[101] Vgl. »Menschen brauchen den Sonntag«. Gemeinsame Erklärung des Rates der Evangelischen Kirche in Deutschland und der Deutschen Bischofskonferenz (1999). Siehe dazu R. SPAEMANN: Der Anschlag auf den Sonntag [1989] (2001).

Heiligung, dem dritten Gebot. Die Erklärung des Rates der Evangelischen Kirche in Deutschland und der Deutschen Bischofskonferenz rückt den Sonntag als Feiertag der Auferstehung JESU CHRISTI in den Blick. Sie unterstreicht: »Die Auferstehung Jesu Christi ist der Anfang der neuen Schöpfung« und: »Mit dem Gebot der Heiligung des Sonntags beansprucht Gott das ganze Leben und die ganze Zeit des Menschen. Der Sonntag ist Hinweis und Verheißung auf die erlösende Ruhe und Freude im Reich Gottes.«[102] Es gibt zahlreiche theologische Interpretationen, die in ihrer Vielzahl auch geeignet sind, zu beobachten, wie schwer es offensichtlich fällt, die Bedeutung des Sonntags theologisch – im Reden von Gott und *seiner* Ökonomie – zu artikulieren.[103] Der Zusammenhang mit der *neuen Schöpfung*, der dadurch gegeben ist, dass es der Tag der Auferstehung JESU CHRISTI ist, tritt selten deutlich hervor und ist doch die einzige, die dem Sonntag nicht irgend einen Nutzen zuschreibt, der nur die Inanspruchnahme des Sonntags für die allumfassende Ökonomie bestätigt, sondern als den Tag, an dem zu erfahren ist, woraus Menschen leben: aus Gottes neuer Schöpfung.[104] Dessen werden wir nur gewärtig, wenn wir selbst nichts schaffen an diesem Tag, sondern eben Gottes Schöpfung uns begegnen lassen. Freilich bleibt diese Bedeutung des Feiertags nur abgrenzend, wenn nicht deutlich ist, auf welche Weise an diesem Tag die neue Schöpfung erscheint und inwiefern es dazu einen bestimmten, besonderen Tag braucht.[105] Darauf müssen die Christen dann auch insistieren können.[106] Die Verbindung zur neuen Schöpfung ist nicht durch Abgrenzung oder durch einen Zeichencharakter aufrecht zu erhalten, der irgendwie mit dem Sonntag verbunden bleibt. Das Problem der Aushöhlung des Sonntags von Seiten der Christen ist in solchen Begründungen selbst angelegt, die den Sonntag als Zeichen für die Lebensgrundlage christlichen Lebens zwar behaupten, aber nicht in seiner theologischen Logik, im Blick auf Gottes Wirken, erfassen. Das gilt auch für Begründungen, wie die vom Zeitrhythmus, der mit dem Sonntag gegeben ist. Wenn denn der Sonntag der Beginn der neuen Schöpfung ist, dann kann dieser nicht in den Rhythmus einer wiederkehrenden Folge eingefügt sein, auch nicht als Unterbrechung eines unabsehbaren Lebensstromes verstanden werden. Theodor W. ADORNO bemerkt: »Das Bewusstsein

---

102 »Menschen brauchen den Sonntag« (1999), Ziffer 13 und 15. Abgrenzend wird gesagt: »Die Sonntagsruhe lässt sich nicht durch irgendeine Ruhepause zwischen den Zeiten der Arbeit ersetzen.«
103 Siehe zur Problemgeschichte die aufschlussreiche Arbeit von F. HECKMANN: Arbeitszeit und Sonntagsruhe. Stellungnahmen zur Sonntagsarbeit als Beitr. kirchl. Sozialkritik im 19. Jh, 1986.
104 In diesem Sinne kann durchaus die ›seelische Erhebung‹ verstanden werden, von der das Grundgesetz spricht.
105 Siehe die Bemerkung von T.W. ADORNO: Minima Moralia, [1951] 1964, Aph. 113.
106 Andere Begründungen, die vom Zeitrhythmus und anderem reden, ohne diesen Bezug deutlich zu machen, drohen diese Pointe eher zu erdrücken – und sie haben völlig andere Konsequenzen für das Verständnis der Arbeit und die damit verbundenen wirtschaftsethischen Perspektiven.

der Unfreiheit der ganzen Existenz, das der Druck der Anforderungen des Erwerbs, also Unfreiheit selber, nicht aufkommen lässt, tritt erst im Intermezzo der Freiheit hervor. ... der Sonntag lässt unbefriedigt, nicht weil an ihm gefeiert wird, sondern weil sein eigenes Versprechen unmittelbar zugleich als unerfülltes sich darstellt.«[107] Der Sonntag bleibt nicht nur leeres Intermezzo, sofern er als der Tag der neuen Schöpfung erfahren wird: im Hören von Gottes Wort werden Menschen neu geschaffen und in diesem Sinne erscheint auch die Kirche JESU CHRISTI als die Schöpfung des Wortes. Wo diese Neuschöpfung nicht geschehen kann, wo sie nicht erhofft wird, wird kein Sonntag bewahrt werden können. Es bleibt dann nur der Sonntag als »die Parodie der Freiheit von Arbeit«.[108] In der Neuschöpfung liegt auch der politische Sinn, der Gottes Regierung über die Herzen bedeutet, und dies lässt den Sonntag dann auch »Hinweis und Verheißung auf die erlösende Ruhe und Freude im Reich Gottes sein.« Die Erklärung der Kirchen unterstreicht diese konkrete politische Bedeutung zu Recht: »Wo immer sich seitdem Menschen zum Gottesdienst versammeln, gewinnt die Versöhnung in JESUS CHRISTUS ihre bestimmte Gestalt. Im Gottesdienst sammelt und erhält Gott seine Kirche.«

Damit ist gesagt, dass der Sonntag in der Feier des Gottesdienstes seinen bestimmten Angelpunkt hat und dass dafür dann auch der besondere Tag gebraucht wird. Die vielfältigen Vorteile des Sonntags, etwa seine soziale Bedeutung für die Gesellschaft werden von dieser gottesdienstlich-politischen und eschatologischen Realität getragen. Das Verschwinden des Sonntags ist eine entscheidende Frage an die Christen, weil mit ihm der Bezug christlichen Lebens auf Gottes neue Schöpfung auf dem Spiel steht. Ohne diesen Zusammenhang verliert die christliche Ethik ihren Gegenstand. Der Zusammenhang von Gottesdienst und christlicher Ethik ist im Blick darauf neu gesehen und erkundet worden.[109]

Damit ist nun auch für das Verständnis der menschlichen Arbeit nicht nur gesagt, dass der Dynamik der Wirtschaftsprozesse Grenzen gesetzt sind, oder dass mit dem Sonntag diese Wirtschaftsprozesse unterbrochen werden, was im Sinne einer menschenfreundlichen Ökonomie unausweichliche Gründe hat, die gegen nichts aufzurechnen sind. Entscheidend ist, wie diese Gründe bewahrt werden. Die Institution des gottesdienstlichen Sonntags bewahrt und bezeugt den Widerhalt und Widerspruch der neuen Schöpfung – den Widerspruch im neuschaffenden Wort gegen jede Vereinnahmung des menschlichen Lebens durch die

---

[107] T.W. ADORNO: Minima Moralia, [1951] 1964, 231 (Aph. 113).
[108] T.W. ADORNO: Negative Dialektik, 1966, 384.
[109] Vgl. B. WANNENWETSCH: Gottesdienst als Lebensform – Ethik für Christenbürger, 1997. Siehe auch: O. BAYER; A. SUGGATE (Hg.): Worship and Ethics. Lutherans and Anglicans in Dialogue, 1996.

Notwendigkeiten, aber vor allem auch Feierlichkeiten von Wirtschaftsprozessen, die absorbieren und transformieren, was Menschen Gutes widerfährt. »Lobe den Herrn meine Seele und vergiss nicht, was er dir Gutes getan hat, der dir alle deine Sünde vergibt und heilet alle deine Gebrechen« (Ps 103,1-3): dieser *Lobpreis* widerspricht jeglicher Ökonomie der Schuld und Entschuldung und verweist auf Gottes Vergebung. Dieses Tun hat seinen bestimmten – gottesdienstlichen – Ort. Es kann nur dort geschehen, wo das Wort von der Versöhnung zu hören ist.

Mit der Institution des gottesdienstlichen Sonntags gewinnt der Alltag neue Konturen. Der Sonntag bestimmt den Alltag. Es geht nicht um eine umgreifende »Bejahung des gewöhnlichen Lebens«[110], sondern um den bestimmten Alltag, in dem Menschen gleichermaßen die Menschen der neuen Schöpfung Gottes bleiben.[111] Der gottesdienstliche Sonntag hält dies widerständig fest. Es ist nicht eine Heiligung des Alltags ohne das Hören des Wortes, ohne dieses »äußere Wort«. So bleibt das Handeln Gottes im Blick, die nicht aufgehoben ist in einem generell bejahten, so oder so schon geheiligtem Leben. So ist der Sonntag nicht die Unterbrechung einer endlosen Alltäglichkeit, aber sein Gegenüber. Beides gehört zusammen: der Sonntag und der bestimmte Alltag – kein unbestimmter Alltag, der sich in ein unabsehbares – religiöses – Fest verwandelt. So hat es Walter BENJAMIN vom kapitalistischen religiösen Weltzustand gesagt: »Es gibt da keinen ›Wochentag‹, keinen Tag der nicht Festtag in dem fürchterlichen Sinne der Entfaltung allen sakralen Pompes, der äußersten Anspannung des Verehrenden wäre.«[112]

Damit ist festgehalten, was für den Menschen die Arbeit ist. Es ist – wie Hannah ARENDT es beschrieben hat – das Kennzeichen der vita activa, durch das der Mensch bei seinen Aufgaben bleibt.[113] Dass diese menschliche Arbeit sich universell transformiert hat und den Menschen verloren gegangen ist, macht sie selbst zum Kennzeichen einer ökonomischen Existenzform, die immer wieder einzufordern ist. Dies entspricht der Logik des dritten Gebotes, in dem der Sabbat nicht als einer von sieben Tagen erscheint, an dem der Mensch ruhen soll, sondern allen Tagen gegenübersteht. Martin BUBER und Franz ROSENZWEIG übersetzen das Feiertagsgebot:

---

110  C. TAYLOR: Quellen des Selbst. Die Entstehung der neuzeitlichen Identität, 1994, 371-535.
111  Siehe exemplarisch dazu: M. LUTHER: Vom ehelichen Leben [1522] (1982).
112  W. BENJAMIN: Kapitalismus als Religion (1991), 100.
113  Dies kommt insbesondere auch bei S. Kierkegaard zur Entfaltung: S. KIERKEGAARD: Entweder / Oder, 2. Teil, 1957. Siehe in diesem Zusammenhang auch die wichtige Unterscheidung von »Arbeit« und »Werk« (im Sinne der Freiheit von den Werken): V. WESTHELLE: Labor: A Suggestion for Rethinking the Way of the Christian (1986).

»Ein Tagsechst diene und mache all deine Arbeit, aber der siebente Tag ist Feier IHM, deinem Gott: nicht mache allerart Arbeit, du, dein Sohn, deine Tochter, dein Dienstknecht, deine Magd, dein Tier, und dein Gastsasse in deinen Toren. Denn ein Tagsechst machte ER den Himmel und die Erde, das Meer und alles, was in ihnen ist, am siebenten Tag aber ruhte er, darum segnete ER den Tag der Feier, er hat ihn geheiligt.« (Ex 20,8-11). So steht der eine Teil, das Tagsechst, dem anderen Teil, dem Sabbat gegenüber. Dies ist nicht in der Logik der Zeitunterbrechung gedacht, nach der es dann wieder weitergeht. Es sind die zwei Seiten und Zeiten der ökonomischen Existenzform, die dieser ihre eigene Kontur geben. Sie betrifft die Zusammengehörigkeit der ökonomischen, gottesdienstlichen und politischen Existenzform. In dieser Zusammengehörigkeit ist festgehalten, dass die ökonomische Existenz sich nicht verselbständigen kann, ebenso wenig wie die gottesdienstliche und die politische. Die politische Existenzform ist zusammen mit der gottesdienstlichen gesetzt, damit sie davor bewahrt bleibt, dass Menschen über die Herzen von Menschen herrschen müssen, dass Macht im politischen Sinn von Herrschaft unterschieden bleibt. Die ökonomische Existenzform ist zusammen mit der gottesdienstlichen gesetzt, damit sie davor bewahrt bleibt, zur Religion zu werden, damit Vermögen und seine Vermehrung, was sich womöglich durch Religion steigern lässt, unterschieden bleibt davon, was Menschen zu besorgen haben.

In der (institutionellen) Zusammengehörigkeit von Arbeit und Sonntag, die einzig in der Teilhabe an der neuen Schöpfung gründet, findet die Freiheit von der Sorge um das eigene Leben und das eigene Selbst ihre bestimmte, positive Gestalt – als die Freiheit im Leben mit Gott, die zugleich Freiheit von den Werken zum eigenen Heil ist. Die Kritik der reformatorischen Theologie an der Trennung von alltäglicher Arbeit und den besonderen Werken zielt auf diese Freiheit, die die alltägliche Arbeit zum *Dienst* für den anderen werden lässt. Es geht um diesen Dienst, oder um den Beruf, der in jeder Tätigkeit (nicht verbunden mit professionellem Vermögen) auszuüben ist: es die Arbeit, die dem Nächsten zugute kommt, wie gering auch diese Arbeit vielleicht hinsichtlich anderer Maßstäbe (gesellschaftliches Ansehen) sein mag. Charles TAYLOR bemerkt, dass er sich der These von Hannah ARENDT anschließen möchte, »wonach die neuzeitliche Kultur auf der Verwerfung« einer »Rangordnung« zwischen dem gewöhnlichen Leben oder der alltäglichen Arbeit und höheren Aufgaben, wie auch der politischen beruht.[114] Doch ist entscheidend, dass – etwa durch die Reformation – nicht eine Bejahung des gewöhnlichen Lebens als solche stattfindet, sondern die Verbindung des gewöhnlichen Lebens mit dem, was ihm von Gott her zukommt und dass dies in einer durchaus spannungsvollen, widerspruchsvollen

---

[114] C. TAYLOR: Quellen des Selbst. Die Entstehung der neuzeitlichen Identität, 1994, 376 (Anm.).

Weise geschieht. So ist nur mit diesem entscheidenden Gegenakzent von der »Heiligung« des alläglichen Lebens[115] zu reden. Heiligung heißt im biblischen Sinn, wie er reformatorisch aufgenommen wird, dass Gott an uns Menschen handelt. So kann der Alltag nur im Glauben heilig sein, in dem Menschen Gottes Handeln erfahren.

Ob der christliche Sonntag weiter existiert, wird daran liegen, ob diese positive Freiheit der Teilhabe an Gottes neuer Schöpfung ihre Bedeutung als Widerspruch behält. Daran ist zu sehen, in welcher Weise die christliche Ethik die neue Schöpfung und die ihr entsprechenden Existenzformen zum Gegenstand hat. In dieser Spur kann sich eine Wirtschaftsethik bewegen, die anderen Logiken *widerspricht*, nicht zuletzt der Logik einer kompensatorischen Ethik, die zwar die Konturen einer humanen Lebenswelt einfordert, die aber nicht zu sagen weiß, was die theologische Logik ihrer Bewahrung und Bewährung ist. Der Sonntag ist das *Paradigma* für die Existenzformen. Er ist dort aufzufinden, wo menschliches Werden – in der *Ecclesia*, der *Oeconomia* und der *Politia* – im Zusammentreffen mit Gottes Wirken geschieht. Der gottesdienstliche Sonntag ist der Ort des Widerspruchs dagegen, dass Menschen sich manipulieren lassen, statt dass sie sich als Geschöpfe des Wortes erfahren, er ist der Ort des Widerspruchs dagegen, dass Menschen in der abgründigen Sorge versinken und nichts mitzuteilen haben, und es ist der Widerspruch dagegen, dass Menschen sich ihre Herzen von Menschen regieren lassen.

## *11. Die Ökonomie der guten Werke*

Aus der Freiheit von der abgründigen Sorge um das eigene Leben, aus der Freiheit von der Moral der (auch ökonomisch vermittelten) Vergewisserung das Leben nicht zu verfehlen, folgen in der Logik der Freiheit eines Christenmenschen die *guten Werke*: das Tun des Guten für den Nächsten, das sich auch im *Beruf* realisiert, wie ihn die reformatorische Theologie verstanden hat. Die »Berufsethik« widerspricht einer Strebens-Ethik, die dem Streben des Menschen nach dem Guten und nach den Quellen eines guten Lebens nachgeht. So hat Søren KIERKEGAARD die ethische Existenz beschrieben, in der sich die Aufgabe des Einzelnen – als Beruf – in ihrer Beziehung zu einem Allgemeinen darstellt, das nicht als solches intendiert werden kann. Der Beruf steht gegen eine moralische Rechtfertigung allseitiger oder unbestimmter Verantwortlichkeit. KIERKEGAARD sieht den Beruf nicht eingefügt in eine fixierte Berufswelt, sondern als die

---

115 C. TAYLOR: a.a.O. 390. Auch wenn Taylor hier ein Gefälle wohl historisch richtig nachzeichnet, hat er dies doch einlinig getan und damit die Kontur reformatorischer Ethik gründlich verwischt, wie dies auch in vielen anderen Beschreibungen geschehen ist, etwa auch in der Handhabung der Formel vom »Gottesdienst im Alltag der Welt«.

jedem zugängliche Form, »etwas auszurichten«.[116] Die Berufsethik ist die Entdeckung der *Institutionalität* menschlichen Sorgens. Sie widerspricht der Etablierung menschlicher Arbeit als die unabsehbare Realisierung menschlicher Möglichkeiten, sie widerspricht dem Menschen als arbeitendem Lebewesen.[117]

## 12. Protestantische Wirtschaftsethik – Max Weber anders gelesen

Freilich ist dies durch ein anderes Verständnis von Beruf überlagert worden – so wie es Max WEBER in Verbindung mit einer calvinistischen Lebensform-Ethik als treibende Kraft für die Entstehung der kapitalistischen Wirtschaftsform gesehen hat. Der Beruf tritt an die Stelle der Suche nach dem Heil und beerbt deren Logik. Demgegenüber hat Albert O. HIRSCHMAN zu zeigen unternommen, dass das Wirtschaften der sozialen Integration dienen sollte. Diese moralische Funktion – wie auch immer sie erfüllt worden ist – war (möglicherweise) das stärkere Moment in der Entwicklung des Kapitalismus. Der Kapitalismus gewinnt aufgrund seiner moralischen Funktion den Charakter als Religion, sofern Religion gleichermaßen eine moralische Funktion der Befriedung ausübt.[118] Die Funktion von Religion erscheint als Befriedung, sofern Religion reflektiert, was die *allen* Menschen gegebene oder zugängliche allgemeine Grundlage ist, die jenseits aller Erfahrung Gültigkeit beansprucht. Sofern sich das Versprechen einer solchen Grundlage – als das Gegebene oder als das in der Vernunft, vielleicht diskursiv, aufzufindende Gesetz – verbindet mit dem Versprechen, dieses Allgemeine in ein Vermögen zu transformieren, bietet sich das kapitalistische Vermögen als Erfüllung des Gesetzes an. Es gibt keinen Widerstreit innerhalb dessen, was das ökonomische Vermögen hervorbringt: alles ist mit allem zu verrechnen.

Hier hat der Widerspruch reformatorischer Theologie seinen Ort – es ist ein *moralkritischer* Widerspruch, es ist auch der Widerspruch gegen die Moralisierung[119] der Arbeit. Er richtet sich dagegen, alles in Vermögen umzurechnen und so die grundlegende, kategoriale Differenz zwischen Vermögen und Macht nicht zu beachten oder aufzuheben. Die Freiheit eines Christenmenschen besteht darin, dass er allen Dingen und so auch der *Ordnung der Dinge* gegenüber frei ist. Er muss nicht ihre Gesetze erfüllen, er kann *handeln*, das heißt auf andere Menschen bezogen handeln. Darin besteht seine Macht, darin ist er ausgezeichnet. Der Widerspruch gegen eine allgemeine Moral, die als Gesetz – nicht als Er-

---

[116] S. KIERKEGAARD: Entweder / Oder, 2. Teil, [1843] 1957.
[117] Siehe Hannah ARENDTs These vom Rückfall auf das animal laborans, weil alles, was der homo faber erschafft, wieder zerstört wird: Vita activa oder Vom tätigen Leben (1960), 1997.
[118] Zu »Kapitalismus als Religion« siehe B3-2-13.
[119] Was unter Moralisierung zu verstehen ist, wird – in Bezug auf die Demokratie – deutlich bei: N. CAMPAGNA: Die Moralisierung der Demokratie : Alexis de Tocqueville und die Bedingungen der Möglichkeit einer liberalen Demokratie, 2001.

kenntnis – erscheint, ist die Grundlinie theologischer Ethik, die deutlich wieder von der reformatorischen Ethik der Freiheit des Lebens mit Gott in den Blick gerückt worden ist. Diese Grundlinie ist auch in der Logik des Naturrechts enthalten, sofern auch dieses nicht mit einem allgemeinen Gesetz zu identifizieren ist. Auch die Lehre vom Naturrecht zielt auf Erkenntnis, sie zielt auf den *kognitiven* Gehalt der Ethik (bezogen auf die unser Leben tragende Wirklichkeit) und begrenzt die Ethik nicht auf den Bezug auf einen meta-ethischen allgemeinen Begründungszusammenhang, der keinen spezifischen Gehalt hat.[120]

## 13. Wirtschaftsethik und das »Problem des Menschen«

Der *ethische* Zugang zur Wirtschaft (im Unterschied zum moralischen) ist dadurch verdeckt, dass die Ökonomie in ihrer Reduktion auf die produktive Arbeit (im Sinne von Hannah ARENDTs Darstellung) zur produktions-ökonomischen Transformation aller Lebensverhältnisse geführt hat. Ökonomie ist in dem hier gemeinten Sinn und unter dieser Bezeichnung ein Phänomen der Moderne, wenn man unter »Moderne« das Gesamt der geistesgeschichtlichen und gesellschaftlichen Transformationen versteht, die mit der Wahrnehmung der *conditio humana* als umfassendem Entdeckungs- und Begründungszusammenhang, in Gang gesetzt sind. Die conditio humana wird zur alles umfassenden Wirklichkeit menschlicher Aktivität – und in ihrem (ausschließlichen) Rahmen stellt sich auch die Geschichte der menschlichen Existenzform dar: als die Geschichte der Bedingungselemente in der conditio humana: die Arbeit, die Kontemplation, die Geburt, das Sterben oder was immer zur conditio humana gehört. Schließlich dominiert die menschliche produktive Arbeit als Grundbedingung. Was der Mensch ist und sein kann, erscheint als durch seine in alle Richtungen sich entfaltende Arbeit und einzig durch sie vermittelt.

Weiter geht die Betrachtung der conditio humana innerhalb einer *ökonomischen Logik* der Generierung, Erhaltung und Regeneration der menschlichen Existenz, einer Logik der Sicherung menschlicher Lebensgrundlagen – die der scheinbar unabweisbaren Feststellung folgt: ich will leben unter anderen, die auch leben wollen. Dieser Logik folgen auch theologische Ethik-Konzeptionen, sofern sie nicht kenntlich machen, wie menschliches Leben in Gottes Ökonomie gehört. Auch die (philosophische) Frage nach den »Quellen des Selbst« (Charles TAYLOR), die Frage danach, woraus der Mensch lebt, tritt dieser Logik nicht

---

120 Zur Fragestellung siehe: T.W. ADORNO: Probleme der Moralphilosophie, [1963] 1996. Dieser Fragestellung ist nach beiden Seiten zu folgen, das heißt die Kritik der Moral auf *Erkenntnis* hin zu unternehmen, also dieser nicht in eine Ethik auszuweichen, die diese Frage aufgibt. Andererseits aber ist die Moral selbst kritisch zu betrachten daraufhin, ob sie solche Erkenntnis nicht übergeht oder unterläuft.

entgegen, sondern bewegt sich in der ökonomischen Logik der Frage nach dem Erstreben des guten Lebens und der Quellen oder Ressourcen, aus denen dieses zu gewinnen ist.[121] Dieses Problem ist schon in dem Begriff von Gott als dem summum bonum beschlossen. Wenn in Mt 19,17 JESUS sagt, dass Gott allein »gut« ist und deshalb der Versuch, Gutes zu tun, um das ewige Leben zu erwerben, vergeblich sein muss, dann ist Gott nicht als höchstes Gut zu verstehen, sondern als der Gott, der seine Güte mitteilt. Dem Reichen Mann wird – nach Mt 19,16-30 – in seiner Ökonomie des Strebens nach dem Guten von JESUS widersprochen. Nachfolgen ist etwas anderes, als nach dem höchsten Gut zu streben. Es heißt in der Geschichte mit Gott bleiben.[122]

Die Theologie, die sich fragt, wie vom Menschen (de homine) zu reden ist, hat gute Gründe, sich auf den Diskurs um die conditio humana und die damit verbundene Moral in ihrem Verhältnis zum Verständnis von Ökonomie widersprechend und kritisch einzulassen. An diesem Punkt nämlich hält sich die Diskussion um die Grundlagen der Wirtschaftsethik auf.[123] Die Wirtschaftsethik thematisiert das humanum in seiner kapital-ökonomischen Vermittlung, in der das humanum allseitig von der menschlichen Sorge und Transformation erfasst scheint.[124] Dieses humanum bleibt, auch wenn es nicht in den von ihm beherrschten Beziehungen aufgeht, auf sich bezogen. Dies macht überhaupt das Problem aus, ein »humanum« zu thematisieren. Das humanum bleibt reflexiv, es steigert[125] seine *Reflexivität* durch die ökonomischen Verhältnisse hindurch. Für diese Reflexivität ist die Ökonomie selbst paradigmatisch. So kann etwa das Programm lauten: »Die Welt hat nicht genügend Bedeutung für den Menschen und doch gewinnt er sein Selbst nur, wenn er sich an die Objektivität hin-

---

[121] Das bleibt die Anfrage an Charles TAYLORs großangelegte kritische Revision der Geschichte der Ethik: C. TAYLOR: Quellen des Selbst. Die Entstehung der neuzeitlichen Identität, 1994. Die Ökonomie hat sich mit dem »Problem des Menschen« (M. BUBER) amalgamiert, so dass keine »Wirtschaftsethik« zu thematisieren ist, die nicht zuerst versucht, diesen Vorgang analytisch aufzulösen. Das »Problem des Menschen« besteht nach BUBERs Darstellung darin, dass der Mensch in die Einsamkeit verbannt scheint. In dieser Einsamkeit kann er sich selbst aber nicht finden – und doch müsste er in Erfahrung bringen können, wer er ist, wenn er nicht verloren gehen soll.
[122] Siehe dazu auch: S. ŽIŽEK: Die Puppe und der Zwerg. Das Christentum zwischen Perversion und Subversion, 2003. Žižek spricht vom summum bonum und vom Verzicht auf Besitz. In der Interpretation dieser Geschichte ebenso wie in seiner ganzen Abhandlung hat S. ŽIŽEK alles Reden von Gott in die hermetische Dialektik einer (LACAN'schen) Ökonomie transformiert, um diese als die Ökonomie des Christentums darzustellen. Damit ist wieder einmal eine Dialektik des Christentums produziert, die davon lebt, dass die Differenz der theologischen Logik zu dieser Dialektik eingeebnet wird. Die Interpretation von Mt 19 zeigt die Umsichtslosigkeit in der dies geschieht. Das betrifft gleichermaßen die Deutung von HIOB und anderes.
[123] Siehe Teil C2. Vgl. z.B. P. KOSLOWSKI: Wirtschaft als Kultur, 1989.
[124] Vgl. dazu P. KOSLOWSKI: Wirtschaft als Kultur, 1989, 57-59.
[125] Vgl. zur Kategorie der Steigerung als Kennzeichen des Kapitalismus: W. BENJAMIN: Kapitalismus als Religion (1991), 101.

gibt.«[126] Das ist der Ort ökonomischen Vermittlung der Selbst-Werdung des Menschen durch Produktion, und in diesem Sinne der kulturellen Verfassung und Explikation des humanum. Die Ökonomie dreht sich wie die Moral um die *Selbst*entfaltung oder um die Konditionierung des Selbst, ja um seine Höherentwicklung – im Sinne einer gegebenen (moralischen) Bedingung, die zu erhalten ist, oder einer solchen, die sich in der menschlichen Entwicklung herausbildet. Niemand hat dies – in Bezug auf das kapitalistische Wirtschaften, das alternativlos geworden ist – schärfer in den Blick gerückt als Walter BENJAMIN in seiner Kennzeichnung des *Kapitalismus als Religion*[127]: »Der Typus des kapitalistischen religiösen Denkens findet sich großartig in der Philosophie Nietzsches ausgesprochen. Der Gedanke des Übermenschen verlegt den apokalyptischen ›Sprung‹ nicht in die Umkehr, Sühne, Reinigung, Buße, sondern in die scheinbar stetige, in der letzten Spanne aber sprengende, diskontinuierliche Steigerung. Daher sind Steigerung und Entwicklung im Sinne des ›non facit saltum‹ unvereinbar. Der Übermensch ist der ohne Umkehr angelangte, der durch den Himmel durchgewachsne, historische Mensch.«[128] BENJAMIN fährt fort: »Diese Sprengung des Himmels durch gesteigerte Menschhaftigkeit, die religiös (auch für Nietzsche) Verschuldung ist und bleibt, hat Nietzsche präjudiziert.« BENJAMIN hat damit zugleich jenen babylonischen Turm und sein apokalyptisches Ende im Blick, der die religiöse Dramatik – wie in KAFKAs Stadtwappen – kennzeichnet. Damit ist für die Genese des Kapitalismus – wie BENJAMIN unterstreicht – gesagt, dass er *nicht* von der Religion, etwa in ihrer reformatorischen Kontur befördert worden ist, sondern dass das (reformatorisch neu artikulierte) Christentum sich in diese Religion verwandelt hat.[129]

Ein theologischer Zugang dazu ist nur auf eine höchst spannungsvolle Weise, ja nur im Widerspruch zu finden, sofern die Rede vom Menschen in der christlichen Tradition quer verläuft zu einer solchen Projektion des humanum auf ein menschliches Selbst, in dem es in Erscheinung tritt. Die philosophischen Traditionen, die hierzu aufgerufen werden – insbesondere die von KANT und ARISTOTELES, nicht zuletzt in ihrer Verbindung – waren in dieser moralkritischen

---

126 P. KOSLOWSKI: a.a.O., 59.
127 Zur Diskussion siehe: D. BAECKER (Hg.): Kapitalismus als Religion, 2003.
128 W. BENJAMIN: Kapitalismus als Religion (1991), 101.
129 Eine höchst anschauliche Darstellung dieses Vorgangs in der europäischen Geschichte verdanke ich der Vorlesung von Karl BERTAU an der Universität Erlangen-Nürnberg: »Macht, Schriftlichkeit, Sakralität« (WS 2002/2003), in der das Phänomen der Kultur-Sakralität auch in ihrer ökonomischen Form in den Blick gekommen ist. Dies widerspricht fragwürdigen Theorien von der Säkularisierung, die die Vorgänge der Sakralisierung aller Lebensverhältnisse verdecken. Hier ist auch auf die Betrachtung einer »Dialektik der Säkularisierung« einzugehen. Ob und in welchem Sinn von einem dialektischen Vorgang zu reden ist (gar in einem Hegel'schen Sinn) bleibt auch noch zu fragen. Siehe dazu Arbeiten von Sigrid WEIGEL.

Hinsicht der Gegenstand theologischer Auseinandersetzung, die sich um die Frage dreht, was Menschwerdung heißen kann. Für Martin LUTHER ist diese Frage eingefügt in den Widerspruch gegen die Vermittlung von Ökonomie und Existenzsorge, gegen die von Walter BENJAMIN diagnostizierte Verbindung von Ökonomie und moralischer Schuldenverwaltung.[130] Der Widerspruch LUTHERs tritt paradigmatisch in seiner Auslegung von Psalm 127 hervor und durchzieht Luthers ganze Ethik, nicht zuletzt in der Entfaltung der Lehre von den Existenzformen. Diese sind entscheidend davon bestimmt, dass Gott sich nicht in die menschlichen Geschäfte, in die Ökonomie der Moral verwickeln lässt. Diese Weichenstellung, die gegen eine Ökonomie der conditio humana steht, ist freilich nicht deutlich weiterverfolgt worden. Hier ist die Kontur reformatorischer Ethik unklar geworden. Der Angelpunkt in der theologischen Rezeption war das Verständnis einer menschlichen Freiheit, die Menschen von religiöser Verdienstpraxis zum Wirken in der Welt freisetzt – zu dem, was heute mit religiösem Anstrich Weltgestaltung genannt wird.[131] Dabei ist unkenntlich geworden, dass Gott für das Wirken in der Welt schöpferisch handelnd und auch widersprechend präsent bleibt. Es ist – in BENJAMINs Perspektive – eben das Kennzeichen der Religion des Kapitalismus, »dass ihr Gott verheimlicht werden muss« und »erst im Zenith ihrer Verschuldung angesprochen werden darf«[132], das heißt dann, wenn deutlich wird, dass die Schulden nie mehr beglichen werden können.[133]

Die Ökonomie, in der die conditio humana in ihrem modernen, postmodernen Umriss erscheint, hätte freilich durchaus unter verschiedenen Aspekten in den kritischen Blick der Theologie rücken können.[134] So die menschliche Arbeit, die in der modernen, postmodernen Kapital-Ökonomie in den Widerspruch geraten ist, sofern sie einerseits gesellschaftliche Anerkennung und Partizipation zu tragen hat, andererseits selbst der ökonomischen Verwertung ausgesetzt ist. Ebenso hätte die theologische Ethik in die kritische Perspektive der »Kolonialisierung der Lebenswelt« eintreten können, die den Widerspruch spiegelt zwischen einer Lebenswelt, die die kapital-ökonomischen Leistungen trägt, sofern

---

[130] Vgl. M. LUTHER: Disputatio de Homine. Disputation über den Menschen [1536]. Vgl. zur Fragestellung: M. LUTHER: Von der Menschwerdung des Menschen. Eine akademische Vorlesung über den 127. Psalm, 1940, verdeutscht und erläutert von Gerhard GLOEGE.
[131] Zur Problemgeschichte siehe: H.G. ULRICH (Hg.): Freiheit im Leben mit Gott. Texte zur Tradition evangelischer Ethik, 1993.
[132] W. BENJAMIN: Kapitalismus als Religion (1991), 101.
[133] Siehe zur Frage der »Schuld« bei BENJAMIN: W. HAMACHER: Schuldgeschichte. Benjamins Skizze ›Kapitalismus als Religion‹ (2003).
[134] Siehe jedoch die Arbeiten von Ulrich DUCHROW, besonders: Alternativen zur kapitalistischen Weltwirtschaft : biblische Erinnerung und politische Ansätze zur Überwindung einer lebensbedrohenden Ökonomie, 1997.

sie von ihnen nicht erfasst wird, und zugleich von allem durchdrungen wird, was die ökonomischen Prozesse hervorbringen. Ebenso hätte die theologische Ethik die widersprüchliche Zusammengehörigkeit von Ökonomie und Politik aufgreifen können, in der ökonomische Zwänge den politischen Zusammenhalt garantieren, eine ausdrücklich politische Ökonomie aber nicht in den Blick kommt.[135] Doch entscheidend bleibt die Frage, die – von Martin LUTHER angestoßen – bis in die gegenwärtige Diskussion um die Wirtschaftsethik reicht, wie die Verbindung von Ökonomie und conditio humana, vermittelt durch eine Moral der Lebenssorge, zu durchbrechen ist.

## 14. Heuristische – theologische Distanz zu den Alternativen?

Was also kann die Perspektive sein, die die Ökonomie ethisch und moralkritisch, im Widerspruch gegen die Moral thematisieren lässt? Die theologische Ethik hat sich gegenwärtig weitgehend innerhalb derjenigen Alternativen bewegt, die mit den Anschauungen über die Moderne, Postmoderne gegeben sind.[136] Dazu gehört insbesondere, dass die theologische Ethik oder auch die Moraltheologie versucht, eine integrative, umgreifende Theorie der gesellschaftlich-ökonomischen Wirklichkeit zu gewinnen, auch um damit dem Phänomen der allseitigen Durchdringung aller Lebensvorgänge zu entsprechen.[137] Die theologische Ethik stimmt darin mit der sozialwissenschaftlichen oder sozialphilosophischen Theoriebildung überein, sofern diese gleichermaßen diese integrative Strategie verfolgt. Dem entspricht dann in zweiter Linie, korrespondierend die Konkurrenz zwischen Theologie und Sozialphilosophie, die – freilich vereinzelt – projektiert worden ist, die aber selbst in der gegebenen Logik verbleibt.[138]

Dem Gefälle hin zu einer umfassenden integrativen Theorie menschlicher Lebenswirklichkeit, die mit deren ökonomischer Vereinnahmung einhergeht, steht diejenige Tradition theologischer Ethik gegenüber, die immer schon – also nicht im Zusammenhang einer spezifischen Krisentheorie[139] – das geschöpfliche Werden, sein spezifisches Pathos[140] und die Durchbrechung der wie auch immer fixierten gesellschaftlichen Ordnungen reflektiert. Dies und nichts anderes ist in den verschiedenen Ausprägungen der Lehre von Gottes zwei Regimenten von

---

135 Siehe dazu die weiterführende Unterscheidung zwischen Markt-Ökonomie und Kapital-Ökonomie bei: F. KAMBARTEL: Bemerkungen zur politischen Ökonomie (2004).
136 Ein klassisches Beispiel dazu gibt Max WEBER für den Protestantismus.
137 Vgl. P. KOSLOWSKI: Wirtschaft als Kultur, 1989, R. MÜNCH: R. MÜNCH: Die Struktur der Moderne, 1992. Theologischerseits vgl. T. RENDTORFF, Ethik I und II, 1990-1991.
138 Vgl. J. MILBANK: Theology and Social Theory beyond Secular Reason, 1991.
139 Vgl. dazu R. KOSELLECK: Kritik und Krise, 1959. Zur geistesgeschichtlichen Bestimmung vgl. H.U. v. BALTHASAR: Spiritus creator, 1967.
140 Siehe zu dieser grundlegenden Weichenstellung R. HÜTTER: Theologie als kirchliche Praktik, 1997.

## 14. Heuristische – theologische Distanz zu den Alternativen?

ihren biblischen Ursprüngen an geschehen. Diese Lehre wird im entscheidenden missverstanden, wenn die in beiden Regimenten, dem weltlichen wie dem geistlichen, festgehaltene *eschatologische* Differenz zwischen dem, was Menschen realisieren und dem, was durch Gottes Regimente für Menschen präsent ist, verloren geht – mitsamt den Differenzen zu bestehenden Strukturen, die damit verbunden sind – und wenn statt dessen daraus eine Theorie der gesellschaftlich-kirchlichen oder – religiösen Integration – vielleicht auch »Versöhnung«.[141]– gemacht wird. Mit der Zwei-Regimenten-Lehre geht es um die Erscheinung der eschatologisch-geschöpflichen Existenz des Menschen in den gesellschaftlichen und politischen Vorgängen, es geht um das Hervortreten des geschöpflichen Werdens, des geschöpflichen Pathos, in all seiner politischen und gesellschaftlichen – gewaltlosen – Widerspruchskraft. Dies verläuft in jeder Hinsicht quer zu den Alternativen moderner, postmoderner Realisierungslogik. Es verläuft quer zu der Frage nach der Subjektstellung, Subjektivierung oder Selbst-Werdung[142] des Menschen. Dies verläuft in der politischen Logik der Regierweisen Gottes. Im Blick auf diese erst wird die Frage nach dem Menschen als Subjekt aufzunehmen sein, weil damit gesetzt ist, dass der Mensch nicht in der Ökonomie seiner Bestrebungen gefangen und internalisiert[143] ist, sondern sich als derjenige erfahren darf, der in Gottes Regentschaft und Ökonomie verbleibt. In der ökonomischen Existenzform geht es im besonderen um diese Befreiung zur *Bürgerschaft* in Gottes Regiment und zur Kindschaft Gottes, um den Übergang zu dieser Existenz in der Polis und im Hause Gottes.[144] Es ist der Überschritt in die politisch-ökonomische Existenzform.

Die Anschauung von den *zwei Regierweisen Gottes* steht deshalb in keinem Gegensatz oder quer zu der Lehre von den drei Ständen oder »Hierarchien«, sondern diese stellen selbst eine Anschauung zur differenzierten Brechung menschlicher Lebenswirklichkeit an ihrer Geschöpflichkeit dar.[145] Die theologische Ethik

---

141 Vgl. zur Diskussion A. WELLMER: Zur Dialektik von Moderne und Postmoderne, 1985.
142 Die Postmoderne kann jedenfalls als Kategorie dafür gebraucht werden, dass es um die Entdeckung des »Selbst« geht: vgl. P. KOSLOWSKI: Wirtschaft als Kultur. Wirtschaftskultur und Wirtschaftsethik in der Postmoderne, 1989; S. BENHABIB: Selbst und Kontext. Kommunikative Ethik im Spannungsfeld von Feminismus, Kommunitarismus und Postmoderne, 1995.
143 Vgl. U.K. PREUß: Die Internalisierung des Subjekts. Zur Kritik der Funktionsweise des subjektiven Rechts, 1979.
144 Eph 2,19: »So seid ihr nun nicht mehr Gäste und Fremdlinge, sondern Mitbürger der Heiligen und Gottes Hausgenossen« (ἄρα οὖν οὐκέτι ἐστὲ ξένοι καὶ πάροικοι ἀλλὰ ἐστὲ συμπολῖται τῶν ἁγίων καὶ οἰκεῖοι τοῦ θεοῦ). Das betrifft den Übergang von Röm 7 – der Ökonomie des Gesetzes – zu Röm 8: zur Freiheit der Kinder Gottes, die frei sind, weil sie sich von Gott, von seinem Geist regieren lassen: Röm 8,14. Das ist die Grundlinie, die S. ŽIŽEK: Die Tücke des Subjekts, 2001, zeigt.
145 Vgl. zu dem Verhältnis von Zwei-Reiche-Lehre und Drei-Hierarchien-Lehre bei M. LUTHER: O. BAYER: Natur und Institution. Luthers Dreiständelehre (1995).

hat so in der Auslegung biblischer Tradition zur Anschauung gebracht, wie die geschöpfliche Existenz in den gesellschaftlichen Verhältnissen in Erscheinung tritt – im Werden und im Pathos der Ecclesia, in den Kooperationsformen der Oeconomia[146] und in den Formen der Machtbildung und Interaktion ohne Herrschaft und Gewalt, in der Politia. Pathos, Kommunikation und Macht: In diesen Existenzformen erscheint menschliches Leben in seinem geschöpflichen Werden.

In diesem Werden ist die Perspektive mitgegeben, die von Kirche, Wirtschaft und Politik *ethisch* reden lässt, das heißt auf das hin, was deren Aufgabe ist. Diese ethische Reflexion sucht nicht *in* den Lebensverhältnissen und ihren Gesetzmäßigkeiten ethischen Sinn, sondern hat die Vorgänge und Formen geschöpflichen Lebens und die ihnen entsprechenden Aufgaben zum Gegenstand, die quer zu den Lebensverhältnissen in Erscheinung treten können: die Bildung quer zu den bestehenden Anpassungs- und Lernprozessen, das politische Handeln quer zu den Strategien der Integration, und das ökonomische Tun quer zu den kapital-ökonomischen Prozessen. In diesen spannungsvollen Widersprüchen, die im Widerspruch des Evangeliums von den Kindern Gottes wurzeln, geht es um die Kontur des geschöpflichen Lebens der Menschen.

## 15. Die ökonomische Existenzform als Cooperatio

Im besonderen bezeichnet ökonomische Existenzform – quer zu den kapital-ökonomischen Prozessen – den Ort, an dem die geschöpfliche Existenz, das Werden, das Pathos im Zusammenwirken, in der Kooperation und Kommunikation von Mensch und Gott erscheint.[147] Die Anschauung von den Existenzformen zielt *nicht* darauf, das »Problem des Menschen« (Martin BUBER[148]) modern oder nicht-modern zu bearbeiten, sondern sie widerspricht dieser Problemstellung. Sie sieht die moderne-postmoderne ebenso wie jede Bearbeitung des Problems des Menschen darin übereinstimmen, dass die *Menschwerdung des Menschen* in der Welt mit der Ökonomie Gottes, in die das Werden des Menschen gehört, aus dem Blick geraten ist. Von Gott mag als letztem Garanten oder in anderer Funktion im Vorder- oder Hintergrund die Rede sein – doch dieser Gott, auch der Gott als höchstes Gut, ist ersetzbar und transformierbar.

---

[146] Ansatzpunkte für die lutherische Ethik, im Anschluss an Luther, zeigt: S. W. HERMANN: Luther, Law and Social Covenants: Cooperative Self-Obligation in the Reconstruction of Lutheran Social Ethics (1997).
[147] Diese Grundlinie in der Tradition theologischer Sozialethik ist nicht direkt alternativ zur Moderne zu sehen. Sie würde sonst auch mit gutem Grund – wie es geschehen ist – als »prämodern« etikettiert. Vielmehr verläuft sie quer zu den Alternativen, die sich mit dem Streit um die Moderne abzeichnen – auch quer zu den Konzeptionen einer Wirtschaftsethik in der Postmoderne. Vgl. Peter KOSLOWSKI, Wirtschaft als Kultur, 1989.
[148] M. BUBER: Das Problem des Menschen, 1961.

Der Schöpfer-Gott dagegen ist dann nicht zu verlieren, wenn Menschen in ihrem geschöpflichen Werden im Blick sind und wenn die Erscheinungsweisen dieses geschöpflichen Wesens auf dem Spiel stehen – also jene »larvae«, jene bestimmten unverwechselbaren Masken oder Larven Gottes, wie sie Martin LUTHER genannt hat, durch die hindurch wir Gottes schöpferischem und bewahrenden Walten begegnen. Diese Existenzformen des geschöpflichen Lebens, Gottes Masken, tragen keinen Gottesbeweis, sie sind nicht affirmativ aufzurufen oder einzufordern.[149] Wie die Weisheit in der biblischen Tradition drängen sich Gottes Masken geradezu in die Wahrnehmung von Menschen, wenn diese sich nicht verschließen.

An diesem Punkt trifft die theologische Tradition der Ökonomie Gottes mit der Anschauung von der menschlichen Ökonomie, Theologie und Wirtschaftstheorie zusammen. So ist mit der Ökonomie Gottes die menschliche Arbeit in ihrer geschöpflichen Gestalt in Erscheinung getreten – in ihrer Begrenzung und ihrer Kontur, die sie darin gewinnt, dass sie vom Hören, Aufmerken, Erfahren und Erleiden begleitet ist, das Menschen widerfährt. Dieses Gegenüber hat auch seine eigene ausdrückliche Praxis wie das Beten und das Hören des Wortes Gottes.

Die Unterscheidung zwischen Gottes Ökonomie und menschlichem Wirtschaften spiegelt sich in der *kategorialen* Unterscheidung von Arbeit, Kommunikation und politischem Handeln, wie sie insbesondere in der Tradition aristotelischer Ethik entfaltet und in entsprechenden kategorialen Unterscheidungen (wie der zwischen Arbeit und symbolischer Interaktion) weitergeführt worden ist.[150] Eine theologische Anschauung von der menschlichen Ökonomie wird solche kategorialen Differenzen daraufhin reflektieren, wie sie in der verheißungsvollen Perspektive der Ökonomie Gottes wahrzunehmen sind. Dies hat die Anschauung von den geschöpflichen Existenzformen unternommen. Sie hat damit die Kontur menschlicher Existenzform sich abzeichnen sehen, sofern diese davon bestimmt ist, dass Menschen nicht über ihr eigenes Leben verfügen, also keine Ökonomie ihrer eigenen Existenz betreiben und diese nicht unabsehbar ist. So ist das, was die Anschauung von den Existenzformen reflektiert, nicht mit den Vorgängen der Ausdifferenzierung[151] zu verwechseln, die die Gesellschaftsprozesse kennzeichnen. In der Ausdifferenzierung gesellschaftlicher Funktionen bewahrt sich das Ganze und Umfassende der Wirtschaft in seiner unauflöslichen

---

[149] Die Last der Rechtfertigung trägt das humanum und seine ökonomische Erfüllung. Die Kritik an einer religiösen Lösung trifft keineswegs nur Koslowski – vgl. W. KERSTING: Die Gerechtigkeit zieht die Grenze, und das Gute setzt das Ziel (1998).
[150] H. ARENDT hat in ihrem Werk »Vita activa oder Vom tätigen Leben« (1960), 1997, diese Kategorien ausgearbeitet.
[151] Vgl. P. KOSLOWSKI: Wirtschaft als Kultur, 1989.

Kohärenz und Undurchdringlichkeit. Diese wiederum findet ihre Bestätigung in der gegenseitigen Durchdringung dessen, was sich ausdifferenziert hat, an vielfältigen Teilbereichen oder Subsystemen – das Thema postmoderner Wahrnehmung.[152] Die kategorialen Differenzen zwischen Lebensbereichen und Aufgaben werden in den Vorgängen der allseitigen Durchdringung aufgehoben, und so wird jeder Widerspruch absorbiert[153] und in der Vielfalt der Transformationen aufgehoben. Die kritische Pointe in der Unterscheidung von Ökonomie, Politik und Kirche – den drei Status – liegt darin, dass dort je für sich die Unterscheidung zwischen menschlichem Tun und geschöpflicher Erfahrung in Erscheinung tritt, und keine dieser Existenzformen fehlen darf: eine Bildung, die aus dem Pathos des Werdens und Gottes schöpferischem Wirken lebt, und die sich *deshalb* nicht anpassen lässt etwa an die Erfordernisse einer Ökonomie, die menschliches Lernen dem ihr eigenen zwingenden Fortgang unterwirft – oder andererseits eine Ökonomie, die davon lebt, dass Menschen gemeinsam für ihr Leben Sorge tragen und deshalb nicht einem unabsehbaren Utopismus verfallen müssen, und eine Politik, die Machtbildung und Herrschaft zu unterscheiden weiß.

### *16. Zur Unterscheidung von Ökonomie, Öffentlichkeit und Politik*

Im besonderen ist die Differenz zwischen allseitiger Transformation in den Vorgängen der Ökonomisierung und politischer Machtbildung geltend zu machen. Dieser Widerspruch gehört zu einer Öffentlichkeit, die als eigener Kontext zu verstehen und zu bilden ist. Dies ist entscheidend für eine Ethik, die nicht in der Reflexion oder gar Rationalisierung von gesellschaftlichen Vorgängen aufgeht, sondern zum Widerspruch findet.[154] Das von Martin LUTHER immer neu eingeforderte »Bleiben« in den Ständen findet darin seine Pointe, dass dieser je notwendige Widerstand nicht verloren geht, weil die Stände die Orte sind, an denen sich Menschen Gottes Ökonomie und Gottes Widerspruch aussetzen. Die ins Kloster gehen – und denen gilt nicht zuletzt die Mahnung des »Bleibens«[155] – fliehen aus einer Wirklichkeit, die sich nicht beherrschen lässt. Die Flucht vor dieser geschöpflichen, trostbedürftigen Existenz, die Flucht vor dieser »Wirklich-

---

152 Vgl. P. KOSLOWSKI: Wirtschaft als Kultur, 1989; R. MÜNCH: Die Struktur der Moderne. Grundmuster und differentielle Gestaltung des institutionellen Aufbaus der modernen Gesellschaften, 1992.
153 Von solchem Widerspruch lebt die Kritik an den Totalitarismen, wie sie H. ARENDT vorgeführt hat: H. ARENDT: Elemente und Ursprünge totaler Herrschaft. Antisemitismus, Imperialismus, Totalitarismus, 1996.
154 Vgl. die Diskussion zum »Strukturwandel der Öffentlichkeit« (J. HABERMAS: Strukturwandel der Öffentlichkeit, 1962) bei: C. TAYLOR: Wie viel Gemeinschaft braucht die Demokratie?, 2002.
155 Darauf zielt auch die Auslegung von Psalm 127. Dort ist die Aufforderung zum Bleiben in den Ständen ebenfalls darauf bezogen, dass es gilt, nicht anmaßend über den Stand der Geschöpflichkeit hinaus sich um sein Leben sorgen zu wollen.

keitsgemäßheit« wie dies Dietrich BONHOEFFER genannt hat[156], ist die Versuchung zu einer Beherrschung und Bewältigung der Lebenswirklichkeit durch eine spezifische Existenzform, die dieser Bewältigung dient. Dies erfüllt das Phänomen der Ausdifferenzierung, die alles Widerständige auflöst und ein schiedlich-friedliches Nebeneinander entstehen lässt. Nicht anders ist es dort, wo sich Wissenschaft oder Ökonomie derart ausdifferenzieren und zu Systemen werden. Damit kann keine Ethik übereinstimmen, wenn sie nicht die gesellschaftlichen Ausdifferenzierungsprozesse nur bestätigen und damit – wie jedes System – der Logik ihrer Selbsterhaltung folgen will, statt die widerspruchsvolle Differenz auszutragen, die zwischen Ökonomie und Politik, Ökonomie und Kirche, Kirche und Politik, besteht. Im Stande bleiben, heißt auf vielfältige Weise die kategorialen Differenzen bewahren und eine Existenzform, die darin ihre Kontur findet.

In der Tradition theologischer Ethik hat die Differenz zwischen Ökonomie, Politik und Kirche ihren widerständigen Angelpunkt in den Kennzeichen geschöpflicher Existenz. Das heißt nicht, dass der Widerspruch in einem Menschenbild liegen muss, das Wesenszüge des Menschen festhält.[157] Wie sollte ein solches Menschenbild selbst bewahrt oder tradiert werden? Hier wird akut, was als Folge des Bilderverbots für die unermessliche Entfaltung der Ökonomie namhaft gemacht worden ist: des biblischen Bilderverbots, das auch ein Menschenbild verbietet. Wo der öffentliche Raum leer bleibt, wo die Institutionen öffentlicher Auseinandersetzung, an denen man sich verbindlich aufhält, zu einem bloßen Raum werden, der ohne (vielleicht strittigen) Inhalt[158] bleibt – wie dies im Blick auf den Verlust der Ausrichtung auf ein ewiges Leben auch Hannah ARENDT diagnostiziert hat – hat die Wirtschaftsethik keinen Gegenstand, über den zu streiten wäre. Dies führt in eine Problemgeschichte, der die andere Folgerung aus dem Bilderverbot entgegentritt, so wie sie in der Anschauung von den Existenzformen enthalten ist. Diese sieht in den geschöpflichen Existenzformen die widerständige Realität, die keiner menschlichen Ökonomie ausgesetzt werden kann.

Mit dem notwendigen Gegenüber von menschlichem Wirtschaften und Gottes Ökonomie, das Menschen davor bewahrt, alles der menschlichen Ökonomie auszuliefern, was menschliches Leben bestimmt und ausmacht, wird das mensch-

---

[156] D. BONHOEFFER: Ethik, 1992, 260-265.
[157] Dies vertritt gegenwärtig von allem Martha C. NUSSBAUM. Auch sie zeigt auf diese Weise die weitere Tragfähigkeit der aristotelischen Tradition. Vgl. M.C. NUSSBAUM: Menschliches Tun und soziale Gerechtigkeit. Zur Verteidigung des aristotelischen Essentialismus (1998).
[158] Vgl. zum Problem in Bezug auf J. HABERMAS' Diskurstheorie: R. EICKELPASCH: Bodenlose Vernunft. Zum utopischen Gehalt des Konzepts kommunikativer Rationalität bei Habermas (1996).

liche Wirtschaften darauf verwiesen, was Menschen aufzunehmen und zu *kommunizieren* haben. In dem, was Menschen mitzuteilen haben, liegt die Widerständigkeit geschöpflicher Existenzform beschlossen, wie sie auch im Status oeconomicus präsent ist. Wie haben Menschen Anteil an dem Status oeconomicus, in dem sie mit anderen gemeinsam Sorge für ihr Leben tragen? Die ökonomische Existenzform kennzeichnet jeden Menschen, es kann keine Frage des Zugangs sein und insofern auch keine Frage des Rechts. Eine Diskussion über ein »Recht auf Arbeit« bleibt bereits dahinter zurück. Der unbestreitbaren Voraussetzung, dass alle Menschen Bürger sind, und niemand aus diesem Status herausfallen kann, entspricht es auch, dass alle mitwirtschaften können. Dies wäre nur anders, wenn alles, womit Menschen wirtschaften, zur Ressource geworden wäre, über die einige verfügen und andere nicht. Es widerspricht der Ethik geschöpflichen Lebens, wenn Menschen von der ökonomischen Existenzform ausgeschlossen werden, wie es der geschöpflichen Existenzform selbstverständlich auch widerspricht, wenn ihnen die politische nicht gewährt wird. Es geht insofern nicht um ein bloßes Recht auf Arbeit, das vielleicht in der conditio humana begründet ist und dementsprechend eingefordert werden soll, sondern darum, dass alle immer schon *mitwirtschaften*. Dass die Ökonomie in diesem selbstverständlichen Mitwirtschaften besteht, zeichnet sie aus und nicht eine davon unabhängige produktive Leistungsfähigkeit, die an welchen Indikatoren auch immer (etwa dem Gesamtprodukt, das dann irgendwie verteilt wird) gemessen wird.[159] Das ist ihre Form der Gerechtigkeit, die durchaus im Widerspruch einzufordern ist, die aber der Ökonomie selbst *eingeschrieben* ist, wenn sie denn – was in ökonomischen Theorien bewährt werden kann – auf dieses Mitwirtschaften ausgerichtet ist. Das ist nicht eine ihr eingeschriebene moralische Notwendigkeit, sondern ihr Ethos. Es ist das Ethos eines Oikos, eines Hauses, in dem wir Menschen uns aufhalten dürfen.

Dies läuft nicht auf das Modell hinaus, das die Einbeziehung aller in das gemeinsame Sorgen formalisiert, also ohne ein solches *ausdrückliches* Ethos zur Geltung zu bringen sucht. So verfährt das liberale Grundmodell, das darauf setzt, dass sich durch erfolgreiches Wirtschaften von denen, die wirtschaften können, ein Gemeinwohl einstellt, an dem alle schließlich teilhaben.[160] Von diesem Versprechen, das nie definitiv eingelöst werden muss, lebt das liberale Modell. Es sind aber durchaus Theorien ausgearbeitet worden, die daraufhin die Tragfähigkeit ökonomischer Vorgänge reflektieren, wie jedem *ausdrücklich* die Möglichkeit gegeben wird, mitzuwirtschaften und nicht nur irgendwie mitversorgt zu

---

[159] Siehe dazu unten Teil C.
[160] Zur Kritik siehe auch: D. STERNBERGER: 'Ich wünschte ein Bürger zu sein'. Neun Versuche über den Staat, 1967, 170-190 (»Das Allgemeine Beste«).

werden. Diese Theorien (wie die von Amartya SEN) erinnern daran, dass Wirtschaften ein Ethos impliziert und nicht die abstrakte moralische Versicherung, dass alle schließlich doch profitieren. Die unsichtbare Hand, die für alle sorgt, gehört zu derjenigen Theologie, die einen Garanten sucht, der nichts will und nichts sagt: eine Theologie des anonymen Gesetzes, nicht einmal eine negative Theologie, sondern eine Metaphysik des inhaltsleeren Gesetzes, eine Metaphysik dieses Nichts.[161]

Sofern Menschen an der ökonomischen Existenzform, das heißt an ihrem Ethos teilhaben, werden sie überhaupt in Stand gesetzt, zu erfahren, was es bedeutet, dass ihnen gesagt ist: »sorgt nicht ...« (Mt 6,25). Sonst kann diese verheißungsvolle Erinnerung für sie nicht gelten. Wie dürfen Menschen so wirtschaften, dass sie in ihrem täglichen Wirtschaften keiner abgründigen Sorge ausgeliefert sind, sondern bei aller Arbeit eben davon befreit sind? In diesem Sinne geht es um eine Wirtschaftsethik, die in der Ökonomie nicht die Befreiung zu höheren Gütern – und in Verbindung mit der Politik nicht eine Glückspolitik –, sondern die Differenz zwischen menschlicher Sorge und Nicht-Sorge gewährt sieht. Insofern dreht sich diese Wirtschaftsethik immer schon – nicht wegen einer entsprechenden Prosperität – um die Erfahrung des Segnens und Wirkens Gottes. Entscheidend ist, dass Gottes Segen Menschen in ihrem Arbeiten und Wirtschaften trägt und so auch *begrenzend* begleitet, so dass sie nicht zu einer höheren Ökonomie aufsteigen müssen, deren sie sich in ihren perfektionierten Produkten versichern, und zu der angeblich jeder freien Zugang haben kann.

Die ethische Frage lautet: Wie können Menschen in das Gebet einstimmen »Unser tägliches Brot gib uns heute ...« (Mt 6,11)? Dieses Gebet, das uns Menschen anvertraut ist, setzt die ökonomische Existenzform und ihr Ethos frei. Dieses Gebet ist der Widerspruch gegen alle, die andere in den Hunger treiben. Hier zeigt sich, wie Verheißung als anklagendes Gesetz erscheinen muss, wie Evangelium zum Gesetz wird, an dem sich die falsche Wirklichkeit bricht. Wenn diejenigen, die wirtschaften können, dieses Gebet sprechen, dann erinnert es sie daran, dass sie selbst diejenigen sind, die in Gottes ausdrücklicher Ökonomie mitwirtschaften, und dass eben diese Ökonomie auch anderen mitzuteilen ist. Dies ist keine Frage der Gerechtigkeit, denn über dieses Brot verfügt niemand. Es ist keine Frage an die Gerechtigkeit – als der Tugend der Mächtigen –, Brot zu gewähren, sondern eine Erinnerung daran, dass die Möglichkeit, Gerechtigkeit zu üben, selbst gewährt ist. Jeder nimmt immer schon vieles in Anspruch, das er nicht hervorgebracht hat, und dies sind nicht nur die Ressourcen, die vielleicht ›natürlich‹ genannt werden und damit zugleich in ihren Grenzen ab-

---

[161] Diese Situation reflektiert F. KAFKA in der Erzählung »vor dem Gesetz«, wenn man der Interpretation von J. DERRIDA folgt: J. DERRIDA: Préjugés. Vor dem Gesetz, 1992.

sehbar werden. So gilt für die *Ökonomie* in einem besonderen Sinn, dass sie von Voraussetzungen lebt, die sie selbst nicht hervorbringt, wie es Ernst-Wolfgang BÖCKENFÖRDE vom modernen Staat gesagt hat: »Der freiheitliche, säkularisierte Staat lebt von Voraussetzungen, die er selbst nicht garantieren kann. Das ist das große Wagnis, das er, um der Freiheit willen eingegangen ist. Als freiheitlicher Staat kann er einerseits nur bestehen, wenn sich die Freiheit, die er seinen Bürgern gewährt, von innen her, aus der moralischen Substanz des einzelnen und der Homogenität der Gesellschaft, reguliert.«[162] Was BÖCKENFÖRDE die »*moralische Substanz* des einzelnen« nennt, ist nicht mit einem Postulat der Freiheit schon gegeben, sondern dann, wenn Menschen diese Freiheit als eine bestimmte Freiheit leben. So wird damit ein *bestimmtes* Ethos vorausgesetzt, das *eigenen* Ursprungs ist. Das vorausgesetzte Ethos ist, wie BÖCKENFÖRDE weiter bemerkt, ein christliches Ethos. Der Staat muss in seinen Kennzeichen nicht christlich sein, bleibt aber verwiesen auf ein solches Ethos. Damit ist bei BÖCKENFÖRDE nicht irgend ein Ethos oder eine religiöse Einstellung im Blick, sondern ein bestimmtes christliches, das eben ein solches Ethos einschließt.[163] Die politische Theorie setzt so auf eine Existenzform, die zwar politisch thematisiert werden muss, nicht aber politisch hergestellt oder erhalten werden kann. Der Staat braucht in diesem Sinne Bürger, die eigenen und gleichen Ursprungs sind, eben solche, die gewärtig sind, dass sie alle unter der gleichen Regentschaft stehen und *deshalb* keinem Totalitarismus folgen – auch keinem ökonomischen Totalitarismus. Wie die Politia Bürger, so braucht die Ökonomie Ökonomen, Mitwirtschaftende, die gemeinsam Sorge tragen um den Lebensunterhalt. Mit dem gemeinsamen Sorgen hat auch dieser status einen politischen Charakter. Im Verlust dieser Aufgabe können sie »das menschliche Leben« in der Tat verfehlen oder beschädigen, eben dann, wenn sie dieses Leben in seiner ökonomischen Form zum Abfall- oder Nebenprodukt gerade auch ihrer großen ökonomischen Ziele werden lassen. Der Status oeconomicus erwächst immer neu daraus, dass sich Menschen sagen lassen, was ihrem gemeinsamen Sorgen anvertraut ist und *zugleich* verstehen, was »Sorgt nicht ...!« bedeutet. Darin ist die ökonomische Freiheit begründet, die hier einzubringen ist. So dürfen sie in den Status oeconomicus finden, in dem sie dessen gewärtig sind, was sie immer schon empfangen und erfahren, was sie mitteilen dürfen und woraufhin sie gemeinsam Sorge tragen. Es wird zu prüfen sein, welche Art von Ethik sich daraus für das Wirtschaften ergibt. Sie wird beschreiben können, wie diese Seite der geschöpflichen Existenzform, wie wir sie in der biblischen Tradition und ihrer Auslegung vor-

---

[162] E.-W. BÖCKENFÖRDE: Die Entstehung des Staates als Vorgang der Säkularisation (1976), 60.
[163] Verallgemeinerungen der These von BÖCKENFÖRDE, etwa derart, dass der Staat irgend eine Religion oder irgend ein Ethos braucht, sind daher fragwürdig.

finden, zu erproben ist. Die biblische Tradition ist gerade in dieser Hinsicht immens reichhaltig und deutlich. Was sich allein in den Psalmen bündelt, ist unübersehbar. In seiner Auslegung zum 127. Psalm hat Martin LUTHER alles aufgeboten, um dafür die Augen zu öffnen, was die Konturen dieser menschlichen Existenzform sind. Diese sind in diesem Gebet, wie in anderen, z.B. Psalm 23, reflektiert. Wie kann einer beten »Der Herr ist mein Hirte, ... mir wird nichts mangeln«? Dies beten und nachsprechen zu können, kennzeichnet eine menschliche Ökonomie, die ein Neuwerden in der Erkenntnis einschließt. Wer wird in die Bitte um das tägliche Brot einstimmen können?

Freilich: Ist dieses Gebet denn möglich in einer Welt, in der unfasslich viele Menschen Hunger leiden? Dies ist die Frage nach dem Status oeconomicus, in dem diese Bitte nicht zum Betteln gegenüber Menschen werden muss, sondern in der Freiheit derer ausgesprochen wird, die Gottes Güte gewärtig bleiben dürfen. Alles kommt darauf an, dass die Hungernden diese Bitte mitsprechen können. Das aber setzt das Neuwerden der Erkenntnis von allen voraus, von denen gesagt werden kann, sie wirtschaften wie es Geschöpfen entspricht (LUTHER zu Psalm 127). Alles andere führt in den Diskurs um die (moralische) Selbstbehauptung. Dieser hat auch die Theorie von der Knappheit aller Güter hervorgebracht hat. »Knappheit« beruht darauf, dass fraglos alle nach diesen Gütern streben. Das ist die Logik der Moral, die das unbefragte Verlangen nach dem höchsten aller Güter bestärkt.

Ansatzpunkte zu einer Ethik, die von einer »Ökonomie für den Menschen« sprechen lassen, sind derzeit in derjenigen Wirtschaftstheorie zu finden, die – wie Amartya SENs Vorstoß zeigt – *direkt* auf den Status oeconomicus, auf die Chance des Wirtschaftens zielen und dies als eine explizite Aufgabe auf die *Tagesordnung* bringen – in kritischer Abgrenzung gegen diejenigen Wirtschaftstheorien (und die ihnen entsprechenden Ethiken), die stattdessen Ziele und Horizonte für die Ökonomie zum Gegenstand haben, die entgegen dem »täglichen Brot«, für das es *keinen Aufschub* gibt, die unabsehbare Steigerung versprechen, von der schließlich alle profitieren (Siehe u. C2). Alles an dem Gebet »Unser tägliches Brot gib uns heute ...« liegt an diesem »*heute*«. Dieses »heute« kann durch nichts überboten werden. Es kennzeichnet die Ökonomie als einen unteilbaren Status. So wird es im Gleichnis von den Arbeitern im Weinberg (Mt 20) in den Blick gerückt: die ökonomische Existenz ist wie die menschliche Existenz überhaupt, nicht auf eine Verteilungsgerechtigkeit verwiesen, sondern auf die Güte Gottes und ihre Politik. Einer Verabschiedung des Materiellen und des Politischen hat die biblische Tradition widersprochen, indem sie jedem Versuch einer höheren Ökonomie entgegengetreten ist: einem Reichtum, der für die Fülle des Lebens oder wofür auch immer steht.¹⁶⁴ In der Geschichte vom Reichen Mann wird nicht eine Armut gefordert, die dann ihrerseits für die Fülle des Lebens einsteht, sondern das Freiwerden von dieser Strebensethik in einer Ethik der Nachfolge. Mit ihr geht es um die Frage, was Gott will und wie in Gottes Willen die Erfüllung¹⁶⁵ der Lebens beschlossen ist, wenn denn Gottes Wirken erfahren wird. So ist in der Geschichte vom Reichen Mann die Aussage Jesu zu verstehen: »Willst Du vollkommen (τέλειος) sein ...«. Was der Reiche Mann will, die Erfüllung, wird in Gottes Willen eingefügt, wenn er in die Nachfolge eintritt: »Willst Du vollkommen sein, so geh hin, verkaufe, was du hast, und gib's den Armen, so wirst du einen Schatz im Himmel haben; und komm und folge mir nach.« (Mt 19,21) Das allgemeine Gesetz der Ökonomie, das von niemanden etwas Bestimmtes fordert und jedem den Zugang zu unabsehbarer Steigerung verspricht, wird aufgehoben in die Geschichte (story) der bestimmten Vollendung dessen, wie Menschen Gottes Willen und Güte erfahren. In einer dementsprechenden Ökonomie zu wirtschaften heißt, Gottes Güte *mitzuteilen* und mit anderen in dieser Mitteilung zu kommunizieren. In dieser Hinsicht bewahrt die Ökonomie immer ihren institutionellen Charakter. Eine Theorie der Kommunikation wird sich immer fragen lassen müssen, *was* kommuniziert wird und ob dieses eben die Güter einschließt, die wir dem anderen nicht schuldig bleiben können, weil sie nicht uns gehören.

## *17. Widerspruch gegen die Armut*

Nicht nur eine gerechte Verteilung des Reichtums, nicht nur eine außerordentliche Barmherzigkeit gegenüber den Armen kommt hier auf die Tagesordnung, sondern was Gottes Ökonomie bedeutet: die eigene abgründige Sorge hinter sich zu lassen und anderen diese Freiheit mitzuteilen, eine *alltägliche ausdrückliche* Barmherzigkeit, eine immer präsente Barmherzigkeit, die sich so mit der Gerechtigkeit verbindet, freilich eine solche Barmherzigkeit, die im Widerspruch bleibt.¹⁶⁶ Sie zeigt an: Es kann keine Arme geben. Dies ist keine Frage einer Moral, auf die alle zu verpflichten sind, was zum unabsehbaren Aufschub führt,

---

164 In diese Richtung ist die »integrative Wirtschaftsethik« gegangen: P. ULRICH: Integrative Wirtschaftsethik, 1997.
165 So ist in Mt 19,21 die Aussage Jesu zu verstehen: »Willst Du vollkommen ( τέλειος ) sein ...«. Was der Reiche Mann will – die Erfüllung – wird in Gottes Willen eingefügt, wenn er in die Nachfolge eintritt: »Willst Du vollkommen sein, so folge mir nach.« Zur Auslegung siehe: JOHANNES PAUL II: Enzyklika Veritatis Splendor, 1993. Es ist wichtig zu unterscheiden zwischen »Vervollkommnung« und »Erfüllung«, die durch Gott erfahren wird. Auf dieser Spur ist auch die Enzyklika zu lesen.
166 Vgl. insbesondere auch M. Luthers Ausführungen über die drei Grade der Nachfolge im Sinne der Bergpredigt, die auch auf die Ökonomie bezogen sind: M. LUTHER: Ein Sermon von dem Wucher [1519] (1982).

sondern es ist eine Frage des direkten Tuns, eben der guten Werke, die der Armut akut und ausdrücklich widersprechen. Dieser Widerspruch steht gegen den Aufschub. In diesem Widerspruch, wie in der Erzählung vom Reichen Mann, ist präsent, was wir Menschen auch im Status oeconomicus sein dürfen. Darin liegt das politische Element einer Ökonomie, dass sie selbst diesen Widerspruch trägt. Es geht nicht um eine von sich aus barmherzige oder auch gerechte menschliche Ökonomie – auch wenn die in der Ökonomie enthaltene Logik der Gerechtigkeit zu reflektieren ist. Es geht zuerst aber um eine solche Ökonomie, die diesem Widerspruch nicht ausweicht oder verspricht, reflexiv zu verarbeiten, etwa dadurch, dass sie Besseres verspricht als gute Werke, die für die Güter einstehen, die uns anvertraut sind und jedem zukommen.[167] Die guten Werke provozieren immer neu die Reflexion der Ökonomie menschlicher Arbeit und ihrer Unabsehbarkeit. Sie realisieren unmittelbar, jetzt, was der Ökonomie zu leisten zukommt. Wenn sie die Armen nicht zu versorgen imstande ist, hat sie versagt. Sie muss sich daran messen lassen, dass sich kein Mensch fundamental um sein Leben sorgen muss. Dies ist durch keine Moral zu ersetzen, die etwas allgemeines verspricht, das nicht die erreicht, die jetzt um ihr Leben bangen müssen.

Es ist Kennzeichen der Ökonomie in ihrer mit der Moderne konformen Entwicklung, dass sie auf ein verändertes »Temporalbewusstsein« setzt, wie es vor allem Niklas LUHMANN beschrieben hat.[168] Im Rahmen seiner Theorie der Einwicklung von Selbstreferenz in allen »Systemen« bemerkt Luhmann, dass diese nicht beliebig mit »Temporalstrukturen« kombiniert werden können: Sie implizieren offene Zeithorizonte, in denen das System mit Bezug auf sich selbst über Anfangen und Beenden verfügen kann.«[169] Für alle Systeme wird dies zum konstitutiven Kennzeichen, nicht zuletzt für die Ökonomie. Es gibt keine erreichbaren, befriedigende »Zwecke«, sondern nur die unabsehbare Logik der fortschreitenden Selbst-Vollendung. Das ist die Gestalt von »Eigengesetzlichkeit«, die es hier in den Blick zu fassen gilt und die des bestimmten Widerspruchs bedarf. Gerade in der Ökonomie wird so die abgründige Sorge dadurch etabliert, dass die Sorge endlos wird. Hier ist entscheidend, dass die biblisch-christliche Tradition im Widerspruch kenntlich macht (was auch für die reformatorische Ethik gilt), dass dies für die Bedürftigen Aufschub heißt. Ihre Bedürftigkeit zu beheben, kann nicht direkt der Zweck der Ökonomie sein, sie verspricht eine unabsehbare Verbesserung aller ökonomischen Verhältnisse. Wer

---

[167] Von hier aus ist zu diskutieren, was eine »Güterethik« bedeutet. Siehe dazu: H.G. ULRICH: Güter oder Werte (2004). Einen eigenen, an Augustin anschließenden Ansatz entfaltet – im Blick auf die damit verbundene politische Ethik – O. O'DONOVAN: Common objects of love : moral reflection and the shaping of community, 2002.
[168] N. LUHMANN: Selbstreferenz und Teleologie (1981); vgl. 15.
[169] N. LUHMANN, a.a.O., 19f.

weiß, wann diese die Bedürftigen erreicht. Sie bleiben draußen, für sie gilt eine andere Zeit, nämlich die, in der sie jetzt versorgt werden müssten, nicht morgen oder übermorgen. Das Problem wird dadurch verschärft, dass die Ökonomie – zunehmend – für alle Güter zu sorgen verspricht, was dann wegen ihrer Knappheit weitere Aufschubstrategien mit sich bringt. LUHMANN bemerkt: »Das Bewusstsein der Knappheit wird über ein Steigerungs- und Fortschrittsbewusstsein abgeschwächt. Damit tritt auch das Bewusstsein der sozialen Relevanz *allen* Umgangs mit knappen Gütern und Leistungen zurück; dass nämlich *jede* Raffung von Gütern und Leistungen, die man jetzt als Kapital »forcieren« kann, auf Kosten derjenigen geht, die diese Mittel nicht in Zukunft, sondern jetzt verwenden möchten. Die Steigerung der Umweltkontrolle nimmt technische Umwege, nimmt damit Zeit in Anspruch, wodurch sich die *soziale* Relevanz des Zugriffs auf knappe Güter und Leistungen verschärft, da nicht jeder so viel Zeit zur Verfügung stellen kann oder will. Eben deshalb ist Zeit nur zu gewinnen, wenn man die soziale Relevanz *zunächst ignoriert*. Sie akkumuliert dann als ›soziale Frage‹. Sie wird nicht vorweg, sondern im nachhinein berücksichtigt; sie wird nicht strukturell eingebaut, was zu sozialen Blockierungen zeitlich ausgeweiteter Disposition führen müsste, sondern wird als Spezialproblem ausdifferenziert und nachträglich, so gut es geht, aus den Überschüssen der Wirtschaft befriedigt.«[170] Damit sind wir bei solchen guten Werken, die dafür einstehen müssen. Dies ist ihre Pragmatik. Es ist aber damit nicht gesagt, dass diese guten Werke eben zur Kompensation nötig sind und nicht als Widerspruch hervortreten. Das ist für das Verständnis der guten Werke im Sinne der biblisch-christlichen Tradition entscheidend: sie sind nicht ohne Aussage, sie können nicht von einer anderen Theorie neutralisiert werden. Sie widersprechen einer Ökonomie, die Menschen »vertröstet«. Dies muss einer Ökonomie widersprechen, die überhaupt noch etwas damit zu tun hat, Menschen mit Lebensmitteln zu versorgen. So kann die Unabsehbarkeit in der Zeit nicht widerspruchslos stehen bleiben. Der Widerspruch ist auch in dem Gleichnis von den Arbeitern im Weinberg artikuliert. Die Arbeiter die zuletzt kommen, erhalten – im Reich Gottes – den gleichen Lohn: »So werden die Letzten die Ersten und die Ersten die Letzten sein« (Mt 20,16). Das heißt aber nicht, dass erst im Reich Gottes die Verhältnisse wieder zurecht gerückt werden sollen. Vielmehr ist dieses Gleichnis *jetzt* von jedem Weinbergsbesitzer – und wer ist kein Weinbergsbesitzer? – zu hören, und es ist diesem Widerspruch entsprechend zu leben und zu handeln. Die Reich-Gottes-Gleichnisse sprechen von der Ankunft, dem *Advent* dessen, was Menschen zukommt. Das gilt es ethisch zu reflektieren und nicht etwa gerade gegenläufig

---

[170] N. LUHMANN: Subjektive Rechte (1981), 77.

dazu, einem Zeitbewusstsein zu dienen, das im utopistischen Versprechen bleibt, dass am Ende für alle gesorgt sein wird.

Die Ökonomie im Aufschub wird verstärkt durch jede Art von Semantik, die Unabsehbares einbringt, so die Rede von der »Nachhaltigkeit«. Die Frage »wie lange nachhaltig?« hat hier keinen Ort. Die Rede von der Nachhaltigkeit, die so bereitwillig von der Ökonomie aufgenommen wird, enthält wohl das Versprechen, dass beides – auf wie lange Sicht auch immer – zugleich gelingen kann, aber sie stellt sich nicht der Frage nach der spezifischen Endlichkeit dessen, was die Ökonomie produziert. Die biblisch-christliche Logik hat der »schlechten Unendlichkeit«, die der ökonomisch gedachten Endlichkeit entgegensteht, immer widersprochen. Es ist immer wieder auch vermutet worden, dass sich die unabsehbare Sorge mit der religiösen (vielleicht einer lutherischen Ethik zuzuschreibenden) Unabsehbarkeit der Erfüllung des Willens Gottes verbindet. Dies bleiben Behauptungen. Die Tradition biblisch-christlicher Ethik hat diesen immer neu widersprochen. Das gilt auch für die reformatorische Ethik. Sie setzt auf die Differenz zwischen der Sorge um das, was Menschen in ihrer Bedürftigkeit brauchen, und der unabsehbaren Lebenssorge, die in all ihrer Umsicht den Nächsten, der jetzt dran ist, vergisst. Die biblische Tradition dieser Ethik ist tief verwurzelt. In Leviticus 19,9-10 ist zu lesen: »Wenn du dein Land aberntest, sollst du nicht alles bis an die Ecken deines Feldes abschneiden, auch nicht Nachlese halten. Auch sollst du in deinem Weinberg nicht Nachlese halten noch die abgefallenen Beeren auflesen, sondern dem Armen und Fremdling sollst du es lassen; ich bin der HERR, euer Gott.« Keine kompensatorische Fairness, die in der Einsicht in die Ungewissheit der Gerechtigkeit gründet, sondern ein sichtbares, reales Erinnerungszeichen (M. LUTHER) gegenüber einer abgründigen Sorge.

Diese Provokation und Erinnerung, die Provokation der guten Werke, die jetzt geschehen, bewahren den Zusammenhang mit einer Geschichte, die über das hinausreicht, was jetzt geschieht und auch denen gilt, die jetzt nicht erreicht werden. Sie bewahrt die begründete Hoffnung auf Gerechtigkeit. Zugleich enthält der mit jeder einzelnen Tat sich ereignende Widerspruch gegen »die Armut« die Konkretheit der vielen anderen, die durch das einzelne gute Werk nicht erreicht werden. Hier gilt, was Paul RICOEUR in Bezug auf die barmherzigen Taten festgehalten hat: »Der Gegenstand der Barmherzigkeit erscheint sehr oft nur dann, wenn ich im anderen Menschen die Gemeinsamkeit einer Befindlichkeit anspreche, die mir in der Form eines kollektiven Unglücks erscheint: Lohnarbeit, koloniale Ausbeutung, Rassendiskriminierung zum Beispiel; in diesem Fall ist mein Nächster konkret nur in der Mehrzahl und abstrakt in der Einzahl.«[171]

---

[171] P. RICOEUR: Der Sozius und der Nächste (1974), 119.

## B 4 »Regiert euch aber der Geist ...«
## Geschöpfliche Existenz als politische

Die menschliche Existenzform besteht in der biblisch-christlichen Tradition in dem beständigen Frei-Werden von jeder Herrschaft und Regentschaft, die sich eines Menschen bemächtigt. Das schließt die immer neue Befreiung von anonymen Mächten, Gesetzen und biotischen Kräfte ein. Freiheit gründet nicht in einem leeren Freigelassen-Sein oder in einem Freisetzungsakt, sondern in der Zugehörigkeit zu Gottes Regentschaft. *»Denn Gott hat den Ehestand und das Staatswesen nicht so gemacht, wie ein Baumeister ein Schiff, der, nachdem er sein Werk fertig gestellt hat, von demselben weggeht, und dem Schiffer das Schiff zu regieren überlässt, sondern Gott ist bei seiner creatur und regiert sowohl das Staats- als auch das Hauswesen. Das wissen die Menschen nicht, und meinen, Gott kümmere sich nicht darum, was wir tun, sondern überlasse das uns.«*[1] Die »Freigelassenen der Schöpfung« – wie sie genannt worden sind – sind nicht von Gott verlassen. Ihre Freiheit ist die Freiheit im Leben mit dem Gott, der sich bekannt gemacht hat und dessen Regiment *offenkundig* ist. Es ist die Freiheit im Leben mit dem Gott, der bei seinen Kreaturen sein will. Er stellt keine geheime Macht oder ein Machtkonglomerat dar, das Menschen in Angst oder auch im Ungewissen leben lässt, sondern er ist der Gott, der mit seinem Wort *hervorgetreten* ist, der sich auf dieses Wort festgelegt hat, der sich damit exponiert hat und dessen – an dieses Wort gebundener – *Geist* die Herzen regiert, die sich dieses *Wort* sagen lassen.

### 1. Politisch verfasstes Leben mit Gott

Dies stellt eine *Existenzform* dar, in der das Leben mit Gott *politisch* verfasst ist. Sie schließt das Zusammenleben mit allen Menschen ein, weil Gottes Wort der Kontext für alle ist, die es hören und so keinen über den anderen herrschen lässt. Es kann keine Berufung auf dieses Wort geben, ohne sich von ihm regieren zu lassen. So kann von diesem Wort keine Regentschaft ausgehen, derer sich Menschen bedienen, um andere Menschen zu beherrschen. Es kann nur *Zeugen* von diesem Wort geben, Zeugen, die von diesem Wort erfasst sind, nicht Zeugen, die glauben dieses Wort durchsetzen zu können. Das Politische dieser Existenzform besteht in der durch Gottes Wort-Regierung *eingerichteten* und gestifteten Freiheit: »Regiert euch aber der Geist« – so sagt PAULUS – »seid ihr nicht unter

---

[1] Siehe dazu M. LUTHERs Auslegung von Psalm 127: Der hundertsiebenundzwanzigste Psalm (1987), 1940.

dem Gesetz« (Gal 5,18).² Dies betrifft die unmittelbare Abhängigkeit von Gesetzmäßigkeiten im menschlichen Verhalten, von Begehrlichkeiten, die auf die Selbst-Behauptung ausgerichtet sind und das Zusammenleben überlagern. Gottes regierendes Handeln in seinem Geist tritt dem entgegen in dem *Wort*, durch das Menschen dessen gewärtig werden, was ihr Zusammenleben trägt und sie davon befreit, ihre Existenz behaupten zu wollen, der Ökonomie ihrer Begehrlichkeiten³ zu folgen und deshalb andere in Bedrängnis zu bringen (vgl. Gal 5,17). Die politische Existenzform hat in der Befreiung von dieser Selbstbehauptung ihren Ursprung. So wurzelt die politische Existenz in der biblisch-christlichen Tradition nicht in dem Zwang zum Zusammenleben oder der Notwendigkeit des gemeinsamen Handelns, sondern die politische Existenz erscheint auf dem Wege der Erprobung der befreienden Regentschaft Gottes, die in seinem Wort vor Augen tritt. Wenn Martin LUTHER übersetzt »Regiert euch aber der Geist« (Gal 5,18) markiert er den darin enthaltenen *politischen* Akzent, der in der Übersetzung »wenn ihr euch vom Geist führen lasst« undeutlich anklingt oder die Frage aufwirft, was hier »Führung« heißt. Das Regiert-Werden durch Gott ist die *politische* Existenzform, die allem Regiert-, Geführt- und Verwaltet-Werden entgegensteht, das der alles umgreifende Diskurs über Herrschaft und (ihm dann angepasst) Macht oder Regierung hervorgebracht hat. In der politischen Existenzform besteht die Freiheit von all diesem Regiert-Werden, wie es nicht zuletzt von NIETZSCHE bis FOUCAULT zum Angelpunkt einer anderen kritischen Aufklärung geworden ist, als derjenigen, die auf tendenziell allseitige Selbst-Herrschaft zielt. Hier ist der – auch geistesgeschichtliche – Ort für die Entdeckung und Erprobung einer politischen Ethik, die der Logik des Regierens und Führens widersteht. Ihr folgt diejenige theologisch-politische Ethik, die von den Regierweisen Gottes ausgeht und darin widerständig ist gegenüber den Vorgängen allseitiger Gouvernementalität – nicht zuletzt in Bezug auf die leibliche Existenz, wie es im Bereich der »Biopolitik« akut wird. Es wird darauf ankommen, von da ausgehend »Macht« neu und das heißt von Vermögen der Regentschaft und Verwaltung unterschieden *politisch* zu denken.⁴

Eine solche politische Ethik folgt der Entdeckung und Provokation der politischen Existenz in der biblischen Überlieferung. Sie spricht in vielfältiger Weise von Gottes Führung, in der Gott präsent ist (vgl. Psalm 30,4; 31,4; 60,3 und

---

² εἰ δὲ πνεύματι ἄγεσθε, οὐκ ἐστὲ ὑπὸ νόμον: »Wenn ihr euch aber vom Geist führen lasst, dann steht ihr nicht unter dem Gesetz« (Gal 5,18).

³ Hier hat das ganze Phänomen des »Begehrens« seinen theologisch reflektierten Ort: Gal 5,17. Zur philosophischen Diskussion vgl. S. ŽIŽEK: Die Tücke des Subjekts, [The Ticklish Subject. The Absent Centre of Political Ontology] 2001.

⁴ Dies kann vor allem im Anschluss an Hannah ARENDT geschehen, die den Begriff »Macht« in seinem politischen Sinn in Erinnerung gebracht hat. Vgl. H. BIELEFELDT: Wiedergewinnung des Politischen. Eine Einführung in Hannah Arendts politisches Denken, 1993.

viele andere), um die Gott gebeten wird. Gottes Führung hat darin ihre Pointe, dass sie jeder Ordnung entgegensteht, derer Menschen sich bemächtigen könnten: sie provoziert eine Erkenntnis, die nicht im Zurecht-Machen einer Ordnung besteht, derer Menschen sich bedienen könnten – wie die Freunde HIOBs, um ihn zur Unterwerfung zu veranlassen. Die »Weisheit«, deren Anfang die Furcht des Herrn ist, kann zur Regierung oder Selbst-Regierung nicht dienen. Mit ihr beginnt die politische Existenz im Zusammenleben mit Gott. Ihr Prototyp ist HIOB, der sich Gottes Regierung gefallen lässt, ja der darauf besteht.[5]

Diese Kontur politischer Ethik begegnet in der biblischen Tradition, so in Psalm 122, der dazu auffordert, der Wegstrecke zu folgen, die er markiert.

*»1 Ich freue mich über die, die mir sagten: Lasset uns ziehen zum Hause des HERRN!*
*2 Nun stehen unsere Füße in deinen Toren, Jerusalem.*
*3 Jerusalem ist gebaut als eine Stadt, in der man zusammenkommen soll,*
*4 wohin die Stämme hinaufziehen, die Stämme des HERRN, wie es geboten ist dem Volke Israel, zu preisen den Namen des HERRN.*
*5 Denn dort stehen die Throne zum Gericht, die Throne des Hauses David.*
*6 Wünschet Jerusalem Glück! Es möge wohl gehen denen, die dich lieben!*
*7 Es möge Friede sein in deinen Mauern und Glück in deinen Palästen!*
*8 Um meiner Brüder und Freunde willen will ich dir Frieden wünschen.*
*9 Um des Hauses des HERRN willen, unseres Gottes, will ich dein Bestes suchen.«*

Der Zug hinauf nach Jerusalem wird durch ein *Wort* angestoßen, über das jeder sich freuen kann, der zum Hören kommt. Kein wie auch immer gesetztes Ziel, das zu verfolgen wäre, nichts, was zu behaupten oder zu erobern wäre, sondern ein weisendes Wort steht am Beginn des Weges. In seiner Auslegung zu dem Psalm, die eine ganze politische Ethik und Ekklesiologie enthält, bemerkt Martin LUTHER:

*»Denn wenn dies geschieht, dass wir ordnen, dass GOTT in rechter Weise an diesem Orte (sc. Jerusalem) und mit diesem Gottesdienste gefunden und verehrt werde, dann ist es um uns geschehen. Aber wenn er kommt und sagt (Ps 132,14): ›Dies ist meine Ruhe, hier will ich wohnen‹, hier will ich reden, hier soll mein Wort und mein Geist sein, dann steht alles wohl, dann sind alle Werke, so gering sie auch immer scheinen mögen, köstlicher als alle Schätze der Welt ... Wer das Wort nicht wohl ansieht, der muss notwendiger Weise Rom, als die mächtige Stadt, Jerusalem vorziehen, er muss dafür halten, dass die Griechen weiser seien als die ungebildeten*

---

5   Zu dem damit in den Blick gefassten Zusammenhang von Vorsehung und politischer Existenz und Regierung siehe: H.J. IWAND: Luthers Theologie, 1974, 97-101.

*Juden, denn so sahen die Heiden sie an. Aber wie steht es damit, dass Rom, so mächtig es auch ist, das Wort und die Verheißungen GOTTES nicht hat? Wie damit, dass die Griechen mit den anderen Völkern, die den Ruhm der Weisheit haben, auch des Wortes und der Verheißungen Gottes ermangeln? Also ist das reine Herz, welches jene erdenken und von dem sie disputieren, also ist der Gottesdienst und alles, was sie haben, unheilig weil sie ohne Gottes Wort sind.«*[6]

Es ist kein legitimierendes Wort, auf das sich Menschen berufen könnten, um dann womöglich ihre eigenen Ziele zu verfolgen, sondern es ist das verheißungsvolle Wort, auf das hin sie handeln und das sie weiterzugeben haben. Die Verheißung teilt der Stadt den Frieden mit – um des Hauses Gottes willen. Dies ist die Struktur politischer Existenz, die nicht auf Beherrschung aus ist, nicht darauf, eine Verantwortung auf sich zu ziehen, die ohne die Wahrnehmung dessen bleibt, was eben *nicht* in die eigene Verantwortung fällt und mitzuteilen ist. Es ist die Struktur einer politischen Existenz, die in solchem »*institutionellem*« Handeln besteht.[7] »Institutionell« meint hier entsprechend der Anschauung von der politischen Existenzform, dass weder zwingende Gegebenheiten oder Verhältnisse noch eine »Sache«, die für sich steht, begründen können, was für das politische Handeln Verantwortung heißt: eine Verantwortung der Mitteilung an den anderen.[8]

## 2. Universalismus – Partikularismus

Die politische Existenzform kommt allen Menschen zu und wird doch von einzelnen ausdrücklich gelebt und mitgeteilt. In ihr trifft das Universale, für alle Menschen Gültige – der Friede Gottes und seine Gerechtigkeit – auf das Allgemeine und Partikulare, das Universale trifft auf das Besondere. Das Universale lässt sich nicht in einem beherrschenden Allgemeinen einholen, es lässt sich nicht imperial darstellen. Der Friede Gottes ist in keiner Pax Romana fassbar, und der politische Frieden gründet in dieser Unterscheidung. Sie erlaubt es nicht, Frieden zu diktieren, statt mitzuteilen – den Frieden, der darin besteht,

---

6   M. LUTHER: Luthers Auslegung über die fünfzehn Lieder im höhern Chor, Ps. 120 bis 134. Der hundertundzweiundzwanzigste Psalm [1531-1533] (1987), 1818-1820.
7   Die Konturen des Verständnisses von politischer Existenzform und institutioneller Verfasstheit hat besonders Dolf STERNBERGER – im Gespräch mit Hannah ARENDT – nachgezeichnet: Herrschaft und Vereinbarung, 1986. Diesen Konturen folgen wir weitgehend. Sternberger hat die Politia als die konstitutionelle Wirklichkeit verstanden, in der sich Menschen als Bürger aufhalten und betätigen. Er hat damit über H. ARENDT hinaus die nötige Verfasstheit der Politia hervorgehoben. Damit kann die Politia vom »Staat« im nur etatistischen Sinn ebenso abgegrenzt werden wie von der Gleichsetzung von Politia und Gemeinschaft. Die konstitutionelle Verbindung zwischen Menschen ist unterschieden von der Communio.
8   Vgl. dazu im Detail D. BONHOEFFER: Ethik, 1992, 259, in dem Kapitel: »Die Struktur verantwortlichen Lebens.«

dass Menschen in dem Vertrauen zu leben lernen, das auch jeden Vertrag noch trägt.

Die politische Aufgabe ist dem Einzelnen und den Wenigen[9] übertragen, die hören und verstehen. Dies selbst ist der elementare politische Vorgang. Darin besteht die politische Existenzform, dass Gottes universales Regiment und die politische Existenz jedes einzelnen aufeinander treffen. Damit ist für die politische Existenz selbst die Unterscheidung und der Zusammenhang zwischen dem Universalen und dem Partikularen leitend. Das partikulare politische Handeln kann nicht auf Gottes Regiment ausgreifen wollen. Aus dieser Unterscheidung (wie sie in der Lehre von den zwei Regierweisen Gottes ausgearbeitet worden ist) gewinnt die menschliche Politik ihre Kontur. So geht es mit der politischen Existenzform um dieses beides: die Freiheit von imperialer, über die politische Koexistenz hinausgreifender, auch anonymer Herrschaft in der gelebten – positiven – Freiheit der Geschöpfe Gottes, und um das partikulare Zusammentreffen mit Menschen, *in dem*, was *allen* Menschen zukommt. Es geht damit – im Positiven – um das Universale, *in* dem sich alle Menschen zusammenfinden können, ohne es beherrschen zu müssen.

Die Frage nach der *politischen Existenzform* ist eine doppelte: die eine ist, was Menschen frei sein lässt von anonymer – Herrschaft, frei von einem Gesetz, das keiner politischen »Regierung« zugehört, frei von einem Gesetz, das von sich aus herrscht, die andere Frage ist, *worin* Menschen sich zusammenfinden können, sofern eben dieses »Worin« kein Gesetz ist, das alle zwingt oder verpflichtet, sondern dasjenige, *worin* Menschen sich zusammenfinden können. Im Bezug auf diese Übereinstimmung sollen die *Differenzen* namhaft gemacht werden können, die einer fragwürdigen Übereinkunft widersprechen.[10] Es geht dabei um die Unterscheidung und das Zusammenspiel von Einheit, Vielheit und Übereinkunft.[11] Dieses Zusammenspiel ist weder auf eine homogene Einheit hin aufzulösen – die Gefahr der platonischen Ausrichtung – , noch auf einen Pluralismus, der keine bestimmten Vielheiten mehr namhaft machen lässt, die sich als *politisch* bestimmte Vielheiten zusammenfinden und zu Auseinandersetzungen und

---

[9] Vgl. D. STERNBERGER zur Verbindung von Demokratie und Oligarchie: D. STERNBERGER: Herrschaft und Vereinbarung, 1986.

[10] Wir folgen hier dem, was Dolf STERNBERGER in den Begriff der »Vereinbarung« fasst, um die Politia von daher zu verstehen: D. STERNBERGER: Herrschaft und Vereinbarung, 1986.

[11] Vgl. zu dieser Systematik: D. STERNBERGER: Herrschaft und Vereinbarung, 1986, 221-229. Die Fragestellung ist in der Diskursethik reflektiert worden. Vgl. zur Fragestellung paradigmatisch: J. HABERMAS: Die Einheit der Vernunft (1988). Vgl. zur Frage nach der Art politischer Einheit insbesondere: U.K. PREUß: Politische Verantwortung und Bürgerloyalität. Von den Grenzen der Verfassung und des Gehorsams in der Demokratie, 1984, 58ff.

Vereinbarungen kommen.¹² Die Differenzen, die zu bewahren sind, stehen dafür, dass Menschen aufmerksam bleiben auf das, was sie, jeder für sich mitzuteilen hat.¹³ Es geht um die Differenzen im Zeugnis, nicht um deren Aufhebung um einer gemeinsamen Strategie willen.

Diese Logik *politischen* Zusammenlebens ist in Eph 4 modellhaft für die Christen festgehalten:

»Ertragt einer den andern in Liebe und seid darauf bedacht, zu wahren die Einigkeit im Geist *durch das Band des Friedens*: ein Leib und ein Geist, wie ihr auch berufen seid zu einer Hoffnung eurer Berufung; ein Herr, ein Glaube, eine Taufe; ein Gott und Vater aller, der da ist über allen und durch alle und in allen.« Die Einheit ist in das Band des Friedens gefasst, sie ist nicht in einer abstrakten Einigkeit, sondern in diesem konkreten, politischen und durchaus vordergründigen Frieden zu finden. In diesem Sinne formuliert Dolf STERNBERGER: »Nicht Einheit kann das Wesen des Staates sein, wohl aber Frieden.«¹⁴ Es geht hier um den Frieden als *politischen*, Frieden in der politischen Praxis, wie er immer möglich ist – im Unterschied zum Frieden als einen künftigen Zustand, den es herzustellen gilt und bei dem dann offen ist, was er umfasst.¹⁵ Der Friede ist kein solches Ziel, sondern »Band des Friedens«, gelebte und erprobte Verfassung. Das »Band des Friedens« ist institutionell präsent. Dies setzt das Freiwerden von der Selbstbehauptung, die Befreiung und *Berufung* zur politischen Existenz, zum politischen Bürger immer zugleich voraus, und dieses Freiwerden ist gleichermaßen immer auch präsent. Es ist immer neu nötig, in die politische Existenz berufen zu werden.

---

12   Ein Beispiel dafür ist C. SCHWÖBEL: Christlicher Glaube im Pluralismus : Studien zu einer Theologie der Kultur, 2003. Es geht in unserer Argumentation und bei denen, auf die wir uns berufen, nicht um irgendeine Universalismuskritik, sondern um das Problem der Indifferenz in solchen integralistischen Konzeptionen, die im politischen Zusammenhang dazu führen können, dass die auszutragende Pluralität nicht mehr auf die Tagesordnung kommt und verdrängt wird. Dieses Problem ist vielfältig auch in der politischen Theorie diskutiert worden. Es ist für die Rede vom Pluralismus das entscheidende.
13   Diese Unterscheidungen treffen sich zum Teil mit denen, die Eilert HERMS vorgetragen hat. HERMS unterscheidet zwischen einem Pluralismus der Beliebigkeit und einem Pluralismus aus Prinzip. Letzterer, der in der reformatorische Zwei-Regimenten-Lehre impliziert ist, würde m.E. eher »Pluralität aus Prinzip« genannt werden. Es geht mit dieser Pluralität um grundlegende Unterscheidungen, die nicht aufzuheben sind. Siehe: E. HERMS: Pluralismus aus Prinzip (1991). Zur theologischen Kritik am Topos »Pluralismus« siehe vor allem: W. SCHOBERTH: Pluralismus und die Freiheit evangelischer Ethik (2002).
14   Ebd., 229.
15   Zu den hier notwendigen Unterscheidungen vgl. R. SPAEMANN: Frieden – utopisches Ideal, kategorischer Imperativ oder politischer Begriff (2001).

## 3. Im Gesetz des Geistes Gottes – Politik des Wortes

Die biblisch-christliche Tradition hat eine bestimmte politische Existenz im Blick, wenn sie davon spricht, dass der Christenmensch *Kind Gottes* sein darf, das unter dem *Gesetz des Geistes* (Röm 8,2) steht. Das Gesetz des Geistes ist die Logik der Ökonomie Gottes, wie sie sich in Gottes Wirken abbildet. Davon bestimmt sein heißt, keinem anderen Gesetz unterworfen sein (vgl. Röm 7). Die biblischen Texte bezeugen vielfältig ausdrücklich dieses Gesetz des Geistes. In ihm zeichnet sich ab, wie Gott wirkt und wie er Menschen in dieses Wirken zieht. Psalm 130 kann als Beispiel dafür gelten: »Wenn Du, HERR, Sünden anrechnen willst – Herr, wer wird bestehen? Denn bei Dir ist die Vergebung, dass man Dich fürchte.« Hier ist nicht von einem ungreifbaren Gesetz die Rede, vor dem jeder schuldig ist, sondern davon, dass der bestimmte Gott, der einen Namen[16] hat, Übertretungen anrechnet und vergibt. Es kommt deshalb darauf an, von diesem Gott gehört zu werden und von diesem Gott Vergebung zu erfahren.

Die politische Ökonomie Gottes erscheint in Gottes Wort – sie *begegnet* in diesem Wort. Gottes Geist hat sich an dieses Wort gebunden.[17] Das macht seine politische Präsenz aus. Es ist kein freischwebender Geist, der Menschen irgendwie Subjekte sein lässt, die dieser Geist treibt. Das Regiert-Werden durch Gottes Geist heißt, sich dieses Wort sagen lassen, sich in dieses Wort einfinden und deshalb keiner anderen Logik unterworfen sein. Mit dem Wort, das immer neu zu hören ist, wird die Freiheit von Gesetzmäßigkeiten gewonnen – und zugleich das *»worin«* sich Menschen finden können, denn dieses Wort ist »das Wort der Wahrheit«.[18] Es ist das bestimmte Wort, das bezeugt wird[19] und das es zu bezeugen gilt. In diesem Wort trifft Gottes universales Regiment auf die menschliche politische Existenz, die mit dem Hören beginnt und sich in der Bezeugung bewährt.

Darin erscheinen beide *Kennzeichen* politischer Existenz: die Freiheit von einem anonymen allgemeinen Gesetz, die Freiheit von diesen Notwendigkeiten, wie den Gesetzen der Schuldverstrickung und Schuldbearbeitung, den Gesetzen, die vielleicht als »Tücke des Subjekts«, oder als die Gesetze der menschlichen

---

16 M. LUTHER setzt für den hebräischen Gottesnamen (יהוה) »HERR« ein.
17 Siehe dazu die Entfaltung bei: G. SAUTER: Die Kirche in der Krisis des Geistes (1976). Vgl. dazu die Auslegung M. Luthers zu Psalm 122: M. LUTHER: Luthers Auslegung über die fünfzehn Lieder im höhern Chor, Ps. 120 bis 134. Der hundertundzweiundzwanzigste Psalm [1531-1533] (1987), bes. 1819f.
18 Ps 119,43; Ps 45,5; 2Kor 6,7; Eph 1,13; Kol 1,5; 2Tim 2,15.
19 Vgl. Auch in Ps 122 ist vom Zeugnis die Rede, das an Israel ergeht – vgl. die Übersetzung von M. BUBER von Ps 122,4: »Bezeugung an Jisrael ists« – die Wallfahrt aller nach Jerusalem geschieht zu diesem Zeugnis. Zum Verständnis von Zeugnis siehe auch M. Luthers Auslegung von Psalm 122: M. LUTHER: Luthers Auslegung über die fünfzehn Lieder im höhern Chor, Ps. 120 bis 134. Der hundertundzweiundzwanzigste Psalm [1531-1533] (1987), bes. 1825.

### 3. Im Gesetz des Geistes Gottes – Politik des Wortes

Psyche erfassbar sind.[20] Solchen Gesetzen oder Gesetzmäßigkeiten widerspricht das Gesetz des Geistes *Gottes*, der ein Leben mit Gott einschließt. Wenn Gott nicht Sünden *vergibt* – wer kann bestehen? (Psalm 130) Es wird keine Moral helfen, die alles wieder zurechtrückt, im Gegenteil wird die Moral die Verwaltung von Schuld in die Politik tragen. Es wäre das Gegenteil dieser Pointe des offenkundigen politischen Wirkens Gottes, würde der Geist Gottes als anonymer (moralischer) Geist verstanden werden, in dem der Menschen-Geist irgendwie aufgehoben ist.

Das ist das andere Kennzeichen der politischen Existenz: dass *in* diesem Wort als dem Wort der Wahrheit, das gesetzt ist, worin Menschen zusammenfinden können. Dass *Wahrheit als Wort* erscheint, macht ihre Partikularität und (eschatologische) Institutionalität aus, dass es das Wort der Wahrheit ist, in das *alle* sich einfinden können, macht dessen Universalität aus. In diesem Wort trifft beides zusammen: das Wort gilt allen Menschen, und zugleich bleibt es das bestimmte Wort, durch das Gott die Herzen von Menschen regiert. Damit ist die Logik der Lehre von den beiden Regierweisen (die sogenannte Zwei-Reiche-Lehre) gekennzeichnet. Sie zielt darauf, dass beides immer neu zusammentrifft: Gottes universales Regiment und die durch Gottes Wort bestimmte politische Existenz. Auf dieses *Zusammentreffen* kommt es an, das ist der – permanente – politische Vorgang, der die politische Existenzform bestimmt: nach der einen Seite diejenigen, die sich von Gottes Wort regieren lassen, nach der anderen Seite diejenigen, die sich in *der* Wahrheit zusammenfinden, die sie alle zusammenleben lässt – ohne sie in einem Gesetz oder einer allgemeinen Wahrheit zu einer Einheit zu machen. Es wird immer im Medium des Wortes geschehen. Nach dieser Seite geht es um die »*Politik der Wahrheit*«, wie sie vielfältig in den politischen Theorien verhandelt wird – welche theoretische Lösung auch daraus erwächst (Richard RORTY, Jürgen HABERMAS oder andere) –, nach der anderen Seite geht es um die »*Politik des Wortes*«, die der Gegenstand theologisch-politischer Ethik ist.[21] Und dieses Wort ist zuerst das Wort von der Vergebung und Versöhnung. Wie trifft beides aufeinander – die Wahrheit, in der sich alle finden können, und das Wort, das zu hören ist? Wird das Wort die Wahrheit erschließen können? So ist es in Psalm 19 angezeigt: Gottes Wort, wie es mit der Schöpfung präsent wird, artikuliert das nicht oder nur fast Hörbare Universale, in dem sich alle finden.[22] Es muss ausgesprochen und gehört und weitergesagt werden

---

20  S. ŽIŽEK: Die Tücke des Subjekts, 2001.
21  Dies unterscheidet eine politische Theologie von einer theologischen Ethik, dass letztere Gottes Präsenz in seinem Wort und dem damit verbundenen Wirken zum Gegenstand hat.
22  Zur Auslegung siehe: O. BAYER: Schöpfung als Anrede. Zu einer Hermeneutik der Schöpfung, 1990. So kann überhaupt von einer »Hermeneutik« der Schöpfung gesprochen werden, und das heißt von einer Aufgabe des Verstehens gegenüber dem Beherrschen. Dies ist der entscheidende

und kann nicht als das Allgemeine behauptet oder unterstellt werden, denn zu diesem ist keine (politische) Beziehung aufzunehmen. Der politische Status und das politische Ethos würde dem moralischen weichen. Deshalb erscheint das Gesetz im Gebot des Gottes, der einen Namen hat, in der Tora (Ps 19,8).[23]

## 4. Befreiung zur politischen Existenzform

Das Regiert-Werden durch das Wort steht in der reformatorischen Theologie für das geistliche Regiment Gottes, für das Regiment Gottes über den »inneren Menschen«.[24] Gott regiert die Herzen durch sein Wort. »Herz« steht hier für den Menschen in seiner ganzen Existenz, in seinem Selbst-Sein.[25] So verschränkt sich die *Heiligung* mit der politischen Existenz. In der Heiligung erscheint der Christenmensch in seiner politischen Existenz. Er ist ein Mensch, der nicht anonymen Mächten oder dem biotischen Kräftespiel ausgeliefert ist. Er ist aber auch nicht derjenige, dessen politische Existenzform dadurch entsteht, dass seine Leidenschaften diszipliniert werden und der deshalb eine dementsprechende Moral oder Tugenden braucht.[26] Der Christenmensch steht in seiner Freiheit nicht in der Geschichte derjenigen Moral, deren Genealogie Friedrich NIETZSCHE aufgezeichnet hat und an deren Ende der Tod des moralischen Gottes steht.[27] Dieser Gott, der Gott der moralischen Rechtfertigung, ist tot.[28] Der Gott ist tot, der dazu dienen soll, gut zu heißen, was Menschen unvermeidlich erscheint, was sie vielleicht vernünftig oder plausibel nennen und worin sie sich gerechtfertigt sehen. Der Gott ist tot, der auf diese Weise schon mundtot war. Wer ohne Gottes Wort moralisch zu denken beginnt, wird immer nur diesen toten Gott tot

---

Gegensatz, der damit in den Blick rückt. Entsprechendes gilt von Texten: statt sie beherrschen zu wollen – was ohnehin nicht versprochen werden kann – , gilt es Texte hermeneutisch zu erkunden. In solcher Erkundung verwandelt sich Texte in Wort.

[23] Psalm 19,8: »Das Gesetz (Tora) des HERRN ist vollkommen und erquickt die Seele. Das Zeugnis des HERRN ist gewiss und macht die Unverständigen weise.«

[24] Vgl. dazu insbesondere H.J. IWAND: LUTHERs Theologie, 1974, 290-308. Iwand geht im besonderen auf das »Begriffspaar ›innen‹ und ›außen‹« ein, und entfaltet von daher den Umriss politischer Ethik bei M. LUTHER.

[25] Vgl. F. STOLZ: Art. Herz (1971), 863. Stolz beschreibt das ganze Spektrum dieser zentralen Rede vom Menschen im Alten Testament. Er bemerkt: »Nach israelitischem Glauben gibt Jahwe dem menschlichen leb (sc. = Herz) seine Möglichkeiten (so z.B. Ps 51,12); er kann diese Möglichkeiten auch verstellen.« (865f.). Hier kann keine fragwürdige Vorstellung von einer Innerlichkeit eingetragen werden, auf die sich jemand das Äußere fliehend zurückziehen kann.

[26] Vgl. zur Problemgeschichte: A.O. HIRSCHMAN: Leidenschaften und Interessen. Politische Begründungen des Kapitalismus vor seinem Sieg, 1980.

[27] F. NIETZSCHE: Die Fröhliche Wissenschaft [1886] (1955), 3. Buch, Aph. 125.

[28] Dies muss, wie hier auszuführen ist, nicht in die Richtung eines totalisierenden Poststrukturalismus führen: vgl. dazu J. HABERMAS: Die Neue Unübersichtlichkeit, 1985. Es geht vielmehr eben darum, diejenige Struktur sichtbar werden zu lassen, die nicht eine der moralischen Rechtfertigung ist, sondern die einer politischen Existenz. Habermas spricht (ebd., 220) von einer »widerständigen Struktur«, die in der kommunikativen Alltagspraxis aufzufinden ist.

sein lassen. Er war schon tot, bevor er abgeschafft wurde. Der Gott, der mit seinem Wort die Herzen regiert, tritt dieser Moral des toten Gottes und der damit verbundenen moralischen, nicht-politischen Existenz befreiend entgegen. Der Christenmensch, der sich von Gott regieren lässt, ist nicht derjenige, der durch Moral gezähmt worden ist. Er ist nicht dieser Mensch, der sich moralisch abgesichert hat und so auf keinen Widerspruch mehr angewiesen bleibt. Mit dem Hören des Wortes Gottes ist er freigesetzt dazu, sich in dem Wort zu treffen, das er mit anderen im *Hören* teilen kann. Er ist freigesetzt, dieses Wort zu erproben. Das macht seine politische Existenz aus. Sie hat messianischen Charakter: der Christenmensch ist berufen und gesandt, zu erproben und mitzuteilen, wer wir Menschen sein dürfen.

Das Regiert-Werden durch Gottes Geist steht gegen jede moralische Selbst-Vergewisserung, die darauf zielt, die Übereinstimmung mit seinem oder einem Selbst (welches auch immer das ist) zu finden. Das Regiert-Werden durch Gottes Geist steht auch gegen jeden Geist, der solche Vergewisserung verspricht. Das geistliche Regiment geschieht durch die Predigt des Evangeliums.[29] Dieses Regiert-Werden von Gottes Geist lässt Menschen immer neu gleich *werden*, ohne sie auf ein Allgemeines zu verpflichten – Gelegenheit für Ideologien und kollektive Überzeugungen. In diesem Regiert-Werden gewinnen Menschen ihre Freiheit nicht durch Selbstbehauptung, die wiederum andere Menschen bedrängt, vielleicht unterdrückt oder auch vereinnahmt. Das Freiwerden geschieht »in JESUS CHRISTUS« (Röm 8,2) – dadurch, dass in Christus das »Gesetz des Todes und der Sünde« aufgehoben, zu Ende gebracht ist. Zu Ende gekommen ist das alle beherrschende Gesetz und die mit ihm verbundene Ökonomie der Schuldverstrickung und Schuldbearbeitung. Es ist das Gesetz des Nicht-Mehr-Handeln-Könnens und der Handlungsstrategien, die das aufzubrechen suchen, weil unerkannt bleibt, wo Handeln einsetzen kann. In einer solchen Logik kann politisches Zusammenleben nicht entstehen. So ist die Aufhebung der Mechanismen von Schuldverstrickung und Schuldbearbeitung der Anfang einer politischen Existenz – und außerhalb politischen Handelns, aber in seiner unmittelbaren Nähe. In den Schuldverhältnissen herrscht Gewalt, die immer dort auftritt, wo *Handeln* im politischen Sinn nicht möglich ist, das einen Neubeginn darstellt.[30] Der Gewalt, die Schuld und Schulden-Verhältnisse bearbeitet, wird das Wort von der Versöhnung[31] entgegengestellt. Es ist das Wort von der Abschaffung der

---

[29] Vgl. bei I. KANT die Darstellung der politischen Moralisten: Zum ewigen Frieden (1795) [1908] (1968), 372.
[30] Diese Unterscheidung, zeigt H. ARENDT: Macht und Gewalt, 1975.
[31] Siehe zur theologischen Auslegung: G. SAUTER; H. ASSEL (Hg.): »Versöhnung« als Thema der Theologie, 1997.

Logik der Gewalt[32], wie es PAULUS alles zusammenfassend ausspricht: »Denn Gott war in Christus und versöhnte die Welt mit sich selber und rechnete ihnen ihre Sünden nicht zu und hat unter uns aufgerichtet das Wort von der Versöhnung.« (2Kor 5,19) Die von Gott eingerichtete Versöhnung ist der Ursprung der neuen Kreatur (2Kor 5,17) als einer *politischen*, weil sie die Gewalt, die als ein Mittel zu dienen hätte, oder die sich gar in der Logik oder Ökonomie der Gewalt bewegt, hinter sich lässt. So ist der *Status politicus* zu verstehen als der Ort der Abwesenheit einer Gewalt, die Rechte anderer verletzt.[33] Der Gewalt und ihrer Logik[34] ist im Wort von der Versöhnung widersprochen. Wer sich versöhnen lässt, wer dieses Wort für sich gelten lässt, tritt auf die Gegenseite der Gewalt. Hier ist der Ort einer ganzen Ethik versöhnten Lebens[35] – einer insgesamt politischen Ethik eines versöhnten, die durch Gewalt aufrechterhaltenen menschlichen Lebens.

Um den Status politicus von Gewalt freizuhalten, bedarf es deshalb dann auch des Rechts und der allein auf dessen Schutz bezogenen Gewalt. Diese schützt so die politische Existenz durch eine spezifische Gewalt. Es ist – mit Walter BENJAMIN gesagt – die gründende, rechtsetzende und das Recht schützende, *anfängliche* Gewalt.[36] Von dieser Gewalt, der einzigen, die Menschen zukommt, ist diejenige unterschieden, die *ursprünglich* ist, die im ursprünglichen Sinne schöpferische Gewalt: Gottes Gewalt. Sie ist der unabdingbare Widerhalt dagegen, dass Menschen selbst versuchen, ursprüngliche Gewalt auszuüben. Dies geschieht dort, wo sie sich an einem a-politischen Ort aufhalten, in einem Ausnahmezustand, sich vielleicht gar der Menschheit gegenüber wissen oder darüber zu befinden versuchen, was »Mensch« ist. Es gibt keine solche Gewalt, die Menschen zukäme. Es gibt nur die übertragene Macht[37] (Röm 13,1) zu handeln und eine begrenzte Aufgabe des Regierens zu übernehmen.

---

[32] Siehe zur Bestimmung von Gewalt: B. WALDENFELS: Der Stachel des Fremden, 1990.
[33] Siehe dazu und damit zu weiteren Unterscheidungen: B. WALDENFELS: Der Stachel des Fremden, 1990, 115.
[34] Siehe zur Auseinandersetzung insbesondere die Diskussion mit René GIRARD. Siehe dazu: R. SCHWAGER: Brauchen wir einen Sündenbock? Gewalt und Erlösung in den biblischen Schriften, 1978 und W. PALAVER: René Girards mimetische Theorie im Kontext kulturtheoretischer und gesellschaftspolitischer Fragen, 2003.
[35] Hier ist dann auch der Ort einer Ethik, die das Gebot Gottes des Versöhners entfaltet, wie dies Karl BARTH in seiner Darstellung der Ethik in der Kirchlichen Dogmatik unternimmt: K. BARTH: Das christliche Leben. Die kirchliche Dogmatik IV,4, Fragmente aus dem Nachlaß; Vorlesungen 1959 - 1961, 1979. Siehe dazu: John B. WEBSTER: Barth's ethics of reconciliation, 1995
[36] W. BENJAMIN: Zur Kritik der Gewalt (1991). Zur Fragestellung in der theologischen Tradition siehe: O. O'DONOVAN; J.L. O'DONOVAN: Bonds of imperfection. Christian politics, past and present, 2004.
[37] Röm 13,1: ἐξουσία.

## 4. Befreiung zur politischen Existenzform

Das geistliche Regiment Gottes ist der Angelpunkt einer Befreiungsgeschichte, die die Existenz von Menschen als eine in der Befreiung befindliche zeigt.[38] Dies ist keine negative Freiheit[39], sondern die Freiheit eines neuen Lebens. Martin LUTHER nennt den Menschen, den Gott regiert und an dem er handelt, den »inneren Menschen«.[40] Gemeint ist der Mensch, sofern er nicht von seinem Bestreben abhängig bleibt und sofern er sich selbst nicht zum Gegenstand haben kann. Dieser »innere Mensch« ist dasjenige *Selbst*, das nicht intendiert werden kann, das aber nicht ein abstraktes, leeres »Ich« bleibt[41], sondern das, was diesen Menschen in seinem *Werden* ausmacht. Dies kann nicht intendiert werden, dies kann aber auch nicht von außen bestimmt werden. Es ist das Selbst, das anders nicht aufzufinden ist, als in der Geschichte mit Gott, der ihm dieses Selbst-Sein gewährt, auf das niemand Zugriff hat. Deshalb kann dieser innere Mensch auch nicht mit einer Innerlichkeit, einem inneren Zustand oder seiner psychischen Ökonomie identifiziert werden[42]: denn damit können Menschen wiederum versuchen, andere zu beherrschen oder zu verwalten.[43] Der »innere Mensch« ist der Mensch, der sich selbst und anderen nicht ausgeliefert ist, es ist der Mensch, der Gott an sich handeln lässt, es ist der Mensch, der mit Gott zusammenlebt und mit ihm auch in einem politischen Verhältnis steht. »Gott« wird nicht zum Moment seiner psychischen Ökonomie, er wird nicht der (große) Andere des Menschen, er wird nicht zum Vermittler eines humanen Subjektivierungsvorgangs, sondern Gott lässt Menschen zu *seinen* politischen Mit-Subjekten werden, zu Mit-Bürgern.[44] Dieser Gott exponiert sich, liefert sich aus, wie an sein Wort, das in JESUS CHRISTUS erschienen ist, so an das Hören und das Zeugnis der

---

[38] Es ist die Existenz des zu befreienden Menschen, des homo liberandus. Vgl. dazu: H.G. ULRICH (Hg.): Freiheit im Leben mit Gott. Texte zur Tradition evangelischer Ethik, 1993.
[39] Vgl. dazu C. TAYLOR: Negative Freiheit? Zur Kritik des neuzeitlichen Individualismus, 1988.
[40] M. LUTHER: Von der Freiheit eines Christenmenschen (1520).
[41] Vgl. kritisch dazu – in Bezug auf KANT – : T.W. ADORNO: Probleme der Moralphilosophie, [1963] 1996.
[42] So die vielfältige Kritik an LUTHER, die ihn nicht trifft, sondern seine Wirkungsgeschichte. Vgl. z.B. T.W. ADORNO: Minima Moralia, [1951] 1964, 176. ADORNO nennt LUTHER den »Erfinder der Innerlichkeit«, der seine inneren Kämpfe dann nach außen – gegen Bauern und Juden wendet. Entscheidend aber ist, dass eben dieses Innere nicht nach Außen zu wenden ist: vgl. H.J. IWAND: Luthers Theologie, 1974, 295f. (s.u.).
Siehe auch B1-2: IWAND hält umgekehrt fest: »Gott ist das Außen, das nie in ein Innen verwandelt werden kann.« Vgl. insbesondere auch: F. MILDENBERGER: Biblische Dogmatik. Eine biblische Theologie in dogmatischer Perspektive, Bd. 2: Ökonomie als Theologie, 1992.
[43] Auch im Sinne von »governance«, wie sie zum Gegenstand philosophischer Aufklärung geworden ist.
[44] »So seid ihr nun nicht mehr Gäste und Fremdlinge, sondern Mitbürger der Heiligen und Gottes Hausgenossen« (ἄρα οὖν οὐκέτι ἐστὲ ξένοι καὶ πάροικοι ἀλλὰ ἐστὲ συμπολῖται τῶν ἁγίων καὶ οἰκεῖοι τοῦ θεοῦ) (Eph 2,19). So politisch ist auch Psalm 8 zu lesen.

Menschen. Gottes Regiment freilich können sich Menschen entziehen.[45] Gott hat sich an sein Wort und das Zeugnis gebunden, das ist der Grund menschlicher Freiheit.

Das geistliche Regiment erweist sich so als der Angelpunkt einer theologischen Ethik, die nicht auf eine abstrakte Gottesbeziehung setzt (wie das »coram Deo« oft erscheint), oder auf eine Moralität, auf ein Subjekt oder ein Selbst, das in Übereinstimmung mit einem Gesetz, das ihm – notwendig – zugehört, sich selbst regiert (Autonomie). Auch dieser Selbst-Unterwerfung (Identität) steht die Regierung durch das Wort entgegen: Menschen sind dadurch nicht sich selbst ausgeliefert, in dem Gesetz, auf das sie sich festgelegt wissen, weil sie darin in *ihrer* Vernunft übereinstimmen.[46] Im Hören des Wortes kommt es auf die Erfahrung der Differenz an, auf den *Widerspruch*, und darauf, wie diese Vernunft im Verstehen und Erproben dessen, was Gott für die Menschen will, erneuert wird.[47] Die politische Ethik lebt aus der Erkenntnis, die aus diesem Widerspruch erwächst. Dieser Widerspruch kennzeichnet die Verkündigung JESU – nicht zuletzt der Widerspruch gegen die Rechtfertigung aus dem Gesetz, das nicht die Herzen regiert, sondern als ein Verhältnis abgerufen wird, auf das man sich beruft. Nicht die Verinnerlichung des Gesetzes oder die Erzeugung eines (schlechten) Gewissens[48] als einer Instanz entspricht dem Gebot Gottes, sondern das Leben mit dem Gebot, das es als den Ort des Lebens mit Gott und mit dem Nächsten bezeugt.

So treten Christenmenschen in Erscheinung, nicht wie diejenigen, die – wie Psalm 82 es von den Ungerechten sagt – nicht hören und das Gegenüber nicht erkennen, sondern als Menschen, die sich Gottes Wort sagen lassen. Dieses Wort ist ja dadurch von allem unterschieden, was zu hören ist, dass Gott sich selbst an dieses Wort gebunden hat. Darin hat er sich exponiert.[49] Gott ist nicht nur eine »Autorität« hinter diesem Wort, sondern es handelt von Gottes Auftreten, es handelt von einer Geschichte, in die er Menschen einbezieht.

In seiner Auslegung der Psalmen beschreibt Martin LUTHER immer neu diese Pointe der politischen Bedeutung des Wortes Gottes. So in der Auslegung von

---

45 Bezogen auf die Frage der Theodizee hat dieses Sich-Ausliefern Gottes Hans JONAS gesehen: H. JONAS: Der Gottesbegriff nach Auschwitz. Eine jüdische Stimme, 1987. Indem Gott sich freilich ganz ausliefert, bleibt nichts mehr von seinem Regiment. Dieses bleibt etwa nach dem Verständnis des PAULUS – so ohnmächtig es sein mag, weil es die Herzen nicht zwingt – in Gottes Hand. Die Regierung Gottes durch sein Wort ist immer zugleich dort kenntlich, wo Gottes Wort klagt und anklagt.

46 Zu diesem Grundproblem bei I. KANT siehe T.W. ADORNO: Probleme der Moralphilosophie, [1963] 1996.

47 Röm 12,2.

48 Zum evangelischen Verständnis des Gewissens vgl. E. WOLF: Sozialethik, 1975.

49 Dies anders als bei jenen anonymen Richtern, deren Nicht-Urteilen in Gewalt übergeht, wie es F. Kafka beschreibt: F. KAFKA: Der Proceß, [1925] 1990.

Psalm 122: »Die ganze Welt ... hat Überfluss und genießt täglich die Wohltaten Gottes vollauf, und dennoch bleibt diese Blindheit in den Herzen, dass sie nicht glauben, dass es Gaben Gottes seien. Daher genießt die Welt derselben nicht anders, wie die Säue der Speise und des Tranks. David aber sieht, dass ihm ein Königreich geschenkt sei, in welchem das reine Wort und die reine Gottesverehrung im Schwange geht. Diese Gabe erkennt er, und ist deshalb so voller Freude, und preist sein Jerusalem, dass es die Stadt ist, da man zusammenkommt, das heißt, dass es der Ort ist, der von Gott dazu bestimmt ist, dass die Leute sich dahin versammeln, um Gottes Wort zu hören und Gottes zu danken; außer diesem Orte könnte man Gott nicht finden.«[50]

Dieser einzigartige Vorgang begründet die politische Existenz, dies ist ihre Gerechtigkeit, sofern auch diese darin besteht, sich etwas sagen zu lassen, was nicht auf die Selbstbestätigung und Beharrung im eigenen Sein zielt, sondern darauf, zu hören und zu sehen, aufmerksam auf die Geschichte mit Gott zu werden, in die der Gerechte gehört. Der Gerechte bewährt sich darin, dass er *dieser* Geschichte treu bleibt und nicht darin, dass er glaubt, einer Historie folgen zu müssen oder zu können, die er durch welche historische Aufklärung auch immer überblickt. Dieser Gerechte ist die Grundfigur des politischen Menschen, denn was er sich sagen lässt, wird ihn nicht in seiner *Selbst*behauptung festhalten, sondern auf Gottes Geschichte, auf Gottes Gedenken und Urteil verweisen, auf Gottes Gerechtigkeit. Er wird so erfahren in Gerechtigkeit.[51]

## 5. Erfahren in Gerechtigkeit

Menschen sind Werdende, die sich selbst als diejenigen erfahren dürfen, die des Nächsten bedürfen und darin immer schon erfahren sind, was es heißt, in Gerechtigkeit Gutes zu empfangen. Diese Gerechtigkeit ist immer schon allen Verhältnissen voraus – immer schon haben wir mehr Gutes erfahren als die Verhältnisse hergeben, in denen wir uns aufhalten: Verhältnisse des Kooperierens, des Gebens und Nehmens, der Macht und der Verantwortung. Dies lässt sich an den *biblischen Traditionen* studieren. So an der Beziehung zwischen der ersten und zweiten Tafel des *Dekalogs*[52]: was in der zweiten Tafel von der Zuwendung, der Beachtung und Bewahrung des Nächsten (»Du sollst nicht töten«) gesagt ist, bleibt darin verwurzelt, dass sich Menschen keine eigene, wie auch immer begründete Welt zurechtmachen, sondern sich dem Gott und seiner Gerechtigkeit

---

50 M. LUTHER: Luthers Auslegung über die fünfzehn Lieder im höhern Chor, Ps. 120 bis 134. Der hundertundzweiundzwanzigste Psalm [1531-1533] (1987), 1828.
51 Dazu weiteres: H.G. ULRICH: Erfahren in Gerechtigkeit. Über das Zusammentreffen von Rechtfertigung und Recht (1995).
52 Siehe dazu Stanley HAUERWAS: Sanctify Them in the Truth. Holiness exemplified, 1998.

zugehörig erfahren, der ihr Schöpfer ist. Das ist der erste Ort, an dem sie sich aufhalten: der *gottesdienstliche* Ort ihrer Existenz. Dieser erste Ort ist überall dort, wo Menschen dessen gewärtig sind, dass ihr Leben eingefügt ist in Gottes Wirken. Hier *werden* sie *als* diejenigen, die Gottes Geboten als Regeln ihrer Lebenspraxis folgen. Das ist ihre *gottesdienstlich-politische* Form, die nicht im Sinne einer allgemeinen Gesetzlichkeit einzufordern ist, weil sie mit der geschöpflichen Existenz verbunden bleibt, deren Ort und praktischen Vollzug Gottes Gebot vorgibt, wie es im Dekalog aufzufinden und immer neu zu hören und zu lernen ist. Wer Gott den Schöpfer ehrt (Psalm 50,23), wird dabei befreit davon, Göttern und ihren Gesetzen zu dienen, die den Blick auf den Nächsten und die ihm entsprechende Gerechtigkeit verstellen und nichts gewähren, was mitzuteilen wäre. Wer den Feiertag heiligt (3. Gebot), wird darin immer neu seine geschöpfliche Existenz erfahren und wird sich nicht der Illusion ausliefern, Produkt seiner eigenen Arbeit zu sein. Er wird aber vor allem an diesem Feiertag des Ortes gewärtig, an dem er seinem Schöpfer gehört. Er kann an keinen anderen Ort versetzt werden, an dem über ihn verfügt werden könnte, er ist frei. Es geht um die politische Bedeutung des Sabbats, an der der christliche Sonntag Anteil hat und die der Sonntag bestätigt. In der Auslegung des Gebots der Feiertagsheiligung hat Martin LUTHER diese Bedeutung festgehalten: sie verweist auf den Status ecclesiasticus.[53] Mit ihm ist der Ort gesetzt, an dem Gott die Herzen durch sein Wort *regiert*. Darin gewinnen die Hörenden ihre Bürger-Existenz.[54] Von dieser Regierung kann niemand ausgeschlossen werden: es gibt keine Reglements des Zugangs oder des Ausschlusses.

Die Differenz zwischen der ersten Tafel des Dekalogs (1.-3. Gebot) und der zweiten Tafel (4.-10. Gebot) und ihr unaufgebbarer Zusammenhang[55] gibt die *Struktur* vor, in der sich die ethisch-politische Existenz bewegt: die Struktur einer Gerechtigkeit, in der Geschöpfe erfahren sind. Darin ist die politische Form und Topologie geschöpflichen Lebens beschlossen: als Form seiner Gerechtigkeit, als Form seiner Bewährung in der Gemeinschaft und als Form der Bewahrung dieser Gemeinschaft. Diese *politische Form* ist von der *Form* geschöpflicher Existenz nicht zu trennen, es sei denn um den Preis einer anderen Gerechtigkeit, einer Gerechtigkeit, die dann entweder zur persönlichen Haltung wird oder verschwindet. Wie Menschen Gerechtigkeit ausüben, ist darin verwurzelt, wie sie

---

[53] Siehe auch: LUTHERs Auslegung über die fünfzehn Lieder im höhern Chor, Ps. 120 bis 134. Der hundertundzweiundzwanzigste Psalm [1531-1533] (1987).
[54] Diesen Zusammenhang, der die ganze Struktur evangelischer Ethik ausmacht, hat Bernd WANNENWETSCH dargestellt: B. WANNENWETSCH: Gottesdienst als Lebensform – Ethik für Christenbürger, 1997.
[55] Martin LUTHER hat diesen Zusammenhang in der Auslegung des Dekalogs in seinem Kleinen Katechismus dadurch eingeschärft, dass er jedes Gebot unter das alles umgreifende »Wir sollen Gott fürchten und lieben..« stellt.

## 5. Erfahren in Gerechtigkeit

selbst Gerechtigkeit erfahren und dieser Erfahrung gewärtig sind. In diesem gleichursprünglichen Verwurzeltsein in Gerechtigkeit gründet die politische Praxis. Das ist kein moralischer Grund und kein unbefragtes Übereinkommen. Es ist vor allem kein Terrain, über das jemand Herrschaft ausüben könnte. Es ist die immer schon erfolgte Herausnahme an den Ort, an dem Gott regiert. Dies ist die immer neue Bestätigung dieses menschlichen Standes: des Status politicus in seiner Beziehung auf Gottes Regiment. Das macht den institutionellen Charakter dieses Standes aus, wie er in der Lehre von Ständen deutlich hervorgetreten ist. Dieser institutionelle Charakter bewahrt davor, eine allgemeine Grundlage des Zusammenkommens von Menschen zu behaupten, die indifferent werden lässt, worin sich Menschen zusammenfinden.

So ist es zu wenig, von einer kommunikativen Ethik zu sprechen, jedenfalls dann, wenn nicht deutlich ist, dass es um die Gemeinschaft *derer* geht, die sich als Geschöpfe begegnen und nicht etwa als diejenigen, die ihr Selbst gegen andere, ihre Interessen gegen die anderen, ihre Traditionen gegen andere auszumitteln suchen. Diese agonale, kämpferische, auf Durchsetzung oder Verhandlung von Geltungsansprüchen gerichtete Moral ist vorpolitisch, außerpolitisch, zu nennen. Auch die ihr entsprechende Freiheit ist von der politischen des Tuns des Gerechten, der Bewährung und des gemeinsamen Handelns zu unterscheiden.[56]

Die mitteilende Gerechtigkeit besteht im Vollzug der politischen Praxis des Hörens und Explorierens dessen, was dem Nächsten mitzuteilen ist.[57] Diese Gerechtigkeit wird nicht als immer schon gültige Regel der Verteilung oder Zuteilung implizit in unsrem Tun vorausgesetzt, sondern ihr gilt eine *ausdrückliche* Übereinkunft. Sie wird nicht anonym praktiziert. Die *ausdrückliche* Übereinkunft stellt selbst eine politische Praxis dar, sofern damit jeder, jede Beteiligte den Nächsten *aufsucht*, um ihn zu hören. Gerechtigkeit ist die Aufhebung der Anonymität, auch die Aufhebung des Pluralismus, der die Namen von Einzelnen nicht kennt, sondern gleiche und namenlose Individuen voraussetzt. Gerechtigkeit ist die Entdeckung des nächsten Einzelnen in dem, was ihm mitzuteilen ist. In den Vollzug dieser Gerechtigkeit eintreten, heißt politisch werden. Dies ist nicht die Organisation des Gemeinsamen, sondern das *Tun des Gerechten* in der Erwartung, dass dies auch diesen anderen einen in Gerechtigkeit Erfahrenen werden lässt. Es geht um das Einbezogen-Sein des Nächsten als einen, der auch erfahren ist in Gerechtigkeit. Der Nächste, wie er im Gebot der Nächstenliebe (Lev 19) angesprochen ist, ist derjenige, der fraglos dazugehört. Das gibt die Übersetzung von Martin BUBER und Franz ROSENZWEIG wieder: »Liebe Deinen Nächsten – dir gleich«, was zu lesen ist: »er ist dir gleich« (Lev 19,18), er gehört

---

[56] Vgl. dazu insbesondere H. ARENDT.
[57] Siehe dazu A1-9.

mit dir zusammen. Der Nächste wird nicht erst in den Stand versetzt, der ihm die Zuwendung verspricht. Er gehört dazu, befindet sich im selben Stand.[58]

Für die Konsensbildung im Diskurs ergibt sich daraus immer neu die Frage, wer und was denn überhaupt ins Spiel und zu Gehör kommt und wie der Nächste mit seiner Erfahrung Berücksichtigung finden kann – sofern es um diesen Nächsten wirklich auch geht und nicht darum, ein Ziel jenseits dieser so ausgeübten Gerechtigkeit zu erreichen. Gerechtigkeit ist deshalb keine Idee, die zu verwirklichen wäre.[59] Nicht ein Zustand für alle, der wie auch immer herzustellen ist, sondern diese allen gemeinsame Gerechtigkeit, dieses »*worin*« kennzeichnet den Status politicus.

Im Status politicus ist Gewalt ausgeschlossen. Es ist die Gewalt ausgeschlossen, die nur von außen kommen kann, außerhalb der Bewährung im Tun. Gewalt bleibt immer neu dadurch ausgeschlossen, dass dem Nächsten Gerechtigkeit geschieht – im Tun des Gerechten, und sei es noch so wenig. Diese Gerechtigkeit ausüben zu können und mit Gerechtigkeit rechnen zu können – darin besteht die Freiheit. Es ist die Freiheit davon, sich selbst durchsetzen zu müssen und zugleich eine substantielle Freiheit, weil sie erlaubt, selbst Gerechtigkeit ausüben zu können und darin *Macht* zu haben.[60] Es geht nicht wiederum nur um die Gerechtigkeit als Tugend – die die Tugend der Mächtigen ist, das heißt derer, die handeln können. Vielmehr geht es zuerst auch um den durchaus institutionellen Charakter dieser *Macht* zur Gerechtigkeit. Es geht um ein bestimmtes Tun, eine Bewährung, in der Menschen immer schon zusammenfinden. Sich im Tun des Gerechten zusammenzufinden heißt, sich in den Status politicus versetzen zu lassen. Dieser ist nicht von Menschen zu gewähren, sondern immer schon gesetzt.

Mit dieser immer neu auszuübende Gerechtigkeit betreten wir den Bereich des Friedens.[61] Freiheit, Gerechtigkeit und Frieden sind miteinander im geschöpflichen Werden verbunden und bilden den inneren Umriss der politischen Existenz in ihrer Geschöpflichkeit. Der Angelpunkt, um den sie sich dreht, ist die Gerechtigkeit, ihre Vollendung ist der Friede, der höher ist als alle Vernunft, der Friede, der uns gesetzt wird[62], und ihr Ursprung ist – immer neu – die Befreiung

---

[58] Siehe dazu A1-9; A3-4. Vgl. Dtn 5,14: dort ist das »dir gleich« auf Knecht und Magd bezogen, die gleichermaßen am Sabbat zu ruhen haben.

[59] Vgl. kritisch dazu Stanley HAUERWAS: The Politics of Justice. Why justice is a bad idea for Christians (1991).

[60] Dies ist in Parallele zu jener substantiellen Freiheit zu sehen, wie sie Amartya SEN als grundlegend für eine Ökonomie sieht, die fundamentale Abhängigkeiten ausschließt: Vgl. A. SEN: Ökonomie für den Menschen, 2001.

[61] Siehe hierzu die Interpretationen von J. DERRIDA zu Lévinas: Adieu, 106ff.

[62] Vgl. Die Diskussion dieses Problems bei LÉVINAS: J. DERRIDA, Adieu, 116ff. Derrida sieht hier die Differenz zwischen KANT und LÉVINAS.

## 5. Erfahren in Gerechtigkeit

aus der Sorge um das eigene Sein und seine Behauptung.[63] Diesem Frieden kann keine Gewalt – eine rechtsetzende Gewalt – vorausgehen und es kann ihn keine Gewalt begleiten. Er hat seinen eigenen – immer neuen – Ursprung, wie es der gottesdienstliche Segen ausspricht: »Er *setze* Dir Frieden«.[64] Auch hier tritt der institutionelle Charakter hervor: Gott »setzt« (so die Übersetzung von Martin BUBER und Franz ROSENZWEIG) den Frieden, in dem Gottes Volk leben kann. Dieser Frieden ist in der Geschichte Gottes mit seinem Volk beschlossen, die immer neu geschieht und zu erzählen ist. Diese Geschichte und die darin beschlossene Institution, keine andere, bietet den Raum, in dem Menschen koexistieren.

Die Logik dieser politischen Ethik ist in Eph 2,10-20 ausgeführt:

*»Denn wir sind sein Werk, geschaffen in Christus Jesus zu guten Werken, die Gott zuvor bereitet hat, dass wir darin wandeln sollen.*
*Darum denkt daran, dass ihr, die ihr von Geburt einst Heiden wart und Unbeschnittene genannt wurdet von denen, die äußerlich beschnitten sind, dass ihr zu jener Zeit ohne Christus wart, ausgeschlossen vom Bürgerrecht Israels und Fremde außerhalb des Bundes der Verheißung; daher hattet ihr keine Hoffnung und wart ohne Gott in der Welt.*
*Jetzt aber in Christus Jesus seid ihr, die ihr einst Ferne wart, Nahe geworden durch das Blut Christi. Denn Er ist unser Friede, der aus beiden eines gemacht hat und den Zaun abgebrochen hat, der dazwischen war, nämlich die Feindschaft. Durch das Opfer seines Leibes hat er abgetan das Gesetz mit seinen Geboten und Satzungen, damit er in sich selber aus den zweien einen neuen Menschen schaffe und Frieden mache und die beiden versöhne mit Gott in einem Leib durch das Kreuz, indem er die Feindschaft tötete durch sich selbst. Und er ist gekommen und hat im Evangelium Frieden verkündigt euch, die ihr fern wart, und Frieden denen, die nahe waren. Denn durch ihn haben wir alle beide in einem Geist den Zugang zum Vater. So seid ihr nun nicht mehr Gäste und Fremdlinge, sondern Mitbürger der Heiligen und Gottes Hausgenossen, erbaut auf den Grund der Apostel und Propheten, da Jesus Christus der Eckstein ist ...«*[65]

Hier wird zugleich deutlich, in welcher Weise die Topologie für die menschliche Existenz darauf beruht, dass es keine kategorial verschiedenen Menschengruppen gibt (wie Beschnittene und Unbeschnittene), sondern diese an einen einzigen politischen Ort versetzt werden, und nur einen solchen einzigen kann es geben. Die Christen können nicht außerhalb bleiben – so ausgesetzt, wie die

---

[63] Das Problem der Selbstbehauptung, der Behauptung zu »sein«. Siehe dazu R. WILLIAMS, Rechtfertigung und Ethik (1995).
[64] So die Übersetzung des Aaronitischen Segens von Num 6,26 bei M. BUBER/ F. ROSENZWEIG des hebräischen שׂים (= setzen).
[65] Vgl. zur Auslegung, im Gespräch mit Hannah ARENDT und Alfred de QUERVAIN: W. GÖLLNER: Die politische Existenz der Gemeinde, 1997.

Juden zu Nicht-Bürgern gemacht worden sind: das Grundverbrechen gegen Menschen.[66] Dass alle in einen einzigen politischen Ort versetzt werden, gründet in dem Opfer Jesu Christi, weil durch dieses das »Gesetz« abgetan ist: dasjenige Gesetz, zu dem es nur für die einen, nicht für die anderen einen Zugang gegeben hat. Es kann nicht mehr die Logik des Ausschlusses geben. Und: Durch Christi Opfer wurde das Gesetz ein für alle mal erfüllt, so dass es nicht mehr gebraucht wird und auch nicht mehr gebraucht werden kann. Es gibt ab jetzt kein ius divinum mehr, das sich verselbständigen und außerhalb und unabhängig von der geistlichen Regentschaft Gottes gültig sein könnte. So wird es auch kein Opfer mehr geben können, das heißt es wird kein »um willen« mehr geben, das ein Menschenleben zu erfüllen hätte. Aber vor allem: es wird außerhalb der Regentschaft Gottes kein Terrain mehr geben, das von irgend jemanden beherrscht werden und mit Gesetzen fixiert werden könnte. So wie es kein ius divinum mehr gibt, so gibt es kein ius humanum mehr, das unabhängig und außerhalb derjenigen Gerechtigkeit etabliert wäre, die Menschen als die Geschöpfe Gottes festhält.

Diese Topologie, wie sie uns in den biblischen Texten begegnet, bildet die *Ordnung des Werdens*, in der die geschöpfliche Existenz lebt. Sie findet in dem darin gesetzten Frieden den Ort für eine politische Praxis, die widerständig ist gegen Gewalt. Sie schließt aus, dass sich jemand deshalb zum Herren aufspielt, weil er Regentschaft verspricht. Für dieses Ende der Gewalt steht der politische Status ein, der gegen einen Ausnahmezustand steht, in dem niemand regiert (»ihr wart ohne Gott in der Welt« – Eph 2,12).

Grundlegend für die politische Ethik ist die institutionalisierte Kritik gegenüber einer sich selbst begründenden Herrschaft unter Berufung auf ein Allgemeines, das zur Verfügung steht. Dies geschieht dort, wo sich Herrschaft auf *Moral* beruft. Es geht demgegenüber darum, dass alle Menschen Bürger werden und bleiben. Die darin beschlossene Kritik an einem unpolitischen Zustand, dessen sich jede Art von Herrschaft – und sei es eine Herrschaft geistiger Art, die sich auf einen Geist beruft, der keinen Ort hat[67] – bemächtigen kann, setzt die politische Praxis frei, das Ausüben von Gerechtigkeit und das Frieden-Stiften. Eine solche weltbürgerliche Existenz zu eröffnen, dazu ist der Christus-Frieden eingesetzt, am paradigmatischen Übergang von den Juden zu allen anderen Völkern.[68] An diesem Übergang findet die Berufung zu solchen Bürgern statt, die dies ausdrücklich bezeugen. Sie sollten sich nicht in solche moralische Subjekte

---

66  Siehe dazu: H. ARENDT: Es gibt nur ein einziges Menschenrecht (1981).
67  Siehe dazu: M. LUTHER: Luthers Auslegung über die fünfzehn Lieder im höhern Chor, Ps. 120 bis 134. Der hundertundzweiundzwanzigste Psalm [1531-1533] (1987).
68  Vgl. auch Psalm 87.

verwandeln, die über ein Terrain herrschen, das der Regierung Gottes entzogen ist. Es gibt nur ein einziges Menschenrecht, das Recht, Rechte zu haben, das Recht ein Bürger zu sein – mit dieser Erkenntnis hat Hannah ARENDT festgehalten, was mit dem Status politicus im Blick ist: die vorgängige und nicht zu thematisierende Gegebenheit[69] des Bürgers-Seins aller Menschen.[70] Diese kann nicht abhängig sein von Prozeduren der Anerkennung oder der Rücksichtnahme, sie kann überhaupt nicht prozedural abgesichert werden, wie es Legitimationsdiskurse nahe legen, sie gehört zu dem, worin konvergiert, was menschliches Leben trägt. Dessen gewärtig zu werden und Wege der Erprobung und Bezeugung zu zeigen, ist die Aufgabe der Ethik. Was das menschliche Leben sein lässt, was ihm zukommt, besteht in der Erprobung und Bezeugung. Es ist nicht in einer umfassenden Morallehre darzulegen, aber in solcher Praxis aufzufinden. Dem Status politicus, der jedem Menschen zugehört, entspricht die Praxis einer Gerechtigkeit, die diesen Status erprobt und bewährt. Auf ihre Ausübung kommt es an, wenn präsent bleiben soll, was es heißt, ein Bürgermensch zu sein.

Die Bezeugung der Gerechtigkeit ist beschlossen im Lobpreis Gottes für seine Gerechtigkeit, in der er seinen Geschöpfen und Berufenen treu ist. In diesem Lobpreis werden die Geschöpfe der Gemeinschaft gewärtig, die sie trägt:

*23 Ich will deinen Namen kundtun meinen Brüdern, ich will dich in der Gemeinde rühmen:*
*24 Rühmet den HERRN, die ihr ihn fürchtet; ehret ihn, ihr alle vom Hause Jakob, und vor ihm scheuet euch, ihr alle vom Hause Israel!*
*25 Denn er hat nicht verachtet noch verschmäht das Elend des Armen und sein Antlitz vor ihm nicht verborgen; und als er zu ihm schrie, hörte er's.*
*26 Dich will ich preisen in der großen Gemeinde, ich will mein Gelübde erfüllen vor denen, die ihn fürchten.*
*27 Die Elenden sollen essen, dass sie satt werden; und die nach dem HERRN fragen, werden ihn preisen; euer Herz soll ewiglich leben.*
*28 Es werden gedenken und sich zum HERRN bekehren aller Welt Enden und vor ihm anbeten alle Geschlechter der Heiden.*
*29 Denn des HERRN ist das Reich, und er herrscht unter den Heiden.*
*30 Ihn allein werden anbeten alle, die in der Erde schlafen; vor ihm werden die Knie beugen alle, die zum Staube hinabfuhren und ihr Leben nicht konnten erhalten.*
*31 Er wird Nachkommen haben, die ihm dienen; vom Herrn wird man verkündigen Kind und Kindeskind.*

---

69  Zum Problem, von »Gegebenheiten« zu sprechen siehe oben A1-1.
70  H. ARENDT: Es gibt nur ein einziges Menschenrecht (1981).

*32 Sie werden kommen und seine Gerechtigkeit predigen dem Volk, das geboren wird. Denn er hat's getan. (Psalm 22)*

Von diesem Lobpreis aus nimmt die politische Ethik ihren Ausgang und sie geht immer neu auf diesen zu. Darin erweist sich, was es heißt, sich von Gott regieren zu lassen. Dies ist keine politische Theologie, die Gottes Regentschaft für das menschliche Handeln in Anspruch nimmt, sondern eine politische Ethik, die im Blick behält, was es heißt, nicht zuletzt im politischen Bereich Gottes Geschöpfe zu bleiben. Eben dies lässt – mit Max HORKHEIMER – sagen: »*Politik, die, sei es höchst unreflektiert, Theologie nicht in sich bewahrt, bleibt, wie geschickt sie sein mag, letzten Endes Geschäft.*«[71] Das heißt, dass jede Art von Moral, auf die das politische Zusammenleben verwiesen ist, durch eine theologische Moralkritik hindurchgehen und zu einer Ethik werden muss.[72]

## 6. Von der Unveräußerlichkeit des inneren Menschen

Das geistliche Regiment gilt dem inneren Menschen, also dem Menschen, der sich in diese politische Existenz durch Gottes Regentschaft berufen lässt und der sich nicht a-politisch auf ein allgemeines Gesetz beruft oder was ihm entspricht, einen Fortschritt, eine Welt dieser oder jener Art. Gott sucht die Herzen der Menschen durch sein Wort zu regieren. So sind sie keiner anderen Herrschaft zugänglich: der innere Mensch ist *nicht* nach außen zu wenden.[73] Der innere Mensch, der Mensch, an dem Gott handelt, ist nicht nach außen zu verwirklichen oder darzustellen. Der innere Mensch bleibt verborgen – verborgen in Gottes Handeln.[74] Dieser innere Mensch wird von Gottes Geist regiert, der gebunden ist an sein Wort, er ist in Gottes Hand und *deshalb* unveräußerlich. So sagt LUTHER von dem »Gerechten«, der in Psalm 1 gepriesen wird, »dass die Seligkeit dieses Menschen verborgen ist im Geiste, in Gott, so dass sie nicht anders erkannt werden kann als durch den Glauben oder die Erfahrung.«[75] Dies ist entscheidend für die ganze damit verbundene theologische Ethik, insbesondere die politische Ethik. Es ist damit gesagt, dass die politische Ethik mit einem Menschen rechnet, der in dem, was ihn ausmacht – in seiner »Natur« – sich selbst und anderen nicht ausgeliefert ist, weil er zu Gott gehört. Dieser Mensch ist in seiner Existenz unveräußerlich, die er in Gottes schöpferischem Handeln

---

71 M. HORKHEIMER: Die Sehnsucht nach dem ganz Anderen [1970] (1983), 388; siehe auch: C. LEFORT: Fortdauer des Theologisch-Politischen?, 1999.
72 Vgl. M. HORKHEIMER: a.a.O., 389.
73 Vgl. H.J. IWAND: Luthers Theologie, 1974, 295f.
74 In diesem Sinne sind die Heiligen verborgen (s.o.). Vgl. M. LUTHER: Luthers Arbeiten über die ersten 22 Psalmen (Operationes in Psalmos) [1519-1521] (1987), Sp. 236.
75 M. LUTHER: Luthers Arbeiten über die ersten 22 Psalmen (Operationes in Psalmos) [1519-1521] (1987), 236.

## 6. Von der Unveräußerlichkeit des inneren Menschen

hat und Gottes Regierung durch sein Wort gewinnt.[76] Dieser Mensch bleibt in seinem Ursprung, er bleibt ein Selbst, das nicht in Besitz genommen werden kann – ein Selbst, das Seele[77] ist. Dies ist seine unveräußerliche Natur. Sie ist in nichts zu fassen, was dem Menschen selbst überlassen wäre, was er für sich zu seinem Gegenstand zu machen hätte.[78] Nicht diese Veräußerung macht seine politische Existenz aus, sondern dass sein Selbst – seine Seele – im Besonderen, im Detail des menschlichen Lebens, Verbindung aufnimmt mit anderen Menschen, die ihrerseits ihm nicht anders begegnen als die, die eine Seele *sind*.[79]

Mit dieser dem Menschen eigenen Geschöpflichkeit ist – für die politische Ethik grundlegend – die Gleichheit *aller* Menschen gesetzt: nur so nämlich, dass die innere Natur *nicht* nach außen gewendet wird, bleiben Menschen gleichursprünglich, nur so wird es nicht geschehen können, dass Menschen hinsichtlich ihres Ursprungs von anderen Menschen abhängen. Dies ist auch die entscheidende Erkenntnis für die Ablehnung jedes Eingriffs von Menschen in die Genese von Menschen. Ein solcher Eingriff am äußeren Menschen in seiner leiblichen Existenz betrifft damit auch den inneren Menschen. Sein Eingefügtsein in Gottes Handeln wird durchbrochen, wenn gesagt werden muss, es haben Menschen versucht, einen eigenen Anfang so zu setzen, so dass dieser Mensch von Menschen initiiert ist – das heißt, dass hier ein politischer Ursprung gegeben ist, an dem Menschen beteiligt sind. Es ist die Ausübung einer ursprünglichen Gewalt.

An diesem akuten Problem, tritt die Pointe dessen, was die verborgene Natur des inneren Menschen bedeutet, seine Geschichte mit dem Gott, der an ihm handelt, in aller Deutlichkeit zutage. Der innere Mensch muss menschlichem Zugriff und menschlicher Herrschaft um der Gleichheit willen entzogen bleiben.[80] Es würde sonst eine fundamentale Ungleichheit entstehen, und damit würde die Logik politischen Zusammenlebens zerstört, die auf einer Gleichheit

---

[76] Vgl. M. LUTHER zu Psalm 127: »Deshalb muss du lernen, dass du mit deinem Rate nicht einmal deinen eigenen Leib regieren kannst; wie solltest du denn anderer Leute Leiber und Willen regieren, auch nur in Einem Haus, Stadt, Herzogtum oder Königreich? Deshalb lerne, dass wie Jeremias (10,23) sagt, der Weg des Menschen nicht in seiner Gewalt steht, ja, dass der Leib, den du pflegst und herumträgst, nicht in deiner Gewalt stehe«. (M. LUTHER: Der hundertsiebenundzwanzigste Psalm (1987), Sp. 1921).
[77] Dies rückt E. GOODMAN-THAU in ihrer Interpretation von F. ROSENZWEIG in den Blick: Zeitbruch, 1995, 146f. Zu Bedeutung von »Seele« siehe E1-3; A3-5.
[78] Dies betrifft nicht zuletzt die Fixierung menschlicher Existenz in »Werten«: die Philosophie der Werte fügt die menschliche Existenz in die menschliche Ökonomie, sie bildet nach außen ab, was die menschliche Existenz ausmacht. Vgl. dazu die Analyse von U.K. PREUß: Die Internalisierung des Subjekts. Zur Kritik der Funktionsweise des subjektiven Rechts, 1979.
[79] Darin ist die ganze Philosophie und Theologie des Selbst-Werdens enthalten. Vgl. dazu F. ROSENZWEIG in der Interpretation von E. GOODMAN-THAU: Zeitbruch, 1995, 146f.
[80] Dies hat nichts mit einer Angst vor der Freiheit zu tun, die davor zurückweicht, dass es keinen natürlichen Gegenhalt gibt. Im Gegenteil: es ist das Eintreten für die Freiheit, um die es für den Menschen geht – die Freiheit eines Selbst-Seins, das nicht auf einer Verfügungsgewalt beruht.

beruht, die nicht erst durch eine politische Ordnung definiert oder verwirklicht werden muss, sondern a priori vorhanden ist.[81] Dies hat die Lehre vom geistlichen Regiment Gottes in den Blick gerückt – entgegen allen Vorgängen, durch die der innere Mensch menschlicher Formung, Disziplinierung oder Manipulation ausgesetzt wird. Das politische Zusammenleben kann nicht mit einer fundamentalen Ungleichheit, nicht mit einer fundamentalen Ungerechtigkeit einsetzen. Diese würde dort entstehen, wo der Ursprung des Menschen als ein bestimmter Anfang von Menschen gesetzt würde.

So wird es in der Diskussion um den Embryonenschutz akut. Diese Diskussion betrifft die Voraussetzungen politischer Existenz.[82] Die Ungleichheit würde dort ansetzen, wo der Ursprung von Menschen in irgend einer Weise als ein von Menschen gesetzter Anfang zum Gegenstand der Verwaltung (governance) gemacht würde. Die »Würde des Menschen« besteht immer schon darin, dass der »innere Mensch« in der Geschichte Gottes bleibt. So behält ein Mensch seine Würde nicht dadurch, dass ihm von Gott Würde zuerkannt wird. Es geht nicht um ein solches fundamentales Verhältnis zwischen Menschen, auf das man sich zu berufen hätte. Dieses wäre ein moralisches Verhältnis, und es wären Menschen, die diese Moral verwalten. Es geht vielmehr um den Vorgang der *Menschwerdung*, in dem Menschen bewahrt sind.[83] Dies macht den – auch theo-

---

81   Vgl. dazu: J. RANCIÈRE: Demokratie und Postdemokratie (1997). Rancière sieht Politik als Gegenaktion gegen das Unrechte und dieses entsteht in der Differenz zwischen Gleichheit und einer hergestellten Ordnung: »Die Logik der Gleichheit eines jeden sprechenden Wesens mit einem jeden anderen sprechenden Wesen und der Ordnungslogik, die Funktionen, Stellen und Macht distribuiert und den Körpern ihre Stellen zuweist.« (101) Hier ist von der Gleichheit »sprechender Wesen« die Rede: dies betrifft das Verständnis des Menschen als eines solchen, der grundsätzlich etwas zu sagen hat – das heißt nach unserem Verständnis – der etwas zu sagen hat, weil ihn Gottes Wort regiert. Das reflektiert nicht auf die Sprachfähigkeit des Menschen, sondern schließt die Voraussetzung ein, dass Menschen gleichursprünglich sind. Vgl. dazu auch A. BADIOU: Philosophie und Politik (1997), 43: »Wir werden also sagen, dass die Demokratie, hier auch in ihrer philosophischen Bedeutung verstanden, eine Politik bezeichnet, die in der Wirklichkeit ihres emanzipatorischen Prozesses die situationelle Unmöglichkeit von inegalitären Aussagen, die sich auf diese Situation beziehen, erarbeitet und entwickelt. ... Wir können auch sagen, dass die Demokratie als philosophische Kategorie die Gleichheit als solche darstellt, oder auch, dass sie bewirkt, dass keine Prädikate als inegalitäre Benennungen oder Kategorien in Umlauf gesetzt werden können, die formal im Widerspruch mit der Idee der Unmöglichkeit von inegalitären Aussagen sind.« Badiou zeigt die Unmöglichkeit inegalitärer Aussagen, also die Unmöglichkeit der Differenz im Kontext der politischen Verständigung.
82   Siehe die Argumentation von J. HABERMAS: Die Zukunft der menschlichen Natur, erweiterte Ausgabe, 2002, 127-163.
83   Dies ist der Grund dafür, dass H. ARENDT von einem einzigen Menschenrecht gesprochen hat: das Recht, Rechte zu haben, und eben nicht von irgend einer Anerkennung, auch keiner moralischen abhängig zu sein: H. ARENDT: Es gibt nur ein einziges Menschenrecht (1981). Es führt in die genau entgegengesetzte Interpretation, wenn dieses dem Menschen zukommende Recht nicht im Sinne einer politischen Institution gesehen wird, sondern – irgendwie – in einer von Gott gegebenen Rechtfertigung des Menschen. Von einer solchen freischwebenden Begründung kann das Recht nicht abhängig gemacht werden. Es geht um die Menschen, die, erfahren in Gottes Gerech-

logischen – Sinn der Rede von der Unantastbarkeit der Menschenwürde aus, dass sie dem moralischen Zugriff entzogen bleibt. Diese Würde ist menschlicher Verwaltung entzogen und sie kann nicht durch die Frage unterlaufen werden, wer überhaupt Mensch ist. Die Frage ist umgekehrt: was kann ein Grund dafür sein, einen Menschen im Werden »Embryo« zu nennen? Ein Mensch im Werden findet sich immer dort, wo es Mutter und Vater gibt, wo die Geschichte eines Menschenkindes begonnen hat.[84] Mit dieser Art von Anfang beginnt immer schon eine politische Existenz (Hannah ARENDT). Dies kennzeichnet die »Natur des Menschen« auch in seiner Leiblichkeit. Die Rede von Eigenschaften oder der Irrelevanz von Eigenschaften ist demgegenüber naturalistisch.

Der innere Mensch, wie ihn Gott regiert, kann nicht nach außen gewendet werden: es kann von seiner Existenzform oder Inpflichtnahme aus die Welt des Menschen nicht bestimmt und regiert werden. Es hieße die Regierung der Herzen durch das Wort zum politischen Modell zu machen. Im Gegenteil wendet sich die Lehre vom geistlichen Regiment gegen ein Modell, in dem Menschen versuchen, die Herzen von Menschen zu gewinnen, mit was auch immer dies geschieht: mit Religion und Glaubensüberzeugungen, mit Moral oder vernünftiger Argumentation. Eben dies würde auch die vernünftige Argumentation und eine ihr entsprechende Moral verderben. Das Problem, auf das sich die Zwei-Regimenten-Lehre bezieht, ist nicht zuerst die Freiheit *der* Religion (gegenüber dem Staat), sondern die Freiheit vor jeder Art von Bindung, durch die Menschen fundamental beeinflusst oder gar beherrscht werden. Es geht um die Freiheit *von* einer solchen immer äußerlichen Religion. Gott allein regiert die Herzen – die kirchliche Lehre und auch die Predigt kann die Herzen nicht regieren wollen. Keine Rhetorik, aber auch keine Argumentation, kann dies zum Ziel haben wollen.[85] Im Gegenteil: es kann nur um das Freiwerden der Herzen von solcher Inanspruchnahme gehen, es kann nur darum gehen, dass Gottes Wort gepredigt wird und das Herz frei werden lässt, von dem, was es bestimmt und beherrscht. Mit dieser Predigt, die nur gegen jede Rhetorik gerichtet sein kann, die die Herzen in menschliche Gefangenschaft nimmt, beginnt immer neu die Regierung Gottes – die politische Existenz des Christenmenschen. Was im *Gottesdienst* geschieht, dreht sich um diesen Vorgang.[86] So werden Christen die Bürger der

tigkeit, sich auf ein Recht einlassen, über das sie selbst nicht verfügen. Sonst entsteht ein mit der Rechtfertigungslehre verbundener Moralismus, gegen den H. ARENDT eben ihre Kritik wendet, weil er unzuverlässig, ja hochgefährlich ist.

[84] Zu dieser Logik im einzelnen, siehe: K. ULRICH-ESCHEMANN: Vom Geborenwerden des Menschen, 2000.

[85] Die Frage wird sein, was Rhetorik überhaupt sein kann – wenn dies berücksichtigt wird: vgl. C. PICKSTOCK: After Writing. On the liturgical consummation of philosophy, 1998.

[86] Dies hat in vielfältiger explorativer Erstreckung B. Wannenwetsch dargestellt: B. WANNENWETSCH: Gottesdienst als Lebensform – Ethik für Christenbürger, 1997.

Regierung Gottes, befreit von menschlicher Herrschaft, verborgene Heilige, die keinem Gesetz unterworfen sind und die niemand beherrschen kann. So ist der Christenmensch, der innere Mensch, ein freier Herr aller Dinge und niemandem untertan. Mit dem Gottesdienst als dem Ort dieser Befreiung ist dies eine politische Angelegenheit, die ihre eigene Öffentlichkeit hat, nicht einen *Markt* von Meinungen, Überzeugungen und rhetorischen Strategien. Es geht um Überzeugungen, die mit jener Freiheit eines Christenmenschen verbunden sind. In der BARMER Theologischen Erklärung ist dies festgehalten:

»›*Durch Gott seid ihr in Christus Jesus, der uns von Gott gemacht ist zur Weisheit und zur Gerechtigkeit und zur Heiligung und zur Erlösung.*‹ *(1Kor 1,30)*

*Wie Jesus Christus Gottes Zuspruch der Vergebung aller unserer Sünden ist, so und mit gleichem Ernst ist er auch Gottes kräftiger Anspruch auf unser ganzes Leben; durch ihn widerfährt uns frohe Befreiung aus den gottlosen Bindungen dieser Welt zu freiem, dankbarem Dienst an seinen Geschöpfen.*

*Wir verwerfen die falsche Lehre, als gebe es Bereiche unseres Lebens, in denen wir nicht Jesus Christus, sondern anderen Herren zu eigen wären, Bereiche, in denen wir nicht der Rechtfertigung und Heiligung durch ihn bedürften.*«[87]

## 7. Von der Notwendigkeit einer äußeren Regierung

Weil der innere Mensch nicht für irgend eine menschliche Regierung einzuspannen ist, bedarf der äußere Mensch einer *eigenen* Regierung. Hier tritt nun – kategorial verschieden – der äußere Mensch neben den inneren. Dieser Mensch muss auf *eigene* Weise regiert und reguliert werden, damit eben jene Freiheit des inneren Menschen bleibt, die Freiheit des Menschen in seinem (durchaus seine ganze Existenz umgreifenden) Werden, das nicht von Menschen beherrscht werden kann. Es geht um die Abwehr einer Herrschaft, die den Menschen in seiner »inneren Natur«[88] erfasst. Das ist die Abwehr jeder Herrschaft, die diese innere Natur tangiert, auch wenn sie dies auf indirektem Weg geschieht, indem die äußeren Bedingungen menschlicher Existenz so verändert werden, dass sie mit seiner inneren Natur, der Gleichursprünglichkeit und der Freiheit nicht mehr zusammenstimmen. Von dem inneren Menschen und Gottes Regiment durch sein Wort ist deshalb der *äußere Mensch* (kategorial) unterschieden. Die äußere Seite des Menschen ist die den Menschen und der Welt in der Interaktion und im Handeln zugewandte Seite, sie gehört wie der innere Mensch zu seiner *leiblichen* Existenz.[89] Sie ist wie die innere Natur regierungsbedürftig, sofern

---

[87] Vgl. dazu E. WOLF: Königsherrschaft Christi und lutherische Zwei-Reiche-Lehre (1965).
[88] In der Weise, in der J. HABERMAS den Begriff verwendet: Die Zukunft der menschlichen Natur, 2001.
[89] Vgl. M. LUTHER: Von der Freiheit eines Christenmenschen (1520).

eben auch dieser äußere Mensch frei bleiben, nicht anonymen Mächten oder einem biotischen Kräftespiel ausgeliefert sein soll. Dieser äußere Mensch hat insofern eine politische Existenzform und ist keinem solchem Gesetz unterworfen, das seiner politischen Existenz widerspricht. So gilt auch für den äußeren Menschen, dass es keine Gewalt oder Autorität gibt, der er ausgeliefert sein müsste, weil es für ihn keine Gewalt oder Autorität geben kann, die nicht von Gott ist, wie PAULUS formuliert (Röm 13,1). Jede Macht oder Gewalt, die zu regieren hat, steht selbst unter der Regierung Gottes. Das heißt also nicht, dass menschliche Regierung von Gott legitimiert wäre, oder dass Gott eine Instanz wäre, auf die sich jemand berufen könnte, um eigene Machtbefugnisse auszuüben. Immer wieder ist dieser Zusammenhang so gelesen worden. Die Lehre von Gottes Regiment über jedes menschliche Regieren ist eine abgrenzende Aussage gegen die Selbstlegitimation menschlicher Macht, die dann als Gewalt und eben nicht als politische Macht, die nur eine übertragene sein kann, erscheinen muss, wenn sie von Menschen etabliert wird, die sich selbst von niemandem regiert wissen.[90] In diesem Sinne ist von einer institutionellen und nicht irgendwie naturwüchsigen Gegebenheit des Status politicus zu reden.[91] Der Status politicus ist mit der Verheißung verbunden, dass Gott die Welt regiert, und jedes menschliche Regiment, das sich dieser Verheißung entzieht, nimmt Gott die Ehre. Die Säkularisierung weltlicher Macht richtete sich denn auch dagegen, dass eine weltliche Macht, wie sie in der Kirche ausgeübt wird, Gottes Ehre für sich beansprucht.[92] Säkularisierung ist – in diesem Sinn – nicht die Umkehrung oder Transformation von geistlicher in weltliche Macht oder umgekehrt, sondern der Widerspruch gegen jede Form von gottloser, usurpierter Macht. In der biblisch-christlichen Tradition ist die Säkularität weltlicher Macht in der Logik des Regiert-seins von Gott gegeben. Damit ist nicht ein Problem der Autorität oder der Legitimation reflektiert, sondern das Kennzeichen der Macht als der von vielen, die sich in ihr zusammenfinden. Dies steht der Usurpation von Macht durch einen einzelnen entgegen. Es steht jeder Transformation von Macht in Gewalt entgegen, die dort gegeben ist, wo »einer gegen alle« steht.[93]

---

[90] Vgl. H.J. IWAND: Luthers Theologie, 1974, 290.
[91] Dem entspricht das Verständnis eines Amtes im politischen Sinn, dem eine repräsentative Aufgabe zukommt. Siehe dazu die weitreichenden Ausführungen von Bernd WANNENWETSCH, die dann insbesondere für das Amtsverständnis innerhalb der Kirche von grundlegender Bedeutung sind: B. WANNENWETSCH: ›Einer des anderen Glied ...‹ Auf dem Weg zu einer theologischen Theorie politischer Repräsentation (2002).
[92] Siehe Theologische Erklärung von Barmen (1934), These V.
[93] H. ARENDT: Macht und Gewalt, [New York 1970] 1985.

## 8. Die Freiheit des äußeren Menschen in Gottes Regiment

Das ist die Bedeutung der anderen Seite des Regiments Gottes, die dem äußeren Menschen gilt, dem Menschen in seiner *leiblichen* Gestalt, mit der Menschen einander begegnen. Diese soll keinem anderen, nicht-politischen Zugriff ausgesetzt werden, auch keiner Moral etwa, die sich jenseits der politischen Prozeduren und des mit ihnen verbundenen Rechts[94] etabliert. Auch der äußere Mensch soll auf diese Weise in das Regiment Gottes einbezogen sein und in seiner leiblichen Existenz nicht an menschliche Herrschaft ausgeliefert werden.[95] In seiner Leiblichkeit ist der Mensch auf andere Menschen – interaktiv, ethisch – bezogen – so hat es M. LUTHER pointiert.[96] Diese leibliche Existenz würde ihm genommen, wäre der äußere Mensch irgendwelchen Mächten und Ökonomien ausgesetzt. Sein Leib würde zum Körper (body) werden, der jedem Zweck und jeder Gewalt, auch jedem Zugriff unterworfen werden kann. Wegen dieser schützenden Abgrenzung ist das politische Regiment nach dieser Seite notwendig. Das politische Regiment steht gegen Gesetze, die nicht ins Recht gefasst sind, und gegen Gesetzmäßigkeiten, die nicht politisch vermittelt sind, in solche würde das Politische sich auflösen, dies wäre die Flucht vor der politisch gefassten Freiheit.

Das politische Regiment hat seinen entscheidenden Sinn deshalb in dem Schutz vor Gewalt, die dadurch definiert ist, dass sie sich jenseits des Politischen etabliert, und eigenen Gesetzmäßigkeiten folgt. Gewalt über Menschen kann nicht auf menschlicher Herrschaft gründen und sie kann nicht solche bewahren oder bestätigen wollen. Das heißt: es kann keine ursprüngliche, außer-politische Gewalt geben, der sich Menschen ausgesetzt wissen müssten. Gewalt kann nicht gleichursprünglich sein mit dem Auftrag zu regieren. Gewalt kann nur abgeleiteter Art sein und sie kann nur darauf gerichtet sein, diejenige Gewalt abzuwehren, die sich selbst als ursprüngliche, gegen die politische Ordnung richtende Gewalt – die Gewalt eines solchen Ausnahmezustandes – präsentiert.[97] Menschliche Gewalt kann nur ausführende, selbst dem Recht folgende sein, nicht rechtset-

---

[94] Dies ist entscheidend für den Zusammenhang von Recht und Moral: vgl. I. MAUS: Die Trennung von Recht und Moral als Begrenzung des Rechts (1992).
[95] Vgl. Röm 12,1: »Gebt eure Leiber/euer leibliches Leben Gott hin – das sei euer vernünftiger Gottesdienst.«
[96] M. LUTHER: Von der Freiheit eines Christenmenschen (1520).
[97] Zum Problem des Ausnahmezustandes, auch im Verhältnis zum zivilen Ungehorsam siehe: U.K. PREUß: Politische Verantwortung und Bürgerloyalität. Von den Grenzen der Verfassung und des Gehorsams in der Demokratie, 1984. Zur Geschichte und gegenwärtiger Diagnose: G. AGAMBEN: Ausnahmezustand : (Homo sacer II.1), 2004.

## 8. Die Freiheit des äußeren Menschen in Gottes Regiment 431

zende.[98] Sie muss in der Rechtssetzung immer schon auf Recht sich beziehen können.[99]

Im Blick darauf ist von *Gottes* Regierung die Rede. Sie lässt keine ursprüngliche Gewalt zu, keine Rechtssetzung, die aus dem abgründigen Ausnahmezustand[100] erfolgt, in dem nicht Recht wie schon anfänglich auch immer existiert.[101] Gottes Regierung gilt deshalb der *Berufung* einer menschlichen Regierung, die ausschließlich bezogen auf ihren Auftrag der äußeren Regierung, die keine ursprüngliche Beherrschung, Gewalt auszuüben hat. Der Auftrag der äußeren Regierung bleibt im Dienst der Regierung Gottes (Röm 13), die gewährleistet, dass sich niemand als Souverän ohne Gegenüber im Ausnahmezustand behauptet. Dieser Ort durch Gott selbst besetzt. Würde ein menschlicher Souverän ihn besetzen wollen, würde er eine Gewalt beanspruchen, die ihm nicht zukommt: die Recht setzende, außer-ordentliche Gewalt. Gott, der den Ausnahmezustand besetzt, ist keine anonyme Instanz, sondern der Gott, dessen Regentschaft sichtbar bezeugt wird. Darin liegt die Pointe einer politischen Theorie und Ethik, die den Schutz vor einer abgründigen menschlichen Souveränität in dem bestimmen und konkreten *Widerspruch* sieht, der menschlichem Regieren gegenübersteht[102] – dort, wo Menschen sich von Gottes Wort regieren lassen und dieses bezeugen, ohne damit über andere Menschen herrschen zu wollen. Genau dies widerspricht diesem Zeugnis.

Um so mehr ist es zugleich nötig, dass der äußere Mensch durch Gesetze regiert wird: das heißt dadurch, dass in der Rechtssetzung, die durch Menschen geschieht, Gottes ursprünglich rechtsetzendes Urteil nicht außer Kraft gesetzt wird. Hier ist der Ort des »politischen Gebrauchs des Gesetzes« (usus politicus legis), der nicht menschlicher Gebrauch, sondern *Gottes Gebrauch* ist.[103] So bleiben Menschen frei davon, Menschen als ihre obersten Richter anerkennen zu müssen, vielleicht solche, die über Tod und Leben entscheiden. Rechtssetzung, die nicht ursprüngliche Gewalt beansprucht, ist die Rechtssetzung von solchen Menschen, die sich selbst regiert wissen. In dem notwendigen Gegenüber des Widerspruchs des Wortes Gottes und seiner Bezeugung bleibt dies präsent. Auch

---

[98] Vgl. zu den hier gebrauchten Unterscheidungen: W. BENJAMIN: Zur Kritik der Gewalt (1991).
[99] Siehe dazu und zur theologischen Tradition insbesondere: O. O'DONOVAN; J.L. O'DONOVAN: Bonds of imperfection : Christian politics, past and present, 2004, 207-224.
[100] Das ist der entscheidende Übergang zu einer politischen Ethik. Vgl. W. BENJAMIN: Über den Begriff der Geschichte (1977).
[101] Das ist ein notwendiges Element der Rechtstheorie. Vgl. J. HABERMAS: Zur Legitimation durch Menschenrechte (1998).
[102] Vgl. dazu insbesondere U.K. PREUß: Politische Verantwortung und Bürgerloyalität. Von den Grenzen der Verfassung und des Gehorsams in der Demokratie, 1984.
[103] Siehe zum usus politicus legis: E. WOLF: Sozialethik, 1975, 290-304.

in diesem Sinne ist der politische Gebrauch des Gesetzes vom Evangelium nicht zu trennen: ohne das Gegenüber des Evangeliums und ohne das Ziel im geistlichen Regiment, wird das weltliche Regiment zu menschlicher Herrschaft über Menschen.[104]

Die in verschiedenen Traditionen verwurzelte Diskussion um die Funktion des *Souveräns* in der Theorie des Rechts lässt diese Unterscheidung klar hervortreten. Es ist die Unterscheidung zwischen einem absoluten Souverän, für den Menschen nicht stehen können, und einem Gesetzgeber, der nur als ein solcher agieren kann, der sich selbst regiert weiß.[105] Das heißt für die Rechtssetzung, dass dieser menschliche Gesetzgeber – absolut – darauf zu achten hat, dass er selbst niemandem Recht setzt, ohne der Gerechtigkeit zu folgen, die seiner Rechtssetzung vorausliegt. Diese Gerechtigkeit ist nicht in einem höheren Recht zu finden, auf das er sich berufen könnte. Dieser Gerechtigkeit kann er nur Raum lassen, sofern er Widerspruch gegenüber seiner eigenen Rechtsordnung sucht. In diesem Widerspruch wird Rechtsfindung ausgeübt. In diesem Sinne ist er nicht der Souverän, sondern bereits der Regierte, der Untertan, der Recht empfangen hat. Dieser Widerspruch ist notwendigerweise ein Widerspruch im Wort, kein Ad-hoc-Widerspruch, sondern gebunden und gefasst in das Wort, an das sich Gott gebunden hat. So bleibt die ursprüngliche Gerechtigkeit auf das bezogen, was als Gottes Wille erkannt und erprobt werden will.

Darauf zielt zunächst die Aussage, dass Gott ein weltliches Regiment ausübt.[106] Damit ist gesagt, dass Menschen in ihrer Rechtssetzung immer schon auf ein Wort verwiesen sind, das sie nicht gesetzt haben, sondern das sie auffinden und das dem Recht so widerspricht, dass dieses nicht anonymes Gesetz bleibt. In den gegenwärtigen Theorien der Rechtsfindung wird deutlich, dass dort, wo darauf verwiesen wird, dass für die Rechtssetzung selbst bereits Regeln, Rechte und Prozeduren gelten müssen, die nicht schon mit Gewalt aufgestellt worden sind, kein ursprünglicher Souverän gedacht wird, sondern Menschen, die gemeinsam den vorgängigen Regeln folgen, Menschen, die sich bereits in einem solchen *Rechtsmedium* aufhalten, das Gewalt ausschließt. Innerhalb dieses Mediums ist dann diskursive Rechtsfindung möglich. Damit Rechtsfindung stattfinden kann, muss die Freiheit schon gegeben sein, dass nicht andere Menschen über Menschen herrschen. Diese Freiheit wird in den schon vorweg nötigen Freiheitsrech-

---

[104] Vgl. zum Primus usus legis: D. BONHOEFFER: Ethik. Zusammengestellt und hg. von E. Bethge, 1975, 332-335.
[105] Vgl. M. BRUMLIK: Souveränität – Der lange Weg zum kurzen Abschied (1999).
[106] Das ist keine metaphysische Aussage in dem Sinne, wie er bei J. HABERMAS in Gebrauch ist. Metaphysik meint dort eine zusammenhängende religiöse Weltanschauung. Das erfüllt die Rede aber von der Regierung Gottes nicht: im Gegenteil widerspricht sie einem solchen metaphysischen Begründungs- oder Legitimationszusammenhang, demzufolge etwa gesagt werden kann »der Mensch ist frei«. Vgl. J. HABERMAS: Zur Legitimation durch Menschenrechte (1998).

ten gesehen: hier, im Diskurs muss es bereits freie Menschen geben können, sonst werden sie die Bürgerrechte nicht frei ermitteln können. Hier ist also nicht von einem Souverän die Rede, sondern von freien Menschen, die sich bereits im Status politicus befinden und dann als Bürger Recht ermitteln können.[107]

Diese *politische Existenzform* und die darin beschlossene Freiheit, dass niemand über den anderen herrschen kann, ist das Medium der Rechtsfindung.[108] Dieses Medium einer politischen Existenzform, die Menschen erlaubt, sich Gesetze zu geben, ohne Gewalt gegeneinander auszuüben, schließt aus, dass Menschen in keinem Medium oder einem anderen Medium[109] als dem Recht aufeinander treffen. Sie würden dann irgend einem Gesetz unterworfen sein. Dieses Apriori des Rechtsmediums ist mit den Freiheitsrechten gegeben, die der politischen Existenzform zugehören. Es ist damit nicht freischwebend von freien Menschen die Rede, die sich zusammenfinden, wie es manche Theorien des Politischen nahelegen. So setzt diese Theorie auch nicht auf eine Moral, in die diese Menschen eingebunden wären. Das Apriori des *Status politicus* betrifft – unserer Unterscheidung entsprechend – den *äußeren Menschen*. Er ist in diesen Status versetzt. Sonst würde ja auf den inneren Menschen zurückgegriffen werden können, sonst käme es auf die Moral vielleicht, oder auf die Religion an, aufgrund derer sich Menschen zusammenfinden oder zusammenhalten. Auch in dieser Theorie soll nicht auf den inneren Menschen zurückgegriffen werden. Er bleibt unveräußerlich.

Freilich wird diese Freisetzung mit den Freiheitsrechten begründet, die immer schon gelten müssen: »Es gibt kein Recht ohne die private Autonomie von Rechtspersonen überhaupt.«[110] »In diesem Sinne ist »der Status von Rechtspersonen zu erzeugen, die als Träger subjektiver Rechte einer freiwilligen Assoziation von Rechtsgenossen angehören und gegebenenfalls ihre Rechtsansprüche effektiv müssen einklagen können.«[111] Dafür, dass es diesen Status gibt, stehen

---

[107] Vgl. J. HABERMAS: Zur Legitimation durch Menschenrechte (1999). Damit modifiziert sich auch die Kritik an Habermas durch Micha BRUMLIK (a.a.O.).
[108] Vgl. J. HABERMAS: Zur Legitimation durch Menschenrechte (1999) 391: »Auf diese Weise setzen sich private und öffentliche Autonomie wechselseitig voraus. Der interne Zusammenhang von Demokratie und Rechtsstaat besteht darin, dass einerseits die Staatsbürger nur ihrer öffentlichen Autonomie nur dann einen angemessenen Gebrauch machen können, wenn sie aufgrund einer *gleichmäßig gesicherten privaten Autonomie* hinreichend unabhängig sind; dass sie aber auch nur dann gleichmäßig in den Genuß der privaten Autonomie gelangen können, wenn sie als Staatsbürger von ihrer politischen Autonomie einen angemessenen Gebrauch machen. Deshalb sind liberale und politische Grundrechte unteilbar. ... Für den westlichen Legitimationstypus ist die Gleichursprünglichkeit von Freiheits- und Bürgerrechen wesentlich.«
[109] J. HABERMAS spricht in diesem Sinne von dem Recht als Medium, in dem die Rechtsfindung stattfindet: Zur Legitimation durch Menschenrechte (1999) 390f.
[110] J. HABERMAS: Zur Legitimation durch Menschenrechte (1999), 391.
[111] Ebd.

die Freiheitsrechte ein. Sie artikulieren das Medium für die Rechtsfindung. Von diesen Freiheitsrechten wird zugleich gesagt, sie gingen nicht »in ihrem instrumentellen Wert für die demokratische Willensbildung auf«, sie hätten einen »intrinsischen Wert«. Sie garantieren jedem »eine chancengleiche Verfolgung privater Lebensziele und umfassenden Rechtsschutz«. Damit wird das A priori auf die *moralische* Grundlage der Prozedur verschoben.[112] Ohne diese apriorische Moral würde es kein Medium für die Rechtsfindung geben können, in dem Gewalt ausgeschlossen ist.[113] Das Apriori der Theorie ist ein moralisches. So sagt Jürgen HABERMAS schließlich von den Menschenrechten: sie »tragen ein Janusgesicht, das gleichzeitig der Moral und dem Recht zugewandt ist. Ungeachtet ihres moralischen Inhalts haben sie die Form juristischer Rechte. Sie beziehen sich wie moralische Normen auf alles, ›was Menschenantlitz trägt‹«.[114]

Die Rede von der Regierung Gottes, die auch dem äußeren Menschen gilt, verweist auf einen Status, der nicht durch eine Moral garantiert ist, das heißt nicht durch die Bindung des inneren Menschen. Dieser innere Mensch bleibt frei für das Hören, frei davon, dass Menschen oder Gesetze von ihrem Herzen Besitz ergreifen. Mit dieser theologischen Einsicht ist eine *Moralkritik* eröffnet, die jedenfalls nicht auf den sich selbst bindenden oder gar disziplinierenden Menschen setzt.[115] Um dieser Konsequenz zu entgehen, die immer wieder dazu nötigt, Menschen auf die Moral der Freiheit – mit welcher Art von Überzeugungsarbeit auch immer – zu verpflichten[116], spricht die hier in den Blick gefasste theologische Tradition von dem äußeren Menschen, der keiner ursprünglichen Herrschaft unterliegt, und *deshalb* in den Status politicus versetzt ist. Die Moral, die an die Stelle des regierenden Gottes tritt, wird *inhaltlich* zur Moral der Selbstbehauptung und trägt so die Logik in die menschlichen Verhältnisse ein, die Gewalt impliziert. Es ist die Logik der Legitimation, der Rechtfertigung und deren Durchsetzung. Die Logik der Legitimation und der Rechtfertigung

---

112  Siehe zu diesem Problem auch: N. CAMPAGNA: Die Moralisierung der Demokratie : Alexis de Tocqueville und die Bedingungen der Möglichkeit einer liberalen Demokratie, 2001
113  Dementsprechend diskutiert Habermas auch die Frage »why to be moral?« in seiner Abhandlung über die »Zukunft der menschlichen Natur«.
114  J. HABERMAS: Zur Legitimation durch Menschenrechte (1999), 391.
115  Den Zusammenhang von Theologie und Moral in der Hoffnung auf das Zurechtgebrachtwerden der Welt hat Max HORKHEIMER in den Blick gerückt: M. HORKHEIMER: »Was wir ›Sinn‹ nennen, wird verschwinden.« [1970] (1983), 350. Horkheimer setzt nicht auf den Gedanken an einen allmächtigen Gott, aber doch auf die Sehnsucht, dass die Welt zurechtgebracht wird. Horkheimer formuliert: »Auf Gott berufen? Das können wir nicht. Zumindest ist das meine Auffassung: Wir können nicht behaupten, es gäbe einen guten und allmächtigen Gott. ... dann kann man sich also auch nicht auf Gott berufen. Man kann nur handeln mit dem inneren Antrieb, möge es so sein ...«
116  Zu dieser ambivalenten Bedeutung von Freiheit bei I. KANT siehe T.W. ADORNO: Probleme der Moralphilosophie, [1963] 1996.

bestimmt auch den Inhalt der Moral, um deren Geltung es geht: es ist die Moral des conatus essendi[117], der Selbstbehauptung die jedem weiteren Schritt vorausgeht.

»Regiert euch aber der Geist, so seid ihr nicht unter dem Gesetz« – dies kennzeichnet eine *politische* Existenzform, in der Menschen nicht beherrscht oder kontrolliert und verwaltet werden, sondern zu politischen Existenzen werden, die miteinander leben. So sagt PAULUS von der *Frucht des Geistes*: »Die Frucht aber des Geistes ist Liebe, Freude, Friede, Geduld, Freundlichkeit, Güte, Treue« (Gal 5,22). Es ist die Frucht des Geistes Gottes, das heißt die Frucht seines Wirkens am Menschen. In diesem Wirken gewinnen Menschen ihre Gestalt, wie dies an der politischen Existenzform zu sehen ist. Alles, was hier (Gal 5) aufgezählt ist, sind Tugenden des Zusammenlebens, politische Tugenden. Deshalb ist ihre Bedeutung immer eher im Sinne des Aristoteles gelesen worden: Tugenden sind politischer Art, sie ermöglichen den Menschen mit den anderen zurechtzukommen. Sie gehören zur Form einer politischen Praxis, die eine Praxis der Gerechtigkeit ist, die sich auf das Zusammenleben mit dem Nächsten einlässt.[118]

## 9. Macht – politisch gefasst

So gibt es ein Ethos des gerechten Tuns. Dieses ist Kennzeichen einer spezifischen *Macht*. Es ist die Macht des bestimmten Tuns, auf das alles ankommt und das in sich schließt, was zur Mitteilung kommen soll. Es ist die Macht eines Tuns, das nicht von Machtmitteln abhängig[119] ist. Die Macht solchen Tuns ist politisch zu nennen. Sie ist von anderen Phänomenen der Macht zu unterscheiden: von der Macht, die im Vermögen besteht, also darin, was jemand durch den Einsatz von Mitteln vermag. Politische Macht ist immer wieder so gekennzeichnet worden: als die Macht dessen, dem ein Vermögen übertragen worden ist, die Verfügung über Machtmittel zur Verwirklichung von bestimmten Zielen. Doch damit verschwindet der *politische* Sinn von Macht oder er hängt nur noch an dem dünnen Faden, dass Macht übertragen wird und auch wieder entzogen werden kann. Es ist die Macht des Vermögens und einer ihm entsprechenden Verantwortung, z.B. technischen Vermögens, das sich von jeder übertragenen politischen Macht loslösen kann. Mit diesem Verständnis von Macht ist auch die Veränderung der politischen Aufgabe verbunden: sie wird zum Gouvernement, zur machtvollen Bewältigung und Steuerung der menschlichen Belange. Sie

---

[117] Vgl. J. NIERAAD: Conatus (1971). Nieraad verweist auf SPINOZA, Ethica III. Siehe besonders: J. WOHLMUTH: »Conatus essendi« und »inkarniertes Subjekt«. Ein inszenierter Dialog zwischen Baruch de Spinoza und Emmanuel Lévinas (1999).
[118] So ist auch 1Kor 13 zu lesen: die Liebe als politische Tugend.
[119] Dies ist von Hannah ARENDT in den Blick gerückt worden: H. ARENDT: Macht und Gewalt, [New York 1970] 1985.

verliert jenen politischen Sinn, der darauf gerichtet ist, was das menschliche Zusammenleben ausmacht, was zur Bewährung nötig ist, weil eben davon entscheidend die Bewältigung und Steuerung menschlicher Belange abhängt. Das Vermögen, Ordnung zu schaffen ist etwas (kategorial) anderes als die Bewährung einer Ordnung, die einer mit dem anderen teilt und mit ihm zu praktizieren sucht. Mit dem Vermögen, Ordnung zu schaffen, ist Macht auf Vermögen gegründet, das auch ein Können einschließen mag, das seinerseits ein Vermögen bezeichnet, eine Kompetenz, die mit anderen im Wettbewerb liegt. Dieses Verständnis von Macht kann nur auf Steigerung ausgerichtet sein. Es wird um so mehr zum Problem, ob solche Macht noch übertragene sein kann. Macht verliert ihren politischen Charakter, wenn sie wie ein Vermögen zum Eigentum wird.[120] Macht als Vermögen zur Steuerung und Beherrschung, Macht in ihrer Bindung und Vermittlung durch Machtmittel widerspricht dem Status politicus, der Macht an die politische Person und nur an diese bindet, und das heißt – genauer – daran, dass jemand zum Handeln ermächtigt ist und immer in diesem Vorgang der Ermächtigung bleibt. Das Handeln, zu dem jemand ermächtigt ist, zieht seine politische Kraft aus dieser Ermächtigung, nicht aus der Akkumulation von Vermögen.

Die Ermächtigung zum politischen Handeln, die Übertragung von Macht kann nur mit einer treuhänderischen Übertragung von Vermögen einher gehen. Damit bleibt freilich Macht mit Vermögen verbunden, und dieses Vermögen stellt eine eigene, andere Form von Macht dar: es ist jene Macht, die zusammenwächst oder sich zusammenballt aus dem, was in menschliche Verfügung kommt und zugleich politisch ungreifbar wird. Es ist die Macht, die Michel FOUCAULT in den Blick gerückt hat – die Macht faktisch sich durchsetzender Konzentration von Vermögen auf ein dementsprechendes »Subjekt«, das kein bestimmtes Individuum, keine bestimmte Person ist, sondern ein Subjekt, das sich so generiert und etabliert, dass es politischer Verständigung entzogen bleibt.[121] Ist Macht – im Sinne von Hannah ARENDT – politisch gefasst als das Handeln Können[122], kommt alles darauf an, diese Macht von wie auch immer generiertem Vermögen freizuhalten und immer neu auf diese Macht zu setzen, so schwach sie im Sinne des Vermögens auch erscheinen mag. Wenn die Friedensethik darauf setzt, politisches Handeln unabhängig von militärischem Vermögen zu entwickeln, dann richtet sie den Blick darauf, dass militärisches Vermögen etwas ist, das mit politi-

---

[120] Zur Unterscheidung von »Besitz« und »Eigentum« in Bezug auf ein politisches Amt siehe: B. WANNENWETSCH: ›Einer des anderen Glied ...‹ Auf dem Weg zu einer theologischen Theorie politischer Repräsentation (2002).
[121] Vgl. zu FOUCAULT in dieser Hinsicht: J. HABERMAS: Der philosophische Diskurs der Moderne (1985), bes. 339.
[122] H. ARENDT: Macht und Gewalt, [New York 1970] 1985.

scher Macht nicht zu verbinden ist. Dieses Vermögen kann nie »Mittel« einer *politischen* Ratio sein, wie es Max WEBER nahe legt.[123] Deshalb ist es widersprüchlich, vom Einsatz militärischer Mittel oder vom Krieg als einer »ultima ratio« zu sprechen, als wäre dieser Einsatz noch von einer politischen ratio umgriffen und nicht vielmehr das Ende jeder politischen Ratio. Eine andere Frage ist dann, ob es außerhalb der politischen ratio noch eine andere, etwa die des Ausnahmezustandes geben kann, oder ob eben auch dies eine widersprüchliche Verbindung von Krieg und Vernunft ist.

Die politische Ethik, wie sie in der Lehre von den beiden Regimenten Gottes angelegt ist, setzt darauf, dass die Ermächtigung zum Handeln nicht abhängig ist von diesem oder jenem Vermögen. Politische Macht kann sich nur mit konsequent exekutiven Aufgaben verbinden, die darauf beruhen, dass politische Macht an Recht gebunden bleibt. Diese Bindung verweist darauf, dass auch Recht nicht durch Vermögen zu gewinnen oder zu etablieren ist, sondern einen eigenen – unabhängigen Ursprung hat. Recht kann nur gegen Übertretung geschützt, nicht aber durch exekutive Gewalt durchgesetzt werden.[124] Dieser *eigene Ursprung* – wie er auch in entsprechenden Rechtsfindungsprozeduren präsent ist – ist in der Kritik der Gewalt (Walter BENJAMIN) festgehalten, die darauf zielt, das Recht von keiner Gewalt und keinem Vermögen abhängig sein zu lassen, das selbst kein ursprüngliches ist, sondern auf den verschiedensten Machtmitteln beruht, wie auch immer diese in die Verfügung gekommen sind.

Hier ist der Berührungspunkt zwischen der Einsicht in die Eigenursprünglichkeit des Rechts, die darin festgehalten ist, dass es keine Prozeduren geben kann, die Recht ursprünglich fixieren. Vielmehr ist Rechtssetzung immer als Rechtsfindung zu reflektieren, also immer daraufhin, aufgrund welches aufzufindenden Rechtes Recht festgestellt werden kann.[125] Dies ist in der biblisch-christlichen Tradition auf verschiedene Weise festgehalten worden, nicht zuletzt darin, dass Recht mit einer *Gerechtigkeit* zusammengesehen wurde, in der das Zusammenleben immer schon aufgehoben war. Diese Gerechtigkeit besteht in der Treue zu einer Gemeinschaft, die von vornherein eine politische ist: berufen dazu, sich regieren zu lassen.

## 10. Politisches Zeugnis

Die biblisch-christliche Tradition zielt nicht darauf, eine Ordnung der Welt aufzuzeigen oder aufzurichten, sondern sie zielt auf das Neuwerden der mensch-

---

123 M. WEBER: Der Beruf zur Politik (1968).
124 Solche Unterscheidungen sind in der Lehre vom gerechten Krieg durchdekliniert worden.
125 Darauf zielen O. O'DONOVAN; J.L. O'Donovan: Bonds of imperfection : Christian politics, past and present, 2004, 207-224.

lichen Existenzform, ihre Neuschöpfung. Dies ist der politische Ursprung eines jeden: sein Neu-Anfang für andere.[126] Damit rückt der *homo politicus* in seinem Bezug auf eine bestimmte Gemeinschaft in den Blick, und dies bedingt das Sich-Aussetzen den Vorgängen der Subjektivierung und ihrer Probleme, die gegenwärtig bedrängend sind. Aber diese Affinitäten sollten nicht die Logik der biblisch-christlichen Ethik des Politischen verdecken. Denn diese geht von der Neuschöpfung des Menschen aus, der einzig als *ethisch-politisches* Subjekt erscheint. Er wird zum Subjekt in einer spezifischen Logik.[127] Er wird zum Subjekt als Zeuge davon, wie Gott die Herzen regiert. Gottes Regierung nimmt diesen Weg über das Herz von jedem einzelnen, aber so dass er eben damit politisch präsent wird.[128] So besteht die Pointe der politischen Ethik in der biblisch-christlichen Tradition darin, dass es diesen Ort des Regiert-Werdens gibt. Das entspricht der Erwartung und Hoffnung auf das Reich Gottes.

Es kommt darauf an, dies zu erproben (Teil C). Die Erprobung betrifft die Diskurse über die Theorie des Politischen ebenso wie Fragen der politischen Praxis – die liberalen Theorien des Politischen ebenso wie die zur republikanischen Form.[129] Auch hier setzt das Neuwerden des Denkens mit der Veränderung der Existenzform und Lebensgestalt ein. Diese Veränderung betrifft das Eintreten in die neue *politische Existenzform*, wie sie auch in Röm 12,1 angezeigt ist. Politische Ethik handelt deshalb davon, wie die politische Existenzform zu erproben, zu bewähren und zu bezeugen ist. Dies wird immer ein explizites und in diesem Sinne schon politisches Zeugnis sein, weil es seine Logik aus der Grammatik des *Wortes* gewinnt, das in die Welt gekommen ist. Die dementsprechende politische Theorie hat zu zeigen, wie die politische Existenzform, die Geschöpfen zukommt, präsent werden und bleiben kann. Nur so wird die theologische Ethik das »semantische Potential« überhaupt in Gebrauch nehmen können, das mit dem *Wort*, das immer neu zu hören ist, gegeben ist. Sie wird Exploration dieses Wortes sein.[130] Dies ist ihre Hermeneutik, die sich im Tun und Leben vollzieht. Das macht die Ethik selbst zur politischen Praxis, weil sie sich

---

126 Im Sinne dessen, was Hannah ARENDT als das Neu-Beginnen gekennzeichnet hat, das jeden Menschen in seiner politischen Existenz auszeichnet. Das macht den Zusammenhang zwischen Geburtlichkeit und politischer Existenz aus. Siehe dazu: K. ULRICH-ESCHEMANN: Vom Geborenwerden des Menschen, 2000.

127 Hier ist der Ort, in die verschiedenen Diskurse um das Subjekt-Sein und Subjekt-Werden einzutreten. Anlass und gute Gründe geben dazu: F.J. HINKELAMMERT: Der Schrei des Subjekts. Vom Welttheater des Johannesevangeliums zu den Hundejahren der Globalisierung, 2001; S. ŽIŽEK: Die Tücke des Subjekts, 2001.

128 Das hat die Zwei-Regimenten-Lehre festgehalten.

129 Zur Bedeutung dieser Unterscheidung vgl. J. HABERMAS: ›Vernünftig‹ versus ›Wahr‹ oder die Moral der Weltbilder (1996), 125f.

130 Zu dieser Methodologie und ihrer Grundlegung vgl. G. LINDBECK: Christliche Lehre als Grammatik des Glaubens, 1994.

diesem Kontext ausliefert und nicht die Flucht in ein irgendwie zu vergewisserndes Allgemeines oder immer schon gewisses Allgemeines ergreift.[131]

Diese Ethik folgt der *messianischen* Berufung: »Reite – für das Wort der Wahrheit« (Psalm 45,5).[132] Die ins Wort gefasste Wahrheit, die »Sache der Treue«[133] ist das Politikum, dem die politische Existenz entspricht. Kein utopistisches Versprechen, dass die Wahrheit immer noch zu finden ist oder einem (Menschen-)Geist überlassen ist, der sich durchsetzt oder durchzusetzen ist, sondern das Eintreten für das Wort der Wahrheit macht den politischen Status geschöpflichen Lebens aus. Menschen sind Geschöpfe dieses Wortes – creaturae verbi. So werden sie zu politischen Existenzen. Deshalb geht es in allem Streit um Wahrheit und Erkenntnis immer zugleich um das Hören und Verstehen dieses widerständigen, präsenten Wortes. Um dieser Politik dieses Wortes willen ist von der Menschwerdung dieses Wortes zu reden. So ist die politische Existenz »in CHRISTUS« erschienen als diejenige, an denen alle die teilhaben, an denen sich erfüllt, worum JESUS bittet: »Heilige sie in Deiner Wahrheit; Dein Wort ist die Wahrheit.« (Joh 17,17) Christen können deshalb keinen absoluten Standort einnehmen, der von ihnen zu behaupten wäre, sie sind an dieses Wort gewiesen und mit ihm mitten in die Auseinandersetzung gestellt. Sie haben das Wort nicht als wahr zu behaupten, sondern es in ihrer Existenzform zu erproben und zu bezeugen, mit ihrem »Versuch, in der Wahrheit zu leben«[134] (Václav HAVEL). Dies widerspricht jedem Unterfangen, Wahrheit ohne Widerspruch zu etablieren, seien es Theorien eines unabsehbaren Pluralismus oder Theorien utopistischer Wahrheitsfindung.

*Wahrheit im Widerspruch* zu bezeugen heißt, auf dem Weg bleiben, auf dem der Menschengeist auf Gottes Geist trifft. Dies ist der Ort des Wortes, an ihm bricht sich ein Menschengeist, der sich selbst behauptet, und mit ihm begegnet Gottes Geist, über den mit diesem Wort nicht zu verfügen ist, sondern der durch dieses Wort das Neuwerden des menschlichen Geistes bewirkt. Dem Weg seines Erkennens zu folgen, ist die Aufgabe theologischer Ethik, die das Politikum des Wortes nicht hinter sich gelassen hat.[135]

Der Ursprung des Politischen ist hier, wo der Widerspruch nötig ist. Martin LUTHER schreibt zu der mit dem Abendmahl verbundenen politischen Praxis:

---

[131] Vgl. zur Fragestellung: A. BADIOU: Philosophie und Politik (1997).
[132] In der Übersetzung von Martin BUBER: »reite für die Sache der Treue, der gebeugten Wahrhaftigkeit«. Dies ist das biblische Geleitwort von F. ROSENZWEIG: Der Stern der Erlösung [1921], 1976; siehe dazu: M. BUBER: Für die Sache der Treue [1929] (1993). Das Psalm-Wort richtet sich an den erwarteten Messias.
[133] So die Übersetzung von M. BUBER: »reite für die Sache der Treue«.
[134] V. HAVEL: Versuch in der Wahrheit zu leben, 1989.
[135] Zur Problemstellung in der ethischen Theorie siehe: J. HABERMAS: Richtigkeit versus Wahrheit. Zum Sinn der Sollgeltung moralischer Urteile und Normen (1999).

*»Wenn du also dieses Sakrament genossen hast oder genießen willst, so musst du auch wiederum der Gemeinde Unglück mittragen, wie ich gesagt habe. Was für Unglück ist das aber? Christus im Himmel und die Engel mit den Heiligen haben kein anderes Unglück als nur dies, wenn Wahrheit und Wort Gottes benachteiligt werden. Doch es trifft sie, wie gesagt, alles Leid und die Liebe aller Heiligen auf der Erde. ... hier muss dir Leid zufügen alle Unehre Christi in seinem heiligen Wort, alles Elend der Christenheit, alles Unrechtleiden der Unschuldigen. All dies Leid zusammen findest du in überschwenglichem Maß an allen Orten der Welt. Hier musst du wehre, arbeiten, bitten und, wenn du nicht mehr kannst, herzliches Mitleid haben.«*136
LUTHER hat keine Gelegenheit ausgelassen, an dieses Zeugnis zu erinnern. Es ist der Angelpunkt seiner politischen Theologie, die darauf zielt, dass Gott die Ehre zukommt, dass sein Wirken präsent bleibt. Dies bündelt sich in der Auslegung des Zweiten Gebotes: *»Denn das ist nicht genug, dass ich für mich selbst und in mir selbst den göttlichen Namen lobe und anrufe, in Glück und Unglück. Ich muss hervortreten und um Gottes Ehre und Namen willen mich Feindschaft aller Menschen laden ...«*137

Dies ist der politische Status des Bürgers: *»Ebenso wie der Bürger unerträglich ist, der von der Gemeinde Hilfe, Schutz und Freiheit erwartet und der doch wiederum für die Gemeinde nichts tun und ihr nicht dienen will. Nein, wir müssen der andern Übel wieder unsere Übel sein lassen, wenn wir wollen, dass Christus und seine Heiligen unser Übel ihr Übel sein lassen sollen.«*138 Das ist der Ursprung des Politischen: wo Menschen Bürger *werden*, weil sie ihre politische Existenz mit anderen teilen.« Nicht der Schutz vor den Anderen ist der Ursprung des Politischen – das liberale Modell – , auch nicht der Entschluss, sich mit anderen zusammenzutun, um handeln zu können – das republikanische Modell –, sondern das Gewärtigsein der eigenen, immer schon gewährten Bürger-Existenz, die es mit anderen zu teilen gilt: »Liebe Deinen Nächsten – er gehört zu Dir« (Lev 19,18) setzt nicht auf eine Bereitschaft, zu lieben, sondern darauf, dass dieser *institutionelle* Zusammenhang gesehen wird. Martin LUTHER beschreibt diesen Zusammenhang, der mit dem Abendmahl gestiftet ist: *»Man findet viele Leute, die gerne mitgenießen, aber nicht mitentgelten wollen. Das heißt, sie hören gerne, dass das Sakrament ihnen Hilfe, Gemeinschaft und Beistand aller Heiligen zugesagt und gegeben wird. Aber sie wollen nicht wiederum auch Gemeinschaft halten, wollen nicht dem Armen helfen, die Sünder dulden, für die Elen-*

---

136 M. LUTHER: Ein Sermon von dem hochwürdigen Sakrament des heiligen wahren Leichnams Christi und von den Bruderschaften [1519] (1982), 57f.
137 M. LUTHER: Von den guten Werken [1520] (1981), 124.
138 M. LUTHER: Ein Sermon von dem hochwürdigen Sakrament des heiligen wahren Leichnams Christi und von den Bruderschaften [1519] (1982), 61f.

den sorgen, mit den Leidenden mitleiden, ... und zwar aus Weltfurcht, um nicht Ungunst, Schaden, Schmach oder Tod leiden zu müssen...«[139]

Es kann im Blick auf das Mahl der Abendmahlsgemeinschaft nicht sein, dass es Arme gibt, die von den reichlich vorhandenen guten Gaben Gottes ausgeschlossen sind. Und so kann es auch nicht sein, dass es Bürger und Nicht-Bürger gibt. Dem geteilten Recht gilt der Widerspruch. Es ist der Widerspruch aus der Erkenntnis dessen, was Menschen miteinander – immer schon, das heißt vor allem menschlichen Tun – teilen. Dass dies nicht in einer Menschen-Natur liegt, nicht in einem Sein, dessen sich die Ethik vergewissern könnte, sondern in einem Status politicus, der uns Menschen eingestiftet ist, und der im Abendmahl seine verheißungsvolle Bewahrung findet, macht den revolutionären Sinn dieser politischen Ethik aus.

---

[139] M. LUTHER: a.a.O., 61.

# C

## MENSCHLICHES LEBEN IN DER ERPROBUNG –
## ZUR ETHISCHEN BEWÄHRUNG GESCHÖPFLICHER EXISTENZ

## C 1 Ethische Erprobung geschöpflicher Existenz

Die Aufgabe der theologischen Ethik haben wir als die Erkundung der geschöpflichen Existenz zu beschreiben unternommen. Wenn sie von Gottes neuer Schöpfung her verstanden wird, führt die geschöpfliche Existenz in die Erprobung und Bewährung, denn sie folgt dem Weg der neuen Schöpfung. Diese wird im Zeugnis derer präsent, die sich von der neuen Schöpfung ergreifen lassen. Theologische Ethik bewegt sich deshalb *nicht* in der Differenz zwischen einem »ist« und einem »soll« für den Zustand der Welt oder des Menschen.[1] Auch hier gilt: das Gute ist kein – irgendwann zu erreichender – Zustand der Welt[2], sondern die immer akute Erprobung dessen, was Gott für seine Geschöpfe will, auf dem Weg des Neuwerdens. So bewegt sich die theologische Ethik in der Differenz zwischen Weltzeit[3] und Neuschöpfung. Nicht die ortlose Frage »wie *man* leben soll« ist ihre Grundfrage, sondern die Frage, wie das mit der Neuschöpfung erschienene neue Leben jetzt, in dieser Weltzeit zu leben und zu bezeugen ist und wie diejenigen leben und wirken, die sich davon ergreifen und in dieses neue Leben einbeziehen lassen. Die »Weltzeit« wird zum Thema angesichts der Wohltaten Gottes, durch die eine neue Zeit in der Welt und für die Welt beginnt.[4] Die Weltzeit wird zum Thema als Zeit der begründeten Hoffnung[5]. Deshalb ist von »Weltzeit« und nicht von »Welt« zu reden. Säkular sein, der Weltzeit, dem Säkulum, zu entsprechen heißt jetzt, ohne Hoffnung sein und womöglich stattdessen einer Religion anhängen.[6] Es ist die *Zeit einer neuen Ethik*: eines neuen Lebens mit Gott, die Zeit geschöpflichen Lebens, als die in die Welt einbrechende Zeit.[7] Ohne diese *eschatologische* Differenz zwischen Weltzeit und neuer Zeit bleibt die ethische Reflexion fixiert auf die Frage nach dem Zustand der Welt und darauf, sich des Guten in der Verfassung der Welt zu verge-

---

[1] Vgl. G. SAUTER: Mensch sein – Mensch bleiben (1977).
[2] Vgl. Simone WEIL: Zeugnis für das Gute, 1990, 183.
[3] Röm 12,1: »Stellt Euch nicht dieser Welt [= Weltzeit (αἰῶν)] gleich.«
[4] Vgl. Röm 12,1. Vgl. die Auslegung von K. BARTH: Der Römerbrief [1922], 1976.
[5] Die Bedeutung der Rede von der »begründeten Hoffnung« hat G. SAUTER entfaltet: G. SAUTER: Begründete Hoffnung. Erwägungen zum Begriff und Verständnis der Hoffnung heute (1967).
[6] Was »Säkularisierung« zu nennen ist, gewinnt erst so seine Pointe: nicht Religionslosigkeit ist ihr Kennzeichen oder transformierte Religion in einer »Dialektik der Säkularisierung«, sondern der Verlust einer Hoffnung, die religiöser Vertröstung widerspricht.
[7] Zu dieser Struktur der Eschatologie vgl. E. GOODMAN-THAU: Zeitbruch, 1995.

wissern oder das Gute utopistisch[8] durch immer neue Erweiterungen menschlichen Vermögens herbeizuführen, statt das *bestimmte Gute*, das in *Gottes* Willen beschlossen ist (Röm 12,2), in dieser Welt zu erproben und mitzuteilen und daraufhin dann zu verbessern, was Menschen möglich ist. Immer wieder haben Darstellungen der theologischen Ethik versucht, dieser eschatologischen Disposition zu entsprechen, freilich in vielfältigen schließlich auch davon abweichenden Strukturen.[9] Entscheidend ist dabei, ob die eschatologische Perspektive davon bestimmt ist, wie die menschliche Existenz von Gottes endzeitlichem Handeln ergriffen wird und so eine *messianische* Kontur erfährt,[10] oder von einer anderen Fragestellung, etwa der nach einem unbestreitbaren Guten, dessen sich Menschen vergewissern können.

### 1. Vom Gegenstand der Sozialethik

Dort, wo die Differenz der neuen Schöpfung hervortritt, richtet sich die Ethik auf die menschliche Existenzform, wie sie sein darf und sein soll, sie richtet sich auf ein *Ethos*, in dem Menschen die Geschöpfe Gottes sein dürfen und können, denn die neue Schöpfung fängt dort an, wo Menschen zu hören und neu zu verstehen beginnen, wo sie aufnehmen, was ihnen zukommt. Die neue Schöpfung beginnt immer neu mit diesem Aufmerken und Aufnehmen, mit der Befreiung von den moralischen Vergewisserungen für das eigene Leben und mit der Befreiung vom unabsehbaren Streben nach *dem* Guten und der Befreiung von entsprechenden Diskursen. Diese Befreiung ist das eschatologische Widerfahrnis, das überhaupt von »Weltzeit« reden lässt (Röm 12,1). Davon zu reden ist möglich, nicht, weil ein Standort gegenüber dieser Weltzeit einzunehmen wäre, sondern im Gegenteil, weil das Neuwerden in die Differenz eintritt, von der sie ein hoffnungsvolles Zeugnis gibt. Dies eröffnet erst eine *Ethik sozialer und politischer Praxis*, weil sie nicht auf einer moralischen Verpflichtung (Sozialmoral) oder auf den Gegebenheiten einer wie auch immer eingeschliffenen Ethik oder Sozialethik und den ihr eigenen Utopismen beruht, sondern darauf zielt, dem anderen *mitzuteilen*, was sich dem eigenen geschöpflichen Leben erschlossen hat. Nicht, was Menschen *von sich* aus anderen *schulden*, sondern was sie anderen *mitzuteilen* haben, ist die *Grundfrage* christlicher Ethik. Was Menschen aus ihrer Erfahrung und ihren Widerfahrnissen anderen mitzuteilen haben, die ihre Geschichte (sto-

---

[8] Darauf zielt Hans JONAS' Kritik des technologischen Zeitalters, sofern es sich utopistisch in der ziellosen Verbesserung und Steigerung des technologischen Vermögens verliert: H. JONAS: Das Prinzip Verantwortung, 1985.
[9] Vgl. H.G. ULRICH: Eschatologie und Ethik, 1988. Zur theologischen Reflexion der Arbeit an der Eschatologie vgl. G. SAUTER: Zukunft und Verheißung, 1965.
[10] Hier ist an die Bedeutung des messianisch Zeit-losen bei W. BENJAMIN zu erinnern: Über den Begriff der Geschichte (1977), These XVII.

## 1. Vom Gegenstand der Sozialethik 447

ry) ausmacht, ist die primäre sozialethische Frage, also die Frage, was das Gute ist, das durch sie in der Welt und für die Welt bezeugt wird, durch sie als den Instrumenten[11], den Erfahrenen und in der Erprobung Befindlichen. So hat die biblische Tradition von einer bestimmten, konkreten »ethischen Existenz« gesprochen, nicht von einer leeren Verpflichtung den anderen gegenüber. So hat die biblische Tradition das Zeugnis eines bestimmten Ethos zum Gegenstand und nicht eine davon unabhängige Moral.

Dementsprechend hat die theologische Sozialethik auf eine identifizierbare *soziale und politische Praxis* – im Sinne von ›guten Werken‹ als Werke der Liebe zum *Nächsten*, – gesetzt, durch die präsent wird, was Menschen als Geschöpfen zugehört.[12] So tritt hervor, *worin* Menschen leben dürfen und sollen. Dies ist nicht durch das bestimmt, was sie hervorbringen, sondern durch das, was in ihrem Tun zur Mitteilung kommt. *Was* in jeglicher Arbeit und in jeglichem Tun für den anderen zur Mitteilung kommt, macht diese Arbeit und dieses Tun zum guten Werk. Mit dieser Praxis ist auf die Probe zu stellen, was es heißt, dass der Christenmensch ein »Freier Herr ist aller Dinge und niemandem untertan« und zugleich, dass er »ein dienstbarer Knecht aller Dinge und jedermann untertan« (Martin LUTHER[13]) ist. Dieses »und zugleich« ist nicht in der Logik einer Begründung zu lesen, so dass die soziale Praxis sich vielleicht einer gegebenen Freiheit versichern müsste. Das Zugleich von Freiheit gegenüber der abgründigen Lebenssorge und dem Dienst für den Nächsten kennzeichnet den Vorgang des Freiwerdens von der abgründigen Sorge, in den der Nächste *einbezogen* wird. Es geht hier um ein *gemeinsames* »Worumwillen« des Zusammenlebens (im Sinne der causa finalis): es ist auch die *Freiheit des Nächsten* von der Sorge um sein Leben. Diese Freiheit gilt es ihm mitzuteilen, an ihr gilt es, dem Nächsten Anteil zu geben. Dass der Nächste Anteil an dieser Freiheit bekommt, das sind wir ihm schuldig. So ist das Worumwillen nicht, was *wir* dem Nächsten gewähren, sondern die Einbeziehung des Nächsten in das Freiwerden, die Mitteilung der eigenen Freiheit von der Sorge an den Nächsten.[14]

Die alles entscheidende Frage ist also, *woran* der Nächste Anteil haben darf und *was* ihm mitgeteilt wird – durch diejenigen, die ihrer selbst als Geschöpfe gewärtig sind. Diese sind das Medium, durch sie wird geschöpfliches Leben

---

11  Das ist die Grundlinie in Martin LUTHERs Darstellung der Lebensformen in seiner Auslegung von Psalm 127 und 128: dass wir Menschen »Werkzeuge« sind im Zusammenhang der Ökonomie Gottes.
12  Vgl. H.G. ULRICH: Art.: Gute Werke III (1999).
13  Von der Freiheit eines Christenmenschen (1520).
14  Dieser Logik entspricht der Grundgedanke von A. SEN: Ökonomie für den Menschen. Wege zu Gerechtigkeit und Solidarität in der Marktwirtschaft, [Development as Freedom, NY 1999] 2000. Es geht darum, dass jedem Menschen eine »substantielle« Freiheit gewährt wird und nicht nur eine leere Freiheit, ein Spielraum. Siehe dazu: C2-1.

mitgeteilt, durch sie wird der Nächste in Gottes Ökonomie als einer Ökonomie des Freiwerdens von der Lebenssorge einbezogen.

Die Freiheit eines Christenmenschen hat darin ihre Pointe:

»*Was sollen dir deine Güter und guten Werke, die dir doch übrig sind, soweit es gilt, deinen Leib zu regieren und zu versorgen, wo du doch genug hast am Glauben, in dem dir Gott alle Dinge gegeben hat! Sieh so müssen Gottes Güter von einem zum andern fließen und gemeinsames Eigentum werden, dass jeder sich so um seinen Nächsten annimmt, als handelte es sich um ihn selber. Von Christus fließen sie uns zu; denn er hat sich in seinem Leben unser angenommen, als wäre er das gewesen, was wir sind. Von uns aus sollen sie denen zufließen, die sie brauchen, und zwar ebenso völlig; ich muss sogar meinen Glauben und meine Gerechtigkeit vor Gott für meinen Nächsten einsetzen, um seine Sünden zu decken, um diese auf mich nehmen und darf nicht anderes tun, als wären sie mein eigen, ebenso wie Christus uns allen getan hat. ... Aus dem allem folgt der Schluss, dass ein Christenmensch nicht in sich selbst lebt, sondern in Christus und in seinem Nächsten: in Christus durch den Glauben, im Nächsten durch die Liebe. ... Sie das ist die rechte, geistliche, christliche Freiheit, die das Herz frei macht von allen Sünden, Gesetzen und Geboten....*«[15]

Der Christenmensch ist Medium, Instrument, Cooperator und Zeuge dieser Ökonomie Gottes. Die Einbeziehung des Nächsten in das Freiwerden von der Lebenssorge, die Angst vor Gewalt und die Erfahrung des Neuwerdens, ist auf dieses Worumwillen bezogen, auf die Befreiung zur neuen Schöpfung, von der her und auf die hin jene *Institutionen* zu betrachten sind und in denen geschöpfliches Leben zu erproben und zu erkunden ist: die *ecclesia* (die Gemeinde), die *oeconomia* (das gemeinsame Wirtschaften) und die *politia* (die politische Praxis und das politische Zusammenleben). Diese sind als »*Institutionen*« gekennzeichnet, sofern in ihnen das Neu-Geschaffen-Werden präsent ist. In diesen Institutionen haben Menschen teil an der neuen Schöpfung, und nur in diesem Sinne können diese Institutionen als Schöpfungsordnungen verstanden werden.[16] Ihr Sinn verkehrt sich, wo diese als die Ordnungen einer Schöpfung gekennzeichnet sind, deren sich Menschen zu vergewissern haben oder auf die sich Menschen legitimatorisch berufen. Die verschiedenen Interpretationen dieser Ordnungen bewegen sich zum Teil in Diskursen, die selbstverständlich scheinen, aber fragwürdig sind. So auch die Rede von den »Erhaltungsordnungen«, wenn sie dazu führt, sich des Bestandes der Welt zu vergewissern, und wenn nicht mehr deutlich ist, dass die Erhaltung auf die *neue* Schöpfung zielt. So ist die Rede von

---

15   M. LUTHER: Von der Freiheit eines Christenmenschen [1520] (1981) 273f..
16   Zur Diskussion der Bedeutung dessen, was Schöpfungsordnung heißen kann vgl. D. BONHOEFFER: Ethik, 1992. Zum Begriff der Institution in der evangelischen Sozialethik: E. WOLF: Sozialethik, 1975. Dazu: G.U. BRINKMANN: Theologische Institutionenethik, 1997.

den Ordnungen im Blick darauf eingeführt worden, dass in ihnen geschöpfliches Leben seinen Ort und damit seine Bestimmung findet, dass in diesen Ordnungen die neue Schöpfung ihren Weg nimmt. In diesem Sinne führen diese Ordnungen eine Verheißung, ein Wort der Verheißung mit sich. Martin LUTHER spricht genau an dieser Stelle vom »*Trost*«, der darin Menschen gegeben wird, dass Menschen in ihrem Leben und Tun im Handeln Gottes aufgehoben bleiben.[17] Die Ordnungen sind verheißungsvolle Orte dieses Vertrauens.[18] Um diesen Trost und dieses Vertrauen geht es – und deshalb geht die immer wieder angezeigte Kritik an der »Statik« der Ordnungen fehl, so sehr sie die eine oder andere Interpretation treffen kann, wenn diese bestimmte soziale Verhältnisse in den Ordnungen festgeschrieben sehen. Die Ordnungen, von denen hier die Rede ist, stehen – ganz im Gegenteil – gegen die Fixierung auf Strukturen, die sich selbst einer spezifischen Vergewisserung aus einer Beobachterposition verdanken.[19] Demgegenüber sind die Ordnungen als der Orte der Verheißung zu verstehen, und die Frage ist dann, welche »Antwort« dieser Verheißung entspricht.

In der *ecclesia* ist es das Vertrauen auf das Neuwerden, um Gott als Gegenüber zu hören, seinen *Widerspruch* und seine Bekräftigung zu vernehmen. In der *oeconomia* ist es das Neuwerden darin, Gottes Hausgenosse zu sein, in der Kooperation mit ihm zu leben und dessen gewahr zu werden, was er als *Medium* zum Leben mitteilt. In der *politia* ist es die Bestimmung dazu, in Gottes Regiment zu leben und darin zum gemeinsamen Handeln befreit zu sein, statt die eigene Macht beständig sichern zu müssen. Die Ethik hat darauf zu achten, wie in diesen Vorgängen geschöpfliches Leben erscheint. In allen diesen Vorgängen vollzieht sich Leben mit dem Nächsten als geschöpfliches: in der *ecclesia* durch die Befreiung aus der Sorge um das eigene Leben, in der *oeconomia* durch die Einbeziehung in die cooperatio mit Gott, in der *politia* durch die Eröffnung gemeinsamen Handelns.

Die Ethik, die *darin* ihren Gegenstand findet, ist durchweg *Sozialethik*. Sie beschreibt geschöpfliches Leben in der beständigen Dramatik der Befreiung, die den Nächsten an Gottes Ökonomie teilhaben lässt. Die Sozialethik hat in diesem Sinne die Freiheit des Nächsten zum Gegenstand. Sie beschreibt keine Schöpfungsordnungen als bestehende Lebensverhältnisse, sondern geschöpfliches Lebens in der Befreiung mit anderen zusammen, und sie verwaltet keine Legitimationsgrundlagen. Der Nächste gewinnt Anteil an der freien Passivität dessen, der

---

17 Vgl. M. LUTHER: Vorlesung über die Stufenpsalmen (1532/33), Psalmus CXXVII (1930).
18 Vgl. E. WOLF: Sozialethik, 1975.
19 Dem entspricht es in gewisser Weise, die Ordnungen als Orte der Verantwortung zu definieren, wie es Robert BENNE getan hat.

sich berufen lässt, er gewinnt Anteil daran, dass der Berufene hört und versteht, anders als jene Ungerechten (Psalm 82), von denen gesagt werden muss: sie lassen sich nichts sagen und sie erkennen nicht. Die Ungerechten sind deshalb auch diejenigen, die nichts mitzuteilen haben[20], sie sind selbst nicht frei. In dieser Befreiung sind die guten Werke beschlossen: diese sind auf nichts anderes gerichtet, sie sind nicht zu wollen oder zu erfüllen jenseits des Versetztseins[21] in diese Mitteilung an den Nächsten. Die guten Werke erscheinen als Werke der Befreiung und der Berufung, an der der Nächste Anteil bekommt.

In dieser Perspektive spricht Bert BRECHTs Lehrstück von den guten Werken:

*Das Nachtlager* [22]

Ich höre, dass in New York
An der Ecke der 26. Straße und des Broadway
Während der Wintermonate jeden Abend ein Mann steht
Und den Obdachlosen, die sich ansammeln
Durch Bitten an Vorübergehende ein Nachtlager verschafft.

*Die Welt wird dadurch nicht anders*
Die Beziehungen zwischen den Menschen bessern sich nicht.
Das Zeitalter der Ausbeutung wird dadurch nicht verkürzt
Aber einige Männer haben ein Nachtlager
Der Wind wird von ihnen eine Nacht lang abgehalten
Der ihnen zugedachte Schnee fällt auf die Straße.

*Leg das Buch nicht nieder, der du das liesest, Mensch.*

Einige Menschen haben ein Nachtlager
Der Wind wird von ihnen eine Nacht lang abgehalten
Der ihnen zugedachte Schnee fällt auf die Straße
Aber die Welt wird dadurch nicht anders
*Die Beziehungen zwischen den Menschen bessern sich dadurch nicht*
*Das Zeitalter der Ausbeutung wird dadurch nicht verkürzt.*

---

20  Vgl. Psalm 92. Dort wird von denen gesagt, die Gott verleugnen, dass sie nichts wahrnehmen und erkennen und damit auch nichts haben, was sie zu »vermelden« (Übersetzung von Martin BUBER) haben.
21  Vgl. Psalm 92: Nach der Übersetzung von Martin BUBER spricht der Psalm von dem Gerechten, der in Gottes Haus »verpflanzt« ist.
22  Aus: B. BRECHT: Gesammelte Gedichte Bd. 1, 1976, 373f.. K. F. HAAG (Nachdenklich handeln. Bausteine für eine christliche Ethik, 1996, 110) hat darauf aufmerksam gemacht.

## 1. Vom Gegenstand der Sozialethik

Der Blick richtet sich hier *nicht* auf ein richtiges Leben[23] als ein Ganzes, versprochen wird auch nicht die Ausrichtung auf ein solches Ganzes[24], sondern Angelpunkt, um den die Welt sich dreht, wird ein bestimmtes Tun, das für das richtige Leben steht – im Warten auf Gottes Zeit. Dies markiert den Ort evangelischer Sozialethik dort, wo das bestimmte Gute unvermittelt, direkt zu *tun* ist, so wie Dietrich BONHOEFFER vom »Tun des Gerechten« gesprochen hat.[25] ADORNOS Feststellung »es gibt kein richtiges Leben im falschen«[26] betrifft ein menschliches Leben als Ganzes, nicht dieses fragmentarische Tun, das dafür einsteht, aber es verweist auch auf die Widersprüchlichkeit solchen Tuns. »Es gibt kein richtiges Leben im falschen« ist im Zusammenhang der Paradoxie gesagt, dass es kein Wohnen im eigenen Haus mehr gibt und auch kein Privateigentum, das nicht, wollte man es festhalten, denen eine Ideologie beschafft, die auf der Seite der Besitzenden sind. Zugleich aber kann man es nicht aufgeben, weil mit dem Eigentum auch die Freiheit der Unabhängigkeit verbunden ist. So endet dieser Aphorismus der Minima Moralia »Asyl für Obdachlose« in eben der dialektischen Aporie, die diejenige Ethik, die das »Wohnen« (ethos) zum Gegenstand hat, nicht aus dem Blick verlieren darf. Diese Ethik kann jedenfalls nicht in einer moralischen Aufforderung zum Leben ohne Wohnung und Eigentum enden. Sie kann nicht eine wie auch immer gegebene Fremdlingschaft (peregrinatio) feststellen oder zum Lebensmodus erklären.[27] Das bleibt denen gegenüber zynisch, die ohne Wohnort und ausgeliefert sind. Darin aber besteht die Ethik der Nachfolge (»Verkaufe, was du hast ...« – Mt 19,21), dass damit nicht die Welt zu verändern ist, wohl aber dem Nächsten zu helfen. Niemand kann daraus eine Moral des richtigen Lebens machen wollen: er würde der Paradoxie zu entfliehen suchen, ihr aber nicht entkommen. Eine solche christliche Moral (vielleicht eine monastische) würde diese Paradoxie festschreiben. An dieser Stelle gibt es keine Flucht aus der Welt in ein richtiges Leben: das ist die Pointe von Martin LUTHERS Kritik an der mönchischen Moral. Das ist die Pointe seiner Mahnung in dem Stand (Status) zu bleiben, in den jeder berufen ist, denn jeder Stand gilt der Zuwendung zum Nächsten. Es gibt nicht den Stand des richtigen Lebens. Die Frage ist, wie christliche Ethik gleichwohl immer dort von der Logik einer Moral bestimmt ist, wo sie das richtige Leben zu behaupten sucht, ohne den Wider-

---

[23] Siehe T.W. ADORNO: Minima Moralia, [1951] 1964, I (Aph.1).
[24] So geschieht es in dem Konzept einer integrativen Wirtschaftsethik: P. ULRICH: Integrative Wirtschaftsethik, 1997.
[25] D. BONHOEFFER: Gedanken zum Tauftag von D.W.R., Mai 1944 (1964), 152f..
[26] T.W. ADORNO: Minima Moralia, [1951] 1964, I (Aph.18). Zum weiteren Verständnis siehe auch: Probleme der Moralphilosophie, [1963] 1996. Zur Interpretation von BRECHT siehe dort 211-213.
[27] In diesem Sinn kann keine »provisorische Moral« begründet werden.

spruch gegen die Paradoxie selbst, in dem diese Behauptung einzig möglich ist. Theodor W. ADORNO hat zu Bert BRECHT bemerkt, »dass er dieses Problem als eigentlich das heute überhaupt moralphilosophisch zentrale und aktuelle Problem gesehen hat.«[28] Es geht moralphilosophisch um die »Konvergenz des subjektiven und des objektiven Moments in der Moral«, in dem ADORNO »ein Gefahrenmoment der allerschwersten Art« wahrnimmt.[29] Es ist die Gefahr gegeben, dass auf fragwürdige Weise das subjektive und das objektive Moment identifiziert wird und so das richtige Leben absorbiert wird von etwas anderem, einem Ziel, einem Endzweck, einem Zustand, den es herbeizuführen gilt. Dies stellt sich immer auch dort ein, wo die Logik vorherrscht, dass der Zweck die Mittel heiligt. Es geht die entscheidende Differenz verloren zwischen dem, was dem Nächsten Gutes zu tun ist und dem, was die von uns selbst hervorgebrachte Wirklichkeit ausmacht, die sich dadurch nicht so verändert, dass davon dann auch der Übernächste etwas gewinnt.

Das bestimmte Tun macht seinen öffentlich-politischen Charakter[30] aus, denn dieses Tun kann sichtbar werden, auch wenn die Welt oder die Stadt keine andere wird. ADORNO sieht hier eine Ohnmacht reflektiert, die unaufhebbar ist. Doch Macht oder Ohnmacht sind dann auf die Veränderung der Welt bezogen, nicht darauf, der Welt das mitzuteilen, was auf andere Weise das menschliche Leben verändert. Es erscheint – adventlich – dasjenige Positive, was sich nicht durch eine dialektische Paradoxie in fremde Zwecke verwandeln lässt.

Dies steht in der Tradition der Bergpredigt JESU und seiner vom Evangelium getragenen Ethik: »So lasst euer Licht leuchten vor den Leuten, damit sie eure guten Werke sehen und euren Vater im Himmel preisen.« (Mt 5,16) Dass der Vater im Himmel gepriesen wird, steht dagegen, dass die guten Werke und die, denen sie gelten, nichts mitzuteilen hätten, sondern zu einem Ideal gehörten oder einem großen Ziel, das zu realisieren wäre. So ist mit Recht unterschieden worden zwischen einer Sozialethik, die als Programm erscheint, und einem von der christlichen Gemeinde gelebten Ethos, das ihre Sozialethik *bezeugt*.[31] Die sozialethische Frage richtet sich dann auf die *Reichweite der guten Werke* und ihre strukturelle Entsprechung. Genau hier hat die evangelische Sozialethik von »*Institutionen*«[32] gesprochen, das heißt nicht allgemein von Strukturen, Strukturen

---

28  T.W. ADORNO: Probleme der Moralphilosophie, [1963] 1996, 211f. Adorno sieht das Problem in KANTs Moralphilosophie vorgezeichnet: vgl. 209f.
29  Ebd. 213.
30  Es ist nicht das richtige Leben, das nur im Privaten noch aufzufinden ist: T.W. ADORNO: Minima Moralia, [1951] 1964.
31  Dies hat S. HAUERWAS für die theologische Ethik deutlich machen können: S. HAUERWAS: The Politics of Justice. Why justice is a bad idea for Christians (1991).
32  E. WOLF: Sozialethik, 1975. Diese Sozialethik ist ganz darauf aufgebaut.

der Verbindlichkeit oder sozialen Kohärenzen, sondern von denjenigen Einrichtungen des Zusammenlebens, die auf *Interaktion* und die damit verbundene *Mitteilung* beruhen. Evangelische Sozialethik ist so als *Politik* der guten Werke zu verstehen.[33] Entsprechend ist auch die Forderung nach *institutioneller* Verfasstheit sozialer Interaktion immer wieder neu zur Geltung gebracht worden.[34] Hier – und nicht in irgendeiner Idee von Organisation – hat die Diakonie ihren ethisch-theologisch reflektierbaren Ort.[35] In diesem Verständnis der Diakonie bündelt sich die ganze evangelische Ethik. Das mit Institutionen verbundene Handeln und die darin eingeschlossenen guten Werke gewinnen so eine politische Präsenz, die ihre eigene Widerständigkeit hat.[36] In diesem Sinne sind zum Teil auch die Nicht-Regierungs-Organisationen in ihrer politischen Eigenbedeutung in den Blick gekommen. Beispiele dafür wie »Green Peace« haben auch schon dazu geführt, dass direkt oder indirekt Aufgaben an diese übertragen werden, dass die institutionalisierte Politik mit ihnen als politische Partner rechnet.

## 2. Sozialethik als Ethik und Politik der guten Werke

Die Ökonomie der neuen Schöpfung in CHRISTUS besteht darin, dass sie *in* die Welt kommt, nicht um das Endgültige vorwegzunehmen, wie es in der Logik der Antizipation[37] gedacht ist, oder um einen Zustand der Welt zu versprechen, sondern um des gegenwärtigen Trostes willen, dort, wo geschöpfliches Leben zu existieren beginnt – auch im Tun der guten Werke, in denen die Erprobung geschöpflichen Lebens ihren Angelpunkt hat. Dieser *Trost* im Tun der guten Werke, im Helfen, Lindern und Heilen, bildet den Widerhalt gegen eine trostlose Weltverbesserung, die das Gute im je Besseren gegenüber dem Bestehenden sucht, statt in einer solchen besseren Gerechtigkeit (Mt 5,20) zu bleiben, die das Bessere – und schließlich das Gute, das Wohlgefällige und das Vollkommene (Röm 12,2) – in dem aufsucht, was dieser Welt zu-kommt, was ihr mitzuteilen ist, und was immer schon einen Überschritt über das Gegebene und seine Verbesserungen vollzieht. Die Widerständigkeit dieses Guten und Gerechten macht den *Trost* aus, das, worauf zu *trauen* ist. Es ist das Gute (Röm 12,2), das hier zu erkunden und zu erproben ist, nicht ein Gutes, das als Grund oder Begründung, oder auch als Ziel (vielleicht als höchstes Gut) dienen könnte. Zu erproben ist in

---

33 Vgl. E. WOLF: Politia Christi [1948/49] (1993).
34 Siehe A1-2.
35 Hier ist die Diskussion um die Diakonie aufzunehmen.
36 Vgl. den weitreichenden konstruktiven Beitrag der Gruppe von Lissabon, der darauf beruht: Die GRUPPE VON LISSABON: Grenzen des Wettbewerbs. Die Globalisierung der Wirtschaft und die Zukunft der Menschheit, 1997.
37 Es geht hier nicht um eine (Hegelsche) Logik der Antizipation des Vollendeten.

einem durchaus vordergründigen, aber nicht oberflächlichen[38] Sinn das Gute, das Gott uns anvertraut und das in seinem Willen für uns beschlossen ist. Es ist das Gute, das es erprobend zu *tun* gilt (Röm 13,3), und es sind die guten Werke, zu denen ›wir‹ geschaffen sind (Eph 2,10), wie Frieden stiften und das Tun des Gerechten und das Beten. Es ist nichts weiteres, aber auch nicht weniger.

So ist die *eschatologische* und *messianische Logik*, die hier ins Spiel kommt, alles andere als die eines allgemeinen Vorbehalts gegenüber dem Gegebenen, in dem sich Christen aufhalten.[39] Es ist vielmehr die Logik einer ausdrücklich *widersprechenden*, tröstenden Gewissheit, die in den guten Werken erscheint. In dem bestimmten Anfangen, das in den guten Werken liegt, zu leben und nicht in einer unbestimmten Vorläufigkeit, heißt der Neuschöpfung entsprechend leben. Für diesen Anfang stehen Glaube, Hoffnung und Liebe, um diesen Anfang auf die Probe zu stellen, wie er die neue Schöpfung trägt.[40] Dieser Anfang ist nicht allgemein als der immer gleiche Ursprung zu denken. Dies würde auch auf das Problem des Ursprungs der Moral führen, das heißt in einen anderen Diskurs, in dem sich auch der um die ursprüngliche Gerechtigkeit bewegt. Hier aber geht es um den *politischen* Diskurs der anfänglichen Präsenz christlicher Existenzform. Dieser Anfang[41] ist – in dieser Logik – *in Christus* gesetzt: »ist jemand in Christus, so ist er eine neue Kreatur«. Dieser Anfang ist im »Wort von der Versöhnung«, das Gott »aufgerichtet, aufgestellt« hat, politisch präsent (2Kor 5,17-19) und kann nicht von symbolischen Ordnungen absorbiert werden. Hier erscheint die Institution des Wortes. So wird es nicht darum gehen, eine Präsenz des Guten nachzuweisen, sondern dem nachzugehen, was seinen Anfang mit dieser neuen Schöpfung nimmt. Wer tritt in diese neue Zeit ein, wer setzt diesen Anfang fort? Dies ist die Frage einer Ethik, die nicht nach einem eigenen moralischen Ursprung, einer moralischen Ursituation sucht, sondern den – politischen – Weg oder Umweg der Erprobung geht.

## 3. Erprobung in den Lebensvorgängen

Sofern es der Anfang der neuen Schöpfung ist, betrifft er die Welt und ihre Zeit (Röm 12,1), er tritt in sie ein und wird ihr zum Widerhalt. Es ist die bestimmte anfängliche Wirklichkeit, die in diese Welt eintritt. Es ist der darin angezeigte

---

38  H. ARENDT hat das Böse als das Oberflächliche gekennzeichnet. Dem entspricht auch ihre Kennzeichnung »Banalität des Bösen«: H. ARENDT: Eichmann in Jerusalem. Ein Bericht von der Banalität des Bösen [1963], 1964.
39  So ist auch 1Kor 7,29-33 zu lesen.
40  Von hier aus ist Mt 11,1-5 zu verstehen: die Zeichen der Ankunft des Messias, der damit indizierte Zeitbruch.
41  Siehe zum Verständnis des Anfangs: A1-6.

»Zeitbruch«.[42] In diesem Sinne sind die *Lebensvorgänge* gemeint, die in der Tradition »Stände« (Status) oder »Ordnungen« genannt wurden. Dies sind die anfänglichen, auf die neue Schöpfung hingeordneten Lebensvorgänge, Orte geschöpflichen Lebens, die es zu erproben und zu erkunden gilt:

in der *Ecclesia* geht es um das Neuwerden (*conversio*) und die Annahme des Empfangenen gegenüber dem, was nur irgendwie, aufgrund dieser oder jener Plausibilitäten gilt,

in der *Oeconomia* geht es um die Erprobung des von der fundamentalen Sorge befreiten Mitwirkens *in* Gottes guter Schöpfung (*cooperatio*) zur Einbeziehung des Nächsten und

in der *Politia* geht es um die Erprobung des ermächtigten Handelns und *Handelns für andere* und die Kommunikation (*communicatio*) mit anderen gegen jede Form von Gewalt.

Diese Differenzierung der menschlichen Lebenswirklichkeit beruht nicht auf einer spekulativen Systematik, die selbst ortlos ist, wie sie auch der Theorie der funktionalen Differenzierung (in der Systemtheorie) zugrunde liegt. Die funktionale Differenzierung der Systeme (Wirtschaft, Politik, Bildung, Religion) fixiert die gesellschaftliche Lebenswirklichkeit auf das, was sie aufgrund technologischer und ökonomischer Abläufe zusammenhält, die alle Vorgänge und Verhältnisse im Sinne der System-Erhaltung transformieren. Die System-Theorie ist als soziologische Aufklärung[43] gegen die Gesellschaftstheorien hervorgetreten, die quer zur technologisierten Gesellschaft verlaufen. Sie provoziert die Frage, ob damit nicht jeder Vorgang der gesellschaftlichen Differenzierung und vor allem jeder Versuch, einer gegenläufigen Praxis irrelevant wird, wenn er nicht in der Logik der Systembildung verläuft. Hier ist auch auf die Kritik von Jürgen HABERMAS zu verweisen, der bestreitet, »dass jeder Handlungsbereich, wenn er nur *au courant* bleiben will mit der gesellschaftlichen Modernisierung, diese Gestalt funktional spezifizierter, über Steuerungsmedien ausdifferenzierter, voneinander entkoppelter Teilsysteme annehmen müsse.«[44] Die systemtheoretische Perspektive ist von vornherein auf die Beobachtung und Beherrschung aller Lebensverhältnisse gerichtet. Diese Beobachter- und Verwalterperspektive unterscheidet sich kategorial von der Perspektive derer, die *handeln*[45], das heißt der Perspektive einer Veränderung, die sich nicht absorbieren und nicht auf die zwingende Erhaltung der Systeme beziehen lässt. Auch im Blick darauf ist von den guten

---

42  Vgl. E. GOODMAN-THAU: Zeitbruch, 1995.
43  Vgl. N. LUHMANN: Soziologische Aufklärung, Bd. 1-6, 1970-1995.
44  J. HABERMAS: Die Idee der Universität – Lernprozesse (2003), 99.
45  Im Sinn des Begriffs, auf den Hannah ARENDT den Blick gelenkt hat. Es geht um das Handeln als ein Beginnen und insofern nicht nur um die Differenz zwischen Individuum und System, sondern um eine kategoriale Differenz.

Werken zu sagen, dass sie quer zur ökonomisch-rationalen Optimierung aller Verhältnisse präsent sind. Sie tragen in die wie auch immer zu verbessernde Welt Veränderung zum Guten hinein. Entsprechend sind Einrichtungen wie die diakonischen Werke der Kirchen zu lokalisieren. Es geht dann nicht um die Frage, wie weit sie sich der Systemlogik – zwangsläufig, anonym – unterworfen sein müssen, um auch »gut« zu sein, sondern welche Eigenbedeutung ihnen zukommt, die Grund genug dafür sind, ihnen eine eigene (politische) Aufgabe zuzuschreiben und sie deshalb ausdrücklich zu fördern. Mit den guten Werken geht es um die Erhaltung des Widerspruchs um des Guten willen, das es zu erproben gilt. Dies entspricht dem *politischen* Sinn der guten Werke. Die Auseinandersetzung theologischer Sozialethik mit den Gesellschaftstheorien hat hier *ihre* – politische – Aufgabe der Aufklärung.[46] Diese zielt vor allem darauf, die darin enthaltene Theologie – die Theologie der Weltbeherrschung und Weltverwaltung[47] – zum Gegenstand der Auseinandersetzung zu machen. Gegen die vermeintliche Weltbeherrschung und ihre Ökonomie steht nicht ein unbestimmtes Vertrauen, das hier in Erinnerung zu rufen wäre[48], sondern dasjenige bestimmte Tun und Handeln, das der begründeten Hoffnung entspricht: der Hoffnung auf das Neuwerden in Gottes Wirken (in der Ecclesia), der Hoffnung auf Gottes Mitteilung (in der Ökonomie) und der Hoffnung auf Gottes Regierung (in der Politia). Die Diakonie und ihre guten Werke stehen dann nicht in dem Dilemma zwischen ökonomischen »Zwängen« (die ja überdies an ökonomischen Theorien zu prüfen sind) und dem Dienst am Nächsten, sondern provozieren eine andere Ökonomie.[49] So treten sie auch in die Auseinandersetzung mit ökonomischen Theorien ein, die diese oder jene ökonomischen Verhältnisse festschreiben.[50]

Mit dem Blick auf die Lebensvorgänge geschöpflichen Lebens hat die theologische Ethik die Differenzierung der Lebenswirklichkeit auf den *Zeitbruch* bezogen, den Gottes neue Schöpfung herbeiführt.[51] Dieser ist nicht durch die Differenz zwischen dem technologisch Beherrschbaren und seiner Kehrseite markiert. Die Theologie bleibt aussageleer, wenn sie vom »Unverfügbaren« spricht. Es

---

46 Vgl. die weitreichende Ausführung bei J. MILBANK: Theology and Social Theory beyond Secular Reason, 1991.
47 Dies ist auch der Angelpunkt der Kritik Adornos an KANTs Moralphilosophie: T.W. ADORNO: Probleme der Moralphilosophie, [1963] 1996.
48 Dies hat P. KOSLOWSKI unternommen: Prinzipien der Ökonomie, 1988.
49 Es kommt für die Diakonie deshalb darauf an, inwiefern sie sich auch mit bestimmten, kritischen Konzepten der Wirtschafts- und Unternehmenstheorie und ihrer Ethik befasst.
50 Für die Diakonie ist etwa der Diskurs über die institutionellen Formen des Wirtschaftens weiterführend: siehe dazu C2-2.
51 Siehe dazu: E. GOODMAN-THAU: Zeitbruch, 1995. Diese Darlegung der messianischen Logik ist wegweisend für das Verständnis der biblischen Überlieferung.

wird damit die Frage provoziert, was als nächstes in die Verfügung übernommen wird, oder es wird um so mehr die Logik des denkbaren Zugriffs etabliert, weil ihm nichts widersteht: nichts, was seine eigene Bestimmung, seinen Ort in Gottes Ökonomie hat. Aber vor allem wird womöglich nicht mehr gefragt, inwiefern es wirklich gelingt, über etwas zu verfügen, wenn dessen Umriss unbestimmt bleibt. Es ist nicht die Aufgabe der Theologie, einen Diskurs über die Grenzen der Verfügbarkeit[52] und in diesem Sinne über Unverfügbarkeit zu führen. Dies bleibt ein hoffnungsloses Abmessen der Reichweite menschlichen Vermögens und eine Beschränkung auf das Verfügen, ein Abblenden dessen, was Menschen widerfährt und empfangen. Es bleibt dem Diskurs über Macht als Vermögen verhaftet. Nicht die Reichweite menschlicher Verfügungsmacht ist das Thema der Theologie, nicht die Frage nach solcher auf Vermögen beruhenden menschlicher Macht und Ohnmacht, sondern die Aussagekraft der Hoffnung, die im Gewärtigsein geschöpflichen Lebens erscheint – und die der Macht zu handeln[53] nahe steht. Es wird um die Frage gehen, was denn die »Sache der Treue« (Ps 45,5) ist, zu der Gott steht. Von ihr ist zu reden.

Die paradigmatischen Lebensvorgänge geschöpflichen Lebens hat die theologische Ethik als die *Orte*, die Status, markiert, an denen die anfängliche neue Schöpfung erscheint und mit denen es darauf ankommt, *dass* sie erscheint: es sind die Orte, wo das Neuwerden geschieht und wo es dessen bedarf – dort, wo es einer Berufung, eines Auftrags bedarf, um Gottes gute Schöpfung nicht durch eigene »Gestaltung« zu verfehlen, – und dort, wo es des anfänglichen, nicht konsekutiven Handelns bedarf (institutio). In dieser Kennzeichnung war sich die theologische Ethik freilich nicht sicher und hat ein undeutliches Spektrum an verschiedenen Bedeutungen dessen hervorgebracht, was »Schöpfungsordnung« genannt worden ist.[54] Ihre Kennzeichnung als die Orte geschöpflichen Neuwerdens ist in ihrer Bezeichnung als »Mandate« angedeutet, sofern darin auch die Berufung zum geschöpflichen Leben ausgesagt ist. Ernst WOLF verweist auf Dietrich BONHOEFFERs Feststellung »echte Wirklichkeit gibt es nur durch Befreiung durch Christus«, sieht aber die Notwendigkeit einer neuen Bestimmung dieser Mandate oder Ordnungen, in der nicht nur deutlich wird, was dem Menschen aufgegeben ist, sondern auch, worin er mit Gott verbunden und von ihm beansprucht bleibt.[55] Doch auch damit tritt noch nicht klar genug hervor, dass diese Ordnungen den Status der im Neuwerden befindlichen Geschöpfe kennzeichnen und nicht nur ein Angebot und einen Anspruch Gottes festhalten. Es

---

52 Diesen Diskurs zeigt E. LIST: Grenzen der Verfügbarkeit, 2001.
53 Siehe B4-9.
54 Vgl. zur Diskussion: E. WOLF: Sozialethik, 1975, 168-173; ebenso: D. BONHOEFFER: Ethik, hg. von I. TÖDT u.a. 1992, 392-398.
55 Vgl. E. WOLF, Sozialethik, 171.

sind die Ordnungen für die Geschöpfe, denen Gottes Zuwendung gilt. Deshalb sind diese Ordnungen nicht irgendwie »gegeben«, sondern werden immer neu durch Gottes Wort im *Widerspruch* gegen bestehende Ordnungen zugesagt und bekräftigt.

Im Neuwerden, in der Berufung und Anfänglichkeit wurzelt die Spannung, in die die Lebensvorgänge eingefügt sind, in denen geschöpfliches Leben erscheint. Es geht um den immer neuen Übergang in die neue Schöpfung (Psalm 92). Aus ihm heraus gewinnt die Ethik ihre Erkenntnisdifferenz[56], nicht aus der Unterscheidung zwischen einem irgendwie gewordenen Christentum und der Welt oder aus der Unterscheidung von christlicher Welt und nicht-christlicher Welt – und entsprechend nicht im Blick auf deren Integration oder Vermittlung. Die *eschatologische Differenz* verläuft zwischen dem von Gott geschenkten Anfang und seiner Erprobung. Diese Erprobung findet in dieser Welt und für sie statt. Sie ist *Mitteilung* an die Welt.[57] Durch ihre eschatologische Ausrichtung ist diese Ethik weltzugewandt, indem sie in der Welt erkundet und erprobt, wie dieses geschöpfliche Leben zu leben ist. Ohne diese immanent-eschatologische Transzendenz, die »Transzendenz ins Diesseits«[58], verliert die Ethik ihre kritische und ihre explorative Aufgabe.

## *4. Heiligung in der Erprobung*

In diesem Sinne ist die *Leitfrage* theologischer Ethik nicht die ortlose und ziellose (antike) Frage nach dem »guten Leben« und seinen Ordnungen, sondern die nach dem Leben in der *Heiligung*, dem Leben in Gottes Ökonomie.[59] Anders ist die Tradition evangelischer Ethik in ihrer widersprechenden, kritischen und explorativen Aufgabe nicht auszuschöpfen. Sie wird schon dort völlig verkürzt, wo das Thema »Heiligung« *neben* das Thema »Rechtfertigung« tritt, statt damit eine Einheit zu bilden. Wo Menschen *nicht* ihre eigene Rechtfertigung suchen, die Bestätigung ihres Zustandes, werden sie zu Mitwirkenden Gottes, sie werden zu Mitwirkenden an dem, was Gottes Wille ist.

---

56 Diese Erkenntnisdifferenz erscheint in der biblischen Tradition auch in der Differenz zwischen den erkennenden Gerechten und den Gottesleugnern, die nicht erkennen und nicht verstehen: Psalm 92. Das macht die epistemologische Seite biblischer Ethik aus.
57 Vgl. Psalm 92: dort geht es um das, was mitzuteilen ist. »Der Bewährte sprosst wie die Palme, er schießt wie eine Zeder auf dem Libanon auf. Die in SEIN Haus wurden verpflanzt, sprießen in den Höfen unseres Gottes, noch im Greisentum werden sie gedeihn, werden markig sein und frisch, zu vermelden, dass ein Gerader ER ist, mein Fels, Falsch ist an ihm nicht.« (Ps 92,13-16; Übersetzung von M. BUBER).
58 Siehe: J. HABERMAS: Exkurs: Transzendenz von innen, Transzendenz ins Diesseits (1992).
59 So spricht Psalm 92 von dem was »gut« ist. Was »gut« ist, bleibt in das Urteil Gottes gestellt – wie am Ruhetag nach der Schöpfung, so am Sabbattag, an dem »gut« genannt wird das Leben in Gottes Ökonomie.

»In dieser Heiligung« – so fasst Ernst WOLF den Topos zusammen –, »nur in ihr, das heißt in der Anteilhabe an der *politia Christi* gegenüber der Welt, wird der Mensch als Christ zum ›Mitwirker‹ Gottes, denn darin wirkt sich das schöpferische Geschehen der Rechtfertigung in das instrumentale Handeln des Gerechtfertigten aus. Gerade weil nach dem Schriftzeugnis der Christenmensch Mitwirker Gottes (1Kor 3,9 u.a.) in der Überwindung der gottfeindlichen Welt ist, darum ist er nicht Mitwirker, kooperierender Faktor am Heil des Ich, an der Rechtfertigung seiner selbst.«[60] Der Topos der Heiligung wird hier bei Ernst WOLF in seiner spezifischen Dramatik und Logik für die Ethik in Erinnerung gebracht.[61] Er handelt nicht von einem Zustand des Christenmenschen, sondern davon, wie dieser zur Teilnahme kommt an Gottes Wirken in der Welt durch die politia CHRISTI.[62] Dieses zur Teilnahme Kommen an Gottes Wirken stellt den Vorgang der Heiligung dar. »Das sozialethische Handeln macht im eigentlichen Sinne die ›Heiligung‹ (für LUTHER) aus.« Dies ist der mit der Verheißung Gottes versehene Lebensvorgang, den evangelische Ethik in den Blick kommen lässt. Es ist der Lebensvorgang, der Menschen die Geschöpfe sein lässt, die sich in der Welt als Geschöpfe dadurch bewähren, dass sie im *Werden* bleiben und ihr Tun nicht auf die Bewahrung und Behauptung ihres Lebens richten. Sie bleiben im Werden, wenn sie sich zu Mitwirkenden Gottes berufen lassen.

»Heiligung« meint das Erproben dieser Existenzform in der Welt.[63] Dies meint nicht ein Balancieren zwischen Anpassung und Widerspruch gegenüber der Welt. Vielmehr umgreift die neue Existenzform die Bitte darum, dass Gottes Wille geschehe und den Widerstand gegen das, was Gottes Willen zu verdrängen sucht. In beidem findet die Heiligung statt. Heiligung ist Zeugnis von Gottes Willen, wie ihn diejenigen erfahren, die sich heiligen lassen. *Deshalb* kann – mit Ernst WOLF – im Blick auf die evangelische Sozialethik gesagt werden, dass das *sozialethische* Handeln die Heiligung ausmacht. Deshalb kann gesagt werden, dass die Heiligung in der *politia Christi* geschieht.[64] Sie erfüllt sich darin, dass Menschen beten können »Dein Wille geschehe, wie im Himmel, so auf Erden«. Ohne dieses Gebet gibt es keine politia Christi, keine Sozialethik der Mitteilung und des Zeugnisses, sondern nur Verwirklichung, Anpassung oder Durchset-

---

[60] E. WOLF: Die Rechtfertigungslehre als Mitte und Grenze reformatorischer Theologie (1965), 20.
[61] Siehe vor allem auch: S. HAUERWAS: Sanctify them in the Truth, 1998.
[62] E. WOLF: Königsherrschaft Christi und lutherische Zwei-Reiche-Lehre (1965) 214: »Die Heiligung aber hat nicht nur die Rechtfertigung zur Voraussetzung, sondern auch das Dasein in dieser Welt zur Bedingung. Sie ist der Vollzug des Glaubensgehorsams in dem als Liebe benannten Tätigwerden des Glaubens bzw. des ›neuen Menschen‹.«
[63] Wegweisend für das biblische Verständnis von Heiligung ist vor allem M. BUBER: Der Jude und sein Judentum. Gesammelte Aufsätze und Reden, 1993, vgl. 563.
[64] Siehe oben E1-7.

zung. Heiligung erfüllt sich darin, dass Gottes Güte erprobt wird, dass ausgelotet wird, was es heißt, auf diese Güte zu setzen.[65] Was heißt es, in der Erwartung zu handeln, dass Gottes Wille geschehe? Welche Art von Kooperation zwischen Gott und Mensch kommt mit diesem Gebet in den Blick, statt sich in dem Diskurs einzurichten, der das »Maß des Menschlichen«[66] nach einer anderen Maßgabe zu erfassen sucht?

### 5. Sozialethik in der Praxis der Gerechtigkeit

Dieser sozialethischen Aufgabe entspricht die Praxis des *Hörens* und der *Verständigung in Gerechtigkeit* ebenso wie die *Mitteilung* dessen, was von Gottes Güte Menschen zukommt, auch durch die guten Werke. Diese Mitteilung wird immer *Vorrang* haben vor dem, worin die Verständigung schon geschehen ist. Es wird auch Vorrang haben vor der allseitigen Verständigung in dem, was menschliches Vermögen ausmacht. Es wird vielfach Einspruch bleiben. Von da aus und nicht von einem behaupteten Gemeinsamen (oder Allgemeinen) aus oder auf einen allgemeinen Willen hin ist der ethische Diskurs zu führen, um den es hier geht. Der Diskurs gilt nicht dem Ausgleich von bestehenden Interessen und Verschiedenheiten, sondern dem Erkunden und Erproben dessen, worin die neue Schöpfung präsent wird. Darin besteht die Erkenntnisspannung dieser Ethik, und so erfüllt sie die Aufgabe einer diskursiven Ethik, die auf gemeinsame *Erkenntnis* ausgerichtet ist: die Erkenntnis in Gerechtigkeit. Es ist die Erkenntnis dessen, was dem anderen mitzuteilen ist, und daher überhaupt eine Erkenntnis, die die Verbindung mit dem anderen aufnimmt, und nicht ein zur Kenntnisnehmen dessen, was ist.[67] Immer neu wird es darum gehen, bei diesem Anfang einzusetzen, der die geschöpfliche Existenz kennzeichnet, um im Neuwerden zu *bleiben*. Damit ist nicht eine unaufhebbare Ursprünglichkeit zu behaupten, eine immer neue moralische Ursituation, ob es die des barmherzigen Samariters ist oder die der immer gegebenen Nötigung zur Verständigung, sondern die immer neue Gelegenheit, das bestimmte Gute zu tun, wie es uns anvertraut ist, und damit unabwägbar mehr zu tun, als jede Verständigung einzuholen vermag. Es geht um den immer gegebenen Überschritt von der prozeduralen Gerechtigkeit zu der Nächstenliebe[68], die so ihren eschatologischen Ort einnimmt.

---

65 E. WOLF: Königsherrschaft Christi und lutherische Zwei-Reiche-Lehre (1965) 214: »Heiligung ...ist das vor der Welt und in ihr abzulegende Tat- und Wortzeugnis der widerfahrenden Befreiung zur Gotteskindschaft und der Annahme in sie; Heiligung ist Zeugnis der geschenkten ›Neuheit des Lebens‹«
66 Vgl. die Fragestellungen dazu bei: J. RAU: »Wird alles gut? – Für einen Fortschritt nach menschlichem Maß«, Berliner Rede 2001.
67 Vgl. zu Psalm 82: E2-3.
68 Siehe zu diesem Zusammenhang: P. RICOEUR: Liebe und Gerechtigkeit, 1990.

## 6. Sozialethik in der Erprobung und Bezeugung geschöpflichen Lebens – politia Christi

In Bezug auf eine Reihe von Phänomenen des menschlichen Lebens ist die Erkundung und Erprobung geschöpflichen Lebens akut geworden. Nicht zuletzt in Bezug auf Gesundheit und Krankheit, auf das Geboren-Werden und Sterben, auf die menschliche Arbeit und das Wirtschaften, auf die technologische Veränderung der Lebenswelten, aber ebenso dringlich in Bezug auf das politische Handeln. Was kann beispielsweise geschöpfliches Leben für die menschliche Arbeit heißen, wenn das ganze Leben aus Arbeit besteht und es nicht mehr die gottesdienstliche Gelegenheit gibt, in der Menschen sich Gottes schöpferisches Handeln gefallen lassen: mit jedem Wort, das wir Menschen uns nicht selbst sagen können, mit jedem Wort, das von Gott kommt? Was kann geschöpfliches Leben in Bezug auf das politische Handeln heißen, wenn an die Stelle des anfänglichen Handelns in Gerechtigkeit das Abgleichen von Interessen getreten ist, wenn es kein Handeln mehr gibt, das aus dem anfänglichen Neuwerden erwächst, sondern nur die Verwaltung von Problemkonstellationen vorherrscht?

Die Erprobung geschöpflichen Lebens im Zusammenleben ist in der (reformatorischen) Tradition »*politia Christi*« genannt worden.[69] Mit der politia Christi, *der* Existenzform eines Christenmenschen, geht es um die Erscheinung der Güte und Gerechtigkeit Gottes, wie sie mit dem geschöpflichen Leben verbunden ist. Dieses vollzieht sich im *Zeugnis* und der *Mitteilung* an den Nächsten. Der *Gegenstand der Sozialethik* ist diese Praxis und daher nicht in eine Theorie moralisch verstandener Verhältnisse zu fassen. So wird etwa Personalität als Anerkennungsverhältnis[70] bestimmt, oder es wird von sozialen Strukturen und deren bindende Forderung gesprochen, wie etwa den Verpflichtungen der Generationen untereinander. Eine Sozialethik jedoch, die die *politia Christi* zum Gegenstand hat, ist eine Ethik des bezeugenden und mitteilenden, nicht nur zeichenhaften Tuns, keine Ethik, die moralische Verhältnisse[71] einfordert, keine Ethik moralischer Prozeduren und ihrer Verwaltung.[72] Diese Sozialethik hat ihre Pointe darin, dass sie fragt, was dem Nächsten von dem mitzuteilen ist, was wir von Gott empfangen. Sie ist darin realistisch und nicht auf eine Ordnung oder Verhältnisse fixiert, die sie unterstellen muss. Das ist auch die Pointe derjenigen

---

69 Vgl. E. WOLF: Politia Christi [1948/49] (1993). Siehe E1-7.
70 Robert SPAEMANN spricht demgegenüber von einer »Anerkennungsgemeinschaft«, der jeder Mensch, jede Person immer schon zugehört. Anerkennung kann nicht »Kooptation« bedeuten. Siehe dazu: R. SPAEMANN: Personen. Versuche über den Unterschied zwischen ›etwas‹ und ›jemand‹, 1996, 252.
71 Zur Erläuterung siehe dazu die Kritik an KANT bei T.W. ADORNO: Probleme der Moralphilosophie, [1963] 1996, bes. 195ff.
72 Vgl. z.B. E. WOLF: Schöpferische Nachfolge? (1965) 241.

*Berufsethik*[73], die auf die Erfüllung einer bestimmten Aufgabe zielt, die womöglich quer zu diesen oder jenen Erwartungen und Strukturen der ökonomischen oder politischen Welt steht. Den *Beruf* ausüben heißt, dem zu entsprechen, was dem Nächsten zukommt, nach Maßgabe dessen, was ihm mitzuteilen ist. Diese Berufsethik geht nicht den indirekten Weg über das Gemeinwohl (oder auch den allgemeinen Willen), an dem teilzuhaben jedem in Aussicht gestellt wird, sondern sie geht den *direkten* Weg der Einbeziehung des Nächsten. Dies ist das Kennzeichen einer paradigmatisch *diakonischen* Ethik. Sie hat einen öffentlich-politischen Charakter gegenüber der politischen Anonymität der allgemeinen Wohlfahrt oder gar nur des Gemeinwohls[74], in dem die offenkundigen Differenzen zwischen Reichen und den ihrer Lebensmittel Beraubten in den Hintergrund treten. Dem widerspricht die »vorrangige Option für die Armen«[75], die die Differenz zwischen Reichen und ihrer Lebensmittel Beraubten in den politischen Vordergrund rückt. So ist die Ausübung von Gerechtigkeit verbunden mit der sichtbaren Parteinahme für die Benachteiligten.[76] Die Ethik des Berufs und der Diakonie hält deshalb auch die *institutionelle* Form des Tuns des Gerechten (Dietrich BONHOEFFER) fest: sie verdeutlicht, dass der Nächste *immer schon* dazugehört[77], so sehr die Wahrnehmung des Nächsten auch immer neu provoziert und eingestiftet werden muss. So werden auch die »Gerechten« in der biblischen Tradition als Adressaten angesprochen, sie treten als Figuren hervor. Sie werden auf das hin berufen, was als Bewährungszusammenhang, als Gerechtigkeit gilt.[78] Einen Beruf ausüben heißt, sich in einer solchen Bewährung aussetzen. Das gilt für jeden, welche Tätigkeit auch immer er ausübt, es wird immer die Frage sein, um wessen willen jemand arbeitet, Geld verdient, sich politisch betätigt. So ist vom Beruf in den Arbeitsverhältnissen zu sprechen, und um so

---

73  Vgl. dazu E. WOLF: Sozialethik, 1975; D. BONHOEFFER: Ethik, 1992; O. BAYER: Freiheit als Antwort, 1995; H.G. ULRICH: Art.: Beruf III (1999), siehe insbesondere: A. PAWLAS: Die lutherische Berufs- und Wirtschaftsethik. Eine Einführung, 2000.
74  In der Begrenzung dieser Logik ist zum Teil die Denkschrift der Evangelischen Kirche in Deutschland geblieben: Gemeinwohl und Eigennutz, 2. Aufl. 1991. Zur gegenwärtigen Diskussion siehe: K. FISCHER: Gemeinwohlrhetorik und Solidaritätsverbrauch. Bedingungen und Paradoxien des Wohlfahrtsstaates (2000).
75  Zur theologie-und kirchengeschichtlichen Genese in der neueren Zeit, insbesondere in der römisch-katholischen Kirche und der Theologie der Befreiung siehe: H. BEDFORD-STROHM: Vorrang für die Armen. Auf dem Weg zu einer theologischen Theorie der Gerechtigkeit, 1993. Aufgenommen wird dies auch in: EKD-DBK: Für eine Zukunft in Solidarität und Gerechtigkeit. Wort des Rates der Evangelischen Kirche in Deutschland und der Deutschen Bischofskonferenz zur wirtschaftlichen und sozialen Lage in Deutschland, 1997.
76  Die Denkschrift der EKD »Gemeinwohl und Eigennutz« (1991) hält fest: »Soziale Gerechtigkeit hat ...zu Recht den Charakter der Parteinahme für alle, die auf Unterstützung und Beistand angewiesen sind.« (Ziff 155).
77  Siehe A1-9.
78  Siehe A1-1.

mehr kommt es darauf an, dass jeder die Möglichkeit hat, den Beruf auszuüben, der ihm zukommt: für seine Familie zu sorgen, für andere Menschen zu sorgen. Mit der Politia Christi steht die ausdrückliche Aufgabe im Beruf und die ihm entsprechende Gerechtigkeit (iustitia civilis) im Vordergrund.[79] So kann in dieser Tradition vom Christenmenschen gesagt werden: »Nicht eine Habitus-Theorie, sondern der Blick auf die Welt als Schöpfung (und Gott als ihren Schöpfer) ist hier bei Luther der Ausgangspunkt für die Bestimmung des christlichen Lebens in der Welt. ... In dieses Leben wird er als cooperator Dei hineingewiesen, in sein ›Amt‹, seinen ›Beruf‹ hineingestellt; es ist in seinen Gestaltungen nicht die Folge menschlichen Tuns, sondern zunächst der Ort eines gottgewollten Handelns. Denn auch die irdische Gerechtigkeit soll sich der Mensch nicht zurechnen.«[80] Diese Ethik ist keine solche Verantwortungsethik, die das Handeln und seine (in bestimmter Weise absehbaren) Folgen einem Subjekt und seinem Vermögen, etwas zu verwirklichen, zurechnet, oder vielleicht nur seinem Vermögen, die Wirklichkeit zu beherrschen. Für die Berufsethik und die dafür paradigmatische diakonische Ethik steht die Erkenntnis der Not des Nächsten im Vordergrund und das bestimmte, dem Nächsten zugewandte Tun, das *gute Werk*[81], das direkt und ausschließlich dieser Not gilt. Dieses gute Werk muss kein singuläres sein. Es gehört zu einem Ethos, das seine eigene ratio hat. In besonders spannungsvoller Weise erscheint die Ethik des Berufes im Bereich der Medizin, wo die Ethik des ärztlichen Ethos auf die Ethik und Logik einer medizinischen Forschung trifft.[82] Was medizinisch möglich und wünschbar ist, lässt sich nicht immer mit der Ethik des ärztlichen Tuns vermitteln.[83] Diese Differenz tritt nicht nur als Differenz auf zwischen einer Medizin, die für alle Menschen alles Vermögen ärztlichen Wirkens bereitstellt und einem ärztlichen Ethos, das immer neu den einzelnen Menschen und das, was für ihn gut ist, im Blick hat. Vielmehr geht es um die Differenz zu einer medizinischen Wissenschaft, die Menschen in einen anderen Zusammenhang sieht als dem einer ärztlichen *Erkenntnis*. Die ärztliche Erkenntnis richtet sich im Rahmen medizinischen Wissens immer zugleich auf das, was dem einzelnen Menschen in seiner leiblichen Verfasstheit oder in seinen Lebensumständen gerecht wird. Das ärztliche Handeln wird nichts schuldig bleiben dürfen, was »die Medizin« zu bieten hat, aber sie wird

---

[79] Siehe dazu C4.
[80] E. WOLF: Politia Christi [1948/49] (1993) 127.
[81] Vgl. H.G. ULRICH: Art.: Gute Werke III (1999).
[82] Das Problem wird signifikant akut etwa im Zusammenhang der »Präimplantationsdiagnostik«: H.G. ULRICH: Ethische Konflikte bei der Präimplantationsdiagnostik (2003).
[83] Die Spannung von ärztlichem Ethos und medizinischer Ethik hat Hans JONAS in den Blick gerückt: Ärztliche Kunst und menschliche Verantwortung (1987).

dies auf den Einzelnen und seine Geschichte hin zu übersetzen haben.[84] Diese *ärztliche Hermeneutik* und die ihr eigene Erkenntnis richtet sich auf das, *was* jedem einzelnen in seiner Geschichte (story) zukommt. Die ärztliche Kunst wird im Zusammenhang ärztlicher Erkenntnis helfen, dieser Geschichte zu folgen. Wenn vom ärztlichen Ethos die Rede ist, dann kann dieses nicht verkürzt als eine Haltung oder eine Einstellung verstanden werden. Vielmehr ist die damit verbundene Erkenntnis im Blick zu behalten, die Ärzte in einzigartiger Weise in der Kommunikation mit ihren Patienten[85] gewinnen können. Was als die Berücksichtigung des Patientenwillens verhandelt wird, muss mit einer solchen kognitiven hermeneutischen Aufgabe verbunden sein.

Das ärztliche Tun wird ebenso wie das diakonische immer von der Frage begleitet sein, was die Geschichte (story) dieses Menschen ist, dem die Zuwendung gilt. Dies wird immer die Frage einschließen, was Gott mit diesem Menschen vorhat. Dies zu bedenken, kann nicht auf ein menschliches Urteil reduziert werden, das eben diese Frage nicht mehr stellt.

Entsprechendes gilt für eine politische Ethik, die das Mögliche und Wünschbare einer politischen Zielsetzung – vielleicht einer sicherheitspolitischen oder einer arbeitspolitischen – nicht mit einer politischen Praxis vermitteln kann, die die Not und die Perspektive derer im Blick hat, denen die politische Aufgabe gilt. Sie werden nicht um das spezifische politische Handeln gebracht werden dürfen: die Mitteilung dessen, was Gerechtigkeit und Frieden ausmacht. Frieden stiften ist nicht durch sicherheitstechnische Maßnahmen zu ersetzen, und die Sorge um soziale Solidarität kommt ohne eine Zuwendung in Gerechtigkeit nicht aus. Das Handeln ist nicht nur formal ein Handeln für andere und insofern »verantwortlich« zu nennen, sondern es ist bezogen darauf, dass Gerechtigkeit und Frieden ausgeübt werden können.

Die reformatorische Ethik hat mit der *Ethik* des *Berufes* eine Ethik der *Nachfolge Christi* beschrieben. Das heißt auch im alltäglichen Tun ist das »Wort und Tatzeugnis für seine im Verborgenen wirkliche Königsherrschaft« gefordert.[86] Für die Sozialethik heißt dies, dass diese »sich nicht mehr auf ein System der Ordnungen oder auf die Struktur von Institutionen« richtet ..., »sondern primär auf den Vorrang der Frage nach dem *Was* des Tuns, auf den Inhalt des Gehorsams gegen das Gebot Gottes in Christus, dessen einzelne Weisungen an der

---

84   Diese Zusammenhänge hat für die medizinische Ethik von theologischer Seite ganz besonders Dietrich RITSCHL systematisch verdeutlicht und entfaltet.
85   Dies ist in der Kennzeichnung eines »*informed consent*« nur zum Teil artikuliert.
86   E. WOLF: Schöpferische Nachfolge? (1965), 240. Zur reformatorischen Nachfolge-Ethik vgl. insbesondere: O. BAYER: Nachfolge-Ethos und Haustafel-Ethos. Luthers seelsorgerliche Ethik (1995); H. G. ULRICH: Art.: Nachfolge Christi III. Ethisch (2003).

### 6. Sozialethik in der Erprobung und Bezeugung geschöpflichen Lebens – politia Christi

Forderung der Nachfolge ihren kritischen Maßstab haben.«[87] Das »Wort- und Tat-Zeugnis« auch in der umgreifenden und dramatischen Perspektive der Königsherrschaft Christi gilt dem geschöpflichen Leben, das in diesem Zeugnis erscheint und das als solches kein auf sich zurückgezogenes Dasein bedeuten kann.[88] Darin treffen die verschiedenen Traditionslinien evangelischer Sozialethik zusammen, sofern mit dem geschöpflichen Leben Gottes umgreifende Ökonomie im Blick ist.

Mit der Frage nach dem »*Was*« des Tuns in seinem zeugnishaften Charakter, wird die Sozialethik zu einer *Ethik der guten Werke*. Sie ist unterschieden von einer *Ethik des guten Lebens*, die zeigt, wie dieses zu erstreben und zu verwirklichen ist, indem sie sich des umfassenden Guten vergewissert, das dem menschlichen Vermögen erreichbar ist.[89] Die Ethik der guten Werke hat die bestimmten guten Werke zum Gegenstand, die geboten sind und den Geschöpfen anvertraut sind: »Denn wir sind sein Werk, geschaffen in Christus Jesus zu guten Werken, die Gott zuvor bereitet hat, dass wir darin wandeln sollen.« (Eph 2,10). So summiert Ernst WOLF für die evangelische Sozialethik: »*Die Sozialethik tritt so zuletzt unter den Nenner der ›guten Werke‹, d.h. sie ist Aufgabe des Christusgehorsams in dieser Welt, Auftrag der christlichen Freiheit zu Werken der Heiligung.*«[90]

Dieses Verständnis einer evangelischen Sozialethik zielt darauf, Gottes gutes Werk, sein schöpferisches Wirken, präsent sein zu lassen, darin Gott die Ehre zu geben und *darin* die Welt ernst zu nehmen und das, was dem Nächsten not tut. Am Verständnis dessen, was *gute Werke* sind, entscheidet sich, was *Sozialethik* heißen kann: hat sie die politia Christi zum Gegenstand oder folgt sie dem moralischen Utopismus[91] einer – vielleicht christlichen – Weltgestaltung oder Verantwortung, einem Utopismus, der seine eigenen Ziele generiert und vor allem durchzusetzen sucht, was in der Vermehrung des menschlichen Vermögens liegt, statt auf die Erprobung der Existenzform und des ihr zugehörigen Tuns zu setzen, dem die Verheißung Gottes gilt. Nicht erst im Konfliktfall und nicht wegen einer allgemein eingeforderten Rechtfertigung, sondern in jedem Schritt dieses Tuns wird es für diese Ethik darum gehen, zu erproben, darauf zu setzen, geschöpflich zu leben. Sie wird immer neu bei diesem bestimmten Tun einsetzen,

---

[87] E. WOLF: Schöpferische Nachfolge? (1965), 241.
[88] Vgl. E. WOLF: Politia Christi [1948/49] (1993), 122: »Das ist das vitium humanae naturae, quod non putat creationem et dona, sed vult ein feci draus machen« (WA 47,857). Daraus folgt, dass es für den Christenmenschen kein ›privates‹ Dasein gibt.«
[89] Zur Kennzeichnung der verschiedenen Grundlinien philosophischer Ethik siehe: R. SPAEMANN: Die zwei Grundbegriffe der Moral (2001). Zum Ausgangspunkt bei PLATO siehe: U. WOLF: Die Suche nach dem guten Leben. Platons Frühdialoge, 1996.
[90] E. WOLF: Politia Christi [1948/49] (1993), 130. Siehe dort die vielfältigen Abgrenzungen gegen fragwürdige Verständnisweisen der (lutherischen) Sozialethik.
[91] Im Sinne der Kritik von H. JONAS: Das Prinzip Verantwortung, 1985.

bei dem, was dem Nächsten not ist, und wird daraufhin sich auf den größeren Zusammenhang des politischen Zusammenlebens richten. Sie wird ihr Urteil[92] so zu gewinnen suchen, dass sie von diesem bestimmten Tun ausgeht, um von ihm aus, den je größeren Zusammenhang, den je weiteren *Kontext* zu erfassen. Sie wird so einen bestimmten Weg der Verständigung gehen, nicht den Weg der – moralischen – Verallgemeinerung, die diesen Weg abkürzt.[93] Daher ist das politische Zeugnis kein Aktionismus, sondern auf einen Kontext ausgerichtet: den Bewährungszusammenhang des Tuns. Nur so ist von guten Werken zu reden, sofern von ihnen aus eben dieser Kontext zu gewinnen ist. Die guten Werke stehen für das »Worin« ein, in dem Menschen zusammenleben können.

Unter dem Thema »Weltliche Frömmigkeit?« schreibt Hans Urs von BALTHASAR: »Es steht ja nicht da: ›Kommt, ihr Gesegneten meines Vaters, nehmt das Reich in Besitz, das ihr durch Staatsverwaltung, durch Bauen von Flugzeugen und Kraftwerken miterstellt habt‹, sondern es heißt: ›Kommt ..., denn ich war hungrig, und ihr habt mir zu essen gegeben, fremd, und ihr habt mich beherbergt usf.‹[94] Sind damit die Flugzeuge und Turbinen als unerheblich für das Reich Gottes hingestellt? Nein, denn es gibt den Schöpfungsauftrag, und wer ihn im Gehorsam zu Gott ausübt, dessen Gesinnung und Werk wird in das Endergebnis integriert werden. Aber wie viel unmittelbarer ist die Zuwendung zum notleidenden Mitmenschen belangvoll: hier begegnet der Mensch der ›Parteilichkeit‹ des liebenden Gottes, dessen Herz nicht anders kann, als sich mit den Armen und Verlassenen solidarisieren.«[95] Doch wird hier die Problemstellung auf die Differenz zwischen der Unmittelbarkeit oder Dringlichkeit der Zuwendung zum Nächsten und der weiteren Reich-Gottes-Perspektive des Mitschöpfertums bezogen. In dieser Unterscheidung und der umfassenden Perspektive einer mitschöpferischen Weltgestaltung wird die Pointe und Dramatik der politia Christi aufgehoben. Nicht die Unmittelbarkeit oder Nähe der Zuwendung ist das Entscheidende an der Nächsten-Ethik einer politia Christi, sondern das Vertrauen darauf, dass mit *diesem* Tun für den Nächsten Gottes Güte präsent wird, so dass er gewiss sein kann, zu erfahren, was ihm zukommt. Es geht um *seine* Gewissheit, um den Trost *für ihn* – und nicht um die eigene Vergewisserung, das Nötige getan zu haben. Die Frage ist: wie Verwaltung oder technische Unternehmungen bezogen bleiben auf diesen Nächsten und seine Not – statt eine bessere Welt zu versprechen, in der undeutlich ist, wo dieser Nächste noch

---

92  H. ARENDT: Vom Leben des Geistes, Bd. 3: Das Urteilen, 1985.
93  Hier ist im besonderen auf neue Wege einer »kontextuellen« theologischen Ethik zu blicken, wie sie nicht zuletzt – und durchaus genuin – auch im Zusammenhang lutherischer Ethik in den Blick gekommen ist.
94  Vgl. Mt 25,35.
95  H.U. v. BALTHASAR: Spiritus Creator, 1967, 319.

## 6. Sozialethik in der Erprobung und Bezeugung geschöpflichen Lebens – politia Christi

vorkommt, oder gar das Tun des Guten auszusetzen um einer besseren Welt willen. In manchen Konzeptionen einer Reich-Gottes-Ethik hat sich dieses Gefälle so ergeben, und dies hat weggeführt von der politischen Ethik des Christen und ihrer Zuspitzung auf das Tun des Guten.

Hier zeigt sich (noch einmal), welche weitreichende Bedeutung jene *Auslegung des Ersten Gebotes* hat, derzufolge es neben Gott keinen anderen Gott, auch keinen anderen Schöpfer geben soll und deshalb alles darauf ankommt, *diesem* Gott und seinem Gebot zu vertrauen. Dieses Vertrauen hat seine *politische* Form darin, dass in der Welt bei allem Tun zur Mitteilung kommt, was das geschöpfliche Leben ausmacht, dass *dies* hervortritt und nicht darüber hinweg oder daneben eine Welt – wie auch immer – zum Ziel wird. So kommt alles darauf an, zu bedenken, welche Reichweite diese guten Werke haben, die dem Nächsten gelten. Die Ethik des Berufes hat hier ihre Pointe, dass die guten Werke ihre eigene Reichweite haben – und dass daraufhin, nicht auf ein weitergreifendes oder ausstehendes Gottesreich oder eine immer noch ausstehende Welt hin zu beurteilen ist, was im ethischen Sinne zu tun ist. Verantwortung tragen heißt, die guten Werke in *ihrer* Reichweite zu erproben.

*Sozialethik* ist so eine *Ethik der guten Werke* und eine *Ethik des Berufs*. Dies ist die Kontur und die Pointe einer evangelischen Sozialethik. Sie hat die *politische Form* geschöpflichen Lebens zum Gegenstand. Es ist die Form eines – politischen – Gottesdienstes, der überall dort gefordert ist, wo der Not des Nächsten zu begegnen ist, und der überall dort, wo er ausgeübt wird, diese Not kenntlich und *öffentlich* werden lässt, nicht als die irgendwie persönliche oder private Kompensation dessen, was politisch versäumt wird. So widerspricht die Sozialethik jener traurigen Wissenschaft, für die das richtige Leben kein öffentliches Thema ist.

In diesem Sinn ist es zu verstehen, wenn – in Aufnahme vorausgegangener Stellungnahmen und Aktionen zur Armut in Lateinamerika – in dem gemeinsamen Wort der Kirchen »Für eine Zukunft in Solidarität und Gerechtigkeit«[96] die »*vorrangige Option für die Armen*« als Brennpunkt hervortritt.[97] Damit wird nicht ein Ausnahmeethos gefordert, das neben die eigentliche politische Aufgabe

---

[96] EKD-DBK: Für eine Zukunft in Solidarität und Gerechtigkeit. Wort des Rates der Evangelischen Kirche in Deutschland und der Deutschen Bischofskonferenz zur wirtschaftlichen und sozialen Lage in Deutschland, 1997.
[97] Zur theologiegeschichtlichen und kirchlichen Genese siehe: H. BEDFORD-STROHM: Vorrang für die Armen : auf dem Weg zu einer theologischen Theorie der Gerechtigkeit, 1993; zu dem neueren Dokument: J. WOLF: Kirche im Dialog, 2002; zur weiteren Entfaltung kirchlicher entwicklungspolitischen Verantwortung in Bezug auf die römisch-katholische Kirche siehe: H. KÖß: »Kirche der Armen?«. Die entwicklungspolitische Verantwortung der katholischen Kirche in Deutschland, 2003. J. d. SANTA ANA: Ecumenical Group on the Church and the Poor: Towards a church of the poor, 1982.

tritt oder sie radikalisiert. Hier wird nicht über die Gerechtigkeit hinaus oder in Ergänzung dazu Barmherzigkeit gefordert. Hier werden Gerechtigkeit und Barmherzigkeit in ihrer Einheit in den Blick gefasst.[98] In dieser Hinsicht ist nicht von dem »Anderen der Gerechtigkeit« zu reden.[99] Hier geht es darum, dass das politische Handeln *direkt* davon bestimmt sein muss, was vorrangig not tut, und nicht alles gegen alles verrechnen kann – jedenfalls dann, wenn es noch in einem entschiedenen Sinn als politisches *Handeln* verstanden werden will.[100] Dieses ist nicht an einen Staat zu delegieren, der nicht zugleich das Handeln aller in sich schlösse. In diesem politischen Sinn ist dann auch die Kirche »Kirche der Armen«. Im direkten Handeln für die Armen wird paradigmatisch präsent, was politisches Handeln heißt. Hier geht es darum, dem Pluralismus der politischen Interessen entgegenzutreten – im Widerspruch und Eintreten für den Nächsten und sein Recht. Politik ist dann nicht nur Interessenausgleich und der Diskurs, die Verfahren der Verständigung dienen nicht nur dazu, dass jeder/jede seine Interessen einbringen kann, sondern dass von jedem/jeder zur Mitteilung kommt, was anderen dient. An diesem Punkt konvergiert, was vorrangig zu tun ist. So wie das ärztliche Handeln darauf konzentriert ist, zu helfen und zu heilen, und den Nächsten nicht einem Pluralismus der medizinischen Möglichkeiten und Auffassungen auszusetzen. Die Ausrichtung auf den Nächsten bedeutet die Ausrichtung auf den einmalig Einzelnen, aber so, dass dieser sich aufgehoben weiß in der ärztlichen Kunst und der ihr entsprechenden Erkenntnis. Dies hat das Verständnis des Berufes in den Blick gerückt, das auch seinen *politischen* Charakter ausmacht. Der politische Charakter besteht hier darin, dass der Einzelne Adressat dessen bleibt, was allen an Gutem zukommt, ohne allgemeinen Normen unterworfen zu werden.

Eine Sozialethik dieser politischen Praxis ist dort im Blick, wo die Sozialethik (in Veränderung der Konzeptionen einer Schöpfungsordnungs-Ethik) als *Institu-*

---

[98] Dies gilt auch für die biblische Bedeutung von Gerechtigkeit. Siehe zum biblischen Verständnis vor allem die aufschlussreiche Betrachtung von M. WELKER: Gesetz und Geist (1989); siehe dazu: E. OTTO: Gerechtigkeit und Erbarmen im Recht des Alten Testaments und seiner christlichen Rezeption (1998).
[99] Siehe zur Diskussion: A. HONNETH: Das Andere der Gerechtigkeit. Habermas und die Herausforderung der poststrukturalistischen Ethik (2000). Honneth spricht jedoch in Bezug auf den Diskurs wiederum nur von der Chance, die jeder haben muss, seine Interessen einzubringen (154). Ebenso bestreitet er den logischen (inhaltlichen) Vorrang der Gerechtigkeit, die sich dem je anderen zuwendet. Hier ist die Diskussion bisher weitgehend stehen geblieben.
[100] Zu den vielfältigen theoretischen Ansätzen, insbesondere im Blick auf die Bedingungen der Globalisierung siehe die aufschlussreichen Darstellung von: T. KESSELRING: Ethik der Entwicklungspolitik : Gerechtigkeit im Zeitalter der Globalisierung, 2003.

*tionen-Ethik* gekennzeichnet worden ist.[101] *Institutionen* sind hier verstanden worden als solche Orte des Zusammenlebens und gemeinsamen Tuns, in denen im Dienst am Nächsten zu erproben ist, was dem Nächsten zukommt. Mit dieser – im kritischen Anschluss an die Lehre von den Ordnungen – entwickelten Konzeption zielt die Sozialethik darauf, die Form und den Ort des Präsentwerdens geschöpflichen Lebens in der Gesellschaft zu bestimmen. Institutionen sind hier als Ort der Erscheinung geschöpflichen Lebens verstanden. In ihnen wird jeweils eine spezifische Pointe geschöpflichen Lebens präsent. Damit kann auch der allgemeinen Forderung entsprochen werden, die ethische Praxis auf die Veränderung der »Strukturen« zu beziehen. Mit der Kennzeichnung von Institutionen wird dieser Forderung politisch und theologisch fassbar.

So geht es in der Institution des *Politischen* im besonderen um das gemeinsame, auch diskursiv vermittelte Handeln, also um die rechte Form von *Macht* – im Unterschied und im Widerspruch zur Gewalt mit der »einer gegen alle« steht[102], und auch im Widerspruch gegen die Verwechslung von Macht und Vermögen. In der *Ecclesia* geht es um die erneuernde Erfahrung geschöpflichen Lebens, also um die rechte Form der *Bildung* gegenüber jeglicher Manipulation, in der *Oeconomia* um die rechte Form gemeinsamen, *kooperativen* Wirtschaftens, durch das auszuloten ist, was die Güter sind, durch wir Menschen leben dürfen.[103] Zur Ecclesia gehört auch die *Familie* als Ort des Neuanfangs, des Status des Lernens in der gegenseitigen Mitteilung und der Traditionsbildung. So gehört die Familie zu dem Haus des gemeinschaftlichen Lernens. Das gilt auch für die Beziehung von Frau und Mann als den beiden Menschen, die in paradigmatischer Weise von dem je Anderen und durch den je Anderen Mitteilung und Widerspruch erfahren.[104] Sie gehören zugleich in die Oeconomia, sofern das Erproben der Güter, die in Gottes Wirken beschlossen sind, ein gemeinsames ist und auf der gegenseitigen Mitteilung beruht. Darin ist – der Ecclesia – entsprechend, die »externe Konstitution« der *Familie* im Blick, wie sie in der Zusage der Treue Gottes zu seiner Verheißung, die dieser Institution gehört, ausgesprochen ist. Die Familie ist wie die Ecclesia das Paradigma dafür, und darin eingeschlossen ist die Ehe das Paradigma wiederum für die Logik des notwendigen Miteinanders, das nicht nur das Vermögen zu leben vermehrt.

---

101 Vgl. E. WOLF: Sozialethik, 1975. Zum philosophischen Diskurs siehe C. HUBIG (Hg.): Ethik institutionellen Handelns 1982, siehe den Überblick bei: D. F. THOMPSON: Restoring responsibility : ethics in government, business, and healthcare, 2005.
102 Entsprechend der Unterscheidung von Macht und Gewalt bei Hannah ARENDT: Macht und Gewalt, 1975.
103 Vgl. die Auslegung zum ersten Gebot bei M. LUTHER: Der große Katechismus [1529].
104 Es geht hier um die Auslegung von Gen 2,18 und die Bedeutung der Zuordnung der Frau zum Mann als seinem – widersprechenden, paradigmatischen – Gegenüber. Zur Auslegungsgeschichte vgl. E. WIESEL: Adam oder das Geheimnis des Anfangs, 1980, 13-44.

Die rechte Form der *Bildung*, die rechte Form des *Wirtschaftens* und die rechte Form der *Macht* kennzeichnen die Aspekte menschlichen Lebens und Zusammenlebens, in die die Konturen der Geschöpflichkeit eingezeichnet sind. Mit diesen – eingestifteten – Formen ist die Bestimmung des Menschen, das Worumwillen festgehalten, das telos der Bildung, der Wirtschaft und der Macht: das telos der Bildung im Neuwerden des Geistes, das telos der Wirtschaft im Erkunden der Medien menschlichen Lebens, und das Telos der Macht in der durchlässigen Partizipation. Darin ist der Bezug auf Gottes Willen bewahrt – gegenüber der Beschränkung der Bildung auf Anpassung und den Erwerb von Fähigkeiten zum Wettbewerb, des Wirtschaftens auf Steigerung von Produktivität[105] oder menschlichem Vermögen und gegenüber einer Macht um ihrer selbst willen, einer Macht, die zur Herrschaft wird.

## 7. Konzeption der Sozialethik

Diese Kontur evangelischer Sozialethik – wie sie in Martin LUTHERs Skizze von den drei Ordnungen und in seiner Ethik der guten Werke angelegt ist – bleibt missverstanden, wenn der Sozialethik ihre damit gegebene durchgängige *politische* Zuspitzung genommen wird. Diese Ordnungen sind unserer Wirklichkeit *eingestiftet*, sie widersprechen den Verhältnissen, die anders beschaffen sind. Sie sind Orte des Widerspruchs. Missverstanden in ihrer politischen Bedeutung ist die Sozialethik, wo sie primär als die »Bejahung des gewöhnlichen Lebens«[106] gekennzeichnet oder vollzogen worden ist. Nicht dass der Christenmensch in alltäglichen Dingen als Weltperson[107] präsent bleibt und sich bewährt, ist schon die Pointe, sondern, was durch sein Leben in diese Welt hineingetragen wird, was durch ihn zur Mitteilung kommt und bezeugt wird: welche Art von Gerechtigkeit, welche Barmherzigkeit[108], welcher Frieden, welche Art der menschlichen Arbeit, welches Zusammenleben der Geschlechter? Der Christenmensch kann nicht auf eigene Verantwortung hin Pazifist sein – er würde etwas falsches versprechen –, seine Friedenspraxis richtet sich auf einen Menschenfrieden, der vom Frieden Gottes getragen ist, welcher höher ist als alle Vernunft. Diesem Frieden kann nur eine Friedenspraxis entsprechen, die den Frieden nicht durch ein Kalkül glaubt herstellen zu können (womöglich eines, in dem dann auch kriegeri-

---

[105] Zur Kritik daran aus wirtschaftstheoretischer Sicht siehe: A. SEN: Ökonomie für den Menschen. Wege zu Gerechtigkeit und Solidarität in der Marktwirtschaft, [Development as Freedom, NY 1999] 2000.
[106] Siehe C. TAYLOR: Quellen des Selbst, 1994, 51, und Teil III: 372ff.
[107] Vgl. dazu E. WOLF: Politia Christi [1948/49] (1993).
[108] Für die gegenwärtige Diskussion um den Sozialstaat hat dies profiliert: M. HONECKER: Wer ist zuständig für das Soziale? (1997).

sche Mittel vorkommen)[109], sondern durch die Bezeugung des Gottes-Friedens in dem, was Christen anderen an all dem mitteilen, was sie trägt. Alltäglich ist dieses Friedenshandeln insofern, als es keine – etwa pazifistische – Sonderethik meint, sondern zu dem Kontext gehört, in dem sich politisches Tun bewegt.

So kann von jenen *Ordnungen* nicht affirmativ geredet werden, vielleicht als von etwas letztlich Gegebenem und Verpflichtendem, vielleicht als von grundlegenden (moralischen) Verhältnissen oder von etwas grundlegend Erforderlichem. Nicht eine derartige Vergewisserung ist die Strategie einer solchen Ethik, sofern *umgekehrt* alles darauf ankommt, – wie es Martin LUTHER zum ersten Gebot[110] ausgeführt hat – sich aller Güter in Gott gewiss zu werden und dieses *Leben mit Gott* in die Verhältnisse hineinzutragen. In allen Lebensvorgängen geht es um dieses Leben mit Gott. Daran zeichnet sich überhaupt ab, was »Lebensverhältnisse« genannt werden kann. Keine Affirmation oder Rationalisierung dessen, was darin als Gegebenes erscheint, sondern eine *hoffende Ethik* ist im Blick, die auf die Gegenwart dieser Hoffnung setzt (1 Petr 3,15). Es kommt alles darauf an, dass diese Hoffnung nicht von irgend einem Optimismus oder einer Affirmation erstickt wird. Die Affirmation des Gegebenen findet zumeist schon in der fraglosen Übernahme von Problemstellungen statt, die nicht aus der Perspektive einer hoffenden Ethik gewonnen werden, sondern in andere Diskurse gehören, allen voran ein Moraldiskurs, in dem sich Menschen ihres Auf-Sich-Verwiesen-Seins vergewissern, oder ein Verantwortungsdiskurs, der nicht zeigt, was Menschen trägt und erneuert. Das ist das Problem des *Realismus* in der Ethik, die realistisch[111] dann ist, wenn sie die Wirklichkeit nicht um das verkürzt, was in ihr wie widerspruchsvoll auch immer zur Erscheinung kommen darf. Die reformatorische Ethik hat eine mönchische Nachfolge-Ethik nicht nur in eine Ethik des Alltags verwandelt, sondern sie hat darin einer unrealistischen Abgrenzung von der Welt widersprochen, die Gottes schöpferische Präsenz nicht ehrt.[112]

Wenn man im Blick auf die Ethik-Konzeptionen, die den Gegenstand der Ethik zu bezeichnen versuchen, zwischen Tugend-Ethik, Pflicht-Ethik und Güter-Ethik differenziert, so kommt diese Grundlinie reformatorischer Ethik der *Güter-Ethik* am nächsten. Es geht in ihr um die Wahrnehmung und Mitteilung dessen, was Menschen im Blick auf Gottes Güte an bestimmten Gütern zukommt. Sie bewegt sich in der Ökonomie Gottes, die alles umgreift, was Gott

---

[109] So wenn Krieg als »ultima ratio« erscheint und nicht als das Überschreiten politischen Handelns und der einzig ihm zugehörigen Ratio.
[110] O. BAYER: Gemeinschaft in der Kirche – Einheit und Pluralismus (2002) zeigt die Bedeutung des 1. Gebots für eine theologische Kritik des Pluralismus.
[111] Zum Realismus in der Ethik: vgl. P. RICOEUR: Religion, Atheismus und Glaube [1969] (2002).
[112] O. BAYER: Nachfolge-Ethos und Haustafel-Ethos. Luthers seelsorgerliche Ethik (1995).

für seine Geschöpfe will. Darin besteht ihre Erkenntnisaufgabe und damit überhaupt eine Erkenntnisaufgabe. Die Öffnung zu einer solchen Güterethik gehört in die Tradition evangelischer Sozialethik[113], sofern diese das Wirken Gottes auch im Streit um die Wirklichkeit im Blick behält. Dem entsprechen die Kriterien der »Wirklichkeitsgemäßheit« und »Sachgemäßheit« in Dietrich BONHOEFFERs Ethik-Entwurf.[114] An dieser Stelle ist auch die genuine Verbindung evangelischer Theologie zur Tradition des *Naturrechts*[115] gegeben, sofern mit der »Natur« zu erkennen ist, was in Gottes Ökonomie beschlossen ist und was immer neu eine Aufgaben des Erkennens und Verstehens darstellt. Diese Naturrechtsethik muss nicht unter den Verdacht geraten, hier würde eine irgendwie bestehende (vielleicht auch von Gott garantierte und gegebene) Natur behauptet, auf die sich Menschen berufen könnten. Vielmehr begegnen Menschen darin dem Schöpfer-Gott, der ihren Natur-Konstruktionen widerspricht.

Die Ethik als *Güterethik* zu konzipieren entspricht der Auslegung des Ersten Gebots, in der festgehalten ist, dass es nichts neben Gott geben kann, das wir als Gut oder Güter erstreben könnten, um darauf unser Leben zu gründen. Ethiken, die eher dieser Grundlinie gefolgt sind, haben demzufolge Sozialethik als eine kritische Darstellung der Lebenswirklichkeit vollzogen, wie sie uns Menschen in der Perspektive des christlichen Glaubens erscheint. Es steht dann immer neu dieser kritische erkenntnisorientierte Nachvollzug im Vordergrund der ethischen Aufgabe. Dem entspricht von den gegenwärtigen Ethik-Lehrbüchern Martin HONECKERs Grundriss der Sozialethik[116], der diese als Güter-Ethik kennzeichnet.[117] Diese Ethik bleibt in immer neuer Aufmerksamkeit auf das, was aufgrund der Unterscheidung von Gottes Wirken und menschlichem Handeln in den Blick kommt. Das ist ihr Verdienst gegenüber Ethik-Konzeptionen, die den Brennpunkt ethischer Reflexion in ein moralisches Subjekt und dessen Verantwortung verlegen, ohne den Ort dieses Subjekts in Gottes Wirken immer zugleich mit zu bedenken. Diese Güter-Ethik ist mit einer Zwei-Regimenten-Lehre verbunden, die deren kritische Kraft bewahrt. Freilich macht sie das direkte Zeugnis von der Güte Gottes durch die Christen als ausdrückliche Mitteilung

---

[113] Siehe zur Darstellung im Rahmen seiner eigenen Konzeption, die mit der Güter-Ethik eine Zusammenschau der Güter in einem – geschichtlich zu betrachtendem - Ganzen, in dem Sittlichkeit und Religion unterschieden, aber auch verbunden sind, verbindet: E. TROELTSCH: Grundprobleme der Ethik (1913). Zur Durchführung und Weiterführung für unsere Gegenwart siehe: T. RENDTORFF: Ethik I und II [1980-1981] 1990-1991.

[114] D. BONHOEFFER: Ethik, 1992, 260-270.

[115] Siehe A1-11.

[116] M. HONECKER: Grundriss der Sozialethik, 1995. Vgl. dazu die weitergehende Auseinandersetzung bei: B. WANNENWETSCH: Wovon handelt die ›materiale Ethik‹? Oder: warum die Ethik der elementaren Lebensformen (›Stände‹) einer ›Bereichsethik‹ vorzuziehen ist (2000).

[117] Siehe dazu: H. G. ULRICH: Güter oder Werte (2004).

nicht zum Angelpunkt der Sozialethik – also keine solche politia Christi, auch wenn sie dieses in das Ganze des christlichen Wirkens einfügt. Dementsprechend bleibt die Beschreibung des Christenlebens in seiner geschöpflichen Dramatik und lebensweltliche Präsenz im Hintergrund. Darin teilt diese Konzeption mit manchen anderen ein Kennzeichen evangelischer Sozialethik, das eine ihrer Begrenzungen markiert. Diese besteht darin, dass das geschöpfliche Leben in seiner ganzen, von Gottes Wirken bestimmten Wirklichkeit in der Ethik nicht explizit erscheint. Dies ist in widerspruchsvoller Weise gerade die Schwäche von solchen Ethiken, die den Blick auf eine »objektive Ethik«, auf eine Güter-Ethik, gelenkt haben, die den Blick auf Gottes Wirken offen halten könnte.[118]

## 8. Ethik des zu befreienden menschlichen Lebens

Mit ihrem Blick auf Gottes Wirken findet die Sozialethik den Weg zu einer Ethik des zu befreienden menschlichen Lebens, zu einer Ethik des geschöpflichen Lebens, einer Ethik des Lebens in der Heiligung. Diese Ethik gewinnt ihren Charakter als Sozialethik dadurch, dass sie nicht dem Utopismus des Versprechens einer besseren Welt verfällt, sondern den Gottesdienst im Alltag der Welt kenntlich werden lässt, der etwas zu bezeugen und *mitzuteilen* hat. Darin ist ihre Aufgabe der im Hören und Antworten gewonnenen *Erkenntnis* geschöpflichen menschlichen Lebens beschlossen. Was wird von diesem zu sagen sein – von dem, was dieses menschliche Leben nicht irgendwie normiert, sondern in Gottes Wirken zur Erscheinung kommen lässt und daraus seine Kennzeichen gewinnt? Was wird vom Geboren-Werden dieses Menschen[119] zu erkennen sein, was von seinem Sterben, was von seiner Arbeit, was von seinem Wirtschaften, was von seinem Zusammenleben mit anderen, was von seiner Sprache? In diesem Sinne kann die Ethik als *Güter-Lehre* verstanden werden. Es geht um die Güter, wie sie in Gottes Wirken beschlossen sind und widerspruchsvoll zur Mitteilung kommen. Das macht die Differenz zu einer Wert-Ethik aus, die Werte affirmativ einsetzt und in ihnen nicht die widerständige und widersprechende Güte Gottes im Blick behält. So verliert sie ihren Widerspruch gegen das, was in der menschlichen Wertschätzung liegt.[120]

Die Aufgabe der Ethik ist es, zu zeigen, wie zu *bewähren* ist, was dem Menschen zu tun bleibt, der seines geschöpflichen Lebens und der ihm zugehörigen Güter gewärtig ist. Wenn die Ethik danach fragt, wie sich geschöpfliches Leben

---

[118] Hier ist die Diskussion mit Ersnt TROELTSCH (siehe: Grundprobleme der Ethik [1913]) und seiner Rezeption zu führen.
[119] Vgl. als Beispiel für eine solche Explikation: K. ULRICH-ESCHEMANN: Vom Geborenwerden des Menschen, 2000.
[120] Siehe C2-8 und C2-10.

erproben lässt, dann wendet sie sich ab von jedem Versuch einer letztgültigen oder nur beruhigenden Rechtfertigung, die in vielen ethischen Begründungsstrategien enthalten ist, nicht zuletzt in denjenigen, die auf die Relativität ethischer Begründung setzen, um darin ihre Rechtfertigung zu finden. Demgegenüber überschreitet die Ethik geschöpflichen Lebens nicht das Ethische auf einen moralischen oder anderen jenseitigen Standpunkt hin, von dem aus über Pluralismus und Relativität zu räsonieren ist. Sie folgt damit der Frage, *wozu* Menschen berufen sind, nicht, worin sie gerechtfertigt sind. Insofern ist diese Ethik keine *solche* Verantwortungsethik, die Menschen auf das fixiert, wofür sie glauben, selbst einstehen zu müssen und zu können. Gegenüber dem Moralismus einer solchen Verantwortungsethik hat theologische Ethik die Frage aufzuwerfen, inwiefern Menschen in ihrem Tun dessen gewärtig sind, was ihnen von Gott zukommt und was sie schuldig sind, anderen mitzuteilen. So ist auch die »Struktur des verantwortlichen Lebens« zu verstehen, wie sie Dietrich BONHOEFFER beschrieben hat[121]: als das verantwortliche Leben, das dem Nächsten nicht schuldig bleiben kann, was ihm in einzigartiger Weise von dem einen zum anderen zukommt. Dem anderen zur Mitteilung bringen, was ihm von Gott her zukommt – darin besteht das stellvertretende Leben und Handeln, wie es in Jesus Christus präsent geworden ist.

---

[121] D. BONHOEFFER: Ethik, hg. von I. Tödt u.a., 1992, 256-289.

## C 2 Ethische Kritik und Exploration der Ökonomie und ihrer Ethik

Die Wahrnehmung des Status oeconomicus für die geschöpfliche Existenz kritisch und explorativ zu erproben, bedeutet, sich mit vielfältigen Unternehmungen auseinanderzusetzen, die auf ihre Weise die Ökonomie in ihrer Beziehung zur Ethik oder Moral in den Blick gerückt haben. Auch hier muss sich zeigen, welche kritische und explorative Perspektive mit der Frage nach der Präsenz geschöpflicher Existenzform in der Ökonomie gegeben ist. Bei aller Komplexität der ökonomischen Theorien und ihrer Verarbeitung dessen, was Moral oder Ethik heißen kann, gilt es zu fragen, wie eine *perspektivische* Auseinandersetzung mit der Theorie der Ökonomie, der Wirtschaftsethik und den ihr entsprechenden Diskursen möglich wird. Es gilt herauszufinden, inwiefern die Frage nach der *geschöpflichen Existenzform* in der Ökonomie Gottes, wie sie die Tradition theologischer Sozialethik kennzeichnet, eine kritische und explorative Betrachtung des Wirtschaftens gewinnen lässt. Andernfalls würde diese Traditionslinie und mit ihr die Logik einer theologischen Ethik in wirtschaftstheoretischen Konzeptionen verschwinden, die in dieser Hinsicht eine starke Absorptions- und Transformationskraft haben.[1] So kann wirtschaftliche Freiheit mit einer konturenlosen Liberalität für die Wirtschaft gleichgesetzt werden, oder auch wirtschaftliche kollektive Vermögensbildung mit Kooperation. Verloren ginge mit der Wahrnehmung des Menschen in seiner Geschöpflichkeit derjenige *ethische* Zugang zur Ökonomie, der die Frage nach dem »oikos«, dem wirtschaftlichen Zusammenleben, ebenso festhält, wie die nach einer Gerechtigkeit, die nicht über die besondere Not des Nächsten hinweggeht.

Es gilt zunächst die Frage nach dem *theologisch-ethischen Zugang* zur Wirtschaftsethik überhaupt wachzuhalten und damit eine Distanz zu gewinnen, die es erlaubt, die vielfältigen Verbindungen und Vermittlungen zwischen Wirtschaftstheorie, Theologie, Ethik und Moral zu thematisieren.[2] Dem entspricht der Versuch, den Friedhelm HENGSBACH unternommen hat,[3] die wirtschafts-

---

[1] Zur Problemstellung vgl. B.P. PRIDDAT: Ökonomische Knappheit und moralischer Überschuß, 1994. Zu denken ist auch an ökonomische Theorien, die die private Fürsorge und deren Ethos verarbeiten: vgl. M. JOCHIMSEN: Kooperation im Umgang mit Verletzlichkeit. Eckpunkte der Koordination von Sorgeinstitutionen in der Ökonomie, 2001. Hier hätte auch eine *diakoniewissenschaftliche* Diskussion einzusetzen. M. JOCHIMSEN zeigt, was die Konturen einer Ökonomie sein können, die auf die Sorge und Fürsorge für andere ausgerichtet ist. Dies kann als theoretischer Beitrag für die Diakoniewissenschaft gelten, der eine Brücke zur Wirtschaftstheorie schlägt.
[2] Siehe weiteres dazu: H.G. ULRICH: Theologische Zugänge zur Wirtschaftsethik (1990), einen Überblick gibt: F. FURGER: Sozialethik und Ökonomik : Gesichtspunkte der christlichen Sozialethik, 1994.
[3] F. HENGSBACH: Die andern im Blick. Christliche Gesellschaftsethik in den Zeiten der Globalisierung, 2001.

ethischen Zugänge in eine Reihe von Kategorien einzutragen, die verschiedene Erscheinungsformen von Subjektivität aufzeichnen. Die Unterscheidung verschiedener Figuren der Subjektivität im Kontext der Ökonomie verlangt jedoch nach einer *Perspektive*, wenn sie nicht nur in die Vielheit der damit gegebenen Optionen – einschließlich der eines FRANZ von ASSISI – einmünden soll, wenn sie nicht nur im Gefälle hin zum Pluralismus der Moralen oder Ethiken und ihrer divergierenden theoretischen Ansatzpunkte verläuft, sondern auf einem Weg widerständiger Erkenntnis, dem eine theologisch reflektierte Ethik folgen kann. Dazu gehört die Klärung, wie solche Figuren möglich werden und was die Topographie ist, zu der sie gehören.

Trotz vielfältiger Zugänge konvergieren in der Diskussion um die Wirtschaftsethik Leitmodelle und Strategien, die der kritischen Betrachtung oder des Widerspruchs bedürfen. Dazu gehören vor allem die verschiedenen Formen eines unabsehbaren *Utopismus*[4], der davon lebt, dass die konkreten Aufgaben und Zielpunkte des Handelns, Erkennens und Entscheidens in universale Perspektiven aufgehoben werden. Dem entsprechen auch *utopistische Kriterien* wie »lebensdienlich« oder »nachhaltig«. Diese sind utopistisch, sofern sie dazu dienen, einen je besseren Zustand gegenüber dem gegebenen vorzuziehen. Solche Strategien unterlaufen das ethische Urteilen, das sich auf eine Erkenntnis dessen bezieht, was der Umriss der menschlichen Existenzform sein kann. Menschliches Tun und Lassen kann nicht auf »Leben« bezogen sein, ohne damit ein bestimmtes Leben und seinen Umriss, ein Ethos, im Blick zu haben. Die ethische Reflexion wird sonst absorbiert vom Überlebensdiskurs, der sich auf das (technologische) Vermögen bezieht, Lebensbedingungen zu zerstören oder zu schützen. Dies bleibt gebunden an die Reflexion über technologisches Vermögen oder Unvermögen, das selbst nicht mehr mit einem Handeln verbunden ist. Gleichermaßen absorbierend wirkt die Strategie des *Optionalismus*[5], demzufolge das menschliche Vermögen durch immer neue Wahlmöglichkeiten zu erschließen ist[6] und so ein nie abgeschlossener Spielraum entsteht, der keine Entscheidung mehr verlangt, sondern immer schon damit rechnet, dass es wählbare Auswege gibt.

Zu den Perspektiven, die aufgerufen werden, gehört auch der unabsehbare Horizont einer Menschheit, für die es zwar keine Geschichte und ihre Erzähler gibt, für die aber noch der kategorische Imperativ steht »es soll eine Menschheit sein« (Hans JONAS). Dieser Imperativ, der eine universale Verantwortung leiten soll, kann rational eingefordert oder erinnert werden, auch wenn nicht zu unter-

---

[4] Vgl. die Kritik des hier gemeinten Utopismus bei H. JONAS: Das Prinzip Verantwortung, 1985.
[5] Siehe dazu kritisch: W. SCHWEIDLER: Geistesmacht und Menschenrecht, 1994.
[6] P. ULRICH: Integrative Wirtschaftsethik, 1997, 215: Er sieht in dem Vermögen, aus den Optionen zu wählen, eine Bedingung für die Befreiung zur wirklichen Lebensfülle.

schätzen ist, dass dieser Imperativ, wie JONAS argumentiert, noch immer in der direkten Generationenfolge, im vis-à-vis von Eltern und Kindern seinen verbindlichen Anhaltspunkt hat.[7] Es muss möglich sein, den eigenen Kindern sagen zu können, dass sie und ihre Kinder nicht die letzten Menschen sind, sondern dass es mit den Generationen von Menschen weitergeht, von einer Generation zur anderen. Der Imperativ hängt daran, dass die Generationen so zusammenleben, dass immer schon die nächsten einbezogen sind. Es geht nicht um einen moralischen Imperativ, der sich universal an alle Menschen richtet, sondern um eine bestimmte Traditio, das Weitergeben einer bestimmten Hoffnung. Um eine solche Hoffnung dreht sich jede Weitergabe von Lebenspraxis, die »Tradition«[8] zu nennen ist. Tradition erwächst aus begründeter Hoffnung. Ohne eine solche Hoffnung muss die Tradition absterben. Worin kann diese Hoffnung begründet sein, was kann ihr Grund sein, der widerständig bleibt gegenüber allen Gründen, die in dem einen oder anderen Überlebensdiskurs noch abgerufen werden können? Was wir unseren Kindern zu sagen haben, ist hoffentlich dann doch mehr als die Benennung solcher Gründe.

Die theologisch-ethische Reflexion muss nicht von einem »warum moralisch sein?« ausgehen oder von einem moralisch konditionierten Menschen, dessen moralische Intuitionen[9] abgerufen werden, vielmehr kann sie von ihrem Ort aus, der durch das Hören des Wortes bestimmt ist, den Blick auf die *Orte*, die Praxis und die entsprechenden *Institutionen*[10] richten, in denen Menschen sich aufhalten. Deshalb muss die theologische Ethik Menschen nicht auf ihre Moral hin ansprechen, also auf ihre universellen Rechtfertigungsstrategien, sondern auf das hin, was sie als den Lebenskontext erfahren und erkennen, der nicht von solchen Strategien bestimmt ist. Sofern sie hier artikulieren und erproben, was menschliches Leben trägt, muss dies nicht abstrakt oder hintergründig moralischen Grundüberzeugungen oder anderen Instanzen überlassen bleiben. Die theologisch-ethische Reflexion wird deshalb in eine öffentliche und ausdrückliche Auseinandersetzung darüber eintreten, was das gemeinsame Ethos sein kann, wenn es sich nicht in die verschiedenen Diskurse und ihre Strategien auflösen soll, in denen sich die Entwicklung des menschlichen Vermögens widerspiegelt. Gegenüber dieser Selbstkonfrontation mit der Unerbittlichkeit ihrer Regeln – wie etwa der Regel »die Folgen deines Handelns werden dich einholen« – ist eine Explora-

---

7    H. JONAS: Das Prinzip Verantwortung, 1985.
8    Siehe dazu A4.
9    Zur Kritik dieser moraltheoretischen Konstruktion vgl. P. RICOEUR: Religion, Atheismus und Glaube [1969] (2002).
10   Auf die Verbindung von Moral und Institutionalität im Bereich der Ökonomie hat vor allem auch B.P. PRIDDAT die Aufmerksamkeit gelenkt: Ökonomische Knappheit und moralischer Überschuss, 1994.

tion dessen zu erhoffen, was wir Menschen sein dürfen. Nicht die Extension des einen oder anderen Vermögens, nicht die Ausbeutung, sondern die Erkundung dessen, *worin* wir welche Menschen sein dürfen, führt uns zum ethischen Nachdenken über Ökonomie.

### *1. Von der bestimmten Aufgabe des Wirtschaftens*

Im Status oeconomicus geht es um das vielfältige *Medium* menschlicher Existenz, nicht um ihre Verwirklichung: sonst würden wir Menschen unserem Vermögen ausgeliefert sein und dies nur durch immer weitere Expansion und Steigerung versuchen können zu kompensieren. Eine Schlüsselfrage für diesen Status oeconomicus ist, ob jeder Mensch die Chance haben muss, sich am Wirtschaften durch eigene Arbeit zu beteiligen, nicht um eines Menschenbildes willen, das die Arbeit zum Wesen des Menschen rechnet (animal laborans[1]), sondern um einer Existenzform willen, für die mit der Arbeit eine spezifische Gestalt geschöpflicher Freiheit verbunden ist. Wie kann eine Wirtschaft Menschen mit Arbeit versorgen – und mit welcher Art von Arbeit, die einem solchen Kriterium genügt? Eine Wirtschaftsethik, die dieser Anfrage folgt, exponiert sich damit, dass sie auf einen solchen *Indikator* setzt – wie es auch Indikatoren dafür gibt, dass die politische Existenz nicht verloren ist, wie etwa der Indikator, dass Handeln im politischen Sinn[2] noch möglich ist und nicht von einem Geschehen verdeckt ist, das von welchen anonymen Mächten auch immer bestimmt wird.

Die theologisch-ethische Reflexion wird insofern keinem solchen liberalen Modell folgen müssen, das die Freiheit des Einzelnen negativ fasst[3] und leer sein lässt. Sie wird vielmehr auf die *Erkenntnis* achten – wie sie auch in der Diskussion um die Wirtschaftstheorie vorgetragen worden ist (vgl. Amartya SEN[4]) –, dass es für jeden Menschen einen Status geben kann, durch den Menschen instand gesetzt, das heißt institutionalisiert sind, zu wirtschaften, statt dass sie – im Prinzip frei – nur diese oder jene Optionen haben. Die leere Freiheit lässt eine fatale Unterscheidung zwischen dem zu, was einen Menschen »ich« sagen lässt[5], und dem, *wodurch* er realisieren kann, was sein Leben ausmacht. Die Abgrenzung

---

[1] Siehe B3-2-1.
[2] Siehe B4.
[3] Vgl. C. TAYLOR: Negative Freiheit?, 1988.
[4] Amartya SEN sieht diesen Status als den einer substantiellen Freiheit, im Unterschied zu einer leeren oder negativen Freiheit, in der Menschen nichts zu eigen ist. Wir berühren hier das Problem des Verlustes des Eigentums. Siehe: A. Sen: Ökonomie für den Menschen. Wege zu Gerechtigkeit und Solidarität in der Marktwirtschaft, [Development as Freedom, NY 1999] 2000; siehe auch die Kritik an einem abstrakten rational-choice-Modell: A. Sen: Rationality and freedom, 2002.
[5] Zum Problem in Bezug auf KANT, siehe T.W. ADORNO: Probleme der Moralphilosophie, [1963] 1996.

dagegen, dass Menschen ihr Selbst nicht realisieren können, weil sie es nicht kennen, dürfte nicht davon abhalten, um so mehr zu thematisieren, *was* denn dann zu erkunden und zu erproben ist, was das *Medium* ist oder die Medien sind, in denen Menschen leben können. Wenn dies leer bleibt, gegenstandslos oder mit einem Bilderverbot versehen, das jede Art der Selbst-Gestaltung freisetzen soll, kann hier keine Wirtschaftsethik greifen. In diesem Sinn ist das Eintragen eines Indikators für eine gute Wirtschaftsform wie »substantielle Freiheit« bei Amartya SEN weiterführend. Es zeigt, dass gerade im Bereich der Ökonomie entscheidend ist, zu welcher bestimmten Freiheit Menschen berufen sind: ist es die Freiheit eines unabsehbaren Optionalismus (Walter SCHWEIDLER) oder eines Voluntarismus (Michael J. SANDEL), die den Raum gemeinsamer Arbeit leer lässt, oder ist es eine *positive* Freiheit, die aber nicht in der Ermächtigung des Einzelnen, sondern darin besteht, *was* Menschen – gemeinsam – erproben können. Liberale Modelle bleiben ansonsten befangen in der Verkopplung von Freiheit und Vermögen und versuchen zu sichern, dass dieses Vermögen ein wirklich eigenes ist: die Ermächtigung des Individuums.[6] Damit gehen Vorgänge einer Individualisierung einher, die es ermöglichen, einzelne Menschen oder Unternehmen, aber auch Gemeinschaften in beliebige Strategien einzubauen.[7] Das Verständnis von substantieller Freiheit für den einzelnen Menschen ist davon zu unterscheiden. Solche Freiheit besteht nicht in der Ermächtigung[8] zum Selbst-Unternehmer, die auf seinem Vermögen gründet, sondern in der Freiheit zur Exploration dessen, was jedem anvertraut ist und worin sich gemeinsam mit anderen leben lässt. Dies ist der Ort, an dem auch Eigentum ethisch zu fassen ist. Dies gehört in die Tradition evangelischer Ethik und wird angesichts der unübersehbar gewordenen Vorgänge der Enteignung akut.[9] Freiheit besteht dann nicht in einer Verfügungsfreiheit, sondern darin, dass es ein *Medium* gibt, das probieren lässt, was uns Menschen zukommt. Das kann »Arbeit für jeden« heißen und ist dann nicht auf das Problem der Partizipation an einem bestimm-

---

[6] Zur Problemstellung vgl. die Diskussion um FOUCAULTs Analyse der Gouvernementalität; hier besonders die These vom Selbst-Unternehmer: N. ROSE: Tod des Sozialen? Eine Neubestimmung der Grenzen des Regierens (2000), 93f.

[7] Zu diesen Phänomenen in der Analyse von FOUCAULT und deren Bedeutung für die liberalen und neoliberalen Wirtschaftstheorien vgl. T. LEMKE; S. KRASMANN, U. BRÖCKLING: Gouvernementalität, Neoliberalismus und Selbsttechnologien. Eine Einleitung (2000).

[8] Die viel gebrauchte Logik des »empowerment« ist kritisch zu sehen, sofern sie abblendet, was im Sinne der Kooperation und Kommunikation nötig ist, und darauf zielt, den Einzelnen in seinem Vermögen freizusetzen – und alleine zu lassen; zur Diskussion im Rahmen der politischen Theorie siehe: B. CRUIKSHANK: The will to empower : democratic citizens and other subjects, 1999.

[9] Siehe dazu: U. DUCHROW; F. J. HINKELAMMERT: Property for people, not for profit : alternatives to the global tyranny of capital, 2004. Grundlegende Aspekte werden wieder neu in die Diskussion gebracht bei: W. SCHWEIKER; C. T. MATHEWES (Hg.): Having : property and possession in religious and social life, 2004.

ten Arbeitsvolumen in Relation zu Produktivitätsraten reduziert, sondern darauf bezogen, dass Arbeit in der Erprobung dessen besteht, was Menschen erfahren und mitteilen können. Arbeit dieser Art gibt es unbegrenzt, wenn sie nicht wiederum etwa als soziale Arbeit auf begrenzte Sozialprodukte oder Dienstleistungen reduziert wird, die quantitativen Marktregeln gehorchen. Die Ethik der Arbeit wird sich hier mit der Kritik der Ökonomisierung des Sozialen[10] verbinden. Ebenso verbindet sich hier das Verständnis von menschlicher Arbeit mit dem, was »Beruf« auch für die gegenwärtige Arbeitswelt heißen kann.

Die theologisch-ethische Reflexion kann in der Wirtschaftsethik und Unternehmensethik keinem Funktionalismus folgen, der den Blick auf das eingrenzt, was Überlebensfähigkeit oder Selbstbehauptung garantiert und verbessert, was auch mit Kennzeichen wie »lebensdienlich«[11] angezeigt wird. Mit solchen Kennzeichen bleibt entschieden unbestimmt, was dabei »Leben« heißt. Es klingt, als wäre »Leben« als eine Substanz zu fassen, die es zu fördern gilt. So fällt jede kritische Hinsicht weg, die thematisieren lässt, was die bestimmte und begrenzte *Aufgabe des Wirtschaftens* und der damit verbundenen technologischen Entwicklung sein kann. Wenn *Wirtschaft* und menschliche Existenzform nicht indifferent werden, sondern unterschieden und spannungsvoll verbunden bleiben sollen, dann bedarf es einer entsprechenden Beschreibung der *Aufgabe*, die das Wirtschaften zu erfüllen hat, es bedarf einer ethisch zugänglichen Perspektive, die durchaus auch von außen auf die Vorgänge des Wirtschaftens blicken lässt. »Von außen« heißt: aus der Perspektive dessen, der eine bestimmte Aufgabe zu erfüllen hat. Andernfalls werden Wirtschaftsprozesse zur allumfassenden oder gar »alles bestimmenden Wirklichkeit«[12], die alles absorbiert, was der menschlichen Existenzform zugewiesen werden kann.[13]

Die Begrenzung der Ökonomie hat ihren theologischen Ort (topos) in der Unterscheidung von Arbeit und gottesdienstlichem Feiertag, Arbeit und Sabbat. Damit sind nicht die Grenzen der ökonomischen Verfügbarkeit markiert, was immer nur dazu führen kann, die Reichweite dieser Grenzen zu thematisieren, auszuloten und auszuschöpfen. Vielmehr geht es um eine *Topographie*, von der es abhängt, ob die Aufgabe der Ökonomie überhaupt »für den Menschen« be-

---

[10] Vgl. Zur Diskussion: U. BRÖCKLING; S. KRASMANN; T. LEMKE (Hg.): Gouvernementalität der Gegenwart. Studien zur Ökonomisierung des Sozialen, 2000.

[11] Vgl. z.B. P. ULRICH: Integrative Wirtschaftsethik, 1997, 204f.. Das inzwischen häufig gebrauchte Wort findet sich auch in der Variante »lebensfördernd«. So auch bei T. MANN: Achtung, Europa!, in: An die gesittete Welt. Politische Schriften und Reden im Exil (1986).

[12] So haben Rudolf BULTMANN und Wolfhart PANNENBERG »Gott« definiert gesehen.

[13] Das schließt nicht aus, wie B.P. PRIDDAT es unternommen hat, die Funktion der Moral im ökonomischen Zusammenhang in den Blick zu fassen und von daher auszuloten, wie das Verhältnis von Moral und Ökonomie beschaffen ist – möglicherweise auch die Differenz: vgl. ders.: Moral in ökonomischer Umgebung (2001).

stimmt werden kann, statt dass sich »der Mensch« ökonomisch verwirklicht. Diese Topgraphie ist in der Unterscheidung, dem Miteinander und Gegeneinander von menschlicher und göttlicher Ökonomie beschlossen. Ohne diese Unterscheidung wird jede Ökonomie utopistisch unbegrenzt. Dies zeigt sich nicht zuletzt etwa an Formen einer normativen Ethik für die Ökonomie, in denen jede Art von Normen, Normen der technischen Sicherheit und Handhabung, Normen ökologischer Verträglichkeit und weitere »ethische« Normen, etwa solche der »Sozialverträglichkeit« gleichbehandelt werden.

Die ausdrückliche Thematisierung der Aufgabe des Wirtschaftens wird eine Differenz zwischen den Rationalitäten in ökonomischen Vorgängen und den Kennzeichen der menschlichen Existenzform festhalten können. Sie wird deshalb gerade *nicht* die Integration[14] aller Kennzeichen menschlichen Lebens im Wirtschaftsprozess einfordern, was nicht bedeuten muss, in den ökonomischen Rationalitäten nicht auch moralische und ethische enthalten zu sehen. Es ist im Blick auf die Aufgabe des Wirtschaftens nicht sinnvoll, von einem »homo oeconomicus« zu sprechen, der gar »den Menschen« vertritt, vielmehr ist von nicht mehr und nicht weniger zu sprechen als von Menschen, die wirtschaften, von ihren Eigenschaften und Konditionen.[15] Die Ökonomie ist auf eine bestimmte, widerständige *Praxis* hin zu reflektieren, die sich nicht in einer totalisierenden Sicht der Ökonomisierung aller Lebensvorgänge und die entsprechenden Praktiken aufheben lässt, wie sie sich in der Vermittlung von Ökonomie und Moral ebenso wie in der Ökonomisierung des sozialen Zusammenlebens[16] einstellt. Es ist ja durchaus das Kennzeichen von Wirtschaftstheorien, soziale Verhältnisse nicht auszuschließen, sondern zu umgreifen und so der ökonomischen Rationalität zugänglich zu machen – oder eben zu unterwerfen.[17] So genuin wie für die Politik (in aristotelischer Tradition) von menschlicher Praxis und menschlichem Handeln zu reden ist, und so genuin daraufhin von einer politischen Ethik gesprochen werden kann, so klärungsbedürftig ist dies für die Ökonomie geblieben. Die Frage ist nicht, wie die ökonomischen Prozesse im Blick auf den Zusammenhang von Ökonomie und Moral zu rekonstruieren sind, sondern in welcher Weise in Bezug auf die Ökonomie von einer *Praxis* – in Analogie zur politischen – zu reden ist, auch wenn mit der Differenz zwischen dem zu rechnen ist, was als ökonomische Prozesse erfasst werden kann und was als menschli-

---

14   Dies ist das Programm von P. ULRICH: Integrative Wirtschaftsethik, 1997.
15   H.G. ULRICH: Theologische Zugänge zum Menschenbild der Ökonomie (1998).
16   Siehe dazu die – auf FOUCAULT zurückgreifende – kritische Darstellung von: T. LEMKE; S. KRASMANN, U. BRÖCKLING: Gouvernementalität, Neoliberalismus und Selbsttechnologien. Eine Einleitung (2000); siehe auch: T. LEMKE: Eine Kritik der politischen Vernunft : Foucaults Analyse der modernen Gouvernementalität, 2003.
17   Vgl. zur Kritik an der Chicagoer Schule: T. LEMKE; S. KRASMANN; U. BRÖCKLING: Gouvernementalität, Neoliberalismus und Selbsttechnologien. Eine Einleitung (2000) 16.

che Praxis erscheint. Damit ist freilich die Beobachterperspektive verlassen, die – wie die Systemtheorie – nicht mehr diese Praxis zum Gegenstand hat und nicht mehr zeigt, wie die Wirtschaft darin ihre Aufgabe erfüllt, eben diese Praxis zu ermöglichen.

Dies ist die Perspektive einer Ethik geschöpflichen Lebens. Dieses darf als die eingestiftete[18] (institutionalisierte) Existenzform verstanden werden, die immer wieder gegenüber den normalisierten[19] und naturalisierten Vorgängen zu bezeugen und mitzuteilen ist. Es geht – wie in der Frage nach der Nötigung zur Stiftung (im Sinne von Institution[20]) von Politik[21] – auch um die immer neue *Stiftung* der Ökonomie und insofern um ihren *institutionellen* Charakter.[22] Wie die Stiftung des Politischen den Status politicus präsent und explizit werden lässt, so die Stiftung der Ökonomie den Status oeconomicus menschlichen Lebens. Dies ist zugleich die kritische Perspektive gegen die Erfindung des Ökonomischen, inklusive des ökonomischen Menschen, in den Diskursen zur Ökonomie der Selbst-Unternehmung und ihrer Behauptung. Hier ist der Ort, an dem die Wirtschaftsethik alle Hände voll zu tun hat, auch auf die diskurskritischen Analysen zu achten, die den Blick hier freiräumen – wie in spezifischer Provokation Michel FOUCAULT – auch dann, wenn sich die ethische Perspektive nicht in einer Genealogie von anonymer Macht und einer ihr entsprechenden unfassbaren Subjektivität verlieren muss.[23]

---

[18] So hat D. BONHOEFFER von den »Schöpfungsordnungen« gesprochen, die er als Mandate versteht: D. BONHOEFFER: Ethik, 1975. Er spricht von dem »Eingestiftet-Sein« dieser Mandate und bewahrt ihnen so einen kritischen Sinn gegenüber dem sich Ausliefern an biotische Prozesse und deren Gesetze.
[19] Vgl. zu der Problemstellung: B. WALDENFELS: Normalität, Fremdheit, Widerstreit – Zur Neufassung des Politischen an der Schwelle ins 21. Jahrhundert (2001).
[20] Vgl. den Begriff als Äquivalent zu »Ordnung« (s.o.).
[21] Es geht um Stiftung, nicht um »Erfindung«. Aber dies berührt sich: vgl. M. WALZER zum Modus der »Erfindung« von Ethos im Unterschied zu Entdeckung und Interpretation: M. WALZER: Drei Wege in der Moralphilosophie (1990). Vgl. demgegenüber: U. BECK: Erfindung des Politischen. Zu einer Theorie reflexiver Modernisierung, 1993.
[22] Vgl. insbesondere: C. HUBIG (Hg.): Ethik institutionellen Handelns, 1982 und D. F. THOMPSON: Restoring responsibility : ethics in government, business, and healthcare, 2005.
[23] Zur kritischen Wahrnehmung von M. FOUCAULT in dieser Hinsicht: J. HABERMAS: Der philosophische Diskurs der Moderne, 1985. Für uns bleibt die Frage, ob Habermas‹ Theorie einer kommunikativen Vernunft nicht ihrerseits reduktiv bleibt, wenn sie die menschliche Erkenntnis auf ein kommunikatives Meta-Subjekt bezieht, ohne für dieses ausreichend zu klären, wie es vor Irrtum bewahrt werden kann.

## 2. Institutionelle Ökonomie und Oikos

Die kritische Perspektive einer theologisch-ethischen Reflexion ist jedenfalls darauf gerichtet, den *institutionellen* Charakter der Ökonomie[24] immer neu zu gewinnen – das heißt die Ökonomie wie die Politik als *Ort* des Wirtschaftens für Menschen im Achten auf das menschliche *Werden* und eine ihm entsprechende Praxis zu verstehen. Eine so verstandene Wirtschaftsethik folgt damit der Topographie geschöpflicher Existenz, die an diesem Ort wiederum in spezifischer Weise hervortritt – mit jedem Menschen, der *sichtbar* daran teilnimmt. Mit der Ökonomie tritt hervor, wie die menschliche Existenzform in den vielfältigen *Medien*[25], die Menschen miteinander teilen, erkundet und erprobt werden darf. Die Wirtschaftsethik, die darauf aufmerksam wird, richtet den Blick nicht auf eine Verdichtung der (moralischen) Reglements, sondern auf das, was Menschen einander mitzuteilen haben. Dies kommt mit dem »oikos« in den Blick, zuerst mit dem »oikos« des Lobes Gottes – dem Gotteshaus – und dann auch mit dem »oikos« des Zusammenlebens einer Familie. Mit dem, was Menschen einander mitzuteilen haben, worin sie ihr Leben finden, geht es in diesem und jenem »oikos« dann auch um dessen traditio, dessen Weitergabe.

Der *institutionelle* Charakter der Ökonomie – wie er der Anschauung von den Status entspricht – gehört in die Wahrnehmung der Ökonomie als Ort der gemeinsamen Praxis, die eine eigene explorative Aufgabe hat und nicht der Unterwerfung menschlichen Lebens unter das Produktions- und Regulationsvermögen von Menschen dient. Dass Menschen nicht auf ihr Produktions- und Regulationsvermögen reduziert werden, macht das Freiwerden von der unermesslichen Sorge[26] aus, die sich mit diesem Vermögen verbindet. Diese Sorge suggeriert, es könne und müsse für alles gesorgt werden. Nicht darin hat sich eine Ökonomie zu bewähren, dass sich in ihr die souveräne Selbstsorge jedes Menschen zeigt – was ihn nur sich selbst ausliefert – sondern die Gelegenheit gemeinsamer Erkundung dessen, was menschliches Leben trägt. Die ökonomische Phantasie ist dann

---

[24] Zur *institutionellen* Verfassung der Ökonomie: J. WIELAND: Kooperationsökonomie (1998). Dies hat seine Parallele in der Wahrnehmung des institutionellen Charakters der Technologie, wie dies Christoph HUBIG in den Blick gerückt hat: C. HUBIG: Technikbewertung auf der Basis einer Institutionenethik (1993). Zur kritischen Auseinandersetzung innerhalb der Wirtschaftstheorie siehe: J. GROSSER: Der Transaktionskostenansatz der Neuen Institutionen-Ökonomik – Versuch einer kritischen Verallgemeinerung (1997). Siehe auch: W. KORFF (Hg.): Handbuch der Wirtschaftsethik, Bd. 2: Ethik wirtschaftlicher Ordnungen, 1999, ebenso die vielfältigen Ansatzpunkte in: DEUTSCHER BUNDESTAG (Hg.): Enquete Kommission »Globalisierung der Weltwirtschaft«: Schlussbericht der Enquete-Kommission: Globalisierung der Weltwirtschaft, 2002, siehe den Überblick bei: D.F. THOMPSON: Restoring responsibility. Ethics in government, business, and healthcare, 2005.

[25] Dazu gehört auch die Technologie als Medium. Aspekte dazu finden sich bei: J. HALFMANN: Die gesellschaftliche »Natur« der Technik, 1996.

[26] Siehe oben Teil B3.

auf diese gemeinsame Erkundung gerichtet, nicht auf einen davon unabhängigen wirtschaftlichen und entsprechend abstrakten Zustand wirtschaftlichen Vermögens.[27] Diesem institutionellen Charakter entsprechend sind die Akteure des Wirtschaftens als *Bürger* zu verstehen, sofern das gemeinsame Erkunden ein öffentliches ist, das sich auch direkt als öffentliche Angelegenheit verstehen und betreiben lässt.[28] Dies haben die Konzepte einer »corporate citizenship« oder eines republikanisch ausgerichteten »Wirtschaftsbürgers« oder »Unternehmensbürgers« ausgearbeitet.[29] Hier ist dann freilich wieder die Frage aufgeworfen, wo die teilweise fundamentale Unterscheidung verläuft zwischen verschiedenen Variationen liberaler Modelle[30], auch eines »republikanischen Liberalismus« und einer Unternehmensethik, die primär und gezielt auf das Erkunden dessen ausgerichtet ist, was das gemeinsame, auf die Beteiligten[31] bezogene Wirtschaften gewährt und trägt. Andernfalls wird wiederum nur ein anonymes Gemeinwohl – oder auch ein anonymes, abstraktes Gewinnziel, das sich monetär beziffern lässt – postuliert, dem ein individueller Akteur entspricht, nicht aber ein Wirtschaftsbürger, der seinen Erfolg darin sieht, wie er mit anderen zusammen wirtschaften kann.

---

[27] Dies ist der grundlegende Einspruch, von dem aus A. SEN seine »Ökonomie für den Menschen« entwickelt: A. SEN: Ökonomie für den Menschen. Wege zu Gerechtigkeit und Solidarität in der Marktwirtschaft, [Development as Freedom, NY 1999] 2000.
[28] Den Blick dafür öffnet in der Perspektive der Mitbestimmung: T. JÄHNICHEN: Vom Industrieuntertan zum Industriebürger. Der soziale Protestantismus und die Entwicklung der Mitbestimmung (1848 - 1955), 1993.
[29] Siehe auch C2-20. Siehe dazu: H. STEINMANN; A. LÖHR: Unternehmensethik ein republikanisches Programm in der Kritik, 1993; P. ULRICH: Republikanischer Liberalismus und Corporate Citizenship. Von der ökonomistischen Gemeinwohlfiktion zur republikanisch-ethischen Selbstbindung wirtschaftlicher Akteure, 2000. Siehe auch die eindringliche und umgreifende Studie von: S. ZADEK: The civil corporation : the new economy of corporate citizenship, 2001.
[30] Dies zeigt sich beispielsweise an der Darstellung von B. SEITZ: Corporate citizenship : Rechte und Pflichten der Unternehmung im Zeitalter der Globalität, 2002. Es ergibt sich eine Umkehrung des republikanischen Konzepts, wenn Seitz definiert: »Corporate Citizenship bezeichnet das aktive Streben nach umfassender Nutzung des sozialen und natürlichen Umfelds, ausgehend von der Einsicht, dass Gewinnmaximierung Investitionen und also die Besserstellung der Interaktionspartner regelmäßig voraussetzt.«(64). Siehe im Gegensatz dazu das republikanische Konzept bei P. ULRICH: Republikanischer Liberalismus und Corporate Citizenship, 2000, 15. Siehe auch die von Ingo PIES ausgearbeitete Konzeption einer »Rationalisierung des politischen Liberalismus« (im kritischen Anschluss an F. A. von Hayek): I. Pies: Normative Institutionenökonomik : zur Rationalisierung des politischen Liberalismus, 1993, bes. 250-310.
[31] Entscheidend ist die Perspektive aller Beteiligten, nicht zuletzt derer, für die wirtschaftsbürgerliches Engagement allem voran die Bereitstellung von lebenserhaltender Arbeit bedeutet. Siehe dazu beispielsweise: INTERNATIONAL LABOUR OFFICE: Corporate social responsibility: myth or reality?, 2003.

## 3. Ökonomie und Moral – was heißt Wirtschaftsethik?

Es gehört zu den inzwischen weithin geteilten Einsichten, dass das Wirtschaften in allen seinen Erscheinungsformen nicht zu verstehen ist ohne eine Ethik, die die Vermittlung von Ökonomie und Moral, Ökonomie und Sittlichkeit reflektieren kann, wie sie innerhalb der ökonomischen Vorgänge selbst aufzufinden ist. Die Vorstellung, dass das Moralisch-Sittliche in die ökonomischen Vorgänge eingetragen werden müsste, sei es als Einforderung von bestimmten Handlungen, als Tugenden, als Grundhaltung oder als Kennzeichen von Institutionen, würde an der Wirklichkeit ökonomischer Vorgänge vorbeigehen, die moralischsittlich geprägt sind. Dies ist auf verschiedene Weise gezeigt worden.[32] Darin sucht auch die Rede von einer *Wirtschaftskultur* ihr Recht[33], ebenso wie eine »integrative Wirtschaftsethik«, die den Zusammenhang von Sittlichkeit, Gerechtigkeit und ökonomischer Effizienz festhält.[34] Die ausdrückliche Thematisierung der ethischen Implikationen in der Ökonomie führt jedoch notwendig auch die *Differenz* von Ökonomie und Ethos mit sich, wenn nicht auf eine Ökonomisierung aller Lebensvorgänge gesetzt werden soll. Mit dieser Differenz sind verschiedenartige Unterscheidungen verbunden: die Unterscheidung zwischen einer begrenzten ökonomischen Rationalität und Kennzeichen des Ethos, die Unterscheidung zwischen verschiedenen Rationalitäten, oder die Unterscheidung zwischen dem System Wirtschaft und anderen Ebenen gesellschaftlicher Vorgänge oder des individuellen Handelns.

Von vornherein ist also zu bedenken, inwiefern mit solchen Unterscheidungen im Blick bleibt, dass die menschliche Existenzform den ökonomischen Rationalitäten nicht unterworfen sein kann, ohne verloren zu gehen oder verfehlt zu werden – wenn denn von dieser Existenzform nicht nur (dialektisch) als von der blinden Seite des Spiegels zu reden ist, sondern, wenn diese Existenzform selbst mit bestimmten Indikatoren *hervortritt*. So mit dem Indikator der Kommunikation und der (institutionell verfassten) *Interaktion*.[35] In welchem Sinn wird dies die Unterscheidung zwischen verschiedenen theoretischen Zugängen nötig und möglich machen, in welchem Sinn wird in einem spezifischen und kritischen

---

[32] Vgl. insbesondere: B.P. PRIDDAT: Ökonomische Knappheit und moralischer Überschuss, 1994.
[33] P. KOSLOWSKI: Wirtschaft als Kultur, 1989.
[34] Vgl. P. ULRICH: Integrative Wirtschaftsethik, 1997.
[35] Das fordern B. BIERVERT und J. WIELAND: Gegenstandsbereich und Rationalitätsform der Ökonomie und der Ökonomik (1990). Diese Forderung wird mit guten wissenschaftstheoretischen Argumenten begründet. Darauf ist die Begründung begrenzt. Vgl. auch B.P. PRIDDAT: Ökonomische Knappheit und moralischer Überschuss, 1994. Solche Unterscheidungen sind auch in Universaltheorien enthalten wie in der von R. MÜNCH: Die Struktur der Moderne, 1992.

Sinn auch von einem ökonomischen »Handeln« oder einer ökonomischen »Praxis« zu reden sein? Wie ist dies einzuführen, was ist dafür der systematische Ort? Diese Fragestellungen richten sich auf ein Defizit in der Diskussion um Ökonomie und Moral[36], auch gegen die Tendenz, theoretische Strategien einer universellen Integration zu verfolgen, die an einer Ethik wirtschaftlicher Praxis und entsprechender Institutionen nicht nur vorbeizielen, sondern ihr geradezu entgegenlaufen, weil sie die Nötigung zu einer *ausdrücklichen Ethik* des wirtschaftlichen Handelns verdecken.

Der Zusammenhang von Ökonomie und Moral kommt aber erst dann in den Blick, wenn deutlich wird, wie tiefgreifend Ökonomie und *Moral* de facto in den bestehenden ökonomischen Verhältnissen und ihrer theoretischen Reflexion miteinander vermittelt sind. Schließlich ist zu sehen, – was dann auch dies nur als Spitze eines Eisbergs erscheinen lässt – wie tiefgreifend die Moralphilosophie (und dann auch eine ihr entsprechende Moraltheologie) selbst mit der ökonomischen Logik verwoben ist. Theodor W. ADORNO hat dies an KANTs Moralphilosophie kenntlich gemacht – und genau hier ist dann auch von einer ethischen Differenz zur Ökonomie zu reden. ADORNO bemerkt:

*»Denken, Vernunft ist bei ihm (sc. Kant) – und das ist eine der entscheidenden Innovationen der Kantischen Philosophie – nicht eigentlich gemessen an dem bereits Vergegenständlichten der Logik und der objektiven logischen Gesetzmäßigkeiten, sondern ist schon von vornherein als das Tun, das Hervorbringen gedacht, aus dem denn die logischen Gesetzmäßigkeiten eigentlich entspringen sollen. ... Man könnte, wenn man den Sachverhalt ... gesellschaftlich ausdrücken wollte, wohl sagen, dass Kant eigentlich darin ... das Arbeitsethos der bürgerlichen Gesellschaft, also die Norm des Produktionsprozesses von Gütern, unter dem die gesamt bürgerliche Gesellschaft ja steht, gleichsam zu einer eigenen höchsten philosophischen Norm gemacht habe, dass dies gesellschaftliche Verhältnis der Notwendigkeit gesellschaftlicher Arbeit als der obersten und verpflichtenden Norm bei ihm zum abstrakten Prinzip geworden sei, und dass das radikal Böse bei ihm eigentlich gar nichts anderes ist, ja, man müsste fast sagen, als die Faulheit, also als das, was mit diesem Desiderat der bürgerlichen Gesellschaft durchaus nicht mitgekommen ist.«*[37]

### 4. Die Frage nach dem ethischen Sinn der Ökonomie

In der Diskussion um die Wirtschaftsethik sind freilich zunächst Anschauungen in Geltung, die die Vermittlung von Ökonomie und Moral nur im Vordergrund reflektieren, wie auch immer diese Vermittlung dann gekennzeichnet wird – als

---

36  Einen Einblick gewährt: K.R. LOHMANN; B.P. PRIDDAT (Hg.): Ökonomie und Moral. Beiträge zur Theorie ökonomischer Rationalität, München 1997.
37  T.W. ADORNO: Probleme der Moralphilosophie, [1963] 1996, 194f.

## 4. Die Frage nach dem ethischen Sinn der Ökonomie

Strukturethik oder als Verwirklichung von Moral im System, oder in anderen Modellen. »Moral« meint hier den Rechtfertigungszusammenhang, der notwendigerweise von allen rational operierenden Beteiligten, über diesen oder jenen begrenzten Konsens hinaus, geteilt wird.[38] »Moral« rechtfertigt durch ihre »ad hominem«-Logik, das heißt, sie verspricht abzubilden, was »den Menschen« in seiner unbestreitbaren Gestalt ausmacht[39] und (auch im Sinne des homo oeconomicus) durchaus – wie begrenzt auch immer – zu realisieren ist.[40] Mit der Moral, auch der ökonomisch vermittelten, geht es um die Anthropodizee. Sie verspricht die Übereinstimmung dessen, was Menschen tun und lassen, mit dem, was sie sind und dem, was in ihren Möglichkeiten liegt. Dies kann nicht auseinanderfallen, wenn Menschen nicht als die gedacht werden sollen, die dabei sind, zu verfehlen, was ihr Menschsein ausmacht. Nicht allein die moralische Verteidigung der Ökonomie ist hier die Perspektive, sondern die Verteidigung eines humanum, an dem die Ökonomie nicht nur partizipiert, sondern das in der Ökonomie seine moralische Erscheinungsform findet. Die Artikulation der Moral – im Sinne eines modernen Begriffs von Moral[41] – ist die offenkundige Sicherstellung dessen, was »Mensch« ist, es ist die Vergewisserung dessen, was das humanum in allen Verhältnissen auszeichnet, seine Vernunft, seine Freiheit, seine Weltoffenheit, seine Bedürfnishaftigkeit. Moral ist – mit Friedrich NIETZSCHE gesagt – die Rechtfertigung des Menschen »ad hominem«, auf das hin, was er »ist«, und auf das hin, was er zugleich in Übereinstimmung damit auch sein soll. Es geht in der Moral in diesem Sinne um den Über-Menschen, der vor Augen gestellt wird[42]: es geht um das Reden »über« den Menschen, um die Thematisierung des humanum, in der ihm eigenen Freiheit, Vernunft, Gerechtigkeit und Bedürfnishaftigkeit. Darin reflektiert sich das Rechtfertigungsbedürfnis, das ohne Sinnzuweisung nicht auskommt und damit einem Nihilismus verhaftet bleibt, der nichts gelten lassen kann, was nicht ausdrücklich in seiner

---

[38] Vgl. dazu: R. WILLIAMS: Rechtfertigung und Ethik (1995).
[39] In der Nähe dieses Gefälles bewegt sich auch Arthur RICH mit seiner Kategorie des »Menschengerechten«: Wirtschaftsethik/1. Grundlagen in theologischer Perspektive, 1987. Gleichwohl sucht RICH mit diesem Kriterium »den Menschen« eine Form kritischer Wirtschaftsethik zu gewinnen, die immer neu das Menschengerechte – anhand von bestimmten Kennzeichen, Indikatoren – in der Ökonomie geltend zu machen sucht.
[40] Vgl. J. RAWLS: Geschichte der Moralphilosophie, 2002, interpretiert in diesem Sinne die Moralphilosophie Kants.
[41] Zu dessen Bestimmung vgl. J. RAWLS: Geschichte der Moralphilosophie, 2002, 25ff.
[42] Vgl. G. VATTIMO: Jenseits vom Subjekt. Nietzsche, Heidegger und die Hermeneutik, 1986.

Sinnhaftigkeit von Menschen behauptet worden ist.[43] Auch die Rede von den Werten[44] hat hier ihren Ort, sofern sie der Logik einer solchen Affirmation folgt.

Im Unterschied dazu ist nach dem *ethischen Sinn* der Ökonomie gefragt worden, das heißt nach einer *bestimmten ethisch-sittlichen Logik*, der die ökonomischen Vorgänge und das ökonomische Handeln folgen. Versteht man die Frage so, dass es einen bestimmten *ethischen* Sachverhalt gibt, dem nur eine bestimmte Ökonomie auch entspricht, oder dass es mit der Ökonomie um bestimmte Güter geht – im Unterschied zu anderen Ökonomien, die dem nicht entsprechen – nimmt man seinen Standort innerhalb eines bestimmten *Ethos* ein. In einer Reihe von Konzeptionen freilich geht es auch dabei um die Vermittlung von Ökonomie und *Moral*, sofern auch für das Ethos ein universeller, für alle Menschen gültiger ethischer Gehalt angenommen wird. Auch in der theologischen Ethik ist von einem solchen universellen »ethischen Sinn« die Rede gewesen, so die immer einzuholende Ausrichtung auf das (im Sinne neuzeitlicher Subjektivität) freiheitliche Subjekt und seine selbstverantwortlichen Entfaltung und Lebensführung.[45] Auch damit wird die Ökonomie auf ihren inneren – moralischen – Legitimitätsgrund hin reflektiert: der Mensch in der ihm eigenen Freiheit und Bedürfnishaftigkeit. Im Vollzug des Wirtschaftens vollzieht sich die Bewahrheitung des Menschseins.

Diese Sichtweise wird dann obsolet, wenn der Pluralismus der Lebensformen in der Perspektive einer *anderen Moral*, etwa einer bestimmten Moral der Moderne (oder modernen Moral) eingefordert wird – wie dies bei Birger P. PRIDDAT und anderen geschieht.[46] Die Diskussion darüber führt in einen (notwendigen) Streit um die *Moral der Moderne*.[47] Doch vorrangig ist zu fragen, in welchem Sinne überhaupt »Moral« in den Blick rückt. Offensichtlich geschieht dies wegen der Nähe der moralischen Logik zur allseitigen ökonomischen (ökonomisch-monetären) Transformation der humanen Wirklichkeit und umgekehrt. Beruht das Phänomen der Ökonomie der Moderne auf ihrer moralischen Logik, die immer neu verspricht, »den Menschen« präsent werden zu lassen – dann wird eine Wirtschaftsethik, die glaubt, eine solche Moral einfordern zu müssen, keine kritische Distanz dazu finden und um so mehr Menschen ihrer eigenen Ökonomie ausliefern. Die Affinität dieser Ökonomie der Moderne zur Moral

---

43  Vgl. G. SAUTER: Was heißt: nach Sinn fragen? Eine theologisch-philosophische Orientierung, 1982.
44  Zur Ambivalenz der Rede von den Werten vgl. R. SPAEMANN: Die zwei Grundbegriffe der Moral (2001).
45  So T. RENDTORFF: Ethik II, [1981] 1991.
46  Vgl. auch W. KERSTING: Wohlgeordnete Freiheit, 1984.
47  Vgl. E. ERDMANN; R. FORST; A. HONNETH (Hg.): Ethos der Moderne. Foucaults Kritik der Aufklärung, 1990. Zum neuzeitlichen Verständnis von Moral: J. RAWLS: Geschichte der Moralphilosophie, 2002.

der Moderne lässt nach einer Wirtschaftsethik fragen, die diesen fraglosen Zusammenhang und die Übereinkunft in der ökonomischen Realisierung menschlicher Existenz durchbricht – um einer Wirtschaft willen, die *ausdrücklich* Menschen darin zugute kommt, dass sie mitwirtschaften können, ohne sich darin zu verlieren. Was kann eine Ökonomie genannt werden, die nicht diesen einzelnen Menschen erreicht und in das Wirtschaften einbezieht? Was kann eine Ökonomie genannt werden, die dieses Kennzeichen des »oikos«, die diesen Widerspruch des »Status oeconomicus« verloren hat? Solche Fragen werden akut, wenn das Wirtschaften den Bezug zu seiner institutionellen Verfasstheit oder zu bestimmten Aufgaben verliert – wie etwa der, dass sie Menschen ermöglicht, ihren Lebensunterhalt zu verdienen – und stattdessen darin besteht, auf anonyme Weise solche Gewinne zu machen, die nur in monetären Größen angezeigt werden. In ethischer Perspektive kommt es entscheidend darauf an, dass die Unterscheidung zwischen – durchaus gewinnbringend – wirtschaften und »Geld machen« kenntlich wird.

## 5. Jenseits der Moralen und das ökonomische Jenseits

Wer versucht, einen Standort einzunehmen oder glaubt, einen Standort zu haben, der Moral und auch die Pluralität der Moralen zu thematisieren erlaubt, muss Auskunft geben, warum welche Moral zu wählen ist. Moral wird dann – in der Außenperspektive – im Sinne eines irgendwie komponierten allgemeingültigen Ethos[48] verstanden. Birger P. PRIDDAT, der dies als den einzigen noch gangbaren Weg vorstellt, formuliert: »Indem wir die Moral mit der Ökonomie ins Verhältnis setzen, können wir den Standpunkt der unbedingten Moral nicht mehr einnehmen, sondern fragen, was sie nützt oder schadet. Dass diese Perspektive gegenüber den Moralia eine nützliche ist, wird sich ebenso erweisen wie die Legitimität dieses Verfahrens: denn was nützt letztlich eine Moral, die nichts nützt, d.h. die Lebensprozesse nicht vital begleitet und stützt? Was sind Normen, deren ›constraints‹ nicht in eine, wie R. BRANDOM sie nennt, ›expressive freedom‹ leiten?«[49] Diese Konzeption zeigt die Aporien, die entsprechend Friedrich NIETZSCHEs »Zur Genealogie der Moral«[50] immer wieder hervorgetreten sind: das Jenseits der Moralen gehört zu einem utilitaristischen Standpunkt, von dem aus gefragt wird, was »dem Menschen« oder »dem Leben« dient. Damit bleibt dieser Standpunkt der rechtfertigenden Moral verhaftet. Er zeigt, worauf die Moral zielt und woran jedes Ethos zu messen ist, und er zeigt, dass die Moral

---

48 Zum Problem und zur Unterscheidung vgl. W. KUHLMANN (Hg.): Moralität und Sittlichkeit, 1986.
49 B.P. PRIDDAT: Ökonomische Knappheit und moralischer Überschuss, 1994, 10.
50 F. NIETZSCHE: Zur Genealogie der Moral (1887).

selbst utilitaristisch zu verstehen ist. Dies wird auch im Verweis auf »Lebensdienlichkeit« fixiert – eine unbefragte und unabsehbare Rechtfertigung, die sich in religiöser Sprache gleichermaßen ansprechen lässt, wie es in der Formel »Gott ist ein Freund des Lebens«[51] geschehen ist. Die Formel kann leicht vergessen lassen, dass der Gott, der hier gemeint ist, von Christen als Schöpfer geglaubt wird und als solcher nicht einfach nur als Garant für »Leben« dienen kann. Vielmehr ist ihm gegenüber zu fragen, was er an Menschen wirkt und was er von Menschen und für Menschen will. Gottes Wille ist nicht mit menschlichem Wollen[52] zusammenzudenken, so dass aus deren faktisch immer gegebener Differenz eine kritische Spannung zu gewinnen wäre. Dieses moralphilosophische Modell, wie es in der Rekonstruktion von John RAWLS bei KANT zu finden ist, bleibt im Rahmen der *moralischen Anthropodizee*, der Rechtfertigung des Menschen durch die Moral.[53]

Ein legitimatorisches Vorgehen lässt überhaupt das *Problem der Moral* aufwerfen, deren Logik der Nutzen für »den Menschen« ist, der auch für den legitimatorischen Nutzen steht. Was immer »dem Menschen nützt« ist legitim. Es ist eine ad-hominem-Moral. Sie sucht den Menschen in allem, was er ist und bedarf, bestätigt.[54] Dieser ad-hominem Utilitarismus wird (wie bei PRIDDAT) grundlegend (fundamentalistisch) konzipiert. PRIDDAT verweist auf »Lebensprozesse«, auf die hin Nützlichkeiten zu ermessen sind. Es soll um solche Nützlichkeiten gehen, die fraglose Bedeutung haben. Um so mehr, wenn schließlich sogar von der »expressiven Freiheit«[55] die Rede ist, die es zu gewinnen oder zu

---

51  So der Titel einer Gemeinsamen Erklärung der Evangelischen Kirche in Deutschland (EKD) und der Deutschen Bischofskonferenz von 1989.

52  Zur Kritik der Reflexion auf den »Willen« bei KANT siehe: T.W. ADORNO: Probleme der Moralphilosophie, [1963] 1996, 192-195. Diese Kritik ist entscheidend für die Kritik an Kants Moralphilosophie im Ganzen. Sie macht die Reduktion der Moralphilosophie auf die Frage nach dem rechten Tun in seiner Vermittlung mit der (produktiven) Arbeit deutlich, also den Wegfall all dessen, was menschliches Leben darüber hinaus bestimmt und auszeichnet. Es bedeutet auch, dass das »Böse« nur als Faulheit erscheint (vgl. ebd. 195).

53  Vgl. J. RAWLS: Geschichte der Moralphilosophie, 2002. Das von ihm bei KANT rekonstruierte KI-Verfahren (Kategorischer-Imperativ-Verfahren) ist ein Verfahren der praktisch-vernünftigen Bewährung des reinen Willens.

54  Dies ist nicht die Logik von Markus 2,27, was hier vielleicht eingebracht werden möchte:. Dass es um des eigenen Bedürfnisses willen erlaubt ist, am Sabbat Ähren auszuraufen, heißt nicht, den Sabbat dem Nutzen des Menschen zu unterwerfen.

55  Vgl. dazu auch bei Ch. TAYLOR: Die Formen des Religiösen in der Gegenwart, 2002. Taylor versucht zu zeigen, wie es zu dem gekommen ist, was er den »expressiven Individualismus« nennt. Vgl. ebd.: 89. Taylor macht auch deutlich, dass dieser expressive Individualismus auch solche Formen der Spiritualität annimmt, »die irgendeine Gemeinschaft brauchen, um geliebt zu werden, darunter sogar nationale Gemeinschaften oder Möchtegern-Staatskirchen ...« Das zeigt deutlich, dass eine Wahrnehmung dessen, was den Lebenszusammenhang des Glaubens ausmacht, nicht mehr artikulierbar ist. TAYLOR beschränkt die Wahrnehmung auf die Alternative eines expressiven Selbst gegenüber einer äußeren Autorität.

wahren gilt. Hier gibt es einen Zweck menschlicher Erfüllung, den die Ökonomie – als ihren höheren Zweck – zu verfolgen hat.

Der moralischen Ausrichtung, die sich des humanum zu vergewissern sucht, steht zunächst die Frage nach *dem* »ethischen Sinn« durchaus gegenüber, von dem aus oder auf den hin, diejenige »Moral« kritisch zu sehen ist, die auf Lebensprozesse oder andere letzte Gegebenheiten verweist. Auch die Forderung, die Ökonomie nicht von außen mit der Moral zu konfrontieren, kann mit der Frage nach dem ethischen Sinn ökonomischer Vorgänge aufgenommen werden. Diese Frage schließt an die Tradition einer *teleologischen* Ethik an.[56] Sie sucht den Sinn der Lebensvorgänge als *ethischen* Sinn auf. Aber: auch sie weist diesen ethischen Sinn als moralischen aus, sofern sich in ihm menschliches Leben erfüllen soll.[57] Entsprechend ist gefragt worden, inwiefern die Ökonomie ihren ethischen Sinn im Vollzug einer bestimmten Freiheit findet, nämlich der Freiheit, die Fülle der dem Menschen zugänglichen Güter zu gewinnen und wiederum in Freiheit gemeinsam zu genießen. Es geht dann um eine Ethik und Moral der Verwirklichung des guten Lebens, sofern dieses durch die Ökonomie vermittelt oder ermöglicht ist und den menschlichen Entfaltungsmöglichkeiten – seiner Expressivität – entspricht. Dieses gute Leben ist selbst in einer ökonomisch-moralischen Logik erfasst, weil es utopistisch als das je bessere Leben verstanden ist, wie es durch diesen oder jenen kleinen oder großen Vorteil zu gewinnen ist.

Davon bleibt eine Ökonomie zu unterscheiden, die – statt für das gute Leben einzustehen – für *bestimmte* Güter zu sorgen hat, die Menschen zukommen, wie die menschliche Arbeit, und die selbst gerade nicht der völligen Ökonomisierung unterworfen sein können. Dies zu thematisieren gehört in eine Wirtschaftsethik, die das *Gegenüber* eines – politischen – Widerspruchs nicht verloren hat. Ohne diesen verliert eine Güter-Ethik[58] die Widerständigkeit, die mit ihr verbunden sein kann. Ohne diesen Widerspruch treibt die Ethik die Ökonomisierung aller Lebensvorgänge voran.

## 6. Das notwendige Gegenüber und verschiedene Moralen

Es ist also zu fragen, wie die Ethik *moralkritisch* bleibt und das Wirtschaften auch im Widerspruch zur moralischen Rechtfertigungslogik reflektiert. Diese

---

[56] Vgl. B. SCHÜLLER: Die Begründung sittlicher Urteile. Typen ethischer Argumentation in der katholischen Moraltheologie, 1980. Zur Analyse utitlitaristischer und teleologischer Argumentation siehe: W. WOLBERT: Vom Nutzen der Gerechtigkeit : zur Diskussion um Utilitarismus und teleologische Theorie, 1992.

[57] Zum Verfahren siehe: B. SCHÜLLER: Die Begründung sittlicher Urteile. Typen ethischer Argumentation in der katholischen Moraltheologie, 1980. Eine theologische Reflexion, die die teleologische Ethik in die Perspektive einer Eschatologie rückt, findet sich bei: O. O'DONOVAN: Resurrection and Moral Order. An Outline for Evangelical Ethics, 1996.

[58] Siehe C1-7.

Reflexion zielt dann nicht auf die Ökonomie als einen sinnvermittelnden umgreifenden Zusammenhang von menschlicher Praxis oder Lebensentfaltung[59], sondern sie fragt, wie ein bestimmtes Gegenüber guter Praxis ins Spiel kommt. Insofern rechnet sie damit, dass ein *Ethos* durchaus in die ökonomischen Vorgänge hineingetragen oder eingefordert werden kann. Sie verdrängt nicht die Differenz zwischen Ethos und (universeller) Ökonomie, Ethos und Moral.[60] Sie lässt den Widerspruch fassbar werden.

*Differenz zwischen Zugängen*

Entscheidend ist damit auch die *Differenz* zwischen verschiedenen *theoretischen Zugängen*. Eine *Integrationsstrategie*, die die ökonomische Transformation von Moral und Rationalität sucht, und ihre Moral stehen auf der einen Seite. Auf der anderen wird festgehalten, dass die Ökonomie tatsächlich mit einem *Gegenpart* zu rechnen hätte, wie viel und welche Moral auch immer sie zu realisieren oder zu transformieren imstande ist. Die Ökonomie ist dann wie die Politik immer neu auf diese Differenz hin zu befragen. Es ist nicht die Differenz zu einem umgreifenden Sollen, das die Ökonomie einzuholen hat, sondern die immer greifbare Differenz zwischen der menschlichen Existenzform und der ökonomischen (wie auch politischen) Selbst-Realisierung in ihrer – per se – moralischen Gestalt. Es ist die Differenz, die die Kontur des Ökonomischen bestimmt, nicht ein unabsehbares Woraufhin menschlichen Wirtschaftens.

Die Frage nach der Vielheit der Rationalitäten und ihrem Widerstreit, die in diesem Zusammenhang vorgebracht worden ist,[61] lässt offen, was der *bestimmte Gegenpart* sein kann. Die Argumentation ist formal gegen eine »allgemeine und einheitliche Theorie der Rationalität« und ihre Vermittlung in der Ökonomik gerichtet. Sie zielt nicht auf eine bestimmte Moral, auch wenn sie die Differenz zu einer ökonomischen Zweckrationalität zur Geltung bringt.[62] Gleichwohl wird eine »materiale Reflexion von Formalität« gefordert: »dazu bedarf es des Blicks in die Geschichte ebenso wie der Bemühungen um die sozialphilosophische Begründung ökonomischen Handelns als gesellschaftsgestaltende Macht.« Damit ist vage ein Kontext angezeigt, in dem sich eine moralkritische Reflexion der Ökonomie zu bewegen hat. Das gilt generell für die Einforderung einer kritischen Ökonomie-Theorie, die der menschlichen Existenzform als ihrem Gegen-

---

59  Vgl. auch den Begriff »Action«.
60  Dies hat weiterführend Martin HONECKER herausgearbeitet. Siehe dazu M. HONECKER: Wer ist zuständig für das Soziale? (1997). Er rückt das Ethos der Barmherzigkeit in seiner Eigenbedeutung in den Blick.
61  Vgl. dazu die Kritik an einer einheitlichen Theorie der Rationalität: B. BIERVERT/ J. WIELAND: Gegenstandsbereich und Rationalitätsform der Ökonomie und der Ökonomik (1990), 24f.
62  B. BIERVERT; J. WIELAND: a.a.O. 26. Hier wird wiederum auf das Diskursprinzip verwiesen.

*über* gewärtig ist – in all den Indikatoren, die mit dieser Existenzform verbunden sind: die menschliche Arbeit, die Erprobung dessen, was Menschen anvertraut ist, die Freiheit von der abgründigen Lebenssorge, die Freiheit zur Mitteilung.

## 7. Ökonomik und die andere Moral

Der Gegenpart gegen die allseitige ökonomische Verwirklichung ist damit gegeben, dass eine *Lebensgestalt* in den Blick kommt, die sich nicht in die ökonomische Logik – vielleicht verstanden als Vorteilslogik[63] (oder eine andere universelle Logik oder utopistische Strategie) – einfügt, sondern die ihre eigene Logik hat, wie diejenige, die das Mitwirtschaften eines jeden trägt, und wie die Logik des geschöpflichen Lebens, das nicht in der Selbstbehauptung verharrt. Mit dieser Differenz zwischen Ökonomie und Lebensgestalt wird nicht nur ein »Mindestmaß von nichtfunktionaler Moralität« festgehalten, sondern diese Differenz ist für die Form des Wirtschaftens bestimmend. Eine solche Disposition stellt die Ökonomie vor die immer akute Frage, in welchem Maße und in welcher Weise sie imstande ist, eine Lebensgestalt (ein Ethos) zu *tragen*, die einer anderen Logik folgt – einer bestimmten Logik praktizierter (auch institutionalisierter) Gerechtigkeit, einer Logik der Fürsorge[64] und des damit verbundenen geschöpflichen Lebens. Die Ökonomie wird dann auf ihr Verhältnis zu einer solchen *exponierten* Lebensgestalt hin befragt und nicht daraufhin, wie sie ihre eigenen Strategien als moralische ausweist oder in solche transformiert. Die Ökonomie wird auf ihre *Tragfähigkeit* für das Tun des Gerechten, der Fürsorge und des geschöpfliches Leben hin geprüft, nicht auf ihre *Integrationsfähigkeit* und die darin begründete moralische Legitimation. Es wird mit der Differenz gerechnet zwischen einer ökonomischen Logik und einer Ethik geschöpflichen Lebens. Diese Differenz spiegelt sich nicht zuletzt in vielfältigen grundlegenden Unterscheidungen, in denen in Erscheinung tritt, inwiefern der Mensch nicht das Produkt seiner selbst sein kann, ohne sich zu verlieren und das Leben zu verfehlen, das ihm zukommt. Für die Ökonomie geht es hier um entgegengesetzte Perspektiven: die eine zielt darauf, die Ökonomie auf ihre *Transformations- und Reflexionsleistungen* hin zu befragen, diese zu steigern und zu verbessern, so dass in der Ökonomie ein durchaus hohes Maß an Moral, an der alle teilhaben, realisiert werden kann, ja sogar – wie Birger P. PRIDDAT formuliert – »moralischer Überschuss« entsteht.

---

[63] Vgl. das Konzept der Ökonomik: K. HOMANN; A. SUCHANEK: Ökonomik. Eine Einführung, Tübingen 2000.
[64] Vgl. die aufschlussreiche Diskussion um die Vermittelbarkeit von ökonomischer Kooperation und Fürsorge: M. JOCHIMSEN: Kooperation im Umgang mit Verletzlichkeit, 2001. Zum Verhältnis von »Fürsorge« und »Gerechtigkeit« in der Moraltheorie siehe insbesondere: A. HONNETH: Das Andere der Gerechtigkeit. Habermas und die Herausforderung der poststrukturalistischen Ethik (2000).

Dies kann auch dem moralischen Konsum dienen.[65] Birger P. PRIDDAT pointiert: »Die Ökonomie ist kein Alternativprogramm zur Moral, sondern ein leistungsfähiges System gesellschaftlicher Interaktion, in dem viele der älteren moralischen Probleme geschichtlich aufgehoben und gelöst sind. Moderne Ökonomie *ist* keine Sozialtechnologie, sondern eine historisch entstandene Kultur- und Lebensform, innerhalb derer Moral selbst sich koevolutiv entwickelt.«[66] Weiter ist zu lesen: »Wer heute eine ›neue Moral‹ fordert, ohne die im Wirtschaftssystem imputierte moralische Leistungsfähigkeit zu analysieren und ohne die Verfahren anzugeben, die die ›neue Moral‹ in effektive soziale Interaktion transformieren, bleibt in der Appellation stecken.« Freilich wird die Möglichkeit einer *anderen* Logik als die der moralischen Vergewisserung nicht mehr erwogen. Die Ökonomie wird auf diese Weise zum universellen *Medium der Verwirklichung von Moral* durch die immer schon in der Ökonomie sich vollziehende Transformation in humane Vorteilskalküle. In dem Konzept von Karl HOMANN[67] ist dies die Grundlinie: die Ökonomie implementiert die ad-hominem-Moral durch ihre Transformation in *ökonomische Rationalität*. Der Übergang in diese transformierte moralische Logik hat schon in der Theorie selbst stattgefunden, wenn gesagt wird, »dass Moral nicht mehr als Idee empfunden wird, die einem einwohnt, sondern als eine bestimmte Sorte von Vorteilhaftigkeit der Kooperation mit anderen, die man herstellen muss.«[68] Es ist die *materialisierte*, externalisierte und zugleich formalisierte *Moral,* und diese zeigt in besonderer Deutlichkeit die mit ihr verbundene Logik moralischer Vergewisserung und die damit gegebene Verarmung. Es ist die theoretische Verarmung, an der sich die materialisierte Verarmung abzeichnet. Wie die Rationalität des *Utopismus,* so transformiert und absorbiert die Rationalität der *Vorteilhaftigkeit* alles, auch jeden moralischen und ethischen Gehalt. Vorteilhaft kann alles sein. Welcher Aspekt der menschlichen Existenzform dann ins Spiel kommt, ist ernsthaft nicht mehr zu fragen. Eine Ethik, die Moralkritik einschließt, ist nicht denkbar. Die Differenz zwischen dem, was in diesem oder jenem Bereich wie in der Ökonomie, als vernünftig (reasonable) gefordert ist, und dem, was der dem Menschen zugänglichen Vernunft entspricht (rational), ist aufgehoben. Diese Indifferenz ist schon dadurch angelegt, dass die Vernunft als *rechtfertigende* erscheint und nach dem sucht, was

---

[65] B.P. PRIDDAT: Moralischer Konsum. Über das Verhältnis von Rationalität, Präferenzen und Personen (1997).
[66] B.P. PRIDDAT: Ökonomische Knappheit und moralischer Überschuss, 1994, 7. Beachtenswert ist die Bemerkung von Priddat, dass es nicht genügt, die Moral in den »Verteilungsspielräumen« der Ökonomie allein anzusiedeln.
[67] Vgl. K. HOMANN: Wirtschaftsethik. Die Funktion der Moral in der modernen Wirtschaft (1993).
[68] B.P PRIDDAT: Ökonomische Knappheit und moralischer Überschuss, 1994, 9.

sie als unbestreitbar reklamieren kann – und nicht etwa nach einer *Erkenntnis*, die erprobt werden soll. Diese Ratio ist nicht mehr mit gleichem Gewicht als *verstehende* (intellectus) und erkennende begriffen, die auf etwas bezogen ist, das es zu verstehen und zu erkennen gilt[69] und das – bei allem Verstehen und Erkennen – gegenüber bleibt: fremdes Wort, Widerspruch, dessen sich die Vernunft nicht bemächtigen kann. Hier verläuft die Grenze zwischen einer Rationalisierung der Verhältnisse, einem Sich-Zurecht-Legen der Wirklichkeit und einer kritisch-erkennenden Vernunft, die auf Widerspruch, auf Gegenrede hofft.

## 8. Zirkulärer moralischer Humanismus und seine metaphysische Logik als moderne Ethik?

Die *Alternative* zur universellen ökonomischen Vermittlung und Verwirklichung der Moral ist keineswegs darin zu suchen, dass die Moral in der Disposition der Menschen oder »des Menschen« aufgefunden werden muss.[70] Im Gegenteil: die Anschauung von der *moralischen Disposition* des Menschen folgt der gleichen Transformationslogik. Sie kann aus dem Menschen einen *homo oeconomicus* machen. Es bedeutet für die moralische Vergewisserung keinen Unterschied, ob die Moral in ökonomische Vorgänge oder in Vorgänge der Menschenbildung transformiert wird. Damit beansprucht die Ökonomie lediglich, eine Moralpädagogik abzulösen, die das gleiche Ziel hat und die derselben Moral verbunden ist.[71]

Wird die Frage nach der Moral durch die Behauptung eines »humanistischen Kerns des Moralprinzips« beantwortet, dann richtet sich die Frage nach der Moral *nicht* mehr auf das, was Menschen in begründeter Hoffnung sein dürfen und was ihnen zukommt[72], sondern auf die Verwirklichung eines gegebenen und darin gerechtfertigten Menschseins. Die *Reflexivität der Moderne*[73] verspricht,

---

[69] An diesem Punkt kann – wie es ADORNO gegenüber NIETZSCHE tut – auch vom »objektiven Geist« die Rede sein. Seine Kritik an NIETZSCHEs Moralkritik bezieht sich genau darauf: »Die positive Moral« bei Nietzsche, wenn Sie es so nennen wollen, er selber würde es nicht Moral genannt haben, ist deshalb unmöglich, weil ihr die Substantialität des objektiven Geistes mangelt; weil, mit anderen Worten, aus dem Stand der Gesellschaft und im tatsächlich erreichten Stand des Geistes der Gesellschaft die Normen, die Nietzsche entgegengehalten hat, nicht etwa konkret herausspringen, sondern weil sie von außen gegenübergehalten werden, so wie es in der Sprache von Nietzsche zutage kommt, die nicht umsonst in einer jugendstilhaften Weise – in seinem, jedenfalls der Lehre nach, positivsten Hauptwerk, dem ‚Zarathustra' – eine Art Imitatorik der biblischen Sprache ist, bibelaffektiert und doch – unter Anspielung auf die Tafeln des Moses – von den neuen Werten, den neuen Tafeln redet, die er aufzurichten gedenke, während genau in diesem Versuch, von einem einzelnen aus, aus subjektiver Velleität, neue Normen, neue Gebote aufzurichten, ihre Ohnmacht, will sagen: ihre Willkür und ihre Zufälligkeit bereits impliziert ist.« (Probleme der Moralphilosophie [1963] 1996, 256.
[70] Vgl. die Alternative bei Priddat: a.a.O. 9.
[71] Vgl. die Argumentation von PRIDDAT: a.a.O.
[72] B. BIERVERT und J. WIELAND sprechen von »Evolutionsbedingungen der Natur«, a.a.O. 29.
[73] Siehe dazu: A. GIDDENS: Reflexive Modernization, 1994.

gerade auch die rechtfertigende Moral und ihr Sinnversprechen in jeder Hinsicht zu berücksichtigen. *Diese* Moderne ist – unübersehbar in NIETZSCHEs Philosophie – ihrer *moralischen* Reflexivität ansichtig geworden und bestätigt dies durch eine entsprechende Steigerung der Reflexion.[74] Sie bemüht sich in jeder Hinsicht um alles, was – ad hominem gedacht – den Menschen zum Menschen macht und in seiner Existenz, zumal seiner ökonomischen, bestätigt. Dies geschieht nicht zuletzt im Medium dessen, was »Werte« genannt wird.[75] Die Behauptung oder Projektierung von Werten erlaubt bruchlos, Ökonomie und Moral zu vermitteln, und lädt jeden dazu ein, an dem Geschäft mit den Werten teilzuhaben.[76] Auch wenn dies nur durch das permanente Versprechen einer utopistischen Ökonomie geschieht, die davon lebt, dass dieses Versprechen immer neu genährt wird, gewährt diese Aussicht eine unbefragte Legitimation. Jedes Zurückbleiben hinter solchen Versprechen, wie die unabsehbaren Nöte, in die Menschen geraten, werden – wie Amartya SEN gezeigt hat – dementsprechend utopistisch analysiert. So wird nur das Versprechen verlängert, dass diesen Nöten abgeholfen wird.

Die Frage »welche Moral?« kann nicht mit dem Hinweis auf das »moralische Wesen« Mensch, das sich über die Pädagogik oder die Ökonomie oder wie auch immer realisiert, beantwortet werden. Dies bleibt zirkulär, der moralische Mensch bleibt sich selbst ausgesetzt, seinen Wertungen und seinen Gewissheiten, auch denen seiner prinzipiellen Skepsis. Er hat für die Frage »welche Moral?« keinen Standpunkt außerhalb der Ökonomie der Moral. Es bleibt offen – wenn dies überhaupt zur Frage wird – wie die Wahrheit, die Menschen zukommt, gesucht oder gefunden werden kann. Dass – wie Friedrich NIETZSCHE radikalisierend zuspitzt – die Wahrheit selbst ein »Wert« ist, lässt um so mehr den Menschen auf sich zurückgeworfen erscheinen.[77] Wenn in der Diskussion über Wertfindung und Wertewandel die Frage nach einer Wahrheitstheorie, die nicht nur die Legitimationsprobleme fortschreibt, nicht aufgeworfen wird, bleibt diese

---

74   Siehe zum Problem der Gewinnung einer »positiven Moral« bei NIETZSCHE und mit Nietzsche: T.W. ADORNO: Probleme der Moralphilosophie, [1963] 1996, 255f.
75   Das ist die Fortsetzung bzw. ein neues Kapitel in der Soziogenese der Rede von den »Werten«: vgl. dazu grundlegend J. GEBHARDT: Die Werte (1989). Vgl. H. JOAS: Die Entstehung der Werte, 1997; N. LUHMANN: Gesellschaftsstruktur und Semantik. Studien zur Wissenssoziologie der modernen Gesellschaft, Bd. 1, 1993, 55; H. ARENDT: Fragwürdige Traditionsbestände im politischen Denken der Gegenwart. Vier Essays, 1957, 44f.. Zur Ambivalenz der Rede von den Werten: vgl. R. SPAEMANN: Die zwei Grundbegriffe der Moral (2001), siehe bes. 74f..
76   Siehe zur Genese der Rede von den Werten B3-2-9.
77   Vgl. zum Problem: R. SPAEMANN: Die zwei Grundbegriffe der Moral (2001). Spaemann sieht aber nur eine Spannung zwischen der Unmittelbarkeit von Werten und einer Ausrichtung auf ein »summum Bonum« also eine Spannung zwischen einer Wert-Ethik und einer (rationalen) Ethik des Strebens oder Verwirklichens eines »Bonum«. Davon unterschieden bleibt eine Güter-Ethik, die dem Verstehen der Güter nachgeht, Menschen zukommen, ohne dies auf ein »summum bonum« zurückzuführen. Vgl. Spaemann, ebd. bes. 74f..

### 8. Zirkulärer moralischer Humanismus und seine metaphysische Logik als moderne Ethik?

Diskussion um so mehr in der Logik der moralischen Rechtfertigung stecken. Friedrich NIETZSCHEs Moralkritik hat scharf genug gezeigt, dass die Moral der Moderne eine durchaus bezweifelbare Überzeugung von »dem Menschen« voraussetzt. Sie richtet sich mit ihrem Sinn- und Moralversprechen auf eine Anthropodizee, auf die Bestätigung seiner Rechtfertigungs- und Sinnbedürfnisse. Dies betrifft sowohl deren Grundlegung in Werten als auch in einem guten Leben, das sich potentiell in einem höchsten Gut oder einer entsprechenden Vervollkommnung vollendet. Welchen Weg die Ethik geht, entscheidet sich deshalb nicht zuletzt an der Frage nach dem Zusammenhang von Ökonomie und Moral. Es geht um einen Humanismus, der in seiner Logik ökonomisch geworden ist, und mit der Moralkritik geht es um die Frage: inwiefern ist schon mit der Frage »welcher Mensch?« dort der Angelpunkt markiert, wo das Zusammenspiel des menschlichen Vermögens und der ihm zugänglichen Quellen, das menschliche Streben und Begehren und seine Transformation Gegenstand der Theoriebildung sind.

Dies aufzuklären kann nicht alles sein. Vielmehr lautet die Frage: worin ist das Gegenüber zum moralischen Menschen zu finden? So zu fragen heißt nicht einfach, gegenüber dem moralischen Menschen und seiner Realisierung von Sinn und Wert skeptisch zu sein. Affirmation und Skepsis bleiben gleichermaßen dabei, eine Moral ad hominem zu fixieren.[78] Der nach-kantische *humane Moralismus* oder *moralische Humanismus* bleibt hinter der (durch NIETZSCHEs Kritik angezeigten) Alternative zwischen einem moralistischen und einem moralkritischen Weg zurück.[79] Der moralkritische Weg verlangt eine neue Reflexion darüber, inwiefern und wie die Frage »was ist der Mensch?« ins Spiel kommt.[80] Dies kann nicht damit entschieden werden, dass der Mensch irgendwie als morali-

---

[78] Mit solchen fragwürdigen Alternativen arbeitet P. ULRICH. Er selbst sucht »Moralität als Teil der Conditio humana« zu begründen: Integrative Wirtschaftsethik, 23ff. Er sucht die Ethik in der moralischen Disposition des Menschen zu begründen – und sucht auf diesem Weg zugleich einen Standort jenseits bestimmter Moralen einzunehmen. Damit ist eine Ethik als Moralkritik ausgeschlossen. Sie hat sich auf die Seite des Versuchs geschlagen, die Moral mit einer (auch mit Hilfe bestimmter Wissenschaften, z.B. Entwicklungspsychologie) fixierbaren moralischen Disposition des Menschen zu unterbauen.

[79] Die moralische Vergewisserung des Menschen leitet auch die metaphysische Ausrichtung, die diese Strategien verfolgen, auch wenn sie von der Behauptung ausgehen, es wären (etwa mit der Berufung auf Gott) die metaphysischen Elemente in der Ethik-Theorie verschwunden – und damit könne man auch dem Skeptizismus (etwa im Gefolge NIETZSCHEs) entgegentreten. Tatsächlich wird nur eine Metaphysik durch eine andere ersetzt. Die metaphysischen Implikationen sind in der Fixierung des humanum und seinem Sinnbedürfnis enthalten – statt vielleicht wie Kant sich damit zufrieden zu geben, mit Hilfe kritischer Rationalität zu den Einsichten zu kommen, die dann einzig den Begründungszusammenhang bilden können, auf den wir uns berufen.

[80] Siehe A2-6.

sches Wesen behauptet wird.[81] Die Feststellung von »rational nicht abweisbaren normativen Verbindlichkeiten einer kulturübergreifenden humanistischen Minimalethik«[82] als »Standpunkt der Moral«, die Behauptung einer solchen Moral gegenüber allen Moralen bleibt in der Konstruktion fragwürdig, weil die angeführten Verbindlichkeiten nur einen spezifischen Ausschnitt einer bestimmten moralischen Disposition des Menschen umfassen: z.B. das Prinzip der Gegenseitigkeit. Die damit verbundene Auffassung von der »Symmetrie moralischer Rechte und Verbindlichkeiten zwischen Ego und alter Ego«[83] widerspricht jedenfalls der Ethik der Nächstenschaft in der biblisch-christlichen Tradition. Es ist mit diesem Minimalethos keineswegs ein allgemein-moralischer Standort *gegenüber* anderen Moralen gewonnen, sondern eine spezifische Moral gegen andere gesetzt.[84]

So geht es um die Kritik an einem *moralischen Humanismus*[85], der ausblendet, was menschliches Leben jenseits seiner moralischen Rechtfertigung ausmacht, die versucht, »den Menschen« vor Widerspruch zu bewahren und ihn mit sich selbst in Übereinstimmung zu bringen. Das Problem der Moral ist nicht das einer nicht-autoritär vermittelten Moral (wie John RAWLS im Blick auf die neuzeitliche Moralphilosophie[86] festhält), sondern das Problem der Moral ist das einer Rechtfertigung, die jeden substantiellen Widerspruch verliert. Die Kritik der moralischen Logik hat deshalb der Frage zu folgen: was heißt Mensch *werden*, was heißt als Geschöpf leben? Die Kritik der Moral ist – wie NIETZSCHEs Genealogie – nach der einen Seite eine Steigerung der Aufklärung, sie ist nach der anderen Seite offen. Ist sie als Befreiung zu einer neuen Existenzform zu gewärtigen, als das Freiwerden von der Logik der Schuldverhaftung?

Es geht damit um eine *Existenzform*, die dadurch – als Existenzform – definiert, umgrenzt ist, dass sie Menschen nicht auf das zurückwirft, was ihnen als die Erfüllung ihrer Bestimmung erscheint, die übergehen und übersehen lässt, was ihnen widerfährt und was sie in aller Unbestimmtheit und Unsicherheit empfangen.[87] Das sprengt jede Moral, die rechtfertigt oder bestätigt, was »ist«. Hier beginnt die Kritik der Metaphysik, sofern deren Aufgabe darin zu sehen ist,

---

81 Das betrifft auch Kants Moralphilosophie, etwa insofern als er vom »Willen« als etwas Gegebenem spricht. Siehe dazu T.W. ADORNO: Probleme der Moralphilosophie, [1963] 1996.
82 P. ULRICH: Integrative Wirtschaftsethik, 1997, 49.
83 P. ULRICH: ebd., 47.
84 P. ULRICH: ebd., 44. Dies ist nur scheinbar universalistisch.
85 Es geht um eine *kritische Moralphilosophie*, das heißt um eine Philosophie einer Kritik der Moral und nicht um eine Philosophie ihrer Ausdifferenzierung und Systematisierung.
86 J. RAWLS: Geschichte der Moralphilosophie, 2002.
87 Vgl. B.P. PRIDDAT: Ökonomische Knappheit und moralischer Überschuss, 1994, 13f. Die hier formulierten Alternativen bewegen sich demgegenüber alle innerhalb des Kantischen Modells der moralischen Selbstbestimmung (Autonomie). Vgl. auch ebd.: 18.

dass sie als gut begreift und bestätigt, was ist. Demgegenüber ist – im Blick auf diesen für die Theorie der Moral unermesslichen Sinn – zu verstehen, dass Gott allein »gut« ist, was JESUS dem Reichen Mann entgegenhält (Mt 19,16-30). Darin ist die Pointe einer *theo*-logischen Metaphysikkritik enthalten, die zugleich in die Alternative einer moralisierten Ethik oder einer Ethik der Nachfolge führt. Dem entspricht in der biblischen Tradition, dass es Gott und seiner Wahrnehmung zukommt, das *Urteil* »gut« treffen, wie es nach den Schöpfungswerken und am Ruhetag nach der Schöpfung geschieht. (Gen 1,31). So wird es durchweg in der biblischen Rede gebraucht wird. In Psalm 92 ist entsprechend zu hören: »Gut ist es, dem Herrn zu danken ...« Das sprengt den moralischen Zynismus, der gut heißt, was unbestreitbar erscheint. Hier zeichnet sich ab, in welchem Sinn das Problem der Moral das Problem der Ökonomie – und umgekehrt – ist. Darin muss sich auch die Rede von »Gütern« bewähren. Diese können nicht in der (metaphysisch-) menschlichen Wertschätzung ihren Ursprung haben, sondern darin, dass sie uns Menschen begegnen und zum Antworten provozieren, wie es in der biblischen Tradition in der Praxis des Dankes erscheint. Von »Gütern« ist dann dort zu reden, wo uns Menschen begegnet, was unserer Einschätzung von »gut« und »schlecht«, »gut« und »böse« widersteht.

## 9. Ökonomisierung der Moral?

Warum werden diese grundlegenden Fragen zum Phänomen der Moral im Rahmen der Suche nach einer *Wirtschaftsethik* verhandelt? Warum ist gerade in diesem Zusammenhang die »Moral als Problem« aufzunehmen? Die Diskussion der Wirtschafsethik zielt weitgehend darauf, die ökonomische Transformation der Moral (und umgekehrt die moralische Transformation der Ökonomie) zu rechtfertigen oder zu proklamieren, auch in der Überzeugung, dass Moral Menschen motiviert und trägt, sofern sie universelle Übereinkunft verspricht, wie sie auch ein alles egalisierende Markt fordert. Die Diskussion setzt darauf, dass die Ökonomie in der ihr spezifischen Logik solche moralische Strukturen realisiert.[88] Eine Existenzform, die in der Erwartung bleibt, was Menschen – auch im Widerspruch und Widerfahrnis – erfahren, ist dann obsolet geworden. Jedenfalls gibt es dann nur solche Differenzen, die aufzulösen sind und in ökonomische Prozesse eingeebnet werden können, um damit zugleich den »humanistischen Kern des Moralprinzips«[89] für die Ökonomie zu erhalten. Es kommt damit nicht in den Blick, dass in dieser universal-ökonomischen Transformation ethische Konturen der moralischen Logik angepasst werden. So wie die Differenz zwischen einer Ethik der Nächstenschaft und der Logik der Reziprozität – wie sie in

---

[88] Dies ist von einer Stiftung zu unterscheiden.
[89] P. ULRICH: Integrative Wirtschaftsethik, 1997, 44.

der Goldenen Regel angezeigt ist – aufgelöst werden kann (vgl. zu dieser Differenz Lk 6,27-38)[90], oder auch die Differenz zwischen der Logik der guten Werke und einer formalen Gerechtigkeit. Ökonomie und Moral verbinden sich genuin, während eine Ethik der Mitteilung oder der guten Werke nicht mehr in den Blick kommt. Nur zusammen mit den überschießenden guten Werken – so hat Paul RICOEUR es verdeutlicht – entspricht menschliches Tun Gottes Ökonomie.

## 10. Logik des Widerspruchs und der Kooperation

Die Integration oder universelle Durchdringung aller Lebensvorgänge bleibt ein Ziel, auf das sich eine Wirtschaftsethik fixiert, die nach dem reibungslosen und widerspruchsfreien Zusammenspiel aller Vorgänge und Funktionen fragt, weil dies der ökonomischen Verarbeitung aller Lebensvorgänge entspricht. Es dient der Vermehrung des Vermögens.[91] Auf dem Markt gibt es keinen Widerspruch, sondern allenfalls Konkurrenz oder Interessenkonflikte. *Integrationstheorien* zeigen eine Affinität zu ökonomischen Vorgängen, sofern diese auf der Umwandlung von allem in alles beruhen. Hier gibt es keine spannungsvolle Differenz, nichts, was sich nicht übersetzen oder umrechnen ließe. Dies zeigt sich wiederum an der Rede von den »Werten«: sie münzt buchstäblich alles in eine einzige Währung um.[92] Am Ende kann alles und jedes einen *Wert* haben, der sich dann auch als *Preis* ausweisen lässt. Der Übergang von der Feststellung von Werten zu solcher Bewertung ist fließend. Am Ende gibt es nur eine einzige Währung – wie es in auch in universellen Kriterien wie »lebensdienlich« oder »nachhaltig« zum Ausdruck gebracht wird.

Die Ausbildung von *Institutionen* folgt schließlich auch dieser Transformation.[93] Dem entsprechen Beschreibungen und Empfehlungen wie diese: »*Die Aufklärer wollten Vernunftmenschen sein, wir müssen es sein. Der Vernunft in ihrem gesamten umfassenden Sinn, nicht nur in ihrer instrumentellen Reduktion zu gehorchen, bindet uns heute an ebenso viele vorgedachte Wissensstrukturen wie das System der Berufsarbeit. Diese Entwicklung ist jedoch nicht aus einer Logik der eindimensionalen Rationalisierung von Subsystemen nach ihren inneren Eigengesetzlichkeiten begreifbar zu machen, sondern aus der kumulativen Strukturierung des sozialen Handelns, aus erneuter Traditionalisierung nach einem Bruch der Tradition und*

---

[90] Siehe dazu: P. RICOEUR: Liebe und Gerechtigkeit, 1990: Ricoeur spricht von einer Ökonomie der Gabe gegenüber einer nur moralischen Gerechtigkeit, wie sie in der goldenen Regel (Lk 6,31: »Und wie ihr wollt, dass euch die Leute tun sollen, so tut ihnen auch!«) ausgesprochen ist.
[91] Vgl. als Beispiel auch: R. MÜNCH: Die Struktur der Moderne, 1992. Vgl. zu der Frage nach dem Zusammenspiel von Kooperation und Koordination im Bereich der Fürsorge: M. JOCHIMSEN: Kooperation im Umgang mit Verletzlichkeit, 2001.
[92] Dies geschieht ausdrücklich bei P. ULRICH: Integrative Wirtschaftsethik, 1997, 203f.
[93] Vgl. R. MÜNCH: Die Struktur der Moderne, 1992.

*nach einer anfänglichen Offenheit der Situation; und sie wird von unterschiedlichen Quellen gespeist, insbesondere auch von normativ-kulturellen. Es ist sicherlich nicht verantwortungsvoll, die institutionelle Verfestigung durch einen revolutionären Umbruch auflösen zu wollen, zumal wir uns nicht in der dörflichen Abgeschiedenheit einer Neuenglandgemeinde befinden. Die einzige Möglichkeit, die uns bleibt, ist das Offenhalten der Strukturen für schrittweise, kleine Veränderungen durch ihrerseits institutionalisierte Verfahrensweisen, die Innovationen begünstigen: durch den ökonomischen Markt, den politischen Markt, den Pluralismus von frei gebildeten Assoziationen und den Markt der Ideen.«*[94]

Diese allseitige Durchdringung der Lebenswirklichkeit durch die Markt-Logik erweist sich selbst als undurchdringlich und hermetisch. Die entscheidende Frage ist deshalb nicht, wie viel und welche Innovation diese Vorgänge zulassen, um sie verarbeiten zu können. Das bleiben formale Problemstellungen innerhalb derselben Gesamtanschauung. Auffällig ist, dass es keine widerständigen *inhaltlichen Aspekte* gibt[95], durch die die universelle Transformation selbst in Frage gestellt werden kann. Damit fällt das Politische heraus. Vorteilhaft kann alles sein, es hängt von dem Vergleichspunkt ab. Demgegenüber bleibt im Sinne einer *Wirtschaftsethik* zu fragen, worauf es in der Ökonomie ankommt, wenn sie auf das hin geprüft wird, was sie zu *tragen* imstande ist. Es kommt dann eine Ökonomie in den Blick, die daran gemessen wird, *welche Existenzform* sie trägt oder auch erträgt, wofür sie das *Medium* bereitstellt – und nicht, was sie in *ihre* Rationalität umformen kann. Es wird dann darauf ankommen, wie diese Ökonomie »Medium« bleibt – dem Mechanismus entgegen, dass das Medium den Inhalt bestimmt (»the medium is the message«). Entsprechendes gilt von der Technologie. Welche Technologie wird es geben können, die nicht selbst in jeder Hinsicht den Inhalt dessen bestimmt, was sie uns Menschen zugänglich werden lässt?

## *11. Moralischer Transfer oder Transformation der Moral*

Die Differenz also, die in den Blick kommen muss, ist eine andere als die Unterscheidung zwischen einer absoluten und einer praktisch vollzogenen relativen Moral, einer unbefragbar geltenden und einer – ökonomisch – implementierten, ökonomisch realisierten Moral. Innerhalb dieses moralphilosophischen (liberalen) Modells wird eine Moral gesucht, die sich ökonomisch einlösen lässt oder auch immer schon mit der Ökonomie eingelöst wird. Im Sinne dieser Einlösung

---

[94] R. MÜNCH: Die Struktur der Moderne, 1992, 625f.
[95] Inwiefern bleibt auch die Gegenperspektive von B. WALDENFELS ohne Inhalt, wenn er den Fremden oder das Fremde in Erinnerung bringt, das jeweils außerhalb der systemischen Hermetik erscheint? Vgl. B. WALDENFELS: Normalität, Fremdheit, Widerstreit – Zur Neufassung des Politischen an der Schwelle ins 21. Jahrhundert (2001).

erfolgt zunächst eine Transferleistung[96], es wird Moral in die Ökonomie eingebracht. Hier sind die Transaktionskosten Thema: »Denn selbst wenn sie mit den moralischen Vorstellungen des Einen übereinstimmen sollten, ist die Realisation der Moral abhängig von der Höhe der Transaktionskosten des ›moral arrangement‹. Und das heißt nichts anderes als: abhängig von Erwägungen, ob Moral vorteilhaft ist in dieser Situation oder nicht.«[97] Die Transferleistung des ökonomischen Systems wird somit im Blick auf einen *anderen* Nutzen hin bewertet, als den, den sie hervorbringt. Es wird dabei fraglos unterstellt, dass nur solcher Nutzen Menschen bewegen kann, der sich ökonomisch realisieren oder darstellen lässt. Es wird also die moralpädagogische Intention, die weitgehend in der neuzeitlichen Moralphilosophie enthalten ist, aufgenommen und ökonomisch transformiert.[98] Weil die *Motivation*, moralisch zu sein, zum (verborgen) leitenden Thema wird[99], und diese überdies allein von dem Nutzen oder Vorteil getragen scheint, der sich aus der ökonomischen Leistung ergibt oder mit ihr verbunden ist, wird alles ausgeschlossen, was als *Anspruch* erscheint – aber auch alles, was als *Widerspruch* begegnet.[100] Widerspruchslosigkeit ist das Ideal der Moral. Die Moral setzt auf fraglose Zustimmung, sie setzt – wenn sie sich nicht auf ihre rationalen Implikationen hin kritisch ansprechen lässt – auf Plausibilität. Moralisch festgehalten wird nur, was im Vorgang der widerstandslosen Realisierung bewahrt werden kann. Eine Differenz zwischen Transfer und ökonomischer Leistung wird ausgeschlossen. Dies ist auch im Versprechen einer – per se – sozialen Marktwirtschaft enthalten. In diesem Sinn wird eine Differenz zwischen politischer und ökonomischer Logik nicht zugelassen. Immer schon ist diese Ökonomie eine politische, sofern »politisch« freilich hier heißt, den selbstverständlichen Zustimmungsbedingungen zu entsprechen. Eine – in anderem Sinne »politisch« zu nennende Anstrengung, ein ausdrückliches politisches Tun, der Einsatz für Gerechtigkeit – verschwindet in einer solchen allseitig politischen

---

96 Vgl. zum »moral transfer«: B.P. PRIDDAT: Ökonomische Knappheit und moralischer Überschuss, 1994, 19f.
97 B.P. PRIDDAT: a.a.O. 33. Er fährt fort: »Die Bedeutung moralischer Einstellungen verschwindet für die Individuen mit steigenden Verhaltenskosten, sie steigt mit sinkenden Transaktionskosten, z.B. durch Regelkonformität.« In der Anmerkung fügt PRIDDAT hinzu: »Dabei ist es empirisch noch ungeklärt, ob die ›ethischen Haltungen‹ die Transaktionskosten senken (vgl. P. KOSLOWSKI: Prinzipien der ethischen Ökonomie, 1988, 30) oder ob durch Regelkonformität z.B. entstehende Transaktionskostensenkungen die Bereitschaft, ›moral attitudes‹ einzunehmen, erhöhen.«
98 Das bleibt das Problem einer Moralpädagogik, die dieser Logik folgt. Das gilt auch für die theologische Ethik.
99 Vgl. z.B. auch die Unterscheidung von Idealismus und Realismus bei U. MENZEL: Globalisierung versus Fragmentierung, 1998.
100 Dies erreicht aber nicht NIETZSCHEs Kritik. Nietzsche würde in dem Versuch Moral ökonomisch zu transformieren nichts anderes sehen als den von ihm kritisierten Moralismus, auch dann, wenn er Moral als Nutzen erfassen lässt. Vgl. zur Kritik an den Motivationstheorien auch Amartya SEN: Ökonomie für den Menschen, 2000.

Ökonomie. Das Moralische erscheint in der Gestalt des allseitig Zustimmungsfähigen. Der Markt ist nicht der Ort für Kontroversen. Wo Meinungen im Pluralismus der Meinungsvielfalt oder auch der moralischen Positionen gehandelt werden, findet keine Wahrheitssuche statt.

## 12. homo oeconomicus?

Die Strategie der universellen Integration leitet auch die Suche nach dem homo oeconomicus, der den Wirtschaftsvorgängen unterstellt[101] und dann daraufhin befragt wird, inwiefern er moralisch sein kann. Der homo oeconomicus soll die zustimmungswürdige Figur abgeben, die auch im moralischen Sinn für die ökonomischen Vorgänge konstitutiv ist. Gerechtfertigt ist, was dem homo oeconomicus zuzugestehen ist. Es wird ein Standort eingenommen, bei dem Bedingungen (causes) oder Gründe (reasons), auch Interessen und Einstellungen dazu führen können, dass sich jemand auf bestimmte moralische Implikationen des Wirtschaftens, wie z.B. auf Implikationen der Gerechtigkeit, einlässt und diese als Teil ökonomischer Rationalität propagiert. So können auch Interessen[102] thematisch werden und in den Vordergrund treten: »Die Frage, unter welchen Bedingungen die Individuen sich moralisch verhalten mögen, ist nicht mehr unabhängig von der Frage, welche Interessen sie qua Moral besser realisieren können.«[103] Die Logik zielt auf die moralische Vergewisserung eines Nutzens oder Vorteils. Unterstellt wird, dass alles letztlich auf seinen – ökonomischen – Vorteil hin erfasst werden kann. Dies erscheint allgemein gültig und somit moralisch, weil vom »Vorteil« allseitig äquivok gesprochen werden kann, wie auch von Werten äquivok die Rede ist. Wer könnte jemandem seinen Vorteil moralisch bestreiten wollen? Diese indifferente und alles umgreifende *Vorteilslogik* präsentiert sich als *die* ökonomische Logik. Auch wenn Glück und Moral unterschieden bleiben, so doch nicht der Vorteil und die Moral. Der Vorteil ist der allgemeine Nenner eines Worumwillen – es ist auch der utopistische Nenner: jedenfalls irgend etwas soll für mich und andere besser werden. Hier gibt es nicht mehr die Frage nach dem, was Menschen zukommt. Diese Frage wird absorbiert davon, dass es immer noch eine bessere Variante gibt. Es gibt immer ein Problem, das zum besseren zu lösen oder zu bestehen ist, wenn nicht gar einen prekären Zustand – wie den eines Pluralismus, der in der Moral eine »öffentliche Basis

---

[101] Vgl. dazu B.P. PRIDDAT, F. HENGSBACH; W. KERSTING; H.G. ULRICH: Homo oeconomicus: Der Mensch der Zukunft?, 1998.
[102] Zum Begriff in diesem Zusammenhang vgl. A.O. HIRSCHMAN: Leidenschaften und Interessen, 1980.
[103] B.P. PRIDDAT: Ökonomische Knappheit und moralischer Überschuss, 1994, 23.

allgemeinen und gemeinsamen Verstehens«[104] finden kann. Dass sich aber vieles, was Menschen ersehnen und erhoffen, nicht im Sinne einer homogenen, alles durchdringenden Vorteilslogik fassen lässt – vielleicht weil sie etwas erhoffen, das nicht ihnen nur (ad hominem) zum Vorteil gereicht, sondern ihr Leben *verändert* – fällt aus der Betrachtung aus. Abgeblendet ist die Differenz zwischen (kalkulierbarer) *Erwartung* und *bestimmter Hoffnung*. Dass jemand um seiner bestimmten Hoffnung willen seine ökonomischen Interessen verändert, dass er seine Ökonomie daraufhin prüft, was sie *trägt*, nicht nur was *sie* oder jemand durch sie hervorbringt, kommt nicht in den Blick. Der moralische Transfer, von dem hier die Rede ist, meint nur die antizipierte moralische Übereinkunft, die durch ökonomische Koordination eingeholt werden muss. Die ökonomische Logik ist universal geworden. Sie hat kein Gegenüber mehr. So legt es auch die Systemtheorie[105] nahe. Es wird nicht erwogen, die Ökonomie auf ihre Tragfähigkeit oder auch ihre *mediale* Funktion für die Menschen zu reflektieren, die sich ihrer bedienen. Die Ökonomie wird nicht daraufhin reflektiert, wie groß die Differenz sein kann und darf, die zwischen dem besteht, was ökonomisch realisiert wird und dem, was von der Ökonomie getragen wird. Eher fixiert man sich umgekehrt auf das Moralische und auf seine ökonomische Transformierbarkeit und Nachvollziehbarkeit. Diese besteht immer darin, dass gut ist, was für alle gedacht ist. Dass »moralischer Transfer« bedeuten könnte, mit Hilfe der Ökonomie zu erproben, wofür die Ökonomie einsteht – und wofür sie nicht einsteht, wird nicht erwogen. Es wird die Aufgabe der *Ökonomie pro homine* nicht erwogen – »pro homine« nicht im Sinne eines Vorteils für mich und die anderen, auch nicht im Sinne der Realisierung einer humanen Existenz, sondern im Sinne des *Vorrangs* einer bestimmten menschlichen Existenzform, die mit der Ökonomie verbunden ist.[106]

### 13. Explorative Ökonomie und der Status oeconomicus

Die einseitige Blickrichtung einer universellen ökonomischen Logik ergibt sich auch deshalb, weil die Unterscheidung (manchmal auch in der Alternative) zwischen einer absoluten oder nicht vermittelbaren *Moral*[107] und einer je neu zu begründenden *Ethik* festgehalten wird. Die je zu begründende Ethik wird allen-

---

104  J. RAWLS: Geschichte der Moralphilosophie, 2002, 41.
105  Hier setzt eine entsprechende Kritik der Systemtheorie ein.
106  Amartya SEN hat daraufhin die ökonomischen Theorien, insbesondere im Blick auf die Ökonomie der Entwicklung ökonomischer schwacher Länder, kritisch analysiert: vgl. A. SEN: Ökonomie für den Menschen. Wege zu Gerechtigkeit und Solidarität in der Marktwirtschaft, 2000. Dabei wird auch nicht in Rechnung gestellt, von wie viel »externer« Moral die Ökonomie gleichwohl lebt, die sie nicht selbst hervorbringt.
107  B.P. PRIDDAT: Ökonomische Knappheit und moralischer Überschuss, 1994, 25.

falls in der Nächstenethik als tragfähig erkannt, nicht aber in der Reichweite wirtschaftlicher Unternehmungen und ihren institutionellen Implikationen – wie sie etwa durch verschiedene nicht-staatliche Organisationen eingebracht worden sind.[108] Es wird in der abstrakten Gegenüberstellung eines (nicht mehr gegebenen) pflichtgebundenen moralischen und eines nur ökonomisch mit anderen verbundenen ethischen Akteurs argumentiert. Das reflektierte Problem ist die Einbeziehung des jeweils Anderen. Das aber ist das Problem der Moral, die formal niemanden ausschließen kann – im Unterschied zur Frage danach, *was* dem jeweils anderen als dem Nächsten mitgeteilt werden kann oder *woran* der Nächste teilnehmen kann. Mit der Frage nach der »Einbeziehung des Anderen«[109] geht es um die Integration des einzelnen in das politisch vermittelte Allgemeine. Die Einbeziehung des Anderen erfolgt entsprechend im moralisch-ökonomischen Modell über den fortschreitenden allgemeinen und geteilten Nutzen oder Vorteil. Alles weitere wäre der Bereich oder die Nische der Verteilungsproblematik und ihrer spezifischen Gerechtigkeit, auf die die entsprechende wirtschaftsethische Reflexion nicht reduziert werden soll. Jedoch: Mit dem Anderen ist zu erwarten, dass etwas in Spiel kommt, was *nicht* allgemeinen Interessen erwächst oder sich in solche Interessen einfügen lässt, was vielleicht auch nicht in einen Konsens einzubringen ist, was aber gleichwohl von *vorrangiger* Bedeutung ist. Die Frage an die Wirtschaftsethik lautet dann: wie kommt der (allgemeine) *Andere* als der bestimmte Andere vor, der auf unabsehbare Weise verschieden ist? Damit kommt eine *Kooperation* in den Blick, die nicht auf den gemeinsam herstellbaren Vorteil begrenzt ist. Sie schließt ein, dass es gut sein könnte, dem zu folgen, was mit dem Anderen hinzukommt: nicht als Anerkennungsanspruch oder als Geltungsanspruch, sondern weil dieser Andere *etwas* in Spiel bringt, das Aufmerksamkeit verdient, auch wenn es der gegebenen ökonomischen Transformation entgegensteht.[110] So stellt sich etwa die Frage, welche Art von menschlicher Arbeit die Wirtschaft bereitstellen kann – und nicht nur, welche Arbeit in den ökonomischen Prozessen gebraucht werden kann. Dabei geht es nicht nur darum, dass menschliche Arbeit nicht gänzlich funktionalisiert werden soll, sondern um die Frage, was sich durch menschliche Arbeit immer neu in der Wirtschaft, ihren Zielen und Abläufen verändert: wenn denn die Bereitstellung von Arbeit zur Aufgabe der Ökonomie gehört. Die Arbeit, die uns Menschen zukommt, geht nicht in der Reproduktion auf, es ist nicht nur die

---

[108] Vgl. insbesondere: Die Gruppe von LISSABON: Grenzen des Wettbewerbs, 1997. Die Gruppe von Lissabon zeigt die Bedeutung der institutionellen Organisation von Wirtschaft. Vgl. B.P. PRIDDAT: Ökonomische Knappheit und moralischer Überschuss, 1994, 26.
[109] J. HABERMAS: Die Einbeziehung des Anderen. Studien zur politischen Theorie, 1996.
[110] Darin liegt das Wahrheitsmoment der Definition von Ökonomie als die Realisierung der Fülle dessen, was dem menschlichen Leben zukommt.

Arbeit des homo laborans und des homo faber[111], hinter den die Ökonomie zurückfällt, die das, was er hervorbringt, beständig zerstören muss (Hannah ARENDT). Vielmehr geht es um die Arbeit, durch die auf vielfältige Weise begegnet, was uns Menschen gegeben ist.

Mit dieser *ethisch* aufgeklärten Perspektive kommt ein *exploratives* Wirtschaften in den Blick, das sich daraufhin befragen lässt, was – um jedes Beteiligten willen – erprobt wird. Diese Ökonomie folgt dann durchaus einem *externen Sinn*. Der Versuch, die ökonomische Ethik – wie auch die politische – ohne Transfer zu konstruieren, sie ohne Differenz zur menschlichen Existenzform zu denken, rechnet nicht mehr damit, dass Menschen sich in eben dieser Differenz vorfinden – schon dort, wo sie nach etwas Gutem suchen, das sie keineswegs wegen irgend eines Nutzens aufgeben und das auch nicht in dem aufgeht, was deshalb moralisch gerechtfertigt erscheint, weil es anderen nicht widerspricht.[112] Die Differenz, um die es hier geht, ist nicht in die von »Sein« und »Sollen« zu fassen. Es geht um die Differenz im Widerspruch einer Existenzform gegen die Logik einer Moral, die jede Lebensform egalisiert. So ist von einer Ethik zu reden, die nicht fixiert, was ad hominem gültig sein kann oder was als menschliche Natur zu bestimmen ist, weil nur das zwanglos abzurufen ist. Sich auf diese Weise – moralisch-ethisch – vergewissern zu wollen, ist das eine – etwas anderes ist es, zu fragen, was es heißt, Menschen im Werden zu bleiben.[113]

## 14. Vom »ethischen Sinn« zum höheren Sinn des Wirtschaftens

Sofern in der Ökonomie die Differenz zwischen Moral und menschlicher Existenzform in Erscheinung tritt, kommt in ihr das *Problem des Menschen* in seiner modernen Fassung zum Austrag.[114] Dies geschieht unausgesprochen oder auch ersatzweise in der *Diskussion um die Wirtschaftsethik*. In dieser Diskussion bleibt jedoch weitgehend eben diese Differenz verdeckt, sofern wohl eine allgemeine oder universelle Moral oder auch eine entsprechende Frage nach dem guten Leben thematisiert wird, nicht aber die nach der menschlichen Existenzform. Diese bleibt auch hier an einen unbekannten Ort verschoben. Wo, auf welcher Tagesordnung sollte davon die Rede sein, was die menschliche Arbeit ist oder was es heißt, zu wirtschaften?

---

111  Zu diesen Kategorien siehe: H. ARENDT: Vita activa oder Vom tätigen Leben (1960).
112  Zum Problem von Wahrheit und Rechtfertigung siehe: J. HABERMAS: Wahrheit und Rechtfertigung. Zu Richard Rortys pragmatischer Wende (1999).
113  Diese Differenz wird nicht obsolet, wenn Zeitliches und Ewiges nicht mehr unterschieden werden: vgl. zum Problem H. JONAS: Das Prinzip Verantwortung, 1985, der diese Differenz in Erinnerung ruft und in sie die Dimension der Zeit für die Verantwortung einzeichnet.
114  Sonst gäbe es eine Geschichte der Ökonomie, die auf einen bestimmten Zustand hinauslaufen würde – vielleicht auf den Wohlstand der Nationen. Siehe B3-2-13.

## 14. Vom »ethischen Sinn« zum höheren Sinn des Wirtschaftens

In der wirtschaftsethischen Diskussion ist – wie schon angezeigt[115] – versucht worden, die Aufgabe des Wirtschaftens mit Hilfe der Frage nach dem »*ethischen Sinn*« der Ökonomie namhaft zu machen.[116] Peter ULRICH definiert: »Wenn wir vom Sinn einer Handlung oder eines Handlungszweckes sprechen, so meinen wir ... den letzten oder eben ganzheitlichen Zweck, der selbst nicht mehr funktional oder instrumentell als bloßes Mittel zu einem wiederum höheren Zweck interpretiert werden kann; den humanen Eigenwert des guten Lebens. Sinnfragen thematisieren im Kern stets die wesentlichen Intentionen und die höchsten Wertideen, auf die hin das humane Streben nach einem erfüllten Leben um seiner selbst willen ausgerichtet ist.«[117] In dieser Konzeption wird zunächst der Sinn als ein der Wirtschaft externer verstanden, dem die Wirtschaft instrumentell zugeordnet bleibt.[118] Dann freilich – in einem nächsten Schritt – wird dieser Sinn mit der Logik des Wirtschaftens vermittelt. So kann dann von einer »lebensdienlichen« Wirtschaft gesprochen werden, die von Wirtschaftsakteuren getragen ist, die eine entsprechende Wirtschaftsform und die zugehörigen Rahmenbedingungen wollen. Dies schließt ein, dass Ökonomie stets *Sozial*ökonomie ist.[119]

Die wirtschaftliche Aufgabe besteht (auch hier) zum einen darin, dass alle Menschen mit den notwendigen »›Lebensmitteln‹ im weiteren Sinn« versorgt werden. Dabei ist im Blick, dass dies auch Transferleistungen erforderlich macht. Allerdings wird dies nur als notwendige *Kompensation* gesehen. Statt dessen sollte Sozialpolitik insgesamt *emanzipatorisch* sein. Sie hätte das Ziel zu verfolgen, »alle erwerbsfähigen Menschen mittels der Gewährung von Arbeits- oder Einkommensrechten, ... präventiv zur wirtschaftlichen Selbstbehauptung zu befähigen und zu ermächtigen.«[120] Diese Konzeption ist signifikant für einen Konsens, der

---

115  Siehe C2-4.
116  T. RENDTORFF: Ethik II, 1991, 80-85. T. Rendtorff handelt von den »Zielen« »ökonomischen Handelns zwischen Eigeninteresse und Gemeinnutz«. Als eines der Ziele wird bestimmt: »Ökonomisches Handeln eröffnet Zugang zu einer materiellen Fülle des Lebens.« (82). Damit ist das Ziel des Wirtschaftens, das selbst auch rechenschaftspflichtig ist, begrenzt und doch auch auf die »Steigerung von Lebensmöglichkeiten« bezogen, also unbestimmt offen. Im übrigen ist der Angelpunkt die »Lebensführung«, die dem entspricht, was als Diskurs der Selbst-Regierung und Selbst-Sorge (vgl. Michel FOUCAULT und seine Rezeption) kritisch gekennzeichnet worden ist. Auf diese kritische Perspektive war hier einzugehen. In ähnlicher Verbindung von materieller, ökonomisch produzierbarer Fülle und Lebensfülle handelt vom ethischen Sinn: P. ULRICH: Integrative Wirtschaftsethik, 1997, 207-233. Diese Verbindung, die Frage nach den »Lebensmitteln« bleibt das nicht ausgeleuchtete Thema.
117  P. ULRICH: a.a.O. 207.
118  P. ULRICH: a.a.O. 208.
119  Ebd.
120  P. ULRICH: a.a.O. 213. Die Logik der Ermächtigung ist ihrerseits diskussionsbedürftig, wenn sie im liberalen Modell nur als das Freisetzen von Individuen gesehen wird, nicht als ihre Ermächti-

darin besteht, die Ökonomie über ihren instrumentellen Charakter hinauszutreiben, nicht indem sie in den Zusammenhang von anderen Aufgaben gestellt wird – etwa politischen oder sozialen Aufgaben –, sondern indem von ihr erwartet wird, »eine *Ökonomie der Lebensfülle*« zu ermöglichen, also diese Art von Selbst-Steigerung oder gar Selbst-Aufhebung der Ökonomie zu tragen: »Die gesellschaftliche Vielfalt und persönliche Fülle freier kultureller Entfaltungsmöglichkeiten der Menschen wäre (dann) die sinngebende Leitidee einer fortgeschrittenen, ›reifen‹ Wirtschaftsstufe. Das Wirtschaften würde dann ... als Zeichen des Fortschritts immer mehr zur Nebensache.«[121]

Hier trennen sich entschieden die Wege zwischen einer Wirtschaftsethik, die die Ökonomie in ihrer spezifischen und positiv begrenzten Aufgabe sieht – wobei in dieser Begrenzung der Sinn des Wirtschaftens als Freiwerden von der unabsehbaren Lebenssorge liegt – und einer integrativen und utopistischen Gesamtstrategie, die auf die Erfüllung und Perfektionierung der conditio humana zielt.[122] Für eine solche Strategie kommt der Ökonomie die Schlüsselrolle zu, sofern sie die dabei anvisierte Befreiung des Menschen zur Erfüllung seiner Existenz vermittelt. Damit ist die Ökonomisierung aller Lebensvorgänge gerechtfertigt: »Die Ökonomie der Lebensfülle ist getragen von der Idee, nicht den Markt, sondern die Menschen frei zu machen – frei für die wesentlichen Dinge des Lebens. Sie beruht auf der ganzheitlichen Lebenskunst des Genug-Haben-Könnens.«[123] Diese Befreiung aus dem Zwang des Habenmüssens ist durch eine Ökonomie vermittelt, die die Produktions- und Versorgungsprobleme so weit bewältigt hat, dass eine *höhere Ökonomie* freigesetzt wird – die Ökonomie der Emanzipation durch Produktion und Versorgung: »Sinn aus innerer Freiheit

---

gung zur Kooperation und zum Bürgersein. Einen Überblick über die verschiedenen Strategien gibt: M. PIEPER: Regierung der Armen oder Regierung von Armut als Selbstsorge (2003).

121 P. ULRICH, a.a.O. 214. Man möchte hier an Karl BARTHs Ethik innerhalb der Kirchlichen Dogmatik erinnern, der die Arbeit als »Parergon«, als Nebenbeschäftigung gekennzeichnet hat – freilich nicht deshalb, weil die Wirtschaft für die Fülle des Lebens einsteht, sondern weil es neben der Arbeit andere, weitere und auch gegenläufige Aufgaben gibt, durch die die menschliche Arbeit mitsamt der Wirtschaft, die daraus hervorgeht, heilsam begrenzt bleibt.

122 K. RÖTTGERS (Wirtschaftsphilosophie in Forschung und Weiterbildung, 2000) bemerkt zu dem Konzept von P. ULRICH einer »Ökonomie der Lebensfülle«, die den Menschen frei machen soll: »Ich persönlich finde in dieser Frage Matthäus 16,26 überzeugender: ›Was hülfe es dem Menschen, so er die ganze Welt gewönne und nähe doch Schaden an seiner Seele?‹ Das ist meines Erachtens deswegen philosophisch überzeugender, weil hier zwei menschliche Sterbensziele, Weltgewinn und Seelenheil miteinander verglichen werden, nicht aber wie bei Ulrich »Freiheit des Marktes« und »Freiheit des Menschen«, was wohl nichts anderes ist als eine Äquivokation im Freiheitsbegriff.« (18) Freilich ist dazu wiederum zu bemerken, dass die Ethik in der Jesus-Überlieferung keine Ethik des Strebens nach dem Seelenheil als Alternative setzt, sondern eine Ethik, die das in Blick fasst, was von Gott zu erwarten und zu empfangen ist. Sonst entsteht genau hier wieder eine Äquivokation: die des Strebens entweder nach materiellen Gütern oder eben nach Heil. Dies wird in Mt 19,16-30 in der Geschichte vom Reichen Mann zurückgewiesen.

123 P. ULRICH: Integrative Wirtschaftsethik, 1997, 215.

und autonomer Selbstbestimmung zu gewinnen erfordert allerdings – neben der Sicherung der existentiellen Lebensgrundlagen – ein entwickeltes Vermögen der Wahl des für einen selbst Zuträglichen und Wohltuenden aus der Vielfalt der Optionen in der verheißenen ›Multioptionsgesellschaft‹.«[124]

In der utopistischen Konzeption der integrativen Wirtschaftsethik ist der fließende Übergang von der Versorgung zur Emanzipation und weiteren kulturellen Errungenschaften der conditio humana entscheidend. Die Verwirklichung aller Möglichkeiten menschlicher Existenz ist ihre zum Programm erhobene Aufgabe.[125] Der Ökonomie kommt die Schlüsselfunktion für die conditio humana zu. Die Abgrenzung dagegen, mit materiellen Gütern Lebenserfüllung zu gewinnen, dient nun dazu, die Ökonomisierung des menschlichen Lebens zur Vollendung zu führen: über die Versorgung mit *Gütern* hinaus zur Versorgung mit dem *guten Leben*. »Das Phänomen der Knappheit benötigter Güter würde der Befindlichkeit und dem Empfinden der Lebensfülle Platz machen – Sein statt Haben.«[126]

Die Befreiung zu solchem »Empfinden der Lebensfülle« – wie geht sie vor sich? Was hat sie mit der menschlichen Ökonomie zu tun? Zunächst wird die Aporetik gezeigt, die darin besteht, dass dieses Projekt – wie allenthalben zu sehen ist – in immer weitere Knappheit führt. Es folgt daraus die Notwendigkeit, entweder auf Selbstbegrenzung zu setzen oder auf den unabsehbaren Wettbewerb. So ergibt sich für das ökonomische Emanzipationsprojekt kein Ausweg, es sei denn – und dies wird dann als der Ausweg auch empfohlen – durch die Herausbildung eines von allen geteilten »Willens«, sich gegenüber den Zwängen des Wettbewerbs zu emanzipieren.[127] Die Lösung wird in einer von allen gewollten und durchgeführten Strukturreform gesucht, nicht in den ökonomischen Vorgängen selbst. »Es ergibt sich somit als Fazit, dass eine sinnvolle Zukunft der Marktwirtschaft im entworfenen Sinn einer Ökonomie der Lebensfülle letztlich vom gemeinschaftlichen *kulturellen Willen* zu einer nicht bloß marktorientierten Lebensform getragen werden muss.«[128] Der eingeforderte gemeinschaftliche *Wille* zur Emanzipation tritt den Zwängen des Wettbewerbs gegenüber. Die Einlösung dieses Willens soll über das erfolgen, was »Zeitpolitik«. »Arbeitspoli-

---

124 Ebd.
125 Entsprechende Fragen sind an die Konzeption von T. RENDTORFF zu stellen. Es muss geklärt werden wie sich die Bereitstellung von Lebensmitteln zu der »Lebensfülle« verhält, von der die Rede ist, was also »materielle Lebensfülle« impliziert, wenn zugleich formuliert wird dass es um eine »Steigerung von Lebensmöglichkeiten« geht. (Vgl. T. RENDTORFF: Ethik, Band II, 1991, 82).
126 P. ULRICH: Integrative Wirtschaftsethik, 1997, 220.
127 Vgl. P. ULRICH: a.a.O. 231.
128 Ebd. 232. Dies impliziert dann auch die Vielfalt mehrerer gleichberechtigter Lebensformen.

tik«, emanzipatorische »Sozialpolitik«[129] heißt. Diese »politischen« Aktivitäten schließen ökonomische Vorgänge ein. In diesem Sinne setzt die Konzeption auf Strategien, in denen Ökonomie und Politik vermittelt sind – Strategien einer Ökonomie der Lebensfülle oder einer politischen Ökonomie der Lebensfülle. Die Integration des Politischen in die ökonomischen Vorgänge und umgekehrt sucht eine *höhere Form* der Ökonomie, die als eine »moderne Kulturform« gekennzeichnet werden kann.[130]

Die angezeigte Integration von Ökonomie und Politik zielt auf die Verwirklichung des guten Lebens in einer durch und durch ökonomischen Gestalt. In dieser universellen Verwirklichungslogik treffen verschiedene Konzeptionen zusammen, sofern sie sich auf das Ziel des Wirtschaftens befragen lassen. Es sind keine Konzeptionen »pro homine« – in dem von Amartya SEN beschriebenen Sinn einer Hinwendung zu dem, was für den bestimmten anderen die Unterstützung ist, die ihm *direkt* eröffnet, was ihm zukommt – sondern es sind Konzeptionen *ad hominem*: sie zielen darauf, den Menschen in *seinen* Möglichkeiten und Ressourcen (einschließlich seiner religiösen Ressourcen) umfassend in einer entsprechend umfassenden »Kultur« zu erschließen.[131] Genau darin sind diese Konzeptionen – ob sie eher emanzipatorische Strategien in den Vordergrund rücken oder nicht – modern-postmodern im bezeichneten Sinn – dass sie das »Problem des Menschen« durch die Ökonomie bearbeiten.[132] So wie von einer Entgrenzung der Politik dort zu reden ist, wo dem politischen Handeln immer neue Aufgaben zuwachsen (z.B. im Zusammenhang des Gesundheitswesens), so ist erst recht von einer Entgrenzung des Zusammenspiels von Politik und Ökonomie zu reden, aber so, dass die Ökonomie mit einer Verwirklichungslogik die Politik absorbiert, die derselben Logik folgt.

Warum wird eine *solche* Ökonomie zum Medium des modernen, postmodernen Projekts humanum? Unter dem weiten Dach der verschiedenen Diskurse über *Kultur* wird diese Frage weitgehend verdeckt, denn fraglos gehört die Ökonomie zur Kultur und durchaus zu ihrer höchst reflektierten Form. Warum aber bewegt sich die Wirtschaftsethik weitgehend innerhalb des Projekts einer wie auch immer ökonomisch vermittelten kulturellen Verwirklichung des humanum – also innerhalb dieser spezifischen Thematisierung von Kultur? Die kritische

---

[129] Zur Entwicklung von »Sozialpolitik« in Deutschland und zur Semantik siehe: F.-X. KAUFMANN: Sozialpolitisches Denken. Die deutsche Tradition, 2003.
[130] P. ULRICH: Integrative Wirtschaftsethik, 1997, 233.
[131] Vgl. P. ULRICH: Integrative Wirtschaftsethik, 1997, 217.
[132] Auffälligerweise wird bei P. ULRICH wie bei P. KOSLOWSKI »Macht« demgegenüber negativ bestimmt, im Gegensatz zu einem profilierten politischen Macht-Begriff: vgl. KOSLOWSKI: Prinzipien der ethischen Ökonomie, 1988, 133. Vgl. P. ULRICH: Integrative Wirtschaftsethik, 1997, 235. Damit kann das Politische als Korrektiv nicht wirklich hervortreten.

Kraft verschwindet in der Anschauung von einer humanistisch angereicherten Ökonomie, die Konsumismus oder Bedürfnisbefriedigung zu überholen verspricht. Die kritische Energie, die gebraucht wird, um eine Ökonomie der Lebensfülle zu erreichen, reicht nicht weiter – sie umgeht mit ihrem utopistischem Universalismus die kritische und explorative Frage, *worum* sich menschliches Wirtschaften dreht. Diese Frage ist aber in der Diskussion um die Theorie der Ökonomie durchaus aufgeworfen worden. Amartya SEN zeigt, dass die Frage nach dem Telos des Wirtschaftens *ausdrücklich* gestellt werden kann. Das Telos des Wirtschaftens muss nicht von den vielfältigen undurchdringlichen Prozessen des Wirtschaftens absorbiert oder durch sie reflexiv eingeholt werden. Das Ziel des Wirtschaftens – und nicht die Bedingung – sieht Sen in einer spezifischen Freiheit: die Freiheit zu dem, was Menschen für sich gewinnen können. Das verändert die Perspektive, auch wenn es an der Stelle abbricht, wo eben dies, was Menschen »für sich« gewinnen können, eine leere Aussicht bleibt. Die entscheidende Frage ist dann weiterhin, in welcher Weise die als Ziel bestimmte Freiheit eine kommunikativ-bürgerliche ist, die die Kooperation mit anderen einschließt.

## *15. Aufgabe und Status der Ökonomie*

Was kann die *Aufgabe* des Wirtschaftens sein? Kann sie in einer umgreifenden *Teleologie* bestimmt werden, in der Teleologie der menschlichen Wohlfahrt, in der Teleologie einer gemeinsamen Steigerung der Lebensfülle durch materielle Güter, oder wie immer dies zu artikulieren ist? Eben darauf berufen sich die vorliegenden Konzeptionen. Sie beruhen darauf, dass es ein offenes, unbestimmtes utopistisch fassbares Woraufhin gibt. Sie rechnen damit, dass das humanum, das sie (im Rahmen einer universellen Kulturentwicklung – oder auf der Basis einer minimalen humanistischen Moral) projektieren, als menschliches Potential zu fassen ist, wie es in der Kultur präsent wird. Dieser Kultur der Präsentation steht nichts gegenüber – es sei denn ein »noch nicht«, ein unbestimmtes Jenseits, das darauf wartet, eingeholt zu werden. So folgen diese Konzeptionen dem (nicht thematisierten) Diskurs der Präsentation des humanum in *seinen* Möglichkeiten und in den Möglichkeiten, die es sich *selbst* erschließt. So geht auch die Erkenntnis verloren, inwiefern kein Mensch nur von dem allein lebt, was er für sich mit seinem Vermögen zu realisieren imstande ist, sondern von dem, was er beständig erfährt und empfängt und ebenso von dem, was ihm widerfährt. Auch wenn diese Abgrenzung bestätigt wird, wird eben diese Erkenntnis und die ihr entsprechende Ethik eines Gegengewichts nicht ausgeführt. Was bedeutet das Wort JESU, das die Grundlinie biblischer Logik markiert: »Was hülfe es dem Menschen, wenn er die ganze Welt gewönne und nähme doch Schaden an seiner

Seele« (Mt 16,26)? Was meint der Bezug auf die *Seele*[133]? Was ist diese Seite menschlichen Lebens im Verhältnis zu dem, was Menschen gewinnen können, was ist diese Seite eines Ethos? Nur wenn man unbefragt einer Strebensethik folgt, kann man auf dieser Seite vielleicht eine Religion ausmachen, die gleichermaßen die Lebensfülle steigert, wie die materiellen Güter. Doch die Logik biblischer Ethik ist eine andere. Sie sieht die Alternative nicht in verschiedenen Arten von Gütern, vielleicht materiellen und geistigen, sondern in der Differenz zwischen dem *Streben* nach allem, was zu gewinnen ist, und dem Sich-Ergreifen-Lassen von dem, was Geschöpfen widerfährt.[134] Der Ort dafür ist mit »Seele« bestimmt. In vielfältigen Auslegungen ist der Ort dafür mit »Herz« bezeichnet: so bei Martin LUTHER in seiner Auslegung des Ersten Gebotes.

Man kann demgegenüber fragen: Ist nicht die christliche Theologie selbst diesem Gefälle einer Kultur der Vergegenwärtigung des humanum gefolgt? Ist so vielleicht christlicher Humanismus zu verstehen? Ist dies nicht insgesamt die Logik einer »christlichen Kultur« – dass Gott – und mit ihm der Mensch – präsent werde? Ist sie nicht der Logik der *Vergegenwärtigung*, aber auch der »Inkarnation« gefolgt? In der Tat ist sie es immer dort, wo sie die »Inkarnation« zu einem universellen Vorgang gemacht hat, statt eben von dem bestimmten Wort zu reden, das Fleisch geworden ist, und – in *persona* – unter uns »gewohnt« hat (Joh 1). Indem diese Geschichte in ein Prinzip aufgelöst wird, geht ihre Aussage verloren.

Hier rühren wir an geistesgeschichtliche und theologische Grundlagen, die die Wirtschaftsethik betreffen. Zu verhandeln ist die Alternative zwischen einer Ethik der *Präsentation* und des Präsentwerdens dessen, was sein soll, gegenüber einer Ethik der *Exploration* dessen, was dem Menschen in seiner geschöpflichen Existenz zukommt.[135] Es ist verwunderlich, dass die Ethik um das Vermögen der *Verwirklichung* kreist, dass sie Menschen auf dieses Vermögen des Hervorbringens, ja auf ein *schöpferisches* und auch *selbst*-schöpferisches Vermögen hin fixiert. Dafür steht auch die Rede von der Kultur. Es ist die Pflege der conditio humana, der Entfaltung und Gestaltung des humanum in den Konturen seiner möglichen

---

133 Es ist (Mt 16,26) von der ψυχή die Rede.
134 So ist im Kontext von Mt 16,26 von *Nachfolge* die Rede: »Will mir jemand nachfolgen, der verleugne sich selbst und nehme sein Kreuz auf sich und folge mir. Denn wer sein Leben erhalten will, der wird›s verlieren; wer aber sein Leben verliert um meinetwillen, der wird›s finden. Was hülfe es dem Menschen, wenn er die ganze Welt gewönne und nähme doch Schaden an seiner Seele?«
135 Die darin enthaltene Alternative verschiedener theologischer Logiken betrifft die Unterscheidung zwischen einer dialektischen Anordnung von Theologie und Ökonomie und einer undialektischen, nicht symmetrischen. Dies im Zusammenhang der Trinitätslehre zu verhandeln und der Kern ihres Problems und des Problems der damit verbundenen Christologie.
Zur geistesgeschichtlichen Ortsbestimmung vgl. insbesondere H.U. von BALTHASAR, Gott begegnen in der heutigen Welt, in: Spiritus creator, 1967, 264-279.

Extension: »Maß des Menschlichen«. In diese alles umfassende Kultur soll die Ökonomie integriert werden oder – vielmehr – sie soll als deren genuines Medium begriffen werden, oder vielmehr: sie ist immer schon dieses Medium.[136] Diese Ethik zielt auf ein bestimmtes Projekt des menschlichen Selbst.[137] Es ist das Projekt der Selbst-Sorge. Es ist in der Suche nach Übereinstimmung mit sich selbst begründet – in allem, was von Menschen hervorgebracht wird. Die »Sorge um sich« – auch im konkreten Zusammenhang der Vorsorge – fügt sich nahtlos in die einzig vorausgesetzte ökonomische Logik.[138] Das Problem ist somit nicht ein Gegensatz zwischen religiösen und materiellen Zielen, nicht der Gegensatz zwischen (religiöser) Moral und Ökonomie, sondern im Gegenteil deren Verflechtung und Affinität. Die Kritik daran ist nicht durch eine Abgrenzung zwischen dem »wahren Leben« und dem von Menschen zu bewältigenden Leben zu leisten, sofern diese offen lässt, was denn als das »wahre Leben« dem ökonomisch vermittelten gegenübertritt. Nicht der Gegensatz von Ökonomie und Seelenheil ist damit festzuhalten, sondern das Widereinander verschiedener Logiken, die der Logik geschöpflichen Lebens entgegenstehen, wie auch die Logik einer Religion, die Lebensfülle verspricht, statt zu zeigen, wie menschliches Leben erfüllt wird, das heißt mit Fülle versehen wird von dem, was Menschen zukommt. Der Reichtum, der uns Menschen zukommt, tritt uns nur dann vor Augen, wenn wir uns Gottes Handeln anvertrauen.[139] Nur von hier aus ist davon zu reden – wie es im Psalm geschieht: »Lobe den Herrn meine Seele« (Psalm 104) und diese Seele lässt alles auf sich wirken, was von diesem Schöpfer ins Werk gesetzt wird. Dieses Sich-Anvertrauen zu leben bedeutet ein ganzes Ethos – das der ökonomischen Logik gegenübertritt. An ihm findet diese ihre positive Begrenzung und Bestimmung, wie der Werktag am Sonntag, wie die auf das eigene Heil gerichteten guten Werke an der Nachfolge, wie die Arbeit an Gottes Segen und all dem, was von Gott überdies zu empfangen ist. Es ist die Logik von Psalm 127, der dieses »Mensch und Gott« ausspricht: nicht ein Gott, der alles zu garantieren hat, sondern ein Gott, der selbst präsent ist, ein Gott der mitwirtschaftet und mitwirkt,

---

[136] Vgl. P. KOSLOWSKI entsprechend: die Kultur der Daseinsvorsorge: Prinzipien der ethischen Ökonomie, 1988, 166.
[137] Vgl. im Zusammenhang der Alterssicherung: »Der Vorlauf zum Alter in der Sorge um sich bedeutet, sein Leben unter einen Einheitsgesichtspunkt zu bringen, dass es als ganzes ein gelungenes wird und verantwortet werden kann.« (167)
[138] Ob die Thematisierung der »Quellen des Selbst« (Ch. TAYLOR) dagegen eine andere Logik setzt, muss als Frage festgehalten werden.
[139] Dies ist die Logik in LUTHERs Auslegung von Psalm 127: M. LUTHER: Der hundertsiebenundzwanzigste Psalm (1987). Luther zeigt dies insbesondere an Vers 2: »Es ist umsonst, dass ihr früh aufsteht und euch spät erst niedersetzt, um das Brot der Mühsal zu essen; denn der Herr gibt es den Seinen im Schlaf.« Hier ist wiederum die Geschichte vom Reichen Mann (Mt 19,16-30) in ihrer Aussage deutlich. Er wird in die Nachfolge gerufen. Es wird ihm nicht gesagt, er solle sein Ziel, das Seelenheil mit anderen Mitteln zu erreichen suchen.

ein Gott, der deshalb Trost gewährt – gegenüber einem »vergeblich« (Psalm 127,2), das menschliches Bemühen begleitet, wenn es nur auf sich selbst bezogen ist.

## 16. Ökonomische Logik – ethische Logik

Es geht also um das Problem einer einzigen, alles durchdringenden und umgreifenden, aber dennoch begrenzten *ökonomische Logik*. Sie ist begrenzt, weil sie die Ökonomie als die Transformation zum allseitig Besseren begreift und keine andere ökonomische Logik aufzubieten weiß. Die alles durchdringende ökonomische Logik bestätigt die Affinität von ökonomischer Verwaltung, Organisation und Lebensführung[140], die in der alles umgreifenden »governance«[141] hervortritt. Dies schlägt sich in den Wirtschaftstheorien nieder, durch deren Fixierung auf die Produktionskapazitäten und die ihnen entsprechenden Kapitalbildungen – so auch durch die Fixierung auf ein »Humankapital« oder »Sozialkapital«[142], das Menschen als Ressourcen für die Produktion berechnet, was diesen zwar auch Vorteile verschafft, wenn sie derart gebraucht werden, das sie aber in ihrer Lebensgestalt transformiert und vor allem sie erst recht von den Produktionsprozessen[143] abhängig sein lässt. Die Abhängigkeit ist anonymisiert. Sie ist allseitig bedingt. Diese Logik erfasst auch diejenigen Konzeptionen, die versuchen, sie zu korrigieren oder eine andere entgegenzusetzen.[144] Wenn in postmoderner Refle-

---

[140] Vgl. dazu die kritische Diskursanalyse in der Aufnahme von M. FOUCAULT; T. LEMKE; S. KRASMANN; U. BRÖCKLING: Gouvernementalität, Neoliberalismus und Selbsttechnologien. Eine Einleitung (2000).

[141] Siehe dazu auch: M. PIEPER; RODRÍGUEZ, ENCARNACIÓN GUTIÉRREZ (Hg.): Gouvernementalität : ein sozialwissenschaftliches Konzept in Anschluss an Foucault, 2003.

[142] Diese Begriffe wurden vor allem durch Pierre BOURDIEU, James S. COLEMAN und Robert D. PUTNAM geläufig. R.D. PUTNAM: Bowling alone. The collapse and revival of American community, 2000.

[143] A. SEN: Ökonomie für den Menschen, 2000, 350-353.

[144] Der ökonomischen Logik werden alle Regeln angepasst. So auch die Regel der *Subsidiarität*: mit ihr geht es um den Eigenbeitrag und die größtmögliche Selbständigkeit in der Sorge um sich – und nicht, was die Regel aussagt: Unterstützung und Hilfe für die Sorge um sich. Die Regel der Subsidiarität in dieser letzteren Logik gedacht besagt nicht, die Eigenverantwortung und die Bildung von Eigenvermögen zu stärken, sondern Menschen daraufhin ansprechen, was ihnen zukommt, was ihnen niemand anders geben kann, was in ihrer eigenen Empfänglichkeit liegt. Systematisch wird diese – andere – Seite ausgeblendet, die Lehre von den Status in den Blick rückt. Das gilt auch für die Interpretation des Prinzips der *Solidarität*. Im Sinne der ökonomischen Vermögenslogik sagt das Prinzip, dass diejenigen mitgetragen werden sollen, die nicht in gleicher Weise für das Ganze einstehen können, wie im Durchschnitt alle. Abgeblendet wird dann aber, dass das »Prinzip der Solidarität« nicht kompensatorisch gemeint ist, sondern auf eine ausdrückliche – solidarische – bestimmte Allgemeinheit zielt. Es kann weder damit eingeklagt werden, dass – de facto – alle in einem Boot sitzen, und dass das Vermögen des Bootes allen zugute kommen muss, noch mit unbestimmten Forderungen für alle – nach Abzug ihrer zumutbaren Beteiligung – zu sorgen. Demgegenüber bedeutet die Ausbildung eines gemeinsamen politischen Willens, alle in die Sorge einzubeziehen, über die Logik der Knappheit und der ihr entsprechenden Verteilung hinaus-

## 16. Ökonomische Logik – ethische Logik

xion die allseitige Durchdringung aller Rationalitäten beschrieben und gefordert wird[145], dann entspricht eben dies der ökonomischen Logik, sofern alles in alles übersetzt wird und es am Ende nur den einen umfassenden Verwertungs- und Verwaltungszusammenhang gibt. Es gibt keinen Text mehr, der sich nicht in einen ökonomischen Code verwandeln lässt – es gibt damit keinen Text mehr.

Wie ist eine Kritik des *ökonomischen Totalitarismus* möglich, die sich nicht in seiner Dialektik verliert oder das Gegenläufige auch nur dialektisch in den Blick kommen lässt? Es müsste eine Hannah ARENDT für die Kritik *dieses* Totalitarismus gefunden werden, die – anders als Michel FOUCAULT – die andere, dem Totalitarismus widersprechende Praxis hat zeigen können. So wie Hannah ARENDT den politischen Totalitarismus durch die Entdeckung der *kategorialen Differenz* zwischen Macht und Herrschaft, zwischen politischem Handeln und bürokratischen oder anderen Formen des Agierens aufgesprengt hat, so ist eine entsprechende Differenz dem ökonomischen Totalitarismus entgegenzuhalten.[146] Hannah ARENDTs Perspektive auf die Möglichkeit politischer Macht setzt darauf, dass Menschen – immer neu – diesen Überschritt vollziehen. Sie verfolgt *keinen* Diskurs, der in allem den unmerklichen Übergang sucht. Sie diagnostiziert – im Gegenteil – die Banalität des Bösen (in ihrer Beobachtung zu Eichmann[147]) und wirft damit die Frage auf, ob denn auch das Gute banal sein könnte. Jedoch: Das Gute ist nicht das, was aus dem Vermögen (capacity) kommt, es besteht in einem ausdrücklichen Tun, das nicht ein Vermögen realisiert. Sonst würde es nur – wiederum – unmerklich nur fortsetzen oder bestätigen, was ist.

Die Diskussion der Wirtschaftsethik ist in einigen ihrer Grundrichtungen geradezu gegenläufig wirksam, indem sie selbst noch Unterscheidungen aufzuheben sucht, die die Differenz zwischen Ökonomie und Politik, oder zwischen Ökonomie und Moral betreffen. Dies mag ein *Anhaltspunkt* dafür sein, was entsprechend der Unterscheidung (bei Hannah ARENDT) von Macht und Herrschaft kategorial für das Wirtschaften zu unterscheiden sind, um die Ökonomie wie die Politik auf ihre genuine Aufgabe hin zu befragen. So wie Politik (Hannah ARENDT zufolge) jenseits der Herrschaft von Menschen über Menschen beginnt, nämlich dort, wo *Macht ohne Herrschaft* (und das der Herrschaft ent-

---

zugehen. Diese Logik ist es, die einzig den einen oder anderen ausschließt. Anders ist es, wenn es nicht um die Reichweite des je eigenen, gegebenen Vermögens geht – und auch nicht um dessen Steigerung auf der Ebene eines moralischen Reichtums – sondern um eine politische Kooperation, die nicht auf dem Vermögen der Beteiligten beruht, sondern auf deren Bürgerstatus.

145 W. WELSCH: Vernunft, 2000.
146 Eine Kritik in diese Richtung findet sich – im Kontext der Weiterführung der Befreiungstheologie – bei F.J. HINKELAMMERT: Der Schrei des Subjekts. Vom Welttheater des Johannesevangeliums zu den Hundejahren der Globalisierung, 2001.
147 H. ARENDT: Eichmann in Jerusalem. Ein Bericht von der Banalität des Bösen [1963], 1964.

sprechende Vermögen) ausgeübt wird, wo also im Sinne politischen Handelns *regiert* wird und für andere und mit anderen gehandelt wird, so würde die Ökonomie dort ihre genuine Aufgabe finden, wo die alles ergreifende – anonyme – Transformation in ökonomische Vorgänge durchbrochen wird durch die immer neue und notwendige (institutionell vermittelte) Interaktion und *Kooperation*, die die Beteiligten in dem fordert, was sie *mitzuteilen* haben. Die der Ökonomie zukommende Aufgabe besteht, wenn sie kritisch bestimmt wird, in der *gemeinsamen* Sorge um das menschliche Leben in der erkennbaren Begrenzung auf das, was durch menschliche Arbeit zu besorgen ist.

Damit bleibt die Ökonomie wie die Politik an entsprechende *institutionelle Strukturen* verwiesen, die ethisch zugänglich sind. Es bedarf dann auch für die Ökonomie eines entsprechenden Begriffs von Institution, wie er in der Sozialethik durchaus eingeführt ist. Er verweist darauf, dass das menschliche Tun und Lassen von der Frage begleitet bleibt, wer wir Menschen sein dürfen. Institutionen bewahren diese Perspektive, indem sie Menschen nicht auf sich selbst zurückgeworfen sein lassen, vielleicht auf das, was die »Natur des Menschen« genannt wird. So wie für die Politik kritisch zu erproben ist, was es heißt, *Macht ohne Herrschaft* auszuüben, so ist für die Ökonomie zu erproben, was es heißt, *gemeinsam Sorge* um das menschliche Leben in der ihm eigenen Bedürftigkeit zu tragen. Diese ist nicht unter dem Aspekt des Mangels zu sehen, sondern in der Perspektive eines geschöpflichen Miteinander. Menschen davon unabhängig machen zu wollen, also etwa auch von dem Zusammenleben mit anderen Geschöpfen, heißt, einen unermesslichen Mangel zu erzeugen. Mangel und Knappheit werden erzeugt durch die Konkurrenz in Bezug auf das selbe Begehren. Dieses verdeckt diejenigen gleichen Bedürftigkeiten, für deren Erfüllung kein Mangel besteht. Die Praxis biblischen Redens in den Psalmen ist dafür ein provozierendes Beispiel. Nicht der Mangel, sondern das Umsorgt-Sein wird dort beschrieben, wo Menschen sich selbst die Sorge Gottes gefallen lassen: »Es warten alle auf dich, dass du ihnen Speise gebest zur rechten Zeit.« (Ps 104, 27). Nicht die grundlegenden Bedürfnisse werden hier zur Sprache gebracht, sondern die überwältigende Einsicht, dass für alle gesorgt ist. Auch die menschliche Arbeit hat hier ihren Ort (Ps 104,23), mit ihr haben Menschen Anteil an Gottes fürsorgendem Tun. Die Perspektive darauf ist nicht die Sorge um die eigene Erhaltung, die gegen den möglichen Untergang steht, sondern die Freude an dem, was uns Menschen in Gottes Werk begegnet. Der Überlebenskampf ist bei aller Mühe und Notwendigkeit, die die Arbeit kennzeichnet, nicht die primäre Logik, er wird immer neu dort in das Leben hineingetragen, wo anderen die Lebensgrundlage bestritten wird, vielleicht durch die eigene wie auch immer provozierte Furcht um das eigene Überleben. Doch diese wird nicht absehen können von denen, die tatsächlich auf den Kampf ums Überleben zurückgeworfen sind. Darin findet menschliche Arbeit ihr Maß, dass sie niemanden in einen solchen Kampf hineintreibt.

Für das menschliche Leben zu sorgen, ohne es der unabsehbaren Sorge zu unterwerfen und in seinen Bedürfnissen und seiner Bedürftigkeit zu manipulieren – das ist die Kunst und die genuine Aufgabe des Wirtschaftens. Sie entspricht der Kunst der Politik, Macht auszuüben, ohne zu beherrschen. So kommt eine nicht imperiale Politik und eine nicht kolonialisierende Ökonomie in den Blick. Wo das Leben, für das Menschen Sorge tragen, der abgründigen Sorge unterworfen ist, hat die Ökonomie ihre Aufgabe verfehlt. Wie kann man *mit anderen* wirtschaften, ohne sie zu kolonialisieren, wie kann man mit anderen wirtschaften, ohne sie als Ressource zu gebrauchen? Was heißt Kooperation in der Ökonomie?

## 17. Kooperatives Wirtschaften

Die Logik der *Kooperation* für die gemeinsame Lebenssorge ist für die Ökonomie vielfach konzeptionell dargestellt[148] oder eingefordert, aber in ihrer Bedeutung für die Ökonomie nach ihrem ethischen Verständnis kaum ausreichend diskutiert worden. Die wirtschaftsethische Diskussion hat sich vielfach auf den Unterschied zwischen einer personenbezogenen Moral oder Ethik und einer Ethik der Wirtschaftsprozesse fixiert, dabei aber die Frage ausgeblendet, was die Lebensgestalt und ihre Institutionen für die Menschen sein kann, die sich wirtschaftlich betätigen. In dieser wirtschaftsethischen Perspektive geht es nicht um eine Moral des Zurechtkommens, sondern es geht um die Frage, wie Menschen in welchen institutionellen Formen erfahren, was sie sein dürfen. Auch die Anschauung von einer Wirtschaftskultur[149] verdeckt die bestimmten Interaktionen, die Gegenstand einer ethischen Betrachtung sind. Entsprechendes gilt für den Bereich der Politik: es genügt nicht, von einer politischen Kultur zu reden, sondern es bedarf immer neu der Bestimmung ihrer (institutionellen) Vorgänge, sie machen das Politische aus. Für die Wirtschaftsethik führt die Thematisierung einer »Sozio-

---

[148] Vgl. dazu B.P. PRIDDAT: Ökonomische Knappheit und moralischer Überschuss, 1994. J. WIELAND: Kooperationsökonomie. Die Ökonomie der Diversivität, Abhängigkeit und Atmosphäre (1998); zur Verbindung mit der Theorie kommunikativen Handelns, die sich nahelegt, siehe: B.v.d. VEN: Strategische Freiheit, kommunikative Rationalität und moralische Verantwortung des Unternehmens (1999). Zur Verbindung mit der Wirtschaftstheorie und -ethik siehe: T. GRAAP: Nachhaltigkeit und Kooperation, 2001.
[149] P. KOSLOWSKI: Wirtschaft als Kultur, 1989. Koslowski hat durchaus Vorgänge und Prozeduren im Blick – vgl. P. KOSLOWSKI: Die Ordnung der Wirtschaft. Studien zur praktischen Philosophie und politischen Ökonomie, 1994 – aber diese bleiben weitgehend anonym und spielen sich hinter den Akteuren ab.

Ökonomik« weiter (z.B. bei Friedhelm HENGSBACH[150]), in der die verschiedenen Kontexte des gemeinsamen Wirtschaftens in den Blick gerückt werden. Hier wird die Kooperation teilweise zum Angelpunkt der Theoriebildung.[151] Die Logik der Kooperation wird hier festgehalten in ihrer Differenz zum Markt, der alles egalisierend auf Marktteilnehmer hin, nach Maßgabe ihrer ökonomischen Funktion absorbiert.[152] Dieser sozioökonomische Ansatz bewegt sich (entgegen dem neoklassischen Paradigma[153]) nicht zwischen den beiden abstrakten Kontexten »individuelle Moral« auf der einen und anonyme Strukturen und Vorgänge auf der anderen Seite, sondern sucht die Ökonomie in der ihr eigenen Aufgabe und *Praxis* zu erfassen. Sie lenkt so den Blick auf den *»oikos«*, für den die Kooperation in der gemeinsamen Lebenssorge die kennzeichnende Praxis ist. Dieses Element verändert die Theoriebildung – es ist ein anderes Paradigma als die Logik des Marktes und des Verhältnisses von Interesse und Gemeinwohl.[154] Mit dem »Oikos« kommt – wie mit der »Polis« – die *institutionelle* Verfasstheit ökonomischer Interaktionen in den Blick. Damit treten wir nicht in einen Gemeinschaftsdiskurs[155] ein, der eher die interaktionellen Vorgänge verdeckt, sondern mit dem »oikos« – dem Status oeconomicus – wird die Frage zum Angelpunkt, was Menschen einander *mitzuteilen* haben. Für die Kooperation entscheidend ist nicht, dass einer den anderen für seine Zwecke braucht und so sein Vermögen vermehrt, sondern dass jeder vom anderen erfährt, was ihm neu ist, und jeder dem anderen mitteilt, was er/sie ihm mitzuteilen hat. Es geht um diese *explorative* Bedeutung des Oikos, die in anderen Logiken, wie die der gegenseitigen Ab-

---

[150] Die Konzeption einer Sozi-Ökonomik entspricht auch wichtigen Traditionen der Sozialethik, wie sie etwa bei F. HENGSBACH hervortreten. Sie bildet die entscheidende Brücke. In Hengsbachs Entwurf einer kommunikativen Wirtschaftsethik ist dies weitgehend ausgearbeitet: vgl. F. HENGSBACH: Wirtschaftsethik, 1993. Zur Unterscheidung der sozioökonomischen und der sozio-moralischen Sphären vgl. H. MÜNKLER: Zivilgesellschaft und Bürgertugend, 1994.
[151] Vgl. Amitai ETZIONI. Kritik dazu: A. SUCHANEK: Verdirbt der *homo oeconomicus* die Moral? (2000).
[152] Die Freiheit des Marktes in dieser Egalisierung der Beteiligten begründet zu sehen, stellt somit eine Reduktion dar.
[153] Amitai ETZIONI versteht seinen Entwurf durchweg als Abgrenzung gegen die neoklassischen Theorien.
[154] Dieses durchbricht auch den Kreislauf zwischen einer Moral, die eingefordert wird, zugleich aber eine solche sein soll, die von allen selbst hervorgebracht wird: vgl. dazu auch den Beitrag von G. KIRSCH: Das Kalkül der Moral (1997). Widersprüchlich ist daran, dass ein absoluter Standort für die Einforderung einer Moral abgelehnt wird. Zugleich aber wird der Standort jenseits der Moralen durchaus als ein absoluter fixiert. Dieses Problem ist in der Diskussion um die Diskursethik bereits durchgespielt worden. In radikaler Abgrenzung setzt Franz J. HINKELAMMERT die totalisierende Ökonomie einer Ökonomie des Gemeinwohls gegenüber: F.J. HINKELAMMERT: Der Schrei des Subjekts. Vom Welttheater des Johannesevangeliums zu den Hundejahren der Globalisierung, 2001.
[155] Vgl. zu einer entsprechenden kritischen Betrachtung: N. ROSE: Tod des Sozialen? Eine Neubestimmung der Grenzen des Regierens (2000).

hängigkeit verloren geht. Die Wahrnehmung gegenseitiger Abhängigkeit bezieht sich auf das Vermögen des Einzelnen und dessen Reichweite, zusammen mit anderen. Mit der Frage nach der Kooperation geht es nicht um das Vermögen, sondern um das Gewärtigwerden dessen, was durch den anderen mitgeteilt wird. Im Oikos gewinnen Menschen ihr notwendiges und unermessliches Gegenüber, nicht ein Anderes, das die unvermeidliche Kehrseite ihres Tuns und Lassens reflektiert, sondern ein Gegenüber, das im Widerspruch bleibt.

Freilich gehen die Interpretationen und Konzeptionen an diesem Punkt in einem breiten Spektrum auseinander. Amitai ETZIONI (dessen Arbeiten dem Gemeinschafts-Diskurs zuzurechnen sind) bemerkt: »Abgesehen davon, dass sie die Vorteile des Marktes überschätzen, unterschätzen die Neoklassiker den Wert der *Kooperation*, die als die entgegengesetzte Art des Verhaltens betrachtet wird. Wir haben schon auf den Wert der Kooperation zwischen Arbeitnehmern und Managern hingewiesen. Ihre Vorteile sind auch an anderer Stelle sichtbar: nämlich im Falle von Unternehmen, die zusammenarbeiten, um gemeinsame Probleme zu lösen und öffentliche Güter zu produzieren ...«.[156] Hier steht die Frage des Vermögens im Vordergrund.

Der Blick auf eine kooperative Wirtschaft lässt kritisch und explorativ sichtbar machen, was Ethik in der Wirtschaft und Ethik der Wirtschaft sein kann. Es wird möglich, nicht entweder einer formalen Moral, die in Prinzipien oder Regeln festgehalten ist (z.B. in Regel über den eigenen Vorteil, dem Ganzen zu dienen), mitsamt einer Moral, die einen moralischen Menschen voraussetzt[157], oder auch einer Ethik folgen zu müssen, die einen allgemeinen *ethischen Sinn* für anonyme Wirtschaftsvorgänge fixiert. Konzeptionen der Wirtschaftsethik bewegen sich vielfach in diesen Alternativen. Mit der Einführung einer *bestimmten*, expliziten sozioökonomischen Struktur (des *oikos* und spezifischer Institutionen) ist die vage Berufung auf eine Kultur, die als Ersatz aufgerufen wird, ebenso kritisch zu sehen, wie die Einführung von Gemeinschaftstopoi. Die Ökonomie und ihre Theorie muss – auf dieser Ebene – mit dem Widerspruch pro homine rechnen. Dieser Widerspruch hat dort seinen Ort, wo nicht mehr nur allgemeine Prozesse oder Strukturen (Gesetze) im Blick sind. Dieser Widerspruch muss präsent bleiben – nicht als die kompensatorische Pflicht, jeden gleichermaßen etwa auf seine Verantwortung hin anzusprechen, sondern als die notwendige

---

[156] A. ETZIONI: Die faire Gesellschaft, 410. Dort vermerkt Etzioni weitere Beispiele für die Kooperation. Sie zeigen deren Vielfalt und sind der Konzeption entsprechend nicht systematisiert. Vgl. die Kritik von G. Kirsch an Etzioni: G. KIRSCH: Das Kalkül der Moral (1997). Vgl. auch: B.P. PRIDDAT: Moral in ökonomischer Umgebung (2001).
[157] Vgl. insbesondere Christine M. KORSGAARDs Verbindung von Kantischer und Aristotelischer Ethik. Die Verbindung mit der Aristotelischen Ethik hätte den Bezug auf den Oikos, wie den auf die Polis, im Sinne auch der externen Konstitution des Selbst nahegelegt: vgl. C. M. KORSGAARD: Der Ursprung der Normativität (2000).

*inhaltliche* Herausforderung, die zur Ökonomie selbst gehört. »*Für den Menschen*« heißt dann nicht die Erfüllung oder Entfaltung menschlicher Existenz, sondern die Förderung der gemeinsamen Sorge, in der jeder das mitteilt, was ihm mitzuteilen zukommt. Es geht um eine Kooperation, die diese Mitteilung bewahrt, und um die vielfältigen (institutionellen) Formen dieser Kooperation.

Zu der Ethik, die auf diese Weise kenntlich wird, sagt Amitai ETZIONI: »*Am schädlichsten ist wahrscheinlich ein Konzept, das dem Staat den freien Markt gegenüberstellt und dabei meist die Bedeutung einer dritten Kraft, die der Gemeinschaft, übersieht, die die Kooperation und moralische Werte oft fördert. Benthams Ansicht, dass ›die Gemeinschaft eine Fiktion ist‹[158], reicht weit über seine Zeit hinaus. Erkennt man einmal die beschränkten Fähigkeiten des Menschen zu wissen und die Schlüsselrolle des Affekts und der Werte an und akzeptiert sie in letzter Konsequenz, verändert sich die Sichtweise der Welt entscheidend, besonders die des Entscheidungsprozesses. Statt sich hyperaktiv darauf zu konzentrieren, Ziele zu definieren, die ›effizientesten Mittel‹ einzusetzen und ›zu implementieren‹ – was voraussetzen wurde, dass wir gottähnliche Kreaturen sind und die Welt inklusive unserer Mitmenschen formbar ist –, wird man bescheiden. Meistens fehlt uns das Wissen, um gute Entscheidungen treffen zu können. Daher müssen wir vorsichtig vorgehen, jederzeit bereit, den Kurs zu ändern, jederzeit gewillt zu experimentieren; kurz, in Bescheidenheit.*

*Diese Bescheidenheit erstreckt sich über den Bereich des Geistes hinaus; sie wird von der deontologischen Annahme gestützt, dass die anderen auch als Ziele und nicht nur als Mittel zum Ziel behandelt werden müssen. Wir werden also mehr geneigt, andere wirklich um Rat zu fragen (nicht als eine Form der Manipulation, sondern als eine Methode, um einen Konsens zu bilden) und die Bedürfnisse der anderen und der Gemeinschaft zu berücksichtigen. Dies sowohl aus ethischen als auch aus praktischen Überlegungen heraus.*«[159]

Das hier angesagte notwendige Experimentieren ist darin begründet, dass sich die Wirtschaftsethik innerhalb der Erfordernisse der Kooperation bewegt und nicht über diese abstrakt hinausgreift, etwa durch die Erwartung eines Konsenses in moralischen Fragen, an dem sich das Wirtschaften ausrichten könnte. Die unabdingbare Übereinstimmung (was A. ETZIONI hier »deontologisch« nennt) bezieht sich nur darauf, dass Kooperation Kennzeichen des Wirtschaftens ist und sein muss, weil sonst die ökonomischen Vorgänge verkürzt wahrgenommen werden würden. Entsprechende Nachweise hat Amartya SEN geführt. Er sieht die Ökonomie als institutionalisierte Praxis, die *direkt* Menschen in ihrer wirt-

---

[158] A. ETZIONI fügt ein: zitiert von Daniel BELL: Models and Reality in Economic Discourse (1981), 71.
[159] A. ETZIONI: Die faire Gesellschaft, 1996, 410f.

schaftlichen Existenz dient.[160] Die Auffassung, dass »Gemeinschaft eine Fiktion ist«, ist selbst wirklichkeitsfern. SEN zeigt dies an einer Reihe von (empirisch begründeten) Beispielen. Freilich gilt auch hier, dass von Gemeinschaft nicht affirmativ oder selbstbehauptend zu reden ist, aber auch nicht im Sinne einer Gemeinschaft, die nicht durch Interaktionen bestimmt wäre. Was kooperativ zu tun ist, wird sonst wiederum zur Strategie der kollektiven Selbsterhaltung, es wird zu einer Form des erweiterten Egoismus.

## 18. Wirtschaften in der spannungsvollen Differenz von Aufgaben

Anders begründet, aber durchaus in dieselbe Richtung führen die von Josef WIELAND[161] vorgetragenen Überlegungen zur Bedeutung von Kooperation in den Wirtschaftsprozessen und ihrem Bezug zur Moral. Vorausgesetzt wird, dass die Moral (der funktional differenzierten Gesellschaft entsprechend) eine Teilfunktion wahrnimmt, jedoch keine »zentrale Position der übergeordneten Referenz für alle anderen Entscheidungslogiken«.[162] Es geht um eine Beschränkung im Blick auf »alteuropäische Führungs- und Anwendungsansprüche der Ethik«. Wie immer über diesen Versuch zu denken ist, die Vermittlung von Ökonomie und Moral zu erfassen, kann die Frage nach der spezifischen Aufgabe der Ökonomie und ihrer entsprechenden Begrenzung aus der Alternative herausführen, entweder Ökonomie und Moral homogen zu verschmelzen oder vor dem Problem zu stehen, die Moral (etwa die Moral der Gerechtigkeit) von außen heranzutragen. Hier hilft die Unterscheidung verschiedener Aufgaben innerhalb der Ökonomie weiter. WIELAND unterscheidet *Koordination* und *Kooperation*[163], verbunden mit der Einsicht, dass in den Wirtschaftsvorgängen der Bedarf an Kooperation und produktiver Arbeitsteilung zunimmt, sofern bestehende Gemeinschaften oder Institutionen nicht per se die Kooperation tragen, sondern *Kooperationsformen* gefunden und gewonnen werden müssen. In Bezug auf die nötige Kooperation hat auch die Moral ihre spezifische Aufgabe: »als ein Element im Prozess der Herstellung und Sicherstellung von Kooperation«.[164] »Öko-

---

160 A. SEN: Ökonomie für den Menschen. Wege zu Gerechtigkeit und Solidarität in der Marktwirtschaft, 2000, 350f.
161 Josef WIELAND, Globale Wirtschaftsethik (2000). Vgl. auch: J. WIELAND: Ökonomische Organisation, Allokation und Status, 1996; Kooperationsökonomie. Die Ökonomie der Diversität, Abhängigkeit und Atmosphäre (1998).
162 J. WIELAND: a.a.O. 373.
163 377: »Koordination ist ein sachlicher Prozeß der ex-post Abstimmung von Leistungen und Ressourcen auf Nachfragen durch abstrakte Regelmechanismen. Kooperation ist die Kunst, die Interaktion konkreter, individueller Personen entlang von Regeln zu ermöglichen, deren Einhaltung ex ante vereinbart und ex post zum Problem wird.«
164 J. WIELAND: a.a.O. 368: sc. »in drei Sektoren: i) in Unternehmen, ii) zwischen Unternehmen und iii) zwischen Unternehmen und allen potentiellen Interaktanten der Gesellschaften.«

*nomisch gesehen wird in diesem Prozess darüber entschieden, wie groß die Menge aller möglichen Kooperationschancen und damit die Tiefe der möglichen Arbeitsteilung ist.«*

Die moralisch getragene Kooperation hat nicht zuletzt ihre Bedeutung darin, dass sie der Ort der *Innovation* ist. Das heißt jedoch *nicht* – und das ist in dieser Konzeption der entscheidende Punkt – dass die Moral ausschließlich strategisch zur Geltung kommt. »Was interessiert, sind die ökonomischen Konsequenzen moralischer Sachverhalte, insofern sie sich auf das Wirtschaften beziehen. In dieser Perspektive ist Moral ein mit sich selbst identisches Ereignis in der Wirtschaft, aber kein Element der Wirtschaft. Die funktionalistische Trennung von Moral und Ökonomie wird durchgehalten, und gerade deshalb kann gezeigt werden, dass Moral in der Wirtschaft ein Parameter ist, der dann positiv zählt, wenn er nicht ausschließlich strategisch eingesetzt wird.«[165] Im Blick ist auch die *Begrenzung der ethischen Problemstellung*: »In der Wirtschaft, vor allem in der Unternehmung, generieren moralische Werte kein Begründungs- sondern ein Entscheidungsproblem.«[166] Die Aufgabe der Begründung kommt dieser Auffassung nach der Philosophie oder der Theologie zu. Dieses Modell der Ausdifferenzierung von Aufgaben, auch in Bezug auf die Ethik, steht den Versuchen entgegen, »nach einem begründbaren Mix universalistischer und lokaler Werte oder Wertfindungsverfahren zu suchen.«[167] Hier wird also mit einem Modell *distinkter Aufgaben* gearbeitet[168], nicht mit deren Aufhebung oder Transformation.[169] Dazu gehört auch die Unterscheidung zwischen Begründung und Anwendung. Sie erlaubt, in der Anwendung nicht die Bestätigung für die Begründung zu suchen, sondern durchaus eine Differenz zwischen dem, was als Moral gilt und gelebt wird, und dem was in der ökonomischen Anwendung Berücksichtigung findet, zuzulassen. Dies mindert – so die These – nicht die Auswirkung der Moral, sondern bestärkt sie, weil die Moral damit nicht an die Ökonomie ange-

---

[165] J. WIELAND: a.a.O. 371.
[166] J. WIELAND: a.a.O. 372.
[167] J. WIELAND: a.a.O. 374f.
[168] Auf dem Hintergrund der Systemtheorie (N. LUHMANN) kommt auch E. HERMS zu dieser grundlegenden Weichenstellung, die bei ihm auch eine theologische Interpretation erfährt; vgl. auch: E. HERMS: Das Ethos der Verantwortung in Wissenschaft, Technik und Kultur aus evangelischer Sicht (1996). Siehe dazu J. GERLACH: Eilert Herms: Ökonomik als Teildisziplin der Ethik (1999).
[169] Freilich tendiert das Modell schließlich dahin, dass Kooperation und Koordination harmonisch zusammenwirken: »Die Sicherstellung einer möglichst friktionslosen Koordination wird kombiniert mit den Ökonomisierungseffekten zufriedenstellender Kooperation. Auf der Ebene der Koordination geht es dann um die Implementierung neuartiger und moralsensitiver Steuerungsstrukturen in den Unternehmen. Auf der Ebene der Kooperation sind Inhalt, Form und Medium der Unternehmensmoral berührt.« (381)

passt werden oder als Implikat aufgewiesen werden muss, sondern Gegenüber bleiben kann.[170]

Es kommt darauf an, welchem Modell man in der Wirtschaftsethik folgt, demjenigen, das eine systemische Integration zu generieren sucht, oder diesem, das differente Aufgaben, Logiken und Institutionen kennt, die spannungsvoll zusammenwirken können. Diese letztere Möglichkeit wird um so nötiger im globalen Zusammenhang sein[171], in dem noch weniger die Chance besteht, dass die Lebensverhältnisse im Sinne der moralischen Ökonomisierung transformiert werden. Die entscheidende Frage aber ist, inwiefern explizit und ethisch zugänglich thematisiert werden kann und muss, was die *Aufgabe* der Ökonomie ist. Damit geht es nicht um die Wahrung der Moral in der Ökonomie um ihrer allgemeinen Rechtfertigung willen, sondern es kommt auf die ethisch-moralische Bedeutung dessen an, was sie leistet, also um ihre durchaus namhaft zu machende *Außenseite*, also das, worauf hin die Ökonomie sich ansprechen oder auch provozieren lässt. Dies erfordert, immer neu zu artikulieren, worum sich das Wirtschaften dreht: nicht als eine unabsehbare Zielperspektive, die durch utopistische Versprechen aufrecht erhalten wird, sondern als das *direkt* einzulösende »pro homine«, das an bestimmten *Indikatoren* abzulesen ist. Dafür, dass dieses »pro homine« in den Wirtschaftsvorgängen tatsächlich hervortritt, gibt es nicht wenige Ansatzpunkte und theoretische Erkundungen. Dies ist auch die Pointe der *vorrangigen Option für die Armen* im »Sozialwort der Kirchen«.[172] Die vorrangige Option für die Armen steht paradigmatisch dafür, dass die Ökonomie auf die Erfüllung bestimmter *Aufgaben* hin ethisch-moralisch zu beurteilen ist und nicht allein auf die Einhaltung von solchen moralischen Standards (codes of conduct), die jenseits dessen liegen, was in ihre unmittelbare Verantwortung fällt.[173] So ist die Frage entscheidend, wie *direkt* und ausdrücklich diese Erfüllung erfolgt. Darin besteht insbesondere hier im Bereich der Wirtschaft die Bedeutung einer *Güter-Ethik*[174], die sich darauf einlassen kann, solche Güter – für den Menschen – zu identifizieren, an denen sich das Wirtschaften messen lässt. Zu den Gütern gehört dann vorrangig die menschliche Arbeit selbst. die Versor-

---

[170] J. WIELAND: Ökonomische Organisation, Allokation und Status, 1996: »Auf der Organisationsebene (sc. die Wieland als die für die Moral entscheidende kennzeichnet) kann nicht nur Vertrauen als prozessierende Einheit der Differenz von Moral und Ökonomie, eben als personaler Statusbegriff, codiert werden, sondern auch erkannt werden, dass rigide Übersetzungsprogramme in die Sprache der Ökonomie dysfunktional sein können.« (168).
[171] Dies zeigt J. WIELAND: Globale Wirtschaftsethik (2000).
[172] Siehe zur Genese: H. BEDFORD-STROHM: Vorrang für die Armen : auf dem Weg zu einer theologischen Theorie der Gerechtigkeit, 1993, und: J. WOLF: Kirche im Dialog, 2002.
[173] Hier ist die Diskussion um die codes of conduct zu führen und ein kritischer Blick auf deren mehrseitige, auch fragwürdige Funktion zu werfen: vgl. aus der vielfältigen Literatur aus dem Kontext der UNO: R. JENKINS: Corporate codes of conduct. Self-regulation in a global economy, 2001.
[174] Siehe zur Güter-Ethik oben: C1-7.

gung mit Arbeit ist ein vorrangiges Gut, sofern durch die menschliche Arbeit die Möglichkeit der Kooperation gegeben ist. Entscheidend ist, dass diese Güter (wie etwa auch Gesundheit) nicht beliebig zu produzieren sind, dass sie nicht irgendwelche Konsumgüter sind, sondern aus der gemeinsamen Sorge hervorgehen. Diese Güter lassen sich auch nicht durch umgreifende »Werte« (wie z.B. »Freiheit«) ersetzen. Insbesondere hier zeigt sich, wie unbestimmt das bleibt, was »Wert« genannt wird. Mit den Gütern kommt in den Blick, was uns Menschen zur Erprobung und Erkundung anvertraut ist, damit wir es anderen Menschen mitteilen und mit anderen Menschen teilen.

Auf dieser Linie hat Amartya SEN gezeigt, dass so überhaupt erst der *Gegenstand* einer ethischen Betrachtung der Ökonomie fassbar wird, der sich nicht im Versprechen einer schließlich alle Menschen erreichenden Wohlfahrt, eines unbestimmten Gemeinwohls oder auch einer idealen Ökonomie auflöst. Damit bleibt *direkt* eine ökonomische Aufgabe – pro homine – im Blick. In deren Erfüllung, die ethisch durchzuhalten ist, besteht die Moral. Nicht die Teilhabe an der Wohlfahrt oder das Berücksichtigtwerden in einer idealen Ökonomie, sondern das immer schon gegebene, aber zu garantierende *Mitwirtschaften* im Status oeconomicus ist dann Gegenstand ethischer Reflexion. Dieses Mitwirtschaften[175] ist nicht damit gegeben, dass jeder über alle Optionen verfügt, die die Ökonomie bereit hält, sondern dadurch, dass er gerade nicht durch diesen Zwang der Optionen zum Außenseiter wird. Diese Art von Gleichheit in der *Kooperation* macht den Status oeconomicus aus, der jedem zukommt und der nicht über einen Markt gewährt werden kann, zu dem man sich erst den Zugang verschaffen oder verdienen muss. Hier tritt der institutionelle Charakter des ökonomischen Standes hervor.

Entscheidend ist, dass im Sinne institutioneller Logik wirtschaftliche wie politische Kooperation in vielfältiger Weise asymmetrisch sein kann, aber so dass die Positionen auch wechseln. Es können Starke mit Schwachen kooperieren, und es können verschiedene Formen der Kooperation sein, auch solche, bei denen der eine den anderen mitträgt, ohne dass dies auf einer gegenseitigen Abhängigkeit

---

[175] Vgl. zum Problem der Inklusion und Exklusion in der Ökonomie: B.P. PRIDDAT: Moral in ökonomischer Umgebung (2001). Priddat unterscheidet eine »alternative Moral/ Ökonomie-Relation« (AMO) von einer »Normalform der Ökonomie/ Moral-Relation« (NOMO): »Die Normalform der Ökonomie/Moral-Relation (NOMO) beruht auf einer Koordination von ›rational agents‹, die sich gewissen Regelrestriktionen unterstellen, weil sie aus der resultierenden Koordination gemeinsam Vorteile ziehen (›Kooperationsrenten‹).« (36). »Der alternative Typus der Ökonomie/Moral-Relation (AMO) ist durch die Asymmetrie handlungsfähig/ handlungsunfähig bzw. entscheidungsfähig/ entscheidungsunfähig gekennzeichnet. ... Nicht jeder Mensch in der Gesellschaft ist der ›rational choice‹ fähig, vor allem dann nicht, wenn er Entscheidungen deshalb nicht ausführen kann, weil er die damit einhergehenden Zahlungen nicht tätigen kann. Wenn wir die ökonomische Entscheidungskompetenz meinen, ist die Transaktionskompetenz an Zahlungsfähigkeit gebunden (die auch durch Kreditierung bewerkstelligt werden kann).« (38).

beruht. Es kann auch darin begründet sein, dass der eine den anderen trägt, weil eben dies zur Praxis der Kooperation überhaupt gehört. Wer sich darauf einlässt, lässt sich damit auch auf dieses überschießende Moment ein – es sei denn, er wäre fixiert auf eine Moral, die eine solche Ethik auf das moralische Minimum – vielleicht eine Art Fairness, die jeder um seines eigenen Überlebens willen akzeptieren muss – reduziert. Weil es nicht um Verhältnisse geht, die allseitig zu rechtfertigen sind, kann hier eine Gerechtigkeit walten, die über Fairness hinausgeht und die dem anderen als dem Nächsten zukommen lässt, was ihm not tut und was ihm mitzuteilen ist. Und wenn diejenigen, die kooperieren, wiederum mit anderen kooperieren, können ähnliche asymmetrische Vorgänge stattfinden. Die Praxis der Kooperation selbst zählt. Mit ihr ist nicht nur die Verantwortung für den anderen gegeben, sondern zuerst und vor allem die Ansprechbarkeit und die verbindliche Bereitschaft zur Antwort im gemeinsamen Tun.[176] Wenn diese Kooperation eingeübt ist, kann sie auch immer wieder neu zur Geltung kommen. Wie für die Politik Macht und Herrschaft zu unterscheiden sind, so ist für die Ökonomie diese Kooperation von anonymen Interdependenzen und moralischen Absicherungen zu unterscheiden. Wie die Differenz von Macht und Herrschaft in der Politik, so ist die Differenz zwischen Interdependenz und Kooperation in der Ökonomie auszutragen. Die formale Interdependenz, die jeden zwingt, findet in solchen *Kooperationsformen* einen widerständigen Inhalt, der durchaus von ökonomischen Interesse sein kann, aber auch anderen Interessen entgegensteht.

## *19. Indikatoren – und gute Werke*

Mit der Profilierung der Kooperation als einem eigenen – kritischen und explorativen – Vorgang *innerhalb* der Ökonomie ist die Frage eröffnet, was Kooperation im ethisch-moralischen Sinne bedeutet. Dies bleibt bisher in der wirtschaftsethischen Diskussion weitgehend unbestimmt. »Kooperationsprojekte« können sich nicht auf Effektivität und Effizienz beschränken. »Mit ökonomischen Akteuren, denen man nicht traut (personale Unsicherheit), geht man solange keine investiven, langfristigen und damit ausbeutbaren Beziehungen (situative Unsicherheit) ein, solange man nicht über diejenige Menge von Informationen verfügt, die es erlaubt, eine befriedigende Vorstellung über den wahrscheinlichen Verlauf der angestrebten Kooperation zu bilden.[177] Dazu gehören auch

---

[176] Wir treffen hier auf die Unterscheidung von »responsibility« und »accountability«. Siehe dazu: K. L. BLOOMQUIST; LUTHERAN-WORLD-FEDERATION (eds.): Communion, Responsibility, Accountability. Responding as a Lutheran Communion to Neoliberal Globalization, 2004; besonders darin: K. L. BLOOMQUIST: Communion, Responsibility, Accountability (2004).
[177] WIELAND verweist auf: D.C. NORTH: Institutions, Institutional Change, and Economic Performance, 1990. Vgl. auch B.P. PRIDDAT: Moral in ökonomischer Umgebung (2001).

die Achtung der Person und die Würdigung ihrer Integrität. Die Signalisierung und glaubwürdige Versicherung moralischer Intentionen können und müssen Elemente einer Steuerungsstruktur für angestrebte Transaktionen sein, die dieses Gefangenendilemma umwandelt in ein Kooperationsspiel.«[178] Damit ist das Zusammenwirken von Bedingungen, die durch Koordination geschaffen werden müssen, und Kooperation in den Blick gerückt.[179]

Was aber ist Kooperation im ethisch-moralischen Sinn? Wie kann hier etwa von »ausbeutbaren Beziehungen« gesprochen werden? Es sollte doch – wie angezeigt – die Moral oder die moralisch getragene Kooperation nicht zum strategischen Einsatz kommen, vielleicht derart, dass sie neue Ressourcen für die ökonomischen Transaktionen bereitstellt. Der Begriff »Kooperation« hat zunächst keinen klaren ethisch-moralischen Umriss. Dieser müsste von vergleichbarer Deutlichkeit sein wie in der politischen Theorie die Unterscheidung zwischen Macht und Herrschaft. Mit dem Element der Kooperation geht es im Zusammenhang der Ökonomie darum, *woraufhin* Wirtschaftsvorgänge (WIELAND sagt »ex post«) zu reflektieren sind, um daraus neue, andere in Gang zu setzen. Was bringt dieses Element wirklich ein? »Es geht ... um die Stabilisierung vorhandener und Generierung neuer Handlungsmöglichkeiten, also Kooperationschancen, in und für die Wirtschaft einer Gesellschaft. Je kleiner der Korridor möglicher wirtschaftlicher Handlungen ist, desto geringer sind die Kooperationschancen, desto geringer die Arbeitsteilung, desto geringer das für eine Gesellschaft erreichbare Wohlfahrtsniveau.«[180] Die Funktion der Moral ist es, als »integraler Bestandteil des ökonomischen Problems die Knappheit der Güter durch kooperative Anstrengungen zu überwinden«.[181] Diese Anschauung von der Funktion der Kooperation bleibt eingeschränkt auf die Verbesserung der Innovation. Der ethisch-moralische Umriss wird erst sichtbar werden, wenn Kooperation in ihrer ethischen Begrenzung beschrieben wird. Diese wird darin bestehen, dass Kooperation moralisch-ethische Kriterien erfüllt. Die Beteiligung an der Kooperation kann – mit Amartya SEN – als »*substantielle Freiheit*« gefasst werden. Dies ist die entscheidende Grenzlinie, an der sich immer neu ausbilden muss, was Kooperation heißen kann. Die Pointe ist nicht, ökonomische Effekte mittels Kooperation oder Moral anzustreben, sondern die Logik der Kooperation zu wahren – und dann zu sehen, welche ökonomischen Effekte sich daraus ergeben. Das Ziel ist ein gemeinsames Wirtschaften, nicht ein davon unabhängiges wirtschaftliches Ergebnis, wie es sich etwa im Bruttosozialprodukt darstellt.

---

[178] J. WIELAND: Globale Wirtschaftsethik (2000), 377f.
[179] Vgl. dazu auch: M. JOCHIMSEN: Kooperation im Umgang mit Verletzlichkeit, 2001.
[180] J. WIELAND: Globale Wirtschaftsethik (2000), 380.
[181] Ebd.

So ist nicht nur abgrenzend zu sagen, dass Moral kein »exogener Leitwert ökonomischer Handlungen« ist, der von außen irgendwie korrigierend oder kritisch eingreifen kann, sondern es kann gezeigt werden, was Kooperation in einem ethisch-moralischen Sinn für das wirtschaftliche Handeln bedeutet – und zwar auch im Sinne einer *spezifischen* ökonomischen Effektivität.[182] Dazu gehört die Unterscheidung von Kooperation und Instrumentalisierung. Keiner, keine kann den anderen nur als Ressource gebrauchen wollen, vielleicht als Ideenressource, die zu verwerten ist. Die Frage bleibt, in welcher Tiefenschärfe oder Reichweite und woraufhin Kooperation als das ethisch-moralische Element in den Wirtschaftsvorgängen vorkommt. Für ein weitergehendes Verständnis ist auch zu zeigen, worin *begründet* ist, dass die Kooperation diesen Stellenwert in den ökonomischen Vorgängen hat.

## 20. Zur kritischen und explorativen Aufgabe der Wirtschaftsethik

Vorstöße wie der von Amartya SEN und Friedhelm HENGSBACH können deutlich machen, dass von der ausdrücklichen, ethisch situierten Aufgabe der Ökonomie – von der Wahrnehmung des Oikos im Status oeconomicus durchaus Wege des *Handelns* in den Wirtschaftsprozessen kenntlich zu machen sind. Die Differenz zwischen systemischer Anschauung und handlungsbezogenen Theorien und Perspektiven erfordert eine Entscheidung, die das Verhältnis von Wirtschaft und Ethik betrifft. Es ist für die wirtschaftsethische Reflexion von unmittelbarer Bedeutung, ob man prozessorientierte Strategien verfolgt, oder ob man solchen Strategien gegenüber in Distanz zu bleiben vermag, um nicht von vornherein der Logik allseitiger Transformation unterworfen zu sein oder gar die Aufgabe der Wirtschaftsethik darin sieht, solche Strategien zu fördern. Es geht also um die Frage, in welchem Sinn überhaupt von »Wirtschaftsethik« zu reden ist.
Statt die Regeln des sozialen und politischen Handelns der ökonomischen Transformationslogik oder den Erfordernissen der Koordination anzupassen oder in solche übersetzt zu sehen, geht es für eine *kritische Wirtschaftsethik* darum, die *kategorialen Differenzen* zu dieser Transformation festzuhalten und die kritische Kraft zu gebrauchen, um zu *erproben*, was Wirtschaften für den Menschen heißt. Darauf zielt zum Teil die Entwicklung einer Wirtschaftsethik, die auf *institutionelle* Formen des Wirtschaftens setzt[183], sofern darin Kooperations-

---

182 Vgl.: J. WIELAND: Kooperationsökonomie. Die Ökonomie der Diversität, Abhängigkeit und Atmosphäre (1998).
183 Vgl. dazu auch: Die Gruppe von LISSABON: Grenzen des Wettbewerbs. Die Globalisierung der Wirtschaft und die Zukunft der Menschheit [Limits of Competition 1995], 1997. Zur Diskussion siehe: C. HUBIG (Hg.): Ethik institutionellen Handelns 1982; B.P. PRIDDAT: Ökonomische Knappheit und moralischer Überschuss, 1994, 177-193.

formen eingeschlossen sind. Dabei wird sich der kritische Sinn institutionell verfasster bestimmter Lebensformen zeigen, der kritische Sinn des Oikos, weil damit – analog zur institutionellen Verfasstheit der Politik – ein Verständnis von Ökonomie gefordert ist, das durchaus die Zumutung an die Ökonomie heranträgt, Menschen *direkt* mit dem zu versorgen, was ihnen zukommt. Auch im Bereich der Politik kann etwa ein »mehr« an Demokratie und Freiheit nicht ohne solche Institutionen (oder Gesetze) bleiben, die direkt einlösen, was Demokratie und Freiheit bedeutet. In diesem Sinn ist zu Recht von der Politik als dem Ort der Verwirklichung gesprochen worden. Es kann keine Politik im Aufschub geben, Demokratie, Freiheit oder Gerechtigkeit können nur um den Preis des Verlusts des Politischen aufgeschoben werden. Eine Zumutung der direkten Einlösung ökonomischer Aufgaben ist auch in der Forderung angezeigt, die »anderen im Blick« (Friedhelm HENGSBACH)[184] zu behalten. Es geht darum, dass nicht diffuse Optionen, Allgemeininteressen oder Vorteile reklamiert werden, die *irgendwie* letztlich jedem zugute kommen (das liberale Paradigma), sondern ein Wirtschaften, das präsent und sichtbar werden lässt, dass es menschliches Leben trägt.[185] Damit wird nicht eine per se soziale Wirtschaft behauptet, sondern eine Wirtschaft in den Blick gefasst, die sich *direkt* der Forderung nach einer *gemeinsamen* Lebenssorge stellt – auch wenn sie diese Forderung schließlich nicht selbst in jeder Hinsicht einlöst, sondern auf politisches Handeln verweist. Es widerspricht der Ökonomie, Lebenssorge im Aufschub zu betreiben: es geht um das immer tägliche Brot, um die immer tägliche Arbeit, was auch dahinter und daneben an Wirtschaftsprozessen abläuft.

Mit den *institutionellen* Formen tritt die sichtbare und thematisierbare Reflexivität des Wirtschaftens hervor, die nicht in einer allseitigen Rückkoppelung aller Wirkungen besteht, wie dies etwa die Systemtheorie abbildet. Die institutionelle Form des Wirtschaftens dient der gemeinsamen *Wahrnehmung und Artikulation* dessen, was die Wirtschaft für die beteiligten Menschen und mit ihnen leistet. Das setzt voraus, dass die Beteiligten ausdrücklich mit ihrer Sorge präsent werden. Und ebenso, dass sie mit ihren Erfahrungen präsent sind, die anderen zugute kommen können. Eine Ökonomie muss imstande sein, eben dies zu berücksichtigen, sie bleibt sonst hinsichtlich der Anforderungen aber auch der Möglichkeit, Reflexivität auszubilden, unterbestimmt. Es ist nicht einzusehen, warum eine Ökonomie, die jede Art von reflexiver Flexibilität für sich behauptet, nicht nach dieser Seite eine Reflexivität ausbilden kann, die sich in entsprechenden

---

[184] Vgl. F. HENGSBACH: Die andern im Blick. Christliche Gesellschaftsethik in den Zeiten der Globalisierung, 2001.
[185] Zum Zusammenhang von Reflexion und Institution in dem hier gemeinten Sinn vgl. U.K. PREUß: Was heißt radikale Demokratie heute? (1989).

Formen der Kooperation abbildet: eine Ökonomie der gemeinsamen, ausdrücklichen Sorge, eine Ökonomie, die direkt den Menschen zugute kommt. Es geht um diesen *Vordergrund* der Ökonomie, wie er nicht zuletzt im Blickfeld einer *Unternehmensethik* sein kann, die entscheidend davon bestimmt ist, dass sich Unternehmen als Akteure identifizieren und ansprechen lassen.[186] Wer sich ansprechen lässt, ist die Grundfrage einer Ethik, die sich nicht in allgemeinen Rechtfertigungsstrategien verliert. Dieser Ansatz, der die Unternehmensethik zum Angelpunkt der Wirtschaftsethik werden lässt, ist im Konzept unternehmerischer Wirtschaftsbürgerschaft (corporate citizenship) immer deutlicher ausgearbeitet worden. Im europäischen Kontext ist dies von Horst STEINMANN für die Unternehmensethik fruchtbar gemacht worden. Er setzt auf die ausdrückliche Selbstverpflichtung auf bestimmte ethisch-moralische Konturen des Wirtschaftens. So erscheint der ökonomische Akteur nicht als homo oeconomicus, sondern als Wirtschaftsbürger, der sich ausdrücklich, etwa in der Form einer Selbstverpflichtung, auf ethische Erfordernisse und auf die res publica einlässt.[187] Dies verbindet sich mit jener Ethik, die auf das ausdrückliche Ethos, auch in seiner institutionalisierten Form setzt.[188] Dies wiederum ist der Ort für ein ethisch reflektiertes Verständnis von Institutionen, wie es in der evangelischen Ethik zu finden ist.[189]

Der Status oeconomicus ist der Ort der direkten gemeinsamen Lebenssorge. Die Sorge impliziert ein *Verstehen* dessen, was Menschen zum Leben brauchen *und* was Menschen mitzuteilen haben – das Verstehen, das mit der Gerechtigkeit verbunden ist. Diese Sorge kann sich nicht auf die Erfüllung des Menschseins richten, wie es die moralischen Integrationstheorien zu versprechen versuchen. Vielmehr richtet sich die Sorge darauf, was es – bezogen auf bestimmte *Indikatoren* oder Güter – heißt, Mensch zu bleiben. Mensch bleiben heißt, im *Werden* bleiben. Dieses Kriterium zeigt hier seine theorie-kritische und theoriebildende Kraft für die Ökonomie, sofern Mensch-Werden den ökonomischen Transformationsprozessen entgegensteht, in denen alles verarbeitet wird, was Menschen erfahren und mitzuteilen haben. Das betrifft das Verständnis der menschlichen

---

[186] Siehe zum Überblick wichtiger Ansätze: A. HEEG: Ethische Verantwortung in der globalisierten Ökonomie. Kritische Rekonstruktion der Unternehmensethikansätze von Horst Steinmann, Peter Ulrich, Karl Homann und Josef Wieland, 2002.
[187] Siehe H. STEINMANN; A. LÖHR: Unternehmensethik ein republikanisches Programm in der Kritik, 1993; und: H. STEINMANN: Einleitung: Grundfragen und Problembestände einer Unternehmensethik (1991). Siehe dazu auch: E. HERMS: Der religiöse Sinn der Moral. Unzeitgemäße Betrachtungen zu den Grundlagen einer Ethik der Unternehmensführung (1991). Auch Herms setzt bei dem ausdrücklichen Handeln und dann auch öffentlich kenntlichen Ethos an.
[188] Siehe oben C2-2 und dazu den Überblick bei: D. F. THOMPSON: Restoring responsibility : ethics in government, business, and healthcare, 2005, insbesondere das Kapitel: »The institutional Turn in Professional Ethics« (267-277).
[189] Siehe A1; C1-6.

Arbeit ebenso wie das Verständnis dessen, was Menschen produzieren. Konzeptionen wie die angedeuteten haben hier eine vielversprechende Spur für eine Wirtschaftsethik entdeckt, die nicht in moralischen Rechtfertigungsstrategien – wie einem versprochenen allgemeinen Nutzen – aufgeht. Sich auf dieser Spur zu bewegen, ist die Aufgabe gemeinsamen Sorgens.

Das gemeinsame Sorgen findet seinen Umriss nur, wenn unterschieden bleibt, wofür zu sorgen ist und wofür *nicht*. Es findet seinen Umriss nur, wenn deutlich bleibt, was das »Sorgt nicht ...« (Mt 6,25) heißt, und wenn dieses getragen ist von dem Präsentwerden dessen, was wir Menschen sein dürfen, ohne dass wir dafür sorgen.[190] Darin findet sich der Widerspruch gegen eine Ökonomie, die zu produzieren behauptet, was Menschen brauchen, die aber nicht dessen gewärtig ist, was wir Menschen einander mitzuteilen haben, oder die zu dieser Mitteilung verhilft. Dies zu erproben, ist jederzeit gegeben. Insofern ist es falsch, wenn argumentiert wird, die Gaben, die es aus Barmherzigkeit zu verschenken gilt, müssten erst erwirtschaftet werden. Hier fehlt der Blick auf das überreiche Maß an Gaben und Gütern, das bei allem Wirtschaften uns Menschen zukommt, es fehlt der Blick auf die Ökonomie als *Medium*, wie auch die Technologie als Medium zu verstehen ist.

Hier trennen sich die Wege zwischen einer Ökonomie und Ökonomisierung des guten Lebens, die manche Ethik des guten Lebens nahe legt, und einer Ökonomie der Mitteilung dessen, was Menschen zukommt. Eine Ökonomie der Knappheit aller Güter hat hier keinen Ort. Sie propagiert einen ökonomischen Ausnahmezustand[191] als Dauerzustand. Die Ökonomisierung des guten Lebens übernimmt alles – unter dem Vorzeichen seiner ökonomischen Verwertung – in die eigene Verwaltung. Nur konsequent entwickelt sich daraus ein universelles Konzept der Verwaltung (governance), das die institutionellen Formen wirtschaftlichen Handelns verdeckt. Es ist entscheidend, die Differenz und Opposition zwischen Wirtschaftsprozessen, systemischen Vorgängen und institutionellen Formen im Blick zu behalten. An diesem Punkt trifft die Wirtschaftsethik mit der Institutionenethik zusammen. Die institutionelle Form des Wirtschaftens schließt ein, dass es ein gemeinsames Sorgen um etwas Bestimmtes, um die Lebensmittel gibt und dass sich das Wirtschaften nicht als bloßer »Kultus« verselbständigt[192], der sich um nichts mehr dreht.

---

[190] Siehe B3-2.
[191] Siehe B4.
[192] Siehe B3-2. W. BENJAMIN: Kapitalismus als Religion (1991).

## C 3 Politik, Moral und Ethik im liberalen Modell – Grenzen und Probleme legitimatorischer Ethik

Die Erprobung der geschöpflichen Existenzform als einer politischen trifft auf Themen und Fragestellungen, die sich aus der *Problemgeschichte des politischen Denkens* ergeben und die ihre eigene widerständige Kontinuität haben – so insbesondere die Frage nach den unverbrüchlichen und gemeinsamen Grundlagen des politischen Zusammenlebens im Verhältnis zu der auf *Inhalte* bezogenen *Verständigung* innerhalb des politischen Zusammenlebens unter Bedingungen der Verträglichkeit mit der politischen Koexistenz. Die Regel »das Rechte (die Gerechtigkeit) kommt vor dem Guten« schließt ein, dass die Verfahren und politischen Prozeduren vorrangig gewahrt werden müssen. Diese Regel setzt auch voraus, dass es über das Gute verschiedene, nicht vermittelbare Auffassungen gibt, also eine bestimmte (freilich zu diskutierende) Auffassung vom Pluralismus in *ethischen* Fragen.[1] Je tiefer jedoch das, was allgemein und umfassend »Lebenswelt«[2] oder »Lebenswelten« heißt, verändert wird, um so mehr steht in Frage, inwiefern die politische Ordnung und die von ihr getragene Gesetzgebung selbst von diesen Veränderungen tangiert sind, sich nicht mehr auf einen Regel-Konsens gründen kann, sondern dass auch dieser nach vielen Seiten offen wird. Dies betrifft nicht zuletzt die Veränderungen, die das Phänomen »Biopolitik« impliziert, aber auch viele andere Bereiche dessen, was zunehmend politisch-gesetzgebend geregelt wird. Der *politische* Liberalismus (mit der Konzeption von John RAWLS als Referenz) hat als Leitfrage in den Blick gerückt, *was* denn *wie* auf die politische, öffentliche Tagesordnung zu setzen ist.[3] Aber die Diskussion darüber, wie die dort angezeigten Umgrenzungen einer *politischen Tagesordnung* gezogen werden können, ist erst noch eingehend zu führen. »*Politische* Tagesordnung« meint hier die Tagesordnung, auf der das für das politische Zusammenleben Nötige verhandelt wird. Das aber kann zweierlei heißen: die für das politische Zusammenleben nötigen Prozeduren *und* der – zugleich – nötige Konsens über das »Ethische«. Die Übereinkunft in den Regeln des Zusammenlebens und Zusammenwirkens und in bestimmten ethischen Inhalten ist hier nicht getrennt. Damit ist die Frage eröffnet, wie zu unterscheiden ist, was an Regeln

---

[1] John RAWLS hält freilich immerhin noch fest: »Es ist eine umstrittene Frage, ob und in welchem Sinne Konzeptionen des Guten inkommensurabel sind.« (Die Idee des politischen Liberalismus, 1992, 298, Anm. 7).
[2] Zum Verständnis siehe B. WALDENFELS: In den Netzen der Lebenswelt, 1985.
[3] Dieser Frage folgt auch W. HINSCH und baut die Nötigung zur öffentlichen Rechtfertigung aus: W. HINSCH: Gerechtfertigte Ungleichheiten. Grundsätze sozialer Gerechtigkeit, 2002.

für das *politische Zusammenleben* nötig ist und was darüber hinaus, aber auch in Bezug auf diese Regeln an *ethischer Verständigung* nötig ist. Es ist auch vorausgesetzt, dass die Regeln nicht ohne ethische Substanz sind. So ist die Frage eröffnet, was diese *ethischen Inhalte* sind, die auch in den politischen Diskurs gehören.[4] Es ist damit auch festgehalten, dass ein solcher politischer Diskurs – und eine dementsprechende politische Öffentlichkeit – eine *Erkenntnisaufgabe* hat, wenn denn Inhalte im Spiel sind, die menschliches Leben so betreffen, dass sie nicht in jeder Hinsicht strittig bleiben können. Mit der Voraussetzung einer Erkenntnisaufgabe ist die Frage gestellt, was Pluralismus im Blick auf die Ethik bedeuten kann. Auf eine Erkenntnisaufgabe zu setzen ist unterschieden davon, auf einen Pluralismus von *solchen* Meinungen zu setzen, die sich nicht gegenseitig im Sinne einer Erkenntnis korrigieren.[5]

Wir werden hier weitere Unterscheidungen brauchen. Es wird insbesondere zu fragen sein, was im Unterschied und im Verhältnis zum *politischen* Diskurs der *moralische* ist – es sei denn, der moralische Diskurs konvergiert mit dem politischen darin, dass er dasjenige Gemeinsame reflektiert, das unabdingbar für das Zusammenleben ist. Davon freilich ist dann immer noch die Arbeit an derjenigen Erkenntnis zu unterscheiden, die nicht direkt auf das Zusammenleben und auch nicht indirekt auf die Grundlagen dieses Zusammenlebens zielt, sondern darauf, was – durchaus mit politischer Relevanz – zur menschlichen Existenz gehört. Was ist der Ort und was ist der Umriss dieser Erkenntnisaufgabe? Welche Art von *Öffentlichkeit* ist damit verbunden? Hier ist nicht von verschiedenen Öffentlichkeiten zu reden, sondern es geht um die Kontur einer spezifischen, politischen Öffentlichkeit. Diese politische Öffentlichkeit, die aber nicht ohne weiteres in einem Parlament versammelt ist, müsste dann auch dafür geeignet sein, ethische Diskurse um einer gemeinsamen Erkenntnis willen zu führen. Damit ist auch das Verhältnis zu dem zu diskutieren, was »Wissenschaft« genannt wird oder was als »Diskurs« erscheint. Entscheidend ist, welche dieser Unterscheidungen, in welchem Umriss in Gebrauch zu nehmen sind. Auch die generelle These, dass Moral und Recht auseinander getreten sind[6] – und auch

---

[4] Das betrifft auch das von U.K. PREUß diskutierte Problem einer Substanzialisierung der Verfassung. Davon aber ist unsere Fragestellung zu unterscheiden. Es ist eine eigene Fragestellung, inwiefern die Politik mit Hilfe der Verfassung für die Bewahrung von Werten usf. eintritt. Vgl. U.K. PREUß: Politische Verantwortung und Bürgerloyalität. Von den Grenzen der Verfassung und des Gehorsams in der Demokratie, 1984, bes. 263.

[5] Zur Bedeutung einer Demokratie des öffentlichen Meinungsaustausches siehe Hannah ARENDT: Über die Revolution, [1963] 1974. H. Arendt sieht darin das entscheidende Defizit gegenwärtiger Demokratie, dass es einen entsprechenden öffentlichen Raum nicht gibt.

[6] Vgl. J. HABERMAS: Zur Legitimation durch Menschenrechte (1998). Zur Diskussion in der christlichen Sozialethik vgl. M. HONECKER: Grundriss der Sozialethik, 1995, 567-590; zur systematischen Analyse siehe G. LOHMANN: Menschenrechte zwischen Moral und Recht (1999).

different bleiben müssen, trifft auf die vielfältigen Probleme, in denen zu reflektieren ist, wie die Grenze verläuft.

## 1. Zur Reichweite der politischen Existenz und ihrer Erkenntnis

Die in Erinnerung gerufene Unterscheidung zwischen dem institutionell politischen, ökonomischen und ekklesiologischen Status veranlasst zu dieser Aufgabenstellung, denn damit ist schon gegeben, dass die Wahrnehmung und Thematisierung der politischen Existenz nicht alles erfasst, was zu uns Menschen gehört, auch wenn es eben diese politische Existenz bestimmt und tangiert.

Im Geflecht solcher Unterscheidungen ist zu klären, was in der Reichweite einer auf das *politische* Zusammenleben und Zusammenwirken ausgerichteten Konsensbildung – wie im politischen Liberalismus John RAWLS' – liegt. Es kommt darauf an, die in der Problemgeschichte vielfältig verwurzelten Fragestellungen daraufhin zu befragen, inwiefern sie den Entdeckungs- *und* Erprobungszusammenhang bilden können, der dem *Status politicus* entspricht, und zwar dem Status politicus eines jeden Bürgers. Wie widerständig kann eine kritische politische Theorie sein, wie sie in den Unterscheidungen angelegt ist, deren Spur wir hier verfolgen, weil sich in ihnen die Kontur der menschlichen Existenzform abzeichnet?

In der diskursiven Arbeit am Konsens, der die politische Ordnung betrifft, aber auch an den Regeln und Moralia eines (gedachten) gesellschaftlichen Verständigungszusammenhangs kann nicht fehlen, was die *politische Existenz* selbst in ihrem *Inhalt* und in ihrer Gestalt ausmacht.[7] Dies hat die Theorie des politischen Liberalismus deutlich gemacht. Sie hat dabei freilich die Frage in die eine Richtung verfolgt – die dem liberalen Modell entspricht – nämlich in der Richtung des zu gewinnenden und notwendigen *politischen* Konsenses mit der ebenso notwendigen, ihm eigenen (auf eine spezifische Grenze bezogenen) Beschränkung darauf, was der für das politische Zusammenleben nötige Konsens ist. Dies schließt die Unterscheidung zwischen dem Zusammenleben in seiner politischen Form und anderen Konturen der menschlichen Existenzform ein. Die Frage nach einem (erkenntnisgeleiteten) Konsens in Bezug auf die politische Ordnung wird um so dringlicher, als gesetzliche Regelungen, auch wenn sie in spezifischen Teilbereichen menschlichen Lebens erfolgen, Grundlagen des politischen Zusammenlebens tangieren. Diese müssen zum Gegenstand einer Verständigung werden, die nicht direkt oder ausschließlich als politischer Diskurs zu führen ist. Wir können hier von einem *ethischen* Diskurs reden. Dieser hat seine eigene

---

[7] In diesen Problemzusammenhang gehört insbesondere die Diskussion um die formale und substantielle Demokratie: vgl. M.J. SANDEL: Die Grenzen der Gerechtigkeit und das Gut der Gemeinschaft (2000).

Reichweite und kann nicht auf den Konsens zur politischen Ordnung fokussiert werden. Es muss im Unterschied dazu geklärt werden, *was* Gegenstand einer auf das politische Zusammenleben zielenden politischen Tagesordnung sein kann und sein muss. Die immer wieder vollzogene Abgrenzung dagegen, dass dies nicht aufgrund einer umfassenden Morallehre bestimmt werden kann, sondern aus den Notwendigkeiten des politischen Konsenses gewonnen werden muss, bedarf einer genaueren Betrachtung.

Hier wird wieder einmal das Problem akut, was die *Umgrenzung des Politischen* ist, was seine Definition, was, wie und mit welcher Zielrichtung auf die Tagesordnung der Konsensgewinnung zur politischen Ordnung gehört und was nicht, was aber möglicherweise für den Konsens zur politischen Ordnung abzurufen ist. Wenn ein Parlament darüber Reden führt, ob und in welchen Grenzen an menschlichen Embryonen geforscht werden kann, ist zu fragen, in welcher Weise es damit auch um eine Urteilsbildung zu ethischen Sachverhalten geht, die das politische Zusammenleben berühren. Der *politische* Liberalismus (wie ihn John RAWLS beschrieben hat) insistiert durchaus mit Recht darauf, dass die Frage so zu stellen ist. Sofern die Behandlung von Embryonen das Problem berührt, wer auf welche Weise als politischer Bürger zu berücksichtigen ist – also etwa auch menschliche Embryonen – dann ist dies im Sinne des politischen Liberalismus eine Sache des *politischen* Konsenses *und* der (dieser Logik entsprechenden) Gerechtigkeit, schließt aber ethische Erkenntnisaufgaben und ethische Fragen ein, wie die nach unserer menschlichen Art geboren zu werden. Die Antwort auf diese Fragen tangiert nämlich Grundlagen des politischen Zusammenlebens wie die Gleichheit aller Bürger.

Weithin ist undeutlich, was in diesem Problemzusammenhang de facto, aufgrund der gegebenen technologischen Optionen, zur Disposition steht, was in die politische Konsensbildung – um des politischen Zusammenlebens willen – einzubringen ist, was dabei die Bewahrung der notwendigen (gerechten) Prozeduren, was dabei aber auch die erkenntnishaltige Übereinkunft über solche Aspekte unseres menschlichen Lebens ist, die sich in der Konsequenz auf die Konturen der politischen Existenz auswirkt.

Die Diskussion über die Unterscheidung zwischen einer *Erkenntnis*aufgabe, die für das politische Zusammenleben relevant ist, und dem Gewinnen eines *modus vivendi* ist damit angestoßen, aber auch diese Unterscheidung hat eine Reihe von offenen Stellen. Wir können jedoch festhalten: Sofern die Tagesordnung mit Grundlagen und Regeln des politischen Zusammenlebens befasst ist, richtet sich die im Diskurs zu gewinnende und die im Konsens zu artikulierende Erkenntnis auf etwas, was schließlich *auch* als moralisch gültig festgestellt werden kann, weil es alle betrifft und unabdingbar ist. Aber das moralisch Gültige *allein* deckt *nicht* das Gemeinsame, auf das sich die Erkenntnis und Urteilsbildung richtet.[8] Diese folgt dem Weg des »sensus communis« (Konsens), des erkennenden Sinnes für das Gemeinsame, das über das hinausreicht, was zum politischen Zusammenleben nötig ist, aber doch auch sich mit diesem überschneidet. Dieses Gemeinsame ist dann nicht auf das Moralische beschränkt. Es kann sich aber umgekehrt zeigen, dass das für das politische Zusammenleben Notwendige in einer *ethischen* Übereinkunft erscheint und von ihr getragen und bewahrt wird.[9]

So geht es um das Verhältnis zwischen politischen Prozeduren, ihren Grundlagen und ihrer moralischen Absicherung auf der einen Seite und dem, was gleichwohl auch *außerhalb* der Erfordernisse zum politischen Konsens als das Gemeinsame aufzufinden und zu erkunden ist. Dies kommt nicht ohne *ethische Erkenntnis* davon aus, was unsere Wirklichkeit und unser menschliches Leben ausmacht. Die Wahrnehmung der ethischen Aufgabe wird verkürzt, wenn diese in die Alternative eingespannt wird, entweder einer naturrechtlichen Begründung zu folgen oder diskursiv einzulösenden Gültigem. Es bleibt dann offen, welche Wirklichkeit durch ethische *Erkenntnis* zu erschließen ist. Schon die Frage, wie in den politischen Regeln von Personen und Menschen die Rede ist, betrifft ethische Erkenntnis – die sich als Ethos artikuliert.

Wie ist das Zusammentreffen von Ethos und politisch-moralischem Konsens und beschaffen? Der *politische Liberalismus* setzt – in John RAWLS' Worten – eine wohlgeordnete Gesellschaft voraus. Die Frage ist, wie es zu dieser wohlgeordneten Gesellschaft kommt, wenn diese *nicht allein* durch den notwendigen politischen Konsens induziert wird – worauf RAWLS durchaus setzt. Offen bleibt – und dies ist auch in unserer Formulierung nur vage angezeigt –, ob es neben und gegenüber der Tagesordnung, die auf den politischen Konsens gerichtet ist, noch eine *andere Tagesordnung* gibt, die gleichermaßen auf etwas Gemeinsames gerichtet ist, auf ethische Implikationen, die auch das politische Zusammenleben betreffen – und in diesem Sinn »politisch« zu nennen sind. Der politische Liberalismus zielt im Unterschied zu anderen Ausprägungen des Liberalismus auf das, was sich im Zusammentreffen von Politik, Moral und Ethik als »sich überschneidender Konsens« herausbilden kann. »Moral« steht hier auch für die Inhalte, die nicht strittig sind oder sein können, auch über das hinaus, was direkt für das Zusammenleben gültig sein muss. Der politische Liberalismus muss also gegen moralisch-ethische Fragen außerhalb des politischen Konsenses nicht in-

---

[8] H. ARENDT: Vom Leben des Geistes, Bd. 3: Das Urteilen, 1985.
[9] Dies ist am Beispiel des ärztlichen Ethos zu sehen: das ärztliche Ethos bewahrt moralisch Gültiges, etwa dadurch, dass es zum ärztlichen Ethos gehört, niemanden außer um seiner eigenen Gesundheit willen zu behandeln, also niemanden in dieser Hinsicht fremden Zwecken zu unterwerfen.

different sein¹⁰ – im Gegenteil. Dies setzt voraus, dass nicht jede Tagesordnung direkt schon auf den politischen Konsens und den mit ihm zusammenhängenden Rechtsfindungsprozeduren ausgerichtet ist. Damit sind wir dabei, eine Unterscheidung zwischen politisch-öffentlichen und demgegenüber nicht politischen Kontexten festzustellen. Diese Unterscheidung gehört selbst in das Modell des Politischen, wie es der politische Liberalismus darstellt. Es geht in dieser Unterscheidung nicht um die Differenz zwischen dem politisch-moralischen Diskurs und den ansonsten unabsehbaren individuell verschiedenen Lebensauffassungen, die dann auch als private gekennzeichnet werden. Der politische Liberalismus eröffnet gegenüber dieser Alternative einen erheblichen Spielraum für das Zusammentreffen von Politik und Moral, und eingeschlossen darin auch Politik und Ethik. Er bleibt dabei, Urteilsbildung auf einen inhaltlichen und wahrheitsfähigen Konsens zu beziehen, der auch ethische Sachverhalte einschließt. Er widerspricht solchen liberalen Konstruktionen, die die politisch relevante Übereinkunft und die ethische Urteilsbildung (epistemologisch) auseinanderrücken und so auch deren Bezug auf den im Urteil zu bewährenden sensus communis verdecken. Der politische Liberalismus widerspricht auch solchen Konstruktionen, die die politische Verständigung auf allgemeine (auch moralische) Plausibilitäten gründen wollen und nicht auch ethische Einsichten einbezogen sehen, die spezifische Erkenntnisse enthalten, die für die politische Verständigung widerständig bleiben. Das heißt durchaus nicht, ein umfassendes Ethos für alle einzufordern. Es sind vielmehr die Konturen einer öffentlichen Urteilsbildung einzuzeichnen, die den Zusammenhang von politischem Zusammenleben und Ethos festhalten. Dieser Zusammenhang geht dort verloren, wo die Inhalte nicht deutlich sind, die in eine gemeinsame ethische *Urteilsbildung* einbezogen werden müssen – wie eben das Geboren-Werden des Menschen, das Verständnis von menschlicher Arbeit oder von Gesundheit und Krankheit. Dies nämlich kann das politische Zusammenleben tangieren – wie dasjenige Verständnis vom Geboren-Werden des Menschen, das ausschließt, dass Menschen von Menschen mit technischen Mitteln produziert werden.

Wir finden im politischen Liberalismus den Versuch einer Antwort auf die Situation, die Theodor W. ADORNO festgehalten hat: »*Die traurige Wissenschaft, aus der ich meinem Freunde einiges darbiete, bezieht sich auf einen Bereich, der für undenkliche Zeiten als der eigentliche der Philosophie galt, seit deren Verwandlung in Methode aber der intellektuellen Nichtachtung, der sentenziösen Willkür und am Ende der Vergessenheit verfiel: die Lehre vom richtigen Leben. Was einmal den Philosophen Leben hieß, ist zur Sphäre des Privaten und dann bloß noch des Konsums geworden, die als Anhang des materiellen Produktionsprozesses, ohne Autonomie und*

---

10  Vgl. die Abwehr dieses Vorwurfs bei RAWLS.

*ohne eigene Substanz, mitgeschleift wird. Wer die Wahrheit übers unmittelbare Leben erfahren will, muss dessen entfremdeter Gestalt nachforschen, den objektiven Mächten, die die individuelle Existenz bis ins Verborgene bestimmen.*«[11] Hier ist es die Philosophie, die für die *Öffentlichkeit* einsteht, in der das »*richtige Leben*« Gegenstand ist. Es ist umzukehren: wo dies zur Sprache kommt, da ist Öffentlichkeit. Der politische Liberalismus ebenso wie die Theorien über öffentliche Wahrheitsfindung haben freilich nicht mehr das »richtige Leben« insgesamt, sondern allein das rechte Zusammenleben zur Aufgabe, auch wenn dieses in mancher Hinsicht ein »rechtes« Leben einschließt.[12]

Die Frage ist jedoch, wie Ethos oder wie die Moralia daraufhin zur Sprache kommen, dass wir sie *als solche* miteinander teilen – nicht nur im Blick darauf, dass wir politisch zusammenleben und in klarer Abgrenzung dagegen im übrigen jeder seine eigene Art zu leben hat. In welchem Sinne und warum ist von einem Ethos überhaupt zu reden, das jenseits des politisch nötigen Konsenses in den Blick kommt – freilich möglicherweise nur in seiner entfremdeten oder gebrochenen Form? Die gebrochene Form sichtbar werden zu lassen hieße, dafür einen eigenen – aber doch auch öffentlichen – Diskurs zu haben, in dem das Ethos in dieser Form in den Blick kommt. Dieses Ethos aufzufinden bleibt dann eine Angelegenheit des gemeinsamen Urteils. Wo wird dieses seinen Ort haben? Wird dieses einen institutionellen Rahmen haben müssen? Wenn dies nicht klar wird, entstehen alle möglichen Formen moralischer Konsensbildung, eine Art moralischer Liberalismus, der mit dem Ort der ethischen Urteilsbildung auch seine politische Kontur verloren hat – etwa dann wenn Politiker an die Moral appellieren, ohne die damit verbundenen politischen Aufgaben zu artikulieren und für diese einzustehen.

Alasdair MACINTYRE hat diagnostiziert, dass der politisch-moralische Konsens nur Fragmente von Moralia und eine fragmentierte ethische Sprache enthalten wird, wenn er nicht auf eine *Gesamt-Konzeption* des guten Lebens zurückgreifen kann.[13] Inwiefern es einer solchen Gesamt-Konzeption bedarf, inwiefern also Moral nicht in einzelnen Grundregeln allein festzuhalten ist, war zu diskutieren. Die inzwischen unabsehbare Debatte zwischen Liberalismus und Kommunitarismus[14] hat sich weitgehend mit der Frage befasst, ob der Kommunitarismus insofern in Konkurrenz zu liberalen Konzeptionen tritt, als er den politischen Konsens anders *begründet* und auch in anderer Reichweite sieht. In dieser Debat-

---

11  T.W. ADORNO: Minima Moralia, [1951] 1964, 7.
12  Inwiefern auch dessen Erkenntnis der Philosophie bedarf oder nicht, ist überdies noch zu klären.
13  A. MACINTYRE: Der Verlust der Tugend. Zur moralischen Krise der Gegenwart, 1987.
14  Vgl. A. HONNETH (Hg.): Kommunitarismus. Eine Debatte über die moralischen Grundlagen moderner Gesellschaften, 1993.

te aber ist nicht deutlich genug hervorgetreten, dass der Kommunitarismus mit der Frage einsetzt, inwiefern in einer liberalen Gesellschaft spezifische Moralia auf einer öffentlichen Tagesordnung sind, die ihr gegenüber widerständig bleiben. Nicht verschiedene Begründungs- oder Legitimationsmodelle, sondern die Frage, *welche* Moralia *oder* Güter *wie* präsent werden, wird damit aufgeworfen. Diese Frage betrifft auch das Verhältnis von Recht und Moral, Recht und Ethik.[15] Haben wir von verschiedenen Öffentlichkeiten oder auch einer Pluralität von Öffentlichkeiten zu reden? Dies wäre wiederum nur eine Ausdifferenzierung, die auf die Widersprüche, die das politische Zusammenleben selbst betreffen, nicht einzugehen vermag. Es geht damit auch um das, was RAWLS als den *common sense* in den Blick fasst, und was für die moralisch-ethische Urteilsbildung der *sensus communis*[16] ist, auf den sich das *Urteilen* ausrichtet – ein Gemeinsames, das nicht auf diejenige politische Öffentlichkeit zu begrenzen ist, die direkt für das politische Zusammenleben einsteht. Was vage als common sense bei RAWLS erscheint – indem er beispielsweise auch das, was die Wissenschaften als Wissenskonsens präsentieren, in diesen einbezogen sieht – wird von den aristotelischen (und den damit verbundenen kommunitaristischen[17]) Konzeptionen daraufhin reflektiert, welche Art von *gemeinsamer Erkenntnis*bildung nötig ist, um das zu gewinnen[18], was Menschen miteinander teilen, prüfen und erkunden können und nicht nur als so oder so gegeben feststellen müssen. Nicht dass Moralia durch eine bestimmte Gemeinschaft, vielleicht eine Kirchengemeinde, eine spezifische Gültigkeit haben – nicht das Geltungsproblem steht dann im Vordergrund, sondern wie, welche Moralia *gewonnen*, erworben und – auf ihre Wahrheitsfähigkeit hin – *erprobt* und bewährt werden. Die Erprobung besteht nicht nur darin, dass das, was das Leben von Menschen ausmacht – das, was menschliches Leben gut werden lässt – konvergiert, dass die menschliche Existenzform mit ihren Teilpraktiken nicht auseinander fällt, also ein Gesamt-Konzept menschlichen Lebens in den Blick rückt. Die Erprobung gilt erst recht

---

15  Siehe dazu M. HONECKER: Grundriss der Sozialethik, 1995, 567-590.
16  Vgl. H. ARENDT: Vom Leben des Geistes, Bd. 3: Das Urteilen, 1985.
17  Es muss im einzelnen immer gefragt werden, wie sich Kommunitarismus und aristotelische Konzeptionen zueinander verhalten. Zu oft werden Konzeptionen als kommunitaristische kritisiert, ohne die aristotelischen Implikationen darin zu sehen. Auf diese Weise ist etwa Stanley HAUERWAS missinterpretiert worden. Inhaltlich geht darum, dass in einer solchen christlichen Ethik – mit dem Blick auf Aristoteles – hervortritt, dass die christliche Tradition ein gelebtes Ethos zum Gegenstand hat und nicht nur Auffassungen oder Vorstellungen vom guten Leben, und dass zu diesem Ethos das Geprägt-Werden gehört. In diesem Sinn hat Stanley HAUERWAS von einer »Community of Character« gesprochen: S. HAUERWAS: A Community of Character, 1981. Damit geht es vorrangig nicht um Geltungsfragen, sondern um das Verständnis eines Ethos überhaupt.
18  Auch, was »Tradition« zu nennen ist, kann nicht als etwas »Gegebenes« festgestellt werden, wenn Tradition inhaltlich bestimmt wird: vgl. dazu oben Teil A4.

## 1. Zur Reichweite der politischen Existenz und ihrer Erkenntnis

nicht der Behauptung eines (gemeinschaftlichen) Selbstseins[19], wie es vielfach mit den kommunitaristischen Konzeptionen verbunden worden ist. Es geht vielmehr darum, dass Menschen versuchen, die Spur nicht zu verlieren, auf denen menschliches *Werden* gegeben ist. Auf einer solchen Spur zu sein, macht die gemeinsame Erkenntnisanstrengung und Erprobung aus. Es geht um eine Gemeinschaft der Erkennenden, wie es auch um eine Gemeinschaft derer geht, die das Neuwerden des Geistes erfahren – also das Gegenteil zu einer Überzeugungsgemeinschaft, die nicht aus dem Widerspruch lebt.[20] Sich auf dieser Spur der Erkenntnis zu bewegen und leiten zu lassen, macht das Gemeinsame aus. Dieses Passivum macht das Gemeinsame aus. Es betrifft den Inhalt und die Erkenntnisaufgabe in der politischen Konsensbildung. Es betrifft die Erkenntnis, die die politische Konsensbildung aufbricht.

Alasdair MACINTYRE hat – in Erinnerung an ARISTOTELES – eben darauf den Blick gelenkt: »wenn ein Mensch nicht weiß, was wirklich gut für ihn ist, ist er auch der einzig vernünftigen Gründe für das richtige Handeln beraubt.«[21] Was freilich heißt hier »*wissen, was gut ist*«? Kann dies oder muss dies in einer umfassenden Erkenntnis vom moralisch Guten gewonnen werden? Was ist der Ort dieser Erkenntnis? Muss das moralisch Gute an dem festgemacht werden, was vom Menschen und seiner Natur festzuhalten ist? Dies betrifft auch die Geschichte der Thematisierung einer entsprechenden Rede vom Menschen, einer Anthropologie. Helmut PLESSNER formuliert: »In unserer experimentellen Gesellschaft versteht sich alles von selbst, nur das Moralische nicht. Diese Unsicherheit reflektiert sich an der Frage nach dem, was menschliche Natur im spezifischen Sinne ist und vermag.«[22] Hier sind wir dann auch für die politische Ethik in der Klärung dessen, was der Gegenstand ethischer Erkenntnis sein kann: Wie tangiert die Erkenntnis von der *menschlichen Existenzform* das politische Zusammenleben? Es gilt – in Auseinandersetzung mit den Versuchen, die menschliche Natur zu thematisieren – auf dem Weg zu bleiben, auf dem zu erproben ist, was Menschen in ihrem Werden bewahrt, – das heißt gemeinsam mit anderen auf diesem Weg zu bleiben, denn es geht um die Kontur menschlichen Lebens und nicht dieser oder jener Lebensauffassung.

Damit wird hier nicht das Problem der Übereinkunft über das menschliche Wesen oder die menschliche Natur[23] eingetragen, sondern auf die *Praxis der*

---

19 Vgl. dazu kritisch: R. BUBNER: Moralität und Sittlichkeit (1986).
20 Dies steht gegen andere Sichtweisen des Kommunitarismus, die ihn in die Logik der Gouvernementalität eingefügt sehen – und nicht als den Versuch, diese zu durchbrechen. Vgl.: N. ROSE: Tod des Sozialen? Eine Neubestimmung der Grenzen des Regierens (2000).
21 A. MACINTYRE: Die Privatisierung des Guten (1994), 164.
22 H. PLESSNER: Unmenschlichkeit, 1966 (1974), 223.
23 Vgl. A. MACINTYRE: Die Privatisierung des Guten (1994), 164.

*Erkundung* menschlicher Existenz gesetzt. Die menschliche Existenz ist dann mit der geschöpflichen Existenzform verbunden, wenn sie nicht als auf eine menschliche Natur zurückgeworfen begriffen werden muss, sondern auf jene Praxis des Geistes verwiesen bleibt, die auf die Erkundung dessen ausgerichtet ist, was wir Menschen sein dürfen.[24] Was damit aufeinander trifft, sind nicht divergierende Inhalte in Bezug auf den politisch-moralischen oder auch den lebensweltlichen Konsens (wie dies Alasdair MACINTYRE diskutiert), sondern die politische Konsens-Arbeit *und* eine Praxis der Erkundung der menschlichen Existenzform. Diese bedarf der Artikulation[25], um sie in den Diskurs einzubringen und um daraus Begründungen zu gewinnen. Entscheidend aber ist, dass sich diese Artikulation auf eine *bestimmte Praxis* bezieht, die erkundet, was als Ethos erscheint.[26] Václav HAVEL fragt im Blick auf eine mögliche neue öffentliche Präsenz eines Lebens in der Wahrheit, für das im totalitären Regime die Dissidentengruppen eingestanden sind, die jetzt unter den Bedingungen einer anderen Gesellschaft – vielleicht – ihre Fortsetzung finden: »Ist nicht das Bemühen um ein *artikuliertes ›Leben* in Wahrheit‹, das erneuerte Gefühl der höheren Verantwortung inmitten einer gleichgültig gewordenen Gesellschaft, ein Zeichen einer beginnenden sittlichen Rekonstitution?«[27] Die *Konvergenz* dessen, was Menschen sein dürfen, muss deshalb nicht in einer umfassenden Lehre zur Darstellung kommen, die unabhängig von einer *gemeinsamen Erprobung* zu gewinnen ist. Es geht aber auch nicht um den Gegensatz zu einer solchen Morallehre, sondern um die Frage, auf welche Lebensgestalt und auf welche Praxis ihrer Erkundung sich die politische Verständigung bezieht. So kann die Konvergenz dessen, was menschliches Leben werden lässt, in einer *Spur* aufgefunden werden, an der entlang Menschen sich bewegen, wenn sie – gemeinsam – erproben, was Menschen sein dürfen. Dies ist die Logik von Röm 12,2: es gilt »das Gute«, über das keine Morallehre oder eine Theorie des guten Lebens erfassen kann, im Werden menschlichen Lebens zu erproben.

Traditionen ethischen Denkens, an denen dies zu zeigen ist, sind von Charles TAYLOR und anderen – wie Václav HAVEL – neu zur Sprache gebracht worden. In Taylors Darstellung treten auch die *Topoi* hervor, die die Frage nach der Konvergenz der Lebenspraxis als eine theologische kennzeichnen, sofern diese

---

24 Vgl. oben Teil A3.
25 Vgl. auch: A. MACINTYRE: Die Privatisierung des Guten (1994), 169.
26 Jedenfalls ist auch im Zusammenhang politischer Ethik die Frage zu bearbeiten, die RAWLS in einer Anmerkung anzeigt.
27 V. HAVEL: Versuch in der Wahrheit zu leben, 1989, 89f. Havel fährt fort: »Mit anderen Worten: Sind nicht diese informellen, unbürokratischen, dynamischen und offenen Gemeinschaften, diese ganze ›parallele Polis‹, eine Art Keim oder symbolisches Mikromodell jener sinnvollen ›postdemokratischen‹ politischen Strukturen, die eine bessere Ordnung der Gesellschaft begründen können?«

## 1. Zur Reichweite der politischen Existenz und ihrer Erkenntnis

Konvergenz in einem bestimmten Reden von Gott erscheint. Dieses Reden von Gott kann einer *augustinischen* Logik folgen, in der alles Gute, das Menschen suchen oder erstreben, in Gottes Gutsein (Gott als summum bonum) konvergiert.[28] Sofern dieses Gutsein auch partikular erscheint, kann eine Differenz zu dem auftreten, was Menschen im Konsens für gut halten. Das macht den politischen Charakter dieser Rede von Gott aus. Oder die Rede von Gott folgt einer *reformatorischen* Logik. Danach konvergiert die Erprobung dessen, was nach Gottes Willen gut ist, im Neuwerden des Geistes, das Menschen widerfährt. Dieses Neuwerden wird – mit den Christenmenschen, in ihrem Werden – präsent. Die reformatorische Logik, die sich von einem Strebens-Ethos unterscheidet, führt zu einer politischen Ethik, die nicht von Gottes Wirken entleert ist und »Gott« zum moralischen Gott werden lässt. Dieser moralische Gott ist – wie NIETZSCHE gesehen hat – tot.[29] Dies setzt eben diejenige explorative Erkenntnis frei, die an die Stelle der moralischen Vergewisserung und Selbstreflexion tritt.

Das ist auch hier noch einmal in Erinnerung zu rufen[30], damit die Bedeutung der Debatte um Liberalismus und Kommunitarismus für die Ethik an diesem *theologischen Punkt* kenntlich wird. Auch in Bezug auf die gemeinsamen Moralia ist zu fragen, was die Tagesordnung ist, auf der sie thematisiert werden und wo sie ihren Brennpunkt finden. Welche Art von Öffentlichkeit wird dies sein? Indiz für die Leerstelle an diesem Punkt ist die Verlagerung der gemeinsamen Arbeit an den Moralia in die Verwaltung. Die Moralia werden handhabbar, wenn Argumentationen verwaltet werden, die ihren Gegenstand verloren haben, und sich nur daran ausweisen, dass sie einer wie auch immer gegebenen Plausibilität folgen. Die Verwaltung der Moralia, also Politik im Sinne von Regierung (gouvernement, government), tritt besonders dort hervor, wo von »Werten« die Rede ist.[31] (Theodor W. ADORNO; Ulrich K. PREUß[32]). Die Verwaltung von Werten[33] ersetzt die – auch politische – Erkundung dessen, was Menschen sein dürfen, die Moralia ihrer öffentlichen Präsenz. Auch der politische Liberalismus

---

[28] Vgl. R. SPAEMANN: Die zwei Grundbegriffe der Moral (2001).
[29] Zum Tode des moralischen Gottes und des ihm entsprechenden moralischen Menschen vgl. P. RICOEUR: Religion, Atheismus und Glaube 1969 (2002).
[30] Vgl. oben Teil A.
[31] Vgl. dazu A. MACINTYRE: Die Privatisierung des Guten (1994), 169: »Die Rhetorik gemeinsamer Werte ist von großer ideologischer Bedeutung, aber sie verdeckt, wodurch das Handeln gelenkt und bestimmt wird. Denn das, was wir an gemeinsamen moralischen Maximen, Richtlinien und Prinzipien haben, ist nicht hinreichend klar formuliert, um das Handeln zu lenken, und das, was nicht hinreichend klar formuliert ist, ist nichts Gemeinsames.«
[32] U.K. PREUß: Politische Verantwortung und Bürgerloyalität, 1984.
[33] Zur Genealogie im 19. Jahrhundert vgl.: J. GEBHARDT: Die Werte (1989); zur Bedeutung der Werte für die Ökonomisierung menschlicher Lebenspraxis: H. ARENDT: Fragwürdige Traditionsbestände im politischen Denken der Gegenwart. vier Essays, 1957.

bezieht sich auf »Werte«, die abzurufen sind, und macht sie für eine Art politischer Verhandlung zugänglich.

Es gibt eine Reihe von weiteren Indizien für den Versuch, die Leerstelle einer ausdrücklichen Erkundung menschlicher Existenzform auszufüllen. Dazu gehört neben der Behauptung unabsehbarer individueller Lebenseinstellungen die Reklamierung einer *Kultur*, die die Konvergenz dessen, was das menschliche Leben gut werden lässt, repräsentierten soll.[34] Damit ist erst recht ausgeblendet, wie eine Urteilspraxis zur Geltung kommt, die einer kritischen Spur folgt. Es wird zumeist nicht einmal gefragt, was die vielleicht spezifische *kulturelle Leistung* ist, die hier aufgerufen wird, wie die Leistung einer gemeinsamen Erinnerung vielleicht. Nicht dass der politische Liberalismus gegenüber den Fragen des guten Lebens und den damit verbundenen Moralia indifferent sein müsste, ist das Problem – dafür ist der politische Liberalismus zu genau auf bestimmte Grundlagen des politischen Zusammenlebens bezogen – sondern, dass jenseits des Konsenses zum politischen Zusammenleben kein gezielter Streit mehr um das zu führen ist, was menschliches Leben sein darf – das heißt auch kein Streit mehr um die Moralia, die den politisch-moralischen Konsens tangieren. Aber solche Fragen drängen auf die Tagesordnung. Dazu gehören nicht zuletzt Fragen, die das Geboren-Werden und Sterben von Menschen betreffen, wie sie jetzt durch die medizinische Technik und das, was sie an Einstellungen reflektiert, hervorgerufen werden. Dazu gehört auch die Frage, was es für uns Menschen bedeutet, in einer Familie aufzuwachsen, Eltern, Geschwister und Verwandte zu haben. Diese Fragen sind wohl paradigmatisch für das ganze hier gestellte Problem: wie das »richtige Leben« auf – welche – Tagesordnung kommt, sofern eben dieses richtige Leben keineswegs eine Sache der »privaten Meditation«[35] bleiben kann. Durchaus lässt sich die Frage, wie Menschen geboren werden, wie sie aufwachsen und wie sie sterben, daraufhin durchdeklinieren, wie diese Kennzeichen der menschlichen Existenzform mit den Regeln der politisch-bürgerlichen Existenz zusammentreffen. Die politische Ethik ist von diesen Kennzeichen der menschlichen Existenzform bestimmt.

## 2. Welche Tagesordnung?

So wird es in vieler Hinsicht zur Frage, *was* auf *welche* Tagesordnung gesetzt werden muss und kann. Was ist Reichweite und Umgrenzung dessen, was auf ein politisch Gemeinsames hin zu ermitteln ist – in Verbindung mit dem, was die Erkundung der Moralia ist? Wie stellt diese sich in Bezug auf einen Diskurs dar, der auf eine wahrheitsfähige *Erkenntnis* der Moralia zielt? Diese Fragen wer-

---

34 Vgl. dazu auch J. GEBHARDT, a.a.O.
35 Vgl. V. HAVEL: Versuch in der Wahrheit zu leben, 1989, 89.

den drängend, nachdem das, was »Lebenswelt« genannt worden ist, in jeder Hinsicht zur Disposition zu stehen scheint, schon weil sie de facto vielfältigen Veränderungen ausgesetzt ist, die auch für das politische Zusammenleben entscheidend sind. Dass diese Veränderungen als technologisch bedingte erscheinen – zumal wenn mit dieser Technologie eine vielfältige Veränderung des Bewusstseins und der Lebenseinstellungen einhergeht[36] – , macht es nötig, den unmerklichen Übergang zu Veränderungen in den politischen Verhältnissen um so deutlicher herauszustellen. Dies setzt voraus, dass die Politik in ihren eigenen Voraussetzungen diesbezüglich widerständig und zur Kritik fähig ist. Dann gäbe es eine *oppositionelle Politik* gegen eine sich verändernde politische Wirklichkeit, wie sie sich durch die Veränderungen ergibt, die sich de facto – bedingt auch durch technologische Entwicklungen einstellen. Das betrifft nicht zuletzt – unabhängig von ihren statistischen Dimensionen – die Entwicklungen im Bereich von Biotechnologie und Medizin. Wenn etwa durch die Reproduktions-Technologie die Möglichkeit entsteht, dass es Menschen gibt, die durch andere Menschen in ihrer Beschaffenheit tiefgreifend verändert worden sind, wird dies die Grundlagen politischen Zusammenlebens tangieren, weil Menschen nicht mehr im Sinne ihrer Gleichursprünglichkeit gleich sind. Welche Art von ausdrücklich festgehaltener Gleichheit muss gewährleistet sein, damit diese als disponibel erscheint?

Ebenso stellt sich die Frage, wie außerhalb des politischen Diskurses Moralia in den Blick kommen. Inwiefern wird das zum Thema und zum Gegenstand der Artikulation (im Sinne von Charles TAYLOR[37]), was das menschliche Leben in seinem geschöpflichen Werden gelten lässt. Wo wird zum Gegenstand der kritischen Wahrnehmung und der Urteilsbildung, was im common sense aufgerufen wird? Welche Öffentlichkeit steht dafür ein? Ist dies irgendwie an Ethik-Kommissionen abzulesen oder an diesen oder jenen Medien oder spezifischen Öffentlichkeiten? Und vor allem: Welche Art von Öffentlichkeit kann dem Erfordernis einer *kritischen* Urteilsbildung entsprechen, wie sie auch der politische Liberalismus voraussetzt?

Diese Fragen sind gestellt.[38] Hier sollen im Blick auf den politischen Konsens dazu einige Konturen gezeichnet werden, damit sichtbar wird, in welches Spannungsfeld eine Ethik gerät, die die Moralia nicht einem unbestimmten oder auch homogenen Pluralismus, der alle Differenzen aufnimmt, überlassen kann, weil sie – auch für den politischen Konsens – damit rechnet, dass in Fragen der Mo-

---

36  Darauf hat insbesondere Hans JONAS den Blick gelenkt: H. JONAS: Das Prinzip Verantwortung, 1985.
37  C. TAYLOR: Quellen des Selbst. Die Entstehung der neuzeitlichen Identität, 1994. Zu diskutieren ist, in welcher Weise bei Taylor die Artikulation eine gemeinschaftliche ist, die auf gemeinsamer Erprobung oder Erfahrung beruht und insofern auch nicht nur »kollektiv« zu nennen ist.
38  Siehe dazu Teil A6.

ralia einem allseitigen Pluralismus Grenzen gezogen sind, schon dadurch, dass auch der politische Konsens auf manches zurückgreift, was menschliches Leben ausmacht.[39] Entscheidend aber ist die Begrenzung des politischen Konsens – auch im Sinne eines liberalen Modells – , damit nicht nur dem politischen Handeln, nicht zuletzt dem Staat und dem Gesetzgeber eine Grenze gesetzt ist, sondern damit das politische Handeln nicht seine Konturen verliert und so um so mehr vom Kräftespiel unpolitischer Macht bestimmt wird. Je unbestimmter die Moralia sind, mit denen er zu rechnen hat, um so leichter ist es, sie – in Veränderung der politischen Aufgabe – zu besetzen, z.B. im Bereich der Biopolitik, der Arbeitspolitik oder der Bildungspolitik. Das ist das entscheidende Argument einer politischen Theorie, die damit die *Artikulation*[40] des Ethos herausfordert.

Dies betrifft nicht zuletzt das Verhältnis von *Moral und Recht*.[41] Die Begrenzung des Rechts beruht dieser – insbesondere von Ingeborg MAUS eindrücklich vorgetragenen – Argumentation zufolge darauf, dass im politischen Bereich nicht allgemeine moralische Forderungen, sondern *bestimmte* moralische Festlegungen allein leitend sein können, wenn vermieden werden soll, dass von Fall zu Fall ein politischer Zugriff auf das erfolgt, was einzig einem ethisch-moralischen Diskurs überlassen bleiben kann. Nur entsprechend artikulierten moralischen Forderungen kann auch in gleichermaßen bestimmter Weise widersprochen werden. Den Zugriff auf die Inhalte des ethisch-moralischen Diskurses erleichtern paradoxerweise diejenigen Konzeptionen, die auf den Pluralismus von ethischer und moralischer Urteilsbildung setzen. Dieser bleibt widerstandslos jeder Gesetzgebung ausgeliefert – im Gegensatz zu einem widerständigen Diskurs über das, was unser menschliches Leben sein darf. Beispiele dafür gibt es nicht wenige. Am besten gelungen ist der *friedensethische* Diskurs.[42] Solche Widerständigkeit zeichnet sich aber auch im Bereich der Bioethik ab, entgegen dem Versuch, hier den politisch nötigen Konsens und die lebensweltlichen Einstellungen weit auseinander zu rücken, was zu einer unpolitischen de-facto-Politisierung und –Moralisierung führt.

Die Abgrenzung dagegen, die Moralia nicht in einer umfassenden Lehre darzulegen, muss nicht bedeuten, dem Diskurs zu den Moralia auszuweichen, son-

---

[39] Zur Rede vom Pluralismus in der evangelischen Ethik vgl. die kritische Analyse von W. SCHOBERTH: Pluralismus und die Freiheit evangelischer Ethik (2002). Zum Diskurs im Blick auf die politische Ethik siehe: H. BEDFORD-STROHM: Gemeinschaft aus kommunikativer Freiheit. soziale Zusammenhalt in der modernen Gesellschaft. Ein theologischer Beitrag, 1999.
[40] Charles TAYLOR hat die Artikulation als entscheidendes Kennzeichen eines Ethos markiert: C. TAYLOR: Quellen des Selbst. Die Entstehung der neuzeitlichen Identität, 1994.
[41] Siehe dazu die einschlägige Analyse bei I. MAUS: Die Trennung von Recht und Moral als Begrenzung des Rechts (1992); zur weiteren Diskussion und zur kritischen Betrachtung der Trennung siehe: G. LOHMANN: Menschenrechte zwischen Moral und Recht (1999).
[42] Siehe W. HUBER; H.-R. REUTER: Friedensethik, 1990.

dern heißt im Gegenteil, einen solchen zu eröffnen. Für die Philosophie und ihre Konzeptionen von der praktischen Vernunft stellt sich die Frage nach der Erkenntnisaufgabe ebenso wie für die theologische Ethik, die nicht notwendig auf ein Lehrgebäude zielt (wenn dies auch immer wieder geschieht) als vielmehr auf eine kritische und explorative und lehrende Praxis (siehe Teil A1), die es zu beschreiben und in ihrem Ort zu bestimmen gilt. Jedenfalls gehört zur Tradition theologischer Ethik eine Praxis des Widerspruchs, der Kritik, der Erprobung und der Lehre, die auch mit institutionellen Bedingungen verbunden ist, ohne die es ansonsten nur den Markt der Meinungen und Positionen geben würde, der nicht einmal eine streitfähige Pluralität aufweist. Der Streit wird zum allseitigen Disput, in dem die Genese der Positionen nicht mehr thematisiert wird. Die Verlegenheiten der Lehrpraxis entsprechen der mangelnden Erwartung in die explorative Aufgabe. Wer *etwas* zu erkunden hat und fündig wird, hat auch etwas mitzuteilen. Ein bloßer Markt von Überzeugungen, auch wenn er in Gremien und Kommissionen organisiert ist, führt zu keiner Urteilsbildung, die an einem möglichen sensus communis ausgerichtet ist. Die theologische Ethik hat gegenüber einem solchen Meinungs- und Überzeugungsmarkt auf eine Erkenntnisaufgabe gesetzt, auf die der politische Diskurs Bezug nehmen kann. Diese besteht in einer ethischen Urteilspraxis, die sich an dem ausbildet, was Christen als Existenzform zu erkunden und zu erproben haben.

## 3. Fragestellungen in der Auseinandersetzung mit dem politischen Liberalismus

Die Unterscheidung zwischen einer allgemeinen moralischen Grundlegung auf der einen und dem Bereich der vielfältigen individuellen oder partikularen Lebenswelten auf der anderen Seite, ist wesentlich für die Konzeptionen des *Liberalismus*. Die entscheidende Frage ist dabei, wie die Moral, die für alle gilt, verbunden ist mit welchen politischen Gegebenheiten oder umgesetzt in welche politischen Strukturen. Es geht um die Frage, wie sich das moralisch Gültige – wie etwa die Freiheit zu dieser oder jener Lebensplanung – *politisch* darstellt. Dann aber zugleich ist gefragt, was die politische Seite umfasst, was ihre Reichweite und ihr notwendiger Inhalt ist. Der Grundgedanke des politischen Liberalismus – in der Fassung, die ihm John RAWLS gegeben hat[43] – besteht darin, auf sukzessivem Wege, nach Maßgabe dessen, was einem spezifischen common sense entspricht, die grundlegenden Voraussetzungen des Zusammenlebens wiederum in einem spezifischen Konsens, wie er für das *politische* Zusammenleben nötig ist, abzurufen. Dazu gehören zuerst die Voraussetzungen und Prozeduren der

---

43 J. RAWLS: Politischer Liberalismus, 1998.

*Verständigung* selbst. Was immer gewährleistet sein muss, ist die unbefragte und bereitwillige Zustimmung zum politischen Zusammenleben, dessen Struktur und Regeln selbst. Dies schließt eine bestimmte *moralische* und politische Existenz ein, die solche Grundlagen einbringt, auf die sich alle Menschen immer schon verständigt haben.[44] Vorausgesetzt ist die Figur des *freien Bürgermenschen* zusammen mit einer ihm entsprechenden – demokratischen – Verfassung. Die in dieser Konstruktion beschlossene *politische Lebensgestalt* setzt eine »wohlgeordnete Gesellschaft« voraus, der sich niemand verweigern kann, wenn er sich nicht der politischen Lebensgestalt, die als menschliche deklariert ist, überhaupt entziehen wollte. Sie setzt eine *politische Struktur* voraus, die diese politische Lebensgestalt bewahrt. Man kann hinzufügen: Die damit gegebene politische Lebensgestalt kann auch niemandem vorenthalten werden. Es kann keinen Unterschied geben zwischen Bürgern und Menschen – es muss mit dem Bürgersein gesetzt sein, was für die menschliche Existenzform grundlegend ist, es kann nicht zusätzlich Garantien geben müssen, Rechte, die hinzukommen, etwa Menschenrechte, die nicht Bürgerrechte sind,[45] oder solche anderen Moralia, die nicht unabdingbar zu den Voraussetzungen der politischen Ordnung gehören und dem Konsens, der sie trägt.[46] Die Voraussetzung eines solchen moralisch-politischen Rahmens, die *politisch-bürgerliche* Existenz, ist die empirisch-transzendentale Gegebenheit[47], die immer neu auch zur Kritik der politischen Verhältnisse führen muss, sofern diese dazu im Widerspruch stehen. Die politische Existenz kann nicht aus einer Anschauung vom guten Leben gewonnen sein, sondern ist mit Bedingungen, Strukturen und einer Topologie verbunden, die das politische Zusammenleben betreffen.[48] Insofern bleibt der Vorrang der politischen Verständigungsprozeduren und des *einzig dafür* notwendigen Konsenses vor anderen moralischen oder ethischen Inhalten und den damit verbundenen Weisen der Übereinstimmung oder Übereinkunft gewahrt. Im Konfliktfall müssen die Überzeugungen, welchen Inhalts auch immer entsprechend – auf das für die politische Ordnung Nötige hin – revidiert werden.[49] Die hier anvisierte politische Existenz, dieser *politische Status*, kann von allen Menschen – die alle Bürger sein sollen – geteilt werden, ohne dass sie sich mit allen ihren Überzeugungen oder ihrer Lebensform damit einer bestimmten Ethik anschließen müssten,

---

44 Vgl. J. RAWLS: Die Idee des politischen Liberalismus, 1992. Vgl. darin auch die Einführung von W. HINSCH: Einführung zu John Rawls: Die Idee des politischen Liberalismus (1992).
45 Zum Problem: J. HABERMAS: Zur Legitimation durch Menschenrechte (1998). H. ARENDT: Es gibt nur ein einziges Menschenrecht (1981).
46 Zum Problem und zur Unterscheidung von Recht und Moral vgl. I. MAUS: Die Trennung von Recht und Moral als Begrenzung des Rechts (1992).
47 Zum Problem, von »Gegebenheiten« zu sprechen, siehe oben A1-1.
48 Vgl. W. HINSCH: Einführung zu John Rawls, Die Idee des politischen Liberalismus 1992, 19f.
49 J. RAWLS: Politischer Liberalismus, 1998, 120.

### 3. Fragestellungen in der Auseinandersetzung mit dem politischen Liberalismus

aber auch ohne dass sie weiterer Kennzeichen bedürften. In *dieser* Hinsicht wird das Politisch-Moralische von einer weitergreifenden Moral und von der *ethischen* Lebensauffassung unterschieden und getrennt.[50]

Der vielfältige Diskurs um diese Unterscheidung hat sich in Konzeptionen kristallisiert, die nach der einen oder anderen Seite Kritik üben. Agathe BIENFAIT summiert etwa im Blick auf »kommunitaristische Argumente«: »*Rawls' Versuch, die moralische Idealität mit dem politischen Kontext in einem formal-abstrakten Gerechtigkeitsbegriff zu verbinden, führt zu einer Überfrachtung der theoretischen Konzeption. So bleibt die Theorie der Gerechtigkeit in moraltheoretischer Hinsicht ›zu politisch‹, während im Hinblick auf die konkreten Fragen der sozioökonomischen Verteilungsstruktur der Gerechtigkeitsbegriff wiederum ›nicht politisch genug‹ ist.*[51] *Dieser Rückfall des pluralistischen Liberalismus auf einen rein formalisierten Begriff der öffentlichen Vernunft ist der eigentliche Anlass für die ›kommunitaristische Kritik‹. Rawls' Inkonsequenzen eröffnen gewissermaßen eine neue Runde in der Auseinandersetzung um den Stellenwert der substantiellen Sittlichkeit.*«[52]

Dieser kritischen Spur ist zu folgen.[53] Die Nähe christlicher Ethik zu einer solchen Kritik ist – entgegen fragwürdigen Interpretationen ihrer kommunitaristischen Implikationen – auf die Frage bezogen, was der Ort und die Aufgabe einer ethischen Urteilsbildung ist, die nicht primär auf die politisch-moralische Legitimation ausgerichtet ist, sondern darauf, was das menschliche Leben ausmacht, das wir mit anderen teilen und das wir anderen mitteilen. Die christliche Ethik wird sich nicht auf die Legitimationsprobleme beschränken müssen, wie sie zwischen Liberalismus und Kommunitarismus diskutiert worden sind. Hier ist gegenüber manchen Spielarten des Kommunitarismus kritisch Abstand zu halten.[54] Aufs ganze gesehen ist es eher irreführend, direkt kommunitaristische Konzepti-

---

50 Diese Konzeption unterscheidet sich darin von KANT, dass sie die politische Existenz und die moralische unterscheidet. Rawls unterscheidet sich damit von anderen Theorien politischer Praxis, die diese Unterscheidung so nicht treffen und die geforderte Übereinkunft – den übergeordneten Konsens – nicht auf das Politische begrenzen.
51 Verweis bei A. BIENFAIT auf: R. FORST: Kontexte der Gerechtigkeit, 1994, 288.
52 A. BIENFAIT: Freiheit, Verantwortung, Solidarität. Zur Rekonstruktion des politischen Liberalismus, 1999, 215f.
53 Siehe auch W. HINSCH, der innerhalb der Gerechtigkeit im Sinne von »gerechtfertigten Ungleichheiten« zwei Sphären unterscheidet, von denen die erste »besonderen Bedürfnisse von Gesellschaftsmitgliedern in öffentlich anerkannten Notlagen betrifft«: Gerechtfertigte Ungleichheiten : Grundsätze sozialer Gerechtigkeit, 2002, 291. Daran zeigt sich um so deutlicher, wie schwierig es ist, ethische Aspekte der Gerechtigkeit in ein moralisches Konzept einzufügen, wie es jedem Menschen als zumutbar erscheint.
54 Dies lässt sich auf eine Reihe der von A. BIENFAIT referierten Strategien und Kennzeichen kommunitaristischer Konzeptionen beziehen. Dies gilt auch für das Zusammentreffen von kommunitaristischen Konzeptionen mit dem Phänomen der Gouvernementalität: N. ROSE: Tod des Sozialen? Eine Neubestimmung der Grenzen des Regierens (2000).

onen aufzunehmen, statt eben die mit ihnen verbundene Erkenntnisaufgabe zu verfolgen, inklusive einer ihr entsprechenden Praxis ethischer Verständigung. Für die christliche Ethik ist so auch der Verdacht gegenüber einem Rückfall in einen »substantialistischen Gemeinschaftsbegriff«, wie er gegen kommunitaristische Konzeptionen vorgebracht worden ist, dann gegenstandslos, wenn deutlich bleibt, dass Gemeinschaft nicht substantialistisch verstanden werden muss. Die Ecclesia jedenfalls kann so nicht behauptet werden, weil sie Geschöpf ist und als solches existiert. Auf diese Weise kann die christliche Ethik für kommunitaristische Konturen einstehen, ohne in dieser Hinsicht in die Probleme des Kommunitarismus geraten zu müssen. Für die christliche Ethik im Kontext der politischen Verständigung und ihrer Theorien geht es darum, was der Ort und die Form einer ethischen Urteilsbildung sein können, die dem entspricht, was die geschöpfliche Existenzform ausmacht. Diese kann nicht in der Affirmation von Gegebenheiten verschwinden, weder in der Behauptung einer Kirche, noch eines Christentums oder einer korrespondierenden Behauptung von der entchristlichten Gesellschaft. Christliche Ethik, die dem Moralismus liberaler Modelle widerspricht, hat sich auf die Gemeinde derer bezogen, die sich als diejenigen prägen lassen, die Gottes Wort hören und aus diesem Hören ihre *ethische Erkenntnis* gewinnen – als diejenigen, die sich von Gott erkannt wissen. Insofern geraten sie hier auch nicht in einen Wahrheitsdiskurs über die menschliche Natur, sondern bleiben bei der Frage »Wer dürfen wir sein?«.

### 4. Der politisch-moralische Konsens im Konflikt mit der Ethik?

Die politisch-moralische Voraussetzung, die von allen geteilte *Moral* und die *ethischen* Lebensauffassungen können – das ist der Ausgangspunkt einer solchen kritischen Spur – nicht in jeder Hinsicht in Spannung oder gar im Widerspruch zueinander stehen, auch wenn die Bedingungen des politischen Zusammenlebens immer neu, auch contrafaktisch und im Widerspruch gegen die realen Verhältnisse und Auffassungen eingefordert werden müssen. Dies kann zum Problem werden, wenn jene »wohlgeordnete Gesellschaft« durch faktisch gegebene Veränderungen in ihren ethischen Voraussetzungen in Frage gestellt wird, oder auch, wenn die politisch notwendige Konsensbildung – etwa in Bezug auf ausgleichende Gerechtigkeit – durch kein Ethos und seine Erkenntnis ausreichend gedeckt ist.[55] So kann nicht die Gleichheit aller Bürgermenschen im Recht festgehalten werden, während zugleich – etwa durch Eingriffe in das, was dann »Reproduktion« von Menschen heißt – die Gleichursprünglichkeit, die

---

55  Vgl. zu solchen Widersprüchen in der liberalen Gesellschaft insbesondere: H.S. REINDERS: The Future of the Disabled in Liberal Society. An Ethical Analysis, 2000.

## 4. Der politisch-moralische Konsens im Konflikt mit der Ethik?

Bedingung der Gleichheit, aufgehoben wird.[56] Dies wäre von prinzipieller politischer Bedeutung, auch wenn mit der genetischen Ausstattung selbstverständlich nicht – deterministisch – darüber entschieden ist, wie ein Mensch beschaffen sein wird. Die Abhängigkeit in einem ethischen Sinn ist dennoch gegeben, und damit ist die politische Struktur tangiert.

Ebenso ist das für jeden gleiche Bürgerrecht tangiert, wenn von bestimmten Bürgern darüber entschieden wird, *wer* überhaupt in den Status eines Bürgers kommt, also Rechte hat. Das Recht, Rechte zu haben, von Hannah ARENDT als das einzige Menschenrecht gekennzeichnet[57], das durch keine andere Garantie ersetzt werden kann, muss jedem Menschen a priori, *ohne* einen Akt der Zuerkennung zugehören. Im Unterschied dazu spricht etwa Robert SPAEMANN von »Anerkennung« und bestimmt diese als Akt der Anerkennung eines unbestreitbaren Anspruchs durch eine »Anerkennungsgemeinschaft«, der jeder Mensch a priori zugehört, also nicht etwa als die Zuerkennung eines Anspruchs. Von Zuerkennung könnte nur die Rede sein, wenn es einen Ort außerhalb des Bürger-Status gegeben würde. Eine solche Topologie, die zwischen Innen und Außen unterscheidet, wäre selbst eine gesetzte. Dies würde fragwürdigerweise einen *Ausnahmezustand* für diejenigen beanspruchen, die darüber befinden, wem der Bürger-Status zukommt.[58] Die Aufgabe der Politik verändert sich grundlegend, wenn sie darüber verhandelt, was ihr vorausliegt.[59] Dass dies im Zusammenhang gegenwärtiger *biopolitischer* Gesetzgebung geschieht, lässt das Problem in aller Schärfe hervortreten.[60] Mit der Rede von »Embryonen« Politik zu machen bedeutet, dieser spezifischen Strategie zu folgen, es bedeutet, das in Gang zu setzen, was hier »Biopolitik« heißt: etwas in die politische Regie zu nehmen, was ihr nicht zusteht. Wenn demgegenüber anders vom Menschen die Rede ist, vom »werdenden Menschen«, so ist dies nicht einfach auch Politik, sondern es ist der Widerspruch gegen Formen der politischen Usurpation, wie sie die »Biopolitik« darstellt. Hier stehen sich nicht verschiedene Handlungsintentionen gegenüber, sondern auf der einen Seite eine Handlungsintention, die mit dem »Embryo«

---

56 Vgl. dazu die Diskussion bei J. HABERMAS: Die Zukunft der menschlichen Natur, 2001.
57 H. ARENDT: Es gibt nur ein einziges Menschenrecht (1981).
58 Den gleichen Ort nimmt eine Kommission in Anspruch, die davon berichtet, dass sie sich nicht einig darüber sei, ob »der Embryo ein Mensch ist«. Dies hat die Kammer der Evangelischen Kirche in Deutschland in ihrer Stellungnahme »Im Geist der Liebe mit dem Leben umgehen« (2002) so festgestellt.
59 Siehe dazu die Studien von: O. O'DONOVAN; J.L. O'DONOVAN: Bonds of imperfection : Christian politics, past and present, 2004.
60 Dies hat Giorgio AGAMBEN in den Blick gerückt: G. AGAMBEN: Homo sacer, 2002.

etwas anfangen will, und auf der anderen Seite – kategorial verschieden – eine kommunikative Praxis, die nachvollzieht, dass er/sie ein Mensch ist.[61]

Der Status von Enquete- und Ethik-Kommissionen[62] im Zusammenhang der Politik-Beratung ist in Bezug auf das Phänomen »Biopolitik« ungeklärt. Setzt man darauf, dass sie am common sense im Sinne des politischen Liberalismus arbeiten, dann müsste dies auch prozedural deutlich sein, was aber dann nicht der Fall ist, wenn in solchen Kommissionen abgebildet werden soll, was auf dem Markt der Meinungen vorkommt. Demgegenüber ist zu fragen, was die Aufgabe der Urteilsbildung in einer Ethik-Kommmission oder einer Enquete-Kommission sein kann. Welche Art von Diskurs ist woraufhin zu führen? Geht es überhaupt um einen *Diskurs*? Der Diskurs kann sich nicht darauf begrenzen, was für die politische Ordnung unabdingbar ist, *wenn* dieses moralisch Unabdingbare nur in Bezug auf die relevanten *ethischen* Sachverhalte zu diskutieren. Sofern eine Enquete-Kommission den entsprechenden ethischen Diskurs nicht führt, entsteht eine Leerstelle, die durch keine moralische Übereinstimmung zu ersetzen ist und die auch der Verweis auf die Verfassung nicht ausfüllen kann. Daher ist hier eine Ethik gefragt, die etwas davon zu sagen weiß, *wer* wir Menschen sein dürfen, die darin ihre Erkenntnisaufgabe sieht und die daraufhin die moralische Übereinkunft provoziert. So ist die Ethik nicht einfach nur möglicherweise im Konflikt mit der Moral, sondern entschieden kritisch gegenüber einer Moral, die die Frage gar nicht aufwirft, wer wir Menschen sein dürfen, und die in dieser Hinsicht ohne Gegenstand ist.[63] Die Kritik des Moral-Diskurses besteht etwa im Zusammenhang der medizinischen Ethik darin, dass das ärztliche Ethos in den Blick gerückt wird, das selbst die Differenz zwischen dem, was für alle, vielleicht im Sinne eines Nutzens, gelten kann, und dem, was die ärztliche Kunst im Sinne ihres Ethos, das sie wiederum als ein gemeinsames zu beachten hat, auszutragen hat.[64] Auch das Ethos ist als ein gemeinsames im Blick, sofern es mit der leiblichen Existenz von Menschen das betrifft, was wir Menschen sein dürfen. In der politischen Ethik geht es in entsprechender Weise um die Differenz zwischen dem, was das Vermögen zur Verwaltung und zur Beherrschung der Lebensverhältnisse auf der einen und politisches Handeln-Können, also politische Macht, auf der anderen Seite ist.

---

61  Insbesondere Robert SPAEMANN hat deutlich gemacht, dass diese Anerkennung einem unabweisbaren Anspruch entspricht und darin erfolgt, dass ein werdender Mensch angesprochen wird.
62  Siehe z.B. die »Enquete-Kommission für Recht und Ethik in der Medizin«.
63  Zum Diskurs zur Unterscheidung von Ethik und Moral siehe: R. FORST: Ethik und Moral (2001).
64  Insbesondere Hans JONAS hat diese Unterscheidung in den Blick gerückt: H. JONAS: Ärztliche Kunst und menschliche Verantwortung (1987).

## 5. Politischer Status – oder/und Ethik
## Das Problem des politischen Liberalismus

Die Konstruktion des *politischen Liberalismus* dreht sich darum, dass jeder, jede *seine, ihre* Auffassung vom guten Leben oder vom Guten leben kann und zugleich teilnimmt an der friedlichen, wohlgeordneten und verständnisvollen politischen Koexistenz aller Bürgerinnen und Bürger. Die bürgerliche Existenz ist aufgeteilt in eine politisch-moralische, von allen Menschen übereinstimmend geteilte, wie weitreichend diese auch immer ist, und eine ethische, je nach Auffassung oder Überzeugung vom Guten differenzierte und vielfache, die aber mit dem politisch-moralischen Konsens verträglich sein muss. Der politisch-moralische Konsens bedarf eines *ethischen Kontextes*, sofern er nicht alle nötigen ethischen Gemeinsamkeiten enthalten kann und doch immer wieder auf solche zurückgreifen muss. Unterschieden wird dementsprechend – je nach Begriffsbildung – zwischen Recht (Politik), Moral und Sittlichkeit[65], zwischen Recht (Politik), Moral und Ethos oder zwischen Recht (Politik), Moral und Ethik. Das Recht muss (in bestimmter Hinsicht) mit den universalen moralischen Regeln (wie dem kategorischen Imperativ) übereinstimmen[66], aber auch mit den ethischen Sachverhalten, die für das politische Zusammenleben grundlegend sind. Wo es zu Differenzen kommt, muss darüber verhandelt werden, wie sich Moral und Ethos zueinander verhalten.[67] Entscheidend ist dabei, inwiefern »Moral« wirklich das Allgemeine meint, das jedem Menschen zukommt (etwa über seine Vernunft und nicht über Verallgemeinerungen). Daraufhin ist dann auch für die Ethik zu fragen, wie sie auf dieses Allgemeine bezogen ist – und eben nicht auf eine begrenzte (und insofern legitimatorische) Moral. Die Ethik hat damit die Aufgabe, ein konkretes Allgemeines auszubilden, das nicht im Konflikt ist mit dem moralisch Allgemeinen.[68]

Immer neu aber wird die Spannung oder der *Widerspruch* zwischen Recht, universaler Moral (oder Moralität) auf der einen und Ethos (oder Sittlichkeit) auf der anderen Seite zum Problem.[69] In soziologischer Fassung betrifft es die Spannung zwischen politisch-allgemeiner Verständigung und verschiedenen Lebenswelten. Die politik-theoretische Fassung dieser Unterscheidung betrifft die Fra-

---

[65] W. KUHLMANN (Hg.): Moralität und Sittlichkeit, 1986.
[66] Zum Verhältnis von Moral und Recht siehe: G. LOHMANN: Menschenrechte zwischen Moral und Recht (1999).
[67] Siehe dazu C5. Zur Diskussion in der christlichen Sozialethik vgl. M. HONECKER: Grundriss der Sozialethik, 1995, 567-590. Zur philosophischen Fragestellung: T.W. ADORNO: Probleme der Moralphilosophie, [1963] 1996.
[68] Siehe dazu E1-1.
[69] Siehe zur philosophischen Fragestellung: H.J. SCHNEIDER: Das Allgemeine als Zufluchtsort. Eine kritische Anmerkung zur Diskursethik (1998)

ge, wie sich die *politische Ordnung* im Zusammenhang der vielfältigen Veränderungen in den verschiedenen *Lebenswelten* widerspruchsfrei darstellt. Diese Spannung ist auch in Bezug auf »zivilen Ungehorsam« oder Formen des Widerstands zu reflektieren gewesen, sofern Widerstand dort seinen Ort hat, wo die politische Grundordnung gefährdet wird.[70] Wenn kategoriale Veränderungen im politischen Denken betroffen sind, müssen diese auf die Tagesordnung gebracht werden: notwendigerweise auf eine *politische* Tagesordnung, sofern diese selbst für die politische Grundordnung zuständig ist. Damit ist das Problem der *rechtsetzenden Gewalt* und ihrer Legitimation im Spiel. Diese Problemstellung kann nicht dadurch schon als beantwortet gelten, dass von einem *moralischen Souverän* ausgegangen wird, der sich jenseits des Streits um die Moralia, jenseits des Streits um die menschliche Existenzform in ihren verschiedenen Ausprägungen – vielleicht mit seinen Intuitionen – artikuliert. Vielmehr wird die Frage akut, von *wem* Kritik oder Widerspruch ausgehen kann, die dann nötig werden, wenn gerade unter Berufung auf einen moralischen Souverän oder auch unter seiner Regie Recht so verändert wird, dass die Moralia betroffen sind. Entscheidend ist auch, wie diejenigen Verständigungsprobleme – prozedural – geklärt sind, die die Veränderungen des politisch-moralischen Konsenses selbst betreffen. Inwiefern provozieren diese Veränderungen einen *Ausnahmezustand*[71], in dem allererst entschieden werden muss, was die Konturen des politischen Konsenses sein können?[72]

Das Problem des Ausnahmezustands betrifft die *Topologie* menschlicher Existenz, wie sie die Anschauung von den Status, den Ordnungen anzeigt. Das Problem einer solchen Topologie kommt auf die aktuelle Tagesordnung[73], wenn die Spannung zwischen Recht, allgemeiner Moral und Ethik hervortritt.[74] Die Differenz zwischen Recht, allgemeiner Moral und Ethos muss zur Sprache kommen, wenn man die Ethik nicht ins individuell Anonyme abdrängt, wie es die Rede von der Vielfalt der Lebensformen, vom ethischen Pluralismus oder auch vom (individuellen) Gewissen nahe legt. Das liberale Modell muss daraufhin befragt werden, inwiefern es diese Widersprüche hervorbringt[75], weil nicht deutlich ist,

---

70  Vgl. insbesondere J. HABERMAS: Recht und Gewalt. Ein deutsches Trauma (1985).
71  Zur Problemstellung vgl. im Zusammenhang der Entwicklung von biopolitischen Entscheidungen und der Entwicklung einer Biopolitik überhaupt: G. AGAMBEN: Homo sacer, 2002.
72  Vgl. dazu die kritischen Bemerkungen von I. MAUS zum Problem der Dezisionismuskritik: I. MAUS: Die Trennung von Recht und Moral als Begrenzung des Rechts (1992).
73  Vgl. etwa die Analyse von G. AGAMBEN: Homo sacer, 2002.
74  Vgl. S. ANDERSEN; U. NISSEN; L. REUTER, (Hg.): The Sources of Public Morality – On the ethics and religions debate. Proceedings of the annual conference of the Societas Ethica in Berlin, August 2001, 2003.
75  Zu den Widersprüchen in der liberalen Gesellschaft vgl. H.S. REINDERS: The Future of the Disabled in Liberal Society. An Ethical Analysis, 2000.

was die öffentliche Bedeutung einer Ethik ist, die sich nicht auf moralische Grundregeln reduzieren lässt, sondern – wie in der Konzeption des politischen Liberalismus – *politische* Gestalt annimmt. Es wird zu fragen sein, wie die Unterscheidung zwischen allgemeiner Moral, wie sie auch die politische Ordnung trägt, und Ethos möglicherweise anders zu handhaben ist, als es das liberale Modell und die ihm eigene Topologie vorsieht. Inwiefern wird mit *seiner* Unterscheidung zwischen dem Moralischen und dem Ethischen jenes *Gemeinsame* verdeckt, das weder in einem politisch-moralischen Konsens aufgehoben ist, noch in einem abrufbaren Ethos zu finden ist oder in einer christlich geprägten Gesellschaft oder – noch unbestimmter – in einer christlichen Kultur[76], der dann ebenso unbestimmt die Reflexionen zur Säkularisierung entsprechen? Mit dieser Frage aber rückt ein möglicher Diskurswechsel in den Blick: vom (liberalen) Diskurs über Legitimationsprobleme politischen Handelns und Zusammenlebens zu einem Diskurs über das, was als ein gemeinsames menschliches Ethos – im Modus der gemeinsamen Urteilsbildung[77] – zu artikulieren ist, auch wenn eine vielfältig differenzierte Gesellschaft in ethischer Hinsicht nicht homogen ist. Nicht weil das Zusammenleben gefährdet wäre, sondern weil verschwinden würde, was widerständigerweise der Gegenstand gemeinsamer Urteilsbildung ist, muss dieser artikuliert werden. Ohne diese Praxis eines Widerspruchs, der sich nicht in eine moralische Plausibilität auflöst, verliert sich die öffentliche Verständigung in eine indifferente Vielheit.

## 6. Das richtige Leben im öffentlichen Diskurs?

Das auch politisch relevante *Gemeinsame*, das durch keine allgemeine Moral, durch keine Organisation und durch keinen wie auch immer abgesicherten ethischen Konsens eingeholt werden kann, bleibt durch die Frage im Blick, wie das gemeinsame Ethos dafür einstehen kann, dass die menschliche Existenzform und das, was wir Menschen sein dürfen, als Gegenstand der Erkenntnis und der Exploration nicht als obsolet erachtet werden. Es geht in dieser Logik nicht um ein Ethos, in dem die Vielfalt der Überzeugungen aufgehoben ist, sondern um ein Ethos, das für das einstehen kann, was im politischen Diskurs zu bearbeiten ist. Immerhin wirft die Theorie des politischen Liberalismus diese Frage auf, weil sie die *res publica* in den Blick fasst, statt etwa vage von einer politischen Kultur zu reden. Muss denn es denn bei der traurigen Wissenschaft bleiben, von der The-

---

[76] Symptomatisch für diese Konstruktion ist: Evangelische Kirche in Deutschland – EKD: Christentum und politische Kultur, 1997.
[77] Vgl. zur Praxis des Urteilens: A3-1; A6-2.

odor ADORNO gesprochen hat, weil die Frage nach dem richtigen Leben[78] auf keiner Tagesordnung vorkommt, die öffentlich relevant ist?

Inwiefern finden sich Menschen in dieser – *explorativen* – Existenzform zusammen, die möglicherweise zu einer allgemeinen moralischen Grundlage quer steht, und ebenso zu den Notwendigkeiten politischer Koexistenz? Wie kann sich der Status politicus in dieser Hinsicht bewähren? Wenn mit ihm nicht inhaltlich vorgegeben sein kann, was alle Menschen teilen, dann muss mit ihm gegeben sein, dass Menschen gemeinsam herausfinden, *worin* sie zusammenleben. Dies bedeutet, dass es nicht genügt, irgendwie auf Lernprozesse zu setzen, sondern dass es eines institutionellen Ortes bedarf, an dem die Verständigung darüber gesucht wird, was unser Ethos sein kann. Paradigmatisch hat einen solchen Ort Václav HAVEL für die »Dissidenten« beschrieben[79], von denen er vermutungsweise annahm, sie könnten das Paradigma für die Art von Opposition sein, die kommende Gesellschaften, eben auch die liberalen und demokratischen brauchen, wenn sie nicht apathisch bleiben sollen. HAVEL schreibt: »*Der größte Teil dieser Versuche verbleibt in der Phase der elementaren Auflehnung gegen die Manipulation: Der einzelne richtet sich auf und lebt – als einzelner – würdiger. Nur hie und da – dank des Charakters, der Voraussetzungen und des Berufs mancher Leute, aber auch dank einer Reihe ganz zufälliger Umstände (wie zum Beispiel eines spezifischen lokalen Milieus, freundschaftlicher Kontakte und so weiter) – wächst auf diesem weiten und anonymen Hintergrund irgendeine zusammenhängende und sichtbare Initiative, die die Grenzen einer ›nur‹ individuellen Rebellion überschreitet und sich in eine bestimmte, bewusste, strukturierte und zielbewusste Tätigkeit verwandelt: Diese Grenze, an der das ›Leben in Wahrheit‹ aufhört, ›nur‹ die Negation des ›Lebens in Lüge‹ zu sein, und anfängt, sich selbst auf eine gewisse Art schöpferisch zu artikulieren, ist der Ort, an dem das geboren wird, was man das ›unabhängige geistige, soziale und politische Leben der Gesellschaft‹ nennen könnte. Dieses ›unabhängige Leben‹ ist natürlich nicht von dem anderen (vom dem ›abhängigen‹) leben durch irgendeine scharfe Grenze getrennt. Oft koexistieren beide sogar in einem Menschen. Dennoch zeichnen sich die wichtigsten Keimzellen des unabhängigen Lebens durch eine verhältnismäßig hohe Stufe der inneren Emanzipation ab: Sie sind wie kleine Boote im Ozean des manipulierten Lebens, die zwar vom Wellengang hin und her geschleudert werden, aber immer wieder aus den Wellen auftauchen als sichtbare Boten des Lebens in der Wahrheit, die von den unterdrückten Intentionen des Lebens sprechen.*«

Es wird im Sinne dieses Vorgangs immer neu darauf ankommen, wie die *politische Existenzform*, der Status politicus gewährleistet bleiben kann als der Ort, an

---

78  Siehe auch: T.W. ADORNO: Probleme der Moralphilosophie, [1963] 1996, 9.
79  Vgl. V. HAVEL: Versuch in der Wahrheit zu leben, 1989, 55f.

dem auszumachen ist, *worin* sich Menschen im politischen Zusammenleben finden. Dieses »worin« muss dann nicht unthematisiert einem unbestimmten Pluralismus überlassen bleiben oder in einen Konsens transformiert werden, in dem die Konturen menschlicher Existenzform verschwimmen und zu keiner Auseinandersetzung mehr führen. Es ist eine Tagesordnung nötig, auf der dies ausgetragen wird, ebenso wie der Diskurs zu dem, was Gerechtigkeit in den vielfältigen Verhältnissen heißen kann: im Bereich der Gesundheit, der Bildung, der Arbeit. Gerechtigkeit ist hier *nicht* formal (etwa als Fairness) zu fassen[80], sondern verbunden mit den Konturen menschlicher Existenzform. Gerechtigkeit ist die Bewährung in dieser Existenzform. So geht es nach der politischen Seite nicht diffus um die Versorgung mit Gütern, sondern um deren – *inhaltlich bestimmte* – Gestalt in der Perspektive der Gerechtigkeit.[81]

Der politische Liberalismus zielt auf die Koexistenz von freien Bürgern, die in ihren Überzeugungen individuelle Subjekte sind. Die freien Bürger müssen sich über ihre Überzeugungen in Bezug auf den Konsens zum politischen Status verständigen. *Was* dieser alles einschließt, ist freilich damit nicht gesagt. Er kann eine Reihe von *ethischen* Implikationen haben – wie etwa *gattungsethische* – die für das politische Zusammenleben entscheidend sind. Wenn etwa der Imperativ »es soll eine Menschheit sein« nicht mehr nachvollzogen wird, dann verändert dies die Konturen des politischen Status erheblich. Dieser Imperativ hat – woran Hans JONAS erinnert hat – seinen partiellen *ethischen* Ort dort, wo wir unseren Kindern sagen, die mit uns leben, was die Perspektiven unseres menschlichen Lebens sind. Wir müssen ihnen direkt Auskunft geben und wir geben sie in der Art und Weise wie wir leben. Das ist etwas anderes als sich auf ein für alle Menschen gültiges Gesetz zu berufen. Es bedarf dieser praktischen Rechenschaft, des Zeugnisses und der Tradition. Nicht allein die Nötigung zum Zusammenschluss, sondern die Exploration dieses humanum *und* der mit ihm genuin verbundenen politischen Ordnung macht dann die Aufgabe einer durchaus *politischen* Ethik aus.

Dem politischen Liberalismus zufolge muss *beides* in deutlicher Unterscheidung gegeben sein: ein bestimmtes moralisch-politisches Vermögen, das Zusammenleben mit allen anderen Bürgern zu teilen und mitzutragen, aber zugleich die Freiheit, sein Leben im übrigen nach je eigenen ethischen Auffassungen zu leben. Die *moralischen Vermögen*, die für die politische Koexistenz gebraucht werden, sind der »Gerechtigkeitssinn« (in der Bedeutung, die RAWLS

---

[80] Darauf verweist insbesondere U.K. PREUß: Politische Verantwortung und Bürgerloyalität, 1984, 115f.
[81] Die Denkschrift der EKD »Gemeinwohl und Eigennutz« (1991) unterstreicht dies auch: Ziff. 156.

umschrieben hat[82]) *und* die Befähigung zu einer Konzeption des Guten, das heißt die Befähigung dazu, die *moralischen* Implikationen und Grundlagen der politischen Existenz zu konzipieren und mit anderen zu prüfen.[83] Es muss jedenfalls möglich sein, den *moralischen Standpunkt* (moral point of view) zu sichern, soweit er für das politische Zusammenleben tragend ist.[84] Der politische Bürger, der hier beschrieben wird, ist in diesem Sinne eine *moralische Person*.[85] Die Figur des freien *Bürgers als moralische Person* – in der begrenzten Form, die für die politische Aufgabe[86] nötig ist, weil sie das politische Zusammenwirken und Zusammenleben ermöglicht und trägt. Es wird immer wieder neu darum gehen, solche moralischen Personen zu gewinnen, die sich in diese Logik und den Diskurs der Legitimation einfügen. Dies kann gewiss nur ohne äußeren Zwang geschehen, aber doch so, dass die Bürger einsehen *müssen*, dass nur unter dieser Voraussetzung ein politisches Zusammenwirken, das jeder wünschen muss, möglich ist. Es ist die Nötigung *zum Zusammenleben*, die dies verlangt, und dem entspricht die – begrenzte – politische Aufgabe[87]: den Konsens bereitzustellen, dem alle unterworfen sind. Darauf sich berufen können heißt, moralisch sein und so der Logik der Rechtfertigung folgen. Sie gründet die politische Ordnung auf das moralische Subjekt, mit seinem Gerechtigkeitssinn und seiner Befähigung zu einer Konzeption des Guten – dieses ist der *Souverän*, der alles trägt. Dieses moralische Subjekt kann nur der Bürger sein, der sich im Status politicus aufhält und der sich keine Ordnung irgendwie selbst geben kann – auch wenn er diese thematisieren muss. Entscheidend ist, wo die Grenzen dieser Thematisierung verlaufen. Schließlich kann dieser moralische Souverän nicht den politischen Status verändern wollen. Er muss verstehen, sich in diesem politischen Status zu bewegen.

An die Grundfigur des politischen Liberalismus ist *kritisch* anzuknüpfen, weil sie nicht nur die politische Ethik, sondern die Ethik insgesamt dem liberalen

---

82   Dieser unterscheidet sich vom sensus communis (vgl. dazu: H. ARENDT: Vom Leben des Geistes, Bd. 3: Das Urteilen, 1985).
83   Vgl. die Zusammenfassung bei W. HINSCH: Einführung zu John Rawls: Die Idee des politischen Liberalismus. Aufsätze 1978-1989 (1992), 17.
84   Das ist auch die Konzeption bei U.K. PREUß: Politische Verantwortung und Bürgerloyalität, 1984, vgl. bes. 178-185. Preuß stellt dar, in welcher Weise die politische Machtbildung auf Vertrauen und Gewissen beruhen, die ihrerseits im formalen Prinzip der Gegenseitigkeit institutionell befestigt sind. Damit ist vermieden, dass politische Verantwortung auf gemeinsame inhaltliche Kriterien festgelegt ist. Sie ist getragen von diesem Minimalethos, das gleichwohl als soziale Praxis gekennzeichnet wird.
85   Zum Verständnis siehe den Überblick bei: J. HALLAMAA: The prisms of moral personhood : the concept of a person in contemporary Anglo-American ethics, 1994.
86   Die politische Aufgabe selbst ist begrenzt auf Ordnungspolitik, auf »Polizei« im Unterschied zum politischen Handeln im Sinne von Hannah ARENDT.
87   Vgl. U.K. PREUß: Politische Verantwortung und Bürgerloyalität, 1984, bes. 155-157: »Der neue Begriff der Politik«.

Modell zu unterwerfen sucht. Der politische Liberalismus zielt darauf, jedem zugängliche Bedingungen der Verständigung (wie formal auch immer sie tatsächlich sein mögen) sicherzustellen, durchaus auch alles heranzuziehen, was diesem Ziel dient, und ansonsten mit jeder Ethik verträglich zu sein, wenn diese denn umgekehrt den (moralischen) Implikationen nicht widerspricht, die den freien Bürger in seiner grundlegenden Vergewisserung kennzeichnen – oder wenn sie diese Prozeduren mitträgt und auch für die Bereitwilligkeit sorgt, dem Konsens zu folgen. Keine Lebensform, keine ihr entsprechende Ethik muss für alle gelten, außer den genannten begrenzten *moralischen* Voraussetzungen für das politische Zusammenleben.[88] Dennoch hängt alles daran, dass es die *Figur dieses Bürgers* gibt und – auf dem Hintergrund einer wohlgeordneten Gesellschaft – in selbstverständlicher Weise geben kann. Das politische Geschehen dreht sich um diese moralische Figur. Es folgt dem entsprechenden Diskurs zu den fraglosen Grundlagen des Zusammenlebens. Wo aber bleibt die Frage nach dem »richtigen Leben«? Sollte sie zu einem Diskurswechsel führen, sollte dieser ein öffentlicher über das richtige Leben sein, vielleicht angeführt von einer entsprechenden – öffentlichen – Philosophie? Werden die Aspekte und Fragen um die menschliche Existenzform in einem Diskurs präsent werden können – oder geht es um eine Differenz zwischen dem vielfältigen Diskurs um Wahrheit, Macht und Moral auf der einen Seite und einem Ethos, das in diesen Diskursen nicht hervortreten kann, auf der anderen Seite? Die Frage jedenfalls, wer wir Menschen nach Gottes Willen sein dürfen, die Frage der christlichen Ethik, steht in ihrer Logik quer zu den Diskursen über Wahrheit, Macht und Moral, sofern diese darauf zielen, für uns zu sichern und legitimationsfähig zu machen, wer oder was wir sind, sofern diese allesamt darauf zielen, das menschliche Leben zum Projekt zu machen, damit wir uns (moralisch) darauf berufen können. Nicht zuletzt an der Debatte um den politischen Liberalismus lässt sich studieren, wo hier die Grenzen des Problemhorizontes verlaufen, in denen die politische Ethik gefangen ist.

## 7. Voraussetzungsvolles Bürgersein

Mit dem Bürgermenschen sind – auch wenn es um allgemein zugängliche Bedingungen gehen soll – *starke Voraussetzungen* gegeben, die auch ein *Bürgerethos* einschließen. Der freie Bürgermensch und mit ihm die Gesellschaft des politischen Liberalismus hat artikulierbare moralisch-ethische Kennzeichen, die durchaus von Veränderungen in der Lebensform tangiert werden können, ebenso wie die Verfassungsgrundlagen und ihre konzeptionellen Voraussetzungen. Hier wird die Trennung von Moral und Ethos aufgehoben. Es entsteht das

---

88 Vgl. U.K. PREUSS: Politische Verantwortung und Bürgerloyalität, 1984, 178-195.

Problem, wie die konstitutiven Voraussetzungen und Übereinkünfte des politischen Zusammenlebens gewährleistet sein können, wenn in verschiedenen Lebensbereichen de facto eine *andere Logik* herrscht: wie kann jemand freier Bürger im beschriebenen Sinne sein, wenn er in manchen Bereichen seines Lebens anderen Formen von Freiheit folgt – etwa der Freiheit eines Optionalismus, der in Konfliktsituationen den Ausweg durch immer neue Wahlmöglichkeiten verspricht oder einer utopistischen Freiheit, die auf der Unabsehbarkeit des je Besseren beruht? Die Widersprüche zwischen dem politisch-moralischen Konsens (im Sinne von RAWLS) und dem, was faktisch geschieht, können vielfältig sein – sie können auch die Grundprinzipien des liberalen Modells betreffen wie die Gleichheit aller Bürger, die etwa dort durchbrochen wird, wo Menschen zum Element der Planung von anderen werden.[89]

Insofern bleiben derzeit eine Reihe von Debatten zur Biopolitik und Bioethik hinter dem Modell des politischen Liberalismus zurück, weil sie sich nicht auf der Ebene des Diskurses über ethische Grundlagen des politischen Zusammenlebens bewegen, sondern behaupten, es gehe um Kompromisse in verhandelbaren *Konfliktfragen*. Sie bestätigen damit ein anderes liberales Modell, das auf das Problem fixiert ist, wie sich der Zwang zum Zusammenleben und die Freiheit (im Sinne der Selbst-Sorge oder auch im Sinne der Selbst-Entfaltung) zueinander verhalten und schließlich irgendwie vermittelt werden müssen. So wird die Freiheit eines *Souveräns* bewahrt, der nicht durch ethische Konflikte gestört werden soll. Konflikte sollen nicht stehen bleiben können, damit die Entfaltung des Souveräns nicht aufgehalten wird. Es gibt für ihn keinen – womöglich bleibenden – Widerspruch. Dieser Souverän kann sich nicht dieser oder jener ethischen Überzeugung anschließen, er muss im Sinne der Bindung an die legitimatorische Moral neutral bleiben. Er beruft sich auf eine solche Moral auch dann, wenn er behauptet, alles, was er in seiner Freiheit unternimmt, schließlich zum Guten führt und auch allen zugute kommt. Wenn man nach »Motiven der Verfahrensethik« fragt, wie Charles TAYLOR dies getan hat[90], dann findet man hier das stärkste Motiv: die Logik der Legitimation jenseits der ethisch-politischen Kontexte, die radikaler tangiert sind, als es Verhandlungsstrategien zugeben können. Diese Kontexte werden übergangen. Dies geschieht dort, wo auf ein moralisch Allgemeines verwiesen wird, etwa wenn im Zusammenhang der medizinischen Forschung gesagt wird, es diene alle Forschung letztlich denen, die auf Heilung warten, oder es diene letztlich einer Kultur, die mit dieser Technologie verbunden ist. Was an Konflikten erscheint, ist auf dem Hintergrund eines sol-

---

[89] Vgl. zu diesen Widersprüchen in der liberalen Gesellschaft H.S. REINDERS: The Future of the Disabled in Liberal Society, 2000.
[90] C. TAYLOR: Motive der Verfahrensethik (1986).

chen Legitimationszusammenhangs immer schon verhandelbar. Hier gibt es dann keine Urteilspraxis[91] mehr, die die Grenzen dessen auszuloten hat, was in einem begrenzten (auf die politische Koexistenz bezogenen) common sense festzustellen ist. Noch weniger gegeben ist damit die Chance, diese Urteilspraxis selbst auf ihre Grenzen hin zu reflektieren, also daraufhin, was überhaupt ihr Gegenstand werden kann. Die Frage, was dieser Urteilspraxis ausgesetzt bleiben kann, muss aber präsent bleiben.

Dort, wo dann gesagt wird, man müsse streiten oder eine »Streitkultur« pflegen – wie es im Zusammenhang der Bio-Ethik und Bio-Politik-Debatten geschehen ist[92] – soll dieser Streit jedenfalls *nicht* den allgemeinen Konsens oder die Verfahrensgrundlage betreffen. Dass diese betroffen sein kann durch das, was hier verhandelt wird – etwa im Zusammenhang der Präimplantationsdiagnostik – ist nicht im Blick, oder es wird nicht thematisch. Es tangiert, wie es scheint, die *formalen* Voraussetzungen nicht, die das liberale Modell tragen. Es sieht so aus, als würden zwar bestimmte moralische Implikationen der Verfassung – durchaus – zur Debatte stehen, nicht aber die Grundlagen des politischen Modells, und schon gar nicht ein Ethos, weil dieses für den Legitimationsdiskurs nicht relevant scheint.

## 8. Moral und Ethik – und das Gegenüber zur politischen Öffentlichkeit

Es ist damit generell das Problem gestellt, wie weit die Unterscheidung zwischen dem *moralisch* Gültigen und dem *ethisch* Strittigen daraufhin kritisch befragt werden muss, was vom richtigen, nicht verfehlten Leben öffentlich zur Sprache kommen kann.[93] Entscheidend ist zu sehen, wie die ethisch strittigen Fragen (im Bereich Gesundheitspolitik, Umweltpolitik, Arbeitspolitik, Biopolitik) auf die Aufgabe einer allgemeinen Übereinkunft durchschlagen, die die politische Ordnung und den Status politicus betrifft.[94] Insofern ist keineswegs nur vom Vorrang der Verfahrensregeln oder einer entsprechenden Gerechtigkeit zu reden, sondern auch davon, wie diese mit inhaltlichen ethischen Sachverhalten zusammenhängen. Was kann für diese Auseinandersetzung der Ort sein, was kann dafür der Vorgang sein? Ein Macht-Diskurs – ein Moral-Diskurs – ein Wahr-

---

91 Zur Aufgabe des Urteilens siehe A6-2. Siehe dazu den Bezug auf H. ARENDT.
92 Vgl. ENQUETE-KOMMISSION: ›Recht und Ethik der modernen Medizin‹, 2002, Vorwort von M. von RENESSE.
93 Vgl. dazu insbesondere die Interpretationen zu I. KANT bei T.W. ADORNO: Probleme der Moralphilosophie, [1963] 1996; zum Verhältnis von Moral und Ethik siehe G. GAMM: Nicht nichts. Studien zu einer Semantik des Unbestimmten, 2000. Gamm kennzeichnet die notwendige Funktion der Moral im Kantischen Sinn. Dabei erscheint jedoch Ethik und Ethos als dem Pluralismus ausgeliefert.
94 Siehe J. HABERMAS' Beispiel der »Atomenergie«, in: Die Zukunft der menschlichen Natur, 2001, 72.

heits-Diskurs? Wie weit ist Vaclav HAVELs »Versuch in der Wahrheit zu leben«[95] von einer Wahrnehmung entfernt, die irgendwie eine »Öffentlichkeit« voraussetzt, von der nicht klar ist, was ihre Tagesordnung sein kann? Es muss die Frage gestellt bleiben, inwiefern es möglich ist, von »Gesundheitspolitik«, »Biopolitik« usf. zu sprechen. Es muss die Frage gestellt bleiben, wo die Grenze verläuft zwischen der politischen Aufgabe und einer allseitigen Regentschaft (gouvernement). Diese Grenze wird auch am Grenzverlauf zwischen Diskurs und Erkenntnis auszumachen sein.[96]

Dem Vorrang der nötigen Übereinkunft, in der sich die verschiedenen Diskurse treffen, steht das Problem entgegen, inwiefern es Fragen der menschlichen Existenzform, gibt, deren Beantwortung nicht pluralistisch oder im Streit befindlich bleiben kann, weil sie, so partikular und konkret sie scheinen, die Voraussetzungen und die Topologie des politischen Zusammenlebens insgesamt verändern können.[97] Am Beispiel der Gentechnologie macht Jürgen HABERMAS diese Überlegung so fest:

*»Die wahrgenommenen und befürchteten Entwicklungen der Gentechnologie greifen das Bild an, das wir uns von uns als kulturellen Gattungswesen ›Mensch‹ gemacht hatten – und zu dem es keine Alternative zu geben schien. Gewiss treten auch diese Bilder im Plural auf. Zu kulturellen Lebensformen gehören Deutungssysteme, die sich auf die Stellung des Menschen im Kosmos beziehen und einen ›dichten‹ anthropologischen Einbettungskontext für den jeweils geltenden moralischen Code bieten. In pluralistischen Gesellschaften sind diese metaphysischen oder religiösen Selbst- und Weltdeutungen aus guten Gründen den moralischen Grundlagen des weltanschaulich neutralen Verfassungsstaates untergeordnet und zu friedlicher Koexistenz verpflichtet. Unter Bedingungen nachmetaphysischen Denkens können auch dem gattungsethischen Selbstverständnis, das bestimmten Überlieferungen und Lebensformen eingeschrieben ist, keine Argumente mehr entnommen werden, welche die Geltungsansprüche einer präsumtiv allgemeingültigen Moral übertrumpfen. Aber dieser ›Vorrang des Gerechten vor dem Guten‹ darf nicht den Blick dafür verstellen, dass die abstrakte Vernunftmoral der Menschenrechtssubjekte selber wiederum in einem vorgängigen, von allen moralischen Personen geteilten ethischen Selbstverständnis der Gattung ihren Halt findet.«*[98]

Der Verweis auf die universalen moralischen Grundlagen trifft auf Konturen eines Ethos, das in seiner Artikulation nicht vielfältig oder diffus bleiben kann. *Ethische* Sachverhalte erweisen sich als durchaus fest umrissener Kontext oder als

---

[95] Siehe B4-10.
[96] Vgl. H.G. ULRICH: An den Grenzen der Verständigung (1998).
[97] Vgl. J. HABERMAS, Die Zukunft der menschlichen Natur, 2001, 73.
[98] J. HABERMAS: Die Zukunft der menschlichen Natur, 2001, 73f.

## 8. Moral und Ethik – und das Gegenüber zur politischen Öffentlichkeit 561

*Medium* für die politische Moral – und doch sind diese weder vorauszusetzen noch einfach einzufordern. Wie aber sind sie präsent? Die politische Moral, die als unumgänglich zu gelten hat, muss offensichtlich den Vorrang behalten, nur so ist die Logik der Rechtfertigung zu bewahren und keinen Begründungsvorgängen ausgeliefert, die eine Rechtfertigung nicht leisten können. Zugleich aber ist deutlich, dass der moralische Souverän über *bestimmte* ethische Sachverhalte nicht nur nicht verfügen kann (das betrifft wiederum nur das Problem der Abgrenzung), sondern auch darauf angewiesen ist, dass ihm gesagt und bezeugt wird, was die menschliche Existenzform bedeutet. Er kann dieser gegenüber nicht indifferent bleiben, weil sie das Zusammenleben betrifft.

Soll also doch eine Biopolitik eingefordert werden? Oder bleibt hier das liberale Modell gerade auch ein Schutz vor angemaßter Biopolitik, indem es strikt darauf besteht, dass jede Entscheidung in den politisch-moralischen Konsens eingefügt werden muss? Das Problem freilich ist dann, dass diese Politik anderswo stattfindet, nicht am (institutionellen) Ort der Politik – auch nicht in einer entsprechenden politischen Öffentlichkeit, der sich jeder Beteiligte (wie etwa auch Wissenschaftler) als Bürger verpflichtet wissen müsste, statt seinen eigenen Diskurs aufzumachen. Wie weit reicht hier die Aufgabe des moralischen Souveräns und seiner Institutionen? Er könnte hier zuerst und vorrangig die Aufgabe haben, den politisch-moralischen Konsens zu wahren und diesen nicht von faktisch gegebenen Veränderungen unterlaufen zu lassen, wie sie Biotechnologie und medizinische Technik, aber auch andere Technologien mit sich bringen. Dies freilich ist ein äußerst labiler Balanceakt, weil auch dann, wenn die politisch-moralische Konsensfindung dieser schützenden Aufgabe nachkommt, die Grenze zur Biopolitik formal jedenfalls überschritten ist. Um so mehr ist er deutlich vor Augen zu stellen. Doch was wird der Ort dafür sein? Wie ist daraufhin der Status politicus zu bestimmen? Wie wird es *Bürger* geben können, die an diesem politischen Ort bleiben und diesen nicht aufs Spiel setzen?

Es wird diesen Bürger im Status politicus nur geben können, wenn er nicht für alles einstehen muss oder einzustehen sucht, wenn er die *Grenze* und Umriss der politischen Aufgabe wahren kann und darf. Diese Grenze freilich wird nicht durch selbstgezogene Grenzen von Verantwortlichkeiten bestimmt werden können. Es kommt hier darauf an, *was* die Grenzen sind, die mit einer anderen Topologie gegeben sind, als sie die Unterscheidung von Moral und Ethos hergibt. Diese ist vom Legitimationsproblem der zwanglosen Übereinkunft bestimmt, nicht aber von der Frage, was denn das Ethos sein kann, das im Spiel bleibt und das nicht ins Anonyme abgedrängt wird. Zugleich aber ist damit nicht gesagt, dass eben dieses Ethos nicht seine eigene Wahrheitsfähigkeit in einer Erkenntnis sucht, die politisch präsent ist.

So geht es um den Umriss der politischen Aufgabe, der sich dadurch abzeichnet, dass die politische Aufgabe an die anderen Status (ecclesia und oeconomia) angrenzt, in denen die menschliche Existenzform ihre Kontur findet. Von ihnen her, muss deutlich sein, was für die politische Verständigung vorausgesetzt werden kann. Ohne die Widerständigkeit dieser Kontur, wird diffus bleiben, was die politische Verständigung zu leisten hat. Die Politik und die politische Öffentlichkeit bedarf dieses *Gegenübers*, an dem sie ihre Grenzen gewinnt. Sie kann sich nur an Grenzen halten, wenn jenseits dieser Grenzen nicht alles offen bleibt.[99] So braucht sie etwa das ärztliche Ethos, auf das hin die moralischen Grundlinien für den Embryonenschutz im Zusammenhang von Pränataldiagnostiken bestimmt werden können. In diesem Gefälle bewahrt das Ethos die Moral – im und mit dem Ethos wird das Moralische fassbar. Das Ethos des Heilens steht in seiner Konkretheit für den moralisch gebotenen Embryonenschutz ein.[100] Das freilich bedeutet, dass das Ethos des Heilens nicht strittig sein kann und selbst in seinem Umriss bestimmt ist – aufgrund der ihm eigenen unfraglichen Implikation, dass Menschen den anderen Menschen, die ihnen anvertraut sind, ihren Nächsten, Hilfe schulden. Das Ethos dieser Nächstenschaft steht gegen jede Moral, die womöglich darüber hinwegzugehen sucht. So trägt das Ethos die Moral des Lebensschutzes. Diese Logik haben wir in der Auslegung der Zehn Gebote bei Martin LUTHER, und nicht zuletzt in der Auslegung des Gebotes »Du sollst nicht töten« gefunden.[101]

In umgekehrtem Gefälle hat in Bezug auf die Manipulation am Embryo Jürgen HABERMAS formuliert: »Es ist der moralische Gesichtspunkt eines nicht instrumentalisierenden Umgangs mit zwei Personen, der uns ... auf die ›Logik des Heilens‹ festlegt und uns damit – ... die Last der Grenzziehung zwischen negativer und verbessernder Eugenik aufbürdet.«[102] Wird der Zusammenhang von Moral und Ethos, Moral und Sittlichkeit[103] nicht gesehen oder auch weitgehend bestritten, wird die Moral hinsichtlich ihrer ethischen Implikationen unterschätzt. Fragwürdig ist dann in dieser Hinsicht auch die Rede vom Pluralismus der Lebensformen. Ein Ethos des Heilens, Helfens und Linderns[104] steht einem solchen Pluralismus entgegen, ebenso wie ein politisches Ethos der Gerechtig-

---

[99] Vgl. in entsprechender Weise die Diskussion um die Frage nach den Staatsaufgaben und die dabei vorausgesetzte Unterscheidung von Staat und Gesellschaft: E.-W. BÖCKENFÖRDE: Staat, Gesellschaft, Freiheit. Studien zur Staatstheorie und zum Verfassungsrecht, 1976.
[100] Insofern ist das ärztliche Ethos inhaltlich so bestimmt, dass es nicht nur als ein Tugend-Ethos zu kennzeichnen ist.
[101] Siehe A3-1.
[102] J. HABERMAS: Die Zukunft der menschlichen Natur, 2001, 79f.
[103] Vgl. zur Diskussion: W. KUHLMANN (Hg.): Moralität und Sittlichkeit, 1986.
[104] Darauf bezieht auch Hans JONAS seine Argumentation: Technik, Medizin und Ethik. Praxis des Prinzips Verantwortung, 1987.

keit, das Ethos der Kindererziehung oder das Ethos wirtschaftlicher Kooperation. Es geht hier um die Konturen eines solchen Ethos, mit denen eben das verloren ginge, was Heilen, Kindererziehung oder wirtschaftliche Kooperation ist. Das Ethos bleibt so bezogen auf eine bestimmte Praxis und die ihr entsprechenden Institutionen, und diese in den Blick zu rücken ist hier die Aufgabe der Ethik.

## 9. *Ethos gegen Moral – außerhalb der Balance?*

Die Logik der Moral ist die Logik der übergreifenden Rechtfertigung: von ihr ist die nicht-moralische[105] oder trans-moralische *Ethik* des politischen Zusammenlebens zu unterscheiden, die je neu die Berufung auf Moral und die darin erscheinenden Legitimationsprobleme zu reflektieren hat. Die Ethik des politischen Zusammenlebens schließt eine praktisch vollzogene Moralkritik ein. Wo etwa die praktizierte *Gerechtigkeit* um des *Nächsten* willen, die partikulare und mitteilende Gerechtigkeit, auf eine Moral für alle stößt, wird die ethische Praxis, das Tun des Gerechten zum Politikum. *Diese* (partikulare) Gerechtigkeit kann sich nicht durch eine universale moralische Rechtfertigung aufheben lassen, sie muss dabei bleiben zu fragen, was denn dem Nächsten mitzuteilen ist und was das Gute und das Gerechte ist, das es hier und jetzt dem Nächsten gegenüber zu bezeugen gilt. Diesem Zeugnis genügt es nicht, toleriert zu werden. Die Beschränkung auf moralische Legitimation lässt das Ethos der Gerechtigkeit als tolerierte Ausnahme erscheinen. Auch wenn eine Legitimation dafür zu gewinnen ist, dass der medizinische Fortschritt um eines allgemeinen Nutzens willen vorangetrieben wird, kann dieser nicht um den Preis erkauft werden, das Tun des Gerechten für den Nächsten daraufhin zu relativieren. Insofern geht es um den *Widerspruch* gegen die Formen moralischer Legitimation, die immer schon bereitliegen, um das eine oder andere Interesse oder Ziel damit zu rechtfertigen. Demgegenüber wächst die Aufgabe, die Errungenschaften des Fortschritts in das ärztliche Ethos zu übersetzen. Dies macht die ganze Anstrengung medizinischer Ethik aus. Der Verweis auf ein Gemeingut, zu dem letztlich alles beiträgt, was Menschen im positiven produzieren, kann nicht ersetzen, was direkt dem Nächsten mitzuteilen ist. Dies gilt immer schon aus Gründen des Gehalts dessen, was damit auf die Tagesordnung kommt. Es macht einen Unterschied, ob die Aufgabe des Heilens im ärztlichen Sinne präsent bleiben soll, oder Gesundheit zu einem allseitig verfügbaren Produkt gemacht wird. Ebenso macht es einen Unterschied, ob die Beseitigung der Arbeitslosigkeit im Blick auf ein bestimmtes Ethos menschlicher Arbeit zum Thema wird, oder den Bedingungen einer de facto Arbeitsgesellschaft unterworfen bleibt. Die Differenz zwischen dem Ethos

---

[105] Vgl. J. MILBANK: Kann Moral christlich sein?(1996).

und den sich ändernden Verhältnissen und technischen Mitteln ist nicht als Differenz zwischen Kontinuität und Wandel oder in anderen solchen Dispositionen zu diskutieren, ohne dass darin erkenntlich wird, worum sich eine solche Differenz inhaltlich dreht. Die theologische Ethik hat hier ihre Aufgabe, indem sie an der Frage festhält, in welcher Weise mit dem Ethos im Spiel bleibt, was und wer wir Menschen sein dürfen, was es für uns heißt zu arbeiten, was Gesundheit bedeutet, was es heißt, zu wirtschaften.

Den Vorrang dessen, was zu dem Ethos gehört, das im Widerspruch seine Kontur bewährt, gegenüber einer rechtfertigenden Moral reflektiert die *biblische Tradition* als Politikum. Dieses bleibt provozierend nicht allein deshalb, weil es die Differenz zwischen der Gerechtigkeit, die jedem einzelnen gilt und dem, was allen gilt, aufzulösen verspricht, sondern weil es dazu herausfordert, dem Nächsten mitzuteilen, was ihm zugute kommen kann, statt sich auf die moralische Form der Gerechtigkeit zu beschränken.[106] Die Frage ist hier, was die »reichere Gerechtigkeit« (Matthäus 5,20) ist, die dem anderen nicht vorenthalten werden kann. Im Gleichnis von den *Arbeitern im Weinberg* (Matthäus 20,1-16) wird dies – vom Gottesreich her provozierend – in den Blick gerückt. Der Besitzer eines Weinbergs gibt jedem Arbeiter den gleichen Tageslohn, auch denen, die später am Tag erst die Chance bekommen, um Lohn zu arbeiten. Die Güte, die der Weinbergsbesitzer ausübt (so kennzeichnet er selbst sein Tun) ist die Güte einer Gerechtigkeit[107], die Gutes mitteilt und nicht von irgendwie gegebenen Ungleichheiten ausgeht, um diesen zu entsprechen. Sie unterläuft diese Ungleichheiten und sie widerspricht der moralisch kalkulierten Gleichheit (auf die im Gleichnis die anderen Arbeiter insistieren). Es ist eine kreative und mitteilende Gerechtigkeit, die das, was dem anderen zukommt, auf eine neue Grundlage stellt: die praktische Ausübung einer reicheren Gerechtigkeit. Davon wird dann jene Gerechtigkeit leben, die auf Gleichheit nach Maßgabe dessen setzt, was Menschen benötigen oder leisten.[108] Diese Gerechtigkeit wird von der reicheren Gerechtigkeit provoziert. »Die Letzten werden die Ersten sein« – dies gilt vom Himmelreich, und dieses provoziert das Handeln im irdischen Weinberg. Es zeigt eine Gerechtigkeit, die reicher ist und der ökonomischen Kalkulation und ihrer Moral widerspricht.

---

106 Siehe A1-9.
107 Dies betrifft auch den Zusammenhang von Gesetz und Barmherzigkeit, wie er im Alten Testament vor Augen tritt. Dies hat M. WELKER: Gesetz und Geist (1989) gezeigt und entfaltet. Ein weiterführendes Verständnis findet sich bei P. RICOEUR: Liebe und Gerechtigkeit, 1990. Ricoeur kontrastiert (anhand seiner Exegese von Lk 6,27-38) die Ökonomie der Liebe und die Gerechtigkeit. Zugleich wird aber deutlich, wie die Gerechtigkeit in die Ökonomie der Liebe übergeht.
108 Zu dieser Chancen stiftenden Gerechtigkeit siehe auch oben C2, zur Konzeption der Wirtschaftsethik von Amartya SEN und seinen Begriff der »substantiellen Freiheit«.

Die Berufung oder der Verweis auf Regeln der Gerechtigkeit muss ins Leere laufen, wenn Gerechtigkeit nicht von einer praktizierten Gerechtigkeit her ihre Kontur gewinnt, wie partikular diese Praxis auch sein mag.[109] Zur Ethik des Evangeliums und ihre Weise der Traditionsbildung gehört das Zeugnis dieser *ausdrücklichen* Praxis – der Praxis der guten Werke. Dabei ist es hier nicht die Konzeption einer Tugend, sondern eines mitteilenden Tuns. Dieses hat seinen Ort *innerhalb*, nicht jenseits des politischen Status, sondern es ist die Praxis des Bürgers. In diesem Sinn ist in der reformatorischen Ethik auch von der *iustitia civilis* die Rede gewesen. Mit dem Zeugnis betätigt sich der Christ als Bürger, nicht als ein solches moralisches Subjekt, das sich um die Lösung von Legitimationsproblemen bemüht, sondern als derjenige, der für das einsteht, was es mitzuteilen gilt. Er ist Werkzeug und Medium dieser Mitteilung. Das ist sein Beruf auch im politischen Zusammenhang. Es geht um eine Politik der Gerechtigkeit für den Nächsten. Diese Gerechtigkeit findet nicht nur sporadisch statt. Die iustitia civilis steht für ein Ethos der Gerechtigkeit, das den Widerhalt bildet gegen das moralisch Allgemeine. Das gemeinsame Wort der Kirchen »Für eine Zukunft in Solidarität und Gerechtigkeit«[110] ist dieser Logik gefolgt und hat damit die Kontur einer politischen Ethik deutlich gemacht, die eine eigene, auf das Ethos bezogene, politische Öffentlichkeit zur Geltung bringt, für die Christen einstehen oder die sie herausbilden helfen.[111] Dies muss keinem allseitigem Kräftespiel und dem ihm entsprechenden Machtdiskurs überlassen bleiben.

Auf diese Weise gilt es – Röm 12,2 entsprechend – zu *erproben*, was Gottes Wille ist: das Wohlgefällige, das Gute und das Vollkommene. Die Logik der Rechtfertigung, die Logik der Moral ist das eine, die Frage nach der immer neu zu erprobenden Präsenz des bestimmten Guten – wie im Tun des Gerechten, in den guten Werken – , in dem sich Menschen finden können, das andere. Das *worin* Menschen sich finden, ist nicht bruchlos als allgemeine Moral zu vergewissern oder als ethischer Konsens festzustellen – wenn es das ist, worin sich menschliches Leben aufhalten kann, wenn es das ist, was zur »inneren Natur« des Menschen gehört, oder wenn es das ist, worum sich Politik dreht, sofern sie

---

[109] Und auch in Bezug darauf ist zu sagen, dass unsere Wirklichkeit irgendwie aristotelisch verfasst ist (J. HABERMAS: Die Zukunft der menschlichen Natur, 2001, 80), und das heißt auch aristotelisch zu erfassen ist.
[110] Für eine Zukunft in Solidarität und Gerechtigkeit. Wort des Rates der Evangelischen Kirche in Deutschland und der Deutschen Bischofskonferenz zur wirtschaftlichen und sozialen Lage in Deutschland, 1997. Zur Analyse des Vorgangs vgl. J. WOLF: Kirche im Dialog, 2002. Der von Judith WOLF analysierte Konsultationsprozess, der zu dem gemeinsamen Wort geführt hat, stellt einen eigenen, spezifischen Weg der Bildung und Exploration von Öffentlichkeit dar.
[111] Eine solche politische Ethik verschwindet nicht in der Alternative zwischen der Betätigung einer Gesinnung, die immer nur ad hoc etwas bewirkt, und einer Verantwortung, die auf den Effekt für alle sieht und daraus ihre Legitimation ableitet.

nicht nur reflexiv auf die Bedingungen einer liberalen Politik bezogen ist.[112] Auch wenn – wie im liberalen Modell unterstrichen wird – die Politik keine ausschließlich ethisch ausweisbaren Ziele hat und haben soll[113], so bleibt die Frage, inwiefern die Politik in ihrer Urteilsbildung doch auf einen bestimmten Gehalt bezogen ist. Inwiefern dreht sich die Politik doch um etwas, das *inhaltlich* zu fassen ist, und das den Bedingungen und Voraussetzungen des politischen Handelns entgegensteht.[114] Inwiefern bedarf ein politisch-moralischer Konsens immer neu eines Widerspruchs, auch wenn dieser vielleicht keine Aussicht hat, in einen Konsens eingefügt zu werden? Inwiefern bedarf die politisch-moralische Öffentlichkeit des Widerspruchs einer anderen Öffentlichkeit? Inwiefern stehen für diese andere Öffentlichkeit nicht zuletzt die Kirchen ein[115]? Solche die *politische Topologie* betreffenden Fragen können nicht in dem untergehen, was jenseits aller politischen Topologie, aus einer abstrakten und schließlich indifferenten Beobachterperspektive als Pluralismus reklamiert wird. Der Differenz zwischen dem, was in den politischen Konsens einzuholen ist und was ihm widerspricht, macht eben jene Urteilsbildung erforderlich, die sich nicht in die Grenzen einer auf Verständigung zielenden Vernunft einschließen lässt – und zwar um eben dieser Verständigung willen. So bemerkt PREUß: »Aber da die Rechtfertigungsfähigkeit kollektiver Ziele und der angewandten Mittel sich keineswegs begrifflich mit den normativen Gründen deckt, kraft derer der einzelne Bürger politischen Gehorsam übt, sind mit der Existenz einer legitimen Ordnung keineswegs automatisch sämtliche verpflichtenden Gründe für jedes Individuum gegeben. Man kann lediglich sagen, dass eine ›prima-facie‹-Verpflichtung stipuliert wird – eine begründete Vermutung streitet dafür, dass die legitimen Gesetze und sonstigen Hoheitsakte auch individualethisch verpflichtend sind. Andernfalls hätten die Bürger mit der Teilnahme an den Prozessen der politischen Willensbildung nicht nur ihr Votum abgegeben, sondern auch ihr politisch-moralisches Urteilsvermögen aufgegeben.«[116]

---

[112] Das ist das Problem des Versuchs von RAWLS, Gerechtigkeit in die Form einer zwingenden Regel zu fassen, statt Gerechtigkeit in der Differenz zwischen einer solchen Regel (wie der Fairness-Regel) und dem Guten, das es zu bezeugen, mitzuteilen gilt, zu suchen.
[113] Vgl. die Kritik bei U.K. PREUß: Politische Verantwortung und Bürgerloyalität, 1984, 172f..
[114] Vgl. Zu diesem Problem in Bezug auf die Diskurstheorie vgl. R. EICKELPASCH: Bodenlose Vernunft. Zum utopischen Gehalt des Konzepts kommunikativer Rationalität bei Habermas (1996).
[115] Vgl. I. SCHOBERTH, W. SCHOBERTH (Hg.): Kirche – Ethik – Öffentlichkeit. Christliche Ethik in der Herausforderung, 2002.
[116] U.K. PREUß: Politische Verantwortung und Bürgerloyalität, 1984, 56f..

## 10. Bürger werden – im Tun des Gerechten

Um diese Distanznahme im Widerspruch in den Blick zu fassen, ist von der Figur des Bürgers noch einmal neu zu reden: von der Freiheit des Bürgers, die sich gerade darin zeigt, dass er sich nicht vorgeordneten oder nachgeordneten Voraussetzungen oder Vergewisserungen und deren Prozeduren unterworfen sieht. Die Tradition der christlichen Ethik spricht von *dem* Bürger, der nicht allein als moralisches Subjekt oder als Souverän aufgrund entsprechenden Legitimationen frei ist, sondern dessen Freiheit *auch* der Moral und ihrer Rechtfertigungslogik entgegensteht. Seine Freiheit liegt nicht allein darin, dass er der moralisch legitimierte Autor und Souverän seiner Lebensverhältnisse ist, die er hinsichtlich der moralischen Grundlagen mit allen immer schon oder im Prinzip teilt, und der immer darauf bedacht sein muss, dass es dabei auch bleibt, um seine Bewegungsfreiheit zu *bewahren*. Dieser *andere* Bürger findet seine *Aufgabe* vielmehr darin, immer neu eine Opposition[117] zu bilden und zu widersprechen. Hier entscheidet sich, inwiefern eben dies den Bürger auszeichnet, dass er/sie sich immer auch an der Grenze zur Bürgerloyalität bewegt, nicht um seiner individuellen Interessen willen, sondern um solcher Güter (im Sinne einer Güterethik) willen, die in ihrer eigenen Widerständigkeit zur Geltung zu bringen sind. Ulrich K. PREUß, der die Frage der *Bürgerloyalität* in ihrer grundlegenden Bedeutung diskutiert hat, bemerkt dazu: »*nicht alle Lebensgüter sind grundrechtlich geschützt, über eine Vielzahl wird im Prozess der politischen Willensbildung entschieden, sie sind gesamtgesellschaftlich verfügbar: Frieden, die Integrität der Natur, einer sozialen Umgebung oder eines kulturellen Milieus sind öffentliche Güter, die sich der Individualisierung in Grundrechten entziehen, gleichwohl aber Gegenstand eines intensiven individuellen Interesses sein können. Dieses Interesse nun hat in den institutionellen Arrangements des politischen Prozesses keineswegs die gleichen Chancen wie etwa das Interesse an Leistungssteigerung und Wandel.*«[118] PREUß spricht – in Bezug auf solche Güter – von der »*Eingabeseite*« für den Bürger, die beschränkt ist, so dass der Bürger auch Ungehorsam leisten muss. Diese ungehorsamen[119] Bürger »verletzen damit nicht das Prinzip der staatsbürgerlichen Gleichheit, denn tatsächlich werden ihre, auf die Beschränkung bestimmter

---

[117] Vgl. V. HAVEL: Versuch in der Wahrheit zu leben, 1989, 56; Siehe dazu vor allem H. ARENDTs politische Theorie.
[118] U.K. PREUß: Politische Verantwortung und Bürgerloyalität. Von den Grenzen der Verfassung und des Gehorsams in der Demokratie, 1984, 115.
[119] Vgl. zur Definition dieses Ungehorsams: U.K. PREUß: Politische Verantwortung und Bürgerloyalität, 1984, 120: »Der zivile Ungehorsam wendet sich gegen die ›Pflicht zum Mitmachen‹ und behauptet die Integrität des Unverfügbaren. Hierin liegt seine auch vom Recht zu achtende Würde.« Zum Problem vgl. auch: Evangelische Kirche in Deutschland: Evangelische Kirche und freiheitliche Demokratie. Der Staat des Grundgesetzes als Angebot und Aufgabe, 1985.

Fehlentwicklungen des Fortschritts gerichteten Interessen im politischen Prozess ungleich aufgenommen. Es ist ja kein Zufall, sondern liegt im Wesen dieser Interessen, dass sie ›allgemein‹ sind, Verantwortung gegenüber zukünftigen Generationen oder gegenüber einer bestimmten kulturellen Tradition reklamieren und deshalb im System organisierter Interessen keinen Platz finden ...«[120] Dieser Bürger »erhebt Einwände nicht im Namen eines Anspruchs, im demokratischen Prozess mehr zu gelten oder mehr zu zählen als jeder seiner Mitbürger; er erinnert lediglich daran, dass die Prozeduren des demokratischen Verfassungsstaates zwar formal keinerlei Restriktionen hinsichtlich des Inhalts der durch sie produzierten Entscheidungen kennen, aber sehr wohl auf der Voraussetzung beruhen, dass wir nicht alles dürfen, was wir können.«[121] Der Widerspruch erfolgt hier in der Negation, gleichermaßen aber ist vom Widerspruch im gegenläufigen guten Tun zu sehen, was in der Diskussion um die Bürgerloyalität weitgehend übersehen wird. Es geht dann um den *Widerspruch der guten Werke*.

In der Tradition christlicher Ethik ist der Bürger zunächst zwar auch als eine moralische Existenz – durchaus in der Nähe des politischen Liberalismus – in den Blick gekommen. So kann man den politischen Liberalismus auch als eine spezifische Interpretation der Lehre von den zwei Regimenten verstehen.[122] Dieser zufolge ist der Christ dazu *berufen*, sich als Bürger zu betätigen und darin der politischen Aufgabe gerecht zu werden, die ihm als Bürger zukommt.[123] Die Berufung zu dieser politischen Aufgabe (Mandat) setzt nicht nur voraus, dass die Erfüllung dieser politischen Aufgabe immer neu gefährdet ist. Sie wahrzunehmen, ist durchaus nicht selbstverständlich, weil sie eben *die* mitteilende Gerechtigkeit erfordert, die es zu bezeugen gilt. Die christliche Ethik muss nicht um der Vergewisserung des moralischen Fundaments willen den Blick auf die inhaltlichen Konturen der politischen Existenz ausblenden. Sie kann das Werden des Menschen auch in seiner politischen Existenz thematisieren. Sie fragt, was es heißt, ein Bürger zu *werden*.[124]

Die moralische Rechtfertigung wird in liberalen Theorien der Gerechtigkeit als die Vergewisserung einer unausweichlichen Regel oder einer moralischen Pflicht, der Pflicht zur Gerechtigkeit vollzogen.[125] Damit wird eine bestimmte Figur des Bürgers postuliert, in der sich jeder zwingend wiederfindet. Es muss in der libe-

---

[120] U.K. PREUß: Politische Verantwortung und Bürgerloyalität. Von den Grenzen der Verfassung und des Gehorsams in der Demokratie, 1984, 116.
[121] U.K. PREUß: Politische Verantwortung und Bürgerloyalität , 1984, 116.
[122] RAWLS verweist auf die Reformation als die entscheidende Voraussetzung dafür, dass der politische Liberalismus auf den Weg gekommen ist.
[123] Vgl. Evangelische Kirche in Deutschland – EKD: Evangelische Kirche und freiheitliche Demokratie, 1985.
[124] Siehe B. WANNENWETSCH: Gottesdienst als Lebensform – Ethik für Christenbürger, 1997.
[125] Vgl. dazu: R. FORST: Die Pflicht zur Gerechtigkeit (1998).

ralen moralischen Vergewisserung alles vermieden werden, was Menschen über die gegebene moralische Vergewisserung und den Zwang der Vernunft hinaus für das politische Handeln bestimmen oder binden könnte, weil dies die Möglichkeit eines ansonsten zwanglosen Konsenses gefährden würde. Auch dann sollten die bestehenden Lebensformen nicht beansprucht werden, wenn mit dem Bürger-Sein moralische Implikationen oder so etwas wie Grundgüter[126] vorausgesetzt sein müssen.

Demgegenüber rückt die Zwei-Regimenten-Lehre in den Blick, dass Christen ihr Bürgersein als Teil ihrer *ganzen* Existenzform erkennen und *dieses* Bürgersein und die dazugehörige Gerechtigkeit bezeugen.[127] Sie werden als diejenigen angesprochen, die in der Welt eine *bestimmte Gerechtigkeit* ausüben und eine bestimmte politische Existenz bezeugen. Die Zwei-Regimenten-Lehre setzt auf dieses politische Zeugnis, ohne damit zu behaupten, es sollte »das Gute« sichtbar realisiert werden.[128] Ebenso wenig behauptet sie damit, dass der Staat weitere Aufgaben übernehmen sollte als eben die Sorge um das politische Zusammenleben.[129]

Diese *zu bezeugende Gerechtigkeit* besteht darin, dass dem Nächsten mitgeteilt wird, was ihm zukommt: »*So fügt sich denn beides fein zueinander, dass du zugleich Gottes Reich und der Welt Reich genug tust, äußerlich und innerlich, zugleich Übel und Unrecht leidest und doch Übel und Unrecht strafest, zugleich dein Übel nicht widerstehst und doch widerstehst. Denn mit dem einen siehst du auf dich und auf das Deine, mit dem ändern auf den Nächsten und auf das Seine. In Bezug auf dich und das Deine hältst du dich nach dem Evangelium und leidest Unrecht als ein rechter Christ; in Bezug auf den ändern und das Seine hältst du dich nach der Liebe und leidest kein Unrecht gegen deinen Nächsten: welches (alles) das Evangelium nicht verbietet, ja vielmehr an anderer Stelle gebietet.*« (M. LUTHER[130])

---

[126] Vgl. J. RAWLS: Eine Theorie der Gerechtigkeit [1971] 1979. Zu der Frage solcher Güter vgl. auch: U.K. PREUß: Politische Verantwortung und Bürgerloyalität, 1984. 115.
[127] Siehe dazu die Bemerkungen bei E.-W. BÖCKENFÖRDE: Geschichte der Rechts- und Staatsphilosophie : Antike und Mittelalter, 2002, 383f.. An diesem Punkt ist die bisherige LUTHER-Interpretation allzu undeutlich geblieben und hat daher die Aufgabe zur politisch-bürgerlichen Betätigung des Christen nicht stark genug hervorgehoben. Deutlicher ist in dieser Hinsicht die Denkschrift der EKD (Evangelische Kirche in Deutschland): Evangelische Kirche und freiheitliche Demokratie, 1985.
[128] Hier ist die Diskussion mit H. ARENDTs Interpretation der Reformation aufzunehmen: Was ist Politik?, 1993, 65f..
[129] Diese Fragestellung betrifft den Verlust des Politischen, wie er bei H. ARENDT diskutiert wird (Über die Revolution [1963] 1974), ebenso bei U.K. PREUß: Politische Verantwortung und Bürgerloyalität, 1984.
[130] M. LUTHER: Von weltlicher Obrigkeit, wie weit man ihr Gehorsam schuldig sei [1523] (1983), 20.

Diese *ausdrückliche* Gerechtigkeit ist der Gegenstand einer politischen Ethik, die sich dort aufhält, wo politische Ordnung (Recht) und ein Tun des Gerechten zusammentreffen und wo dieses Vorrang hat. Dieses Tun ist insofern kritisch (auch gegenüber dem Recht) und explorativ im Probieren dessen, was das Tun des Gerechten einschließt.[131] Dieses genuin politische Tun, dieses explorative Tun definiert den Status politicus. Er ist der Ort für das Tun des Gerechten gegenüber dem Nächsten, der gleichermaßen Bürger ist. Von dem aus, was ihm mitzuteilen ist, wird das Recht gesucht, nicht von irgendwelchen Gegebenheiten, Nötigungen oder Faktizitäten aus. Die Priorität dieser reicheren Gerechtigkeit macht den Bürger aus. Wie von hier aus Recht zu finden ist, wird die entscheidende Frage des Status politicus.[132] Für die Rechtsfindung entscheidend ist zugleich die Erhaltung dieses Bürgermenschen in der ihm eigenen institutionellen Form. Darum dreht sich die politische Aufgabe. Es kann keinen Zustand außerhalb geben. Es sind diejenigen schutzlos, die in diesen Zustand geraten sind – und wie viele sind dies!

## 11. Berufung zum Bürgersein – Bürger werden

Zu der politischen Existenz, die durch diese reichere Gerechtigkeit gekennzeichnet ist, bedarf es nicht nur der Emanzipation von fremden Ansprüchen, sondern der immer neuen *Berufung* aus der abgründigen und allseitigen Sorge um die eigene Existenz, Absicherung und Anerkennung. Diese Berufung ist auf die (inhaltliche) Exploration einer Gerechtigkeit gerichtet, die sich in keinem Recht so fixieren lässt, dass es nicht immer neu des Tuns des Gerechten bedarf. Dieses provoziert die Gesetzgebung. Die politische Kooperation, die dieser Logik folgt, gründet in der Aufmerksamkeit auf diese Gerechtigkeit, denn um ihretwillen bedarf es der gemeinsamen Wahrnehmung. Diese Disposition – vom provozierenden und antizipierenden Tun des Gerechten zum Recht – ist eine andere als diejenige, die verschiedene Interessen oder Standpunkte konstatiert, die zum Ausgleich zu bringen sind. Jedenfalls verliert das Recht, wenn es im Sinne des Interessenausgleichs verstanden wird, seinen explorativen Sinn, es wird mit ihm nicht die Gerechtigkeit ausgelotet, die dem Nächsten gilt.

Das Präsentwerden dieses *Bürgerseins* um der Gerechtigkeit willen – um dieser zu bezeugenden *iustitia civilis*[133] willen – ist selbst ein politischer Vorgang, wenn denn der bürgerliche Einsatz ausdrücklich, auch demonstrativ zu der Existenzform steht, die nicht nur als unterstellte transzendentale (in den Regeln der Fairness) oder auch institutionell gewährleistete Voraussetzung gegeben ist. Darin

---

131 Vgl. dazu: R. RIHA: Das Politische der Emanzipation (1997), 164f..
132 Siehe dazu insgesamt: U.K. PREUß: Politische Verantwortung und Bürgerloyalität, 1984.
133 Vgl. dazu C4.

liegt die Pointe einer Ethik, die die politische Kooperation nicht in der Logik eines *notwendigen,* zwingenden Konsenses (etwa auf der Ebene von Wertvorstellungen) zu begründen versucht, sondern in dem immer neuen Präsentwerden und Bezeugen einer Existenzform.[134] Hier ist der Ort der Opposition, die nicht im Pluralismus verschiedener ethischer Standpunkte aufgeht, die aber auch nicht dem entgegensteht, was im Sinne der Legitimität für alle gilt.[135]

Damit bewegen wir uns auf der Linie einer Kritik, die auch an John RAWLS herangetragen worden ist. Diese Kritik richtet sich darauf, dass die legitimatorische oder emanzipatorische Berufung auf Grundsätze, auch auf Grundsätze der Gerechtigkeit, dazu führt, dass um das Rechte und Gute nicht mehr – *politisch*, im Modus des Urteilens – gestritten wird, auch nicht in der Weise des bezeugenden Tuns.[136] Es soll in der Konzeption des politischen Liberalismus garantiert bleiben, dass es sogar möglichst viele Differenzen in ethischen Fragen gibt, die nicht ausgetragen werden müssen. Sie können in einen unabsehbaren Pluralismus eingeordnet werden, um sie muss nicht um des nötigen Konsenses willen weiter gestritten werden, weil dieser daneben eingerichtet wird. Das *politische Tun* gehört in den Rahmen einer immer schon wohlgeordneten Gesellschaft, die bestenfalls sukzessive um das erweitert oder auf das hin verändert wird, was ein weiterreichender ethischer Konsens erforderlich macht. Das Recht *stiftende* und provozierende Moment tritt zurück.

Die Abgrenzung gegen die Deduktion einer politischen Existenz aus einer Ethik (die gleichwohl schließlich weitgehende Zugeständnisse an eine solche machen muss) verstellt den Blick auf die Möglichkeit – vielleicht demonstrativ – zu erproben, was menschliches Leben nicht nur individuell sein darf. Diese *Exploration* muss dem liberalen Grundmodell entsprechend eine Vergewisserung des (legitimierbaren) Gemeinsamen tragen, und zur Vergewisserung gelangt nur, was moralisch-legitimatorisch zur Geltung gebracht werden kann. Damit bleibt die politische Theorie nach dieser Seite hin im Problemzusammenhang der *Legiti-*

---

134 Vgl. dazu: U.K. PREUß: Politische Verantwortung und Bürgerloyalität, 1984, bes. 235f..

135 Hier ist – etwa ausgehend von dem Modell, das PREUß beschreibt – weiterzugehen zu einer eigenen Form der Opposition. Vgl. PREUß, a.a.O. 197f.. Preuß spricht von den »Grenzen der Konstitutionalisierbarkeit der politischen Ethik« (196). Dies ist im Zusammenhang evangelischer Ethik gelegentlich, ohne weitere Explikation, im Blick auf die Frage nach dem »zivilen Ungehorsam« diskutiert worden.

136 Vgl. I. MAUS: Der Urzustand (1998): »Indem Rawls konstatiert, dass die Gerechtigkeitsgrundsätze den Gesetzen vorhergehen und auch Verfassungsfragen auf ihrer Grundlage geklärt werden sollen ..., teilt Rawls die in der heutigen praktischen Philosophie verbreitete Auffassung, dass überpositive Gerechtigkeitsprinzipien die Begrenzung staatlicher Macht eher leisten könnten als positives Recht, und fällt damit hinter Kants gegenläufige Einsicht zurück. Rawls' Begründung einer ›zweistufigen Legalität‹ ... leistet wider Willen einer Verwendung der höherwertigen Gerechtigkeitsgrundsätze Vorschub, in der politische und juristische Funktionseliten ihre Entscheidungen unmittelbar als ›gerechte‹ legitimieren, ohne den demokratischen Prozess empirischer Konsensermittlung noch anstrengen zu müssen.« (94)

*mationsprobleme* politischen Handelns. Sie kann als positive Aufklärung auftreten, sofern *eine* Moral zwingend vor Augen gestellt werden kann – die Moral des politischen Liberalismus.[137] Die politische Theorie kann offen legen, dass ohne diese Moral ein Zusammenleben nicht möglich ist. Dies hat den Vorzug gegenüber einer umfassenden Theorie des politischen Zusammenlebens, dass sie nur das für das politische Zusammenleben nötige Fundament bereitzustellen oder einzufordern verspricht. Dieses enthält aber keine »Minima Moralia« als – und wenn auch – gebrochene Erscheinung des rechten Lebens, sondern solche Moralia, die legitimierbare Übereinkunft versprechen.

Die entscheidende Frage aber bleibt, *was* überhaupt ins öffentliche Spiel kommt und kommen darf, *worauf* sich die Erkenntnis und Aufmerksamkeit in der Urteilsbildung richten darf, *worin* dann auch die moralischen Überzeugungen zur Disposition gestellt werden können und worin nicht. Die Achtsamkeit muss darauf gerichtet sein, *was* von den jeweils anderen Beteiligten und durch sie zu erfahren ist, *was* durch sie in den Blick kommt, was durch sie ins Spiel kommt – um der Erkenntnis willen, auf die das Urteilen ausgerichtet bleibt. Im Vordergrund steht dann nicht die Anerkennung gleichberechtigter Interessen, Intuitionen oder Wertschätzungen und einer daraus folgenden Politik der Verständigung, sondern im Vordergrund steht die Wahrnehmung und Erkenntnis dessen, was von dem mitgeteilt und getan werden kann, was Menschen zukommt.[138] So ist der Indifferenz zu widersprechen, die um einer begrenzten moralischen Legitimation willen, auf einen grundsätzlich reibungslosen Pluralismus setzt oder nur einen Streit einfordert, ohne das Woraufhin des Streites zu thematisieren und davon auch Entscheidungen abhängig werden zu lassen.

Diese Unverzichtbarkeit der Opposition und des Widerspruchs gehört auch zum liberalen Staat, wenn dieser überhaupt noch mit Gegenstimmen rechnet und nicht nur auf eine indifferente Meinungsvielfalt setzt. Jürgen HABERMAS bemerkt dazu: »*Der demokratisch aufgeklärte Common sense ist kein Singular, sondern beschreibt die mentale Verfassung einer vielstimmigen Öffentlichkeit. Säkulare Mehrheiten dürfen in solchen Fragen keine Beschlüsse fassen, bevor sie nicht dem Einspruch von Opponenten, die sich davon in ihren Glaubensüberzeugungen verletzt fühlen, Gehör geschenkt haben; sie müssen diesen Einspruch als eine Art aufschieben-*

---

137 Sie ist auch unbeeindruckt von NIETZSCHEs Kritik der Moral.
138 Vgl. dazu Ch. MENKE: Für eine Politik der Dekonstruktion. Jacques DERRIDA über Recht und Gerechtigkeit, in: Gewalt und Gerechtigkeit. Derrida-Benjamin, 1994. MENKE trifft eine entsprechende Unterscheidung, die auf eine neu verstandene Politisierung des Rechts zielt. Er sieht darin die Stoßrichtung des Dekonstruktivismus. Auf dieser Linie bewegen wir uns hier auch. MENKE charakterisiert die Aufgabe so: »Besteht daher eine emanzipatorischen Politik darin, immer bessere Bestimmungen dessen zu gewinnen, worin alle gleich sind, so die Politik der Dekonstruktion darin, immer wieder die Allgemeinheit des Gesetzes an der je eigentümlichen ›Sprache des anderen‹ zu brechen.« (285).

*des Veto betrachten, um zu prüfen, was sie daraus lernen können. In Anbetracht der religiösen Herkunft seiner moralischen Grundlagen sollte der liberale Staat mit der Möglichkeit rechnen, daß die ›Kultur des gemeinen Menschenverstandes‹ (Hegel) angesichts ganz neuer Herausforderungen das Artikulationsniveau der eigenen Entstehungsgeschichte nicht einholt.*«[139] Freilich ist das Gegenüber zwischen (säkularem) Staat und dem, was Bürger einzubringen haben, spannungsvoller, komplexer und fließender, als dass es in das Modell einer kooperativen »Übersetzung religiöser Gefühle«[140] gefasst werden könnte. Es kommt eben darauf an, was mit welcher rechtlichen oder politischen Rationalität zu verbinden oder zu erproben ist.

Die Berufung zum Bürger bedeutet die Berufung zu einem immer neuen Widerspruch im Blick auf jenes Woraufhin einer fälligen öffentlichen Auseinandersetzung, die sich nicht beschränken kann auf das, was – vielleicht gar prima vista – plausibel erscheint. Hier kommt es darauf an, was das »Neuwerden der Wahrnehmung und des Denkens« (Röm 12,2) bedeutet. Der Bürger ist derjenige, der sich auf diese Kommunikation einlässt. Seine Freiheit ist in diesem Sinne kommunikative Freiheit.[141] Die Freiheit eines Christenmenschen ist die Freiheit dieses Bürgers und nicht die abstrakte eines Einzelnen, der wie auch immer einen Standort einnehmen und mit anderen streiten kann. Es geht um den bestimmten Standort: im politischen Gegenüber und im Widerspruch, aber damit auch in der Auseinandersetzung, im Konflikt mit dem, was politisch, im Blick auf die *res publica* auszuloten ist. Das Festhalten an der Differenz zwischen dem, was dem Legitimationszusammenhang angehört, und dem, was ethisch Bedeutung hat, muss nicht bedeuten, jeden Widerspruch im Pluralismus ethischer Differenzen untergehen zu lassen. Die Frage ist, was in diesem Pluralismus absorbiert oder ausgegrenzt wird. PREUß bemerkt: »Vor allem aber geht das System des pluralistischen Wettbewerbs äußerst schonungslos mit jenen Interessen um, die wegen ihrer geringen Organisationsfähigkeit nur schwer in den Prozess der politischen Machtbildung einzugeben sind – der Konsumenten, der randständigen Minderheiten (der Behinderten, Ausländer, Kinder und Jugendlichen, Alten) etc.« Aber er fährt fort: »Die Legalität ist nicht Ausdruck einer im Staat und seinen Organen vorgegebenen homogenen politischen Substanz, sondern Medium der Koordinierung vielfach – örtlich, zeitlich, funktional – differenzierter

---

139 J. HABERMAS: Glauben und Wissen. Friedenspreisrede 2001 (2003), 257.
140 J. HABERMAS: a.a.O. 256.
141 Siehe zum Zusammenhang mit der ethischen Tradition des Protestantismus: W. HUBER: Der Protestantismus und die Ambivalenz der Moderne [1990] (1993). Siehe die Ausarbeitung zu einer politischen Ethik in theologischer Perspektive bei: H. BEDFORD-STROHM: Gemeinschaft aus kommunikativer Freiheit. Sozialer Zusammenhalt in der modernen Gesellschaft. Ein theologischer Beitrag, 1999.

Entwicklungen, deren weitgehende Selbststeuerung die Herausbildung spezialisierter Ethiken erlaubt, die für den Prozess der politischen Einheitsbildung womöglich von größerem Belang sind als die – mehr oder minder unbesehen eingeräumte – Geltung der Legalität.«[142]

## 12. Wie die geschöpfliche Existenz als politische präsent wird

In dieser Perspektive ist gefragt, wie *präsent* wird, was Menschen in ihrem *Werden* erfahren, wie Menschen in ihrem geschöpflichen Werden präsent werden und was dies für die politische Praxis bedeutet. Warum sollen Menschen einzig nur daraufhin angesprochen werden, was sie zwingend zugestehen müssen oder fraglos ihren Interessen entspricht – etwa dem Interesse, das eigene Leben zu behaupten? Warum sollen Menschen vorrangig als moralische Universalisten angesprochen werden?[143] Inwiefern kommt es demgegenüber darauf an, dass Menschen als *Bürger*, auch als Weltbürger anzusprechen sind, die ihrer politischen Existenz gewärtig sind – und das heißt, ihren spezifischen Möglichkeiten zu *handeln* (im Sinne von Hannah ARENDT), das Gerechte zu tun und mitzuteilen, was anderen zukommt? Die Berufung auf ein Ethos, das diesen Bürgern gemeinsam ist, fordert einen solchen *Status politicus* für die Menschen, die sich in diesen berufen lassen und die diesen Status anzunehmen im Stande sind, vielleicht auch als den von Dissidenten[144], zu denen die Bürger – auch im demokratischen Kontext – geworden sind.

Damit ist gefragt: Wie stellt sich die geschöpfliche Existenz und die ihr entsprechende Gerechtigkeit in ihrer politischen Form und ihrer politischen Aufgabe dar? Diese Frage gehört zu den *Prolegomena* einer *Sozialethik*, die ihren *Ort* dort hat, wo sich Menschen als Geschöpfe *begegnen* und so einen politischen Ort einnehmen. Sofern sie sich als Geschöpfe begegnen, befinden sie sich am Ort der Gerechtigkeit. Dies ist der Ort ihres Zusammentreffens. Es ist dann nicht ein unbestimmtes öffentliches Forum, auf dem alles irgendwie kommuniziert werden kann. Eine entsprechende Ethik lässt sich damit für ihren eigenen Vollzug auf eine politische Praxis ein. Sie begibt sich so auf einen Weg, der sich nicht abkürzen lässt, durch keine irgendwie unterstellte Ordnung, Moral oder Gesetzmäßigkeit. Es geht vielmehr um eine Praxis und Urteilsbildung, durch die auszuloten ist, wie ›wir‹ geschöpflich *in Gerechtigkeit leben*. Dieses ›wir‹ wird dann *nicht* als gegeben gefordert, in keinem moralischen Souverän und auch in

---

[142] U.K. PREUß: Politische Verantwortung und Bürgerloyalität, 1984, 84.
[143] Siehe dazu insbesondere die Überlegungen von H.J. SCHNEIDER: Das Allgemeine als Zufluchtsort (1998).
[144] Siehe: V. HAVEL: Versuch in der Wahrheit zu leben, 1989; vgl. C3-1.

keiner Art von Gemeinschaft[145], die unabhängig oder jenseits von jener Praxis der Gerechtigkeit gegeben wäre oder konstituiert würde, wie es die Theorien politischer Koexistenz vorsehen, die sich der Idee der Gerechtigkeit – z.B. in einem ursprünglichen Vertrag wie RAWLS – als Voraussetzung zu vergewissern suchen. Dass auch sie nach der Verwirklichung dieser Idee (etwa auf der Ebene moralpsychologischer Wahrnehmung) fragen müssen, zeigt ohnehin die Grenze dieser Konstruktion, die die Grundlegung des Politischen selbst frei von politisch vermittelter Konsensfindung halten will.[146]

In liberalen Theorien wird die pluralistische Divergenz des Wollens und Strebens aller Menschen unterstellt. Dies scheint evident, denn aufgrund welcher Voraussetzung sollte anzunehmen sein, dass Menschen in ihrem Streben immer schon konvergieren, auch wenn die Kooperation als erstrebenswert für alle gilt, weil durch sie mehr Gutes für alle erreicht werden kann als ohne sie.[147] Das gemeinsame Gute oder das gemeinsame Glück muss darauf begrenzt bleiben, die nötige Kooperation zu tragen.[148] Darüber hinaus bleibt das gemeinsame Gute (common good) im Hintergrund, das, was sich einstellt und dem irgendwie alles dient. In der Logik des Strebens und der unterstellten Divergenz kommt dasjenige bestimmte Gute nicht in den Blick, *in dem* Menschen sich zusammenfinden können und das auch *nicht* im Zielfeld menschlichen Strebens liegt.[149] In der Logik des Strebens nach dem Guten wird die Frage, *was* denn von dem präsent werden kann, was Menschen von dem Gutem mitzuteilen haben, das sie empfangen haben, absorbiert. Die Aufgabe des Politischen wird auf das begrenzt, was auf der Basis einer gesicherten Gemeinsamkeit zu verwirklichen ist oder auf das, was entsprechend als das Gemeinsame zu konstruieren oder zu erfinden ist. Darin besteht die legitimatorische Ausrichtung. Die Aufmerksamkeit ist dann nicht explorativ auf das gerichtet, was im politischen Handeln an Gutem erprobt werden kann.[150]

---

[145] Auch nicht wie in der Auseinandersetzung von Otfried HÖFFE mit John RAWLS in der Menschheit: das von Höffe postulierte Gerechtigkeitserbe der Menschheit ist schon auf den ersten Blick ebenso kulturell geprägt wie Rawls' Fassung der Idee. Vgl. O. HÖFFE, Überlegensgleichgewicht in Zeiten der Globalisierung? Eine Alternative zu Rawls (1998).
[146] Vgl. zur Diskussion besonders: N. SCARANO: Der Gerechtigkeitssinn (1998).
[147] Vgl. vor allem die Interpretation von RAWLS bei W. HINSCH: Das Gut der Gerechtigkeit (1998).
[148] Vgl. W. HINSCH, Das Gut der Gerechtigkeit (1998) 266.
[149] Vgl. die Argumentation bei W. HINSCH, a.a.O., 257.
[150] Dabei gilt die Regel: »Die zur umfassenden Verwirklichung des für den Menschen Guten im Sinne des Aristotelischen Grundsatzes notwendige soziale Integration muss alle sozialen Gemeinschaften einer pluralistischen Gesellschaft umfassen – oder wenigstens alle, denen rationale Vorstellungen des für den Menschen Guten zugrunde liegen – und kann deshalb nicht von konkreten gemeinsamen Zielen und Wertvorstellungen ausgehen.« (W. HINSCH: Das Gut der Gerechtigkeit (1998), 266).

Eine so begrenzte Theorie gesicherten Zusammenlebens greift auch im Sinne der Bewahrung des Zusammenlebens zu kurz, sofern das politisch-moralisch fundierte Zusammenleben von Voraussetzungen oder Medien lebt, die eine solche Sicherung überhaupt erst thematisieren lassen.[151] Die Differenzierung von Moral und Ethik, von Recht und Ethos, von universaler Moral und politischer Koexistenz kann nicht nur darauf zielen, das Zusammenleben legitimatorisch abzusichern. Das gilt auch für die Differenzierung zwischen der legitimatorischen Berufung auf die Menschenrechte und einem Ethos der Menschenrechte, das jenseits der politischen Urteilspraxis aufgerufen wird. Jürgen HABERMAS hat hier von einem Janus-Gesicht der Menschenrechte gesprochen.[152] Das Problem ist, ob nicht über dem Legitimations- und *Sicherungsinteresse* aus dem Blick gerät, was für das politische Zusammenleben einzubringen ist: *woraus* – aus welchem Tun des Gerechten etwa – immer neu die politische Verständigung erwächst. Darin wird die geschöpfliche Existenz als politische präsent, dass dies mit ihr hervortritt, mit dem, was durch sie bezeugt wird. So erscheint die geschöpfliche Existenz als Politikum.[153]

## 13. Die politische Exploration des Guten

Im Unterschied zu einer die Legitimation sichernden und ihre Grenzen auslotenden Theorie[154] dreht sich eine widersprechende, kritische und explorative Ethik des Politischen um die Frage, wie immer neu ins Spiel kommen kann, *was* die menschliche Existenzform betrifft. Eine entsprechende Theorie des Politischen sieht auch in der Achtung der Gleichheit oder der Solidarität Anforderungen, die von dem getragen sind, was die menschliche Existenzform als geschöpfliche ausmacht. Die geschöpfliche Existenzform ist die Existenzform einer Freiheit, die Menschen nicht anderen und auch nicht sich selbst ausgeliefert sein lässt, sondern im Werden bewahrt, das heißt nicht abschneidet von dem, was Menschen sein dürfen. Darin erweist sich die geschöpfliche Existenzform *paradigmatisch* als politische – nicht wegen einer darin garantierten negativen Freiheit, sondern wegen der darin beschlossenen Praxis der Mitteilung. Das Tun des Gerechten, auch wenn es im Sinne der Begründung nicht den Vorrang hat, ist den Legitimationsstrategien immer schon voraus.

---

151 Sie dazu E.-W. BÖCKENFÖRDE: Die Entstehung des Staates als Vorgang der Säkularisation (1976). Diese sind nicht nur so zu verstehen, dass der Staat auf (moralische) Ressourcen zurückgreifen muss, die seine Legitimationsgrundlage darstellen. Die These greift darüber hinaus.
152 Vgl. J. HABERMAS: Zur Legitimation durch Menschenrechte (1998).
153 Dies ist in den verschiedenen Kontexten zu buchstabieren, siehe für Argentinien – im Kontext einer lutherisch geprägten Ethik: J. R. STUMME: Luther's Doctrine of the Two Kingdoms in the Context of Liberation Theology (1983).
154 Siehe insbesondere: U.K. PREUß: Politische Verantwortung und Bürgerloyalität, 1984.

Die politische Theorie, die dies zeigt, wird damit zur *kritischen Theorie*.[155] Sie würde fehlgehen, würde sie nach einem Subjekt oder nach einer Gemeinschaft suchen, die nicht durch dieses Werden hindurchgeht, sondern auf ihre Selbstbehauptung – auch in der Form der universellen Verständigung – fixiert bleibt.[156] Es gilt also zu verstehen, was es für die ethische Praxis in der Politia heißt, dass Bürger sein und Bürger werden mit der geschöpflichen Existenzform verbunden bleiben. Eine andere Figur oder eine andere *Ständelehre* kann mit dieser Existenzform nicht zusammengebracht werden. Entsprechend ist auch die Geschichte der Ständelehre kritisch zu lesen. In ihr geht es um die Differenz zwischen sozialen und politischen Verhältnissen – durch welche Macht- und Vermögensverhältnisse diese auch bestimmt sein mögen – und den *Ständen* (Institutionen) als den Orten, an denen Menschen in der Erwartung der Güte Gottes bleiben. Hans Joachim IWAND hat die Figur, um die sich eine politische Ethik drehen kann – um dies noch einmal in Erinnerung zu rufen – so umschrieben:

»*Werdende, das heißt solche, die Gott gestaltet, solche, die heute noch nicht wissen, was Gott aus ihnen macht, solche, die ihre Zukunft nun wirklich aus Gott her nehmen und sie nicht entwerten in ihren Plänen und Wünschen, mit denen sie ihr Leben gestalten. ...je mehr wir das lernen, desto mehr werden wir die Not und die Anfechtung der anderen Menschen mittragen können und werden nicht als Christen etwas Besonderes oder Übermenschen sein, sondern die Menschlichsten unter den Menschen.*«[157]

Es kommt darauf an, dass eben diese humane Existenz politisch zur Erprobung kommt. Dann wird nicht die Gestaltung und Regierung aller Lebensverhältnisse das politische Zusammenleben und das Handeln in den Hintergrund drängen. Daran hängt die »Wiedergewinnung des Politischen«.[158] Diese geht dann nicht von einer irgendwie – de facto – gegebenen Divergenz aus, sondern von dem

---

[155] Zu den Konturen der kritischen Theorie im Unterschied zur Kritik der Aufklärung bei Michel FOUCAULT: T. SCHÄFER: Aufklärung und Kritik. Foucaults Geschichte des Denkens als Alternative zur Dialektik der Aufklärung (1990). SCHÄFER macht die Differenz u.a. daran fest, dass die Dialektik der Aufklärung auf ein Wesen des Menschen zielt, während FOUCAULT dieses einem Selbst-Experiment überlässt.

[156] Dazu scheinen manche Auffassungen kommunitaristischer Ethik zu verführen. Doch dabei ist übersehen, dass diese zunächst einmal – gegenüber der Fixierung bestimmter, auch ›kommunitaristischer‹ Begründungszusammenhänge – danach fragt, wie das ethische Subjekt »wird«. Eine charakteristische Darstellung, die in dem Problemschema »universale Geltung – partikulare Gültigkeit« verbleibt findet sich bei R. GASCOIGNE: The Public Forum and Christian Ethics, 2001. Das Buch zeigt beispielhaft den Problemstand im gegenwärtigen Diskurs. Für die Präsenz christlicher Ethik auf dem öffentlichen Forum gibt es zunächst nur den allgemeinen Grund, dass alle Traditionen, alle Religionen usf. an diesem beteiligt sein sollen, um deren Quellen für die Konsensbildung zu gebrauchen: vgl. 165f.

[157] H.J. IWAND: Gesetz und Evangelium, 1964, 163.

[158] H. BIELEFELDT: Wiedergewinnung des Politischen. Eine Einführung in Hannah Arendts politisches Denken, 1993.

notwendigen Widerspruch gegen eine Räson, die nicht mehr zu urteilen genötigt ist. In dieser geht verloren, was in der biblischen Tradition »Urteil« heißt.
»›*Schaffet Recht dem Armen und der Waise und helft dem Elenden und Bedürftigen zum Recht.*
*Errettet den Geringen und Armen und erlöst ihn aus der Gewalt der Gottlosen.*‹
*Sie lassen sich nichts sagen und sehen nichts ein, sie tappen dahin im Finstern.*
*Darum wanken alle Grundfesten der Erde.*« (Psalm 82,3-5)[159]

Darin liegt die ganze Pointe einer politischen Ethik, die von denen ausgeht, die sich etwas – im Widerspruch – sagen lassen und aus dieser Differenz zum Urteilen kommen, eben dazu Recht zu sprechen. Es bedarf des Widerspruchs gegen die Urteilslosigkeit, gegen die Indifferenz derer, die keine Unterscheidung tangiert und nicht erkennen. Dieses Erkennen ist auf die Not des Nächsten gerichtet. Damit ist der Ursprung des Politischen dort markiert, wo diese Differenz entsteht. Sie entsteht mit der Erkenntnis der Not des Nächsten. Der Ursprung des Politischen ist in den politischen Theorien verschieden gesehen worden, insbesondere – auf der einen Seite – darin, dass Menschen sich zum gemeinsamen Handeln zusammentun (Hannah ARENDT), auf der anderen Seite darin, dass Menschen sich einen Schutz verschaffen dagegen, dass in die Rechte des je einzelnen eingegriffen wird. Schließlich aber ist der Ursprung des Politischen dort zu finden, wo einer auf den anderen achtet, ihn in seiner Not und in dem, was er/sie mitzuteilen hat, wahrnimmt. Dies macht den Status politicus aus, wie ihn die christliche Tradition in den Blick gerückt hat.

Diese Logik tritt im Diskurs über Minderheiten-Rechte hervor. Es ist die Frage, in welchem Sinne Minderheiten, von denen es unabsehbar viele gibt, dadurch in das politische Gemeinwesen einbezogen werden, dass sie nicht sich entweder anpassen müssen oder bestenfalls toleriert werden, sondern dass ihnen das Interesse an dem entgegenkommt, was sie einzubringen haben. Dies hat Charles TAYLOR mit guten Gründen als die Logik einer Minderheiten-Politik beschrieben.[160] Diese Beschreibung verweist auf diesen anderen Ursprung des Politischen. Nicht zuletzt auf diesem Wege bleibt die »Fortdauer des Politisch-Theologischen«[161] präsent.

---

159 Siehe dazu E1-2; E2-3.
160 C. TAYLOR: Demokratie und Ausgrenzung (2002). Dies ist zum Teil im Unterschied zu sehen zu W. KYMLICKA: Multikulturalismus und Demokratie. Über Minderheiten in Staaten und Nationen, 1999.
161 C. LEFORT: Fortdauer des Theologisch-Politischen?, 1999.

## C 4 Gottes Gerechtigkeit und die Praxis der Solidarität

»Solidarität« lautet ein in der öffentlichen Diskussion und in vielen Diskursen immer mehr geläufiger Begriff.[1] Was wird durch ihn angezeigt? Er markiert wie kaum etwas anderes die Frage nach dem sozialen Zusammenleben, für das es nicht ohne weiteres noch Perspektiven für das politische und soziale Handeln gibt. Welche Konturen wird es dafür geben können?

Ort und Bedeutung des Begriffs »Solidarität« bleiben freilich im Alltagsgebrauch weitgehend unbestimmt.[2] Der Begriff macht jedoch auf einige Traditionslinien christlicher Sozialethik aufmerksam, die sich mit der gegenwärtigen Diskussion verbinden, aber auch kritisch und konstruktiv kreuzen. In der Stellungnahme von »Kairos Europa« über »Wirtschaft(en) im Dienst des Lebens« wird – mit Verweis auf Apg 4 und Dtn 5 – gesagt: »Gottes Liebe zur Schöpfung ist kreative Solidarität. Ebenso bedeutet Nächstenliebe, das Kennzeichen von Christinnen, Solidarität.«[3] Nächstenliebe aber ist zunächst von Solidarität unterschieden.[4] Nächstenliebe geht über die Solidarität hinaus und verläuft quer dazu, wenn sie denn die direkte Zuwendung zum anderen meint, auch zu dem, der jetzt gerade nicht in bestimmter Weise zu denen gehört, die Solidarität verdienen, sondern eben der Nächste ist, der den Weg kreuzt und nun vorrangig eine besondere Zuwendung und Mitteilung erfährt. In Spannung zu solcher Nächstenliebe steht die Auffassung von einer Solidarität mit bestimmen Menschen, die in gleicher Situation sind. Solidarität meint dann eine verallgemeinerte Zuwendung zu bestimmten anderen, zu denen, die in der Mehrzahl als die zugehörigen, nicht mehr einzelnen »Nächsten«[5] erscheinen. So wird die Rede vielfach in der Sozialethik gebraucht. Es werden bestimmte Adressaten und ihre Nächsten identifiziert: die Solidarität der Arbeitenden mit den Arbeitslosen[6], die Solidarität der Gesunden mit den Kranken, die Solidarität der Reichen mit den Armen. Hier ist dann auch die Rede von der Unteilbarkeit der Solidarität, sofern die Zuwendung dann unterschiedslos den Kranken und Armen gilt. Diese Solidarität blickt über

---

[1] Zur Begriffsgeschichte siehe A. WILDT: Art.: Solidarität (1995); zur Neufassung in der sozialwissenschaftlichen Theoriebildung siehe: F.-X. KAUFMANN: Sozialpolitik zwischen Gemeinwohl und Solidarität (2002).
[2] Siehe die Diskussion bei: T. TRAGL: Solidarität und Sozialstaat : theoretische Grundlagen, Probleme und Perspektiven des modernen sozialpolitischen Solidaritätskonzeptes, 2000.
[3] KAIROS-EUROPA (Hg.): Wirtschaf(en) im Dienst des Lebens, 2003, 8.
[4] Siehe dazu: P. RICOEUR: Der Sozius und der Nächste (1974)
[5] Auf diese trifft dann eher der Begriff des »Sozius« zu, wie ihn Paul RICOEUR verwendet hat: P. Ricoeur: Der Sozius und der Nächste (1974).
[6] Siehe die Studie der EKD: Solidarität der Arbeitenden mit den Arbeitslosen, 1986.

den Einzelfall hinaus, zielt auf alle in gleicher Not. Es geht um eine Verbundenheit über den unmittelbar Nächsten hinaus, der meine Zuwendung erfährt, ohne Rücksicht darauf, ob es denn auch noch andere gibt, die in gleicher Not sind. Solidarität wird zum Ansatzpunkt für die Sozialethik, sofern damit dieser Aspekt der Verallgemeinerung der Zuwendung in den Blick kommt und zugleich die Loslösung von solchen Bindungen, die einer Solidarität mit anderen im Wege stehen würden.

Mit der Solidarität geht es dann auch um den besonderen Vorgang der Zuwendung, die nicht nur als Verantwortung für den anderen erscheint, sondern den einen mit dem anderen, die einen mit den anderen eine Situation, ein Problem, eine Not und eine Hilfe teilen lässt. Nicht nur, was einer für den anderen verantwortlich tun kann, sondern wie einer sich der Sache des anderen so annimmt, dass er selbst daran partizipiert, macht diese Solidarität aus. Solidarität kennzeichnet ein verantwortliches Leben, das ein teilnehmendes Miteinander einschließt und das nicht auf »Verantwortlichkeit« als einer Haltung setzt, sondern darauf, dass andere Menschen unausweichlich einander zugeordnet und zugewiesen sind.[7] Es wird damit auch angezeigt, dass dieses Miteinander einen institutionell-politischen Charakter hat: die Gestalt einer praktizierten »politischen Solidarität«.[8]

In der christlichen Tradition ist an dieser Stelle von der Brüderlichkeit und Geschwisterlichkeit zu reden. Kennzeichnend ist für sie, dass Brüderlichkeit und Geschwisterlichkeit eine politische Bedeutung hat: Brüder und Schwestern treten mit einer bestimmten Praxis des Zusammenlebens hervor.[9] Daraus ergeben sich

---

[7] Siehe im Unterschied zu einer solchen Verantwortungsethik: D. BONHOEFFER: Die Struktur verantwortlichen Lebens (1992).

[8] Zu beachten ist in dieser Hinsicht insbesondere die von Wolfgang KERSTING aufgezeigte Unterscheidung zwischen einer moralisch-egalisierenden Gerechtigkeitsvorstellung und einer – wie er sie nennt – »politischen Solidarität«: W. KERSTING: Theorien der sozialen Gerechtigkeit, 2000, bes. 376-378. In dieser Hinsicht verfolgen wir hier die gleiche Spur. Was KERSTING »politische Solidarität« nennt, kann freilich auch als eine Form von »Gerechtigkeit« verstanden werden, und insofern ist auch von einer politischen Gerechtigkeit zu sprechen, die sich von einer (egalisierenden) Verteilungsgerechtigkeit (im Sinne von Kersting) unterscheidet. Kersting unterscheidet »Normen der Gerechtigkeit«, »Normen der Hilfeleistung« und »Normen der Solidarität« (381). Das unterstreicht die Eigenbedeutung dessen, was »politische Solidarität« heißt. Kersting wendet sich damit gegen ein »illibertäres«, egalisierendes Verständnis von (Verteilungs-)gerechtigkeit und grenzt das Verständnis von politischer Solidarität nach der anderen Seite aber auch gegen libertäre Positionen der Sozialstaatsfeindlichkeit ab (vgl. 385). Kersting hätte guten Grund gehabt, hier an Grundlinien der christlichen Sozialethik anzuknüpfen. Freilich ist es notwendig, nicht nur eine egalisierende Gerechtigkeit kritisch zu sehen, sondern zugleich und zuerst diejenigen Differenzen namhaft zu machen, die nicht als irgendwie vorhandene hinzunehmen sind, weil sie von Menschen gemacht sind und beseitigt werden müssen. Solidarität darf nicht der Kompensation solcher Differenzen dienen, sonst wäre ihre politische Bedeutung verloren.

[9] Darin liegt nicht zuletzt die Pointe der missverständlich so genannten »kommunitaristischen« Ethik, wie sie vor allem von Stanley HAUERWAS entfaltet worden ist.

entscheidende Spannungsmomente zur gegenwärtigen Diskussion. Wenn überhaupt von einer Tradition der christlichen Sozialethik zu reden ist, dann von einer solchen, die Ethik auf eine solche politische Existenzform[10] bezieht, die ihre eigene Widerständigkeit hat und die nicht in den Alternativen aufgehen muss, die von den Sozialphilosophien markiert worden sind.[11] Um *diesen* Realitätsbezug einer gelebten Ethik wird es im folgenden gehen, die sich nicht darauf begrenzen lassen kann, Begründungen für diesen oder jenen Teilaspekt menschlicher Zielsetzungen zu liefern, sondern die eine Existenzform und deren praktische, zeugnishafte Bewährung selbst zum Gegenstand hat. Die Frage wird sein, was die Praxis ist, in der das Soziale erscheint, was die institutionellen Konturen dieser Praxis sind und wer diese Praxis trägt. Nicht auf welchen allgemeinen (formalen) Maßstab gelingenden Lebens, nicht auf welche Prozeduren der Verständigung und nicht auf welche wie auch immer gegebene Werte das Soziale gegründet werden kann, sondern in welcher Praxis es hervortritt, ist die Frage – möglicherweise einer bestimmten und spezifischen Praxis, die selbst dafür einsteht, dass zur Mitteilung kommt, was wir Menschen sein dürfen. Dann sind hier nicht die Ermöglichungsbedingungen menschlicher Selbst-Verwirklichung der Gegenstand, sondern die Bewährung einer bestimmten Praxis, in der es um das Zeugnis jener Mitteilung geht. Sofern das gesellschaftliche Zusammenleben thematisiert wird, sofern also überhaupt Gesellschaft als Ganze in den Blick kommt, etwa in Bezug auf eine Gesellschaftspolitik, ist die Frage nach einer »guten Gesellschaft« auf der Tagesordnung. Diese kann – wenn wir dem Diskurs in der Sozialphilosophie folgen – nicht damit beantwortet werden, dass die gute Gesellschaft darin besteht, dass sie die Ermöglichungsbedingungen für »gelingendes Leben« bereitstellt, ohne dass diese – wie auch das, was gelingendes Leben heißen kann – inhaltlich qualifiziert sind. Die Frage nach der »guten Gesellschaft« ist unausweichlich auf ein ethisches Urteil verwiesen, in dem artikuliert ist, was die Konturen einer Gesellschaft sein können oder müssen, denen ein »gutes Leben« entspricht. Damit ist ein inhaltliches ethisches Urteil gefragt, das nicht offen lassen kann, was dieses gute Leben ausmacht. Die Thematisierung der Solidarität hat hier ihren Ort. Sie deutet bereits an, dass es nicht um eine allseitige Theorie einer guten Gesellschaft gehen kann – vielleicht um das Ideal oder die Utopie einer solchen – sondern um ein spezifisches Kennzeichen, das im besonderen dafür steht und einsteht. Darauf zielt eine Sozialethik, die die »Sorge um das Soziale« in den Blick fasst.

---

[10] Durchaus in diesem Sinn spricht Erik Wolf, der Grundlegendes zur evangelischen Rechtsethik und Rechttheologie entfaltet hat, von »Existenz«: E. WOLF: Rechtstheologische Studien, 1972.
[11] Siehe dazu insbesondere: A. HONNETH: Pathologien des Sozialen. Tradition und Aktualität der Sozialphilosophie (1994).

## 1. Solidarität – eine gesellschaftspolitische Perspektive?

Das gegenwärtig vielfältig und auch gegensätzlich diskutierte Thema »Solidarität« ist offensichtlich ein Signal dafür, dass die Frage brennend geworden ist, *was* Menschen in unseren Gesellschaften ausdrücklich verbindet, was sie »noch« verbindet, was die Verbindlichkeiten sind, die sie eingehen oder in denen sie wurzeln.[1] Die Sozialethik trifft in diesem Thema auf die Sorge, ja auf die Besorgnis und Angst um »das Soziale«, aber ebenso auf die offene Frage, was denn »das Soziale« ausmacht und trägt. Freilich: Was ist die Fragestellung, was ist das brennende Problem, was sind die Diagnosen, die Perspektiven? Es gehört zu den Aufgaben der Sozialethik, nicht von fertigen Diagnosen über die Gesellschaft auszugehen, sondern an einem ethisch reflektierten Verständnis von Gesellschaft zu arbeiten. Sie hat zu klären, was die diagnostischen, kritischen und perspektivischen Zugänge christlicher Sozialethik sind, auch in Abgrenzung zu den Problemstellungen, die die Diskussion einengen. So hat sich etwa die Diskussion um den Sozialstaat[2] an der Frage festgefahren, wie die soziale Sicherung auf den Staat und die Verantwortung des Einzelnen verteilt werden können. Damit bewegt sich die Diskussion – wie vielfach dokumentiert – einzig im Modell einer liberalen (oder auch liberalistischen) Konstruktion, ohne die darin enthaltenen Aporien oder auch nur im Umriss andere Perspektiven sichtbar werden zu lassen. Gleichwohl sind alternative Sichtweisen durchaus entwickelt worden.[3] Zu diesen gehört der Blick auf die differenzierte institutionelle Verfasstheit der Sorge um das Soziale. Dieser Blick eröffnet nicht nur eine Forderung, sondern auch eine Beschreibung dessen, was vorzufinden ist, wenn man sich nicht auf die Alternative »Staat oder Einzelner« fixiert.[4]

Die »Sorge um das Soziale«[5] wird mit der Frage nach der Verteilung von Verantwortlichkeiten und auch mit den Formen von Gerechtigkeit nicht erfasst, und es ist verwunderlich, dass dies in der Öffentlichkeit, aber auch in den theoretischen Diskursen nicht deutlicher hervortritt. Die Thematisierung der »Sorge

---

[1] Vgl. dazu den kritischen Einblick bei: L. HEIDBRINK: Das Dilemma der Verantwortung, in: Moral. Und Macht, 1996, 982-989.
[2] Dokumentiert in dem Band: W. SCHÖNIG, R. L'HOEST (Hg.): Sozialstaat wohin? Umbau, Abbau oder Ausbau der sozialen Sicherung, 1996.
[3] Zur Kritik an dem bisherigen Diskurs und zu einer alternativen Sichtweise – im Bezug auf den Wohlfahrtsstaat – siehe: B.P. PRIDDAT: Die Wirtschaftstheorie und ihre Schwierigkeiten mit dem Wohlfahrtsstaat – konstitutionenökonomische Alternativen am Beispiel der Sozialpolitik (2000). Priddats theoretischer Ansatz trifft sehr gut mit dem zusammen, was von Seiten der Sozialethik im Blick auf die institutionelle Verfasstheit des Sozialen festzuhalten ist.
[4] Siehe B.P. PRIDDAT: a.a.O., 212-215.
[5] Siehe: JOHANNES-PAUL-II: Enzyklika Sollicitudo rei socialis, 1987.

um das Soziale« wie sie im Zusammenhang sozialethischer Reflexion erfolgt ist, kennzeichnet das soziale Zusammenleben als *politisches* Projekt, nicht als etwas, das nur organisiert oder verwaltet werden muss.[6] Es geht generell um die politischen und institutionellen Konturen der Sorge um das Soziale, die den Staat betrifft, aber auch die institutionelle Differenzierung von Sozialpolitik sieht.[7] Diese Differenzierung schließt den Staat als einen Akteur unter anderen ein. Auch andere Institutionen sind in die politische Aufgabe einbezogen. Birger P. PRIDDAT sieht darin auch die Ökonomie in ihren organisatorischen und institutionellen Formen einbezogen. So entsteht eine andere Konstellation: »Die Sozialpolitik wird an die Gesellschaft zurückgegeben, aber nicht an ein abstraktes System, sondern an ihre Organisationen, die vielfältige subpolitische Regeln ausbilden.«[8] Zum *politisch-institutionellen* Charakter der Sorge um das Soziale gehört, dass sie auf diejenige Gerechtigkeit bezogen wird, die das Recht – immer neu – provoziert, weil sie geltend macht, was in politischer Perspektive, im Zusammenleben, präsent bleiben muss. So ist dann das Recht auf Arbeit, das Recht eines Bürgers, nicht nur ein solches »subjektives« Recht auf etwas, das mit dem politischen status nichts zu tun hat. Wenn demnach ein »Recht auf« formuliert wird, so muss dessen politischer Sinn deutlich sein. Es ist dies dann nicht isoliert die Gewährleistung eines je eigenen Anspruchs, sondern die Ermöglichung einer politischen Existenz, eines Lebens als Bürger. Auch das Recht auf Gesundheit kann so gesehen werden. Dann steht einem Recht nicht eine allgemeine Pflicht gegenüber, sondern eine *politische Existenz*, die es zu gewährleisten und zu erhalten gilt. Es geht um die Erhaltung einer substantiellen, nicht inhaltsleeren Gleichheit. Nicht die Gleichheit von Menschen allein, sondern die von Bürgern ist damit im Blick.[9] Das Bürgersein ist das Kennzeichen eines »guten« menschlichen Lebens, das in der politischen Existenz in Erscheinung tritt. Entsprechendes ist zum politischen Sinn von Gesundheit zu reflektieren, oder zum politischen Sinn von Bildung. Andernfalls bleiben diese »subjektiven Rechte« unterbe-

---

[6] Vgl. dazu die Darstellung bei M. HONECKER: Grundriss der Sozialethik, 1995, 339: »Das Sozialstaatsprinzip ermächtigt und verpflichtet den Staat zum Handeln.« Zu klären ist, was – durchaus in Bezug darauf – die politische Aufgabe ausmacht.
[7] Siehe zur Problemstellung: N. LUHMANN: Subjektive Rechte (1981); F.-X. KAUFMANN: Sozialpolitisches Denken. Die deutsche Tradition, 2003.
[8] B.P. PRIDDAT: Die Wirtschaftstheorie und ihre Schwierigkeiten mit dem Wohlfahrtsstaat – konstitutionenökonomische Alternativen am Beispiel der Sozialpolitik (2000), 215. PRIDDAT greift hier den Begriff »multiple governance-rule structure« auf. Damit ist dann freilich auch die Frage gestellt, wie das Verhältnis und die Unterscheidung von »governance« und politischen Prozeduren zu sehen ist.
[9] Darauf hat Hannah ARENDT gegen eine abstrakt moralische Fassung von Menschenrechten insistiert mit ihrem Votum für das einzige Menschenrecht, das darin besteht, Bürgerrechte zu haben: H. ARENDT: Es gibt nur ein einziges Menschenrecht (1981).

stimmt, weil sie nicht als Rechte zum Bürgersein erscheinen.[10] Entscheidend ist, was das Bürgersein einschließt. Mit dem Bürgersein ist der Gegenstand bestimmt, dem sich Politik zuwenden kann – im Unterschied zu anderen Aufgaben oder Gegenständen, die nicht als solche der Politik unterworfen sein können – wie etwa das, was jetzt »Biopolitik«[11] heißt.

Die Sorge um das Soziale hat so ihre für das politische Handeln klar umrissene Aufgabe. Politik hat nicht irgendwie für ein gelingendes Leben zu sorgen oder für dessen Ermöglichung, sondern für die Bürger-Existenz. Soziale Gesellschafts*politik* muss dann nicht für obsolet erklärt werden, es sei denn die Bearbeitung von gesellschaftlichen Entwicklungen wird dem *politischen* Handeln überhaupt abgesprochen. So gilt es nach einem *gesellschaftspolitischen* Handelns zu fragen, das seine eigenen Perspektiven hat und dann nicht nur ausgleicht, was eine Ökonomie nicht leistet, die ihrerseits womöglich in abstrakter Weise und nicht in ihrer eigenen gesellschaftspolitischen und institutionellen Verfasstheit gesehen wird.

In den Traditionen christlicher Sozialethik sind durchaus klar umrissene Perspektiven namhaft gemacht worden, die die *Sorge um das Soziale* in dieser Hinsicht geleitet haben – in der evangelischen Sozialethik ist etwa seit 1960 das von Heinz-Dietrich WENDLAND und in der ökumenischen Diskussion namhaft gemachte Konzept der »verantwortlichen Gesellschaft« zu nennen. Ein solches Konzept muss freilich heute zum Teil anders gefasst und in veränderte gesellschaftliche Bedingungen eingezeichnet werden.[12] Heinz-Dietrich WENDLAND konnte – wie begründet auch immer – voraussetzen, dass es eine dichte, verbindliche politische Gesamtöffentlichkeit gibt und geben darf. Er konnte voraussetzen, dass eine konzentrierte politische Willensbildung möglich ist, so dass es eine Politik mit Projektcharakter gibt und nicht (wie es heute heißt) eine Politik ohne Projekt[13], das heißt auch: eine Politik ohne politischen Inhalt. Zum Teil wird gegenwärtig der Sozialstaat kaum deutlich genug als ein politisches Projekt aufgefasst, sondern eher als eine Erbschaft von Gewährleistungen, von denen man nicht weiß, wie sie erhalten werden können. Aber anders als ein Projekt, auch mit utopischen[14] – und eschatologischen[15] – Elementen, lässt sich nicht bewahren, wofür der Sozialstaat einsteht, auch wenn der Staat selbst nicht alles erfüllt,

---

10  Dieser Aspekt fehlt bei LUHMANN, und damit kommt nur noch die Alternative zwischen subjektivem Recht und positivem Recht in den Blick.
11  Vgl.: C. GEYER: Biopolitik. Die Positionen, 2001.
12  Zu einigen kritischen Aspekten in der Diskussion vgl. L. HEIDBRINK: Das Dilemma der Verantwortung (1996).
13  Siehe: S. UNSELD: Politik ohne Projekt? Nachdenken über Deutschland, 1993.
14  Zur Bedeutung der Utopie für die gesellschaftspolitische Wahrnehmung vgl. Utopie und Moderne, hg. von R. EICKELPASCH; A. NASSEHI, 1996.
15  Siehe dazu P. RICOEUR: Der Sozius und der Nächste (1974).

sondern von einer differenzierten und vielfältig verteilten politischen Sorge um das Soziale begleitet sein muss. Wenn der Sozialstaat nur als Nebenprodukt oder als notwendiges, komplementäres Korrektiv erscheint, ohne dass ihm eine exponierte politische Sorge um das Soziale gegenübersteht, ist eine sozialstaatlich orientierte und getragene Politik kaum möglich und der verfassungsmäßige Sinn des Sozialstaats nicht einzulösen. Inzwischen gibt es durchaus Schlagworte für entsprechende gesellschaftspolitische Perspektiven, z.B. die Rede von der »Zivilgesellschaft« oder der „Bürger, citizengesellschaft". Es bleibt aber zu fragen, ob sie geeignet sind, die *politische* Sorge um das Soziale auch nach ihrer inhaltlichen Seite zu kennzeichnen. Es geht dabei darum, ob diese theoretischen Konzeptionen für eine *Ethik* brauchbar sind, die zu erkennen sucht, was die politische Aufgabe ist, auch dann, wenn diese Erkenntnis gegen das steht, was faktisch geschieht oder als gesellschaftspolitisches Modell festgehalten wird.

Einige der Reaktionen auf das Votum der evangelischen und katholischen Kirchen in Deutschland zur wirtschaftlichen und sozialen Lage[16] haben sich Gedanken darüber gemacht, ob denn die Kirchen den Brennpunkt und das heißt auch den *christlichen Brennpunkt* der Sorge um das Soziale[17] und den Angelpunkt für das gesellschaftspolitische Handeln haben markieren können. Die Sorge um das Soziale würde sich verlieren, so wurde eingewandt, wäre nicht klar, worum sie sich wirklich – auch perspektivisch – dreht: ist es etwa in der Gestalt einer bestimmten akuten Solidarität nur eine Art Risiko-Absicherung oder ein Risikoausgleich, dass die einen das Risiko der anderen mittragen, ist es die Kompensation unvermeidlicher (oder doch auch abzuschaffender) Differenzen oder ist der Dreh- und Angelpunkt ein anderer? Es ist auch beobachtet worden, dass überzeugungskräftiger als die Sorge um das Soziale die ökologischen Sorgen geworden sind, an denen sich politisches Handeln orientiert, oder es ist das Phänomen der »Demokratisierung Gottes« namhaft gemacht worden dafür, dass Menschen sich eher in eine immense, gar unabsehbare Verantwortung (etwa im Zusammenhang der Biopolitik) gezogen wissen, aus der heraus sie politisch und ethisch aktiv werden. Ebenso ist die Perspektive der »einen Welt« oder der einen Bootes, in dem alle sitzen namhaft gemacht worden. Unsere Frage ist: Auf welche *projektfähige und politische Perspektive* hin und auch im Blick auf welche *institutionelle* Realität hin kann die Sorge um das Soziale thematisiert werden? Es wird im folgenden zu zeigen sein, wie sich die angedeutete Fragestellung aus christlicher sozialethischer Perspektive formulieren und bearbeiten lässt – sagen wir vorläu-

---

[16] EKD-DBK: Für eine Zukunft in Solidarität und Gerechtigkeit, 1997. Siehe dazu: J. WOLF: Kirche im Dialog, 2002.
[17] Siehe dazu: JOHANNES-PAUL-II: Enzyklika Sollicitudo rei socialis, Bonn 1987.

fig: die Frage nach sozialer Verbindlichkeit und ihrem Gegenstand, um die Aufgabe nicht hier schon zu eng zu fassen.[18]

## 2. Politische Existenzform? Perspektiven einer Diagnose

Wo stehen wir mit der Frage nach der sozialen Verbindlichkeit – auch als einer Form von Gerechtigkeit oder als Gegenüber zur Gerechtigkeit? Wo stehen wir mit dem, was in Bezug auf die moralische Verständigung das »Andere der Gerechtigkeit«[19] genannt worden ist? Wir könnten hier zunächst bei allgemeinen Diagnosen über gesellschaftliche Veränderungen einsetzen, bei Diagnosen über die Veränderung von Lebensformen, über die Veränderung der Einstellungen oder über die Veränderung von strukturellen Gegebenheiten (etwa die Bedeutung von Institutionen gegenüber ökonomischen Vorgängen) oder auch bei Diagnosen über Solidarität oder bürgerliches Engagement in der Gesellschaft. Eine ausführliche Darstellung des bürgerlichen Engagements in der Bundesrepublik Deutschland enthält der Bericht der Enquete-Kommission »Zukunft des bürgerschaftlichen Engagements«.[20]

Zu den viel beachteten Analysen (inzwischen gibt es viele andere) gehörte in den vergangenen Jahren die Studie von Robert N. BELLAH und seinen MitarbeiterInnen über die »Gewohnheiten des Herzens«.[21] Die Studie thematisiert bestimmte Praktiken, die tagtäglich gebraucht und eingeübt werden – z.B. dort, wo Menschen beständig damit befasst sind und befasst sein müssen, ihr Leben zu planen und ihr Leben in die Hand zu nehmen, wo Menschen damit befasst sein müssen, ihr Selbst zu verteidigen, wo Menschen sich als verantwortliche Persönlichkeiten erfahren, wo Menschen sich vor Entscheidungen gestellt sehen, die jenseits dessen liegen, was ihrer Erfahrung mit Entscheidungen entspricht, und vieles andere, das sich kaum auf eine einzige Gewohnheit reduzieren lässt, sondern ein vielseitiges Spektrum von Lebenspraktiken (auch Überlebenspraktiken) zeigt. Dazu kommt dann auch, wo Menschen tagtäglich sich um andere – solidarisch – kümmern.

---

18  Auch die Thematisierung der »Begründung des Sozialstaates«, oder: das Problem einer sozial integrierten Gesellschaft – sind schon in den Begriffen wiederum weitere Akzentsetzungen und Festlegungen.
19  Siehe: A. HONNETH: Das Andere der Gerechtigkeit. Habermas und die Herausforderung der poststrukturalistischen Ethik (2000). Das Problem der Formulierung, die von J. Habermas gebraucht worden ist, liegt u.a. in der damit angezeigten Dialektik, die die Gerechtigkeit mit ihrem Anderen verbindet.
20  ENQUETE-KOMMISSION: Bürgerschaftliches Engagement: auf dem Weg in eine zukunftsfähige Bürgergesellschaft. Bericht der Enquete-Kommission »Zukunft des bürgerschaftlichen Engagements«, 2002.
21  Robert N. BELLAH u.a.: Gewohnheiten des Herzens. Individualismus und Gemeinsinn in der amerikanischen Gesellschaft, 1987.

Das Soziale ist auf diese Weise von der Sozialforschung auf seine soziale oder psychosoziale, beobachtbare und thematisierbare Realität hin befragt worden, und nicht weniges ist darüber inzwischen theoretisch verhandelt worden. Dabei geht es zunächst um das, was die »Normalität« genannt werden kann, das heißt das, was eben all das umfasst, in dem menschliches Leben als ein irgendwie »gutes« vollziehen lässt. Davon lässt sich dann auch unterscheiden, was dieses gefährdet oder zu verhindern droht. Die Sozialphilosophie hat dies als »Pathologien des Sozialen« namhaft gemacht, wie eine (von Axel HONNETH herausgegebenen und kommentierten) Sammlung von Beiträgen lautet.[22] Es wird erkennbar, dass *diese* Thematisierung der Sorge um das Soziale die Diskussion um den Sozialstaat verändert. Die Diskussion um den Sozialstaat hat eine solche Sorge um das Soziale, die auf die Pathologien gerichtet ist, kaum im Blick. Aber es ist die Frage, was eine sozialpolitische oder gesellschaftspolitische Perspektive und ihre ethische Verankerung sein kann.[23] Axel HONNETH stellt die These auf, dass der Blick auf die Gesellschaft und eine ihr entsprechende Politik notwendigerweise mit einer ethischen Perspektive verbunden ist, nicht begrenzt bleiben kann auf Fragen der Gerechtigkeit, sondern inhaltlich über ein gelingendes menschliches Leben etwas aussagen muss. Wie aber kann eine solche ethische Perspektive *gewonnen* werden? HONNETH nennt (1) die Möglichkeit der Proceduralisierung der Ethik, (2) das Festhalten an einer schwachen Anthropologie und (3) die Rückbesinnung auf die gegebenen Werte der bestehenden (europäischen) Kultur. Anders lässt sich offenkundig keine ethische Perspektive gewinnen, mit der überhaupt Diagnosen zu Pathologien zu erstellen sind. Sind diese Alternativen ausreichend – oder zeigen sie nicht eher die Verlegenheit, das zu thematisieren, worauf sich die Sorge um das Soziale richten kann?

Zu den generellen und grundlegenden Diagnosen gehört auch die von Alasdair MACINTYRE, dass die gemeinsame Arbeit am gemeinsamen Glück im Zusammenleben verloren oder diffus geworden ist.[24] Die Feststellung der »Privatisierung des *Guten*« bei MacIntyre – eine der Pathologien des Sozialen – zielt darauf, öffentlich nicht nur allgemeine Ziele sozialen Handelns oder auch nur die Verteilung von Rahmenbedingungen (sprich: Geld) für das gelingende Leben zu diskutieren, sondern die bestimmten Formen des Miteinander-Lebens[25], die

---

[22] A. HONNETH (Hg.): Pathologie des Sozialen. Die Aufgaben der Sozialphilosophie, 1994; siehe auch: A. HONNETH: Die zerrissene Welt des Sozialen : sozialphilosophische Aufsätze, 1999.
[23] A. HONNETH: Pathologien des Sozialen. Tradition und Aktualität der Sozialphilosophie (1994).
[24] A. MACINTYRE: Die Privatisierung des Guten (1994).
[25] Dazu würde gehören, die Diskussion darüber zu führen, wie denn die beteiligten »Sozialpartner« zur Utopie der Arbeitsgesellschaft stehen. Die Frage ist dann, in welcher Reichweite das menschliche Leben davon bestimmt ist, dass Menschen von dem leben, was sie – durch Arbeit – hervorbringen. Die Diskussion über die Arbeit am Sonntag hat eine Reihe von Defiziten gezeigt.

soziale Praxis und die Gewohnheiten des Herzens selbst auf die Tagesordnung zu bringen. Davon ist ja öffentlich durchaus die Rede, z.B. von einer entsprechenden Solidarität oder von einem bürgerschaftlichen Engagement, doch das bleibt appellativ und weit entfernt von einem gezielten Diskurs, der das tragen könnte, was »Sozialpolitik« zu nennen ist. Fragen dazu liegen auf der Hand: wie kommen Menschen dazu, sich *gezielt* solidarisch zu verhalten oder eben professionelle Bürger zu sein?

Diagnosen sind abhängig von konkreten, gesellschaftspraktischen und projektfähigen Perspektiven. Die Frage für eine ethische Betrachtung wird sein, wie weit solche Perspektiven im Bereich *ethischer* Verständigung und Reflexion liegen, das heißt am Ende darauf zielen, was bestimmte Akteure miteinander woraufhin verändern können, aber auch worin sich die einen oder anderen als Adressaten verstehen können und ihr Leben verändern lassen können. So wird es überhaupt auf eine ethische und politische Perspektive ankommen, in der es solche Adressaten und Akteure gibt – und nicht auf eine allgemeine Moral der Gerechtigkeit oder der Solidarität. Wir würden uns sonst jedenfalls aus der Ethik verabschieden – wie die nicht wenigen Analysen, für die es keine solchen Akteure, also auch Bürger, mehr gibt. Nicht zuletzt darauf richtet sich gegenwärtig die Frage nach Trägergruppen, Assoziationen, Organisationen (wie den NGOs), Eliten oder auch Institutionen. Die Antworten darauf sind entweder offen[26], vielleicht auch theoretisch ausgeblendet, oder so vielfältig – wie in dem Bericht der Enquete-Kommission[27] des Deutschen Bundestages – , dass ungreifbar bleibt, wovon *politisches* Handeln in einem expliziten und artikulierbaren ethischen Sinn ausgeht und worauf es zielt. Die Thematisierung des politischen Handelns hat ja genau dieses Problem im Blick, dass die Adressaten und Akteure undeutlich sind, dass es um die Gewinnung einer *Ethik* – im Unterschied zu einer allgemeinen Moral, vielleicht der Moral des sozialen Engagements oder einer umfassenden Regentschaft – überhaupt geht. Es bedarf noch immer und immer wieder neu der Analyse dieser Bedingung politischen Handelns und damit auch einer Diskussion darüber, welche Theorie den Vorrang haben kann und welcher Diskurs in den Vordergrund treten sollte.[28] Auch dafür gibt es Beispiele, die – wie Amitai ETZIONIs Aufweis der »fairen Gesellschaft«[29] – doch einiges zu zeigen vermögen, die aber zugleich in der Gefahr stehen, Verhältnisse nur zu postulieren.

---

26  Vgl. A. VOLLMER: Heißer Frieden. Über Gewalt, Macht und Zivilisation, 1996.
27  Die Enquete-Kommission fasst unter die Kennzeichnung »bürgerschaftliches Engagement« alles, was Menschen über eigene und vielleicht ökonomische Interessen hinaus gemeinsam tun.
28  Das betrifft nach wie vor insbesondere die Diskussion der Systemtheorie. Vgl. als Beispiel für das Problem von spezifischen Akteuren: N. LUHMANN: Protest. Systemtheorie und soziale Bewegungen, 1996.
29  A. ETZIONI: Die faire Gesellschaft. Jenseits von Sozialismus und Kapitalismus, 1996.

## 3. Sozialstaat – als ethische Perspektive

Die Unsicherheit in diagnostischer und perspektivischer Hinsicht zeigt sich, wie angedeutet, nicht zuletzt in der Diskussion um den Sozialstaat[30], auch in seiner Unterscheidung oder Zuordnung zum Wohlfahrtsstaat und das soziale oder bürgerschaftliche Engagement aller. Wir befinden uns dabei mitten in der sozialethischen Thematik, die sich nicht nur um die Frage dreht, wie Menschen in gesellschaftliche Prozesse eingefügt sind, sondern wie Menschen ihr Zusammenleben praktizieren, wie sie sich darüber *ausdrücklich* verständigen und wie sie politisch zusammenwirken, aber vor allem auch, wie Menschen überhaupt auf dieses Zusammenleben hin anzusprechen sind. Diese Frage gilt nicht nur für die »sozialen Bewegungen« als Exponenten politischen Einsatzes, sondern für jede Art solchen Einsatzes, gerade auch dort, wo er nicht ohne weiteres sichtbar wird. Solange über den Sozialstaat im Rahmen einer *politischen* Ethik diskutiert wird, sind nicht nur gesellschaftliche Prozesse und Entwicklungen namhaft zu machen, sondern eine bestimmte *politische Praxis*, an der und durch die schließlich die Veränderung und die Form des Zusammenlebens zum Tragen kommt. Es geht damit um einen Indikator – nicht um einen Maßstab – , auf den Bezug genommen werden kann, auf den hin Menschen anzusprechen sind. Somit geht es um ein *politisches Projekt*. Das ist eine starke Voraussetzung. Es ist die Voraussetzung, dass die Frage »was verbindet uns?« nicht abgetrennt wird von der Frage nach der *politischen* Existenzform und dem ihr entsprechenden gemeinsamen Handeln. Der Sozialstaat wird dann nicht nur als Akteur für die Ermöglichung von Engagement, als Verwaltungsapparat von Verteilungsmechanismen[31] oder von kompensatorischer Solidarität gesehen, sondern im Zusammenhang einer Demokratie, die auf die politische Praxis von Bürgern setzt und insofern auch das Prinzip der Solidarität als *politisches* und demokratisches versteht.[32] In dieser Hinsicht ist von »*politischer Solidarität*« zu reden.[33] Es ist zu fragen, wie darauf bezogen »Sozialpolitik« theoretisch zu fassen ist: inwiefern »Sozialpolitik« vom politischen Zusammenwirken der Bürger getragen sein soll oder ob dies offen bleibt.[34] Dieses Verständnis von Solidarität steht dem Versuch entgegen, nur von der Regierung oder dem Staat einerseits und der unbestimmten Freiheit oder

---

30  Zur Diskussion vgl. B. v. d. BRINK; W. v. REIJEN (Hg.): Bürgergesellschaft, Recht und Demokratie, 1995.
31  Siehe die kritische Analyse von: W. KERSTING: Theorien der sozialen Gerechtigkeit, 2000.
32  Siehe zur Fragestellung auch: B. BARBER: Starke Demokratie. Über die Teilhabe am Politischen, 1994; Siehe auch den Bericht der Enquete-Kommission: »Zukunft des bürgerschaftlichen Engagements« 2002.
33  W. KERSTING: Theorien der sozialen Gerechtigkeit, 2000, 378.
34  Demgegenüber unbestimmt spricht Michael Opielka von einer »sozialpolitischen Kultur«, die ein umfassendes Wohlfahrtsregime trägt. Damit diffundieren die ethischen Konturen. Siehe: M. OPIELKA: Sozialpolitik : Grundlagen und vergleichende Perspektiven, 2004.

dem vielleicht diffusen sozialen Engagement der Einzelnen und seiner Selbstverwirklichung zu reden. Solidarität meint in ihrem kritischen Sinn das Zusammenwirken bestimmter Bürger und Bürgerinnen auf das *politische* Zusammenleben hin, unabhängig von anderen Loyalitäten und entgegen dem Pluralismus von Loyalitäten. So wäre das Zusammenwirken von Akteuren in Arbeitgeberverbänden und Gewerkschaften eine Angelegenheit einer demokratischen, auf das politische, gemeinsame Handeln gerichtete Solidarität und nicht das Aufeinandertreffen von verschiedenen Loyalitäten, die sich durchzusetzen suchen. So ist auch die Solidarität von Arbeitenden und Arbeitslosen politisch zu fassen. In ihrer Logik hätten sich Arbeitgeber und Gewerkschaften zu treffen und nicht außerhalb dieser Solidarität allein im Interesse derer, die Arbeit haben. Von *demokratischer Solidarität* in diesem Sinne und nicht allgemein von Solidarität zu reden entspricht der Tradition christlicher Sozialethik. Es ist ihre *zentrale* (freilich auch dort oft verkannte) Perspektive.[35] Darauf verweist etwa die Denkschrift der Evangelischen Kirche in Deutschland zur Demokratie[36], wenn sie den politischen Einsatz der Christen als *Beruf* kennzeichnet. Sie provoziert die Frage nach der *politischen Existenzform*, die eine spezifische Loyalität gegenüber anderen Bindungen freisetzt. Das Politische bleibt dieser Logik zufolge dann unterbestimmt, wenn es nicht auch die Sorge um das Soziale umgreift und diese *ausdrücklich* ausübt. Die Sorge um das Soziale, um die es dann geht, tritt auf diese Weise sichtbar hervor und bleibt nicht dasjenige »Andere der Gerechtigkeit«, das nur irgendwie als vorhanden vorausgesetzt oder eingefordert werden muss. Jürgen HABERMAS bemerkt zu dem Verhältnis von Gerechtigkeit und Solidarität: »*Gerechtigkeit* bezieht sich auf die gleichen Freiheiten unvertretbarer und sich selbst bestimmender Individuen, während sich *Solidarität* auf das Wohl der in einer intersubjektiv geteilten Lebensform verschwisterten Genossen bezieht – und damit auch auf die Erhaltung der Integrität dieser Lebensform selbst. Moralische Normen können nicht eins ohne das Andere schützen: die gleichen Rechte und Freiheiten des Individuums nicht ohne das Wohl des Nächsten und der Gemeinschaft, der sie angehören.«[37] Damit ist der abstrakten Entgegensetzung von verständigungsorientierter und kommunitaristischer Ethik widersprochen. Doch wie ist die Gemeinschaft oder Geschwisterschaft und die darin praktizierte Sorge um das Soziale »gegeben«, von der hier zu reden ist? HABERMAS versucht, die damit vorausgesetzte solidarische Gemeinschaft von einem »traditionalistischen« Verständnis zu unterscheiden, demzufolge sich bestimmte Gruppen ge-

---

35   Der Bericht der Enquete-Kommission »Zukunft des bürgerschaftlichen Engagements« (2002) enthält nahezu keinen Bezug auf die christliche Sozialethik und ihre artikulierte Tradition.
36   EKD (Hg.): Evangelische Kirche und freiheitliche Demokratie, 1985.
37   J. HABERMAS: Gerechtigkeit und Solidarität. Zur Diskussion über ›Stufe 6‹ (1991), 70.

gen andere abgrenzen. Stattdessen spricht HABERMAS von »Symmetriebedingungen und Reziprozitätserwartungen« wie sie in jede kommunikative Alltagspraxis eingebaut sind. Nur mit einer solchen Form von Solidarität kann sich »postkonventionell begriffene Gerechtigkeit« verbinden.[38] Dieses Problemschema ist weitgehend eingespielt in den vielfältigen Abgrenzungen gegen Vorstellungen von Gruppenpartikularismus, die oft auch fraglos auf die christliche Gemeinde übertragen werden, ohne zu bedenken, wie die christliche Gemeinde auf ihre spezifische Weise Gerechtigkeit und Solidarität oder Geschwisterlichkeit verbindet.[39] Überdies geht diese Problemdisposition an anderen Konzeptionen vorbei, die das Zusammenspiel von Gruppen in der größeren politischen – und im Prinzip – universalen Gemeinschaft, in einem politischen Modell des Zusammenlebens begreifen.[40] Solche Modelle – wie das von Will KYMLICKA – zeigen, wie es möglich ist, das Leben in einer Gemeinschaft und ihrer je eigenen Tradition zu verbinden mit dem Zusammenleben mit anderen – bezogen auf eine politische Gemeinschaft. Diese Modelle stehen gegen die Fixierung auf das Problem einer Selbstabschließung, die den Grenzfall bildet für solche Gruppen, die sich ihrer politischen Präsenz nicht stellen. Für die christliche Gemeinde ist es widersinnig, dies anzunehmen. Es gibt keine hervorragende Tradition, in der dies anders wäre. Das Problem hat sich dort festgesetzt, wo die *politische* Existenz des Christenmenschen nicht mehr im Blick ist, sondern nur eine in dieser Hinsicht konturenlos kulturell oder gesellschaftlich vermittelte. Wenn der Blick auf diese Existenzform wegfällt, dann wird es kaum noch möglich, die damit verbundenen Perspektiven festzuhalten – vor allem und besonders die Perspektive einer sozialen Sorge, die mit der Gerechtigkeit verbunden bleibt, die als ausdrückliche auszuüben ist.

### *Politia Christi*

Für die Tradition evangelischer Sozialethik hat Ernst WOLF als die tragende Perspektive die »*Politia Christi*« markiert.[41] WOLF hält fest, dass die christliche Existenzform eine politische ist. Christen sind als Glieder der Gemeinde Christi darin erfahren, in einem *ausdrücklichen* Sinn Bürger zu sein.[42] Sie gehören einer Gemeinde an, die *nicht* eine Gemeinschaft ist aufgrund von diesen oder jenen Gemeinsamkeiten, die den Gemeindegliedern eigen sind, sondern die »extern«

---

38   J. HABERMAS: a.a.O., 70f.
39   Siehe A1-9.
40   Siehe: C. TAYLOR: Multikulturalismus und die Politik der Anerkennung, 1993, ein anderes – politisches – Modell findet sich auch bei: W. KYMLICKA: Multikulturalismus und Demokratie. Über Minderheiten in Staaten und Nationen, 1999; siehe dazu: H.G. ULRICH: Zur politiktheoretischen Debatte über den Multikulturalismus (2005).
41   E. WOLF: Politia Christi. Das Problem der Sozialethik im Luthertum (1948/49). Siehe E1-8.
42   Vgl. E. JÜNGEL: Mit Frieden Staat zu machen. Politische Existenz nach Barmen V, 1984.

konstituiert ist. Es ist die Gemeinschaft derer, die sich Gottes Wort sagen lassen. Die christliche Gemeinde ist daher der Ort für eine Existenz in Gerechtigkeit quer zu vorhandenen Bindungen und Verpflichtungen, auch entgegen anderen Loyalitäten und Gefolgschaften – und zwar nicht durch die Einführung einer konkurrierenden Gefolgschaft, sondern durch eine andere, eben politische Existenz. Der *politische* Einsatz von Christen beginnt nicht jenseits ihrer Zugehörigkeit zur christlichen Gemeinde, was zu jeder Art von Loyalität oder Gefolgschaft führen kann, sondern mitten in ihrem Leben als Glieder der Gemeinde JESU CHRISTI, mitten im Gottesdienst, in dem sie sich als die Gemeinde Jesu Christi versammeln lassen. Die Existenzform von Christenmenschen findet daher im Gottesdienst ihren prägenden und paradigmatischen Ort.[43] Dort erfolgt immer neu die Berufung in den Stand der Freiheit derer, die sich in Gerechtigkeit der Not des anderen Menschen zuwenden, dem sie wo auch immer begegnen. So kann dem entsprochen werden, was Solidarität in Gerechtigkeit heißt. HABERMAS hält nach der Seite der Solidarität fest: »Ohne die solidarische Einfühlung eines jeden in die Lage aller anderen könnte es zu einer konsensfähigen Lösung gar nicht kommen.«[44] Freilich bleibt hier undeutlich, was »Einfühlung eines jeden in die Lage aller anderen« heißen kann: sind es diejenigen anderen, die – wie im Gleichnis vom Barmherzigen Samariter (Lk 10)[45] – jemandem irgendwo und irgendwie begegnen, also die, denen jemand in ihrer Not zum Nächsten *wird*, dann ist die *Berufung* dazu der Angelpunkt und nicht eine irgendwie auf alle gerichtete »Einfühlung«. Deshalb ist der Zusammenhang von christlicher Ethik und Kirche zu reflektieren – und zwar als Sozialethik.[46] Dies verhindert, die politische Ethik auf Gewohnheiten des Herzens, auf allgemeine Verständigungsvorgänge oder auch Einfühlungsvermögen gründen zu wollen, sondern erlaubt es, die Notwendigkeit zu sehen, dass Menschen sich zu *Bürgern berufen* und bilden lassen.[47] Diese politische Freiheit, nicht irgendeine Freiheit zu agieren, ist der *ethische* Angelpunkt. Diese Bürger sich auf ihre Aufgabe hin anzusprechen, mit anderen und für andere zu handeln. Diese politische Freiheit ist die Freiheit von den Werken, die nicht auf die eigene Lebensbehauptung gerich-

---

[43] Siehe zur Entfaltung: B. WANNENWETSCH: Gottesdienst als Lebensform – Ethik für Christenbürger, 1997 [Political Worship: Ethics for Christian Citizens, 2004].

[44] J. HABERMAS: Gerechtigkeit und Solidarität. Zur Diskussion über ›Stufe 6‹ (1991), 73. Siehe ähnlich: A. HONNETH: Das Andere der Gerechtigkeit. Habermas und die Herausforderung der poststrukturalistischen Ethik (2000), 168f.. Honneth stellt Überlegungen darüber an, wie sich ein Gefühl der Zugehörigkeit bilden kann. Das bleibt ortlos.

[45] Siehe dazu A1-9.

[46] Vgl. dazu insbesondere die Arbeiten von Stanley Hauerwas, der die Diskussion in den USA an diesem Punkt vorangebracht hat: vgl. S. HAUERWAS: Selig sind die Friedfertigen, 1995.

[47] Siehe dazu die Denkschrift der EVANGELISCHEN KIRCHE in DEUTSCHLAND: Evangelische Kirche und freiheitliche Demokratie, 1985.

tet sind, oder auf das, was als »Identität« thematisiert wird. Eben dies ist die Logik einer politischen Existenz. Damit ist auch im Blick, wie sich soziale Verbindlichkeit bildet: als die Berufung in diese politische Existenz.

Christliche Sozialethik als die Ethik von Christenbürgern verweist dieser Grundlinie zufolge auf den Staat oder den Sozialstaat als generellen Adressaten. Dieser hat eine eigene und spezifische Aufgabe für die Ermöglichung von Solidarität und ist nicht die Alternative zu einer Ethik der Solidarität. Während die Praxis der Solidarität Ungleichheit nicht immer auch beseitigt oder auch Ungleichheit hervorruft, überbrückt der Sozialstaat Differenzen. Es geht darum, ungerechte Differenzen aufzuheben, was nicht bedeuten muss, Gerechtigkeit durchweg als egalisierende zu begreifen. Während solidarischer Einsatz dafür sorgt, dass bestimmte Bürger besonders gefördert werden, sorgt der Sozialstaat sich auch um die jeweils anderen. Evangelische Sozialethik musste sich in ihren Traditionen nicht auf den Einzelnen auf der einen Seite und auf den Staat als Rahmenbedingung für individuelle Entfaltung auf der anderen Seite fixieren: sie konnte darauf setzen, dass der Gegenstand der Ethik das Zusammenleben und das Zusammenwirken im *politischen* Sinne ist.[48] Sie spricht vom Christenmenschen als vom Christenbürger.[49] Dieser Christenmensch ist immer schon eine politische Existenz. Es ist der »äußere (leibliche) Mensch« (Martin LUTHER), der dem anderen Menschen zugewandt ist und in dieser Zuwendung seine Freiheit praktiziert. Dies ist keine Angelegenheit der vielfältigen Motivation, die Menschen zu diesem oder jenem bürgerschaftlichen Engagement bewegt, sondern eine Sache der ausdrücklichen und in diesem Sinne auch politischen Hinwendung zum Anderen in dem, was ihm Not tut.

Die Grundlage des Zusammenlebens stellen in dieser Perspektive nicht allgemeine Gemeinsamkeiten dar – vielleicht die Gemeinsamkeit einer »Kultur«, eines »Wertekonsenses«, die Gemeinsamkeit von Überzeugungen (auf dieser vagen Ebene bewegt man sich, wenn man von Werten und Wertewandel spricht), sondern entscheidend sind die *bestimmten* Formen des Kooperierens, der Auseinandersetzung, des Sich-Aufeinander-Einlassens, des Für-Einander-Eintretens, des stellvertretenden Handelns, der Übertragung von Macht und eben des politischen Handelns.[50] Dies alles sind keine Gegebenheiten, die nur behauptet (affirmiert) werden müssen. Sie können auch nicht eingefordert wer-

---

48  Martin HONECKER fasst die Grundlinien christlicher Sozialethik dazu unter der Überschrift »Politik als Ordnung des Zusammenlebens in Frieden, Gerechtigkeit und Freiheit« (Grundriss der Sozialethik, 1995, 197-428) instruktiv zusammen. Vgl. besonders darin auch: »Leitlinien einer Staatsethik«, 330-341.
49  Siehe: B. WANNENWETSCH: Gottesdienst als Lebensform, 1997.
50  Siehe dazu die Studie von Picu OCOLEANU: Gesellschaftsverträge und politische Mahlzeiten. Eine theologische Topographie der Öffentlichkeit, Diss. Erlangen, 2002. Hier wird gezeigt, was dies für das »Politische«, seine richtigen und falschen, pathologischen Formen bedeutet.

den. Um sich auf sie zu berufen, bedarf es der Perspektive einer Ethik, die damit rechnet, dass Menschen sich in die politische Existenzform berufen und versetzen lassen und sich daraufhin aufeinander einlassen: »Im Blick auf die Erbarmungen Gottes – erinnere ich euch mahnend: Gebt Euer Leben zum Opfer, das sei Euer vernünftiger Gottesdienst.« (Röm 12,1) So lautet die Thematisierung von »Solidarität« in der evangelischen Ethik. Es geht bei dieser Perspektive um das Erste Gebot als Leitgebot jeder weiteren ethischen Ausführung. Mit ihm ist gegeben, dass sich Menschen keiner Herrschaft oder Loyalität unterwerfen, die sie irgendwie zu bedienen haben. Das Leben nach dem ersten Gebot ist ein politischer »Gottesdienst« und damit nicht nur auf je Einzelne bezogen.[51] Diese Sozialethik ist deshalb als Berufs-Ethik verstanden worden[52], als Ethik solcher Christenbürger, denen eine Verantwortung für bestimmte andere übertragen ist, die sie in Kooperation und Koexistenz wahrnehmen. In diesem Sinne bezeichnet der Titel »politia Christi« den *Gegenstand* der Sozialethik und der erste Beruf des Christen ist der, ein *Bürger* zu sein.[53]

Der Beruf der Christenbürger ist nicht formal als kommunikative Praxis oder Interaktion zu begreifen, sondern er ist geformt und geprägt von der Gerechtigkeit, die Menschen sich nicht beschaffen können, die erfahren werden muss und die imstande ist, das bestehende Recht zu provozieren. Es ist die Gerechtigkeit einer Treue zur Gemeinschaft, wie sie in all dem präsent ist, was das geschöpfliche Leben ausmacht. Gott bleibt seinen Geschöpfen treu:[54] Hier ist der Ursprungsort einer *politischen* Ethik, die – zusammen mit entsprechenden Theorien des Politischen[55] – nicht auf einen (ursprünglichen) Vertrag setzt, der die vernünftigen Interessen koordiniert und wegblendet, woraufhin Menschen zusammenfinden. Das betrifft auch die Menschengemeinschaft, wie sie in der Perspektive des Zeugnisses von Gottes Treue erscheint. Gottes Treue gilt allen seinen Geschöpfen, wer dieser Treue Gottes für sein Leben gewärtig ist, bleibt mit allen Menschen verbunden. Die im geschöpflichen Leben erfahrene Treue, diese Gerechtigkeit – wie sie in der biblischen Tradition, nicht zuletzt in den Psalmen (wie Psalm 22 oder Psalm 24 und viele andere) zur Sprache kommt – ist durch

---

51   Vgl. dazu E. HERMS: Die Bedeutung des Gesetzes für die lutherische Sozialethik (1990). Röm 12,1 wird hier freilich individualistisch interpretiert. Dass die Berufung von Christen selbst einen gottesdienstlichen Charakter hat, tritt zurück. Dies mündet in liberalistische Konstruktionen.
52   Vgl. als Beispiel aus der neueren Diskussion: D. BEESE: Polizeiliche Berufsethik, in: KNIESEL, M. (Hg.): Handbuch für Führungskräfte der Polizei, Lübeck 1996, 1005-1035.
53   Vgl. auch dazu die Denkschrift »Evangelische Kirche und freiheitliche Demokratie«. Siehe: D. STERNBERGER: ›Ich wünschte ein Bürger zu sein‹. Neun Versuche über den Staat, 1967.
54   Auch im Blick darauf kann es nicht darum gehen, dass »Rechtfertigung« »Anerkennung« meint. Vielmehr bedeutet Rechtfertigung die Realisierung der Gemeinschaftstreue.
55   Vgl. C. LEFORT: Fortdauer des Theologisch-Politischen?, 1999.

keinen (unterstellten) Verpflichtungszusammenhang zu ersetzen[56], durch keine Moral ursprünglicher Bindungen oder Pflichten (Verträge) oder durch Formen einer unausweichlichen Gegenseitigkeit. Diese anzumahnen stößt ohnehin auf das Problem ihrer Ablösung durch lediglich komplementäre oder arbeitsteilige Verhältnisse.[57] Gerechtigkeit im Sinne der politischen Ethik meint hier nicht das Festhalten einer gemeinschaftlichen Zusammengehörigkeit, sondern die Treue zu den anderen, mit denen Gott – wie mit mir oder uns – eine Geschichte eingegangen ist, und in deren Geschichte er sich hat verwickeln lassen.

Um die Gerechtigkeit in der Treue, die den Geschöpfen gewährt ist, dreht sich die politische Praxis, die auf die gemeinsamen Aufgaben im Zusammenleben gerichtet ist. Diese Gerechtigkeit als Treue beginnt immer neu damit, dass Menschen der Gerechtigkeit gewärtig sind, die sie in ihrer geschöpflichen Existenz erfahren haben, wie es im Lobpreis der Gerechtigkeit Gottes hervortritt. In diesem Lobpreis der Treue Gottes ist die politische Praxis der Christenbürger beschlossen.[58] So tritt politisch zutage, was andernfalls nur als in Anspruch genommene Voraussetzung – transzendentalpragmatisch – in Geltung ist, wenn denn von einem politischen Status überhaupt zu reden ist. An dieser Stelle bleibt die Theorie des Politischen und der politischen Öffentlichkeit leer und ohne Widerhalt. Im besten Fall kann sie darüber aufklären, welcher Voraussetzungen es für die politische Verständigung bedarf, und das heißt, in welchem Sinne immer schon Menschen da sein müssen, die dessen gewärtig sind.[59] Zu den Christenbürgern jedoch gehört es, sich als diejenigen, die selbst aus einer treuen Zuwendung leben, die ihrer Solidarität immer schon vorausgeht, auch zu *exponieren*. Dies kann keine Frage des Gespürs für eine religiöse Hintergrundsmusik sein, sondern ist eine Angelegenheit politischer Ethik und Rationalität. Nicht ein Anderes der Gerechtigkeit tritt hier hervor, sondern diejenige andere Gerechtigkeit, die selbst eine politische Gestalt hat.

Demgegenüber fällt an der Diskussion um den *Sozialstaat* auf, dass sie aufs Ganze gesehen in zwei Richtungen auseinander läuft. Günter FRANKENBERG hat dies in seiner Darstellung so festgehalten: »der Sozialstaatsauftrag bleibt eingezwängt in das Spannungsverhältnis, wenn nicht (in) die Antinomie von freier individueller Entfaltung und fürsorglicher staatlicher Intervention«.[60] Tatsäch-

---

[56] Siehe beispielsweise Hans JONAS' kategorischen Imperativ »Es soll eine Menschheit sein«: H. JONAS: Prinzip Verantwortung, 1985.
[57] Siehe dazu: N. LUHMANN: Subjektive Rechte (1981).
[58] Siehe oben B4-4.
[59] Siehe dazu die Diskussion bei: A. HONNETH: Das Andere der Gerechtigkeit. Habermas und die Herausforderung der poststrukturalistischen Ethik (2000).
[60] G. FRANKENBERG: Die Verfassung der Republik. Autorität und Solidarität in der Zivilgesellschaft, 1996, 179 (vgl. 178-180).

lich fixiert sich die Diskussion darauf, auszuhandeln, was dem Staat an direkten Sicherungs- oder Fürsorgeaufgaben zufällt und was der Einzelne in seinen verschiedenen bürgerschaftlichen Engagements zu tragen hat. Diese Differenz ist dann verteilt auf die Alternative »mehr Eigenverantwortung« der Bürger auf der einen Seite und »Sicherheit der sozialen Sicherung, Bewahrung von Solidarität, die der Staat garantiert« auf der anderen Seite.[61] In Kurzfassung lautet dies nach der einen (liberalistischen) Seite: »Ziel einer modernen Sozialpolitik muss sein, die ökonomischen Voraussetzungen für ein dauerhaft leistungsfähiges und finanzierbares Sozialsystem zu stärken. Das heißt, Begrenzung der Zwangsabgabenlast auf das unbedingt Erforderliche und Konzentration der Sozialleistungen auf die wirklich Bedürftigen. ... Leistungsfähigkeit und Finanzierbarkeit des Sozialstaates sichern, darum muss es gehen.«[62] In dieses Grundmuster wird auch die Rede von »Solidarität« und »Subsidiarität« eingefügt, ohne damit zu rechnen, dass sich diese Prinzipien dagegen sperren. So wird (in dem gleichen Beitrag) zum Subsidiaritätsprinzip formuliert: »Für eine weitgehende Beitragsfinanzierung von Gesundheitsleistungen sprechen zudem u.a. ... das Subsidiaritätsprinzip mit dem Ziel einer Stärkung der Eigenverantwortung...«.[63] Subsidiarität ist in ihrem Sinn jedoch nicht erfasst, wenn sie nur als Stärkung der Eigenverantwortung des Einzelnen (an einer anderen Stelle heißt es dann »private« Altersvorsorge) gedacht wird. Mit der Subsidiarität geht es nicht zuerst um die Verlagerung von Zuständigkeiten nach unten, sondern um die Stärkung eines jeden als *politisch* mitwirkenden Bürger.[64] Diese politische Zuständigkeit zu stärken ist selbst das Ziel demokratischer Politik.[65] So kann dann erwartet werden, dass der Sozialstaat eben von denen handelnd mitgetragen wird, die von ihm Hilfe erhalten.

Nach der anderen Seite, die den Sozialstaat stark sehen will, wird formuliert (Gerhard BÄCKER): »Der Sozialstaat hat eigenständige politisch-moralische Ziele auch jenseits der Maßstäbe der engen ökonomischen Funktionalität«[66] Auch hier bleibt der Blick auf den Sozialstaat als eigenständigem Funktionsträger fixiert, wenn auch zu Recht auf eigene politische Ziele ausgerichtet. Es wird dann unter-

---

61 Vgl. diese beiden Optionen in: Sozialstaat wohin?, hg. von Werner SCHÖNIG und Raphael L'HOEST, 1996: V. HANSEN: Sozialstaat vor dem Umbau. Reformansätze aus der Sicht der Arbeitgeber, und: G. BÄCKER: Sozialpolitik zwischen Abbau und Umbau. Reformansätze aus Sicht der Gewerkschaften.
62 V. HANSEN, a.a.O., 140f.
63 V. HANSEN, 130; Vgl. auch das Beispiel 136.
64 Die Enquete-Kommission »Zukunft des bürgerschaftlichen Engagements« (siehe: Bericht 2002) stellt das politische Engagement auch nur neben die vielen anderen Engagements, ihm kommt keine spezifische oder zentrale Bedeutung zu.
65 Dies berührt sich mit der Regel von John RAWLS, dass es zur Gerechtigkeit als Fairness gehören muss, dass jeder Mensch Zugang zu den öffentlichen Ämtern hat: Eine Theorie der Gerechtigkeit, [A Theory of Justice, 1971] 1979.
66 V. HANSEN, 159

strichen, dass die Sozialpolitik wohl permanent zu Anpassungsleistungen gezwungen ist, »um auf neue Anforderungen zu reagieren und das Steuerungspotential zu verbessern«.[67] Auch hier wird gesagt: »Ständig neu zu entscheiden ist die Frage, welches Leistungsspektrum notwendig ist, was also öffentlich und was privat finanziert werden soll.« Entscheidend ist die Garantie der sozialen Sicherung durch den Sozialstaat. Das Problem wird in der Akzeptanz dieses Sozialstaates gesehen, weniger aber darin, welche Praxis und welche Akteure diesen Sozialstaat tragen.[68] Es bleibt hier eine leere Stelle.

Dieses Problemschema lässt sich in vielen Diskussionen verfolgen. So wird von den Positionsgegnern auf der einen Seite »Anspruchsdenken« diagnostiziert und auf der anderen Seite soziale Rücksichtslosigkeit. Dies hat zur Erstarrung der Diskussion geführt. Dabei wird man da und dort durchaus Differenzierungen wahrnehmen können.[69] Doch bei aller Differenzierung wird das Modell selbst kaum befragt. Das betrifft schließlich auch gegenläufige Theorien, die es selbst auch nicht zu korrigieren vermögen, weil sie keine Perspektive des *Widerspruchs* – vielleicht auch eines utopischen – entwickeln.[70] Die Reduktion der Logik auf Optionen, die auf »Staat« oder »Eigenverantwortung« verteilt sind, und das Aushandeln der Verteilung (auch die Reduktion auf das Problem Risikosicherung) entspricht weder der gesellschaftlichen und politischen Wirklichkeit noch einer politischen Ethik. Die politische Ethik muss fragen (und fragt auch in vielen Konzeptionen), wer mit wem und für wen, in welchen Verbindlichkeiten für den anderen und mit dem anderen zum Handeln berufen und beauftragt ist.[71] Das zu fragen heißt, dem Prinzip der Solidarität und der Subsidiarität in ihrem *politischen* Sinn und im Sinne sozialer Gerechtigkeit zu folgen und damit die vielfältigen gemeinsamen Zuständigkeiten wahrzunehmen und ernst zu nehmen. So bleibt im Blick, dass politische Praxis in ihrer akuten und ansprechbaren Bedeutung, auch quer zu aller Entwicklung von Funktionen des Staates (oder auch des politischen Systems), nicht verloren gehen muss. Ohne die politische Praxis und den ihr eigenen ausdrücklichen Bezug auf die soziale Gerechtigkeit bleibt das soziale Engagement ortlos. Mit entpolitisierten Modellen vom Sozial-

---

[67] V. HANSEN, 159

[68] G. BÄCKER, 164: »Die Frage nach der ›Sicherheit‹ der sozialen Sicherung wird zur Frage nach ihrer politischen Akzeptanz und der Einschätzung ihres übergreifenden gesellschaftlichen, moralischen Nutzens in einer demokratischen Gesellschaft. Wenn eine Krise des Sozialstaates diagnostiziert werden muss, dann handelt es sich letztlich nicht um eine ökonomisch-finanzielle Krise, sondern um eine Krise der politischen Akzeptanz bei der Wählermehrheit.«

[69] Vgl. W. SCHÖNIG; R. L'HOEST: Der geforderte Sozialstaat. Gedanken zu einer Systematik der Umbaudiskussion, in: Sozialstaat wohin?, hg. v. W. SCHÖNIG; R. L'HOEST 1996, 1-9.

[70] Hier muss noch immer die Diskussion u.a. auch mit der Systemtheorie geführt werden. Vgl. dazu: Utopie und Moderne, hg. von R. EICKELPASCH; A. NASSEHI, 1996.

[71] Zu dieser Bedeutung von Verantwortung und Verantwortlichkeit: D. BONHOEFFER: Ethik, hg. von I. TÖDT u.a., 1992, »Die Struktur verantwortlichen Lebens« (256-289).

staat und bürgerschaftlichem Engagement geht das gemeinsame Handeln für eine sozialstaatliche Aufgabe verloren, wie es im Bereich der Arbeitspolitik, der Gesundheitspolitik und in vielen anderen Bereichen nötig ist. Bezogen darauf ist es zu wenig, zu sagen, dass der (säkulare) Staat darauf verwiesen bleibt, dass die religiösen und moralischen Prägungen oder die bürgerschaftliche Bereitschaft gegeben sind.[72] Vielmehr ist der (säkulare) Staat auf diese *politische Praxis* der Gerechtigkeit in ihrer *expliziten* und exponierten Gestalt verwiesen. Sozialethik im Sinne der politia Christi hat eben dies im Blick. Sie hat im Blick, dass der Staat, der in einer spezifischen Logik »säkular« genannt wird, auf die durchaus nicht »säkulare« Freisetzung politischen Handelns verwiesen bleibt. Diese Freisetzung gründet darin, dass Menschen von der politischen Praxis *nicht* erwarten, dass sie ihr Leben trägt, etwa dadurch, dass sie eine Sicherung oder Sicherheit durch andere verspricht. Wenn von Säkularisierung zu reden ist, dann geht es um eine bestimmte Profanität. Es ist diejenige Profanität, die ihr Gegenüber in dem findet, was die Geschöpflichkeit ausmacht. Die Zusammengehörigkeit von Staat und politia Christi durchbricht die Dialektik von Säkularisierung und Sakralität, die eine Sakralität schon voraussetzt, die säkular transformierbar ist. Die Dialektik von Sakralität und Säkularität spielt sich vielfältig ab, nicht zuletzt in der Transformation einer »religiös« verstandenen, ortlosen Nächstenliebe in die Moral eines bürgerschaftlichen Engagements.[73] Die christliche Nächstenliebe lässt sich so nicht beerben, ohne ihre Pointe zu verlieren. Die Liebe zum Nächsten hat ihre Kontur eben darin, dass die Hinwendung zum Nächsten die politische Gerechtigkeit einschließt.

### 4. Therapien zur Wiederentdeckung von sozialer Verbindlichkeit?[74]

Zugleich mit den Diagnosen über die »Pathologien des Sozialen« gibt es viele verschiedene Konzeptionen und Projekte, die den Bereich sozialer Verantwortung neu erschließen wollen. Hier muss zugesehen werden, was nur re-flektiert oder postuliert wird und was als Grundlage oder Perspektive für eine (politische) Praxis gesehen werden kann, die Wege und Schritte des Erkennens und Handelns zeigt. Vielleicht ist es auch eine Utopie, die das Erkennen und Handeln leiten kann – wenn denn Utopien, die als politische konzipiert sind, noch eine

---

72  Siehe dazu B3-2-16 zur Diskussion mit E.-W. BÖCKENFÖRDE.
73  Auf diese Weise verrechnet die Enquete-Kommission auch das biblisch-christliche Verständnis der Nächstenliebe, ohne dessen Verbindung zur Ethik des politischen Berufs des Christenmenschen zu sehen: vgl. Bürgerschaftliches Engagement: auf dem Weg in eine zukunftsfähige Bürgergesellschaft. Bericht der Enquete-Kommission »Zukunft des bürgerschaftlichen Engagements«, 2002, 40.
74  Vgl. zum Überblick über den Diskurs auch: B. van den BRINK; W. van REIJEN (Hg.), Bürgergesellschaft, Recht und Politik, 1995.

Bedeutung haben können.⁷⁵ Zu denken ist an diejenigen generellen Empfehlungen, die entschieden eintreten für die Wiederentdeckung und das Ernstnehmen der gegebenen sozialen »*Normalität*«.⁷⁶ An den *Pathologien* des Sozialen ist zu beobachten (wie Axel HONNETH dies getan hat), dass sie versuchen, sich einer bestimmten Normalität des Sozialen zu vergewissern: »Ohne Ausnahme verweisen die verschiedenen Negativbegriffe nämlich indirekt auf soziale Bedingungen, die dadurch ausgezeichnet sein sollen, dass sie den Individuen ein volleres oder besseres, kurz: ein gelingendes Leben ermöglichen. Insofern stellt eine ethische Vorstellung von gesellschaftlicher Normalität, die auf die Ermöglichungsbedingungen von Selbstverwirklichung zugeschnitten ist, den Maßstab dar, an dem soziale Pathologien gemessen werden.«⁷⁷ Eine bestimmte Normalität also sollte wieder ernst genommen werden, und diese Normalität sollte auffindbar sein. Freilich – was ist das Normale? Es ist in der Rede vom »gelingenden Leben« enthalten, oder auch in der Rede von »Selbstverwirklichung«, es bleibt darin aber undeutlich, worauf dies für die Menschen, die »wir« sind, zielt. Reflektiert ist dies auch darin, dass Menschen versuchen, authentisch zu sein oder ihr Leben als »gutes Leben« zu erfahren. Mit der Rede von der Normalität werden wir hier in den gesellschaftlichen Kontext verwiesen, in dem sich das Normale im Umgang miteinander und im Vergleich abbildet. Eine Ethik, die sich darauf bezieht, rechnet nicht mehr mit einer politischen Existenz, die auf das Urteilen⁷⁸, auch das Urteilen aus dem Widerspruch, die auf diese politische Form des Urteilens angewiesen ist – warum? Warum und woraufhin sucht die Ethik oder die politische Theorie nach einem anderen Fundament, nach dem Anderen solcher Urteilsbildung? Hier kommen die Philosophien ins Spiel, die auf ihre Weise versucht haben, das Normale jenseits des je gegebenen gesellschaftlich Normalen namhaft zu machen.

Charles TAYLOR hat in seiner Darstellung »Quellen des Selbst«⁷⁹ durch die ganze Geistes- und Theologiegeschichte hindurch zu zeigen unternommen, dass durchaus *nicht* die Formen der Selbstbestimmung und Selbstbeherrschung, das Verlangen nach Selbstverwirklichung, leitend gewesen sind, sondern das Streben zu *dem* Guten, das »zu mir gehört«, und von dem das Streben nicht abtrennbar ist. Die Frage nach dem Guten – so sucht er zu zeigen – ist verbunden (wenn nicht identisch) mit der Frage: wie gehört das bestimmte Gute zu mir? Dies ist

---

75  Siehe dazu: J. HABERMAS: Die Neue Unübersichtlichkeit, 1985.
76  Dazu gehört auch die Studie von A. ETZIONI: Die faire Gesellschaft. Jenseits von Sozialismus und Kapitalismus, 1996.
77  A. HONNETH: Pathologien des Sozialen. Tradition und Aktualität der Sozialphilosophie (1994), 51f.
78  Im Sinne von H. ARENDT: Vom Leben des Geistes, Bd. 3: Das Urteilen, 1985.
79  C. TAYLOR: Quellen des Selbst, 1995.

weder ein von mir bestimmtes, noch ein mir auferlegtes Gutes, sondern es ist das Gute, das ich selbst liebend und zustimmend erfassen kann. Das Gute und das Authentische[80] treffen zusammen, und wo sie sich verbinden, haben wir die Normalität, die uns nahe liegt, dort sind wir bei den Quellen des Selbst – wir sind bei einem Selbst, das aus einem Quellgrund lebt, der unser Quellgrund ist, kein fremder Brunnen. Darin ist begründet, dass das Gute und Gott (augustinisch[81]) gleichgesetzt werden. Von keinem anderen Guten wäre als von einem Quellgrund zu reden. An die Liebe zum Guten – so lautet diese philosophische Einsicht –, müsste sich anknüpfen lassen, diese Quellen der *normalen Sittlichkeit* sollten nicht verkannt werden.[82] Die Kritik an einer Gesellschaft aus Egoisten ebenso wie die diffuse Mahnung zur Solidarität oder auch die fragwürdige Erinnerung an eine »gesunde« Selbstliebe verdeckt diese gegebene Normalität, sie verkennt die guten »Gewohnheiten des Herzens«, die Menschen mit sich tragen: denn die Suche nach dem authentischen Selbst schließt durchaus ein, sich sozial zu bilden, in einem hohen Maße auch kommunikativ zu sein, im Austausch mit vielen, menschenzugewandt und weltoffen zu leben, ein soziales Netz zu pflegen und vieles andere. Selbst-Sein meint hier durchaus nicht ein Ich-Sein, sondern es meint, in allen denkbaren Beziehungen das für uns Gute erprobt zu haben, was zu mir gehört. In mancher Hinsicht haben Charles TAYLOR und andere gewiss Recht mit ihrer Erinnerung an solche Kennzeichen *sittlicher Normalität*.[83] Bei allen Kontroversen, auch politischen Kontroversen, die über die Bedingungen des »gelingenden Lebens« ausgetragen werden (zu den Bedingungen gehört nach wie vor die Erwerbsarbeit), bei allen Kontroversen im einzelnen über das, was das »gute Leben« trägt, besteht ja oft tatsächlich Einigkeit darin, dass dies das Leben eines Menschen sein soll, der authentisch, in Übereinkunft mit dem, was fraglos gut ist, sein Leben führt, und dass Lebensplanung durchaus nicht ziellos oder eigenmächtig sein muss.[84] Diese Ethik setzt auf ein Ethos, das für sich steht, auf das hin Menschen anzusprechen sind.

Es sind noch manche andere *Projekte* zu nennen, die in ähnlicher Richtung verlaufen, die aber die Normalität in einer politischen Existenz suchen. So der

---

[80] Siehe auch: C. TAYLOR: The Ethics of Authenticity, 1992.
[81] Siehe dazu: R. BODEI: Ordo amoris. Augustinus, irdische Konflikte und himmlische Glückseligkeit, 1993.
[82] Siehe dazu die Entfaltung im theologischen Kontext bei: O. O'DONOVAN: Common objects of love : moral reflection and the shaping of community, 2002
[83] Vgl. auch in der Enzyklika »Sollicitudo rei socialis« (1987) die entsprechende Erinnerung.
[84] Kontrovers sind die liberalen Positionen, die dies noch einmal auf jeden einzelnen hin relativieren, gegenüber solchen Philosophien, die dieses »gute Leben« in ihrem Umriss als Common sense beschreiben – wie Martha NUSSBAUM beispielsweise, die eine neue Diskussion über die Lebensqualität angeregt hat: vgl. M.C. NUSSBAUM: Menschliches Tun und soziale Gerechtigkeit. Zur Verteidigung des aristotelischen Essentialismus (1993).

Versuch, Menschen auf ihre *politisch* relevanten *Tugenden* hin anzusprechen, kann in diesem Zusammenhang gesehen werden[85], oder alle Unternehmungen, Bürgeraktivität (auch durch empirische Moralforschung[86]) in den Blick zu rücken[87], besonders aber die Begründungs- und Beschreibungsversuche einer neuen »Zivil-Gesellschaft« in einem politischen Sinn.[88] Menschen sollen hier nicht als abstrakte Individuen, sondern als ansprechbare Subjekte gesehen werden, in der dichtesten Gestalt als „Bürger, citizen«, dies aber nicht nur im Sinne einer jedem verfügbaren gesellschaftlichen Position oder Funktion, sondern in einer spezifischen Existenzform, der des *politischen* Bürgers, wie er in der politischen Theorie immer wieder einmal in Erinnerung gerufen worden ist.[89] Bürger-Sein heißt, in bestimmter, ansprechbarer Weise zusammenzuleben. Darin sollen Menschen ernst genommen werden. Dies sollen sie als Modell oder als Projekt auch thematisieren können.

Die Strategien, die soziale oder politische Normalität aufzusuchen, müssen jedoch darauf hin befragt werden, was die Konturen einer Existenzform sein können und sein müssen, durch die präsent bleibt, dass es immer neu der – fundamentalen – Kritik dessen bedarf, was als gutes Leben gilt, und dass eben darum eine öffentliche Auseinandersetzung in der Form der politischen *Erprobung* solidarischen Handelns geführt werden muss. Das setzt solche Bürger voraus, die sich diesem externen Widerspruch nicht entziehen. Hier setzt ein Begriff vom »Bürger« ein, wie er dem Status politicus entspricht.[90] Es ist der Bürger, der nicht irgendwie einen »Sinn für Gerechtigkeit« hat oder realisiert, was »zu uns« gehört, sondern der sich als Bürger berufen weiß, der *erfahren* ist in der Gemeinschaftstreue, die die politische Existenz ausmacht, und der diese Erfahrung mitteilt. Das meint das Leben in derjenigen Gerechtigkeit, die auf den anderen gerichtet ist und so das Gute erkunden und erproben kann, das dem anderen mitzuteilen ist. Es kommt darauf an, dass *diese* bürgerliche Existenz immer neu

---

[85] Siehe auch: M. BRUMLIK: Bildung und Glück : Versuch einer Theorie der Tugenden, 2002, zum Problem einer Tugend-Ethik für die Gegenwart: A. MACINTYRE: Der Verlust der Tugend. Zur moralischen Krise der Gegenwart, 1987; für die politische Theorie siehe insbesondere: H. MÜNKLER: Zivilgesellschaft und Bürgertugend, 1994.
[86] Siehe die aufschlussreiche Untersuchung in Bezug auf die EKD: U. WILLEMS: Entwicklung, Interesse und Moral : die Entwicklungspolitik der Evangelischen Kirche in Deutschland, 1998.
[87] Vgl. R. ZOLL: Alltagssolidarität und Individualismus. Zum soziokulturellen Wandel, 1993. Siehe den Bericht der Enquete-Kommission: Bürgerschaftliches Engagement: auf dem Weg in eine zukunftsfähige Bürgergesellschaft. Bericht der Enquete-Kommission »Zukunft des bürgerschaftlichen Engagements«, 2002.
[88] Vgl. zum Überblick: B. v. d. BRINK; W. v. REIJEN (Hg.): Bürgergesellschaft, Recht und Demokratie, 1995. Eine besonders pointierte Position entfaltet: M.J. SANDEL: Liberalismus oder Republikanismus. Von der Notwendigkeit der Bürgertugend, 1995.
[89] Siehe dazu insbesondere: D. STERNBERGER: ›Ich wünschte ein Bürger zu sein‹. Neun Versuche über den Staat, 1967; H. MÜNKLER: Zivilgesellschaft und Bürgertugend, 1994.
[90] Siehe C5: »Bürger und Zeugen«.

auf den Weg gebracht wird. Dies weist über das hinaus, was als republikanische Bürgertugend im Blick ist, die das politische Miteinander-Zurechtkommen gewährleisten soll. Das republikanische und bürgerschaftliche Modell, das in vielen Konzeptionen wieder verstärkt worden ist, muss sich daraufhin befragen lassen, wie denn »Bürger« gewonnen werden und wie diese Bürger immer neu das politische Leben in Gang setzen und *stiften*. Es geht um diesen ausdrücklichen und gründenden, in diesem Sinne auch revolutionären Einsatz. Diesen Aspekt hat in einzigartiger Weise Dolf STERNBERGER hervorgehoben. Er bemerkt: »Die These vom rein menschlichen und bürgerlichen Ort, Ursprung und Sinn der Gerechtigkeit bedeutet nicht, dass der Mensch schlechthin und von Haus aus gerecht wäre; sie ist nur möglich, weil die Polis auf Gerechtigkeit angelegt ist, und sie ist auf Gerechtigkeit angelegt, weil sie eine Genossenschaft von freien und gleichen Bürgern ist.«[91] Und bezogen auf einen *politischen* Begriff des »Vaterlandes« sagt STERNBERGER: »Die volle natürlich-geschichtlich-politische Wirklichkeit des Vaterlandes bildet noch allemal nur einen Bereich und eine Gelegenheit, das Gute ins Leben zu rufen.«[92] Hier wird sichtbar, in welcher Weise dem politischen Bürger eine initiatorische und explorative Aufgabe zukommt. Auf diese gründende, ja revolutionäre Praxis[93] kommt es an, darin bildet sich aus, was das Zusammenleben trägt. Darin liegt auch die Bedeutung dessen, was Institution meint: die Einrichtung und Einstiftung dessen, was Menschen ermöglicht, das Gute zu erproben. Dazu gehört auch das immer neue Eintreten für Solidarität, statt nur den Interessenausgleich zu verfolgen. Dieses Eintreten, dieses revolutionäre und exponierte Tun fügt sich nicht mehr in die Beschreibung einer Bürgertugend. Genau hier gewinnt der Begriff des Bürgers ebene jene Kontur, wie sie die »politia Christi« kennzeichnet. So gibt es nicht nur den liberalen und den republikanischen, sondern diesen im spezifischen Sinne exponierten Bürger – den Bürger als Zeugen von dem Guten, das politisch in Gang zu setzen ist. Auf diesen zielt die biblische Logik in ihrer Rede von dem Recht (Urteil) und der Gerechtigkeit, die es herbeizuführen gilt.

Dieser exponierten Aufgabe des Bürgers stehen immer wieder die Vergewisserungen gegenüber, was denn diesen Bürger selbst trägt. Jürgen HABERMAS sieht den Diskurs verweisen »auf das existentielle Vorverständigtsein der Teilnehmer in den allgemeinsten Strukturen einer immer schon intersubjektiv geteilten Lebenswelt.« Und er fährt fort: »Sogar dieses Verfahren diskursiver Willensbildung verleitet noch zu der einseitigen Interpretation, als solle mit der Verallgemeine-

---

91 D. STERNBERGER: ›Ich wünschte ein Bürger zu sein‹, 1967, 56.
92 D. STERNBERGER: a.a.O., 48.
93 Dies hat Hannah ARENDT als Angelpunkt des Politischen markiert: H. ARENDT: Über die Revolution, [1963] 1974.

rungsfähigkeit strittiger Interessen ausschließlich die Gleichbehandlung aller Betroffenen garantiert werden. Dabei wird der andere Umstand übersehen, dass jede Universalisierungsforderung ohnmächtig bleiben müsste, wenn nicht auch noch aus der Zugehörigkeit zu einer idealen Kommunikationsgemeinschaft ein Bewusstsein unkündbarer Solidarität, die Gewissheit der Verschwisterung in einem gemeinsamen Lebenszusammenhang entspringen würde.« Worin aber hat diese Verschwisterung ihre Quelle, wo hat sie ihren Ort? Die hier angezeigte Fundamentalmoral gibt darauf keine Antwort. HABERMAS stellt fest: »Gerechtigkeit ist ohne wenigstens ein Element von Versöhnung undenkbar.«[94] Diese *Versöhnung* kann – wie HABERMAS bemerkt – nicht als »heilsgeschichtliche oder kosmische Gerechtigkeit gedacht werden. Die Solidarität, auf die sie baut, bleibt in die Grenzen irdischer Gerechtigkeit gebannt.« Theologisch reflektierte Sozialethik kann keine solche Alternative aufmachen, denn die Versöhnung, die immer schon gegeben sein muss, ist von ihr in ihrer durchaus irdisch-politischen Erscheinung und Präsenz gesehen worden: im Verweis auf das »Wort von der Versöhnung», »das Gott unter uns aufgerichtet hat« (2Kor 5,19). Damit ist gesagt, dass Gottes Treue zur Gemeinschaft beständig sichtbar und hörbar präsent ist und dass sich in ihr diejenigen zusammenfinden, denen diese Gerechtigkeit gilt und die sich diese Gerechtigkeit gefallen lassen. Gottes Treue begründet und provoziert immer neu in einer durchaus politischen Form – wie sie im Gottesdienst erscheint – menschliche Geschwisterlichkeit. Die Geschwisterlichkeit ist nicht durch eine Moral aufzubauen oder (transpragmatisch) vorauszusetzen, wenn sie auf sie denn ausdrücklich Bezug genommen werden soll. Das Wort von der Versöhnung kann durch Affirmationen oder Vergewisserungen einer immer schon gegebenen oder noch vorhandenen Versöhnung nur um den Preis ersetzt werden, dass die Versöhnung vom Entscheidenden entleert ist: nämlich vom Neuwerden der Kreatur, die immer neu ins Leben gerufen wird – in jenem politischen Gottesdienst, der hier (bei HABERMAS und anderen) durch eine Fundamentalmoral ersetzt wird. Die Fundamentalmoral hat die »Metaphysik« (im Sinne von Kants Metaphysik der Sitten) ersetzt. Demgegenüber hat die theologisch reflektierte Ethik (etwa im Anschluss an die Zwei-Regimenten-Lehre) darauf gesetzt, dass der »Grund der Versöhnung« uns Menschen in Gottes Widerspruch, Urteil und Verheißung begegnen: »Lasst euch versöhnen mit Gott ...« (2Kor 5,20). Versöhnung[95] bedeutet, sich in Gottes Gemeinschaftstreue – wieder – hineinziehen lassen.

---

[94] J. HABERMAS: Gerechtigkeit und Solidarität. Zur Diskussion über ›Stufe 6‹ (1991), 72.
[95] Zum theologischen Verständnis von Versöhnung siehe: G. SAUTER; H. ASSEL (Hg.): »Versöhnung« als Thema der Theologie, 1997.

Damit ist nicht die Bürger-Existenz irgendwie »religiös« fundiert, und es ist auch nicht diese nur noch einmal in einem eher republikanischen statt liberalen Modell interpretiert. Vielmehr kommt damit in den Blick, inwiefern das Politische immer darin besteht, dass eine politische Existenz hervortritt und erprobt, was das Politische ausmacht: dass jedem Menschen zu einer solchen politischen Existenz verholfen wird. Damit dies möglich ist, muss immer wieder neu ein exponierter Einsatz geleistet werden. Dies sprengt dann auch das aristotelisch-republikanische Modell des (politischen) Glücks im Miteinander-Zurechtkommen. Es ist dann nicht mit dem liberalen und dem republikanischen Modell jede nötige Aufgabe schon erfasst.[96] Hier geht es um den politischen Bürger, der seine politische Aufgabe eben auch darin findet, dass er Gerechtigkeit erprobt, dass er dem anderen »Recht schafft«.

## 5. Solidarität im Alltag

Bei dem Streit um »Sozialstaat oder (bürgerschaftlicher) Eigenverantwortung« ist zunächst durchaus nicht aus dem Blick zu verlieren, was an vielfältigen intersubjektiven und institutionell geformten Verantwortlichkeiten vorhanden ist, von denen gesagt werden kann, dass dort jene *ethische* Auseinandersetzung stattfindet, die zum Status politicus gehört. Diese Verbindlichkeiten, in die Menschen eingefügt sind, in denen sie sich prägen lassen und auf die hin sie sich ansprechen lassen, muss Sozialethik zum Gegenstand haben, so schwer auch immer sie zu fassen sind. Die neuere Sozialethik ist darauf durchaus eingegangen: das betrifft generell auch das, was u.a. (freilich mit vielen Varianten) in Abgrenzung gegen liberalistische Konzeptionen unter dem Stichwort »*kommunitaristische*« Ethik verhandelt worden ist, sofern diese nicht einfach (etwa bezogen auf Legitimitätsfragen) als Ethik einer Gemeinschaft gekennzeichnet wird, die in ihrer Erfahrung und Begründung auf sich selbst bezogen bleibt. Es betrifft auch andere Ansätze, z.B. eine Ethik, die sich auf die sozialen Bewegungen bezieht,[97] oder das Projekt des »bürgerschaftlichen Engagements«. In einer eigenen theologischen Pointe haben dies diejenigen Ansätze der Sozialethik aufgenommen, die als paradigmatischen Gegenstand der Sozialethik die christliche Existenzform als *gottesdienstlich* geprägte und mit der Gemeinde gelebte bestimmt haben.[98] Sie

---

96  Darauf zielt H. MÜNKLER: Zivilgesellschaft und Bürgertugend, 1994.
97  Vgl. F. HENGSBACH, B. EMUNDS, M. MÖHRING-HESSE: Ethische Reflexion politischer Glaubenspraxis (1993). Zum Problem aus systemtheoretischer Perspektive vgl. N. LUHMANN: Protest. Systemtheorie und soziale Bewegungen, 1996, siehe auch: H.G. ULRICH: »Soziale Bewegungen« und Differenzierungen in Gesellschaft und Kirche – Überlegungen zu ihrer ethischen Wahrnehmung (2000).
98  Einen der wichtigsten Anstöße dazu hat Stanley Hauerwas gegeben: vgl. S. HAUERWAS: Selig sind die Friedfertigen, 1995. Vgl. besonders auch ders.: In Good Company, 1995.

haben damit zugleich Kritik daran geübt, von einem diffusen Pluralismus ethischer Prägungen und zivilen Engagements auszugehen, in den sich dann auch die christliche fügt, statt zu sehen, dass die christliche Existenzform auf eine *politische* Auseinandersetzung ausgerichtet ist, die sich nicht von einem unbestimmten Pluralismus[99] der Lebensformen absorbieren lassen kann, ohne eben den für sie kennzeichnenden *politischen* Charakter zu verlieren. Vom Pluralismus zu reden, heißt einen Beobachtungsposten einzunehmen und den politischen Ort verlassen, denn politisch geht es immer um die Auseinandersetzung zwischen bestimmten Positionen.[100] Der politische Ort ist für die christliche Gemeinde auch dadurch gegeben, dass die gottesdienstliche Gemeinde der Ort ist, an dem die Geschichte Gottes[101] erinnert und bezeugt wird, die in den Geschichten mit Menschen präsent wird, deren Leben mit Gottes Wirken verbunden ist. Dies kann nicht in der Wahl einer Lebensform verschwinden. Die Ethik, die sich auf diesen Zusammenhang einlässt, ist *nicht* als kommunitaristische zu kennzeichnen, weil sie die Gemeinde nicht irgendwie durch das soziale Zusammenleben und auch nicht auf ein solches hin konstituiert sieht. Es geht nicht um eine aristotelische Logik des gelungenen Zusammenlebens. Es geht vielmehr darum, dass die *gottesdienstliche* Gemeinde der Ort ist, an dem Menschen als *Geschöpfe* in Erscheinung treten und die Gemeinde selbst sich als Geschöpf verstehen kann. Wo ist ein Ort, an dem Menschen beten »Dein Wille geschehe?«, wo ist ein Ort, an dem Menschen bitten »Unser tägliches Brot gib uns heute«, wo ist ein Ort, wo Menschen sich sagen lassen: »Lasst Euch versöhnen mit Gott«? Das ist der Ort der gottesdienstlichen Gemeinde – dies markiert ihren politischen Ort, nicht nur sofern sie diese Praxis vollziehen, sondern weil darin ihr politischer Status auch in seiner inhaltlichen Bestimmtheit zur Sprache kommt, summiert in der Bitte »Dein Reich komme ... «. Die christliche Gemeinde kann sich dessen, was sie ausmacht, gerade nicht im Selbstbezug vergewissern. Sie ist politisch konstituiert durch die Berufung dazu, sich unter Gottes Wort und dem darin kundgetanen Willen zu versammeln und Gott auf diesen hin anzusprechen. Ihre politische Existenzform besteht darin, dass sie immer neu dieser Berufung folgt. Ihr entsprechend sollen Christen leben. (Eph 4,1) Dies ist denn auch in keiner Weise exklusiv, andere ausschließend. Im Gegenteil ist hier

---

[99] Zur Kritik dieses Topos siehe: W. SCHOBERTH: Pluralismus und die Freiheit evangelischer Ethik (2002). Siehe auch die Unterscheidung gegenüber einem Pluralismus aus Prinzip bei E. HERMS: Pluralismus aus Prinzip (1991).
[100] Die Unterscheidung zwischen Pluralismus und Pluralität ist von Hannah ARENDT in den Blick gerückt worden.
[101] Siehe A1-1.

der zugängliche Ort ihrer öffentlichen Präsenz.[102] Es ist eine Gemeinde, die selbst Geschöpf des Wortes ist, dies macht sie selbst zu einer Öffentlichkeit für jeden, im Unterschied zu solchen Gesellschaften, die sich nur aus sich selbst begründen. In ihrer Existenz als creatura verbi ist die Gemeinde nicht zu vereinnahmen und dies macht sie zum Politikum. Dies macht die Gemeinde auch zum Paradigma des Politischen, wenn denn die tiefgreifende Differenz deutlich bleibt zwischen einer politischen (rhetorischen) Überzeugungsarbeit[103] und der Verständigung im Verstehen dessen, was uns Menschen gesagt ist.

Innerhalb solcher Konturen ist bedenkenswert, was die *kommunitaristische Ethik* kritisch in den Blick gerückt hat. Dazu bemerkt Peter ROTTLÄNDER: Interessant ist daran, »*die von ihr angestoßene Konzentration auf intersubjektive Zusammenhänge, Verbindungen, Vereinigungen, soziale Gruppen (›communities‹), denen die Menschen zugehören und von denen her sie auch ihre persönliche Identität in starkem Maße bestimmen. ... Denn zunächst einmal gerät in der Konzentration auf Pluralität und Individualisierung leicht das einfache Faktum aus dem Blick, dass es die ›gesellschaftliche Solidarität‹ real immer auch gibt. Relativ kontinuierlich greifbar ist sie in einem breiten Spektrum institutionalisierter Verbindungen. Dieses Spektrum reicht von kleineren Verbindungen wie der Partnerbeziehung, der Familie oder der lokalen Gemeinde über größere Zusammenschlüsse wie Gewerkschaften, Religionsgemeinschaften und Parteien bis zur nationalen ›Vereinigung‹, dem Staat. Die allgemeine Rede von gesellschaftlicher Solidarität verdeckt leicht diese Pluralität von Verbindungen, die je für sich eigene ›Welten‹ konstituieren und miteinander in mehr oder weniger funktionierender Kommunikation stehen. Diese communities sind wichtige Orte der Identitätsbildung sowie der Realisierung intersubjektiver Verbundenheit und Verbindlichkeit.*«[104]

Jedoch kann in Bezug auf den Gegenstand einer Sozialethik nicht pauschal von »Gemeinschaften« in einem unbestimmten Plural die Rede sein. Es sind vielmehr verschiedene, ja gegensätzliche Arten von Gemeinschaft festzuhalten.[105] Die Gemeinschaft einer zivilen Kommune oder gar eines Vereins ist eine andere

---

[102] An derselben Stelle hält der Apostel fest: »Mir, dem allergeringsten unter allen Heiligen, ist die Gnade gegeben worden, den Heiden zu verkündigen den unausforschlichen Reichtum Christi und *für alle ans Licht zu bringen*, wie Gott seinen geheimen Ratschluss ausführt, der von Ewigkeit her verborgen war in ihm, der alles geschaffen hat; damit jetzt kund werde die mannigfaltige Weisheit Gottes den Mächten und Gewalten im Himmel durch die Gemeinde.«
[103] Zur Problemstellung siehe: C. PICKSTOCK: After Writing. On the liturgical consummation of philosophy, 1998.
[104] P. ROTTLÄNDER: Ethik der Solidarität im Spannungsfeld von Postmoderne und Kommunitarismus (1993) 231f.
[105] Vgl. zur Kritik: Stanley HAUERWAS: In Good Company, 1995. Dieses Buch ist zugleich ein gezielter Beitrag zur Verständigung zwischen römisch-katholischer und evangelischer Ethik, vgl. bes.: das Kapitel: »In Catholic Company«, 81-149.

als die Gemeinschaft der Gläubigen, die sich im Gottesdienst versammeln, denn diese wird nicht (vielleicht aufgrund eines Vertrags) als von Menschen initiiert und zusammengehalten angesehen. Diese politische Gemeinschaft kommt weder durch Herrschaft noch durch einen Zusammenschluss zustande,[106] sondern durch einen vorauslaufenden politischen – und nicht vor-polischen – Akt. Darin wird sie zur Provokation für die Politia und manche fragwürdigen Legitimationsvorgänge. Mit jedem Gebet zu Gott und Christus ihrem Herrn ist diese Gemeinde keine solche Gemeinschaft mehr, die sich auf sich selbst und auf das, was sie irgendwie aus sich heraus verbindet, beruft. Diese Eigenart der christlichen Gemeinde verdeckt das Stichwort »kommunitaristisch«. Zur differenzierten Wahrnehmung ist auf Michael WALZERs Kennzeichnung von »Sphären« der Gerechtigkeit[107] zu verweisen, aber auch der Begriff »Institutionen« kann hier eine neue Bedeutung gewinnen, sofern diese Orte eines spezifischen Zusammenlebens kennzeichnen.

Zugespitzt haben dies Karl Otto HONDRICH und Claudia KOCH-ARZBERGER[108] festgehalten, auch bezogen auf die Rede von »Solidarität«: »*Es entspricht einem weithin geteilten Problemverständnis moderner Gesellschaften, dass die religiösen, familialen, kommunitären, berufsständischen Bindekräfte, auf denen sie beruhen, in der dynamischen Entwicklung der neuen und neusten Zeit aufgelöst, ja zerstört würden. Solidarität als Inbegriff gefühlshaltiger Bindekräfte schwinde demnach dahin. Entgegen einem so allgemeinen Begriff von Solidarität, der diese tief in der Geschichte menschlicher Gesellschaft verankert und erst neuerdings gefährdet sieht, gehen wir von der Überlegung aus, dass Solidarität enger zu fassen ist: als eine spezifische Art sozialer Bindungen, historisch jüngeren Datums, ständig neu herausgefordert und neu im Entstehen begriffen. ... Die Differenzierung in drei oder vier Arten sozialer Bindung bzw. Regelung ... bleibt viel zu grob, um die im Alltag gebräuchlichen Unterscheidungen verschiedener Arten sozialer Regelung auch nur annähernd zu erfassen. Die Fülle und Verschiedenartigkeit der Probleme, die mit Hilfe sozialer Bindungen heute zu regeln sind, dazu deren Folgeprobleme, fordern eine Mannigfaltigkeit von Bindekräften mit je besonderem Regelungscharakter heraus. Solidarität ist ein solcher spezifischer Typ sozialer Regelung.*«[109] Damit zeichnet sich ab, wie auf der einen Seite ein allgemeiner (moralischer) Begriff von Solidarität nicht zureicht und auf der anderen Seite aber auch der Blick von den bestimmten Orten des Zusammenlebens weggelenkt wird. Es bleibt hier wie dort eine moralische

---

[106] Siehe die hilfreiche Analyse bei: D. STERNBERGER: ›Ich wünschte ein Bürger zu sein‹, 1967 über »bürgerliche Legitimation«.
[107] M. WALZER: Sphären der Gerechtigkeit, 1992.
[108] Solidarität in der modernen Gesellschaft, 1992.
[109] Solidarität in der modernen Gesellschaft, 9f.. Vgl. weitere Beschreibung: 118f.

Fassung der Solidarität. Das gilt auch für den Bericht der Enquete-Kommission »Zukunft des bürgerschaftlichen Engagements«.

Auf einer eigenen *kritischen* Linie gegenüber universellen moralischen Konzeptionen sozialer Verbindlichkeit bewegt sich auch die evangelische *Sozialethik*. Sie hat in Auseinandersetzung mit den Konzeptionen von »Ordnungen« (Schöpfungsordnungen) einen Institutionen-Begriff entwickelt, der zunächst genau dies leisten soll, worum es hier geht: die spezifischen Bereiche zu kennzeichnen, in denen sich menschliches Zusammenleben erschließt und bewährt und die nicht irgendwie (vielleicht als Strukturen) nur vorauszusetzen oder einzufordern sind.[110] Der Begriff »Institution« verweist darauf, dass ein sozial verbindliches Zusammenleben *nicht* von irgend jemandem, anonym, in Gang gesetzt oder in Gang gehalten wird, sondern dass es dort entsteht, wo sich Menschen in eine Aufgabe berufen und einbeziehen lassen, durch die das gemeinsame Handeln seine Konturen gewinnt.[111] Unschärfer ist demgegenüber die Rede von »Bereichen« (oder »Sphären«[112]) und eine entsprechende Konzeption einer Bereichsethik.[113] Hier ist der Ansatzpunkt einer Sozialethik, die keineswegs nur auf einen – vielleicht minimalen – Staat einerseits und den (unpolitischen) Einzelnen und die vielfältigen gemeinschaftlichen Aktivitäten andererseits verweist. Eine solche Konstruktion überlagert die politische Ethik der bestimmten beteiligten Verantwortungs- und Aktionsgemeinschaften und tendiert zu einer allgemeinen Moral – etwa der Moral einer allgemeinen Mitmenschlichkeit oder einer bürgerschaftlichen Aktivität –, die die politischen Differenzen auch im Zusammenspiel der Institutionen übergeht. Die Zwei-Regimenten-Lehre ist zwar auch auf diese Weise interpretiert worden, sie hat aber durchaus deutlich gemacht, dass der soziale und politische *Beruf* des Christen nicht auf einer allgemeinen solidarischen Einstellung beruht, wie auch immer diese begründet sein mag, sondern damit verbunden ist, dass der Christenmensch in Gottes geistlichem Regiment lebt, das seine Existenzform ausmacht. Zu dieser gehört der Dienst am Nächsten, der Beruf in seinem politischen und institutionellen Sinn. Der Nächste ist dem anderen zugewiesen – er gehört zu ihm (Lev 19,18)[114]. Der Dienst am

---

[110] Es ist höchst signifikant, dass in dem Bericht der Enquete-Kommission »Zukunft des bürgerschaftlichen Engagements« etwa die Familie in der unabsehbaren Vielfältigkeit von kommunikativen Aktivitäten geradezu verschwindet.

[111] Zum theologischen Verständnis siehe A1-2. Vgl. zur philosophischen Ethik: C. HUBIG (Hg.): Ethik institutionellen Handelns 1982

[112] Siehe: M. WALZER: Sphären der Gerechtigkeit, [Spheres of Justice. A Defense of Pluralism and Equality, 1983] 1992.

[113] Zur Auseinandersetzung siehe: B. WANNENWETSCH: Wovon handelt die ›materiale Ethik‹? Oder: warum die Ethik der elementaren Lebensformen (›Stände‹) einer ›Bereichsethik‹ vorzuziehen ist (2000).

[114] Siehe A1-9.

Nächsten erwächst daraus, dass Menschen mit dem präsent sind, was sie empfangen haben und was anderen mitzuteilen ist. Deshalb ist überhaupt von einer *Existenzform* zu reden, von Konturen geschöpflicher Existenz. Es geht immer neu darum, wie Menschen ihrer geschöpflichen Existenz gewärtig werden, in der ihr Leben seine Gestalt findet. Diese kann nicht erst dort und nur dort sichtbar werden, wo Menschen an den extremen Grenzen ihres Vermögens ihre Endlichkeit reflektieren: gegenüber dem Sterben, gegenüber Naturkatastrophen oder Unglücksfällen. Die geschöpfliche Existenz ist nicht zuerst durch Endlichkeit, sondern durch Erfüllung gekennzeichnet, durch das, was Menschen auszeichnet. Wie aber werden Menschen daraufhin zum Hören, wie zum Erkennen kommen? Wie wird die fundamentale Ungerechtigkeit überwunden, die im Nicht-Verstehen, im Nicht-Wahrnehmen besteht[115]? Freilich ist die Sozialethik an diesem Punkt, der den paradigmatischen Zusammenhang von Sozialethik und Gottesdienstgemeinschaft betrifft, nicht weitergeführt worden – zumal im Gespräch mit den Sozialwissenschaften, auch wenn es inzwischen manche Versuche gibt, dies aufzuholen.[116]

Der Angelpunkt dieser Sozialethik ist der »*Beruf*« des Christen, der soziale und politische Beruf.[117] Dieser ist in der Existenzform des Christen verwurzelt. Hier ist von der Freiheit eines Christenmenschen zu reden als einer Freiheit, die in seinem Leben aus Gottes Gerechtigkeit, aus Gottes Gemeinschaftstreue besteht.[118] Zunächst also ist entscheidend, dass die Sozialethik keine Formation der Gesellschaft als Voraussetzung oder als Ziel reklamiert, auch kein neues Vertrauen in die Zivilgesellschaft, in die Bildung von Solidargemeinschaften oder in das bürgerschaftliche Engagement einfordert, sondern sie spricht (so weit wird sie auch entsprechende Ansatzpunkte aus der Diskussion um die Solidarität in der Gesellschaft beachten) von bestimmten *sozialen Verbindlichkeiten*, in die sich ihre Akteure und ihre Adressaten berufen lassen. Dies meint »Gerechtigkeit« in der biblischen Tradition. Damit ist immer auch gesagt, dass diese Gerechtigkeit nicht irgendwie entsteht, sondern in der treuen *Weiterführung* einer Praxis, in

---

[115] Siehe oben A5-10.
[116] Es gibt mehrere Gründe für diese »Lücke« in den Konzeptionen: z.B. auch dort, wo zwar von Bereichen der Verantwortung ausgegangen worden ist, aber nicht von Interaktions- und Verbindlichkeitsstrukturen, die diese prägen und kennzeichnen. Sozialethik ist auch als Theorie der – individuellen – Lebensführung zu wenig in dieser Richtung entwickelt und entfaltet worden. Zu den Versuchen, dies weiterzuführen vgl. B. WANNENWETSCH: Gottesdienst als Lebensform, 1997. Vgl. Worship and Ethics. Lutherans and Anglicans in Dialogue, ed. O. BAYER; A. SUGGATE, 1996, darin: H.G. ULRICH: A Modern Understanding of Christian Ethics in the Perspective of its own Tradition (1996).
[117] Siehe dazu auch: EKD: Evangelische Kirche und freiheitliche Demokratie, 1985.
[118] Siehe dazu: H.G. ULRICH (Hg.): Freiheit im Leben mit Gott. Texte zur Tradition evangelischer Ethik, 1993.

der Tradition als Paradosis[119] besteht. Eben deshalb ist in der evangelischen Tradition hier die Familie in ihrer grundlegenden Aufgabe lokalisiert worden – dort, wo Bürger werden. Diese Thematisierung von Gerechtigkeit als Gemeinschaftstreue[120] im biblischen Sinn, verbleibt in dem verletzlichen Status einer Existenzform als Sozialgestalt, die weitergetragen wird, anders als diejenige fundamentale, moralisch eingeforderte Hinwendung zum Anderen,[121] die darauf *nicht* – oder nicht mehr – setzt, sondern vielleicht eine ursprüngliche Verpflichtung aufruft, der sich niemand entziehen kann. Auch setzt sie nicht diffus auf diese und jene Lernprozesse im bürgerschaftlichen Verhalten, von dem unklar bleibt, wie es sich bildet. Die Gerechtigkeit, die die Kontur der christlichen Existenzform ausmacht, hingegen hat einen Ort,[122] einen politischen Ort, der paradigmatisch mit der Christengemeinde und der ihr nahestehenden Familie markiert ist. Die Familie ist der evangelischen Sozialethik zufolge analog zur Christengemeinde zu verstehen.[123] Auch sie ist der Ort der Mitteilung dessen, was Menschen in ihrer Geschöpflichkeit empfangen, und nicht nur das Arrangement für den gegenseitigen Austausch, eine Form der Arbeitsteilung oder eine Gemeinschaft des (glücklichen) Miteinander-Zurechtkommens.[124]

In das Hervortreten der Gerechtigkeit als einer *politischen* Praxis sind verschiedene Adressaten einbezogen, die in dieser Weise in Erscheinung treten können, etwa Wirtschafts-Unternehmen, sofern sie nicht nur Teil eines anonymen Wirtschaftssystems oder anonymer Wirtschaftsprozesse sind. Sie treten ja durchaus nicht nur als solche auf, z.B. wenn sie als »Tarifpartner« verhandeln oder Arbeitsverträge abschließen. Es wäre eine Abstraktion, sie allein daraufhin zu betrachten, dass sie Steuern und Sozialabgaben an den Staat bezahlen müssen. Denn sie wirken selbst an der Erfüllung der sozialen Aufgaben von der Gesundheitsvorsorge bis zur Altersversorgung ausdrücklich mit oder sind auf dieser politischen Ebene anzusprechen:[125] nicht nur weil Sozialpolitik selbst ein wirtschaftlicher Faktor ist und auch nicht nur, weil damit soziale Stabilität gewährleistet ist, die sie brauchen, sondern weil die Unternehmen selbst in vielfältiger Weise

---

[119] Siehe A4-1.
[120] Siehe B1-4.
[121] Siehe dazu, wie solche Elemente einer Moral in der kirchlichen Praxis vorkommen, die ausführliche Studie von U. WILLEMS: Entwicklung, Interesse und Moral : die Entwicklungspolitik der Evangelischen Kirche in Deutschland, 1998.
[122] Zu beachten ist hier der Zugang von R. FORST: Kontexte der Gerechtigkeit. Politische Philosophie jenseits von Liberalismus und Kommunitarismus, 1994.
[123] Sie B3-1.
[124] Zu diesen gängigen Theorien der Familie siehe: P. B. HILL; J. KOPP: Familiensoziologie : Grundlagen und theoretische Perspektiven, 2004.
[125] Darauf macht auch der Bericht der Enquete-Kommission »Zukunft des bürgerschaftlichen Engagements« (2002) ausführlich aufmerksam.

## 5. Solidarität im Alltag

in diese Kooperation einbezogen und verwickelt sind.[126] Mit vielem, was sie tun, exponieren sie sich. Entsprechend besteht hier soziales Zusammenwirken *nicht* in anonymen Verteilungsvorgängen, sondern in der alltäglichen, oft unauffälligen die Differenzen überschreitenden Solidarität, im Miteinander in vielen Vorgängen der durchaus auch politisch zu verstehenden Zusammenarbeit. Daraufhin sind sie auch anzusprechen, nicht nur als einem Faktum, sondern als einer gegebenen Aufgabe.[127] Diese ist dann im weiteren auch in Bezug auf das Verhältnis von Wirtschaft und Staat, Wirtschaft und Staatszielen zu reflektieren. Es ist aber darüber hinaus und unabhängig davon von einem Unternehmen oder einem Wirtschaftsverbund als von Institutionen zu reden. Was es in dieser Perspektive an sozialer Infrastruktur gibt, ist auch in manchen neueren Einzel-Studien untersucht worden.[128] Die Sozialethik hat zu zeigen, wie darin der vielfältige Beruf des Christenmenschen ausgeübt werden kann. Sie sollte darüber nicht mit einer allgemeinen Solidaritäts-Moral, einer formalen Fairness-Gerechtigkeit oder einer Verantwortungsethik hinweggehen, die die institutionellen Konturen verwischt. Die »Einbeziehung des Anderen« geht so immer schon durch die exponierte Erprobung praktizierter, politischer Solidarität hindurch. Daher sind etwa Unternehmen, die sich als »Haus« für ihre Mitarbeiter einsetzen nicht als Relikt oder marginale Erscheinung, sondern paradigmatisch zu verstehen.

Das Resümee der Problemstellung bei Günter FRANKENBERG bleibt soweit also zunächst gültig, demzufolge Solidarität nicht zu einer Kategorie für den diffusen Rest sozialer Abfederung werden kann, wenn ernst genommen werden soll, was Sozialstaat im Sinne der Verfassung heißt.[129] Damit ist die Aufgabe

---

[126] Die systemtheoretische Abbildung auf funktionale Differenzierung wäre auf in dieser Perspektive für die Unternehmen selbst nicht direkt leitend. Vgl. zu solchen Unterscheidungen auch: Niklas LUHMANN: Protest. Systemtheorie und soziale Bewegungen, 1996. Luhmann formuliert dort: »Ich komme mehr und mehr dazu, in dem Maße, wie ich diese Autopoiesiskonzeption für die Funktionssysteme durcharbeite, immer deutlicher zu sehen, dass *die* Funktion eigentlich gar kein Element ist, das dazu beiträgt, Abgrenzungen gegenüber der Umwelt und Kontinuitäten in den Verkettungen der Kommunikation zu erzeugen.« (192).
[127] Hier werden entsprechende Ansätze der Unternehmensethik relevant. Siehe insbesondere: H. STEINMANN; A. LÖHR: Unternehmensethik ein republikanisches Programm in der Kritik, 1993.
[128] Siehe den Bericht der Kommission »Zukunft des bürgerschaftlichen Engagements«, 2002. Vgl. A. ETZIONI: Die faire Gesellschaft, 1996; R. ZOLL: Alltagssolidarität und Individualismus, 1993.
[129] Vgl. G. FRANKENBERG: »Die Aufgabe von Sozialpolitik, ein soziales Band zwischen den Mitgliedern einer Gesellschaft zu konstruieren, wird so weit ersichtlich nicht systematisch untersucht, sondern allenfalls punktuell unter den Stichworten Subsidiarität, Solidarität oder Gemeinschaft thematisiert. Während die Vorstellungen von ›mitbürgerlicher Gemeinschaft‹ dabei eher vage bleiben, fristet Solidarität eine Randexistenz im Schatten staatlich-paternalistischer Vor- und Fürsorge. Dabei nimmt sie einmal die Bedeutung einer markttheoretischen Residualkategorie und eines ›Reparaturbegriffs des freigesetzten Besitzindividualismus« (BÖCKENFÖRDE) an. Oder sie fungiert als ideologisch aufgeladene, aber normativ unterbestimmte Verpflichtung in der ›Versöhnungsgesellschaft‹ (SPÄTH), von der sich kaum angeben lässt, worauf sie sich gründen könnte. ... Diese Fixierung führt dazu, dass Subsidiarität und Selbsthilfe durchweg als strategische Prinzipien oder Modelle der Entstaatlichung oder Entrechtlichung eingeführt werden. Verglichen mit den Sozial-

gegeben, neu (auch durch eine entsprechende Moralforschung) in den Blick zu rücken, was an praktizierten sozialen Verbindlichkeiten *namhaft* zu machen ist, die dann durchaus in dem zusammentreffen können, was die Aufgaben des Sozialstaats sind und nicht ihm gegenüberstehen müssen. Die Perspektive dafür könnte sein: »Es steht außer Frage, dass es ziviles Verhalten gibt; hier geht es aber darum, wie umfassend und wie mächtig es ist und was die auslösenden Faktoren für das jeweilige Niveau von zivilem Verhalten in den verschiedenen Gesellschaften und innergesellschaftlichen Gruppen zu verschiedenen Zeitpunkten ist.«[130] So kann mit der Wahrnehmung des *politischen* Charakters der Solidarität der Sozialstaat nicht mehr nur als notwendiges Gegenüber zum sozialen Eigenengagement gesehen werden.

Die Frage wird also sein, worauf die Thematisierung sozialer Verbindlichkeit zielt. *Was* wird hier thematisiert? Soll hier die Ressource für das Zusammenleben einer Gesellschaft erkundet werden? Wie können Verbindlichkeiten nicht nur behauptet, beobachtet oder auch eingefordert werden? Wie wird ernsthaft gefragt, was soziale Verbindlichkeiten sind, die nicht als Ressourcen oder als »soziales Kapital«[131] zu erfassen sind, weil sie auf etwas zielen, das der Verfehlung menschlichen Lebens entgegensteht. Die Diskursethik etwa hat von Lebenswelten als gegebenen gesprochen, aber der Inhalt dieser Lebenswelten[132], ihre Sprache, die Formen ihrer Verständigung und ihre Adressierbarkeit werden nicht prozedural, in dem, was als Praxis thematisierbar ist, erschlossen. Vielfach wird von den Lebenswelten wie von bürgerschaftlichem Engagement wie von black boxes gesprochen.[133] Schon die generelle Rede von Lebenswelten (wie die von Gemeinschaften oder von Lebensformen) ist fragwürdig,[134] sofern unterschiedliche, ja gegensätzliche Weisen von »Welterzeugung« oder gesellschaftlicher Konstruktion vorliegen. Hier ist eine offene Stelle in der Diskussion, die inzwischen

---

versicherungen oder der staatlichen Sozialbürokratie erscheint die Selbstorganisation von sozialer Sicherheit folglich als eine, gemessen an ihrer Reichweite und Effizienz unterlegene, wenn nicht strukturelle ausgeschlossene Alternative, die im Spannungsfeld ihrer Randständigkeit und der sachlichen Defizite der staatlichen Armenpolitik zum Scheitern verdammt ist oder jedenfalls nur eine defensive Bedeutung bei der Abwehr übermäßiger sozialstaatlicher Eingriffe erhält.« (G. FRANKENBERG: Die Verfassung der Republik, 1996, 178)

[130] A. ETZIONI: Die faire Gesellschaft. Jenseits von Sozialismus und Kapitalismus, 1996, 111. Vgl. z.B. auch: R. ZOLL: Alltagssolidarität und Individualismus, 1993.

[131] Das hat sich weitgehend die Enquete-Kommission »Zukunft des bürgerschaftlichen Engagements« (2002) fraglos zu eigen gemacht. Damit setzt sie widersinnigerweise auf die Perspektive der governance entgegen einer tatsächlich bürgerlichen Perspektive.

[132] Zur Semantik vgl. B. WALDENFELS: In den Netzen der Lebenswelt, 1985.

[133] Siehe auch A. HONNETH: Das Andere der Gerechtigkeit. Habermas und die Herausforderung der poststrukturalistischen Ethik (2000). Honneth spricht auch gemeinsam geteilten Erfahren und von einer »Wertegemeinschaft«: 168.

[134] Zur Kritik siehe: U. MATTHIESEN: Das Dickicht der Lebenswelt und die Theorie des kommunikativen Handelns, 1985.

kritisch gesehen wird.[135] Manche bewegen sich in solchen von außen thematisierten Lebenswelten wie Touristen, sei es in der Lebenswelt von Familie, der Lebenswelt eines Unternehmens, einer christlichen Gemeinde oder einer Bildungseinrichtung wie der Universität. Und doch ist die entscheidende Frage: worin finden solche Lebenswelten ihren Bestand, was ist die Logik des Tuns und Redens,[136] das sie prägt, was ist es, das sie vielleicht tatsächlich als »Welten« prägt und auszeichnet, was ist es, das sie im Innersten zusammenhält? Entsprechendes gilt für die Problemstellung, wie solche Lebenswelten oder bürgerschaftliches Engagement von außen, etwa durch staatliche Maßnahmen gefördert oder »ermöglicht«[137] werden können.

Hier muss die Diskussion der christlichen Sozialethik um Solidarität und Subsidiarität einsetzen. Sie muss dabei zusehen, mit welchen Gesellschaftstheorien und mit welchen politischen Theorien sie in Auseinandersetzung gerät, wenn sie auch selbst nicht nur allgemeine moralische Ressourcen mobilisieren will. Solidarität kann nach dem Verständnis evangelischer Sozialethik nicht jenseits dessen eingefordert werden, was die Sozialethik den *Beruf* des Christen und was sie Institutionen, die politischen eingeschlossen, genannt hat. Ebenso wenig kann Subsidiarität die bestehende (funktionale) Differenzierung in der Gesellschaft nur bestätigen wollen. Wenn das Zusammenspiel von ethisch vermittelter Solidarität und Subsidiarität weder bestehende irgendwie asymmetrische wechselseitige Verhältnisse (z.B. in der Bürokratie) noch bestehende (in mancher Hinsicht) egalisierende wechselseitige Verhältnisse (auf dem Markt oder in den verwalteten Verteilungsprozeduren) bestätigen soll, bleibt dieses Zusammenspiel ein kritisches Merkmal für die, die sich weder in der einen noch in der anderen Weise in die gesellschaftlichen Strukturen fügen. Doch ist Subsidiarität ebenso wie Solidarität nicht einzufordern, sondern als der Dienst aufzunehmen und zu bezeugen, zu dem sich Menschen berufen lassen und der ihnen ausdrücklich anvertraut wird. Darin besteht die paradigmatische und unersetzliche Bedeutung der *Diakonie*. Sie ist das Paradigma für eine Gerechtigkeit, in der die ausdrückliche provozierende Hinwendung zur Not des Nächsten mit dem Beruf zur Solidarität verbunden ist. Daher ist die Diakonie paradigmatisch dafür, dass es hier um eine politische Aufgabe geht, die nicht in einen Dienstleistungsmarkt aufzulösen ist. Dieser verdeckt und anonymisiert die erforderliche Art der Solidarität. Dem muss die offenkundige Politik der guten Werke widersprechen. Sie muss sich darin exponieren: »Lasst Euer Licht leuchten vor den Leuten, damit sie eure

---

135 Vgl. die Diskussion bei R. EICKELPASCH: Bodenlose Vernunft (1996).
136 So wird man auch von der Logik der christlichen »Lebenswelt« reden, wie dies D. RITSCHL getan hat: Zur Logik der Theologie, 1984.
137 Das ist das Modell, das die Enquete-Kommission »Zukunft des bürgerschaftlichen Engagements« (2002) verfolgt.

guten Werke sehen und euren Vater im Himmel preisen.« (Mt 5,16) In dieser Hinsicht kann es kein Verrechnen von diakonischem Konzept und ökonomischen Bedingungen geben, weil das Entscheidende in dieser politischen Präsenz und dem Zeugnis liegt, nicht in einer Leistung, die irgendwie auch anders erbracht werden kann.

## 6. Iustitia civilis – als politische Existenzform

Wir bewegen uns mit solchen Überlegungen auf der Grundlinie derjenigen Sozialethik, die sich als eine Ethik der *Nächstenschaft* und *Christenbürgerschaft* verstanden hat. Die Sozialethik hat ihren Gegenstand darin gesucht, dass der Christenmensch mit einer paradigmatischen Existenzform ins Spiel kommt. Dabei geht es nicht um ein christliches »proprium«, das sich im Wettbewerb mit anderen befindet und dort behaupten muss, sondern um eben das Zeugnis, das Christen anderen schuldig sind. Das ist auch der Sinn der Lehre von den beiden Regimenten Gottes, nach der der Christenmensch seinen Beruf zum sozialen Handeln als jemand ausübt, der in Gottes geistlichem Regiment seine Kontur gewinnt. Daraufhin ist der Christenmensch auch ansprechbar: auf das hin, was er sich von Gott sagen lässt, nicht auf Überzeugungen hin, die er irgendwie erworben hat und auch wieder verlieren kann. Es gehört zum Paradigmatischen dieser Existenzform, dass sie zwischen Glauben und Überzeugung in der Weise unterscheidet, dass der Glaube auf jenes andere, fremde und externe Wort ausgerichtet ist, das ich im Hören und Verstehen mit anderen teile. Dies macht die politische Form des Glaubens aus. Auf *diese* Weise ist die Sozialethik mit der christlichen *gottesdienstlichen* Gemeinde verbunden, und nicht, weil in ihr ein Bestätigungszusammenhang für diese oder jene christliche Anschauung zu finden ist. Die gottesdienstliche Gemeinde ist eine immer im Hören auf das Wort Gottes lernende Gemeinde. Die inzwischen deutlicher artikulierte Forderung, den Zusammenhang von Ethik und Gemeinde, von Ethik und Gottesdienst neu zu bedenken, hat hier ihren Ausgangspunkt. Das Regiment Gottes – in seinem Wort – ist das Zentrum einer Ethik, die nach zwei Seiten entfaltet werden kann: nach der Seite dessen, was in diesem Wort beschlossen ist und worin sich Menschen aufhalten können, und nach der Seite der Bezeugung dieses Ethos unter dem weltlichen Regiment Gottes.

Für die Tradition evangelischer Sozialethik kann diese letztere Seite pointiert mit dem Begriff der *iustitia civilis* angezeigt werden: mit dem Begriff der bürgerlich-politischen Gerechtigkeit.[138] Damit ist auch im pointierten Sinn von einer

---

[138] Ernst WOLF hat in seinem weitreichenden Aufsatz über die Geschichte der evangelischen Sozialethik hier den Grund und den Kern einer Sozialethik markiert: Politia Christi. Das Problem der Sozialethik im Luthertum [1948/49] (1993). Der entsprechende Begriff des politischen Bürgers

»Tradition« zu sprechen,[139] die durchaus quer zu dieser oder jener Geschichte christlicher Sozialethik weiterzugeben ist. Mit »iustitia civilis« ist sowohl die Form sozialer Verbindlichkeit charakterisiert, der die Christenbürger folgen, als auch eine Markierung dafür, wie der unausweichlichen Frage zu begegnen ist, wie denn soziale Verbindlichkeit gezielt, um des bestimmten anderen willen angesprochen werden kann. Dies bleibt offen, wenn soziale Verbindlichkeit als eine Tugend[140] oder je neu entstehende Fürsorglichkeit eingefordert oder postuliert wird. An diesem letzteren Punkt hat sich die Diskussion festgefahren. Es gilt zu sehen, dass die »iustitia civilis« nicht davon abzutrennen ist, dass sich Menschen von Gottes Gerechtigkeit, von seiner offenkundigen Gemeinschaftstreue tragen und prägen lassen. Dies ist in der christlichen Tradition deutlich hervorgetreten.[141] Dies ist auch der Sinn derjenigen Zwei-Regimenten-Lehre, die unter iustitia civilis *nicht* eine »weltliche« Gerechtigkeit verstanden hat, der sich die Christen anzupassen haben, weil sie eben notwendiges rechtliches Reglement zur Geltung bringt, sondern die Gerechtigkeit, die mit der von Gott gewährten untrennbar verbunden ist und diese bezeugt. Es ist die Gerechtigkeit, die in der *Bewährung* und Erprobung dessen besteht, was das Leben mit Gott ausmacht: die Bewährung der darin beschlossenen Freiheit, die der Selbst-Behauptung widerspricht und so Gerechtigkeit eröffnet. Es ist das Leben in Gottes Vergebung, die niemand sich selbst zusprechen kann und die von der Ökonomie der Schuldenbearbeitung befreit, es ist das Leben in Gottes Barmherzigkeit, die davor bewahrt, im Kampf um die eigenen Lebensperspektiven und in der Bildung von Lebenskapital zu verharren, und es ist das Leben in Gottes Versöhnung, durch die Menschen davon befreit werden, sich selbst eine Geschichte zurechtzumachen, mit der sie leben können. Im Blick auf Gottes Versöhnung muss denn auch nicht im Plädoyer für eine Tugendethik die Hoffnung auf Gerechtigkeit für die aufgegeben werden, die Unrecht erlitten haben.[142] Diese von Gott erfahrende Gemeinschaftstreue, seine Gerechtigkeit ist immer neu weiterzugeben,[143] über sie ist nicht als Moral zu verfügen. Diese Gerechtigkeit besteht nicht darin, dass sie sich unvermeidlich – wegen der selbstverständlich unterstellten Selbst-Behauptung – einstellt, wie diejenige Gerechtigkeit, die auf einem (unterstellten) Kalkül der Gegenseitigkeit beruht. Diese *andere Gerechtigkeit*

---

findet sich bei: D. STERNBERGER: ›Ich wünschte ein Bürger zu sein‹. Neun Versuche über den Staat, 1967.
[139] Siehe dazu A4.
[140] Dies wird auch von dem Konzept der Bürgertugend nicht deutlich erfasst: H. MÜNKLER: Zivilgesellschaft und Bürgertugend, 1994.
[141] Vgl. dazu die Hinweise von Franz FURGER: Christliche Sozialethik, 1991, 130f.
[142] Vgl. die Kritik an HORKHEIMER bei H. MÜNKLER: Zivilgesellschaft und Bürgertugend, 1994.
[143] Im Sinne der Prozedur einer Tradition: siehe A4.

besteht vielmehr dann darin, dass sich jemand darin exponiert, in der Freiheit von der Selbstbehauptung und der Schuldenabwicklung das Gerechte zu tun. Das »Tun des Gerechten« folgt der Reihe derer, denen gesagt werden kann: »geh hin und tu desgleichen« (Lk 10,37).

Soziale Verbindlichkeit kann keine black box bleiben, wenn man sich ausdrücklich – auch politisch – darauf berufen will. Auf dieses Sich-Berufen-Können kommt es an, dies macht das Politische aus. Es ist die Frage, wie sich das Soziale bildet und worin es besteht. Dies ist keineswegs mit dem Stichwort »Akzeptanz des Sozialstaates« zu erfassen: es geht vielmehr um die Kennzeichnung und die durchaus politische *Auszeichnung* einer Lebensgestalt, zu der das Lernen und Geprägt-Werden in spezifischem Sinne selbst gehört. Dies bringt die Rede von der »iustitia civilis« zur Geltung, sofern sie ein Leben aus und in der Gerechtigkeit meint, die jeder/jede erfahren und erprobt hat. Die Wahrnehmung dieser Gerechtigkeit kann nicht verwechselt werden mit dem immer neuen Suchen nach Quellen und Ressourcen der Moralität und der Sittlichkeit oder nach – wie es jetzt heißt – »Sozialkapital«. In einer neueren kritischen Stellungnahme zum Thema ist zu lesen: »*Moralische Verantwortung ist weder im Gewissen beheimatet noch befindet sie sich draußen in der Welt des Gesprächs, des Rechts oder der politischen Ordnung. Das Problem liegt darin, dass in der säkularen und komplexen Gesellschaft der Spätmoderne die Moral schlechterdings ortlos und die Verantwortung zu ihrer atopischen, gleichsam vagabundierenden Leerstelle geworden ist.*«[144] Hier bleibt alles offen – gewiss mit dem guten Grund, Postulate zu vermeiden und nicht auf eine Moral jeglichen Engagements zu setzen, aber zugleich kann dies als ein Hinweis dafür gelesen werden, dass die christliche Ethik *nicht* versuchen sollte, diese Leerstelle auszufüllen. Es geht vielmehr darum, die Problemstellung zu verändern. Dies kann nur dadurch geschehen, dass der politische Ort der Gerechtigkeit aufgesucht wird: dort, wo Gottes Gerechtigkeit zu gewärtigen ist, die gegen jede Form der Selbst-Behauptung steht. Sie widerspricht dieser Logik, und damit widerspricht sie der Auflösung jeder politischen Adresse in eine moralische Normalität, die sich dadurch hervortut, dass sie fraglos und im Konsens gilt, so dass es keiner weiteren Anstrengung des – gerechten – Urteils bedarf. Kaum deutlich genug ist bisher der Zusammenhang von Gerechtigkeit und Urteilspraxis gesehen worden, wie er im biblischen Reden erscheint: » Denn des HERRN Wort ist wahrhaftig, und was er zusagt, das hält er gewiss. Er liebt *Gerechtigkeit* und *Recht* (rechtes Urteil); die Erde ist voll der Güte des HERRN. Der Himmel ist durch das Wort des HERRN gemacht und all sein Heer durch den Hauch seines Mundes.« (Ps 33,4-6)

---

[144] L. HEIDBRINK: Das Dilemma der Verantwortung (1996) 989.

## 7. Iustitia civilis – Recht des Nächsten

»Iustitia civilis« ist nicht einfach eine weitere Kategorie für den Menschen als soziales oder politisches Wesen, sondern die Kennzeichnung eines Menschen, der einer *bestimmten* Existenzform bedürftig ist. Iustitia civilis ist als diejenige Gerechtigkeit verstanden worden, die Menschen nicht anders als im Modus des *Lernens* aus einem immer neu Tradierten[145] haben, nämlich dort, wo sie sich ihrer Versuche begeben, sich selbst und ihre Moral hervorzubringen, nicht um stattdessen einer fremden Moral aufzusitzen, sondern im Gegenteil, um zu lernen, wie ihnen zu leben zukommt.[146] Es geht um ein Leben aus der Gerechtigkeit, das Menschen dort lernen, wo sie erfahren, dass Gott ihnen seine Treue schenkt, dass er ihnen die Sünde, ihre Selbstbezogenheit, vergibt und dass sie sich so als seine Geschöpfe erfahren. Es geht um eine Gerechtigkeit aus diesem überschießenden Handeln Gottes. Dies im besonderen können Menschen sich nicht selbst beschaffen: keine Aufhebung der Sünde, keine Vergebung und keine Gerechtigkeit, die damit verbunden ist. Menschen finden sich so eingefügt in die Asymmetrie dieses Lebens mit Gott und seinem Handeln, sonst wären sie nur auf eine abstrakte Weise abhängig oder frei zu nennen. Ihre Abhängigkeit und ihre Freiheit wäre ohne *Gehalt*, sie wären postuliert. In der biblisch-christlichen Tradition ist im ethischen Verständnis der zivilen Gerechtigkeit diese Gerechtigkeit durch Gott, die Menschen zuteil wird – als iustitia *passiva* und iustitia *aliena* – präsent. Erinnert wird nicht nur daran, dass Gerechtigkeit etwas ist, das Menschen sich nicht selbst beschaffen können, sondern dass Gott mit seiner Gerechtigkeit immer schon wirkmächtig gegenwärtig ist. Gerechtigkeit meint im biblischen Verständnis die Treue Gottes, die auf die Aufrechterhaltung der Gemeinschaft zwischen Gott uns seinen Geschöpfen zielt. Wie kann man sich Treue beschaffen wollen? Zugleich aber ist damit daran erinnert, dass diese Gerechtigkeit im Leben mit Gott mitten im Leben *präsent* ist und keine abstrakte oder postulierte Voraussetzung bleibt. Über diesen Unterschied und lebendigen Zusammenhang hat diese Tradition der Ethik immer neu nachgedacht. In der Lehre von den Zwei-Regimenten war die Besinnung auf den Zusammenhang von Gottes Gerechtigkeit (Rechtfertigung) und iustitia civilis das Kernstück. Es geht bei der Lehre von der Rechtfertigung des Sünders nicht allein und entscheidend um die Einsicht, dass alles auf Gottes Gnade ankommt, sondern vor allem darum, dass Gottes Gerechtigkeit, seine Gemeinschaftstreue das Leben und Tun trägt und begleitet. Sünde besteht darin, das Wirken Gottes nicht zu achten.

---

145 Siehe zu dieser Logik A4.
146 Vgl. wiederum M. HORKHEIMER (siehe B3-4). Deshalb ist Theologie nötig, die das Bewusstsein davon bedeutet, »dass die Welt Erscheinung ist, dass sie nicht als die absolute Wahrheit, das Letzte ist.« M. HORKHEIMER: Die Sehnsucht nach dem ganz Anderen [1970] (1983), 389.

In ethischer Hinsicht ist dann entscheidend, dass das Zusammenleben nicht primär in wechselseitigen, symmetrischen Verhältnissen[147] gesehen wird, sondern dass es – wie die Lehre von den Ständen oder Existenzformen besagt – ein Zusammenleben gibt, in dem einer dem Andern sich *ausdrücklich* und überschießend zuwendet und einer vom anderen solche ausdrückliche Zuwendung erfährt. Dies steht – gewiss – immer gegen zahlreiche Gegenbeispiele und so im Widerspruch.[148] Gerechtigkeit im Sinne der hier zu beschreibenden iustitia civilis geschieht dort, wo sich der Reiche dem Mittellosen, der Mächtige dem Ohnmächtigen, der Starke dem Schwachen zuwendet, aber auch, wo der Mensch, der sich nicht ansprechen lässt, zu hören beginnt, wo der, der im Hintergrund Macht ausübt, aus der Anonymität hervortritt, wo der Arme den Reichen erreicht, wo der Mächtige vom Ohnmächtigen den Auftrag zum Tun des Gerechten erhält oder zu seinem Anwalt wird.

Dies ist nicht die Gerechtigkeit, die (als die Tugend der Mächtigen[149] ohne Auftrag) den wechselseitigen Ausgleich regelt, auch nicht die Gerechtigkeit als Fairness allein, die aufgrund einer Regel im Hintergrund, die sich jedem aufdrängt, dafür sorgt, dass bei unvermeidlicher Erhaltung bestehender Differenzen die soziale Schere nicht weiter auseinander geht – so notwendig diese Formen der Gerechtigkeit auch sind. Es sind dies die moralischen Formen, die vernünftigerweise für alle gelten. Anders ist es mit jener *anderen Gerechtigkeit*, die mit einer Umkehr und einem Überschritt verbunden ist: mit der Umkehr zu Gott und der Hinwendung zum Nächsten. Es ist die Gerechtigkeit, die in zweifacher Weise ein *exzentrisches* und exponiertes Leben anzeigt: das Leben aus Gott und das Leben in der Hinwendung zum Nächsten, das Leben in der Geschöpflichkeit *und* das Leben in der Hinwendung zum Anderen. Dies lässt sich mit LUTHERs Doppelthese von der Freiheit aussagen: vom freien Christenmenschen, der niemanden, weil Gott allein, untertan ist, und der zugleich eben deshalb jedermann untertan ist. Nichts Geringeres bedeutet Beruf, in den Christen berufen werden.

Die Sorge um das Soziale, die Sorge um das Zusammenleben, dreht sich hier erst einmal darum, dass sich Menschen selbst als die Neugeschaffenen, Empfangenden und Geprägten gewärtig sind. In diesem Sinne ist dann von ihnen zu sagen, dass sie im geistlichen Regiment Gottes leben. Sie finden in Gottes Urteil das Neuwerden und Durchbrechung ihrer Gewohnheiten. So gilt es, von einer

---

[147] Zur Genealogie der Reziprozität und ihre Ersetzung durch – unverbindliche – Komplementarität siehe: N. LUHMANN: Subjektive Rechte (1981). Zur Kritik siehe besonders: M. BRUMLIK: Universalistische Moral ohne Gott? Emmanuel Lévinas' Ethik der Asymmetrie (2001). Anders – ausgehend von Lk 6 sieht Paul RICOEUR die Logik der Reziprozität in der sich exponierenden Liebe (»Liebet eure Feinde«) überschritten: P. RICOEUR: Liebe und Gerechtigkeit, 1990.
[148] Vgl. J. BECKER: Der erschöpfte Sozialstaat, 1996.
[149] Siehe: R. SPAEMANN: Moralische Grundbegriffe, 1982.

(fälligen) Auseinandersetzung mit den *Gewohnheiten* des Herzens[150] und ihrer Ökonomie zu einer Ethik des *Neuwerdens* (im Sinne von Röm 12,2) hinüberzugehen – und von da zu einer Ethik lebendiger Sozialstrukturen, die nicht in einer allgemein verbindlichen Logik der Reziprozität aufgeht. Das biblische Liebesgebot lässt sich nicht in diese Logik einspannen, ebenso wenig wie in die Logik der Anerkennung.[151] Die ausdrückliche Hinwendung zum Anderen wurzelt im Neuwerden der Existenzform (Röm 12,2). Nach dieser Seite geht es nicht darum, an die sittliche Normalität oder an ein (schlechtes) soziales Gewissen zu appellieren,[152] vielleicht auch an die Einsicht, dass jeder auch einmal in die Situation des Abhängigen geraten könnte. Wirklichkeitsnäher – im Sinne der Wirklichkeit, die es gilt in der Perspektive der Gerechtigkeit zu erkennen – ist es, auf neue Weise mit dem immer gegebenen »Ausnahmezustand«[153] zu rechnen. In ihm kommt es darauf an, dass sich Menschen in die ausdrückliche Gerechtigkeit dem anderen gegenüber rufen lassen, dass sie sich in diese Gerechtigkeit hineinbilden lassen. *Diesen* Ausnahmezustand beherrscht niemand und niemand sollte versuchen, ihn – vielleicht mit einem Versprechen für eine umgreifende Sozialpolitik – zu beherrschen. Realitätsnäher ist eine Ethik (in der politischen Öffentlichkeit kann man dies bemerken), die genau an diesem Punkt nicht nur die Normalität der Liebe zum Guten oder einen Sinn für Gerechtigkeit voraussetzt, aber auch nicht nur auf einen allseitigen Verständigungswillen setzt, sondern eine Ethik, die Menschen als diejenigen anspricht, die zum Hören kommen, die ihrer Geschöpflichkeit gewärtig werden und sich berufen lassen. So bleibt die politische Aufgabe wach, die sich nicht im guten Gefühl einer immer schon bestehenden allseitigen Solidarität verliert, auf die hin niemand wirklich angesprochen werden kann.

Manche haben durchaus die Sozialethik von dieser Situation aus entwickelt. Sie sind ausgegangen von der immer präsenten Ausnahme-Situation des Überschritts (der kleinen Transzendenz) zum Anderen hin, der mir gegenüber nicht schon seine Position einnimmt, sondern der *jenseits* meiner Wahrnehmung ist und für den ich unerreichbar bin. Diese Ausnahmesituation ist immer präsent, sie lässt sich durch keine öffentliche Sicherheitsgarantie beherrschen. Der Andere blickt mich an, spricht mich an, aber er dringt mit seinem Blick und seiner Stimme nicht zu mir durch. Ich muss zu ihm hinübergebracht werden.[154] Dass sein Ruf gehört wird, dass sein Blick mich erreicht, darauf kommt alles an.

---

150 Siehe C4-2.
151 Siehe A5-9 zu Lk 6. Vgl. besonders: P. RICOEUR: Liebe und Gerechtigkeit, 1990. Siehe C5-4.
152 Vgl. F. HENGSBACHs Erinnerung an die Arbeiterbewegung.
153 Siehe B4-7; B4-8.
154 Es geht um eine gänzlich andere Logik als dort, wo gefragt wird, wie der Andere im Streben nach dem Guten vorkommt. Denken wir an die Geschichte vom Reichen Mann (Mt 19,16-30). In

Die Sorge um das Soziale wird so durch die Erinnerung an eine *andere Normalität* gehalten: nämlich die Erinnerung an die Normalität dieser permanenten Ausnahmesituation der Gerechtigkeit, die Gott uns Menschen immer schon gewährt. Aller Fairness voraus ist diese Gerechtigkeit gegangen. Das Kalkül der Fairness verdeckt dies. Immer neu müssen und dürfen Menschen zurechtgebracht werden, immer neu müssen und dürfen Menschen den Überschritt vollziehen. In dieser Einsicht besteht die Wirklichkeitsnähe dieser Ethik. Sie markiert dann auch den Weg von der ausdrücklich und akut ausgeübten Gerechtigkeit zur abrufbaren Gerechtigkeit. Wir können sagen: von der Gerechtigkeit zum *Recht*. Immer neu beginnt das Recht mit der politisch ausgeübten Gerechtigkeit, wie es in Psalm 82 vor Augen gestellt ist – die Gerechtigkeit, die zu hören und zu erkennen imstande ist. Dies ist die andere Gerechtigkeit. Immer neu beginnt das Recht dort, wo diese andere Gerechtigkeit dem Recht zuvorlaufend oder überschießend getan wird[155] – wie der Weinbergsbesitzer im Gleichnis von den Arbeitern im Weinberg (Mt 20). Die Provokation erscheint hier als Reich-Gottes-Gleichnis, das die bestehenden wie auch immer proportionierten Verhältnisse umkehrt. Das überschießende Handeln ist die Provokation des je geforderten Handelns: in letzterem wird einseitig auf die Probe gestellt, was gilt. Die biblische Ethik hat das überschießende Handeln als das Kennzeichen eines Ethos in den Blick gerückt, das nicht kalkuliert, was geboten ist und was darüber hinausgeht: »Und wenn dich jemand nötigt, eine Meile mitzugehen, so geh mit ihm zwei« (Mt 5,41). Dies meint nicht eine Steigerung oder Überbietung dessen, was gefordert ist, sondern eine andere Logik.[156] Sie verweist darauf, dass es immer neu um diesen Vorgriff geht, um dieses Darüberhinaus, um kenntlich zu machen, dass die Gerechtigkeit immer schon eine überreich empfangene ist. Gottes Gerechtigkeit ist in dieser Weise präsent, als Gottes überschießendes Tun, nicht als der universelle Ausgleich.

Diese Spur nehmen die Stimmen auf, die jetzt wieder deutlich – auch öffentlich (wie einige Stellungnahmen der Kirchen) vom »Vorrang der Armen« reden.[157] In der politischen Diskussion scheint man zum Teil darauf gewartet zu

---

seiner Ethik kamen die Armen längst vor, in der Perspektive, in der sie vorgesehen waren. Ernst WOLF (auf den ich mich hier beziehe) spricht auch von der Unmittelbarkeit dieses Vorgangs.

[155] Die allmähliche Aufhebung – jedenfalls des Ursprungs von Recht in subjektiven rechten – in ein positiviertes Recht analysiert N. LUHMANN: Subjektive Rechte (1981).

[156] Dies scheint mir das Problem des Versuchs zu sein, supererogatorische Handlungen im Blick auf eine kalkulierte Grenzziehung gegenüber nur gebotenen Handlungen zu bestimmen. Siehe dazu U. WESSELS: Die gute Samariterin : zur Struktur der Supererogation, 2002.

[157] Siehe C1-6; C2-18. EKD)-DBK: Für eine Zukunft in Solidarität und Gerechtigkeit. Wort des Rates der Evangelischen Kirche in Deutschland und der Deutschen Bischofskonferenz zur wirtschaftlichen und sozialen Lage in Deutschland, 1997. Marianne HEIMBACH-STEINS hat in dieser »Optionalität« ein grundlegendes Kennzeichen christlicher Sozialethik markiert: M. HEIM-

haben. Denn manche trauen durchaus nicht dem Appell an eine jedem einsichtige Solidarität, sondern erkennen den Aspekt der Ausnahmesituation – ja des Ausnahmezustands. Für diesen stehen die Armen und die Arbeitslosen. Dies ist der Ort der Freiheit eines Christenmenschen, nach der er jedermann untertan ist und die Not des Anderen erkennt. Er befindet sich im Ausnahmezustand der Umkehr. Umkehr und Erbarmen sind miteinander verbunden.

Die öffentliche Diskussion kann auf Umkehr oder auf den Dienst am Nächsten – in jeder Diskussion um die Dienstleistungsgesellschaft ist dies zu merken – nicht setzen, sondern sie muss auf die gewonnenen Vereinbarungen des Sozialstaates und auf seine Normalität verweisen,[158] und sie muss erwarten, dass es Menschen gibt, die sich dafür einsetzen, wohl wissend, dass dieser Sozialstaat damit von Voraussetzungen lebt, die er nicht selbst hervorbringen kann. Doch diese Voraussetzungen sind nicht als sittliche Ressource abzurufen. Wo Gerechtigkeit gebraucht wird, wird es immer neu nötig sein, die Umkehr – politisch sichtbar – zu vollziehen und in den radikalen Vorgang des Lernens einzutreten, der herausführt aus den Gewohnheiten, die den bekannten Gesetzen, etwa der Reziprozität folgen. Diese Befreiung ist der Eintritt und Einstieg in die Ethik des von Gott geschaffenen und immer neu erschaffenen Menschen, nicht die Unterstellung einer Freiheit und einer Selbst-Verantwortung, die »den Menschen« immer schon auszeichnet.[159]

## 8. Recht des Nächsten – Arbeit am Sozialen

Ausnahmezustand der Gerechtigkeit? Hier ist dem Einwand zu begegnen, dass die soziale Sache in dauerhaften, *struktur-relevanten* Veränderungen bestehen muss, also eben nicht im Schwebezustand der Ausnahme bleiben kann und dass Gerechtigkeit immer auf alle jene zielt, die gerade *nicht* im Blick sind, ja auch und nicht zuletzt auf jene, die gelebt haben und noch leben werden: Gerechtigkeit zwischen den Generationen.[160] Diese universelle Gerechtigkeit ist die Brücke von dem einen Nächsten zum Dritten und zu allen anderen. Emmanuel LÉVINAS hat diesen Zusammenhang zwischen dieser Gerechtigkeit gegenüber dem Dritten und der Gerechtigkeit in der Zuwendung zum anderen so gekennzeichnet: »Hinter den einzigartigen Singularitäten müssen Exemplare der Gattung erblickt werden, sie müssen verglichen, beurteilt und verurteilt werden.«

---

BACH-STEINS: Christliche Sozialethik als Bildungsressource. Zu Profil und Potential einer theologischen Disziplin (2002).
[158] Vgl. auch die kontraktualistische Konzeption von G. FRANKENBERG: Die Verfassung der Republik, 1996.
[159] In dieser Hinsicht ist die heftige Kritik von H. EBELING an den diskursethischen Konzeptionen zu hören: H. EBELING, Der multikulturelle Traum, 1993.
[160] Siehe: M. BRUMLIK: Gerechtigkeit zwischen den Generationen (2001).

Aber zugleich hält er fest – das ist die Richtung dieses Vorgangs: »Im Namen der Verantwortung für den Nächsten, der Barmherzigkeit, der Güte, wozu das Antlitz des anderen Menschen auffordert, setzt sich der ganze Diskurs der Gerechtigkeit in Bewegung, wie einschränkend und streng die *dura lex* auch sei, die er dem unendlichen Wohlwollen gegenüber dem Nächsten hinzugefügt hat. Unvergessliche Unendlichkeit, stets zu mildernde Strenge.«[161] So ist es auch in der evangelischen Rechtsethik und Rechtstheologie gesehen worden.[162] Es ist ihr zentrales Thema. Entsprechend ist auch die Frage akut, wie der Zusammenhang zum Politischen, inklusive des Staates, zu sehen ist.[163]

Tatsächlich kommt es darauf an, dass die Bedürftigen nicht abhängig bleiben von einer unmittelbaren oder ursprünglichen Gerechtigkeit im vis-à-vis. Das neuerdings wieder hervorgetretene Interesse an einer Rechtsethik kann dafür sprechen.[164] Sie versucht, den notwendigen Zusammenhang von Ethos und Recht zu zeigen. Das immer neue Erlernen von Gerechtigkeit muss deshalb nicht aus dem Blick geraten. Das bleibt die andere Richtung der Bewegung. Auf sie hat in indirekter Aufnahme der biblischen Tradition im besonderen Emmanuel LÉVINAS verwiesen: ihr entspricht die Anforderung an die Gerechtigkeit, sich entgegen ihrer eigenen »Tendenz zur Härte« im Recht zu vervollkommnen. Nicht dass Gnade vor Recht oder personale Liebe gegen Recht zu setzen wären. Es geht nicht um eine solche Bestimmung des Verhältnisses von Recht und Liebe[165] oder auch von Recht und Moral, vielmehr ist die ausgeübte, überschießende Gerechtigkeit die verbindende Brücke zwischen der nicht eingrenzbaren gerechten Hinwendung zum Nächsten und der gerechten Berücksichtigung aller gleichermaßen Betroffener. Gerechtigkeit ist beides[166]: die Form der Liebe zum Nächsten und die Form der Liebe zum Nächsten, die den Dritten und Über-

---

161 E. LÉVINAS: Zwischen uns. Versuche über das Denken an den Anderen, 1995, 272f. Zur Interpretation von Lévinas in Bezug auf diese Unterscheidung im Verständnis von Gerechtigkeit siehe: A. HONNETH: Das Andere der Gerechtigkeit. Habermas und die Herausforderung der poststrukturalistischen Ethik (2000); siehe insbesondere auch: B. BERGO: Lévinas between ethics and politics. For the beauty that adorns the earth, 1999.
162 Siehe insbesondere die Arbeiten von Erik WOLF, insbesondere: E. WOLF: Personalität und Solidarität im Recht [1963] (1972).
163 In der Diskussion um Lévinas ist dies durchaus akut geworden. Siehe: H. CAYGILL: Lévinas and the political, 2002.
164 Vgl. jetzt vor allem die umfassende Darstellung von W. HUBER: Gerechtigkeit und Recht, 1996. Ebenso: H.-R. REUTER: Rechtsethik in theologischer Perspektive, 1996.
165 Siehe dazu: E. WOLF: Zur rechtstheologischen Dialektik von Recht und Liebe [1961] (1972).
166 Auf diesen zweifachen Sinn von Gerechtigkeit, auch bei LÉVINAS, weist A. Honneth hin: A. HONNETH: Das Andere der Gerechtigkeit. Habermas und die Herausforderung der poststrukturalistischen Ethik (2000), 163. Von einem »double discourse« spricht Simon CRITCHLEY: The ethics of deconstruction : Derrida and Lévinas, 1992. Siehe ebenso dazu die eindringliche Interpretation bei P. DELHOM: Der Dritte : Lévinas› Philosophie zwischen Verantwortung und Gerechtigkeit, 2000, siehe auch die zweifache Bedeutung von »Brüderlichkeit« (vgl. auch 317-322 zu R. BERNASCONI).

nächsten, der Sozius, im Blick behält und nicht übergeht.[167] In dieser Beziehung geht es um die Anwaltschaft für den Nächsten. In dieser Erkenntnis trifft sich in der biblischen Logik, wie sie etwa in Psalm 82 hervortritt,[168] die Gerechtigkeit mit der Nächstenliebe und der Barmherzigkeit. Wo diese Brücke bestehen bleibt, ist vom Recht ohne einen generellen Vorbehalt zu reden.[169] Vorbehalte gegenüber dem Recht werden auf vielfältige Weise zur Geltung gebracht. So gibt es auch die moralische Auflösung des Rechts durch die direkte Berufung auf eine übergeordnete Moral, vielleicht auch eine Liebesmoral, so wie es auch eine theologische Untergrabung des Rechts gegeben hat, etwa in der Entgegensetzung von Gottes Geist, der die Herzen regiert, und Recht. Gegenüber solchen fragwürdigen Vorbehalten besteht die Aufgabe darin, das Recht mit der Gerechtigkeit und die Gerechtigkeit mit dem Recht *zugleich* auszuüben. Die Gerechtigkeit hat dann die Aufgabe, jede Art von allgemeiner Gesetzmäßigkeit zu durchbrechen, die, statt das Recht als das Recht des Nächsten auszulegen, es zum Gesetz werden lässt, das keiner gerechten Auslegung, keines Urteils bedarf und so auch seine Bedeutung als Recht verliert. Diese Zuordnung von Gerechtigkeit und Recht zielt nicht nur formal auf Einzelfall-Gerechtigkeit, sondern auf diejenige Gerechtigkeit, die es *ausdrücklich* mitzuteilen und präsent zu machen gilt.[170] Entsprechend ist dann das Recht als Medium solcher Mitteilung verstanden. Das ist der Zusammenhang der Gerechtigkeit, die eine empfangene und immer neu gewonnene ist, mit dem Recht und dem ihm entsprechenden Urteil. Im Recht und im entsprechenden Urteil exponiert sich diese Gerechtigkeit. Sie stellt sich der Rechenschaft. Sie wird darin auch angreifbar und bleibt nicht eine immer schon gerechtfertigte moralische Instanz.

Die iustitia civilis zielt um so mehr auf das Recht, als sie die Brücke zu jener Gerechtigkeit ist, die mit der Freiheit von der eigenen Rechtfertigung gegeben ist. Sie reicht bis zur Übernahme der Schuld des anderen.[171] Das *Recht des Nächsten*, das »Recht der Witwen und Waisen« zu suchen – darin kommt zum Tragen, dass der Nächste nicht dem eigenen Beharren auf Recht ausgesetzt bleibt. Darin besteht der Überschritt zum Anderen. Darin besteht der erste initiatorische

---

[167] Siehe P. RICOEUR: Der Sozius und der Nächste (1974).
[168] Siehe E1-2.
[169] So wird man wohl auch LÉVINAS nicht lesen dürfen.
[170] Dieser entscheidende Aspekt fehlt in den verschiedenen Fassungen des »Anderen der Gerechtigkeit«, siehe: A. HONNETH: Das Andere der Gerechtigkeit. Habermas und die Herausforderung der poststrukturalistischen Ethik (2000); zur sozialwissenschaftlichen Wahrnehmung expliziten solidarischen Handelns siehe: F.-X. KAUFMANN: Sozialpolitik zwischen Gemeinwohl und Solidarität (2002), 48f.. Kaufmann unterstreicht die institutionelle Verfasstheit von Solidarität in modernen Gesellschaften und spricht vom »Ausnahmefall« des expliziten solidarischen Handelns.
[171] Dies hat Dietrich Bonhoeffer in den Blick gerückt: D. BONHOEFFER: Die Struktur verantwortlichen Lebens (1992).

Schritt zur Verallgemeinerung. Sie vollzieht sich in der spezifischen Praxis der Anwaltschaft, die auf der möglichen Unterscheidung beruht zwischen dem Recht, das jemand für sich beansprucht und dem Recht des Nächsten, für das er eintritt. Diese Unterscheidung, die eine advokatorische Ethik[172] einschließt, wenn auch nicht darin aufgeht, ist in Luthers Ethik fest eingefügt. Sie durchbricht die Logik der goldenen Regel, sie lässt es zu, auf eigenes Recht zu verzichten und dieses zugleich für den Nächsten einzufordern. Durch eine solche ausdrückliche Rechtspraxis wird der Andere nicht gesetzmäßigen Verhältnissen und irgendwelchen Ökonomien (wie der Ökonomie der Schuldenbegleichung) ausgeliefert oder gar dem »Recht« des Stärkeren und der Dynamik eines anderen Kräftespiels.

Das »Recht des Nächsten«, von dem die evangelische Sozialethik gesprochen hat,[173] ist zugleich das Recht zur substantiellen Teilnahme und Teilhabe an der Politia. Dies ist auch »partizipative Gerechtigkeit« oder »Beteiligungsgerechtigkeit« genannt worden,[174] das heißt Gerechtigkeit, die Teilnahme gewährt. Es muss freilich deutlich sein, dass diese eine substantielle *politische* Teilnahme einschließt, das heißt das Mitwirken und Mithandeln. Es ist in diesem Sinn nicht als »subjektives Recht«[175] zu fassen. Es ist Bürgerrecht auf Bürgersein und die Grundlage jedes Bürgers für seine eigene iustitia civilis. Rechte setzen den Nächsten instand, in jeder Hinsicht seine Bürgerschaft wahrzunehmen und seine iustitia civilis auszuüben. Solche politische Teilnahme ist erst möglich, wenn die Betreffenden sich nicht ihrer eigenen Position grundsätzlich vergewissern müssen.[176] Dies schließt die Freiheit von einem alles bestimmenden Kampf um Macht und Anerkennung ein und lässt Macht etwas sein, das sich niemand verschaffen kann, sondern im gegenseitigen Einvernehmen gewonnen und übertragen wird – aufgrund des freien Zusammenschlusses derer, die zu handeln suchen.[177]

Dem entsprechend kann es auch nicht isoliert um ein Recht auf Arbeit gehen, aber doch darum, dass die *tätige* Teilnahme eines jeden an der Oeconomia und

---

[172] Siehe wichtige Kennzeichen bei: M. BRUMLIK: Advokatorische Ethik : zur Legitimation pädagogischer Eingriffe, 2004.

[173] Siehe dazu: Erik WOLF: Recht des Nächsten : ein rechtstheologischer Entwurf, 1966.

[174] EKD: Gemeinwohl und Eigennutz, 1991, Ziff. 157. Siehe auch: H. BEDFORD-STROHM: Vorrang für die Armen, 1993, 308f.. Es bedarf eines Begriffs für die spezifische, politische Bürgerbeteiligung, um dem Verständnis von Beteiligungsgerechtigkeit Konturen zu geben.

[175] Zur Genealogie vgl. N. LUHMANN: Subjektive Rechte (1981).

[176] Das wirft auch das Problem der Bedeutung von Menschenrechten auf: gehen sie als moralische Rechte den Bürgerrechten voraus oder sind sie nur als Bürgerrechte zu verstehen. Siehe dazu – mit einer Kritik an je einseitigen Positionen: G. LOHMANN: Menschenrechte zwischen Moral und Recht (1999).

[177] Zu dem hier gebrauchten Begriff von »Macht« siehe H. ARENDT: Macht und Gewalt, [New York 1970] 1985.

an der Politia zugleich gewährleistet ist: Angelpunkt ist die Arbeit, durch die Menschen mit anderen kooperieren und worin sie ihren ersten Beruf, den des Bürgers ausüben. Das Recht auf Arbeit ist dann (wie das Recht auf Gesundheit) kein spezifisches Anspruchsrecht auf ein öffentliches Gut, das zu verteilen ist, sondern das Recht darauf, mitwirkender Bürger zu sein. Auf diesen Bürger kommt es an, weil es auf das ankommt, was er/sie durch seine Arbeit im Sinne der Kooperation – und sei sie noch so indirekt – beizutragen hat. Arbeit so gesehen, Bürgerarbeit kann einer Gesellschaft nicht ausgehen. Missverständlich ist es, wenn die Bezahlung von Bürgerarbeit nur als Transferleistung (von der produktiven zur nicht-produktiven Arbeit) gekennzeichnet wird, statt das Zusammenwirken all dessen in den Blick zu behalten, was menschliche Arbeit erbringt. Es ist eine Abstraktion davon, die vielfältige Arbeit der Erziehung und Bildung, die niemals ausgehen kann, nur im Hintergrund als Ressource zu verstehen. Die Tradition evangelischer Sozialethik (der Teil der Tradition, der hier zu betrachten war) hat sich – in *dieser* Perspektive – auf die Frage »Recht auf Arbeit«, oder »Arbeit« als Recht eingelassen. Es wird immer neu um diese bestimmte substantielle, auf sein *Bürgersein* bezogene Einbeziehung des anderen gehen, entgegen einer abstrakten Aufteilung zwischen marktförmiger und nicht-marktförmiger Arbeit. Ohne diesen kritischen Gegenhalt verliert die Ethik der Arbeit und die entsprechende Politik ihre Pointe. Franz-Xaver KAUFMANN, der den Blick nicht zuletzt auf die institutionelle Seite des sozialen Handelns gelenkt hat,[178] bemerkt dazu: »Wenn es jedoch richtig ist, dass Sozialpolitik es mit der *Vermittlung von Staat und bürgerlicher Gesellschaft* zu tun hat, ... so kann es nicht genügen, die Dinge *entweder* aus der Sicht des Staates ... *oder* aus der Sicht der Marktwirtschaft bzw. einem breiter ansetzenden Konzept der Versorgung und der Wohlfahrtsproduktion – also ökonomisch oder soziologisch – zu betrachten.«[179]

In der Ausrichtung auf die Ermöglichung einer *Bürgerexistenz* gewinnt auch die Sozialpolitik ihr Kriterium und ihr inneres Maß, andernfalls wird die Grenze zu einer diffusen Wohlfahrtspolitik oder zu einer auf ein nicht politisches Glück[180] gerichteten Glückspolitik fließend und damit wiederum eine universell moralische Ausrichtung an die Stelle einer ethischen gesetzt.

Die Gerechtigkeit bleibt so mit *dem* Recht verbunden, das der Not des Anderen substantiell widerspricht und begegnet. Immer neu geht es um die Gerechtigkeit des *Überschritts* zum Nächsten, wie es die Gleichnisgeschichte Jesu vom

---

[178] Vgl.: F.-X. KAUFMANN: Sozialpolitik zwischen Gemeinwohl und Solidarität (2002).
[179] F.-X. KAUFMANN: Sozialpolitisches Denken. Die deutsche Tradition, 2003, 180f..
[180] Zur Diskussion dazu siehe: D. STERNBERGER: ›Ich wünschte ein Bürger zu sein‹. Neun Versuche über den Staat, 1967. Sternberger sucht zu zeigen, dass auch die »happiness« in der us-amerikanischen Verfassung ein politisches Glück meint, und dass einzig darin ihr Ort in der Verfassung begründet sein kann.

Samariter erzählt (Lk 10,25-37). Dieser »wird« dem zum Nächsten, der unter die Räuber gefallen ist. Dieser Überschritt zielt auf das Recht dieses Nächsten.[181] Denn dieser ist zu Unrecht in dieser Ausnahmesituation. Hier gilt es für Gerechtigkeit und Recht *zugleich* zu sorgen. Insofern ist es nicht genug, auf eine Tugendethik zu setzen, die diesen Zusammenhang abblendet. Der *politische* Überschritt vom Samaritaner zu einem anderen lässt sich durch keine Moral oder ursprüngliche Verpflichtung ersetzen. In diesem Überschritt wird mit der Gerechtigkeit zugleich das Recht vollzogen, das nicht erst zuerkannt oder geschaffen wird. Der Überschritt zum Nächsten ist eine Sache derjenigen das Recht vollziehenden Gerechtigkeit, die Menschen von Gott selbst und von ihm allein erfahren haben, wenn sie denn dessen gewärtig sind, dass sie in ihrem Tun und Lassen nicht in die Ökonomie von Selbstbehauptung und Selbstaufgabe, von Schuld und Schuldbewältigung, von Machterwerb und Machtbehauptung verstrickt bleiben müssen. In der Ökonomie der Schuldbewältigung, etwa im Suchen von Schuldigen oder im Aufbauen von immunisierter Macht geht das Politische im Sinne des Zusammenlebens in rechtsförmiger Gerechtigkeit verloren. Die Freisetzung einer iustitia civilis, einer Bürgergerechtigkeit – in ihrem genuin politischen Sinn – hat hier ihren Ort. Mit ihr ist auf spezifische Weise von einer Politisierung[182] oder auch politischen Institutionalisierung zu reden.[183] Dies entspricht einer Sozialethik, die von einer Gerechtigkeit ausgeht, die als Gottes Gemeinschaftstreue gefasst, *immer schon* in institutioneller Form erscheint und deshalb nicht ortlos sein kann. Die Aufmerksamkeit auf die – neue – Bedeutung der Rede von »Gerechtigkeit« im Zusammenhang der Sozialpolitik,[184] sollte hier ihre entscheidende Begründung finden. Dies setzt jedoch voraus, dass die Konturen der biblisch-christlichen Gerechtigkeitstradition in dieser Hinsicht deutlich hervortreten. Sie ist nicht auf die Ebene einer (individuellen) Motivation oder eines irgendwie gegebenen sozialen Engagements zu verschieben,[185] ohne ihre provozierende Bedeutung zu verlieren. Denn diese liegt darin, dass Menschen der Gemeinschaftstreue gewärtig bleiben, die sie immer schon trägt. Dem entspricht es dann, von (soziologisch aufzuklärenden) »Bedingungen« zu reden, die gerechtes und solidarisches Handeln ermöglichen.[186]

---

[181] Vgl. die Interpretation von P. RICOEUR: Geschichte und Wahrheit, 1974, 109-124. Dem entspricht weitgehend: E. WOLF: Rechtstheologische Studien, 1972.
[182] Siehe dazu: H. SCHEULEN; Z. SZÁNKAY: Zeit und Demokratie. Eine Einstimmung (1999).
[183] Siehe auch in Bezug auf Lévinas' Ethik der Gerechtigkeit: D. J. WETZEL: Diskurse des Politischen. Zwischen Re- und Dekonstruktion, 2003.
[184] Vgl. F.-X. KAUFMANN: Sozialpolitisches Denken. Die deutsche Tradition, 2003, 180.
[185] Siehe die verschiedenen Ebenen bei F.-X. KAUFMANN: Sozialpolitik zwischen Gemeinwohl und Solidarität (2002).
[186] Vgl. F.-X. KAUFMANN: ebd., 47f..

Mit der je bestimmten Gemeinschaft, mit der Gerechtigkeit verbunden ist, bleibt auch der Blick auf die Erstreckung in der Zeit verbunden – entgegen jeder Art von Zeit- und Geschichtsverlust in den Theorien von sozialer Steuerung: es ist die Zeit des gemeinsamen Handelns in der begründeten Hoffnung, die der indifferenten Zeitlosigkeit eines Fortschritts oder von Entwicklungsprozessen entgegenläuft, die aber auch nicht in der Perspektivenlosigkeit einer Tugendethik verbleibt, die denen nichts mehr zu sagen hat, die Unrecht erlitten haben. Ohne diese Perspektive läuft die Gerechtigkeit ins Leere.

So ist der Weg abgesteckt, den wir zurückzulegen haben: die Wahrnehmung einer (christlichen) Existenzform und Lebensgestalt in ihrer institutionellen Verfasstheit. Die Sozialethik aus biblischer Tradition, der die Pointe der Gerechtigkeit entstammt, die hier zum Tragen kommt, hat allen Grund dafür kritisch und konstruktiv aktiv zu werden. Die Leerstellen sind allenthalben angezeigt. Der Gegenstand ist gegeben.

## C 5 Bürger und Zeugen – für Menschenwürde
## oder: Menschenwürde zwischen Moral und Ethos

### 1. Zum Gegenstand öffentlich geltender Moral

Wenn über Stammzellen-Import, über Präimplantationsdiagnostik oder über das Embryonenschutzgesetz[1] öffentlich im Parlament und in den verschiedenen Öffentlichkeiten sonst, auch in den Kirchen verhandelt wird, stellt sich immer neu die Frage, in welchem Sinn dies überhaupt öffentlich zu verhandeln ist, worum es dabei geht, so dass damit die Öffentlichkeiten befasst sein müssen. Darin eingeschlossen ist die Frage, warum diese Themen in die Gesetzgebung münden müssen. Was zum Gesetz wird, betrifft die *politische* Öffentlichkeit und ist von ihr zu tragen. Was aber ist es, worüber mit diesen Themen politisch-öffentlich verhandelt wird? Warum, in welcher Hinsicht kommen diese Themen auf die *politische Tagesordnung*? Was ist das Kriterium? Es müsste, so ist argumentiert worden,[2] das politische Zusammenleben oder Fragen der Gerechtigkeit betreffen. Diese Frage stellt sich bei unzähligen anderen Themen. Es wäre fragwürdig, wenn sich herausstellen würde, dass nur bestimmte Themen, weil sie die Gefühle und Interessen von diesen oder jenen Betroffenen eher tangieren, auf die Tagesordnung kommen, andere Themen aber, die aus spezifischen Gründen öffentliche sind, nicht verhandelt werden. Doch um darüber urteilen zu können, müssen wir herausfinden, *was* denn mit diesen und anderen Themen politisch-öffentlich zur Diskussion steht und was es ist, das uns vielleicht mit Recht, so intensiv und tiefgründig beschäftigt.

Auf dem Hintergrund der bisher geführten Diskussion können wir sagen, dass bei den genannten Themen »Stammzellen-Import« und »Präimplantationsdiagnostik« *moralische* Fragen bearbeitet werden. Moralische Fragen sind solche, die wir als *vernünftige* Menschen gemeinsam stellen müssen, wenn wir denn als Bürger in einem Gemeinwesen zusammenleben. »Moralische Fragen« – so soll hier dieser Ausdruck verstanden werden[3] – sind solche, die die notwendigen Grundregeln unseres menschlichen Lebens, auch unseres *politischen* Zusammenlebens betreffen, über die sich alle auch im Blick auf das politische Zusammenleben einig sein müssen und die alle auch in freier Zustimmung mit ihrer Ver-

---

[1] Gesetz zum Schutz von Embryonen (EschG). In der Fassung der Bekanntmachung vom 13. Dezember 1990 – BGBl. I S. 2747.
[2] Im Anschluss an John RAWLS' Politischen Liberalismus.
[3] Zum Sprachgebrauch siehe: J. HABERMAS: Die Zukunft der menschlichen Natur, 2001, 71f. Vgl. zur Unterscheidung von »moralisch« und »ethisch« auch ebd. 14f. Siehe E1-2.

## 1. Zum Gegenstand öffentlich geltender Moral

nunft nachvollziehen müssen. Solche moralischen Fragen können überall impliziert sein, nicht nur in Grundsatzentscheidungen, sondern auch in einem partikularen Gesetz, wie dem Import-Gesetz zu Stammzellen. Tatsächlich stand ja zunächst nur ein Import-Gesetz zur Debatte und nicht etwa Forschungsfreiheit oder andere weiträumige Themen, auch wenn diese tangiert worden sind. Wenn moralische Fragen im genannten Sinn impliziert sind, dann kommt immer auch ausdrücklich die Frage ins Spiel, wie weit die Verfassung implizit oder explizit die Antwort enthält, sofern eben die Verfassung für das einsteht, was rebus sic stantibus für alle gilt. Das setzt dann freilich voraus, dass die Auslegung und die Anwendung der Verfassung nicht strittig sind. Beides gehört zusammen: die Legalität und die moralische Legitimität in dem angezeigten begrenzten Sinn. Was in der *Verfassung* steht, muss auch als *moralisch legitim* nachvollziehbar sein – und umgekehrt, was wir für moralisch legitim halten müsste von der Verfassung gedeckt sein.⁴ Dies bedeutet ein begrenztes, aber doch gegebenes Zusammenstimmen von *Recht* und *Moral*, von Legalität und Legitimität, wie dies auch für die Transformation der Menschenrechte in Bürgerrechte vorausgesetzt wird.⁵

So wird öffentlich über moralische Fragen diskutiert – und zwar daraufhin, dass wir uns darin – auch im Blick auf die Gesetzgebung – auf vernünftige Weise einig werden. Es geht um solche Fragen, die deshalb nicht strittig bleiben können, weil sonst das Zusammenleben gestört wäre, sofern es auf vernünftiger Übereinkunft beruht. So wird niemand in Frage stellen, was im Grundgesetz *moralisch* fixiert ist, wie etwa die Garantie der körperlichen Unversehrtheit eines jeden Menschen. Niemand wird die im Grundgesetz enthaltenen Menschenrechte in Frage stellen und vieles andere, was zu diesen moralischen Grundlagen gehört. In diesem Sinne also kann man sagen, dass die Moral nicht strittig ist – und wenn wir den Ausdruck »Moral« so verwenden, dass er die Grundlagen des Zusammenlebens betrifft, dann kann die Moral auch nicht strittig bleiben, weder in ihrem Inhalt noch in ihrem Gebrauch, allenfalls in der Art und Weise ihrer Begründung und bestimmten Problemen der Anwendung. Aber die Begründung muss immer so sein, dass alle mit ihrer Vernunft in freier Zustimmung sich anschließen können. Wenn eine rationale Begründung vorliegt, ist die Zustimmung dazu freilich zwingend, denn andernfalls würde jemand seine Vernunft aufgeben und sich damit außerhalb der dadurch definierten Menschengemeinschaft stellen. Die Moral hat in diesem Sinne etwas Zwingendes. Sie behaftet uns dabei, vernünftige Menschen zu sein und zu bleiben und wir selbst behaften uns mit dieser Moral dabei. Die Frage wird sein, was schließlich der *Inhalt*

---

4  Hilfreich für die Wahrnehmung dieser Zusammenhänge ist: E.-W. BÖCKENFÖRDE: Recht, Sittlichkeit, Toleranz, 2001.
5  J. HABERMAS: Zur Legitimation durch Menschenrechte (1998).

auch dieser Moral ist, und wie sich diese Moral dann von dem unterscheidet, was ethisch – gleichermaßen – zu verhandeln ist.⁶

Es wird also öffentlich über solche moralischen Sachverhalte verhandelt, mit dem Ziel einer Zustimmung von allen, die einer entsprechenden Ratio folgen. Wir werden sehen, dass zugleich noch über mehr verhandelt wird: nämlich nicht nur über das, was vernünftigerweise zu »uns« als vernünftigen Bürgern gehört und uns zuzumuten ist, sondern über anderes noch, was auch unverzichtbar zu uns – dann vielleicht nicht mehr nur als Bürgern oder in einem spezifischen Sinn als Bürgern – gehört und nicht als eine solche Moral auszuweisen ist. Wenn wir öffentlich über Stammzellenimport und Präimplantationsdiagnostik, aber auch wenn wir über Militäreinsätze oder Sozialgesetzgebung diskutieren, ist immer auch die Frage im Spiel, was zu uns gehört. Dies ist die Stelle, an der gegenwärtig häufig von »*Werten*« die Rede ist:⁷ dabei geht es um die Werte, die wir teilen, die einen »Wertekonsens« ausmachen und ohne die wir uns selbst vielleicht nicht mehr wiedererkennen oder achten könnten. Es geht hier um ein kollektives Ethos, wobei freilich das Kollektiv nicht so festgelegt ist, dass es von außen auch zu identifizieren wäre: es sind nicht »wir« etwa als die Deutschen (auch wenn das gelegentlich mitschwingt), sondern es sind »wir« in der irgendwie gegebenen Menschengemeinschaft, in der wir leben, zu der wir alle zählen und auf die hin wir uns auch politisch zusammenfinden. Würden wir von einem bestimmten, fest umrissenen Kollektiv ausgehen, etwa von den Deutschen oder den Europäern, dann würden wir aus Abgrenzungen heraus gegenüber anderen operieren und hätten eine begrenzte politische Frage auf dem Tisch. Gleichwohl ist die Rede von den Werten ambivalent: sie bewegt sich auf der Grenze zwischen einer Innen- und Außenperspektive. Von »Werten« reden heißt, sie von außen identifizieren, auch wenn sie nur so existieren, dass sie solche Vorgänge oder Haltungen bezeichnen, *in* denen Menschen leben und die Menschen miteinander teilen. Die Undeutlichkeit liegt schon daran, dass wir von »Werten« reden, wenn es um das geht, was zu *uns* gehört. »Werte« sind etwas, das wir zwar festhalten und an das wir uns binden können, aber doch nicht das, was untrennbar zu uns gehört.⁸ Charles TAYLOR hat davon gesprochen, dass jeder von uns »starke Wertungen« vornimmt. Wertungen sind Bindungen an etwas, das unverzichtbar zu jemandem gehört. Und wenn wir fragen, ob dieses oder jenes »gut« ist zu tun,

---

6   Zur Systematik und zum Diskurs zur Unterscheidung von Moral und Ethik siehe insbesondere: R. FORST: Ethik und Moral (2001).
7   Vgl. dazu R. SPAEMANN: Die zwei Grundbegriffe der Moral (2001). Wir folgen hier seiner Unterscheidung zwischen »Werten«, von denen wir – von außen – sagen, sie beruhen auf Wertschätzungen, und solchen »Werten«, die als gegebene gelten, die uns begegnen. Siehe zur Rede von den Werten C2-8.
8   Zu der Frage der (objektiv) begegnenden Werte siehe die Interpretation zu Max SCHELER bei: R. SPAEMANN: Daseinsrelativität der Werte (2001).

dann fragen wir implizit: gehört das zu uns, so wie wir uns unaufgebbar verstehen? Werte haben in diesem Verständnis eine subjektive Verbindlichkeit und sind nicht austauschbar, ohne dass jemand sich selbst aufgibt. Freilich können diese Wertungen zwischen Menschen verschiedene sein – und die Frage nach dem »wir« bleibt offen, wenn nicht, wie Charles TAYLOR zu zeigen versucht, diese starken Wertungen sich auf ein *uns Menschen* gewährtes Gutes beziehen, auf etwas, was wir uns nicht selbst beschaffen können, etwas, das wir mit unserer menschlichen Natur erstreben. So gesehen diskutieren wir also nicht über irgendwelche Werte, sondern de facto darüber, was uns Menschen ausmacht, oder noch genauer: wir diskutieren darüber, *wer wir sind*. Diese Frage freilich ist nicht die allgemeine »was sind Menschen?« – und »inwiefern sind wir Menschen?«, es ist *nicht* die (anthropologische) Frage, was das Mensch-Sein ausmacht, sondern es ist die Frage »wer sind wir?« oder »wer bin ich, zusammen mit (in einem unbestimmten Sinn) allen anderen?«, so dass wir aus unserer Haut fahren müssten, wenn wir etwas tun, was nicht zu uns gehört. Wenn wir von dem sprechen, was zu uns gehört, und wohin wir gehören, sprechen wir von unserer Existenzform, von unserem Ethos, ohne dass wir damit uns Menschen in unserem Wesen definieren. So ist es deutlicher, wenn wir sagen, es geht bei jenen Themen, die öffentlich verhandelt werden, um unsere menschliche Existenzform, unser *Menschen-Ethos* – und wir fragen uns bei ethischen Fragen, was passt zu diesem Ethos und was nicht. Wir suchen nach dieser Art von Übereinstimmung mit uns selbst. Wir sprechen hier von »unserem« Ethos, oder von einer und zugehörigen »menschlichen« Existenzform, also nicht von den sittlichen Auffassungen der Deutschen oder der Franzosen. Dies wäre ein anderes Thema. Wir sprechen aber gleichwohl *nicht* über eine universale Moral, sondern über ein adressierbares Ethos, in dem wir uns ›als Menschen‹ begegnen, als *Menschenbürger*, als diejenigen, die nicht nur als Deutsche zusammenleben, sondern in der ganzen Menschenwelt, wie sie uns vor Augen ist. In diesem Sinne hat Jürgen HABERMAS von einem »gattungsethischen« Kontext gesprochen, in dem wir uns bewegen – und wir würden abstrakt diskutieren, wenn wir dessen nicht gewärtig wären, dass wir immer neu uns fragen, wie wir uns als Menschen begegnen und nicht nur als Bürger, die eine Verfassung gemeinsam haben. Was unser *Ethos* ist, was uns als Menschen ausmacht, ist von der *Moral* zu unterscheiden:[9] denn dieses Ethos, unser Menschen-Bürger-Ethos ist nicht auf die zwingenden Vernunfteinsichten zu bringen, die die Moral ausmachen.[10] Es geht darum, dass wir uns – ausdrück-

---

[9] Eine entsprechende Unterscheidung hat R. SPAEMANN mit den »zwei Grundbegriffen der Moral« im Blick: R. SPAEMANN: Die zwei Grundbegriffe der Moral (2001).
[10] Zur Systematik und zum Diskurs über die Unterscheidung von Moral und Ethik siehe insbesondere: R. FORST: Ethik und Moral (2001). Forst zeigt auch die verschiedenen Übergänge in der

lich – als Menschen verstehen, weil wir uns anders nicht vorstellen können und wollen: dass wir sozusagen daran hängen, *diese* Menschen zu sein, dass wir in dieser Existenzform uns finden und uns dies auch nicht nehmen lassen wollen. Es wird dann die Frage sein, was denn dieses Menschen-»Wir« stabilisiert, wenn es nicht die zwingende Notwendigkeit des Zusammenlebens ist, die uns Menschen auf bestimmte Verfahren oder auf Rechte festlegt. Hier hat auch die Regel ihren Ort, dass Fragen der Gerechtigkeit – also Fragen des Zusammenlebens und des Verfahrens – zunächst Vorrang haben, also einvernehmlich geklärt sein müssen vor dem Ethos und dem, was zu uns gehört. Und doch lässt sich beides, wie wir noch sehen werden, nicht voneinander trennen. Wie stabil dieses Menschen-Ethos ist und was es ausmacht, werden wir noch sehen müssen.[11]

Zunächst ist wichtig im Blick zu haben, dass wir über beides diskutieren: über Fragen der moralischen Grundlagen unseres Zusammenlebens *und* über das, was unser Ethos ausmacht. Und tatsächlich: wir verhandeln darüber, wir rufen diese Moral nicht irgendwo ab und ebenso wenig das Ethos. Wir suchen gemeinsam herauszufinden, was wir moralisch nachvollziehen müssen und was uns darüber hinaus als das Ethos zugehört, in dem wir leben. Diese gemeinsamen Überlegungen vollziehen wir unter der Voraussetzung, dass Moral und Ethos der erkennenden *Vernunft* zugänglich sind und dass dieser Zugang daran hängt, dass wir sie als eine gemeinsame gewinnen. In diesem Sinne ist der Diskurs auf *Wahrheit* ausgerichtet. In diesem Sinne können wir dann auch sagen, dass Fragen der Ethik, die das Ethos zum Gegenstand hat, ebenso wahrheitsfähig sind wie Fragen der Moral. Wir würden nicht so unnachgiebig diskutieren, wenn wir nicht in der Erwartung stünden, wir könnten vernünftig nachvollziehen und *erkennen*, was moralisch richtig und ethisch gut ist. Konsensfindung ist hier keine Angelegenheit von Kompromissen. Damit wird nicht eine unabdingbar Moral gefordert – diese Alternative ist kurzschlüssig – , sondern eine ethische Erkenntnisaufgabe festgehalten. So ist zu klären, was es für die Ethik zu erkennen gibt.

Insbesondere war es in den vergangenen Jahrzehnten (seit den sechziger) Jahren Jürgen HABERMAS, der die Aufgabenstellung für die *öffentliche Tagesordnung* und ihre Prozeduren theoretisch entwickelt hat. Er hat darauf insistiert, dass Fragen der praktischen Vernunft wahrheitsfähig bleiben und dass die Wahrheitsfindung durch die Prozeduren unserer Diskussionen vermittelt ist. Insofern ha-

---

Unterscheidung. Freilich wird im Diskurs über »Moral« nicht das »Problem der Moral« diskutiert, das mit dem Problem der Selbst-Rechtfertigung verbunden ist.
11   Zum Verhältnis von Moral und Ethos siehe auch: T.W. ADORNO: Probleme der Moralphilosophie, [1963] 1996. Adorno sieht in dem Übergang von der Befassung mit der Moral zur Ethik das Problem des Ausweichens vor dem Allgemeinen. (vgl. 23) Die Frage wird sein, welche eigene Frage nach dem Allgemeinen auch mit dem Ethos verbunden ist: inwiefern auch dieser Frage durchaus nicht auszuweichen ist. Wie sich das Allgemeine ethisch fassen lässt wird zur Frage an das, was hier Konsens-Bildung heißen kann.

ben wir immer präsent zu halten, was diese Prozeduren ausmacht und trägt. So ist – auch in den Debatten über Stammzellen – entscheidend, in welchem Sinne wir in unseren Prozeduren dabei sind, die Wahrheit zu finden und nicht diesen oder jenen Strategien folgen. So empfiehlt es sich, im Gespräch mit Jürgen HABERMAS, der sich überdies direkt zum Diskurs über die hier anstehenden Fragen der medizinischen Ethik geäußert hat, noch einmal zu prüfen, *was* hier zur Debatte steht. Unsere Fragen schließen sich direkt an den schon angezeigten Punkt an: was heißt es, uns als *Menschen-Bürger* zu verstehen und ins Spiel zu bringen? Wie bekommen wir uns selbst in den Blick und – vor allem – wie bleiben wir dabei, diese Menschen zu sein? Wie kommen wir zu diesem Menschen-Ethos? Wie kommen wir dazu, Menschen zu sein und zu bleiben?

## 2. Konsens über moralische Grundregeln

Doch zunächst zu den moralischen Grundregeln, die verhandelt werden. Jürgen HABERMAS bemerkt:

*»Niemand zweifelt am intrinsischen Wert des menschlichen Lebens vor der Geburt – ob man es nun ›heilig‹ nennt oder eine solche ›Sakralisierung‹ des Selbstzweckhaften ablehnt. Aber die normative Substanz der Schutzwürdigkeit vorpersonalen Lebens findet weder in der objektivierenden Sprache des Empirismus noch in der Sprache der Religion einen für alle Bürger rational akzeptablen Ausdruck.*

*Im normativen Streit in der demokratischen Öffentlichkeit zählen letztlich nur moralische Aussagen im strengen Sinn. Nur weltanschaulich neutrale Aussagen über das, was gleichermaßen gut ist für jeden, können den Anspruch stellen, für alle aus guten Gründen akzeptabel zu sein.«*[12]

Die hier gebrauchten Unterscheidungen markieren einen *moralischen* und *ethischen* Konsens im Sinne der Unterscheidung zwischen moralischen und ethischen Fragen.[13] Dazu gehört – um dies noch einmal festzuhalten – die Übereinstimmung darin, dass wir in einer Gesellschaft und einem demokratisch verfassten Gemeinwesen leben, in der wir uns allein im Medium einer universalen Menschen-Vernunft darin verständigen können, was zu gelten hat. Wir treffen hier als Menschenbürger aufeinander, denen eine rationale Verständigung in moralischen Fragen zugemutet ist. Es geht um die Ratio der moralischen Grundlage unseres Zusammenlebens. Von dieser moralischen Grundlage sind Aspekte und Erkenntnisse unserer Existenzform, die wir ethisch reflektieren, und erst recht Wertschätzungen zu unterscheiden, also das, was als »gut« angesehen oder beurteilt wird, aber nicht moralisch eingefordert werden kann. Mit dieser Ver-

---

12  J. HABERMAS: Die Zukunft der menschlichen Natur, 2001, 61.
13  J. HABERMAS: Die Zukunft der menschlichen Natur, 2001, 71. Vgl. ebd. 14f.

fahrensanordnung werden ethische Fragen nicht etwa ausgegrenzt, sondern – im Gegenteil – in spezifischer Weise ansprechbar.

Wenn man dieser Verfahrensanordnung folgt, dann ergibt sich für das Thema der Stammzellen-Gewinnung und des Stammzellen-Imports, dass dies öffentlich diskutiert werden muss, weil in dem »Thema« eine *moralische* Problematik steckt, die im rationalen Konsens geklärt werden muss. Die von Jürgen HABERMAS getroffene Feststellung »Niemand zweifelt am intrinsischen Wert des menschlichen Lebens vor der Geburt« kann man auch in die Aussage fassen, dass niemand bezweifelt, dass menschliches Leben vor der Geburt nicht für fremde Zwecke, das heißt ihm fremde Zwecke gebraucht oder verbraucht werden darf. Vom »menschlichem *Leben*« und nicht allein von »menschlichen *Personen*«, wird hier gesagt, niemand bezweifle seinen »intrinsischen Wert«. Im übrigen lässt sich sagen, dass die biblische Bedeutung von »heilig« insofern etwas mit der Rede vom »intrinsischen Wert« gemeinsam hat, als »heilig« etwas ist, was in Gottes Ökonomie gehört und insofern jedem wertenden Zugriff entzogen ist. Freilich ist in der jetzt laufenden Debatte dieser Konsens über den »intrinsischen Wert« durchaus in Gefahr geraten und de facto bestritten worden, insbesondere dadurch, dass man »menschliches Leben« in eine *Güterabwägung* – etwa in Bezug auf erhoffte Forschungsergebnisse – einbezogen hat. Jürgen HABERMAS hat gezeigt, dass die Logik der Güterabwägung hier unangebracht ist.[14]

Die weitere Argumentation wird deutlich machen müssen, was es heißt, an dem »intrinsischen Wert« von menschlichem Leben (und nicht nur von Personen) festzuhalten – inwiefern dies moralisch oder/und ethisch unaufgebbar ist.[15] Dabei muss freilich auch die Unterscheidung zwischen »menschlichem Leben« und »Menschen« oder »Personen« in ihrer Bedeutung und ihrem Gebrauch geklärt werden. Das Kapitel in HABERMAS' Analyse lautet entsprechend: »Menschenwürde vs. Würde menschlichen Lebens«. Die Feststellung, niemand bezweifle den »intrinsischen Wert« menschlichen Lebens, verweist wohl – abgesehen von seiner zwingenden moralischen Logik – auch auf einen »ethischen« Kontext, also auf Übereinstimmungen in dem, was zu uns Menschen gehört, worin auch immer diese Übereinstimmungen wurzeln, in einer »humanistischen Überlieferung«, die noch nicht verschwunden ist oder in der einen oder anderen Religion und ihrer Ethik.[16]

Hier zeigt sich schon: Menschen auf eine rational nachvollziehbare Moral allein anzusprechen, bleibt eine Reduktion, auch wenn sich die Argumentation

---

14 Zur Kritik an diesem Argumentationsgang siehe insbesondere: W. HUBER: Der gemachte Mensch : christlicher Glaube und Biotechnik, 2002, 38-47.
15 Das betrifft also die Gültigkeit des kategorischen Imperativs für das »menschliche Leben«.
16 Vgl. zu dieser umgekehrten Einbettung der Moral in eine Ethik: J. HABERMAS: Die Zukunft der menschlichen Natur, 2001, 74.

## 2. Konsens über moralische Grundregeln

dann auf die rational-moralisch einsichtigen Sachverhalte stützen muss, wenn sie – aufgrund entsprechender Unterstellung solcher Rationalität – für alle Menschen gelten soll. Die Veränderungen in unseren Lebensformen nicht zuletzt durch die Medizin tangieren jedoch die rational-moralischen Grundlagen.[17] Es gibt keine sinnvolle Trennung dieser beiden Kontexte, des moralischen und des ethischen, was erlauben würde, über ethische Fragen, das heißt über Fragen dazu, was das menschliche Leben ausmacht,[18] wie auch immer zu streiten, im übrigen aber sich auf der allgemeinen Ebene – in neutralem Abstand dazu – auf etwas zu einigen, das davon nicht berührt wäre oder von dem Ergebnis dieser ethischen Verständigung unabhängig wäre.[19] Man würde Gesetze machen jenseits des Streits um das, was Menschen »gut« heißen können, jenseits der Urteilsbildung im Blick auf die menschliche Existenzform. Es wird darauf ankommen, eine Ethik und ein darin eingefügtes Verständnis vom Menschen zu gewinnen, das »zu einer autonomen Moral passt«[20]. Dies muss dem Vorrang der Fragen der Gerechtigkeit, dem Vorrang der Fragen des Zusammenlebens im Medium der rationalen Moral vor Fragen des Guten für uns Menschen im Medium der Ethik nicht widersprechen.

Entscheidend ist, dass auch im Kontext der rational-moralischen Verständigung das Ethos, das, was für uns Menschen als »gut« zu beurteilen ist, auf der Tagesordnung bleibt und nicht – in einer Beobachterperspektive gesagt – einem Pluralismus überlassen wird, der eine weitere Verständigung erübrigt, weil alles nebeneinander existiert oder nur das Spektrum der Möglichkeiten, irgendetwas zu realisieren, erweitert.[21] Es bleibt insofern nicht nur die Wahl zwischen den beiden Rollen, entweder Beobachter zu sein, der Entwicklungen feststellt und kommentiert, oder Beteiligter zu sein, der nicht anders kann, als für eine bestimmte Option einzutreten. Von diesen Figuren ist der *Bürger*, d.h. der schon genannte *Menschen-Bürger* zu unterscheiden, der das Rational-Moralische mit dem zu erkennenden und ethisch zu beurteilenden Guten verbindet – wenn dieser Bürger eben prinzipiell mit allen anderen Menschen-Bürgern und ihren

---

17 »Unsere Auffassungen von – und unser Umgang mit – vorpersonalem menschlichem Leben bilden sozusagen eine stabilisierende gattungsethische Umgebung für die vernünftige Moral der Menschenrechtssubjekte – einen Einbettungskontext, der nicht wegbrechen darf, wenn nicht die Moral selbst ins Rutschen kommen soll.« (115)
18 Was nicht dazu zwingen muss dies auf der Ebene einer bestimmten Ontologie oder Metaphysik zu tun. Eine Verständigung über die menschliche Lebensform kann überdies in verschiedene Traditionen eingefügt sein, die ihre eigene Logik haben.
19 Das ist auch die Argumentation von J. HABERMAS gegenüber der liberalen Theorie von John RAWLS, der ein arbeitsteiliges Modell vorschlägt zwischen metaphysischen Fragen und Gerechtigkeitsfragen.
20 S. 74.
21 Im übrigen ist vor allem auch die Wahrheitsvermutung wichtig: was könnte an dieser oder jener ethischen Auffassung wahr sein? Wann und unter welchen Bedingungen ist dies ausgelotet?

ethischen Einstellungen kommuniziert, wenn dieser Bürger auch in diesem Sinne ein *politischer* Bürger ist und nicht zum Verwalter von Werten oder zum Architekten einer alles integrierenden, ethisch indifferenten Kultur oder ähnlichem geworden ist. Die Moral bleibt – wie HABERMAS unterstreicht – »in konkrete Lebensformen und deren Ethos eingebettet«[22]. Diese ethische Realität ist als der Kontext zu verstehen, in dem wir uns bewegen, und zwar als diejenigen, die auch bedenken, dass unser menschliches Leben (sagen wir: unsere Existenzform) auch sofern sie uns gemeinsam betrifft *verfehlt* werden könnte. Insofern sind unsere Entscheidungen jenseits der unabdingbaren Moral in ethischer Hinsicht keineswegs jedem Einzelnen überlassen – wie dies in vereinfachten liberalen Modellen erscheint. Dort wird etwa gesagt, dass es genügt, einen Werte-Konsens in Bezug auf das Zusammenleben zu haben, im übrigen aber muss jeder einzelne entscheiden, wie er sein Leben führen will – als wäre dieser Werte-Konsens eine weit hinausgeschobene Grenzlinie, die von den ethischen Entscheidungen nicht wirklich tangiert wird – und als wäre das, was uns verbindet nicht eben der Kontext oder die Grammatik, in der wir uns bewegen.[23] Wenn dies so ist, verstehen wir uns als die Menschen-Bürger, die auch in dieser ethischen Hinsicht keine Einzelnen sind, sondern das Ethos, in dem wir uns bewegen, auf der Tagesordnung belassen.[24] Die Frage, warum man sich auf eine solche Tagesordnung einlassen soll, kann zunächst nur damit beantwortet werden, dass es zu diesem Menschen-Bürger-Sein, zu dieser politischen Existenzform, keine Alternative gibt, die nicht dazu führen würde, dass jemand außerhalb dieser Menschen-Gemeinschaft glaubt sich aufhalten zu können. Was freilich »wir alle sind Menschen-Bürger« heißt, ist damit noch nicht ausgelotet. In der biblisch-christlichen Tradition ist von den »Menschen-Kindern« die Rede – und zwar genau in diesem Sinn, dass es zu dieser Existenz keine Alternative gibt und geben muss, weil es eine heilsame Bestimmung unserer menschlichen Existenz ist, dass nicht wir darüber zu entscheiden haben, wann wir noch Menschen sind und wann nicht mehr, dass wir uns wohl aber in dem erkennenden Urteil darüber zusammenfinden können, was zu uns gehört.

Auch im Zusammenhang der Gesetzgebung ist der Bürger gefragt, obgleich die Gesetzgebung noch einmal einen eigenen Weg der Konsensfindung – mit einer eigenen Hermeneutik – darstellt. Das juristische Verfahren unterscheidet sich

---

22  S. 69.
23  J. HABERMAS hat die Differenz zwischen einer liberalen und einer eher öffentlich-ethischen (republikanischen) Grundlogik immer wieder herausgearbeitet – und sich selbst auf die Seite der letzteren gestellt: vgl. dazu besonders: J. HABERMAS: Die Einbeziehung des Anderen, 1996.
24  In diesem Sinn hat Ch. TAYLOR darauf insistiert, dass es für die Ethik darauf ankommt, zu *artikulieren*, was das Ethos ist. So machen wir kenntlich und überhaupt erst streitbar, worauf es uns ankommt. Nicht, was uns überhaupt bestimmt, sondern was wir als solches identifizieren, artikulieren und mitteilen, ist entscheidend.

## 3. Menschliches Leben und Personen – oder: wie Personen werden und warum Menschen Geborene sind

vom parlamentarischen, hat aber gleichermaßen Anteil an der öffentlichen Verhandlung. Im parlamentarischen Verfahren kommt auch die Gerechtigkeit zum Zuge, die gleichermaßen diejenigen berücksichtigt oder auch hört, die mit ihren Rechten noch nicht oder nicht genügend – im Recht und im gemeinsamen Urteil – ihren Platz haben.

### 3. Menschliches Leben und Personen – oder: wie Personen werden und warum Menschen Geborene sind

Zur rational-moralischen Argumentation gehört die (kategoriale) Unterscheidung zwischen »menschlichem Leben«[25] und Menschen als Personen, die auch Jürgen HABERMAS in Gebrauch nimmt. »Menschliches Leben« meint in diesem Zusammenhang menschliches Leben in einer bestimmten, aber nicht biologisch oder anders festzulegenden, physischen Existenz. Es meint nur, dass menschliches Leben auch physisch-körperlich existiert. Von »menschlichem Leben« in seiner physischen Existenz sind kategorial *Personen* unterschieden – gleichermaßen in ihrer physisch-geistigen Existenz: Personen sind (wenn wir hier HABERMAS aufnehmen) diejenigen, die in einem *wechselseitigen Bestimmungsverhältnis* stehen. Sie sind miteinander und füreinander Personen. Dies entspricht der biblischen Einsicht und Verheißung in 1. Mose (Gen) 2,18: »es ist nicht gut, dass der Mensch allein sei, ich (sc. Gott) will ihm einen Beistand schaffen, der ihm das Gegenüber sei.«[26] Dieses Gegenüber ist der/die notwendige Andere, mit dem/der zusammen jemand Person wird und nicht nur ein weiteres Exemplar einer Gattung. Das Person-Sein gründet insofern *nicht* in Anerkennungsverhältnissen[27] oder »ontologisch« zu nennenden Sachverhalten, die nicht in diesem – *institutionellen* – Füreinander aufbewahrt wären. Personen haben einen bestimmten *Status*, der mit jenem Bestimmungsverhältnis, mit jener Zuordnung, *uns* gegeben ist – und nicht mit irgend einer Art von »Zuerkennung« einer Menschenwürde des einen Lebewesens gegenüber dem anderen. Die entscheidende Frage ist, wie diese wechselseitige Zuordnung »gegeben« ist, wie Personen *werden*.[28] Diese Frage ist – diesem von HABERMAS aufgenommenen Argumentationszusammenhang zufolge – *nicht* mit dem Verweis auf Kennzeichen zu beantworten, die ein Lebewesen als eine Person qualifizieren. Personsein besteht

---

[25] Menschliches Leben ist aber physisches und Geistiges zugleich.
[26] In der Übersetzung von M. BUBER/ F. ROSENZWEIG: »ER, Gott, sprach: Nicht gut ist, dass der Mensch allein sei, ich will ihm eine Hilfe machen, ihm Gegenpart.« Vgl. oben Teil B3-1.
[27] Siehe C1-6.
[28] Das ist der Gegenstand der Abhandlung von R. SPAEMANN: Personen, 1996; Siehe dazu auch: K. ULRICH-ESCHEMANN: Vom Geborenwerden des Menschen, 2000

vielmehr darin, dass ein Lebewesen in einer solchen Zuordnung existiert, durch die er/sie zusammen Person »*wird*«.

Die Frage ist also, *wie* dieser Person-Status gegeben ist, wie er eintritt. Schon die Fragestellung ist hier entscheidend. Denn wenn wir fragen, wie ein »etwas« zu einem »jemand« *wird*, setzen wir mit der Frage eine Abfolge von »etwas« zu »jemand« voraus, so dass zuerst »etwas« und dann »jemand« existiert. Diese Fragestellung gibt die *kategoriale* Unterscheidung zwischen physisch existentem menschlichem Leben und Person nicht her. Freilich wird eine solche Abfolge vorausgesetzt, wenn man – wie auch HABERMAS – von einem »*vor*-personalem« Leben spricht. Was heißt hier »vor«? Offensichtlich wird hier die kategoriale Differenz doch umgesetzt in eine Unterscheidung verschiedener durch Kennzeichen bestimmbarer Zustände im menschlichen Werden. Dies ist eine der immer noch strittigen Problemanordnungen.[29]

## *Gleichheit in der Gleichursprünglichkeit*

Anders ist es, wenn wir fragen, »wie *werden* Menschen«? Wie werden Menschen zusammen mit ihrem Person-Sein? In diesem Vorgang des Werdens[30] liegt beschlossen, was es heißt, Mensch zu sein. Dies betrifft (unabhängig von den angesprochenen Fragen nach der Bedeutung von »vor-personal«) zunächst einen Sachverhalt, der zur *moralischen* Einsicht gehört. Von diesem Vorgang des Werdens zu reden heißt nämlich, hier nichts einzutragen, was die Grammatik der Gleich*ursprünglichkeit* aller Menschen tangiert. Es ist deshalb verwirrend, wenn von einer »Zuschreibung« der Menschenwürde, das heißt Menschsein (= Person-Sein) gesprochen wird. Wer schreibt hier wem oder was eine Würde zu?[31] Wenn als Subjekt für diese Zuschreibung »Gott« eingesetzt wird, und so die Gleichursprünglichkeit gewahrt werden soll, wird das Problem nur verschoben, denn dann geht es um die Frage, wie die beteiligten Menschen von dieser Zuschreibung Gottes Gebrauch machen.[32] Wie vollziehen sie Gottes Zuschreibung nach? Woran können sie sich halten? Die Antwort verweist wieder zurück auf den Ausgangspunkt: wenn sie sich nicht an Eigenschaften halten können, die die Zuschreibung begründen sollen, dann müssen sie des Person-Seins des neuen Menschen anders gewärtig werden. Dieser Mensch ist schon eingetreten in ihren

---

29  Sie dazu die weiterführende Darlegung von W. HUBER: Der gemachte Mensch : christlicher Glaube und Biotechnik, 2002.
30  Siehe E2-2; E2-3.
31  Zur Kritik an der Unterstellung, hier wäre ein »etwas«, dem ein Person-Sein zugeschrieben wird: R. SPAEMANN: Personen. Versuche über den Unterschied zwischen ›etwas‹ und ›jemand‹, 1996.
32  Abgesehen davon ist dies in keiner theologischen Logik nachzuvollziehen. Es würde ja bedeuten, dass zuerst irgendwie menschliches Leben da ist – oder auch Menschen – und dann schreibt Gott ihnen Menschsein zu. Wie ist theologisch denkbar, dass dies nacheinander erfolgt?

### 3. Menschliches Leben und Personen – oder: wie Personen werden und warum Menschen Geborene sind

Lebenszusammenhang – und die Frage ist nun, wie es dazu kommt, dass dieses menschliche Leben zu ihnen, den Menschen gehört, als Person, die sie auch *sind*. Dessen gewärtig zu werden heißt nicht, hinter dieses Menschsein zurückzugehen, auf einen Vorgang der Zuschreibung, der dieses begründen könnte. Des Menschen als Person gewärtig zu werden, heißt in der Folge dann, der Kennzeichen gewärtig zu werden, die mit dieser Person verbunden sind.[33]

Deshalb gilt es zu verstehen, was es heißt, Mensch *und zugleich* eine Person zu *werden* – und in diesem Sinne, was es für uns Menschen heißt, zu *werden*. Wir werden nicht zu Personen ernannt oder erklärt, sondern wir *werden als* Personen.[34] Das ist der Vorgang des Werdens, der das Geboren-Werden einschließt und umgekehrt. In diesen Vorgang des Werdens sind die Eltern eingeschlossen. Mit dem Kind werden Eltern, mit den Eltern wird das Kind. Sie werden zusammen, was sie sind: Eltern, Kinder und so auch Personen miteinander und füreinander.

Genau dies war die Pointe von Hannah ARENDTs Reflexion, dass zum Menschen *diese* Art und Weise des In-die-Welt-Kommens gehört. Diese »Geburtlichkeit« gehört zu unserem Mensch-Sein. Dies ist im Sinne einer Gattungsethik gültig. Das heißt: Es gehört zu uns Menschen, gleich zu sein aufgrund und zusammen mit unserer Gleichursprünglichkeit. Diese Gleichheit besteht also darin, dass jeder Mensch ein neues menschliches Leben anfängt und nicht in den Plan eines anderen gehört oder gar den Plan eines anderen erfüllt und fortsetzt. Diese Art und Weise auf die Welt zu kommen, nämlich neu beginnend, ist grundlegend für das politische Zusammenleben: es bewahrt die ursprüngliche Gleichheit aller Menschen für ihr Zusammenleben.[35] Das ist die Pointe einer für die Gattung geltenden Ethik (Gattungsethik). Diese gilt nicht unbedingt, aber alternativlos. Unser Leben und Zusammenleben wäre grundlegend anders, würde dies nicht gelten. Im Blick auf eine solche mögliche »Verfehlung« ist von dem zu reden, was zu uns gehört. Es gilt in diesem Sinne zu gewärtigen, worin wir »beheimatet« sind, was unser Ethos ist.[36]

So rückt eine Gattungsethik in den Blick, die besagt, was *unsere* humane Existenzform ist – solange wir uns nicht davon verabschiedet haben, dass es eine humane Existenzform gibt, die zu uns gehört, ohne dass wir diese als unser »We-

---

[33] Siehe hierzu wiederum R. SPAEMANN: Personen. Versuche über den Unterschied zwischen ›etwas‹ und ›jemand‹, 1996, 252-264.
[34] In der Stellungnahme der Evangelischen Kirche in Deutschland (EKD) »Im Geist der Liebe mit dem Leben umgehen« (2002) wird von dem »(zur Geburt) werdenden Menschen« gesprochen. In der Anmerkung (Anm. 13) wird erläutert, dass dies nicht bedeute »Werden zum Menschen«, sondern »Werden als Mensch«.
[35] Dies ist durchgängig das entscheidende moralische Kriterium bei J. HABERMAS, vgl. Die Zukunft der menschlichen Natur, 2001, 110f.
[36] Siehe dazu E1-7, das Gespräch mit Hans J. SCHNEIDER.

sen« zu begründen hätten oder begründen könnten. Es gilt in diesem *ethischen* Kontext zu zeigen und zu erproben, was die Grammatik ist, wenn wir uns in dieser Existenzform bewegen. Dies ist eine Grammatik des *gemeinsamen Werdens*: eines jeden Menschen in seinem Werden zusammen mit der Mutter, dem Vater und den anderen Menschen in einer Personengemeinschaft.[37] Dass Menschen so und nicht anders »auf die Welt kommen«, macht *unsere* menschliche Existenzform aus. Dies sagen wir von uns und von den Kindern, die wir erwarten. Dies gehört zu jenem gattungsethischen Kontext, in den auch die ins Recht gefasste Moral eingebettet ist. Die Moral der Gleichheit korrespondiert dem ethischen *Zugleich* des Werdens von Mutter und Kind. Die Moral der Gleichheit korrespondiert der gattungsethischen Gleichursprünglichkeit, die darin faktisch bewahrt bleibt, dass niemand dem Plan eines anderen Menschen entspringt, sondern jeder/jede seinen Ursprung jenseits solchen Planens hat. In dieser Hinsicht sind Recht und Moral nicht von der gelebten humanen Existenzform zu trennen und stehen nicht im Widerspruch zu ihr. Kämen wir Menschen anders auf die Welt, müssten wir vieles anders regeln, das unsere Gleichheit betrifft, so kommen wir als Gleiche, gleichursprünglich auf die Welt. Von Menschen zu reden und von einer Menschengattung bleibt dann lebensweltlich präsent und wird mit jedem Kind, das so und nicht anders auf die Welt kommt, bestätigt und vollzogen. Mit jedem Kind, das so auf die Welt kommt, wird diese humane Existenzform tradiert. Dies ist eine Tradition[38] in dem bestimmten Sinn, dass sie sich um etwas dreht, das unverzichtbar ist und anders nicht zu bewahren als durch die immer neue Ausübung und Weitergabe. In ihr wird die Gleichheit von Menschen weitergegeben, mit jedem Kind, das so zur Welt kommt, wird die Gleichheit und Gleichursprünglichkeit von Menschen weitergegeben.

### 4. Menschenwürde von Personen – Würde menschlichen Lebens

Menschenwürde, von der auch das Grundgesetz (§1) spricht, schließt ein, dass Menschen immer schon Personen sind. Menschenwürde – so Jürgen HABERMAS – ist »im streng moralischen und rechtlichen Verstande« gesehen, keine »Eigenschaft, die man von Natur aus ›besitzen‹ kann wie Intelligenz oder blaue Augen; sie markiert vielmehr diejenige ›Unantastbarkeit‹, die allein in den interpersonalen Beziehungen reziproker Anerkennung, im egalitären Umgang von Personen miteinander eine Bedeutung haben kann.«[39] Der Verweis auf die *reziproke Aner-*

---

37   Siehe dazu: K. ULRICH-ESCHEMANN: Vom Geborenwerden des Menschen, 2000.
38   Siehe A4.
39   J. HABERMAS: Die Zukunft der menschlichen Natur, 2001, 62. Habermas fährt fort: »Ich gebrauche ›Unantastbarkeit‹ nicht gleichbedeutende mit ‚Unverfügbarkeit‹, weil eine *nachmetaphysische* Antwort auf die Frage, wie wir mit vorpersonalem menschlichem Leben umgehen sollen, nicht

## 4. Menschenwürde von Personen – Würde menschlichen Lebens 641

*kennung* bestätigt die Grundannahme von absolut symmetrischen Beziehungen zwischen Menschen, auch in dieser Form die unbedingte Gleichheit von Menschen.[40] Es ist die Gleichheit von Personen, von Menschen als Menschen, die hier kategorial festgehalten wird. Diese Gleichheit ist beschreibbar als Reziprozität zwischen Personen, das heißt als Reziprozität, die *zugleich* einen kommunikativen Charakter hat, in dem Mitteilungen ausgetauscht werden – sie betrifft nicht nur den Vorgang der Anerkennung dessen, was gegeben ist –, denn nur Personen können mit anderen auf diese Weise kommunizieren.

Damit ist die *Frage* eröffnet, wie Menschen »menschlichem Leben« »*vor* dem Eintritt in die öffentlichen Interaktionszusammenhänge«[41], vor der vollständigen Realisierung von kommunikativer Reziprozität begegnen, was nicht heißt vor der Geburt, weil der Eintritt in die hier gemeinte Öffentlichkeit pränatal schon erfolgt, sofern das Zusammenleben und die Koexistenz von Mutter und Kind der Beginn solcher Öffentlichkeit ist. Die Antwort bei HABERMAS lautet: dass dieses »menschliche Leben« (also nicht »Personen«) »als Bezugspunkt unserer Pflichten Rechtsschutz« genießen, »ohne selber Subjekt von Pflichten und Träger von Menschenrechten zu sein«[42]. Und HABERMAS fährt fort: »Es ist nicht erst die Visualisierung (sc. bei der Geburt oder auf dem Bildschirm) ... Natürlich haben wir ihm gegenüber moralische und rechtliche Pflichten um seiner selbst willen.«

Damit (und so weit in aller Vorläufigkeit) ist die *Unterscheidung* eingeführt zwischen »Würde des menschlichen Lebens« und »der jeder Person *rechtlich* garantierten Menschenwürde«. Die Frage ist jetzt, was die »Würde des menschlichen Lebens« impliziert, die *nicht* als »rechtlich garantierte« erscheint. Es ist damit gesagt – was auch sonst vielfach unterstrichen wird – dass sich »jenseits der Grenzen einer strikt verstandenen Gemeinschaft moralischer Personen« »*keine Grauzone*« erstreckt, »in der wir normativ rücksichtslos und ungehemmt hantieren dürften.«[43] Dies wird in der Diskussion weitgehend übereinstimmend bestätigt. So stellt sich die Frage: Wo verläuft die Grenze dieser Rücksichtnahme gegenüber diesem »würdigen« »menschlichen Leben«, das dann als »etwas« erscheint, wo verläuft die Grenze zwischen rücksichtsvoll und rücksichtslos? Was

---

um den Preis einer *reduktionistischen* Bestimmung von Mensch und Moral erkauft werden darf.« In der moralischen Argumentation wirkt sich diese Unterscheidung zunächst nicht aus. Sie betrifft – wenn man »reduktionistisch« so verstehen darf – den Begründungsmodus, nicht den Inhalt der Unterscheidung. Zum Problem der Rede von der »Unverfügbarkeit« siehe B3-2.

40 Auch daraufhin ist zu prüfen, welchen Sinn die Rede von der »Zuschreibung« von Menschenwürde haben kann. Sie wohl kaum so verstanden werden, dass die einen ihre Würde von den anderen zugesprochen erhalten.
41 J. HABERMAS: Die Zukunft der menschlichen Natur, 2001, 66.
42 J. HABERMAS: Die Zukunft der menschlichen Natur, 2001, 66. In gleicher Logik argumentiert W. HUBER: Der gemachte Mensch : christlicher Glaube und Biotechnik, 2002.
43 Ebd.: 68.

bedeutet hier »Wertvorstellung«, unter die »menschliches Leben« fällt – als »intrinsischer Wert«? Wo und wie wird dieser Wert aufs Spiel gesetzt? Das, was »Moral« zu nennen ist, enthält keine weitere Auskunft. Oder doch? Was sind die »moralischen Pflichten«, die auch diesem »würdigen« menschlichen Leben gegenüber bestehen? Sie sind darin beschlossen, dass es sich um ein »würdiges« Leben handelt, also – in der anderen Form gesagt – um ein Leben, das »intrinsischen Wert« hat. Dieser – so verstehen wir das hier – besagt, dass dieses menschliche Leben nicht für Zwecke gebraucht werden darf, die nicht seine eigenen sind. HABERMAS verweist so auf die konkreten *Lebensformen*, die jenen (moralisch geforderten) »intrinsischen Wert« menschlichen Lebens zu beachten lehren. Dies ist eine Sache des Ethos, dies kann oder muss nicht in ein Recht gefasst werden. Das bis jetzt geltende Embryonenschutzgesetz folgt im Entscheidenden diesem Ethos.[44]

Wir sind also bei der Ethik, die ein *Ethos* zum Gegenstand hat. Wir sind wieder bei der Frage, was zu uns Menschen gehört.[45] Was zu uns Menschen gehört, ist von derjenigen menschlichen Natur zu unterscheiden, die wir vielleicht »anthropologisch« definieren, aber das, was zu uns so gehört, dass die mögliche Verfehlung unserer Existenz[46] – etwa in Bezug auf unsere Gleichheit – davon abhängt, ist nicht zu trennen von dem Ethos, das wir leben. Dies können wir dann unsere Natur im ethischen Sinn nennen, und damit ist deutlich, dass unsere Natur immer schon ethisch gefasst ist. »Es ist nicht gut ...« – ein solches Urteil ist insofern nicht unser eigenes, als wir unsere (ethisch gefasste) Natur nicht selbst bestimmen, sondern auf eine *Erkenntnis* verwiesen sind, auf die Erkenntnis dessen, wer wir sind. In der biblischen Tradition ist dieses Urteil Gott überlassen, und wir Menschen haben teil an diesem Urteil, indem wir es hören und damit zugleich gewärtig werden, welche Existenzform uns damit gewährt ist. So wie wir hören dürfen »Es ist nicht gut, dass der Mensch allein sei ...« (Gen 2,18). Mit diesem Verweis auf Gottes Urteil wird nicht etwa eine externe moralische Instanz aufgerufen. Vielmehr wird darin festgehalten, dass es zu uns Menschen gehört, auch in dieser Hinsicht gleich und gleichursprünglich aus Gottes Urteil zu sein. Die rationale Moral, die auch Rechte begründet, ist hier noch nicht gefragt. Die rationale Moral zehrt von dieser Ethik, die Moral der unbedingten Achtung der Person findet einen unersetzlichen Kontext im Ethos unseres

---

44 Gesetz zum Schutz von Embryonen (EschG) In der Fassung der Bekanntmachung vom 13. Dezember 1990 – BGBl. I S. 2747. Entsprechend ist es auch als »Überformung« des ärztlichen Ethos interpretiert worden.
45 Dies kann man auch im Sinne von Ch. TAYLORS »Starken Wertungen« verstehen. Es geht nicht nur um eine individuelle Authentizität, sondern um diese gattungsethische – das ist auch der Sinn der Rede von »Wertungen« in diesem Zusammenhang.
46 Siehe dazu auch B3-2-4.

## 4. Menschenwürde von Personen – Würde menschlichen Lebens 643

Menschseins, in dem beschlossen und ausgesprochen ist, was zu uns gehört. Wir sind darin nicht uns selbst ausgeliefert, sondern dazu provoziert, berufen, zu antworten und damit zu leben. Darin bleiben wir Geschöpfe, dass wir nicht – wie Gott – urteilen und Anerkennungsakte vollziehen, die uns selbst, in unserem Menschsein betreffen könnten.

Wir fragen also, ob und wie die Unterscheidung zwischen der Würde »menschlichen Lebens«, wenn denn davon zu reden ist, und der Menschenwürde, wie sie ins Recht gefasst ist, zu uns Menschen gehören kann – in welchem Sinne sie zu unserer Existenzform gehören kann: oder ob wir nicht sagen müssen, dass diese Unterscheidung davon abstrahiert, dass Personen »werden« und dass nicht – etwa aufgrund einer solchen Unterscheidung – menschliches Leben Personsein erst zugesprochen bekommt. Das ergibt sich auch nicht aus der Argumentation von HABERMAS. Ihr zufolge wird man sagen können, dass das Recht und die Moral innerhalb des Werdens einer Person einen spezifischen Schritt darstellen, bei dem es darum geht, *zwingend* adressierbar zu machen, was unser Menschsein ausmacht. Die Unantastbarkeit der Menschenwürde wird im Recht für jeden Menschen garantiert – das *Eintreten* in diese Rechtsgemeinschaft aber ist ein Vorgang, der nicht im Recht fassbar ist. Es kann kein Außerhalb dieses Vorgangs des menschlichen Werdens geben, ohne die Logik der Gleichursprünglichkeit zu verletzen. Hier kann niemand durch einen Akt der Zuschreibung oder Anerkennung dazwischentreten. Das gegenseitige Gewärtigwerden dessen, dass wir Menschen-Personen sind, das Person-Werden ist ein Vorgang, von dem wir sagen: er gehört zu uns Menschen. So kommen *wir* auf die Welt, so werden wir geboren.

In der christlichen Tradition halten wir uns dies ausdrücklich vor Augen dadurch, dass wir sagen können: »Kinder sind eine Gabe Gottes« (Psalm 127), sie sind nicht *unser* Produkt oder ein Naturprodukt (dann würden wir zu uns selbst in die Beobachterperspektive wechseln). Dies gilt dann auch in rechtstheoretischer Hinsicht. Die Moral, der wir (auch in der Gesetzgebung) folgen, reflektiert dieses Ethos des Geboren-Werdens – sie entspricht ihm.[47] Hätte sie diese Entsprechung nicht, wäre sie ohne Resonanzboden. Wir könnten tatsächlich aufgeben, solche Menschen zu sein – und wir tun dies womöglich dadurch, dass wir bestimmte Techniken in der Reproduktionsmedizin zum Einsatz bringen (das ist der angezeigte Zusammenhang zwischen unserer Weltveränderung und unserer Moral[48]). Was unser menschliches Leben ausmacht – diese Existenzform

---

[47] Die damit verbundene Fragestellung einer Theorie der Moral wird verhandelt bei: R. B. BRANDOM: Expressive Vernunft : Begründung, Repräsentation und diskursive Festlegung, 2000. Siehe: 102-106.
[48] Dieser Zusammenhang ist vor allem von Hans JONAS gezeigt worden.

– dem das Recht entspricht, wird mit dem Gewärtigwerden des Ethos der Geschöpflichkeit nicht »metaphysisch« fixiert, sondern als Existenzform wahrgenommen, gelebt und artikuliert. Diese Existenzform muss für eine Metaphysik einstehen, die nicht zur Verfügung steht. In diesem Sinne ist es nicht genug, davon zu sprechen, das Mensch-Werden sei ein Geheimnis, das bei Gott aufgehoben ist. Es ist ein Geheimnis, das auf diese Weise *kenntlich* wird: in der Lebensgestalt des Werdens und Geboren-Werdens, die dem Menschen im Werden entspricht. An diese Lebensgestalt dürfen wir uns halten, sofern es gilt, unser menschliches Leben nicht zu verfehlen, und diese Lebensgestalt hat ihre eigene Rationalität (und ihre Sprache[49]), die wir mit HABERMAS die gattungsethische nennen können.

Es geht um etwas, was entweder für alle Menschen gilt (auch wenn es in einem partiellen Gesetz artikuliert wird) oder nicht mehr existiert: diese Art und Weise auf die Welt zu kommen. Das heißt noch einmal: Menschen erscheinen in einem spezifischen Werden – sie werden nicht zu Menschen gemacht, weder in den technischen Prozeduren der Reproduktion noch in juristischen Prozeduren der Zuschreibung von Mensch-Sein. Sie werden auch nicht in einer Anerkennungsprozedur zwischen Mutter und Kind zu Menschen gemacht. Auf dieses Menschsein im Werden treffen wir, es begegnet uns, tritt in unser Leben ein – mit jedem menschlichen Leben, das neu beginnt.[50]

Es ist immer wieder, nicht zuletzt von HABERMAS, gesagt worden, es bedarf für die ethische Verständigung der Einbettung in die jeweilige Lebenswelt ebenso wie der rationalen Regeln des Zusammenlebens, die auch dann gelten müssen, wenn der lebensweltliche Zusammenhang undeutlich bleibt. Das heißt, es kann zunächst einmal nichts auf Kosten der Gerechtigkeit, sofern sie in formale Regeln gefasst ist, als »gut« fixiert werden. Es könnte also sein, dass man sich in Bezug auf die hier angesprochene Existenzform, die »menschliches Leben« als würdevoll kennzeichnet, uneins ist. Dies ist ja, wenn man die jetzige Diskussion betrachtet, offensichtlich der Fall, denn es gibt nicht wenige, die jedenfalls *insofern* denken, den »intrinsischen Wert« von menschlichem Leben nicht achten zu müssen, als Embryos für Forschungszwecke, die auch noch verschiedenen weiteren guten Zwecken zugeordnet sind, gebraucht werden dürfen. Offensichtlich kann diese Uneinigkeit nicht zwingend ausgeschlossen werden: es handelt sich um eine *ethische Differenz*, die durch keine rational rekonstruierbare Moral aufzuheben ist, die ein *Recht* auf Weiterleben begründet.[51] Diese *ethische* Differenz

---

49  Das ist der entscheidende Punkt, den Ch. TAYLOR eingebracht hat.
50  Siehe dazu K. ULRICH-ESCHEMANN: Vom Geborenwerden des Menschen, 2000.
51  Daraufhin also, auf diese Unmöglichkeit hin, sollte man von Differenzen sprechen – und nicht von irgendwelchen differenten moralischen Intuitionen. In dieser Argumentation gibt es die Moral nicht im Plural, sofern Moral die unabdingbaren Grundlagen (inklusive Grundwerten) des Zu-

kann aber nicht irgendwie stehen bleiben, ohne die damit gleichermaßen verbundenen moralischen Sachverhalte verdeckt werden. Das heißt, es genügt nicht, festzustellen, dass es verschiedene »ethische« Positionen gibt. Es wird nämlich dann unmöglich zu sagen, was zu uns Menschen gehört; es wird an dieser Stelle abstrakter Weise nicht mit einer Gattungsethik gerechnet, es bleibt bei einer allgemeinen Moral. Die Vernunft wird »bodenlos«.[52] Dies ist theologisch *nicht* durch die Feststellung zu bestätigen, dass unser menschliches Leben sich nicht aufgrund einer irgendwie gegebenen Natur definieren lässt, sondern nur durch den im Leben zu erprobenden Glauben, dass wir – Geschöpfe, die wir sind – in Gottes Wirken aufgehoben sind. Dieses Aufgehoben-Sein widerspricht dem Versuch, uns außerhalb des Werdens menschlichen Lebens als diejenigen zu begreifen, die dieses »menschliche Leben« durch irgendeine Praxis der Anerkennung, Zuerkennung, respektvollen Betrachtung in einen Ausnahmezustand versetzen.

## 5. *Diskrepanz zwischen Moral und Ethos?*

Bleiben wir bei dem Verweis darauf, dass Ethos und Moral zusammenpassen müssen. Eine Diskrepanz zwischen Ethos und Moral auszuhalten, wird nur in sehr engen Grenzen möglich sein, wenn eine Moral oder ein Ethos überhaupt in Geltung bleiben soll. Wenn man zu bedenken gibt, dass die moralisch begründete Achtung personaler Menschenwürde mitgetragen wird von dem Ethos der Achtung menschlichen Lebens als »intrinsischem Wert« (das heißt einer so oder so gelebten Ethik, die nicht in ein Recht fixiert ist), dann ist auch die umgekehrte Frage naheliegend: Wie weit trägt die Achtung vor der personalen Menschenwürde die Achtung »menschlichen Lebens« mit? Wie weit trägt die »Unantastbarkeit« personaler Menschenwürde den Schutz menschlichen Lebens mit – so dass man sagen kann, »menschliches Leben« – wenn denn dies schon abstrahierend fixiert wird – hat teil an der Unantastbarkeit der Menschenwürde? So gibt es eine wechselseitige Bestätigung: wenn geborene Menschen in unabsehbarem Maße in ihrer Würde verletzt werden, wenn die Moral, die hier zur Debatte steht, beständig durchbrochen wird, dann wird es um so schwerer sein, menschliches Leben in einer wie auch immer artikulierten Dignität zu wahren.[53]

Man kann nicht aufgrund von Erfahrungswerten abwägen, was das gewichtigere Fundament ist – also die rationale Moral oder die Lebensgestalt, das Recht

---

sammenlebens enthält und artikuliert, zu denen es keine Varianten oder gar Alternativen gibt. Dazu gehört die Grammatik der Gleichheit aller Menschen in Bezug auf ihre Würdigkeit.
[52] Im Sinne von R. EICKELPASCH: Bodenlose Vernunft. Zum utopischen Gehalt des Konzepts kommunikativer Rationalität bei Habermas (1996).
[53] Hier ist vielleicht zu reden von einer Art Rückschluss-Verfahren von dem, was uns primär schützenswert erscheint zu dem, was weiter entfernt scheint.

oder das Ethos. In beiden Kontexten ist die Moral im Spiel: einmal als Recht, das andere Mal als Pflicht, sofern das Ethos, wie auch immer es in seinen Grenzziehungen zu sehen ist, das worum es sich dreht, den »intrinsischen Wert« menschlichen Lebens, nicht zur Disposition stellen kann. Entscheidend ist, inwiefern die rationale Moral auch auf das Ethos verwiesen ist – die Moral der Personwürde darauf, dass menschliches Leben nicht vernutzt wird. Dass die Moral auf einem Ethos sich abstützt, ist hier jedenfalls darin begründet, dass dieses Ethos in seinen Konturen zwar strittig sein kann, nicht aber in seinem moralischen Kern – der Achtung auch der Würde des menschlichen Lebens.

Die Diskussion um den »Dammbruch« im Embryonenschutz hatte auch diesen Aspekt im Blick (der freilich eher im Hintergrund geblieben ist): nicht dass immer weitere Begehrlichkeiten auf zu verbrauchendes menschliches Leben entstehen, sondern dass die moralischen Implikationen an Deutlichkeit verlieren, wenn – per Gesetzgebung – Ausnahmen erlaubt werden. Es geht nicht um die Dynamik eines Dammbruchs von irgendwie prognostizierbaren Einstellungen oder Praktiken, sondern – wie auch gesagt worden ist – um einen »Rubikon«, der überschritten wird. Es geht nicht um die Frage eines quantitativen Anstiegs von Aktivitäten, sondern darum, dass etwas Grundsätzliches sich geändert hat und dass es von da kein Zurück mehr gibt. Wenn die Kohärenz von Moral und Ethos an dieser Stelle verloren ginge, wäre dies ein Widerspruch, der nicht mehr aufzuheben ist.

Das moralisch zwingende Moment ist in der Unauflöslichkeit dieser Kohärenz selbst zu sehen, also darin, dass die (rechtlich fixierbare) Moral in ein Ethos eingebettet bleiben muss, sofern sie nicht alles erfasst, was die uns zugehörige Übereinkunft wiedergibt. Das heißt aber – wenn dies zwingend sein soll – dass es um ein Ethos geht, das selbst einen moralischen Kern hat. Die gemeinsame Moral kann nicht in einem abstrakten Verständigungsraum verhandelt werden: sie muss an diejenigen adressierbar sein, denen sie gilt. Die Zusammengehörigkeit von Moral und Ethos macht es erforderlich, dass auch das Ethos auf die Tagesordnung kommt und nicht einem behaupteten Pluralismus oder Meinungsmarkt überlassen bleibt, um den sich die rechtlich fixierbare Moral nicht kümmert oder über den sie hinweggeht. Das heißt nun aber nicht nur, dass moralische Intuitionen respektiert werden – wer anders lebt und denkt, wird tolerant geduldet. Es geht ganz im Gegenteil darum, den anderen zu hören und mit ihm eine Auseinandersetzung zu führen – um des moralischen Kerns seines Ethos willen.[54] De facto gibt es in der Frage des Embryonenschutzes ohnehin keinen Pluralismus der Meinungen, sondern eine Dualität von *heterogenen* Gegensätzen, die als

---

54  Hier geht es nicht um die Vermittlung des Besonderen in den Kontext des Allgemeinen, sondern umgekehrt. Es ist die Spur, die Ch. TAYLOR auch in Bezug auf Hegel festgehalten hat.

solche zu identifizieren sind. Auch im Ethos kann es also um Moral gehen.[55] Insofern treffen darin nicht nur entweder Beobachter oder beteiligt Betroffene aufeinander, sondern solche Bürger, die sich über ein gemeinsames Ethos auseinandersetzen. In diesem Zusammentreffen geht es aber dann nicht um einen Kompromiss oder eine Konfliktregelung, sondern es muss – weil ja die moralische Frage beteiligt ist – das Ethos und die rechtlich fixierte Moral zusammenpassen. Das heißt auf Seiten des Ethos: es muss dieses daraufhin ausgelotet werden, was es an rational-moralischem *Gehalt* aufzuweisen hat.[56]

Die Moral, die der Rechtsfindung zugrunde liegt, kann – entsprechend – ihre Allgemeingeltung nicht gewinnen wollen um den Preis der Blindheit oder Taubheit gegenüber dem, was das Ethos enthält. Es gilt zu hören und auf das zu achten, was Menschen als ihr Ethos artikulieren, das in dem enthalten ist, was sie leben. Insofern geht es um eine nach dieser Seite hin aufmerksame Moral. Diese ist auf das vernünftig Erkennbare gerichtet. Dieser *kognitive* Aspekt verbindet Moral und Ethos.[57] Das setzt voraus – was J. HABERMAS vielfältig entfaltet hat – dass die Moral selbst einen kognitiven Gehalt hat. Die Moral ist in diesem Sinn (eine entsprechende Wahrheitstheorie vorausgesetzt) wahrheitsfähig. Und – sie ist damit auch an Erkenntnis interessiert und nicht nur an einem »modus vivendi«.[58] Sie ist daran interessiert, dass auf der *Tagesordnung* bleibt, was das Zusammenleben betrifft, also jede ethische Frage, weil sie die Vermutung zulässt, etwas zu enthalten, das es zu erkennen gilt. Damit ist für die Ethik vorausgesetzt, dass sie selbst sich nicht auf einen begrenzten Geltungsbereich beschränkt, sondern ihrerseits auf eine für alle gültige Moral zugeht.

Die Moral kann auch auf Seiten des Ethos gefährdet werden. Die moralische Feststellung etwa, dass wir Menschen alle gleich sind, kann ihren Lebenskontext verlieren, wenn fundamental in die Gleichheit eingegriffen wird. Diese Gefährdung ist auch durch die Präimplantationsdiagnostik gegeben, wenn diese dazu führt, dass Menschen sich sagen müssen, sie sind aufgrund eines Auswahlverfahrens in die Welt gekommen, das von Menschen durchgeführt worden ist. Sie sind dann nicht auf der gleichen – horizontalen – Ebene mit diesen Menschen, die sie ausgewählt haben. Das durchbricht die Logik der Gleichheit. Es durchbricht damit die moralische Grammatik des Zusammenlebens. Da die Präimplantationsdiagnostik in den ethischen Zusammenhang von Beratung und The-

---

55 Das heißt auch, das Ethos nicht in jeder Hinsicht dem Bereich des »Privaten« zuordnen, ohne hier den Zusammenhang zwischen dem Öffentlichen und dem Privaten zu sehen.
56 In diesem Sinn kann J. HABERMAS auch ethische Traditionen berücksichtigt wissen.
57 Siehe zur Frage nach dem Verhältnis und Zusammenspiel von Erkenntnis (knowledge) und Ethik im theologischen Kontext (mit Bezug auf Augustin): O. O'DONOVAN: Common objects of love : moral reflection and the shaping of community, 2002.
58 Vgl. dazu die Argumentation von J. HABERMAS zu J. RAWLS.

rapie gehört, wird vom Ethos abhängig, was als Moral nachvollzogen werden kann. Wenn dies nicht im Blick ist, wenn Abwägungen anderer Art allein die Entscheidung bestimmen, wird die Problemstellung um die moralische Dimension gebracht.

### 6. Der moralische Bürger und der Zeuge vom nicht verfehlten Leben

Das Zusammentreffen von Moral und Ethik ist dadurch gegeben, dass es in der Moral wie in der Ethik um denselben *Erkenntnisgegenstand* geht. Dieser Gegenstand liegt nicht schon darin fest, dass um die Geltung der notwendigen und unabdingbaren Grundlagen des Zusammenlebens gestritten werden muss. Vielmehr ist im weiteren zu erkennen, was dieses Zusammenleben für das menschliche Leben derer bedeutet, die sich als Bürger zusammenfinden. Es geht um die Frage, wie im politischen Zusammenleben die menschliche Existenzform bewahrt bleibt. Damit ist unterstellt, dass ein modus vivendi dies noch nicht gewährleistet, auch wenn umgekehrt gilt, das der modus vivendi zur menschlichen Existenzform gehört. Eine Übereinkunft in Gerechtigkeit oder auch ein modus vivendi ist nicht schon die Garantie für ein nicht verfehltes Leben – und dies ist eine Angelegenheit der Ethik, die von der Moral nicht übergangen werden kann: was wäre gewonnen, wir wären uns moralisch einig, aber wir hätten unser menschliches Leben verfehlt?[59]

»Für Personen und Gemeinschaften, deren Existenz fehlschlagen kann, stellen sich Fragen nach einem nicht verfehlten Leben in Hinblick auf die Orientierung ihrer Lebensgeschichte oder Lebensform an maßgebenden Werten.«[60] Ein mit diesen »Werten« verbundenes Ethos bewahrt das menschliche Leben davor, dass es fehlschlägt. Wie aber finden wir – Gattungswesen – dieses Ethos? Was ist der Entdeckungszusammenhang? Gewiss ist es auch die Nötigung zum Zusammenleben. Und doch ist damit die Frage nicht beantwortet, wie wir auf dieses Ethos kommen – welche Erkenntnis oder Einsicht könnte es sein? »Warum sollten wir moralisch sein wollen – wenn die Biotechnik stillschweigend unsere Identität als Gattungswesen unterläuft«? Es bleibt, wenn wir HABERMAS folgen, nichts anderes als ein *ethisches Urteil* – das heißt ein durchaus menschliches Urteil darüber, was zu uns Menschen gehört. Ist es diese Existenzform, zu der das Mensch-Werden gehört, das Geboren-Werden und das Person-Werden, die Gleichursprünglichkeit und die Gleich-Gestaltigkeit – ist es diese Existenzform, die wir

---

[59] Vgl. dazu auch U.K. PREUß zu den »Grenzen der Konstitutionalisierbarkeit einer politischen Ethik«: Politische Verantwortung und Bürgerloyalität. Von den Grenzen der Verfassung und des Gehorsams in der Demokratie, 1984, 196-198.
[60] J. HABERMAS: Die Zukunft der menschlichen Natur, 2001, 71.

nicht durch unsere eigene Technik uns verändern lassen können, ohne uns zu verlieren, ohne das zu verlieren, was bisher zu unserem Menschsein gehört hat?

Wie finden wir dieses Ethos auf – wie bleibt uns dieses Ethos? Wenn von »Werten« die Rede ist, dann sind wir dabei, dieses Ethos in unsere Verwaltung zu nehmen.[61] Wie wir aber zu diesen Werten kommen, wie wir sie kennen lernen, was ihr Entdeckungszusammenhang ist, das bleibt hier offen – es bleibt offengelassen, unüberhörbar offengelassen für das Zeugnis davon, wer wir Menschen sein dürfen. Das heißt nicht, dass hier die »religiösen und metaphysischen Weltbilder« wieder aufgerufen wären, von deren Verschwinden die Denkbemühung ausgegangen war. Vielmehr heißt es, dessen gewärtig zu sein, dass die Moral, in der wir uns unbedingt in unserer Bürger-Existenz einig sein müssen, nicht schon der Entdeckungszusammenhang ist, der uns unsere humane Existenzform nahe bringt. Nicht, was wir als zwingend erkennen, macht diese Existenzform schon aus, und auch keine Werte, von denen wir sagen müssen, dass sie unverzichtbar sind. Die Verfassung als Wertordnung derart zu präsentieren, spiegelt das ethische Vakuum und verstärkt das Problem, Humanität verwalten zu müssen[62] – auch wenn damit nicht ausgeschlossen sein muss, dass die Verfassung »Grundwerte« fixiert, nämlich die, die für das *politische* Zusammenleben unabdingbar sind. Doch wenn die Verfassung, wie jetzt in einem aktuellen Beitrag von Ernst BENDA, so präsentiert wird,[63] dann ist dies eine Frage an alle, die zu sagen hätten, was denn unser Menschsein ausmacht – und die dies so zu sagen hätten, dass damit auch deutlich ist, dass wir die Verfassung allein oder überhaupt dafür *nicht* in Anspruch nehmen müssen. Was hindert wen daran, zu zeigen, vorzuführen, zu bezeugen, was die humane Existenzform ist?

Hier ist nicht gefragt, worauf sich Bürger einigen können. Hier geht es erst einmal darum, was überhaupt im Spiel bleibt, was auf der Tagesordnung bleibt, von dem, was menschliches Leben ausmacht. Hier sind *Zeugen* gefragt. Mit den Weltbildern und den verpönten Dogmatiken müssen die Zeugen nicht verschwunden sein. Die Stellungnahme der Evangelischen Kirche in Deutschland (EKD) zu Fragen des Lebensbeginns des Menschen und seinem Schutz »Im Geist der Liebe mit dem Leben umgehen«[64] hätte sich auf den 2. Timotheusbrief beziehen können, dort wird der »Geist der Liebe« mit dem Zeugnis verbunden: »Denn Gott hat uns nicht gegeben den Geist der Furcht, sondern der Kraft und der Liebe und der Besonnenheit. Darum schäme dich nicht des Zeugnisses von unserm Herrn (τὸ μαρτύριον τοῦ κυρίου) noch meiner, der ich sein Gefangener

---

61 Zur Rede von »Werten« siehe A2-4.
62 Vgl. dazu die Analysen von U.K. PREUß.
63 E. BENDA: Recht als Verwirklichung von Moral – eine Überforderung? (2002).
64 EKD: Im Geist der Liebe mit dem Leben umgehen, 2002.

bin, sondern leide mit mir für das Evangelium in der Kraft Gottes.« (2Tim 1,7f.).

Nach dem Zeugnis ist hier zu fragen: wer bezeugt den »Herrn« und das Evangelium von ihm, das uns Menschen gilt? Damit ist der »Geist der Liebe« verbunden. Wer bezeugt, wer wir Menschen sein dürfen – und was schließt dieses Zeugnis ein? Alles, was zu uns Menschen gehört: wie Menschen auf die Welt kommen, wie sie sterben? Wer lebt dies vor, wer tradiert dies? Dass das, was wir Menschen sein dürfen, eine Angelegenheit des Bezeugens ist, bestätigt – gewiss – dass das, was es vernünftigerweise festzuhalten gibt, keiner Ordnung zu entnehmen ist, die nicht mit einem gelebten Ethos immer neu in diese Welt hinein bezeugt wird. Es zeigt sich hier kein Ausweg aus dieser *exponierten* Stellung einer humanen Existenzform, um sich in wer weiß welchen Rechtfertigungszusammenhängen dessen zu vergewissern, was menschliches Leben sein kann. Neben dem Bürger und seinen Rechtfertigungen ist der Zeuge gefragt, der immer neu in Spiel bringt, was menschliche Existenz ausmacht. Dieser Zeuge tritt nicht mit einem Weltbild auf, sondern mit einer humanen Existenzform, der er sich anvertraut hat: er ist derjenige, der noch probiert, was es heißt, dieser Mensch zu sein und kein anderer, der auch selbst sich bezeugen lässt, was gut ist für uns Menschen.

Jeder Mensch wird zum Zeugen von der humanen Existenzform, der sie erprobt, – der erprobt, was es heißt, geboren zu werden, und was es heißt zu sterben, der erprobt, was es heißt, dass es nicht gut ist für den Menschen, allein zu sein, der Gerechtigkeit erprobt und Liebe. So ist mancher Sterbende schon ein Zeuge gewesen dafür, was geschöpfliches Leben heißt und mancher ist Zeuge gewesen dafür, was menschliches Sterben heißt. Ein solches Zeugnis zwingt niemanden zurück in ein verpflichtendes Menschenbild, sondern bringt immer neu ins Spiel, was nicht um dieser oder jener anderen Zwecke wegen, auf die wir uns einigen wollen oder müssen, verloren gehen soll, wenn wir denn an *dieser* Erkenntnis noch interessiert sind, was es mit *diesem* Menschen, der *wir* sind, und all dem, was sich mit *ihm* ereignen wird, auf sich hat – und nicht mit einer vielleicht irgendwie möglichen Menschengestalt, die wir selbst hervorgebracht haben. Die biblisch-christliche Tradition hat sich in dieser verheißungsvollen Logik bewegt und nicht irgend ein unbestimmtes zukünftiges Menschsein versprochen. Die biblisch-christliche Tradition hat davon gesprochen, dass dieser Mensch immer neu erschaffen wird – zu einem Leben, das ihn auszeichnet.

## 7. Zeugen von der Entdeckung der menschlichen Existenzform

Es genügt nicht, Bürger zu sein. Es sind Zeugen gefragt, Zeugen von der menschlichen Existenzform, Zeugen für die Existenzform, die uns Menschen sein lässt. Dies ist in der Debatte um die »Zukunft der Natur des Menschen« (Jürgen HABERMAS) unüberhörbar geworden. Zu bezeugen ist, was immer neu als Existenzform zu entdecken und mitzuteilen ist: was es heißt, geboren zu werden, was es heißt zu sterben, was es heißt, zu erproben, Gottes Geschöpf zu sein. Es ist – in der Tat – zu entdecken, es ist aufzufinden dort, wo uns diese Existenzform leibhaftig begegnet mit jedem Menschen, der in die Welt kommt, mit seinem Werden und Erscheinen. Dies lässt sich nicht aufrechnen gegen alles, was Menschen bewerkstelligen, was sie für die Lebensbedingungen alles tun, nicht zuletzt die medizinische Forschung und die daraus zu gewinnenden Therapien. Dies sind nicht abzuwägende Optionen, sondern das eine ist in das andere eingefügt: was immer Menschen hervorbringen, es bleibt eingefügt in das, was Menschen sein dürfen. Zu projektieren, was unser menschliches Leben gut sein lässt, ist das eine, es immer neu zu *entdecken* und zu *erproben* ist das andere. Mit jedem neuen Menschen ist die Chance der Entdeckung wieder gegeben, mit jedem neuen Menschen wird auch »der Mensch« in seiner Existenzform neu geboren, mit jedem neuen Menschen gibt es auch *diesen* Neuanfang. Dies in die Welt zu bringen, ist die Sache der Zeugen. Jede Mutter, jedes Kind, jeder Vater ist davon Zeuge, Zeuge davon, was wir Menschen sein dürfen.

Wenn er/sie sich nicht – wie PAULUS die Verheißung formuliert hat – seine Wahrnehmung, sein Verstehen und sein Denken erneuern lässt durch die Veränderung seiner Existenzform – entgegen seiner eigenen Lebensbehauptung –, wird er/sie nicht erproben und prüfen können, was Gottes Wille für uns Menschen ist, das Gute, das Wohlgefällige, und das Vollkommene (Röm 12,2). Die Erprobung und das Zeugnis gehen durch das Neuwerden unserer intellektuellen und rationalen Praxis hindurch.

## C 6 Menschliche Existenzform oder Leben aus dem Human-Pool?

### 1. Aufmerksamkeit für ein ethisches und rechtliches Spannungsfeld – zur Themenstellung

Das Thema ist so gestellt, um den Versuch zu machen, auf das einzugehen, was im weiteren Rahmen derzeit zu verhandeln ist, wenn es über Stammzellenforschung oder Forschung an Embryonen diskutiert wird: es geht darum – wie es im Einladungstext einer Akademietagung heißt – »die Optionen einer Medizin der Zukunft zu verdeutlichen und dafür zu sensibilisieren, in welchem ethischen und rechtlichen Spannungsfeld diese neuen Möglichkeiten zu sehen sind«. Es sollte also das ethische und rechtliche *Spannungsfeld* deutlich werden. Worin wird es bestehen? Wir müssen uns mit dieser Frage wieder neu befassen, weil durch neue Techniken (Stammzellenforschung, Präimplantationsdiagnostik) sich das Spannungsfeld gänzlich und radikal neu aufbaut. Die Durchsicht bisheriger Stellungnahmen und Analysen verrät dies nicht ohne weiteres, auch wenn einige Analysen die Problemlage deutlich in den Blick rücken, wie etwa der differenzierte Bericht von Regine KOLLEK zur Präimplantationsdiagnostik.[1]

Was macht das Spannungsfeld aus? Gewiss gehört zu diesem Spannungsfeld auch eine Differenz zwischen *Ethik und Rechtsfindung*, sofern das Recht eine andere, wenn auch mit der Ethik in Einklang zu bringende Aufgabe hat, nämlich die Aufgabe einer bestimmten, begrenzten Legitimation, während sich die Ethik nicht auf Legitimationsfragen beschränken kann. Was im Recht zu regeln ist, kann aber innerhalb der ethischen Reflexion nicht ausgeklammert werden – denn mit dem Recht geht es immer auch um eine ausdrückliche Gerechtigkeit, die für alle gilt. Auch bei diesem Thema sind alle im Verständnis ihres geburtlichen Werdens betroffen. Die Art und Weise wie Menschen geboren werden, betrifft überdies viele Aspekte auch des (politischen) Zusammenlebens.[2] Es geht also sowohl im Verfahren wie in der Sache darum, die ethische Aufgabe weit genug zu fassen.[3]

---

[1] Vgl. R. KOLLEK: Präimplantationsdiagnostik. Embryonenselektion, weibliche Autonomie und Recht, 2000. In vielen Aspekten beziehe ich mich auf diese sehr aufschlussreiche Analyse.
[2] Dies ist der entscheidende Aspekt, den J. HABERMAS: Die Zukunft der menschlichen Natur, 2001, angezeigt hat.
[3] Damit schließen wir auch an die Vorschläge von Wolfgang BENDER an, eine Ethik der Beziehungen (relationale Ethik) zu entwickeln, statt die ethischen Fragen etwa auf Problem des moralischen Status von Embryonen, und damit auf bestimmte moralische Legitimationsprobleme zu begrenzen.

## 2. Zur Ortsbestimmung

Bei den folgenden Überlegungen ist eine Reihe von Problemstellungen zugleich im Blick zu behalten, damit eine reduktive Sicht der ethischen Fragestellung vermieden wird:

### (1) Welche Ethik?

Es muss die Frage im Blick bleiben: welchem Verständnis von Ethik wir folgen. Die Frage »Welche Ethik?« ist selbst an spezifischen ethischen Fragen, das heißt im Zusammenhang mit einer ethischen Reflexion der Lebenspraxis, zu erproben, weil und sofern an diesen ethischen Fragen (wie beispielsweise die Diskussion um Sterbehilfe gezeigt hat) erst sichtbar wird, welche Ethik wozu etwas zu sagen hat.[4] Es wird immer deutlicher, dass sich die Fragen der Theorie der Ethik auf der Ebene der Lebenspraxis und ihrer ethischen Reflexion neu stellen. So geht es nicht allein um vielleicht vielfältige Antworten auf die Frage nach dem Guten, sondern um differente Auffassungen von der Ethik und ihrer Praxis. Eine Ethik der erprobenden Nachfolge Jesu Christi, die auf das Gute gerichtet ist, das Gott seinen Menschen zugedacht hat, kommt zu anderen Erkenntnissen als eine Ethik des Strebens nach einem Guten[5], das in den je eigenen Wertschätzungen beschlossen ist.

### (2) Ortsbestimmung – Reflexive Moderne?

Die Kennzeichnung »*moderne*« Medizin, wie sie oft gebraucht wird, kann zur Folge haben, dass die Frage »welche Ethik?« eine *epochale* Bedeutung bekommt. Die Frage nach der Ethik als Angelpunkt einer Ortsbestimmung legt es nahe, die Kennzeichnung »Reflexive Moderne«[6] aufzunehmen. Das schützt zunächst davor, sich in andere fragwürdige Orientierungsstrategien zu verstricken, wie etwa in Anschauungen über die Anpassung von Lebensweisen an den Fortschritt der technologischen Kultur als eines undifferenzierten Ganzen.[7] Freilich ist die Ortsbestimmung »reflexive Moderne« selbst interpretationsbedürftig:

---

[4] Ob die ethische Aufgabe oder die ethischen Aufgaben (nicht die ethischen Positionen oder Konzeptionen), dann insgesamt in ein Tableau eingetragen werden können, ist des weiteren zu prüfen. Das Problem ist: dass ein solches Tableau selbst nicht neutral sein kann, sondern einen »Diskurs« über »den Menschen« voraussetzt, der das Raster dafür abgeben muss. Wenn überhaupt ein solches Tableau gezeichnet werden soll, dann muss dieses Raster entsprechend kritisch eingeführt werden.

[5] Etwa im Sinne von C. TAYLOR: Quellen des Selbst. Die Entstehung der neuzeitlichen Identität, [Sources of The Self. The Making of Modern Identity, 1989] 1994.

[6] Zur Diskussion siehe: U. BECK; A. GIDDENS; L. SCOTT: Reflexive Modernisierung. Eine Kontroverse, Frankfurt/M. 1996.

[7] Dies ist zu unterscheiden zu einer Darstellung der technologischen Kultur in der ihr eigenen Reflexivität. Siehe dazu: C. HUBIG: Technologische Kultur, 1997.

Zum einen kann man sie als diejenige Moderne verstehen, die dadurch reflexiv wird, dass sie die von ihr hervorgebrachten Probleme zurückgemeldet bekommt, in einem feedback, das sie zu bearbeiten hat und dem sie nicht mit dem Versprechen begegnen kann, die reklamierten Probleme durch weiteren Fortschritt zu lösen. Vielmehr muss sie dieser Lesart zufolge – reflexiv – auf sich selbst bezogen, geradezu in sich gekehrt, die von ihr hervorgebrachten Probleme direkt, möglichst sofort selbst bearbeiten. Die reflexive Moderne ist dann als eine Moderne zu verstehen, die dessen gewärtig ist, dass die von ihr erzeugten Probleme auf sie selbst, das heißt auf die von ihr hervorgebrachten Mittel zurückfallen. Dies wäre eine zwangsläufige Reflexivität, die die Moderne bei sich selbst behaftet. Fataler Weise ist diese dann nur mit den beständig selbst erzeugten Problemen beschäftigt – statt zu einer kritischen oder eben auch gegenläufigen, diesen Kreislauf selbst durchbrechenden Logik zu finden.

Man kann demgegenüber – positiv – die reflexive Moderne zunächst einfach als »nachdenkliche« Moderne bezeichnen. Es muss aber deutlich sein, dass diese Nachdenklichkeit darauf zielen muss, aus jener aufgezwungenen Reflexivität herauszuführen.[8] Dies können wir eine »*ethische Moderne*« nennen, sofern die ethische Aufgabe darin bestehen kann, die Moderne aus ihren Verstrickungen und Sackgassen zu führen. Dies ist eine *Moderne*, die sich selbst in der Befreiung befindet. Sie bleibt der Erwartung einer Befreiung, aber auch den dialektischen Zusammenhängen in der Befreiung verhaftet.

So könnte die *epochale* Ortsbestimmung in Bezug auf die »reflexive Moderne« verstanden werden. Diskurse zur Ethik, die dies versuchen, gibt es. Nicht zuletzt gehört dazu der Vorstoß von Hans JONAS mit seiner Kritik an den Phänomenen eines modernen Utopismus.[9] In einiger Hinsicht gehört dazu auch die Kritik von Charles TAYLOR an dem modernen Vergessen oder Verdrängen der Frage nach »dem Guten«, in dem Menschen das finden, was genuin zu ihnen gehört – »Quellen des Selbst«.[10] Es gibt eine Reihe solcher befreiender ethischer Vorstöße, und diese sind hier – im Interesse an einer reflexiven Moderne – in den Blick zu fassen. Hans JONAS und Charles TAYLOR lassen erkennen, dass zur Befreiung eine theologisch reflektierte Ethik gehört, die nicht allein das Zurückgeworfensein »des Menschen« auf sich selbst als das Problem thematisiert, das die Verstrickungen der Moderne ausmacht, sondern die die Fixierung auf dieses Problem

---

8   Einen eigenen Begriff von Reflexion rückt Oliver O'DONOVAN im Kontext theologischer Tradition in den Blick: O. O'DONOVAN: Common objects of love. Moral reflection and the shaping of community, 2002. Siehe A3. Eine Ethik der Nachdenklichkeit – im Zusammenhang der Frage, wie Ethik gelernt und praktisch ausgeübt werden kann – hat insbesondere K. F. HAAG ausgearbeitet: Nachdenklich handeln. Bausteine für eine christliche Ethik, 1996.
9   H. JONAS: Das Prinzip Verantwortung, 1985.
10  Ch. TAYLOR: Quellen des Selbst, 1994.

selbst noch einmal kritisch gegenlesen muss. Dies war immer die Aufgabe theologischer Kritik, die hier nun die Ethik betrifft. Es sind aber mehrere Schritte, die – zum jetzigen Zeitpunkt – erst einmal nacheinander zu gehen sind. Es ist schon sehr viel gewonnen, wenn der Disput im Zusammenhang der medizinischen Ethik überhaupt so eröffnet wird, dass das *Problem* der Reflexivität der Moderne und einer »modernen« Medizin in den Blick kommt, statt dass Alternativen wie »fortschrittsfeindlich« – »fortschrittsfreundlich« traktiert werden. Die Frage ist dann an die Dichte und Transparenz der Reflexion, die damit eingefordert ist, und zugleich an die ethische Fragestellung, die in der Kennzeichnung »Reflexivität« enthalten ist.

*(3) Öffentlichkeit und Ethik, Recht und Ethik*

Schließlich muss im Blick sein, wie Ethik und politische Öffentlichkeit zusammengehören und wie Ethik und Recht zusammenwirken: in der Rechtsfindung und in der Gesetzgebung. Es ist nicht einfach auf ethisches Expertenwissen zurückzugreifen, das für die politische Öffentlichkeit oder das politische Handeln abzurufen wäre, sondern der Vorgang ethischer Reflexion ist selbst öffentlich und bildet selbst Öffentlichkeit.[11] Mit der Ethik entsteht, wenn es gut geht, eine neue veränderte Öffentlichkeit. Die entscheidende Frage ist dann, wie diese selbst ein Forum sein kann, auf dem sich alle treffen können. Immer wieder ist es die Rechtsfindung und die Gesetzgebung gewesen, die ethische Überzeugungen (mit ihrer je eigenen Öffentlichkeit) für die politische Öffentlichkeit zur Geltung bringen. Der Weg – oder Umweg – über die Gesetzgebung und die politische Vermittlung kann nicht übergangen werden, wenn nicht eine Moral, die alle immer schon teilen, aufgerufen werden soll. Es bleibt eine notwendige und fruchtbare Differenz zwischen dem Vorgang des ethischen Verstehens (und seinen vielleicht partiellen Öffentlichkeiten) und der Verständigung im politischen Kontext, die auf Rechtsfindung zielt.

Diese (kommunitaristische, politische) Anfrage an das Modell der Diskursethik ist bei den hier zu verhandelnden Themen um so nötiger, als sich zeigt, dass die Suche nach einem Konsens, der in *rechtliche* Geltung überführt werden kann, möglicherweise Reduktionen in den ethischen Fragestellungen zur Folge hat. Die Frage bleibt, wie die ethischen Fragestellungen präsent gehalten werden können, auch wenn die Nötigung zu einem Konsens vorliegt, der mit der Bearbeitung von bestimmten Regelungs-Aufgaben verbunden ist. Schließlich geht es hier nicht formal um die Berücksichtigung von »Standpunkten«, sondern um Erkenntnisdifferenzen. Diese drängen auf einen Konsens in der *Erkenntnis*, auf

---

11 Dies hält auch R. FORST innerhalb der Unterscheidung von Moral und Ethik fest: R. FORST: Ethik und Moral (2001).

einen wahrheitsfähigen Konsens. Dieser Konsens ist im Unterschied zu einem Kompromiss in der jeweiligen Gesetzgebung nicht durch einen Kompromiss zu ersetzen. Es geht zuerst und vor allem darum, Ethik als Reflexion von menschlicher Lebenspraxis zu verstehen und damit die Frage nach dem, was als menschliches Leben, das zu uns Menschen gehört, geteilt werden kann, in den Geltungsdiskurs so einzubeziehen, so dass die ethischen Inhalte nicht schon durch das artikuliert sind, was allgemein moralisch begründet und rational (im Sinne einer universalen Rationalität) nachvollziehbar sein muss. Es soll durchaus möglich sein, dass eine Differenz oder Spannung hervortritt zwischen dem, was im Recht, bezogen auf die moralische Übereinkunft, fixierbar ist, und dem, was in der ethischen Reflexion gleichwohl im Sinne bestehender Erkenntnisdifferenzen kontrovers bleibt.

In diesem Sinn ist die Frage »*Welche Ethik?*« zugleich auf der Tagesordnung, und zwar auch auf der *politischen* Tagesordnung.[12] Die Frage wird beispielsweise sein, ob man der Diffusion in der Orientierung an dem, was Menschen zukommt, durch die Erinnerung und Begründung von »Werten«, etwas »sozialen Werten« begegnen kann.[13] Auch darin kann (vorsichtig gesagt) eine Reduktion der *ethischen* Aufgabe vorliegen, jedenfalls dann, wenn nicht deutlich ist, wie »soziale Werte« entstehen, wie sie gelernt werden und worin sie verwurzelt sind. Ein Positivismus sozialer Werte wird *nicht* weiterhelfen, er teilt die Aporien eines jeden Positivismus, der Gegebenheiten oder Faktizitäten aufruft. Es wird vielmehr nötig sein, menschliche Lebenspraxis kritisch und perspektivisch so zu reflektieren, dass deutlich wird, wie sich *darin* die Alternativen herausbilden, die gegenüber einer Auflösung und Enteignung menschlicher Existenzform nötig sind.

### 3. Verengung der ethischen Aufgabe im gegenwärtigen medizin-ethischen Diskurs – über Legitimationsfragen hinaus

Die ethische Diskussion über medizinische Technologie weist eine Verengung dort auf, wo im Vordergrund gefragt wird: »dürfen wir machen, was wir können?« – im Sinne von: »wie viel oder was von dem, was wir können, dürfen wir auch machen?«. Es wird nicht (primär) gefragt: »was *können* wir überhaupt?« zumal es schwierig scheint zu sagen, *woran* das, was »wir« können, zu bemessen oder woraufhin es zu beurteilen ist. Es ist dann nötig, über die Grenze und das Verhältnis von Wissen und Nichtwissen, Können und Nichtkönnen zu reflektie-

---

12 Vgl. zur weiteren Diskussion zur kommunitaristischen Ethik in diesem Zusammenhang und zu einigen der angezeigten Fragen: Zwischen Universalismus und Relativismus, hg. von H. STEINMANN/ A.G. SCHERER, 1998.
13 Zur Kritik an der Semantik der »Werte« siehe A2-4.

### 3. Verengung der ethischen Aufgabe im gegenwärtigen medizin-ethischen Diskurs – über Legitimationsfragen hinaus

ren und ebenso und vor allem – über das Verhältnis von technisch umsetzbarem Wissen und Verstehen der Zusammenhänge und Phänomene, in die medizinische Technik (de facto) eingreift oder in die sie sich einzufügen sucht. Ohnehin ist oft undeutlich, dass das Eingreifen nicht mit der gezielten Anwendung beginnt, sondern in der Forschung selbst geschieht oder dadurch, dass de facto etwas anderes – Grundlegendes – mitverändert wird.[14]

Schon auf den ersten Blick lässt sich die Reduktion der ethischen Aufgabe in der derzeitigen Diskussion um das Embryonenschutzgesetz erkennen. Sie ist weitgehend darauf beschränkt, nach unbestreitbaren – moralischen – Grenzen des technisch Umsetzbaren zu fragen, wie sie dann in der Gesetzgebung kenntlich zu machen sind.[15] Peter KAISER bemerkt in seinem Kommentar zum Embryonenschutzgesetz zu §1, Absatz 1 (»Mit Freiheitsstrafe bis zu drei Jahren oder mit Geldstrafe wird bestraft, wer (2) es unternimmt, eine Eizelle zu einem anderen Zweck künstlich zu befruchten, als eine Schwangerschaft der Frau herbeizuführen, von der die Eizelle stammt.«), dass diese Bestimmung dazu dienen soll, die »fremdnützige Verwendung menschlicher Embryonen zu verhindern«.[16] Er fährt fort: »Obwohl der Begriff nicht benutzt wird, richtet er sich in erster Linie eindeutig und total gegen ›verbrauchende Embryonenforschung‹«. Des weiteren stellt KAISER Überlegungen darüber an, was im Rahmen dieses Verbots gleichwohl auch Einschränkungen dieses Verbots *zugunsten* von Forschung sein könnten. Dazu gehört auch die »Entwicklung einer Präimplantationsdiagnostik«.[17] Dieser Kommentar – als Beispiel herausgegriffen – bewegt sich in den bisher verhandelten Grenzen und Umrissen der bekannten Überlegungen zum Verbot des Verbrauchs von Embryonen. Er zielt auf die Aufgabe der Gesetzgebung, Rechtsgüter zu schützen, wozu Menschenwürde, Lebensschutz und auch die Freiheit der Forschung[18] gehören. Was in diesem Zusammenhang »Freiheit der Forschung« heißen soll, wenn sie neben »Menschenwürde« und »Lebensschutz« zu stehen kommt, bleibt fraglich. Zunächst nämlich meint »Freiheit der Forschung« Freiheit gegenüber staatlichen Eingriffen oder eben auch gegenüber ökonomischen Interessen – und nicht etwa Freiheit gegenüber moralischen Normen, wie sie etwa im Recht fassbar werden. Einen Widerspruch oder eine Differenz zwischen »Freiheit der Forschung« und Moral aufzumachen, ist ein

---

[14] Diese Diskussion muss hier erinnert werden. Das Problem der de facto Veränderung grundlegender Voraussetzungen diskutiert J. HABERMAS: Die Zukunft der menschlichen Natur, 2002, besonders auch 127-163.
[15] Damit wäre ein direkter Zusammenhang zwischen dem Moralischen (deontologisch verstanden) und dem Recht hergestellt, wie es weithin üblich ist.
[16] P. KAISER: Das Embryonenschutzgesetz – eine humangenetische Betrachtung (1994), 148.
[17] Ebd. 149.
[18] Ebd. 150.

fragwürdiges Kapitel, sofern Forschung keiner anderen Rationalität und rationaler Begründung folgen kann als die Moral, die für alle gilt, und umgekehrt.

Die Diskussion, die als *ethische* geführt wird, bewegt sich weitgehend im Rahmen dieses Spannungsfeldes oder auch Konfliktes von *moralisch* verbindlichen Rechtsgütern. Damit ist nicht mehr im Blick, dass die ethische Aufgabe und die damit verbundene Aufmerksamkeit eine eigene ist, es sei denn, man würde auch die ethische Aufgabe aufgrund einer spezifischen theoretischen Position, z.B. einer bestimmten liberalistischen, auf moralische Probleme der Grenzziehung reduzieren. Die ethisch-moralische Frage wird dann primär (wenn nicht ausschließlich) als Frage nach der *Legitimation* verstanden: sie zielt auf die Übereinstimmung mit dem, was legal oder legalisierbar ist und was durch Gesetze geschützt werden kann. Man kann die Auffassung vertreten (vielleicht mehr oder weniger radikal), dass es genügt, Gesetze zu haben, die fundamentale Rechtsgüter schützen, die – wie Lebensschutz oder Menschenwürde – inhaltlich nicht weiter zu explizieren sind, nicht nur weil die Gesetzgebung in bestimmten Sinn (weltanschaulich) neutral sein müsste, sondern weil durch jede inhaltliche Festlegung diese Rechtsgüter auch gefährdet werden können: z.B. wenn man inhaltliche Angaben dazu machen würde, was die Menschenwürde ausmacht oder begründet. Dies kann auch dort der Fall sein, wo man die Menschenwürde als Würde einer »Person« kennzeichnet, sofern man damit die Frage nach dem Unterschied von (bloßem) Menschsein und Personsein eröffnet.[19] Dies ist allzu leicht der Anfang dazu, das Personsein oder die Menschenwürde von einem Vorgang der Zuerkennung abhängig zu sehen – statt der *kategorialen* Bestimmung zu folgen, dass Menschen in jeder Hinsicht Personen *sind* und dass auch Menschsein nicht näher zu bestimmen ist.[20] Kind von Menschen zu sein, heißt dann nicht nur, zur biologisch bestimmbaren Menschengattung zu gehören, sondern es heißt dann per se Personsein.[21] Dies ist die Kennzeichnung eines Status, der die Unabhängigkeit von Menschen in jeder für die Gleichheit von Menschen relevanten Hinsicht anzeigt. Deshalb ist es fragwürdig, davon zu sprechen, dass Menschenwürde – von Menschen – »zugeschrieben« oder »zuerkannt« wird. Was zuerkannt wird, kann auch aberkannt bleiben oder werden: aber dafür gibt es keine Instanz. Es ist ebenso fragwürdig, in der Lehre von der Rechtfertigung des Sünders durch Gott, eine allgemeine Logik der Zuerkennung der Men-

---

[19] Zur theologisch-ethischen Diskussion der Bedeutung von Menschenwürde siehe: S. HEUSER: Menschenwürde. Eine theologische Erkundung, 2004, und: U. EIBACH: Menschenwürde an den Grenzen des Lebens. Einführung in Fragen der Bioethik aus christlicher Sicht, 2000.
[20] Vgl. dazu R. SPAEMANN: Personen, 1996.
[21] Deshalb ist auch die Rede davon, dass es darum ginge, das Personsein »anzuerkennen« oder zuzuschreiben irreführend: niemand ist hier gefragt oder aufgefordert etwas anzuerkennen: Personsein gehört zum Menschsein jenseits irgend einer »Anerkennung«.

### 3. Verengung der ethischen Aufgabe im gegenwärtigen medizin-ethischen Diskurs – über Legitimationsfragen hinaus

schenwürde oder eine Logik der Anerkennung entdecken zu wollen, abgesehen davon, dass es dann, wenn Gott hier das Subjekt ist, auch nicht Sache von Menschen sein kann, eine Zuerkennung oder Anerkennung zu leisten, die Menschenwürde oder Personsein begründet. Die Lehre von der Rechtfertigung des Sünders, wie sie sich aus der biblischen Tradition ergibt, spricht – in ganz anderer Logik – davon, wie Gott in Treue zu seinem Geschöpf diesem die Treulosigkeit vergibt und es so in seiner Geschichte mit ihm bewahrt. Gottes Treue zu seinem Geschöpf bedeutet, dass Menschsein immer schon – eben in dieser Treue – besteht und nicht etwa erst in einem Akt der Zuerkennung zustande kommt. Die Treue zu seinem Geschöpf ist Gottes Gerechtigkeit.[22] Daran darf jeder Mensch immer neu Anteil gewinnen. Davon spricht die Lehre von der Rechtfertigung des Sünders und in dieser »Ökonomie« bewegen sich diejenigen, die sich Gottes Verheißung sagen lassen. Die Rechtfertigung des Sünders ist allein Gottes Werk. Die Vergebung, die Menschen anderen Menschen zusprechen, ist die *Antwort* auf die von Gott selbst erfahrene Vergebung. Diese Logik widerspricht dem Moralismus der Anerkennung.[23]

Es gibt jedenfalls Gründe dafür, »Menschenwürde« oder »Person« nicht als etwas »Gegebenes« inhaltlich zu fassen, wie es in der Bestimmung von »Person-Sein« durch Kennzeichen oder Eigenschaften geschehen ist. Auch wenn man von »Relationen« spricht, in denen Menschen existieren, ist man das Problem nicht los, denn auch »Relationen« können verloren sein oder abgeschnitten werden. Durch fundamentale Festlegungen von etwas Gegebenen wird ebenso fundamental verletzlich, was die Achtung der »Menschenwürde« und der »Person« als schützenswert festhält. Auch wenn man Menschenwürde nicht an Eigenschaften oder Kennzeichen gebunden sieht, bleibt man in derselben Logik – per negationem – wie diejenigen, die mit Eigenschaften oder Kennzeichen argumentieren. Menschenwürde wird damit als etwas »Gegebenes« behandelt, was immer dieses »Gegebene« einschließt, auch etwa den Akt einer fundamentalen Anerkennung. Die »Natur des Menschen«, die hier in Rede steht, ist jedoch *ethisch* zu fassen, das heißt in dem *bestimmten* Existenzmodus, der weder als »Gegebenes« zu behaupten, noch zu bestätigen (oder dann auch zu bestreiten) ist, sondern den wir leben und bezeugen. Wir können diesen nicht von irgendwoher garantieren, sondern nur als immer schon (auch für uns) garantiert gewärtigen. Dieser Status des unbefragten und nicht hinterfragten Mensch-Seins ist in unserem Ethos präsent. Dies ist unsere Existenzform, auf die »wir« uns immer schon beziehen und die von keinem Ort – auch keinem moralischen Ort – aus zur Disposition gestellt werden kann. Hier entsteht die Frage, in welcher Weise diese Existenz-

---

22 Siehe dazu A1-1.
23 Siehe zum Problem der Logik der Anerkennung: A5-7; C3-4.

form und in einem spezifischen Gedächtnis präsent ist, wie es uns in der biblischen Tradition begegnet.[24] Dieses spezifische Gedächtnis provoziert uns zur Besinnung auf unsern unhintergehbaren status. Dieses Gedächtnis bleibt das kritische Gegenüber zu dem, was wir versuchen, unserem Gedächtnis einzuschreiben,[25] sofern dieses überlieferte Gedächtnis mit einer Geschichte (story) verbunden ist, in der wir weiterleben und die wir nicht gegen eine Moral eintauschen.

Zu diesem Existenzmodus, der ethisch zu fassen ist und der als Ethos präsent ist, gehört, wie Menschen »auf die Welt kommen«[26]. Wenn wir argumentierend darauf verweisen, dann kann dieses Argumentieren nur Teil einer Lebenspraxis sein,[27] in der wir immer schon bestätigen, dass es keinen Ausnahmezustand gibt, von dem aus festzustellen oder zu fragen wäre, wie Menschenwürde zuerkannt wird. Damit tritt – freilich auch verletzlich – hervor, was es zu schützen gilt. In diesem Sinne ist die Aufgabe des Schutzes von Rechtsgütern in ihrer spezifischen Bedeutung im Blick zu behalten.[28] Das muss nicht heißen, dass mit dieser Funktion bereits alles erfüllt ist, was ethisch nötig ist. Jedenfalls kann die Grundformel nicht lauten »Was nicht verboten ist, ist erlaubt«, sondern es ist zu bedenken, was diesseits des moralisch nicht zu Rechtfertigenden uns Menschen zukommt und was nicht. Hier hat die Ethik explorativ zu erkunden, was unser menschliches Leben kennzeichnet. Die Frage nach dem im ethischen Sinne Richtigen tritt ausdrücklich neben die Frage nach dem Rechtmäßigen.[29]

Das Beispiel zeigt auch, dass im Recht durchaus über solche *Schutzfunktionen* hinaus ein Ethos einbezogen wird:[30] im Embryonenschutzgesetz wird die In-Vitro-Fertilisation an die Schwangerschaft gebunden – als wollte und könnte man positiv begründet sagen: Menschen *dürfen* nur durch eine mütterliche Schwangerschaft auf die Welt kommen. Die Bestimmung des Embryonenschutzgesetzes ist insofern nicht nur in die Richtung zu lesen, dass hier »Embryonen« geschützt sind, sondern auch in die Richtung, dass das ärztliche Handeln (seiner Tradition und seinem Ethos entsprechend) allein der *Hilfestellung* zur

---

[24] Die Erschließung des Gedächtnisses in theologischer Hinsicht ist insbesondere Dietrich RITSCHL zu verdanken: D. RITSCHL: Memory and Hope, 1967.
[25] Dies hat Friedrich NIETZSCHE in seiner Aporetik vor Augen gestellt: Zur Genealogie der Moral [1887] (1955).
[26] Siehe dazu: K. ULRICH-ESCHEMANN: Vom Geborenwerden des Menschen, 2000.
[27] Siehe hierzu: R.B. BRANDOM: Expressive Vernunft. Begründung, Repräsentation und diskursive Festlegung, 2000, 105. Brandom entfaltet die These, dass die diskursive Praxis einen sozialen Charakter hat.
[28] Vgl. dazu W. SCHWEIDLER: Geistesmacht und Menschenrecht, 1994.
[29] Zur Diskussion vgl. M.C. NUSSBAUM: Gerechtigkeit oder Das gute Leben, 1999.
[30] Der Bezug auf ein bestimmtes Ethos fasst den Zusammenhang zwischen Recht und Ethik konkreter als der Bezug auf »Werte«. Siehe dazu oben: C5-6.

Schwangerschaft dienen kann – und schließlich auch jede Forschung, die sich dafür als notwendig erweist. Dagegen ist es widerspruchsvoll, damit eine Forschung begründen zu wollen, die das Ziel der Forschung, nämlich die Hilfestellung zur Schwangerschaft selbst unterläuft.[31] Zugleich freilich haben diese Implikationen des Embryonenschutzgesetzes die Frage aufgeworfen, inwiefern es der Gesetzgebung zukommen kann, »Ethos«, auch ärztliches »Ethos« zu fixieren. Diese Frage tangiert aber das hier zu verhandelnde Problem, inwiefern Moral (die Moral des Lebensschutzes) von einem bestimmten Ethos zu trennen ist.

## 4. Überschreiten der Legitimationsfrage – Thematisierung der menschlichen Existenzform

Mit der Benennung eines bestimmten Ethos sind wir dabei, etwas über »den Menschen« zu sagen, genauer: über *unsere menschliche Existenzform*, sofern diese sich nicht unabhängig von einem Ethos artikulieren lässt. Deutlich geschieht dies etwa auch dort, wo in den Bestimmungen des Embryonenschutzgesetzes vorausgesetzt wird, dass es für Menschen keine *geteilte Mutterschaft* geben kann.[32] Peter KAISER bemerkt (entsprechend zu §1, Satz 7): »Die Beziehungen Mutter/Kind, die während der Schwangerschaft entstehen, werden dabei höher gewertet als die genetischen. Der Gesetzgeber will bewirken, dass das Kind bei der Mutter bleibt, die die Schwangerschaft ausgetragen hat.« Wie kommt der Gesetzgeber dazu, solches bewirken zu wollen? Dies kann als Beispiel dafür dienen, wie wir unversehens in Fragen geraten, die unsere *menschliche Existenzform* betreffen. Wir bewegen uns – unausgesprochen – in einem weiteren Zusammenhang, in dem bestimmt wird, was unsere Existenzform ausmacht. Wir bewegen uns in einem bestimmten lebensweltlichen Ethos und nicht nur im Zusammenhang von *Legitimationsfragen* für die medizinische Forschung oder im Zusammenhang von unabdingbaren moralischen Regeln, wie der, dass niemand Zweck für einen anderen sein darf. In diesem lebensweltlichen Ethos sind wir immer schon dabei, Rechenschaft zu geben von dem, was wir sein dürfen. Wenn wir sagen, dass jeder Mensch durch die Schwangerschaft einer einzigen Mutter auf die Welt kommen *soll*, dass er auf diese und keine andere Weise geboren werden soll, dann treffen wir eine weitreichende Aussage über unsere menschliche Existenzform. Das ist nicht nur Lebensschutz, sondern Schutz unserer Existenzform als einer *menschlichen*, selbstverständlich inklusive der biologischen Kennzeichen, die sie garantie-

---

[31] Weitgehend wird dies durch die Unterscheidung von »Mitteln« und »Zielen« versucht zurecht zurücken. Dies bleibt aber eine abstrakte Diskussion (wie auch bei Max WEBER, der dieses Modell propagiert hat), sofern die eingesetzten Mittel schon durch ihr Vorhandensein die Wirklichkeit verändern.
[32] Ebd. 152.

ren. Diese Kennzeichen sind untrennbar mit der Existenzform verbunden, aber diese ist nicht von diesen Kennzeichen abgeleitet. Mit dem Verweis auf die menschliche Existenzform, wird auf das verwiesen, was *nicht* zur Disposition steht, weil es – so die zunächst nicht bezweifelte Vermutung – zu unserem Menschsein gehört, nicht weil wir dies fordern, oder weil dies »gegeben« ist, sondern weil wir dieses Menschsein »haben«, weil wir dieses Menschsein alternativlos leben.[33] Die Frage wird sein, wie das nachvollziehbar und wie das zu *verstehen* ist. Dies hat seine eigene Logik: es geht darum, eine menschliche Existenzform kritisch und widersprechend in Erinnerung zu rufen und nicht nur Möglichkeiten menschlicher Lebens*gestaltung* zu diskutieren.[34]

Wir reden hier nicht mehr allgemein vom Menschsein oder von einer black box »Mensch«, den wir irgend einer anonymen Entwicklung ausgeliefert sehen, vielleicht einer Evolution, an deren qualitativer Spitze wir ihn glauben. Die menschliche Existenzform hat, wie das Beispiel zeigt, so oder so feste Konturen, auf die hin sich entscheidet, was die menschliche Existenzform nun in einem *ethischen* Sinne beinhalten kann. Weil die menschliche Existenzform als – auch in ihrer Leiblichkeit – bestimmte ins Spiel kommt (also etwa mit der »Schwangerschaft«, der Geburt und dem Sterben), ist es abstrakt, von einem Orientierungs-Modell auszugehen, das auf der einen Seite Verbote oder Schutzbestimmungen aufweist, aber auf der Seite der Beschreibung und Kennzeichnung der menschlichen Existenzform sprachlos bleibt. Vielmehr geht es nach dieser Seite unausweichlich darum, in welcher ethisch fassbaren Existenzform wir uns bewegen. Eben dies ist Gegenstand einer Ethik, die sich *nicht* auf Fragen der Legitimation von Aktionen oder Praktiken beschränken kann, sondern – wie indirekt auch immer – davon handelt, wer wir im Blick auf unsere menschliche Existenzform sind.[35] Wer fragt, ob gemacht werden darf, was man kann, reduziert den Gegenstand ethischer Reflexion: die Lebenspraxis ebenso wie die medizinische Praxis. Gegenstand der Reflexion werden dann (technische) Prozeduren und ihre moralische Legitimation: Reproduktion statt »Kinder bekommen«, oder ein wie auch immer verantwortetes Ableben statt menschliches Sterben, medizinischer Leistungsempfänger sein, statt krank sein.

---

[33] Insofern ist hier auch nicht von sozialen Werten zu sprechen, sofern damit schon prima vista akzentuiert wird, dass diese Werte auch andere sein könnten, weil sie gesellschaftlich generiert oder definiert sind.
[34] Wir folgen damit eher einer Theorie, die von transpragmatischen Voraussetzungen spricht, die in einer transzendentalen Anthropologie zu artikulieren sind. Siehe dazu: T. RENTSCH: Die Konstitution der Moralität : transzendentale Anthropologie und praktische Philosophie, 1999. Entscheidend ist, inwiefern diese Antrhopologie zugleich in ein gelebtes Ethos gefasst ist, das heißt, dass dieses vorausgesetzte Mensch-Sein lebensweltlich bezeugt und erprobt wird.
[35] Vgl. dazu auch die Überlegungen von R. SPAEMANN, R. LÖW, Die Frage Wozu?, 1985.

## 5. Ethische Reflexion im Verstehenszusammenhang medizinischer Praxis

Einer Reduktion der ethischen Fragestellung steht zunächst schon die Ethik oder das *Ethos medizinischer Praxis* (Berufsethik) und ihrer Tradition entgegen.[36] Im Blick auf sie ist jeweils zu fragen, inwiefern eine neue mögliche medizinische Maßnahme in Übereinstimmung damit zu sehen ist oder nicht, also ob eine neue Maßnahme in Konflikt gerät mit der bestehenden Ethik der Berufspraxis. Dies ist vielfach in den Stellungnahmen der Ärzteschaft wahrzunehmen, auch etwa im Embryonenschutzgesetz. Wenn dort[37] festgelegt wird, dass eine In-Vitro-Fertilisation nur erlaubt ist, wenn sie dazu dient, eine Schwangerschaft herbeizuführen, wird damit zugleich festgehalten, dass ärztliche Praxis (medizinische Praxis) einzig der Therapie von Krankheiten oder der Hilfe bei einzelnen Menschen dienen kann – in diesem Fall der *Therapie* von Kinderlosigkeit oder der *Hilfe* zur Schwangerschaft.[38]

Entsprechendes gilt von der *Forschungspraxis* und ihrer Ethik. Auch die Forschung muss therapeutischen Zielen dienen. Das Problem dabei ist zum einen, wie eng oder wie direkt die medizinische Forschung auf bestimmte therapeutische Ziele bezogen sein kann, zum anderen, wie weit das Prinzip gewahrt bleibt, dass niemand (kein Mensch) zu Forschungszwecken gebraucht werden darf, die nicht ihm selbst – therapeutisch – zugute kommen. (Die Notwendigkeit der Einwilligung ist ohnehin vorausgesetzt). Außerdem ist damit auf der Tagesordnung, was Gesundheit und was im Zusammenhang damit Therapie heißt. Das Problem einer »*Ethik der Forschung*«[39] in der Medizin ist auch davon bestimmt, dass sie sich mit naturwissenschaftlicher Forschung überschneidet, die ihrerseits verschiedenen Logiken folgen kann. Auch in Bezug auf die Naturwissenschaft gibt es jedoch nicht nur Probleme hinsichtlich der Übereinstimmung mit dem Recht, sondern auch die Frage nach einer Ethik der Erforschung der Natur, die insbesondere eine wissenschaftstheoretische Kritik einschließt.[40] Die Bindung der medizinischen Forschung an therapeutische Ziele ist freilich folgenlos, wenn Ziele und Mittel *so* unterschieden werden, dass die Mittel als nicht begründungsbedürftig erscheinen, sofern sie einem letztendlich begründeten oder nicht begründungsbedürftigen *Ziel* dienen. Die Ethik, um die es hier in unserem Zusammenhang geht, ist jedoch immer in gleicher Weise eine Ethik des Gebrauchs der Mittel und nicht nur ihrer Legitimität. Dies gilt um so mehr, als diese Mittel

---

36   Das Element der Traditionsbildung hat hier eine eigene Bedeutung.
37   Vgl. Embryonenschutzgesetz, Art. 1.
38   Die Differenzierung von Therapie und Hilfe stellt ein eigenes Problem dar.
39   Vgl. zum Überblick: B. IRRGANG: Forschungsethik, Gentechnik und neue Biotechnologie, 1997.
40   Vgl. dazu Diskurse wie: R. LÖW; R. SCHENK (Hg.): Natur in der Krise, 1994.

– etwa durch die Erzeugung von Optionen – schon vor aller denkbaren Therapie die menschliche Lebenspraxis, Einstellungen eingeschlossen, verändern können, wie die Präimplantationsdiagnostik und viele andere Beispiele zeigen. Für die Ethik entscheidend ist, inwiefern diese Veränderungen die Existenzform betreffen und damit auch die Moral.[41] Hier erst sind wir dann möglicherweise vor das Problem gestellt, dass es verschiedene Moralen gibt, was widerspruchsvoll ist, solange die Moral das sein soll, was alle teilen.

### 6. Wiederentdeckung des Gegenstands medizinischer Ethik

Auch damit ist deutlich, dass die ethische Perspektive weiter reicht und anders ausgerichtet ist, als es die Frage nach der Übereinstimmung mit den *Regeln* des Rechtsstaates und der Moral fordert, die u.a. gewährleisten soll, dass nicht in die bestehenden (gegebenen) Rechte eines anderen eingegriffen wird. Die ethische Perspektive umgreift (neben der Frage, was der Berufspraxis und der Forschungspraxis entspricht) unvermeidlich die Frage, was zur menschlichen Existenzform gehört. Sie fragt damit, was im weiteren oder tieferen Sinn Menschen so verändert oder »verformt«[42], dass »wir« Menschen dem nicht ohne weiteres zustimmen können, wenn wir denn »unsere« Existenzform so thematisieren können und mit ihr *etwas* zu verstehen und zu erkennen haben.

Damit also sind wir dabei zu fragen: wie *verstehen* und *erkennen* wir uns Menschen, im Blick darauf, dass die medizinische Praxis (de facto) verändert. Wir fragen *nicht* nur, was innerhalb von bestehenden Begründungszusammenhängen – vielleicht auch in Bezug auf *kulturelle Konventionen* – zustimmungsfähig ist und was nicht. Diese Grenzziehungen mögen manches legitimieren, doch mit dem Verstehenszusammenhang und dem Erkenntniszusammenhang geht es um etwas anderes. Was wir in den Blick bekommen, ist der Gegenstand unserer ethischen Verständigung und Erprobung – unsere *menschliche Existenzform*. Wir sind mit »uns« in bestimmter Weise konfrontiert – *und* diese Konfrontation ist nicht in einer verfügbaren Rede vom Menschen, einer Anthropologie abzufangen. Denn es ist nicht irgendwie die Frage nach einem Guten, das wir erstreben können, sondern die Frage nach unserem menschlichen Leben – und seiner möglichen Verfehlung. Vor der Frage »dürfen wir, was wir können?« ist schon die Frage gestellt, »was können wir?« und diese Frage ist begleitet von der Frage *»was haben wir – von uns – verstanden?«* Auch das Verstehen und Erkennen ist von Konventionen bestimmt, auch von Wissens- oder Wissenschaftskonventionen, an die es nicht notwendig gebunden ist. Es ist ebenso wenig notwendig

---

41 Zur Ausführung dieses Problems siehe: J. HABERMAS: Die Zukunft der menschlichen Natur, erweiterte Ausgabe, 2002.
42 Davon spricht J. MITTELSTRAß: Zur Ethik der Naturforschung (1992).

gebunden an den bestehenden Diskurs, auch nicht an den Diskurs über »den Menschen«. Eine verstehende und – bezogen auf unsere menschliche Existenz – erkennende Ethik wird die kritische Erinnerung Michel FOUCAULTs ernst nehmen, dass »der Mensch«, von dem wir in vielen Diskursen reden, weitgehend eine Erfindung des 18 Jahrhunderts ist und ein Konstrukt unserer Wissenschaften, die dieser Erfindung folgen, nicht zuletzt der Medizin.[43] Es gilt demgegenüber zu fragen, was sich diesen Wissens-Konventionen[44] durchaus *nicht* einfügt, was jedenfalls um ihretwillen nicht zur Disposition steht.

Der Gegenstand des Verstehens und Erkennens – unsere menschliche Existenzform – bleibt insofern freilich keine black box und erweist sich so auch als verletzlich. Doch diese Verletzlichkeit ist eine andere als diejenige, die jenseits des Ethischen entsteht, dort, wo in einer Art Ausnahmezustand etwas zur Disposition gestellt wird. Diese Verletzlichkeit bleibt im Kontext der ethischen Verständigung. Sie ist nicht moralisch immunisiert. Durch die Medizin ist die menschliche Existenzform in vieler Hinsicht präsent, konkret berührt und betroffen: Geborenwerden und Sterben, Wahrnehmen und Empfinden, Leiden, Kinder bekommen, Mutter-Werden, Vater-Werden, Eltern-Werden, Eltern-Haben, und vieles andere, nicht zuletzt gesund sein und krank sein. Es kommt die ganze *leibliche* Existenz[45] des Menschen ins Spiel und wird vom medizinischen Diskurs erfasst, dann aber auch von der Praxis oder Technik bestimmt, die diesem Diskurs entspricht. So erscheint unsere leibliche Existenz auf der Tagesordnung. Sie kann nicht im Hintergrund bleiben, weil sie mit der Ethik verbunden ist, über die wir kommunizieren. Dem moralischen Status zufolge sind wir Menschen gleich, aber diese Gleichheit ist, wie sich zeigt, mit den Konturen unserer *leiblichen* Existenz verbunden – nicht zuletzt damit, dass wir Menschen auch in leiblicher Hinsicht *gleichursprünglich* sind. Wird diese Gleichursprünglichkeit verletzt, etwa dadurch, dass es Menschen gibt, die von sich sagen (müssen), sie sind von anderen Menschen so oder so hervorgebracht worden, dann sind nicht Rechte eines anderen verletzt, sondern der Status des betreffenden Menschen. Entscheidend bleibt, dass dieser Status mit der leiblichen Existenz verbunden ist – und eben diese leibliche Existenz gilt es dann auch in Bezug auf die Moral zu reflektieren. Wie es beim Geboren-Werden um die Gleichur-

---

[43] Hier ist insbesondere von einer kritischen Befassung mit der Geschichte der Medizin zu lernen. Entscheidende Einblicke dazu, auch in wissenschaftstheoretischer Hinsicht, verdanke ich Renate WITTERN-STERZEL.
[44] Im Sinne Michel Foucaults Kennzeichnung der »episteme«: M. FOUCAULT: Die Ordnung der Dinge, 1974.
[45] Im Sinne der Wahrnehmung der »Leiblichkeit« des Menschen im Unterschied zu seiner Körperlichkeit: T. BORSCHE; F. KAULBACH: Art.: Leib, Körper (1980). Zu bedenken ist in diesem Zusammenhang (den Friedrich NIETZSCHE in Erinnerung gebracht hat) das biblisch-christliche Verständnis von Leiblichkeit.

sprünglichkeit geht, so geht es beim Sterben um die für die Moral relevante Bedingung, das eigene Leben nicht anderen Menschen oder auch sich selbst auszuliefern. Die Bindung an Leiblichkeit besagt, dass eben auf unser leibliches Selbst nicht wie auf einen Körper, auch wenn es in bestimmten Sinn »mein« Körper ist, zugegriffen werden kann. Leiblich existieren bedeutet, als ein geschöpfliches Selbst zu existieren. In diesem Sinne kann HIOB zu Gott sagen: »Deine Hände haben mich gebildet und bereitet; danach hast du dich abgewandt und willst mich verderben?« (Hi 10,8) Hier wird nicht ein anderer Ursprung definiert als etwa ein »natürlicher«, sondern es wird von einer leiblichen Existenz gesprochen, die in eine Geschichte gehört, die nicht von uns selbst gemacht oder geschrieben wird. Wir sind in einem anderen Paradigma.

### 7. Im Spiel: das humanum, die menschliche Existenzform – oder: das Jenseits der Ethik

In diesem Sinne geht es um die *Aufgabe des Verstehens* und Erkennens in der Ethik. Sie exponiert sich damit. Der Gegenstand, der Sachverhalt des Verstehens und Erkennens bleibt die menschliche Existenzform, das humanum in diesem Sinne. Es gilt, *dieses* humanum und die Bedingungen seiner Erkenntnis und Erprobung nicht zu verletzen. Zugleich aber ist deutlich, dass dieses humanum durchaus *beständig im Spiel* ist oder auch auf dem Spiel steht, und um so leichter verletzlich oder verformbar ist.

Wir haben an einigen Beispielen gesehen, dass im Zusammenhang der Legitimationsfragen die menschliche Existenzform sehr viel mehr mitreflektiert ist (etwa die Frage nach der geteilten Mutterschaft), als es in manchen Regelungen den Anschein hat. Wir sind immer schon damit befasst, unsere menschliche Existenzform zu verstehen: das ist der moralisch-ethische Verstehenszusammenhang, in dem wir uns bewegen.[46] Es sind nicht nur der Schutz menschlichen Lebens oder die Personwürde auf der Tagesordnung, sondern es ist das Geborenwerden[47] und Sterben, die Elternschaft und das Weiterleben durch Kinder, krank sein und gesund sein, und viele Einzelaspekte wie das Lebensalter und die Lebensleistung, die Erwartung an das, was wir »Gesundheit« nennen und die Erwartung an das, was unsere Lebensweise sein soll, aber auch die Wahrnehmung von Aufgaben, die uns als Menschen fordern.

Das heißt durchaus, auch nach Begründungen zu suchen, die diese Kennzeichen unserer menschlichen Existenzform aufnehmen. Es heißt aber vorrangig, dass wir die Aufgabe des Verstehens und Erkennens dessen festhalten, was unsere

---

[46] Hier kann vom Zusammenhang der »sozialen Werte« gesprochen werden, wie es vielfach geschieht.
[47] Siehe dazu K. ULRICH-ESCHEMANN: Vom Geborenwerden des Menschen, 2000.

menschliche Existenzform ausmacht, auch wenn dieses Verstehen und Erkennen nicht durch rationale Operationen gewonnen werden kann. Es muss aber deshalb nicht von »*Intuitionen*« gesprochen werden,[48] die einem auch rationalen Nachvollzug verschlossen blieben.[49] Es geht zunächst darum, dessen gewärtig zu sein, was wir als humanum leben, *alternativlos*, sofern wir keinen anderen Menschen uns vorstellen können oder wollen, sofern wir uns selbst gegenüber nicht in einen Ausnahmezustand begeben können. De facto freilich ist dieses humanum, die menschliche Existenzform beständig durch das, was die Medizin realisiert und was durch sie möglich wird, auf spezifische Weise tangiert. Nicht erst Probleme, die im Gebrauch der neuen Techniken enthalten sein können und die wir als ethische oder moralische kennzeichnen, sondern schon die Existenz medizinischer Möglichkeiten, ihre Offerte, berührt unsere menschliche Existenz und bringt uns in die Situation, unsere immer schon gegebene Rechenschaft von dieser Existenz zu prüfen. Jedoch: aus der beständigen Konfrontation entsteht zum Teil nichts anderes als eine Ethik der reaktiven Stellungnahme. Auch dies geschieht auf der Ebene des humanum und ist nicht nur auf begrenzte Regeln bezogen, die verletzt werden können, wie zum Beispiel Regeln des Datenschutzes. Unsere Existenzform selbst kommt damit beständig auf die Tagesordnung – durchaus aufgrund von scheinbar in ihrer unmittelbaren Zielsetzung begrenzten Techniken, wie der In-Vitro-Fertilisation. Diese Techniken sind imstande, unsere Existenzform radikal zu verändern, und zwar jenseits allen Missbrauchs und unabhängig davon, in welchem Umfang und in welchem rechtlichen Rahmen und in welcher ärztlichen und medizinischen Hinsicht sie gebraucht werden. Schon ihr Einsatz bei wenigen Menschen, ja bei einem einzigen Menschen, verändert unsere menschliche Situation: eine neue Option erscheint und zwingt zur Stellungnahme oder gar zur persönlichen Entscheidung.

Solche Vorgänge hat Hans JONAS gemeint, wenn er davon sprach, dass wir mit Problemen konfrontiert sind, die eine *metaphysische Situation* bedingen. Ob wir wollen oder nicht, entscheiden wir über das humanum auch in seinen konkreten Konturen. Gerade im Bereich der konkreten Ethik (Sittlichkeit) entsteht die Nötigung zu metaphysischen Entscheidungen, sofern sie nicht durch die Präsenz neuer Techniken eben schon getroffen sind. Es sind Entscheidungen, die nicht schon mit der Berufung auf das letztlich Gültige (auf die Moral, im Sinne letztlich verpflichtender Regeln oder Güter) zu klären wären. Vielmehr fallen diese moralisch-metaphysischen Entscheidungen im vielleicht gar marginalen *Detail*,

---

[48] Vgl. den Intuitionismus in der Ethik. Siehe z.B. J.S. ACH: Embryonen, Marsmenschen und Löwen: Zur Ethik der Abtreibung (1993).
[49] Vgl. auch die Diskussion um die Evidenz des Guten bei H. JONAS: Das Prinzip Verantwortung, 1985.

im Bereich der alltäglichen, aber doch die menschliche Existenzform bestimmenden Vorgänge, im Bereich der kleinen großen Wunder (Martin LUTHER[50]), die wir tagtäglich erfahren. Darauf zu achten heißt, über die Ethik der Legitimation von Aktionen und Praktiken hinausgehen. Wir spielen manchmal Fragestellungen schon herunter, wenn wir sie als *ethische* kennzeichnen, jedenfalls dann, wenn mit der Ethik nicht zugleich die Fragen nach der menschlichen Existenzform verbunden sind.[51]

Die Frage nach der menschlichen Existenzform ist nicht identisch mit der Frage: »Was ist der Mensch«?[52] Die Frage nach der menschlichen Existenzform schließt ein, dass es verschiedene *Verstehenszusammenhänge* gibt – dass es bestimmte Vorstellungen, Wissensformen, Redeweisen und Diskurse vom Menschen gibt. Das kann uns jedoch nicht in die Beliebigkeit eines Pluralismus führen, sondern – im Gegenteil – es fordert eine Auskunft darüber, in *welchem Verstehenszusammenhang* wir uns bewegen. Unsere Existenzform ist ein Politikum. Auch die medizinische Forschung und Praxis bewegt sich in diesem Verstehenszusammenhang.[53] Was unser menschliches Leben ausmacht und ausmachen soll, haben wir nicht im Rückzug auf das moralisch unbedingt Gültige zu gewinnen, sondern in der Lebenspraxis aufzufinden: dort, wo die Medizin unser Leben berührt. Das ist zugleich die metaphysische Situation, es ist die Metaphysik einer medizinischen Technik und einer ärztlichen Praxis, sofern sie dabei ist, unser Leben und unsere Welt radikal zu verändern.[54]

Die derzeitige Diskussion der *Präimplantationsdiagnostik* bietet eine Fülle von Aspekten, die auf diese Weise die menschliche Existenzform betreffen. Daran wird auch sichtbar, inwiefern das Embryonenschutzgesetz eine Reihe von Sachverhalten tangiert, die aber nicht auf Tagesordnung sind. (Der Überblick, den

---

50  Martin LUTHER hat dies immer wieder in den Mittelpunkt seiner Theologie und Ethik gerückt. Das ist eine der deutlich hervortretenden Traditionslinien biblisch-christlicher Ethik. Siehe dazu vor allem: M. LUTHER: Auslegung des ersten Buches Mose. Erster Teil [1544] (1986).
51  Es ist nicht sinnvoll, zu sagen, wir brauchen keine Metaphysik und sollen stattdessen unsere »Vernunft« gebrauchen. Was immer wir durch rationale Argumentation erfassen grenzt an metaphysische Sachverhalte oder schließt solche ein. Ob und inwieweit wir diese thematisieren, in Sprache fassen und – eben – in die Verständigung einbeziehen können, ist die Frage an eine Ethik, die diese Sachverhalte jedenfalls nicht – abstrakterweise – ausklammert.
52  Vgl. Glaube und Lernen 4 (1989): »Was ist der Mensch ...?«.
53  Es ist nicht sinnvoll, sich einen solchen Verstehenszusammenhang zurechtlegen oder herbeidefinieren zu wollen – vielleicht ihn irgendwie aus der Geistesgeschichte abrufen zu wollen (hier helfen uns keine Zitate von Goethe oder Schopenhauer). Vielmehr gilt es herauszufinden, in welchem dieser Verstehenszusammenhänge wir uns aufhalten können, ohne uns radikal zu verändern.
54  Es ist die Frage, ob wir von einer »Revolution« sprechen sollen, wenn wir damit bereits eine historische Einordnung vornehmen. Es ist wohl eher angemessen, die Radikalität dieses Vorgangs festzuhalten und damit auch das Unverhältnismäßige und Unvergleichliche. Mit den Hinweisen auf Galilei oder andere Revolutionen werden die Vorgänge immer schon historisch eingeebnet und der Indifferenz ausgesetzt.

Regine KOLLEK[55] gegeben hat, lässt sich danach abfragen.) Freilich sind es nicht nur solche kunstvollen Techniken, sondern die ärztliche Kunst in allen ihren Facetten. Denn auch eine ärztliche Kunst, die sich dahin entwickelt, Menschen allseitig zu betreuen oder zu »führen« tangiert unsere Existenzform.

## 8. Radikale Veränderung der menschlichen Existenzform – Leben aus dem Menschenpool?

In Bezug auf jede medizinische Technik und Praxis können wir in diesem Sinne fragen, was sich durch sie für unsere Existenzform verändert. Damit folgen wir nicht einem allgemeinen Fortschritts-Modell, durch das wir alles einordnen und so für indifferent erklären, weil es nichts gibt, *woran* der Fortschritt abzubilden oder zu bemessen wäre, es sei denn an der menschlichen Existenzform. Diese kann nicht irgend einem Fortschritt ausgeliefert sein, wenn wir denn noch fragen, was wir Menschen sein dürfen – jenseits dessen, was wir selbst davon bewerkstelligen können oder was wir als Fortschritt kennzeichnen. So gilt es mitzuvollziehen, *was* sich verändert, was sich in Bezug auf die menschliche Existenzform radikal verändert. Diese Veränderung geschieht nicht allein durch groß angelegte Programme wie das »human genome project« und was daraus folgt, sondern durch jede neue, vielleicht marginal erscheinende Technik, durch die neue Optionen ins Spiel kommen.

Regine KOLLEK[56] zeigt im Blick auf den Unterschied zwischen pränataler Diagnose und Präimplantationsdiagnose eine solche Veränderung innerhalb der technischen Alternativen, aber durchaus an der Grenze ihrer metaphysischen Bedeutung. Regine Kollek führt – unter anderen – folgende Unterschiede und tiefgreifende Veränderungen auf:[57]

Für die *pränatale Diagnostik* ist kennzeichnend: »Die Entscheidung zum Abbruch der Schwangerschaft ist eine Entscheidung gegen einen spezifischen ... Fötus und involviert *keine Wahl* unter mehreren Embryonen oder Föten.«

Für die *Präimplantations-Diagnostik* ist kennzeichnend: »es existiert noch keine körperliche Beziehung zwischen Frau und Embryo, also keine Schwangerschaft.« »Der Entscheidung über die zu übertragenden bzw. zu verwerfenden Embryonen geht ein *Auswahlverfahren* voraus, bei dem die Auseinandersetzung mit einem konkreten, sich entwickelnden Fötus und mit einer existierenden Bindung keine

---

55 R. KOLLEK: Präimplantationsdiagnostik, 2000.
56 Vgl. R. KOLLEK: Präimplantationsdiagnostik, 2000. Auf diese Analysen beziehe ich mich im folgenden. Sie führen sehr genau an die Fragestellungen heran, um die es in der Ethik geht.
57 R. KOLLEK: Präimplantationsdiagnostik, 2000, 210f.

Rolle spielt.«⁵⁸ Diese (und weitere) Differenzen sind radikal. Sie verändern unser Verstehen der menschlichen Existenzform.⁵⁹ Sie betreffen die Frage nach dem Ziel der »In-Vitro-Fertilisation«. Es wird das Problem der Selektion akut, auch wenn die Zielsetzung darin nicht besteht. Hier zeigt sich das Problem, dass die Mittel (auch im Sinne von Medien) ihre eigene, von dem Ziel oder Zweck ihres Einsatzes unabhängige Bedeutung und Wirkung haben. Schon mit der Bereitstellung eines Mittels sind Veränderungen unserer Existenzform gegeben. Auch dann, wenn die Präimplantationsdiagnostik einzig zum Ziel hat, schwere Erbkrankheiten auszuschließen (wie immer dies zu handhaben ist), kommt ein Selektionsvorgang ins Spiel: es wird kein bestehender Zustand oder ein Konfliktzustand – durch Schwangerschaftsabbruch – verändert, sondern es wird planvoll, durch Auswahl versucht, ein gesundes Kind zu bekommen. Dieser Vorgang ist auch unterschieden von der genetischen Beratung.⁶⁰

Die Präimplantationsdiagnostik führt eine neue Option ein, die mit der pränatalen Diagnostik noch nicht gegeben ist, nämlich die Option, vor und außerhalb einer leiblichen Schwangerschaft ein *potentielles* Kind zu gewinnen, das zum wirklichen Kind erst wird, wenn die Entscheidung dafür getroffen ist.⁶¹ Es geht nicht mehr darum, eine durch eine Schwangerschaft entstandene Konfliktlage zu bearbeiten, sondern es wird stattdessen eine spezifische Entscheidungssituation herbeigeführt und zum anderen ein Mittel bereitgestellt, sie aufzulösen. Zu der de facto gegebenen Verlagerung der Entscheidung ins Labor, kommen Zwänge, wie die Nötigung zur Anonymisierung der gefallenen negativen Entscheidung, sofern es geboten scheint, den Betroffenen nicht mitzuteilen, welche Krankheiten vorliegen, weil ein weiterer Versuch im Prinzip möglich ist – anders als bei der genetischen Beratung zu einer gesuchten Schwangerschaft.⁶²

So wird die menschliche Existenzform durch die Einführung eines technischen Mittels verändert. Dies geschieht auch dort, worauf der Diskurs über »den Menschen« die Aufmerksamkeit gelenkt hat (z.B. auf die Entkoppelung von Fort-

---

58   R. KOLLEK: Präimplantationsdiagnostik, 2000, 211. Letzteres wird freilich auch durch R. Kolleks Verweis auf soziologische Untersuchungen relativiert.
59   Die von Regine KOLLEK selbst aufgestellte Alternative zwischen weitergehendem Optionalismus, der Zwänge ausübt und der Autonomie der betroffenen Frau, greift freilich zu kurz: Dabei ist auch nicht das Problem allein in der nicht gegebenen Gleichwertigkeit der Optionen zu sehen vgl. 170. Die Frage wird sein, inwiefern Optionen überhaupt je gleichwertig sein können. Das Problem liegt vor allem darin, dass keine inhaltliche Alternative gegeben ist – gegenüber den durch die medizinische Technik vorgegebenen und den ihr entsprechenden Erwartungen: das Plädoyer für Autonomie allein kann diese inhaltliche Alternative nicht ersetzen.
60   Hier muss über den Zusammenhang und den Unterschied mit der humangenetischen Beratung verhandelt werden.
61   Gleichwohl verweist Regine KOLLEK darauf, dass dies faktisch, in der Einstellung der betroffenen Frau, anders verlaufen kann.
62   Darin liegt wiederum ein Unterschied zur humangenetischen Beratung.

pflanzung und Sexualität, oder auf die Trennung von eigener Zeugung und Fortpflanzung), doch tritt hier eine weitere Veränderung ein: sie betrifft eine neue Intensität und Gezieltheit der *Lebensplanung* und der damit verbundenen Verantwortung. Diese Veränderung ist in ethischer Hinsicht unauffällig, weil sie – wiederum in ethischer Hinsicht – als wünschenswert erscheint. Es sieht so aus, als wäre jede Art von wahrgenommener Verantwortung und einer ihr entsprechenden (wissenschaftsgestützten) Umsicht ethisch gefordert. Wer kann sich dem Imperativ entziehen, *alles* Verfügbare zu berücksichtigen und in Gebrauch zu nehmen, was der Lebensplanung oder Lebensgestaltung dient? Und auch, wenn diese Freiheit ihre Grenzen hat, weil neue Zwänge entstehen[63]: wer sollte an dem Imperativ selbst zweifeln wollen – womit, mit welcher anderen menschlichen Existenzform dagegen antreten?

Aber fragen wir dennoch: Geht es doch darum, die Spirale der Nötigung zur Emanzipation aus selbstgemachten Zwängen um einige Windungen weiter zu drehen? Das wäre durchaus im Interesse der »Reflexivität der Moderne«. Sie würde um ein weiteres Maß an ethischer Umsicht angereichert. Solange die unabsehbare Verpflichtung zur eigenen Lebensplanung, Lebensgestaltung und Lebensführung das ethische Paradigma bleibt, wird es keinen anderen Weg geben. Auch dies wäre eine Weise des weiteren Reflexivwerdens unserer Lebensweise, die Verantwortlichkeit für das eigene Leben wird gesteigert. Eine Einsicht jedoch, die hier den *Gegenhalt* bieten kann, ist damit nicht gewonnen. Dieser Gegenhalt aber wird nötig, damit sich der Gegenstand selbst, die menschliche Existenzform nicht nach Maßgabe unserer ethischen Reflexionsmöglichkeiten, die in den Grenzen der von uns selbst geschaffenen Optionen verharren, auflöst. Demgegenüber bleibt es die Aufgabe der Ethik, das zu verstehen und zu erkennen, was zu der menschlichen Existenzform gehört, zur menschlichen Lebensgestalt, die sich möglicherweise der menschlichen Gestaltung in den Weg stellt. So gilt es zu verstehen, was es heißt, dass »Kinder eine Gabe Gottes« sind, wie es der Psalm 127 formuliert. In dieser verheißungsvollen Aussage wird jedenfalls kritisch daran erinnert, dass es keinen normativen Standard möglicher Optionen (sich um Kinder zu bemühen oder nicht) geben muss, der die menschliche Existenzform ausmacht. In dieser verheißungsvollen Aussage wird daran erinnert, dass zwischen »Reproduktion« und »Kinder bekommen« trotz aller technischer Hilfe ein himmelweiter Unterschied besteht. In diesem Unterschied ist die Aufgabe beschlossen, die menschliche Lebensgestalt zu erproben, die mit der Verheißung der »Gabe Gottes« verbunden ist. Ohne diese Verheißung bleibt – wie Martin LUTHER in seiner Auslegung des Psalms vor allem hervorhebt – die trostlose Alternative, dass unser Tun entweder Erfolg hat oder nicht. Es gibt keinen

---

[63] Das ist eine kritische Grundlinie bei R. KOLLEK: Präimplantationsdiagnostik, 2000.

Trost der Hoffnung und keinen Trost in der verlorenen Hoffnung, sondern nur das eigene Urteil über Gelingen, Misslingen und Fehler.

## 9. Generelle Veränderung

Fragen wir also weiter: Was verändert sich oder was hat sich dadurch verändert, dass die Medizin die menschliche Existenzform tangiert oder bestimmt? Generell hat sich verändert, dass wir in einer Welt sich *vermehrender Optionen* leben, die die menschliche Existenzform in ihren elementaren Konturen betreffen. Mit vielen Techniken entsteht eine neue Option. Freilich sind es nicht Optionen, die – wie das Wort »Option« anzeigen könnte – eine völlig offene Wahlsituation gewähren. Vielmehr werden hier zum Teil Möglichkeiten etabliert, denen sich niemand ohne Begründungszwang entziehen kann. Nur innerhalb der neu eingerichteten Optionen können wir uns bewegen: der Entscheidungsverlauf, die Alternativen liegen fest. Nur das Versprechen, dass wir dort, wo uns die Alternativen zu eng scheinen, durch neue Erfindungen weitere Optionen erwarten dürfen, lässt uns dieses Modell akzeptabel erscheinen. Mit der In-Vitro-Fertilisation entstehen in diesem Sinne neue Optionen, sozusagen von selbst: nicht nur Menschen – die nicht Eltern im leiblichen Sinne sein müssen – zu einem Kind zu verhelfen, sondern auch die de facto gegebene Möglichkeit, mit Embryonen zu forschen. Das Entstehen vielfältiger und vieler weiterer Optionen macht die durchaus fragile ethische Situation aus. Mit diesen Optionen sind metaphysische Fragen verbunden, also solche die unser menschliches Sein betreffen: so die jetzt zu beantwortende Frage, ob und inwiefern *wir* (wir alle und nicht nur »die Mediziner«) auf die Forschung mit Embryonen setzen sollen. Das betrifft nicht nur das Problem der Verzwecklichung von Embryonen, sondern unseren Rückgriff auf eine Ressource – die wir irgendwie selbst sind.

Die Frage, was dies für unser *Verständnis des Menschen* bedeutet, lässt sich verschieden beantworten, aber sie lässt sich nicht als gegenstandslos auflösen oder durch die Berufung auf eine zwangsläufige Entwicklung neutralisieren. Am Ende haben »wir« bestimmt, was diese Option bedeutet und wie wir unsere menschliche Existenz daraufhin verstehen können und sollen. Mit dieser Entscheidungssituation bleiben wir konfrontiert, und damit bleiben wir mit uns konfrontiert, so wie es ein von uns fixiertes Embryonenschutzgesetz gibt, mit dem wir uns konfrontieren. Auch wenn es dann keinen Streit oder keine Unklarheit über die Legitimation mehr gibt, ist uns doch die metaphysische Entscheidungssituation gewärtig, in der wir uns befinden. Und dies nicht, weil es irgend ein Gewissen gibt, das wir nicht mit Legitimationen beruhigen können, das aber vielleicht eher ein schweigendes Gewissen ist, sondern sofern wir durchaus *zur Sprache bringen können*, *was unser* Verständnis des Menschen ist. Solange es eine Sprache und eine Rede gibt, in der Fragen nach der Existenzform gestellt werden, die zu verstehen sind, und solange es eine Sprache gibt, in der wir davon zu reden imstande sind, was zu uns gehört, wird uns gewärtig bleiben, was wir verändern.

## 10. Zur metaphysischen Frage der Reproduktion von Menschen

So ist auch das *Klonieren von Menschen* in den Blick gekommen. Der inzwischen teilweise geführte Diskurs hat sofort gezeigt, dass es auch hier um eine metaphysische Frage geht – warum soll ein Mensch nicht durch Klonieren reproduziert werden? – und wiederum um die Frage, ob dies (mit bestimmten Legitimationsbedingungen) zum Zweck der Forschung geschehen darf.

Die Stellungnahmen dazu sind zum Teil höchst unscharf und unsicher. Dies kennzeichnet die Situation an der Grenze der Ethik. In der Stellungnahme des BUNDESMINISTERIUMS für Forschung und Technik von 1997 wird gesagt: »Ohne Zweifel ist ... der Wegfall von Grenzen, die bislang die Natur selbst dem Menschen gezogen hat, kein Grund, nicht aus moralischen und rechtlichen Gründen an ihnen festzuhalten.«[64] Was heißt hier »die Natur«? Die Grenzen, die weggefallen sind, betreffen eine technisch rekonstruierte und reproduzierte Natur. So kann man nur sagen, die technisch rekonstruierte Natur ist weiter ausgedehnt worden. Zugleich wird gesagt: »Da intuitive moralische Überzeugungen ein wichtiger Leitfaden, aber noch keine hinlängliche Begründung dafür sind, welche *Grenzziehungen* bei sich *erweiternden Handlungsmöglichkeiten* geboten sind, sind wir zu einer auf Gründe sich stützenden ethischen und rechtlichen Urteilsbildung gezwungen. Eine *bewährte Methode* solcher Urteilsbildung legt es nahe, nach der *Legitimität der Ziele* zu fragen, für die die neuen Handlungsmöglichkeiten in Anspruch genommen werden können, und die Vertretbarkeit der eingesetzten Mittel hinsichtlich ihrer intendierten wie ihrer nichtintendierten Wirkungen zu prüfen. Als *Kriterien* sind dabei die *ethischen Prinzipien* heranzuziehen, die sich auf einen breiten Konsens stützen können, wie er in den Menschenrechtskodifikationen, in völkerrechtlichen Konventionen, vor allem aber in unserer Verfassung rechtlich zum Ausdruck kommt.«[65] Mit dem Hinweis auf die »sich erweiternden Handlungsmöglichkeiten« wird deutlich gemacht, dass es sich wiederum um ein Problem neu entstandener Optionen handelt. Es wird aber die damit verbundene metaphysische Frage *zunächst* nicht aufgenommen, sondern die Fragestellung wird eingegrenzt:

Es wird unterschieden zwischen »moralischen Intuitionen« und Legitimationsverfahren (Begründungsverfahren), die sich auf gesetzte Prinzipien oder Übereinkommen stützen (z.B. auf Menschenrechtskodifikationen). Diese Prin-

---

64  Vgl. BUNDESMINISTERIUM für Forschung: Klonierung beim Menschen. Stellungnahme 1997.
65  Hervorhebungen vom Verf.

zipien werden auch genannt. Im Falle des Klonierens kommt das Prinzip zur Anwendung, dass kein »Mensch als Mittel zu einem Zweck hergestellt werden darf, der nicht dieser Mensch selbst ist, und dass ihm zu diesem Zweck die genetische Gleichheit mit einem anderen Menschen auferlegt wird.« »Offenkundig« – so wird gesagt – »ist dies der Fall, wenn ein Mensch deshalb geklont wird, weil er einen anderen Menschen gleichen Genoms ersetzen, für einen anderen als Organ- oder Gewebespender dienen oder als Kind die genetische Wiederholung des Menschen sein soll, von dem der transplantierte Zellkern stammt, – von einer Klonierung zu eugenischen oder kommerziellen Zwecken ganz abgesehen. In jedem dieser Fälle wird die genetische Identität um eines Zweckes willen manipuliert, dem der *hergestellte Mensch* dienen soll. Er soll der sein, dem sein Genom gleicht, oder existieren, um durch seine genetische Gleichheit einem anderen zu dienen. Damit aber sind mehrere der genannten Prinzipien verletzt: Einen Menschen in seiner genetischen Identität zu manipulieren, um ihn den *Zwecken Dritter* zu unterstellen, stellt ohne Zweifel eine *Instrumentalisierung* dar, die den Kern der Person berührt und deshalb gegen die mit dem Prädikat der Würde geschützte Selbstzwecklichkeit verstößt, die dem Menschen als Person zukommt.«

Diese Argumentation bewegt sich im Rahmen des Prinzips der »Selbstzwecklichkeit« des Menschen. Es geht – abgekürzt gesagt – in diesem Sinne um das Recht der Person, nur um ihrer selbst, aber nicht um eines anderen Menschen willen zu existieren.[66] Schließlich wird aber doch auch die Frage, was die menschliche Existenzform in ihrer ganzen Differenzierung ausmacht, angesprochen. Die Stellungnahme fährt nämlich fort: »Ist es aber die *Heteronomie der natürlichen Genese* des individuellen Genoms, welche die der Würde der Person entsprechende Freiheit ihrer Entfaltung gegen Willkür sichert, dann *scheint* es so etwas zu geben wie ein Recht der Person, von zwei biologischen Eltern gezeugt und in ihrer genetischen Identität nicht manipuliert zu werden. Anders als der eineiige Zwilling stünde der aus gezielter Klonierung hervorgegangene Mensch unter einer heteronomen Zwecksetzung, die die Entfaltung der Individualität jener Offenheit und Freiheit beraubte, wie sie unter dem Titel der freien Entfaltung der Persönlichkeit geschützt ist.«

Zu der hier implizierten Metaphysik wird schließlich bemerkt: »Es ist der mögliche Wegfall der durch die Natur gezogenen Grenzen menschlichen Handelns, der uns *den humanen Sinn dieser Grenzen* tiefer entdecken lässt.«[67] Die »Natur« kommt als Grenze in den Blick. Von »Grenze« ist im Sinne von Begrenzung die Rede, nicht (deutlich) im Sinne von De-fintio, Bestimmung. So bleibt

---

66 Vgl. demgegenüber die Argumentation von R. SPAEMANN, Personen, 1998.
67 BUNDESMINISTERIUM für Forschung: Klonierung beim Menschen. Stellungnahme 1997.

man in der Logik der Legitimation von Grenzüberschreitung. Im weiteren wird dann jedoch auch gesagt, dass die Prüfung der *Legitimation* von Klonierung nötig ist, sofern sie dem Ziel dient »menschliche Embryonen zu Zwecken der *Diagnose* oder der *Forschung* herzustellen und damit die Behandlung der Infertilität zu verbessern oder durch Präimplantationsdiagnostik Eltern zu Kindern zu verhelfen, die nicht von der von den Eltern übertragenen genetischen Krankheit betroffen sind.« Es wird weiter gesagt: »In der Tat ist bei der Prüfung dieser Ziele auf andere als die oben genannten Gründe zurückzugreifen. Diese Gründe hängen freilich davon ab, welchen moralischen und rechtlichen Status man dem menschlichen Embryo in seinen verschiedenen Entwicklungsstadien zuordnet.« Es wird entsprechend gefordert, die »Vertretbarkeit« der Klonierung als »Mittel« (im Unterschied zu Ziel) zu prüfen.[68]

An diesem Beispiel ist zu sehen, wie die Reflexion trotz der sich aufdrängenden und auch nicht abgewiesenen Frage nach der menschlichen Existenzform höchst eingeschränkt bleibt. Die Konzentration auf den Schutz der freien Entfaltung der Persönlichkeit verdeckt das weitere Nachdenken. Dass es zum Menschen gehört, einen Vater und eine Mutter zu haben, bleibt eine Erwägung am Rande. Sie könnte zentral sein. Dass die menschliche Existenzform – schon mit der In-Vitro-Fertilisation selbst – in vielfältiger Weise auf dem Spiel stehen könnte, kommt nicht deutlich in den Blick.

## 11. Ziele – Humanum als Ziel?

Ein Kriterium für das Verstehen und Erkennen dessen, was die menschliche Existenzform ausmacht, können die *Forschungsziele* sein, die auf bestimmte (therapeutische) medizinische Maßnahmen ausgerichtet sind. In den medizinischen Maßnahmen realisieren sich die Forschungsziele – wie beispielsweise in der *Organtransplantation*. Was stellt diese in Bezug auf die menschliche Existenzform dar? Was sollen die Optionen sein, die durch die Forschung ermöglicht werden oder noch zu entdecken sind? Was verspricht die *Stammzellenforschung?* Was verspricht die *Präimplantationsdiagnostik* und die Forschung, die sich darauf bezieht?

Die In-Vitro-Fertilisation wird in den bekannten Grenzen der Legitimationsfragen diskutiert und praktiziert. Das damit verbundene therapeutische Ziel im Sinne der medizinischen Praxis (und der darauf ausgerichteten Forschung) heißt: Hilfe bei der Erfüllung des Kinderwunsches eines Elternpaares, sofern ein unerfüllter Kinderwunsch Krankheit und Leiden bedeutet. Dies ist im Sinne des bestehenden Embryonenschutzgesetzes formuliert und hält auch dessen meta-

---

[68] BUNDESMINISTERIUM für Forschung: Klonierung beim Menschen. Stellungnahme 1997.

physischen Implikationen fest, von denen die Rede gewesen ist. Anders ist es, wenn von »assistierter Reproduktion« gesprochen wird. Wir sind mit dieser sprachlichen Fassung und der damit verbundenen Semantik nicht etwa auf einem neutralen wissenschaftlichen Boden, sondern in einem anderen Diskurs. »Erfüllung eines Kinderwunsches« könnte im Unterschied zu »Reproduktion« heißen die Erfüllung der *Möglichkeit* des *Weiterlebens* für Eltern, die ihren Kindern nicht nur »das Leben« (in einem biologischen Sinn) weitergeben, sondern mit den Kindern die Geschichte weitergehen sehen, zu der sie gehören. Damit wäre aber das Forschungsziel nicht mehr die technische Ermöglichung von Reproduktion, sondern das Werden und die Geburt von Kindern. Das heißt nicht, in einem einfachen Schema der Unterscheidung von Technik und Natur zu argumentieren, sondern zu fragen, was es für Menschen bedeutet, Kinder zu bekommen.[69] Hier ist nicht ein technischer Vorgang gegen einen natürlichen abzugrenzen, sondern es sind differente Aufgaben medizinischer Praxis zu bestimmen.

Entsprechende Fragen stellen sich in Bezug auf die *Präimplantationsdiagnostik*. Was ist hier das *Forschungsziel*? Wir könnten sagen: Menschen – nach Maßgabe dieser Diagnostik – zu gesunden Kindern zu verhelfen. Oder das Ziel muss (wie gefordert) begrenzter formuliert werden: es geht darum, Menschen zu Kindern zu verhelfen, die jedenfalls *nicht* an bestimmten, genetisch diagnostizierbaren schwerwiegenden Krankheiten leiden. Damit ist aber zugleich eine neue Option entstanden, die sich *allen* aufdrängt, die in jeder Hinsicht gesunde Kinder wollen. Die *Konfliktlage* wird eine andere, abstraktere, weiter ins Anonyme verschobene. Sie kann darin bestehen, nicht jeder Möglichkeit, die greifbar nahe ist, nachgegangen zu sein, Krankheiten auszuschließen. Wenn es das Ziel der medizinischen Forschung sein soll, Konfliktlagen zu verringern oder in dieser Hinsicht zu verändern, dann ist dies ein Gegenbeispiel.[70] Das ist dann auch über die implizierten moralischen Probleme hinaus zu thematisieren.

### *Positive Ziele?*

Was gegenüber nur impliziten Entscheidungen, die ohnehin getroffen werden, zu artikulieren ist, sind *positive Aussagen* zur menschlichen Existenzform, auf die hin geforscht werden soll. Dann bleibt die menschliche Existenzform nicht allein in den bindenden moralischen Prinzipien bewahrt, wie in dem Prinzip von der Selbstzwecklichkeit des Menschen. Denn diese moralischen Verbindlichkeiten reichen für die neu entstehenden Konfliktlagen nicht aus. Die ethische Situation fordert eine Auskunft darüber, was der Umriss menschlichen Lebens sein soll.

69  Siehe dazu K. ULRICH-ESCHEMANN: Vom Geborenwerden des Menschen, 2000.
70  Vgl. R. KOLLEK: Präimplantationsdiagnostik, 2000.

Auch die Kritik daran, dass die neu erschlossenen Optionen Zwänge hervorbringen und deshalb die Behauptung der Autonomie von Individuen gefährdet ist, reicht nicht aus, um sich auf die Präimplantationsdiagnostik nicht einzulassen.

In den Disput einzubeziehen ist das *Ziel*, Menschen mit allen zur Verfügung stehenden *Mitteln* zu helfen, gesunde Kinder zu bekommen, oder gar – direkter – ihnen zu gesunden Kindern zu verhelfen.[71] Eine Pointe dabei ist auch das implizite Versprechen, dass jeder Mensch an den Errungenschaften teilhaben soll, die es gibt, an dem Pool menschlicher Möglichkeiten und Gegebenheiten – dem *Humanpool*. Es geht also nicht darum, dem bestimmten, singulären Elternpaar, zu *dem* Kind zu verhelfen, das sie erwarten dürfen, sondern zu einem Kind, das den gegebenen medizinischen Möglichkeiten entspricht, das dem jeweils gegebenen Vermögen und Können entspricht und das – gemessen daran – das best-mögliche Kind ist. Die medizinische Praxis zielt dann nicht mehr darauf, dem einzelnen Menschen in *seinen* Möglichkeiten zu helfen, sondern ihm alle verfügbaren menschlichen Möglichkeiten und Ressourcen zugute kommen zu lassen. Es gilt, der Ökonomie dieser Möglichkeiten und Ressourcen zu folgen. Diese Option beansprucht für sich selbst eine moralische Bedeutung und nur deshalb steht sie im Konflikt mit dem moralischen Problem der Selektion. Andernfalls wäre ihre Begründung zu schwach.

Verändert hat sich damit die Logik medizinischen und ärztlichen Handelns: von einem helfenden (kooperativen) Handeln und therapeutischen Handeln zu einem universellen Unternehmen, das Ressourcen bereitstellt, aus denen resultiert, was Menschen optimal sein können. Es sind die durch die Techniken erschlossenen Ressourcen, die (mit-)definieren, was die menschliche Existenzform im besten Fall ist oder sein kann. Wir leben insofern dann aus dem *Humanpool* und *definieren* uns über die von uns selbst geschaffenen Ressourcen in den Grenzen und in der Reichweite unserer Möglichkeiten. Anders wäre es, es würde der Umriss der menschlichen Existenzform durch die Aufmerksamkeit[72] auf das bestimmt sein, wonach Menschen streben und woraus Menschen leben – das heißt in der Aufmerksamkeit auf diejenigen »Quellen des Selbst«[73] (Charles TAYLOR), die die Ethik mit ihrer Frage nach dem Guten zu erschließen hat – bis hin zur Kritik auch an dem Modell von den »Quellen« des Selbst. In diesem Spannungsfeld spielen sich Veränderungen in der Metaphysik der menschlichen Existenzform ab. Leben wir zunehmend aus den eigenen Möglichkeiten, die wir durch unser Können vermehren, oder was macht unsere Existenzform aus?

---

71 R. KOLLEK (Präimplantationsdiagnostik, 2000) stellt in Frage, dass es darum gehen könne, Menschen zu genetisch identischen Kindern zu verhelfen.
72 Siehe E2-5.
73 Vgl. Ch. TAYLOR: Quellen des Selbst, 1994.

## 12. Wie kommt die menschliche Existenzform auf die Tagesordnung?

Deshalb gehört die Frage nach der menschlichen Existenzform auf die Tagesordnung, zumal auch in der Gesetzgebung darüber implizit oder explizit, wie das Embryonenschutzgesetz und andere Gesetze zeigen, ohnehin befunden wird – zum Teil ohne eine entsprechende, tragfähige öffentliche Debatte oder Konsensfindung. Freilich: man wird auch hier wieder fragen müssen, in welchem Sinne überhaupt die menschliche Existenzform – auf dem Wege der Gesetzgebung – Gegenstand einer öffentlichen Konsensfindung sein kann. Man wird auch fragen müssen, was in dieser Hinsicht die Aufgabe einer Enquete-Kommission sein kann. Jedenfalls ist es nicht genügend, zu sagen, sie leiste einen Beitrag zu einer »dem Thema angemessenen Streitkultur«.[74] Fragwürdig ist auch die (damit verbundene) Feststellung: »Wo von den neuen Erkenntnissen Gutes zu erwarten ist und wo Gefahren lauern, muss unterschieden werden. Kriterien dafür liefert dem Einzelnen die Ethik, der Gemeinschaft das Recht. Zwischen beiden besteht keine Identität, aber eine enge Verbindung.«[75] Warum wird hier auf *diese* Weise zwischen Ethik für den Einzelnen und Recht für die Gemeinschaft aufgeteilt, als wäre nicht die Pointe einer jeden Ethik, dass durch sie eben Übereinstimmung mit anderen in Fragen des Lebens gesucht wird – und wenn mit anderen, dann tendenziell mit *allen* anderen. Es geht hier um die Überschneidung dessen, was ethisch im – gemeinsamen – Urteil (bezogen auf den sensus communis) zu gewinnen ist und dem, was moralisch für alle gültig fixiert werden kann. Das Recht ist dann zu verstehen als eine eigene Fixierung dessen, was für alle gilt. Es überschneidet sich dem, was moralisch gültig fixiert werden kann. Es schließt aber auch, wie wir gesehen haben, ethische Urteile ein.[76]

Auch mit den ethischen Fragen entsteht ein Politikum, nicht allein deshalb, weil diese oder jene Grundrechte durch ein ethisches Urteil verletzt werden könnten (Schutz der Person, Schutz der Menschenwürde, freie Entfaltung der Persönlichkeit), sondern weil »der Mensch« und seine Existenzform, auf die sich alle diese Rechte beziehen, in durchaus konkreter, eben ethisch benennbarer Hinsicht, zur Disposition gestellt ist und durch neue Optionen bestimmt wird. Es entsteht ein öffentlicher Konsensbedarf über die der gegebenen Begründungspflichten innerhalb der bestehenden Gesetze hinaus. In diesem Sinne ist vonseiten der politischen Theorie von der Notwendigkeit der Urteils-Findung die Rede.[77] Es würde sonst auch der Rechtsfindung der Bezug fehlen: denn auf

---

74  So Margot von RENESSE in: Enquete-Kommission: Enquete-Kommission ›Recht und Ethik der modernen Medizin‹, (Deutscher Bundestag Drucksache 14/1920)) [Berlin] 2002, Vorwort.
75  Ebd.
76  Zur Unterscheidung von »Moral« und »Ethik« siehe E1-2; C5-1.
77  Vgl. hierzu H. ARENDT: Vom Leben des Geistes, Bd. 3: Das Urteilen, 1985.

welchen Diskurs über den Menschen will sie sich beziehen? Zum Beispiel: Wie und wo soll darüber verhandelt werden, ob es möglich sein soll, mehrere, in ihrer Funktion verschiedene Mütter zu haben? Wo und wie soll darüber verhandelt werden, dass Menschen Eltern haben sollen, die sie kennen? Wo und wie soll darüber verhandelt werden, was es heißt, geboren zu werden? Immer ist zugleich zu fragen: Wo sind die Grenzen des Diskurses, was kann und was muss überhaupt auf die politische Tagesordnung?

*Wie* also kann die menschliche Existenzform auf die politische Tagesordnung kommen? Oder soll eben dies nicht sein, weil jedenfalls Human-Politik, ebenso wie Biopolitik[78] die Frage aufwerfen, was Gegenstand politischen Handelns sein kann? Auch unsere bisherige Analyse muss daraufhin befragt werden. Wie verläuft hier die Grenze – zwischen einer politisch ausgehandelten gemeinsamen Ethik und einer Politik, die ihre Zuständigkeit überschreitet? Die hier vorgetragenen Überlegungen haben die Begrenzung der ethischen Fragestellung versucht in den Blick zu rücken. Sie haben angefangen, nach den Kennzeichen der menschlichen Existenzform zu fragen, sie haben angefangen, überhaupt an den Diskurs über den Menschen zu erinnern, wie er die Moderne de facto kennzeichnet, aber als solcher kaum in Frage steht.[79] Die Ethik muss nicht nur den Diskurs »über den Menschen« eröffnen, sondern fragen, was dieser Diskurs für das Verstehen der menschlichen Existenzform leisten kann. Damit ist eine neue Tagesordnung gegeben.

## 13. Besetzung des humanum und seiner »Werte« – oder Menschen als Geschöpfe?

Die Analyse hat nun aber auch gezeigt, dass dort, wo statt der bloßen Verbotstafeln oder formalen Verbindlichkeiten »soziale Werte« gebraucht werden, die den Gegenhalt bieten sollen, sich die Notwendigkeit der *inhaltlichen* Explikation und Exploration aufdrängt: was ist über Elternschaft, Familie, Geburt positiv, inhaltlich zu sagen? Wie kommt es hier zu einem gemeinsamen Verstehen? Wie ist eine derart »positive« Ethik zu gewinnen? Die Kennzeichnung als »Werte« zeigt eher die Verlegenheit und wird dadurch problematisch, dass sie nahe legt, diese Werte in verschiedenen Ökonomien zu verrechnen.[80] Deshalb kann das Versprechen von Mutterschaft ohne weiteres in der Ökonomie medizinischer Praxis eingesetzt werden. Warum sollten solche Werte nicht realisierbar und verrechenbar sein? Wird die menschliche Existenzform in solchen Werten präsentiert,

---

[78] Dies ist vor allem auch angestoßen durch M. FOUCAULT: Die Geburt der Biopolitik, 2004.
[79] Vgl. demgegenüber: M. BUBER: Das Problem des Menschen (1947) 1961 und M. FOUCAULT: Die Ordnung der Dinge, 1974.
[80] Siehe oben C2.

kann sie besetzt werden, auch wenn schließlich die unzureichende Einlösung dieser Werte kritisch gesehen werden muss. Das Problem bleibt die gleichgerichtete Logik: die Realisierung eines qualifizierten humanum, das in bestimmten Werten identifiziert wird.

Ein Gegenhalt gegen die Besetzung des humanum und gegen diese Logik kann sich nur dort abzeichnen, wo die Artikulation dessen, was für Menschen gelten kann, vom *Verstehen* der menschlichen Existenzform geleitet ist. Von der menschlichen Existenzform zu sprechen heißt, von einem Menschen zu sprechen, der sich nicht selbst ausgeliefert ist, der sich nicht selbst hervorbringt und der sein Leben nicht in jeder Hinsicht »gestaltet«[81], auch nicht durch die Produktion von sozialen Werten. Das heißt, vom Menschen zu sprechen als einem, der bei allem, was er tut, aufmerksam bleibt auf das, was ihm gegeben ist und widerfährt. In der christlichen Tradition bedeutet dies, vom *Menschen als Geschöpf* zu reden. Auch vom Gegebenen ist auf dieses Geschöpf-Sein hin zu reden. Geschöpflichkeit ist seine Existenzform. Er darf sich im guten Sinne abhängig wissen von dem, was ihm widerfährt und was ihm geschenkt ist, wenn er denn darauf aufmerksam bleibt.

Eine Ethik, die dies im Blick behält, wird nicht allein davon sprechen, was das Gute ist, das es zu *erstreben* gilt. Ein solches Gutes wird wiederum rasch besetzt werden können von den Angeboten eines »guten Lebens«, aus dessen Reservoir, das wir selbst erschließen, wir Menschen leben. Ausgeblendet ist damit die Frage, was wir als das Gute erfahren dürfen, das uns bei allem, was wir tun und bewerkstelligen können, begegnet. In diesem Sinne ist zu fragen, was es für uns Menschen heißt, zu »werden«, geboren zu werden, Kinder zu bekommen, gesund zu werden, krank zu werden, alt zu werden, zu sterben.

## 14. Jenseits der Moral: Verstehen und Erkennen der menschlichen Existenzform als einer geschöpflichen

Die Aufgabe der Ethik wird es sein, hier mit dem Verstehen und Erkennen der menschlichen Existenzform als einer geschöpflichen einzusetzen. Darin besteht die hier erforderliche Reflexivität oder Nachdenklichkeit der Moderne.

Jetzt kommt es darauf an, die *geschöpfliche Existenzform* in Bezug auf viele neue Problemstellungen durchzudeklinieren – und das heißt, *Unterscheidungen* zu gewinnen, denen unser Reden entlang gehen kann, wenn es auf der Spur geschöpflichen Lebens bleiben will. Es geht um Unterscheidungen, die dieses humanum umgrenzen, definieren: so die Unterscheidung zwischen (identischer) Fortpflanzung und Weiterleben, aber auch die Unterscheidung zwischen Krank-

---

[81] Es ist an dieser Stelle des Nachdenkens wert, dass das Wort »Gestaltung« im »Wörterbuch des Unmenschen« erscheint: D. STERNBERGER u.a.: Aus dem Wörterbuch des Unmenschen, 1989.

heiten und Eigenschaften, die Unterscheidung zwischen »geboren« werden und »reproduziert« werden, und die Unterscheidung zwischen Gesundheit und Perfektion.

Solche *Unterscheidungen* machen die Rede von der menschlichen Existenzform aus. Sie markieren, die Spur, auf der sich Menschen bewegen: die Spur ihrer Geschöpflichkeit.[82] Diese Spur zu halten und nicht diffundierende Möglichkeiten bereitzustellen, ist entscheidend. Ihr folgend ist zu entfalten, was die geschöpfliche Existenzform ausmacht. Dazu gehört die Beschreibung der *bestimmten* Beziehungen, die zur menschlichen Existenzform gehören, und die Unterscheidung dieser Beziehungen von anderen Verhältnissen. Dies widerspricht einer formaler Bestimmung des Menschen als Beziehungswesen, sofern die bestimmten Beziehungen immer darauf bezogen sind, dass Menschen diejenigen bleiben, die nicht Schöpfer oder Mit-Schöpfer sind, sondern Kooperatoren[83] – so wie ein Arzt mit »der Natur« kooperiert, darin aber schon keine »Natur« mehr zum Gegenüber hat, die allein durch das definiert wird, was von ihr im Rahmen einer bestimmten Technik reproduzierbar ist. Nicht irgendwelche Relationen, sondern die bestimmten geschöpflichen sind es, die unsere Existenzform kennzeichnen. Dass wir unsere Existenz nicht anderen Menschen verdanken, ist zwar durch das Insistieren auf dieser Unabhängigkeit – moralisch – zu behaupten, es ist aber uns vor aller Behauptung als nicht weiter »begründbar« gegeben.

Die medizinische Praxis und Forschung haben hier ihren Ort, sofern ihre Aufgabe darin besteht, Menschen zu helfen aufgrund *ihres* Verstehens und Erkennens der menschlichen Existenzform. Insofern ist die Medizin eine verstehende und erkennende Wissenschaft.[84] Auf diese Weise wird die medizinische Praxis helfen, dass Menschen Geschöpfe bleiben, dass sie im Status ihrer Geschöpflichkeit bleiben. Nicht »der Mensch«, wie er reproduziert werden kann, sondern die geschöpfliche Existenzform, die wir zu verstehen haben, ist der Leitfaden dieser Praxis. So kann die medizinische Praxis helfen, die menschliche Existenzform zu erkunden, wenn sie hilft, dass diese in den Unterscheidungen bewahrt bleibt, in denen sie wahrzunehmen ist, z.B. in der Unterscheidung zwischen Therapie und Veränderung von Eigenschaften, in der Unterscheidung zwischen Reproduktion

---

[82] So geht es um bestimmte Unterscheidungen. Vgl. die Bemerkung KIERKEGAARD'S, dass es keine Unterscheidungen mehr gibt (K. LÖWITH: Heidegger – Denker in dürftiger Zeit. Zur Stellung der Philosophie im 20. Jahrhundert, (Karl Löwith. Sämtliche Schriften 8) 1984).
[83] Vgl. vor allem die Auslegungen Martin LUTHERs zur Schöpfungsgeschichte und zu verschiedenen Psalmen, wie zu Psalm 127. Vgl. dazu U. ASENDORF: Lectura in Biblia. Luthers Genesisvorlesung (1535-1545), 1998.
[84] Der Verfasser verdankt dazu wertvolle Einsichten Walter DOERFLER, mit dem zusammen er Vorlesungen über »Molekularbiologie und Ethik« halten konnte; siehe auch: W. DOERFLER; H. G. ULRICH: Forschung am menschlichen Genom: Molekularbiologie und theologische Ethik im Gespräch (2007).

und »Kinder-Bekommen« oder auf der Grenzlinie der Unterscheidung zwischen Therapie und Veränderung der Existenzform, und auf der Grenzlinie noch vieler anderer Unterscheidungen, in denen sich die geschöpfliche Existenzform abzeichnet – nicht zuletzt in der Unterscheidung zwischen Arbeit als Broterwerb und Arbeit als Existenzform (animal laborans) oder als Medium der Selbst-Verwirklichung.

### 15. Erweiterung der Ethik – auch in der öffentlichen Diskussion

Gegenüber der Beschränkung der moralischen Reflexion auf Legitimationsfragen, aber auch gegenüber einer begrenzten Ausrichtung der moralischen Reflexion und der Ethik auf die Übereinkunft in »sozialen Werten« geht es um die Veränderung der ethischen Aufgabe: es gilt zu verstehen und zu erkennen, was die menschliche Existenzform ausmacht. Dieses Verstehen und Erkennen ist nicht *gegenüber* der medizinischen Praxis geltend zu machen, vielmehr ist die medizinische Praxis selbst als eine verstehende und erkennende aufzufassen. Das ist die Perspektive für eine medizinische Ethik, die vor allem auch die wissenschaftstheoretischen Grundlagen in die ethische Reflexion einbezieht.[85]

Die öffentliche Diskussion über medizinische Ethik ist aus der Begrenzung auf moralische Legitimationsfragen herauszuführen.[86] So muss die Frage nach der menschlichen Existenzform auch hier auf die Tagesordnung kommen. Sie wird sonst nur de facto bearbeitet. Damit ist eine ethische Praxis[87] gefordert, in der kenntlich wird, *was* auf dem Spiel steht. Dies heißt nicht, dass der öffentliche Diskurs zu begründen hätte, was das Menschsein ausmacht.[88] Aber der öffentliche Diskurs muss dem Verstehen, Erkennen und Erproben der menschlichen Existenzform[89] Raum geben und damit auch dem Widerspruch gegen die eingefahrenen Diskurse, auch gegen die neuen über »den Menschen«.

---

[85] Vgl. dazu auch: T. v. UEXKÜLL; W. WESIACK: Theorie der Humanmedizin. Grundlagen ärztlichen Denkens und Handelns, 1988.

[86] Dies betrifft auch die Arbeit in den Ethik-Kommissionen, sofern sie ihre Prüfung auf die Legalität von Projekten einschränken. Die Diskussion in diesen Kommissionen oder in den Ethik-Kommitees zeigt jedoch, dass diese Beschränkung nicht einzuhalten ist, und sie wird auch nicht eingehalten.

[87] Siehe A3-1; A3-2.

[88] Siehe dazu die Beiträge der Kirchen: Evangelische Kirche in Deutschland (EKD) und Römisch-Katholische Kirche.

[89] Beispielsweise auch in der Frage, wie Menschen sterben und was »tot sein« bedeutet. Dies ist auch in der Diskussion um den »Hirntod« als Defizit deutlich geworden. Auch hier haben oft Rechtsfragen und ihnen entsprechende Prinzipien wie »Autonomie« andere Fragen überlagert. Siehe dazu jetzt: (EKD), Evangelische Kirche in Deutschland: Sterben hat seine Zeit. Überlegungen zum Umgang mit Patientenverfügungen aus evangelischer Sicht. Ein Beitrag der Kammer für Öffentliche Verantwortung der Evangelischen Kirche in Deutschland, (EKD-Texte 80) 2005.

# Literatur

*Ach, Johann S.*: Embryonen, Marsmenschen und Löwen: Zur Ethik der Abtreibung, hg. von Johann S. Ach und Andreas Gaidt, Stuttgart/Bad-Cannstadt 1993, 71-136
*Adorno, Theodor W.*: Minima Moralia. Reflexionen aus dem beschädigten Leben, [1951], Frankfurt/M. 1964
–: Negative Dialektik, Frankfurt/M. 1966
–: Probleme der Moralphilosophie, [1963], (Nachgelassene Schriften Bd. 10, hg. von Thomas Schröder) Frankfurt/M. 1996
*Agamben, Giorgio*: Homo sacer. Die souveräne Macht und das nackte Leben, Frankfurt/M. 2002
–: Ausnahmezustand : (Homo sacer II.1), übers. v. Ulrich Müller-Schöll, Frankfurt/M. 2004
*Almond, Brenda* (Hg.): Introducing Applied Ethics, Oxford, Cambridge, Mass. 1995
*Altner, Günter*: Leben in der Hand des Menschen. Die Brisanz des biotechnischen Fortschritts, Darmstadt 1998
*Amery, Carl*: Global Exit. Die Kirchen und der Totale Markt, München 2002
*Andersen, Svend*: Einführung in die Ethik, Berlin 2000
*Andersen, Svend; Nissen, Ulrik; Reuter, Lars* (Hg.): The Sources of Public Morality – On the ethics and religions debate. Proceedings of the annual conference of the Societas Ethica in Berlin, August 2001, Münster 2003
*Anzenbacher, Arno*: Einführung in die Ethik, Düsseldorf 1992
*Apel, Karl-Otto*: Diskursethik als Verantwortungsethik und das Problem der ökonomischen Rationalität, in: Sozialphilosophische Grundlagen ökonomischen Handelns, hg. von Bernd Biervert; Klaus Held; Josef Wieland, Frankfurt/M. 1990, 121-154
*Arendt, Hannah*: Fragwürdige Traditionsbestände im politischen Denken der Gegenwart. Vier Essays, Frankfurt/M. 1957
–: Eichmann in Jerusalem. Ein Bericht von der Banalität des Bösen [1963], München 1964
–: Über die Revolution, [1963], Neuausg., 2. Aufl. München 1974
–: Die verborgene Tradition. Acht Essays, Frankfurt/M. 1976
–: Vom Leben des Geistes, Bd. 1: Das Denken, München 1979
–: Es gibt nur ein einziges Menschenrecht, in: Praktische Philosophie/Ethik 2, hg. von Otfried Höffe; Gerd Kadelbach; Gerhard Plumpe, Frankfurt/M. 1981, 152-167
–: Das Urteilen. Texte zu Kants Politischer Philosophie, hg. von Ronald Beiner, München u.a. 1985
–: Macht und Gewalt, [New York 1970], 5. Aufl. München 1985
–: Vom Leben des Geistes, Bd. 3: Das Urteilen, hg. von Ronald Beiner, München 1985
–: Philosophie und Politik, in: Deutsche Zeitschrift für Philosophie 41 (1993) 378-400
–: Was ist Politik? Aus dem Nachlass hg. von Ursula Ludz, München, Zürich 1993
–: Freiheit und Politik, in: Zwischen Vergangenheit u. Zukunft, München/ Zürich 1994, 201-226
–: Zwischen Vergangenheit und Zukunft. Übungen im politischen Denken I, hg. v. U. Ludz, 1994
–: Elemente und Ursprünge totaler Herrschaft. Antisemitismus, Imperialismus, Totalitarismus, 5. Aufl. München u.a. 1996
–: Ich will verstehen. Selbstauskünfte zu Leben und Werk, hg. von Ursula Ludz, 2 Aufl. München/ Zürich 1997
–: Vita activa oder Vom tätigen Leben (1960), 9. Aufl. München 1997
*Asendorf, Ulrich*: Die Grundzüge der Theologie Luthers im Lichte seines Ansatzes vom »admirabile commercium«, (Veröffentlichungen des Instituts für Europäische Geschichte Mainz) Mainz 1985

*Asendorf, Ulrich*: Die Theologie Martin Luthers nach seinen Predigten, Göttingen 1988
–: Martin Luthers Theologie gesamtbiblische Erneuerung. Eine Skizze über die Bedeutung seiner Genesis-Vorlesung (1535-1545), in: Kerygma und Dogma 43 (1997) 186-201
–: Lectura in Biblia. Luthers Genesisvorlesung (1535-1545), Göttingen 1998
–: Heiliger Geist und Rechtfertigung, Göttingen 2004
*Asheim, Ivar*: Glaube und Erziehung bei Luther. Ein Beitrag zur Geschichte des Verhältnisses von Theologie und Pädagogik, Heidelberg 1961
*Assel, Heinrich*: Der andere Aufbruch. Die Lutherrenaissance. Ursprünge, Aporien und Wege (1910 – 1935), (Forschungen zur systematischen und ökumenischen Theologie) Göttingen 1994
*Assmann, Jan*: Herrschaft und Heil. politische Theologie in Altägypten, Israel und Europa, Frankfurt/M. 2002
*Assmann, Jan; Janowski, Bernd; Welker, Michael*: Gerechtigkeit. Richten und Retten in der abendländischen Tradition und ihren altorientalischen Ursprüngen, München 1998
*Bäcker, Gerhard*: Sozialpolitik zwischen Abbau und Umbau. Reformansätze aus Sicht der Gewerkschaften, in: Sozialstaat wohin? Umbau, Abbau oder Ausbau der sozialen Sicherung, hg. von Werner Schönig; Raphael L'Hoest, Darmstadt 1996, 142-172
*Bader, Günter*: Psalterium affectuum palaestra. Prolegomena zu einer Theologie des Psalters, (Hermeneutische Untersuchungen zur Theologie) Tübingen 1996
*Badiou, Alain*: Lacans Herausforderung der Philosophie, in: Politik der Wahrheit, hg. von Rado Riha, Wien 1997, 46-53
–: Philosophie und Politik, in: Politik der Wahrheit, hg. von R. Riha, Wien 1997, 31-45
–: Wahrheiten und Gerechtigkeit, in: Politik der Wahrheit, hg. von R. Riha, Wien 1997, 54-63
*Badiou, Alain; Rancière, Jacques; Riha, Rado; Sumic, Jelica*: Politik der Wahrheit, hg. von R. Riha, Wien 1997
*Baecker, Dirk* (Hg.): Kapitalismus als Religion, (Copyrights) Berlin 2003
*Baldermann, Ingo u.a.* (Hg.): »Gesetz« als Thema Biblischer Theologie. Mit Beiträgen von Dwight R. Daniels u.a. (Jahrbuch für Biblische Theologie Bd. 4), Neukirchen 1989
– (Hg.): Schöpfung und Neuschöpfung. Mit Beiträgen von Oswald Bayer u.a. (Jahrbuch für Biblische Theologie Bd. 5), Neukirchen 1990
*Balthasar, Hans Urs von*: Spiritus Creator. Skizzen zur Theologie III, Einsiedeln 1967
–: Theodramatik, Bd. 2: Die Personen des Spiels, Teil 1: Der Mensch in Gott, Einsiedeln 1976
–: Christlicher Stand, Einsiedeln 1977
–: Theodramatik 2: Die Personen des Spiels, Teil 2: Die Personen in Christus, Einsiedeln 1978
–: Nachfolge Christi in der heutigen Welt, in: Gottbefreites Leben, Einsiedeln 1993, 111-240
*Balzer, Philipp*: Menschenwürde vs. Würde der Kreatur. Begriffsbestimmung, Gentechnik, Ethikkommissionen, 2. Aufl. Freiburg 1999
*Barber, Benjamin*: Starke Demokratie. Über die Teilhabe am Politischen, Hamburg 1994
*Barkhaus, Annette; Mayer, Matthias; Roughley, Neil; Thürnau, Donatus* (Hg.): Identität, Leiblichkeit, Normativität. Neue Horizonte anthropologischen Denkens 2, Frankfurt/M. 1999
*Barth, Karl*: Evangelium und Bildung, 2. Aufl. Zürich 1947
–: Rechtfertigung und Recht, [1938], 4. Aufl. Zürich 1970
–: Der Römerbrief, [1922], Zürich 1976
–: Das christliche Leben. Die kirchliche Dogmatik IV,4, Fragmente aus dem Nachlass. Vorlesungen 1959 – 1961, (Gesamtausgabe, hg. von Hinrich Stoevesandt), hg. von Hans-Anton Drewes und Eberhard Jüngel, 2. Aufl. Zürich 1979
*Baumgartner, Hans Michael* (Hg.): Grenzen der Ethik, München u.a. 1994
*Bayer, Oswald*: Promissio. Geschichte der reformatorischen Wende in Luthers Theologie, Göttingen 1971
–: Umstrittene Freiheit. Theologisch-Philosophische Kontroversen, Tübingen 1981
–: Aus Glauben leben. Über Rechtfertigung u. Heiligung, 2., überarb. Aufl. Stuttgart 1990
–: Schöpfung als Anrede. Zu einer Hermeneutik der Schöpfung, erw. 2. Aufl. Tübingen 1990

—: Autorität und Kritik. Zur Hermeneutik und Wissenschaftstheorie, Tübingen 1991
—: Leibliches Wort. Reformation und Neuzeit im Konflikt, Tübingen 1992
—: Ethik als Konfliktwissenschaft am Beispiel des Freiheitsbegriffs [1989], in: Freiheit im Leben mit Gott. Texte zur Tradition evangelischer Ethik, hg. von H. G. Ulrich, Gütersloh 1993, 257-275
—: Theologie, (Handbuch Systematischer Theologie, Bd. 1) Gütersloh 1994
—: Evangelische Sozialethik als Verantwortungsethik, in: Freiheit als Antwort, 1995, 183-196
—: Freiheit als Antwort. Zur theologischen Ethik, Tübingen 1995
—: Gesetz und Moral. Zur ethischen Bedeutung des Rechts, in: Freiheit als Antwort, 1995, 272-282
—: Kategorischer Imperativ und kategorische Gabe, in: Freiheit als Antwort, 1995, 13-19
—: Macht, Recht, Gerechtigkeit, in: Freiheit als Antwort, 1995, 282-296
—: Nachfolge-Ethos und Haustafel-Ethos. Luthers seelsorgerliche Ethik, in: Freiheit als Antwort, 1995, 147-163
—: Natur und Institution. Luthers Dreiständelehre, in: Freiheit als Antwort, 1995, 116-146
—: Gemeinschaft in der Kirche – Einheit und Pluralismus, in: Kirche – Ethik – Öffentlichkeit. Christliche Ethik in der Herausforderung, hg. von Wolfgang Schoberth; Ingrid Schoberth, (Ethik im Theologischen Diskurs – Ethics in Theological Discourse) Münster 2002, 207-215
—: Martin Luthers Theologie. Eine Vergegenwärtigung, 2., durchges. Aufl. Tübingen 2004
*Bayer, Oswald; Suggate, Allen* (Hg.): Worship and Ethics. Lutherans and Anglicans in Dialogue, Berlin/ New York 1996
*Bayertz, Kurt*: Solidarität : Begriff und Problem, Frankfurt/M. 1998
*Baynes, Kenneth*: The Normative Grounds of Social Criticism. Kant, Rawls, and Habermas, Albany, NY 1992
*Beck, Ulrich*: Erfindung des Politischen. Zu einer Theorie reflexiver Modernisierung, Frankfurt/M. 1993
*Beck, Ulrich; Giddens, Anthony; Scott, Lash*: Reflexive Modernisierung. Eine Kontroverse, Frankfurt/M. 1996
*Becker, Jürgen*: Der erschöpfte Sozialstaat, Frankfurt/M. 1996
*Bedford-Strohm, Heinrich*: Vorrang für die Armen. Auf dem Weg zu einer theologischen Theorie der Gerechtigkeit, (Öffentliche Theologie) Gütersloh 1993
—: Gemeinschaft aus kommunikativer Freiheit. Sozialer Zusammenhalt in der modernen Gesellschaft. Ein theologischer Beitrag, (Öffentliche Theologie) Gütersloh 1999
—: Schöpfung, (Bensheimer Ökumenische Studienhefte) Göttingen 2001
*Beestermöller* (Hg.): Ökumenische Sozialethik als gemeinsame Suche nach christlichen Antworten, Stuttgart 1996
*Beintker, Horst*: Wort – Geist – Kirche. Ausgew. Aufsätze zur Theologie Luthers, Berlin 1983
—: Zu Luthers Verständnis vom geistlichen Leben des Christen im Gebet, in: Wort, Geist, Kirche. Ausgewählte Aufsätze zur Theologie Luthers, Berlin 1983, 16-31
—: Leben mit dem Wort. Handbuch zur Schriftauslegung Martin Luthers, Erlangen 1985
*Beintker, Michael*: Rechtfertigung in der neuzeitlichen Lebenswelt. Theologische Erkundungen, Tübingen 1998
– (Hg.): Geschenktes Leben. Die Rechtfertigungsbotschaft in Predigten, Leipzig 2002
*Bell, Daniel*: Models and Reality in Economic Discourse, in: The Crisis in Economic Theory, ed. by Daniel Bell, Kristol Irving, New York 1991, 46-81
*Bellah, Robert N.*: Gewohnheiten des Herzens. Individualismus und Gemeinsinn in der amerikanischen Gesellschaft, Köln 1987
*Benda, Ernst*: Recht als Verwirklichung von Moral – eine Überforderung? (Vortrag anläßlich des Bioethik-Kongresses der EKD »Zum Bild Gottes geschaffen. Bioethik in evangelischer Perspektive« am 28./29. Januar 2002 in Berlin) (2002)
*Benhabib, Seyla*: Hannah Arendt. Die melancholische Denkerin der Moderne, [The reluctant modernism of Hannah Arendt, 1996], übers. von Karin Wördemann, Hamburg 1989

*Benhabib, Seyla*: Liberaler Dialog kontra Kritische Theorie diskursiver Legitimierung, in: Bürgergesellschaft, Recht und Demokratie, hg. von Bert van den Brink; Willem van Reijen, Frankfurt/M. 1995, 411-431
–: Selbst im Kontext. Kommunikative Ethik im Spannungsfeld von Feminismus, Kommunitarismus und Postmoderne, Frankfurt/M. 1995
–: Über Achtung und Versöhnung – Gerechtigkeit und das gute Leben. Antwort auf Herta Nagl-Docekal und Rainer Forst, in: Deutsche Zeitschrift für Philosophie 45 (1997) 975-990
–: Kulturelle Vielheit und demokratische Gleichheit. Politische Partizipation im Zeitalter der Globalisierung, 2. Aufl. Frankfurt/M. 2000
*Benjamin, Walter*: Schicksal und Charakter, in: Illuminationen. Ausgewählte Schriften, Frankfurt/M. 1977, 42-49
–: Theologisch-politisches Fragment, in: Illuminationen, 1977, 262-263
–: Über den Begriff der Geschichte, in: Illuminationen, 1977, 251-261
–: Kapitalismus als Religion, in: Fragmente. Autobiographische Schriften, hg. von Rolf Tiedemann; Hermann Schweppenhäuser, Bd. VI, (Gesammelte Schriften. Unter Mitwirkung von Theodor W. Adorno und Gershom Scholem hg. von R. Tiedemann und H. Schweppenhäuser) Frankfurt/M. 1991, 100-103
–: Theologisch-Politisches Fragment, in: Aufsätze, Essays, Vorträge, hg. von Rolf Tiedemann; Hermann Schweppenhäuser, Bd. II.1, (Gesammelte Schriften) 1991, 203-204
–: Zur Kritik der Gewalt, in: Aufsätze, Essays, Vorträge, hg. von Rolf Tiedemann; Hermann Schweppenhäuser, Bd. II.1, (Gesammelte Schriften) 1991, 179-203
*Benne, Robert*: Ordinary saints. An introduction to the Christian life, Philadelphia 1988
–: The paradoxical vision. A public theology for the twenty-first century, Minneapolis 1995
–: The Calling of the Church in Economic Life, in: The Two Cities of God: The Church's Responsibilities for the Earthly City, ed by Carl E. Braaten und Robert W. Jenson, Grand Rapids, Mich. 1997, 95-116.
*Bergo, Bettina*: Levinas between ethics and politics. For the beauty that adorns the earth, (Phaenomenologica) Dordrecht [u.a.] 1999
*Berner, Knut*: Gesetz im Diskurs. Konsequenzen theologisch-philosophischer Wirklichkeitsdeutung, Neukirchen 1997
–: Theorie des Bösen. Zur Hermeneutik destruktiver Verknüpfungen, Neukirchen-Vluyn 2004
*Beros, Daniel Carlos*: Heimat für Heimatlose. Die Sprache des Glaubens bei den evangelischen Russlanddeutschen auf ihrer Suche nach Bodenständigkeit in der La Plata-Region, (theol. Diss.) Erlangen 2004
*Bertau, Karl*: Über Literaturgeschichte. Literarischer Kunstcharakter und Geschichte in der höfischen Epik um 1200, München 1983
–: Schrift - Macht - Heiligkeit in den Literaturen des jüdisch-christlich-muslimischen Mittelalters, hg. von Sonja Glauch, Berlin; New York 2005
*Beyerle, Stefan* (Hg.): Recht und Ethos im Alten Testament – Gestalt und Wirkung. Festschrift für Horst Seebass zum 65. Geburtstag, Neukirchen-Vluyn 1999
*Bielefeldt, Heiner*: Wiedergewinnung des Politischen. Eine Einführung in Hannah Arendts politisches Denken, Würzburg 1993
*Bienfait, Agathe*: Freiheit, Verantwortung, Solidarität. Zur Rekonstruktion des politischen Liberalismus, Frankfurt/M. 1999
*Biervert, Bernd* (Hg.): Ökonomische Theorie und Ethik, Frankfurt/M. u.a. 1987
– (Hg.): Ethische Grundlagen der ökonomischen Theorie. Eigentum, Verträge, Institutionen, Frankfurt u.a. 1989
*Biervert, Bernd; Held, Klaus; Wieland, Josef* (Hg.): Sozialphilosophische Grundlagen ökonomischen Handelns, Frankfurt/M. 1990
*Biervert, Bernd; Wieland, Josef*: Gegenstandsbereich und Rationalitätsform der Ökonomie und der Ökonomik, in: Sozialphilosophische Grundlagen ökonomischen Handelns, hg. von B. Biervert; Klaus Held; J. Wieland, Frankfurt/M. 1990, 7-32

*Biesecker, Adelheid*: Markt, Macht, Diskurs in der Bestimmung ökonomischer Werte – theoriegeschichtliche Spurensuche, (Bremer Diskussionspapiere zur institutionellen Ökonomie und Sozialökonomie, hg. von A. Biesecker; Wolfram Elsner; Klaus Grenzdörffer) Bremen 2000
*Biesecker, Adelheid; Elsner, Wolfram; Grenzdörffer, Klaus* (Hg.): Kooperation und interaktives Lernen in der Ökonomie, (Institutionelle und Sozial-Ökonomie) Frankfurt am Main [u.a.] 2002
*Biggar, Nigel*: The Hastening That Waits. Karl Barth's Ethics. With a New Conclusion, Oxford 1995
– (Hg.): The revival of natural law. Philosophical, theological and ethical responses to the Finnis-Grisez School, Aldershot [u.a.] 2000
Bildung und Kirche. Herausforderungen des gesellschaftlichen Wandels für das pädagogische Handeln der Kirche. Vorträge und Diskussionen einer Tagung des Comenius-Instituts Münster und der Evangelischen Akademie Bad Boll vom 1. – 3. Febr. 1985 in Bad Boll, Münster 1985
*Birch, Bruce C.; Rasmussen, Larry L.*: Bible and Ethics in the Christian life, Rev. & expanded ed. Minneapolis 1989
–: Bibel und Ethik im christlichen Leben, (Öffentliche Theologie Bd. 1) Gütersloh 1993
*Birnbacher, Dieter* (Hg.): Ökologie und Ethik, Stuttgart 1980
*Bloch, Ernst*: Das Prinzip Hoffnung, [1938-1947], Bd. 1 und 2, Frankfurt/M. 1959
*Bloomquist, Karen L.*: Communion, Responsibility, Accountability, in: Communion, Responsibility, Accountability. Responding as a Lutheran Communion to Neoliberal Globalization, hg. von Karen L. Bloomquist und Lutheran-World-Federation, (Lutheran World Federation, Documentation No. 50) Geneva 2004, 261-288
*Bloomquist, Karen L.; Stumme, John R.* (Hg.): The Promise of Lutheran Ethics, Minneapolis 1998
–: Auf der Suche nach Gerechtigkeit, in: Zwischen Vision und Realität: lutherische Kirchen im Übergang, hg. von Wolfgang Greive und Lutheran World Federation, (Dokumentation Lutherischer Weltbund) Genf 2003, 125-135.
*Bodei, Remo*: Ordo amoris. Augustinus, irdische Konflikte und himmlische Glückseligkeit, (Edition Passagen) Wien 1993
*Bockmuehl, Markus*: Jewish law in gentile churches. Halakhah and the beginning of Christian public ethics, Edinburgh 2000
*Böckenförde, Ernst-Wolfgang*: Staat, Gesellschaft, Freiheit. Studien zur Staatstheorie und zum Verfassungsrecht, Frankfurt/M. 1976
–: Die Entstehung des Staates als Vorgang der Säkularisation, in: Staat, Gesellschaft, Freiheit. Studien zur Staatstheorie und zum Verfassungsrecht, 1976, 42-64
–: Die verfassunggebende Gewalt des Volkes – Ein Grenzbegriff des Verfassungsrechts, in: Zum Begriff der Verfassung. Die Ordnung des Politischen, hg. von Ulrich K. Preuß, Frankfurt/M. 1994, 58-80
–: Recht, Sittlichkeit, Toleranz. Überlegungen zu Aufgabe, Möglichkeiten und Grenzen des Rechts, (Interdisziplinäre Schriftenreihe des Humboldt-Studienzentrums Universität Ulm) hg. von Renate Breuninger Ulm 2001
–: Vom Wandel des Menschenbildes im Recht, (Gerda Henkel Vorlesung) Münster 2001
–: Geschichte der Rechts- und Staatsphilosophie : Antike und Mittelalter, Tübingen 2002
*Böckle, Franz*: Politik jenseits von Gut und Böse, in: Politik und Moral. Entmoralisierung des Politischen?, hg. von Werner Becker; Willi Oelmüller, München/ Paderborn 1987, 21-30
*Böckle, Franz; Böckenförde, Ernst-Wolfgang* (Hg.): Naturrecht in der Kritik, Mainz 1973
*Bohatec, Josef*: Das Naturrecht und die innerweltlichen Ordnungen nach Calvin, 1936
*Bohrer, Karl Heinz; Scheel, Kurt* (Hg.): Moral. Und Macht (Sonderheft Merkur, Heft 9/10; Bd. 50), Stuttgart 1996
*Bondolfi, Alberto*: Ethik und Selbsterhaltung sozialethische Anstösse, (Studien zur theologischen Ethik), Bd. 30 Freiburg, Schweiz 1990

*Bondolfi, Alberto* (Hg.): Ethik, Vernunft und Rationalität. Beiträge zur 33. Jahrestagung der Societas Ethica in Luzern 1996 (Ethics, reason and rationality) Münster 1997
*Bonhoeffer, Dietrich*: Gedanken zum Tauftag von D.W.R., Mai 1944, in: Widerstand und Ergebung. Briefe und Aufzeichnungen aus der Haft, hg. von Eberhard Bethge, München/ Hamburg 1964, 145-153
–: Ethik. Zusammengestellt und hg. von Eberhard Bethge, München 1975
–: Nachfolge [1937], hg. von Martin Kuske und Eberhard Bethge (Werke Bd. 4) München 1989
–: Ethik, hg. von Ilse Tödt, Heinz Eduard Tödt, Ernst Feil, Clifford Green, (Werke Bd. 6) Gütersloh 1992
–: Christus, die Wirklichkeit und das Gute. Christus, Kirche und Wel, in: Ethik 1992, 31-61
–: Die Struktur des verantwortlichen Lebens, in: Ethik, 1992, 256-288
–: Ethik als Gestaltung, in: Ethik, 1992, 62-92
*Borsche, Tilmann; Kaulbach, Friedrich*: Art.: Leib, Körper, in: Historisches Wörterbuch der Philosophie, Bd. 5, 1980, 174-185
*Boudieu, Pierre*: The Forms of Capital, in: Handbook of Theory and Research for the Sociology of Education, ed. by John G. Richardson, New York 1986, 241-258.
–: Das religiöse Feld. Texte zur Ökonomie des Heilsgeschehens, Konstanz 2000
*Braaten, Carl E.*: Principles of Lutheran theology, Philadelphia, Pa. 1983
*Braaten, Carl E.; Jenson, Robert* (Eds.): The two cities of God. The church's responsibility for the earthly city, Grand Rapids, Mich. [u.a.] 1997
*Brandom, Robert B.*: Expressive Vernunft : Begründung, Repräsentation und diskursive Festlegung, übers. von Eva Gilmer und Hermann Vetter, Frankfurt am Main 2000
*Brandt, Reinhard*: Die ermöglichte Freiheit. Sprachkritische Rekonstruktion der Lehre vom unfreien Willen, Hannover 1992
*Brink, Bert van den; Reijen, Willem van* (Hg.): Bürgergesellschaft, Recht und Demokratie, Frankfurt/M. 1995
*Brinkmann, Gert Ulrich*: Theologische Institutionenethik. Ernst Wolfs Beitrag zur Institutionenethik in der evangelischen Kirche nach 1945, (Neukirchener Beiträge zur systematischen Theologie) Neukirchen-Vluyn 1997
*Bröckling, Ulrich; Krasmann, Susanne; Lemke, Thomas* (Hg.): Gouvernementalität der Gegenwart. Studien zur Ökonomisierung des Sozialen, Frankfurt/M. 2000
*Brock, Brian*: Discovering our Dwelling: Technological Development and Christian Moral Reasoning, 2005 (Mss. im Druck)
–: Singing the Ethos of God: On the Place of Christian Ethics in Scciptue, Grand Rapids, Mich./ Cambridge UK 2007
*Brock, Brian; Doerfler, Walter; Ulrich, Hans G.*: Genetics, Conversation and Conversion: A Discourse at the Interface of Molecular Biology and Christian Ethics, in: Theology, Disability and the New Genetics. Why Science needs the Church, hg. von Brian Brock John Swinton, London 2007, 146-160.
*Brumlik, Micha*: Theologie und Messianismus im Denken Adornos, in: Messianismus zwischen Mythos und Macht, hg. von Eveline Goodman-Thau; Wolfdietrich Schmied-Kowarzik, Berlin 1994, 231-252
–: Für eine politische Ökonomie der Arbeit, in: Wirtschaft von unten : Selbsthilfe und Kooperation, hg. von Friedrich Heckmann, Oskar Negt und Michael Buckmiller, (Diestel Hefte) Heilbronn 1997, 80-90
–: Souveränität – Der lange Weg zum kurzen Abschied, in: Das Recht der Republik, hg. von Hauke Brunkhorst; Peter Niesen, Frankfurt/M. 1999, 66-82
–: Gerechtigkeit zwischen den Generationen, in: Vernunft und Offenbarung . Religionsphilosophische Versuche, Berlin [u.a.] 2001, 191-205
–: Universalistische Moral ohne Gott? Emmanuel Lévinas' Ethik der Asymmetrie, in: Vernunft und Offenbarung. Religionsphilosophische Versuche, Berlin [u.a.] 2001, 207-222

—: Anerkennung und Erkenntnis in der geschlechtlichen Liebe. Anmerkungen zu Positionen biblischen Denkens, in: Vernunft und Offenbarung. Religionsphilosophische Versuche, Berlin [u.a.] 2001, 223-230
—: Bildung und Glück : Versuch einer Theorie der Tugenden, Berlin [u.a.] 2002
—: Advokatorische Ethik. Zur Legitimation pädagogischer Eingriffe, 2. Aufl. Berlin [u.a.] 2004
*Brumlik, Micha; Brunkhorst, Hauke* (Hg.): Gemeinschaft und Gerechtigkeit, Frankfurt/M. 1993
*Brunkhorst, Hauke*: Demokratie und Differenz. Vom klassischen zum modernen Begriff des Politischen, Frankfurt/M. 1994
*Brunkhorst, Hauke; Niesen, Peter* (Hg.): Das Recht der Republik, Frankfurt/M. 1999
*Brunner, Emil*: Das Gebot und die Ordnungen. Entwurf einer protestantisch-theologischen Ethik, New York (Nachdruck) 1932
*Buber, Martin*: Die Erzählungen der Chassidim, Zürich 1949
—: Bilder von Gut und Böse, Köln 1952
—: Das Problem des Menschen, [1942/1947], Heidelberg 1961
—: Gläubiger Humanismus [1963], in: Nachlese, 1966, 113-120
—: Nachlese, Heidelberg 1966
—: Reden über Erziehung, Heidelberg 1986
—: Der Jude und sein Judentum. Gesammelte Aufsätze und Reden, 2. Aufl. Gerlingen 1993
—: Das Gestaltende [1912], in: Der Jude und sein Judentum, 1993, 234-239
—: An der Wende [1951], in: Der Jude und sein Judentum, 1993, 141-179
—: Die Mächtigkeit des Geistes [1934], in: Der Jude und sein Judentum, 1993, 557-565
—: Ein Spruch des Maimuni [1935], in: Der Jude und sein Judentum, 1993, 578-579
—: Für die Sache der Treue [1929], in: Der Jude und sein Judentum, 1993, 797-800
—: Im Anfang [1924], in: Der Jude und sein Judentum, 1993, 240
—: Recht und Unrecht. Deutung einiger Psalmen, 2. Aufl. Gütersloh/ Gerlingen 1994
*Buber, Martin; Rosenzweig, Franz*: Die Schrift, Bd.1-4, Gerlingen 1992
*Bubner, Rüdiger*: Rationalität, Lebensform und Geschichte, in: Rationalität. Philosophische Beiträge, hg. von Walter Schnädelbach, Frankfurt/M. 1984, 198-217
—: Moralität und Sittlichkeit – die Herkunft eines Gegensatzes, in: Moralität und Sittlichkeit. Das Problem Hegels und die Diskursethik, hg. von Wolfgang Kuhlmann, Frankfurt/M. 1986, 64-84
—: Das Gute in der Aristotelischen Metaphysik, in: Antike Themen und ihre moderne Verwandlung, Frankfurt/M. 1992, 164-187
—: Welche Rationalität bekommt der Gesellschaft? Vier Kapitel aus dem Naturrecht, Frankfurt/M. 1996
*Buchanan, Allen*: From chance to choice : genetics and justice, Cambridge UK/ New York 2000
*Bundesministerium für Forschung*: Klonierung beim Menschen. Stellungnahme 1997
*Burggraeve, Roger*: Die Ethik der Verantwortlichkeit im Plural. Die Auffassung von Emmanuel Lévinas, München 1997
*Butler, Judith*: Das Unbehagen der Geschlechter, Frankfurt am Main 2003
—: Kritik der ethischen Gewalt. Adorno-Vorlesungen 2002, Frankfurt/M. 2003
*Butler, Judith; Laclau, Ernesto; Žižek, Slavoj* (Hg.): Contingency, hegemony, universality. Contemporary dialogues on the left, London [u.a.] 2000
*Buttiglione, Rocco; Seifert, Josef* (Hg.): Wie erkennt man Naturrecht? , Heidelberg 1998
*Campagna, Norbert*: Die Moralisierung der Demokratie : Alexis de Tocqueville und die Bedingungen der Möglichkeit einer liberalen Demokratie, (Politische Philosophie ; 7) Cuxhaven [u.a.] 2001
*Canguilhem, Georges; Foucault, Michel*: Der Tod des Menschen im Denken des Lebens, hg. von Marcelo Marques Tübingen 1988
*Caygill, Howard*: Levinas and the political, (Thinking the political) London [u.a.] 2002
*Childs, James M.*: Ethics in business : faith at work, Minneapolis, MN 1995

*Clicqué, Guy M.*: Naturwissenschaft und Verantwortung – Feinde, Freunde oder Fremdlinge?, in: Kirche – Ethik – Öffentlichkeit. Christliche Ethik in der Herausforderung, hg. von Wolfgang Schoberth; Ingrid Schoberth, (Ethik im Theologischen Diskurs – Ethics in Theological Discourse, Bd. 5) Münster 2002, 13-31

*Colwell, John E.*: Living the Christian story : the distinctiveness of Christian ethics, Edinburgh 2001

*Cohen, Leonhard*: Beautiful Losers, New York 1966

*Coleman, James Samuel*: Grundlagen der Sozialtheorie, [Foundations of Social Theory, 1990], (Scientia nova) München 1991

*Cooper, Robert*: The breaking of nations : order and chaos in the twenty-first century, London 2003

*Critchley, Simon*: The ethics of deconstruction : Derrida and Lévinas, Oxford [u.a.] 1992 (2nd ed. Edinburgh 1999)

–: Ethics – politics – subjectivity : essays on Derrida, Lévinas and contemporary French thought, London 1999

–: Dekonstruktion und Pragmatismus : Demokratie, Wahrheit und Vernunft, hg. von Chantal Mouffe (Passagen Philosophie) Wien 1999

– (Ed.): The Cambridge companion to Lévinas, Reprint, Cambridge [u.a.] 2003

*Crüsemann, Frank*: Maßstab: Tora. Israels Weisung für christliche Ethik, 2. Aufl. Gütersloh 2004

*Cruikshank, Barbara*: The will to empower : democratic citizens and other subjects, (Cornell paperbacks) Ithaca [u.a.] 1999

*Czada, Roland; Zintl, Reinhard* (Hg.): Politik und Markt, (Politische Vierteljahresschrift Sonderheft, 34/2003) Wiesbaden 2004

*Dabrock, Peter* (Hg.): Kriterien der Gerechtigkeit : Begründungen – Anwendungen – Vermittlungen. Festschrift für Christofer Frey zum 65. Geburtstag, Gütersloh 2003

*Dahm, Karl-Wilhelm*: Ambivalenz und Gestaltung, in: Sozialethische Kristallisationen : Studien zur verantwortlichen Gesellschaft, hg. von Karl-Wilhelm Dahm und Institut für Christliche Sozialwissenschaften, Münster 1997, 59-88

*Davis, Creston; Milbank, John; Zizek, Slavoj* (Hg.): Theology and the political : the new debate, Durham [u.a.] 2005

*Deifelt, Wanda*: Metanoia, in: Beratende Plenarsitzung zum Vollversammlungsthema (8. Vollversammlung): Kehrt um zu Gott – seid fröhlich in Hoffnung, Document No. TH. 2, hg. von Ökumenischer Weltrat der Kirchen, 1999.

*Delhom, Pascal*: Der Dritte. Lévinas' Philosophie zwischen Verantwortung und Gerechtigkeit, (Phänomenologische Untersuchungen) München 2000

*Demmerling, Christoph; Gabriel, Gottfried; Rentsch, Thomas* (Hg.): Vernunft und Lebenspraxis. Philosophische Studien zu den Bedingungen einer rationalen Kultur. Für Friedrich Kambartel, Frankfurt/M. 1995

*Denninger, Erhard*: Menschenrechte und Grundgesetz, Weinheim 1994

*Derrida, Jacques*: Die Schrift und die Differenz, Frankfurt/M. 1972

–: Schibboleth. Für Paul Celan, Wien 1986

–: Vom Geist. Heidegger und die Frage, Frankfurt/M. 1988

–: Wie nicht sprechen. Verneinungen, Wien 1989

–: Gesetzeskraft, Frankfurt/M. 1991

–: Préjugés. Vor dem Gesetz, hg. von Peter Engelmann Wien 1992

*Descartes, René*: Abhandlungen über die Methode. Ausgewählte Schriften. Ausgewählt und mit einer Einleitung versehen von Ivo Frenzel, Frankfurt/M. 1986

*Deuser, Hermann*: Die zehn Gebote. Kleine Einführung in die theologische Ethik, (Universal-Bibliothek) Stuttgart 2002

*Deutscher Bundestag* (Hg.): Schlussbericht der Enquete-Kommission: Globalisierung der Weltwirtschaft, Opladen 2002

*Dews, Peter*: Faktizität, Geltung und Öffentlichkeit, in: Deutsche Zeitschrift für Philosophie 41 (1993) 359-364

*Dilcher, Gerhard*: Christentum und modernes Recht. Beiträge zum Problem der Säkularisierung, Frankfurt/M. 1984

*Dittmann, Karsten*: Tradition und Verfahren Philosophische Untersuchungen zum Zusammenhang von kultureller Überlieferung und kommunikativer Moralität, Norderstedt 2004

*Doerfler, Walter; Ulrich, Hans G.*: Forschung am menschlichen Genom: Molekularbiologie und theologische Ethik im Gespräch, in: Gott und die Wissenschaften, hg. von Hans Jürgen Luibl; Katharina Städtler; Christian Sudermann; Karin Ulrich-Eschemann, (Evangelische Hochschuldialoge ; Bd. 1) Berlin/Münster 2007, 150-158.

*Donzelot, Jacques; Meuret, Denis; Miller, Peter; Rose, Nikolas*: Zur Genealogie der Regulation : Anschlüsse an Michel Foucault, (Edition Bronski) Mainz 1994

*Duby, Georges*: Die drei Ordnungen. Das Weltbild des Feudalismus, Frankfurt/M. 1981

*Duchrow, Ulrich*: Weltwirtschaft heute – Ein Feld für Bekennende Kirche?, München 1986

–: Alternativen zur kapitalistischen Weltwirtschaft. Biblische Erinnerung und politische Ansätze zur Überwindung einer lebensbedrohenden Ökonomie, 2., durchges. und erw. Aufl. Gütersloh 1997

*Duchrow, Ulrich; Hinkelammert, Franz J.*: Property for people, not for profit : alternatives to the global tyranny of capital, London 2004

*Dussel, Enrique*: Theologie und Wirtschaft. Das theologische Paradigma des kommunikativen Handelns und das Paradigma der Lebensgemeinschaft als Befreiungstheologie, in: Verändert der Glaube die Wirtschaft? Theologie und Ökonomie in Lateinamerika, hg. von Raúl Fornet-Betancourt, Freiburg u.a. 1991, 39-57

–: Die Priorität der Ethik der Befreiung gegenüber der Diskursethik, in: Anerkennung der anderen. Eine theologische Grunddimension interkultureller Kommunikation [Helmut Peukert zum 60sten Geburtstag], hg. von Edmund Arens (Quaestiones disputatae) Freiburg i. Br. [u.a.] 1995, 113-137.

–: The Underside of Modernity. Apel, Ricoeur, Rorty, Taylor, and the Philosophy of Liberation, New Jersey 1996

*Ebach, Jürgen; Gutmann, Hans-Martin; Frettlöh, Magdalene L.; Weinrich, Michael* (Hg.): »Leget Anmut in das Geben«. Zum Verhältnis von Ökonomie und Theologie (Jabboq Bd. 1), Gütersloh 2002

*Ebeling, Gerhard*: Luther. Einführung in sein Denken, 4., durchges. Aufl. Tübingen 1981

–: Usus politicus legis – usus politicus evangelii, in: ZThK 79 (1982)

–: Das rechte Unterscheiden. Luthers Anleitung zur theologischen Urteilskraft, in: ZThK 85 (1988) 219-258

–: Luthers Wirklichkeitsverständnis, in: Zeitschrift für Theologie und Kirche 90 (1993) 409-424

*Ebeling, Hans*: Der multikulturelle Traum. Von der Subversion des Rechts und der Moral, Hamburg 1993

*Eckstein, Hans-Joachim*: Verheissung und Gesetz : eine exegetische Untersuchung zu Galater 2,15 - 4,7, (Wissenschaftliche Untersuchungen zum Neuen Testament ; 86) Tübingen 1996

*Eibach, Ulrich*: Menschenwürde an den Grenzen des Lebens. Einführung in Fragen der Bioethik aus christlicher Sicht, Neukirchen-Vluyn 2000

*Eickelpasch, Rolf*: Bodenlose Vernunft. Zum utopischen Gehalt des Konzepts kommunikativer Rationalität bei Habermas, in: Utopie und Moderne, hg. von R. Eickelpasch; Armin Nassehi, Frankfurt/M. 1996, 11-50

*Eickelpasch, Rolf; Nassehi, Armin* (Hg.): Utopie und Moderne, Frankfurt/M. 1996

*Eid, Volker*: Christlich gelebte Moral. Theologische und anthropologische Beiträge zur theologischen Ethik, (Studien zur theologischen Ethik) Freiburg u.a. 2004

*EKD, Evangelische Kirche in Deutschland*: Evangelische Kirche und freiheitliche Demokratie. Der Staat des Grundgesetzes als Angebot und Aufgabe. Eine Denkschrift der Evangelischen Kirche in Deutschland, Gütersloh 1985

–: Gott ist ein Freund des Lebens. Herausforderungen und Aufgaben beim Schutz des Lebens. Gemeinsame Erklärung des Rates der Evangelischen Kirche in Deutschland und der Deutschen Bischofskonferenz, Gütersloh 1989

*EKD, Evangelische Kirche in Deutschland*: Gemeinwohl und Eigennutz. Wirtschaftliches Handeln in Verantwortung für die Zukunft. Eine Denkschrift der Evangelischen Kirche in Deutschland, 2. Aufl. Gütersloh 1991
–: Einverständnis mit der Schöpfung. Ein Beitrag zur ethischen Urteilsbildung im Blick auf die Gentechnik und ihre Anwendung bei Mikroorganismen, Pflanzen und Tieren, [1991], 2. Aufl. Göttingen 1997
–: Christentum und politische Kultur. Über das Verhältnis des demokratischen Rechtsstaates zum Christentum. Eine Erklärung des Rates der Evangelischen Kirche in Deutschland, 1997
–: Kammer für Öffentliche Verantwortung: Im Geist der Liebe mit dem Leben umgehen. Argumentationshilfe für aktuelle medizin- und bioethische Fragen (Epd-Dokumentation 34) Frankfurt am Main 2002
–: Gerechte Teilhabe. Befähigung zu Eigenverantwortung und Solidarität. Eine Denkschrift des Rates der Evangelischen Kirche in Deutschland zur Armut in Deutschland, Gütersloh 2006
*EKD-DBK (Deutsche Bischofskonferenz)*: Für eine Zukunft in Solidarität und Gerechtigkeit. Wort des Rates der Evangelischen Kirche in Deutschland und der Deutschen Bischofskonferenz zur wirtschaftlichen und sozialen Lage in Deutschland, (Gemeinsame Texte Bd. 9) 1997
–: Menschen brauchen den Sonntag. Gemeinsame Erklärung des Rates der Evangelischen Kirche in Deutschland und der Deutschen Bischofskonferenz, 1999
*Elert, Werner*: Morphologie des Luthertums. 2. Bd.: Soziallehren und Sozialwirkungen des Luthertums, [1931], München 1958
*Ellacuría, Ignacio; Sobrino, Jon; Arntz, Norbert* (Hg.): Mysterium liberationis : Grundbegriffe der Theologie der Befreiung, Luzern 1995
*Enquete-Kommission* »Globalisierung der Weltwirtschaft«: Schlussbericht der Enquete-Kommission »Globalisierung der Weltwirtschaft« hg. von Deutscher Bundestag, Opladen 2002
*Enquete-Kommission* »Recht und Ethik der modernen Medizin«: Schlussbericht (Verhandlungen des Deutschen Bundestags; Drucksachen 14/1920), hg. von Deutscher Bundestag Bonn 2002
*Enquete-Kommission* »Zukunft des Bürgerschaftlichen Engagements«: Bürgerschaftliches Engagement: auf dem Weg in eine zukunftsfähige Bürgergesellschaft. Bericht der Enquete-Kommission »Zukunft des Bürgerschaftlichen Engagements« (Verhandlungen des Deutschen Bundestages; Drucksachen; 14/8900), hg. von Deutscher Bundestag, Bonn 2002
*Erdmann, Eva; Forst, Rainer; Honneth, Axel* (Hg.): Ethos der Moderne. Foucaults Kritik der Aufklärung, Frankfurt/M. 1990
*Ernst, Stephan*: Ethische Vernunft und christlicher Glaube. der Prozess ihrer wechselseitigen Freisetzung in der Zeit von Anselm von Canterbury bis Wilhelm von Auxerre, (Beiträge zur Geschichte der Philosophie und Theologie des Mittelalters ; N.F., Bd. 46) Münster 1996
*Etzioni, Amitai*: Die Entdeckung des Gemeinwesens. Ansprüche, Verantwortlichkeiten und das Programm des Kommunitarismus, [The Spirit of Community, 1993], übers. von Wolfgang Ferdinand Müller, Stuttgart 1995
–: Die faire Gesellschaft. Jenseits von Sozialismus und Kapitalismus, [The Moral Dimension], Frankfurt/M. 1996
*Ewald, François; Waldenfels, Bernhard* (Hg.): Spiele der Wahrheit, Michel Foucaults Denken, Frankfurt am Main 1991
*Faulkner, William*: Go down, Moses. Chronik einer Familie, Zürich 1974
–: Novels 1942-1954 (darin: Go down, Moses), New York 1994
*Feil, Michael*: Die Grundlegung der Ethik bei Friedrich Schleiermacher und Thomas von Aquin, (Theologische Bibliothek Töpelmann) Berlin [u.a.] 2005
*Felstiner, John*: Paul Celan. Eine Biographie, übers. von H. Fliessbach, München 1997
*Fergusson, David*: Community, liberalism and Christian ethics, (New studies in Christian ethics) Cambridge 1998
*Fiddes, Paul S.*: The creative suffering of God, Oxford 1992
*Finkielkraut, Alain*: Die Weisheit der Liebe, München 1987
–: Verlust der Menschlichkeit. Versuch über das 20. Jahrhundert, Stuttgart 1998
–: Die Undankbarkeit. Gedanken über unsere Zeit, Berlin 1999

*Finnis, John*: Aquinas Moral, Political and Legal Theory, Oxford u.a. 1998
*Fischer, Johannes*: Glaube als Erkenntnis. Zum Wahrnehmungscharakter des christlichen Glaubens, (Beiträge zur evangelischen Theologie) München 1989
–: Wahrnehmung als Proprium und Aufgabe christlicher Ethik, in: Glaube als Erkenntnis. Zum Wahrnehmungscharakter des christlichen Glaubens, München 1989, 91-118
–: Theologische Ethik. Grundwissen und Orientierung, Stuttgart 2002
*Fischer, Peter*: Moralität und Sinn. Zur Systematik von Klugheit, Moral und symbolischer Erfahrung im Werk Kants, München 2003
*Fornet-Betancourt, Raúl* (Hg.): Verändert der Glaube die Wirtschaft? Theologie und Ökonomie in Lateinamerika, Freiburg u.a. 1991
*Forst, Rainer*: Endlichkeit, Freiheit, Individualität. Die Sorge um das Selbst bei Heidegger und Foucault, in: Ethos der Moderne. Foucaults Kritik der Aufklärung, hg. von Eva Erdmann; Rainer Forst; Axel Honneth, Frankfurt/M. 1990, 146-186
–: Kommunitarismus und Liberalismus – Stationen einer Debatte, in: Kommunitarismus. Eine Debatte über die moralischen Grundlagen moderner Gesellschaften, hg. von Axel Honneth, Frankfurt/Main 1993, 181-212
–: Kontexte der Gerechtigkeit. Politische Philosophie jenseits von Liberalismus und Kommunitarismus, Frankfurt/M. 1994
–: Die Pflicht zur Gerechtigkeit, in: John Rawls: Eine Theorie der Gerechtigkeit, hg. von Otfried Höffe, Berlin 1998, 187-208
–: Ethik und Moral, in: Die Öffentlichkeit der Vernunft und die Vernunft der Öffentlichkeit. Festschrift für Jürgen Habermas, hg. von Lutz Wingert und Klaus Günther, Frankfurt/M. 2001, 344-371
*Foucault, Michel*: Die Ordnung der Dinge, übers. von Ulrich Köppen, Frankfurt/M. 1974
–: Freiheit und Selbstsorge. Interview 1984 und Vorlesung, hg. von Helmut Becker; Lothar Wolfstetter; Alfred Gomez-Muller; Raúl Fornet-Betancourt; Frankfurt /M. 1985
–: Hermeneutik des Subjekts. Vorlesung am Collége de France [1982], in: Freiheit und Selbstsorge, 1985, 32-60
–: Genealogie der Ethik. Ein Überblick über laufende Arbeiten. Interview mit M. Foucault, in: Michel Foucault. Jenseits von Strukturalismus und Hermeneutik, hg. von Hubert L. Dreyfus; Paul Rabinow, Frankfurt/M. 1987, 265-292
–: Von der Subversion des Wissens, Frankfurt/M. 1987
–: Die Rückkehr der Moral. Ein Interview mit M. Foucault, in: Foucaults Kritik der Aufklärung, hg. von Eva Erdmann; Rainer Forst; Axel Honneth, Frankfurt/M./ New York 1990, 133-145
–: Überwachen und Strafen. Die Geburt des Gefängnisses, [1975], Frankfurt/M. 1995
–: Die Geburt der Klinik. Eine Archäologie des ärztlichen Blicks, [1963], 5. Aufl. Frankfurt/M. 1999
*Frankenberg, Günter*: Die Verfassung der Republik. Autorität und Solidarität in der Zivilgesellschaft, Baden-Baden 1996
*Frettlöh, Magdalene L.*: Theologie des Segens. Biblische und dogmatische Wahrnehmungen, Gütersloh 1998
*Frey, Christofer*: Die Ethik des Protestantismus von der Reformation bis zur Gegenwart, Gütersloh 1989
*Froehlich, Karlfried*: Luther on Vocation, in: Harvesting Martin Luther's reflections on theology, ethics, and the church, ed. by Timothy J. Wengert, (Lutheran quarterly books) Grand Rapids, Mich. [u.a.] 2004, 121-133
*Furger, Franz*: Sozialethik und Ökonomik. Gesichtspunkte der christlichen Sozialethik, (Ethik und Wirtschaft im Dialog) Münster [u.a.] 1994
–: Christliche Sozialethik in pluraler Gesellschaft, (Schriften des Instituts für Christliche Sozialwissenschaften der Westfälischen Wilhelms-Universität Münster) hg. von Marianne Heimbach-Steins, Münster 1997
*Gabriel, Ingeborg; Papaderos, Alexandros K.; Körtner, Ulrich H. J.*: Perspektiven ökumenischer Sozialethik : der Auftrag der Kirchen im größeren Europa, 2. Aufl. Ostfildern 2006

*Gadamer, Hans-Georg*: Das ontologische Problem des Wertes, in: Kleine Schriften, Tübingen 1977
–: Ethos und Logos, in: Anodos. Festschrift für Helmut Kuhn, hg. von Rupert Hofmann; Jörg Jantzen; Henning Ottmann, Weinheim 1989, 23-34
*Gaita, Raimund*: A common humanity. Thinking about love and truth and justice, London 2002
*Gamm, Gerhard*: Vertiefung des Selbst oder das Ende der Dialektik, in: Identität, Leiblichkeit, Normativität. Neue Horizonte anthropologischen Denkens, hg. von Annette Barkhaus, Matthias Mayer, Neil Roughley und Donatus Thürnau, Frankfurt/M. 1996, 341-356
–: Nicht nichts. Studien zu einer Semantik des Unbestimmten, Frankfurt/M. 2000
–: Wahrheit als Differenz. Studien zu einer anderen Theorie der Moderne. Descartes, Kant, Hegel, Schelling, Schopenhauer, Marx, Nietzsche, Berlin [u.a.] 2002
*Garz, Detlef* (Hg.): Die Welt als Text. Theorie, Kritik und Praxis der objektiven Hermeneutik, Frankfurt/M. 1994
*Garz, Detlef; Oser, Fritz; Althof, Wolfgang* (Hg.): Moralisches Urteil und Handeln, Frankfurt/M. 1999
*Gascoigne, Robert*: The Public Forum and Christian Ethics, Cambridge 2001
*Gaus, Gerald F.*: Value and Justification. The Foundations of Liberal Theory, Cambridge 1990
–: Justificatory Liberalism. An Essay on Epistemology and Political Theory, New York 1996
*Gebhardt, Jürgen*: Die Werte. Zum Ursprung eines Schlüsselbegriffs der politisch-sozialen Sprache der Gegenwart in der deutschen Philosophie des späten 19. Jahrhunderts, in: Anodos. Festschrift für Helmut Kuhn, hg. von Rupert Hofmann; Jörg Jantzen; Henning Ottmann, Weinheim 1989, 35-54
*Gerlach, Jochen*: Eilert Herms: Ökonomik als Teildisziplin der Ethik, in: Handbuch der Wirtschaftsethik. Band 1, hg. von Wilhelm Korff; u.a., Gütersloh 1999, 876-883
–: Ethik und Wirtschaftstheorie. Modelle ökonomischer Wirtschaftsethik in theologischer Analyse, Gütersloh 2002
*Gestrich, Christof*: Die Wiederkehr des Glanzes in der Welt. Die christliche Lehre von der Sünde und ihrer Vergebung in gegenwärtiger Verantwortung, 2., verb. Aufl. Tübingen 1996
–: Christentum und Stellvertretung. Religionsphilosophische Untersuchungen zum Heilsverständnis und zur Grundlegung der Theologie, Tübingen 2001
*Giddens, Anthony*: Living in a Post-traditional Society, in: Reflexive Modernization. Politics, Tradition and Aesthetics in the Modern Social Order, Stanford, Ca. 1994, 56-109
–: Reflexive Modernization. Politics, Tradition and Aesthetics in the Modern Social Order, Stanford, Ca. 1994
*Gilligan, Carol*: Die andere Stimme. Lebenskonflikte und Moral der Frau, übers. von Brigitte Stein, Neuausg., 4. Aufl. München u.a. 1990
*Gloege, Gerhard*: Nachwort, in: Von der Menschwerdung des Menschen. Eine akademische Vorlesung über den 127. Psalm. Verdeutscht und erläutert von Gerhard Gloege, Göttingen 1940, 78-84
*Göllner, Werner*: Die politische Existenz der Gemeinde. Eine theologische Ethik des Politischen am Beispiel Alfred de Quervains, Frankfurt/M. u.a. 1997
*Gollwitzer, Helmut*: Bürger und Untertan [1957], in: Politik und Ethik, hg. von Heinz-Dietrich Wendland, Darmstadt 1969, 151-185
*Goodman-Thau, Eveline*: Kabbala und Neues Denken. Zur Vergeschichtlichung und Tradierbarkeit des mythologischen Gedächtnisses, in: Messianismus zwischen Mythos und Macht, hg. von Eveline Goodman-Thau; Wolfdietrich Schmied-Kowarzik, Berlin 1994, 101-126
–: Zeitbruch. Zur messianischen Grunderfahrung in der jüdischen Tradition, Berlin 1995
–: Franz Kafka – Erlösung im Aufschub, in: Zeitbruch. Zur messianischen Grunderfahrung in der jüdischen Tradition, Berlin 1995, 175-192
*Gosepath, Stefan*: Globale Gerechtigkeit und Subsidiarität. Zur internen Beschränkung einer subsidiären und föderalen Weltrepublik, in: Weltrepublik. Globalisierung und Demokratie, hg. von Stefan Gosepath; Jean-Christophe Merle, München 2002, 74-85

*Gosepath, Stefan; Lohmann, Georg* (Hg.): Philosophie der Menschenrechte, 2. Aufl. Frankfurt/M. 1999

*Graap, Torsten*: Nachhaltigkeit und Kooperation. Zum Verständnis eines Leitbildes und Handlungstyps in einer komplexen Welt, Frankfurt/Main [u.a.] 2001

*Grabenstein, Andreas*: Wachsende Freiheiten oder wachsende Zwänge? Zur kritischen Wahrnehmung der wachsenden Wirtschaft aus theologisch-sozialethischer Sicht, (St. Galler Beiträge zur Wirtschaftsethik) Bern [u.a.] 1998

*Gradl, Stefan*: Deus beatitudo hominis. Eine evangelische Annäherung an die Glückslehre des Thomas von Aquin, (Publications of the Thomas Instituut te Utrecht) Leuven 2004

*Gräb-Schmidt, Elisabeth*: Technikethik und ihre Fundamente. Dargestellt in Auseinandersetzung mit den technikethischen Ansätzen von Günter Ropohl und Walter Christoph Zimmerli, (Theologische Bibliothek Töpelmann) Berlin [u.a.] 2002

*Grätzel, Stephan*: Das Verstummen der Natur, Würzburg 1997

*Greiner, Dorothea*: Segen und Segnen. Eine systematisch-theologische Grundlegung, Stuttgart 1998

*Greisch, Jean*: Hermeneutik und Metaphysik. Eine Problemgeschichte, München 1993

*Greive, Wolfgang*: Communio als eine Vision und die Ziele der Kirche, in: Zwischen Vision und Realität: lutherische Kirchen im Übergang, hg. von W. Greive und Lutheran World Federation, (Dokumentation Lutherischer Weltbund) Genf 2003, 153-174.

*Grosser, Joachim*: Der Transaktionskostenansatz der Neuen Institutionen-Ökonomik – Versuch einer kritischen Verallgemeinerung, in: Neuorientierungen in der ökonomischen Theorie. Zur moralischen, institutionellen und evolutorischen Dimension des Wirtschaftens, hg. von Eberhard K. Seifert und Birger P. Priddat, 2. Aufl., Marburg 1997, 241-270

*Grotefeld, Stefan*: Distinkt, aber nicht illegitim. Protestantische Ethik und die liberale Forderung nach Selbstbeschränkung, in: Zeitschrift für Evangelische Ethik 45 (2001) 262-284

*Guardini, Romano*: Ethik/1-2, (Werke) hg. von Hans Mercker Mainz 1993

*Günther, Klaus*: Welchen Personbegriff braucht die Diskurstheorie des Rechts? Überlegungen zum internen Zusammenhang zwischen deliberativer Person, Staatsbürger und Rechtsperson, in: Das Recht der Republik, hg. von Hauke Brunkhorst; Peter Niesen, Frankfurt/M. 1999, 83-104

*Gürtler, Sabine*: Elementare Ethik. Alterität, Generativität und Geschlechterverhältnis bei Emmanuel Lévinas, (Übergänge) München 2001

*Guroian, Vigen*: Ethics after Christendom. Toward an Ecclesial Christian Ethic, Grand Rapids Mich. 1994

*Gymnasialpädagogische Materialstelle der Evang.-Luth. Kirche in Bayern* (Hg.): Religiöse Bildung? Konturen eines öffentlich verantworteten Religionsunterrichts (Arbeitshilfe für den evang. Religionsunterricht an Gymnasien Bd. 35) Erlangen 2000

*Haag, Karl Friedrich*: Nachdenklich handeln. Bausteine für eine christliche Ethik, Göttingen 1996

–: Anmerkungen zu einem öffentlich verantworteten Religionsunterricht, in: Arbeitshilfe für den evang. Religionsunterricht an Gymnasien 35 (2000) Religiöse Bildung? Mit Beiträgen von Trutz Rendtorff, Karl Friedrich Haag, Ingrid Grill, 33-56

–: Christliche Ethik und Religionsunterricht. Einige Anmerkungen zur Frage, ob man chirstliche Ethik lernen kann, in: Kirche – Ethik – Öffentlichkeit. Christliche Ethik in der Herausforderung, hg. von Wolfgang Schoberth; Ingrid Schoberth, (Ethik im Theologischen Diskurs – Ethics in Theological Discourse, Bd. 5) Münster 2002, 32-48

–: Bausteine für ein christliches Reden von Gott und Mensch (Religionsunterricht Werkstatt Oberstufe 5) Gymnasialpädagogische Materialstelle der Ev.-Luth. Kirche in Bayern, Erlangen 2007

*Habermas, Jürgen*: Strukturwandel der Öffentlichkeit. Untersuchungen zu einer Kategorie der bürgerlichen Gesellschaft, Neuwied 1962

–: Erkenntnis und Interesse, Frankfurt a. M. 1968

–: Philosophisch-politische Profile, Frankfurt/M. 1971

*Habermas, Jürgen*: Bewußtmachende oder rettende Kritik – Die Aktualität Walter Benjamins, in: Kultur und Kritik. Verstreute Aufsätze, Frankfurt/M. 1977, 302-344
–: Die Utopie des guten Herrschers. Eine Antwort an Robert Spaemann (1972), in: Kultur und Kritik. Verstreute Aufsätze, Frankfurt/M. 1977
–: Diskursethik – Notizen zu einem Begründungsprogramm, in: Moralbewußtsein und kommunikatives Handeln, Frankfurt/M. 1983, 53-125
–: Moralbewußtsein und kommunikatives Handeln, Frankfurt/M. 1983
–: Der philosophische Diskurs der Moderne. Zwölf Vorlesungen, Frankfurt/M. 1985
–: Aporien einer Machttheorie, in: Der philosophische Diskurs der Moderne, 1985, 313-343
–: Die Neue Unübersichtlichkeit, Frankfurt/M. 1985
–: Recht und Gewalt. Ein deutsches Trauma [1984], in: Die Neue Unübersichtlichkeit, Frankfurt/M. 1985, 100-117
–: Nachmetaphysisches Denken. Philosophische Aufsätze, Frankfurt/M. 1988
–: Die Einheit der Vernunft in der Vielfalt ihrer Stimmen, in: Nachmetaphysisches Denken. Philosophische Aufsätze, Frankfurt/M. 1988, 153-186
–: Exkurs: Transzendenz von innen, Transzendenz ins Diesseits, in: Texte und Kontexte, Frankfurt/M. 1991, 127-156
–: Lawrence Kohlberg und der Neoaristotelismus, in: Erläuterungen zur Diskursethik, Frankfurt/M. 1991, 77-99
–: Was macht eine Lebensform rational? [1984], in: Erläuterungen zur Diskursethik, Frankfurt/M. 1991, 31-48
–: Zu Max Horkheimers Satz: 'Einen unbedingten Sinn zu retten ohne Gott, ist eitel', in: Texte und Kontexte, Frankfurt/M. 1991, 110-126
–: Exkurs: Transzendenz von innen, Transzendenz ins Diesseits, in: Texte und Kontexte, 2. Aufl., Frankfurt/M. 1992, 127-156
–: Faktizität und Geltung. Beiträge zur Diskurstheorie des Rechts und des demokratischen Rechtsstaats, Frankfurt/M. 1992
–: Max Horkheimer: Zur Entwicklungsgeschichte seines Werkes, in: Texte und Kontexte, 2. Aufl., Frankfurt/M. 1992, 91-109
–: Über den internen Zusammenhang von Rechtsstaat und Demokratie, in: Zum Begriff der Verfassung. Die Ordnung des Politischen, hg. v. Ulrich K. Preuß, Frankfurt/M. 1994, 83-94
–: »Faktizität und Geltung«. Ein Gespräch über Fragen der politischen Theorie, in: Die Normalität einer Berliner Republik. Kleine politische Schriften VIII, Frankfurt/M. 1995, 133-164
–: Die Einbeziehung des Anderen. Studien zur politischen Theorie, Frankfurt/M. 1996
–: Eine genealogische Betrachtung zum kognitiven Gehalt der Moral, in: Die Einbeziehung des Anderen. Studien zur politischen Theorie, Frankfurt/M. 1996, 11-64
–: Über den internen Zusammenhang von Rechtsstaat und Demokratie, in: Die Einbeziehung des Anderen. Studien zur politischen Theorie, Frankfurt/M. 1996, 293-305
–: ›Vernünftig‹ versus ›Wahr‹ oder die Moral der Weltbilder, in: Die Einbeziehung des Anderen. Studien zur politischen Theorie, Frankfurt/M. 1996, 95-127
–: Die befreiende Kraft der symbolischen Formgebung. Ernst Cassirers humanistisches Erbe und die Bibliothek Warburg, in: Vom sinnlichen Eindruck zum symbolischen Ausdruck, Frankfurt/M. 1997, 9-40
–: Kommunikative Freiheit und negative Theologie. Fragen an Michael Theunissen, in: Vom sinnlichen Eindruck zum symbolischen Ausdruck, Frankfurt/M. 1997, 112-135
–: Vom sinnlichen Eindruck zum symbolischen Ausdruck, Frankfurt/M. 1997
–: Die postnationale Konstellation und die Zukunft der Demokratie, in: Die postnationale Konstellation. Politische Essays, Frankfurt/M. 1998, 91-169
–: Jenseits des Nationalstaats? Bemerkungen zu Folgeproblemen der wirtschaftlichen Globalisierung, in: Politik der Globalisierung, hg. von Ulrich Beck, (Edition Zweite Moderne) Frankfurt/M. 1998, 67-84
–: Zur Legitimation durch Menschenrechte, in: Die postnationale Konstellation. Politische Essays, Frankfurt/M. 1998, 170-192

–: Richtigkeit versus Wahrheit. Zum Sinn der Sollgeltung moralischer Urteile und Normen, in: Wahrheit und Rechtfertigung. Philosophische Aufsätze, Frankfurt/M. 1999, 271-318
–: Wahrheit und Rechtfertigung. Zu Richard Rortys pragmatischer Wende, in: Wahrheit und Rechtfertigung. Philosophische Aufsätze, Frankfurt/M. 1999, 230-270
–: Zur Legitimation durch Menschenrechte, in: Das Recht der Republik, hg. von Hauke Brunkhorst; Peter Niesen, Frankfurt/M. 1999, 396-403
–: Die Zukunft der menschlichen Natur. Auf dem Weg zu einer liberalen Eugenik?, Frankfurt/M. 2001(Erweiterte Ausgabe, Frankfurt/M. 2002)
–: Die Idee der Universität – Lernprozesse, in: Zeitdiagnosen. Zwölf Essays, Frankfurt/M. 2003, 78-104
–: Braucht Europa eine Verfassung?, in: Zeitdiagnosen. Zwölf Essays, Frankfurt/M. 2003, 224-248
–: Glauben und Wissen. Friedenspreisrede 2001, in: Zeitdiagnosen. Zwölf Essays, Frankfurt/M. 2003, 249-262
*Halfmann, Jost:* Die gesellschaftliche »Natur« der Technik. Eine Einführung in die soziologische Theorie der Technik, Opladen 1996
*Hallamaa, Jaana:* The prisms of moral personhood : the concept of a person in contemporary Anglo-American ethics, (Schriften der Luther-Agricola-Gesellschaft) Helsinki 1994
*Hamacher, Werner:* Schuldgeschichte. Benjamins Skizze Kapitalismus als Religion, in: Kapitalismus als Religion, hg. von Dirk Baecker, (Copyrights) Berlin 2003, 77-119
*Hampshire, Stuart* (Hg.): Public and private morality, Cambridge u.a. 1980
*Hansen, Volker:* Sozialstaat vor dem Umbau. Reformansätze aus der Sicht der Arbeitgeber, in: Sozialstaat wohin? Umbau, Abbau oder Ausbau der sozialen Sicherung, hg. von Werner Schönig; Raphael L'Hoest, Darmstadt 1996, 121-141
*Harakas, Stanley S.:* Wholeness of Faith and Life: Orthodox Christian Ethics. Part One: Patristic Ethics, Brookline Ma. 1999
*Hardy, Daniel W.:* God's ways with the world : thinking and practising Christian faith, Edinburgh 1996
*Hare, John E.:* The Moral Gap. Kantian Ethic, Human Limits, and God's Assistance, Oxford 1996
*Härle, Wilfried:* »Suum cuique«. Gerechtigkeit als sozialethischer und theologischer Grundbegriff, in: Zeitschrift für Evangelische Ethik 41 (1997) 303-312
*Härle, Wilfried; Herms, Eilert:* Rechtfertigung, das Wirklichkeitsverständnis des christlichen Glaubens, (UTB) Göttingen 1980
*Härle, Wilfried; Preul, Reiner* (Hg.): Woran orientiert sich Ethik? (Marburger Jahrbuch Theologie), Marburg 2001
*Harlizius-Klück, Ellen:* Der Platz des Königs. Las Meninas als Tableau des klassischen Wissens bei Michel Foucault, Wien 1995
*Harzer, Friedmann:* Über Kafkas literarischen Nomismus, in: Torah – Nomos – Jus. Abendländischer Antinomismus und der Traum vom herrschaftsfreien Raum, hg. von Gesine Palmer; Christiane Nasse; Renate Haffke; Dorothee von Tippelskirch, Berlin 1999, 325-336
*Hastedt, Heiner:* Gibt es Grenzen des liberalen Rechtsstaates? Überlegungen im Anschluß an die Debatte um den Kommunitarismus, in: Anthropologie, Ethik, Politik : Grundfragen der praktischen Philosophie der Gegenwart, hg. von Thomas Rentsch, (Dresdner Hefte für Philosophie) Dresden 2004, 108-126
*Hattrup, Norbert Fischer; Dieter:* Metaphysik aus dem Anspruch des Anderen. Kant und Lévinas, Paderborn u.a. 1999
*Hauerwas, Stanley:* Character and the Christian life. A study in theological ethics, San Antonio 1975
–: A Community of Character. Toward a Constructive Christian Social Ethic, Notre Dame/London 1981

*Hauerwas, Stanley*: The Peaceable Kingdom. A Primer in Christian Ethics, [deutsch: Selig sind die Friedfertigen. Ein Entwurf christlicher Ethik, eingeleitet und hg. von Reinhard Hütter, Neukirchen 1995], Notre Dame/ London 1983
–: After Christendom? How the church is to behave if freedom, justice, and a Christian nation are bad ideas, Nashville 1991
–: Naming the silences. God, medicine, and the problem of suffering, Grand Rapids 1991
–: The Politics of Justice. Why justice is a bad idea for Christians, in: After Christendom: How the Church is to Behave if Freedom, Justice, and a Christian nation are bad ideas, Nashville 1991, 45-68
–: Against the nations : war and survival in a liberal society, [1988], Notre Dame 1992
–: Outside the church there is no salvation: salvation and politics, in: Morality, Worldview, and Law, ed. by A. W. Musschenga; B. Voorzanger; A. Soeteman, Assen 1992, 9-26
–: Dispatches from the front. Theological engagements with the secular, Durham N.C. 1994
–: In good company. The Church as Polis, Notre Dame 1995
–: Selig sind die Friedfertigen. Ein Entwurf christlicher Ethik, eingeleitet und hg. von Reinhard Hütter, [engl.: The Peaceable Kingdom. A Primer in Christian Ethics, 1983.], übers. von Guy Marcel Clicqué, Neukirchen 1995
–: On Doctrine and Ethics, in: Christian Doctrine, hg. von Collin E. Gunton, Cambridge 1997, 21-40
–: Wilderness wanderings : probing twentieth-century theology and philosophy, Boulder 1997
–: Sanctify them in the Truth. Holiness exemplified, Nashville 1998
–: Prayers plainly spoken Stanley Hauerwas, Downers Grove Ill. 1999
–: The Hauerwas Reader, ed. John Berkman, Durham N.C. 2001
–: With the Grain of the Universe, London 2002
–: Dietrich Bonhoeffer – Ekklesiologie als Politik, in: Kirche – Ethik – Öffentlichkeit. Christliche Ethik in der Herausforderung, hg. von Wolfgang Schoberth; Ingrid Schoberth, (Ethik im Theologischen Diskurs – Ethics in Theological Discourse) Münster 2002, 99-130
*Hauerwas, Stanley; Burrell, David B.*: From System to Story: An Alternative Pattern for Rationality in Ethics, in: S. Hauerwas, R. Bondi, D. B. Burrell: Truthfulness and Tragedy: Further Investigations into Christian Ethics, Notre Dame 1977, 15-39
*Hauerwas, Stanley; Bondi, Richard; Burrell, David B.*: Truthfulness and tragedy : further investigations in Christian ethics, Notre Dame/ London 1977
*Hauerwas, Stanley; Willimon, William H.*: Resident aliens : life in the Christian colony, Nashville 1989
*Hauerwas, Stanley; Willimon, William H.*: The truth about God. The Ten commandments in Christian life, Nashville 1999
*Hausmanninger, Thomas* (Hg.): Christliche Sozialethik zwischen Moderne und Postmoderne, Paderborn 1993
*Havel, Václav*: Versuch in der Wahrheit zu leben, (hg. von Gabriel Laub) Reinbek 1989
–: Am Anfang war das Wort. Texte von 1969-1990, Reinbek 1990
*Haverkamp, Anselm* (Hg.): Gewalt und Gerechtigkeit : Derrida – Benjamin, Frankfurt/M. 1997
*Hays, Richard B.*: The moral vision of the New Testament. Community, cross, new creation. A contemporary introduction to New Testament ethics, San Francisco 1996
*Heckel, Johannes*: Lex Charitatis, 2. Aufl. München 1973
*Heckmann, Friedrich*: Arbeitszeit und Sonntagsruhe. Stellungnahmen zur Sonntagsarbeit als Beitr. kirchl. Sozialkritik im 19. Jahrhundert, (Theologie im Gespräch) Essen 1986
–: Gemeinschaftsfähigkeit und Eigennutz, in: Wirtschaft von unten : Selbsthilfe und Kooperation, hg. von F. Heckmann, O. Negt und M. Buckmiller, Heilbronn 1997, 175-184.
*Heckmann, Friedrich; Negt, Oskar; Buckmiller, Michael* (Hg.): Wirtschaft von unten : Selbsthilfe und Kooperation, (Distel-Hefte) Heilbronn 1997
*Heeg, Andreas*: Ethische Verantwortung in der globalisierten Ökonomie. Kritische Rekonstruktion der Unternehmensethikansätze von Horst Steinmann, Peter Ulrich, Karl Homann und Josef Wieland, (Moderne-Kulturen-Relationen, Frankfurt/M. [u.a.] 2002

*Hegel, Georg Wilhelm Friedrich*: Grundlinien der Philosophie des Rechts. Mit Hegels eigenhänd. Randbemerkungen in seinem Handex. d. Rechtsphilosophie, 4., unveränd. Nachdr. von 1955, (Philosophische Bibliothek) hg. von Johannes Hoffmeister, Hamburg 1967
*Heidbrink, Ludger*: Das Dilemma der Verantwortung, in: Moral. Und Macht, hg. von Karl Heinz Bohrer und Kurt Scheel, (Merkur 50) Stuttgart 1996, 982-989
–: Kritik der Verantwortung. Zu den Grenzen verantwortlichen Handelns in komplexen Kontexten, (Ethische Anthropologie) Weilerswist 2003
*Heidegger, Martin*: Über den ›Humanismus‹. Brief an Jean Beaufret, Paris [1947], in: Platons Lehre von der Wahrheit. Mit einem Brief über den Humanismus, Bern 1954, 53-119
*Heidorn, Joachim*: Legitimität und Regierbarkeit. Studien zu den Legitimitätstheorien von M. Weber, N. Luhmann, J. Habermas und der Unregierbarkeitsforschung, Berlin 1982
*Heimbach-Steins, Marianne*: Menschenrechte in Gesellschaft und Kirche. Lernprozesse – Konfliktfelder – Zukunftschancen, Mainz 2001
–: Christliche Sozialethik als Bildungsressource. Zu Profil und Potential einer theologischen Disziplin, in: Kirche – Ethik – Öffentlichkeit. Christliche Ethik in der Herausforderung, hg. von Wolfgang Schoberth; Ingrid Schoberth, (Ethik im Theologischen Diskurs – Ethics in Theological Discourse) Münster 2002, 49-69
*Heimbach-Steins, Marianne; Honnefelder, Ludger*: Naturrecht im ethischen Diskurs, (Schriften des Instituts für Christliche Sozialwissenschaften Münster) Münster 1990
*Hengsbach, Friedhelm*: Ethische Reflexion politischer Glaubenspraxis. Ein Diskussionsbeitrag, in: Jenseits katholischer Soziallehre, hg. von F. Hengsbach u.a., Düsseldorf 1993, 215-325
–: Wirtschaftsethik. Aufbruch, Konflikte, Perspektiven, 2. Aufl. Freiburg 1993
–: Marktkonkurrenz auf der Grundlage gesellschaftlicher Kooperation, in: Homo oeconomicus: der Mensch der Zukunft?, hg. von Norbert Brieskorn; Johannes Wallacher, (Globale Solidarität – Schritte zu einer neuen Weltkultur) Stuttgart 1998, 47-76
–: Die andern im Blick. Christliche Gesellschaftsethik in den Zeiten der Globalisierung, Darmstadt 2001
*Hengsbach, Friedhelm; Emunds, Bernhard; Möhring-Hesse, Matthias* (Hg.): Jenseits Katholischer Soziallehre. Neue Entwürfe christlicher Gesellschaftsethik, Düsseldorf 1993
*Hengsbach, Friedhelm; Emunds, Bernhard; Möhring-Hesse, Matthias*: Ethische Reflexion politischer Glaubenspraxis, in: Jenseits Katholischer Soziallehre. Neue Entwürfe christlicher Gesellschaftsethik, hg. von F. Hengsbach, u.a. Düsseldorf 1993, 215-291
*Hermann, Stewart W.*: Luther, Law and Social Covenants: Cooperative Self-Obligation in the Reconstruction of Lutheran Social Ethics, in: Journal of Religious Ethics 25 (1997) 257-275
*Hermann, Rudolf*: Luthers Zirkulardisputation über Mt 19,21 [1941], in: Gesammelte Studien zur Theologie Luthers und der Reformation, Göttingen 1960, 206-250
*Herms, Eilert*: Theorie für die Praxis. Beiträge zur Theologie, München 1982
–: Die Bedeutung des Gesetzes in der lutherischen Sozialethik, in: Erfahrbare Kirche. Beiträge zur Ekklesiologie, Tübingen 1990, 1-24
–: Das Evangelium für das Volk, in: Lutherjahrbuch, hg. von Helmer Junghans, Göttingen 1990, 19-56
–: Gesellschaft gestalten. Beiträge zur evangelischen Sozialethik, Tübingen 1991
–: Pluralismus aus Prinzip, in: ›Vor Ort‹ – Praktische Theologie in der Erprobung. Festschrift zum 60. Geburtstag von Peter C. Bloth, hg. von R. Bockhagen u.a., Nürnberg 1991, 77-95
–: Das neue Paradigma. Wirtschaftsethik als Herausforderung für die Theologie und die Wirtschaftswissenschaft, in: Wirtschaftsethik und Theorie der Gesellschaft, hg. von Josef Wieland, Frankfurt/M. 1993, 148-171
–: Das Ethos der Verantwortung in Wissenschaft, Technik und Kultur aus evangelischer Sicht, in: Verantwortung in Wissenschaft und Kultur, hg. von Werner A. P. Luck und Matthias Gatzemeier, Berlin 1996, 120-145
–: Die Wirtschaft des Menschen. Beiträge zur Wirtschaftsethik, Tübingen 2004
*Hersch, Jeanne*: Die Hoffnung, Mensch zu sein, Zürich/Köln 1982

*Hersch, Jeanne*: Die Wirksamkeit der Tradition in unserer Zeit, in: Die Hoffnung Mensch zu sein, Zürich/Köln 1982, 122-145

*Hertog, Gerard Cornelis den*: Befreiende Erkenntnis. Die Lehre vom unfreien Willen in der Theologie Hans Joachim Iwands, (Neukirchener Beiträge zur systematischen Theologie 16) Neukirchen-Vluyn 1994

*Heschel, Abraham J.*: Gott sucht den Menschen. Eine Philosophie des Judentums, Neukirchen 1992

*Heuser, Stefan*: Menschenwürde. Eine theologische Erkundung, (Ethik im Theologischen Diskurs – Ethics in Theological Discourse) Münster 2004

*Heuser, Stephan; Ulrich, Hans G.* (Eds.): Political Practices and International Order, (Societas Ethica) Münster 2007

*Hill, Paul Bernhard; Kopp, Johannes*: Familiensoziologie : Grundlagen und theoretische Perspektiven, (Studienskripten zur Soziologie) 3., überarb. Aufl. Wiesbaden 2004

*Hinkelammert, Franz J.*: Der Schrei des Subjekts. Vom Welttheater des Johannesevangeliums zu den Hundejahren der Globalisierung, Luzern 2001

*Hinsch, Wilfried*: Einführung zu: John Rawls: Die Idee des politischen Liberalismus. Aufsätze 1978-1989, Frankfurt/M. 1992, 9-44

–: Das Gut der Gerechtigkeit, in: John Rawls – Eine Theorie der Gerechtigkeit, hg. von Otfried Höffe, Frankfurt/M. 1998, 251-269

*Hirschman, Albert O.*: Leidenschaften und Interessen. Politische Begründungen des Kapitalismus vor seinem Sieg, Frankfurt/M. 1980

*Hinsch, Wilfried*: Gerechtfertigte Ungleichheiten : Grundsätze sozialer Gerechtigkeit, (Ideen & Argumente) Berlin [u.a.] 2002

*Hirschmann, Siegfried G.*: Das evangelische Gesetz. Analysen und Interpretationen zur Ethik in der Predigt, Diss. Erlangen 2005

*Höffe, Otfried*: Ethik und Politik. Grundmodelle und -probleme der praktischen Philosophie, Frankfurt/M. 1979

– (Hg.): Immanuel Kant: Zum Ewigen Frieden (Klassiker Auslegen Bd. 1) Berlin 1995

–: Über die Macht der Moral, in: Moral. Und Macht. Sonderheft Merkur, Heft 9/10, hg. von Karl Heinz Bohrer; Kurt Scheel, Bd. 50, Stuttgart 1996, 747-760

– (Hg.): John Rawls: Eine Theorie der Gerechtigkeit (Klassiker Auslegen), Berlin 1998

–: Überlegungsgleichgewicht in Zeiten der Globalisierung? Eine Alternative zu Rawls, in: John Rawls: Eine Theorie der Gerechtigkeit, hg. von Otfried Höffe, Berlin 1998, 271-293

–: Wirtschaftsbürger, Staatsbürger, Weltbürger : politische Ethik im Zeitalter der Globalisierung, München 2004

*Hohendahl, Peter Uwe* (Hg.): Öffentlichkeit. Geschichte eines kritischen Begriffs. Unter Mitarbeit von Russel A. Berman, Karen Kenkel, Arthur Strum, Stuttgart/Weimar 2000

*Höhn, Hans-Joachim*: Solidarische Individualität?, in: Der Mensch, hg. von Andreas Fritzsche; Manfred Kwiran, München 1998, 88-116

*Homann, Karl*: Wirtschaftsethik. Die Funktion der Moral in der modernen Wirtschaft, in: Wirtschaftsethik und Theorie der Gesellschaft, hg. von J. Wieland, Frankfurt/M. 1993, 32-53

–: Die Funktion von Werten in der Gesellschaft der Zukunft. Taugt die liberale Ökonomie für den Erdball? , in: Werte im 21. Jahrhundert, hg. von Walter Schweidler, (Schriften des Zentrum für Europäische Integrationsforschung) Baden-Baden 2001, 145-157

*Homann, Karl; Suchanek, Andreas*: Ökonomik. Eine Einführung, Tübingen 2000

*Hondrich, Karl Otto; Koch-Arzberger, Claudia*: Solidarität in der modernen Gesellschaft, Frankfurt/M. 1994

*Honecker, Martin*: Einführung in die theologische Ethik : Grundlagen und Grundbegriffe, (De Gruyter Lehrbuch) Berlin [u.a.] 1990

–: Grundriss der Sozialethik, Berlin/ New York 1995

–: Wer ist zuständig für das Soziale? , in: Wie sozial muß – wie sozial kann die Soziale Marktwirtschaft sein? Zur Ethik des Schaffens und Ethik des Teilens, hg. von Arbeitskreis Evangelischer Unternehmer, Karlsruhe 1997, 34-48

–: Bioethik – als Paradigma angewandter Ethik, in: Der Mensch, hg. von Andreas Fritzsche; Manfred Kwiran, München 1998, 51-73
–: Von der Dreiständelehre zur Bereichsethik, in: Zeitschrift für Evangelische Ethik 43 (1999) 262-276
–: Wege evangelischer Ethik. Positionen und Kontexte, (Studien zur theologischen Ethik) Freiburg u.a. 2002
*Honnefelder, Ludger*: Die Krise der sittlichen Lebensform als Problem der philosophischen Ethik – eine Einführung, in: Sittliche Lebensform und praktische Vernunft, hg. von Ludger Honnefelder, Paderborn u.a. 1992, 9-25
– (Hg.): Sittliche Lebensform und Praktische Vernunft, Paderborn u.a. 1992
*Honneth, Axel*: Kampf um Anerkennung. Zur Grammatik sozialer Konflikte, Frankfurt/M. 1992
– (Hg.): Kommunitarismus. Eine Debatte über die moralischen Grundlagen moderner Gesellschaften, Frankfurt/Main 1993
– (Hg.): Pathologien des Sozialen. Die Aufgaben der Sozialphilosophie, Frankfurt/M. 1994
–: Universalismus als moralische Falle? Bedingungen und Grenzen einer Politik der Menschenrechte, in: Merkur 48 (1994) 867-883
–: Die zerrissene Welt des Sozialen. Sozialphilosophische Aufsätze, erw. Neuausg, 2. Aufl. Frankfurt/M. 1999
–: Demokratie als reflexive Kooperation. John Dewey und die Demokratietheorie der Gegenwart, in: Das Recht der Republik, hg. von Peter Niesen Hauke Brunkhorst, Frankfurt/M. 1999, 37-65
–: Das Andere der Gerechtigkeit : Aufsätze zur praktischen Philosophie, Frankfurt/M. 2000
–: Das Andere der Gerechtigkeit. Habermas und die Herausforderung der poststrukturalistischen Ethik, in: Das Andere der Gerechtigkeit : Aufsätze zur praktischen Philosophie, Frankfurt/M. 2000, 133-170
*Hoppe, Thomas*: Vom "Gerechten Krieg" zum "Gerechten Frieden". Stationen der Entwicklung katholischer Friedensethik, in: Communio 32 (2003) 299-308
*Hoppe, Thomas*; *Deutsche Kommission Justitia et Pax*. Projektgruppe Gerechter Friede: Schutz der Menschenrechte. Zivile Einmischung und militärische Intervention. Analysen und Empfehlungen, Berlin 2004
*Horkheimer, Max*: Materialismus und Moral [1937], in: Kritische Theorie. Eine Dokumentation, hg. von Alfred Schmidt, Bd. I, Frankfurt/M. 1968
–: Traditionelle und kritische Theorie [1937], in: Kritische Theorie. Eine Dokumentation, hg. von Alfred Schmidt, Bd. II, Frankfurt/M. 1968, 137-200
–: Notizen 1950-1969, Frankfurt/M. 1974
–: Die Sehnsucht nach dem ganz Anderen [1970] [Gespräch mit Helmut Gumnior], in: Gesammelte Schriften, Bd. 7, Frankfurt/M. 1983, 385-404
–: Psalm 91 [1968], in: Gesammelte Schriften, Bd. 7, Frankfurt/M. 1983, 207-212
–: »Was wir ›Sinn‹ nennen, wird verschwinden.« Gespräch mit Georg Wolff und Helmut Gumnior [1970], in: Gesammelte Schriften, Bd. 7, Frankfurt/M. 1983, 345-357
*Huber, Wolfgang*: Kirche und Öffentlichkeit, Stuttgart 1973
–: Folgen christlicher Freiheit. Ethik und Theorie der Kirche im Horizont der Barmer Theologischen Erklärung, (Neukirchener Beiträge zur systematischen Theologie) 2. Aufl. Neukirchen-Vluyn 1985
–: Konflikt und Konsens. Studien zur Ethik der Verantwortung, München 1990
–: Prophetische Kritik und demokratischer Konsens, in: Konflikt und Konsens. Studien zur Ethik der Verantwortung, München Kaiser 1990, 253-271
–: Sozialethik als Verantwortungsethik, in: Konflikt und Konsens. Studien zur Ethik der Verantwortung, München Kaiser 1990, 135-157
–: Der Protestantismus und die Ambivalenz der Moderne [1990], in: Freiheit im Leben mit Gott. Texte zur Tradition evangelischer Ethik, hg. von Hans G. Ulrich, Gütersloh 1993, 227-256
–: Gerechtigkeit und Recht. Grundlinien christlicher Rechtsethik, München 1996

*Huber, Wolfgang*: Kirche in der Zeitenwende. Gesellschaftlicher Wandel und Erneuerung der Kirche, Gütersloh 1999
–: Der gemachte Mensch. Christlicher Glaube und Biotechnik, Berlin 2002
*Huber, Wolfgang; Reuter, Hans-Richard*: Friedensethik, Stuttgart [u.a.] 1990
*Hubig, Christoph* (Hg.): Ethik institutionellen Handelns, Frankfurt/New York 1982
–: Technikbewertung auf der Basis einer Institutionenethik, in: Technik und Ethik, hg. von H. Lenk; G. Ropohl, 2. Aufl., Stuttgart 1993, 282-307
–: Technologische Kultur, (Leipziger Schriften zur Philosophie) Leipzig 1997
*Hübner, Jürgen*: Die neue Verantwortung für das Leben. Ethik im Zeitalter von Gentechnologie und Umweltkrise, München 1986
*Hundeck, Markus*: »Conatus essendi« und »inkarniertes Subjekt«. Ein inszenierter Dialog zwischen Baruch de Spinoza und Emmanuel Lévinas, in: Emmanuel Lévinas – eine Herausforderung für die christliche Theologie, hg. von Josef Wohlmuth, 2. Aufl., Paderborn 1999, 121-141
*Hütter, Reinhard*: Evangelische Ethik als kirchliches Zeugnis. Interpretationen zu Schlüsselfragen theologischer Ethik in der Gegenwart, Neukirchen 1993
–: Theologie als kirchliche Praktik. Zur Verhältnisbestimmung von Kirche, Lehre und Theologie, Gütersloh 1997
–: Suffering Divine Things: Theology as Church Practice, Grand Rapids 1999
–: (Re-)Forming Freedom: Reflections ›after Veritatis splendor‹ on Freedom's Fate in Modernity and Protestantism's Antinomian Captivity, in Modern Theology 17 (April 2001), 117-161
–: Welche Freiheit? Wessen Gebot? Die Zukunft lutherischer Ethik in Kirche und Öffentlichkeit, in: Kirche – Ethik – Öffentlichkeit. Christliche Ethik in der Herausforderung, hg. von Wolfgang Schoberth; Ingrid Schoberth, (Ethik im Theologischen Diskurs – Ethics in Theological Discourse) Münster 2002, 165-182
–: Bound to be free : evangelical Catholic engagements in ecclesiology, ethics, and ecumenism, Grand Rapids, MI 2004
*Ignatieff, Michael*: Wovon lebt der Mensch. Was es heißt, auf menschliche Weise in Gesellschaft zu leben, Hamburg 1993
*Illich, Ivan*: Genus : zu einer historischen Kritik der Gleichheit, Reinbek bei Hamburg 1983
*International Labour Office*: Corporate social responsibility: myth or reality?, (Labour education ; 130) 2003
*Irrgang, Bernhard*: Forschungsethik, Gentechnik und neue Biotechnologie : Entwurf einer anwendungsorientierten Wissenschaftsethik unter besonderer Berücksichtigung von gentechnologischen Projekten an Pflanzen, Tieren und Mikroorganismen, Stuttgart [u.a.] 1997
*Iwand, Hans Joachim*: Wider den Missbrauch des ›pro me‹ als methodisches Prinzip in der Theologie, in: EvTh 14 (1954) 120-125
–: Gesetz und Evangelium, (Nachgelassene Werke, hg. von Helmut Gollwitzer, Walter Kreck, Karl Gerhard Steck, Ernst Wolf Bd. 4) München 1964
–: Das Gebot Gottes und das Leben, in: Vorträge und Aufsätze. Nachgelassene Werke, Bd. 2, München 1966, 46-73
–: Die christliche Verantwortung für die Bildung [1955], in: Vorträge und Aufsätze. Nachgelassene Werke, Bd. 2, München 1966, 286-304
–: Evangelium und Bildung, in: Vorträge und Aufsätze. Nachgelassene Werke, Bd. 2, München 1966, 272-285
–: Kirche und Tradition, in: Vorträge und Aufsätze. Nachgelassene Werke, Bd. 2, München 1966, 371-380
–: Luthers Theologie, (Nachgelassene Werke, hg. von Helmut Gollwitzer, Walter Kreck, Karl Gerhard Steck, Ernst Wolf, Bd. 5) München 1974
–: Das Gebot Gottes als Gebot des Lebens, in: Kirche und Gesellschaft. bearbeitet, kommentiert und mit einem Nachwort versehen von Ekkehard Börsch, (Nachgelassene Werke. Neue Folge, Bd. 1) Gütersloh 1998, 142-164

–: Kirche und Gesellschaft als Thema der Ethik, in: Kirche und Gesellschaft. bearbeitet, kommentiert und mit einem Nachwort versehen von Ekkehard Börsch, (Nachgelassene Werke. Neue Folge, Bd. 1) Gütersloh 1998, 15-66
*Jähnichen, Traugott*: Vom Industrieuntertan zum Industriebürger : der soziale Protestantismus und die Entwicklung der Mitbestimmung (1848 - 1955), (SWI) Bochum 1993
–: Sozialer Protestantismus und moderne Wirtschaftskultur. Sozialethische Studien zu grundlegenden anthropologischen und institutionellen Bedingungen ökonomischen Handelns, (Entwürfe zur christlichen Gesellschaftswissenschaft) Münster 1998
*Jankélévitch, Vladimir*: Das Verzeihen : Essays zur Moral und Kulturphilosophie (Vorwort: Altwegg, Jürg), hg. von Ralf Konersmann, Frankfurt/M. 2004
*Joas, Hans*: Kreativität und Autonomie. Die soziologische Identitätskonzeption und ihre postmoderne Herausforderung, in: Identität, Leiblichkeit, Normativität. Neue Horizonte anthropologischen Denkens, hg. von Annette Barkhaus, Matthias Mayer, Neil Roughley und Donatus Thürnau, Frankfurt/M. 1996, 357-369
–: Die Entstehung der Werte, Frankfurt/M. 1997
*Jochimsen, Maren*: Kooperation im Umgang mit Verletzlichkeit. Eckpunkte der Koordination von Sorgeinstitutionen in der Ökonomie, (Bremer Diskussionspapiere zur Institutionellen Ökonomie und Sozial-Ökonomie, hg. von Adelheid Biesecker; Wolfram Elsner; Klaus Grenzdörffer, Bd. 45) Bremen 2001
*Joest, Wilfried*: Dogmatik, Bd. 1: Die Wirklichkeit Gottes, (UTB) Göttingen 1984
–: Dogmatik, Bd. 2: Der Weg Gottes mit dem Menschen, (UTB) Göttingen 1986
–: Der Friede Gottes und der Friede auf Erden. Zur theologischen Grundlegung der Friedensethik, Neukirchen 1990
*Johannes-Paul-II*: Enzyklika Sollicitudo rei socialis, Bonn 1987
–: Enzyklika Veritatis Splendor. Glanz der Wahrheit. Mit einem Kommentar von Leo Scheffczyk, Stein am Rhein 1993
*Jonas, Hans*: Heidegger und die Theologie, in: Evangelische Theologie 24 (1964), 621-642
–: Das Prinzip Verantwortung. Versuch einer Ethik für die technologische Zivilisation, Frankfurt/M. 1985
–: Ärztliche Kunst und menschliche Verantwortung, in: Technik, Medizin und Ethik. Praxis des Prinzips Verantwortung, Frankfurt/M. 1987, 146-161
–: Der Gottesbegriff nach Auschwitz. Eine jüdische Stimme, Frankfurt/M. 1987
–: Technik, Medizin und Ethik. Praxis des Prinzips Verantwortung, Frankfurt/M. 1987
*Jones, Gregory L.*: Transformed Judgement. Toward a Trinitarian Acoount of the Moral Life, Notre Dame 1990
*Jüngel, Eberhard*: Mit Frieden Staat zu machen. Politische Existenz nach Barmen V, München 1984
–: Leben aus Gerechtigkeit (1). Gottes Handeln und menschliches Tun, in: Evangelische Kommentare 21 (1988) 696
–: Leben aus Gerechtigkeit. Gottes Handeln und menschliches Tun, in: Evangelische Kommentare 22 (1989) 36-38
–: Das Evangelium von der Rechtfertigung des Gottlosen als Zentrum des christlichen Glaubens. Eine theologische Studie in ökumenischer Absicht, 2. verb. Aufl. Tübingen 1999
*Junghans, Helmar* (Hg.): Leben und Werk Martin Luthers von 1526 bis 1546. Festgabe zu seinem 500. Geburtstag, Göttingen 1983
*Juros, Helmut*: Moralverkündigung. Aufgaben eines Ethikers heute, in: Evangelische Theologie 46 (1986) 38-46
*Kafka, Franz*: Der Proceß, [1925], Frankfurt/M. 1990
–: Zur Frage der Gesetze und andere Schriften aus dem Nachlaß, (Gesammelte Werke in zwölf Bänden, hg. von Hans-Gerd Koch Bd. 7) Frankfurt/M. 1994
–: Die Erzählungen und andere ausgewählte Prosa. Originalfassung, Frankfurt/M. 1996
–: Vor dem Gesetz [1914], in: Die Erzählungen und andere ausgewählte Prosa. Originalfassung, Frankfurt/M. 1996, 162-163

*Kairos-Europa* (Hg.): Wirtschaf(en) im Dienst des Lebens – Kirchen im ökumenischen Prozess für gerechte Globalisierung, Heidelberg 2003

*Kaiser, Peter*: Das Embryonenschutzgesetz – eine humangenetische Betrachtung, in: Medizin und Menschenbild, hg. von Günter Rudolph, Tübingen 1994, 146-162

*Kambartel, Friedrich*: Universalität als Lebensform. Zu den (unlösbaren) Schwierigkeiten, das gute und vernünftige Leben über formale Kriterien zu bestimmen, in: Philosophie der humanen Welt. Abhandlungen, Frankfurt/M. 1989, 15-26

–: Begründungen und Lebensformen. Zur Kritik des ethischen Pluralismus, in: Philosophie der humanen Welt. Abhandlungen, Frankfurt/M. 1989, 44-60

–: Bemerkungen zur politischen Ökonomie, in: Anthropologie, Ethik, Politik. Grundfragen der praktischen Philosophie der Gegenwart, hg. von Thomas Rentsch, (Dresdner Hefte für Philosophie) Dresden 2004, 166-185

*Kamper, Dietmar; Wulf, Christoph* (Hg.): Anthropologie nach dem Tode des Menschen. Vervollkommnung und Unverbesserlichkeit, (Edition Suhrkamp) Frankfurt am Main 1994

*Kant, Immanuel*: Kritik der reinen Vernunft, [1781, 1787], Hamburg 1956

–: Kritik der praktischen Vernunft [1788] [1908], in: Kants Werke. Akademie-Textausgabe, Bd. V, Berlin 1968, 1-164

–: Zum ewigen Frieden (1795) [1908], in: Kants Werke. Akademie-Textausgabe, Bd. VIII: Abhandlungen nach 1781, Berlin 1968, 341-386

–: Grundlegung zur Metaphysik der Sitten, in: Kant. Werke in zehn Bänden, hg. von Wilhelm Weischedel, Bd. 6, Darmstadt 1983, 11-102

–: Logik [1800], in: Werke in sechs Bänden, hg. von Wilhelm Weischedel, Bd. 3: Schriften zur Metaphysik und Logik, Darmstadt 1983, 417-582

*Kaufmann, Franz-Xaver*: Sozialpolitik zwischen Gemeinwohl und Solidarität, in: Gemeinwohl und Gemeinsinn. Rhetoriken und Perspektiven sozial-moralischer Orientierung, hg. von Herfried Münkler und Karsten Fischer, (Forschungsberichte der interdisziplinären Arbeitsgruppe »Gemeinwohl und Gemeinsinn« der Berlin-Brandenburgischen Akademie der Wissenschaften, Bd. 2) Berlin 2002, 19-54

–: Sozialpolitisches Denken. Die deutsche Tradition, Frankfurt/M. 2003

*Kaufmann, Matthias*: Rechtsphilosophie, (Handbuch Philosophie) Freiburg 1996

*Käsemann, Ernst*: Die Anfänge christlicher Theologie, in: Exegetische Versuche und Besinnungen, Bd. 2, Göttingen 1964, 82-104

–: Der Ruf der Freiheit, Tübingen 1968

*Kerr, Fergus*: Theology after Wittgenstein, Oxford u.a. 1988

–: Immortal Longings: Versions of Transcending Humanity, Notre Dame 1997

–: After Aquinas. Versions of Thomism, Malden 2002

*Kersting, Wolfgang*: Wohlgeordnete Freiheit. Immanuel Kants Rechts- und Staatsphilosophie, Berlin 1984

–: Die Gerechtigkeit zieht die Grenze, und das Gute setzt das Ziel, in: John Rawls. Eine Theorie der Gerechtigkeit, hg. von Otfried Höffe, Berlin 1998, 209-230

–: Theorien der sozialen Gerechtigkeit, Stuttgart [u.a.] 2000

–: Jean-Jacques Rousseaus ›Gesellschaftsvertrag‹, Darmstadt 2002

–: Kritik der Gleichheit. Über die Grenzen der Gerechtigkeit und der Moral, Weilerswist 2002

*Kesselring, Thomas*: Ethik der Entwicklungspolitik. Gerechtigkeit im Zeitalter der Globalisierung, (Ethik im technischen Zeitalter) München 2003

*Kettner, Matthias* (Hg.): Angewandte Ethik als Politikum, Frankfurt/M. 2000

*Kibe, Takashi*: Frieden und Erziehung in Martin Luthers Drei-Stände-Lehre. Ein Beitrag zur Klärung des Zusammenhangs zwischen Integration und Sozialisation im politischen Denken des frühneuzeitlichen Deutschlands, (Europäisches Forum; 12) Frankfurt/M. [u.a.] 1996

*Kierkegaard, Sören*: Entweder / Oder, 2. Teil, [1843], übers. von E. Hirsch, Düsseldorf 1957

*Kirchgässner, Gebhard*: Homo oeconomicus. Das ökonomische Modell individuellen Verhaltens und seine Anwendung in den Wirtschafts- und Sozialwissenschaften, Tübingen 1991

*Kirsch, Guy:* Das Kalkül der Moral, in: Ökonomie und Moral. Beiträge zur Theorie ökonomischer Rationalität, hg. von Karl Reinhard Lohmann; Birger P. Priddat, München 1997, 49-64
*Klemperer, Victor:* LTI : Notizbuch eines Philologen, [1947], Leipzig 1996
*Klein, Ansgar* (Hg.): Grundwerte in der Demokratie, (Schriftenreihe / Bundeszentrale für Politische Bildung, Bd. 330) 1995
*Knight, Douglas H.:* The eschatological economy : time and the hospitality of God, Grand Rapids, Mich./ Cambridge UK 2006
*Kögler, Hans-Herbert:* Fröhliche Subjektivität. Historische Ethik und dreifache Ontologie beim späten Foucault, in: Ethos der Moderne. Foucaults Kritik der Aufklärung, hg. von Eva Erdmann; Rainer Forst; Axel Honneth, Frankfurt/M. 1990, 202-226
*Köß, Hartmut:* »Kirche der Armen?«. Die entwicklungspolitische Verantwortung der katholischen Kirche in Deutschland, (Ethik im theologischen Diskurs) Münster 2003
*Kollek, Regine:* »Ver-rückte Gene«. Die inhärenten Risiken der Gentechnologie und die Defizite der Risikodebatte, in: Ästhetik und Kommunikation 18 (1988) Heft 69: Gentechnologie. Die Macht der Wissenschaft über die Phantasie des Alltags, 29-38
–: Präimplantationsdiagnostik. Embryonenselektion, weibliche Autonomie und Recht, Tübingen/ Basel 2000
*Korff, Wilhelm* (Hg.): Handbuch der Wirtschaftsethik, Bd. 1-4, Gütersloh 1999
*Korsgaard, Christine M.:* The Sources of Normativity, Cambridge 1996
–: Taking the Law into Our Own Hands: Kant on the Right to Revolution, in: Reclaiming the History of Ethics. Essays for John Rawls, hg. von Andrews Reath; Barbara Herman; Christine M. Korsgaard, New York 1997
–: Der Ursprung der Normativität, in: Konstruktionen praktischer Vernunft. Philosophie im Gespräch, hg. von Herlinde Pauer-Studer, Frankfurt/M. 2000, 129-152
*Körtner, Ulrich:* Solange die Erde steht. Schöpfungsglaube in der Risikogesellschaft, Hannover 1997
–: Evangelische Sozialethik. Grundlagen und Themenfelder, Göttingen 1999
*Koselleck, Reinhart:* Kritik und Krise. Ein Beitrag zur Pathogenese der bürgerlichen Welt, 2. Aufl. Freiburg/München 1959
–: Vergangene Zukunft. Zur Semantik geschichtlicher Zeiten, Frankfurt/M. 1989
–: Bürgerschaft. Rezeption und Innovation der Begrifflichkeit vom Hohen Mittelalter bis ins 19. Jahrhundert, Stuttgart 1994
*Koslowski, Peter:* Prinzipien der ethischen Ökonomie. Grundlegung der Wirtschaftsethik und der auf die Ökonomie bezogenen Ethik, Tübingen 1988
–: Wirtschaft als Kultur. Wirtschaftskultur und Wirtschaftsethik in der Postmoderne, Wien 1989
–: Die Ordnung der Wirtschaft. Studien zur praktischen Philosophie und politischen Ökonomie, Tübingen 1994
– (Hg.): Weltwirtschafsethos. Global Economic Ethos. Globalisierung und Wirtschaftsethik. Globalization and Business Ethics, Wien 1997
–: Die zunehmende Bedeutung und Globalisierung der Märkte. Konsequenzen für Wirtschaftsethik und Wirtschaftskultur. The Increasing Importance and Globalization of Markets Consequences for Business Ethics and Business Culture, in: Wirtschaftsethos. Global Economic Ethos, Wien 2000, 47-78
– (Hg.): Wirtschaftsethik – Wo ist die Philosophie? , Heidelberg 2001
*Krebs, Angelika:* Naturethik. Grundtexte der gegenwärtigen tier- und ökoethischen Diskussion, Frankfurt/M. 1997
– (Hg.): Gleichheit oder Gerechtigkeit: Texte der neuen Egalitarismuskritik, Frankfurt/M. 2000
*Krings, Hermann:* Die Tugend zwischen Gesetz und Freiheit, in: Anodos. Festschrift für Helmut Kuhn, hg. von Rupert Hofmann; Jörg Jantzen; Henning Ottmann, Weinheim 1989, 115-130
*Krötke, Wolf:* Was ist "wirklich"? Der notwendige Beitrag der Theologie zum Wirklichkeitsverständnis unserer Zeit, (Humboldt-Universität: Öffentliche Vorlesungen, 79) Berlin 1996

*Krüger, Gerhard*: Freiheit und Weltverwaltung. Aufsätze zur Philosophie der Geschichte, Freiburg [u.a.] 1958
–: Geschichte und Tradition [1948], in: Freiheit und Weltverwaltung : Aufsätze zur Philosophie der Geschichte, Freiburg [u.a.] 1958, 71-96
*Krüger, Ralf-Dieter*: Versöhnt mit Gott. Rechtfertigung und Heiligung bei Hans Joachim Iwand, Aachen 1997
*Kruip, Gerhard*: Sprengkraft gelebter Hoffnung, in: Herder Korrespondenz 56 (2002) Heft 4, 197-202
*Kruse, Volker*: »Geschichts- und Sozialphilosophie« oder »Wirklichkeitswissenschaft«? Die deutsche historische Soziologie und die logischen Kategorien René Königs und Max Webers, Frankfurt/M. 1999
*Kuhlmann, Wolfgang* (Hg.): Moralität und Sittlichkeit. Das Problem Hegels und die Diskursethik, Frankfurt/M. 1986
–: Sprachphilosophie – Hermeneutik – Ethik. Studien zur Transzendentalpragmatik, Würzburg 1992
*Kuhn, Helmut*: Werte – eine Urgegebenheit, in: Neue Anthropologie, hg. von Hans-Georg Gadamer; Paul Vogler, Bd. 7, München 1974
–: Romano Guardini – Philosoph der Sorge, St. Ottilien 1987
*Kuhn, Thomas Samuel*: Die Entstehung des Neuen. Studien zur Struktur der Wissenschaftsgeschichte, hg. von Lorenz Krüger, Frankfurt am Main 1977
*Kymlicka, Will*: Politische Philosophie heute. Eine Einführung, Frankfurt/M./ New York 1996
–: Multikulturalismus und Demokratie. Über Minderheiten in Staaten und Nationen, Hamburg 1999
*Lacan, Jacques*: Die Ethik der Psychoanalyse, (Lacan, Jacques: Das Seminar) Weinheim u.a. 1996
*Ladeur, Karl-Heinz*: Negative Freiheitsrechte und gesellschaftliche Selbstorganisation, (Die Einheit der Gesellschaftswissenschaften, hg. von Karl Homann, Bd. 114) Tübingen 2000
*Lage, Dietmar*: Martin Luther's Christology and ethics, (Texts and studies in religion ; 45) Lewiston, N.Y. [u.a.] 1990
*Lang, Sabine*: Politische Öffentlichkeit im modernen Staat. Eine bürgerliche Institution zwischen Demokratisierung und Disziplinierung, Baden-Baden 2001
*Lash, Ulrich Beck; Anthony Giddens; Scott*: Reflexive Modernization. Politics, Tradition and Aesthetics in the Modern Social Order, Stanford, Ca. 1994
*Lau, Jörg*: Heiligkeit, Entlastung und Empörung. Über einige Topoi der Moraldiskurse, in: Moral. Und Macht. Sonderheft Merkur, Heft 9/10, hg. von Karl Heinz Bohrer; Kurt Scheel, Bd. 50, Stuttgart 1996, 761-771
*Lefort, Claude*: Democracy and political theory, übers. von David Macey, Oxford 1988
–: Fortdauer des Theologisch-Politischen?, Wien 1999
*Lehmann, Paul L.*: Ethik als Antwort. Methodik einer Koinoniaethik, München 1966
*Leiner, Martin*: Gottes Gegenwart : Martin Bubers Philosophie des Dialogs und der Ansatz ihrer theologischen Rezeption bei Friedrich Gogarten und Emil Brunner, Gütersloh 2000
–: Zur Bedeutung der Ethik Karl Barths für heute, in: Zeitschrift für Dialektische Theologie 22 (2006) Sonderausgabe (hg. von Michael Trowitzsch) 50-55
*Lemke, Thomas*: Eine Kritik der politischen Vernunft. Foucaults Analyse der modernen Gouvernementalität, (Argument-Sonderband) 4. Aufl. Hamburg 2003
*Lemke, Thomas; Krasmann, Susanne; Bröckling, Ulrich*: Gouvernementalität, Neoliberalismus und Selbsttechnologien. Eine Einleitung, in: Gouvernementalität der Gegenwart. Studien zur Ökonomisierung des Sozialen, hg. von Ulrich Bröckling; Susanne Krasmann; Thomas Lemke, Frankfurt/M. 2000, 7-40
*Lenk, Hans*: Einführung in die angewandte Ethik. Verantwortlichkeit und Gewissen, Stuttgart u.a. 1997
*Lenzen, Dieter*: Historische Anthropologie als melancholische Humanwissenschaft? Anmerkungen zum Verhältnis von Anthropologie und Ethik bei der Diskursanalyse ethischer Dispositive,

in: Identität, Leiblichkeit, Normativität. Neue Horizonte anthropologischen Denkens, hg. von A. Barkhaus, M. Mayer, N. Roughley, D. Thürnau, Frankfurt/M. 1996, 299-312
*Lenzen, Verena*: Jüdisches Leben und Sterben im Namen Gottes. Studien über die Heiligung des göttlichen Namens (Kiddusch HaSchem), München/ Zürich 1995
*Lettow, Susanne*: Die Macht der Sorge. Die philosophische Artikulation von Geschlechterverhältnissen in Heideggers »Sein und Zeit«, Tübingen 2001
*Lévinas, Emmanuel*: Die Spur des Anderen. Untersuchungen zur Phänomenologie und Sozialphilosophie, hg. von W. Krewani, 3. Aufl. Freiburg/ München 1992
–: Zwischen uns. Versuche über das Denken an den Anderen, [Entre nous, 1991], München 1995
–: Alltagssprache und Rhetorik ohne Eloquenz übers. von Frank Miething, in: Außer sich. Meditationen über Religion und Philosophie, hg. von Frank Miething, München 1991, 183-193
–: Außer sich. Meditationen über Religion und Philosophie, München/ Wien 1991
–: Vier Talmudlesungen, übers. von Frank Miething, Frankfurt/M. 1993
–: Jenseits des Buchstabens. Band 1: Talmud-Lesungen, übers. von Frank Miething, Frankfurt/M. 1996
–: Wenn Gott ins Denken einfällt. Diskurse über die Betroffenheit von Transzendenz, 3. Aufl. Freiburg/ München 1999
–: Neue Talmud-Lesungen, [1996], übers. von Frank Miething, Frankfurt/M. 2001
*Liebau, Eckart*: Erfahrung und Verantwortung. Werteerziehung als Pädagogik der Teilhabe, (Beiträge zur pädagogischen Grundlagenforschung) Weinheim/ München 1999
– (Hg.): »Renaissance des Humanismus? Werteerziehung als Pädagogik der Teilhabe«. Dokumentation zur Tagung der Evangelischen Akademie Tutzing Februar 1999, Tutzing 2000
– (Hg.): Anthropologie pädagogischer Institutionen (Pädagogische Anthropologie Bd. 11), Weinheim 2001
– (Hg.): Die Bildung des Subjekts. Beiträge zur Pädagogik der Teilhabe, Weinheim/München 2001
*Liebau, Eckart; Baader, Meike Sophia* (Hg.): Generation. Versuche über eine pädagogisch-anthropologische Grundbedingung (Pädagogische Anthropologie Bd. 3), Weinheim 1996
*Liebau, Eckart; Bourdieu, Pierre* (Hg.): Lebensstil und Lernform. Zur Kultursoziologie Pierre Bourdieus, Stuttgart 1985
*Liebsch, Burkhard* (Hg.): Hermeneutik des Selbst – im Zeichen des Anderen. Zur Philosophie Paul Ricoeurs, Freiburg/ München 1999
*Lienemann, Wolfgang*: Gewalt und Gewaltverzicht. Studien zur abendländischen Vorgeschichte der gegenwärtigen Wahrnehmung von Gewalt, 1982
–: Gerechtigkeit, (Bensheimer Hefte) 1995
*Lienkamp, Andreas*: Die Herausforderung des Denkens durch den Schrei der Armen. Enrique Dussels Entwurf einer Ethik der Befreiung, in: Jenseits Katholischer Sozialehre. Neue Entwürfe christlicher Gesellschaftsethik, hg. von Friedhelm Hengsbach; Bernhard Emunds; Matthias Möhring-Hesse, Düsseldorf 1993, 191-212
*Lindbeck, George*: Christliche Lehre als Grammatik des Glaubens. Religion und Theologie im postliberalen Zeitalter. Mit einer Einleitung von Hans G. Ulrich und Reinhard Hütter, übers. von Markus Müller, (Theologische Bücherei) Gütersloh 1994
*Lindberg, Carter*: Luther's struggle with social-ethical issues, in: The Cambridge companion to Martin Luther, ed. Donald K. McKim, Cambridge UK/ New York 2003, 165-178
–: Luther on Poverty, in: Harvesting Martin Luther's reflections on theology, ethics, and the church, ed. by Timothy J. Wengert, (Lutheran quarterly books) Grand Rapids, Mich. [u.a.] 2004, 134-151
*Link, Christian*: Die Spur des Namens. Wege zur Erkenntnis Gottes und zur Erfahrung der Schöpfung, Neukirchen 1997
*Lissabon, Die Gruppe von*: Grenzen des Wettbewerbs. Die Globalisierung der Wirtschaft und die Zukunft der Menschheit, [Limits of Competition 1995], übers. von Vicente Colon; Katrin Grüber, München 1997

*List, Elisabeth*: Grenzen der Verfügbarkeit. Die Technik, das Subjekt und das Lebendige, Wien 2001
*Lob-Hüdepohl, Andreas*: Kommunikative Vernunft und theologische Ethik, (Studien zur theologischen Ethik) Freiburg u.a. 1993
– (Hg.): Ethik im Konflikt der Überzeugungen, (Studien zur theologischen Ethik) Freiburg/ i.Br. 2004
*Löw, Reinhard* (Hg.): Natur in der Krise. Philosophische Essays zur Naturtheorie und Bioethik, Hildesheim 1994
–: Natur und Leben. Von den Begriffen zum Streit um deren Sinn, in: Natur in der Krise. Philosophische Essays zur Naturtheorie und Bioethik, hg. von Reinhard Löw; Richard Schenk, Hildesheim 1994, 217-234
*Löw, Reinhard; Schenk, Richard* (Hg.): Natur in der Krise. Philosophische Essays zur Naturtheorie und Bioethik, Hildesheim 1994
*Löw, Reinhard; Spaemann, Robert* (Hg.): Oikeiosis. Festschrift für Robert Spaemann, Weinheim 1987
*Löwith, Karl*: Weltgeschichte und Heilsgeschehen. Die theologischen Voraussetzungen der Geschichtsphilosophie, [Meaning in History, 1949], 4. Aufl. Stuttgart 1961
–: Nietzsches Philosophie der Ewigen Wiederkehr des Gleichen, Stuttgart 1956
–: Wissen, Glaube und Skepsis, (Kleine Vandenhoeck-Reihe) 3. Aufl. Göttingen 1962
–: Gott, Mensch und Welt in der Metaphysik von Descartes bis zu Nietzsche, Göttingen 1967
–: Existenzphilosophie [1932], in: Heidegger – Denker in dürftiger Zeit. Zur Stellung der Philosophie im 20. Jahrhundert, (Karl Löwith. Sämtliche Schriften 8) Stuttgart 1984, 1-18
–: Zu Heideggers Seinsfrage: Die Natur des Menschen und die Welt der Natur [1969], in: Heidegger – Denker in dürftiger Zeit. Zur Stellung der Philosophie im 20. Jahrhundert, (Karl Löwith. Sämtliche Schriften 8) Stuttgart 1984, 276-289
*Lohmann, Friedrich*: Zwischen Naturrecht und Partikularismus. Grundlegung christlicher Ethik mit Blick auf die Debatte um eine universale Begründbarkeit der Menschenrechte, Berlin u.a. 2002
*Lohmann, Georg*: Menschenrechte zwischen Moral und Recht, in: Philosophie der Menschenrechte, hg. von Stefan Gosepath und Georg Lohmann, 2. Aufl. Frankfurt/M. 1999, 62-95
–: Unparteilichkeit in der Moral, in: Die Öffentlichkeit der Vernunft und die Vernunft der Öffentlichkeit : Festschrift für Jürgen Habermas, hg. von Klaus Günther und Lutz Wingert, Frankfurt/M. 2001, 434-455.
*Lohmann, Karl Reinhard; Priddat, Birger P.* (Hg.): Ökonomie und Moral. Beiträge zur Theorie ökonomischer Rationalität, München 1997
*Lohner, Alexander*: Personalität und Menschenwürde. Eine theologische Auseinandersetzung mit den Thesen der »neuen Bioethiker«, (Studien zur Geschichte der katholischen Moraltheologie) Regensburg 2000
*Lück, Wolfgang*: Lebensform Protestantismus. Reformatorisches Erbe in der Gegenwart, Stuttgart u.a. 1992
*Lüpke, Johannes von*: Von den großen Taten des geringen Wortes. Eine Besinnung auf den Grund der Freiheit im Anschluss an Luther, in: Albrecht Grözinger und J. von Lüpke (Hg.): Im Anfang war das Wort. Interdisziplinäre theologische Perspektiven (Veröffentlichungen der Kirchlichen Hochschule Wuppertal, N.F., Bd. 1) Neukirchen-Vluyn/ Wuppertal 1998, 102-115
–: Der Mensch im Licht der Gerechtigkeit Gottes. Reformatorische Rechtfertigungslehre und neuzeitliche Anthropologie, in: Siegfried Kreuzer und J. v. Lüpke (Hg.), Gerechtigkeit glauben und erfahren. Beiträge zur Rechtfertigungslehre (Veröffentlichungen der Kirchlichen Hochschule Wuppertal, N.F., Bd. 7), Neukirchen-Vluyn/ Wuppertal 2002, 62-80
–: Zeuge; Zeugnis II. Theologie, in: Historisches Wörterbuch der Philosophie, hg. v. Joachim Ritter, Karlfried Gründer und Gottfried Gabriel, Bd. 12, Basel 2004, Sp. 1324-1330
*Luhmann, Niclas*: Soziologische Aufklärung, Bd. 1-6, Opladen/Köln 1970-1995

—: Protest. Systemtheorie und soziale Bewegungen, hg. und eingeleitet von Kai-Uwe Hellmann, Frankfurt/M. 1996
—: Gesellschaftsstruktur und Semantik. Studien zur Wissenssoziologie der modernen Gesellschaft, Bd. 1 und 2, Frankfurt/M. 1981
—: Selbstreferenz und Teleologie in gesellschaftstheoretischer Perspektive, in: Gesellschaftsstruktur und Semantik. Studien zur Wissenssoziologie der modernen Gesellschaft, Bd. 2, Frankfurt/M. 1981, 9-44
—: Subjektive Rechte: Zum Umbau des Rechtsbewußtseins für die moderne Gesellschaft, in: Gesellschaftsstruktur und Semantik. Studien zur Wissenssoziologie der modernen Gesellschaft, Bd. 2, Frankfurt/M. 1981, 45-104
—: Art.: Organisation, in: Ritter, G., u.a. (Hg.): Historisches Wörterbuch der Philosophie, Bd. 6, 1984, Sp. 1326-1328
—: Ethik als Reflexionstheorie der Moral, in: Gesellschaftsstruktur und Semantik, Bd. 3, Frankfurt/M. 1989, 358-447
—: Kultur als historischer Begriff, in: Gesellschaftsstruktur und Semantik: Studien zur Wissenssoziologie der modernen Gesellschaft, Bd. 4, Frankfurt/M. 1995, 31-54
*Luibl, Hans Jürgen; Städtler, Katharina; Sudermann, Christian; Ulrich-Eschemann, Karin* (Hg.): Gott und die Wissenschaften, (Evangelische Hochschuldialoge; Bd. 1) Berlin/Münster 2007
*Luther, Martin*: Vorlesung über den Römerbrief [1515/16], in: Ausgewählte Werke, hg. von H.H. Borcherdt, G. Merz, Erg. Reihe, Bd. 2, 5. durchges. Aufl. München 1965
—: Die Heidelberger Disputation [1518], in: Luther Deutsch. Die Werke Martin Luthers in neuer Auswahl für die Gegenwart, Bd. 1: Die Anfänge, hg. von Kurt Aland, Göttingen 1962, 2. Aufl. 1983, 379-394
—: Ein Sermon von dem hochwürdigen Sakrament des heiligen wahren Leichnams Christi und von den Bruderschaften [1519], in: Martin Luther Ausgewählte Schriften, hg. von Karin Bornkamm; Gerhard Ebeling, Bd. 2: Erneuerung von Frömmigkeit und Theologie, Frankfurt/M. 1982, 52-77
—: Ein Sermon von dem Wucher [1519], in: Martin Luther Ausgewählte Schriften, hg. von Karin Bornkamm; Gerhard Ebeling, Bd. 4: Christsein und weltliches Regiment, Frankfurt/M. 1982, 9-18
—: Sermon von den guten Werken [1520]
—: Von den guten Werken [1520], in: Luther Deutsch. Die Werke Martin Luthers in neuer Auswahl für die Gegenwart, Bd. 2: Der Reformator, hg. von Kurt Aland, Göttingen 1962, 2. Aufl. 1981, 95-156
—: Von der Freiheit eines Christenmenschen [1520], in: Luther Deutsch. Die Werke Martin Luthers in neuer Auswahl für die Gegenwart, Bd. 2: Der Reformator, hg. von Kurt Aland, Göttingen 1962, 2. Aufl. 1981, 239-250
—: Das Magnificat verdeutscht und ausgelegt [1521], in: Luther Deutsch. Die Werke Martin Luthers in neuer Auswahl für die Gegenwart, hg. von Kurt Aland, 3. Aufl., Bd. 5: Die Schriftauslegung, Göttingen 1983, 274-340
—: Vom ehelichen Leben [1522], in: Martin Luther Ausgewählte Schriften, hg. von K. Bornkamm; G. Ebeling, Bd. 3: Auseinandersetzung mit der Römischen Kirche, Frankfurt/M. 1982, 165-199
—: Von weltlicher Obrigkeit, wie weit man ihr Gehorsam schuldig sei [1523], in: Luther Deutsch. Die Werke Martin Luthers in neuer Auswahl für die Gegenwart, hg. von Kurt Aland, 3. Aufl., Bd. 7, Göttingen 1983, 9-51
—: Eine Unterrichtung, wie sich die Christen in Mose schicken sollen [1525], in: Luther Deutsch. Die Werke Martin Luthers in neuer Auswahl für die Gegenwart, hg. von Kurt Aland, 3. Aufl., Bd. 5: Die Schriftauslegung, Göttingen 1983, 93-109
—: Der kleine Katechismus [1529]
—: Der große Katechismus [1529], in: Luther Deutsch. Die Werke Martin Luthers in neuer Auswahl für die Gegenwart, hg. von Kurt Aland, Bd. 3: Der neue Glaube, Göttingen 1983, 11-150

*Luther, Martin*: Das schöne Confitemini an der Zahl der 118. Psalm [1530], in: Luther Deutsch. Die Werke Martin Luthers in neuer Auswahl für die Gegenwart, hg. von Kurt Aland, 3. Aufl., Bd. 7, Göttingen 1983, 308-362
–: Vorlesung über die Stufenpsalmen (1532/33), in: D. Martin Luthers Werke. Kritische Gesamtausgabe, 40. Band, Weimar 1930, 1-475
–: Vorlesung über die Stufenpsalmen (1532/33), Psalmus CXXVII, in: D. Martin Luthers Werke. Kritische Gesamtausgabe, 40. Band, Weimar 1930, 202-269
–: Die Zirkulardisputation über das Recht des Widerstands gegen den Kaiser (Matth 19,21) [1539], in: D. Martin Luthers Werke. Kritische Gesamtausgabe, 39. Band, II.Abt., Weimar 1932, 34-91
–: Disputatio de Homine. Disputation über den Menschen [1536]
–: Von den Konziliis und Kirchen [1539], in: Ausgewählte Werke, hg. von H.H. Borcherdt; G. Merz, Bd. 7, München 1963
–: Auslegung des ersten Buches Mose. Erster Teil [1544], in: Sämmtliche Schriften, hg. von Johann Georg Walch, Bd. 1, Groß Oesingen (Nachdruck) 1986
–: Von der Menschwerdung des Menschen. Eine akademische Vorlesung über den 127. Psalm. Verdeutscht und erläutert von Gerhard Gloege, Göttingen 1940
–: Predigten über das erste Buch Mosis und Auslegungen über die folgenden biblischen Bücher bis zu den Psalmen (excl.). in: Sämmtliche Schriften, hg. von Johann Georg Walch, Bd. 3 (Auslegung des Alten Testaments, Fortsetzung), Groß Oesingen (Nachdruck) 1986
–: Der hundertsiebenundzwanzigste Psalm, in: Sämmtliche Schriften, hg. von Johann Georg Walch, Bd. 4, Groß Oesingen (Nachdruck) 1987, Sp. 1912-1973
–: Luthers Arbeiten über die ersten 22 Psalmen (Operationes in Psalmos) [1519-1521], in: Sämmtliche Schriften, hg. von Johann Georg Walch, Bd. 4, Groß Oesingen (Nachdruck) 1987, Sp. 198-1225
–: Luthers Auslegung über die fünfzehn Lieder im höhern Chor, Ps. 120 bis 134. Der hundertundzweiundzwanzigste Psalm [1531-1533], in: Sämmtliche Schriften, hg. von Johann Georg Walch, Bd. 4, Groß Oesingen (Nachdruck) 1987, Sp. 1804-1841
*Lyotard, Jean-François*: Das postmoderne Wissen. Ein Bericht, [1979], Wien 1993
–: Ein Bindestrich zwischen »Jüdischem« und »Christlichem«, hg. von Eberhard Gruber, Düsseldorf 1995
–: Der Widerstreit, übers. von Joseph Vogl, (Supplemente) 2., korr. Aufl. München 1989
*Maak, Thomas*: Die Wirtschaft der Bürgergesellschaft. Ethisch-politische Grundlagen einer Wirtschaftspraxis selbstbestimmter Bürger, (Sankt Galler Beiträge zur Wirtschaftsethik) Bern/Stuttgart 1999
*Mack, Elke*: Gerechtigkeit und gutes Leben : christliche Ethik im politischen Diskurs, Paderborn [u.a.] 2002
*MacIntyre, Alasdair*: Der Verlust der Tugend. Zur moralischen Krise der Gegenwart, übers. von Wolfgang Rhiel, Frankfurt/M. 1987
–: Whose Justice? Which Rationality?, Notre Dame 1988
–: Three Rival Versions of Moral Inquiry. Encyclopedia, Genealogy, and Tradition, Notre Dame 1990
–: The Return to Virtue Ethics, in: The 25th Anniversary of Vatican II: A Look Back and a Look Ahead, ed. Russell E. Smith, Browntree Mass. Pope John III Center 1991, 239-249
–: Ist Patriotismus eine Tugend? , in: Kommunitarismus. Eine Debatte über die moralischen Grundlagen moderner Gesellschaften, hg. von Axel Honneth, Frankfurt/Main 1993, 84-102
–: Die Privatisierung des Guten, in: Pathologien des Sozialen. Die Aufgaben der Sozialphilosophie, hg. von Axel Honneth, Frankfurt/M. 1994, 163-183
–: Dependent Rational Animals: Why Human Beings Need the Virtues, Chicago 1999
–: Precis of »Whose Justice? Which Rationality?« in: Philosophy and Phenomenological Research 51 (1991) 149-152
–: Social Structures and Their Threats to Moral Agency, in: Philosophy and Social Criticism 25 (1999) 311-329

*MacIntyre, Alasdair; Ricoeur, Paul*: Die religiöse Kraft des Atheismus [1969], übers. von Reiner Ansén, Freiburg/München 2002
*Mahrenholz, Jürgen Chr.*: Bürgerrecht auf Bildung. Luther auf schulpolitischem Kurs, Hannover 1997
*Maimela, Simon Sekomane*: God's creative activity through the law : a constructive statement toward a theology of social transformation, (Studia theologica), Bd. 2 Pretoria 1984
–: Responsibility for the World, in: Lutherjahrbuch, hg. von Helmer Junghans, Göttingen 1990, 147-162.
*Mann, Thomas*: Achtung, Europa! , in: An die gesittete Welt. Politische Schriften und Reden im Exil, (Gesammelte Schriften in Einzelbänden) Frankfurt/M. 1986
*Marhold, Wolfgang; Schibilsky, Michael*: Ethik, Wirtschaft, Kirche. Verantwortung in der Industriegesellschaft [Festschrift für Karl-Wilhelm Dahm zum 60. Geburtstag], Düsseldorf 1991
*Marquard, Odo*: Ende des Schicksals? Einige Bemerkungen über die Unvermeidlichkeit des Unverfügbaren, in: Abschied vom Prinzipiellen. Philosophische Studien, Stuttgart 1982, 67-90
*Marramao, Giacomo*: Die Säkularisierung der weltlichen Welt, Frankfurt/M. 1999
*Marti, Urs*: Michel Foucault, 2. Aufl. München 1999
*Marx, Karl*: Das Kommunistische Manifest [1848], in: K. Marx/Friedrich Engels: Werke Bd. 4, Berlin 1959, 459-493
*Matheis, Alfons*: Diskurs als Grundlage der politischen Gestaltung. Das politisch-verantwortungsethische Modell der Diskursethik als Erbe der moralischen Implikationen der Kritischen Theorie Max Horkheimers im Vergleich mit dem Prinzip Verantwortung von Hans Jonas, St. Ingbert 1996
*Matthiesen, Ulf*: Das Dickicht der Lebenswelt und die Theorie des kommunikativen Handelns, (Übergänge) 2., unveränd. Aufl. München 1985
*Maurer, Ernstpeter*: Der Mensch im Geist : Untersuchungen zur Anthropologie bei Hegel und Luther, (Beiträge zur evangelischen Theologie) Gütersloh 1996
–: Luther, (Herder-Spektrum Meisterdenker) Freiburg i. Br. [u.a.] 2004
*Maurer; Wilhelm*: Luthers Lehre von den drei Hierarchien und ihr mittelalterlicher Hintergrund, (Bayer. Akad. d. Wiss. Sitzungsberichte Phil. hist. Kl. 1970,4) München 1970
*Maus, Ingeborg*: Rechtstheorie und politische Theorie im Industriekapitalismus, München 1986
–: Die Trennung von Recht und Moral als Begrenzung des Rechts, in: dies.: Zur Aufklärung der Demokratietheorie. Rechts- und demokratietheoretische Überlegungen im Anschluß an Kant, Frankfurt/M. 1992, 308-336
–: Zur Aufklärung der Demokratietheorie. Rechts- und demokratietheoretische Überlegungen im Anschluss an Kant, 1. Aufl. Frankfurt/M. 1992
–: Freiheitsrechte und Volkssouveränität, in: Rechtstheorie 26 (1995) 507-562
–: Der Urzustand, in: John Rawls: Eine Theorie der Gerechtigkeit, hg. von Otfried Höffe, Berlin 1998, 71-95
*Meeks, Douglas M.*: God the Economist. The Doctrine of God and Political Economy, Minneapolis 1989
*Meeks, Wayne A.*: The origins of Christian morality : the first two centuries, New Haven [u.a.] 1993
*Menke, Christoph*: Für eine Politik der Dekonstruktion. Jacques Derrida über Recht und Gerechtigkeit, in: Gewalt und Gerechtigkeit : Derrida – Benjamin, hg. von Anselm Haverkamp, Frankfurt/M. 1997, 279-287
*Menzel, Ulrich*: Globalisierung versus Fragmentierung, Frankfurt/M. 1998
*Mieth, Dietmar*: Moral und Erfahrung/2. Entfaltung einer theologisch-ethischen Hermeneutik, 4. überarb. und erg. Aufl. Freiburg (Ch) 1998
–: Moral und Erfahrung/1. Grundlagen einer theologisch-ethischen Hermeneutik, 4. überarb. und erg. Aufl. Freiburg (Ch) 1999
*Mieth, Dietmar; Ammicht-Quinn, Regina* (Hg.): Erzählen und Moral. Narrativität im Spannungsfeld von Ethik und Ästhetik, Tübingen 2000

*Milbank, John*: Theology and Social Theory beyond Secular Reason, Oxford 1991
–: Can Morality be christian?, in: Studies in Christian Ethics 8 (1995)
–: Kann Moral christlich sein? (Can Morality be Christian?), in: Berliner Theologische Zeitschrift. Beiheft 13 (1996) 41-58
–: The Word Made Strange. Theology, Language, Culture, Oxford 1997
*Mildenberger, Friedrich*: Biblische Dogmatik. Eine biblische Theologie in dogmatischer Perspektive, Bd. 1: Prolegomena. Verstehen und Geltung der Bibel, Stuttgart 1991
–: Biblische Dogmatik. Eine biblische Theologie in dogmatischer Perspektive, Bd. 2: Ökonomie als Theologie, Stuttgart 1992
–: Biblische Dogmatik. Eine biblische Theologie in dogmatischer Perspektive, Bd. 3: Theologie als Ökonomie, Stuttgart 1993
*Mittelstraß, Jürgen*: Zur Ethik der Naturforschung, in: Leonardo-Welt. Über Wissenschaft, Forschung und Verantwortung, Frankfurt/M. 1992, 120-154
*Moltmann, Jürgen*: Theologie der Hoffnung. Untersuchungen zur Begründung und zu den Konsequenzen einer christlichen Eschatologie, (Beiträge zur evangelischen Theologie) München 1964
–: Gott in der Schöpfung : ökologische Schöpfungslehre, 4. Aufl. Gütersloh 1993
*Mouffe, Chantal* (Hg.): Dekonstruktion und Pragmatismus. Demokratie, Wahrheit und Vernunft. Texte von Simon Critchley, Jacques Derrida, Ernesto Laclau, Richard Rorty, Wien 1999
*Müller-Armack, Alfred*: Religion und Wirtschaft. Geistesgeschichtliche Hintergründe unserer europäischen Lebensform, Stuttgart 1959
*Münch, Richard*: Die Struktur der Moderne. Grundmuster und differentielle Gestaltung des institutionellen Aufbaus der modernen Gesellschaften, Frankfurt/M. 1992
–: Globale Dynamik, lokale Lebenswelten. Der schwierige Weg in die Weltgesellschaft, Frankfurt/M. 1998
*Münkler, Herfried*: Zivilgesellschaft und Bürgertugend. Bedürfen demokratisch verfasste Gemeinwesen einer sozio-moralischen Fundierung?, (Humboldt-Universität zu Berlin, Öffentliche Vorlesungen) Berlin 1994
– (Hg.): Politisches Denken im 20. Jahrhundert. Ein Lesebuch, 4. Aufl., München, Zürich 2002
*Münkler, Herfried; Fischer, Karsten* (Hg.): Gemeinwohl und Gemeinsinn : Rhetoriken und Perspektiven sozial-moralischer Orientierung, (Forschungsberichte der interdisziplinären Arbeitsgruppe »Gemeinwohl und Gemeinsinn« der Berlin-Brandenburgischen Akademie der Wissenschaften, Bd. 2) Berlin 2002
*Murdoch, Iris*: Metaphysics as a guide to morals, London 1992
*Musschenga, Albert W.*: Universal morality and moral tradition, in: Morality, Worldview, and Law, hg. von A. W. Musschenga; B. Voorzanger; A. Soeteman, Assen 1992, 65-82
*Musschenga, Albert W.; Voorzanger, B.; Soeteman, A.* (Hg.): Morality, Worldview, and Law, Assen 1992
*Nagl-Docekal, Herta; Pauer-Studer, Herlinde* (Hg.): Jenseits der Geschlechtermoral. Beiträge zur feministischen Ethik, Frankfurt/M. 1993
*Nida-Rümelin, Julian* (Hg.): Angewandte Ethik. Die Bereichsethiken und ihre theoretische Fundierung 1996
*Nieraad, Jürgen*: Conatus, in: Historisches Wörterbuch der Philosophie, Bd. 1, Darmstadt 1971, 1028-1029
*Nietzsche, Friedrich*: Die Fröhliche Wissenschaft [1886], in: Werke in drei Bänden, hg. von Karl Schlechta, Bd. 2, München 1955, 7-274
–: Zur Genealogie der Moral [1887], in: Werke in drei Bänden, hg. von Karl Schlechta, Bd. 2, München 1955, 761-900
*Nipkow, Karl Ernst*: Bildung – Glaube – Aufklärung. Zur Bedeutung von Luther und Comenius für die Bildungsaufgaben der Gegenwart, Konstanz 1986
*North, Douglass C.*: Institutions, Institutional Change, and Economic Performance, Cambridge 1990

*Nunner-Winkler, Gertrud:* Weibliche Moral. Die Kontroverse um eine geschlechtsspezifische Ethik, Frankfurt u.a. 1991
*Nussbaum, Martha C.*: Menschliches Tun und soziale Gerechtigkeit. Zur Verteidigung des aristotelischen Essentialismus, in: Gemeinschaft und Gerechtigkeit, hg. von Micha Brumlik; Hauke Brunkhorst, Frankfurt/M. 1993, 323-361
–: Menschliches Tun und soziale Gerechtigkeit. Zur Verteidigung des aristotelischen Essentialismus, in: Was ist ein gutes Leben? Philosophische Reflexionen, hg. von Holmer Steinfath, Frankfurt/M. 1998, 196-234
–: Gerechtigkeit oder Das gute Leben. Gender Studies, hg. von Herlinde Pauer-Studer, Frankfurt/M. 1999
*Nussbaum, Martha C.; Rorty, Amélie Oksenberg*: Essays on Aristotle's De anima, Oxford 1995
*Nutzinger, Hans G.* (Hg.): Geteilte Arbeit und ganzer Mensch. Perspektiven der Arbeitsgesellschaft (Ethische Ökonomie) Bd. 6, Frankfurt/M. u.a. 2000
*Ocoleanu, Picu*: Gesellschaftsverträge und politische Mahlzeiten. Eine theologische Topographie der Öffentlichkeit, Diss. Erlangen, 2002
–: Minima Moralia Eucharistica. Eine theologische Pathologie der Öffentlichkeit, (Ethik im Theologischen Diskurs) Münster 2007 (Korr. Fassung von "Gesellschaftsverträge")
*O'Donovan, Oliver*: In pursuit of a Christian view of war, Bramcote 1977
–: Measure for measure : justice in punishment and the sentence of death, Bramcote 1977
–: The problem of self-love in St. Augustine, New Haven 1980
–: Begotten or made?, Oxford/ New York 1984
–: Principles in the public realm. The dilemma of Christian moral witness, Oxford 1984
–: On the Thirty nine Articles : a conversation with Tudor Christianity, Exeter 1986
–: Peace and certainty : a theological essay on deterrence, Grand Rapids, Mich. 1989
–: Resurrection and moral order. An outline for evangelical ethics, Downers Grove Ill. 1995, 1996 ($2^{nd}$. ed.)
–: The desire of the nations. Rediscovering the roots of political theology, Cambridge UK/ New York 1996
–: Common objects of love : moral reflection and the shaping of community, (The Stob lectures 2001) Grand Rapids, Mich./ Cambridge UK 2002
–: Die Geschichte des Textes der Geschichte. Ethik, Geschichte und Politik in der Lektüre des Deuternonomiums, in: Kirche – Ethik – Öffentlichkeit. Christliche Ethik in der Herausforderung, hg. von Wolfgang Schoberth; Ingrid Schoberth, (Ethik im Theologischen Diskurs – Ethics in Theological Discourse, Bd. 5) Münster 2002, 216-232
–: The ways of judgment : the Bampton lectures 2003, Grand Rapids, Mich./ Cambridge UK 2005
*O'Donovan, Oliver; Lockwood, Joan* (Hg.): From Irenaeus to Grotius : a sourcebook in Christian political thought, 1000-1625, Grand Rapids, Mich. 1999
*O'Donovan, Oliver; O'Donovan, Joan Lockwood*: Bonds of imperfection : Christian politics, past and present, Grand Rapids, Mich. 2004
*Offe, Claus*: Herausforderungen der Demokratie. Zur Integrations- und Leistungsfähigkeit politischer Institutionen, Frankfurt am Main [u.a.] 2003
*Opielka, Michael*: Sozialpolitik : Grundlagen und vergleichende Perspektiven, Reinbek bei Hamburg 2004
*Orsi, Guiseppe; Seelmann, Kurt; Smid, Stefan; Steinvorth, Ulrich* (Hg.): Recht und Moral (Rechtsphilosophische Hefte. Beiträge zur Rechtswissenschaft, Philosophie und Politik Bd. I), Frankfurt/M. u.a. 1993
*Orth, Ernst Wolfgang*: Studien zur neueren französischen Phänomenologie. Ricoeur, Foucault, Derrida, Freiburg/ München 1986
*Osten-Sacken, Peter von der*: Befreiung durch das Gesetz, in: Evangelium und Tora. Aufsätze zu Paulus, München 1987, 187-209
–: Die Heiligkeit der Tora : Studien zum Gesetz bei Paulus, München 1989

*Osten-Sacken, Peter von der*: Katechismus und Siddur. Aufbrüche mit Martin Luther und den Lehrern Israels, (Veröffentlichungen aus dem Institut Kirche und Judentum) 2., überarb. u. erw. Aufl. Berlin 1994

*Otto, Eckart*: Gerechtigkeit und Erbarmen im Recht des Alten Testaments und seiner christlichen Rezeption, in: Gerechtigkeit. Richten und Retten in der abendländischen Tradition und ihren altorientalischen Ursprüngen, hg. von Jan Assmann, Bernd Janowski und Michael Welker, München 1998, 79-95.

*Pannenberg, Wolfhart*: Beiträge zur Ethik, Göttingen 2004

*Palaver, Wolfgang*: René Girards mimetische Theorie : im Kontext kulturtheoretischer und gesellschaftspolitischer Fragen, (Beiträge zur mimetischen Theorie) Münster [u.a.] 2003

–: Die Katholische Soziallehre angesichts eines religiösen Kapitalismus, in: Spannungsfelder praktischer Philosophie. Expertenreferate und Statements zur Ethik und ihrer Begründung, hg. von Peter Kampits; Johannes M. Schnarrer, St. Pölten 2004, 197-211.

*Palmer, Gesine; Nasse, Christiane; Haffke, Renate; Tippelskirch, Dorothee C. von* (Hg.): Torah – Nomos – Jus. Abendländischer Antinomismus und der Traum vom herrschaftsfreien Raum, Berlin 1999

*Parsons, Susan Frank*: The ethics of gender, (New dimensions to religious ethics) Oxford 2002

*Pascal, Blaise*: Gedanken. Nach der endgültigen Ausgabe übetragen von Wolfgang Rüttenauer. Einführung von Romano Guardini, Birsfelden, Basel o.J

*Pauer-Studer, Herlinde* (Hg.): Konstruktionen praktischer Vernunft. Philosophie im Gespräch, Frankfurt/M. 2000

*Pawlas, Andreas*: Die lutherische Berufs- und Wirtschaftsethik. Eine Einführung, Neukirchen-Vluyn 2000

*Peperzak, Adriaan*: Before Ethics, (Contemporary Studies in Philosophy and the Human Sciences) New Jersey 1997

*Peter, Hans-Balz*: Globalisierung, Ethik und Entwicklung, (St. Galler Beiträge zur Wirtschaftsethik) Bern [u.a.] 1999

*Peters, Albrecht*: Die Spiritualität der lutherischen Reformation, in: Volkskirche – Kirche der Zukunft? Leitlinien der Augsburgischen Konfession für das Kirchenverständnis heute. Eine Studie des Theologischen Ausschusses der Vereinigten Evang.-Luth. Kirche Deutschlands, hg. von Wenzel Lohff; Jürgen Becker, Hamburg 1977, 132-148

*Pfafferoth, Gerhard*: Ethik und Hermeneutik. Mensch und Moral im Gefüge der Lebensform, Königstein/Ts. 1981

*Philipsen, Peter-Ulrich*: Nichts als Kontexte. Dekonstruktion als schlechte Unendlichkeit? , in: Hegels Seinslogik : Interpretationen und Perspektiven, hg. von Andreas Arndt und Christian Iber, (Hegel-Forschungen) Berlin 2000, 186-201

*Picht, Georg*: Der Begriff Verantwortung, in: Wahrheit, Vernunft, Verantwortung. Philosophische Studien, Stuttgart 1969, 318-342

–: Wahrheit, Vernunft, Verantwortung. Philosophische Studien, Stuttgart 1969

*Pickstock, Cathrin*: After Writing. On the liturgical consummation of philosophy, Oxford 1998

*Pieper, Annemarie*: Einführung in die Ethik, 3. Aufl. Tübingen u.a. 1994

–: Angewandte Ethik. Eine Einführung, München 1998

*Pieper, Marianne; Rodríguez, Encarnación Gutiérrez* (Hg.): Gouvernementalität. Ein sozialwissenschaftliches Konzept in Anschluss an Foucault, Frankfurt [u.a.] 2003

–: Regierung der Armen oder Regierung von Armut als Selbstsorge, in: Gouvernementalität : ein sozialwissenschaftliches Konzept in Anschluss an Foucault, hg. von Marianne Pieper und Encarnación Gutiérrez Rodríguez, Frankfurt [u.a.] 2003, 136-160.

*Pieper, Josef*: Über den Begriff der Tradition, (Veröffentlichungen der Arbeitsgemeinschaft für Forschung des Landes Nordrhein-Westfalen Geisteswissenschaften) Köln [u.a.] 1958

*Pies, Ingo*: Normative Institutionenökonomik. Zur Rationalisierung des politischen Liberalismus, (Die Einheit der Gesellschaftswissenschaften) Tübingen 1993

*Pies, Ingo; Leschke, Martin* (Hg.): John Rawls' politischer Liberalismus, (Konzepte der Gesellschaftstheorie) Tübingen 1995

*Plessner, Helmuth*: Das Problem der Öffentlichkeit und die Idee der Entfremdung, (Göttinger Universitätsreden Bd. 28) Göttingen 1960
–: Conditio humana, Pfullingen 1964
–: Die Emanzipation der Macht [1962], in: Diesseits der Utopie. Ausgewählte Beiträge zur Kultursoziologie, Frankfurt/M. 1974, 190-209
–: Unmenschlichkeit. [1966], in: Diesseits der Utopie. Ausgewählte Beiträge zur Kultursoziologie, Frankfurt/M. 1974, 221-229
*Pöhlmann, Wolfgang*: Der verlorene Sohn und das Haus : Studien zu Lukas 15,11-32 im Horizont der antiken Lehre von Haus, Erziehung und Ackerbau, (Wissenschaftliche Untersuchungen zum Neuen Testament) Tübingen 1993
*Pohlmann, Dietmar*: Was haben Kirche und Christentum mit Bildung zu tun?, Oldenburg 1997
*Poltier, Hugues*: Passion du politique : la pensée de Claude Lefort, (Le champ éthique; 31) Genève 1998
*Porter, Jean*: Natural and Divine Law. Reclaiming the Tradition for Christian Ethics, Grand Rapids/ Cambridge UK 2000
*Preuß, Ulrich K.*: Die Internalisierung des Subjekts. Zur Kritik der Funktionsweise des subjektiven Rechts, Frankfurt/M. 1979
–: Politische Verantwortung und Bürgerloyalität. Von den Grenzen der Verfassung und des Gehorsams in der Demokratie, Frankfurt/M. 1984
–: Politisches Ethos und Verfassung, in: Politische Verantwortung und Bürgerloyalität. Von den Grenzen der Verfassung und des Gehorsams in der Demokratie, Frankfurt/M. 1984, 240-271
–: Entmachtung des Staates? , in: Weltrepublik. Globalisierung und Demokratie, hg. von Stefan Gosepath; Jean-Christophe Merle, München 2002, 99-110
–: Die Bedeutung kognitiver und moralischer Lernfähigkeit für die Demokratie, in: Demokratisierung der Demokratie : Diagnosen und Reformvorschläge, hg. von Claus Offe, Frankfurt/M. [u.a.] 2003, 259-280.
*Priddat, Birger P.*: Ökonomische Knappheit und moralischer Überschuß. Theoretische Essays zum Verhältnis von Ökonomie und Ethik, Hamburg 1994
–: Moralischer Konsum. Über das Verhältnis von Rationalität, Präferenzen und Personen, in: Ökonomie und Moral. Beiträge zur Theorie ökonomischer Rationalität, hg. von Karl Reinhard Lohmann; Birger P. Priddat, (Scientia nova) München 1997, 175-193
–: Die Wirtschaftstheorie und ihre Schwierigkeiten mit dem Wohlfahrtsstaat – konstitutionenökonomische Alternativen am Beispiel der Sozialpolitik, in: Ethik im Sozialstaat, hg. von Manfred Prisching, (Sozialethik der Oesterreichischen Forschungsgemeinschaft) Wien 2000, 195-218
–: Moral in ökonomischer Umgebung, in: Wirtschaftsethik – Wo ist die Philosophie?, hg. von Peter Koslowski, Heidelberg 2001, 23-54
–: Strukturierter Individualismus : Institutionen als ökonomische Theorie, (Institutionelle und evolutorische Ökonomik ; 27) Marburg 2005
*Priddat, Birger P.; Hengsbach, Friedhelm; Kersting, Wolfgang; Ulrich, Hans G.*: Homo oeconomicus: Der Mensch der Zukunft?, (Globale Solidarität – Schritte zu einer neuen Weltkultur Bd. 2) Stuttgart 1998
*Priddat, Birger P.; Seifert, Eberhard K.*: Gerechtigkeit und Klugheit – Spuren aristotelischen Denkens in der modernen Ökonomie, in: Ökonomische Theorie und Ethik, hg. von Bernd Biervert; Martin Held, Frankfurt/M. 1987, 51-77
*Prien, Hans-Jürgen*: Luthers Wirtschaftsethik, Göttingen 1992
*Prisching, Manfred* (Hg.): Ethik im Sozialstaat, (Sozialethik der Österreichischen Forschungsgemeinschaft) Wien 2000
*Pröpper, Thomas*: Evangelium und freie Vernunft. Konturen einer theologischen Hermeneutik, Freiburg u.a. 2001
*Putnam, Robert D.*: Bowling alone : the collapse and revival of American community, New York, NY [u.a.] 2000

*Quinzio, Sergio*: Die jüdischen Wurzeln der Moderne, (Edition Pandora) Frankfurt/M. [u.a.] 1995
*Rad, Gerhard von*: Theologie des Alten Testaments I. Die Theologie der geschichtlichen Überlieferungen Israels, 2. Aufl. München 1958
–: Theologie des Alten Testaments II. Die Theologie der prophetischen Überlieferungen Israels, 2. Aufl. München 1962
–: Weisheit in Israel [1970], 3. Aufl. Neukirchen 1985
*Radday, Yehuda T.*: Auf den Spuren der Parascha. Ein Stück Tora. Zum Lernen des Wochenabschnitts. Arbeitsmappe 1, (unter Mitarbeit von Magdalena Schulz) Frankfurt/M. u.a. 1989
*Rademacher, Claudia*: Versöhnung oder Verständigung? Kritik der Habermasschen Adorno-Revision, Lüneburg 1993
*Raible, Wolfgang*: Christliches Ethos und gottesdienstliche Verkündigung. Überlegungen zum Selbstverständnis ethischer Predigt, Frankfurt/M. u.a. 1989
*Rancière, Jacques*: Demokratie und Postdemokratie, in: Politik der Wahrheit (Beiträge von: Alain Badiou; Jacques Rancière; Rado Riha; Jelica Sumic), hg. von Rado Riha, Wien 1997, 94-122
–: Gibt es eine politische Philosophie? , in: Politik der Wahrheit (Beiträge von: Alain Badiou; Jacques Rancière; Rado Riha; Jelica Sumic), hg. von Rado Riha, Wien 1997, 64-93
–: Das Unvernehmen. Politik und Philosophie, Frankfurt/M. 2002
*Rasmussen, Arne*: The Church as Polis. From Political Theology to Theological Politics as Exemplified by Jürgen Moltmann and Stanley Hauerwas, Lund 1994
*Rau, Johannes*: »Wird alles gut? – Für einen Fortschritt nach menschlichem Maß«. Berliner Rede in der Staatsbibliothek zu Berlin, Mai 2001
*Rawls, John*: Eine Theorie der Gerechtigkeit, [A Theory of Justice, 1971], Frankfurt/M. 1979
–: Der Bereich des Politischen und der Gedanke eines übergreifenden Konsenses übers. von W. Hinsch, in: Die Idee des politischen Liberalismus. Aufsätze 1978-1989, hg. von Wilfried Hinsch, Frankfurt/M. 1992, 333-363
–: Der Vorrang des Rechten und die Ideen des Guten übers. von W. Hinsch, in: Die Idee des politischen Liberalismus. Aufsätze 1978-1989, hg. von Wilfried Hinsch, Frankfurt/M. 1992, 364-397
–: Die Idee des politischen Liberalismus. Aufsätze 1978-1989, hg. und übers. von W. Hinsch, Frankfurt/M. 1992
–: Politischer Liberalismus, [Political Liberalism 1996, 2. Aufl.], Frankfurt/M. 1998
–: The law of peoples; with: The idea of public reason, revisited, Cambridge, Mass. 1999
–: A theory of justice John Rawls. Rev. ed, Cambridge, Mass. 1999
–: Lectures on the history of moral philosophy, ed. by Barbara Herman, Cambridge, Mass. 2000
–: Geschichte der Moralphilosophie, Frankfurt/M. 2002
*Raz, Joseph*: Ethics in the public domain. Essays in the morality of law and politics, Revised ed., Oxford u.a. 1996
*Reath, Andrews; Herman, Barbara; Korsgaard, Chrstine M.* (Hg.): Reclaiming the History of Ethics. Essays for John Rawls, New York 1997
*Reese-Schäfer, Walter*: Grenzgötter der Moral. Der neuere europäisch-amerikanische Diskurs zur politischen Ethik, Frankfurt/M. 1997
*Reese-Schäfer, Walter; Schuon, Karl Theodor* (Hg.): Ethik und Politik. Diskursethik, Gerechtigkeitstheorie und politische Praxis, Marburg 1991
*Reif, Adelbert* (Hg.): Hannah Arendt : Materialien zu ihrem Werk, Wien [u.a.] 1979
*Reinders, Hans S.*: Ethical universalism and human rights, in: Morality, Worldview, and Law, hg. von A. W. Musschenga; B. Voorzanger; A. Soeteman, Assen 1992, 83-98
–: The Future of the Disabled in Liberal Society. An Ethical Analysis, (Revisions, ed. Stanley Hauerwas; Alasdair MacIntyre) Notre Dame 2000
–: Theologische Ethik und politische Philosophie. Zum Verhältnis von Ethik und Öffentlichkeit, in: Kirche – Ethik – Öffentlichkeit. Christliche Ethik in der Herausforderung, hg. von Wolfgang Schoberth; Ingrid Schoberth, (Ethik im Theologischen Diskurs – Ethics in Theological Discourse, Bd. 5) Münster 2002, 121-135

*Reininghaus, Werner*: Elternstand, Obrigkeit und Schule bei Luther, (Pädagogische Forschungen) Heidelberg 1969
*Rendtorff, Trutz*: Ethik. Grundelemente, Methodologie und Konkretionen einer ethischen Theologie. Band I, [1980], 2 Aufl. Stuttgart 1990
–: Ethik. Grundelemente, Methodologie und Konkretionen einer ethischen Theologie. Band II, [1981], 2 Aufl. Stuttgart 1991
*Rentsch, Thomas*: Die Konstitution der Moralität : transzendentale Anthropologie und praktische Philosophie, Frankfurt/M. 1990
–: Wie ist eine menschliche Welt überhaupt möglich? Philosophische Anthropologie als Konstitutionsanalyse der humanen Welt, in: Vernunft und Lebenspraxis. Philosophische Studien zu den Bedingungen einer rationalen Kultur. Für Friedrich Kambartel, hg. von Christoph Demmerling, Gottfried Gabriel und Th. Rentsch, Frankfurt/M. 1995, 192-214
–: Negativität und praktische Vernunft, Frankfurt/M. 2000
*Restrepo, Sergio Bernal*: Katholische Soziallehre und Kapitalismus, in: Verändert der Glaube die Wirtschaft? Theologie und Ökonomie in Lateinamerika, hg. von Raúl Fornet-Betancourt, Freiburg u.a. 1991, 21-38
*Reuter, Hans-Richard*: Rechtsethik in theologischer Perspektive. Studien zur Grundlegung und Konkretion, Gütersloh 1996
*Reventlow, Henning*: Weisheit, Ethos und Gebot. Weisheits- und Dekalogtraditionen in der Bibel und im frühen Judentum, Neukirchen-Vluyn 2001
*Rhonheimer, Martin*: Die Perspektive der Moral. Philosophische Grundlagen der Tugendethik, Berlin 2001
*Rich, Arthur*: Wirtschaftsethik/1. Grundlagen in theologischer Perspektive, Gütersloh 1987
–: Wirtschaftsethik/2. Marktwirtschaft, Planwirtschaft, Weltwirtschaft aus sozialethischer Sicht, Gütersloh 1990
*Richardson, Peter; Westerholm, Stephen*; Canadian Corporation for Studies in Religion: Law in religious communities in the Roman period : the debate over Torah and Nomos in post-biblical Judaism and early Christianity, (Studies in Christianity and Judaism) Waterloo 1991
*Richter, Emanuel*: Auf dem Weg zu einer neuen Weltordnung – auf ausgetretenen Pfaden der Moralphilosophie. Neue amerikanische Beiträge zu einer Ethik der internationalen Beziehungen, in: Neue Politische Literatur 37 (1992) 77-92
*Ricoeur, Paul*: Geschichte und Wahrheit, übers. und mit einer Einleitung versehen von Romain Leick, München 1974
–: Der Sozius und der Nächste, in: Geschichte und Wahrheit. Übersetzt und mit einer Einleitung versehen von Romain Leick, München 1974, 109-124
–: Gott nennen, in: Gott nennen. Phänomenologische Zugänge, hg. von Bernhard Casper, Freiburg 1981, 45-79
*Ricoeur, Paul*: Die lebendige Metapher, München 1986
–: The Teleological and Deontological Structures of Action: Aristotle and/or Kant?, in: Philosophy 21 (1987) 99-111
–: Liebe und Gerechtigkeit. Amour et Justice, hg. von Oswald Bayer, Tübingen 1990
–: Religion, Atheismus und Glaube [1969] übers. von Reiner Ansén, in: Die religiöse Kraft des Atheismus, hg. von Alasdair MacIntyre; Paul Ricoeur, Freiburg/ München 2002, 65-102
*Riedel, Manfred* (Hg.): Rehabilitierung der praktischen Philosophie, Bd. I, 1972; Bd. II, 1974, Freiburg i. Br. 1972-1974
–: Norm und Werturteil. Grundprobleme der Ethik, Stuttgart 1979
*Rieth, Ricardo*: »Habsucht« bei Martin Luther : ökonomisches und theologisches Denken, Tradition und soziale Wirklichkeit im Zeitalter der Reformation, (Arbeiten zur Kirchen- und Theologiegeschichte) Weimar 1996
*Riha, Rado*: Das Politische der Emanzipation, in: Politik der Wahrheit (Beiträge von: Alain Badiou; Jacques Rancière; Rado Riha; Jelica Sumic), hg. von Rado Riha, Wien 1997, 147-200
*Ritschl, Dietrich*: Memory and Hope. An Inquiry Concerning the Presence of Christ, New York/ London 1967

*Ritschl, Dietrich*: Zur Logik der Theologie. Kurze Darstellung der Zusammenhänge theologischer Grundgedanken, München 1984
–: Kleines Plädoyer für J. H. Oldhams »Mittlere Axiome«, in: Kirche – Ethik – Öffentlichkeit. Christliche Ethik in der Herausforderung, hg. von Wolfgang Schoberth; Ingrid Schoberth, (Ethik im Theologischen Diskurs – Ethics in Theological Discourse, Bd. 5) Münster 2002, 165-189
–: Theorie und Konkretion in der ökumenischen Theologie : kann es eine Hermeneutik des Vertrauens inmitten differierender semiotischer Systeme geben?, (Studien zur systematischen Theologie und Ethik) Münster 2003
–: Zur Theorie und Ethik der Medizin. Philosophische und theologische Anmerkungen, Neukirchen-Vluyn 2004
–: Das Storykonzept in der medizinischen Ethik, in: Zur Theorie und Ethik der Medizin. Philosophische und theologische Anmerkungen, Neukirchen-Vluyn 2004, 131-144.
*Ritter, Joachim; Gründer, Karlfried; Gabriel, Gottfried* (Hg.): Historisches Wörterbuch der Philosophie Bd. 1-11, Darmstadt 1971-2001
*Roellecke, Gerd* (Hg.): Öffentliche Moral. Gut und Böse in der Beobachtung durch Geschichte, Religion, Wirtschaft, Verteidigung und Recht, Heidelberg 1991
*Roloff, Jürgen*: Die Kirche im Neuen Testament, (Grundrisse zum Neuen Testament Bd. 10) Göttingen 1993
*Rose, Nikolas*: Governing the soul : the shaping of the private self, 2. ed London [u.a.] 1999
–: Tod des Sozialen? Eine Neubestimmung der Grenzen des Regierens, in: Gouvernementalität der Gegenwart. Studien zur Ökonomisierung des Sozialen, hg. von Ulrich Bröckling; Susanne Krasmann; Thomas Lemke, Frankfurt/M. 2000, 72-109
*Rosenzweig, Franz*: Anmerkung über Anthropomorphismus, in: Die Schrift. Aufsätze, Übertragungen und Briefe, Königstein 1976, 121-128
–: Das neue Denken, in: Die Schrift. Aufsätze, Übertragungen und Briefe, Königstein 1976, 186-211
–: Der Stern der Erlösung, 4. Auflage im Jahre der Schöpfung 5736, mit einer Einführung von Reinhold Mayer, (Gesammelte Schriften II) Den Haag 1976
–: Die Bauleute, in: Die Schrift. Aufsätze, Übertragungen und Briefe, Königstein 1976, 143-158
–: Der Mensch und sein Werk/3. Zweistromland (Gesammelte Schriften, hg. von Rachel Rosenzweig), Den Haag 1984
*Röttgers, Kurt*: Wirtschaftsphilosophie in Forschung und Weiterbildung, (Hagener Universitätsreden Bd. 33.2) Hagen 2000
*Rottländer, Peter*: Ethik der Solidarität im Spannungsfeld von Postmoderne und Kommunitarismus, in: Christliche Sozialethik zwischen Moderne und Postmoderne, hg. von Thomas Hausmanninger, Paderborn 1993, 225-245
*Ruchlak, Nicole*: Das Foucaultsche Ethos des Denkens als ›Ästhetik der Existenz‹, in: Ethik des Denkens. Perspektiven von Ulrich Beck, Paul Ricoeur, Manfred Riedel, Gianni Vattimo, Wolfgang Welsch, hg. von Hans-Martin Schönherr-Mann, München 2000, 139-155
Ruster, Thomas: Der verwechselbare Gott : Theologie nach der Entflechtung von Christentum und Religion, (Quaestiones disputatae ; 181) 3. Aufl. Freiburg im Breisgau [u.a.] 2001
*Saarinen, Risto*: Gottes Wirken auf uns. Die transzendentale Deutung des Gegenwart-Christi-Motivs in der Lutherforschung, (Veröffentlichungen des Instituts für Europäische Geschichte Mainz, Abteilung Religionsgeschichte, hg. von Peter Manns) Stuttgart 1989
*Sandel, Michael J.*: Liberalismus oder Republikanismus. Von der Notwendigkeit der Bürgertugend, Wien 1995
–: Democracy's Discontent. America in Search of a Public Philosophy, Cambridge, Mass./ London 1996
–: Die Grenzen der Gerechtigkeit und das Gut der Gemeinschaft, in: Konstruktionen praktischer Vernunft. Philosophie im Gespräch, hg. von Herlinde Pauer-Studer, Frankfurt/M. 2000, 237-259

*Santa Ana, Julio de*: Das derzeitige sozioökonomische System als Ursache des ökologischen Ungleichgewichts und der Armut, in: Concilium 31 (1995) 378-385
*Santa Ana, Julio de; Ecumenical Group on the Church and the Poor*: Towards a church of the poor. The work of an Ecumenical Group on the Church and the Poor, 2. print. Geneva 1982
*Santa Ana, Julio de; Duchrow, Ulrich; Heider, Martin*: Die politische Ökonomie des Heiligen Geistes, (Junge Kirche Beilage ; zu H. 12/Dez. 1990) Bremen 1990
*Sauter, Gerhard*: Zukunft und Verheißung. Das Problem der Zukunft in der gegenwärtigen theologischen und philosophischen Diskussion, Zürich 1965
–: Begründete Hoffnung. Erwägungen zum Begriff und Verständnis der Hoffnung heute, in: Evangelische Theologie 27 (1967) 406-434
–: Die Begründung theologischer Aussagen – wissenschaftstheoretisch gesehen, in: Zeitschrift für Evangelische Ethik 15 (1971) 299-308
–: Wissenschaftstheoretische Kritik der Theologie. Die Theologie und die neuere wissenschaftstheoretische Diskussion. Materialien – Analysen – Entwürfe, [Mit Jürgen Courtin, Hans-Wilfried Haase, Gisbert König, Wolfgang Raddatz, Gerolf Schultzky und Hans G. Ulrich], München 1973
–: Ekstatische Gewissheit oder vergewissernde Sicherung? Zum Verhältnis von Geist und Vernunft, in: Der Aufbruch der Theologie des Heiligen Geistes, hg. von Claus Heitmann; Heribert Mühlen, München/Hamburg 1974, 192-213
–: Die Kirche in der Krisis des Geistes, in: Kirche – Ort des Geistes (mit Walter Kasper), (Kleine ökumenische Schriften) Freiburg u.a. 1976, 57-106
–: Mensch sein – Mensch bleiben. Anthropologie als theologische Aufgabe, in: Anthropologie als Thema der Theologie, hg. von Hermann Fischer, Göttingen 1977, 71-118
–: Art.: Consensus, in: Theologische Realenzyklopädie, hg. von G. Krause; G. Müller, Bd. 8, Berlin/New York 1981, 182-189
–: Reden von Gott im Gebet, in: Gott nennen. Phänomenologische Zugänge, hg. von Bernhard Casper, Freiburg 1981, 219-242
–: Was heißt: nach Sinn fragen? Eine theologisch-philosophische Orientierung, (Kaiser Traktat Bd. 53) München 1982
–: Zugänge zur Dogmatik. Elemente theologischer Urteilsbildung, (UTB) Göttingen 1998
–: Evangelische Theologie an der Jahrtausendschwelle, (Forum Theologische Literaturzeitung, 4) Leipzig 2002
–: Hoffnungen zu Beginn des 21. Jahrhunderts, in: Kirche – Ethik – Öffentlichkeit. Christliche Ethik in der Herausforderung, hg. von Wolfgang Schoberth; Ingrid Schoberth, (Ethik im Theologischen Diskurs – Ethics in Theological Discourse) Münster 2002, 233-248
–: ›Was ist der Mensch, dass Du seiner gedenkst?‹ (Ps 8,5), in: Beim Wort nehmen. Die Schrift als Zentrum für kirchliches Reden und Gestalten. Friedrich Mildenberger zum 75. Geburtstag, hg. von Michael Krug; Ruth Lödel; Johannes Rehm, Stuttgart 2004, 47-61
–: Protestant theology at the crossroads : how to face the crucial tasks for theology in the twenty-first century, Grand Rapids, Mich. 2007
*Sauter, Gerhard; Assel, Heinrich* (Hg.): »Versöhnung« als Thema der Theologie, (Theologische Bücherei, Studienbücher) Gütersloh 1997
*Sauter, Gerhard; Besier, Gerd*: Wie Christen ihre Schuld bekennen. Die Stuttgarter Erklärung 1945, Göttingen 1985
*Scarano, Nico*: Der Gerechtigkeitssinn, in: John Rawls: Eine Theorie der Gerechtigkeit, hg. von Otfried Höffe, Berlin 1998, 231-249
*Schäfer, Thomas*: Aufklärung und Kritik. Foucaults Geschichte des Denkens als Alternative zur Dialektik der Aufklärung, in: Ethos der Moderne. Foucaults Kritik der Aufklärung, hg. von Eva Erdmann; Rainer Forst; Axel Honneth, Frankfurt/M. 1990, 70-86
*Scharffenorth, Gerta*: Bildung als Aufgabe der Kirche. Problemskizzen und Modelle. Materialien zur Reform des kirchlichen Bildungssystems, Witten 1972
–: Den Glauben ins Leben ziehen. Studien zu Luthers Theologie, München 1982

*Scharffenorth, Gerta*: Die Bergpredigt in Luthers Beiträgen zur Wirtschaftsethik – Erwägungen zu einer Theorie ethischer Urteilsbildung, in: Den Glauben ins Leben ziehen ... Studien zur Luthers Theologie, München 1982, 314-338

*Schatz, Andrea*: Der Halacha das letzte Wort? Zu Bialiks Auffassung von ›Halacha und Aggadah‹ und Revisionen bei Scholem, Benjamin und Agnon, in: Torah – Nomos – Jus. Abendländischer Antinomismus und der Traum vom herrschaftsfreien Raum, hg. von Gesine Palmer; Christiane Nasse; Renate Haffke; Dorothee von Tippelskirch, Berlin 1999, 304-324

*Scheulen, Hans; Szánkay, Zoltán*: Zeit und Demokratie. Eine Einstimmung, in: Claude Lefort: Fortdauer des Theologisch-Politischen?, Wien 1999, 9-30

*Schild, Wolfgang* (Hg.): Anerkennung. Interdisziplinäre Dimensionen eines Begriffs, (Studien zum System der Philosophie) Würzburg 2000

*Schirrmacher, Thomas* (Hg.): Die vier Schöpfungsordnungen Gottes. Kirche, Staat, Wirtschaft, Familie bei Martin Luther und Dietrich Bonhoeffer, Nürnberg 2001

*Schlögel, Herbert*: Wie weit trägt Einheit? Ethische Begriffe im evangelisch-katholischen Dialog, (Ethik im Theologischen Diskurs – Ethics in Theological Discourse) Münster 2004

*Schmidt, Thomas M.*: Glaubensüberzeugungen und säkulare Gründe. Zur Legitimität religiöser Argumente in einer pluralistischen Gesellschaft, in: Zeitschrift für Evangelische Ethik 45 (2001) 248-261

*Schmitt, Carl*: Politische Theologie. Vier Kapitel zur Lehre von der Souveränität, 2. Ausg., [Nachdr. der Ausg. 1922] Aufl. München u.a. 1934

–: Die Tyrannei der Werte, in: Säkularisation und Utopie, Stuttgart u.a. 1967

–: Legalität und Legitimität, 5. Aufl. Berlin 1993

*Schmitt, Carl; Jüngel, Eberhard; Schelz, Sepp*: Die Tyrannei der Werte, Hamburg 1979

*Schmölz, Franz-Martin*: Das Dilemma der politischen Ethik bei Max Weber, in: Politische Ordnung und menschliche Existenz. Festgabe für Eric Voegelin zum 60. Geburtstag, hg. von Alois Dempf; Hannah Arendt; Friedrich Engel-Janosi, München 1962, 476-496

*Schneider, Hans J.*: Einleitung: Ethisches Argumentieren, in: Ethik. Ein Grundkurs, hg. von Heiner; Martens Hastedt, Ekkehard, Reinbek 1994, 13-47

–: Das Allgemeine als Zufluchtsort. Eine kritische Anmerkung zur Diskursethik, in: Zwischen Universalismus und Relativismus. Philosophische Grundlagenprobleme des interkulturellen Managements, hg. von Horst Steinmann; Andreas Georg Scherer, Frankfurt/M. 1998, 179-190

–: Phantasie und Kalkül. Über die Polarität von Handlung und Struktur in der Sprache, Frankfurt am Main 1999

–: Universale Sprachstrukturen?. Zu Robert Brandoms »expressiver Deduktion« der Gegenstand-Begriff-Struktur, in: Die Öffentlichkeit der Vernunft und die Vernunft der Öffentlichkeit. Festschrift für Jürgen Habermas, hg. von Lutz Wingert und Klaus Günther, Frankfurt/M. 2001, 151-191

–: ›Der Philosoph behandelt eine Frage wie eine Krankheit‹ (Ludwig Wittgenstein). Eine Antwort auf die Frage ›Was ist, kann und soll die Philosophie?‹, in: Kirche – Ethik – Öffentlichkeit. Christliche Ethik in der Herausforderung, hg. von Wolfgang Schoberth; Ingrid Schoberth, (Ethik im Theologischen Diskurs – Ethics in Theological Discourse) Münster 2002, 190-203

–: Erfahrung und Erlebnis. Ein Plädoyer für die Legitimität interaktiver Erfahrungen in den Naturwissenschaften, in: Spiel mit der Wirklichkeit. Zum Erfahrungsbegriff in den Naturwissenschaften, hg. von Reinhold Esterbauer, Elisabeth Pernkopf und Mario Schönhart, Würzburg 2004, 231-248

*Schoberth, Ingrid*: Glauben-lernen. Grundlegung einer katechetischen Theologie, Stuttgart 1998

–: Die Öffentlichkeit des Religionsunterrichts. Religionspädagogische Blicke auf ein übersehenes Thema, in: Kirche – Ethik – Öffentlichkeit. Christliche Ethik in der Herausforderung, hg. von Wolfgang Schoberth; I. Schoberth, (Ethik im Theologischen Diskurs – Ethics in Theological Discourse) Münster 2002, 70-88

*Schoberth, Wolfgang*: Die Erfahrung der Geschöpflichkeit in der Dialektik der Aufklärung, Neukirchen-Vluyn 1994
–: Pluralismus und die Freiheit evangelischer Ethik, in: Kirche – Ethik – Öffentlichkeit. Christliche Ethik in der Herausforderung, hg. von Wolfgang Schoberth; Ingrid Schoberth, (Ethik im Theologischen Diskurs – Ethics in Theological Discourse) Münster 2002, 249-264
–: Einführung in die theologische Anthropologie, (Einführung Theologie) Darmstadt 2006
*Schoberth, Wolfgang; Schoberth, Ingrid* (Hg.): Kirche – Ethik – Öffentlichkeit. Christliche Ethik in der Herausforderung, (Ethik im Theologischen Diskurs – Ethics in Theological Discourse) Münster 2002
*Schockenhoff, Eberhard*: Das umstrittene Gewissen. Eine theologische Grundlegung, Mainz 1990
–: Ethik des Lebens. Ein theologischer Grundriß, Mainz 1993
–: Naturrecht und Menschenwürde. Universale Ethik in einer geschichtlichen Welt, Mainz 1996
–: Dient die Politik dem Glück des Menschen? Zum Verhältnis von geistlicher und weltlicher Gewalt bei Thomas von Aquin, in: Theologie und Philosophie 76 (2001) 338-367
*Scholem, Gershom*: Die Lehre vom ›Gerechten‹ in der jüdischen Mystik, in: Eranos-Jahrbuch 1959)
–: Der Name Gottes und die Sprachtheorie der Kabbala [1970], in: Judaica 3. Studien zur jüdischen Mystik, Frankfurt/M. 1970, 7-70
–: Über einige Grundbegriffe des Judentums, Frankfurt/M. 1970
–: Drei Typen jüdischer Frömmigkeit [1973], in: Judaica 4, hg. von Rolf Tiedemann, Frankfurt/M: 1984, 262-286
–: Offenbarung und Tradition als religiöse Kategorien im Judentum [1970], in: Judaica 4, hg. von Rolf Tiedemann, Frankfurt/M. 1984, 189-228
–: Über Jona und den Begriff der Gerechtigkeit, in: Tagebücher nebst Aufsätzen und Entwürfen bis 1923. 2. Halbband 1917-1923, hg. von Karlfried Gründer; Herbert Kopp-Oberstbrink; Friedrich Niewöhner, Frankfurt/M. 2000, 522-532
*Schönig, Werner; L'Hoest, Raphael* (Hg.): Sozialstaat wohin? Umbau, Abbau oder Ausbau der sozialen Sicherung, Darmstadt 1996
*Schönrich, Gerhard*: Bei Gelegenheit Diskurs. Von den Grenzen der Diskursethik und dem Preis der Letztbegründung, Frankfurt/M. 1994
*Schorn-Schütte, Luise*: Die Drei-Stände-Lehre im reformatorischen Umbruch, in: Bernd Moeller (Hg.), Die Reformation als Umbruch, Gütersloh 1998 (= SVRG 199), 435 – 461
–: Obrigkeitskritik und Widerstandsrecht. Die politica christiana als Legitimitätsgrundlage, in: Aspekte der politischen Kommunikation im Europa des 16. und 17. Jahrhunderts, hg. von Luise Schorn-Schütte, Bd. N.F., 39, München 2004, 195-232.
–: Beanspruchte Freiheit: die politica christiana, in: Kollektive Freiheitsvorstellungen im frühneuzeitlichen Europa (1400 - 1850), hg. von Georg Schmidt; Martin van Gelderen; Christopher Snigula, Frankfurt am Main [u.a.] 2006, 329-352
*Schrader, Ulf*: Corporate citizenship. Die Unternehmung als guter Bürger?, Berlin 2003
*Schrage, Wolfgang*: Ethik des Neuen Testaments, Göttingen 1982
*Schröder, Richard*: Freier Bürger – freier Mensch. Zur Geschichte des europäischen Freiheitsverständnisses, in: Denken im Zwielicht. Vorträge und Aufsätze aus der alten DDR, Tübingen 1990, 130-148
*Schroer, Marcus*: Ethos des Widerstands. Michel Foucaults postmoderne Utopie der Lebenskunst, in: Utopie und Moderne, hg. von Rolf Eickelpasch; Armin Nassehi, Frankfurt/M. 1996, 136-169
*Schüller, Bruno*: Die Begründung sittlicher Urteile. Typen ethischer Argumentation in der katholischen Moraltheologie, 2. überarb. u. erw. Aufl. Düsseldorf 1980
*Schulze, Gerhard*: Die beste aller Welten, München 2003
*Schwager, Raymund*: Brauchen wir einen Sündenbock? Gewalt und Erlösung in den biblischen Schriften, München 1978
–: Erbsünde und Heilsdrama im Kontext von Evolution, Gentechnologie und Apokalyptik, Münster 1997

*Schwarz, Hans*: Martin Luther : Einführung in Leben und Werk, Stuttgart 1995
*Schwarz, Reinhard*: Luthers Lehre von den drei Ständen und die drei Dimensionen der Ethik, in: Lutherjahrbuch : Organ der internationalen Lutherforschung 45 (1978) 15-34
–: Ecclesia, oeconomia, politia, in: Protestantismus und Neuzeit, hg. von Horst Renz; Friedrich Wilhelm Graf, (Troeltsch-Studien Bd. 3) Gütersloh 1984, 78-88
*Schweidler, Walter*: Geistesmacht und Menschenrecht. Der Universalanspruch der Menschenrechte und das Problem der ersten Philosophie, Freiburg 1994
–: Vorwort, in: Weltweite Werte? Paradigmen des 21. Jahrhunderts, hg. von Walter Schweidler, (Schriftenreihe der Universität Dortmund, Studium Generale Bd. 9) Dortmund 2000, I-IV
– (Hg.): Weltweite Werte? Paradigmen des 21. Jahrhunderts, (Schriftenreihe der Universität Dortmund, Studium Generale Bd. 9) Dortmund 2000
–: Globale Menschenrechte: Einheits- oder Trennungsprinzip der Menschheit? , in: Werte im 21. Jahrhundert, hg. von Walter Schweidler, Baden-Baden 2001, 97-114
– (Hg.): Werte im 21. Jahrhundert, (Schriften des Zentrum für Europäische Integrationsforschung, Bd. 27) Baden-Baden 2001
*Schweiker, William*: Responsibility and Christian ethics, (New studies in Christian ethics) Cambridge [u.a.] 1999
–: Theological ethics and global dynamics. In the time of many worlds, Malden, MA [u.a.] 2004
– (Ed.): The Blackwell companion to religious ethics, (Blackwell companions to religion) Malden, MA 2005
*Schweiker, William; Mathewes, Charles T.* (Hg.): Having : property and possession in religious and social life, Grand Rapids, Mich. 2004
*Schweitzer, Albert*: Die Ehrfurcht vor dem Leben. Grundtexte aus fünf Jahrzehnten, hg. von Hans W. Bähr, 3. durchges. u. erw. Aufl., München 1982
–: Kultur und Ethik, München 1996
*Schwinger, Elke*: Angewandte Ethik. Naturrecht, Menschenrechte, München u.a. 2001
*Schwöbel, Christoph*: Gott, die Schöpfung und die christliche Gemeinschaft. Dogmatische Grundlagen eines christlichen Ethos der Geschöpflichkeit, in: Gott in Beziehung : Studien zur Dogmatik, Tübingen 2002, 161-192
–: Christlicher Glaube im Pluralismus. Studien zu einer Theologie der Kultur, Tübingen 2003
*Segbers, Franz*: Die Hausordnung der Tora biblische Impulse für eine theologische Wirtschaftsethik, (Theologie in Geschichte und Gesellschaft 7) 2., durchges. Aufl. Luzern 2000
*Seibert, Christoph*: Politische Ethik und Menschenbild. Eine Auseinandersetzung mit den Theorieentwürfen von John Rawls und Michael Walzer, (Forum Systematik) Stuttgart 2004
*Seifert, Eberhard K.; Priddat, Birger P.* (Hg.): Neuorientierungen in der ökonomischen Theorie. Zur moralischen, institutionellen und evolutorischen Dimension des Wirtschaftens 2. Aufl., Marburg 1997
*Seitz, Bernhard*: Corporate citizenship : Rechte und Pflichten der Unternehmung im Zeitalter der Globalität, (Gabler-Edition Wissenschaft Markt- und Unternehmensentwicklung) Wiesbaden 2002.
*Sen, Amartya Kumar*: Reason before identity, Oxford/ New York 1999
–: Ökonomie für den Menschen. Wege zu Gerechtigkeit und Solidarität in der Marktwirtschaft, [Development as Freedom, NY 1999], übers. von Christiana Goldmann, München 2000
–: Rationality and freedom, Cambridge, Mass.; London 2002
*Silverman, Hugh J.*: Textualitäten. Zwischen Hermeneutik und Dekonstruktion, Wien 1997
*Skirbekk, Gunnar* (Hg.): Wahrheitstheorien. Eine Auswahl aus den Diskussionen über Wahrheit im 20. Jhdt. 5. Aufl., Frankfurt 1989
*Slenczka, Notger*: Der Tod Gottes und das Leben des Menschen. Glaubensbekenntnis und Lebensvollzug, Göttingen 2003
*Slenczka, Reinhard*: Im Bewußtsein seiner Verantwortung vor Gott und den Menschen. Theologische Fragen der Rechtsbegründung, in: Belehrter Glaube. Festschrift für Johannes Wirsching zum 65. Geburtstag, hg. von Elke Axmacher, Frankfurt/M. 1994, 293-314.

*Sloterdijk, Peter*: Vorbemerkung, in: Foucault. Ausgewählt und vorgestellt von Pravu Mazumdar, München 2001, 9-13
*Söding, Thomas*: Nicht aus Werken des Gesetzes, sondern aus Glauben. Zur exegetischen Deutung der paulinischen Rechtfertigungslehre, in: Gerechtigkeit glauben und erfahren. Beiträge zur Rechtfertigungslehre, hg. von Siegfried Kreuzer; Johannes von Lüpke, (Veröffentlichungen der Kirchlichen Hochschule Wuppertal, N.F. 7) Neukirchen-Vluyn/ Wuppertal 2002, 145-178.
–: Einheit der Heiligen Schrift? Zur Theologie des biblischen Kanons, (Quaestiones disputatae; 211) Freiburg [u.a.] 2005
*Soete, Annette*: Ethos der Rettung – Ethos der Gerechtigkeit. Studien zur Struktur von Normbegründung und Urteilsfindung im Alten Testament und ihrer Relevanz für die ethische Diskussion der Gegenwart, Würzburg 1987
*Spaemann, Robert*: Zur Aktualität des Naturrechts, in: Naturrecht in der Kritik, hg. von Ernst-Wolfgang Böckenförde und Franz Böckle, Mainz 1973
–: Christliche Religion und Ethik, in: Einsprüche. Christliche Reden, Einsiedeln 1977, 51-64
–: Wovon handelt die Moraltheologie. Bemerkungen eines Philosophen, in: Einsprüche. Christliche Reden, Einsiedeln 1977, 65-93
–: Moralische Grundbegriffe, München 1982
–: Philosophische Essays, Ditzingen 1983
–: Glück und Wohlwollen. Versuch über Ethik, Stuttgart 1989
–: Personen. Versuche über den Unterschied zwischen ›etwas‹ und ›jemand‹, Stuttgart 1996
–: Personen, in: Deutsche Zeitschrift für Philosophie 46 (1998)
–: Daseinsrelativität der Werte [2000], in: Grenzen. Zur ethischen Dimension des Handelns, Stuttgart 2001, 145-160
–: Der Anschlag auf den Sonntag [1989], in: Grenzen. Zur ethischen Dimension des Handelns, Stuttgart 2001, 273-280
–: Die zwei Grundbegriffe der Moral, in: Grenzen. Zur ethischen Dimension des Handelns, Stuttgart 2001, 64-81
–: Frieden – utopisches Ideal, kategorischer Imperativ oder politischer Begriff, in: Grenzen. Zur ethischen Dimension des Handelns, Stuttgart 2001, 324-327
–: Moral und Gewalt [1972], in: Grenzen. Zur ethischen Dimension des Handelns, Stuttgart 2001, 160-180
–: Technische Eingriffe in die Natur als Problem der politischen Ethik [1979], in: Grenzen. Zur ethischen Dimension des Handelns, Stuttgart 2001, 448-466
–: Über den Begriff der Menschenwürde [1987], in: Grenzen. Zur ethischen Dimension des Handelns, Stuttgart 2001, 107-122
–: Wer ist ein gebildeter Mensch? Aus einer Promotionsrede [1972], in: Grenzen. Zur ethischen Dimension des Handelns, Stuttgart 2001, 513-516
*Spaemann, Robert; Löw, Reinhard*: Die Frage Wozu? Geschichte und Wiederentdeckung des teleologischen Denkens, 2. Aufl. München u.a. 1985
–: Die Frage Wozu? Geschichte und Wiederentdeckung des teleologischen Denkens, 2. Aufl. München u.a. 1985
*Sparn, Walter*: Leiden – Erfahrung und Denken : Materialien zum Theodizeeproblem, (Theologische Bücherei) München 1980
–: Fromme Seele, wahre Empfindung und ihre Aufklärung. Eine historische Anfrage an das Paradigma der Subjektivität, in: Subjektivität im Kontext. Erkundungen im Gespräch mit Dieter Henrich, hg. von Dieter Korsch und Jörg Dierken, Tübingen 2004, 29-48
*Steck, Odil Hannes* (Hg.): Zu Tradition und Theologie im Alten Testament. Beiträge von Hartmut Gese, Rudolf Smend, Odil Hannes Steck, Walther Zimmerli, Neukirchen 1978
*Steffens, Andreas*: Philosophie des 20. Jahrhunderts oder Die Wiederkehr des Menschen, Leipzig 1999
*Steinfath, Holmer* (Hg.): Was ist ein gutes Leben? Philosophische Reflexionen, Frankfurt/M. 1998

*Steinmann, Horst*: Einleitung: Grundfragen und Problembestände einer Unternehmensethik, in: Unternehmensethik, hg. von Horst Steinmann und Albert Löhr, 2., überarb. und erw. Aufl., Stuttgart 1991, 3-32
*Steinmann, Horst; Löhr, Albert*: Unternehmensethik ein republikanisches Programm in der Kritik, (Betriebswirtschaftliches Institut Nürnberg. Diskussionsbeiträge 78) Nürnberg 1993
*Steinmann, Horst; Scherer, Andreas Georg* (Hg.): Zwischen Universalismus und Relativismus. Philosophische Grundlagenprobleme des interkulturellen Managements, Frankfurt/M. 1998
*Sternberger, Dolf*: ›Ich wünschte ein Bürger zu sein‹. Neun Versuche über den Staat, Frankfurt/M. 1967
–: Drei Wurzeln der Politik, Frankfurt/M. 1978
–: Herrschaft und Vereinbarung, Frankfurt/M. 1986
*Sternberger, Dolf; Storz, Gerhard; Süskind, Wilhelm E.*: Aus dem Wörterbuch des Unmenschen, [1957, 1968], Hamburg u.a. 1970
*Stickel, Anne*: Das menschliche Subjekt in der Befreiungstheologie. Zum Ansatz von Franz-J. Hinkelammert, (Ethik im Theologischen Diskurs) Münster 2007
*Stolz, Fritz*: Art. Herz, in: Theologisches Handwörterbuch zum Alten Testament, hg. von Ernst Jenni; Claus Westermann, Bd. 2, München 1971, Sp. 861-867
*Stout, Jeffrey*: Ethics after Babel. The Languages of Morals and Their Discontents. With a new Postscript, Princeton, Oxford 2001
–: Democracy and tradition, Princeton [u.a.] 2004
*Strasser, Stephan*: Jenseits des Bürgerlichen? Ethisch-politische Meditationen für diese Zeit, Freiburg/ München 1982
*Strohm, Theodor*: Luthers Wirtschafts- und Sozialethik, in: Leben und Werk Martin Luthers von 1526 bis 1546, 2 Bände, hg. von Junghans, Berlin 1983, 205-223
–: Martin Luthers Sozialethik und ihre Bedeutung für die Gegenwart, in: Das Luther-Erbe in Deutschland. Vermittlung zwischen Wissenschaft und Öffentlichkeit, hg. von Hans Süssmuth, Düsseldorf 1985, 68-91
*Stumme, John R.*: Luther's Doctrine of the Two Kingdoms in the Context of Liberation Theology, in: Word & World 3 (1983) 432-434
*Suchanek, Andreas*: Verdirbt der homo oeconomicus die Moral? , in: Karl Homann, A. Suchanek: Ökonomik. Eine Einführung, Tübingen 2000
–: Ökonomische Ethik, Tübingen 2001
*Tanner, Klaus*: Der lange Schatten des Naturrechts : eine fundamentalethische Untersuchung, Stuttgart [u.a.] 1993
*Taubes, Jacob*: Vom Kult zur Kultur. Bausteine zu einer Kritik der historischen Vernunft. Gesammelte Aufsätze zur Religions- und Geistesgeschichte, hg. von Aleida Assmann München 1996
*Taylor, Charles*: Hegel, Frankfurt/M. 1978
–: Motive der Verfahrensethik, in: Moralität und Sittlichkeit. Das Problem Hegels und die Diskursethik, hg. von Wolfgang Kuhlmann, Frankfurt/M. 1986, 101-135
–: Negative Freiheit? Zur Kritik des neuzeitlichen Individualismus, Frankfurt/M. 1988
–: Cross-Purposes: The Liberal-Communitarian Debate, in: Liberalism and the Moral Life, hg. von Nancy L. Rosenblum, Cambridge, Mass. 1989
–: Lichtung oder Lebensform. Parallelen zwischen Wittgenstein und Heidegger, in: »Der Löwe spricht ... und wir können ihn nicht verstehen«. Ein Symposion an der Universität Frankfurt anläßlich des hundertsten Geburtstags von Ludwig Wittgenstein, Frankfurt/M. 1991, 94-120
–: The Ethics of Authenticity, Cambridge, Mass. 1992
–: Sources of the Self: The Making of the Modern Identity, Cambridge, Mass. 1992
–: Multikulturalismus und die Politik der Anerkennung. Mit Kommentaren von Amy Gutmann, Frankfurt/M. 1993
–: Quellen des Selbst. Die Entstehung der neuzeitlichen Identität, [Sources of The Self. The Making of Modern Identity, 1989], übers. von Joachim Schulte, Frankfurt/M. 1994

—: Demokratie und Ausgrenzung, in: Wieviel Gemeinschaft braucht die Demokratie? Aufsätze zur politischen Philosophie, Frankfurt/M. 2002, 30-50

—: Die Formen des Religiösen in der Gegenwart, Frankfurt/M. 2002

—: Wieviel Gemeinschaft braucht die Demokratie? Aufsätze zur politischen Philosophie, Frankfurt/M. 2002

*Theunissen, Michael*: O aitwn lambanei. Der Gebetsglaube Jesu und die Zeitlichkeit des Christseins, in: Negative Theologie der Zeit, Frankfurt/M. 1991, 321-377

*Thielemann, Ulrich*: Angewandte, funktionale oder integrative Wirtschaftsethik? Befolgung ethischer Normen in und angesichts der Wirtschaft zwischen Unmöglichkeit, Notwendigkeit und (Un-)Zumutbarkeit, in: Angewandte Ethik als Politikum, hg. von Matthias Kettner, Frankfurt/M. 2000, 342-364

*Thönissen, Wolfgang*: Das Geschenk der Freiheit. Untersuchungen zum Verhältnis von Dogmatik und Ethik, (Tübinger theologische Studien) Mainz 1988

*Thompson, Dennis Frank*: Restoring responsibility. Ethics in government, business, and healthcare, New York [u.a.] 2005

*Thyen, Anke*: Negative Dialektik und Erfahrung. Zur Rationalität des Nichtidentischen bei Adorno, Frankfurt/M. 1989

*Tippelskirch, Dorothee C. von*: ›Jenseits der geraden Linie des Gesetzes das unendliche, unerforschte Land der Güte‹. Von der Suspension des Gesetzes bei Emmanuel Lévinas, in: Torah – Nomos – Jus. Abendländischer Antinomismus und der Traum vom herrschaftsfreien Raum, hg. von Gesine Palmer; Christiane Nasse; Renate Haffke; D. von Tippelskirch, Berlin 1999, 203-219

*Tödt, Heinz Eduard*: Perspektiven theologischer Ethik, München 1988

*Tomson, Peter J.*: Paul and the Jewish Law : Halakha in the letters of the Apostle to the Gentiles, Assen 1990

*Track, Joachim*: Sprachkritische Untersuchungen zum christlichen Reden von Gott, (Forschungen zur systematischen und ökumenischen Theologie) Göttingen 1977

—: Lutherische Theologie heute : Gedenkband für Wilhelm Andersen, München 1988

—: Gelebte und gestaltete Spiritualität, in: Zwischen Vision und Realität: lutherische Kirchen im Übergang, hg. von Wolfgang Greive und Lutheran World Federation, (Dokumentation Lutherischer Weltbund ) Genf 2003, 91-106

*Tragl, Torsten*: Solidarität und Sozialstaat : theoretische Grundlagen, Probleme und Perspektiven des modernen sozialpolitischen Solidaritätskonzeptes, (Edition Sozialpolitik ; 1) München [u.a.] 2000

*Trinkaus, Charles*: The pursuit of holiness in late medieval and renaissance religion. Papers from the University of Michigan Conference, (Studies in medieval and Reformation thought) Leiden 1974

*Troeltsch, Ernst*: Grundprobleme der Ethik, in: Zur religiösen Lage, Religionsphilosophie und Ethik, (Gesammelte Schriften, Bd. 2) Tübingen 1913, 552-672

*Trowitzsch, Michael*: Verstehen und Freiheit. Umrisse zu einer theologischen Kritik der hermeneutischen Urteilskraft, (Theologische Studien) Zürich 1981

—: Technokratie und Geist der Zeit. Beiträge zu einer theologischen Kritik, Tübingen 1988

—: Über die Moderne hinaus. Theologie im Übergang, Tübingen 1999

*Tugendhat, Ernst*: Zum Begriff und zur Begründung von Moral, in: Philosophische Aufsätze, Frankfurt/M. 1999, 315-333

—: Probleme der Ethik, [Nachdr.], (Universal-Bibliothek) Stuttgart 2002

*Uexküll, Thure von; Wesiack, Wolfgang*: Theorie der Humanmedizin. Grundlagen ärztlichen Denkens und Handelns, München u.a. 1988

*Ulrich, Hans G.*: Anthropologie und Ethik bei Friedrich Nietzsche. Interpretationen zu Grundproblemen theologischer Ethik, München 1975

—: Eschatologie und Ethik. Die theologische Theorie der Ethik in ihrer Beziehung auf das Reden von Gott seit Friedrich Schleiermacher, München 1988

*Ulrich, Hans G.* (Hg.): Evangelische Ethik. Diskussionsbeiträge zu ihrer Grundlegung und ihren Aufgaben. Eingeleitet und herausgegeben von Hans G. Ulrich, München 1990
–: Theologische Zugänge zur Wirtschaftsethik, in: Neuere Entwicklungen in der Wirtschafsethik und Wirtschaftsphilosophie, hg. von Peter Koslowski (Studies in Economic Ethics and Philosophy) Berlin u.a. 1990, 253-277
–: Die Ökonomie Gottes und das menschliche Wirtschaften. Zur theologischen Perspektive der Wirtschaftsethik, in: Theologie und Ökonomie. Symposion zum 100. Geburtstag von Emil Brunner, hg. von H. Ruh, Zürich 1992, 80-117
– (Hg.): Freiheit im Leben mit Gott. Texte zur Tradition evangelischer Ethik. Eingeleitet und herausgegeben von Hans G. Ulrich, Gütersloh 1993
–: Erfahren in Gerechtigkeit. Über das Zusammentreffen von Rechtfertigung und Recht, in: Rechtfertigung und Erfahrung. Gerhard Sauter zum 60. Geburtstag, hg. von M. Beintker, E. Maurer, H. Stoevesandt, H. G. Ulrich, Göttingen 1995, 362-384
–: A Modern Understanding of Christian Ethics in the Perspective of its own Tradition, in: Worship and Ethics. Lutherans and Anglicans in Dialogue, Berlin/ New York 1996, 26-58
–: Rationalität und kirchliche Lebenspraxis, in: Ethik, Vernunft und Rationalität (Ethics, Reason and Rationality) Beiträge zur 33. Jahrestagung der Societas Ethica in Luzern, hg. von Alberto Bondolfi; Stefan Grotefeld; Rudolf Neuberth, Münster 1996, 169-186
–: Art. Beruf III. Kirchengeschichtlich, in: Die Religion in Geschichte und Gegenwart, 4. Aufl., Bd. I, Tübingen 1998, Sp. 1338-1341
–: An den Grenzen der Verständigung. Oder: Was heißt es, den Anderen einzubeziehen? , in: Zwischen Universalismus und Relativismus. Philosophische Grundlagenprobleme des interkulturellen Managements, hg. von Horst Steinmann; Andreas Georg Scherer, Frankfurt/M. 1998, 221-239
–: Theologische Zugänge zum Menschenbild der Ökonomie, in: Homo oeconomicus: Der Mensch der Zukunft?, hg. von Norbert Brieskorn; Johannes Wallacher, Stuttgart 1998, 147-164
–: Metapher und Widerspruch, in: Metapher und Wirklichkeit. Zur Logik der Bildhaftigkeit der Rede von Gott, Mensch und Natur. Für Dietrich Ritschl zum 70. Geburtstag, Göttingen 1999
–: Art.: Gute Werke, in: Die Religion in Geschichte und Gegenwart, 4. Aufl., Bd. III, Tübingen 2000, Sp. 1345-1246
–: Rechtfertigung und Ethik, in: Berliner Theologische Zeitschrift 17 (2000) 48-64
–: »Soziale Bewegungen« und Differenzierungen in Gesellschaft und Kirche – Überlegungen zu ihrer ethischen Wahrnehmung, in: Kirche(n) und Gesellschaft, hg. von Andreas Fritzsche und Manfred Kwiran, (Ökumenische Sozialethik, Bd. 3) München 2000, 160-180
–: Art.: Nachfolge Christi III. Ethisch, in: Die Religion in Geschichte und Gegenwart, 4. Aufl., Bd. VI, Tübingen 2003, Sp. 9-11
–: Bildung woraufhin – Bildung woran? Theologische Anmerkungen zur Bildung in der Kompetenzgesellschaft, hg. von K.-F. Haag Gymnasialpädagogische Materialstelle der Evang. Luth. Kirche in Bayern, Bd. 38 Aktuelle Information, (Arbeitshilfe für den evang. Religionsunterricht an Gymnasien) Erlangen 2003, 57-74
–: Ethische Konflikte bei der Präimplantationsdiagnostik, in: Medizin und Ethik. Aktuelle ethische Probleme in Therapie und Forschung, hg. von Jochen Vollmann, Erlangen 2003, 31-59
–: Güter oder Werte, in: Im Labyrinth der Ethik. Glauben – Handeln – Pluralismus, hg. von Günter Bader; Ulrich Eibach; Hartmut Kreß, Rheinbach 2004, 294-306
–: Zur politiktheoretischen Debatte über den Multikulturalismus und ihre Grenzen, in: Differenzen anders denken. Bausteine zu einer Kulturtheorie der Transdifferenz, hg. von Lars Allolio-Näcke, Britta Kalscheuer und Arne Manzeschke, Frankfurt/M./ New York 2005, 205-218
–: On the Grammar of Lutheran Ethics, in: Lutheran Ethics at the Intersections of God's One World, ed. Karen L. Bloomquist, (Lutheran World Federation Studies) Geneva 2005, 27-48.
*Ulrich, Peter:* Integrative Wirtschaftsethik. Grundlagen einer lebensdienlichen Ökonomie, Bern, Stuttgart, Wien 1997

–: Republikanischer Liberalismus und Corporate Citizenship. Von der ökonomistischen Gemeinwohlfiktion zur republikanisch-ethischen Selbstbindung wirtschaftlicher Akteure, (Berichte des Instituts für Wirtschaftsethik) St. Gallen 2000
Ulrich, Peter; Wieland, Josef (Hg.): Unternehmensethik in der Praxis. Impulse aus den USA, Deutschland und der Schweiz (St. Galler Beiträge zur Wirtschaftsethik) Bern u.a. 1999
Ulrich-Eschemann, Karin: Biblische Geschichten und ethisches Lernen. Analysen – Beispiele – Perspektiven, Frankfurt/M. u.a. 1996
–: Vom Geborenwerden des Menschen. Theologische und philosophische Erkundungen, Münster 2000
–: Die Bibel als Quelle öffentlicher Moral? , in: Kirche – Ethik – Öffentlichkeit. Christliche Ethik in der Herausforderung, hg. von Wolfgang Schoberth; Ingrid Schoberth, (Ethik im Theologischen Diskurs – Ethics in Theological Discourse, Bd. 5) Münster 2002, 89-96
–: Lebensgestalt Familie - miteinander werden und leben. Eine phänomenologisch-theologisch-ethische Betrachtung, (Ethik im theologischen Diskurs – Ethics in Theological Discourse. Bd. 11) Münster 2005
Ulshöfer, Gotlind: Ökonomie und Theologie. Beiträge zu einer prozeßtheologischen Wirtschaftsethik, (Leiten, Lenken, Gestalten) Gütersloh 2001
Unseld, Siegfried: Politik ohne Projekt? Nachdenken über Deutschland, Frankfurt/M. 1993
Vattimo, Gianni: Das Fliegenglas, das Netz, die Revolution und die Aufgaben der Philosophie. Ein Gespräch mit »Lotta continua«, in: Jenseits vom Subjekt. Nietzsche, Heidegger und die Hermeneutik, hg. von Peter Engelmann, Wien 1986, 15-35
–: Jenseits vom Subjekt. Nietzsche, Heidegger und die Hermeneutik, Graz u.a. 1986
–: Hermeneutics and Democracy, in: Philosophy and Social Criticism 23 (1997) 1-7
–: Abschied: Theologie, Metaphysik und die Philosophie heute, Wien 2003
Ven, Bert van de: Strategische Freiheit, kommunikative Rationalität und moralische Verantwortung des Unternehmens, in: Wirtschafts- und Unternehmensethik: Kritik einer neuen Generation; zwischen Grundlagenreflexion und ökonomischer Indienstnahme, hg. von Hans G. Nutzinger und Berliner Forum zur Wirtschafts- und Unternehmensethik, (DNWE-Schriftenreihe ) München [u.a.] 1999, 75-100
Vismann, Cornelia: St. Benedict, Inc. Zur Rechtsförmigkeit von Gemeinschaft, in: Auf der Suche nach der gerechten Gesellschaft, hg. von Günter Frankenberg, Frankfurt/M. 1994, 25-52
Voegelin, Eric: Der Gottesmord. Zur Genese und Gestalt der modernen politischen Gnosis, hg. von Peter J. Opitz München 1999
Vogt, Titus: Die Drei-Stände-Lehre bei Martin Luther – Darstellung derselben und Diskussion der biblischen Begründung, in: Die vier Schöpfungsordnungen Gottes. Kirche, Staat, Wirtschaft, Familie bei Martin Luther und Dietrich Bonhoeffer, hg. von Thomas Schirrmacher, Nürnberg 2001, 39-83
Voigts, Manfred (Hg.): Franz Kafka ›Vor dem Gesetz‹. Aufsätze und Materialien, Würzburg 1994
Vollmer, Antje: Heißer Frieden. Über Gewalt, Macht und Zivilisation, München 1996
Vollrath, Ernst: Die Rekonstruktion der politischen Urteilskraft, Stuttgart 1977
–: Hannah Arendt über Meinung und Urteilskraft, in: Hannah Arendt : Materialien zu ihrem Werk, hg. von Adelbert Reif, Wien [u.a.] 1979, 85-107
Wabel, Thomas: Sprache als Grenze in Luthers theologischer Hermeneutik und Wittgensteins Sprachphilosophie, Berlin u.a. 1998
Waldenfels, Bernhard: In den Netzen der Lebenswelt, Frankfurt/M. 1985
–: Verstreute Vernunft. Zur Philosophie von Michel Foucault, in: Studien zur neueren französischen Phänomenologie. Ricoeur, Foucault, Derrida (Beiträge von Ernst Wolfgang Orth u.a.), Freiburg/ München 1986, 30-50
–: Ordnung im Zwielicht, Frankfurt 1987
–: Phänomenologie in Frankreich, Frankfurt/M. 1987
–: Lebenswelt zwischen Alltäglichem und Unalltäglichem, in: Anodos. Festschrift für Helmut Kuhn, hg. v. Rupert Hofmann; Jörg Jantzen; Henning Ottmann, Weinheim 1989, 315-324
–: Der Logos der praktischen Welt, in: Der Stachel des Fremden, Frankfurt/M. 1990, 83-102

*Waldenfels, Bernhard*: Der Stachel des Fremden, Frankfurt/M. 1990
–: Antwortregister, Frankfurt/M. 1994
–: Deutsch-Französische Gedankengänge, Frankfurt/M. 1995
–: Der Anspruch des Anderen. Perspektiven phänomenologischer Ethik, München 1998
–: Grenzen der Normalisierung. Studien zur Phänomenologie des Fremden 2, Frankfurt/M. 1998
–: Sinnesschwellen. Studien zur Phänomenologie des Fremden 3, Frankfurt/M. 1999
–: Vielstimmigkeit der Rede. Studien zur Phänomenologie des Fremden 4, Frankfurt/M. 1999
–: Das leibliche Selbst. Vorlesungen zur Phänomenologie des Leibes, Frankfurt/M. 2000
–: Verfremdung der Moderne. Phänomenologische Grenzgänge, Essen 2000
–: Normalität, Fremdheit, Widerstreit – Zur Neufassung des Politischen an der Schwelle ins 21. Jahrhundert, in: Krise der Kulturkritik und das Rätsel des Politischen – Politik zwischen Moderne und Postmoderne im 21. Jahrhundert. Mit Beiträgen von B. Waldenfels, Milhály Vajda, Claude Lefort, hg. von Wolfgang Röhr, Hamburg 2001
*Walzer, Michael*: Drei Wege in der Moralphilosophie, in: Kritik und Gemeinsinn. Drei Wege der Gesellschaftskritik, Berlin 1990, 9-42
–: Kritik und Gemeinsinn. Drei Wege der Gesellschaftskritik, Berlin 1990
–: The Moral Standing of States. A Response to Four Critics, in: International ethics, hg. von Charles R. Beitz, Marshall Cohen, Thomas Scanlon und Simmons John A., Princeton NJ 1990, 217-237.
–: Sphären der Gerechtigkeit. Ein Plädoyer für Pluralität und Gleichheit, [Spheres of Justice. A Defense of Pluralism and Equality, 1983], übers. von Hanne Herkommer, Frankfurt/M./ New York 1992
*Wannenwetsch, Bernd*: Gottesdienst als Lebensform – Ethik für Christenbürger, [Political Worship: Ethics for Christian Citizens, 2004], Stuttgart 1997
–: Wovon handelt die ›materiale Ethik‹? Oder: warum die Ethik der elementaren Lebensformen (›Stände‹) einer ›Bereichsethik‹ vorzuziehen ist, in: Kirche(n) und Gesellschaft, hg. von Andreas Fritzsche und Manfred Kwiran, München 2000, 95-136
–: ›Einer des anderen Glied ...‹ Auf dem Weg zu einer theologischen Theorie politischer Repräsentation, in: Kirche – Ethik – Öffentlichkeit. Christliche Ethik in der Herausforderung, hg. von Wolfgang Schoberth; Ingrid Schoberth, (Ethik im Theologischen Diskurs – Ethics in Theological Discourse) Münster 2002, 136-162
–: Luther's moral theology, in: The Cambridge companion to Martin Luther, hg. von Donald K. McKim, (Cambridge companions to religion) Cambridge UK/ New York 2003, 120-135
Was ist der Mensch?... in: Glaube und Lernen. Zeitschrift für Theologische Urteilsbildung 4 (1989)
*Waschkuhn, Arno*: Kritische Theorie. Politikbegriffe und Grundprinzipien der Frankfurter Schule, München 2000
*Wasmus, Henning*: Ethik und gesellschaftliche Ordnungstheorie. Kritik des Liberalismus als Lebensform einer entwickelten Gesellschaft, Meisenheim am Glan 1973
*Webb, Stephen H.*: The Gifting God. A Trinitarian Ethics of Excess, Oxford, New York 1996
*Weber, Elisabeth* (Hg.): Jüdisches Denken in Frankreich. Gespräche mit Pierre Vidal-Naquet, Jacques Derrida, Rita Thalmann, Emmanuel Lévinas, Léon Poliakov, Jean-Francois Lyotard, Luc Rosenzweig, übers. von E. Weber, Frankfurt/M. 1994
*Weber, Max*: Weber, Der Beruf zur Politik [Politik als Beruf, 1919, 2. Aufl. 1926], in: Soziologie, Weltgeschichtliche Analysen, Politik, hg. von Johannes Winckelmann, 4. Aufl., Stuttgart 1968, 167-185
–: Die protestantische Ethik und der Geist des Kapitalismus [1905], in: Die protestantische Ethik I, hg. von Johannes Winckelmann, Gütersloh 1981 (6. Aufl.), 27-376
–: Gesammelte Aufsätze zur Religionssoziologie Bd.1 [1920], Tübingen 1988 (Nachdr., 9. Aufl.)
*Webster, John B.*: Barth's ethics of reconciliation, Cambridge [u.a.] 1995
–: Barth's moral theology. Human action in Barth's thought, Edinburgh 1998
–: Holiness, London 2002

*Wegner, Gerhard*: Wirtschafts-Werte. Wertschöpfung mit Begeisterung?, (Protestantische Impulse für Gesellschaft und Kirche Bd. 3) Berlin [u.a.] 2006
*Weil, Simone*: Die Einwurzelung. Einführung in die Pflichten dem menschlichen Wesen gegenüber, München 1956
–: Zeugnis für das Gute, in: Zeugnis für das Gute. Traktate, Briefe, Aufzeichnungen, hg. von Friedhelm Kemp, München 1990, 45-53
*Weizsäcker, Carl Friedrich von*: Bedingungen des Friedens. Mit der Laudatio von Georg Picht anlässl. d. Verleihung des Friedenspreises des Dt. Buchhandels 1963 an C. F. von Weizsäcker, 6. Aufl. Göttingen 1974
*Welker, Michael*: Gottes Geist. Theologie des Heiligen Geistes, Neukirchen-Vluyn 1992
–: Gesetz und Geist, in: »Gesetz« als Thema Biblischer Theologie. Mit Beiträgen von Dwight R. Daniels u.a., (Jahrbuch für Biblische Theologie Bd. 4) Neukirchen 1989, 215-230
–: Kirche im Pluralismus, Gütersloh 1995
–: Subjektivistischer Glaube als religiöse Falle, in: Evangelische Theologie 64 (2004) 239-248
*Wellmer, Albrecht*: Zur Dialektik von Moderne und Postmoderne. Vernunftkritik nach Adorno, Frankfurt/M. 1985
–: Ethik und Dialog. Elemente des moralischen Urteils bei Kant und in der Diskursethik, Frankfurt/M. 1986
–: Bedingungen einer demokratischen Kultur. Zur Debatte zwischen ›Liberalen‹ und ›Kommunitaristen‹, in: Endspiele. Die unversöhnliche Moderne, Frankfurt/M. 1993, 54-80
–: Endspiele. Die unversöhnliche Moderne. Essays und Vorträge, Frankfurt/M. 1993
–: Zur Kritik der hermeneutischen Vernunft, in: Vernunft und Lebenspraxis. Philosophische Studien zu den Bedingungen einer rationalen Kultur. Für Friedrich Kambartel, hg. von Christoph Demmerling, Gottfried Gabriel und Thomas Rentsch, Frankfurt/M. 1995, 123-191
*Welsch, Wolfgang*: Vernunft, Frankfurt/M. 2000
*Wengert, Timothy J.* (Ed.): Harvesting Martin Luther's reflections on theology, ethics, and the church, (Lutheran quarterly books) Grand Rapids, Mich. [u.a.] 2004
*Wessels, Ulla*: Die gute Samariterin : zur Struktur der Supererogation, (Ideen & Argumente) Berlin [u.a.] 2002
*Westebbe, Achim; Logan, David*: Corporate Citizenship : Unternehmen im gesellschaftlichen Dialog, Wiesbaden 1995
*Westermann, Claus*: Der Mensch im Alten Testament. Mit einer Einführung von Hans-Peter Müller, (Altes Testament und Moderne) Münster [u.a.] 2000
*Westhelle, Vitor*: Labor: A Suggestion for Rethinking the Way of the Christian, in: Word & World 6 (1986) 194-206
–: Thinking about Luther in a Submersed Reality (Latin America), in: Lutherjahrbuch, hg. von Helmer Junghans, Göttingen 1990, 163-173.
–: Gottes Zeit und das Ende der Welt: Kirche und Eschatologie in der lutherischen Gemeinschaft, in: Zwischen Vision und Realität. Lutherische Kirchen im Übergang, hg. von Wolfgang Greive und Lutheran World Federation, (Dokumentation Lutherischer Weltbund) Genf 2003, 73-89
*Wetzel, Dietmar J.*: Diskurse des Politischen : zwischen Re- und Dekonstruktion, München 2003
*White, Stephen K.*: Political theory and postmodernism, (Modern European philosophy) repr. Cambridge [u.a.] 1992
–: Sustaining affirmation. The strengths of weak ontology in political theory, Princeton, NJ [u.a.] 2000
*Wieland, Josef*: Die Entdeckung der Ökonomie. Kategorien, Gegenstandsbereiche und Rationalitätstypen der Ökonomie an ihrem Ursprung, Bern u.a. 1989
–: Die Ethik der Wirtschaft als Problem lokaler und konstitutioneller Gerechtigkeit, in: Wirtschaftsethik und Theorie der Gesellschaft, hg. von Josef Wieland, Frankfurt/M. 1993, 7-31
–: (Hg.): Wirtschaftsethik und Theorie der Gesellschaft, Frankfurt/M. 1993

*Wieland, Josef:* Kooperationsökonomie. Die Ökonomie der Diversivität, Abhängigkeit und Atmosphäre, in: Formelle und informelle Institutionen der Ökonomie. Genese und Evolution, hg. von Gerhard Wegener; Josef Wieland, Marburg 1998
–: Wie kann Unternehmensethik praktiziert werden? – Aufgabenfelder und strategische Anknüpfungspunkte, in: Unternehmensethik in der Praxis. Impulse aus den USA, Deutschland und der Schweiz, hg. von Peter Ulrich; Josef Wieland, (St. Galler Beiträge zur Wirtschaftsethik) Bern u.a. 1999, 29-48
–: Globale Wirtschaftsethik. Steuerung und Legitimität von Kooperation in der Weltökonomie, in: Angewandte Ethik als Politikum, hg. von Matthias Kettner, Frankfurt/M. 2000, 365-387
*Wiesel, Elie:* Adam oder das Geheimnis des Anfangs. Brüderliche Urgestalten, Freiburg u.a. 1980
–: Noah oder Ein neuer Anfang. Biblische Portraits, Freiburg u.a. 1994
*Wildt, Andreas:* Art.: Solidarität, in: Ritter, G., u.a. (Hg.): Historisches Wörterbuch der Philosophie, Bd. 9, 1995, Sp. 1004-1113
*Willems, Ulrich:* Entwicklung, Interesse und Moral. Die Entwicklungspolitik der Evangelischen Kirche in Deutschland, (Studien zur politischen Gesellschaft) Opladen 1998
*Williams, Rowan:* The Wound of Knowledge. Christian Spirituality from the New Testament to St. John of the Cross, London 1979
–: Rechtfertigung und Ethik, in: Rechtfertigung und Erfahrung. Gerhard Sauter zum sechzigsten Geburtstag, hg. von Michael Beintker, Gütersloh 1995, 311-327
–: On Christian theology, (Challenges in contemporary theology) Reprinted Oxford, UK [u.a.] 2000
*Wils, Jean-Pierre* (Hg.): Streitfall Euthanasie. Singer und der »Verlust des Menschlichen« (Ethik kontrovers), Tübingen 1990
–: Zur Typologie und Verwendung der Kategorie ›Menschenwürde‹, in: Ethik ohne Chance? Erkundungen im technologischen Zeitalter, hg. von Dietmar Mieth; Jean-Pierre Wils, Tübingen 1991, 130-157
*Winkler, Eberhard:* »Weltlich Ding« oder »Göttlicher Stand«? Die Ehe als Bewährungsfeld evangelischer Frömmigkeit, in: Luther. Zeitschrift der Luther-Gesellschaft 62 (1991) 126-140
*Wöhle, Andreas H.:* Luthers Freude an Gottes Gesetz. Eine historische Quellenstudie zur Oszillation des Gesetzesbegriffes Martin Luthers im Licht seiner alttestamentlichen Predigten, Frankfurt/M. 1998
*Wohlmuth, Josef:* »Conatus essendi« und »inkarniertes Subjekt«. Ein inszenierter Dialog zwischen Baruch de Spinoza und Emmanuel Lévinas, in: Emmanuel Lévinas – Eine Herausforderung an die christliche Theologie, hg. von Josef Wohlmuth, Paderborn u.a. 1999, 121-141
– (Hg.): Emmanuel Lévinas – eine Herausforderung für die christliche Theologie 2. Aufl., Paderborn u.a. 1999
*Wolbert, Werner:* Vom Nutzen der Gerechtigkeit : zur Diskussion um Utilitarismus und teleologische Theorie, (Studien zur theologischen Ethik) Freiburg/Schweiz 1992
*Wolf, Erik:* Recht des Nächsten. Ein rechtstheologischer Entwurf, (Philosophische Abhandlungen) Frankfurt/M. 1966
–: Rechtstheologische Studien, (Ausgewählte Schriften II, hg. von A. Hollerbach) Frankfurt/M. 1972
–: Zur Frage nach der Autorität der Bibel für die Rechtsordnung [1949], in: Rechtstheologische Studien II, Frankfurt/M. 1972, 89-95
–: Die menschliche Rechtsordnung [1950], in: Rechtstheologische Studien, Ausgewählte Schriften II, Frankfurt/M. 1972, 96-114
–: Zur rechtstheologischen Dialektik von Recht und Liebe [1961], in: Rechtstheologische Studien, Ausgewählte Schriften II, Frankfurt/M. 1972, 115-137
–: Personalität und Solidarität im Recht [1963], in: Rechtstheologische Studien, Ausgewählte Schriften II, Frankfurt/M. 1972, 138-159
–: Das Problem einer Rechtsanthropologie [1966], in: Rechtstheologische Studien, Ausgewählte Schriften II, Frankfurt/M. 1972, 160-185

*Wolf, Ernst*: Peregrinatio II. Studien zur reformatorischen Theologie, zum Kirchenrecht und zur Sozialethik, München 1965
–: Die Rechtfertigungslehre als Mitte und Grenze reformatorischer Theologie, in: Peregrinatio II, 1965, 11-21
–: Königsherrschaft Christi und lutherische Zwei-Reiche-Lehre, in: Peregrinatio II, 1965, 207-229
–: Menschwerdung des Menschen? Zum Thema Humanismus und Christentum, in: Peregrinatio II, 1965, 119-138
–: Schöpferische Nachfolge? , in: Peregrinatio II, 1965, 230-241
–: Verantwortung in der Freiheit, in: Peregrinatio II, 1965, 242-260
–: Sozialethik. Theologische Grundfragen, Göttingen 1975
–: Politia Christi. Das Problem der Sozialethik im Luthertum [1948/49], in: Freiheit im Leben mit Gott. Texte zur Tradition evangelischer Ethik, hg. von Hans G. Ulrich, Gütersloh 1993, 95-102
*Wolf, Judith*: Kirche im Dialog. Sozialethische Herausforderungen der Ekklesiologie im Spiegel des Konsultationsprozesses der Kirchen in Deutschland (1994–1997), (Ethik im theologischen Diskurs. Ethics in Theological Discourse) Münster 2002
*Wolf, Ursula*: Die Suche nach dem guten Leben. Platons Frühdialoge, Reinbek bei Hamburg 1996
*Wolff, Hans Walter*: Anthropologie des Alten Testaments, München 1973
*Wueste, Daniel E.* (Hg.): Professional ethics and social responsibility, Lanham, Md. [u.a.] 1994
*Yeago, David S.*: The catholic Luther, in: Catholicity of the Reformation, Grand Rapids, Mich. 1996, 13-34
–: »A Christian, Holy People«: Martin Luther on Salvation and the Church, in: Modern Theology 13 (1997) 101-120
–: Messiah's People : The Culture of the Church in the Midst of the Nations, in: Pro Ecclesia 6 (1997) 146-171
*Yoder, John Howard*: Nachfolge Christi als Gestalt politischer Verantwortung, (Täuferbeiträge Bd. 2) Basel 1964
–: Die Politik Jesu – der Weg des Kreuzes, [The politics of Jesus vicit agnus noster, 1972] Maxdorf 1981
–: The priestly kingdom. Social ethics as gospel, Notre Dame, Ind. 1984
–: For the nations. Essays evangelical and public, Grand Rapids, Mich. 1997
*Zadek, Simon*: The civil corporation. The new economy of corporate citizenship, London [u.a.] 2001
*Ziegert, Richard*: Kirche ohne Bildung. Die Akademiefrage als Paradigma der Bildungsdiskussion im Kirchenprotestantismus des 20. Jahrhunderts, Frankfurt/M. 1997
*Zimmerli, Walther*: Der Mensch und seine Hoffnung im Alten Testament, Göttingen 1968
*Zimmermann, Hans Dieter*: Der babylonische Dolmetscher. Zu Franz Kafka und Robert Walser, Frankfurt/M. 1985
*Zintl, Reinhard*: Die libertäre Sozialstaatskritik bei Hayek, Buchanan und Nozick, in: Politische Philosophie des Sozialstaats, hg. von Wolfgang Kersting, Weilerswist 2000, 95-119
*Žižek, Slavoj*: Liebe Deinen Nächsten? Nein, Danke! Die Sackgasse des Sozialen in der Postmoderne, Berlin 1999
–: Das fragile Absolute. Warum es sich lohnt, das christliche Erbe zu verteidigen, Berlin 2000
–: Die gnadenlose Liebe, Frankfurt/M. 2001
–: Die Tücke des Subjekts, [The Ticklish Subject. The Absent Centre of Political Ontology], übers. von A. Hofbauer, E. Gilmer, H. Hildebrandt, A. von der Heiden, Frankfurt/M. 2001
–: Die Puppe und der Zwerg. Das Christentum zwischen Perversion und Subversion, Frankfurt am Main 2003
–: Die politische Suspension des Ethischen, übers. von Jens Hagestedt, Frankfurt am Main 2005
*Zizioulas, Jean*: Communion and otherness : further studies in personhood and the church, (ed. Paul McPartland) London/ New York 2006

*Zobel, Hans-Jürgen:* ›Wohnen‹ Als Motiv des Lebens im Alten Testament, in: Wege zum Menschen 51 (1999) 53-63

*Zoll, Rainer:* Alltagssolidarität und Individualismus. Zum soziokulturellen Wandel, Frankfurt/M. 1993

*Zürcher, Markus Daniel:* Solidarität, Anerkennung und Gemeinschaft. Zur Phänomenologie, Theorie und Kritik der Solidarität, (Basler Studien zur Philosophie) Tübingen/ Basel 1998

*Zupancic, Alenka:* Die Ethik des Realen. Kant, Lacan, (Wo Es war, Bd. 7) Wien 1995

*Zwanepol, Klaas:* Zur Diskussion um Gottes Verborgenheit, in: Neue Zeitschrift für Systematische Theologie und Religionsphilosophie 48 (2006) 51-59

## Bibelstellen

Genesis
| | |
|---|---|
| 1,22 | 304 |
| 1,27 | 100 |
| 1,28 | 304, 341 |
| 1,31 | 499 |
| 2 | 106, 364 |
| 2,7 | 33 |
| 2,16-17 | 113 |
| 2,16f. | 164 |
| 2,18 | 338, 341, 342, 469, 637 |
| 2,22 | 339 |
| 3,19 | 357 |
| 3,20 | 341, 342 |
| 6,05 | 299 |
| 6,22 | 299 |
| 8,21 | 299 |
| 15,5f. | 301 |
| 18 | 39 |
| 26,24 | 66 |

Exodus
| | |
|---|---|
| 20,3 | 88 |
| 20,8-11 | 383 |

Leviticus
| | |
|---|---|
| 19 | 134 |
| 19,9-10 | 403 |
| 19,18 | 136, 189, 217, 419, 440 |

Numeri
| | |
|---|---|
| 6,26 | 195, 421 |

Deuteronomium
| | |
|---|---|
| 5,14 | 420 |
| 6,1-3.20-25 | 207 |
| 8,3 | 113 |

1Samuel
| | |
|---|---|
| 12,22 | 93 |

1Könige 3     302

2Chronik
| | |
|---|---|
| 29,34 | 294 |

Hiob
| | |
|---|---|
| 5,15 | 41 |
| 10,8 | 322, 666 |
| 28 | 79, 220 |
| 33,3 | 295 |

Psalm
| | |
|---|---|
| 1 | 23, 73, 182, 291, 292, 293, 294, 325, 330, 331, 424 |
| 1,6 | 56 |
| 4 | 88, 119 |
| 4,7 | 88, 231 |
| 4,9 | 73 |
| 8 | 49, 50, 97, 98, 100, 167, 169, 173, 174, 175, 330, 355, 415 |
| 8,5 | 174 |
| 9,19 | 41 |
| 12 | 61 |
| 19 | 323, 324, 411 |
| 19,8 | 323, 412 |
| 19,9 | 294 |
| 22 | 424, 594 |
| 23 | 36, 89, 399 |
| 23,3 | 36, 327 |
| 24 | 594 |
| 25,4-6 | 143 |
| 25,10 | 144 |
| 30,4 | 406 |
| 32,11 | 294 |
| 33,4 | 295 |
| 33,4-6 | 616 |
| 33.15 | 328 |
| 34,16 | 293 |
| 37,14 | 294 |
| 40,02-4 | 94 |
| 40,06 | 96 |
| 40,14 | 93 |
| 45,5 | 230, 410, 439, 457 |
| 50 | 336, 418 |
| 51,12 | 412 |
| 60,3 | 406 |
| 73 | 292 |
| 78,3-8 | 40 |
| 82 | 27, 36, 61-64, 71, 114, 202, 203, 253, 258, 272, 297, 416, 450, 460, 620, 623 |
| 82,5 | 258 |
| 85 | 36, 192 |
| 85,5 | 130 |
| 85,8f. | 192 |
| 86,15 | 127 |
| 87 | 422 |
| 92 | 450, 458, 499 |
| 92,13-16 | 458 |
| 94,15 | 294 |
| 102 | 336 |
| 103 | 194 |
| 103,2 | 369 |
| 103,8 | 127 |
| 104 | 355, 513 |
| 104,23 | 516 |
| 104,27 | 516 |
| 115 | 31 |
| 118 | 350 |
| 119 | 291, 306 |
| 119,43 | 410 |
| 122 | 406, 417 |
| 122,4 | 410 |
| 126 | 36 |
| 127 | 71, 94, 100, 117, 188, 270, 282, 283, 343, 356, 357, 389, 394, 399, 425, 447, 513, 643, 671 |
| 127,2 | 356, 513 |
| 128 | 94, 447 |
| 130 | 33, 36, 42, 67, 156, 295, 300, 410 |
| 130,6 | 71 |
| 130,7 | 156 |

| Psalm | | 16,25 | 325 | Johannes | |
|---|---|---|---|---|---|
| 139,13.15 | 322 | 16,26 | 512 | 1 | 228, 512 |
| 140,14 | 295 | 18 | 334 | 3,16 | 94 |
| 143,8 | 22, 23 | 18,1-6 | 333 | 17,17 | 439 |
| | | 18,21-35 | 379 | | |
| Proverbien | | 19 | 128 | Apostelgeschichte | |
| 2,21 | 291 | 19,16-30 | | 2,37 | 121 |
| 12,10 | 293 | 27, 128, 284, 351, | | | |
| | | 375, 387, 400, 508, | | Römer | |
| Jesaja | | 513, 619 | | 4 | 265 |
| 26,7 | 295 | 19,17 | 34, 92, 387 | 4,18 | 33, 264 |
| 40,21 | 28, 43 | 19,21 | | 5 | 44 |
| 44,6-9 | 29 | 65, 94, 115, 400, | | 5,1-4 | 41 |
| 50 | 22 | 451 | | 5,3 | 45 |
| 50,4 | 23 | 20 | 373, 399, 620 | 5,3f. | 55 |
| 51 | 30 | 20,1-16 | | 5,18-24 | 39 |
| | | 257, 288, 564 | | 7 | 150, 391, 410 |
| Jeremia | | 20,15 | 373 | 8 | 58, 129 |
| 18,4 | 93 | 20,16 | 402 | 8,2 | |
| 23,16 | 29 | 22,34-40 | 135 | 57, 150, 179, 410, | |
| 33,9 | 274 | 22,36-40 | 217 | 413 | |
| 42,21 | 93 | 22,37-39 | 157 | 8,9 | 182 |
| | | 25,35 | 466 | 8,14 | 391 |
| Hesekiel | | 25,40 | 310 | 8,14-32 | 98 |
| 18,23 | 93 | | | 8,16 | 179 |
| | | Markus | | 10,4 | 161, 217, 324 |
| Amos | | 2,27 | 490 | 10,17 | 241 |
| 3,7 | 28 | 6,34 | 127 | 12,1 | |
| | | 8,34-36 | 131 | 31, 67, 88, 93, 96, | |
| Hosea | | 8,34f. | 95 | 140, 241, 289, 290, | |
| 2,20 | 72 | 8,35-37 | 368 | 324, 430, 438, 445, | |
| 14,10 | 295 | 10,15 | 333 | 446, 594 | |
| | | 10,33 | 127 | 12,1-2 | 77 |
| Matthäus | | | | 12,2 | |
| 4,4 | 113 | Lukas | | 43, 44, 55, 71, 75, | |
| 5,6 | 41 | 1,38 | 284 | 92, 117, 120, 128, | |
| 5,9 | 43, 55 | 1,46-55 | | 130, 153, 166, 170, | |
| 5,16 | 452, 614 | 106, 110, 366 | | 179, 182, 183, 198, | |
| 5,17 | 216 | 6,27-38 | | 285, 322, 330, 416, | |
| 5,20 | 37, 453 | 176, 361, 500, 564 | | 438, 446, 453, 540, | |
| 5,25f. | 366 | 6,31 | 361 | 565, 619, 651 | |
| 5,41 | 620 | 6,32-36 | 254 | 13 | 431 |
| 5,44f. | 361 | 6,36 | 127 | 13,1 | 414, 429 |
| 5,48 | 93 | 7,13 | 127 | 13,3 | 454 |
| 6,11 | 397 | 10,25 | 127 | 13,8 | 316 |
| 6,25 | 366, 397, 530 | 10,25-37 | | 15,4 | 31, 40 |
| 9,36 | 127 | 135, 284, 626 | | | |
| 11,1-5 | 454 | 10,33 | 127 | | |
| 14,14 | 127 | 10,37 | 616 | | |
| 16,24-26 | 95 | 15,20 | 127 | | |

| 1Korinther | | 5,18-24 | 188 | 2Timotheus | |
|---|---|---|---|---|---|
| 3,9 | 459 | 5,22 | 435 | 1,7f. | 650 |
| 7,29-33 | 454 | 5,22f. | 321 | 2,15 | 410 |
| 10 | 376 | | | | |
| 10,14-33 | 320 | Epheser | | Titus | |
| 13 | 154, 435 | 1,13 | 410 | 3,4 | 130 |
| | | 1,14 | 37 | | |
| 2Korinther | | 2,10 | | Hebräer | |
| 5 | 151 | 87, 91, 240, 454, 465 | | 13,6 | 93 |
| 5,17 | 161, 284, 320, 414 | 2,10-20 | 421 | 1Petrus | |
| 5,17-19 | 454 | 2,12 | 422 | 1,3 | 327 |
| 5,19 | | 2,19 | 391, 415 | 2,9 | 99 |
| | 147, 382, 414, 603 | 4 | 139, 409 | 3,15 | |
| 6,7 | 410 | 4,1 | 266 | 21, 32, 35, 42, 43, 45, 89, 265, 316, 471 | |
| Galater | | Philipper | | | |
| 5 | 183, 435 | 1,27 | 139 | | |
| 5,1 | 64, 195, 286 | | | 1Johannes | |
| 5,17 | 405 | Kolosser | | 2,1 | 288 |
| 5,18 | 405 | 1,5 | 410 | | |

# Namen

Abel 297
Abraham 34, 39, 265, 300, 301, 314, 330, 334, 335
Abt von Fleury 109
Ach, Johann S. 667
Adam 339-343, 365
Adorno, Theodor W. 27, 42, 46, 76, 145, 150, 163, 168, 180, 181, 185, 228, 288, 289, 354, 355, 359-361, 380, 381, 386, 415, 416, 451, 452, 456, 461, 478, 486, 490, 495, 498, 536, 537, 541, 551, 554, 559, 632
Agamben, Giorgio 363, 430, 549, 552
Andersen, Svend 552
Apel, Karl-Otto 373
Arendt, Hannah 59, 72, 108, 115, 117, 123, 166, 179, 201, 205, 206, 226, 241, 253, 259, 263, 266, 267, 269, 274, 282, 297, 342, 351, 354, 355, 358, 360, 365, 374, 377-379, 382, 383, 386, 393-395, 405, 407, 413, 419, 421, 423, 426, 427, 429, 435, 436, 438, 454, 455, 466, 469, 496, 506, 515, 532, 535, 538, 541, 546, 549, 556, 567, 569, 574, 578, 583, 624, 639, 678
Aristoteles 72, 103, 228, 388, 539, 565
Asendorf, Ulrich 171, 681
Assel, Heinrich 413
Assmann, Jan 170
Augustin 74, 248

Bäcker, Gerhard 596, 597
Badiou, Alain 252, 254, 257, 322, 426, 439
Baecker, Dirk 388
Balthasar, Hans Urs von 48, 60, 91, 95, 183, 390, 466
Barber, Benjamin 589
Barth, Karl 97, 324, 334, 414, 445, 508
Bayer, Oswald 22, 54, 58, 65, 66, 73, 76, 84, 92, 94, 96, 103, 107, 109, 112, 113, 129, 170, 230, 234, 238, 241, 259, 307, 314, 340, 391, 411, 462, 464, 471
Beck, Ulrich 482
Becker, Cornelius 306
Becker, Jürgen 618
Bedford-Strohm, Heinrich 462, 523, 544, 573
Beese, Dieter 594
Beiner, Ronald 266
Beintker, Horst 258
Beintker, Michael 75, 148, 379
Bell, Daniel 520
Bellah, Robert N. 586
Bender, Wolfgang 652
Benhabib, Seyla 197, 266, 391
Benjamin, Walter 34, 44, 48, 64, 70, 92, 111, 123, 352, 359, 382, 388, 389, 414, 431, 437, 446
Benne, Robert 278, 449
Bergo, Bettina 622
Berner, Knut 211, 230
Bertau, Karl 121, 388
Besier, Gerhard 156
Bielefeldt, Heiner 405, 577
Bienfait, Agathe 547
Biervert, Bernd 485, 492, 495
Bloch, Ernst 53, 116
Bloomquist, Karen L. 138, 525
Blumenberg, Hans 324
Böckenförde, Ernst-Wolfgang 398, 562, 569, 576, 598, 629
Bockmuehl, Markus 215
Bodei, Remo 600
Bonhoeffer, Dietrich 78, 114, 138, 146, 198, 199, 214, 229, 232, 247, 256, 273, 274, 285, 354, 395, 407, 432, 448, 451, 457, 462, 472, 474, 482, 580, 597, 623
Borsche, Tilmann 665
Brandom, Robert B. 489, 643, 660
Brandt, Reinhard 282
Brecht, Bert 450, 452
Brinkmann, Gert Ulrich 448
Brock, Brian 244, 245, 292
Brumlik, Micha 34, 156, 325, 432, 433, 601, 618, 621, 624
Brunner, Emil 143

Buber, Martin 33, 39, 40, 56, 57, 61, 62, 65, 73, 74, 79, 89, 91, 96, 98, 121, 122, 132, 134, 135, 145, 146, 153, 156, 168, 179, 189, 194, 202, 203, 204, 292, 293, 296-299, 327, 329, 332, 382, 387, 392, 410, 419, 421, 439, 450, 458, 459, 679
Bubner, Rüdiger 142-144, 184, 248, 260, 270, 539
Bultmann, Rudolf 194
Butler, Judith 46, 60, 67, 145, 171, 281, 288, 337, 339, 342, 345

Campagna, Norbert 159, 385, 434
Caygill, Howard 622
Cohen, Leonhard 294
Critchley, Simon 622
Cruikshank, Barbara 479

Dahm, Karl-Wilhelm 232
Deifelt, Wanda 60
Delhom, Pascal 136, 335, 340, 622
Derrida, Jacques 48, 65, 70, 174, 179, 211, 215, 216, 397, 420, 572
Descartes, René 184
Deuser, Hermann 54, 55, 214
Deutsche Bischofskonferenz (DBK) 379, 462, 565, 585, 620
Dittmann, Karsten 200
Doerfler, Walter 244, 681
Duby, Georges 103, 108, 109, 110, 111
Duchrow, Ulrich 389, 479
Duns Scotus 156
Dussel, Enrique 311

Ebeling, Gerhard 252
Ebeling, Hans 621
Eibach, Ulrich 658
Eickelpasch, Rolf 180, 267, 395, 566, 613, 645
Emunds, Bernhard 604
Espeel, Urs 215
Etzioni, Amitai 518, 519, 520, 588, 599, 611, 612
Eva 339, 341, 342, 343, 365
Evangelische Kirche in Deutschland (EKD) 379, 462, 553, 565, 567, 568, 585, 590, 592, 620, 639, 649

Faulkner, William 203, 204, 207
Feil, Michael 234

Finkielkraut, Alain 66, 70, 74, 124, 129, 137, 285
Fischer, Johannes 154, 229, 239
Fischer, Karsten 462
Fischer, Peter 33
Forst, Rainer 358, 363, 547, 550, 568, 610, 630, 631, 655
Foucault, Michel 50, 60, 76, 104, 113, 145, 151-165, 168, 169, 243, 281, 283, 316, 318, 358, 405, 436, 479, 481, 482, 488, 577, 665, 679
Frankenberg, Günter 595, 611, 621
Franz von Assisi 476
Frettlöh, Magdalene L. 242
Furger, Franz 475, 615

Gadamer, Hans-Georg 228, 290
Gamm, Gerhard 190, 368, 559
Gascoigne, Robert 577
Gebhardt, Jürgen 496, 541
Gerlach, Jochen 522
Geyer, Christian 584
Giddens, Anthony 495
Gloege, Gerhard 282, 283, 286, 389
Göllner, Werner 421
Gollwitzer, Helmut 117
Goodman-Thau, Eveline 323, 425, 445, 455, 456
Graap, Torsten 517
Grabenstein, Andreas 353
Gräb-Schmidt, Elisabeth 245, 246
Gradl, Stefan 88
Greiner, Dorothea 242, 357
Greive, Wolfgang 138
Gruppe von Lissabon 372, 453, 505, 527
Günther, Klaus 159

Haag, Karl Friedrich 56, 654
Habermas, Jürgen 23, 25, 27, 30, 35, 38, 41, 42, 45, 52, 60, 68, 78, 105, 145, 146, 149, 151, 178, 180, 182, 186, 220, 229, 270, 275, 276, 289, 306, 313, 314, 322, 324, 327, 330, 348, 362, 394, 395, 408, 411, 412, 426, 428, 431-434, 436, 438, 439, 458, 482, 532, 546, 549, 552, 559, 560, 562, 565, 573, 576, 590, 628, 631-641, 644, 657, 664
Halfmann, Jost 483
Hallamaa, Jaana 302, 556

Hamacher, Werner 389
Hannah 343
Hansen, Volker 596
Hardy, Daniel W. 229
Härle, Wilfried 317
Harlizius-Klück, Ellen 168
Harzer, Friedmann 212
Hauerwas, Stanley 54, 90, 138, 257, 274, 290, 317-319, 325, 328, 417, 420, 452, 459, 538, 580, 592, 604, 606
Havel, Václav 61, 266, 439, 540, 542, 554, 560, 567, 574
Heckmann, Friedrich 380
Heeg, Andreas 529
Hegel, Georg Wilhelm Friedrich 142, 180, 181, 341, 359
Heidbrink, Ludger 76, 240, 582, 584, 616
Heidegger, Martin 81, 228, 295, 363
Heimbach-Steins, Marianne 233, 620
Hengsbach, Friedhelm 366, 376, 475, 503, 518, 527, 528, 604, 619
Herman, Stewart W. 392
Herms, Eilert 59, 77, 235, 291, 409, 522, 529, 594, 605
Hersch, Jeanne 306
Hertog, Gerard C. 219
Heschel, Abraham J. 208, 304, 306
Heuser, Stefan 99, 101, 267, 658
Hinkelammert, Franz J. 235, 438, 479, 515, 518
Hinsch, Wilfried 152, 531, 546, 547, 556, 575
Hiob 78, 79, 92, 95, 156, 220, 296, 330, 406, 666
Hirschman, Albert O. 352, 385, 412, 503
Höffe, Otfried 352, 575
Hoffmann, David 136
Homann, Karl 493, 494
Hondrich, Karl Otto 607
Honecker, Martin 180, 233, 470, 472, 492, 532, 538, 551, 583, 593
Honneth, Axel 171, 183, 199, 250, 319, 468, 488, 493, 537, 586, 587, 595, 599, 612, 622
Hoppe, Thomas 231, 247
Horkheimer, Max 34-39, 137, 145, 336, 360, 424, 434, 615, 617

Huber, Wolfgang 55, 76, 142, 144, 259, 274, 278, 544, 573, 622, 634, 638, 641
Hubig, Christoph 245, 469, 482, 483, 527, 608, 653
Hütter, Reinhard 67, 68, 284, 296, 318, 319, 321, 390

Illich, Ivan 340
Irrgang, Bernhard 663
Israel 28, 29, 54, 55, 138, 207, 208, 219, 305, 333, 335
Iwand, Hans Joachim 25, 49, 58, 79, 92, 137, 157, 179, 180, 211, 213, 216, 218, 290, 291, 296, 297, 328, 331, 351, 406, 412, 415, 424, 429, 577

Jähnichen, Traugott 484
Jakob 215, 218, 330, 332
James, William 237
Jesus 286, 287, 313, 322, 330, 365, 375, 380, 416, 452, 499
Jesus Christus 21, 28, 41, 43-45, 81, 89, 91, 100, 121, 131, 147, 150, 154, 158, 161, 169, 209, 217, 232, 287, 288, 316, 327, 381, 413, 415, 421, 592
Joas, Hans 237, 496
Jochimsen, Maren 475, 493, 500, 526
Joest, Wilfried 68
Johannes Paul II 88, 94, 100, 127, 128, 216, 284, 400, 582
Jonas, Hans 25, 59, 246, 261, 262, 304, 362, 416, 446, 463, 465, 476, 506, 543, 550, 555, 562, 595, 643, 654, 667
Jones, Gregory L. 60
Josef 330
Jüngel, Eberhard 59, 82, 591

Kafka, Franz 26, 55, 61, 65, 97, 121, 143, 149, 195, 200-202, 206, 211, 212, 215, 216, 269, 298, 300, 305, 313, 330, 341, 397, 416
Kain 297
Kaiser, Peter 657, 661
Kambartel, Friedrich 24, 192, 390
Kant, Immanuel 64, 151, 162, 163, 168, 388, 413, 415, 416, 420, 434, 452, 461, 478, 486, 490, 571

Käsemann, Ernst 201, 287
Kaufmann, Franz-Xaver 510, 579, 583, 623, 625
Kerr, Fergus 195
Kersting, Wolfgang 393, 488, 503, 589
Kesselring, Thomas 468
Kierkegaard, Søren 288, 289, 314, 327, 352, 353, 365, 370, 371, 382, 384, 681
Kirsch, Guy 518, 519
Klee, Paul 123
Klepper, Jochen 22, 23, 31
Koch-Arzberger, Claudia 607
Kollek, Regine 652, 669, 670, 671, 676, 677
Korff, Wilhelm 483
Korsgaard, Christine M. 519
Körtner, Ulrich 76, 77, 233
Koselleck, Reinhart 390
Koslowski, Peter 388
Köß, Hartmut 467
Krötke, Wolf 229, 230
Krüger, Gerhard 205, 208, 210, 243, 245, 362
Kuhn, Thomas S. 81, 82
Kymlicka, Will 578, 591

Lacan, Jacques 148, 252, 387
Lefort, Claude 45, 169, 225, 424, 578, 594
Lehmann, Paul L. 319
Leiner, Martin 79
Lemke, Thomas 481
Lenzen, Dieter 158
Lévinas, Emmanuel 26, 72, 117, 171, 189, 198, 199, 211, 212, 215, 217, 221, 222, 263, 298, 366, 420, 621, 622
Lienemann, Wolfgang 247, 256
Lienkamp, Andreas 311
Lindbeck, George 138, 195, 438
Link, Christian 90, 124
List, Elisabeth 457
Lohmann, Georg 304, 532, 544, 551, 624
Löhr, Albert 529, 611
Löw, Reinhard 662, 663
Löwith, Karl 21, 26, 48, 83, 137, 148, 151, 154, 160, 166, 188, 681

Loyseau, Charles 108
Luhmann, Niklas 98, 104, 105, 106, 145, 177, 193, 223, 225, 226, 233-236, 271, 377, 378, 401, 402, 455, 496, 583, 588, 595, 604, 611, 618
Lüpke, Johannes von 132
Luther, Martin 21, 23, 31, 33, 59, 66, 68, 71, 74, 88, 90, 92, 97-102, 109, 110, 112-117, 132, 135, 151, 158-161, 165, 167, 170, 174-176, 188, 192, 193, 208, 209, 211, 213, 217, 230, 234, 247, 258, 265, 270, 272, 282-284, 286, 289-298, 311, 315, 320-323, 325, 328-332, 339, 341, 343, 344, 350-352, 356-358, 364, 366, 369, 371, 374, 375, 389, 391, 393, 394, 399, 400, 404, 405, 407, 412, 415, 418, 424, 425, 429, 430, 440, 448, 449, 451, 459, 463, 464, 469-471, 512, 513, 668
Lutheran World Federation 525
Lyotard, Jean Francois 125

MacIntyre, Alasdair 42, 138, 177, 178, 183, 220-222, 256, 259, 260, 263, 268, 274, 275, 325, 537, 539-541, 587
Mann, Thomas 480
Maria 106, 110, 284, 296, 314, 343, 366
Marquard, Odo 92
Marx, Karl 351, 369, 378
Matheis, Alfons 268
Mathewes, Charles 479
Maus, Ingeborg 430, 544, 546, 552, 571
Menke, Christoph 572
Menzel, Ulrich 502
Mieth, Dietmar 54
Milbank, John 229, 247, 248, 259, 390, 456, 563
Mildenberger, Friedrich 91, 196, 353, 415
Mittelstraß, Jürgen 244, 664
Möhring-Hesse, Matthias 604
Moltmann, Jürgen 41
Moses 209, 314
Münch, Richard 236, 242, 249, 250, 251, 255, 390, 485, 500, 501
Münkler, Herfried 518, 601, 615

Murdoch, Iris 180

Nietzsche, Friedrich 27, 36, 67, 95, 97, 145, 146, 148, 149, 151, 154, 155, 161, 162, 166, 177, 281, 288, 289, 296, 307, 354, 355, 375, 379, 388, 405, 412, 487, 489, 495, 496, 497, 498, 502, 541, 665
Nissen, Ulrik 552
Noah 123, 299, 300, 301, 330
North, Douglass C. 525
Nussbaum, Martha C. 395, 600, 660

O'Donovan, Joan L. 176, 263, 414, 549
O'Donovan, Oliver 171, 176, 239, 263, 401, 414, 431, 437, 491, 549, 600, 647, 654
Ocoleanu, Picu 593
Offe, Claus 105
Opielka, Michael 358, 589
Osten-Sacken, Peter von der 45
Otto, Eckart 468

Palaver, Wolfgang 414
Pannenberg, Wolfhart 83
Parsons, Susan Frank 84, 337, 339
Pascal, Blaise 97, 99, 117, 157, 303
Patzig, Günter 80
Paulus 30, 43, 44, 67, 92, 150, 188, 195, 241, 301, 321, 322, 404, 414, 416, 429, 435, 651
Pawlas, Andreas 358, 462
Peperzak, Adriaan 27
Peters, Albrecht 21, 96, 100, 103, 109
Philipsen, Peter-Ulrich 341
Picht, Georg 181, 182
Pickstock, Cathrin 319, 427, 606
Pieper, Annemarie 290
Pieper, Josef 205, 206, 209, 210
Pieper, Marianne 508
Pies, Ingo 484
Plessner, Helmuth 298, 539
Pöhlmann, Wolfgang 370
Preuß, Ulrich K. 377, 391, 408, 425, 430, 431, 528, 532, 541, 555-557, 566-570, 571, 573, 574, 576, 648
Priddat, Birger P. 475, 477, 480, 485, 488-490, 493-495, 498, 502-505, 517, 519, 524, 525, 527, 582
Prien, Hans-Jürgen 350

Quervain, Alfred de 421
Quinzio, Sergio 166, 168

Rad, Gerhard von 54, 55, 78, 91, 97, 182, 207, 213, 220, 291, 302, 304, 305, 321, 364
Radday, Yehuda T. 134, 136
Rancière, Jacques 277, 298, 426
Rau, Johannes 460
Rawls, John 151, 184, 248, 487, 488, 490, 498, 531, 535, 536, 538, 545-547, 555, 558, 566, 568, 569, 571, 575, 635
Reese-Schäfer, Walter 275
Reinders, Hans 548, 552, 558
Rendtorff, Trutz 77, 156, 193, 238, 306, 364, 390, 472, 488, 507, 509
Rentsch, Thomas 98, 662
Reuter, Hans-Richard 55, 544, 622
Reuter, Lars 552
Rich, Arthur 487
Richardson, Peter 26
Ricoeur, Paul 22, 26, 29, 34, 70, 82, 88, 96, 105, 136, 176, 219, 228, 241, 254, 293, 295, 323, 328, 361, 403, 460, 471, 477, 500, 541, 564, 579, 584, 618, 619, 623, 626
Riedel, Manfred 233
Rieth, Ricardo 358
Riha, Rado 570
Ritschl, Dietrich 26, 40, 44, 54, 82, 83, 94, 196, 216, 219, 225, 464, 613, 660
Rodríguez, Encarnación Guttiérrez 514
Roloff, Jürgen 28, 209
Rorty, Richard 411
Rose, Nikolas 66, 78, 479, 518, 539, 547
Rosenzweig, Franz 201, 264, 267, 292, 293, 298, 299, 382, 419, 425, 439
Röttgers, Kurt 508
Rottländer, Peter 606
Ruster, Thomas 97

Salomo 301
Sandel, Michael J. 278, 372, 479, 533, 601
Santa Ana, Julio de 467
Sarah 334, 335, 343

Sauter, Gerhard 31, 32, 35, 36, 41, 44, 50, 53, 82, 84, 98, 100, 131, 156, 174, 179, 236, 260, 264, 316, 335, 355, 410, 413, 445, 446, 488
Scarano, Nico 575
Schäfer, Thomas 577
Scharffenorth, Gerta 103
Scheler, Max 630
Scheulen, Hans 626
Schlögel, Herbert 285
Schmitt, Carl 170
Schmitt, Hans-Christoph 21
Schneider, Hans J. 46, 196, 308, 551, 574, 639
Schoberth, Ingrid 139, 189, 325, 326
Schoberth, Wolfgang 139, 225, 409, 544, 605
Scholem, Geshom 124, 185, 208, 210, 211, 226, 305
Schrage, Wolfgang 194
Schroer, Marcus 162
Schüller, Bruno 491
Schulz, P. 324
Schulze, Gerhard 72, 77
Schwager, Raymund 61, 70, 414
Schwarz, Reinhard 103, 112
Schweidler, Walter 54, 182, 476, 479, 660
Schweiker, William 77, 479
Schweitzer, Albert 214
Schwöbel, Christoph 87, 91, 283, 320, 409
Segbers, Franz 370
Seibert, Christoph 151
Seitz, Bernhard 484
Sen, Amartya 372, 397, 399, 420, 447, 478, 479, 484, 496, 502, 504, 510, 511, 514, 520, 521, 524, 526, 527, 564
Sloterdijk, Peter 283
Societas Ethica 552
Söding, Thomas 301, 321
Spaemann, Robert 64, 71, 99, 126, 127, 129, 131, 163, 173, 175, 227, 256, 261, 264, 266, 299, 367, 368, 379, 409, 461, 465, 488, 496, 541, 549, 630, 631, 637, 658, 662, 674
Sparn, Walter 80, 156, 165, 193
Spinoza 435
Steinmann, Horst 529, 611

Sternberger, Dolf 146, 186, 315, 396, 407-409, 594, 601, 602, 680
Stickel, Anne 235
Stolz, Fritz 412
Stout, Jeffrey 222, 259
Strasser, Stephan 181, 189, 231
Stumme, John R. 576
Suchanek, Andreas 493, 518
Szánkay, Zoltán 626

Tamar 301
Taylor, Charles 51, 52, 89, 119, 125, 161, 173, 181, 189, 190, 216, 260, 265, 267, 270, 272, 276, 285, 368, 370, 382, 383, 386, 387, 394, 415, 470, 478, 490, 513, 540, 543, 544, 558, 578, 599, 600, 630, 636, 644, 646, 654, 677
Theunissen, Michael 30, 37, 42, 288, 289
Thomas von Aquin 222, 234
Thompson, Dennis F. 469, 482, 483, 529
Tippelskirch, Dorothee C. von 212
Tödt, Heinz Eduard 232
Track, Joachim 197
Tragl, Torsten 579
Troeltsch, Ernst 228, 472
Trowitzsch, Michael 245

Uexküll, Thure von 682
Ulrich, Peter 353-355, 373, 400, 451, 476, 480, 484, 485, 497-499, 507-510
Ulrich-Eschemann, Karin 31, 65, 189, 191, 194, 264, 315, 332, 334, 427, 438, 473, 640, 644, 666, 676
Unseld, Siegfried 584

Vattimo, Gianni 26, 30, 35, 48, 80, 180, 327, 487
Ven, Bert van de 517
Vollmer, Antje 588
Vollrath, Ernst 116, 176, 263

Waldenfels, Bernhard 22, 65, 66, 68, 69, 70, 159, 268, 269, 320, 337-339, 345, 414, 482, 501, 531, 612
Walzer, Michael 183, 184, 185, 186, 256, 482, 607

Wannenwetsch, Bernd 68, 139, 188, 315, 326, 381, 418, 427, 429, 436, 472, 568, 592, 593, 608, 609
Webb, Stephen H. 70
Weber, Max 256, 257, 350, 352, 375, 385, 390, 437, 661
Webster, John B. 195, 324, 334, 414
Weigel, Sigrid 388
Weil, Simone 23, 214, 282, 294, 299, 300, 445
Weizsäcker, Carl Friedrich von 181
Welker, Michael 44, 325, 338, 468, 564
Wellmer, Albrecht 391
Welsch, Wolfgang 515
Wendland, Heinz-Dietrich 584
Wesiack, Wolfgang 682
Wessels, Ulla 620
Westhelle, Vitor 359, 382
Wetzel, Dietmar J. 626
Wieland, Josef 483, 485, 492, 495, 517, 521-526
Wiesel, Elie 121, 123, 322, 339, 342, 364, 365, 469
Willems, Ulrich 601, 610
Williams, Rowan 26, 80, 138, 152, 191, 195, 232, 258, 421, 487

Wils, Jean-Pierre 99
Wittern-Sterzel, Renate 665
Wittgenstein, Ludwig 46, 195
Wohlmuth, Josef 435
Wolbert, Werner 491
Wolf, Erik 82, 581, 622, 624, 626
Wolf, Ernst 50, 53, 71, 82, 100, 103, 112, 126, 179, 181, 239, 247, 264, 271, 272, 275, 285, 286, 289, 315, 320, 337, 340, 416, 428, 431, 448, 449, 452, 457, 459-465, 469, 470, 591, 614, 620
Wolf, Judith 467, 523, 565, 585
Wolf, Ursula 465
Wolff, Hans Walter 193, 369

Yoder, John Howard 202, 319

Zadek, Simon 484
Zimmerli, Walther 32, 300
Zimmermann, Hans Dieter 195
Žižek, Slavoj 70, 146, 148, 154-156, 164, 168, 231, 253, 387, 391, 405, 411, 438
Zobel, Hans-Jürgen 72
Zoll, Rainer 601, 611, 612

## Sachen

accountability
    *siehe* Rechenschaftsbereitschaft
Advent 33, 80, 123, 130, 342, 402
adventliche Ethik 80, 89, 123, 130, 191, 452
    *siehe auch* hoffende Ethik
Adventsmoral 116
advokatorische Ethik 624
Alltag, das Alltägliche 352, 382
Anerkennung 101, 250, 266, 268, 269, 277, 549, 637, 659
Anfang 90, 91, 103, 120, 121, 123, 290, 342, 454
animal laborans 351
Anonymität 61, 297, 298, 514
Anthropodizee 145, 148, 151, 174, 289, 290, 307, 487, 490, 497
Anthropologie 98, 132, 133, 151, 160, 189, 631, 665
    *siehe auch* humanum
    *siehe auch* Mensch, Problem des Menschen
Anthropologie der Moderne 145
Antinomismus 213-215
Antizipation 453
antworten 21-23, 66, 237, 256
antwortende Existenz 21, 65
anvertrauen, sich anvertrauen 42, 209, 324
Anwaltschaft für den Nächsten, advocacy 311, 618, 624
    *siehe auch* advokatorische Ethik
Apokalyptik 61, 201, 388
Arbeit 169, 276, 350, 351, 356, 365, 377, 379, 381-383, 386, 389, 393, 461, 462, 478, 479, 505, 516
    *siehe auch* Recht auf Arbeit
aristotelische Ethik 393
aristotelische Tradition 354
Arme 309-311, 400, 441, 467, 523, 622
– vorrangige Option für die Armen 462, 523, 620
Artikulation 120, 190, 540
Ästhetik 370, 371

Auferstehung 100, 117, 380
Aufklärung 113, 237
Aufmerksamkeit 23, 32, 62, 71, 72, 74, 116, 131, 132, 189, 677
Aufschub 37, 310, 399, 400, 403
Auslegung des Gebotes 213
    *siehe* Hermeneutik
Auslegungsgeschichte 170
Ausnahmesituation 619
Ausnahmezustand 414, 430, 431, 552, 621, 660
Authentizität 190, 600
Axiome, implizite 81
Barmer Theologische Erklärung 428
Barmherzigkeit 96, 400, 530
    *siehe auch* Gottes Barmherzigkeit
Barmherzigkeit und Gerechtigkeit 400, 468, 623
Befreiung, Freiwerden 61, 63, 64, 118, 128, 129, 130, 158, 167, 188, 254, 286, 287, 413, 428, 509
    *siehe auch* Mensch, homo liberandus
– Befreiung des Nächsten 449
Begegnung 21, 67, 79, 89, 130, 179, 199, 338
Begründung 30, 35, 54, 80, 124, 185, 192, 234, 257, 318, 522, 629
    *siehe auch* Rechenschaft
Bereichsethik 608
Bergpredigt 41, 257, 365, 452
Beruf 257, 352, 371, 384, 385, 462, 464, 467, 468, 565, 594, 609, 613, 618
Berufsethik 257, 463, 467, 594, 663
    *siehe auch* Stellvertretung
    *siehe auch* Verantwortungsethik
Berufung 199, 256, 570
Bestimmtheit
    *siehe auch* Gottes bestimmtes Tun
– bestimmte Geschichte 40, 208, 260
– Bestimmtheit des Menschen 44, 49, 52, 74, 96, 131, 159, 243, 246
Bewährte, der Bewährte 301, 305
Bewährung 45, 59, 74, 291, 293, 294, 299, 300, 418, 462, 555

Bewährung
*siehe auch* Gerechtigkeit
biblische Ethik 42, 63, 292, 296, 512
biblisches Ethos 23, 29, 292
Bilderverbot 98, 328, 395, 479
Bildung 116, 320, 321, 325, 326, 328, 330, 331, 340, 469, 470
Bioethik 558
Biopolitik 363, 549, 558, 561
bleiben 291
Böse, das Böse 156, 294, 297, 299, 515
Bürger, citizen 302, 398, 422, 423, 433, 546, 556, 557, 567, 568, 577, 591, 601, 602, 624, 631, 647, 649, 650
*siehe auch* Wirtschaft:– Wirtschaftsbürger
*siehe auch* corporate citizenship
– Christenbürger 241, 593, 594
– Menschenbürger 631, 633, 635
causa finalis 114
Christenmensch 99, 100, 191, 271, 273, 375, 412, 448, 463, 593
Christus, in Christus 28, 32, 44, 49, 79, 161, 439, 448, 453, 454
citizen
*siehe* Bürger, citizen
codes of conduct 523
common sense
*siehe* sensus communis
communio sanctorum
*siehe* Gemeinschaft der Heiligen
conatus essendi 95, 366, 435
conditio humana 244, 290, 314, 356, 362, 386, 387, 389, 390
*siehe auch* humanum
*siehe auch* Mensch
consensus 316, 327
*siehe auch* Konsens
corporate citizenship 484, 529
*siehe auch* Bürger, citizen
creatura verbi 65, 114, 139, 191, 314
Dekalog 31, 54, 176, 213, 305, 417, 418, 562
Demokratie 589, 590
Diakonie 453, 456, 462, 464, 475, 613
– diakonische Ethik 463

Diskurs 69, 171, 180, 187, 275, 310, 420, 550
– Moral-Diskurs 186, 281, 375
Diskurs der Moderne 76
Diskursethik 180, 186, 612
Dramatik 49, 57, 58, 59, 60, 117, 118, 332
Drei-Stände-Lehre 103, 109, 111, 112, 113, 343, 346, 352, 391
ecce homo 131
ecclesia, Kirche 68, 106, 111, 113, 114, 115, 138, 154, 209, 274, 308, 317, 319, 326, 381, 449, 455, 548
*siehe auch* Gemeinschaft der Heiligen
*siehe auch* Gemeinde, ecclesia
– Kennzeichen 317
Ehe 337, 339, 340, 345, 469
Ehre des Menschen 99, 309
*siehe auch* Menschenwürde
Ehre Gottes 39, 68, 111, 309, 346, 440
Eigentum 479
Embryonen 562, 652
Embryonenforschung 657
Embryonenschutz 426, 427, 562
Embryonenschutzgesetz 628, 642, 657, 663
Endlichkeit 152, 166, 238, 243
Erbsünde 147
Erfahrung, erfahren 53, 79, 87, 96, 116, 132, 237, 264, 284, 417
– genuiner Ort von Erfahrung 296
– in Gerechtigkeit 419, 601
Erfüllung 44, 94, 353
Erfüllung des Gebotes 157, 213
– Übererfüllung 176, 620
Erfüllung, Fülle 157, 159, 161, 365, 399, 513
Erkenntnis 21, 69, 75, 78, 79, 152, 244, 258, 297, 298, 369, 399, 416, 460, 473, 495, 535, 539, 572, 642, 655, 666, 680
– Erkenntnis Gottes 78, 79, 344
Erkenntnisaufgabe der Ethik 80, 87, 126, 133, 175, 532
Erkenntnis-Geschichte 98
Erkundung 48, 51, 53, 55, 56, 75, 78, 129, 175, 179, 215, 231, 246, 253, 308, 438, 461, 540

Erlösung 39, 42, 150, 156, 185, 361
Ermächtigung, empowerment 479, 507
Erprobung 44, 130, 144, 175, 216, 218, 231, 445, 461, 538
Erwartung 299
Erzählung 21
*siehe auch* Geschichte, story
Erzählung, erzählen 51, 54, 55, 98, 126, 159, 175, 208, 209, 215, 216, 219
Eschatologie 446, 454, 460
*siehe auch* Hoffnung
Eschatologie und Ethik 240, 445
Ethik
*siehe auch* adventliche Ethik
*siehe auch* advokatorische Ethik
*siehe auch* Bereichsethik
*siehe auch* Berufsethik
*siehe auch* biblische Ethik
*siehe auch* Diakonie, diakonische Ethik
*siehe auch* evangelische Sozialethik
*siehe auch* explorative Ethik
*siehe auch* Gattungsethik
*siehe auch* Gegenstand der Ethik
*siehe auch* Güter-Ethik
*siehe auch* kirchliche Ethik
*siehe auch* kritische Aufgabe der Ethik
*siehe auch* Verantwortungsethik
*siehe auch* widersprechende Aufgabe der Ethik
– Aufgabe der Ethik 31, 32
– Ethik als Praxis 51, 228
– explorative Praxis 222
– Geschichte der Ethik 129, 130, 173, 214, 260
– Praxis der Ethik 69, 72, 118, 183, 192
*siehe auch* Praktiken
– theologische Ethik 53, 54, 59, 64, 69, 76, 80, 83, 87, 88, 90, 100
– Topologie der Ethik 44
Ethik der Bildung 330
Ethik der Forschung 663
Ethik der guten Werke 257, 465, 467
*siehe auch* gute Werke
Ethik der Nächstenschaft 135, 136
Ethik des guten Lebens 367, 465

Ethik lernen 73, 274
ethische Existenz 447
ethische Existenz, Ursprung 22, 135, 182, 286
ethische Situation 65, 67, 69, 70, 135
Ethos 23, 32, 37, 40, 88, 91, 228, 242, 290-292, 324, 398, 537, 562, 564, 631, 642, 645, 646
– christliches Ethos 328, 446
Ethos des Arztes 463, 550, 562, 563, 663
Ethos, Wohnen 72, 73, 184, 228, 306, 368, 451
evangelische Sozialethik 112, 230, 232, 238, 451, 453, 459, 465, 467, 470, 472, 473, 593, 608, 614
Evangelium 26, 129, 130, 413, 565
Existenz 577
*siehe auch* ethische Existenz
*siehe* geschöpfliche Existenz
Existenzform 26, 29, 41, 43, 44, 51, 74, 75, 165, 167, 188, 241, 248, 251, 290, 313, 314, 325, 330, 394, 446, 461, 465, 478, 480, 482, 539, 560, 581, 605, 609, 617, 631, 642, 659, 661, 662, 664, 668, 670, 680-682
*siehe auch* Lebensgestalt
*siehe auch* geschöpfliche Existenz, Existenzform
*siehe auch* gottesdienstliche, ökonomische, politische Existenzform
– des Christen 609
– und Ökonomie 498
Existenzform, Veränderungen 363
Existenzformen 111, 114, 165, 166, 169, 232, 233, 243, 246, 247, 308, 393, 395, 448
explorative Ethik 42, 56, 73, 79, 81, 115, 175, 178
explorative Ökonomie 506
externe Konstitution 285
Familie 203, 334, 335, 337, 340, 345, 347, 348, 469, 610
Fortschritt 118, 123, 267, 669
Frau und Mann 469
Freiheit 59, 64, 238, 264, 282, 284, 375, 384, 415, 478, 479
Freiheit der Forschung 657

Freiheit des Geschöpfs 283
Freiheit des Nächsten 447
Freiheit eines Christenmenschen 328, 375, 376, 385, 447, 448, 573, 609, 618
Freiheit vom Gesetz 150, 325, 374
Freiheit von den Werken 254, 350, 375, 383
Freiheitsrechte 433
Friede 407, 409, 420
Friede Gottes 195, 407, 421, 422, 470
Friedensethik 43, 55, 88, 436, 544
Frucht des Geistes 435
Fürsorge 493
– Gottes Fürsorge 188, 516
Ganzheit 299
Gattungsethik 124, 362, 363, 631, 639
Gebet 49, 50, 51, 258, 270, 274, 288, 300, 316, 397
Geboren-Werden 327, 661
– Geburtlichkeit 639
Gebot Gottes 176, 324, 339, 341
*siehe auch* Tora
*siehe auch* Weisung Gottes
– Erstes Gebot 31, 88, 102, 124, 238, 356, 374, 467, 471, 472, 512, 594
– Zweites Gebot 309, 440
– Drittes Gebot 382, 418
– Fünftes Gebot 213, 311
Gebot Gottes, Gebote 78, 135, 141, 157, 208, 213, 246, 291, 292, 304-306, 321, 323, 324, 325, 416
*siehe auch* Erfüllung des Gebotes
Gedächtnis 305, 660
– Gedächtnis Gottes 99, 164
Gegebenes 27, 57, 64, 80, 185, 239, 680
Gegebenheit 90, 423, 546
Gegenstand der Ethik 90, 188, 292, 325
*siehe auch* Grammatik, Gegenstand der Ethik
Gegenstand der Sozialethik
*siehe* Sozialethik
Geist 76, 84, 150, 179, 410
Geist Gottes 154, 179, 358, 410, 435
Geist Gottes und Ethik 154
geistliches Regiment Gottes 415, 427
*siehe auch* Gottes Regiment

Gemeinde
– gottesdienstliche Gemeinde 139, 316, 320, 326, 327
Gemeinde, ecclesia 52, 138, 140, 316, 320, 326, 328, 591, 605
*siehe auch* ecclesia, Kirche
*siehe auch* Gemeinschaft der Heiligen
Gemeinschaft 137, 318, 592, 606
Gemeinschaft der Heiligen 138, 140, 191, 315, 320
*siehe auch* Heilige
Gemeinschaftstreue 114, 301, 437, 615, 617
*siehe auch* Gerechtigkeit
Gemeinwohl 396, 462
Gender, Genera 339, 345, 364
– Geschlechterdifferenz 84, 337, 341, 345, 365
Generationen 209, 261, 477, 621
Gentechnologie 560
Gerade-Sein 294
Gerechte, der Gerechte 277, 292, 293, 299, 301, 304, 305, 417, 424
*siehe auch* Bewährte, der Bewährte
Gerechtigkeit 28, 37, 39, 41, 59, 63, 74, 205, 220, 247, 249, 255-257, 265, 271, 272, 277, 278, 287, 288, 293, 298, 300, 301, 306, 364, 370, 373, 397, 417, 418-420, 437, 460, 462, 555, 569, 594, 621
*siehe auch* Bewährung
*siehe auch* Gemeinschaftstreue
*siehe auch* Gottes Gerechtigkeit
*siehe auch* iustitia
*siehe auch* Recht des Nächsten
– ausdrückliche Gerechtigkeit 273
– bezeugte Gerechtigkeit 272
– erfüllte Gerechtigkeit 37
– Gerechtigkeit als Fairness 618
– Gerechtigkeit als Tugend 256, 618
– Gerechtigkeit des Hörens 277
– Gerechtigkeit im Erkennen 202, 298
– Gerechtigkeit und Nächstenliebe 623
– Gerechtigkeit und Recht 432, 583, 622
– Gerechtigkeit, politische Gestalt 364
– mitteilende Gerechtigkeit 419, 564
– moralische Gerechtigkeit 35

– Ordnung der Gerechtigkeit 199
– partizipative Gerechtigkeit 624
– Praxis der Gerechtigkeit 62
– Sehnsucht nach Gerechtigkeit 34, 35
– Tun des Gerechten 34, 257, 258, 273, 274, 310, 420, 451, 462, 565, 570
 *siehe auch* gute Werke
Gerechtigkeit, fremde Gerechtigkeit 287
Gerechtigkeit, Gemeinschaftstreue 28, 97, 249, 610
Gerechtigkeit, wirtschaftliche 396
Gerechtigkeitssinn 302, 555
Geschichte 26, 32, 41, 44, 49, 87, 129, 136, 209, 341
 *siehe auch* Bestimmtheit, bestimmte Geschichte
– Geschichte und Tradition 208
Geschichte Gottes 49, 58, 91, 96, 137, 189, 242, 243, 286, 305, 340, 341
Geschichte, story 40, 44, 54, 83, 94, 96, 216, 217, 218, 219, 245, 260, 447, 464, 605
 *siehe auch* Erzählung, erzählen
geschöpfliche Existenz 392, 418, 445
 *siehe auch* Mensch, Geschöpf
geschöpfliche Existenzform 325, 576
geschöpfliche Lebenswirklichkeit 228
Gesellschaftsdiagnose 582, 586, 588
Gesellschaftspolitik 585
Gesetz 55, 158, 176, 211-213, 267, 286, 306, 321, 323, 324, 342, 364, 375, 405, 408, 410, 413, 416, 424, 428, 432, 433
Gesetz der Moral 150, 161, 165, 216
Gesetz des Geistes 150, 410
Gesetz Gottes 64, 176, 209, 217
 *siehe auch* usus politicus legis
Gesetz und Evangelium 26, 216
Gesetzlichkeit 57, 64, 176, 215
Gestaltung 133, 146, 235, 236, 299, 321, 323
Gewalt 247, 413, 414, 420, 430
– rechtsetzende Gewalt 117, 414, 429, 430, 431
Gewissen 285, 289, 320, 376, 416
Glaube 29, 66, 73, 90, 107, 179, 217, 237, 241, 366, 371
Glaubensbekenntnis, erster Artikel 356

Gleich-Gestaltigkeit 322
Gleichheit 322, 425, 639
Gleichursprünglichkeit 318, 322, 425, 638, 665
Glück 88, 131, 371, 625
Goldene Regel 500
Gott 21
 *siehe auch* Ehre Gottes
 *siehe auch* Gebot Gottes
 *siehe auch* Gedächtnis Gottes
 *siehe auch* Geist Gottes
 *siehe auch* Geschichte Gottes
 *siehe auch* Gesetz Gottes
 *siehe auch* Handeln Gottes
 *siehe auch* Menschwerdung Gottes
 *siehe auch* moralischer Gott
 *siehe auch* Name Gottes
 *siehe auch* Weisung Gottes
 *siehe auch* Wille Gottes
Gottes Barmherzigkeit 96, 110
Gottes bestimmter Wille 92, 246
Gottes bestimmtes Tun 67
Gottes Führung 291, 406
Gottes Gerechtigkeit 63, 97, 114, 249, 272, 288, 289, 301, 327, 594, 609, 615, 659
Gottes Gericht 62, 110
Gottes Geschichte 334
Gottes Güte 23, 87, 88, 106, 116, 125, 129, 194, 238, 369, 399, 460, 471, 564
Gottes Ökonomie 70, 91, 93, 96, 103, 107, 125, 141, 159, 265, 285, 307, 317, 353, 366, 367, 377, 392, 393, 449, 475
Gottes Regiment 405, 406, 408, 411, 412, 429-432, 437, 614
Gottes Reich 333, 359, 381, 402, 438, 466
Gottes Treue 97, 114, 334, 335, 439, 594, 659
Gottes Tun 67, 71, 93
 *siehe auch* Handeln Gottes
Gottes Verborgenheit 191, 329, 424
Gottes Volk 28, 55, 83, 138, 209, 217, 334, 421
Gottes Werke 379
Gottesdienst 68, 96, 102, 114, 120, 308, 315, 317, 324, 381, 382, 384, 418, 427, 467, 473, 480, 592

Gottesdienst
    *siehe auch* Gemeinde,
        gottesdienstliche Gemeinde
– Gottesdienst im Alltag 382
Gottesdienst und Ethik 68, 381, 609, 614
gottesdienstliche Existenzform 383
Gotteskindschaft 282, 334, 335, 410
gouvernement, Regentschaft 77, 78, 112, 117, 358, 359, 405, 435, 541
Gouvernementalität 405
Grammatik, Gegenstand der Ethik 51, 111, 194, 195, 251, 283, 344
Grundfrage der Ethik 173, 446
gute Werke 34, 37, 67, 254, 311, 384, 401, 402, 447, 450, 452, 453, 454, 456, 463, 465, 500, 565, 568
    *siehe auch* Ethik der guten Werke
    *siehe auch* Politik der guten Werke
– Pragmatik der guten Werke 311, 402
Gute, das Gute 231, 369, 445, 446, 447, 453, 454, 515, 531, 575, 599, 680
– Konvergenz des Guten 540
– Liebe zum Guten 600
Güter 88, 351, 357, 366, 400, 469, 491, 499, 529, 530, 567, 569
– common good 575
– höchstes Gut 309, 351, 370, 387, 541
Güterabwägung 634
Güter-Ethik 240, 401, 471, 472, 473, 491, 496, 499, 523
gutes Leben 119, 351, 355, 491
Halakha 211, 214, 215
Handeln 116, 123, 234, 253, 254, 281, 282, 413, 464
Handeln Gottes 44, 50, 194, 282, 287, 330, 449
    *siehe auch* Gottes Tun
Haus
    *siehe* oikos, Haus
heilen 562, 563
Heilige 46, 158, 294, 297, 424
Heiligung 46, 130, 293, 315, 384, 412, 458, 459
Heimat 53
helfen 562

Hermeneutik 171, 210, 212, 219, 347, 348
– ärztliche 464
– ethische 210, 211, 213
Hermeneutik des Gebotes 213, 214
    *siehe auch* Halakha
Herz 66, 79, 88, 198, 320, 412
hoffende Ethik 471
    *siehe auch* adventliche Ethik
Hoffnung 37, 39, 41, 42, 264, 300, 471
    *siehe auch* Rechenschaft von der Hoffnung
    *siehe auch* Eschatologie
– begründete Hoffnung 31, 32, 33, 36, 38, 40, 343, 445, 456, 477
hören 21, 22, 23, 65, 116, 164, 339, 340
Humanismus 131, 497, 498, 512
Humanität 360
humanum 49, 50, 173, 264, 361, 387, 487, 510, 511
Indikator 478, 485, 493, 523, 529
Innerlichkeit 415
    *siehe auch* Mensch, innerer Mensch
Innovation 522
Institution 103, 105, 106, 107, 142, 199, 208, 258, 273, 317, 337, 339, 365, 370, 382, 385, 407, 409, 419, 448, 453, 454, 477, 482, 483, 500, 516, 527, 528, 554, 588, 608
Institutionen 34, 112, 246, 344, 448, 452, 469, 607
    *siehe auch* Ökonomie, institutionalisierte Ökonomie
    *siehe auch* Ordnungen
    *siehe auch* Orte geschöpflichen Lebens
    *siehe auch* Stände
    *siehe auch* status
    *siehe auch* Stiftungen Gottes
Interessen 503
Interpretation 185
    *siehe auch* Hermeneutik:– ethische
Intuition, moralische 362, 477, 667
iustitia aliena
    *siehe* Gerechtigkeit, fremde Gerechtigkeit
iustitia civilis 271, 463, 565, 614, 615, 617, 623

iustitia passiva 617
Kapitalismus 350, 352, 385, 388
kategorischer Imperativ 304
Kinder 333-335, 341, 343, 346, 347, 477
Kind-Sein 334, 636
*siehe auch* Gotteskindschaft
Kirche
*siehe* ecclesia
Kirche der Armen 468
kirchliche Ethik 139, 319, 592
kommunikative Freiheit 573
Kommunitarismus 137, 186, 248, 319, 537, 541, 606
kommunitaristische Ethik 318, 604, 607
Konflikt 232
Konsens 251, 260, 315, 535, 634
*siehe auch* consensus
kontextuelle Ethik 466
Kooperation 116, 366, 392, 505, 516-521, 524, 526, 527
Kooperation mit Gott 71, 116, 392, 448, 449, 460
*siehe auch* Mitarbeiter des Schöpfers
Kreuz, Theologie des Kreuzes 95, 230
Krieg 437
kritische Aufgabe der Ethik 31, 48, 76, 181, 226, 472
Kritische Theorie 180
Kultur 225, 510, 542
Kultur, neuzeitlich 383
lebensdienlich 480
Lebensdienlichkeit 490
Lebensformen 325, 552, 562
Lebensführung 239
Lebensgestalt 23, 306, 324, 616, 644
*siehe auch* Existenzform
– und Ökonomie 493
Lebenskunst 151, 162, 163
Lebensvorgänge 103
Lebenswelt 276, 348, 353, 378, 531, 543, 602, 612, 644
leibliche Existenz 83, 193, 425, 427, 430, 665
leibliche Seele 193, 298
leibliches Wort 84, 107
Leiblichkeit 428, 430
Leiden 95, 296
Liberales Modell 478, 479

Liberalismus 541
*siehe auch* politischer Liberalismus
– moralischer Liberalismus 537
Liebe zu Gott 127, 135, 157, 213, 217
Liebe, Nächstenliebe 419, 460
Liebesgebot 127, 134, 189, 619
Liturgik 51
Lobpreis Gottes 97, 194, 336, 423, 424, 595
Macht 115, 117, 201, 256, 420, 429, 435, 436, 515, 624
Mandate 114, 457
*siehe auch* Ordnungen
Markt 500, 501
Marktwirtschaft 502
Medium menschlicher Existenz 478, 479, 483, 501, 530
medizinische Ethik 463, 563
Mensch 24, 49, 59, 97, 132, 146, 151, 152, 159, 160, 167, 174, 307
*siehe auch* animal laborans
*siehe auch* Anthropologie
*siehe auch* Bestimmtheit, Bestimmtheit des Menschen
*siehe auch* Gender, Genera
*siehe auch* humanum
*siehe auch* verborgener Mensch
*siehe auch* Werden
– als Beziehungswesen 189, 681
– äußerer Mensch 428, 429, 430, 434
– Ebenbild Gottes 98, 227, 322, 329
– Geschöpf 71, 97, 98, 130, 131, 163, 164, 326
*siehe auch* geschöpfliche Existenz
– homo liberandus 59, 188, 415
– homo oeconomicus 372, 495
– homo politicus 438
– innere Natur 322, 323, 428
– innerer Mensch 188, 321, 323, 369, 412, 415, 424-428, 433
– königlicher Auftrag 97, 99, 303
– Natur des Menschen 83, 131, 219, 289, 322, 425, 427, 539, 631, 642, 659, 673
– Problem des Menschen 25, 327, 392, 506
Menschenbild 98, 329, 395
Menschengattung
*siehe auch* Gattungsethik

Menschenrechte 423, 434, 546, 549, 576
Menschenwürde 99, 101, 266, 267, 309, 426, 427, 637, 640, 643, 645, 658
   *siehe auch* Ehre des Menschen
menschliches Leben 637
Menschwerdung 100, 264, 320, 326, 332, 333, 389, 426
   *siehe auch* Werden
Menschwerdung Gottes 79, 287, 313, 439
messianisch 125, 413, 439, 446
Metaphysik 80, 180, 498, 644, 667, 668
Minima Moralia 42, 362
missionarisch 33
Mitarbeiter des Schöpfers 272, 274
   *siehe auch* Kooperation
Mit-Sein 137
Mitteilung 28, 40, 45, 118, 120, 147, 189, 237, 267, 284, 310, 311, 348, 370, 396, 446, 447, 453, 467, 470, 518, 529, 565
Moderne 60, 386, 488, 654
   *siehe auch* Anthropologie der Moderne
– Moral der Moderne 157, 488, 497
– Reflexivität der Moderne 495, 653, 654, 671
Moral 24, 27, 148, 150, 153, 155, 163, 190, 286, 354, 374, 375, 413, 487, 488, 489, 495, 501, 562, 563, 628, 629, 631, 642, 645, 646
   *siehe auch* Moderne, Moral der Moderne
– apriorische 434
– rationale 634, 642, 645
Moral als Problem 499
Moral und Ethik 552, 557, 561, 632, 636, 648
Moral und Ethos 551
Moral und Recht 532, 538, 544, 546, 629, 640
Moral, Problem der Moral 490, 498
moralische Existenz 147
– Ursprung 27, 182, 198
moralische Fragen 628
moralische Rechtfertigung 145, 148, 149, 412

moralische Ursituation 460
moralischer Gott 149, 153, 284, 412
moralisches Subjekt 145, 147, 152, 164, 165, 167, 168, 288, 302, 472
Moralismus 285
Moralkritik 149, 151, 154, 156, 157, 434, 494, 497, 563
Moralphilosophie 184
Motivation 502
Nachfolge 44, 45, 74, 94, 95, 128, 129, 285, 286, 314, 400, 451, 464, 499
Nachhaltigkeit 367
Nächstenliebe 419, 460, 579
Nächster 34, 65, 133, 134, 135, 137, 189, 277, 300, 419, 420, 447, 462, 466, 562, 563
   *siehe auch* Recht des Nächsten
Name Gottes 44, 90, 124, 125, 208, 410
Natur 58, 204, 234, 367, 472, 674
Naturrecht 142, 144, 234, 386, 472
negative Theologie 130, 231, 313, 397
neuer Mensch 131, 161, 287
Neu-Geschaffen-Werden 315
Neuschöpfung 44, 240, 284, 445
Neuwerden 117, 128, 285, 286, 330, 457, 619
Nihilismus 354, 487
Normalität 599, 600
Novum 116
oeconomia 52, 111, 115, 308, 333, 367, 449, 455
öffentlicher Raum 352
Öffentlichkeit 262, 263, 267, 270, 273, 276-278, 394, 532, 537, 538, 541, 557, 562, 566, 572, 655
   *siehe auch* res publica
oikos, Haus 339, 364, 365, 368, 370, 396, 483, 489, 518, 519, 527, 528
Ökonomie 365, 371, 396
   *siehe auch* oeconomia
   *siehe auch* Wirtschaft
– institutionalisierte Ökonomie 106, 372, 482, 483, 516, 518, 524, 527
– politische Ökonomie 390
Ökonomie Gottes
   *siehe* Gottes Ökonomie
Ökonomie und Ethos 485

Ökonomie und Moral 485, 486, 488, 496, 497, 513, 521, 522
Ökonomie und Politik 510
Ökonomie, ethischer Sinn 488
ökonomische Existenzform 372, 373, 376, 383, 392, 396, 397
ökonomische Theologie 369
Ökonomisierung 377, 481, 508, 509
Opposition 567, 571
 *siehe auch* Widerspruch
Optionalismus 476, 558, 672
Ordnung 49, 109, 142, 143, 248
Ordnung der Dinge 141, 385
Ordnung des Werdens 422
Ordnungen 102, 103, 107, 110, 114, 141, 144, 243, 247, 308, 333, 334, 448, 449, 455, 457, 471
 *siehe auch* Institutionen
 *siehe auch* Mandate
 *siehe auch* Schöpfungsordnungen
 *siehe auch* Stände
Organisation 106
Orte geschöpflichen Lebens 106, 247, 308, 318, 335, 455, 457, 469
 *siehe auch* Institutionen
 *siehe auch* Stiftungen Gottes
Paradigma 81
passiv-aktiv 297
Passivität, passio 258, 296, 298, 305, 331, 449
 *siehe auch* Werden
Pathologien des Sozialen 182, 242, 587
Pathos 296
peregrinatio 46, 52, 53, 219, 451
Person 436, 461, 634, 637, 638, 639, 640, 658, 674
– moralische Person 556
Phänomen, Phänomenologie 240
Pluralismus 186, 362, 408, 419, 439, 468, 476, 488, 503, 531, 543, 571, 605, 635
Pneumatologie
 *siehe* Geist Gottes
politia 52, 111, 115, 308, 333, 449, 455
politia Christi 44, 273, 459, 461, 463, 591
Politik der guten Werke 453
politische Aufgabe 117, 556, 577

politische Ethik 438, 464, 576, 577
– Ursprungsort der politischen Ethik 594
politische Existenzform 316, 383, 398, 404, 405-408, 410, 412, 417, 429, 433, 435, 438, 439, 554, 591, 636
politische Praxis 422, 595
politische Praxis des Christen 590
politische Solidarität 311
Politische Theologie 169, 578
Politische, das Politische 501, 626
– Ursprung 316, 405, 439, 440, 578
politischer Liberalismus 260, 531, 534, 535, 551, 555, 556, 557, 568, 572
politisches Ethos 412
politisches Handeln 281, 413, 436, 468, 588, 589
politisches Regiment 430
Präimplantationsdiagnostik 647, 652, 668, 669, 670, 676
Praktiken 67, 68, 175
– kirchliche Praktiken 274, 316, 317, 318
– Praktiken der Ethik 54, 69, 76, 175, 176, 177, 178, 221
Präsentation 512
Präsentation des humanum 511
Praxis der Ökonomie 481
Predigt 427
Privatisierung des Guten 42
pro nobis 49
providentia 92
Ratio 234
 *siehe auch* Vernunft
Rechenschaft von der Hoffnung 21, 32, 35, 42, 46, 265
Rechenschaft, ethische Rechenschaft 41, 44, 69, 171, 265, 288
Rechenschaftsbereitschaft, accountability 525, 529, 623
Recht 142, 144, 206, 247, 423, 437, 551, 583, 622, 652, 660
Recht auf Arbeit 396, 624
Recht des Nächsten 623, 624, 626
Recht und Ethik 664
Recht, vorgängiges 431
Rechtfertigung des Sünders 71, 75, 81, 101, 132, 148, 287, 301, 458, 617, 658

Rechtsethik 622
Rechtssetzung 431, 432
Rechtstheorie 432
Reflexivität 182, 363, 387, 654
Reflexivität, Nachdenklichkeit 654
reformatorische Ethik 286, 471, 541, 565
reformatorische Theologie 385
Regentschaft
  *siehe* gouvernement, Regentschaft
Regierbarkeit 66
Reichtum 374, 399
res publica 138, 319, 553
Ressourcen der Natur 367
Rettung 39, 59, 94, 150
Revolution 59, 88, 89
Reziprozität 499, 619, 641
Rhetorik 319
richtiges Leben 359, 451, 537, 554
Säkularisierung 388, 429, 445
Schöpfung 58, 234
– neue Schöpfung 147, 333, 380, 446, 448, 453-456, 458, 460
– zweite Schöpfung 323, 324, 328
Schöpfungsordnungen 102, 144, 243, 333, 448, 449, 455
  *siehe auch* Ordnungen
Schuld 49, 61, 70, 111, 123, 147, 155, 156, 379, 410, 413
– Entschuldung des Menschen 70, 148
scientific community 222
Seele 33, 36, 165, 193, 368, 369, 425, 512
Segen 242, 353, 357, 397
Sehnsucht 34
Selbst 190, 376, 388, 415, 425
– Quellen des Selbst 600
Selbstbehauptung 165, 287, 434
Selbst-Werdung 388
Semantiken 104, 105, 193, 223, 225, 226
sensus communis 263, 271, 538
sichtbar-unsichtbar 317
Sinn 354, 365, 370, 375
Sinnfrage 35, 355
Sinnstiftung 369
Solidarität 137, 514, 579, 582, 589, 590, 607, 611, 613
– politische Solidarität 583
Sonntag 276, 379-384, 418

Sorge 350, 355, 356, 363, 369, 370, 374, 383, 447, 516, 529, 530
Sorge um das Soziale 582, 584, 585, 618, 620
Souverän 432
soziale Bewegungen 589, 604
soziale Verbindlichkeit 586
soziales Kapital 612
Sozialethik 76, 233, 258, 271, 447, 449, 461, 464, 465, 468, 472, 473, 574, 581-584, 592, 606, 609, 619
  *siehe auch* evangelische Sozialethik
– Gegenstand der Sozialethik 461, 594, 609
Soziallehre, katholisch 233
Sozialpolitik 507
Sozialstaat 582, 583, 584, 585, 587, 589, 595, 596, 597, 611, 621
Sozialtheorie 248
Sozio-Ökonomik 518
Spiritualität 153
Stand, Status 103, 165, 282, 358, 451
Stände 114, 118, 141, 333, 343, 344, 346, 577
  *siehe auch* Drei-Stände-Lehre
  *siehe auch* Institutionen
Stände geschöpflichen Lebens 333
Status creationis 326, 327
Status ecclesiasticus 319, 418
Status oeconomicus 364, 372, 396, 398, 399, 475, 482, 529
Status politicus 419, 429, 433, 436, 546, 601
Steigerung 387
Stellvertretung, Ethik der Stellvertretung 256, 474, 593
  *siehe auch* Berufsethik
Stiftungen Gottes 106, 107, 112
Strebens-Ethik 52, 89, 119, 400, 512, 541
Subjekt, Subjektivität 80, 141, 148, 152, 153, 162, 168, 182, 438
Subsidiarität 514, 596, 597, 613
substantielle Freiheit 479
Sünde 67, 68, 73, 111, 132, 301, 379
  *siehe auch* Erbsünde
Systemtheorie 105, 236, 251, 455, 504
Taufe 318
Technik 243, 244, 246, 649, 667, 670

Technologie 363, 461, 476, 501, 530
teleologische Ethik 491
Text 22, 212, 222, 515
Texte, biblische 28, 32, 63
Theodizee 156, 416
Tod, Leben 117, 150
Topographie der Ethik 259, 480, 483
Topologie 317, 334, 418, 549, 552
Tora 74, 143, 215, 294, 323, 412
Totalitarismus 398, 515
Tradition 43, 63, 145, 200, 201, 205, 206, 208, 210-212, 226, 245, 306, 335, 347, 477, 615, 640
– paradosis 202, 347
Transzendenz 181, 252, 458
Trost 30, 31, 41, 74, 133, 351, 357, 358, 449, 453, 672
Tugend 256, 435, 601
*siehe auch* Gerechtigkeit als Tugend
Übermensch 388
Umkehr 60, 127, 129, 159, 388, 618, 621
Unbestimmtheit 50, 193, 223, 498
Ungerechtigkeit 27, 203, 253, 298
Universalität 96, 320
unsichtbare Hand 397
Unsterblichkeit 94, 341, 351
Unternehmensethik 529, 610
unterscheiden 62, 252, 253, 485, 680
Unverfügbarkeit 356, 456, 457, 640
Urteil 54, 62, 63, 162, 176, 181, 186, 202, 262, 263, 266, 271, 277, 301, 466, 566, 642
– ethisches Urteil 648
– Rechtsurteil 623
Urteil Gottes 642
urteilen 302, 550
*siehe auch* unterscheiden
usus politicus legis 431
Utilitarismus 489, 490
Utopie 34, 584, 598
Utopismus 34, 465, 476
Vaterunser 270
Verantwortung 76, 155, 168, 198, 199, 239, 362, 407, 476
Verantwortungsethik 76, 238, 240, 257, 463, 474
*siehe auch* Berufsethik
*siehe auch* Stellvertretung
verborgener Mensch 424

Verborgenheit des Menschen 191
verbum externum
*siehe* Wort, äußeres Wort
Verfahrensethik 51
Verfassung 649
verfehltes Leben 275, 313, 360, 368, 485, 636, 642, 648
Vergebung 67, 68, 149, 155, 156, 303, 411, 659
Verheißung 36, 39, 106, 111, 114, 116, 218, 305, 334, 449
Vernunft 130, 180, 181, 234, 338, 494, 629, 633
Versöhnung 147, 232, 391, 411, 413, 603
verstehen 29, 43, 274, 529, 666, 667, 680, 681, 682
vita activa 351, 356, 382
vita contemplativa 351, 356
vita passiva
*siehe* Passivität, passio
*siehe auch* Werden
Vorteilslogik 503
Wahrheit 30, 97, 439
Weg 74, 330
Weisheit 78, 302
Weisheitsethos 230
Weisung Gottes 30, 74, 143, 294
Welt 229
Weltliche Frömmigkeit 466
Weltzeit 445, 446
Werden, geschöpfliches Werden 50, 51, 58, 66, 67, 71, 72, 100, 102, 195, 219, 242, 281, 284, 292, 307, 315, 325, 330, 334, 335, 338, 364, 459, 529, 577, 638, 639, 644
*siehe auch* Menschwerdung
*siehe auch* Passivität, passio
Werkzeug Gottes 447, 448
Werte 162, 163, 377, 488, 496, 500, 524, 541, 630, 679
– Werte-Konsens 630, 636
Wert-Ethik 473
Widerfahrnis 28, 57, 315, 346, 446, 499
widersprechende Aufgabe der Ethik 87, 103, 105, 155, 196, 232, 310

Widerspruch 25, 111, 150, 171, 182, 233, 287, 311, 338, 340, 375, 379, 381, 388, 401, 402, 416, 432, 439, 458, 495, 498, 500, 502, 519, 530, 544, 558, 567, 573, 597, 601
– politischer Widerspruch 491
Wille des Menschen 286, 288, 490
Wille Gottes 91, 92, 211, 288, 316, 400, 459
– Gottes bestimmter Wille 92, 246
Wirklichkeit 64, 229-231, 244
*siehe auch* Wirklichkeitsgemäßheit
Wirklichkeit verstehen 247
Wirklichkeitsgemäßheit 232, 395
Wirklichkeitswissenschaft 229
Wirtschaft
*siehe auch* Ökonomie
– mitwirtschaften 396, 489, 524
– Wirtschaftsbürger 484, 529
*siehe auch* corporate citizenship
Wirtschaftsethik 354, 355, 369, 372, 377, 387, 395-398, 475, 480, 483, 489, 499, 506, 512, 515, 519, 527

– integrative Wirtschaftsethik 481, 485, 509, 523
– kritische Wirtschaftsethik 527
Wirtschaftsethos 397
Wissen 170, 220, 224, 244
Wissenschaft 237, 243, 244, 246, 664
– Medizin 681
Wissenschaftstheorie 243
Wort
– äußeres Wort 66, 252, 269, 285
Wort der Wahrheit 410, 439
Wort Gottes 31, 107, 147, 152, 170, 171, 179, 196, 253, 287, 345, 407, 410-413, 427, 439
*siehe auch* leibliches Wort
Zeit 111
Zeitbruch 455, 456
Zeugnis 26, 27, 28, 31, 44, 124, 235, 320, 404, 422, 431, 452, 461, 465, 649, 650
Zivilgesellschaft 585, 601
zwei Regierweisen Gottes 391
Zwei-Regimenten-Lehre 241, 345, 391, 411, 412, 427, 569, 608, 615, 617